THE FIFTY-YEAR WAR

五十年戰爭

冷戰時代的衝突與戰略

〔美〕諾曼・弗里德曼（Norman Friedman）　著　熊斌　楊羽　譯

Portico Publishing Company

五十年戰爭：冷戰時代的衝突與戰略
The Fifty-Year War

諾曼‧弗里德曼（Norman Friedman）　著

熊斌　楊羽　譯

Published in China by

Portico Publishing Company

3/F,C & C BUILDING 36 TING LAI ROAD

TAI PO N.T.,HONG KONG

People's Republic China

ISBN　978-1-60633-578-9

Printed in Taiwan

目 录

譯　序

　　20世紀是革命與戰爭的時代，連接兩次遍及全球的世界大戰以及之後綿延近半個世紀的冷戰，為人類由工業化向信息化時代躍升的大時代打上了鮮明的印記。冷戰期間的一系列事件以及冷戰自身的結果，迄今仍深刻影響著全球地緣政治和經濟版圖，並且仍將在未來扮演「扇動著翅膀的蝴蝶」角色。

　　傳統上，人們將冷戰的起點定位於英國前首相溫斯頓‧丘吉爾於1946年3月5日在密蘇里州富爾頓威斯敏斯特大學所做的那次著名演講。但諾曼‧弗里德曼博士以其對這段歷史的深入思考，並結合最新批露的史料，從大歷史觀的角度對這場持續半個世紀深刻影響全球所有國家的歷史事件做出了重新回顧與解讀。在他的筆觸下，冷戰源於兩種意識形態的深刻對立和不信任，而冷戰爆發的原因由早在第一次世界大戰末期蘇維埃政權走向權力中心時就已種下了。為了從更長遠的歷史跨度、更廣博的視角檢視這場影響深刻的歷史事件，弗里德曼博士全面檢視了從1918年一戰結束至1991年蘇聯解體近80年間的重要歷史事件，剖析了期間發生在歐亞大陸邊緣地區爆發的多場熱戰之間以及它們與冷戰之間的關聯，新興的核技術在美蘇全球軍備競賽中發揮的獨特作用，以及同期美蘇在席卷亞非拉的民族解放浪潮中各展其能、縱橫捭闔的全景和脈絡。

　　在本書中，出於作者本身所處階級立場和意識形態方面的原因，作者對冷戰以及相關事件的研究和論述都是站在西方、乃至美國本國的立場上，因此部分內容不可避免地存在著對東方陣營、蘇聯、中國以及其他非西方的第三世界國家的意識形態的誤解與偏見。體現得最明顯的就是書中的參考文獻及資料來源問題，作者雖然在寫作過程中參考查閱了大量最新的冷戰研究著作和資料，但這些資料大多屬於西方學者的冷戰研究成果，鮮有蘇聯、中國等國的研究資料，即便有些部分存在其他視角的成果，也大多屬於西方對蘇聯文獻進行翻譯、研究的二手資料。因此，譯者在翻譯過程中為了保持全書的連貫流暢及對作者的尊重，基本完整地保留了書中所表達的立場和觀點，但這並不意味著譯者同意或支持書中所表達的立場和觀點，而是希望為廣大讀者提供一個了解西方理論界對冷戰理論研究現狀的窗口。在本書的翻譯過程中，得到了知遠戰略與防務研究所的指導與幫助，在此特表感謝之意。

譯者

2015年12月

核武器的出現令冷戰更加寒冷。圖中所示為1946年美國在太平洋中部比基尼環礁進行的水下核試驗。爆炸波及范圍內的靶艦，與爆炸所產生的巨大水柱相比，更襯托出核武器的巨大威力。然而，與此後美蘇試爆的大當量、超大當量核武器相比，當時的爆炸威力仍相對較小。在整個40年代大多數時間裡，美國人盡管都知道他們的國家掌握並龍斷著一種足以阻止斯大林龐大軍隊的大威力武器，但並不清楚它們的數量極為有限。事實上，很多人認為，美國在比基尼環礁進行的核試驗除了完善這種武器本身外，還帶有向蘇聯顯示美國已擁有可供實戰應用的核武庫的意味。直到1949年8月，蘇聯成功地試爆了該國首枚原子彈，這令美國充滿恐懼和震撼。（美國海軍學院）

簡　介

　　冷戰終結得頗為波瀾不驚，沒有大規模的戰爭、衝突，有的只是一個改朝換代的國家所必須經歷的種種喜怒哀樂。1991年12月25日晚7點35分，飄揚了七十余年的蘇聯國旗被從莫斯科克里姆林宮的尖頂上最後一次降了下來。它所代表的國家已不復存在了。蘇聯共產黨，這個曾經領導著蘇聯和整個東歐地區在長達半個世紀的時間裡與西方對抗的政黨，此時已被宣布為非法組織。曾經集結在它的旗幟下、令西方瑟瑟發抖的龐大軍隊，亦自此開始走向破敗與頹廢。蘇聯曾經建立起的龐大工業體系，亦因這個國家的敗亡而四分五裂。反映新的政治現實的還包括很多城市名稱的更迭，共產主義時代為紀念列寧曾被命名為「列寧格勒」的重要城市，現在恢復為沙皇時代的名稱「聖彼得堡」。

　　改變來得如此寂靜，既沒有慶祝國家新生的慶典和游行，也沒有因與外國宣戰的緊張和壓抑。然而，冷戰卻又是一場真正的戰爭，對陣雙方較量的真實程度與兩次世界大戰不遑多讓。冷戰並非如一些人所想象的，是因為誤解和誤判而導致的敵對事件。它的爆發有歷史線索與必然性，在這場以全球為戰場的冷戰中，那些爆發在朝鮮、馬來西亞、越南和阿富汗的衝突都只是這場大戰中局部的熱戰戰役。從始至終，冷戰都被那些可能已爆發的熱戰表象所掩蔽，通過這些熱戰，冷戰真正的主角寄望影響演變中的形勢。

　　在大約半個世紀的時間裡，這場冷戰塑造著我們的生活和世界，而且冷戰的後果更可能影響未來的幾十年。在過去的幾年裡，出現了諸多令人厭惡與驚訝的事變，特別是在環繞著原蘇聯邊境的地區，這些都是冷戰所進行的模式及其最終結束的方式所導致的結果。至於其他幸存的共產主義國家，包括中國、古巴、朝鮮和越南，從蘇聯敗亡的經歷中所汲取的教訓，亦可能幫助塑造未來幾十年時間的形勢發展。

　　迄今，西方在多大程度上真正理解了蘇聯所發生的一切？現實的真相應該被如何更好地理解？如果西方未能理解蘇聯和其他共產主義政權的本質，那麼又怎能希望它們能夠理解當前更加陌生的社會現象呢（比如伊斯蘭原教旨主義運動）？是西方通過冷戰擊敗了蘇聯，抑或蘇聯體系本身就帶有受到詛咒的瑕疵而使其崩潰最終不可避免的呢？對於我們的將來，這些問題的答案仍顯重要。

　　從大歷史觀角度，冷戰的起源大約可追溯至第一次世界大戰末期到「二戰」結束之初冷戰號角正式吹響之前，整個過程發展得仍非常緩慢。傳統的戰爭大都伴隨著大

規模的衝突和戰事而展開，接著勢均力敵的戰爭雙方開始陷入代價高昂和乏味的掙扎對耗之中，在任一方精疲力竭之前消耗僵持的局面將一直維持下去。而冷戰之所以既未以熱戰啟局，其僵局過程又能得以強化，很大程度上源於對陣雙方對大規模核戰爭結果的恐懼。冷戰正式啟動之初的一次重大戰事——朝鮮戰爭，以及之後陸續發生的較小一些戰爭，亦都可看作蘇聯試圖通過歐陸主戰場的周邊地帶進行破局的嘗試，正如「一戰」期間英法等國在達達尼爾海峽所開闢的新戰場那樣。到冷戰末期，一些人可能將蘇聯在20世紀70年代末的軍事集結和對外行動類比為德國1918年在完全絕望之前實施的進攻行動，兩者都是在預感到失敗後所最後爆發出的拼命一擊；而里根政府對蘇聯發起的軍事、經濟攻勢則被看為1918年盟國的反擊。還有一對最為有趣的對比，1918年德皇政權的突然崩潰與蘇聯共產主義制度的突然瓦解，尤其是後者的瓦解似乎更出乎美國及其盟國的意料，正如1918年同樣未想到德意志第二帝國也會在一些重大軍事行動失利後爆發崩潰的戲劇性結果。

在比較「一戰」與冷戰時，另一類相似的可供對比的則是戰爭目標。1914年德國啟動戰局是為先避免與想象中權勢日益增長的俄國先行碰撞，因而，率先在西線主要對法國發起進攻（擔心法國將支援它的盟友俄國）。對此，德皇認為他的戰爭是防禦性的，因為他不能被腹背受敵的戰略態勢所懾止而不發動先發制人的進攻。在德國率先進攻的情況下，協約國同樣也認為他們的戰爭是防禦性的。雙方最終制定出不同的戰爭目標，但這些目標亦總是相當模糊的。

類似的，成立之初的蘇聯政權同樣相信的是，通過他們奪取政權的經驗將啟發資本主義世界中的工人階級，而掌權的資本主義政府基於鞏固自身政權的自衛目的將不可避免地准備消滅蘇聯。因而，蘇聯對西方的進攻將具有先制的、預防性的性質（即本質上是防禦性的）。西方對蘇聯建立後內戰的干涉更證明並加劇了蘇共精英們心中的恐懼，因此內部的反對派（「反革命」勢力）亦很容易被歸咎為受外部勢力的影響。

另外，蘇聯高層心中還有一個從未言明的疑慮，即西方資本主義世界所建立的發展模式和樣板可能最終會削弱蘇聯的權力與威信。因此，在其看來，資本主義世界僅僅因其本身的存在，就必然成為了對蘇聯的某種形式的威脅；基於其共產主義意識形態出發，蘇聯更認定沒有任何一種資本主義政府能夠被認為具有在未來世界中的真正合法性。這些觀念，至少在蘇聯政權存續的幾十年間在其內部是從未被真正質疑過的，期間也很少為西方所理解，這進而解釋了為什麼冷戰必然會以一方的徹底崩潰而告終。可能與第一次世界大戰不同的是，冷戰雖同樣經歷了殘酷的衝突與斗爭才得以結束，但這些衝突與斗爭卻是以非熱戰的形式所進行著的。

對於西方而言，正如第一次世界大戰那樣。冷戰的最初的目標僅僅是擋住蘇聯可能的進攻。到20世紀50年代初期，西方的目標逐漸過渡到促使蘇聯成為一個正常的國

家，接受其他國家和類型政府的合法性。很多人認為冷戰結束於1963年，以赫魯曉夫在古巴導彈危機中退縮為標志；一些人則將蘇聯（也許）因美國而直接引發的崩潰視作冷戰結束。事實上，考慮到蘇聯之所以能夠建立並維持所依賴的意識形態基礎，只要蘇聯仍存在著冷戰就不會結束，類似的這樣的國家自建立起就意味著冷戰的啟局。特定的領導人，比如米哈伊爾·戈爾巴喬夫，雖然可能帶來與西方的休戰，但整個蘇聯體系才是真正的問題。

對於西方人士而言，蘇聯是個令人費解、相互矛盾的集合體，它似乎與其他國家沒什麼區別，但同時它又是個主要的革命輸出國，對它而言其他非共產主義政權都是非法的、不合邏輯的，最終都要被與其同類的共產主義政權所取代。類似似是而非的情況更復雜化了外界對蘇聯外交政策的理解。作為一個國家，蘇聯尋求與其他國家建立傳統外交關系，國與國之間的定約主要由外交部門（「二戰」前由外交人民委員會）負責處理，到1945年戰後外交部門更多地聚焦於與西方國家間的關系；而傳統外交關系中涉及與其他革命政府和革命黨派的黨際關系，則由蘇聯共產黨國際部負責。因此在1973年10月的中東戰爭期間，蘇聯政府的外交部更看重與美國的緩和關系因而傾向於克制；而蘇共國際部則傾向於支援埃及和敘利亞人的反以和反帝戰爭，因此其結果必然是對外政策的矛盾與混亂。

蘇聯對革命和意識形態的主張，無形中放大了中蘇分裂的影響。為維持其在世界共產主義運動中的領導地位，蘇聯共產黨發現他們不得不設法獲得外國黨的支持。因此，中蘇分裂後蘇聯對東歐各共產主義國家的控制模式急劇改變，這最終帶來了災難性的結果。在東南亞，蘇聯發現他們難以強迫北越放棄其統一南越的願望，而只為了維系蘇聯與美國之間的關系，因此導致了現實中的越南戰爭結局。作為對比，類似的要求他國共產黨和政府為了蘇聯利益而作出犧牲的案例，在斯大林時代比比皆是。

另一類相當重要的冷戰主題是共產主義國家與西方左翼政治力量之間的關系。共產主義風格的言論總是要求社會公正與正義，似乎是西方涵蓋更廣的左派的一部分。然而，共產主義國家類似的言論本質上是一種掩示和偽裝。共產主義政權更在乎奪取並保有其政權，傳統和法律根本無法限制它們的行事。此外它們的政策取向也無需考慮大眾訴求，因此更談不上妥協與調節。在這方面，它們更像奉行法西斯或納粹主義的政權，而非西方的自由主義——左翼黨派。

對內統治方面，共產主義與納粹共通之處，在於都共享著相同的、以暴力進行獨裁統治的內核，但主要區別則在於兩者相似內核的不同外在表象。當然，由於共產主義政治的語言體系與西方的自由主義左翼政黨較為相似，即便很多民主派政黨要否認這一點亦非常困難。因此在20世紀二三十年代，蘇聯共產黨所公開宣傳的意識形態理論的確吸引了很多西方的支持者們，特別是在20世紀30年代初似乎表明西方資本主義體系走向沒落的大蕭條開始之後，這種情況更加普遍。西方的很多左翼人士想象，共

產主義最終將演進成某種類似西方民主社會主義的全新制度。因此，他們願意對同期蘇聯共產主義制度所顯示出的獨裁、有組織恐怖等不那麼令人愉快的事實視而不見。至少在第二次世界大戰之前，蘇聯情報機構和他們在西方發展的代理人們，在破壞那些願意證實蘇聯社會真實性的政治流亡者和叛節者的聲響、乃至消滅其肉體等方面，取得了非常高效的成功。即便在1956年赫魯曉夫「秘密報告」之後，西方的很多人士仍傾向於想象認為只是斯大林使蘇聯這個自由的國家偏離了正確的方向，假以時日完全可能發展成為采取類似西歐社會民主主義制度的國家。類似的幼稚想象亦解釋了為何那麼多人不願承認蘇聯一直以來所表現出的好斗和侵略性。

相反，那些反對共產主義的人士便發現，有время要將共產主義與西方的自由主義左翼勢力（後者亦會攻擊非共產主義者）區分開同樣很困難。因此，在互相敵視的情緒和氛圍中，冷戰初期西方的左翼力量往往受到打壓和抑制，故而在西方受到攻擊的非共產主義者們轉而將反共產主義的意識形態視作對合理的西方自由主義意識形態的攻擊。這也是為何反共擴大化的麥卡錫主義會實質上摧毀整整一代美國人的自由主義意識形態的原因。

同時，共產主義政權對諸如「民主」和「社會主義」等詞藻的運用，更使很多事情進一步復雜化。對他們而言，「民主」意味著一套他們能夠奪取並維持其權力的政治體系，很多共產主義政府將他們的政權冠以「人民民主」之類的稱謂；而「社會主義」則意味著他們的政治體系是以與資本主義的社會形態的對應形態為導向的。因而，對於蘇聯的共產主義者而言，對西歐國家的「民主化」改造（使其能夠發展成為社會主義制度），並非溫和的政治改良計劃，而是要推翻西方現有社會制度並代之以自己的「社會主義」制度。在共產主義者的意識形態中，共產主義將是人類社會未來發展的一個階段，它將在一國的社會主義建設達到較高級的完美階段時才能達到。對於赫魯曉夫和勃列日涅夫所宣揚的「建設共產主義」來說，作為最終發展目標的共產主義，將在物質方面達到類似的目標：屆時各種商品將極大的豐富，每個人都能各取所需。作為共產主義初級階級的社會主義，其與資本主義社會不同之處在於，盡管作為社會中堅的勞工階級將不再受到（資本家的）剝削，但各類商品仍處於相對短缺狀態，所以仍需根據勞動者的貢獻以工資的形式按勞分配勞動產品。但實際上，類似的設想完全與現實毫無關聯，比如一個蘇聯時代的笑話就說到，資本主義是人剝削人的社會，而共產主義則恰恰相反（被剝削的人成為剝削者，意即同樣如此）。

在蘇聯特有的話語體系下，其使用的詞藻似乎影響著統治者對其國內所發生一切的認知和感覺。冷戰時期，前蘇聯及其前衛星國的評論員們在論及很多議題時，其探討的過程和達成的結果無不通過其意識形態眼鏡表現出對現實情況的扭曲。如果無法真正理解這套特定的語言體系，西方很難通過蘇聯的官方宣傳真正理解其意涵，甚至西方領導人在與類似斯大林這樣的蘇聯領導人交流時亦會倍感困難。

很多世紀之前，中國古代的戰略大師孫武曾說，「知己知彼，百戰不殆；不知彼而知己，一勝一負；不知彼不知己，每戰必敗」。對於冷戰，無論是在其開端還是到末期的20世紀80年代，西方應對的中心戰略是「遏制戰略」，此戰略的設計在本質上是基於既實現了「知己」，又努力實現了「知彼」（對蘇聯基本特性的理解）所做出的。斯大林能做到「知己」，但無法作到「知彼」，因此他僅能在冷戰初期確保蘇聯生存下來，難以更進一步。而米哈伊爾·戈爾巴喬夫因其即無法「知己」（未了解蘇聯本質上以強制或恐怖來實現的統治），更難稱得上「知彼」（對西方心存幻想），因此最終輸掉了冷戰；原因在於他過於相信宣傳並形成了對現實的錯誤理解。對那些蘇聯體制內的人士而言，他們同樣很大程度上未正確理解蘇聯政權的實質，因此最終的崩潰難以避免。

由於冷戰以非常緩慢的節奏進行著，因而美蘇國內的政治形勢對於冷戰的影響顯得極為重要。例如，蘇東集團所發生的很多事情都能追溯到蘇聯領導層的改變，20世紀70年代蘇聯強化其軍備似乎是此前赫魯曉夫改革路線遭到清算後的必然結果，因為前者的改革直接觸動了其軍隊和軍工集團的利益，因而新的統治者不可避免地需要迎合這類強大的勢力。而米哈伊爾·戈爾巴喬夫之所以會葬送了蘇聯並輸掉了冷戰，很大程度上在於他笨拙地嘗試使蘇聯跟上西方的新技術革命步伐，而他又無力凝聚國內各利益團體的共識，使改革遭遇巨大的掣肘。尤其是西方同期蓬勃興起的計算機、信息產業，在蘇聯走向其最終的政治宿命過程中扮演了雙重性角色：既加劇了蘇聯再次工業化的難度和成本，又迫使蘇聯無法再以傳統的宣傳手段壟斷國民的頭腦而不得不放松對社會的管制。

有趣的是，盡管很多人心目中的冷戰是美蘇兩國的雙邊「游戲」，但在冷戰的大多數時間內卻至少還有第三個重要玩家——中國。美國曾很熟悉對蘇聯打出「中國牌」，以此平衡蘇聯的擴張；而中國人同樣借重向蘇聯打出「美國牌」以保障自身的安全。事實上，除中國外，其他主要國家在冷戰期間的不同時期亦扮演著階段性的重要角色。例如，冷戰之初，斯大林甚至希望依賴其「英國牌」或「法國牌」來處理、平衡與美國的關系。斯大林曾支持毛澤東的中國革命以便將西方勢力驅逐出東亞，但他又擔心毛的民族主義意識形態可能會驅使中國重新奪取過去三個世紀沙俄從中國攫取的土地。而美國在大力支持西歐國家對抗蘇聯的同時，亦打著肢解歐洲殖民帝國的算盤，這構成了冷戰初期西方集團內部矛盾的主線。朝鮮戰爭中，盡管英國與美國一道與中國交戰，但又時刻擔心類似的挑釁行為會使中國奪取其在中國南方的重要殖民地——香港。類似的例子不可盡數。

冷戰還伴隨著世界范圍內的民族意識群體性覺醒和第三世界的崛起。就此而言，這些新出現的第三世界國家往往在獨立後立即就面臨選邊站隊的問題，只有訴諸冷戰中的一方，他們通常就能容易地獲得重要的支持與援助。但隨著冷戰的終結，類似的

援助很快枯竭，一些國家的政權，比如剛果的約瑟夫·蒙博托政權，亦隨之崩潰。

　　在冷戰期間，很少有人預見到它會終結，當時對未來的預測是一件高風險的事件。大約在1973年秋季，筆者正在赫曼·卡恩的哈德遜研究所從事研究工作，當時在筆者看來未來似乎一片黯淡，在可以預見的未來冷戰似乎並無盡頭（而且，就算會結束很可能也是以西方的崩潰為結局）。蘇聯似乎比西方更具活力，他們開始在第三世界地區取得一系列非常成功的冒險；而同期在美國，正經歷著越南戰爭和水門事件對社會的群體性撕裂，美國政府似乎完全無力應對此類外部和內部的挑戰。在軍事領域，對比當時東西方的情況更令人絕望，美國經濟似乎絕無可能支撐蘇聯部署在歐洲的那種規模的龐大軍隊。這種重壓似乎已明顯對美國的歐洲盟國構成了脅迫，令他們在未來的戰爭采取對美國而言更為不利的、近乎中立的姿態。

　　然而，大約在10年之後，形勢發生了逆轉，蘇聯顯然處於更大的麻煩之中，但當時仍僅有很少有人能夠想象得到他們所面臨問題會如此之致命。更多的人認為，正如過去那樣，蘇聯的統治層似乎仍能通過強化對國內的控制維持其政權。對於西方，未來的問題似乎仍是美國及其倦怠的歐洲盟國們能否在蘇聯的持續威脅中幸存下來。至少在筆者記憶中，20世紀80年代中期沒有學者能預見到冷戰會以蘇聯的崩潰而結束。

　　甚至到了1990年，當時米哈伊爾·戈爾巴喬夫即便大談關系緩和，西方的觀察家亦意識到他的姿態只不過是在為蘇聯國內的調整爭取時間和空間，但同樣沒人能想象得到蘇聯此時距離其崩潰只有不到一年時間，以及曾經建立了這個國家並在此後的時間裡令西方寢食難安的蘇聯共產黨會很快被宣布為非法組織。也許，以往蘇聯的統治層發自本能地清楚，如果放棄了向世界輸出革命，無處舒緩的內外部壓力將摧毀這個國家，到戈爾巴喬夫執政時期，他卻無意中證明了這一點的正確性：放棄了斗爭與對抗令共產黨政權自身的合法性問題凸顯出來。

　　冷戰是一場共產主義對決資本主義的漫長戰爭嗎？或者說它只是傳統以擴張為本質的舊式俄羅斯帝國主義，披著一套共產主義意識形態外衣，與其他反對其擴張的國家之間的爭斗？如果問題的本質是共產主義與資本主義的對決，那麼未來我們不太可能再次經歷類似的冷戰；但如果冷戰是一場傳統的俄式擴張，那麼暫時蟄伏的俄羅斯民族主義一旦復蘇，可能很快就會將西方拖入冷戰的第二輪。要謹記的是，導致兩次世界大戰的主要原因，更多的是國家利益之間的競爭，而非意識形態之爭。

　　隨著蘇聯解體，大量關於冷戰期間蘇聯一方的信息得以公開，也只有在冷戰結束之後，外界才能一窺當時蘇聯各種行為、行動背後的邏輯與原因；類似的，西方同類的文件資料的解密亦可提供相應的資料佐證以及同期西方的應對情況。如此，我們亦能更全面、深刻地理解冷戰時期雙方的戰略決策、技術發展和重要行動。在這些資料的幫助下，我們能夠首次將很多冷戰時期的重要事件與當時的雙方的外交和經濟情況聯系起來一同觀察，比如古巴導彈危機時美蘇兩國的軍事技術水平、戰備狀況，以及

兩國同期的政治、外交和經濟態勢，通過類似多角度全方位地比較也許會得出一些令人驚訝不已的結論。

　　冷戰可以被避免嗎？或者更確切地說，冷戰期間耗費無數的軍費能否被節省下來，氫彈不被製造，大量的士兵和平民不必在類似朝鮮、越南、柬埔寨和剛果的戰場上喪命？諸如此類的問題常常引起人們的深思。但正如本書第一章中所述，列寧和斯大林認為，西方資本主義世界的消亡既是不可避免的，也是作為首個社會主義國家的蘇聯生存所必要的。類似的，列寧還曾說過，兩個階級之間的鬥爭除非以一方的徹底失敗而告終，否則將並永不會結束。顯然，冷戰具有某種不可避免性，即便不以這種方式呈現，也會以其他方式進行。

　　本書以時間年代為序，共分為六個部分。

　　第一部分以蘇聯初期和斯大林與西方的對抗開篇，時序上以兩次大戰之間的西班牙內戰為起點，並以第二次世界大戰結束時雙方的態勢為結尾。如此劃分篇章，關節點在於自「二戰」末期出現的核武器，它使後繼的冷戰對抗更加凜冽和冰寒，將其作為冷戰舞台初啟的節點具有合理性。

　　第二部分一開始敘述了戰時盟國（美英與蘇聯）之間自大戰末期開始醞釀的敵意，以斯大林戰後首輪展開的大規模戰備為結尾，闡述了期間的各種重大事件並分析了原因，特別是戰後民族主義的興起，這其中尤其是令西方和蘇聯都頭痛不已的中國和南斯拉夫的獨立。面對蘇聯的強大壓力，幾近絕望的美國發現除非依賴原子彈，否則根本無力對抗蘇聯強大的軍隊。

　　第三部分則闡述了雙方在冷戰初期都擁有了原子武器後所面臨的僵持局面。包括其中美蘇在全球邊緣戰場進行的幾次局部熱戰，比如美國發動的朝鮮戰爭，法國為維持在印度支那的殖民統治而進行的戰爭。期間，相關章節敘述了艾森豪威爾和赫魯曉夫面對新形勢所做出的不同決策，西方在中東遭遇民族主義浪潮後的大潰敗，以及毛澤東與赫魯曉夫之間的分歧對共產主義世界分裂的影響等。

　　第四部分則聚焦於冷戰期間美蘇之間在導彈核武器領域的激烈軍備競賽，包括古巴導彈危機和美國開始干涉越南等重大事件。

　　第五部分著重闡述了越南戰爭及其後續結果，美國和西方因越南戰爭而喪失的戰略優勢以及同期勃列日涅夫執政時期蘇聯開始強化軍備。

　　第六部分敘述了西方自20世紀70年代末發起的反擊，這最終拖垮了蘇聯並結束了冷戰。相關章節的內容解釋了西方的新技術革命與蘇聯解體之間的直接和間接聯繫。

　　貫穿各篇各章節的，則是本著作所致力於分析和闡述的各類事件之間的聯繫。例如，斯大林對狄托、毛澤東分別的看法和觀念，以及這兩種看法之間的相互影響和關聯；他對歐洲的戰略目標，以及他支持東亞革命運動之間的聯繫。類似的還有，肯尼迪總統對拉丁美洲動蕩形勢的應對，及其對東南亞革命運動的反應之間的關聯；蘇聯

對美國在越南戰爭中的意圖判斷，以及此判斷與同期1967年爆發的中東戰爭之間的關系。冷戰期間，美蘇在技術領域發生的重大事件，同樣存在著大量關聯，例如：美國國家的民用化學工業與其導彈技術發展之間的關系，美蘇兩國導彈技術競賽之相的相互競爭與發展等。最後，對比美蘇雙方在不同時期的政治態勢亦可形成有趣的類比，例如：20世紀80年代處於戰略劣勢的戈爾巴喬夫與處於攻勢的里根總統之間的關系，就與70年代優劣位置互逆的尼克松總統與勃列日涅夫之間的關系較為相似。這些聯系與類比亦可能為觀察後冷戰時代的當前和未來形勢發展提供有益的借鑒與參考。

1945年7月，美、蘇、英三國領導人在波茨坦會議上的留影，這也是冷戰爆發前反法西斯同盟國領導人最後一次在友好會議中的合影。照片中從左至右坐著的領導人分別是取代丘吉爾新當選英國首相的克萊門特·艾德禮、美國總統哈里·S.杜魯門和蘇聯元首約瑟夫·斯大林。斯大林曾對溫斯頓·S.丘吉爾（英國戰時首相）在大戰結束後迅速在戰後英國首次大選中失敗，感到非常震驚。在三大國領導人之後站立著的分別是他們最重要的幕僚和助手，冷戰初期他們扮演了重要的角色，從左至右分別為美國海軍上將威廉·D.萊希（羅斯福總統戰時的高級幕僚），英國外交大臣歐內斯特·貝文（北約的主要設計者），詹姆斯·伯恩斯（杜魯門的第一任國務卿）和蘇聯外交部長維亞切斯拉夫·莫洛托夫（斯大林的重要支持者）。1939年莫洛托夫曾主持與納粹德國談判並簽訂了互不侵略條約，直接加速了第二次世界大戰的爆發。（美國海軍學院）

第一篇

舞台初啟

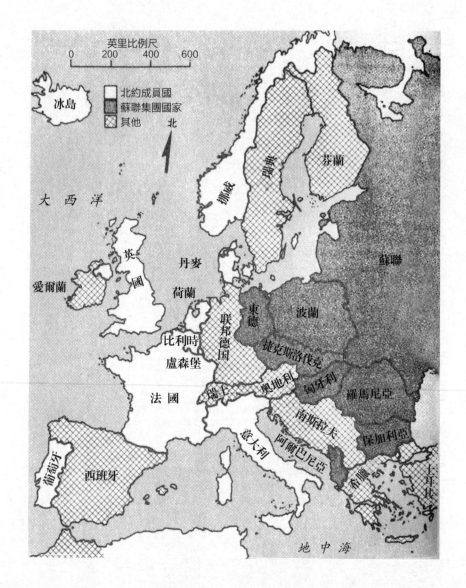

西歐

　　冷戰結束獲益最大的是西歐地區。圖中所示為1949年時北約初步成形時的歐洲形勢。這一時期，奧地利仍由西方和蘇聯分別占領著，希臘和土耳其仍未加入北約，西德（聯邦德國）也仍未重新武裝。這張地圖並未顯示出各國邊境所經歷的急劇變化，包括波蘭重獲波羅的海的一段出海口，這部分領土戰前原屬德國；蘇聯獲得了戰前原屬波蘭的一塊土地。注意圖中底部的阿爾及利亞地區，當時該塊地區仍屬法國殖民地，因此也在北約的防御范圍之內。

摘自阿爾弗雷德·戈爾德貝格（Alfred Goldberg）主編《國防部長辦公室歷史室》，卷1《1947—1950年，形成時期》（華盛頓特區，國防部長辦公室，歷史辦公室），第476頁。

第1章
戰爭與共產主義

1937年，當斯大林試圖掌控正在進行中的西班牙內戰的進程時，冷戰就已開始了。這是蘇聯在其內戰結束後首次嘗試控制另一個國家。[1] 但是嘗試失敗了，正因為其失敗以及俄羅斯在隨後爆發的第二次世界大戰中成為西方的盟國，東西方在西班牙的賭局從未被廣泛地認清和理解。很多西歐的人士將當地發生在西班牙的一切視作有歐洲國家首次抵制希特勒和墨索里尼。當時，斯大林對奪取西班牙內戰主導權的嘗試，似乎也與其在蘇聯國內的「笨拙」舉動（即正在進行中的「大清洗」運動）相關聯。畢竟，斯大林早在1924年就宣示其「在一國建立社會主義」的政策。[2]

事實上，斯大林從未放棄其擴張主義。[3] 在20世紀30年代，蘇聯才剛從之前內戰的失敗中初步恢復。根據共產主義者的意識形態（繼承自列寧），全世界的人民都緊隨著自己的階級利益，更具體地說，全世界的工人階段應該緊跟宣稱代表其利益的共產黨的領導。國家間的傳統邊界僅僅是一個幻覺，俄羅斯的布爾什維克革命將不可避免地成為全球無產階段革命的開端。至於為什麼類似的革命會率先爆發在俄羅斯，則只是一個偶然性事件，甚至略含其不幸色彩，畢竟第一次世界大戰中爆發革命的俄羅斯充其量只是一個原始的工業化資本主義國家，工人無產階級只占其總人口的很少的比例。根據共產主義的意識形態，俄國所爆發的革命遠稱不上無產階級全球革命的真正勝利，除非無產階級能在類似德國這樣的無產階段工人占優勢比例的國家取得政權。相對的，俄國國內的人口中保守的農業人口占有更高比例，完全可能「淹沒」其少量的工業人口。

第一次世界大戰使列寧和斯大林意識到，在一個穩定的社會或國家裡，只有發生戰爭或類似的災難使整個社會崩解開來時，革命才有可能取得勝利。[4] 兩者也都不承認當時資本主義國家爆發的戰爭所顯露出的一個事實，即戰亂國家中的工人階級仍以國別，而非按其階級屬性去思考、看待問題。對於第一次世界大戰前各主要國家社會

---

[1] 薩林和德沃列茨基：《外來的戰爭：蘇聯對世界的攻勢1919—1989年》，第6頁，第19頁（Sarin and Dvoretsky, *Alien Wars*, 6, 19）。最顯著的證據是1937年底一份蘇共政治局的會議報告，在此次會議上蘇共領導層擬制了發往西班牙政府的一份指令，其中的語調和口氣更像是蘇共發往下屬部委或地區委員會的指示，而非一份發給外國政府的文件。科斯特洛和查夫：《危險的幻覺》也證實了這點。不幸的是，並沒有直接的證據表明斯大林決定試圖將西班牙打造成蘇聯位於西南歐的重要衛星國。

[2] 加迪斯：《我們現在知道了：對冷戰歷史的再思考》，第13頁（Gaddis, *We Now Know*, 13）。

[3] P.蘇多普拉托夫等人：《特殊任務：一名蘇聯間諜不必要見證的回憶錄》，第102頁（P. Sudoplatov et al., *Special Tasks*, 102）。

[4] 拉克：《斯大林通往西方之路》，特別是第21頁（Raack, *Stalin's Road to the West*, particularly 21）。

黨（或社會主義者）所攪起的革命激蕩，更真實的情況是1914年各國工人更傾向於將其他國家的同行們視作爲潛在的對手，非而兄弟。戰爭並未使他們改變這一態度，正相反，這種傾向甚至更爲加劇。第一次世界大戰後，大量的工人無產者們聚集在國家主義、民族主義的旗幟之下，起初是法西斯主義，之後是納粹主義。甚至俄羅斯的國際主義也從未全然地展現出真摯的一面。那些一開始響應國際共產主義號召而加入社會運動的人們最終發現，他們的所作所爲只是在支持俄羅斯和俄羅斯的民族主義。

　　列寧試圖將革命擴散向德國，因爲他對俄國國內的革命運動能否單獨生存心存疑慮。[1] 1919年，他命令德國的共產主義者們發動政變，但德國工人拒絕遵從其要求，德國的共產黨也遭受嚴重的損失。1920年，在蘇俄軍隊侵入波蘭時，列寧再次在德國引爆共產主義革命。然而，蘇俄表面上似乎取得了勝利，但他們致命地分散了自己的力量使得革命最後功虧一簣。我們現在知道，列寧當時曾命令侵入波蘭的紅軍分出一部向德國方向進發，以建立起與想象中在德國東部爆發革命的工人起義者們的聯系。[2] 蘇聯紅軍早期的軍事領袖，如斯大林和圖哈切夫斯基等，都參與了當時的戰事，之間的恩怨亦爲後來發生的一切埋下了伏筆。例如，列寧命令侵波紅軍（由圖哈切夫斯基任總指揮）分出一部向德國東部進擊時，指揮此紅軍分支的正是斯大林，後者當時雖放棄了自尊遵行了列寧的命令，而兩支部隊此後的境遇、表現，使得斯大林很可能在此時就對圖哈切夫斯基元帥心生怨恨，畢竟後者在戰場上的表現更凸顯出斯大林當時的愚蠢。之後，1921年德國共產黨的「三月行動」又再次遭受失敗。

　　第一次世界大戰的失敗使參戰的奧匈帝國徹底分裂，這也爲蘇聯輸出其無產階級革命提供了機會。1919年貝拉·庫恩（Bela Kun）曾在布達佩斯建立起短暫的共產主義政權，但他卻愚蠢地立即向周邊新獨立的羅馬尼亞和捷克斯洛伐克發起了進攻，這兩個國家當即聯合起來應對布達佩斯的共產黨政權。匈牙利人在進占斯洛伐克後，宣稱在當地建立蘇維埃共和國，但隨著他們撤離後這個政權很快崩潰了。蘇俄的軍隊也在此時對捷克和羅馬尼亞發起進攻，然而，隨著之後俄國內戰的爆發，列寧無法再維持對外軍事行動，在其將中歐的武裝力量撤回以應對國內戰事後，匈牙利人的攻勢也被瓦解了，庫恩之後的行動也未能顛覆奧地利政府，1923年共產主義者在保加利亞和愛沙尼亞發動的武裝政變也遭到了失敗。

　　與此同時，1919年3月，在列寧的主導下，第三共產國際組織（Comintern）得以建立，如果全球性的共產主義革命如其所願很快到來的話，共產國際將是指導此類革命的「總參謀部」。當時，列寧已挑選德國共產黨（KPD）作爲將革命運動潛在地向西方各國傳播的重要組織，爲達成此目標，他建立起秘密機構和制度以圖控制德國共產黨，到1923年時德國共產黨已然成爲蘇聯共產黨的附屬組織。駐莫斯科的共產國

[1] 派普斯：《布爾什維克政權之下的俄羅斯》，第155頁（Pipes, *Russia under the Bolshevik Regime*, 155）。

[2] 派普斯：《布爾什維克政權之下的俄羅斯》，第163頁（Pipes, *Russia under the Bolshevik Regime*, 163）。

際組織也盡可能地將其秘密代理人安插進外國的各類政黨，以確保其緊隨俄共的路線。[1] 當時，在新蘇維埃聯盟國家之外的各國學者和社會人士，幾乎沒人理解列寧或其他蘇維埃領袖們曾多麼嚴肅地看待世界無產者的革命運動問題。蘇聯政權，是否代表著一種新的顛覆性的威脅，抑或還是擁有著與西方類似的國家利益的新生政權？

　　1919年，列寧向德國輸出革命的經驗顯示，除非當地的共產黨要麼能控制該國的左翼力量，或者以某種方式控制住工人運動，否則其發起的政變很難取得成功。之後，蘇聯在保加利亞和愛沙尼亞的經歷也表明，共產主義政變爆發後往往需要得到及時的武裝支持，以防止或戰勝來自資本主義國家的武裝干涉。因此，在國際共產主義運動風起雲湧之際，紅軍完成集結並做好准備，可能將是支持外國共產主義運動成功的首要前提。在經歷一系列失敗後，列寧宣布了新的「和平共存」的政策，這實際上意味著將以非軍事的手段繼續其革命輸出。對於西方，這充滿著偽善的意味。畢竟，確切的和平共存，需要各國政府彼此接受相互間政權的合法性。

　　更根本的，西方深刻地誤解了新興的共產主義政黨，他們總是以西方政治體系下的政黨作爲參照，認爲其不同於西方的任何政黨。始於列寧對共產黨組織、路線和策略的定位，共產黨並不在乎其采用何種路線，只有實現其創黨的最終目標——共產主義，才是至關緊要的。這意味著，黨在各個階段采取的路線，只是一種策略或戰術。列寧所領導的共產主義運動之所以在俄羅斯取得成功，是因爲他的政黨（派別）避免了陷入其他競爭性派別對路線手段的無止盡的爭論或猶豫。即便在20世紀20年代中期，蘇共最開放的時期，列寧的政黨仍僅由人數非常小的核心決策圈所掌控。因此，政黨要在政策、路線方面做出非常激進的變化，也只需少數關鍵領導人的支持就能實現。

　　然而，西方不理解的是，共產黨雖然致力於實現無產階級的崛起和最終達成共產主義社會，但在此過程中，其路線政策可能具有無窮靈活性。與此相對照的是，西方的政治人物要推行其政治理念，需要得到大多數民眾的支持。然而諷刺的是，西方政治家爲保持其追隨者們的忠誠，因爲其民眾有更多的選擇，往往在策略、路線上更需保持連貫和一致。革命之前，共產黨的領導者們需要以一支小規模的、有高度凝聚力的革命團體展開其行動，但在革命成功後，他們需確保整個社會再無合法的、可供大眾選擇的其他政黨。俄共初期的經歷正鮮明地體現了這些特徵，考慮到列寧作爲創黨領袖的巨大威望，他實際是決定著所有重大政策和路線。當他之後因生病而無力掌控局勢後，代行其職責的，則是黨內精英組成的小決策圈子。在後列寧時代的蘇共，斯大林因爲贏得了對政策、路線（即全體黨員應當追隨的、適合當時要求的策略）的

[1] R.J.帕普利維爾：《克格勃和蘇聯集團的控制：以東德爲例》（R.J.Popplewell,「The KGB and the Control of the Soviet Bloc: The case of East Germany」），摘自亞歷山大：《了解你的朋友：自1914年以來至冷戰時期的聯盟和伙伴內部的情報》，第258頁（Alexander ed. *Knowing Your Friends*, 258）。

爭論，而最終主導了黨的決策圈子，並取得類似列寧在黨內的地位。而當時斯大林的主要競爭者，紅軍的創建者——托洛茨基，在當時的論戰中則強調繼續世界革命的理論。

斯大林竭力說服決策層的其他黨的領袖們同意其觀點，即「社會主義能夠首先在一國建成」，當前國內所有的努力，都應致力於恢復因第一次世界大戰和之後內戰對蘇維埃國家所造成的可怕損害。為了在列強環伺、圍堵的國際環境中生存，必須先建立起強大的軍事力量，對斯大林來說，這意味著國家必須擁有強大的工業基礎。然而，如果像托洛茨基所主張的，蘇維埃政權繼續其世界革命的理論，而在蘇聯重新恢復實力之前冒然為輸出革命而投入世界性戰爭，這必將危害到革命和蘇聯自身。部分地由於對黨的路線的爭論的失敗（但也決非全因於此），托洛茨基先是被驅逐出黨，接著又在1927年流亡他國。

1929年，斯大林通過發動一場「自上而下的革命」，得以繼續提升其在黨內的地位。他啟動了一系列的「五年計劃」以盡快恢復國家的重工業能力，為建立強大的軍事力量奠定基礎。為了實現他所宣稱的在一國率先建立社會主義的理論，他將共產國際用作實現蘇聯國家利益的工具，例如，通過這一組織獲取西方國家的先進工業和軍事技術機密。這一時期，世界性的革命行動被實質性地推延了。在斯大林眼中，作為世界無產階級革命的中心，全世界的無產階級革命者都應保護蘇聯：如果蘇聯失敗了，他們也將無法生存。由於大多數西方人將共產主義理想視作一種不切實際的幻想，他們也對斯大林當時所設定的路線產生了誤解，即蘇聯仍是一個傳統的國家強權，對於繼續革命理論只會作些空洞的口頭宣示。

當時，西方還特別地誤解了斯大林所致力於建設的、用於保衛革命的強大軍事力量的重要意義。蘇共在20年代初期的一系列失敗使斯大林深信，一旦革命風潮在國外爆發，作為世界革命中心的蘇聯必須集結和運用強大的軍事力量以支援外國的革命運動。而且，俄國建設社會主義和世界無產革命運動之間也並無矛盾。通過革命，將使更多國家置於斯大林的控制之下，因為正是他領導著世界共產主義運動和蘇聯。因此，世界革命將必然自動地拓展著蘇聯的國家利益。此外，斯大林還期盼主要資本主義強國間爆發另一場主要戰爭，這將撕裂西方社會並給予共產主義運動擴張的機會，而列寧也曾預言資本主義社會內部的各種矛盾將使這樣的戰爭不可避免。對蘇聯和斯大林來說，問題在於如何准備利用戰爭所帶來的機會。

自建立初期，蘇聯的軍事能力發展很大程度上依賴於另一個戰敗國家——德國的援助。在《凡爾賽和約》的桎梏下，德國的軍事潛能受到了嚴厲的限制，戰勝國不允許其試驗重要的新興軍事技術，比如坦克和飛機。列寧和斯大林適時向德國人伸出了橄欖枝，向後者秘密提供了生產、試驗場地和設備。德國則提供技術幫助蘇聯掌握新式武器和戰術的運用，同時也為自己設計、制造和試驗各種武器裝備，很多這類在蘇

聯腹地發展起來的技術裝備日後也用於1941年對蘇聯的進攻。

　　大約在1932年，斯大林已成爲蘇共的最高領導人。[1] 像他之前的列寧一樣，他此時已能主宰黨的路線與政策。盡管他很大程度上憑借著批判托洛茨基的政策而上位，但在數年後他再次采用類似（托洛茨基）的政策時，他並未感到任何不安，而同時他仍命令他的秘密警察繼續追捕和刺殺托洛茨基分子。權力的邏輯如此簡單，斗爭的焦點並非具體路線、政策，而在於托洛茨基和他的追隨者們作爲斯大林政權的障礙必須被消滅。換言之，特別是用大眾化的語言，托洛茨基和他的政策與路線是分開的，前者對於斯大林而言什麼都不是，而後者則可爲其采用。正如此後斯大林在與希特勒交往時所言，與「布爾喬亞的政客們」不同，他與希特勒之間的互動完全自由和放松。[2]

　　但是，也有一個例外。當時，斯大林和他的蘇聯對先進技術、資金的獲得，仍在某種程度上依賴於其他國家的共產黨（及其同情者）的援助和支持。西方國家裡，很多公開表示信奉共產主義理念的人士甚至放棄其母國而加入到蘇聯，當然，也不完全取決於信仰，畢竟接近蘇聯共產黨也會逐漸帶來物資利益上的回報，反之亦然。因此，黨的路線的激進轉變在當時看來令人驚惶不安。一些黨員急切地想要了解蘇共的這種轉變，特別是當時其黨內文人或文章所發表的蘊含有不少外國色彩的言論，這也同他們之前爲之戰斗與經歷的理念並不合拍。因此，一些人士不再相信蘇共而轉向了西歐國家的社會民主黨派，後者的理念實際上更反映了思想。他們可能曾質疑，一旦共產主義在蘇聯取得勝利——蘇聯，或者就其而言，斯大林——是否應繼續主導全世界的共產主義運動。而這也是斯大林本人不信任第二次世界大戰期間西線各國共產主義者們的一個原因，他更喜歡那些在戰爭期間直接接受莫斯科領導的共產主義黨派和人士，因爲後者願意盲從其控制而得到信任。

　　同時在1932年，當希特勒致力於攫取德國的權力時，德國共產黨仍非常強大，但其左翼的競爭者，德國社會民主黨派事實上更爲強大。然而，兩者處於直接的競爭關系，都在競爭德國工人階級的選票以對抗希特勒的納粹黨，後者也宣稱其社會主義政黨的本源。理論上，希特勒是斯大林的死敵，他早已發誓要阻止布爾什維克主義（共）接管德國、乃至西歐。當然，對斯大林而言，希特勒也是其摧毀另一派敵人——非共產主義左翼黨派的重要手段。

　　德國共產黨深知如何遵循來自蘇共的路線和政策，然而卻非常糾結。因爲斯大林要求他們與希特勒的納粹黨合作。首先，德共無法實現與社會民主黨派的合作。德國過去失敗的共產主義運動經歷表明，德共不太可能阻止納粹黨勢力的擴張，1932年駐德蘇聯武官否決了德共要求與社會民主黨合作的提議，並稱「通往蘇維埃德國的道

[1] 沃爾科戈諾夫：《解構帝國》，第185頁（Volkogonov, *Autopsy for an Empire*, 185）。

[2] 別列日科夫：《在斯大林的一邊：翻譯的回憶錄，從十月革命到獨裁者帝國的崩塌》，第29頁（Berezhkov, *At Stalin's side*, 29）。

路需通過希特勒實現」。[1] 作爲德國共產主義者和納粹主義者之間存在緊密聯系的證據，1933年當希特勒獲取權力後大多數德國共產主義者一夜之間也變成了熱切的納粹主義者，他們熱衷於權力並致力於追隨一位全能的領袖。一些納粹人士曾說，他們與共產主義者之間唯一的區別，在於納粹主義者更關注國家和民族。[2] 而德國的社會民主黨派（社會主義者），由於對國家的未來和前途持與納粹黨完全不同的主張，因此納粹黨必須徹底摧毀他們。

但無論如此，斯大林還是非常借重德國的工業，特別是其軍事工業能力。希特勒似乎在很多方面與斯大林相似，比如都可在說一套的同時卻做另一套。希特勒自上台後就公開了其反猶、反共意識形態，但這並不意味著他與德國就不能結交斯大林及蘇聯，至少在私下是如此。到1933年秋季，蘇聯開始向德國示好，希特勒也未加以排斥。

從斯大林的角度看，希特勒的崛起帶來了真切的好處。希特勒將確信無疑地爲他帶來一場預期中的歐洲戰爭。此外，斯大林還可能對希特勒所清楚表現出的威脅性加以利用。即使曾間接幫助希特勒登上權力高峰，斯大林仍把他自己視作抵御希特勒最重要的防波堤。近期解密的一系列共產國際的文件檔案就清楚地顯示當時其政策是多麼的荒謬。[3]

斯大林很快又通過共產國際要求歐洲各國的共產黨加入被稱爲「人民陣線」的中間偏左的政黨聯盟，該政黨聯盟爲致力於反對法西斯和納粹而結成。這並非全新的主意，早在20年代斯大林和共產國際就在中國嘗試了類似的策略，但並未成功。考慮到希特勒的威脅，歐洲各國之前曾對共產黨感到恐懼的社會民主黨派，也開始接納其爲臨時聯盟的伙伴。廣泛地參與使之前曾被各國很多左翼團隊和人士敵視的共產黨，也在新的聯盟中取得了合法的地位。1934年7月，第一人民陣線在法國成立，但當時仍由非共產黨的左翼黨派所主導，之後人民陣線聯盟在法國大選中取得勝利，其執政權保持了兩年。一旦戰爭威脅來臨，歐洲各國政權對共產黨的控制就將削弱，後者就有機會進入執政聯盟。而人民陣線也在戰後歐洲的政治版圖中變得非常重要。

斯大林承認非共產黨左翼政治派別的合法性，甚至設法取得後者的支持，也可被解讀爲斯大林本人和蘇共不再強調對共產主義意識形態解釋權的壟斷。對於一個有思想的政治家，永遠不應缺乏備選方案。此時，蘇共決策層也面臨著矛盾，那些曾與列寧並肩戰斗的老布爾什維克，准備利用斯大林的策略將其扳倒，而斯大林則互相挑動

---

[1] 康奎斯特：《斯大林：國家的碾壓者》，第173頁（Conquest, *Stalin: Breaker of Nations*, 173）；塔克：《執政時的斯大林》，第230頁（Tucker, *Stalin in Power*, 230）。

[2] 康奎斯特：《斯大林：國家的碾壓者》，第175頁（Conquest, *Stalin: Breaker of Nations*, 175）。

[3] 拉克：《斯大林通往西方之路》，特別是第17~18頁（Raack, *Stalin's Road to the West*, particularly 17~18）。斯大林最初於1933年10月與德國人接觸（摘自康奎斯特：《斯大林：國家的碾壓者》，第217頁）（Conquest, *Stalin: Breaker of Nations*, 217）；然而，希特勒早在1933年3月就在一起一次內部會議上作出了其將與共產主義斗爭的宣示（摘自塔克：《執政時的斯大林》，第234頁）（Tucker, *Stalin in Power*, 234）。

他們之間的矛盾坐收漁利。到1934年時，盡管蘇共高層的諸位領袖們仍享有名義上的權力，但大權已真正集中到斯大林手中。而希特勒也向斯大林展示了這類問題應該如何解決。[1]

希特勒也與斯大林類似，其所處的最高決策圈理論上也會制約其絕對權力。他面臨著潛在的內部反對力量，這些反對派以「納粹沖鋒隊」（SA）爲首，其中很多人都曾與希特勒共同參與過二三十年代的街頭斗爭。這些人中很多也相信希特勒將不得不與其領袖——恩斯特・羅姆（Ernst Rohm）達成妥協，後者亦代表了納粹黨的左翼力量。1934年6月，先發制人的希特勒在一次蓄謀的大屠殺中將羅姆和沖鋒隊徹底屠戮殆盡，即著名的「長刀之夜」。斯大林對希特勒的手腕非常欣賞，他命令秘密警察爲其收集關於「長刀之夜」的詳盡情報。[2] 接著在六個月後，也像希特勒那樣舉起了屠刀。

謝爾蓋・基洛夫（Sergei Kirov），列寧格勒蘇共的負責人，經常被描述爲蘇共內部僅次於斯大林的第二號實權派人物，表面上是斯大林的最可能的政治繼承人，卻在1934年12月1日被謀殺。很多歷史學家相信，斯大林應對其死亡負責。[3] 利用此次謀殺事件，斯大林證明蘇共列寧格勒的組織和機構已遭到破壞和滲透（因爲基洛夫在列寧格勒的一系列親信也是他在莫斯科的自己人在黨內的潛在競爭對手），之後借此掀起了一系列的逮捕和清洗。恐怖的大清洗，以1936年在莫斯科舉行的一連串公開審判拉開了序幕，很多曾在1917年與列寧並肩戰斗過的老布爾什維克以最奇怪的叛國罪遭到了逮捕和處決。[4]

謀殺事件，及其表現出的蘇共正處於階級敵人包圍與攻擊的深層意涵，證明了斯大林取消黨對其成員的合法保護的正當性。爲了進一步使整個國家都臣服在他的

[1] 馬斯特尼：《冷戰和蘇聯的不安全感》，第14頁（Mastny, *The Cold War and Soviet Insecurity*, 14）；安東諾夫-奧夫謝延科：《斯大林的時代：暴政的肖像》，第113頁（Antonov-Ovseyenko, *The Time of Stalin*, 113）。

[2] 別列日科夫：《在斯大林的一邊：翻譯的回憶錄，從十月革命到獨裁者帝國的崩塌》，第9-10頁，引自米高揚（Berezhkov, *At Stalin's side*, 9~10）。

[3] 例如，可參見安東諾夫-奧夫謝延科：《斯大林的時代：暴政的肖像》，第84-104頁（Antonov-Ovseyenko, *The Time of Stalin*, 84~104）。作者在撰寫該書中已能查閱赫魯曉夫時代對斯大林罪行的調查記錄，根據安東諾夫-奧夫謝延科書中所述，赫魯曉夫在1956年的報告中稱，1934年蘇共中央委員會139名中央委員中的98人死於1936~1938年間斯大林發動的大清洗運動，一些蘇聯歷史學家甚至認爲死於斯大林之手的中央委員達到110人。也可參見沃爾科戈諾夫所撰寫的《斯大林：勝利與悲劇》，第207-209頁（Volkogonov, *Stalin: Triumph and Tragedy*, 207~209）；P.蘇多普拉托夫等：《特殊任務：一名蘇聯間諜不必要見證的回憶錄》，第50-56頁（P. Sudoplatov et al., *Special Tasks*, 50~56），兩本書中認爲：基洛夫被謀殺是因勾引一名有夫之婦而被其善妒的丈夫所行刺，因爲基洛夫曾因善於玩弄女性而惡名昭著，而斯大林只不過利用了基洛夫之死達成其打擊政敵的目的（書中所述的這些內部分來自於參與處理此案的克格勃官員的親屬和朋友）。蘇共一向反對這種資產階級的生活方式，肯定不可能承認基洛夫的這種行爲。而且就目前解密的資料看，也無證據表明斯大林與謀殺事件有關係。但斯大林可能仍對此負有責任，比如他能很容易地安排某位女性的接近並引誘基洛夫，無論基洛夫是否因情殺而死，這樁丑聞都可能成爲控制基洛夫的一種手段，至於基洛夫被刺殺所涉及的那名婦女則在謀殺發生後幾個月被處決了，使整個事件更成爲懸案。

[4] 沃爾科戈諾夫：《七位統治者》，第275-340頁（Volkogonov, *Sem' Vozhdei*, 275~340）；安東諾夫-奧夫謝延科：《斯大林的時代：暴政的肖像》，第297-299頁（Antonov-Ovseyenko, *The Time of Stalin*, 297~299），可管窺這一時期的大清洗。作者的父親在大清洗中被槍決，而他被則安置在大清洗期間爲那些「人民公敵」的子女所准備的逼仄公寓裡。1943年的某一天，貝利亞曾觀察到斯大林每天在前往克里姆林宮裡都經過此處公寓，如果此時有那些被處決的犯人的子女想復仇會發生什麼情況？因此，一系列審判很快就開始了，這些被處決者的子女因想像中的針對斯大林的陰謀而受到審問和責罰。之後，又浮現出一名婦女計劃行刺斯大林的事件，這名婦人准備在斯大林的車隊駛過時向其擲炸彈，但因爲未找到斯大林車隊途經街道的合適臨街房間而未能如願。此次未逢事件所涉及的所有人都受到牽連，審判和逮捕持續進行著，很多人都遭到流放。

腳下，斯大林在接下來的兩年裡繼續強化類似沙皇時期伊凡雷帝制造的恐怖氛圍。[1]
1937年初，秘密警察被要求嚴格按上級下達的數量要求實施逮捕和處決。很多人並非
因為觸犯了法律，而僅僅由於為填補所謂的配額而遭到逮捕並處決。國家恐怖帶來
的惡行罄竹難書，很多受害者為了獲得寬恕胡亂揭發、舉報他人，從受害者變成加害
者。赫魯曉夫時期，蘇共政治局曾批露的數據顯示，到1938年時蘇聯國內共有約1600
萬人遭到監禁，相比之下，在1927年類似的數據只有12.2萬人。從1935─1940年間，
共有約1884萬人遭到蘇聯秘密警察的逮捕、審訊，其中700萬人在監獄中遭到處決，
很多人死於各類集中營。[2] 大量的出賣、背叛，讓無數無辜的受害者走向其命運的終
點，這也進一步強化了斯大林周圍被各式叛徒、告密者環繞的現實。

　　恐怖的大清洗政策從根本上不同於之前所發生的類似事件，無論是絕對的數量
規模上還是從受害者的分布範圍上看，都是如此。以對黨和共產主義事業是否忠誠作
為獲罪的標准，成了無關緊要的事情，因為迫害和恐怖帶有極大的偶然性。在當年混
亂的形勢下，一個人很可能在一周內獲得巨大的榮譽和利益，但卻又很可能在一個月
之內遭到逮捕和處決，毫無理性和道理可言。一些人後來將斯大林時期的這段恐怖
經歷描述為「未知的社會電梯」，電梯裡的所有人都不知道自己的命運電梯是上還是
下，將在何處、何時停止，什麼時候該離開電梯，有的人以火箭般的速度獲得拔擢，
有的則瞬間跌落深淵。[3] 到1939年時，電梯裡僅留下極少數仍在其權位上的老人。恐
怖的大清洗中的幸存者們則將自身的安全視作最重要的事務，為了保住自己的權位和
生命他們必須比前任更阿諛、奉承地討好當權者，經歷過恐怖洗禮的他們明白現實就
是──無論斯大林說過的什麼都是絕對正確和不容質疑的，至於黨的路線和方針是否
有矛盾和衝突，並不重要。

　　至於外國的共產黨組織，也全然難逃斯大林的意志，對於其中一些不太聽話的外
國共產黨的領袖，斯大林決定在他們的反叛更為明顯之前解決他們。1937─1938年期
間，斯大林決定召集外國共產黨的高級領袖赴莫斯科參加會議，期間羅織罪名對很多
領袖進行了迫害。很多外國共產黨的高級官員被迫譴責自己的同事是「托派分子」。
其行為所帶來的結果通常是其不得不更緊密地同斯大林綁在一起。至於托洛茨基本
人，由於發表反斯大林議論，激起了對後者的反抗，也於1940年在墨西哥城被蘇聯特
工所殺害。

---

[1] 安東諾夫-奧夫謝延科：《斯大林的時代：暴政的自像》，第159頁（Antonov-Ovseyenko, *The Time of Stalin*, 159）。直到斯大林死後10年，蘇
　　聯國內才允許出版關於「恐怖的伊凡」的資料。

[2] 安東諾夫-奧夫謝延科：《斯大林的時代：暴政的自像》，第210-214頁（Antonov-Ovseyenko, *The Time of Stalin*, 210～214）。

[3] 塔克：《執政時的斯大林》，第527-528頁（Tucker, *Stalin in Power*, 527～528）敘述了一些事例。謝爾蓋‧戈爾什科夫在他31歲時晉升為
　　海軍少將。德米特里‧F.烏斯季諾夫曾在1937年時出任列寧格勒兵工廠的負責人，接到到1941年他33歲時又負責裝備部門。列昂尼德‧勃
　　列日涅夫於1931年入黨，1939年時成為第聶伯羅彼得羅夫斯克（第聶伯河畔的蘇聯南歐部分城市）黨的委員會的負責人；他的朋友康斯坦
　　丁‧U.契爾年科於同年入黨，並在1941年他30歲時成為克拉斯諾亞爾斯克地區的蘇共負責人。尤里‧安德羅波夫於1939年入黨，1940年他
　　26歲時成為卡累利阿芬蘭蘇維埃社會主義共和國的蘇共青團書記。

　　西班牙內戰，是斯大林第一次有機會試圖通過操縱人民陣線接管該國。1936年7月，西班牙軍官弗朗西斯科・弗朗哥將軍發動政變，推翻了之前經選舉勝出的西班牙共和國人民陣線政府，並公開宣稱其將與共產主義和無神論者戰鬥到底的政策。爲了反擊弗朗哥的政變，斯大林爲共和國提供了大量援助，甚至也是該國政府唯一的可靠的軍備供應者。1936年10月，他同意爲共和國提供軍備，條件是西班牙政府將其整個黃金儲備轉運至蘇聯以支付軍備款項。[1]也有一些猜測認爲，斯大林必須出面干涉西班牙的內戰，因爲如果他不幫助人民陣線政府挺過難關，他和蘇聯就可能失去在世界無產階級運動，特別是在即將與希特勒展開的殊死戰鬥中的領導者的信譽。[2]而在當前的幾個西方強權中，英國對斯大林是相當敵視的，至於弗朗哥在其眼中則只是較次要的「惡魔」。因此，英國更支持對內戰采取中立態度，並力主對內戰雙方實施武器禁運措施。同時期，法國雖由左翼的人民陣線執政，但也僅爲內戰中的左翼政府提供了極爲有限的援助，這部分是由於法國政府內部右翼勢力的反對，部分也源於當時法國的軍備生產和儲備極爲有限所致（而造成這種情況的部分原因，又在於法國左翼政府對重整軍備政策的抵制）。[3]而德國和意大利，源於對弗朗哥政治態度的共識，則提供了大量援助。

　　外部干涉力度的弱化給予了斯大林機會，他命令他的人馬接管西班牙人民陣線政府。對他而言，必須在兩條戰線上同時開戰：一方面打擊的對象是弗朗哥的民族主義勢力，另一方面，則要削弱西班牙左翼政府及其軍隊中與蘇共支持的勢力形成潛在競爭關系的力量。對於這一內一外的兩條戰線，很多人可能將對內的戰線視作與弗朗哥戰爭的附帶結果，而斯大林可能更加重視對共和國政府的控制，而將與弗朗哥的戰爭視作其贏得對內戰線的主要機會。一旦外部戰爭結束了，共和國對蘇聯和斯大林的依賴將降低，更不太可能爲斯大林和他的代理人提供更多的行動自由（戰爭中很多部隊叛變到了弗朗哥一方）。事實上，他很大程度上贏得了對內戰爭的勝利，但卻輸掉了與弗朗哥的戰爭。

　　斯大林懂得，此時歐陸上的有限戰爭無助於推進他所需的革命運動擴張。德國和意大利對西班牙的積極干涉，爲弗朗哥提供的軍備援助遠超過俄國對共和國政府所提供的。最終使弗朗哥取得了勝利並粉碎了斯大林的預期。另一方面，通過西班牙內戰，斯大林更加看重其操縱人民陣線的策略的有效性。如果斯大林能利用歐洲左翼力量阻止主要強權進攻蘇聯，之後歐洲各主要強國之間的大戰將可能帶來更大的機會。

　　1937年，隨著蘇聯第二個「五年計劃」的完成，蘇聯在重工業和軍事能力方面的進步可能使斯大林感到擁有足夠的力量來懾止任何對蘇聯的進攻了。1938年，對於

[1] 豪森：《武裝西班牙：未透露的西班牙內戰故事》，第121-122頁，第146-152頁（Howson, *Arms for Spain*, 121～122, 146～152）。

[2] 豪森：《武裝西班牙：未透露的西班牙內戰故事》，第123頁（Howson, *Arms for Spain*, 123）。

[3] 豪森：《武裝西班牙：未透露的西班牙內戰故事》，第239-245頁（Howson, *Arms for Spain*, 239～245）。

德國的一系列擴張舉動，他對法國和捷克斯洛伐克抵抗希特勒的支持明顯強硬起來，此時蘇聯的策略似乎經過精心設計以便提前引發一場預期的西方國家間的戰爭。[1] 1939年8月，斯大林通過與他的宿敵——希特勒簽署一份互不侵犯條約，再次令世界震驚。抵抗納粹主義的主要防波堤，似乎讓開了供德國向西方前進的通路。條約簽署後，斯大林進而拒絕了英國和法國嘗試與蘇方結成反德同盟的提議。蘇德簽署的條約也經常被解讀成是促成第二次世界大戰全面爆發的關鍵性事件，以及第二次世界大戰前夕斯大林所犯下的最大失誤。

　　戰後，很多學者從不同角度對這一事件進行了回顧。對於斯大林而言，簽署《蘇德互不侵犯條約》後，第二次世界大戰很可能像上一次世界大戰那樣，令德國及其西方的敵國在持久消耗的戰事中同歸於盡。至於德國向東方進攻的可能性，斯大林更有理由認爲，面對著西方的嚴重威脅，德國將很難有機會像第一次世界大戰中那樣向東方發起戰略性攻勢，加之考慮到蘇聯此時已在邊境地區集結了強大的軍事力量，希特勒就更無機會了。戰爭爆發初期，共產國際的高級官員甚至被告知，也許到1942年的某個時候，西方各主要交戰國的軍事能力將消耗殆盡，屆時蘇聯的軍事力量將向西進攻，以支援共產黨提前在各國掀起的無產階級革命運動。[2]

　　對於與「魔鬼」簽訂的這份條約，蘇聯也必須對數百萬計的共產黨支持者和同情者作出解釋，後者本因斯大林堅定的反納粹姿態而匯聚在他和蘇共周圍。對此，蘇共的解釋是，斯大林需要時間集結軍事力量以面對希特勒的挑戰。對處於嚴峻威脅中、且對即將爆發的另一場世界級戰爭根本未作好准備的西方國家民主政府及其人民而言，這樣的解釋似乎非常合理，但仍然非常普通和大眾化。事實上，這樣的解釋毫無意義。斯大林自其執政起就開始爲新的大戰做著准備，戰前的蘇聯絕稱不上毫無准備（除了在大清洗中損失了大量高級將領和富有經驗的軍官，造成了蘇德戰爭初期的巨大悲劇，但至少在當時斯大林並不將其視作問題）。總體而言，條約的簽訂表明，斯大林在制定黨的路線和政策時的高度靈活和敏銳，以及他的蘇共追隨者們是多麼的順從。甚至就在英國已陷入與希特勒的戰爭之時，英國共產黨工會仍在舉行罷工以反對英國加強其國防工業能力。[3]

　　蘇德條約的背後還有一份秘密協議，希特勒同意與斯大林共同分享肢解波蘭後的果實，在斯大林看來，此舉可將蘇聯的西部邊境再向西推進數百英里。果然，在德國於1939年向波蘭發動閃電襲擊時，斯大林指令紅軍進攻了波蘭後方，正如之後德國在法國戰役中大獲全勝之時墨索里尼向法國南方發起的進攻一樣。對此，美國羅斯福總統譴責稱墨索里尼的此舉無異於在法國最艱難之際在背後又捅上一刀。而此前斯大林

---

[1] 拉克：《斯大林通往西方之路》，尤其是第19頁（Raack, *Stalin's Road to the West*, particularly 19）。

[2] 拉克：《斯大林通往西方之路》，第24-27頁（Raack, *Stalin's Road to the West*, particularly 24～27）。

[3] 麥克德莫特和阿格紐：《共產黨第三國際》，第192-203頁（McDermott and Agnew, *The Comintern*, 192～203）。

卻將紅軍向波蘭的進軍宣稱爲，爲保護白俄羅斯和烏蘭克無產階級兄弟的必要之舉。如果這一邏輯成立的話，墨索里尼完全可以宣稱，對法國的進攻只是取回一個世紀以前法國竊取自意大利的領土。

在蘇德密約中，希特勒承認波羅的海三國（拉脫維亞、立陶宛和愛沙尼亞）、芬蘭處於蘇聯的勢力范圍之內。他也同意爲蘇聯提供重要的軍事技術。作爲回報，斯大林向希特勒提供了後者發動大規模戰爭所需的各類物資與補給，以確保戰爭繼續下去。

對於西方人民，斯大林對蘇德條約中關於攫取土地部分的解釋模糊而晦澀，畢竟對他國領土的霸占明顯違背他以往所宣稱的社會主義理念。對於紅軍進入波羅的海和波蘭領土的事實的解釋，他宣稱立陶宛（不幸地過於靠近列寧格勒）和波蘭東部地區只是半個多世紀之前才從俄羅斯分離出去。[1] 他對條約的公開解釋也證明了紅軍向波蘭推進的正當性，因爲這將爲日後抵抗希特勒提供更大的戰略縱深。然而，1939—1940年的形勢發展相當清楚地表明，斯大林不僅想永久地奪占波蘭東部的領土，而且還計劃獲得整個波蘭西部地區。[2]

爲了盡可能控制波蘭，他必須消滅所有該國潛在的敵對勢力。1939年，斯大林命令秘密警察開始搜捕其控制地區的前波軍軍官，到1940年又命令將波軍軍官集中於卡廷森林予以全部處決，即著名的「卡廷屠殺」。[3] 1943年4月，德國人發現了大屠殺的遺址並公之於眾。當時流亡於倫敦的波蘭政府要求蘇方給予解釋。斯大林當然予以否認，並借機斷決了與駐英波政府的關系。因爲此時他已從同樣流亡於莫斯科的波共人員中挑選出了未來波蘭統一工人黨政府的核心成員，後者對他惟命是從。而拒絕承認蘇聯曾參與卡廷屠殺事件，也成爲檢驗戰後波蘭統一工人黨政府忠誠的標志。[4]

對於此次屠殺，在1943年與美、英首腦在伊朗德黑蘭會議上，他曾清楚地揭示了動機。他說，要在戰後控制德國，必須消滅德國軍隊的核心——約50萬的軍官團。丘吉爾將其評論視作卡廷事件的可怕參照，現在關於卡廷事件的真相已被挖掘出來。據稱，很多曾參與遺址挖掘工作的英國人，盡管很多人曾熱切地支持過蘇聯和斯大林，但在經歷此事後不再對後者抱有幻想。

在最終與德國爆發全面戰爭前，斯大林對其新攫取領土和勢力范圍的野心表達得相當模糊。他要求從這些國家獲得駐軍的權力，理論上這將提升蘇聯的防御。但實際上，幾個波羅的海國家並無德國駐軍，本身又很難防御。他們也同意了斯大林的

---

[1] 拉克：《斯大林通往西方之路》，尤其是第35頁（Raack, *Stalin's Road to the West*, particularly 35）。

[2] 拉克：《斯大林通往西方之路》，尤其是第31頁（Raack, *Stalin's Road to the West*, particularly 31）。

[3] 布洛克：《希特勒和斯大林：相似的一生》，第906頁（Bullock, *Hitler and Stalin: Parallel Lives*, 906）。

[4] G.沃納：從「盟友」到敵國：1941—1948年英國與蘇聯的關系，摘自哥里和龐斯：《1943—1953年冷戰中的蘇聯和歐洲》，第296-297頁（G.Warner, *"From 'Ally' to Enemy: Britain's Relations with the Soviet Union, 1941~1948"*, in *The Soviet Union and Europe*, ed. Gori and Pons, 296~297）。還可參見海蘭：《冷戰》，第37頁（Hyland, *The Cold War*, 37）。

要求，但很快又面臨新的蘇聯的壓力。幾個國家不久後就發現其政府都演變成了新共產黨的政權。到1940年秋季時，自1918年帝俄解體時從俄羅斯獨立出來的波羅的海三國，再次向蘇聯提出請求要求加入聯盟。對此，西方從未承認，但是也未將蘇聯於1939—1940年攫取新領土的舉動視作未來西方面臨的重大挑戰（即冷戰）的一部分。

芬蘭拒絕了斯大林最初的要求。接著一場邊境衝突便爆發了，雙方在北極圈附近的蘇芬邊境地區爆發了激烈的戰爭。最終，蘇聯在付出巨大代價後與芬蘭達成停火，斯大林得到了最初他所要求的邊境線調整和設立一些軍事設施的權利。似乎表面上芬蘭對非常不足道的權利作出了重大犧牲，但之後蘇聯官方批露的文件顯示，斯大林和他的外交部長莫洛托夫的目的絕不限於此，他們更希望吞並整個芬蘭。蘇芬戰爭爆發後，當紅軍越過邊境後，斯大林就急不可奈地組建起一個傀儡芬蘭共產黨政府。而芬蘭人的堅決抵抗和犧牲（或者還包括如西方所說的對芬直接援助）並非無功，紅軍的巨大傷亡使斯大林相信要實現預期的所有目標將付出難以承受的代價，因而只能退而求其次實現其能夠獲得的利益。[1] 紅軍在蘇芬邊境戰場的糟糕表現又進一步刺激希特勒作出判斷，即紅軍盡管在紙面上的實力仍非常強大，但還是能被輕松擊敗的。1940年夏，德國在西線發起法國戰役，其軍事上的成功遠遠超出斯大林的預期。自第一次世界大戰以來歐陸軍力最強大的國家，法國僅僅在一個多月的時間裡就在德國的閃擊下崩潰投降了，而進攻的德國幾乎未遭受嚴重的損失和消耗，仍可自由地進行戰爭冒險。[2]

法國戰敗後，斯大林肯定非常想知道他是否仍能以爲德國提供補給品和原料，來繼續維持其與希特勒的友誼。到1940年10月底，他意識到希特勒的野心有可能轉向東方，因此他決定加緊戰備，取消了所有無法用於與未來德軍進行大規模地面戰爭的武器裝備的生產。對於希特勒未來的走向，他也並不非常確定，因爲直到1940年秋，他計劃中將要爆發戰爭的時候，希特勒向斯大林提交了一份新的條約草案（德意日三方同盟條約的擴展版本），甚至迫切要求與斯大林展開高峰會議。[3] 同時，借助宣傳機器，他亦向外傳播著誤導性的信息：德國仍將集中力量以完全擊敗英國。斯大林似乎希望或者說預感，如果蘇聯繼續向德國提供其急需的戰爭物資和原料，那麼柏林的（對蘇）主戰派將不會占上風，而希特勒也並不希望（與蘇聯的）戰爭。同期，不同渠道報告了大量德國已決定對蘇聯發起戰略進攻的情報，但斯大林拒絕承認它們。

盡管經過一系列五年計劃，在耗費了大量資金和資源後組建起來的紅軍，表面上非常強大，但在1941年夏季希特勒發動的「巴巴羅沙」計劃中，卻暴露出30年代斯大林實施大清洗的一系列直接或間接的後果。西方並不知曉的斯大林針對西歐的軍事

---

[1] 拉克：《斯大林通往西方之路》，尤其是第45頁（Raack, *Stalin's Road to the West*, particularly 45）。

[2] 布洛克：《希特勒和斯大林：相似的一生》，第749頁（Bullock, *Hitler and Stalin: Parallel Lives*, 749）。

[3] 別列日科夫：《在斯大林的一邊：翻譯的回憶錄，從十月革命到獨裁者帝國的崩塌》，第46-47頁（Berezhkov, *At Stalin's side*, 46～47）。

計劃，在蘇德戰爭中戲劇性地預演了。當然，在蘇德兩軍浴血戰鬥時，斯大林再次開始關注了戰後的東歐形勢。在斯大林心中，波蘭始終是個問題。盡管經歷了1940年的卡廷大屠殺和納粹之後對波蘭的占領和屠殺，很多戰後波蘭政權的核心領導人仍轉入地下活動，並組建了傾向倫敦流亡波蘭政府的「波蘭家鄉軍」，當1944年紅軍大反擊重新攻占波蘭之時，斯大林鼓動波蘭家鄉軍在華沙起義以打擊德國人，後者則希望在起義中與推進的紅軍部隊匯合加速德國人的潰敗。然而，事實上紅軍在向華沙進軍的最後一刻停止了進軍。蘇軍的防空火炮甚至向飛臨戰場向起義波軍投送補給和彈藥的美、英運輸機隊開火。斯大林在等待希特勒將其在1940年卡廷森林未完成的工作做完。正如卡廷屠殺的案例一樣，拒絕承認斯大林放棄華沙起義的波軍，也成爲反復檢驗戰後波蘭統一工人黨政府忠誠的又一塊試金石。[1]

到1944年中期，斯大林似乎已放棄了戰前通過左翼人民陣線控制各國的策略，畢竟在理論上，由蘇聯紅軍解放的中歐各國都將直接處於其控制之下。因此，斯大林再次改變了策略。

他的新策略，在其派往英國的大使伊萬・麥斯基（Ivan Maisky，1932—1943年任蘇聯駐英大使）於1944年1月11日所撰寫的備忘錄中表述得令人吃驚的清晰。可能，斯大林認爲麥斯基最有價值之處正在於後者對西方思維的深刻洞察力。他從倫敦回國後就擔任了蘇聯的外交部副部長，並領導一個戰時賠償委員會。麥斯基告訴斯大林，西方將不會對類似人民陣線這樣的左翼黨派作更多的干涉，但只要他們（西方的左翼力量）發動實質性的革命就會造成問題。因此，斯大林仍能利用人民陣線繼續向紅軍未能奪取和占領的國家擴展共產主義影響。適度的克制將能帶來更大的紅利。

戰爭後期，法國和意大利國內已擁有影響力強大的共產黨組織，他們的威望主要來源於在被德國占領期間與德軍的艱苦鬥爭，以及對地下抵抗游擊隊的卓越領導。1944年3月4日，斯大林曾與意大利共產黨領袖皮爾特羅・陶里亞蒂（Pietro Togliatti）有過很長時間的會晤。[2] 會晤中，斯大林要求後者帶領共產黨加入由巴多利奧元帥所組建和領導的廣泛的左翼聯合政府。類似的，當年11月，法國共產黨領導人，莫里斯・多列士（Maurice Thorez）也被斯大林要求戰後盡快在法國組建泛左翼執政團隊，以收編整合法國社會主義者和激進派勢力。[3] 回國後，多列士解散了其黨派武裝力量

[1] A.M.菲拉托夫：《第二次世界大戰期間蘇聯外交政策概念在戰後構建的問題》，摘自哥里和龐斯：《1943—1953年冷戰中的蘇聯和歐洲》（A.M. Filitov, *"Problems of Post-War Construction in Soviet Foreign Policy Conceptions During World War II"*, in *The Soviet Union and Europe*, ed. Gori and Pons）。在佐布克和普列沙科夫：《克里姆林宮的冷戰內幕：從斯大林至赫魯曉夫》亦摘述了麥斯基關於此事的備忘錄要點，第28-29頁（Zubok and Pleshakov, *Inside the Kremlin's Cold War*, 28～29）。

[2] E.阿加羅西和V.扎斯拉夫斯基：《1944—1948年，蘇聯和意大利共產黨》，摘自哥里和龐斯：《1943—1953年冷戰中的蘇聯和歐洲》，第162-163頁（E. Ago-Rossi and V. Zaslavsky, *"The Soviet Union and the Italian Communist Party, 1944~1948"*, in *The Soviet Union and Europe*, ed. Gori and Pons, 162～163）。

[3] E.阿加羅西和V.扎斯拉夫斯基：《1944—1948年，蘇聯和意大利共產黨》，摘自哥里和龐斯：《1943—1953年冷戰中的蘇聯和歐洲》，第163頁（E. Ago-Rossi and V. Zaslavsky, *"The Soviet Union and the Italian Communist Party, 1944~1948"*, in *The Soviet Union and Europe*, ed. Gori and Pons, 163）。

的武裝，因爲如果繼續維持其共產黨武裝，一旦合法的法國軍隊重建，武裝將削弱軍隊的信譽和威望。因此，最好的策略仍是加入人民陣線，逐漸地建立社會主義。

麥斯基的見解使斯大林產生了新的期望，因爲基於馬克思主義的理論，美國和英國這樣的老牌資本主義國家將會因爲資產階級之間不可調和的矛盾而最終分道揚鑣。[1] 斯大林將力促英國扮演起在未來的歐洲格局中平衡美國的角色。長期駐倫敦的外交經驗可能使麥斯基意識到，由於美國竭力瓦解英帝國的殖民地遺產，因此兩國之間的對抗將不可避免。作爲一個傳統海權國家，英國有可能傾向於接受蘇聯作爲歐洲最主要的陸權國家的事實。盡管麥斯基評估認爲英國是比美國更狡猾的對手，他仍認爲英國人將很快接受戰後歐洲權力分配的現實。斯大林則清楚英國的社會主義者（工黨）在丘吉爾的戰時內閣裡占據著重要的位置。到1944年，他謹慎地對抵達莫斯科的英國工黨參訪者們說，世界無產階級革命可能已不再需要了，因爲社會主義已在不推翻君主制的前提下在英國獲得了相當的權力。[2]

在預期英國、美國將與蘇聯在戰後形成相對穩定的三極關系方面，並不只有斯大林和麥斯基如此期盼。[3] 例如，在大戰剛結束幾年後的1949年，英國作家喬治·奧威爾（George Orwell）在其著名小說《一九八四》中就圍繞類似的三角關系進行了探討。然而，事實的情況卻是，至少在當時沒有哪個英國或美國的政治人士會准確地掌握或意識到，戰爭已極大地削弱了大英帝國，而美國因戰爭所獲得的優勢是多麼地明顯。斯大林和很多人想象中的戰後三極體制，從未真正建立起來。

既是爲了安撫英國，也是爲了避免麥斯基所擔憂的西方國家的過度反應，1944年末，斯大林否決了希臘共產黨對他的提議，即發動起義以推翻希臘政府及其英國支持者。盡管未獲得斯大林支持，希臘共產黨還是發動了起義，而他們的行動給斯大林造成的困擾也正是麥斯基所預見的：英國對起義做出了軍事反應。但斯大林此時更希望在戰後與英國和解，這可能也解釋了1944年10月他與丘吉爾達成的協議。協議中英、蘇兩國將分享對巴爾干地區的控制，希臘仍將由英國主導，而在南斯拉夫和匈牙利，則由英、蘇共同控制。

對於麥斯基而言，戰後解決方案將足以保證蘇聯在歐洲和亞洲的安全，假以時日蘇聯將恢復成爲一個「沒有哪一個強國或強權集團……敢於考慮對其發動進攻」的歐亞強權。對於歐洲，或者至少對中歐地區的各國而言，成爲與蘇聯類似的由共產黨主導的社會主義國家都是必需的了，從而「杜絕未來在這些區域發生戰爭的可能性」。戰爭結束後，蘇聯在中歐的軍事存在將持續十余年，然而再利用30—50年完成各國的社會主義化。隨著德國的戰敗，未來在歐陸成爲蘇聯潛在軍事對手的國家，將只有法

[1] 加迪斯：《我們現在知道了：對冷戰歷史的再思考》，第42頁（Gaddis, We Now Know, 42）；佐布克和普列沙科夫：《克里姆林宮的冷戰內幕：從斯大林至赫魯曉夫》，第29頁（Zubok and Pleshakov, Inside the Kremlin's Cold War, 29）。

[2] 吉拉斯：《與斯大林的交談》，第113頁（Djilas, Conversations with Stalin, 113）。

[3] 肯尼迪-派普：《斯大林的冷戰：1943—1956年蘇聯的歐洲戰略》，第23-26頁（Kennedy-Pipe, Stalin's Cold War, 23～26）。

國一個國家。因此，麥斯基建議蘇聯應阻止法國任何可能的復蘇。[1]受其影響，在探討戰後世界局勢的雅爾塔會議上，斯大林反對為法國劃分在德國的占領區，他還調侃稱法國除了度假勝地以外什麼也不是。而美國總統羅斯福則堅持，至少在美國軍隊撤出德國或歐洲後，仍需要法國軍隊對德國的占領。

美、英兩大西方強權並未意識到，左翼的人民陣線力量在斯大林戰略規劃中的最終目標是什麼，因此兩國同意啟動前軸心國在戰後的民主化進展。例如，1944年，美國接受了意大利共產黨在新政府中的地位，流亡的捷克政府在回國後亦對蘇聯解放者非常友善，並很快與蘇聯簽訂了安全互助條約，且在其國境內為蘇聯軍事力量提供基地和設施。麥斯基希望通過捷克斯洛伐克向中歐和南歐輸出社會主義意識形態。在南斯拉夫，當地共產黨領導人，狄托也同樣取得了政權。至於保加利亞，其在帝俄時期就是俄羅斯的天然盟友，甚至在第二次世界大戰期間被迫加入軸心國集團與蘇聯作戰，也從未真正向蘇聯宣戰過，因此戰後這裡同樣也迅速成為斯大林的囊中之物。

麥斯基也考慮到了斯大林對未來蘇聯海權的關切。為了保持在大西洋和太平洋的出海口，蘇聯需要占據位於芬蘭北部的佩薩莫和遠東日本列島以北的千島群島。而為了進出地中海，蘇聯仍將繼承沙皇對控制土耳其海峽的遺志，以建立從黑海通往地中海的戰略通道。同時，為了在新興的中東產油區發揮重要影響，蘇聯也必須能「自由而便利地」使用波斯灣和伊朗周邊通道與海域。

斯大林的海上雄心在戰爭末期顯露無疑，他試圖為蘇聯在挪威北部（位於蘇聯北冰洋艦隊基地到大西洋的航線之間）和丹麥的博恩荷姆（位於蘇聯波羅的海艦隊進入大西洋的航線上）獲取立足點。1944—1945年，蘇聯軍隊推進並占領佩薩莫，繼而進占挪威最北端的地區。1944年11月，蘇聯要求挪威政府給予在貝爾島和斯瓦爾巴特群島（挪威北部外海群島）建立基地的權利，並開始在挪威北部外海布設水雷。1945年4月，挪威政府向蘇聯提議稱，同意蘇聯對斯瓦爾巴特群島的防禦行動是挪威—蘇聯兩國共同的職責。蘇聯外交部認為，挪威的妥協意味著他們已接受了蘇聯在當地設立基地的要求，而蘇聯在此處設立的基地也將對英國在挪威獲取基地的企圖產生平衡的效果，進而使挪威「葡萄牙化」。到1945年7月，蘇聯總參謀部迫切地要求與挪威談判，准備至少租借挪威的瓦潤格半島（Varanger）區域25～30年。

1945年3月，蘇聯駐瑞典副大使向國內建議盡快奪占博恩荷姆，經謹慎嚴肅的討論後，當年5月4日蘇聯波羅的海艦隊得到指令要求盡快奪占博恩荷姆。獲得命令後，當地蘇軍指揮官告訴丹麥人，他們進駐此處只是暫時的，只是為解決與德國相關的軍事問題。

到1945年上半年時，斯大林仍未與日本開戰，麥斯基認為最佳的策略莫過於在最

---

[1] 肯尼迪-派普：《斯大林的冷戰：1943—1956年蘇聯的歐洲戰略》，第53頁（Kennedy-Pipe, *Stalin's Cold War*, 53）。

終擊敗日本人的過程中消耗美國和英國的力量，「美帝國主義者的熱情將在戰後新時代受到相當的抑制……（只要蘇聯不立即向遠東日軍發起攻擊）就能報復盎格魯─美國在歐洲拖延開辟第二戰場的事實……」，至於蘇聯在中國的影響，則可通過各種手段得以加強。

　　上述內容只是麥斯基向斯大林建議的一部分，當然斯大林並未完全采納。1945年初，美國政府急切地請求斯大林盡快參與對日作戰，因為美國方面擔憂日本部署在中國東北龐大的戰略預備隊──關東軍，在未經損失的情況下返抵日本本土，這將對即將展開的對日本本島的進攻作戰帶來巨大的傷亡。當年2月在雅爾塔會議上，斯大林同意在歐洲戰事結束後的3個月內對日發動攻擊。當然，作為對蘇聯出兵遠東的補償，斯大林也得到了不錯的價碼。在雅爾塔會議私下達成的秘密協議中，蘇聯將重新獲得俄日戰爭中日本從俄國攫取的各種權利，包括收回千島群島和薩哈林島的南部，以及租借旅順港和取得對中國大連港的支配地位；同時他還獲得大量在東北的權益，包括與中國共管中國東北地區的鐵路（沙皇時代由俄國修建，接著在1931年又成為日本入侵東北的借口，繼而被日本人所利用）。[1] 類似戰後德國一樣實施由戰勝國的多國占領共管，斯大林也要求蘇聯獲得相應的對日本本土的占領區域，但被美國否決。[2]

---

[1] 休・托馬斯：《武裝的停戰：冷戰的開始，1945─1946年》，第560-561頁所記述的秘密協議（Hugh Thomas, *Armed Truce*, 560～561）。

[2] 例如，可參見薩林和德沃列茨基：《外來的戰爭：蘇聯對世界的攻勢1919─1989年》，第6頁、第19頁。最顯著的證據是1937年底一份蘇共政治局的會議報告，在此次會議上蘇共領導層擬制了發往西班牙政府的一份指令，其中的語調和口氣更像是蘇共發往下屬部委或地區委員會的指示，而非一位發給外國政府的文件。科斯特洛和查列夫：《危險的幻覺》也證實了這點。不幸的是，並沒有直接的證據表明斯大林決定試圖將西班牙打造成蘇聯位於西南歐的重要衛星國（Sarin and Dvoretsky, *Alien Wars: The Soviet Union's Aggressions against the World: 1919 to 1989*）。

加迪斯：《我們現在知道了：對冷戰歷史的再思考》，第13頁（Gaddis, *We Now Know*, 13）。

P.蘇多普拉托夫等：《特殊任務：一名蘇聯間諜不必要見證的回憶錄》，第102頁（P. Sudoplatov et al., *Special Tasks*, 102）。

拉克：《斯大林通往西方之路》，特別是21頁（Raack, *Stalin's Road to the West*, particularly 21）。

派普斯：《布爾什維克政權之下的俄羅斯》，第155頁（Pipes, *Russia under the Bolshevik Regime*, 155）。

派普斯：《布爾什維克政權之下的俄羅斯》，第163頁（Pipes, *Russia under the Bolshevik Regime*, 163）。

R.J.帕普利維爾：《克格勃和蘇聯集團的控制：以東德為例》（R.J.Popplewell, "The KGB and the Control of the Soviet Bloc: The case of East Germany"）；摘自亞歷山大：《了解你的朋友：自1914年以來至冷戰時期的聯盟和伙伴內部的情報》，第258頁（Alexander ed. *Knowing Your Friends*, 258）。

沃爾科戈諾夫：《解構帝國》，第185頁（Volkogonov, *Autopsy for an Empire*, 185）。

別列日科夫：《在斯大林的一邊：翻譯的回憶錄，從十月革命到獨裁者帝國的崩塌》，第29頁（Berezhkov, *At Stalin's side*, 29）。

康奎斯特：《斯大林：國家的碾壓者》，第173頁（Conquest, *Stalin: Breaker of Nations*, 173）；塔克：《執政時的斯大林》，第230頁（Tucker, *Stalin in Power*, 230）。

康奎斯特：《斯大林：國家的碾壓者》，第175頁（Conquest, *Stalin: Breaker of Nations*, 175）。

拉克：《斯大林通往西方之路》，第17-18頁（Raack, *Stalin's Road to the West*, particularly 17～18）。斯大林最初於1933年10月與德國人接觸（摘自康奎斯特：《斯大林：國家的碾壓者》，第217頁）（Conquest, *Stalin: Breaker of Nations*, 217）；然而，希特勒早在1933年3月就在一起一次內部會議上作出了其將與共產主義斗爭的宣示（摘自塔克：《執政時的斯大林》，第234頁）（Tucker, *Stalin in Power*, 234）。

馬斯特尼：《冷戰和蘇聯的不安全感》，第14頁（Mastny, *The Cold War and Soviet Insecurity*, 14）；安東諾夫-奧夫謝延科：《斯大林的時代：暴政的肖像》，第113頁（Antonov-Ovseyenko, *The Time of Stalin*, 113）。

別列日科夫：《在斯大林的一邊：翻譯的回憶錄，從十月革命到獨裁者帝國的崩塌》，第9-10頁，引自米高揚（Berezhkov, *At Stalin's side*, 9～10）。

例如，可參見安東諾夫-奧夫謝延科：《斯大林的時代：暴政的肖像》，第84-104頁（Antonov-Ovseyenko, *The Time of Stalin*, 84～104）。作者在撰寫該書時已能查閱赫魯曉夫時代對斯大林罪行的調查記錄，根據安東諾夫-奧夫謝延科書中所述，赫魯曉夫在1956年的報告中

稱，1934年蘇共中央委員會139名中委中的98人死於1936—1938年間斯大林發動的大清洗運動，一些蘇聯歷史學家甚至認爲死於斯大林之手的中央委員達到110人。也可參見沃爾科戈諾夫所撰寫的《斯大林：勝利與悲劇》，第207-209頁（Volkogonov, *Stalin: Triumph and Tragedy*, 207～209）；P.蘇多普拉托夫等：《特殊任務：一名蘇聯間諜不必要見證的回憶錄》，第50-56頁（P. Sudoplatov et al., *Special Tasks*, 50～56），兩本書中認爲，基洛夫被謀殺是因勾引一名有夫之婦而被其善妒的丈夫所行刺，因爲基洛夫曾因善於玩弄女性而惡名昭著，而斯大林不過利用了基洛夫之死達成其打擊政敵的目的（書中所述的這些內容部分來自於參與處理此案的克格勃官員的親屬和朋友）。蘇共一向反對這種資產階級的生活方式，肯定不可能承認基洛夫的這種行爲。而且就目前解密的次年看，也無證據表明斯大林與謀殺事件有關系。但斯大林可能仍對此負有責任，比如他能很容易地安排其位女性的接近並引誘基洛夫，無論基洛夫是否因情殺而死，這樁醜聞都可能成爲控制基洛夫的一種手段，至於基洛夫被刺殺時所涉的那名婦女則在謀殺發生後幾個月被處決了，使整個事件更成爲懸案。

沃爾科戈諾夫：《七位統治者》，第275-340頁（Volkogonov, *Sem' Vozhdei*, 275～340）；安東諾夫-奧夫謝延科：《斯大林的時代：暴政的肖像》，第297-299頁（Antonov-Ovseyenko, *The Time of Stalin*, 297～299），可管窺這一時期的大清洗。作者的父親在大清洗中被槍決，而他被則安置在大清洗期間爲那些「人民公敵」的子女所准備的逼汇公寓裡。1943年的某一天，貝利亞曾觀察到斯大林每天在前往克里姆林宮裡都經過此處公寓，如果此時有那些被處決的犯人的子女想復仇會發生什麼情況？因此，一系列審判很快就開始了，這些被處決者的子女因想象中的針對斯大林的陰謀而受到審問和責罰。之後，又浮出現一名婦女計劃行刺斯大林的事件，這名婦人准備在斯大林的車隊駛過時向其投擲炸彈，但因爲未找到斯大林車隊途經街道的合適臨街房間而未能如願。此次未逢事件所涉及的所有人都受到牽連，審判和逮捕持續進行著，很多人都遭到流放。

安東諾夫-奧夫謝延科：《斯大林的時代：暴政的肖像》，第159頁（Antonov-Ovseyenko, *The Time of Stalin*, 159）。直到斯大林死後10年，蘇聯國內才允許出版關於恐怖的伊凡的資料。

安東諾夫-奧夫謝延科：《斯大林的時代：暴政的肖像》，第210～214頁（Antonov-Ovseyenko, *The Time of Stalin*, 210～214）。

塔克：《執政時的斯大林》，第527-528頁（Tucker, *Stalin in Power*, 527～528）敍述了一些事例。謝爾蓋·戈爾什科夫在其31歲時晉升爲海軍少將。德米特里·F.烏斯季諾夫曾在1937年時出任列寧格勒兵工廠的負責人，接著到1941年他33歲時又成爲負責裝備部門的政委。列昂尼德·勃列日涅夫於1931年入黨，1939年時成爲第聶伯羅彼得羅夫斯克（第聶伯河畔的蘇聯南歐部分城市）黨的委員會的負責人；他的朋友康斯坦丁·U.契爾年科於同年入黨，並在1941年他30歲時成爲克拉斯諾亞爾斯克地區的蘇共負責人。尤里·安德羅波夫於1939年入黨，1940年他26歲時成爲卡累利阿芬蘭蘇維埃社會主義共和國共和國的蘇共共青團書記。

豪森：《武裝西班牙：未透露的西班牙內戰故事》，第121-122，第146-152頁（Howson, *Arms for Spain*, 121～122, 146～152）。

豪森：《武裝西班牙：未透露的西班牙內戰故事》，第123頁（Howson, *Arms for Spain*, 123）。

豪森：《武裝西班牙：未透露的西班牙內戰故事》，第239-245頁（Howson, *Arms for Spain*, 239～245）。

拉克：《斯大林通往西方之路》，第19頁（Raack, *Stalin's Road to the West*, particularly 19）。

拉克：《斯大林通往西方之路》，第24-27頁（Raack, *Stalin's Road to the West*, particularly 24～27）。

麥克德莫特和阿格紐：《共產黨第三國際》，第192-203頁（McDermott and Agnew, *The Comintern*, 192～203）。

拉克：《斯大林通往西方之路》，第35頁（Raack, *Stalin's Road to the West*, particularly 35）。

拉克：《斯大林通往西方之路》，第31頁（Raack, *Stalin's Road to the West*, particularly 3）。

布洛克：《希特勒和斯大林：相似的一生》，第906頁（Bullock, *Hitler and Stalin: Parallel Lives*, 906）。

G.沃納：《從「盟友」到敵國：1941～1948年英國與蘇聯的關係》，摘自哥里和龐斯：《1943～1953年冷戰中的蘇聯和歐洲》，第296-297頁（G.Warner, "From 'Ally' to Enemy: Britain's Relations with the Soviet Union, 1941~1948", in *The Soviet Union and Europe*, ed. Gori and Pons, 296～297）。還可參見海蘭：《冷戰》，第37頁（Hyland, *The Cold War*, 37）。

拉克：《斯大林通往西方之路》，第45頁（Raack, *Stalin's Road to the West*, particularly 45）。

布洛克：《希特勒和斯大林：相似的一生》，第749頁（Bullock, *Hitler and Stalin: Parallel Lives*, 749）。

別列日科夫：《在斯大林的一邊：翻譯的回憶錄，從十月革命到獨裁者帝國的崩塌》，第46-47頁（Berezhkov, *At Stalin's side*, 46～47）。

A.M.菲拉托夫：《第二次世界大戰期間蘇聯外交政策概念在戰後構建的問題》，摘自哥里和龐斯：《1943～1953年冷戰中的蘇聯和歐洲》（A.M. Filitov, "Problems of Post-War Construction in Soviet Foreign Policy Conceptions During World War II", in *The Soviet Union and Europe*, ed. Gori and Pons）。在佐布克和普列沙科夫：《克里姆林宮的冷戰內幕：從斯大林至赫魯曉夫》亦摘述了麥斯基關於此事的備忘錄要點，第28-29頁（Zubok and Pleshakov, *Inside the Kremlin's Cold War*, 28～29）。

E.阿加羅西和V.扎斯拉夫斯基：《1944—1948年，蘇聯和意大利共產黨》，摘自哥里和龐斯：《1943—1953年冷戰中的蘇聯和歐洲》，第162-163頁（E. Ago-Rossi and V. Zaslavsky, "The Soviet Union and the Italian Communist Party, 1944~1948", in *The Soviet Union and Europe*, ed. Gori and Pons, 162～163）。

E.阿加羅西和V.扎斯拉夫斯基：《1944—1948年，蘇聯和意大利共產黨》，摘自哥里和龐斯：《1943—1953年冷戰中的蘇聯和歐洲》，第163頁（E. Ago-Rossi and V. Zaslavsky, "The Soviet Union and the Italian Communist Party, 1944~1948", in *The Soviet Union and Europe*, ed. Gori and Pons, 163）。

加迪斯：《我們現在知道了：對冷戰歷史的再思考》，第42頁（Gaddis, *We Now Know*, 42）；佐布克和普列沙科夫：《克里姆林宮的冷戰內幕：從斯大林至赫魯曉夫》，第29頁（Zubok and Pleshakov, *Inside the Kremlin's Cold War*, 29）。

吉拉斯：《與斯大林的交談》，第113頁（Djilas, *Conversations with Stalin*, 113）。

肯尼迪-派普：《斯大林的冷戰：1943～1956年蘇聯的歐洲戰略》，第23-26頁（Kennedy-Pipe, *Stalin's Cold War*, 23～26）。

肯尼迪-派普：《斯大林的冷戰：1943～1956年蘇聯的歐洲戰略》，第53頁（Kennedy-Pipe, *Stalin's Cold War*, 53）。

休·托馬斯：《武裝的停戰：冷戰的開始，1945—1946年》，第560-561頁所記述的秘密協議（Hugh Thomas, *Armed Truce*, 560～561）。

布洛克：《希特勒和斯大林：相似的一生》，第996頁（Bullock, *Hitler and Stalin: Parallel Lives*, 996）。

　　麥斯基的備忘錄似乎爲戰後的蘇聯解決了一系列歷史遺留問題。而很多年以來，歷史學者們一直對冷戰形勢爲何僅僅在第二次世界大戰剛結束時就迅速形成的問題相互爭論。此外，諸如斯大林的行爲是否源於典型的蘇聯（俄羅斯）的不安全感？他的戰時盟國是否拒絕承認蘇聯的合法主張和要求？很多歷史學者聚焦於同時代的政治人物的著述，比如蘇聯外交部長、戰時的駐美大使——馬克西姆·M. 李維諾夫（Maxim M. Litvinov），這位活躍於20世紀30年代的猶太裔外交專家，以及之後取代他的莫洛托夫（代表斯大林與希特勒簽署互不侵犯條約）。1944年11月，李維諾夫已升任蘇聯的外交部副部長，他曾向斯大林建議蘇聯應在戰後與美英劃分在歐洲的勢力范圍。事實上，當時斯大林已明確地采取了麥斯基的建議。此外，解讀李維諾夫的建議可發現其比麥斯基更爲激進和富有野心。按麥斯基建議的步驟，蘇聯將逐漸邁向歐洲權力的巔峰；而李維諾夫的建議則想要西方完全在東歐向蘇聯投降。無疑清楚的是，歐洲的其余部分則會爲稍後到來的顛覆敞開大門。

　　當然，兩種設計都從未設想過蘇聯的武裝力量推進到西歐地區，無論何種策略都需回答同一個問題，即蘇聯能在不引發與西方戰爭的前提下，能夠實現多少戰略收益。在斯大林心中，資本主義國家間的戰爭爲蘇聯提供了絕佳的機會。斯大林常喜歡說，第一次世界大戰從帝國主義國家中解放了一個蘇聯，第二次世界大戰解放了更多新的國家，而第三次世界大戰可能將徹底摧毀整個帝國主義（資本主義）國家體系。[1] 在1945年的某一次晚餐後，斯大林曾說，他期盼戰爭可以很快結束，蘇聯就能獲得喘息並將在未來15或20年裡恢復力量，「之後，我們應已開始全力以赴准備下一場戰爭」。[2]

　　佐布克和普列沙科夫：《克里姆林宮的冷戰內幕：從斯大林至赫魯曉夫》所引述的莫洛托夫對斯大林所說過的話的記錄（Zubok and Pleshakov, *Inside the Kremlin's Cold War*）。

　　吉拉斯：《與斯大林的交談》，第114-115頁（Djilas, *Conversations with Stalin*, 114~115）。

　　布洛克：《希特勒和斯大林：相似的一生》，第996頁（Bullock, *Hitler and Stalin: Parallel Lives*, 996）。

[1] 佐布克和普列沙科夫：《克里姆林宮的冷戰內幕：從斯大林至赫魯曉夫》所引述的莫洛托夫對斯大林所說過的話的記錄（Zubok and Pleshakov, *Inside the Kremlin's Cold War*）。

[2] 吉拉斯：《與斯大林的交談》，第114-115頁（Djilas, *Conversations with Stalin*, 114~115）。

第2章
斯大林的蘇聯

關於蘇聯國家行動模式主題的探討，可以從1917年十月革命至蘇聯政權終止的八十多年時光中追溯與回顧。蘇聯政權的核心在於蘇聯共產黨。由於黨無意亦無需通過類似西方國家的民主手段獲取權力，因而黨與其成員之間的關系也顯著不同於西方國家的政黨。黨員身份成爲一種重要的象徵和特權，要獲得這樣的身份自然也不會毫無代價。1917年以後，隨著蘇共走向權力核心，黨員的身份（以及其他一些因素）意味著能夠獲得更好的工作機會。爲了享有這種特權，黨的成員接受黨的紀律約束，他們必須遵循、跟隨黨所決定采取的路線（無論這種路線正當與否），且有時路線也會經歷突然的轉折與變化。相反的，由於黨采取自上而下的控制、決策模式，因此幾乎實質上所有的重要事宜，很多情況下也包括一切細微瑣事，也都必須出自頂層的決策，因此在任何一個時段內，也只有少量事務能夠得以處理和決定。例如，蘇共制定的政策注定無法輕易適應和滿足全蘇面臨各種不同境況的地區的需要，畢竟蘇聯的疆域橫跨遼闊的亞歐大陸。無疑，政治決策體系上的僵化將招致嚴重的問題。再例如，同樣的國家政策可能僅僅剛能滿足烏克蘭地區民眾的需求，但在施行到烏茲別克斯坦地區時卻很可能已不合時宜。

執掌權力後，基於俄羅斯傳統上保守的社會心理，列寧就意識到俄羅斯社會的每一個人都清楚如果從一開始就沒有其他選擇的話，那麼整個社會將是能夠接受激進的變革的（而且在此過程中也要持續不斷地強調和重申這一點），而變革造成的社會振蕩也是可以容忍的。至於變革中出現的、可能作爲社會新選擇的反對勢力，在其吸收足夠的關注前，運用警察等國家強力部門對其實施打擊以製造社會恐怖氛圍，就成爲必需了。例如，多年前一位研究蘇聯歷史的英國史學家愛德華·克蘭克肖就指出：蘇聯用以強制執行政府政策的秘密警察，儼然已成爲了真正的政府。

這一整套社會思想控制體系早在帝俄時代就由沙皇所采用。與同時期的西歐君主制國家不同，在帝俄時代，沙皇長期大權獨攬並持續地鎮壓、消滅任何有可能與其競爭國家權力的個人、組織或勢力，貴族作爲國家的統治階級基於各自的土地所有權獲得相互獨立的權力，他們被賦予的所有權益（即官職、封賞等）也都基於對沙皇的忠誠和服務。這一政治結構曾在帝俄崛起和擴張時代穩定運行過，但進入現代工業化文明後，它的僵化和脆弱顯而易見。在第一次世界大戰末期，隨著末代沙皇尼古拉二世

的退位而迅速崩潰。[1] 在1917年十月革命中，共產黨的領袖接管了沙皇的絕對權力，整個國家各層級的官僚機構和利益分配也由其完全支配。

　　然而，新的政治體系仍具備相當的封建特性。每名高層成員都有自成體系的小團隊和圈子，他們往往結成一榮俱榮、一損俱損的整體。圈子內部成員之間互相偏袒、扶持和幫助，並逐漸固化成了規則，毫無例外。斯大林時期受到排擠和貶斥的高級武器設計師，往往會在赫魯曉夫執政時期獲得重用，反之亦然。例如，著名的飛機設計師蘇霍伊，正由於其在斯大林時代的厄運（以其命名的設計局甚至被關閉），奠定了其成爲赫魯曉夫時期蘇聯航空界寵兒的基礎；類似的還有蘇聯的導彈設計師V.N.契洛米伊（V.N. Chelomey，赫魯曉夫的兒子謝爾蓋曾在契洛米伊的設計局裡任工程師）。這一邏輯也解釋了赫魯曉夫爲何在執政後試圖將安德烈·N.圖波列夫（Andrei N. Tupolev）和他的設計局（圖波列夫與斯大林的關係密切）驅出軍用飛機開發項目領域。一旦赫魯曉夫去職後，很多他所提攜、拔擢的人物也遭到了廢黜和貶斥。上述復雜的政治衝突范式，也極大地影響著蘇聯在不同時期的武器系統采購。

　　黨需要一些手段、方法，來使全國民眾服從其治理並凝聚社會意識。帝俄時代，沙皇通過東正教的宗教體系來實現類似職能，在東正教的教義體系下，沙皇作爲上帝在人間的代理人（實質上既是宗教又是世俗的領導者），行使著統治者的權力。對沙皇的順從，意味著將通過個人救贖能夠在死後進入天堂。共產黨無法爲人民提供永生不死的允諾，但它卻可提供精神上的替代物。黨向社會大眾允諾個人的犧牲將幫助建立一個真正正義、公平的社會，進而將「社會主義蘇聯建成共產主義的蘇聯」。正如沙皇時代那樣，警察等強力機構有組織制造社會恐怖氛圍對上述信念的灌輸起著補充（有時甚至是替代）的作用。美國國務院高級蘇聯專家喬治·F.凱南（George F. Kennan）曾在1946年，對沙皇時代的俄國和共產主義蘇聯的社會特點進行了分析比較。[2] 他認爲，與此前的帝俄時期類似，蘇聯與穩定的西方大國相比仍顯僵化和脆弱。無論是帝俄還是蘇聯，都擔憂其臣民了解並進而向往西方更勝一籌的政治體系，後者之所以強盛，在於它將約束政府與公民的社會契約體系整合在現代治理體系中。實際上，早在1917年革命之前的沙皇尼古拉一世時期，一批經歷過拿破侖戰爭並跟隨俄軍進入西歐見證了西方社會政治體系優勢的帝俄軍官（十二月黨人）們，就曾發起過推翻沙皇的起義。爲了阻絕國內與西方的接觸，斯大林不惜采取極端的措施。1945年戰爭結束後，由於擔心國內出現反對蘇共的「十二月黨人」，斯大林將所有曾在戰爭中被德軍俘虜過的紅軍軍官、士兵，甚至還包括那些曾到過西方接觸過西方體系的

---

[1] 派普斯：《布爾什維克政權之下的俄羅斯》，第452頁（Pipes, *Russia under the Bolshevik Regime*, 452）。

[2] 對於1946年2月凱南在其發回國的「長電報」中對此進行了分析，可參見1946年《美國對外關係文件》6：第696-709頁（FRUS[1946] 6:696～709）。對於凱南的背景資料，可參見艾薩克森和托馬斯：《睿智的人：六位朋友及他們構建的世界》，特別是第140-178頁（Isaacson and Thomas, *The Wise Men*, particularly 140～178）。

人，都投入了監獄。[1] 正如溫斯頓·丘吉爾早在1952年初就表達的觀點那樣，蘇聯政策的核心因素是「恐懼」，蘇聯害怕西方的友誼更甚於對他們的仇恨。[2]

取得執政地位後，黨迅速吸引了兩類追隨者。一類，如赫魯曉夫這樣的理想主義者，他們希望在蘇聯建成一個全新的社會，以取代沙皇時期的傳統，後者早在第一次世界大戰中就已明白地表明了其虛弱。很多年輕的受過教育的俄羅斯人，在民族主義和完成國家現代化的感召下，為了自己的理想而願意作出犧牲。當然，列寧深知這樣的理想主義者無疑將不會毫無疑問地遵循黨的路線。而在現實中，肯定也不可避免地有一些人（更純粹的理想主義者）不願邁過的界線。

因此，列寧需要依靠另一類受到權力和利益吸引的、缺乏理想主義色彩的人。他們可能較為平庸、不具太多才干，如果沒有機遇恐怕難以提升其社會地位，在這種情況下，他們對上級、對黨的忠誠則會在升遷時發揮重要的作用。而通常，這部分平庸的大多數構成了官僚體系的主體，他們更習慣於怨恨、壓制那些真正有才華的上級或下級。當然，單純為了權力和利益受雇於黨的人，對於黨的高層喜好探討的理想主義或類似的意識形態問題，所能發揮作用的地方並不多。斯大林曾在20年代擔任過黨的總書記（列寧於1922年任命其擔任此項職務），主要負責黨的組織工作，此項職務使其能掌控黨的官僚機構人事任命，這些人又進一步治理著國家，任此職務期間斯大林積累了大量人脈和資源。對於斯大林而言，列寧於1924年的去世，為其通往至高權力之路打開了大門。[3]

控制黨的關鍵，在於獨享權力和利益的分配權。正如沙皇基於對其本人的忠誠和服務分配其利益和權力類似，30年代斯大林執政時期蘇聯形成了名為「特權階級」（nomenklatura）的一群人，字面上的意義是由黨賦予了權益的特殊階層，事實上也可將其理解為蘇聯的統治階層。[4] 既然是階層，其內部的劃分也有所區別，不同層次的特權階級享有不同的特權。這個群體除了傳統的行政官僚外，還包括卓越的科學家、技術人員和藝術家等人士。與西方類似的貴族階層不同的是，蘇聯的特權階級所享有的特權並非與生俱來，所有的特權也都與其個人擔負的具體工作、職務直接相對應，而無論是職務還是相應的特權也都是黨隨時可以拿走的。這也是黨在每經歷一次執政者變動後，都會出現動蕩的原因。例如，赫魯曉夫上台後，廢黜了一批斯大林時期的高級將領和官員，隨著他們的去職其享有的特權也被同時收回了，無疑這批人不會對赫魯曉夫有任何好感；而赫魯曉夫在被從黨的主要領導職位上被驅逐後，他原

---

[1] 佐布克和普列沙科夫：《克里姆林宮的冷戰內幕：從斯大林至赫魯曉夫》，第37頁（Zubok and Pleshakov, *Inside the Kremlin's Cold War*, 37）中提及1946年1月27日蘇聯的秘密警察報告，其中稱有蘇聯參戰的老兵有反蘇（即反斯大林）言行，並與當地政府出現衝突，甚至還有分發反斯大林的宣傳品的行為。

[2] 1952—1954年《美國對外關系文件》8：第962頁（FRUS[1952～1954] 8:962）。

[3] 沃爾科戈諾夫：《解構帝國》，第67-71頁（Volkogonov, *Autopsy for an Empire*, 67～71）。

[4] 普賴斯—瓊斯：《那場不曾是戰爭的戰爭：蘇聯帝國的墜落，1985—1991年》，第47頁（Pryce-Jones, *The War That Never Was*, 47），其中稱1984年蘇共的75萬個特權職務中，大約有30萬由黨的中央委員會所控制。

來所享有的特權同樣也被剝奪，因爲所有這一切都與個人擔負的職務緊密地綁定在一起。在這種體系下，很自然的，處於社會高層的特權階級必須會充分利用其權力，比如獲取更多經濟、物質上的利益，幫助其子女獲得更好的工作，或成爲新的特權階級，以免在遭到清算後失去所有的一切。這不可避免地使裙帶之風和腐敗盛行，並進一步使社會中數量更多的非特權階級感覺怨恨和憤怒。

在國家高層，職務的授予主要取決於候選者的政治忠誠而非其專業才干。當然，國家似乎也需要訓練有素的軍官、科學家和工程師，對於這部分人，斯大林稱其爲「專業人員」，他們憑借著自己的才干而非其忠誠獲得在社會上的位置。由於忠誠並非其提升地位的主要考慮因素，因此在高層看來，他們也都是對現行體制的潛在威脅。黨在選擇關鍵職務的人選時，這部分專業群體也幾乎不會被考慮。列寧和斯大林都曾試圖削弱國內擁有專業技能和資源的中產階段，作爲傳統意義上的社會精英，這部分群體曾因在舊制度體系下發揮過重要作用而倍受打壓，在經歷革命和斯大林的反復清洗後更加凋零。[1] 例如，在二三十年代蘇聯在選拔接受更高教育或擔負管理職務的候選人時，往往通過其階級背景進行篩選，具有無產階段或農民背景的候選人更受青睞，[2] 而前體制內的軍官團體、貴族和資產階段幾乎完全被排除在社會選拔體系之外。

類似的模式也應用於基層的工廠和集體農莊。黨杜絕社會上出現任何可能對反社會主義體系產生激勵作用的人才選拔和任用機制。黨的領導層更期望工人階級在共產主義精神的感召下，而不是爲了獲得更好的報酬，加倍努力地工作。在這樣一種分配體系之下，甚至一些高級官員的收入僅略微高於勞動階層的平均收入。那麼如此看來，更高級的職務，對於追求利益和權力而不得不獻出自己的忠誠的人來說，還有吸引力嗎？答案是否定的，事實上，正如前文所述，蘇聯還設計有一套非常復雜、且多少帶點神秘色彩的刺激機制，這種機制同樣基於工作的職務與崗位，即特權階級會根據其職務與崗位享受相應的秘密工資和特供商店。爲了避免刺激基層的勞動階層，供特權階級享用的特供商店和秘密津貼都竭力隱藏於普通民眾的視線之外。

大約到40年代末，黨不再鼓勵任何人像以往那樣拼命工作了。致力於社會改革的黨的官員們也周期性地暗示將改變社會的分配制度。最優秀的工作者理應獲得更好的報酬，表現更佳的工廠企業也應獲得系統性地獎賞。而他們難以說出口的是，這正是資本主義社會的運作方式。在蘇聯社會發展到這一階段時，再不改善以往的分配體系也不可能了，因爲原來的制度已侵蝕了黨對整個社會的系統控制能力。因此，到50年代時，已有經濟學領域的專家開始隱晦地討論關於黨在國家、社會生活中發揮合適作

---

[1] 派普斯：《布爾什維克政權之下的俄羅斯》，第403頁（Pipes, *Russia under the Bolshevik Regime*, 403）。

[2] 數據獲取自M.勒溫：《其他人映象中的斯大林》一文，摘自克肖和勒溫：《斯大林主義和納粹主義：獨裁專政的比較》（M. Lewin, *"Stalin in the Mirror of the Other,"* in *Stalinism and Nazism*, ed. Kershaw and Lewin）。在大清洗開始前的1937年初，蘇聯各地區的黨組織的書記中只有17.7%的人擁有較高的教育程度，其他70.4%的人則只接受過基本教育。

用的問題了。當時即便大多數經濟方面的改革派並未全然了解他們所期待的改革，但實質上他們都已成爲潛在的顛覆性因素了。

在斯大林時代，解決專業人士的問題似乎更爲簡單。發動大清洗後，特別是在這種清洗具有慣性後，事態就難以控制，企業領域裡的專業技術人員發現他們毫無價值，他們和曾被他們所嘲笑的平庸之才一樣會輕易地遭到逮捕、投入監獄，甚至直接處決。至少，強加在部分專業人士身上的恐怖也會對其他的人起到充分的恐嚇作用，使他們繼續甘於受到控制和壓迫。到1937年時，斯大林可能認爲他已擁有足夠數量的軍事實力（主要是硬件）能夠懾止蘇聯的外國敵人，因此能夠負擔得起爲解決他所在意的政治問題而導致的負面效果。

對於軍事領域，斯大林考慮相關問題的觀念過於依賴物質條件。對於他而言，裝備因素已主導了戰爭，人員的重要性已下降。如果他有足夠數量的坦克，他就敢於發配、清洗任何潛在的不忠於他的軍官，不論後者是否具有出色的軍事才能。因此，從此角度看，蘇聯的第二個「五年計劃」成功實現預期目標後可能也就預示著軍隊中展開大清洗不可避免。[1] 對於外部的世界，至少在1937年時，蘇聯的軍事理論仍顯著依靠於歐洲各國。[2] 紅軍當時的重要將領，圖哈切夫斯基元帥，被認爲是紅軍中不可多得的真正天才。他和他的同志們創立了蘇聯的機械化軍隊和領先於那個時代的機械化戰爭理論。但對斯大林而言，元帥卻是他個人潛在的競爭者，因此必須予以消滅。不僅出現在斯大林時代，類似的思維也同樣再現於50年代赫魯曉夫對軍官團的清洗，以及60年代共產主義中國的領袖毛澤東所發動的「文化大革命」中。對於斯大林排除了人員因素的完全的唯物主義，希特勒並不完全贊同，他認爲蘇聯紅軍在蘇芬戰爭中的糟糕表現，主要源於紅軍中大量訓練有素的軍官和骨干遭到了系列的清洗。所以他敢於在結束了與法國的戰爭後，很快就與表面上異常強大的蘇聯紅軍爆發全面規模的戰爭。

而極具諷刺意味的是，盡管紅軍遭到的清洗對其自身作戰能力而言是毀滅性的，但它也並不如同時代的觀察者們所想象的那麼野蠻和殘忍。事實上，雖然紅軍的高級將領軍官團幾乎在清洗中被一掃而空，但廣受牽連且數量上更爲龐大的中階軍官團，正如所假設的那樣，並未在遭到逮捕後就立即予以處決。至於對他們的處置，降級或投入監獄，抑或被逐出軍隊是更常見的情況。隨著戰爭的爆發，這批軍隊的中堅很快又重返軍旅，並在持續不斷的艱苦作戰中磨煉著自己的軍事才能，並最終擊敗了希特勒。例如，羅科索夫斯基元帥曾在大清洗中被判入獄，但戰爭爆發後立即從監獄中被釋放參戰，並最終擔任了1個集團軍的指揮官。[3] 希特勒對此本應有更客觀的認識，

[1] 沃爾科戈諾夫：《斯大林：勝利與悲劇》，第316-329頁（Volkogonov, *Stalin: Triumph and Tragedy*, 316～329）。
[2] 貝拉米：《現代地面戰爭的演進》，第86-91頁（Bellamy, *The Evolution of Modern Land Warfare*, 86～91）。
[3] B. 邦韋奇：《斯大林，紅軍和「偉大的愛國戰爭」》，摘自克肖和勒溫：《斯大林主義和納粹主義：獨裁專政的比較》（B. Bonwetsch, *"Stalin, the Red Army, and the 'Great patriotic War',"* in *Stalinism and Nazism*, ed. Kershaw and Lewin）。

因爲在紅軍的大清洗結束後的1939年8月，蘇聯部署在遠東地區的紅軍在中國東北諾門罕地區痛擊過戰爭經驗非常豐富的日本軍隊。至於幾乎同時期蘇芬戰爭中紅軍的表現爲何如此低劣，可能的原因在於戰場更靠近莫斯科，前線指揮官的戰術決策更易受到後方大本營斯大林和黨的其他領袖的意見的干擾。

在第二次世界大戰巨大的戰爭壓力來臨之前，也有爲斯大林辯護的聲音宣稱，爲了保證國家的統一，大清洗是必要的。

對於斯大林而言，大清洗是一場令人愉悅的政治上的勝利，值得反復進行。他可能會認爲，國家需要周期性地展開大清洗，以保持所有黨員隨時處於緊繃的狀態，進而這更意味著對黨的服從。蘇聯國內的人民在經歷了反復的清洗運動後，也得出結論：要在清洗中幸存下來就必須以盲目的姿態表現忠誠。而任何主動精神、狀態，哪怕它明顯是爲支持黨實現其闡述的目標，也是非常危險的。有時，黨似乎更傾向於毫無感情、消極的順從，而非積極廣泛的支持。而這種冷淡和漠然可能也可用於解釋第二次世界大戰後，當蘇聯的工人們發現斯大林並不打算對他們的主動奉獻和犧牲進行回報和獎賞後，生產效率降低以致根本無法實現高層所計劃達到的產量目標的現象。

在40年代末，斯大林開始清洗所謂的「列寧格勒集團」，此集團主要由工業領域的管理者和經濟計劃人員構成，其形成很可能源於第二次世界大戰時期德軍對列寧格勒長達數年的全面封鎖和圍困。戰爭期間，列寧格勒所有與外界的通道被長期封鎖，城裡的軍隊和企業被迫長期在得不到支援的條件下自力更生，反復擊退德軍的進攻。斯大林擔憂的正是在這種環境下，很多干部和管理人員所產生的些許獨立思想。對此，斯大林強加給他們所謂的「狄托主義」（而非戰前的「托洛茨基主義」）罪名，這次清洗的范圍甚至將戰後成爲蘇聯勢力范圍的中歐新共產主義國家也納入在內。[1] 1952年，以所謂的「醫生的陰謀」爲名義，斯大林又在蘇聯展開了新一輪的大清洗，運動中更涉及蘇聯境內對猶太裔公民的大范圍清肅，據推測，這很可能是斯大林力圖重新喚起俄羅斯民族精神的一種手段。[2] 當然，現在沒有史料清晰地表明這一輪清洗是否與斯大林預期的又一場戰爭有關，且其發生的時間點適逢他當時正致力於獲得的原子彈。而50年代初期，斯大林發表的一系列強烈的反西方議論，也可被解讀爲對他在發起又一輪蓄意的大規模集體迫害運動後所招致的西方強烈反應的輕蔑和無視，而非真正想要與西方走向戰爭。[3]

戰後的大清洗可能還將一些在戰爭中成長起來的高級軍官牽連在內，這些受牽連

---

[1] 鄧巴賓：《冷戰：大國和他們的盟國們》，第419頁（Dunbabin, *The Cold War*, 419）。在匈牙利情況最爲糟糕，2000余人被處決，15萬人被監禁，另有35萬人被開除出黨。在捷克斯洛伐克，遭到監禁和處決的人員達到13.6萬人。

[2] 布洛克：《希特勒和斯大林：相似的一生》，第1053頁（Bullock, *Hitler and Stalin: Parallel Lives*,1053）；P.蘇多普拉托夫等：《特殊任務：一名蘇聯間諜不必要見證的回憶錄》，第298-307頁（P. Sudoplatov et al., *Special Tasks*, 298～307）。根據《特殊任務：一名蘇聯間諜不必要見證的回憶錄》的編著者在書中記述，排猶運動只是斯大林發動新的清洗的開始，在這場清洗中馬連科夫和赫魯曉夫與斯大林結盟，共同消滅貝利亞以及保守派勢力（包括莫洛托夫、伏羅希洛夫和米高揚）。

[3] 羅辛斯基：《斯大林：首部基於俄羅斯新爆出新秘密檔案文件的深度傳記》，第560-562頁（Radzinsky, *Stalin*, 560～562）。

的軍官打贏了戰爭，卻在戰後被斯大林視作可能與其競爭聲望和政治資本的潛在競爭者。例如，蘇軍的朱可夫（Zhukov）元帥，戰時他最重要的前線指揮官，被他派往遠離莫斯科權力中心的遠東地區任職，這無異是一種流放。當然，這也為後來赫魯曉夫清算斯大林的勢力帶來了機會，後者在斯大林死後利用朱可夫元帥的聲望和他對斯大林的怨恨打擊類似莫洛托夫這樣的親斯大林政治人物。

　　從第二次世界大戰之後緊接著就展開的冷戰的角度觀察，大清洗帶來的另一項直接的惡果在於極大地削弱了蘇聯重要的國家權力機構。比如斯大林期間的超級情報機構。大規模的政治整肅過程中，個人的能力和才能不再成為其能否保住其社會地位、甚至生命的因素，這同樣也波及到了蘇聯駐外的情報系統，大量駐外特工和情報人員被召喚回國（除了少數未被召回），但這些回國的特工絕大多數都遭到清洗甚至處決。[1] 此外，斯大林經常忽視或濫用他所獲得的情報信息。例如，1941年德國進攻前夕他對獲得的准確戰略預警情報無動於衷，而這已是眾所周知。當然，最近釋出的一些檔案和資料顯示，斯大林不相信那份情報的原因在於當時有太多預警信息都預測了德國的進攻，而且具體行動的時間也各不相同。因此斯大林很難從他獲得的大量情報信息中聚焦到正確的信息上，畢竟這類情報匯集和融合機構直到戰後蘇聯才組建。

　　而得以在戰前蘇聯情報系統的大清洗中幸存下來的特工們，也得出這樣的結論：在為斯大林提供情報時，最好只提供他想要聽到的。[2] 盡管如此，斯大林仍擁有不少安插在西方國家的高級間諜，這部分人員主要由共產國際在戰前派往西方。他們為主要基於意識形態方面的原因為蘇聯服務，加之身處外國使這部分人受大清洗的影響相對較少。這些著名的海外高級間諜中，如潛伏英國的「劍橋五傑」和駐日本的理查·佐爾格（Richard Sorge）等。[3] 這些由共產國際召募、派遣的間諜在戰爭期間和戰後為斯大林提供了很多非常重要的情報，包括美國人的原子彈研制項目、盟國的重要密碼，以及第一次柏林危機和朝鮮戰爭初期美英方面的戰略情報。例如，1947年美英等國在巴黎就啓動「馬歇爾計劃」而進行的巴黎會議時，莫洛托夫就已手握西方各國的談判文件。通過這些間諜，斯大林可能早就知道了大約在1948—1949年間美國仍然只有規模很小的核武庫。

　　然而，盡管蘇聯方面的情報工作非常出色，但其政策、戰略的制定似乎並未從中獲益多少。例如，斯大林在獲得關於西方馬歇爾計劃以及美國對戰後歐洲的看法等細節後，本應試圖攪黃類似的大規模重建計劃。似乎他只需將計劃中的一些內容公之於眾就能達到目標，比如對於接受美援的國家，將不得不接受美國的經濟入侵，但這一

---

[1] P.蘇多普拉托夫等：《特殊任務：一名蘇聯間諜不必要見證的回憶錄》，第48頁（P. Sudoplatov et al., *Special Tasks*, 48）。

[2] 墨菲、克恩德拉希夫和貝利：《戰地柏林：冷戰期間CIA V.S. KGB》，第62-70頁（Murphy, Kondrashev, and Bailey, *Battleground Berlin*, 62～70），描述了關於柏林封鎖危機的受到曲解的報告。據推測，其中第65頁提及的英國外交部的電報似乎是偽造的，其內容至少也是被歪曲的。

[3] 布洛克：《希特勒和斯大林：相似的一生》，第792頁描述稱斯大林拒絕相信佐爾克的報告（Bullock, *Hitler and Stalin: Parallel Lives*, 792）。

切卻並未發生。這非常明確地表明，盡管蘇聯耗費了巨大的精力來收集西方的各類情報，但其對西方的力量和發展卻存在嚴重的曲解和誤讀。再如，一些關鍵技術開發項目的情報通常都極具價值，但斯大林有時歇斯底裡的偏執和妄想卻並不要求蘇聯的情報系統有針對性地獲得此類情報。同時斯大林還對國內采取嚴格到近乎荒謬的內部保密制度，即使是非涉密的出版物只要其來自西方，都通常難以在蘇聯國內傳播。而這套蘇聯特有的內部保密體系的影響也投射到其情報體系中，比如蘇聯情報機構對於各種西方隨處可得的大量公開來源情報總是持懷疑的態度。只要不是從對方的保險櫃中竊取、抑或使用金錢收買而來，他們明顯不會重視其價值。

斯大林不僅不相信其下屬提供給他的情報，還習慣於自己對獲得的情報進行解讀。這與戰前羅斯福政府對偵截到的日本通信情報的處理並無什麼不同。當然，兩國最高領導人對情報的類似態度所導致的結果也都相似：德國在1940年對蘇聯，以及日本在1941年對美國都實施了大規模軍事突襲。而美、蘇兩國對此的反應也很相似，戰爭爆發後很快組建了各自的情報評估機構。到50年代，蘇聯進一步建立「信息委員會」（但斯大林的偏執也戲劇性地削弱了此機構的效能），而美國的戰略情報局（OSS）則演變爲中央情報局（CIA）。這類情報綜合、評估機構的主要目的，在於從大量原始情報、資料素材中提取出重要的情報結論。相比之下，蘇聯情報機關（如克格勃）似乎更習慣於向其領導人提供幾乎未處理的原始情報，表明其無意扭轉曲解西方的傾向。

蘇聯的諜報系統擁有驚人的滲透效率，他們值得西方的同行們尊敬。1951年，隨著伯吉斯和麥克林叛逃回莫斯科，清楚地表明英國外交部已遭蘇聯滲透；不久以後英國更發覺其秘密情報機構似乎也被滲透。對被進一步滲透以及蘇聯的間諜組織繼續在內部召募新血液的擔憂，在之後30余年間亦不斷地折磨著英國的情報和反間諜機構。50年代初期，英國爆出的蘇聯間諜事件，也使任何潛在地准備叛離蘇聯的人士感到心驚，他們非常害怕自己被蘇聯滲透進西方的高級「鼴鼠」所洩露。20世紀60年代，考慮到英國被滲透的經歷，對蘇聯諜報人員滲透的恐懼也幾乎毀了中央情報局。[1]

當然，最重要的，恐懼才是鞏固斯大林對整個蘇聯社會生活控制力的關鍵。地方黨的負責人最重要的任務在於在本轄區內貫徹實施中央的指令，在這種高度集權的體制下，西方的政治多元化體制是不可想象的。最能體現蘇聯對社會生活的集中控制的案例，正是其計劃經濟體系。當時，西方對於蘇聯的計劃經濟體制也存在很多爭議，但蘇聯的確通過這套體系將革命後遠稱不上工業化的俄羅斯，在短時間內打造成現代化的工業國家，並進而轉化成軍事實力，從而得以應對殘酷的第二次世界大戰。簡言

---

[1] 根據曼戈爾德在《冷戰戰士》（Mangold, *Cold Warrior*）中所記述的內容，當時美國中情局的反間諜任務主要由詹姆斯·耶穌·安格爾頓所領導，而他顯然被暗藏於內部的蘇聯間諜菲爾比徹底愚弄了，後者在1949-1951年間擔任英國與美國的情報聯絡官員。曼戈爾德認爲，菲爾比一事的經歷激發了安格爾頓對捕捉隱藏在中情局內部間諜的妄想與偏執。在安格爾頓離開中情局後，這幾乎催毀了該機構的自我審查能力，進而爲諸如奧爾德里奇·埃姆斯這樣的高級間諜的滲透打開了大門。

之，計劃經濟就是對每一種產品制定相應的生產計劃，但是制定計劃的各級政府機構，出於其政治熱情或爲表達個人忠誠等目的，設定的目標往往不切實際；而生產企業的負責人則致力於達成（甚至超過）上級制定的目標。特別是在斯大林時期，宣傳機器非常強調超量完成生產任務，即「斯達漢諾夫運動」（斯達漢諾夫，蘇聯工人，由於在增產運動中出眾的勤勞而受到表彰和獎賞）。至30年代，斯大林式的恐怖清洗達到高峰時，很多企業負責人也面臨著極大壓力，因爲如果他們未能完成指定的生產任務，很可能會被指責爲「破壞」蘇聯的社會主義建設活動，而遭到逮捕和整肅。

這些生產目標絕大多數由具體的數量構成，比如特定應生產多少噸鋼材，制造多少鉚釘，鋪設多少英里的鐵軌，制造多少架飛機等等，事無巨細無一遺漏；只有極少數的工業品品種可以以定性的方式設定具體目標。斯大林的國家經濟體系主要在於盡快武裝蘇聯，因此其經濟活動的重心很大程度上聚焦於重工業和軍事工業上，企業負責人對於生產什麼、生產多少幾乎沒有選擇；而工人階層，即便想要更多黃油，但同樣也沒有發言權。在斯大林時代，超額、加速完成上級賦予的生產任務通常是被鼓勵的，整個蘇聯的工業體系完全缺乏自我控制、自我調整的動機和能力。因此，若其經濟體系自我運行的話，將會毫無限制地吞食掉整個國家的資源，而唯一能控制這套體系的，只有斯大林。例如，只有在他的要求下，一些新型的企業才會得到資源和資金投入。

計劃體系應用於整個蘇聯社會、經濟生活的方方面面，第二次世界大戰時期它也發揮過重要作用。同時，其生產體系在運行時似乎也呈現出不斷加速的狀態，對資源的需求越來越大，而軍事需求總是被認爲最爲必要。第二次世界大戰期間，蘇聯得出的一個重要教訓，是戰前耗費巨大而積累的軍事物資（比如彈藥），在戰爭中被證明完全不足。因此，戰後蘇聯經濟計劃體系得出結論，在任何未來的戰爭爆發的初期，各種軍用物資的生產必須加速擴張產能。[1] 因此，新的工廠在設計時就能考慮到未來能快速提高產能（比如要擁有更大的占地面積，以便充實更多的生產設備管理，存放預儲的原料和成品）。考慮到國家的整個經濟重心都圍繞著重工業和軍事工業，爲其配套的整個社會體系也向這類經濟領域傾斜，比如教育、衛生等體系。而根據現有的資料批露，自60年代以來，蘇聯經濟部門就已開始爲整體的軍事戰略做著准備，並積累了大量的原料和軍用產品。而到20世紀90年代蘇聯解體後，俄羅斯重新向資本主義體系轉型的過程中，前蘇聯的這些龐大軍事遺產則爲對沖轉型帶來的巨大壓力提供了某種程度上的緩沖，盡管就效率而言實在太過低下。

經濟體系的運行完全依靠計劃，也意味著蘇聯經濟官員們認爲其有能力預測未來的需求。例如，建設一座坦克廠、設定來年的坦克產量目標，就必須以發動機、火

---

[1] 加迪：《過去的代價：俄羅斯努力解決以往軍事化經濟體系的遺產》，第34-37頁（Gaddy, *The Price of the Past*, 34～37）。

炮、鋼鐵以及一輛坦克所涉及到的各種部件的生產及運輸進行計劃。在指標一層層分解後，就轉化爲具體的原料產量目標，比如鋼產量、原油產量、發電量等等。當然，資源並非無限的，很多重要產品對原料的需求也都趨同，因此在實際運行過程中往往產生競爭關系。例如，第二次世界大戰中，坦克與飛機的生產，就對兩類裝備所共同需要的鋼鐵、油料產品產生過競爭。和平時期，設定特定產品的生產優先度非常有必要，其具體過程也很復雜，很多情況下都需依賴最高層的仲裁；但在戰時，這一切都不成問題。特別的，對斯大林而言，國民經濟的軍事化本來就是蘇聯經濟活動的中心，在戰爭期間甚至達到頂峰。例如，至少在1940年時，紅軍裝備的武器和作戰平台數量相對有限，但到戰爭結束時，紅軍各式裝備的存量都膨脹到極爲驚人的程度。

　　很多情況下，計劃目標很難稱得上是現實的。高層通常以蘇聯軍隊可能需要什麼，而不是以蘇聯的經濟可能生產什麼，來確定未來的生產計劃。也許最重要的是，斯大林的經濟計劃體系和獎懲制度更鼓勵其下屬說謊，這些謊言不僅用來迷惑外部世界，也用來應對體系內的高層。對於一名企業負責人來說，即使其生產任務難以達成，也只能用謊言來掩蓋這一切，否則他很快就將面臨嚴重的後果。而具體負責監管生產的各類官僚機構，則擁有著巨大且不受約束的權力，能夠很容易地受賄和勒索。不難想象，隨著腐敗程度的不斷加重，蘇聯的經濟系統也被日益扭曲。這一體系傳導到最高層，其結果必然是中央政府經常爲很多並不存在的工廠和企業投入資源。[1]

　　計劃制訂的過程無疑將產生大量統計數據，這些數據再被編寫和印刷成冊，以付諸經濟系統完成。但在戰後初期，外部世界卻往往輕信並接受蘇聯給出的數據。到1950年（戰後第一個五年計劃完成之時）時，西方已普遍認爲蘇聯的經濟已恢復到1941年時的水平。[2] 至1957年，蘇共召開第21次全蘇黨員代表大會時，執政的赫魯曉夫宣稱蘇聯經濟水平到1970年時就能夠趕上西方了（毫無疑問，他也是基於蘇聯經濟部門的統計數據做出如此判斷）。[3] 而當時，很多西方人士也相信了他的話，他們在1957年12月北約在意大利召開的會議上稱，在經濟方面蘇聯已占據主動。[4] 考慮到蘇聯的經濟統計體系從來無法獲得關於其自身的准確統計數據，所以這些似是而非的數據在很長時間時被廣泛引用。

　　關於蘇聯經濟統計數據粗糙不堪最爲有名的案例，是70年代勃列日涅夫的「棉花丑聞」。當時，蘇聯爲了試驗一種新的偵察衛星，在烏茲別克加盟共和國（蘇聯主要的棉花產區）的棉花收獲季節，利用衛星對棉田的情況進行偵照，結果發現產量遠低於地方上報的數量，這也意味著莫斯科爲所謂的棉花產量付出了額外的資金。結果，

---

[1] 普賴斯—瓊斯：《那場不曾是戰爭的戰爭：蘇聯帝國的墜落，1985—1991年》，第50-54頁（Pryce-Jones, *The War That Never Was*, 50~54）。

[2] 拉克爾：《我們時代的歐洲》，第220頁（Laqueur, *Europe in Our Time*, 220）。

[3] 拉克爾：《我們時代的歐洲》，第223頁（Laqueur, *Europe in Our Time*, 223）。

[4] 1955—1957年《美國對外關系文件》4：第225頁（FRUS[1955~1957]4: 225）。

烏茲別克當地黨的領導層被徹底重組，一些人遭到審判並處決。這次丑聞使幸存的烏茲別克當地黨的高級領導對莫斯科心生怨恨，到1989—1991年蘇聯政治體制危機時期，根本不願支持莫斯科和蘇共。[1]

各項經濟指標的制定者並不關心具體的生產環節，在需要擴充產能時，他們更慣於建立新的工廠，而不是改進原有設備的生產效率，也就是通過所謂「粗放的數量規模擴張」，而非「集約化效率提升」，來提高產量。這樣的經濟增長方式無疑會降低有限的資金或資源利用效率，完全新增一處生產設施所費不菲，因此往往造成了大量浪費。60年代，蘇聯經濟活動的典型方式是完全自上而下的，比如要生產一種新的導彈武器系統，經部長會議討論同意後將發布一整套行政命令，這套命令可能與一本厚電話號碼薄無異，其中列出了生產此型導彈所涉及的成百上千家企業和研究機構以及他們各自的任務，接著命令被傳達到涉及的各企業、機構。而這些企業的生產活動也完全按照上級需求加以實施，他們的具體活動完全取決於中央經濟管理部門。有時，某個企業所生產的產品可能會涉及多個項目，那麼其生產任務就會分布於多套行政命令中，而通常明確涉及不同項目生產任務間的優先順序卻非常不易，因為每套生產指令都會強調其列於較高的優先序列。整個這套生產計劃、實施體系也都來於於斯大林的遺產，即中央擁有一切事物的最終決策權，但問題在於中央的精力也是有限的，無法精確及時地監控、調節社會經濟活動的每一個環節。

經濟計劃部門總是要求下屬企業生產更多的產品，而企業的管理者們明知無法按其要求完成，通常只得謊報產量。同時，這套計劃系統也是極為僵化、不靈活的，比如它無法將一些影響生產活動的不可抗拒因素考慮在內，比如壞天氣等。而蘇聯頗具特色的階段性經濟活動「五年計劃」，似乎也使其經濟計劃體系更加糟糕。在斯大林時代，每個人都知道他所確定的五年經濟計劃一旦發布，就必須完成。他曾說過所有的問題都可歸咎於人，而人是可以被制裁、消滅的。他的繼任者同樣也繼承了這套僵化的經濟體系，而且越到後期，越依賴於僵硬的計劃經濟。

至於社會經濟活動的主要執行者——工人和農民，無疑也有其生活需求。在蘇聯工業化初期，為加速整個社會的工業化進程，必須加大對工業品與初級農產品的價格「剪刀差」，通過盡可能地壓榨農業和農民以快速積累資本。無疑這將激起農民的反叛，但斯大林解決此問題的辦法非常簡單，即通過建立集體農莊，強行奪取農民的土地、食品、牲畜和他們所有的一切，強制性地將他們驅趕成為無地的農業產業工人。農業集體農莊化所帶來的後果極為恐怖，大量農民為了抗拒政府的政策，不惜殺死自有的牲畜、毀壞地裡的作物。而斯大林則強硬地以饑餓對付他們，以破壞社會主義制度為名逮捕、殺害反抗的農民，在此過程中數以百萬計的人死去，特別是在1932—

---

[1] 霍爾姆斯：《共產主義政權的終結：反腐敗戰役和危機合法化》，第101-102頁（Holmes, *The End of Communist Power*, 101~102）。

1933年間的烏克蘭，更發生了被稱爲「烏克蘭大饑荒」的慘劇。[1] 當時斯大林所留下的苦難，不僅在第二次世界大戰期間爲德國人所利用，大戰結束後也繼續引起持續不斷的反叛，而且甚至對1991年蘇聯最終的解體也有影響。而在當時，甚至斯大林也承認蘇聯的農業生產並未達到沙皇時代的水平，直至50年代中期蘇聯農場保有的家畜數量才達到俄國1914年時的水平。[2]

戰後，南斯拉夫的約瑟普‧狄托元帥成爲斯大林面臨著的一大問題。對於歐洲的共產主義組織來說，他的革命熱情和傳奇經歷，更具英雄主義色彩。圖中所示爲1948年7月的捷克斯洛伐克首都布拉格街頭，共產主義團隊組織游行慶典時，女學生們經過狄托元帥的肖像。之前同年2月，捷克斯洛伐克共產黨發動政變並取得政權，但新上任的捷共領導人並未完全倒向斯大林。當這些女學生正在慶典中前進之時，斯大林主導的共產黨和工人黨情報局（Cominform）已經開始了對狄托的攻擊，並且很快將其逐出世界共產主義運動。（美國海軍學院）

---

[1] 沃爾科戈諾夫：《斯大林：勝利與悲劇》，第166頁（Volkogonov, *Stalin: Triumph and Tragedy*, 166）。其中估計約850萬至900萬人受到影響，其中一些被流放而非被立即處決。而根據安東諾夫-奧夫謝延科：《斯大林的時代：暴政的肖像》，第65頁（Antonov-Ovseyenko, *The Time of Stalin*, 65）中采自1928—1939年間的烏克蘭人口統計的數據估計，期間烏克蘭的淨人口損失量約爲1200萬人，但其中包括因孕早逝而統計在內的未出生的人口的數量，所以安東諾夫-奧夫謝延科在書中估計的數據可能應更低一些。

[2] 赫勒和勒科瑞奇：《執政的烏托邦：1917年至今的蘇聯歷史》，第473頁（Heller and Nekrich, *Utopia in Power*, 473）。

第3章
1945年的西方

　　爲了防止斯大林控制西歐，美國開始了冷戰。盡管經過戰爭的毀滅，西歐地區（至少潛在實力上）仍是全球生產力最發達的地區。如果斯大林能將這一地區據爲己有，在整個實力對比上無疑將超過美國。如果蘇聯獲得了西歐，取得了整個歐亞大陸的主導權，美國將被迫退守西半球，並成爲一個不可能被民衆接受的高度軍事化的國家。[1] 而這也正是美國在第二次世界大戰期間抵抗希特勒和日本人的原因。而且，更重要的是，蘇聯當時已表露出企圖整合全球更多的國家以對陣美國及其盟國的雄心。

　　對於斯大林而言，要實現對歐洲的控制，采用顛覆而非直接入侵的辦法可能更易實現征服。在第二次世界大戰進入1945年後，蘇聯軍隊在東線發動全面的攻勢，勢窮力竭的希特勒敗象已露，此時英國和美國卻開始擔憂另一種可能，他們認爲隨著蘇聯大軍向西推進，顯露出更強大的力量，也會對西歐國家甚至自身產生影響。[2] 例如，蘇聯在歐洲大陸上的軍事成功已持續刺激著英國的斯大林支持者。而是英國的成功則會影響美國。因此，借助意識形態影響的幫助，斯大林完全可達成傳統軍事征服者所做不到的事，也許他能超越希特勒以非軍事的力量，越過海峽直抵英倫三島，甚至超越大西洋直接影響美國。

　　希特勒成功和失敗的范式對斯大林有深刻的啓示意義。希特勒在第二次世界大戰初期西歐的軍事勝利，對於英國來說，事實上只是令英國民衆抛棄了被他所擊敗的保守政府，轉而使更不妥協的丘吉爾政府有機會走上前台。在西歐，隨著美英於1944年開辟第二戰場，一些被美英軍隊解放的國家逐漸組建起政府，但此時這些政府仍面臨著不穩定的形勢。因爲在這些國家淪陷期間，各國共產黨通過堅持不懈地領導當地民衆對抗希特勒和德軍而獲取了巨大的政治聲望，特別是在不少國家，當地的共產黨更成爲地下抵抗力量的核心。因此，這才使美英非常擔憂斯大林很可能利用對歐洲各國共產黨的巨大影響力，有機會主導、控制那些蘇聯軍隊仍未觸及的國家。至於希特勒曾經碰壁的英國，雖然也有不少蘇聯的同情者，但領導戰爭勝利的政府仍享有較高的威望，指望國內的共產主義或社會主義組織取代現政府仍非常困難。

[1] 加迪斯：《遏制戰略：對戰後美國國家安全政策的重要評估》（Gaddis, *Strategies of Containment*）。

[2] 參見1946年9月24日克利福德-埃爾西在其提交給杜魯門總統關於遏制戰略的報告，該報告由艾佐德和加迪斯所編輯；也可參見參謀長聯席會議1947年4月29日發布的1769/1號文件，《從國家安全的角度看美國對其他國家的援助》，第71-83頁（JCS 1769/1 *"United States Assistance to Other Countries from the Standpoint of National Security"*, 71～83）。

　　歐陸戰事結束後，即便德國在戰爭中遭受重創，很多城市和生產設施也毀於一旦，但該國仍不失為歐洲地區最重要的工業國。在第二次世界大戰末期，很多德國的工業設施仍保持著完好狀態，或者說在經過短暫恢復後仍能運作。而且，戰敗的德國仍擁有高度發達的科學技術和訓練有素的產業工人。

　　德國工業的潛力既可被視作未來的威脅，也可以是一種希望。對於此種潛能，斯大林最初並未看清德國未來的這兩面哪一面更為重要，但其傳統思維的慣性還是使他要求進占德國的蘇軍盡可能將東部占領區的德國工業設施拆卸掉運回本國。然而，這些運回國內的生產設施卻面臨著缺乏勞動力使用的窘境，它們所能帶給斯大林的也遠少於此前所預期的。至於法國，則想將德國西部重要的工業地區——魯爾區從德國版圖裡永久地割裂出去。借此極大地削弱德國未來的潛力，使其再不可能成為法國的威脅。然而，在短短幾年間，各國對德國的態度卻急劇地改變了。英國和美國率先覺察到德國是他們在歐陸戰場上最重要的戰利品，未來復蘇後仍將是歐洲最重要的國家。對於兩國對德國的深刻認識的重要的外在表象，便在於美英拒絕了法國對魯爾區的妄想。斯大林也有類似的結論，盡管就他而言，他對如何強化在東歐的存在更感興趣。他還預設了歐洲在戰後的另一種可能，即如果歐洲未來復蘇乏力，在較長時期內仍保持著戰後廢墟狀態的話，那麼共產主義意識形態可能會在歐洲更加繁盛。這些考慮也解釋了為什麼在冷戰初期，很多東西方斗爭的焦點都聚焦或圍繞著戰後的德國展開。而在遠東，同樣作為戰敗國的日本，也處在與德國類似的地位上，但在當時看來其經濟潛能無疑遠比不上德國。

　　在第二次世界大戰後期，這些潛在的問題很大程度上仍未被理解。羅斯福總統考慮更多的，主要仍是基於他認為普適、通用的原則，建立戰後穩定的世界秩序。[1] 事實上，這些原則也影響、塑造著冷戰中美國行事的方式和思維。例如，首先一條原則就是民主信念，盡管這並未明言，但未來戰後的世界裡只有民主體制的政府才具備真正的合法性。當時，很多美國人很自然地堅信——正如他們今日所堅持的——自由民主的國家具有友善與和平的天性。相反的，獨裁、專政的政體似乎天生具有進攻性，正如導致第二次世界大戰的德國和日本那樣。在西方，類似意識形態貫穿著冷戰。在西歐，積極介入歐洲事務的美國明確表明其為民主戰斗到底的意志；然而，在遠東、拉丁美洲和非洲，美國卻經常發現所支持的掌權者很難稱得上是民主政權，而蘇聯及其盟國也經常借此指出美國的虛偽，令後者難堪。對美國而言，這種窘境是不可避免的，因為這些獨裁政權對美國而言控制著很多具有戰略意義的要地。事實上，美國所處的道德困境至今仍存在著。而在兩次世界大戰期間，美國也曾與俄羅斯這樣的具有獨裁傳統的國家並肩戰斗。至少在1917年以前（第一次世界大戰期間），統治俄羅斯

---

[1] 加迪斯：《我們現在知道了：對冷戰歷史的再思考》，第12頁（Gaddis, *We Now Know*, 12）。

的仍是獨裁程度不亞於斯大林的沙皇政權。

　　1941年美國全面參戰後，政府爲了處理與共產主義蘇聯合作而產生的輿論、道德上帶來的潛在問題，將極權主義的蘇聯描述成一個准民主的國家。例如，根據1943年3月29日美國國內出版的《生活》雜志，當時這本雜志可能是美國發行量最大的通俗讀物，其中就將俄羅斯人描述成「他們的外貌、穿著和思想與美國人並無太大區別」；對於內務人民委員會（NKVD，蘇聯的秘密警察），則稱其爲「與美國FBI類似的國家警察機構」。而按當時柯利爾的話說，蘇聯的國家制度既非社會主義也非共產主義，而是「一種經修正的資本主義制度，其未來也將發展出與我們和大不列顛類似的民主制度」。[1] 而美國電影的聖地，好萊塢，也曾在戰時由華納兄弟公司拍攝了類似《出使莫斯科》（Mission to Moscow）這樣的支持蘇聯的電影，而駐美蘇聯大使館也曾要求前大使約瑟夫‧E.戴維斯（Joesph E.Davis）將這部戰時非常賣座的電影「轉回莫斯科」。[2]

　　戰時將蘇聯作爲盟國的宣傳，實質上很大程度地掩蓋了戰前美國對蘇聯以及本土的共產主義組織廣泛存在的偏見。到20世紀30年代末期時，美國輿論界和大眾對斯大林政權的基本印象已經形成，即使當時外界對蘇聯大清洗的實情仍不得而知，但在很多美國人心目中，斯大林是一個危險的暴君，致力於將自己的權力拓展到其國家邊界之外。美國國內的反共人士也將其與希特勒劃上等號，1939年希特勒與斯大林簽訂互不侵犯條約時，更印證了斯大林在他們心中的固有印象。戰前，美國社會很多人士持左翼立場，但這部分人士始終清楚地認爲接受共產主義者的援助是非常危險的，如果這樣的話，美國的左翼組織將很快屈服於共產黨的約束，甚至按莫斯科制定的路線政策行事。例如，當時美國最大的工會聯盟——美國勞工聯合會（AFL），其領導人就有意識地盡可能排除共產國際和蘇共對其的影響。另一方面，也不能否認很多左翼人士或組織接受了共產黨的幫助，特別是在斯大林在歐洲接納了人民陣線之後。例如，30年代美國產業工業聯合會（CIO）就證實被蘇共嚴重滲透。然而，考慮到更殘暴的敵人——希特勒的威脅後，很多美國左翼組織在處理涉及斯大林和蘇聯的議題上，更願意有意地忽略其缺陷。當然，很多更加保守的美國人仍不喜歡蘇聯和他們的政策，特別是蘇聯有組織地壓制宗教自由和活動。

　　在30年代，羅斯福當局開始實施其新政，政府在很大程度上與左翼力量結盟。很多極端右翼人士或組織則將這種結盟視作共產黨正在向政府滲透的證據，甚至進一步誹謗、污蔑國內的左翼組織已被蘇共所操控。到大戰爆發，蘇聯正式成爲美國盟國後，美國國內輿論和潮流再次逆轉。以往的極端右翼勢力秉承獨立主義傳統，不僅反對與共產主義的蘇聯結盟，也反對美國對英國的援助，因而他們也常被輿論和政府

[1] 沃克：《冷戰》，第28-30頁（Walker, *The Cold War*, 28～30）。

[2] 布蘭茨：《冷戰內幕：羅伊‧享德森和美國帝國的崛起，1918—1961年》，第66頁（Brands, *Inside the Cold War*, 66）。

抨擊爲毫無愛國之心。更廣泛地看，這部分極端保守力量對希特勒政權的反共產主義態度更爲贊同（因此也經常反對政府的政策），他們通常也被認爲是親德派。而此時美國的政府也非常強硬，傾向於將任何不贊同其政策的政治派別視作叛國。這種氛圍也在1942年7月美國政府針對一些反對戰爭的極端分子進行的一系列公訴中達到高潮，政府提請訴訟的理由非常清楚，他們認爲這些極端反戰分子陰謀破壞民衆和軍隊的士氣，然而這些審判後來也大多不了了之。[1] 在這些審判中，表現美國政府當時態度的，是公訴方幾近以二分法區分這個世界：要麼是法西斯國家，要麼是反法西斯國家，而蘇聯無疑是列於反法西斯國家之中的。實際上，這與經典的共產主義理論並無太大區別，在後者眼中世界也只有共產主義國家和反共產主義國家（即法西斯國家）之分。然而，戰時美國政府的親蘇宣傳並非毫無副作用，它使很多人靠向右翼，包括很多共和黨人，這部分人遠稱不上是極端右翼保守分子，但在對羅斯福政府已被蘇聯滲透（甚至部分地被控制）的懷疑之中，倒向政治光譜的極右端。而當戰後，隨著蘇聯對美國進行滲透的證據被披露出來後，也更印證了他們的觀念。

　　美國人對自由的信念，在戰爭期間無疑也擴散到了歐洲的那些殖民帝國中。作爲一名堅定的反殖民主義者，羅斯福在1941年與丘吉爾簽訂《大西洋憲章》時，不顧英國的反對堅持將民族自決的權利也納入到憲章中。至晚到1944年底時，羅斯福也明確地表達了如下的希望，即蘇聯和未來復興的中國應幫助各自所在大洲的國家和人民，將來不再受日本和歐洲各國的再次殖民。但是，這一願景並不現實，蘇聯本質上就是一個帝國，它的殖民地只是被正式並入了聯盟；[2] 另外，斯大林當時並未顯示出任何瓦解大英帝國的興趣。至於中國，仍孱弱不堪，而且很可能還將繼續保持那種狀態。當然，羅斯福經常表露出這種不顧現實的理想主義色彩。他似乎非常寬厚、溫合，但這並不能阻止他日益惡化的健康。1945年春，就在第二次世界大戰結束前夕，羅斯福總統病逝了。

　　很多美國人認爲，戰後世界去殖民地化的趨勢不可避免，如果他們支持這一體系的瓦解，那麼新獨立的國家和政府無疑未來將成爲美國的朋友和貿易伙伴。相反的，在歐洲看來，很多歐洲國家及其人民則認爲美國的政策是自私的。事實上，美國更希望利用向歐洲投資，幫助其戰後迅速恢復繁榮，使其成爲對美國而言重要的新市場。對於這點，很多美國人肯定會痛苦地回憶，戰前英國曾企圖將美國排除在與英帝國體系（包含其殖民地）的貿易體系之外。戰後，被消耗得極端虛弱的英國急切地需要獲得美國的貸款和援助，美國的談判團隊則利用英國的虛弱，成功地獲得了更多的貿易權利。[3] 在1945年，與其他存在不同意見的議題相比，美歐對殖民地問題的態度，無疑是令美國和潛在的歐洲盟國間心生嫌隙的主因。

---

[1] 鮑爾斯：《並非毫無榮耀：美國反共產主義的歷史》，第183頁（Powers, *Not Without Honor*, 183）。

[2] 休·托馬斯：《武裝的停戰：冷戰的開始，1945—1946年》，第195頁（Hugh Thomas, *Armed Truce*, 195）。

[3] 孔茨：《黃油與槍炮：美國的冷戰經濟外交》，第20-21頁（Kunz, *Butter and Guns*, 20～21）。

　　1945年時，盡管大多數美國人非常贊同其國父喬治‧華盛頓的遺訓：這個國家應避免結盟。但在此前的戰爭中，美國政府仍付出了巨大的政治努力，使公眾將第二次世界大戰視作一場美國的戰爭，而非一場由墮落的歐洲人強加給美國的戰爭。戰時，美國與英國的緊密合作也是史無前例的，要知道在此之前美英之間曾有相當長一段時期的對抗史。盡管兩個國家間存在著強烈的文化親緣關系，而且戰爭期間兩國也建立起了特殊關系，但在戰爭結束後，卻出現了不小的裂痕。甚至兩國領導人，羅斯福與丘吉爾之間的私人關系也幾乎在1944年崩潰。而戰後兩國的新領導人，杜魯門和艾德禮，至少在1945年7月的波茨坦會議之前，並未見面。

　　對於戰後，美國人同意這樣的觀點，即戰後世界的繁榮將確保世界的和平。似乎第二次世界大戰主要源於30年代的大蕭條。由於世界貿易體系的崩潰，一些國家遲遲無法從蕭條中走出。經濟形勢的整體惡化與大戰的共生性並非是偶然的。當不同的國家的經濟形勢衰退時，相互之間就會升高貿易壁壘以保護本國的經濟，然而當所有國家都這麼做時，不斷升高、擴張的貿易壁壘將最終斷絕掉各國之間的貿易。經濟下行、貿易緊縮的時代，雖然所有國家都明白高築本國貿易壁壘無疑於飲鴆止渴，但當各國都采取類似措施時，就沒有哪一個國家會不這麼做了。例如，美國總統胡佛曾否決了「史慕德—哈利關稅法案」（Smoot-Hawley Tariff），但國會再次推翻了他的決定。

　　而在第二次世界大戰結束時，歷史似乎是有了新的機會。到1944年時，美國的經濟實力已遠超過全球任何其他國家。到1949年時，其國民生產總值已占到全球的一半。美國還擁有巨大經濟優勢使其能強迫其他國家政府降低其關稅壁壘，而作為回報後者將得到戰後經濟重建所必需的龐大貸款。就全球來說，也需要一家世界銀行為各國經濟恢復、重新繁榮國際貿易提供資金支持。很自然的，這一切都以美元為貨幣基礎，美元繼而成為世界性的儲備貨幣，並直接與黃金掛鉤。充滿希望的是，美國龐大經濟實力主導下的自由貿易將加速戰區各國的重建，在此過程中其提供的相對適量的貸款會發揮重要作用。戰爭期間，這種以美元作為關鍵貨幣的全球金融、經濟體系的設計，於1944年在布雷頓森林會議上確立，當時蘇聯也參加了會議。[1] 到1946年1月1日，此次會議的相關協議開始生效。

　　布雷頓森林會議的具體協議條款，由美國財政部助理部長哈里‧德克斯特‧懷特（Harry Dexter White，蘇聯的高級間諜）草擬。[2] 至1945年12月時，鑒於蘇聯戰後也能從此體系中獲取重建款項，因此蘇聯貿易和外交部門向斯大林建議批准該協議。但斯大林個人否決了蘇聯加入該協議的可能。[3]

　　斯大林做出如此決定時，戰爭所帶來的毀滅和重建對資金的龐大需求仍遠超任何

[1] 孔茨：《黃油與槍炮：美國的冷戰經濟外交》，第8-10頁（Kunz, Butter and Guns, 8～10）。

[2] 休‧托馬斯：《武裝的停戰：冷戰的開始，1945—1946年》，第71頁（Hugh Thomas, Armed Truce, 71）。對於懷特是蘇聯間諜的認定，可參見班森和沃納在《維納諾：蘇聯間課和美圖的反應，1939—1957年》中涉及「維納諾」項目的資料（Benson and Warner, Venona）。

[3] 加迪斯：《我們現在知道了：對冷戰歷史的再思考》，第193頁（Gaddis, We Now Know, 193）。

人的想象。美國最初對歐洲各國援助主要通過兩個渠道進行，一是美國爲聯合國善後救濟總署（UNRRA）提供了5.3億美元資金，其次則是直接向受援國提供長期低息貸款。至於戰後援助最大的部分，則單獨給了英國，總計達37.5億美元（當時英國要求獲得50億美元）。1945年12月6日，美國總統簽署了金援協議，國會經審議後到1946年7月也批准了，並要求於1951年受援國開始分批償還這些款項。[1] 至於其他國家，法國獲得了約10億美元援助。但在之後的兩年裡，美國發現對歐洲的重建援助幾乎都未取得成效。善後救濟總署被證明在重建過程中的效率是極爲低下的。提供給很多國家的經濟重建資金，在一次性支付給對方後幾乎也未見對其經濟有什麼幫助，因爲這些錢主要都用於償還當事國的短期債務了。歐洲在戰後兩年裡的重建遲遲不見起色，也暗示著戰後歐洲經濟復蘇的問題遠不止因戰爭而負債那麼簡單。此時，美國決策層也意識到，如果西歐未來無法快速恢復，美國政府將也將被其拖累。在這情況下，「馬歇爾計劃」開始醞釀成形了。

布雷頓森林協議對冷戰具有極其重要的影響。爲了鼓勵貿易，要求各國間實現貨幣的自由兌換。當然，最初這並不可能，在戰爭期間及戰後疲軟的全球經濟形勢下，各國的主要貨幣資產都迅速轉移到美國並兌換成美元，導致各國對美元的需求量大增。戰後，美國則擔負起向全球提供美元的角色，既是爲向各國提供援助，也爲維持其龐大的海外駐軍。從金融角度看，美國戰後在全球維持的龐大駐軍相當於向駐在國提供了一條重要的資金輸入渠道。到1958年時，歐洲各國經濟已大體恢復並穩定，能夠像1944年所設想的那樣實行各國間貨幣的自由兌換了。爲了保持國家貨幣體系的穩定，這期間各國能夠要求（也確是這麼做的）美國將其持有的美元貨幣換回之前他們的儲存黃金。當這些黃金開始重新流出美國的國庫時，美國國內經濟界的壓力再起，他們要求美國政府盡快將駐外美軍撤回國內，或者要求外國政府向美國支付駐軍的費用（即不再免費地承擔爲歐洲和全世界提供安全保護的義務）。[2]

後來的史實表明，涉及到的外國政府並不急切地想將其手中美元換回黃金，因爲美元本身仍具有價值。在布雷頓森林協議所建立的金融體系下，美元的發行嚴格地以黃金作爲保證，而西方各國貨幣的發行則以美元爲保證金，美元在歐洲各國的金融體系中居於核心地位。美國在海外的軍事部署實際上對經濟的擔負問題並不如美國政府所預期的那麼嚴重。在整個60年代，盡管布雷頓森林體系對歐洲各國的經濟具有明顯不利的影響，但歐洲人仍願意支持它。[3] 直到70年代初期，時任美國總統理查德·尼克松被迫放棄金本位制並允許美元匯率自由浮動後，布雷頓森林體系才告瓦解。[4]

---

[1] 孔茨：《黃油與槍炮：美國的冷戰經濟外交》，第19-22頁、第27頁（Kunz, *Butter and Guns*, 19～22, 27）。

[2] 孔茨：《黃油與槍炮：美國的冷戰經濟外交》，第97-99頁、第113頁（Kunz, *Butter and Guns*, 97～99, 113）。

[3] 孔茨：《黃油與槍炮：美國的冷戰經濟外交》，第112頁（Kunz, *Butter and Guns*, 112）。

[4] 孔茨：《黃油與槍炮：美國的冷戰經濟外交》，第192頁（Kunz, *Butter and Guns*, 192）。

1945年時，可能很少有人會想到美國將啓動並持續進行一場長達50年的戰爭。對於戰爭的軍事戰略，比如就第二次世界大戰而言，美國公衆對盡可能迅速地結束戰爭的要求，無疑影響著其軍事戰略。畢竟，周期性的選舉制度，使這個國家很難制定並維持一項長期的政策。而這樣一場長達半世紀的戰爭，也經歷八屆性格特點各異的美國政府：杜魯門、艾森豪威爾、肯尼迪（約翰遜）、尼克松、福特、卡特、里根和老布什政府。盡管各屆政府領導人的特點、傾向各異，但作爲美國政治體系中重要構成部分的國會，起到了對沖和緩沖的作用，正是在其努力下，美國的冷戰政策在50年的時間中總體上維持了穩定，畢竟每屆政府在試圖改變現有政策前都需獲得國會的同意。美國國會各類委員會的負責人通常都由資歷、經驗豐富的政治人物擔任，比如長期從政的弗瑞德·文森（Fred Vinson）衆議員，作爲一些重要委員會的主席，對政策的制定和實行就具有重要的影響。自1974年以後，國會各委員會的主席必由委員會成員推舉。到80年代時，各委員會的情況都較爲穩定，不像當前委員會的負責人總是擔心其所屬委員會醞釀對其不利的議題。

1945年的美國政府，不可避免地涉及大量與外國的事務，因爲作爲戰勝國，美國要和英、法、蘇等國一道共同完成對德國和奧地利的分區占領。1945年2月在雅爾塔會議上，羅斯福總統曾對斯大林說，他很懷疑美國公衆是否會容忍在戰後維持對德國兩年的占領，這令斯大林非常吃驚，後者爲了防止德國再次崛起，曾建議對德國采取更嚴厲和長期的占領，至少應占領20年。[1] 至於奧地利，情況則要特殊一點，雖然兩國於1938年合併後奧地利也作爲德國的一部分參與了其戰爭行動，但該國更多地被視作遭受納粹鐵蹄踐踏的第一個受害國。因此，在1945年蘇聯解放維也納後，立即就組建了一個聯合臨時政府以管理整個國家。該國臨時政府的領導人是個年老的社會黨人——卡爾·雷納博士（Dr. Karl Renner），蘇聯大概也認爲他是個溫和、順從的領導人。[2] 然而，之後發生的事實也證明，雷納非常老謀深算。待盟國商討如何處置德國時，事實上已接受他的聯合政府在奧地利的合法地位，從而並未像對待德國那樣處置奧地利。而到1947年時，在冷戰仍未完全凍結束西方關系前，相關方面簽訂的使這種可能不復存在（像德國那樣對奧地利實施分區占領）的和平條約幾乎已近完成。

在遠東，日本正式無條件投降後，盟國（除蘇聯外）也派兵對日本實施了占領，占領軍的數量隨著時間的推移而不斷減少，到朝鮮戰爭爆發前僅余四個不滿員的師。

類似奧地利的情況，朝鮮也被認爲是日本軍國主義的受害者。考慮到朝鮮長期以來缺乏自治的經歷，在雅爾塔會議上就建議戰後各盟國（美國、蘇聯和中國，或者還包括英國）分別派出代表，對其實施聯合托管。但很快情況就明確了，與會主要國家達成協議，由美國在朝鮮半島南部地區接受日本投降，而蘇聯則負責半島北部地區，

---

[1] 肯尼迪-派普：《斯大林的冷戰：1943—1956年蘇聯的歐洲戰略》，第53-54頁（Kennedy-Pipe, *Stalin's Cold War*, 53～54）。

[2] 休·托馬斯：《武裝的停戰：冷戰的開始，1945—1946年》，第357-363頁（Hugh Thomas, *Armed Truce*, 357～363）。

之後朝鮮將在其自己的政府主導下完成統一。而半島南北的分界線，則是北緯38度線，與1904年同在半島對峙的俄、日軍隊所形成的戰線略有不同。[1]

對美國而言，1945年另一項重要的、無法更改的事實在於，隨著戰爭結束軍隊開始大規模復員，美軍地面部隊的數量規模開始迅速下降。從政治角度而言，美國很難在非戰時的環境中維持並集結龐大的軍隊。另一方面，美國海軍仍可能保持全球性優勢，即使同樣因戰爭結束它的很多在役艦遭到封閉和退役處理後，仍是如此。在空中力量方面，同時期美國的優勢同樣不可動搖，而且由於此時美國仍壟斷著原子彈的秘密，因此美國的戰略家們認為也沒有必要維持那麼多的海外駐軍，只需在海外出現危機後迅速加以反應即可。至於如何迅速反應，戰艦的速度無疑很慢，但空軍卻能根據需要迅速飛赴危機地區（當然空軍的響應也有個重要前提，即它們只有在獲得外國基地支持的情況下才能有效運用）。當然，美國還沒提出大規模永久性海軍前沿預置的概念，也沒有現在所謂的前沿空中力量部署。

對於戰後新成立的聯合國，也被美國人寄予了重望。對於世界和平的維持任務，將主要由新的聯合國主導。第一次世界大戰後成立的國際聯盟並未發揮其應有作用，據說，國聯的失敗是因為缺乏美國的全力支援。而第二次世界大戰後，美國全力支持成立聯合國，並利用其無以倫比的經濟優勢和軍事實力，幫助聯合國穩定這個世界。因為美國無疑也確信，所有的戰時盟國也都希望戰後世界穩定、和平，這也有助於他們自己的重建和恢復。

戰後，大多數的美國人想當然地認為，英國——他們的戰時伙伴，仍是與美國類似的超級強國。事實上，在戰爭期間，羅斯福總統經常說，他擔憂戰後英國對美國的敵意。顯然，此時美國仍將英國視為保持未來歐洲與世界和平的重要參與者。然而，到1945年隨著戰爭結束，美國人日益發現，他們的國家不僅是西半球，也幾乎是全球唯一的強權。英國對美國援助貸款的渴求使美國人真正意識到了，曾經輝煌的大英帝國實質上已經破產了。第二次世界大戰幾乎消耗了英國戰前四分之一的財富，戰後英國幾乎是全球最大債務國。事實上，早在1941年，要不是美國通過了《租借法案》，後繼的戰爭早就使它破產了。直到戰後美國援助快結束之時，英國的財經狀況才恢復到1941年的水平。而在勝利的前夕，也只有極少數英國人意識到國家的狀況糟糕到了何種程度。戰爭結束後，更多的人很快也發現，戰後各類物資的配給制施行的甚至比戰時還要嚴厲。很多英國人也在戰後第一次體驗到了連面包銷售都受到管制的滋味。

與美國人類似，英國也缺乏在和平時期與其他國家結成盟國的傳統。然而，僅僅出於保存相關產業的考慮，英國也必須要盡快恢復其國際貿易活動。[2] 例如，戰爭結束的幾年，英國皇家海軍曾開工建設一艘戰艦，但建造計劃很快被中止，原因在於建

---

[1] 休·托馬斯：《武裝的停戰：冷戰的開始，1945—1946年》，第422頁（Hugh Thomas, *Armed Truce*, 422）。

[2] 休·托馬斯：《武裝的停戰：冷戰的開始，1945—1946年》，第214頁（Hugh Thomas, *Armed Truce*, 214）。

設此艦的各類工程技術人員數量有限，而且還必須被抽調實施其他具有更高優先級的工程，如制造用於出口的船只的人員。也正是在這幾年，英國明確無誤地意識到，如果沒有美國的幫助，他們基本無法保證本國的安全防務。

戰後初期，英國的國庫收入主要來自兩部分，一是出口貿易，其次則是倫敦城的金融服務收益。就金融而言，英鎊越是堅挺，倫敦的金融服務也越具吸引力。[1] 因此，爲了保持英鎊的堅挺，英國人必須嚴格限制以借貸（無論是內部還是外部的）的方式用於其防務開支，顯然，這極大地限制了英國對防務的投入，進而要求獲得相當長時期的和平以恢復其經濟。然而，戰後很快就爆發的朝鮮戰爭令英國經濟情況雪上加霜，1951年英國試圖重振軍備但很快導致經濟方面的危機。很大程度上，英國並不情願就此放棄其世界強權的地位，這在50年代極大地拖累了其經濟的復蘇。到了1957年，中東蘇伊士運河危機爆發後，英國聯合法國出兵無疑更使其國內經濟受到影響，不可避免地，英國明白必須修訂其全球戰略了。此後，英國始終缺乏足夠的資金全力支撐其經濟復蘇，直至70年代英國幾乎每幾年就會遭遇一次財政危機。

無疑的，考慮到英國及其他幾個歐洲國家（法、荷、比等）都曾擁有大量殖民地，其戰後復蘇所需資金來源之一正在於這些殖民地。因此可以理解當戰後新世界秩序正逐步形成之時，這些國家極不願意放棄其殖民地宗主國的地位。而當戰後民族解放思潮已呈不可遏制之勢席卷全球時，這些老舊帝國也拼盡全力壓制各自殖民地的民族主義解放戰爭，而後者正是蘇聯所意圖支持的。對於美國即將投入冷戰而言，其歐洲盟國的這類支出無疑將加速消耗掉其有限的力量，使其更加無力應對斯大林在歐洲的擴張。很多歐洲人覺得，他們所保衛的是極具價值的資產，過去他們也曾爲這些殖民地多次流血。他們更認爲，如果沒有他們的努力（建設、經營），這些殖民地很大程度上將無法體現其價值。

此外，另一項必須謹記的因素在於，歐洲人在幾乎不到五十年的時間裡曾兩次爲保衛各自國家而走向殘酷的戰爭，這也深深地影響了他們的思維。剛剛結束的第二次世界大戰，以及之前同樣付出巨大人員和財富損失的第一次世界大戰，就發生在他們的身邊。對戰爭的厭惡從來沒有像第二次世界大戰結束後所感覺得那麼強烈。而對美國而言，戰爭仍是遠離他們的事物。即使冷戰期間，隨著遠程核武器大量部署，極大模糊了戰爭前沿、後方的區別，至少美洲大陸幾個世紀以來就再未爆發過重大衝突，而西歐諸國也傾向於認爲美國並不願再卷入另一場戰爭。

---

[1] 孔茨：《黃油與槍炮：美國的冷戰經濟外交》，第72頁（Kunz, *Butter and Guns*, 72）。

第4章
戰爭期間的核革命

原子武器的出現使冷戰更加令人戰栗，就很大程度上而言，其帶給世人的恐懼更甚於有史以來的任何一種武器。美國人在曼哈頓工程中所釋放出的宇宙中最具毀滅性的力量，能夠在幾次打擊中就徹底摧毀整個國家。隨著冷戰的進行，對抗的雙方都累積了龐大的核武庫，但核武器本身不可遏制的超殺威力似乎也在很大程度上約束著雙方有理智的領導人。1945年，美國擁有了實戰性原子彈，取得了核壟斷地位，而對日本廣島和長崎的核攻擊更向全世界顯示了這種新式武器的毀滅性威力。

配合著東西方對抗的時代背景，核武器也在軍事領域迎來了前所未有的高速發展。在毀傷的效費比上，核武器具有極大的優勢，理論上一枚核彈能夠完成傳統上由成百上千架重型轟炸機所實現的毀滅效果。用之於戰場，一枚核彈同樣能在瞬間將一整支軍隊完全抹去；而過去，要達成類似的效果無疑需要另一支龐大規模的軍隊。至此，軍事力量被分為了兩類：一類是傳統的常規力量，另一類則是核力量，兩相比較在實現相同毀傷效果方面，核、常軍力所需耗費的資源差距是極為明顯的。以第二次世界大戰末期出現的噴氣式飛機為例，這種新型飛機的造價遠超傳統的螺旋槳式戰機，它們飛得更快、更高，而要應對新的噴氣式戰機，則更需要投資全新的軍事能力（比如功率更大的雷達）。而這一切都需要龐大的資金作支持。

同時，第二次世界大戰的經驗也表明，維持一支大規模常規力量所需的資金與以往相比也突然極大地膨脹了。一支地面部隊只有具有高度的機動性和靈活性，才能在戰場上有效地發揮作用。所有的軍隊需要摩托化的運輸投送，以支援坦克等機械化突擊力量在廣泛的戰場空間內行動。事實上，戰後的每支陸軍師的機動能力都相當於（甚至更甚於）戰時機動性最強的裝甲師，而在第二次世界大戰期間沒有一個國家的軍隊能完全實現其陸軍的裝甲機械化。以裝備很強的美國軍隊為例，其陸軍師級部隊的運輸車輛也只能保證一次性運送全師三分之一的力量。而戰後，美國陸軍師的運輸力量幾乎三倍於戰時，炮兵部隊的機動性也大大提升了。這意味著，部署一支數量規模與第二次世界大戰期間類似的陸軍師，所需耗費的資金也攀升了3倍不止。而其他國家的軍隊，其摩托化程度遠未達到美軍的水平，發現要實現其陸軍的現代化同樣也極為昂貴。在這種情況下，對於美國及其所有西方國家的軍隊而言，其作戰師的部署數量不可避免地下降了。

戰爭期間，資源的限制並不特別明顯，第二次世界大戰末期，制約軍隊數量規模的瓶頸仍主要是人力因素。加之武裝、訓練一支部隊並不特別昂貴。然而，戰後軍隊組織結構的重組和裝備的性能提升，使得武裝一名士兵所需的花費急劇增加了。制約一支軍隊規模的最大瓶頸不再是人力成本，而是部隊所配備的坦克、機動式火炮和各式車輛，以及為保證部隊擁有足夠機動能力所需的龐大後勤「尾巴」。使情況更糟糕的是，戰後科學技術的迅猛發展，導致裝備的折舊率大大提升，它們變得過舊的時間大為縮短。例如，1945年戰時美軍所裝備的主戰坦克，到1950年時已無法與蘇聯生產的新式坦克相抗衡了。就美國的角度看，很多軍用裝備的專用化也許正使情況更糟，特別是戰時用於兵力運輸的卡車，當時這些卡車與類似的民用車輛並無太大區別，但到50年代卻只能用軍隊專用、但也更昂貴的裝甲人員運輸車來替代，畢竟以往的民用卡車已無法在威脅程度更高的戰場環境下生存。因此，從這一角度看，軍用裝備的專門化無疑削弱了西方龐大的汽車工業所賦予其的戰時機動性優勢。

使西方面臨的情況更為糟糕的是，與其西方對手不同，斯大林在戰後仍設法維持並現代化其龐大規模的軍隊。由於蘇聯的重工業高度軍事化，因此能以更低的成本為軍方提供大量裝備及車輛。因此，西方在整個冷戰期間所面臨的最大挑戰，就在於如何對抗數量規模上占壓倒性優勢的現代化蘇聯軍隊。如果沒有原子武器的話，西方國家除了也采取類似蘇聯的工業軍事化的措施外，似乎並無更多選擇。

然而，原子武器的出現，似乎提供了一種理想的平衡器，特別是在美國仍保持著核壟斷地位的時期。此外，原子彈似乎也是唯一可行的力量平衡器。例如，第二次世界大戰期間，與同時期的蘇、德相比，數量規模極為有限的美國陸軍就大量使用戰術飛機彌補其數量缺陷。利用空中優勢，美軍的戰術飛機實際上發揮著地面部隊的空中掩護火力的作用，其他國家的軍隊更多的是使用地面炮兵完成類似任務。而且，由於當時飛機飛行速度較低，飛行員可能較容易地完成其地面支援任務。而戰後出現的噴氣式飛機似乎不具備這樣的優勢，其對地面作戰行動的支援能力急劇降低；同時，噴氣式戰機的高油耗也使其無法像以往那樣在戰場上徘徊待機。現代化空中力量對地面支援的問題，直到60年代末第一批「靈巧」炸彈和導彈問世後，才得以解決。

因此，當時很大程度上使得原子彈對西方而言極具重要價值的原因，正在於與蘇聯相比，西方常規軍力的嚴重不平衡。

類似的，在海上，西方傳統上極具優勢的海軍力量也面臨著可怕的挑戰。戰爭期間，昂貴的新型戰艦需要應對來自德國的新型潛艦，而到戰爭末期和戰後，蘇聯也擁有了德國的潛艦技術。而且，即便西方擁有相當的反潛技術和艦只，估計其也無法也不願以對稱的方式與蘇聯展開水面—水下競賽。因此，無論從地面還是海上，原子彈都堪稱一種重要的實力平衡器。例如，面對蘇聯的水下威脅，使用原子彈對蘇聯潛艦基地實施打擊能夠從根本上解決問題，而無需在新式反潛艦只方面投入過多資源。

　　原子彈自問世後似乎並未脫離其在人們心中的印象。廣島和長崎由於其大部分建築既不結實又主要由易燃材料制成，因此在原子彈的攻擊下異常脆弱，造成大量傷亡。然而，低緯度地區，比如蘇聯的城市，顯然更爲堅固。對其使用原子彈實施攻擊主要考慮可能還是它的巨大爆炸威力。在爆心及周邊區域，原子彈的毀滅性威力顯然強於任何一種非核武器。當然，越在靠近爆心的位置，建築物越難抵擋住爆炸威力。而衡量原子彈爆炸威力常用的一個指標——爆炸半徑，則用於衡量在距爆心多遠的距離上爆炸可發揮出其威力。而具體的爆炸半徑大小，並不完全由爆炸威力決定，而大致與其立方根成比例。[1] 另外，原子彈的成爆機理也決定了，在其爆炸的當量威力中，只有約一半能量可轉化爲殺傷性沖擊波，其他能量則轉化爲熱量、其各種輻射（比如中子和X射線輻射）。而且在其爆炸後，受其輻射照射後的物體也將被感生出放射性，並被強烈地面爆炸後形成的蘑菇雲卷入空中，再以危險的輻射塵的形式沉降到地面，如果爆炸時或爆炸後爆區有風，則將使輻射污染進一步擴散。

　　以美國在長崎投擲的原子彈爲例，其當量約爲1.4萬噸TNT，但真正的爆炸威力僅相當於7000噸TNT。至於該核彈的殺傷半徑也顯著小於想象，大約爲1噸重TNT炸彈殺傷半徑的20倍不到，大約數百碼而非幾英里的距離。因此，在原子彈爆心附近的建築物很難幸存，但也很難嚴格地說一枚原子彈能完全摧毀整個城市。只要目標盡可能遠離爆心，就能免遭毀滅性打擊。例如，與投向廣島的原子彈相比，長崎那枚原子彈盡管其威力更大，但對當地人口的殺傷效果卻低於前者，原因在於其爆心嚴重偏離預定彈著點。相反的，如果要令投向長崎的原子彈的殺傷半徑增大一倍，其當量必須8倍於最初的數量（達到112千噸）。

　　很明顯，原子彈爆炸時的輻射和爆後的輻射沉降物將殺傷更大半徑、范圍內的人員，所以對於爆區外的有生力量而言，核爆也是非常致命的。因而，就躲避原子彈的爆炸殺傷力而言，只要不過分靠近爆心，並有良好的掩蔽物（比如堅固的建築物、地表掩蔽所等）的話，仍是相對容易的；但要應對爆炸後的輻射及放射性沉降物的後繼殺傷就非常困難了。這也是爲什麼人員在從爆心撤離後，需要采取一系列救援、洗消的原因。

　　還可以另一種方式來觀察原子彈巨大的殺傷威力。雖然從原理上看，每枚常規炸彈僅能覆蓋有限的殺傷區域，但如果精確控制爆炸位置，使其分布均勻的話，那麼400枚1噸重炸彈（約80架轟炸機的載彈量）可有效毀傷的區域面積，就相當於一枚投向長崎的原子彈。類似的，第二次世界大戰期間德國不少重要城市曾遭受數千架轟炸機的轟炸，其造成的損失不亞於少數幾枚原子彈。另一方面，原子彈爆炸時釋放的熱輻射和各種放射性輻射，還能殺傷一定距離內無防護的人員，其沖擊波對距爆心相當

[1] 參見《核武器手冊》1，28 n.5（NWD 1, 28 n. 5）。

距離外的建築物仍具有殺傷力（大於其殺傷半徑）。

1946年7月，英國曾對現代戰爭中原子武器的殺傷力進行了評估，戰時對德國城市的大規模反復常規轟炸，相當於5—10枚原子彈所造成的破壞。按此標准看，要在短時間內徹底癱瘓整個英國，只需120枚左右原子彈就能完全摧毀其境內主要的城市。而對於蘇聯這樣的國家而言，雖然其國土面積遼闊，但其境內城市中心更少，因此要達成相同的效果所需的原子彈數量甚至更少（只需約100枚）。[1]

由於出色的諜報工作，斯大林很快也掌握了西方在原子彈方面取得的進展。他也明確意識到，此時蘇聯無需畏懼美國，除非後者很快擁有足夠數量的原子彈（起碼數百枚）才能確保對蘇聯實施決定性的打擊。在戰後初期，他已知道美國仍僅擁有數量非常有限的原子彈，通過曼哈頓工程美國在耗費巨大資源和努力的情況下也僅生產了少數幾枚原子彈所需的核裝藥。蘇聯高效的諜報系統使斯大林堅信美國還要花費數年，才能獲得其最初的百余枚原子彈。

極具諷刺意味的是，就當時的情況而言，斯大林對美國初期核武庫及其核武器生產能力情況的掌握，很可能比杜魯門總統更准確。杜魯門當時並未意識到，盡管美國的科學家們已掌握原子武器的秘密，但除去已在日本投入的兩枚原子彈外，曼哈頓工程其實並無法為美國帶來更多的核彈。戰時緊急調試、設計的產品並不適於戰後的大規模快速生產。美國參謀長聯席會議主席當然清楚美國核武庫的情況，最初在制定針對蘇聯的戰爭計劃時也並未將這種武器作為戰爭計劃的核心因素。隨著戰後東西方間緊張態勢的提升，原子彈對美國戰略家們的重要意義開始日益顯露。而美國領導人將其視作美國主導權的象徵，與現實中美國脆弱的核實力之間的差距，也越來越大。直到40年代末期時，美國才真正開始加速量產原子武器。

但對抗的另一方，斯大林也令美國決策者震驚不已。他所領導的蘇聯根本視美國仍壟斷著核秘密為無物。對於他的自信，美國也感覺難以置信，而更加相信斯大林的鎮靜只是虛張聲勢。因為美國認為其核武庫的規模根本不可能為蘇聯人所知，他們當時可能也未意識到，其核武庫的規模小得可憐，根本無法摧毀蘇聯。當時美國的分析人員則認為斯大林對美國核優勢的反應在其政策制定思維中。[2] 具體而言，蘇德戰爭以德國的戰略突襲為起始，但斯大林告訴俄國人，蘇聯終將取得勝利，因為蘇聯遼闊的國土面積、龐大的人口和工業能力，使其能夠忍受戰爭初期的挫敗，這樣一個大國將永遠無法被迅速擊敗；此外，蘇共的堅強領導也賦予全國人民抵抗到底的精神和士氣。同樣的，斯大林肯定也不會承認，未來裝備有原子武器的新「希特勒」將僅僅憑

---

[1] 劉易斯：《改變方向》，第234頁（Lewis, *Changing Direction*, 234）；拉明：《V-轟炸機：火神、勇士和勝利者——英國的空中核威脅》，第17頁（Laming, *V-Bombers*, 17）。1943年11月成立的英國聯合技術戰爭委員會做出了這些評估，該委員會對未來戰爭的研究由亨利·蒂澤德領銜，蒂澤德是一位資深科學家，他曾在戰前和戰時深入地參與了英國防空系統的研制。劉易斯甚至還在書中的第357-58頁引用了相關地圖，並列出可作為核打擊目標的蘇聯城市群清單，此外他還在書中列出相應的英國目標清單（第231頁、第358頁）。

[2] 參見迪納斯坦：《戰爭和蘇聯》（Dinerstein, *War and the Soviet Union*），該文基於同期的蘭德公司研究報告。

借著少數幾件新式武器就能克服蘇聯所擁有的物質和精神優勢。

有記載表明，斯大林也曾私下承認，足夠數量的原子武器能夠摧毀整個蘇聯。[1] 對於新型炸彈對蘇聯形成具體威脅的日期，斯大林評估美國至少到1955年時，才會擁有足夠數量的原子彈，而諷刺的是，這一時間節點也正是美國分析人士所認爲蘇聯擁有足夠數量核武庫（在蘇聯於1949年擁有了其自己的核武器後）並對美國形成現實威脅的時間點。

核武庫的數量規模，並非唯一一項影響美國利用此類武器攻擊蘇聯的因素。第二次世界大戰末期出現的原子彈，從很多方面看都非常原始，它們體積和重量龐大，每枚彈體重約5噸，當時只有美國經改裝的重型B-29型「超級堡壘」轟炸機能夠投擲。除此之外，在戰後最初的歲月裡似乎並無其他可用於投擲原子彈的載具。

雖然，戰爭末期美國空軍裝備了數千架這種重型轟炸機，但可能很少有人知道的是當時實際上也僅有少量改裝型B-29能夠擔負此類任務。例如，到第二次世界大戰末期，只有46架B-29轟炸機的機體表面經過銀塗層亮化處理、彈艙經特別改裝的飛機，能夠搭載並投擲原子彈。1946年11月，只有24架這樣的轟炸機仍在服役，這些戰略性飛機都隸屬於空軍第509大隊，該大隊擔負了向廣島和長崎以及1946年在比基尼環礁進行核試驗的投擲任務。到1947年時，空軍可用於投擲核武器的重型轟炸機雖然有34架，但其中只有18架能擔負作戰任務。[2]

因此，在整個1947年美國向蘇聯發起全面核攻擊的能力實際上是極爲有限的，這不僅源於其核武庫數量規模，也由於其可用於投擲核武器的重型轟炸機（每架搭載1枚）數量有限。

即便如此，在戰後初期各國廣泛地認爲，原子武器將是未來戰爭中的決定性武器，各主要國家都爭先恐後地展開相關研究。對美國而言，最大的懸念則在於其核壟斷地位能持續多久，當美國不再保有壟斷地位時下一步又該如何做。例如，1946—1947年間，美國政府內部曾對一項名爲「巴魯克計劃」的項目非常感興趣，在此計劃的設想下，核武器將被移交給聯合國，而且其他任何國家也不被允許爲了本國而發展類似的武器。

無疑，美國政府希望其核壟斷地位將盡可能持續，畢竟當時只有美國掌握了最重要的兩種原子彈設計秘密。第二次世界大戰末期美國向日本投擲的兩枚原子彈，分別屬於不同的設計。例如，投向廣島的那枚原子彈采用高濃度鈾-235爲核裝藥（當時軍方稱此種裝藥品爲「全濃化鈾」，意即「橡樹嶺合金」，特意指生產此類核原料的美國國家橡樹嶺實驗室）。至於如何從開采出的大批量鈾礦石中提取出足夠高純度的鈾-235核素，無疑屬於絕密。使用鈾裝藥的原子彈采用的是「槍式」引爆，原子彈將

[1] P.蘇多普拉托夫等：《特殊任務：一名蘇聯間諜不必要見證的回憶錄》，第209-210頁（P. Sudoplatov et al., *Special Tasks*, 209～210）。

[2] 羅森伯格：《爲了末日決戰：美國核戰略的基礎，1945—1961年》，第119-120頁（Rosenberg, *"Toward Armageddon"*, 119～120）。

兩塊半球形的小於臨界體積的裂物質分開一定距離放置，中子源位於兩者中間，核彈引爆時，兩個半球形裂變物質在炸藥的轟擊下迅速壓縮成一個扁球形，達到超臨界狀態，從而在極短時間內由中子源誘發裂變反應釋放出能量。而在長崎引爆的原子彈則以另一種核素——鈈-239作爲核裝藥，鈈-239核素是一種人工制造的核元素，來自於核反應堆後期處理物，其具備提煉過程采用相對簡單的化學方法。采用鈈核素的原子彈，其引爆方式不同於鈾原子彈，即所謂的「內爆」式引爆，將高爆速的烈性炸藥制成球形裝置，將小於臨界質量的核裝料制成小球，置於炸藥中。通過電雷管同步點燃炸藥，使各炸點同時起爆，產生強大的向心聚焦壓縮波（又稱內爆波），如此令外圍的核裝藥同時向中心合攏，在短時間內極大增加其密度至超臨界狀態。再利用一個可控的中子源，等到壓縮波效應最大時釋放中子源點火，實現自持鏈式反應。當然這兩種起爆方式在當時都屬絕密。

　　到1945年中期時，蘇聯諜報人員已獲取了這兩種原子彈的設計原理，而美國方面當時並不知情。在獲悉美國人正在研制威力巨大的新式武器後，斯大林當即下令展開類似的緊急研究計劃。在第二次世界大戰末期還未結束時，斯大林已知道美國政府也預計到了蘇聯正在展開類似的研究計劃，但對蘇聯方面的具體進展並不知情，如果美國知道蘇聯在此領域的進展相當迅速，無疑會加強其生產計劃，並在蘇聯方面真正擁有這種武器之前制定足夠數量的原子彈，以取得戰略上的優勢。據此背景，斯大林下令展開實施一項欺騙計劃。通過諜報人員，蘇聯掌握了美國政府正對蘇聯原子彈研究項目的潛在進展進行評估，評估主要對蘇聯獲得足夠的鈾核素的分析而展開。因此，蘇聯方面有針對性地且隱密地向美國人釋放出特定信息，比如蘇聯國內的鈾礦品位較低，缺乏開采和提煉價值，如此使美國人得出錯誤判斷，即認爲蘇聯要獲取這種寶貴的元素只能依賴於中歐的特定礦區。然而，事實上，蘇聯已在其境內找到足夠的高品位鈾礦。

　　英國是美國在戰時最重要的盟友，但在掌握原子彈的秘密上，則是威脅美國核壟斷地位的另一個國家。但是曼哈頓工程也有英國的參與，一些英國科學家在洛斯阿拉莫斯國家實驗室工作，這裡正是曼哈頓工程中最重要的研究基地，原子彈的設想也正是在此變爲現實。至於未來生產所需的放射性核素，英國人很快也找到了來源——比利時的殖民地剛果（也是曼哈頓工程中美國人鈾礦的主要供應地）。1943年8月19日，在美英《魁北克協議》的規劃下，英國正式同意參與美國的曼哈頓工程。他們與加拿大和美國人一起，通過「聯合政策委員會」（CPC）分配鈾礦石（美、英之間）。1944年9月19日，美英簽署《海德公園備忘錄》，美國允許英國參與戰後對原子彈的研發活動，同時英國也獲得了對如何使用新型武器的實質性否決權。

　　戰時，美英之間就核開發問題還簽署了其他幾個協議，這些協議甚至在美國政府內部也都置於秘密的狀態，更遑論對具體內容經過充分的討論，因此當戰爭結束後，

導致了一系列非常不幸的後果。例如，當1945年3月杜魯門成為美國的副總統時，他竟在很大程度上對這些核協議毫不知情，甚至於4月羅斯福總統因病去逝他繼而成為總統時也對這項重要的核計劃知之甚少。至於戰後，美國國會也對曼哈頓工程所知不多，更不清楚英國在此工程中貢獻的力量，以及美英之間的核協議。至於《海德公園備忘錄》被公之於眾也極為偶然，據聞是由於工作人員的疏忽，誤將這份名為「魚雷管」（torpedo tubes，魚雷管實際上是指「管狀合金」，英國對其原子彈工程的代號）的絕密文件歸錯了檔，從而導致被批露。[1]

毫無疑問，美國國會絕對希望繼續保守原子彈的秘密，甚至不願與英國人分享。1946年7月26日，國會通過《原子能法案》，禁止一切關於核項目的信息向任何其他國家傳播。在此法案規定下，美國的原子開發計劃被置於國會原子能委員會（AEC）的監管之下，而國會的一個軍事聯絡委員會則可對其實施提供建議。在國會原子能委員會之上，還組建有一個涵蓋更多部會的國會原子能聯合委員會（JCAE）處理決定涉及核項目的事宜，該委員會不受行政機構控制，能夠否決任何對《原子能法案》的修訂。

此時，美國政府已制定了「巴魯克計劃」，任何向外國（也包括英國）傳播核項目關鍵信息的行動都將被中止。[2] 至1947年2月18日，莫斯科明確回復拒絕「巴魯克計劃」後，反對的意見（即阻止向英國傳授核秘密）才消失。美國政壇的少數人士，比如當時任參聯會主席的艾森豪威爾將軍，可能覺察到斯大林已采取了行動，他也正積極獲取自己的原子彈。[3] 一旦這種情況發生，美國將急切地需要建立類似第二次世界大戰時期的戰時聯盟。

同期英國的政治領袖們也意識到，如果英國要繼續保住其強權的國際地位，就必須擁有自己的原子彈，無疑英國決定這樣做。曾在洛斯阿拉莫斯實驗室參與過核工程的英國科學家為其帶來了必要的知識和經驗。在1946年1月1日，就在美國國會的《原子能法案》通過前，英軍總參謀長建議艾德禮政府盡快發展自己的原子武器。對美國人而言，就英、蘇兩國的核開發計劃來說，英國有更充足的理由走在斯大林的前頭（但實際上卻恰恰相反）。相應的，美國軍方開始擔心英國的核開發會將西方國家重要的核能力置於強大的紅軍攻擊范圍內，因此美國政府曾試圖使英國人相信，為了其安全應將英國制造鈈素的核反應堆以及英國生產的任何原子武器放置在北美大陸，很顯然，英國人拒絕了此提議。

戰後美英間的聯合政策委員會（CPC）仍存在著，作為其中的平等成員，英國能要求得到來自剛果的鈾礦石中的一半，以往這些礦石全部運往了美國。直到1947年年

---

[1] 沃克：《冷戰》，第361頁（Walker, *The Cold War*, 361）。

[2] 加迪斯：《我們現在知道了：對冷戰歷史的再思考》，第90頁（Gaddis, *We Now Know*, 90）。

[3] 保迪：《漫長的等待：鍛造英—美核聯盟，1945—1958年》，第28-29頁（Botti, *The Long Wait*, 28～29）。

底之前，美國實際上已不需要這麼多的礦石，畢竟當時美國並無計劃持續生產並儲備大量的原子彈。然而，當年底，美國軍方參謀會主席決定強化核武器在其戰爭計劃中的地位，因此美國對這些鈾礦石的態度似乎一夜之間完全改變，他們需要更多的原子武器，換言之對鈾礦石的渴求重新出現。

聯合政策委員會成員國的地位似乎也突然給了英國人很好的討價還價的借口，英國希望獲得美國的核秘密以加速其自己的核計劃。同時，隨著斯大林核威脅日益成為現實，英國人也發現美國的核武庫在震懾斯大林方面表現出重要的價值。同時為換取美國對英國的經濟援助以及在核開發方向的共享，英國因此願意將1948—1949年間剛果的全部鈾礦石產量都移交給美國方面（約占美國需求的90%）。英國方面甚至還同意將本國之前儲備的富余鈾素和相關原料提供給美國；更進一步，他們還承認1944年協議中給予英國在原子彈使用問題上的否決權是無效的（1951年，杜魯門總統曾口頭向英國重申其擁有的否決權，以希望獲得對其發動朝鮮戰爭的支持）。[1] 到40年代末、50年代初時，考慮到一旦剛果的鈾礦資料耗盡後，未來很可能將由兩個英聯邦成員國（加拿大和南非）繼續為美供應所需核原料，因此美英兩國的核合作關系在此也變得更為重要了。

英國方面認為，1948年核協議，意味著西方逐步建立起更緊密的安全合作關系，在此協議中就包括對未來北約（NATO）的設想。而在杜魯門政府看來，為兌現向英國的核合作承諾，政府可以繞過《原子能法案》為英國提供其所需的核秘密。當然，國會原子能聯合委員會對此持反對態度，即使在斯大林於1949年8月以一次成功的核試爆宣布了美國的核壟斷被打破後，依然如此。此後發生的一系列英國核間諜丑聞〔以1950年1月對曾在洛斯阿拉莫斯實驗室工作過的英籍科學家克勞斯·富克斯博士（Dr. Klaus Fuchs）的逮捕為標志〕，意味著任何與英國共享的核秘密，都可能很快送抵莫斯科。即便在1951年10月30日美國國會完成對《原子能法案》的修訂後（允許與盟國進行有限的涉核信息交流），國會原子能委員會仍成功地堵塞了核信息的外流。[2]

40年代末，鑒於英國在鈈核素提煉方面取得的進展，美國政府提議向英國提供完整的核項目信息，以交換後者生產的鈈素。但由於兩名間諜——蓋伊·伯吉斯和唐納德·麥克林的叛逃事件，這一提議最終告吹，這兩名間諜在被發現後於1951年6月逃至莫斯科。[3] 麥克林曾擔任英國外交部負責美洲事務部門的負責人，也曾於1947年1月—1948年8月在聯合政策委員會任職，對美英之間的核合作事務知之甚詳。到1950年時，英國方面的原子彈研發仍處於進行階段。為了加強對歐洲的前沿部署，美國也

[1] 1949年《美國對外關系文件》1：第419-422頁（FRUS[1949]1: 419～422）。

[2] 保迪：《漫長的等待：鍛造英—美核聯盟，1945—1958年》，第75-77頁（Botti, *The Long Wait*, 75～77）。

[3] 保迪：《漫長的等待：鍛造英—美核聯盟，1945—1958年》，第74頁（Botti, *The Long Wait*, 74）。

曾嚴肅考慮向英國提供原子彈（但未實施），同時向英國提供了87架B-29重型轟炸機（應英國要求），但這些轟炸機並非投擲原子彈的型號。轉交的這些轟炸機可能是試圖延續之前爲英國提供美國原子彈的計劃，但整體上看此計劃仍然流產了。

盡管國會原子能委員會阻撓，英國還是在1952年10月3日成功試爆該國的首枚原子彈。美國國會的封鎖可能也僅僅只是使英國的計劃延遲了1年的時間。另一方面，美英兩國對核項目的研究並未因戰爭結束而停止，很快新的技術方案逐漸成熟，英國在共享後使其能從核原料中提取更多的核素，進而更快地制造出原子武器，建立起核武庫儲備。

在整個40年代，戰略武器領域最重要的革新就是原子武器的出現，這開啓了人類歷史的原子時代。但在原子時代的初期，核武器的數量稀缺性卻引發了一系列意想不到的變故。例如，在原子彈誕生地美國，原子彈誘發了嚴重的軍種利益衝突與傾軋。戰後，新生的美國空軍認爲原子彈將成爲未來戰爭中的決定性武器，如果擁有足夠的數量的話，美國將憑借在核時代先行一步積累的優勢，迅速解決掉對手。無疑，這種原子制勝觀念的內核充滿了顯著的空軍色彩，畢竟在其他軍種都缺乏原子彈投擲手段的情況下，壟斷著原子彈使用權的空軍將在大力發展原子彈的軍備環境中占盡先機。英國空軍強調蘇聯有實力向西方發動大規模的突然性攻擊，美國中將寇蒂斯·李梅（Curtis LeMay，之後擔任空軍的戰略空中司令部指揮官）認爲，有必要將蘇聯的某種戰爭征兆（比如准備一次大規模突襲）視作侵略性舉動，爲了應對這類舉動美國的戰略轟炸機需要先發制人地攻擊蘇聯的轟炸機基地。否則，蘇聯就可能發動一次類似於珍珠港事件那樣的核突襲，然而與珍珠港事件不同的是，在核時代美國很可能無法從類似的襲擊中恢復。[1]

因此，空軍希望將所有原子武器都掌握在本軍種手中，以爭取本軍種最大的利益。無疑，美國海軍則對原子武器的看法迥異。海軍對原子武器是否能迅速結束一場戰爭持懷疑態度，他們更認爲戰爭仍像過去一樣，會比預想得更長。原子武器最好還是用於解決戰爭中的具體問題，比如，攻擊蘇聯的潛艦基地，正如第二次世界大戰時期德國潛艦那樣，蘇聯的水下威脅對美國向歐洲輸送物資和軍隊始終是個重大挑戰。

因此，海軍也認爲需要擁有自己的原子武器。然而至少在1950年時，海軍的戰機仍太小不足以運載和投擲核武器，因此，此期間海軍醞釀了多種基於航母的、可搭載原子彈的重型轟炸機。同時海軍更認爲應發揮海上兵力的機動靈活優勢，利用其搭載原子彈襲擊蘇聯內陸縱深的目標，正如第二次世界大戰期間海軍所做的那樣。

作爲最終的仲裁者，時任總統杜魯門拒絕給予空軍一直想獲得的對原子武器的壟斷使用權，相反他更傾向於海軍的意見，最終他允許海軍也擁有了自己的核作戰能

---

[1] 美國國防部國防分析研究所（IDA），第9頁。

力，即爲搭載於航母的重型轟炸機配備原子武器。杜魯門的決定影響深遠，因爲它開啓了一種可能性，這直到50年代才被認識清楚，即原子彈不僅可用於襲擊蘇聯的城市，也可用於解決迫在眉睫的軍事問題，比如斯大林在東歐集結的大軍和海軍的潛艦力量。使用原子武器平衡蘇聯方面的優勢常規力量，這一構想也帶來了一個更大的問題，即依賴於發揮原子武器戰術效用的西方防務政策，是否真正可行。

戰爭結束後，美國遺存了大量戰爭期間的裝備和物資，但隨著時間的推移，這些裝備盡管在當時仍算先進，但也逐漸老化和過時，加之隨著戰後國防預算的急劇降低，全新的原子武器對於美國而言，其重要性也與日俱增。至1950年隨著遠東形勢日趨緊張，很多1945—1946年間退役的軍人重新被征召，以戰時生產的武器和裝備重新集結成一支大規模軍隊，以應對蘇聯在歐洲發起的軍事挑戰；此後，大量軍隊開赴遠東朝鮮半島，投入戰後爆發的最重要的一場局部戰爭。

然而，到朝鮮戰爭末期時，這些第二次世界大戰時期的裝備和物資儲備不僅消耗殆盡，而且很多裝備也老舊過時。美國雖然可以承擔全面替換老舊裝備所需的龐大耗費，但選擇效費比更高的原子彈不失爲一種重要的選擇。在朝鮮戰爭結束後，原子武器在美國軍事戰略中的地位已迅速提升。一旦政治上做出投資的需要，量產原子武器在經濟上就成爲替代耗資驚人的常規部隊更可行的選擇。同樣在這一時期，技術的發展使原子武器的小型化成爲現實，傳統上更加小巧的戰斗機和戰術導彈也能將其搭載並投擲了。

在中國內戰全面爆發的前夜，互爲敵人的國共兩黨領導人正一起舉杯慶祝。圖中拍攝於1945年8月戰時中國的首都，重慶，毛澤東（左）和蔣介石（右）爲慶祝對日戰爭的勝利而舉杯。內戰爆發後，毛澤東僅花費了3年時間就贏得了內戰勝利，蔣則被迫逃往台灣。（美國海軍學院）

朝鮮戰爭的爆發表明，在核時代的初期，核威懾並不如想象中那麼有力。當時即使蘇聯仍未擁有強大的核武庫，斯大林似乎仍願意與美國戰鬥（盡管是通過中國）。甚至更糟糕的是，裝備低劣、後勤不濟的中國軍隊仍在戰爭中擊敗了高度機械化的美軍部隊。圖中所示為1950年12月8日（中國稱第二次戰役）朝鮮境內從長津湖撤退下來的美軍陸戰隊員正在雪中休息。（美國海軍學院）

第二篇

冷戰爆發

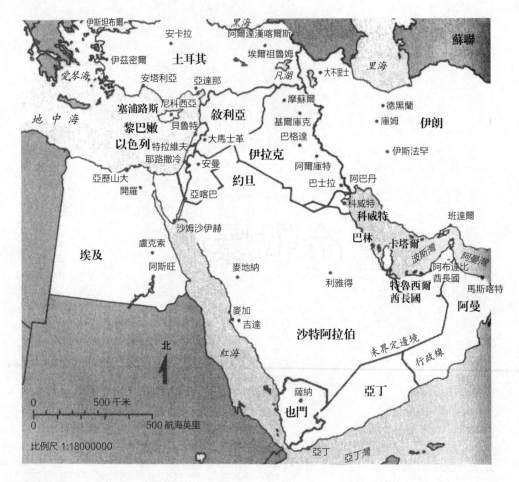

中東地圖標註：

伊斯坦布爾、黑海、阿爾達漢喀爾斯、蘇聯
安卡拉、埃爾祖魯姆、里海
伊茲密爾、土耳其、凡湖、大不里士
愛琴海、安塔利亞、亞達那、摩蘇爾、德黑蘭
地中海、塞浦路斯、尼科西亞、敘利亞、基爾庫克、庫姆、伊朗
黎巴嫩、貝魯特、巴格達
以色列、特拉維夫、大馬士革、伊拉克、伊斯法罕
耶路撒冷、安曼、阿爾庫特、阿巴丹
亞歷山大、亞喀巴、巴士拉、阿巴丹
開羅、約旦、科威特、班達爾
沙姆沙伊赫、科威特
盧克索、巴林、卡塔爾、阿曼灣
埃及、阿斯旺、麥地納、波斯灣、阿布達比、酋長國
利雅得、特魯西爾酋長國、馬斯喀特、阿曼
北、紅海、麥加、吉達、沙特阿拉伯、未界定邊境、行政線
0　　500 千米
0　　500 航海英里
比例尺 1:18000000
薩納、亞丁、也門、亞丁、亞丁灣

中東

　　東西方冷戰對峙與民族主義浪潮的興起在中東迎頭相撞。圖中所示中東地區各國邊界態勢是1948至1949年以色列獨立戰爭結束時的形勢。1950年時，約旦和伊拉克仍是英國緊密的盟友，埃及已開始試圖擺脫英國控制。亞丁仍是英國的殖民地，而毗鄰的阿曼實際上亦是英國的受保護國。此時，伊朗則正籌劃以英伊石油公司的形式擺脫英國的影響。敘利亞和黎巴嫩則是前法國的兩塊殖民地。埃及決定封鎖通往以色列亞喀巴港的鎖鑰之地沙姆沙伊赫，成為挑起了1956年與以色列戰爭的直接導火索，而英法等國期間亦配合以色列發起對埃及的進攻，以奪回蘇伊士運河的控制權。

摘自阿爾弗雷德·戈爾德貝格主編《國防部長辦公室歷史室》，卷1《1947—1950年，形成時期》（華盛頓特區，國防部長辦公室，歷史辦公室），第476頁。

第5章
最初的試探

第二次世界大戰末期，無論是美國人還是英國人都不確定戰後如何對待斯大林，戰爭期間兩國政府都對蘇聯政府不吝讚美之詞，畢竟蘇聯在戰爭期間為抗擊希特勒犧牲了大量人員。在整個戰爭的大多數時間裡，美國總統羅斯福曾憑其直覺認為斯大林值得信任，戰後各國將共同創造一個和平的世界。他相信憑借他的溫和與節制能夠勸誡斯大林的行為。[1] 也許只是在他生命的最後幾個星期裡，也就是到1945年3月份的中旬，他才轉變看法，斯大林幾乎撕毀了在雅爾塔會議上達成的每一項協議。[2] 盡管如此，注重實用主義的、並非那麼強調意識形態的羅斯福至死都無法理解斯大林。

戰爭期間，羅斯福不得不在國內和國際輿論中將斯大林塑造成一名廣受歡迎的、通過民主方式執政的領導人，這絕對與當時美國對斯大林的負面看法不相吻合，在美國的很多政治人士看來，斯大林幾乎與希特勒沒有什麼兩樣，兩者都不值得獲得任何形式的支持。例如，在哈里·杜魯門（羅斯福病逝後繼任總統職務）仍擔任國會參議員時就曾經說過，戰爭最理想的結局莫過於讓蘇聯和德國相互摧毀掉對方（雙方都不應獲得最終的勝利）。1943年前駐蘇聯大使威廉姆·布利特（William Bullitt）就警告羅斯福稱，斯大林計劃將蘇聯的勢力范圍盡可能地拓展到歐洲的每一個角落。斯大林就是一個高加索強盜，「他的腦袋裡只想著什麼時候能不費吹灰之力就得到利益，至於其他人，就是個屁」。但羅斯福並不看重布利特的警告。1944年5月，海軍部長詹姆斯·V.福雷斯特爾（James V. Forrestal）曾告訴喬治·厄爾（George Earle，賓夕法尼亞州前州長）稱，「你、我，還有布利特，可能是總統身邊少數幾個知道俄羅斯領導人到底是何種人物的人了」。[3]

與羅斯福類似，丘吉爾有時也將斯大林描述成一個非常令人贊賞的政治家，他認為他能愉快地與蘇聯的獨裁者打交道。從最低限度上看，斯大利個人至少也有令這兩位西方領導人贊賞之處，畢竟在他堅強的領導下，蘇聯在戰爭的很長時間裡獨自抗擊著強大的德國軍隊。但從另一方面看，斯大林又是一個完美的演員和充斥著意識形態的領導者，這種特質更是西方領導人之前所未遭遇到的。不論如何，美、英領導人都

[1] 胡伯斯、布林克林：《受到驅策的愛國者：詹姆斯·福雷斯特爾的生活和時代》，第261頁（Hoops and Brinkley, *Driven Patriot*, 261）。

[2] 休·托馬斯：《武裝的停戰：冷戰的開始，1945—1946年》，第121頁（Hugh Thomas, *Armed Truce*, 121）。

[3] 羅高：《詹姆斯·福雷斯特爾：個性、政治和政策的研究》，第331頁（Rogow, *James Forrestal*, 331）。

需要斯大林在東方牽制並摧毀絕大多數德軍力量。

在羅斯福的引導下，美國輿論在戰爭期間對蘇聯也都持較正面的看法，而來自政府內部對蘇聯的懷疑，在很長時間內亦相當程度上被這種輿論所淹沒了。

基於這一原因，以及戰時美國公眾對蘇聯的好感，要在戰爭結束後的短時間內，重新將斯大林塑造成戰後美國的新敵人雖然並不容易，但美國統治層還是做到了。到冷戰正式爆發時，美國公眾和輿論已由戰爭期間的溫和親蘇轉向了無法和解的反共產主義方向。

1945年4月12日，羅斯福病逝，這使美國的對外政策制定陷入極大的混亂。繼任的杜魯門總統此前並未涉足過對外政策事務，因此在接任總統一職後在相當的時期內他都不得不反復核實以弄清前政府在戰時到底與蘇、英等盟國簽訂了什麼協議。在羅斯福時代，有他自己的國務處理班子，而杜魯門繼任後則不得不盡快重組自己的決策圈子。例如，他更依賴詹姆斯·F.伯恩斯（James F. Byrnes）處理國內事務，後者之後被他任命為國務卿。之所以如此任命，主要原因在於當時施行的憲法規定，國務卿將自動成為總統的法定繼任人（杜魯門本身作為羅斯福總統的副手，在其病逝後繼任總統職位，其本人並無副總統），並且杜魯門也認為伯恩斯「完全夠格當一名總統」。[1] 由於對外交政策並無多少興趣，杜魯門將這一領域完全交給伯恩斯，但後者實際上也只有非常有限的外交經驗。伯恩斯首次涉足並深度參與國際外交政策制定始於雅爾塔會議，但在此次會議中，伯恩斯並未參加其中的秘密會議，對會議中達成的秘密協議也並不知情。例如美蘇之間私下協議，為換取斯大林出兵遠東迅速結束對日戰爭而犧牲中國的利益，並將部分日本領土劃給蘇聯。[2] 與羅斯福不同，伯恩斯並不願意去取悅斯大林，他和杜魯門實際上更傾向於海軍部長福雷斯特爾的意見。

英國人也意識到斯大林的性格特點以及他的野心。在戰爭爆發前，英國就曾在其殖民地與蘇聯人打過交道，特別是在印度。在英國國內，斯大林的追隨者曾在英國工黨與工會主義者相互交鋒。1945年，英國大選中擊敗了丘吉爾政府的工黨在組建政府後曾希望斯大林能回復戰前的態勢，致力於蘇聯的共產主義發展，而非通過征服拓展其勢力範圍。此外，英國工黨政府還希望成為美國與蘇聯之間矛盾的調解人，既作為左翼維持與蘇聯的良好關係，同時戰爭期間與美國結成的跨大西洋緊密關係又能得以保持。[3] 由於英國（及其他歐洲國家）對1939年之前的蘇聯從不抱有幻想，因此在戰後冷戰爆發斯大林表露其真實的擴張態度後，與美國相比，他們並不感到驚訝。同時，他們也發現美國人的所為無疑經常激怒蘇聯人。

無論美國還是英國，沒有任何一個由其所制定的計劃能比得上麥斯基在1944年

[1] 休·托馬斯：《武裝的停戰：冷戰的開始，1945—1946年》，第131-136頁（Hugh Thomas, *Armed Truce*, 131～136）。

[2] 令人尷尬且遺憾的是，要找到美國作出類似秘密承諾的副本被證明極為困難。

[3] 沃克：《冷戰》，第30頁（Walker, *The Cold War*, 30）。

為斯大林謀劃的策略。成立於1943年8月的英國戰後規劃團隊，曾預計蘇聯盡管會在戰後主導東歐的形勢，但仍難以將其影響拓展到西歐地區。[1] 英國外交部也不認為蘇聯會在打敗德國後迅速填補出現在西歐地區的權力真空。當時英國外交部負責北半球事務的負責人，克里斯托弗·華納（Christopher Warner，後來曾撰寫了英國對抗蘇聯的關鍵性政策文件）並不想在英國軍事界植入在戰後拼湊反蘇國家集團的觀念，而更傾向於戰後繼續加強英國的軍備，當然「名義是為了應對具有潛力的德國」，至於這樣的西方（或歐洲）國家集團同時也將杜絕蘇聯主導歐洲的企圖。[2] 1945年7月，英國戰後規劃團隊發表一系列關於歐洲地區的研究摘要，其中曾預測，如果敵對繼續加深，那麼到1956年時，蘇聯將很容易在中歐發動一場有預謀的全面戰爭。[3]

在法國完全恢復之前，英國必須維持一支龐大的軍隊，以面對出現在東方的新威脅，這對英國來說絕對是史無前例的。1944年，德國使用V-2導彈襲擊倫敦，然而英國當時毫無防備，直至V-2導彈發射區域被盟軍占領後，威脅才得以終結。而蘇聯無疑在進入德國後也獲得了類似技術，並在未來戰爭中使用同樣的戰術。果真如此的話，為了確保英國的安全，那麼蘇聯向西方宣戰後其軍隊必須被阻擋在V-2導彈再次射向倫敦的射程之外。然而，在第二次世界大戰之前，英國面臨的威脅主要來自海上，第二次世界大戰期間又新添了一種威脅（來自空中的轟炸），為了應對這兩類威脅，英國必須保持龐大的海軍和空中力量，為了支付維持龐大海、空軍的支出，他們只得急劇削減陸軍規模。因此，英國的本土安全嚴重地依賴於法國組建的龐大陸軍，只有後者能阻滯住德國。而現在，法國一片廢墟，曾經傲視歐洲的陸軍也不復存在。在這種情況下，如果單靠自己的話，英國無疑同樣需要保有一支龐大的陸軍，除非法國得以恢復和重建陸軍。可想而知，當時歐洲諸國如果沒有外力的協助，根本無力對抗新興的強大蘇聯。

正如麥斯基所預計的，蘇聯對西歐國家的攻勢應以隱蔽的方式進行，任何超出通過人民陣線進行的活動都會引起西方強國的警覺。1945年2月雅爾塔會議上，丘吉爾和羅斯福已對蘇聯在波蘭的強硬行動提出了抗議，當時紅軍在解放波蘭後很快就組建了一個共產黨親蘇臨時政府，其首腦都是斯大林早在1943年就已挑選的。美、英兩國要求在蘇聯將東歐各國從納粹鐵蹄下解放出來後，需經自由選舉以建立各國的政府，對此斯大林也表示同意。[4]

蘇聯制訂的建立羅馬尼亞親蘇政府的類似計劃也受到挫折。1944年8月23日，羅

[1] 肯特：《英國的帝國戰略和冷戰起源，1944—1949年》，第19-20頁（Kent, *British Imperial Strategy*, 19～20）。

[2] J.肯特和J.W.楊：《1947—1948年，「西方聯盟」概念和英國的防務政策》，摘自奧爾德里奇：《英國情報和冷戰》（J. Kent and J.W. Yong, *"The 'Western Union' Concept and British Defence Policy, 1947~1948"* in *British Intelligence and the Cold War*, ed. Aldrich.）。

[3] A.戈斯特：《制衣必求合身：1945—1948年英國防務政策的制定》，摘自奧爾德里奇：《英國情報和冷戰》（A. Gorst, *"'We Must Cut Our Coat According to Our Cloth': The Making of British Defence Policy, 1945~1948"*, in *British Intelligence and the Cold War*, ed. Aldrich.）。

[4] 休·托馬斯：《武裝的停戰：冷戰的開始，1945—1946年》，第187頁，以及該書第558至559頁中所述的聯合聲明（Hugh Thomas, *Armed Truce*, 187, 558～559）。

馬尼亞前國王邁克爾驅逐了親德的安東內斯庫政府，組建了新政府並加入盟國。新政府中也有一些共產黨人士，令斯大林感到懊惱的是，這些當地的共產黨人都是被前政府監禁的人士，換言之，斯大林感到並沒有辦法完全控制這些共產黨人，他更想換上對他忠誠的共產黨人。因此，他希望仍未被完全消滅的安東內斯庫政府有能力反撲並處決親盟國的政治人士（也包括那些不合他意的共產黨人）。而1944年9月12日羅馬尼亞政府簽訂的《停戰協定》也給了紅軍機會，後者得以迅速占領羅馬尼亞全境並控制了其武裝力量。接著，斯大林在羅馬尼亞展開清洗，當地各級官員（包括警察）都被作爲「法西斯分子」而遭到清算。當年12月，在蘇聯的命令下，一個新的人民陣線政府得以組建。然而，蘇聯還不甚滿意，繼而在1945年3月6日由當地紅軍支持下的共產黨武裝再次發動政變，並建立完全的共產黨政權。雖然1946年該國也舉行了選舉，但都在羅馬尼亞共產黨的操縱之下。[1]

對於美國和英國人而言，1945年3月的羅馬尼亞政變無疑違背了雅爾塔會議中關於東歐各國自由選舉成立新政府的協定，而這僅發生在與斯大林會晤的幾周之後。然而，羅斯福總統再次接受了斯大林的辯解，後者稱政變是必要的，因爲羅馬尼亞地處蘇聯繼續向德國進攻的交通線上，此舉是爲確保即將向德國核心區域進攻的蘇聯的後方安全。此外，丘吉爾選擇繼續遵守1944年10月與斯大林達成的協議書，接受蘇聯對羅馬尼亞控制的現實，畢竟，斯大林也謹慎地接受了英國對希臘控制的現實。[2]

丘吉爾同時還接受了將保加利亞置於蘇聯的勢力范圍之內。盡管這個國家從未向蘇聯宣戰，紅軍在向東進軍時於1944年9月順便占領了這個國家。1944年9月8日至9日，蘇聯庇護下的「祖國陣線」發動政變成立了新政府。之後，紅軍迅速進入該國使形勢再無逆轉可能。[3] 對此，西方並未抗議，畢竟保加利亞曾經就是沙皇時期的俄國衛星國。

在匈牙利，斯大林繼續推行其利用人民陣線來進行控制的策略。紅軍在進入該國後很快建立起一個臨時的反納粹政府，其中包括被推翻的赫希（Horthy）前親德政府的一些高級官員，以及部分非共產黨的自由主義人士。西方原本以爲新政府的這些前赫希政府官員將會被共產黨人所替代，但這並未發生。之後在1945年秋季，匈牙利舉行了戰後的自由選舉，令人驚奇的是蘇聯似乎信守了之前承諾，因爲此次大選中保守的「小農黨」獲得了57%的選票，而共產黨和社會民主黨聯合陣線僅獲得了34%的支

---

[1] 庫恩斯：《評估蘇聯威脅：冷戰的早期歲月》，第89-90頁（Kuhns, *Assessing the Soviet Threat*, 89～90），摘錄自中情局1946年11月8日的《每周情報摘要》（Weekly Summary, 8 Nov 1946），該情報中記述稱，共產黨的選舉模式在南斯拉夫和保加利亞進行得非常成功，亦將在當年11月17日的羅馬尼亞人民戰後首次參加的選舉中會再次取得勝利，並可能只有極少的變動。當時羅馬尼亞的格薩扎共產黨政府，在選舉中盡管面臨著強大的反對派勢力（據保守估計反對派可獲得75%的選票），但實際上格薩扎的政府獲得了85%的支持。因此有理由想象此次選舉充斥著暴力和恐怖。

[2] S.費捨爾-加拉茨：《共產主義接管羅馬尼亞：蘇聯權力的功能》，摘自哈蒙德：《共產主義接管政權》（S. Fischer-Galati, *"The Communist Takeover of Romania: A Function of Soviet Power"*, in *Communist Takeovers*, ed. Hammond）；還可參考《參謀長聯席會議歷史》1：第28-29頁。

[3] N.奧倫：《革命的施行：保加利亞的蘇聯化》，摘自哈蒙德：《共產主義接管政權》（N. Oren, *"A Revolution Administered: The Sovietization of Bulgaria"*, in *Communist Takeovers*, ed. Hammond）。

持。[1] 然而，占領該國的紅軍並未推翻選舉的結果。

類似的，在捷克斯洛伐克，解放後的首次大選於1946年舉行，斯大林似乎有足夠的耐心也未過多干預其結果。

事實上，德國才是蘇聯在戰爭期間最大的戰利品。戰後盟國的分區占領協議雖然使斯大林得到德國東部部分。他原本計劃建立一個覆蓋蘇聯占領區和其他盟國占領區的人民陣線力量，在完全掌握了蘇聯占領區後，再逐步削弱英、法等在西部德國的影響，假如美國人很快撤離其占領區，實現上述設想並不困難。[2] 在莫斯科度過了整個戰爭期間的德國人，沃爾特‧烏布利希（Walter Ulbricht），在柏林被攻占後帶著斯大林的授意返回了德國。接著，在東部地區進行的選舉中，當地的政治人士發現很難接受他所提出的主張，正如同在匈牙利發生的那樣，對於蘇聯而言，首次選舉的結果並不令人滿意。

斯大林對所有的這些國家的局勢都有很好的掌控，畢竟紅軍在各國仍發揮著主導性的作用。至於巴爾干地區，斯大林的控制能力就顯著被削弱了，因為在這一地區存在著強有力的共產黨組織，約瑟普‧布羅斯‧狄托（Josip Broz Tito）在戰爭期間不僅獨立解放了南斯拉夫，而且還對阿爾巴尼亞和希臘國內共產黨組織有較大影響力。兩人雖擁有相同的意識形態，但權力之爭還是借助著對一些細枝末節的分歧而爆發了。狄托堅持顯示其革命熱情，比如他的部隊在制服上縫制有紅星，而斯大林則批評他過於招搖。斯大林甚至要求狄托允許金‧彼得（King Peter）返回國內直至共產主義統治得到鞏固。[3]

對此，狄托並未奉行斯大林的指示，兩人之間的矛盾進一不加深。[4] 1945年南斯拉夫舉行選舉，但駐當地的英國、美國和捷克使節在觀察選舉後皆報稱，狄托以恐怖手段威脅民眾以操縱選舉，否則大選的結果將是非共產黨的政治勢力占優。[5] 1945年5月27日，狄托在盧布爾雅那（南斯拉夫西北部城市）的一次演講中宣稱，他的國家將永遠不會依賴、聽命於其他任何國家。對於此前斯大林曾試圖召募南斯拉夫當地人士以反對南斯拉夫共產黨，狄托非常反感；他還在演講中悲痛地回顧斯大林在戰前的大清洗政策（曾將當時南斯拉夫共產黨領袖也卷入在內），所有這一切使兩人、兩國間的關係迅速惡化。為了尋求更多支持，1946年狄托曾試圖接近美國政府，但並未成功。

兩人的嫌隙早在戰爭期間就已出現。1944年10月在德國人撤離希臘時，狄托領

[1] 沃克：《冷戰》，第35頁（Walker, *The Cold War*, 35）。

[2] 佐布克和普列沙科夫：《克里姆林宮的冷戰內幕：從斯大林至赫魯曉夫》，第48頁（Zubok and Pleshakov, *Inside the Kremlin's Cold War*, 48），6月4日斯大林在與前共產國際資深人員進行會議時的講話，這些人即將被派往東德幫助當地組建共產黨政府。

[3] 休‧托馬斯：《武裝的停戰：冷戰的開始，1945—1946年》，第304頁（Hugh Thomas, *Armed Truce*, 304）。

[4] 休‧托馬斯：《武裝的停戰：冷戰的開始，1945—1946年》，第299頁（Hugh Thomas, *Armed Truce*, 299）。

[5] 休‧托馬斯：《武裝的停戰：冷戰的開始，1945—1946年》，第305頁（Hugh Thomas, *Armed Truce*, 305）。

導的「希臘民族解放軍」（ELAS）是該國主要的反抗力量。英國之後進入希臘，並與狄托的力量發生衝突。而斯大林此時卻要求希臘共產黨與英國支持組建的聯合政府合作。[1] 對此，狄托明確拒絕了。相反，他要求希臘共產黨於1944年12月舉行武裝起義。由於組織和一系列策略上的失誤，起義並未成功。但希臘共產黨仍有足夠的力量幸存下來，並堅持與英國支持的希臘現政府展開內戰。令人感到諷刺的是，這一次，斯大林不再幸運，他在希臘面臨著與一個西方強權的直接衝突。

作爲一名南斯拉夫民族主義者，狄托甚至引起了巴爾干半島更北邊地區的摩擦與混亂。南斯拉夫宣稱擁有對的里雅斯特（意大利東北部港市）的大部分地區擁有主權，這座港市是中歐地區的主要物資輸入港。戰爭結束時，狄托的部隊試圖向該地區挺進准備接受當地德軍的投降，但英國搶了先。但狄托也不是全無所獲，他的部隊占領了該港市後方的內陸地區。英國對其舉動給出的解釋是，的里雅斯特是盟國向駐奧地利占領軍提供支援的重要港口，因此采取了行動。然而，此時英國已在希臘與狄托的盟友——希臘共產黨展開激戰，其說辭明顯是掩飾。與此同時，意大利國內的共產黨勢力也日益壯大，其政權很可能被共產黨接管，此時，丘吉爾告訴杜魯門稱，對的里雅斯特的占領可能有助於分化、瓦解意大利的共產主義運動。杜魯門最初拒絕英國利用美國軍隊實現其在巴爾干地區的政治企圖，但他很快就同意了丘吉爾的看法，支援英國在巴爾干地區的行動。狄托的部隊也占據了奧地利南部遠至克拉根福市一帶，但這一地區根據盟國協定屬於英國的占領區，狄托稱此舉主要是考慮到1919年以前斯洛文尼亞人（也屬於南斯拉夫）就占據這些地區。然而，最後在各方壓力下，狄托的部隊不得不於1945年5月撤出該地區。[2]

假設當時的全球共產主義運動同爲一體，那麼狄托無疑將接受來自斯大林的命令，畢竟後者領導著第一個共產黨執政的國家，而且也是第二次世界大戰中崛起的大國。但事實上並非如此，無論斯大林好惡如何，他都得承認一個事實，即狄托絕不承認應由蘇聯、斯大林來控制所有的革命運動。杜魯門認爲狄托的策略「令人回憶起希特勒和日本的行爲」。而正如此後不久丘吉爾首次提出「鐵幕」的概念，並稱「一道鐵幕已經在整個歐洲大陸降下，和平鴿無法穿越這道鐵幕，世界被劃分爲東方和西方」那樣，狄托此時無疑是非常憤怒的，因爲斯大林拒絕支持他在的里雅斯特和奧地利南部的行動，但當時在西方卻無人了解這點。1949年，的里雅斯特的居民舉行公投並決定加入意大利，南斯拉夫則直到1954年才完全撤出該市，但該港市後方的內陸地區的很大一部分仍被納入南斯拉夫的版圖。到此時，南斯拉夫已徹底與蘇聯決裂，不再是後者的衛星國了。[3]

[1] D.G.卡斯拉斯：《希臘共產黨的第三次嘗試——以及失敗》，摘自哈蒙德：《共產主義接管政權》（D. G. Kousalas, *"The Greek Communists Tried Three Times-and Failed"*, in *Communist Takeovers*, ed. Hammond）。

[2] 休·托馬斯：《武裝的停戰：冷戰的開始，1945—1946年》，第303頁（Hugh Thomas, *Armed Truce*, 303）。

[3]《參謀長聯席會議歷史》1，第41-52頁（JCS 1: 41～52）。

　　對於天真的西方政府而言，1944—1945年波蘭局勢的變化首次清晰地表明了斯大林希望永久性地控制中歐。共產黨政權接管波蘭後，西方提出強烈抗議，爲了緩和西方的態度，少數非共產黨人士被允許進入政府擔任一些不重要的職務。之後在波蘭舉行的大選中，更清楚地表明了共產黨對選舉的操縱，這次大選一點也不自由。1945年7月5日，美國和英國官方不得不承認了新政權，它本質上仍是聽命於斯大林的。西方知道，此時他們已沒有多少籌碼能夠影響東歐發生的一切。盟國對這些由斯大林支持政權的認可，之後也被稱爲「雅爾塔的罪行」。[1]

　　杜魯門於1945年繼任美國總統，此時蘇聯的意圖已非常明顯了，他曾私下評論稱，迄今爲止所有與蘇聯達成的協議都已進入蘇聯的軌道。海軍部長福雷斯特爾告訴他稱，波蘭將不會是孤例，美國的默許將使斯大林深信就算他接管整個東歐，美國也不會反對。[2]此時，杜魯門再次後退了，部分是由於他急切地希望斯大林盡快在遠東向日本進攻，以減少美國的傷亡。對於即將成功的原子武器，他也不確信新式炸彈能否令日本人迅速投降。再一次，像羅斯福一樣，他將斯大林視作戰後和平重建的必要支柱。

　　1945年7月，美、蘇、英三國首腦齊聚波茨坦，對歐洲的未來做出安排。三國對一些問題形成了共識，比如戰後德國的經濟不應被徹底摧毀；至於戰前大國——法國的地位，盡管蘇聯持保留意見，但仍決定將法國視作重要的國家，法國也將分享對德國的占領。至於一些細節，比如同盟國對戰敗軸心國簽訂的具體條約，將由盟國外交部長輪流赴各軸心國首都與各國詳細商定。在條約談判並簽署完成之前，盟國軍隊將繼續對各軸心國實施占領。然而，至1947年隨著冷戰大幕正式拉開，蘇聯開始不斷地要求與德國簽訂和平條約，以此作爲一種迫使西方盟國撤離其西部占領區（也包括撤出柏林）的手段。

　　面對蘇聯的咄咄逼人，杜魯門此時仍有意識地避免明確表示戰後將與大英帝國結成聯盟，他認爲斯大林會將此舉解讀爲直接針對蘇聯。[3]他仍希望通過相互安全與貿易安排協定將蘇聯束縛在戰後的新世界秩序內。然而，杜魯門也感覺他可能必須向斯大林表明，美國不能被任意擺布。例如，在戰爭期間的一次會議上，美國政府了解到蘇聯自1944年11月起就迫切要求在挪威建立一處軍事基地。對於與杜魯門非常親密的

[1] S.S.洛塔爾斯基：《共產主義接管波蘭》，摘自哈蒙德：《共產主義接管政權》（S. S. Lotarski, *"The Communist Takeover in Poland"*, in *Communist Takeovers*, ed. Hammond）；以及《參謀長聯席會議歷史》1，第31-33頁中記錄的美國的反應。還可參見庫恩斯：《評估蘇聯威脅：冷戰的早期歲月》，第89-90頁（Kuhns, *Assessing the Soviet Threat*, 89～90），摘錄自中情局1947年1月3日的《每周情報摘要》（Weekly Summary, 1 Jan 1947），其中描述了戰後波蘭第一次選舉（計劃於當年1月19日舉行）的預備工作，這次選舉與此前左翼及共產黨政權在保加利亞和羅馬尼亞的選舉中沒什麼不同。對此，該情報摘要寫道，「波蘭政府公然漠視波茨坦公告中關於政治自決的條款」。根據中情局的情報數據，選舉中波蘭副總理米克拉吉塞克的農民黨獲得了70%的支持，但實際在該國立機構只被允許擁有不超過25%的投票權。爲了獲得選舉的勝利，共產黨政府的策略包括大規模逮捕反對黨領導人和候選人、限制公民的演講和集會，對公衆進行恐嚇等簡單地操縱選舉的手段。當時美國總統杜魯門顯然已知道這些情況。

[2] 休·托馬斯：《武裝的停戰：冷戰的開始，1945—1946年》，第155頁（Hugh Thomas, *Armed Truce*, 155）。

[3] 伍德和瓊斯：《冷戰的黎明：美國對秩序的質疑》，第33-34頁（Woods and Jones, *Dawning of the Cold War*, 33～34）。

國務卿伯恩斯而言，「俄羅斯就像個貪婪的孩子，永遠不會滿足，當他得到一次讓步後就總是要求更多的讓步」。[1]

杜魯門清楚地記得1918年第一次世界大戰結束後，美國在將戰時組建的大軍很快解散後其影響力在歐洲是多麼快地消退。因此，這一次，挾著對新興原子武器的壟斷，他認爲美國已擁有了一種在大規模縮減武裝力量後仍能繼續保持對世界影響力的重要武器。原子武器將幫助美國使斯大林確信能控制他的欲望。杜魯門可能也想到，擁有了原子武器後，美國可能不再需要與英國結成戰時的那種緊密同盟關系，在處置涉及蘇聯的事務上也就或多或少地保持了更多自由、靈活的態勢。

除了原子武器，他還擁有另一種顯著的優勢——經濟武器。無論英國還是蘇聯，都在戰爭中大傷元氣，似乎只有美國不僅經濟上並未受損而且更爲強大，能夠爲各國的重建提供所需的援助。早在1943年末，駐蘇聯大使埃夫里爾·哈里曼（Averell Harriman）就告訴羅斯福總統稱，戰後可爲英、蘇兩國提供總值50億美元的重建貸款，以便爲美國工業拓展更大的市場。就蘇聯而言，盡管戰前兩國的貿易量少得可憐，哈里曼（以及其他很多美國的財經人士）都相信蘇聯如果獲取這些貸款，能夠憑借其豐富的自然資源償付貸款。1945年1月，蘇聯外交部長莫洛托夫曾向美國提議，要求後者提供60億美元的貸款，美國財政部則建議爲蘇聯提供總值100億美元的32年期貸款，以便其采購美國商品（此建議由哈里·德克斯特·懷特撰寫，但該人後來被證實是蘇聯的間諜）。[2] 在莫斯科，哈里曼大使對爲蘇聯提供貸款一事也非常有熱情，因爲這能提高蘇聯人的生活水平，對美國也有極大的利益，而且還有助於加強美、蘇兩國的友誼使蘇聯更爲友善。當然，如果貸款獲批，將之用於美國政府贊同的領域也受到關注，而且更是必需的。[3]

1944年秋，美國戰略情報局（OSS，中情局前身）和美國駐莫斯科使館人員，就美國貸款一事，曾告誡過斯大林不得將之用於任何軍備用途，意味著僅限定於民用重建。[4] 到1945年3月，美國政府對援蘇貸款已不甚熱心，哈里曼大使很快又警告稱，盡管美國應表現出支援蘇聯戰後重建的態度，但必須有效地以其經濟實力爲槓桿，軟化日益敵對的蘇聯的態度。[5] 但羅斯福對此仍非常忍耐。

在杜魯門繼任總統後，他開始擔心蘇聯主動要求獲得美國貸款。當時，國會已禁止以《租借法案》形式爲戰後歐洲各國重建提供資金。任何援助請示，比如說蘇聯將會受到國會的審查和核准。對蘇聯可能的請示，杜魯門當局曾考慮給予其10億美元的

---

[1] 康弗斯：《美國的計劃》，第154頁（Converse, *"U.S. Plans"*, 154）。

[2] 馬特爾：《租借法案》，第169頁（Martel, *Lend-Lease*, 169）。

[3] 馬特爾：《租借法案》，第170頁（Martel, *Lend-Lease*, 170）。

[4] 馬特爾：《租借法案》，第181頁（Martel, *Lend-Lease*, 181）。

[5] 馬特爾：《租借法案》，第177頁（Martel, *Lend-Lease*, 177）。

信用額度。[1] 因此，當4月份蘇聯外交部長在白宮會見杜魯門時，他警告稱美國國會可能拒絕對外援助；他也希望莫洛托夫時刻謹記美國關於波蘭問題的意見和建議。[2] 當時也曾有懷疑認為，蘇聯的確急需美國的資金援助，因此美國擁有相當多的資本可以利用。

　　1945年6月後，形勢發展似乎有助於蘇聯取得貸款。在7月底，杜魯門簽署一項法案，將進出口銀行的信貸額度拓展至35億美元，其中所包含的資金量足以提供給蘇聯10億貸款。美國駐莫斯科大使同期再次警告稱，這筆資金將可能用於軍備用途。國務卿伯恩斯對駐蘇大使館的報告印象深刻，但當時華盛頓在向蘇聯提供貸款一事上也受到相當壓力，貸款中的很大一部分仍將以租借法案的模式提供給蘇聯，而後者則以原料和資源的方式加以償還。之後，貸款原則上被批准了，杜魯門也同意與蘇聯就貸款細節展開談判。[3]

　　接著，國務院開始列出與整筆貸款（35億美元）相關的談判事宜。其中包括希望歐洲各國的自由人民能夠以「以民主的方式」解決其急迫的經濟問題，以及對蘇聯利用相關貸款進行約束。與此同時，駐莫斯科大使向伯恩斯報告稱，斯大林在獲得貸款後顯然准備犧牲其國內人民個體的需求，以強化其經濟軍事實力。國務院部分人士也暗示，扣留准備貸給蘇聯的10億美元可能有助於阻止斯大林繼續強化其軍事潛力。無疑，美國外交系統已有不少人將蘇聯視作新的威脅。對於如何向蘇聯提供援助一事，美國政府內部也展開了大量爭論，這也延誤了貸款的進程。為了掩飾其反復延遲的真正原因，1946年3月國務院稱由於外國經濟部門在向國務院提交相關文件時，這些文件被錯誤歸檔導致了延誤。[4]

　　當時，斯大林已發表了幾乎贊同於宣布冷戰啓動的演講（將在下一章中討論）。但蘇聯仍對來自美國的援助感興趣，但他們在與美國人談判時並未涉及美國政府最關切的議題。盡管蘇聯此時對東歐的控制似乎已非常牢固，蘇聯仍造成一種假象，即與美國展開進一步合作被阻礙的原因，在於美國對要求蘇聯償還戰時租借法案而給予蘇聯款項的堅持。[5] 事實上，美國也從未設想過戰時受援國能完全按戰時租借的物資金額償還，例如，蘇聯用於償還戰時租借物資的第一批貨物直到戰爭結束後的第五年才裝船，而且後繼償還的具體日程也一拖再拖。到1946年初，蘇聯不合時宜的言辭再次刺激了美國人，前者稱他們在用血償還美國人的租借物資。

　　1946年3月，法國總理利昂·勃魯姆（Leon Blum）和他們的財經顧問簡·莫內（Jean Monnet）抵達華盛頓向美國緊急求援。當時法國政府如無財政援助，現政府

---

[1] 馬特爾：《租借法案》，第179頁（Martel, *Lend-Lease*, 179）。

[2] 馬特爾：《租借法案》，第180頁（Martel, *Lend-Lease*, 180）。

[3] 馬特爾：《租借法案》，第195頁（Martel, *Lend-Lease*, 195）。

[4] 沃克：《冷戰》，第21頁（Walker, *The Cold War*, 21）。

[5] 休·托馬斯：《武裝的停戰：冷戰的開始，1945—1946年》，第183-186頁（Hugh Thomas, *Armed Truce*, 183～186）。

很可能垮台，而法國共產黨組織很可能接管政權。結果，美國大方地將戰爭期間租借給法國的物資、款項一筆勾銷，又借給法國另外13億美元，以幫助穩定局勢。考慮到「美國必須盡可能在各方面幫助我們的盟國，並控制將援助給予那些完全無助於或反對我們所堅持的立場及原則的國家」，[1] 國務卿伯恩斯拒絕為捷克斯洛伐克、匈牙利和波蘭提供類似的資金援助。

　　同期，為法國和中國提供的大筆貸款也迅速耗盡了進出口銀行的資金池，直到國會再次同意為其注資，該銀行不可能有錢再借給蘇聯。然而，在這一切發生之前，美國國會實際上更傾向於為英國提供更大的資助，這筆資金的巨大數額明顯不符常規，但由於國會意識到對蘇聯日益增強的敵對情緒，而英國作為美國抵禦斯大林在歐洲最重要的防波堤必須得到支持，因此這筆資金很快作為額外資助通過審議。[2] 當時的政治氛圍決定了即使杜魯門同意，國會也不會為蘇聯提供這10億美元貸款。到1946年5月底，杜魯門當局明確認識到，提供給蘇聯的貸款也不可能通過審議。但同期的蘇聯並不知曉這一切，因此仍對美國有所期待，反過來看，為蘇聯提供貸款的可能性（盡管已不太可能）仍為美國提供一些可以利用的槓桿。至晚於當年7月，杜魯門總統告訴蘇聯人稱，蘇聯獲得這筆貸款的可能性已很小了，繼而到1946年9月這筆給蘇聯的貸款已確認完全泡湯。

　　這筆貸款完全不被考慮的背景是蘇聯當時日益咄咄逼人的野心。在波茨坦會議上，斯大林提出蘇聯需要獲得通往地中海的出海口，這使美英回憶起沙皇時代俄國的戰略企圖。斯大林的胃口甚至更大，他要求蘇聯應獲得前意大利在的黎波里塔尼亞（利比亞西北部地區）殖民地的獨立托管權，並與西方共同控制土耳其海峽（達達尼爾海峽）。如果其要求得以實現的話，蘇聯位於黑海的艦隊就能直趨地中海，並在北非取得重要的立足點。1945年8月，斯大林進一步提出向西方提出重新修訂《蒙特勒公約》（在此協定規劃下土耳其得以控制達達尼爾海峽），要求在海峽區獲得基地，並允許蘇聯重返土耳其東部邊境的卡爾斯和阿爾達漢地區。同年9月，盟國外交部長會議上，蘇聯再次提出對利比亞和土耳其海峽的要求。美國和英國明確拒絕了蘇聯的要求，伯恩斯將利比亞視作獲得比屬剛果鈾礦石的門戶，根本不容蘇聯染指。對英國外務大臣歐內斯特·貝文（Ernest Bevin）而言，蘇聯對利比亞的雄心充滿軍事色彩，無疑會威脅英國在地中海的運輸線，因而也贊同美國的立場。盡管西方對此存在強烈戒心和壓力，斯大林仍於1946年初再次提出涉及土耳其海峽及其邊境地區的要求，並在土耳其邊境地區集結軍事力量。

　　斯大林還希望獲得途經伊朗通往波斯灣產油區的戰略通道。戰爭期間的1941年，經過與英國達成的協議其軍隊已占據了伊朗北部地區。此時伊朗主要由英國控制，盟

[1] 沃克：《冷戰》，第46頁（Walker, *The Cold War*, 46）。

[2] 馬特爾：《租借法案》，第215頁（Martel, *Lend-Lease*, 215）。

國亦將伊朗作爲向蘇聯輸送物資的重要通道，以作爲北向經挪威和芬蘭北部海域通往蘇聯的交通線的有效補充。1942年1月，蘇英兩國達成協議決定兩國不應試圖擾亂伊朗並於戰爭結束後撤離兩國在伊朗的所有軍隊。然而，戰爭結束後，蘇聯卻宣布封鎖伊朗北部五個省區的交通（不僅針對訪問，而且涉及貿易活動），這裡是當地的糧食主產區。此舉很快造成伊朗全國性饑荒，甚至德黑蘭也被波及。1945年底，蘇聯支援的共產黨組織奪取了伊朗北部阿塞拜疆地區的政權，同時蘇聯主導的庫爾德人叛亂武裝也在伊朗其他的省份裡廣泛活動。1946年1月，伊朗請求聯合國安理會予以干涉時，蘇聯卻投票否決了提議。當英國如約自1946年3月開始從伊朗地區撤離時，蘇聯卻並未這麼做。蘇軍的坦克繼續向南，其兵鋒最近甚至僅距德黑蘭25英里。之後，蘇軍突然不再繼續向南，可能是爲避免干擾斯大林在歐洲的行動。[1] 爲了避免被蘇聯吞並，伊朗政府不得不允諾與蘇聯共同成立石油公司（蘇聯占有51%的份額），並准備提交議會審議（最終並未實現）。

1945年8月，美國陸軍和空軍曾提議在挪威和丹麥建立基地駐扎美國武裝力量，但此提議被杜魯門政府否決，後者擔心軍方的進駐會給蘇聯足夠的理由要求在這兩個國家獲得類似的基地。[2] 至少在此時，斯大林仍不想引起西方的警覺，他開始意識到如果繼續向北歐國家施加壓力，將會使美國爲獲得在冰島和格陵蘭島建立永久性基地的努力得到正當的理由。爲了緩和與美國的關系，1947年2月挪威議會拒絕蘇聯的提議，也並未引起斯大林的反措施。類似的情況也發生在丹麥，蘇聯駐扎在該國博恩荷姆島的軍隊於1946年4月4日撤離。[3]

在整個1945年秋季，形勢已逐漸明了，蘇聯對某國的占領將最終意味著對該國的主導。蘇聯在匈牙利和羅馬利亞建立起的政權已開始拒絕美國公司的貿易請求。和往常類似，美國政府強烈地支持自由貿易，將其視作戰後世界和平與繁榮的基石。美國與某國的貿易活動實際上與其相互間的政治關系聯系並不緊密。但對斯大林而言，貿易與政治卻幾乎是同一事物的一體兩面。1945年末，伯恩斯試圖解決保加利亞和羅馬尼亞與美國的突出問題。但此舉已與杜魯門日趨強硬的態度相左，後者強硬地拒絕了伯恩斯的建議，並決定將其撤換盡快代之以軍人出身的喬治·C.馬歇爾將軍，以便重塑對蘇的外交政策。[4]

杜魯門之後（在其回憶錄中）寫道，1946年1月5日他曾讀到伯恩斯寫的一封建議信件的草稿（但他並未發出），信中說，波茨坦會議與蘇聯達成的效果是可恥的、不

[1] 《參謀長聯席會議歷史》1，第82-85頁、第96-99頁。

[2] 康弗斯：《美國的計劃》，第174頁（Converse, "U.S. Plans", 174）。

[3] S.G.赫魯茲馬克：《對蘇聯影響力的限制：蘇聯的外交及其對在挪威和丹麥戰略利益的追逐》，摘自哥里和龐斯：《1943—1953年冷戰中的蘇聯和歐洲》，第296-297頁（S.G. Holtsmark, "The Limits to Soviet Influence: Soviet Diplomats and the Pursuit of Strategic Interests in Norway and Denmark, 1944~1947", in The Soviet Union and Europe, ed. Gori and Pons, 296~297）。

[4] 休·托馬斯：《武裝的停戰：冷戰的開始，1945—1946年》，第133-135頁（Hugh Thomas, Armed Truce, 133~135）。

可容忍的，他毫不懷疑斯大林計劃入侵土耳其以獲取通往土耳其的出海口。「我不認為我們應再繼續與蘇聯妥協……我們應以毫無含糊的措施明確我們對伊朗的態度……同時我們也應維持對日本和太平洋地區的完全控制，應幫助恢復中國的秩序並扶持強有力的中央政府……我們還應在朝鮮半島做些什麼……我對繼續縱容蘇聯已感覺到厭倦了」。

　　與此同時，全球共產主義運動正如火如荼，很多國家的共產黨組織主導組建了政府並獲得了權力，且遠遠超出紅軍所實際控制的范圍。戰時，法國共產黨一直領導著該國的抵抗運動，而且戰爭末期紅軍的攻勢如潮，如果美英開辟歐洲第二戰場的行動推遲至1944年，他們極可能在登陸後就在法國與紅軍會師。當時一名蘇聯的變節者曾稱，紅軍曾計劃如果美英的運作再遲緩一些，他們將在攻占德國後繼續向法國進軍。[1]

　　1944年盟國解放法國後，當自由法國的軍隊准備接管該國時，一直在當地堅持抵抗的法共武裝已擁有足夠的實力，特別是考慮到此前法共領導人莫里斯·多列士（Maurice Thorez）戰前曾逃離法國前往蘇聯並被當時的法國政府定性為叛國罪及處以死刑的情況，法共武裝與戴高樂的自由法國力量之間的確存在衝突的可能。對此，戴高樂將軍感到有必要赦免莫里斯·多列士的叛國罪。作為回報，斯大林要求多列士解散共產黨武裝並與戴高樂合作。斯大林認為，當時法國形勢謀劃發動武裝起義仍為時尚早，多列士最好還是以議會斗爭的路線，通過人民陣線掌握權力。

　　戴高樂充分地理解共產主義在歐洲的影響，因此早在1944年12月10日，他就努力與斯大林簽署了一項條約。[2] 此時，斯大林正努力平衡與美國和英國之間的關係，對於這兩國，法國人更習慣將其視作聯系緊密的「盎格魯-撒克遜」國家集團。戴高樂非常清楚，1944年底的法國仍遠未恢復，不足以應對蘇聯，但法國一旦在其他西方國家的支持下恢復過來，就能夠抵抗蘇聯的壓力。至於與蘇聯簽訂的條約也體現出法國當時的無奈，這項法蘇條約適用於兩種情況，即德國再次入侵法國，或任一締約國針對德國發動預防性戰爭之時。類似的針對性條款也出現在1943年12月12日蘇聯與捷克，以及1945年蘇聯與南斯拉夫和波蘭簽訂的類似互助條約之中，但1942年5月26日蘇聯與英國簽署的類似條約中卻沒有這樣的約定。從內容上看，這份條約更像是斯大林為戴高樂提供的安全保證，他完全將法國視作其未來的衛星國，而非一個他不能指望未來能夠控制的戰時盟國。為簽訂此條約，戴高樂甚至不得不與蘇聯的附庸國波蘭互派代表。他也是第一個這麼做的西方國家首腦。大約也就在同時，戴高樂卻拒絕了丘吉爾提議英法簽署更為平等的條約。到1945年4月時，戴高樂就更為警惕地看待法蘇關系，他私下曾稱，戰後美國仍必須保持與歐洲的聯系，以維持歐陸的權力平衡。接

---

[1] 休·托馬斯：《武裝的停戰：冷戰的開始，1945—1946年》，第67頁（Hugh Thomas, *Armed Truce*, 67）。

[2] G.-H.蘇圖：《法國》，摘自雷諾：《歐洲冷戰的起源：國際的觀點》，第99頁（G.-H. Soutou, *"France"*, in *The Origins of the Cold War in Europe*, ed. Reynolds, 99）。

著在1945年8月，他訪問華盛頓期間也鼓勵杜魯門政府保持對隱藏中的蘇聯威脅的警惕。當年10月，法軍總參謀部在戴高樂的親自指導下，發展未來西方的強有力集體防禦組織的概念，還將美國甚至未來的德國也納入在內。所有這一切都秘密進行並未公開。[1]

1945年10月，法國戰後舉行的第一次大選中，法共取得26%的得票率，緊隨其後的是社會黨和人民共和運動（MRP），這次選舉還經國民代表大會表決決定修改憲法建立法蘭西第四共和國。[2] 接著，法共、社會黨和人民共和運動三個黨派共同組建了新政府。1946年1月20日，由於對政治紛爭無比厭惡，戴高樂辭去共和國第一任總統職務，同期法國爭取重要的美國貸款的談判也正在進行中，因此他並不想就職後就呆在辦公室裡，因爲他知道，爲獲取美國貸款而與其簽訂的協議內容肯定不受歡迎。盡管成爲法國總統，但戴高樂並無政治基礎，而在議會中占大多數的共產黨和社會黨成員也正努力削減總統的實權，使其成爲一個禮儀性的國家元首虛職。

當時法國政府左翼色彩濃厚，法共黨員查爾斯·提龍（Charles Tillon）就任軍備部長（同時兼任航空部門負責人，他也在整個法國航空工業界大肆擴散共產主義思想）。其他一些重要的部長職位也被左翼人士占據，比如工業生產、重建和老兵部。很多共產黨人士還在警察（包括非常重要的新組建的鎮暴警察等）等強力執法機構任職。法國的公共出版界似乎也爲共產主義思潮所控制。[3] 至於法共的領導人，莫里斯·多列士，也在當時告訴斯大林稱，法國邁向共產主義的道路已經成熟。[4]

此外，蘇聯還從法國公眾對美國、英國所抱有的廣泛的不信任態度中獲益。在斯大林看來，未來的法國可抵消掉可能的「盎格魯－撒克遜」聯盟，而且法國距蘇聯過遠也無法以軍事力量對其實施控制，因此由法國國內的左翼勢力掌握其政局走向是再好不過的選擇。法國人對英國的怨憤可謂由來已久，第二次世界大戰時期的一系列事件更加深了他們的這種感情，比如1940年災難性的法國戰役中，英國嚴密控制著幾支駐法國境內的重要戰斗機中隊以保存實力，法國淪陷後英國又預防性地攻擊法軍艦隊（1940年在阿爾及利亞西北部奧蘭港市摧毀一支法國艦隊，1941年又在黎巴嫩和敘利亞，以及1942年在北非有過類似的舉動。但在英國看來，這些攻擊行動是防止海外法軍資產落入德軍控制的必要之舉）。諷刺的是，很少有法國人意識到，提議讓法國分享德國占領區，以及將法國列爲新成立的聯合國安理會常任理事國的，正是不顧蘇聯人反對的英國。但在當時法國社會整個左轉的氛圍裡，大多數法國人卻不自知，甚至

[1] G.-H.蘇圖：《法國》，摘自雷諾：《歐洲冷戰的起源：國際的觀點》，第100-101頁（G.-H. Soutou, "France", in The Origins of the Cold War in Europe, ed. Reynolds, 100～101）。

[2] 休·托馬斯：《武裝的停戰：冷戰的開始，1945—1946年》，第364頁（Hugh Thomas, Armed Truce, 364）。

[3] 休·托馬斯：《武裝的停戰：冷戰的開始，1945—1946年》，第380頁（Hugh Thomas, Armed Truce, 380）。

[4] G.-H.蘇圖：《法國》，摘自雷諾：《歐洲冷戰的起源：國際的觀點》，第100頁（G.-H. Soutou, "France", in The Origins of the Cold War in Europe, ed. Reynolds, 100）。

有法國社會黨人聲稱，法國應成爲東、西方之間的「第三支力量」。[1]

　　當然，法國政府內閣中的一些人士也想建立與美國更緊密的關系。1945年9月，倫敦外交部長會議期間，戴高樂政府的外交部長喬治‧比多（Georges Bidault），放棄了對占領德國魯爾區的設想，因爲美國和英國同行告訴他稱，法國此舉可能幫助蘇聯進一步擴大其在德國的影響。

　　當然，整體色彩左傾的法國三黨派聯合政府，仍拒絕在矛盾日益加深的美、蘇選邊站。同時在組建政府時他們也提議由多列士擔任很大程度上是虛職的總統職務，但他本人只願接受副總統的任命。

　　同時，多列士認爲他應采取進一步行動，首先，他建議將人民共和運動（MRP）從執政聯盟中踢出去，社會黨對此提出異議，他們知道法國軍方已告訴人民共和運動稱軍方對共產黨政府是持敵對態度的。另一方面，出任法國總理的社會黨人士，弗利克斯‧古安（Felix Gouin）亦否決了1946年2月人民共和運動的提議，後者建議派副總參謀長赴華盛頓與美國討論建立針對蘇聯的共同防御的事宜。當年春天，多列士似乎也認可了美國人的意見，不再試圖將魯爾區和萊茵河區域從戰敗的德國中分離出去，但社會黨和人民共和運動並不認同他的觀點。[2] 此外，1946年5月美法達成貸款協議時，其中的貿易條款也明確將法國視作資本主義的西方國家，並未對貸款附加任何政治性條件。

　　此後，法國自解放時興起的共產主義浪潮開始逐漸消退。到1946年6月時，人民共和運動在選舉中贏得了大多數選票，並選擇了喬治‧比多擔任總理。盡管在整個1946年間，似乎法共還有機會在下次大選中贏得足夠的席位以單獨組成新政府，但之後這並未發生。此後，多列士認爲法共應選擇繼續與人民共和運動合作，組成聯合政府。

　　在戰後至組成北約之前的短暫時間裡，美國和英國實際上並未組成正式的聯盟關系，但對於美國軍方而言，大英帝國仍是美國和力圖主宰歐亞大陸的蘇聯之間的最後一道防波堤。如果斯大林贏得了歐亞大陸，美國和它的潛在盟友將缺乏足夠的實力抗擊強大的蘇聯。出於對這一悲觀前景的恐懼，美國軍方回憶起1940年時的局勢，當時美國已開始大力支持英國以防希特勒獨自主宰歐洲。而現在的情況又和那時相似，美國在全球戰略格局中的地位取決於英國和歐洲能否不被另一個強國所控制。[3] 美國參謀長聯席會議主席預計如果蘇聯執意入侵土耳其，英國肯定會立即反擊。[4] 如果蘇聯獲取了歐亞陸橋地區，就更進一步打擊了通往中東產油區的大門，一旦蘇聯獲得了

[1] G.-H.蘇圖：《法國》，摘自雷諾：《歐洲冷戰的起源：國際的觀點》，第101頁（G.-H. Soutou, *"France"*, in *The Origins of the Cold War in Europe*, ed. Reynolds, 101）。

[2] G.-H.蘇圖：《法國》，摘自雷諾：《歐洲冷戰的起源：國際的觀點》，第102頁（G.-H. Soutou, *"France"*, in *The Origins of the Cold War in Europe*, ed. Reynolds, 102）。

[3] 《參謀長聯席會議歷史》1，第108-120頁（JCS 1: 108～120）。

[4] 當時美國各軍種在行政上仍未統一，戰時通過各軍種參謀部和參謀長聯席會議制度進行戰爭規劃的協調。

對達達尼爾海峽和波斯灣的控制權（這也是歷代沙皇念茲在茲的目標），必然會危及英國對蘇伊士運河、希臘、乃至印度的控制，切斷英國途經地中海的帝國生命線。1946年1月英國外務大臣歐內斯特・貝文對兩名重要的美國共和黨人士〔亞瑟・范登堡（Arthur Vandenberg）參議員（後來「馬歇爾計劃」的重要支持者）和約翰・福斯特・杜勒斯（John Foster Dulles）〕稱，蘇聯對土耳其和伊朗的野心是其力圖控制重要的中東地區的重要組成部分。[1]

貝文及其所在的工黨政府對此非常矛盾，工黨政府本身是親蘇的左翼政府，但守護帝國遺產卻又要求他們必須反蘇。但當時英國首相艾德禮並未認識到抵禦蘇聯擴張主義的重要性，比如蘇聯對希臘的滲透，而是仍試圖以非軍事手段應對斯大林。了解到內閣的態度後，貝文於1946年1月批准了只在伊朗采取有限的行動以應對蘇聯在當地的活動。另一方面，1946年2月在倫敦舉行的聯合國安理會第一次會議上，貝文的首席私人秘書評論稱，「幾乎沒有任何懷疑的，俄羅斯意圖摧毀大英帝國」。[2]

無疑，英國人和美國人幾次後悔對蘇聯采取了強硬態度，在1946年的大多數時間裡，他們期待斯大林更加溫和，如此從某種意義上說還能繼續與蘇聯交易並達成妥協。美、英之前所采取的強硬態度實際上更像是在討價還價時的姿態，而非真正要與蘇聯對撞。然而，一次又一次地，蘇聯卻表現得像一個不可和解的國家。同時，斯大林的敵對和強硬也產生了兩方面補充性的效果。首先，使得蘇聯徹底與美國和英國疏遠開來；其次，從最低限度上講，斯大林迫使英國和美國必須結成同盟，事實上，自第二次世界大戰結束後，美英兩國中無論哪一方都從未真正想要結盟。當時，兩國的這種猶豫態度在德國問題上表現得特別明顯。

與此同時，美國和英國的公共輿論逐漸向不利於蘇聯的方向發展，不僅僅由於蘇聯戰後好斗的舉動，還由於兩國共同將蘇聯的這些行動視作對他們戰時信任的一種背叛。1945年9月伊格爾・古琴科（Igor Gouzenko），一名蘇聯駐加拿大渥太華使館的譯電員，帶著大量機密材料叛逃出蘇聯使館。第二次世界大戰期間，丘吉爾和羅斯福已命令兩國情報機構停止針對蘇聯的情報活動，[3] 兩國首腦甚至也不鼓勵本國機構針對蘇聯的反諜報行動。然而，斯大林卻抱持著反資本主義的意識形態，他更沒有理由中止針對其西方盟國的間諜活動。古琴科在叛逃後的一系列遭遇也反映了當時西方社

---

[1] 休・托馬斯：《武裝的停戰：冷戰的開始，1945—1946年》，第199頁（Hugh Thomas, *Armed Truce*, 199），作者比較了斯大林與希特勒的政策。還可參見G.沃納：《從「盟友」到敵國：1941—1948年英國與蘇聯的關係》，摘自哥里和龐斯：《1943—1953年冷戰中的蘇聯和歐洲》（G.Warner, *"From 'Ally' to Enemy: Britain's Relations with the Soviet Union, 1941~1948"*, in *The Soviet Union and Europe*, ed. Gori and Pons）。

[2] G.沃納：《從「盟友」到敵國：1941—1948年英國與蘇聯的關係》，摘自哥里和龐斯：《1943—1953年冷戰中的蘇聯和歐洲》，第301頁（G.Warner, *"From 'Ally' to Enemy: Britain's Relations with the Soviet Union, 1941~1948"*, in *The Soviet Union and Europe*, ed. Gori and Pons, 301）。

[3] 休・托馬斯：《武裝的停戰：冷戰的開始，1945—1946年》，第163頁、第211頁（Hugh Thomas, Armed Truce, 163, 211）；加迪斯：《美國》第88-89頁（Gaddis, *The United States*, 88～89）。關於美國不願對蘇聯實施間諜活動的最著名的例子莫過於戰時的羅斯福政府在1944年12月對不進行類似活動的堅持。當時美國戰略情報局（中情局前身）已通過芬蘭獲得了蘇聯的通信密碼資料，可參見班森和沃納在《維納諾：蘇聯間諜和美國的反應，1939—1957年》xviii頁內容（Benson and Warner, *Venona*, xviii）。

會對蘇聯態度的轉變。最初，加拿大政府拒絕查閱古琴科帶出的機密資料，理論上，加拿大和其他西方國家一樣，仍是蘇聯的盟國，這些資料仍屬於友好國家政府。加拿大政府認為，一旦查閱這批資料就清晰地意味著加政府的不友好舉動。[1] 然而，當古琴科告訴加拿大政府人員稱，資料中包括大量蘇聯駐加軍事武官辦公室涉及的關於蘇聯與西方盎格魯-撒克遜國家下一場戰爭的內容時，加拿大政府無法再忽視這些資料了。[2] 很快，加拿大發現蘇聯自1924年起就針對西方展開持續的間諜活動，一直持續到第二次世界大戰時期。

　　1945年9月30日，加拿大總理麥堅齊・金（Mackenzie King）與杜魯門總統商討了古琴科帶來的外交、政治問題，這次討論使杜魯門意識到蘇聯間諜活動的嚴重性。[3] 接著，杜魯門從反間諜機構了解到美國的一名助理國務卿（阿爾傑・希斯，Alger Hiss）居然是蘇聯間諜，這也是杜魯門首次知悉美國政府高層被蘇聯滲透的案例。加拿大總理也被戰爭期間蘇聯針對盟國的間諜活動所震驚，因此，他也調轉了之前的關於應與蘇聯分享原子武器秘密的立場。

　　然而，在1946年初公眾仍認為蘇聯是重要盟國，並未意識到共產主義對西方滲透之深。接著聯邦調查局從《美亞》雜志的辦公地點逮捕多名蘇聯特工人員。這些案件並未被公開，部分原因在於聯邦調查局以非法的電話竊聽方式獲取蘇聯人的間諜活動證據。但後來的證據表明，政府此舉是不想因任何蘇聯間諜活動曝光而陷入尷尬的困境。[4]

　　戰爭結束後，很多美國人對斯大林所抱有的幻想也逐漸破滅。例如，紅軍在占領波蘭期間制造了很多悲劇，這些悲傷的情緒通過波蘭裔美國人很快傳回國內。早在1945年4月份，很多波蘭裔美國人就控告杜魯門當局對蘇聯的綏靖政策，稱其拒絕與斯大林抗爭是「犯下的悲劇性歷史錯誤」。大約同時期，聯邦調查局開始向杜魯門總統呈送報告稱，政府內很多高級顧問已被蘇聯發展成為間諜。這類信息主要來自一名前美國共產黨人，惠特克・錢伯斯（Whittaker Chambers），他於1938年脫離美共並向當局報告美共的情況，但當時這些情況都被政府忽視了，直到1945年5月10日，他才再次接受詢問。[5] 加拿大古琴科事件中被批露的一些蘇聯特工很快被曝光，也佐證了錢伯斯的說法。古琴科和錢伯斯，也都指證當時美國財政部的助理部長哈里・德克斯特・懷特，以及伊麗莎白・本特利（Elizabeth Bentley），從1938年起直到1945年，就是蘇聯在華盛頓的間諜圈中的關鍵人物。

　　很多人不願相信類似懷特以及希思這樣身處高位的人會為蘇聯做事，他們也許會

[1] 休・托馬斯：《武裝的停戰：冷戰的開始，1945—1946年》，第71頁、第127頁（Hugh Thomas, *Armed Truce*, 71, 127）。

[2] 班森和沃納：《維納諾：蘇聯間諜和美國的反應，1939—1957年》中的13號檔案（Benson and Warner, *Venona*）。

[3] 休・托馬斯：《武裝的停戰：冷戰的開始，1945—1946年》，第96頁（Hugh Thomas, *Armed Truce*, 96）。

[4] 克萊爾和拉多什：《美國的間諜案：麥卡錫主義的序幕》（Klehr and Radosh, *The Amerasia Spy Case*），由於聯邦調查局的證據是以非法的入室調查和竊聽等形式獲得，因此很難以此為證據進行起訴。聯邦調查局只得寄望於嫌疑人的招供，但並未如願。

[5] 鮑爾斯：《並非毫無榮耀：美國反共產主義的歷史》，第195頁（Powers, *Not Without Honor*, 195）。

說，這些前蘇聯間諜的話根本是不可信的，但實際上他們只是難以想象羅斯福政府竟會受到如此深的滲透。很快，美國展開了矯枉過正的政治肅清活動，杜魯門政府的很多工作人員在此後的數年裡受到右翼勢力的指控，並受到不公正待遇。很快，聯邦政府開始蔓延著恐怖、沮喪的氛圍，負責聯邦調查局的胡佛亦開始向輿論界公開他所指責的政府高層中還存在的共產黨分子名單。美國社會整體氛圍迅速右轉。接著，1946年在選舉中共和黨取得多數席位控制了國會，這也是共和黨第一次在超過10年的時間裡維持在國會的多數席位，部分在於其強烈地指控杜魯門當局未能處理國內的顛覆勢力。這次勝利也鼓勵了共和黨繼續利用美國國內的左翼組織和蘇聯滲透等議題，並最終導致悲劇性的麥卡錫主義。在此過程中，大量無辜的民眾受到牽連，這反過來又使美國國內的反共氛圍更加高漲。

到1949年時，最諷刺的是，美國政府通過破譯蘇聯外交密電已獲得明確證據，表明美國國內的確潛伏著很多蘇聯的間諜。但由於戰時蘇聯在密碼使用方面出現的失誤，美國的密碼破譯人員已能破解很多第二次世界大戰時期境內蘇聯間諜首腦與莫斯科往來的密電。然而，在杜魯門總統執政後，他並未被告知有關破譯蘇聯密電的項目「維納諾」（venona）及其相關密電內容的情況，他繼續認為涉及諸如懷特、希思是蘇聯特工的不利證明只是不足為信的道聽途說。現在，我們知道他之所以無法第一時間掌握這些情況，是由於時任美國陸軍總參謀長奧馬爾·布雷德利（Omar Bradley）將軍基於安全原因，對他所做的消息屏蔽。[1] 當蘇聯很多的在美間諜逐漸暴露之時，蘇聯也已通過駐英國的間諜及其駐美國的密碼破譯人員，意識到「維納諾」反間諜計劃的存在。[2] 由於關於「維納諾」項目的詳細檔案直到冷戰結束之後才公之於眾，也就是說當時被批露的蘇聯間諜案僅是冰山一角，但即便如此，類似阿爾傑·希斯這樣的間諜案仍對美國社會造成了巨大的恐慌。到了50年代，作為麥卡錫主義的余波，如果有美國學者認為希斯有罪的話，他很可能被認為是極右翼分子。[3]

根據最新批露的檔案，現在我們知道古琴科事件還導致了另一項後果。在他和伊麗莎白·本特利變節後，斯大林的情報首腦判斷認為，當時蘇聯在美國的間諜網絡已岌岌可危，由於擔憂美國不斷深入的反間諜活動會危及蘇聯在美最具價值的間諜，比如金·菲爾比（Kim Philby）等，[4] 因此他命令暫停了絕大多數在美間諜網絡的運作。在戰爭結束之初的幾年裡，斯大林似乎只有少量關於其新的主要敵人的情報來源，也許此時他所保有的主要情報來源僅限於碩果僅存的幾個重要英國間諜了，比如金·菲爾比和唐納德·麥克林（Donald McLean）等。

---

[1] 莫伊尼漢：《秘密》，第70-72頁（Moynihan, *Secrecy*, 70～72）。

[2] 威斯特和查列夫：《皇冠上的寶石：克格勃核心檔案中的英國秘密》，第181-182頁（West and Tsarev, *The Crown Jewels,* 181～182）；溫斯坦和瓦西列夫：《令人困擾的樹林：斯大林時代在美國的蘇聯間諜》，第286頁（Weinstein and Vassiliev, *The Haunted Wood*, 286）。

[3] 莫伊尼漢：《秘密》，第74頁（Moynihan, *Secrecy*, 74）。

[4] 溫斯坦和瓦西列夫：《令人困擾的樹林：斯大林時代在美國的蘇聯間諜》，第285頁（Weinstein and Vassiliev, *The Haunted Wood*, 285）。

第6章
冷戰啟動

　　1946年2月9日，斯大林的舉動宣示了一場爲期近50年的冷戰的啓動，其造成的後果無論如何是他本人所難以想象的。在蘇共舉行的一次重要選舉活動中，他在演講中放棄了他對其西方戰時盟友所慣常采用的調和態度。他宣稱，只要還存在著資本主義體系和經濟，和平的國際秩序重建就沒有可能。由於蘇聯的鋼鐵產量已增長了三倍，將有助於這個國家對未來「任何不測事件」做好准備。[1]

　　這並不是一個全新的主張。早在1945年3月，蘇共內部就有聲音稱，大戰結束後與西方的同盟關係必將讓位於對抗和挑戰。[2] 蘇聯與西方密切的戰時同盟關係破裂的跡象並非只有戰後才顯露出來，在戰爭仍在繼續之時，厄爾·白勞德（Earl Browder），時任美國共產黨首腦，曾錯誤地認爲斯大林將永遠保持與西方的和諧關系。因此他在很大程度上放棄了黨的嚴密組織，他告訴美國的共產黨人應在資本主義的政治體系之下與當局充分合作。到1945年4月時，盡管歐洲的戰事仍未最終結束，歐洲法國的共產黨人雅克·杜卡羅斯（Jacques Duclos）就已公開地抨擊白勞德的政策，事實上，杜卡羅斯只是按斯大林的要求行事。這意味著，在斯大林心中，美共的領導人已喪失了階級原則，很快，在一年之內白勞德被清洗出美國共產黨。之後的事態發展也表明，斯大林明確地背棄了之前的政策，蘇聯與西方之間的衝突已不可避免地要公開化了。

　　喬治·F.凱南，美國國務院長駐莫斯科的官員，也是當時美國最頂尖的蘇聯問題專家，在送出他的那份著名的「長電報」，以解答國務院對斯大林拒絕布雷頓森林協議以及他在選舉演講中所指含義的疑惑後，蘇聯與西方之間同床異夢的真相已呼之欲出。根據凱南的觀點，經典共產主義理論中關於共產主義與資本主義制度持久競爭的理論正在被斯大林付諸實施。斯大林認爲，與全球資本主義體系的衝突，最有可能的是蘇聯與美、英之間的矛盾與衝突，正變得不可避免，且將成爲未來共產主義向全球擴張的驅動性因素。盡管斯大林本人可能更傾向於避免真正與西方大國爆發戰爭，但他同樣也警告稱「資本主義國家爲了轉移其內部矛盾和衝突」，可能會主動挑

---

[1] 休·托馬斯：《武裝的停戰：冷戰的開始，1945—1946年》，第7-13頁（Hugh Thomas, *Armed Truce*, 7～13）。
[2] 休·托馬斯：《武裝的停戰：冷戰的開始，1945—1946年》，第97頁（Hugh Thomas, *Armed Truce*, 97）。

起爭端，正如希特勒所做的那樣。[1] 凱南寫道，蘇聯「狂熱地認定，蘇聯與美國之間永遠無法真正的妥協……如果與蘇聯這樣的新興力量打交道，毫無疑問將是美國外交政策迄今所面臨的最重要的任務。」對西方而言，寄希望於蘇聯爲了融入隱現中的新國際秩序而主動讓步和妥協，極爲不現實。斯大林對世界安全和秩序的穩定毫無興趣，除非是蘇聯所主導的秩序。對於西方所看重的世界貿易，他也並不關心。蘇聯可能會接受與西方的貿易，但缺乏這些貿易活動也對其毫無影響。另一方面，斯大林也並無支配世界的現成計劃，蘇聯將避免冒那些不必要的風險，「在遭遇西方強有力的抵制時，蘇聯會毫不猶豫地後退，正如過去的經歷所表現的那樣……與整個西方世界相比，蘇聯仍處於劣勢地位。因此，要在這樣一場長期的競爭中取得成功，將取決於蘇聯內部整合、優化和領導層的堅定與靈活，這些同樣也是西方世界取得成功的關鍵。」

　　凱南還預計稱，戰後斯大林最初將試圖奪取他所認爲極具戰略價值的地區，比如伊朗北部、土耳其和博恩荷姆等；之後，當機會來臨時，他就能獲取他有希望實現的利益。蘇聯還將嘗試在西方所控制的廣闊殖民地和不發達國家中，驅逐其勢力並擴大自己的影響。當然，凱南還認爲，斯大林希望獲得對北非利比亞的托管權，更多的是想激起與西方的衝突，而非單純的戰略優勢。類似的，斯大林還可能尋求與那些反感西方的國家或地區建立聯系，比如新的德國、阿根廷和中東的國家。

　　很多年之後，斯大林在外交政策方面最重要的助手莫洛托夫，確認凱南當年判斷的正確性。莫洛托夫在莫斯科的政爭中失敗並退休後，曾告訴他的一位朋友稱，拋開具體做法和意識形態，共產主義的本質就是保持與資本主義的對抗，正如1926年他在演講中所稱，「我們黨的政策，仍是爭取在全世界范圍內實現社會主義制度的最終勝利」。[2] 他也強調稱，「除了階級斗爭外，斗爭別無他途」，這些早期的演講和後來蘇聯所采取的政策都清晰地意味著，蘇聯從來都非常嚴肅地看待與西方體系之間的持久競爭。[3] 然而，對未來的衝突甚至戰爭，蘇聯也沒有明確的時間表（正如凱南所指出的）。例如，戰後蘇聯在東歐地區的擴張，莫洛托夫稱此舉是爲「將資本主義秩序擠出這一區域……當然，必須清楚懂得的是，我們要在哪裡、在何時停下（擴張）」。[4] 例如，他回憶稱，戰後保加利亞人曾希望吞並掉希臘的一個瀕海省份，但考慮到當時的形勢仍不成熟（與英國和法國立即交惡），建議雖然非常誘人但並不現實，因此蘇聯拒絕了保加利亞的提議。[5] 蘇聯最終的目標當然更爲龐大，莫洛托夫甚至還回憶稱，蘇聯曾計劃重新聲稱對阿拉斯加的主權，或者將美國共產化，他也將這

[1] 1946年《美國對外關係文件》6：第696-709頁（FRUS[1946] 6: 696～709）所記錄的凱南於1945年2月22日拍出的「長電報」。

[2] 丘耶夫：《與斯大林的交談》，第63-64頁（Chuev, *Conversations with Stalin*, 63～64），記錄的1975年1月14日的一次交談。

[3] 丘耶夫：《與斯大林的交談》，第20頁（Chuev, *Conversations with Stalin*, 20），記錄的1976年7月7日的一次交談。

[4] 丘耶夫：《與斯大林的交談》，第59頁（Chuev, *Conversations with Stalin*, 59），記錄的1974年11月28日的一次交談。

[5] 丘耶夫：《與斯大林的交談》，第65頁（Chuev, *Conversations with Stalin*, 65），記錄的1978年11月4日的一次交談。

個國家稱之爲最適合實施社會主義的國家。[1]

根據凱南的評估，斯大林所構想的與資本主義的戰爭並不是只是由左翼團體對右翼勢力的致命一擊，相反，斯大林特別厭惡那些非共產黨的左翼勢力，因爲這些勢力會對當地的工人階級產生足夠的吸收力，從而分化真正的左翼——共產黨的力量。比如戰爭前的歐洲，盡管各國工人階級無疑拒絕支持那些反對他們的右翼黨派或勢力，但他們可能更易於認同同屬左翼的社會黨的政見，而後者在選舉和政見等方面往往與斯大林所屬意的共產黨相左（不如後者激進，或者說不如後者對斯大林更順從）。事實上，有時不是總說，只有民主的左翼組織才會真正擔憂（或憎惡）共產主義的意識形態嗎？當然，也有很多左翼人士拒絕承認共產主義意識形態與他們自己所信仰的社會理想之間存在區別。

之後，在60年代初期，美國政府曾幫助歐洲工會組織和左翼自由黨派，以避免各國共產黨組織受到蘇共控制。當然，這些援助必須秘密進行，否則如果左翼組織公開接受的話，無疑將引起非議。此外，中情局還私下資助了一系列左翼組織的反共出版物和論壇，其中大多數借由國會以「文化自由」項目（該項目意圖鼓勵西方反對共產主義的左翼組織）的名義撥款。[2] 在此過程中，中情局也特別謹慎，力圖不過分顯露其痕跡。例如，弗蘭克·威斯納（Frank Wisner），中情局的政策協調專員，後來就稱「歐洲在50年代的大多數時間裡，各國社會黨中稱自己爲『左翼』的那些人士，只不過是那些非常關注對抗共產主義的人士」，因而是提供幫助的那些人。[3]

與此同時，蘇聯似乎也通過構建和運用另一部分左翼組織和力量（類似於他們在第二次世界大戰之前通過「人民陣線」這樣的系統），以在冷戰的政治角斗場中取得勝利。例如，大多數法國知識分子似乎表現出完全自發的親蘇立場，更願意從蘇聯的角度來看待其行爲。如果缺乏美國的資助，西方的很多自由和左翼反共組織幾乎無法與蘇聯支持的那派左翼力量相抗衡。到60年代初期，類似「文化自由」這樣的資助項目很大程度上被中止了。當時，越南戰爭已經爆發，中情局對很多自由反共宣傳品和出版物的資助活動也被批露，比如美國國會的《遭遇》雜志。[4] 很多左翼人士涉及其中，比如約翰·肯尼思·加爾布雷思（John Kenneth Galbraith），喬治·凱南和J.羅伯特·奧本海默（J. Robert Oppenheimer），這些看似與政府並無太多關系的人士實際上並非那麼簡單，這無疑使他們感到非常困窘。中情局對各類社會組織的資助被曝光後，特別是考慮到當時美國社會的反越戰情緒，更引發了西方對政府企圖控制輿論和公眾意識的擔憂，正如右翼人士總是指責親蘇左翼黨派私下接受蘇聯資助一樣。同時

[1] 丘耶夫：《與斯大林的交談》，第71頁（Chuev, *Conversations with Stalin*, 71），記錄的1981年5月1日的一次交談。

[2] 鮑爾斯：《並非毫無榮耀：美國反共產主義的歷史》，第209頁（Powers, *Not Without Honor*, 209）。

[3] 鮑爾斯：《並非毫無榮耀：美國反共產主義的歷史》，第211頁（Powers, *Not Without Honor*, 211）。

[4] 鮑爾斯：《並非毫無榮耀：美國反共產主義的歷史》，第328頁（Powers, *Not Without Honor*, 328）；以及1966年4月27日《紐約時報》。

中情局在各種資助項目中暴露出的腐敗行動也使其倍受指責。當時，自由反共組織很大程度上被視爲受政府的愚弄和控制。

當然，對於與共產主義蘇聯的長期斗爭，凱南的闡述也使很多人看到了希望。他認爲，蘇聯的體系必須處於持續的緊張和壓力之中，與希特勒時期的德國類似，這套體系將通過不斷攫取領土和資源來緩解和克服其內部的問題。西方仍有能力阻塞其擴張主義。抵制蘇聯擴張主義的政策很快被稱爲「遏制戰略」。極具諷刺意味的是，西方所采取的遏制戰略亦反映出蘇聯對西方資本主義體系認識的缺陷，比如蘇聯曾認爲西方資本主義國家將屈服於它們自已的「內部矛盾」，以及這些國家自已所「培育」出的革命政黨。接著，1947年7月，凱南在《外交事務》上發表了那篇遏制戰略的著名論文，《蘇聯行爲的根源》，英國駐莫斯科代辦弗蘭克·羅伯特（Frank Robert）亦對其分析表達了贊同。

在此論文發表前，對於即將面臨的共產主義威脅，西方公共輿論界也有所反應，最著名的莫過於1946年3月5日，英國前首相溫斯頓·丘吉爾在密蘇里州富爾頓威斯敏斯特大學所做的演講，在演講中他宣稱「從波羅的海的斯德丁到亞得里亞海邊的的里雅斯特，一幅橫貫歐洲大陸的鐵幕已經降落下來」。這略微有些誇張，畢竟當時共產主義仍未完全控管匈牙利和捷克斯洛伐克，盡管在之後的兩年裡蘇聯即將如此行事。

盡管杜魯門與丘吉爾在富爾頓並排而坐，他仍希望與斯大林達成某種意義上的妥協。對於丘吉爾所說的「鐵幕」，當時在富爾頓演講現場的聽眾們仍安靜地聆聽著，但當丘吉爾說道，「我不認爲蘇聯想要戰爭」（接著他又說道，「蘇聯希望無需戰爭而獲得戰爭的果實」）時，現場響起了聽眾們的鼓掌歡呼。很明確，當時大多數的美國報紙贊同現場聽眾們的反戰情感，他們明顯對丘吉爾的演講不甚熱情。[1]

與此同時，1946年3月1日，英國聯合情報委員會得出結論認爲，斯大林已計劃鞏固其在第二次世界大戰中的「戰利品」：一系列由中歐國家組成的衛星國，並更進一步將土耳其和伊朗也納入到其勢力范圍內。[2] 同年4月，克里斯托弗·華納，英國外交部北方和南方分部負責人（負責蘇聯和地中海地區外交事務）在其回憶錄中名爲「蘇聯展開針對英國的活動及我們的應對」的章節中，他建議采取一種兼顧「進攻—防御」的戰略，英國政府應對蘇聯任何嘗試對該國滲透的策略予以批露和充分地反擊。[3] 貝文，時任英國的外務大臣，拒絕了此建議。而此前，他也反對美國在蘇聯向伊朗滲透的問題上采取強有力的措施，同時他亦游說不應強硬地應對蘇聯。推測起來，他大概意識到當時英國內閣並未完全確信蘇聯已成爲一個強大的挑戰者和敵人。

---

[1] 克利福德和霍爾布魯克：《對總統的建議》，第99-108頁（Clifford and Holbrooke, *Counsel to the President*, 99～108）。至1946年12月時丘吉爾的觀點已被接受，他曾寫道「如果我今天作了這次在富爾頓的演講，它將被批評充斥著陳詞濫調」。

[2] G.-H.蘇圖：《戴高樂將軍和蘇聯，1943—1945年意識形態或歐洲均勢》，摘自雷諾：《歐洲冷戰的起源：國際的觀點》，第301頁（G.-H. Soutou, *"General de Gaulle and the Soviet Union, 1943~1945"*, in *The Origins of the Cold War in Europe*, ed. Reynolds, 301）。

[3] 劉易斯：《改變方向》，第359-363頁（Lewis, *Changing Direction*, 359～363）所收錄的沃納在1946年4月2日的備忘錄。

　　與此同時，英國首相艾德禮決定英國不應承擔維持中東殖民地，以及通往那裡的交通線的義務，這是對帝國政策的巨大修正，這意味著英國准備放棄經由地中海的帝國生命線。[1] 也許，他認為在空中和原子武器的時代，這條經由蘇伊士運河通往印度和遠東的生命線似乎不再具有以往的那種重要性了。在傳統的帝國體制下，埃及和希臘之所以具備重要性，正在於其對維持地中海交通線的重要意義。也許，艾德禮認為，與斯大林達成某種協議，將能夠緩和整個地區的形勢。按其設想，英國的勢力將撤退至中非一線，得以繼續維持南非和羅德西亞（今贊比亞和津巴布韋地區）等殖民地。對於首相的設想，英國外交界和軍方予以極力駁斥。在對抗斯大林的最有可能的場景和地點中，中東是樞紐性地區，那裡不僅擁有豐富的石油資源，而且其地緣位置也是少數幾個可用於針對蘇聯石油和工業中心發起空中襲擊的理想之地。為了保住作為世界級強權的地位，英國必須維持對地中海生命線和中東的控制，當然，國力的衰退使英國無法再單獨承擔這一責任。

　　1946年2月，英國軍方駐華盛頓的聯合參謀部代表團向倫敦報告稱，美國軍方各軍種部首長希望在其他活動的掩護下繼續與英國軍方展開全面合作。美國軍方此舉明顯未得到正式的決策層的指示。無疑，美國軍方正日益擔憂斯大林可能想要一場戰爭。美國人可能也知道斯大林可能展開何種類型的戰爭，因此自1945年時軍方就已開始了相關的研討。當時，軍方展開了一系列預測性的戰爭想定和推演，而明確的敵人正是蘇聯，因為並無其他國家擁有足以威脅美國全球利益或西歐國家的實力。至1946年3月時，軍方的這類與蘇聯的戰爭計劃已部分提交給最高當局評估，當然，此時看來戰爭的可能性正日益升高。1946年7月27日，美國參聯會主席向當局建議稱，美國的軍事政策應特定的指向應對蘇聯威脅。[2] 盡管當時美國軍方認為斯大林非常精明，不會在實力對比仍不占優勢時迎接一場主要的戰爭，但評估認為斯大林也可能還是失算了。考慮到當時在土耳其和伊朗的形勢發展，軍方的戰爭規劃團隊暗示，如果戰爭爆發，最可能的地點是在中東。

　　另一方面，當時美國武裝力量卻處於令人諷刺的快速降低的通道中。事實上，當時美軍更青睞於構建以志願服役更長時間（因此擁有更專精的專業技能）人員為主的兵役制度。自戰後以來，美軍的數量規模呈快速下降之勢，而同期崛起於東歐的蘇聯軍事威脅如此之迅速，以至於1946年1月陸軍部決定保留預計於當年6月至次年3月底退役的人員。這引發的國內和國外的抗議聲浪也表明，對於美軍方而言要繼續可信地維持其在海外的駐軍可能仍較困難。

---

[1] G.沃納：《從「盟友」到敵國：1941－1948年英國與蘇聯的關系》，摘自哥里和龐斯：《1943－1953年冷戰中的蘇聯和歐洲》，第304頁（G.Warner, *"From 'Ally' to Enemy: Britain's Relations with the Soviet Union, 1941~1948"*, in *The Soviet Union and Europe*, ed. Gori and Pons, 304）。

[2] 《參謀長聯席會議歷史》1：第161頁，相關參聯會備忘錄被提交給克拉克、克利福德，後被納入克利福德-埃爾西在其提交給杜魯門總統關於遏制戰略的報告（JCS 1:161）。

　　1946年3月，隨著近東危機爆發，美軍參聯會提醒杜魯門總統，即便他在當年4月1日前延緩軍隊的復員計劃，美軍在歐洲的數量可能僅有六個步兵師、四個獨立團、四個坦克營和部署於德國占領區、充當警察的3.8萬人的部隊。所有這一切都不足以維持西方與蘇聯在中歐的力量平衡。如果衝突在1946年中期爆發，以美國當時的軍事力量，最多也只能在30天由美本土向歐洲投送第七個不滿員的步兵師。而剩餘的駐守在美國本土可用於支援歐洲的後備部隊只有約三個師。如果此前的復員計劃繼續執行（事實上正是如此），至當年5月駐歐洲的兩個步兵師和大約一半預備役部隊也將消失。至6月，杜魯門總統的團隊開始嚴肅看待歐洲面臨的新威脅，並討論了重新擴軍的可能性，以及如果斯大林試圖繼續向西歐擴張就將向歐洲派駐三十個作戰師的龐大軍事計劃。當然，杜魯門最後沮喪地發現，這一計劃在政治上完全是不可行的。撤軍復員計劃繼續進行著，很快，美軍駐德國部隊的規模只余下了一個不完整的步兵師和相當於一個師規模的軍事警察力量。無疑，當蘇軍面對這些部隊地構成了壓倒性優勢。

　　陸軍只有通過大規模的重新征召才能重新具備戰時能力，這在當時是斷然不可能實現的。1946年1月美國發布國情咨文，提及了杜魯門總統曾要求國會授權在其計劃的5月15日截止日之後繼續擴展戰時征兵的規模，陸軍也急切地爭取在全美展開普遍軍訓（UMT）。特別是後者，要求所有適齡的男性公民都要接受短暫的軍事訓練。杜魯門政府當時認為軍方在需要時必須能征召足夠數量的部隊，只有如此才能應對未知的局面。然而，1947年美國國會卻在審議1948年國防預算時將軍方和行政部門提交的預算額度大砍了約10%，這僅為未來（如形勢惡化）迅速擴充部隊提供了很少的預算裕度。最終，杜魯門還是通過了國會審議的預算額度，但也重申如果有需要將追加新的預算。因此，到1948年初時，美國三軍的人員數量仍低於經審定認可的規模。1948年2月，捷克斯洛伐克危機帶來的振蕩也影響到了美國，杜魯門建議國會通過軍方先前提出的普遍軍訓計劃，但經過與國會的計價還價後，他也只得接受一份經閹割的普遍軍訓草案，而這也是美國首次在和平時期通過的有關國民軍事訓練的法案。[1] 在國會的堅持下，此法案被設定於1950年6月24日終止，碰巧的是，這一天恰是朝鮮戰爭全面爆發的頭一天。事實上，到1950年1月27日至28日，鑒於日趨緊張的東西方關係，國會壓倒性地同意此法案延期三年再行終止，現時還增加條款允許總統在緊急時動員預備役力量。此後，該法案多次經國會延期實施，直到越南戰爭時期。[2]

　　一段時間以來，蘇軍與美、英、法聯軍，在萊茵河沿岸地區曾至少出現三次可能引起戰爭的對峙。就當時西方三國在歐洲大陸的實力而言，一旦爆發衝突根本無法抵擋蘇軍的進攻。在一份當時的戰爭計劃中，西方預計蘇聯在開戰後將很快沖向西歐的

---

[1] 草案此前曾在1940年被表決過，當時歐洲各主要國家已處於戰爭之中，而美國仍未參戰。

[2] 托拉斯：《變革中的秩序：1945年以來的世界各國軍隊的演變》，第15頁（Tsouras, *Changing Orders*, 15）。

低地國家。至於駐德國和奧地利的占領軍，他們將不得不盡快撤離戰區，要麼西向跨越歐洲大陸撤往英倫三島，要麼向南撤往意大利或西班牙（參聯會更傾向於即便撤退也應在歐洲大陸保持住一兩個立足點）。一旦蘇聯決定向西方發起攻擊，德國西部地區將首當其沖，接著位於意大利北部的美、英軍隊也將面臨攻擊，甚至中東地區也極可能成爲蘇聯攻擊重點。而在遠東，美國保有的力量僅足以保衛日本列島，至於部署在韓國、中國和菲律賓的有限力量也將不得不收縮。

美、英認爲，即便在歐洲爆發與蘇聯的衝突，中東地區很可能仍會由西方所掌控，這主要是考慮到蘇聯南部地區通往中東的幾條交通線都途經復雜的地理和社會環境，不足以充分支持蘇聯在南歐、中東的大規模軍事行動。即便擁有優勢的蘇聯軍隊向南歐、巴爾干地區進攻，美、英等國也有充足的時間將位於中南歐的部隊暫時撤離，並在類似埃及之類的地方重新集結和備戰。無疑，在中東地區西方擁有顯著的地緣優勢，以當前蘇聯的能力任何向該地區的攻勢都會有限，這與在中西歐的情況截然相反，美軍力量規模有限很可能守不住德國，但類似的駐中東的規模有限的力量卻足以抗衡蘇聯對當地的軍事威脅。

在此計劃中，還強調如果盟國能堅守住英國在開羅—蘇伊士一線的據點，西方就能封鎖、抵擋住蘇聯經過中東沙漠向北非、地中海南岸滲透擴張的企圖。這進而使蘇聯無法在靠近對西方至關重要的印度洋-地中海航線附近獲取立足點，並對此交通線構成實質性威脅。至於在對蘇戰爭的後一階段，西方將努力保衛中東和近東（包括土耳其），如此將爲從南線反擊蘇聯打開一條重要的陸海通道。

此計劃無疑是第二次世界大戰的又一次重演，西方將在蘇聯的進攻下努力抗擊至少三年的時間，以便消耗敵人並積累和集結一支可對蘇聯軍隊發起決定性地面進攻的戰略力量。因此，西方在1940—1944年戰爭期間的經驗教訓無疑非常有助益。例如，指望通過資助被占領西歐國家國內的抵擋力量以削弱蘇聯占領軍實力將不切實際。這類抵抗力量的確能造成占領軍的困擾，但如果不集結主要的作戰力量而僅依賴他們，並不足以對占領軍造成實質威脅。即便在冷戰期間，這類對敵方控制區域內抵抗力量的資助也成效不彰。例如，在40年代末，美國和英國曾秘密資助過多個東方國家的民族主義組織，希望其成爲未來戰爭爆發後當地反蘇游擊隊的核心。但到冷戰結束時，這類受資助的組織卻因爲其極右翼路線甚至使當初支持他們的西方國家亦感到困擾。[1]

西方對第二次世界大戰經驗進行反思得到的另一個教訓在於空中力量的重要意義。在戰爭的頭幾年，空中力量幾乎成爲唯一可供運用的打擊力量。特別是1940—1943年英國對納粹的抗擊，當時英國轟炸機司令部是唯一能夠對德國構成威脅的力量。但在戰後東西方對抗所處的地緣和時空背景中，即便第二次世界大戰中以航程著

---

[1] 對於這一觀念的起源，可參見皮薩尼：《中央情報局和馬歇爾計劃》，第74頁（Pisani, *The CIA and the Marshall Plan*, 74）。

稱的B-29轟炸機，除非使用靠近歐洲盟國的前沿基地，否則仍難以將蘇聯境內的目標納入其航程范圍。因此，在1946年春季，美軍參聯會迫切要求歐洲盟國提供可供其重型轟炸機進駐的基地。西北歐的英國無疑是最好的選擇，以英國為基地的B-29轟炸機隊完全能攻擊莫斯科、頓內次克工業區一線。

然而，即便如此，駐英國的B-29轟炸機仍無法攻擊更東邊的烏拉爾工業區，以及蘇聯在巴庫的產油中心。為了覆蓋這些重要的目標區域，B-29轟炸機需要部署到中東或者北非的基地。[1] 幸運的是，當時英國仍控制著中東地區，在北非也有相應的影響。因此，當美國人提議在這些地區設立供B-29使用的軍事設施時，也正好契合了英國對繼續控制中東的戰略需要。第二次世界大戰後，自失去印度後，中東已成為大英帝國占據著的最具價值的地區。出於各種原因，戰後英國仍計劃繼續在中東地區維持其駐軍。當時，很少有人意識到即將席卷中東的民族主義浪潮將危及英國對當地的控制。

1946年7月，美國參聯會（艾森豪威爾和斯帕茨陸軍上將和尼米茲海軍上將）一致同意，軍方戰爭計劃團隊應正式與英國軍方就相關戰爭計劃以及美國武裝力量未來借用英國基地等議題進行協商。關於這些磋商，鑒於其當時政治環境中的高度敏感性，沒有留有任何記錄，因此一旦消息洩露雙方也可否認曾達成任何協議。[2] 此前1940—1941年間，美英間大概也曾展開多次類似的秘密會談，也可視為此類秘密協商的先例。

在磋商中，英國也非正式地允許美國空軍（當時仍是陸軍航空隊）在未來出現緊急情況時可使用位於英格蘭的五個轟炸機基地，到1947年中期時，根據此協議，相關基地的原子彈進駐與儲存設施也已准備就緒。[3] 當時，所有這些協議都未形成英美兩國政府、軍方之間的正式文本，直到1948年正式簽署工作才得以展開。[4] 而與此同時，美海軍將領理查德·L.康諾利，時任美國駐地中海和近東海軍力量指揮官，也向英國軍方提出申請，要求後者在戰爭爆發後為其提供位於開羅—蘇伊士地區的轟炸機基地，以供其使用。[5]

盡管乍看起來，當時美國制定應對東方威脅的軍事戰略似乎已不可避免，但事實上，這些戰略也一貫反映了美國軍方對大規模戰爭的態度：以強硬對強硬。第二次世界大戰期間，美國就曾主導盟軍發動了自西歐的戰略性反擊。當時，英國更傾向於通過地中海，從歐洲的「軟肋」——德軍力量薄弱的意大利，作為主要反擊方向，顯

---

[1] 康弗斯：《美國的計劃》，第204頁（Converse, *"U.S. Plans"*, 204）。

[2] 萊弗勒：《權力的優勢：國家安全，杜魯門當局與冷戰》，第112-113頁（Leffler, *A Preponderance of Power*, 112～113）；還可參見A.丹切夫：《在密室之中：1945—1951年英國-美國的防務合作》，摘自奧爾德里奇：《英國情報和冷戰》（A. Danchev, *"In the Back Room: Anglo-American Defence Cooperation, 1945~1951"*, in British Intelligence and the Cold War, ed. Aldrich.）。

[3] 貝利斯：《英國-美國的防務關系》，第69頁（Baylis, *Anglo-American Defense Relations*, 69）。

[4] 康弗斯：《美國的計劃》，第217頁（Converse, *"U.S. Plans"*, 217）。

[5] 保迪：《漫長的等待：鍛造英—美核聯盟，1945—1958年》，第25頁（Botti, *The Long Wait*, 25）。

然後者采取的是典型的間接路線戰略。在當時美國軍方的視角中，美軍之所以也強調中東的重要性，僅僅是因爲如果未來戰爭爆發，美國向西歐集結主要軍事力量將耗費數年時間（相關集結在和平時間顯然是不可能的），考慮到在主要的中歐戰略方向上蘇聯壓倒性的軍事優勢，將中東方向作爲重要的側翼將起到牽制蘇聯對中、西歐進攻的作用，正如第二次世界大戰時盟軍在發起諾曼第登陸前先行對意大利實施的側翼攻擊。無疑，在戰爭初期，以英國爲基地的美國戰略空軍將發揮對蘇軍戰略進攻的重要遲滯作用，只有在集結了充足的地面部隊後其作用才會消退。[1]

美國海軍的觀點則完全不同。海軍強調機動性，包括其根據戰略需要搭載地面部隊在任何地區和時機實施登陸的能力。海軍認爲，盡管蘇聯擁有龐大的國土，但如果斯大林發現在壓倒性優勢的美國海軍威脅下，其龐大國土處處都可能受到攻擊的話，他就無法完全集結其力量用於重要的戰略方向。基於此觀念，海軍完全有理由認爲，戰後海軍的力量應繼續得到加強，以便在戰時針對蘇聯陸軍向西歐進攻時的側翼（比如在黑海），發起大規模襲擾並登陸。相反的，蘇聯如果意識到美國海軍的戰略價值，將不得不分出相當規模的兵力用於防衛其側翼要點，而無法用於更重要的戰略方向。或者，在蘇軍向西歐大規模進攻後，來自側翼的強大登陸集團將使盟國能迅速切斷蘇軍主攻集團的後方交通線。因而，海軍要求未來繼續保有足夠的資源，以確保在歐洲側翼方向重要海域（比如東地中海、波羅的海等）的優勢地位。[2]

在海軍的觀念中，美國陸軍的規模遠小於蘇軍，這就更要求陸軍借助海軍的戰略機動性來實施強有力的機動部署和作戰行動。陸軍應該被用於在關鍵時刻強化歐洲盟國的力量，後者的防務重心將更多地聚焦於當地的蘇軍地面部隊。高度機動性的海軍打擊力量通過在戰初有效打擊蘇軍水下艦隊和海空力量及其基地，也將是確保西方賴以生存的海上交通線安全的最佳手段。再不濟，海軍也是應對蘇聯破壞海上交通線力量的更好選擇，正如第二次世界大戰時執行的大西洋護航任務那樣。

海軍更偏好的戰略，是其力圖保持更多的航母打擊力量。然而，從其他軍種的觀點看，造價高昂的航母戰斗群潛在地擠占了本應用於其他領域的防務資源，陸軍顯然希望編組部署更多的地面師，而新成立的空軍則希望擁有更強大的戰略空中力量，以實施未來的對蘇戰爭計劃。至於爲什麼需要更多的海軍力量，而不是陸軍或空軍力量，當時海軍也未能作出充分的解釋，或者說更多可供選擇的國家戰略，更不用提說服掌握預算決定權的決策層同意其方案。現在回顧，可能海軍當時並未嚴肅對待參謀長聯席會議（JCS）的議事過程，並因此使其在軍種利益的傾軋中總處於下風。無論如何，海軍並未放棄其觀念。自50年代初期起，海軍就構想在大戰爆發後通過其海軍

---

[1]《參謀長聯席會議歷史》1：第149-171頁（JCS 1: 149～171）。

[2] 關於當時美國海軍的戰略概念，可參見帕爾默：《最初的海上戰略：戰後第一個十年的美國海軍戰略》（Palmer, *Origins of the Maritime Strategy.*）。

航空兵力從挪威海發起對蘇聯側翼的攻擊，在漫長的冷戰歲月中，這一設想始終是美海軍軍事戰略中的固定構成要素，直至80年代冷戰末期才得以修訂。海軍提議的周邊、側翼海空攻擊和聯合登陸作戰軍事戰略難脫其軍種色彩，實際上早在核時代之前它們就已被提出，比如在19世紀克里米亞戰爭和馬漢的著述中，英國海軍就曾以此戰略來應對俄羅斯的擴張。

考慮到美國有限的軍事資源，就毫不奇怪在美國仍壟斷著核武器的初期，參聯會更偏好運用戰略轟炸機在戰時打擊蘇聯的城市和工業目標，以恐嚇、遏制蘇聯的軍事沖動了。戰爭初期，參聯會在對蘇大規模戰爭評估中，曾暗示對上述戰略目標的打擊會較爲困難（僅運用常規武器）。1946年10月，美國軍方首份空中戰爭計劃（MAKEFAST）中，將空中打擊的重點放在蘇聯的運輸線節點上，因爲第二次世界大戰時的經驗表明，攻擊這類特定的目標將產生更大效果。不幸的是，之所以會被評估較爲困難，在於如以常規武器對東歐地區綿密的鐵路網絡實施大規模空中攻擊，就需耗費數以百萬噸計的彈藥，而且整個攻擊過程耗時也將非常長。在癱瘓目標區域的交通網絡後，接著將對整個地區的石油工業進行打擊，這也是第二次世界大戰中對德戰略空中轟炸的目標路線。無疑，當時美國的戰略空軍規劃人員未將原子武器的因素考慮在內，因爲當時美國的原子彈儲量不多，無法大規模使用，而且美國決策層還企圖將這類武器置於以聯合國爲框架的國際控制之下。同時，作爲絕密武器項目，在1947年冬季以前，聯合參謀部的規劃團隊也並不掌握關於當時美國核能力的詳細信息。

事實上，在整個1947年，美國保有的核壟斷優勢很大程度上建立在以不透明所造成的神秘性之上。借助曼哈頓工程，美國僅生產出少量原子武器，經試驗和實戰使用後，其數量少到可憐。1946年9月，美國的原子彈儲量僅有6～7枚，而且它們也都處於散件而非實戰的組裝狀態。更糟的是，到1947年初期，美國國內用於制造武器級鈽的三套反應堆（戰時爲加速積累核原料而被建立），也幾乎處於故障報廢狀態。大約在1947年1月時，軍方才組裝出一枚原子彈，另一枚也正在加緊進行組裝，而且兩枚原子彈仍離真正的實戰狀態很遠。1947年4月3日，當原子能委員會的專員向杜魯門報告稱軍方仍無立即用於實戰的原子武器儲備時，杜魯門甚至認爲他聽錯了。他原本以爲美國已擁有一定數量的超級武器，可以想象當他聽到此消息後所感受到的震驚了。[1] 幾個月後，美國實際擁有的核材料，仍僅能組裝不超過九枚原子彈，而且用於生產核材料的反應堆也僅余一座仍處於運行中。至於使用需求方面，直到當年10月，參聯會才開始估算美國在戰爭中可能所需的核武器數量。

隨著斯大林越來越將德國和中歐視爲未來與西方戰爭的主戰場，美、英的合作也得以加強。對於斯大林而言，德國是蘇聯在第二次世界大戰中最大的戰利品，它是

---

[1] 羅德斯：《黑暗太陽：氫彈的制造》，第283-284頁（Rhodes, *Dark Sun*, 283～284）。

未來蘇聯復興的重要資源來源地，也是對西方作出軍事反應時最重要的前沿基地。當時，蘇聯的德國東部占領區是主要的農業生產地區，而斯大林最覬覦的德國工業資源則主要位於西部占領區。根據盟國在雅爾塔和波茨坦會議上達成的協議，蘇聯和波蘭將獲得占領德國東部地區資源作為其戰爭賠償，而西部地區資源主要由美、英、法三國用作重建補償。由於西部地區是德國主要的工業地區，盟國決定將西方在德國西部占領區工業產值和產品的10%額外給蘇聯，而作為交換，蘇聯占領區農業產品和原材料的15%則交由西部占領區的三國。

到1946年初，斯大林強行封閉了蘇聯的德國東部占領區，並強制性地要求德國共產黨和社會民主黨合併以建立人民陣線，通過人民陣線在戰後的選舉中進一步控制德國東部。當然，他更害怕人民陣線在未來的選舉中失利，以及西方控制較中性的社會民主黨派。因此，組建起人民陣線後他迫切要求德國盡快進行統一的選舉，以實現其控制整個德國的目的。

理論上，在過渡期間，他希望在（西部的）美、英占領區製造混亂，使西部地區的德國人對西方產生不滿並進而能夠對某種「人民陣線」（Popular Front）政權持歡迎態度。而斯大林通過通過整合並控制所有四國占領區的「人民陣線」政權，就可能按他的條件實現德國的統一（和控制）。事實上，他的計劃很有可能成功，他埋在美國的重要間諜，時任美國財政部的助理財長哈里·德克斯特·懷特就為蘇聯提供了美國准備在德國占領區發行貨幣的印刷母板。借此，蘇聯得以印刷大量偽幣，極大地削弱戰後初期德國的國民經濟，並激起西部占領區的民怨。[1]

自東部德國的邊境被封閉後，來自蘇聯占領區的農業產品供應也隨之中斷，英國不得不耗費其本已枯竭的財政為其占領區內的德國居民提供食物。當然，也有替代性的解決方案，即放棄任何要求德國在經濟上成為整體的主張。英國人選擇了後者，並將其占領區設定成一個獨立的經濟區域。1946年4月，在英國外交部的一次會議上，分裂德國的政策主張就被提出，這幾乎等同於盡快在德國的西方盟國占領區組成一個集團，以抗擊蘇聯的各種挑釁，甚至戰爭。[2]

當然，此時英國形成的針對蘇聯和斯大林的政策絕非之前就已算計好的，當時英國工黨，特別是其左翼人士強烈反對同屬工黨的外務大臣歐內斯特·貝文所提出的強硬對抗蘇聯的政策。例如，1946年5月，一些工黨籍內閣部長就警告稱，反對將斯大林視作新的敵人。但實際上，英國的一些部門和企業當時似乎走得更遠。1946年9月，出乎斯大林意料的英國同意向俄羅斯出售一批重要的現代化噴氣引擎。[3] 借助對

[1] 尼采：《從廣島到蘇聯的公開化：在決策的核心——回憶錄》，第56-67頁（Nitze, *From Hiroshima to Glasnost*, 56～57）。

[2] A.A.烏魯尼亞：《蘇聯和「希臘問題」》，摘自哥里和龐斯：《1943—1953年冷戰中的蘇聯和歐洲》，（A. A. Ulunian, *"The Soviet Union and the 'Greek Question'"*, in *The Soviet Union and Europe*, ed. Gori and Pons, 304）。

[3] 這筆交易在時任英國外交大臣貝文缺席莫斯科會議時獲得批准（根據休·托馬斯：《武裝的停戰：冷戰的開始，1945—1946年》，第200-201頁）（Hugh Thomas, *Armed Truce*, 200～201）。這筆交易得以達成的關鍵，很可能在於當時擔任英國貿易委員會主席的斯塔福德·克里

這批新型引擎的仿制和後續大規模生產，蘇聯第一代現代化的噴氣式戰斗機——米格-15戰斗機得以問世。很快，在遠東的朝鮮戰爭中，這款最新的蘇聯戰斗機就與西方類似的戰機展開激戰。目前，關於此次交易的解密檔案顯示，當時美國對英國的舉動表達了強烈的抗議，英國軍方也反對此交易。而且檔案還顯示，這次交易顯然未正式提交給英國內閣審核，事實上，交易得以進行背後的邏輯是，它們曾被提供給法國，而且並不在受管制的商品清單之列。至於當時英國貿易委員會的主席——斯塔福德·克里普斯爵士（Sir Stafford Cripps），作爲一名堅定的左翼親蘇人士，也在交易過程中發揮了重要作用，如此種種疏漏和巧合使得這筆交易最終實現。

然而，面對斯大林的策略，當時英國幾乎無法負擔其占領區的維持費用，自然而然的，他們必須獲得美國的援助。但當時局勢卻非常微妙，比如1946年夏英首相艾德禮甚至禁止其駐德國占領區的英軍指揮官與毗鄰的美國占領軍指揮官進行協商。[1] 1946年7月，美國國務卿詹姆斯·F.伯恩斯就已暗示西方盟國的占領區應當加強合作，而且三國政府也應如此。當時，英國時任外務大臣貝文卻擔憂占領區的合作將蘇聯排除在外（伯恩斯正希望如此），將不可避免地造成德國的分裂。至於他的下屬和幕僚則認爲，如果不如此（如伯恩斯所願）的話，就無法在英國仍面臨著財政困境的條件下，解決占領區的問題。爲了打消貝文的擔憂，亦寬慰其稱當前做出的分裂德國的決定未來也不是不可逆轉的；爲了盡可能減輕維持占領區秩序對西方經濟（特別是英國）的負擔，美國和英國在斯大林封閉其占領區邊境，停止輸出相關產品後，同樣中止了運往蘇聯的戰後賠償工業品運輸。1947年1月1日，美國和英國的德國占領區正式合並，新的區域亦被稱爲「Bizonia」（西部美英占領區），緊接著美英就占領區的貨幣統一問題達成協議，決定發行全新的通用貨幣，以取代已被蘇聯成功仿制的原有貨幣體系。

在當時英國工黨政府的壓力下，貝文似乎對蘇聯更加溫和。1946年12月，在他赴紐約參加外交部長會議後，他稱俄羅斯最終已學會了合作，此前他們所表現出的強硬主要源於其對戰後國際外交經驗的匱乏。[2] 蘇聯當時很可能采取一些溫和的行動以故

普斯爵士，他是一名傾向左翼的勞工黨員。1939年時他曾被驅逐出工黨，原因是他倡導人民陣線運動而且還因親蘇立場在戰時擔任了駐莫斯科英國大使。根據英國檔案局中當時內閣辦公室的檔案記載（PREM 8/343），一個特別的內閣委員會（包拈外務部副秘書、航空部和供應部的高級官員）曾反對此項交易。時任美國國務卿的伯恩斯私人也反對向蘇聯出售引擎（以及英國將其老式軍用飛機——「蚊」式轟炸機和「噴火」戰斗機，出售給捷克斯洛伐克）。而時任英國首相艾德禮則「急切地希望不再與美國人就此事糾纏」。當時，這款引擎並非英國最新的產品（研制成功已有3年），其生產許可證也已出售或提供給多個歐洲國家（包車法國、瑞士、土耳其），其中法國和土耳其被認爲在獲得此型引擎方面具有安全風險。英國認爲關於此引擎的關鍵，是引擎渦輪的尼莫尼克鎳鉻鈦系耐熱合金葉片的制造技術，這種葉片能確保較長的工作時間。蘇聯顯然對這種引擎的結構很感興趣，他們能夠簡單地復制這種引擎，而且盡管仍無法造出媲美英國原裝的葉片導致其復制品壽命較短，但這仍是可接受的。至於英國軍方則反對向外擴散其生產許可，而非單獨出口這種引擎。克里普斯認爲，由於該引擎已被用於出口，因此再把它們列在禁出口名單上毫無意義。因此，艾德禮最終批准了這筆交易。1946年9月26日，克里普斯在艾德禮會見其他內閣成員前就此與其進行商談。引人注意的是，英國內閣相關的文件顯示1946年並未涉足這項交易。

[1] 柯尼什：《英國爲防御德國的軍事計劃，1945—1950年》，第98-99頁（Cornish, *British Military Planning*, 98～99）。

[2] G.沃納：《從'盟友'到敵國：1941—1948年英國與蘇聯的關系》，摘自哥里和龐斯：《1943—1953年冷戰中的蘇聯和歐洲》，第301頁（G.Warner, *"From 'Ally' to Enemy: Britain's Relations with the Soviet Union, 1941~1948"*, in *The Soviet Union and Europe*, ed. Gori and Pons, 301）。

意迷惑英國人，他們更將貝文視作其所要維持的英-蘇關系的關鍵性人物。

當時，參與會議的貝文追求另一個重要目標，即建立可靠的區域安全框架，這也是工黨政策致力於實現的。貝文希望英、法能夠繼續結成同盟，他將其視爲確保歐洲國家有效應對未來復興的德國的重要舉措，但他可能未意識到，此舉也會使英國集結在歐洲大陸的力量直接面對蘇聯。[1] 無疑，英法正式的聯盟也有助於幫助提升法國政府的支持率。在此條約的內容中，英國也首次正式地對西歐各國安全作出了保證。在英、法同盟條約醞釀的初期，與法國的協議相當非正式，因此也引起不少法國高層的疑慮，比如英國是否仍會將1914年大戰中那樣履行與盟國的安全協議。另一方面，條約在最初的談判期間亦因法國的一些堅持所阻擾，後者堅決要求將魯爾區割離德國，另外當時法國政局不穩亦使英國擔心法國可能會在一年內陷入內戰。因此，除了在一些根本問題上堅持己見外，英國盡可能滿足了法國的要求，在1947年3月，英法同盟條約正式得以簽署。

對於美國而言，也慢慢從對戰後長久和平的幻想中覺醒。據解密檔案顯示，1946年6月18日，在一次重要的訪談中，馬克西姆·李維諾夫時任蘇聯外交部副部長，曾私下告訴哥倫比亞廣播公司（CBS）的記者（理查德·C.霍特萊特，Richard C. Hottelet）稱，如果西方一時滿足了斯大林的要求，他將會提出更多的要求。他說，（西方）所能希望的最好應對之道，是「武裝停戰」。美國和蘇聯之間的差別可能根本無法調和。[2] 由於霍特萊特的房間遭到竊聽，斯大林很快知悉了李維諾夫的言論。可想而知，李維諾夫將受到斯大林的嚴懲，但莫洛托夫後來稱李維諾夫因「偶然的原因」而得到寬恕，斯大林很可能已決定處死他，但考慮到這樣一起丑聞被批露可能會使蘇聯與西方的關系復雜化，因而作罷。但在西方看來，後來一系列事件的發展表明，李維諾夫是對的。[3]

1946年7月，杜魯門總統指令其顧問，克拉克·克利福德（Clark Clifford），撰寫一篇涉及蘇聯的報告，以便爲即將到來的巴黎和平會議做准備。克利福德和另一名幕僚，喬治·埃爾西（George Elsey）在撰寫過程中得出了很多與後來凱南提出的對蘇聯的類似判斷：蘇聯本質上是擴張主義國家，他們的行動必須被抵制。這份報告也顯示，當時美國總統的高級顧問班子已對蘇聯形成了比較一致的看法。獲悉此報告後，杜魯門仍希望能夠在不公開矛盾的情況下處理此事，他曾稱「如果此報告洩露出去，白宮將天翻地覆，甚至在克里姆林宮也會如此」。盡管如此，這份報告還是深刻地影

---

[1] 布洛克：《歐內斯特·貝文，外交大臣》，第357頁（Bullock, *Ernest Bevin*, 357）。自就職以來，英國外交大臣貝文就尋求與法國結成盟友。

[2] 1946年《美國對外關系文件》6：第763頁（FRUS[1946] 6: 763），沃爾特，比德爾·史密斯大使所記述的一次會見內容。

[3] 佐布克和普列沙科夫：《克里姆林宮的冷戰內幕：從斯大林至赫魯曉夫》，第37-38頁（Zubok and Pleshakov, *Inside the Kremlin's Cold War*, 37~38）。

響了他對蘇聯的看法。[1]

當時，杜魯門政府內實際上也包括相當部分的左翼力量，後者無疑傾向於一些親蘇政策。比如前副總統亨利·華萊士（Henry Wallace），1946年時任杜魯門政府的商業部長，當時他就支持為蘇聯提供一筆大金額的貸款項目（但被否決）。1946年9月12日，在紐約舉行的一次集會上，華萊士稱，「我們變得更強硬，俄羅斯也會更加強硬⋯⋯與俄羅斯在拉丁美洲、西歐和北美所涉及的政治事務相比，我們在中歐政治事務中所涉及的利益並不比前者多⋯⋯將英國作為我們外交政策的核心⋯⋯是高度愚蠢的」。華萊士的演講實際上是經過杜魯門審批的，但後者顯然未細看其內容。華萊士還稱，他代表總統作此演講，而這更引起混亂。事態的發展也使杜魯門認識到他的疏忽使自己陷入困境。為了清晰地表明其態度，他解除了華萊士的職務。1948年，華萊士決定競選美國總統，也得到了美國共產黨所支持的進步黨的很多選票。當時，其政見中很明顯地支持斯大林的很多政策，比如他將1948年2月發生在捷克斯洛伐克的親蘇政變（冷戰開端的重要事件）描述為反對一場有預謀的美國右翼支持的政變的必要舉動。[2]

斯大林無疑希望戰後分治的德國偏離西方為其設定的方向。在美英合併其德國占領區後，1947年3月10日至4月24日，他試圖在莫斯科召開的外交部長會議上瓦解美英占領區的合併。此次會議上，新任美國國務卿喬治·C.馬歇爾堅決抵制住蘇聯的圖

---

[1] 克利福德和霍爾布魯克：《對總統的建議》，第109-113頁，第123-129頁（Clifford and Holbrooke, *Counsel to the President*, 109～113, 123～129）；摘自克羅克的《回憶錄：火線上的50年》，第421-482頁（Krock, *Memoirs*, 421～482）。

[2] 亨利·華萊士本應是冷戰期間最重要的人物。如果羅斯福總統仍在1944年提名他參選總統，那麼在1945年4月當羅斯福在任期內逝世後，就將把一名強烈親蘇的副總統推上總統寶座。而在其就任後，盡管之後的一系列事件可能也會令美蘇陷入某種形式的冷戰之中，但華萊士很可能將不會像杜魯門那樣做出一系列重要決策，比如救援歐洲以抵制共產主義的馬歇爾計劃。沒有此計劃，1947—1948年的西歐形勢恐怕會更糟。共產黨很可能將在法國和意大利獲得執政權。事實上，1944年美國民主黨的幾個重要領袖，在羅斯福的策略的支持下，將華萊士拉下了副總統的候選名單，但此舉並非因為華萊士對共產黨的同情態度，而是由於他的宗教觀點使他被民主黨視作政治負資產。因為早在1940年羅斯福選擇華萊士作為他的副手並贏得選舉後，他就發現自己所面臨的尷尬，因為華萊士是個頭腦不清楚的、具有奇怪的宗教情節的政治人物。實際上，1940年選舉期間，共和黨就已計劃利用華萊士寫給他的「宗教精神導師」的信件作為攻擊他的彈藥，只是由於民主黨威脅將暴光共和黨提名的候選人溫德爾·威爾基的通奸事件，共和黨方才就此作罷。羅斯福顯然已發現自己作出了錯誤的選擇，但此時後他已無路可退，他無法承擔起在民主黨黨員大會提名後撤消華萊士副總統職務所帶來的惡果。另一個華萊士全心全意支持斯大林的例子是1947年4月他曾稱，「如果現在因俄羅斯內部發生的事件顛覆了蘇聯共產黨政權，那麼對於世界和平來說這將是極為不幸的」。1948年美國總統大選期間，華萊士又稱，如果由他選擇的話，他將挑選哈里·德克斯特·懷特作為他的財政部長（摘自海恩斯和克萊爾：《維納諾：蘇聯在美國的間諜活動》，第139頁）。而與他最接近的外交政策顧問則是勞倫斯·達根（摘自海恩斯和克萊爾：《維納諾：蘇聯在美國的間諜活動》，第202頁）。1948年時，這兩人都受到作為蘇聯間諜的指控（同期有新聞報道將華萊士1948年4月宣稱將選擇懷特作為其財政部長視為「令人吃驚的」）。當時，華萊士和懷特兩人對此類指控都竭力辯解，但維納諾項目偵聽到的蘇聯通訊顯示，這兩人不僅是秘密的共產黨員，而且還是蘇聯間諜。摘自海恩斯和克萊爾：《維納諾：蘇聯在美國的間諜活動》，第138-145頁和第201-204頁）。關於華萊士政治生涯的更多細節，可參見阿諾德·貝克曼：《煙霧彌漫的密室裡⋯⋯1944年斯大林的失敗：回顧副總統亨利·華萊士的被驅逐》，1994年8月斯坦福大學胡佛研究所國際研究項目工作文件-94-10。1994年8月1日發行的《國家評論》中似乎亦刊登了該資料的簡化版本。貝克曼在1944年時是一名新聞記者，當時他與多名民主黨高層的政客有廣泛聯系，而且與美國共產黨也有所交集。在被杜魯門趕出政府後，華萊士決定1948年參加總統大選。從1947年4月10日的一份美共備忘錄中（由美國共產黨政治局成員莫里斯·蔡爾茲撰寫的、對當時政治形勢的分析）顯示得很清楚，特別是其中會認為，美國共產黨應成為美國政壇的第三大政黨，因此必須勸說華萊士加入美共。蘇聯回復蔡爾茲的電文顯示，美共不應指望在短期內挑戰美國的另兩個主要政黨，美共的勝利將取決於盡可能聯合美國國內的「進步運動」——即類種似人民陣線的政治勢力及活動。要注意的是，由於他們支持華萊士參加1948年大選，因此並未推出自己的總統候選人（華萊士並非美共黨員）。對於1948年美國國內出現的進步黨以及美共在此運動中扮演的角色，可參見克萊爾、海恩斯和安德森的《美國共產主義的蘇聯世界》，第258頁和第266頁。事實上，在1948年的國家大選中華萊士僅獲得2.3%的選票。當時，杜魯門發現「dixiecrats」（南部各州的民主黨黨員組成的派別）——抗議其支持的民權事宜——已成為其競選的最嚴重的挑戰。也許是因美國共產黨參與1948年大選所產生的幻覺所影響，華萊士在敗選後日益與美國共產黨分道揚鑣。1950年，他支援美國參加朝鮮戰爭，並因為冷戰而譴責斯大林，但此時他已不再具有重要的公眾影響了。

謀，並認爲根本無法與蘇聯達成任何有建設性的協議。[1] 事實上，當時也只有美國擁有足夠的財政和軍事實力支持抵制斯大林的擴張企圖。

1947年5月，形勢向著有利於西方的方向發展，法國和意大利的共產黨組織被驅逐出聯合政府，盡管兩國的共產黨被驅逐並不是他們想取代聯合政府獨立執政。例如，法國共產黨最初只是准備在投票中抵制時任總理府拉馬迪埃（Ramadier）的經濟計劃，希望迫使其辭職，但後者並未如法共所願，因此在撐過難關後，拉馬迪埃驅逐了政府中的法共人員。早在一年前，斯大林就拒絕了法共提供的試圖接管法國政權的建議，當時他主要害怕此舉將引起西方警覺。至於意大利共產黨被驅逐則在於意共否決了聯合政府提出的接受美國援助的議案，但前者又無法從斯大林那裡獲得類似的援助，同時他們還支持狄托在涉及的里雅斯特的主張，因此受到聯合政府的清算。

這兩國共產黨組織盡管在此後的冷戰歲月中再未能進入政府，但在較長時期內仍保有著龐大的支持者。例如，在整個50年代和60年代初期，北約高層甚至計劃在法國出現緊急狀態時接管聯盟在該國的重要軍事設施，他們主要擔憂法國民眾勢力強大的左翼組織可能會配合蘇聯的行動。60年代，美國軍方文件中也不時對法國國內強大的工會組織是否會在戰爭期間擾亂後方的交通線而心存疑慮。

1947年5月，法國和意大利共產黨被驅逐出聯合政府使斯大林非常震驚。這意味著他在西歐扶持人民陣線的策略已不可避免地破產了。同時，巴爾干地區的狄托不時表現出的獨立於莫斯科的傾向也令他心煩意亂，進而對南斯拉夫采取了更強硬的態度，這些都使西方對蘇聯意圖更爲懷疑。爲了整合歐洲的共產主義力量，他很快組建了名爲共產黨和工人黨情報局（Cominform）的組織，以便協調歐洲的共產主義活動。1947年9月，該情報局首次召開全體成員組織會議，此時斯大林已意識到戰前的人民陣線策略已無法再繼續下去了。共產黨和工人黨情報局由斯大林指定的安德魯·A.日丹諾夫（Andrei A. Zhdanov）負責，但後者在次年8月因爲嚴重的心髒病而病故。日丹諾夫在任職期間，曾強烈譴責法共和意共，並稱其爲「右傾主義」（即參與人民陣線政府）。斯大林原來還想將狄托的共產黨定位爲同樣錯誤的「左傾主義」，但並未實施。[2] 共產黨和工人黨情報局成立之初，西方曾錯誤地將其視作戰前共產國際在戰後的翻版，而實際上，這個組織最重要的目標在於控制戰後的蘇聯衛星國和歐洲各國的共產黨組織。

當時，在近東和中東地區爆發的土耳其和伊朗危機中，斯大林也有條不紊地推進其計劃。1946年8月，斯大林要求土耳其接受將蘇聯作爲保衛土耳其海峽的伙伴國的

[1] G.沃納：《從「盟友」到敵國：1941－1948年英國與蘇聯的關係》，摘自哥里和龐斯：《1943－1953年冷戰中的蘇聯和歐洲》，第302頁（G.Warner, *"From 'Ally' to Enemy: Britain's Relations with the Soviet Union, 1941~1948"*, in *The Soviet Union and Europe*, ed. Gori and Pons, 302）。

[2] G.沃納：《從「盟友」到敵國：1941－1948年英國與蘇聯的關係》，摘自哥里和龐斯：《1943－1953年冷戰中的蘇聯和歐洲》，第305頁（G.Warner, *"From 'Ally' to Enemy: Britain's Relations with the Soviet Union, 1941~1948"*, in *The Soviet Union and Europe*, ed. Gori and Pons, 305）。

提議。美國駐土大使獲悉後立即警告土政府，接受蘇聯的提議將意味著土耳其自由獨立的終結，而且也將自動撤除蘇聯和波斯灣之間最後一道屏障。[1] 美國軍方也向土耳其派出了密蘇里號戰列艦，表面上，該艦是爲了將一名土耳其外交官的遺體運回土國內，但實際上，這一舉動是爲顯示美國對土耳其政府的支持。正因此任務，以地中海爲主要戰區的美國海軍第六艦隊得以組建。在美國政府正式聲明反對斯大林對土耳其提出要求的兩天後，南斯拉夫擊落了兩架美國飛機，而這引起了嚴重的外交糾紛，一些華盛頓的人士則擔憂戰爭會很快爆發。另一方面，斯大林同樣拒絕了西方提出的希臘的多德卡尼斯群島將非軍事化以平息蘇聯對土耳其海峽權利要求的建議。該群島扼住黑海通往地中海的海峽通道，第二次世界大戰時曾長期被德意軍隊占領。對此，斯大林似乎希望在希臘由共產黨控制後，這些島嶼將成爲其控制地中海的基地。

在美國眼中，土耳其危機的爆發和發展與當時蘇聯試圖部分或全面地控制伊朗的企圖直接相關。在伊朗危機之前，蘇聯就已在阿塞拜疆取得了成功，當地的共產黨革命政府在獲得政權後，蘇聯的軍隊也留在了該國。只要再繼續控制伊朗，蘇聯的力量就能直抵波斯灣了。果真如此的話，英國在中東伊拉克的油田將處於危險的境地，蘇聯甚至還可能繼續向沙特阿拉伯滲透，該國當時也正逐漸成爲重要的產油國。此外，蘇聯還可能會支持伊拉克北部庫爾德地區的獨立運動，這無疑將吸收來自伊朗和伊拉克的庫爾德追隨者，並削弱兩國的安全。因此，美國政府認爲，一旦庫爾德建國運動成功，伊拉克將成爲下一個倒下的多米諾骨牌，蘇聯的影響將徹底擴散到中東。爲了鼓舞作爲重要防火牆的伊朗政府抵制蘇聯的壓力，美國於1946年秋季加大了對該國的軍事援助。當年11月底，當伊朗政府軍進抵蘇聯暗中支持的叛亂省份後，蘇聯政府同樣提出抗議。[2]

與此同時，發生在希臘的危機也在持續著。對美國人而言，這似乎是蘇聯爲獲得進入地中海和中東地區的龐大計劃中的一環。1946年秋，美國政府決定增加對地中海、中東三國政府（希臘、伊朗和土耳其）的軍事援助。英國也開始爲希臘和土耳其提供一些支援。在美國的支持下，這些國家也得以成功地抵制住蘇聯的攻勢。當然，由於英國當時的經濟狀態仍非常低迷（部分是由於蘇聯對德國的封鎖加重了英國的財政負擔），因此到1947年2月21日，英國告知美國，由於實在無法負擔對希臘和土耳其的支持，英國將很快取消在這兩個國家的駐軍和支援。[3] 在既定政策之下，杜魯門總統必須要接替英國加大外援力度。到1947年3月12日，他要求國會審議向希臘提供2.5億美元和向土耳其提供1.5億美元的援助。

由於希臘內戰似乎正是斯大林擴張主義的結果，杜魯門政府的決定帶來了深遠的

[1] L.Ia.吉比揚斯基：《蘇聯—南斯拉夫衝突與蘇聯集團》，摘自哥里和龐斯：《1943—1953年冷戰中的蘇聯和歐洲》，第229-230頁（L. Ia. Gibianskii, *"The Soviet-Yugoslav Conflict and the Soviet Bloc"*, in *The Soviet Union and Europe*, ed. Gori and Pons, 229～230）。

[2] 《參謀長聯席會議歷史》1：第111頁（JCS 1:111）。

[3] 《參謀長聯席會議歷史》1：第120-123頁（JCS 1:120～123）。

影響。根據新的杜魯門主義，美國將爲受到蘇聯侵襲的國家提供援助。而當時對希臘和土耳其政府的援助也可視爲幾年後更大規模、更廣范圍的馬歇爾計劃，以及在北約框架下啓動的共同防御援助項目（MDAP）的預演。[1] 聯想到此前麥斯基所做判斷，他無疑是正確的：無產階段革命將喚醒並刺激西方。至此，美國政府已完全放棄了此前長期堅持的孤立主義政策，開始擔負起戰後的全球責任。第二次世界大戰以及戰後蘇聯制造出的緊急局勢將美國帶入了歐洲和全球事務。

對法國人而言，杜魯門主義意味著美國嚴肅地對待蘇聯威脅。因而在1947年春季莫斯科舉行的外交部長會議上，時任法國外交部長比多采取了堅定的姿態。[2] 1947年7月，法國總參謀部向總理拉馬迪埃提出警告稱，在美英和蘇聯之間保持中立不再是可行的了，法國必須接受美國的經濟和軍事援助。當時（1947年初），法國國內爆發的燃料危機也迫使其加強與英國和美國在魯爾區的合作，因此法國對薩爾區和萊茵蘭地區的強硬態度也得以松動（實際上放棄了對這兩個地區的領土要求），當然這並非源自美國的壓力，而是一系列社會事件和形勢的發展使然。[3] 1947年11—12月，法共再次在國內煽動起社會運動，這成爲迫使法國政府強硬對待國內左翼力量的最後一根稻草。1947年11月14日，法國政府的強硬行動發出了明確信號，顯示了抵制蘇聯的意願，其警察力量襲擊了位於巴黎附近的博勒加德營地，那裡是法共活動的主要地區，也是蘇聯駐法國大使館的所在地。繼之在1947年12月，法國內閣正式授權外交部門與英國、美國和比荷盧經濟聯盟（Benelux，1948年作爲一個關稅聯盟而建立）展開談判，結成正式的聯盟。[4]

---

[1] G.沃納：《從「盟友」到敵國：1941—1948年英國與蘇聯的關系》，摘自哥里和龐斯：《1943—1953年冷戰中的蘇聯和歐洲》，第304頁（G.Warner, *"From 'Ally' to Enemy: Britain's Relations with the Soviet Union, 1941~1948"*, in *The Soviet Union and Europe*, ed. Gori and Pons, 304）。

[2]《參謀長聯席會議歷史》1：第133頁（JCS 1:133）。

[3] G.-H.蘇圖：《法國》，摘自雷諾：《歐洲冷戰的起源：國際的觀點》，第103頁（G.-H. Soutou, *"France"*, in *The Origins of the Cold War in Europe*, ed. Reynolds, 103）。

[4] G.-H.蘇圖：《法國》，摘自雷諾：《歐洲冷戰的起源：國際的觀點》，第104頁（G.-H. Soutou, *"France"*, in *The Origins of the Cold War in Europe*, ed. Reynolds, 104）。

第7章
馬歇爾計劃與北約

　　正如法國和意大利政壇形勢發展所預示的，斯大林對西歐構成重要威脅的本質顯露無疑，而且這種威脅不僅在政治上，也存在於軍事領域。通過控制目標國家的人民陣線執政聯盟，斯大林希望暗中推翻原來的政府體系。他更希望通過在西歐國家制造混亂和政局不穩，惡化這些國家的經濟形勢，使其國內民眾認識到資本主義已經沒落的現實。1947年初，似乎他的策略已經奏效了，西歐各國的經濟形勢步履蹣跚。由於戰後西歐各國飽受戰爭摧殘，缺乏從人員到資金所有復蘇所需的資源，其經濟普遍復蘇不力，因此1946—1947年各國都經歷了非常艱苦的冬季。形勢似乎令人絕望。盡管美國此時已向法國和英國提供了大額貸款用於重建，但仍杯水車薪。

　　時任美國國務卿喬治・C.馬歇爾認為這種情況能夠被逆轉，他的樂觀也被證明是決定性的。幾個月前，他已看透了莫斯科的意圖，因此他於1947年6月5日在哈佛大學宣稱，美國將向歐洲各國提供戰後重建所需的資金。當時窘迫的歐洲各國為了盡快重建也開始加強合作，一些泛歐合作組織，如歐洲經濟合作組織（OEEC，即後來的OECD，歐洲經濟合作與發展組織）也建立起來。美國人的援助適逢其時，這項計劃被正式稱為「歐洲復興計劃」（REP），它還有個更為人所熟知的名稱——「馬歇爾計劃」。此計劃受到歐洲各國歡迎，接著，所有歐洲國家政府的代表，也包括蘇聯，齊聚巴黎進一步商談援助事宜。[1] 西方並未預料到蘇聯也會參加，畢竟馬歇爾計劃恰恰將使斯大林對歐洲戰後繼續混亂（並進而為蘇聯帶來更大的勝利）的預料落空。

　　直到此時，斯大林仍在玩弄其策略以獲取美國對蘇聯戰後恢復的資助。至晚到1947年時，他仍持續尋求美國對蘇聯的貸款。例如，斯大林曾試圖說服美國贊成由蘇聯提出的、在克里米亞地區（斯大林將之稱為「克里米亞的加利福尼亞」）安置歐洲和蘇聯的猶太人的建議，並提供相關資助。[2] 事實上，斯大林最初反對巴勒斯坦的獨立，部分是由於他認為美英決定幫助猶太人在中東建國，而這會與他所提出的猶太人安置方案形成競爭關系；當然也很可能因為在1945—1947年間，他仍希望此舉有助於取悅英國人，以便於離間美英之間的關系。然而，一旦斯大林不再對美國的財政支持

---

[1] 孔茨：《黃油與槍炮：美國的冷戰經濟外交》，第31-36頁（Kunz, *Butter and Guns*, 31～36）。對於努力使國會相信有必要援助的內容可參見該書第37-46頁（Kunz, *Butter and Guns*, 37～46）內容。

[2] P.蘇多普拉托夫等：《特殊任務：一名蘇聯間諜不必要見證的回憶錄》，第285-294頁（P. Sudoplatov et al., *Special Tasks*, 285～294）。

抱有希望，他在運用俄國國內深具基礎的反猶勢力時也就更無顧忌，同時他更借戰後國內的反猶運動作爲其再次大清洗反對他的勢力的基礎。[1]

斯大林曾短暫地以爲，他能在拒絕接受美國人的附加條件的基礎上獲得馬歇爾計劃的援助。當時的一名蘇聯經濟學家，葉夫根尼・瓦爾加（Evgeniy Varga）告訴他，馬歇爾計劃只不過是絕望的美國人爲挽救戰後不可避免的經濟危機所做出的選擇。根據其邏輯，美國在戰爭期間膨脹起來的生產能力在戰後幾乎必然面臨萎縮、衰退的命運，因此美國迫切地需要歐洲向其開放市場以緩解其經濟壓力。[2] 盡管，從一定程度上看，馬歇爾計劃的確幫助美國終止了1948年的經濟衰退，但瓦爾加對美國動機的解釋無疑是無知而膚淺的。在莫洛托夫代表蘇聯抵達巴黎參加援助會議時，他向斯大林傳回了更多信息，結合其他情報渠道的消息，斯大林最終認識到馬歇爾計劃不僅僅只是爲美國經濟開拓歐洲市場，更重要的，它也是美歐經濟結盟對抗蘇聯的戰略措施。例如，美英在會前簽署秘密協議後，蘇聯情報機構告訴他，「馬歇爾計劃」的目的在於幫助西歐各國重建以抵抗蘇聯未來的進犯。[3]

會議期間，莫洛托夫致電斯大林，如果蘇聯要加入此計劃，就等同於接受美國在全球經濟方面的主導權。考慮到斯大林的態度，莫洛托夫無疑附和了前者的決定。此外，要接受美國的援助，蘇聯還必須公布其使用援助金額的計劃和項目，這也是斯大林無論如何無法承受的，他要如何解釋他的國家爲了強化軍事實力而犧牲了多少民用工業和項目呢？無疑，他最終意識到，這只是美國人建立以美國爲領袖的國際經濟聯盟的步驟。在會議開始前，斯大林明確要求其東歐附屬國也盡可能派代表參加，目標在於擾亂、瓦解此次會議。因此在會議開始三天後，東歐各國集體退出了，當然在退出過程中仍不忘拉走盡可能多的其他國家。短短幾天時間就迅速離開，斯大林態度的逆轉可能也是因爲他擔心與會的東歐國家可能無法堅持到底（與蘇聯相同的立場）。[4] 例如，在斯大林改變主意前，捷克斯洛伐克和波蘭的代表就表露出這種離心的意圖。[5]

對西歐各國，馬歇爾計劃更將斯大林置於兩難境地。如果西歐各國共產黨同意該計劃，歐洲的經濟危機將順利渡過，趁亂而起的人民陣線無疑將失去奪取政權的重要機會。然而如果反對的話，他們又將失去民眾的支持，畢竟對大多數歐洲民眾而言，美國爲他們帶來了希望。1947年9月，在共產黨情報局召開會議之時，意大利共產黨因爲在拒絕馬歇爾計劃時表現遲緩而受到各國共產黨的攻擊。斯大林原本要求意共和

[1] P.蘇多普拉托夫等：《特殊任務：一名蘇聯間諜不必要見證的回憶錄》，第293頁（P. Sudoplatov et al., Special Tasks, 293）。斯大林不再對與海外猶太人維持聯盟關係感興趣可追溯至1946年下半年；按作者的觀點，斯大林只是因爲反猶所能帶來的政治利益而對其有興趣。

[2] 馬斯特尼：《冷戰和蘇聯的不安全感》，第28頁（Mastny, The Cold War and Soviet Insecurity, 28）。

[3] 馬斯特尼：《冷戰和蘇聯的不安全感》，第28頁（Mastny, The Cold War and Soviet Insecurity, 28）。

[4] 加迪斯：《我們現在知道了：對冷戰歷史的再思考》（Gaddis, We Now Know）。

[5] 加迪斯：《我們現在知道了：對冷戰歷史的再思考》，第42頁（Gaddis, We Now Know, 42）。

法共表明其對美國的堅決反對態度,甚至被蘇聯告知應著手決定武裝起義。[1] 事與願違的是,斯大林要求意、法兩國共產黨采取盡可能反對馬歇爾計劃的態度,而這使得兩黨在1948年的兩國選舉中遭遇失敗。

顯然,斯大林非常擔心馬歇爾計劃對其在東歐影響力的滲透和影響。當時,捷克和波蘭政府顯然希望加入該計劃,得知此事後,甚至在相關國家投票決議前,斯大林就宣稱波蘭已拒絕接受該計劃。[2]

東歐表現出的離心傾向令斯大林非常擔憂,圍繞馬歇爾計劃表現出的分歧只是導火索。對斯大林而言,是時候終止中歐各國相對獨立的幻象了。匈牙利首當其沖。在該國,共產黨政府控制著政治警察。在蘇聯的授意下,時任匈牙利共產黨領導人馬加什・拉科西(Matyas Rakosi)指使政治警察,以所謂的「切香腸戰術」一點一點地摧毀其國內的非共產黨組織。1947年秋季的該國選舉中,拉科西甚至派人大規模盜竊選舉的投票箱以便偽造選舉結果。最終,該國的兩個馬克思主義政黨在選舉中獲得勝利。至1949年,匈牙利在東歐首個公開宣稱其已成為共產主義國家。匈牙利於1947年的大選使很多歐洲人感到震驚,其拙劣的過程和結果顯示了斯大林能夠及想要走多遠。在西歐,由於擔憂斯大林主義的擴張,很多國家的民眾開始重新看待蘇聯及其國內的共產主義組織,這也是在1948年法國大選中,法共失敗的又一重要原因。[3]

貝文,比以往更關切與美國和其他歐洲國家達成的安全聯盟。但在1947年夏,他推遲與比荷盧經濟聯盟(Benelux)就條約事務的談判,因為此時馬歇爾計劃的相關事務正在巴黎會議上緊張商討之中,顯然經濟復蘇與合作是更緊迫的事宜。[4] 當年7月,在蘇聯撤回其與會代表後,貝文再次倡議相關國家盡快建立西方聯盟。1947年12月17日,在另一次失敗的外交部長會議後,他告訴法國的外交部長稱,是時候建立某種形式的西歐國家聯盟了,同時美國的支持和參與也必不可少。當天,他還對美國國務卿馬歇爾提議稱,西歐的條約國家集團(英、法、比、荷、盧)間的聯盟關系將是松散的,但更重要的,西歐條約集團還應與美國和加拿大簽訂正式嚴肅的條約。1948年1月22日,在英國下議院的一次重要演講中,貝文正式提議建立西歐聯盟(並非嚴格的地理概念,聯盟將包括希臘、斯堪地那維亞國家,也許還會有葡萄牙)。[5] 他認為,聯盟中各國的安全責任與義務必須謹慎地加以設計,否則美國將抑制更廣泛的參與。事實上,在華盛頓,也彌漫著一種情緒擔憂這樣的安全聯盟可能會危及馬歇爾計

[1] S.龐斯:《挑戰之跌落:1947—1948年蘇聯外交政策、共產黨和工人黨情報局和意大利共產黨》,摘自哥里和龐斯:《1943—1953年冷戰中的蘇聯和歐洲》(S. Pons, *"A Challenge Let Drop: Soviet Foreign Policy, the Cominform, and the Italian Communist Party, 1947~1948"*, in *The Soviet Union and Europe*, ed. Gori and Pons, 304)。

[2] 馬斯特尼:《冷戰和蘇聯的不安全感》,第29頁(Mastny, *The Cold War and Soviet Insecurity*, 29)。

[3] P.伊格諾特斯:《共產主義政權對匈牙利的前兩次接管:1919和1948》,摘自哈蒙德:《共產主義接管政權》(P. Ignotus, *"The First Two Communist Takeovers in Hungary: 1919 and 1948"*, in *Communist Takeovers*, ed. Hammond)。

[4] J.貝利斯:《英國和北約的形成》,摘自約瑟夫・史密斯:《北約的起源》,第10頁(J. Baylis, *"Britain and the Formation of NATO"*, in *The Origins of NATO*, ed. Joseph Smith, 10)。

[5] 布洛克:《歐內斯特・貝文,外交大臣》,第517頁(Bullock, *Ernest Bevin*, 517)。

劃的實施。

　　當時，歐洲的軍事形勢似乎已毫無希望了，蘇聯壓倒性的軍事優勢使美國和英國駐德國部隊非常擔心斯大林會借助某次危機引發衝突將他們趕出德國甚至歐陸。1948年1月，理查德·L.康諾利（Richard L. Conolly）海軍上將，美國駐地中海和近東海軍部隊指揮官，抵達倫敦就歐陸未來發生戰事後在西歐海岸再次實施一次敦克爾刻式的陸海撤退與英國軍方進行磋商。無疑，此時美英在心理上已做好准備，如果蘇聯向德國發起大規模進攻，部署在前沿的少量部隊必須盡快退出以保存實力。此次磋商在當時非常秘密的情況下舉行，英國軍方擔心如將其曝光，將使蘇聯警覺西方已將其視為現實的軍事威脅，而且也會削弱歐洲民眾的士氣，使斯大林更易於掌握主動。[1]

　　與此同時，馬歇爾計劃所帶來的另一項後果也逐漸顯露出來。當時，斯大林要求捷克斯洛伐克共產黨盡快掌握政權，該國共產黨是中歐幾國中唯一一個在1946年自由選舉中獲得簡單多數（38%）的政黨，因此該國共產黨也非常有機會合法地掌握政權。然而，由於該國共產黨遵從蘇聯的要求，反對該國加入馬歇爾計劃，因此在1948的選舉中該黨遭到失敗。因此在1948年時捷克斯洛伐克實際上並未成為共產主義國家，這似乎顯示斯大林仍願意容忍在中歐出現一個非共產主義的，但對蘇聯相對友好的政權。但實際上，斯大林發現捷克政府的獨立性（比如在巴黎會議上願意加入馬歇爾計劃）越來越不可接受。因而到1948年2月，在蘇聯支持下，捷克共產黨通過發動政變重新獲得權力。此次政變中，蘇聯並未直接上陣，而是由捷共發起的武裝民兵配合其之前控制的警察力量實施了行動。盡管捷克斯洛伐克國內並未出現一個蘇聯軍人，但沒有人懷疑斯大林和蘇聯在政變背後所扮演的角色。根據當時一名蘇聯高級特工帕維爾·蘇多普拉托夫（Pavel Sudoplatov）後來所稱，捷克總理愛德華·貝奈斯（Edvard Benes）在之前的危機事件中就已被蘇聯所掌握。當斯大林決定接管這個國家時，蘇多普拉托夫便前往該國並直接對貝奈斯提出相關要求，以便於實施政變。[2]

　　對很多西方國家而言，捷克的政變表明斯大林不會容忍任何反對，不管這種反對多麼溫和。鑒於1938年西方曾未能保證捷克斯洛伐克的安全而對希特勒的野心一路開綠燈，因此對於蘇聯戰後在該國的此番舉動抱以非常警惕的態度。諷刺的是，這次政變源於馬歇爾計劃，也使美國國會堅信必須盡快實施馬歇爾計劃，盡快恢復歐洲民主國家的實力以抑制蘇聯，因此對該計劃並未過多挑剔和苛求。

　　1948年，斯大林仍表露出對西方一定的克制，他並未企圖獲取對芬蘭的控制。1944年，當蘇聯擊敗與德國站在一起的芬蘭後，像往常一樣，斯大林組成了一個由芬蘭共產黨主導的人民陣線政府，盡管他仍非常希望懲罰芬蘭在1939—1940年間對蘇聯

---

[1] M.H.福里：《英國軍隊及其北大西洋條約的制定》，摘自約瑟夫·史密斯：《北約的起源》，第34頁（M. H. Folly, *"The British Military and the Making of the North Atlantic Treaty"*, in *The Origins of NATO*, ed. Joseph Smith, 34），還可參見柯尼什：《英國為防禦德國的軍事計劃，1945—1950年》，第115頁、第118頁（Cornish, *British Military Planning*, 115, 118）。

[2] P.蘇多普拉托夫等：《特殊任務：一名蘇聯間諜不必要見證的回憶錄》，第233-235頁（P. Sudoplatov et al., *Special Tasks*, 233〜235）。

的反抗（蘇芬戰爭），但並未占領這個國家。因為他更需要蘇聯軍隊占據其他更重要的地區和國家。1945年，芬蘭共產黨贏得了議會四分之一的席位。到1948年，芬共及其左翼政治聯盟已控制了整個國家和警察等強力部門。因此，在馬歇爾計劃推出之際，芬蘭國內的左翼聯合政府仍未分裂，當時蘇聯高級官員A.A.日丹諾夫在芬蘭指導並監督芬共的活動，日丹諾夫曾協助制定過1939—1940年蘇芬戰爭時的行動計劃，同時亦幫助過愛沙尼亞的蘇維埃運動。他似乎已認識到，類似捷克那樣的政變將不會在芬蘭獲得成功。因此自1948年上半年起，他曾至少兩次反對蘇聯國內要求在芬蘭進行類似政變以全面清除非共產黨的要求。畢竟，類似的政變除了過於炫耀外並無其他益處。

1948年2月22日，斯大林向芬蘭政府提出兩國應簽訂友好條約，即蘇聯與匈牙利和羅馬利亞已簽署過的那類友好互助條約。此時，捷克斯洛伐克政變正在醞釀和進行之中。時任芬蘭總統在將此事拖延了一個月後，仍派出代表團赴莫斯科與蘇聯談判條約事宜。但在談判時，斯大林突然改變了條約的基調並戲劇性地弱化了條約內容，因此與匈牙利和羅馬利亞的類似條約不同，芬蘭並未被納入到與蘇聯的軍事同盟之中。接著，芬蘭政府發現一場針對其有計劃的政變的痕跡，並緊急進行了軍事動員，從而使政府中非共產黨力量所掌握的軍事力量極大地超過了共產黨所控制的兩支警察部隊力量，而這使蘇聯最終放棄了政變的計劃。很可能是斯大林在得知芬蘭進行軍事動員後，擔憂繼續進行政變將使芬蘭民眾對蘇聯更不友好，加之芬蘭軍隊一向擁有較強的作戰能力，種種因素都迫使斯大林放棄了全面控制該國的計劃。[1]

在東歐新建立的共產主義國家裡，共產黨組織得到相當的發展，它們也是斯大林控制各國的必要力量和途徑。當然，蘇聯也知道大多數新加入這些國家共產黨的人都或多或少抱有投機目的。對此，蘇聯的預計是正確的，一旦有事很多共產黨員就會背叛組織，正如1956年在波蘭和匈牙利發生的那樣；或者作為沉默的大多數、甚至潛伏在黨組織內，正如1953年的東德。為了行使對外國共產黨組織的控制，蘇聯建立了強有力的情報和秘密警察系統，之前是蘇聯內務人民委員會（NKVD），之後演變成克格勃（KGB）。這些組織不僅負責監控蘇聯國內的情況，觸角也伸向國外。[2] 一旦某

---

[1] 佐布克和普列沙科夫：《克里姆林宮的冷戰內幕：從斯大林至赫魯曉夫》，第118頁（Zubok and Pleshakov, *Inside the Kremlin's Cold War*, 118），其中引述自莫洛托夫所稱，芬蘭將成為一處「公開的傷口」。還可參考K.德溫：《1948芬蘭：危機的教訓》，摘自哈蒙德：《共產主義接管政權》（K. Devlin, *"Finland in 1948: The Lessons of a Crisis"*, in *Communist Takeovers*, ed. Hammond），其中暗示蘇聯只是簡單地按捺住。還可參考J.內瓦基維：《1944—1953年，戰後的蘇聯與芬蘭》，摘自哥里和龐斯：《1943—1953年冷戰中的蘇聯和歐洲》（J. Nevakivi, *"The Soviet Union and Finland after the War, 1944~1953"*, in *The Soviet Union and Europe*, ed. Gori and Pons），其中涉及蘇芬關系的內容基於日丹諾夫的論文，解釋了為什麼芬蘭未在1944—1945年間被蘇聯占領，同時還指出就在戰後捷克斯洛伐克政變後蘇聯原本已計劃發動針對芬蘭的入侵，但捷克斯洛伐克政變警示了西方。還可參考哈尼馬基：《遏制的共存》，第43頁，文中指出1948年2月布拉格的成功政變鼓勵了芬蘭共產黨召集人手準備在當年3月發動類似的政變，但芬蘭政府及時動員了其武裝力量使類似的政變更難以成功。1948年7月芬蘭大選，期間芬蘭共產黨在選舉中被徹底擊敗。當年5月，斯大林已命令芬蘭共產黨放棄引起該國形勢動盪的罷工。哈尼馬基認為，在布拉格政變之後，蘇聯擔憂芬蘭國內若爆發類似的政變將迫使西方采取激烈的反應，這可能使瑞典放棄其中立姿態轉而投向西方。1948年，對蘇聯及斯大林而言，北約只是一個可能而非現實。因此，在蘇聯看來，為了不過分刺激西方，保持芬蘭的中立化就足以使其不被作為進攻蘇聯的基地，不妨確保蘇聯的國家安全。

[2] R.J.帕普利維爾：《克格勃和蘇聯集團的控制：以東德為例》（R.J.Popplewell, *"The KGB and the Control of the Soviet Bloc: The case of East*

個國家的共產黨失去對政府和國家的控制，他們將發揮最後防火牆的作用。蘇聯的這套系統在1989年華約解體東歐劇變期間也將發揮重要作用。

另一方面，美國的杜魯門政府對斯大林的擴張傾向也越來越警惕。他認爲，馬歇爾計劃和美國未來在歐洲的軍事存在將是「一枚核桃的兩半」。[1] 杜魯門的措詞既反映出他對歐洲未來的個人判斷，也是馬歇爾計劃所帶來的另一個重要暗示。杜魯門將馬歇爾計劃與防務事宜聯合在一起，因此更必須將經濟恢復和重整軍備放在平衡的預算體系中統一考慮。[2] 至於重建兩個戰敗國（德國和日本）的費用則並未包含在馬歇爾計劃的資金中，而且這筆資金除了重建外更重要的是使兩個失敗的國家民眾相信，除了共產主義外還有其他選擇。然而，戰後各國恢復和重整軍備所需花費的資金數量如此之大，即便當時財力雄厚的美國也很快發現難以保持預算平衡。就美國軍方而言，戰後預算緊縮帶來的必然結果就是軍種間利益傾軋加劇，很多軍備項目都受到影響。另一方面，杜魯門也認爲斯大林在對歐洲各國進行政治覆蓋方面的威脅遠甚於其軍事威脅——只要美國繼續保持對原子武器的壟斷，斯大林在明目張膽進行軍事冒險時就會有所顧及。因此，在杜魯門看來，40年代末美國和西歐將實力聚焦於經濟和政治領域顯然是更明智的。

1948年3月25日，美國新任國防部長詹姆斯·福雷斯特爾要求國會爲1949財年國防預算增加額外的30億美元額度（原批准預算爲98億美元）。增加的預算中大約一半將用於增募現役部隊人員，使美軍由137.4萬人增加至173.4萬人。當然，擴軍仍以傳統的增加部隊規模的方式進行，新征募部隊仍將裝備第二次世界大戰時期遺留的武器裝備。但不幸的是，這些老舊武器很多已非常過時了（特別是戰機類）。另一半新增預算將用於戰時各軍種研發的新式武器裝備。這些新研發武器中，一些早期型號已在戰爭期間進行了部分支付，但在戰後財政緊縮的情況下，不少未支付的余款則重新退返回財政部。[3] 空軍也需要補充更多新型轟炸機，用以執行其新的原子戰爭計劃。[4]

戰時美國曾爆發出極爲強大的軍事生產能力，但在戰後這種能力很快就消退了。1947年，軍方和經濟部門曾估計美國工業要恢復到戰時的軍品生產水平至少需要一年時間。[5] 第二次世界大戰中，美國曾作爲戰時盟國的軍工廠，很多之前曾在大蕭條中

Germany"），摘自亞歷山大：《了解你的朋友：自1914年以來至冷戰時期的聯盟和伙伴內部的情報》，第255頁（Alexander ed. *Knowing Your Friends*, 255）。

[1] 孔茨：《黃油與槍炮：美國的冷戰經濟外交》，第47頁（Kunz, *Butter and Guns*, 47）。

[2]《參謀長聯席會議歷史》4：第145-146頁（JCS 4: 145146）。

[3] 例如，盡管當時美國空軍直到戰爭結束時仍未接受任何B-36重型轟炸機，但在1944財年的相關預算中已列編了采購94架該型飛機的預算，之後直到1949財年才再次編入采購該機的預算。戰時的資金也用於支付空軍采購第一代噴氣式戰機。

[4] 這一時期，空軍對B-36系列轟炸機的采購總計：73架B-36D/F型轟炸機（早期交付型號均升級至這一標准），第一批15架生產B-47噴氣式轟炸機；最後132架（總計222架中的）B-50D轟炸機（B-29轟炸機的替代機型）；以及2架B-52轟炸機原型機。其他的戰機采購還包括561架F-80C型戰鬥機、410架F-84E型戰鬥機和F-84F原型機、233架F-86「佩刀」戰鬥機，以及首批48架生產F-89「蠍式」噴氣夜間戰鬥機和110架F-94A型夜間戰鬥機。

[5] 1949年《美國對外關系文件》1：第259-267頁（FRUS[1949] 1: 259～267），源自1948年8月18日由「國務院—陸軍—海軍協調委員會」（SANACC）（負責協調軍備的下屬委員會）提交的報告。

苦苦掙扎的企業幾乎一夜之間就獲得了大量訂單，因此對於戰後全球政治形態持續的惡化他們並不反感，畢竟這將繼續爲其帶來更多訂單。而且戰後相當時間以來美國經濟都表現得很健康，政府也希望通過穩步但連貫的防務開支增加，來持續地刺激經濟，而不是猛然急劇地提升軍費水平。

當然，也有例外，美國航空工業無需那麼長時間就能恢復到戰時的高產能狀態。1945年戰爭結束後，美國航空工業的注意力已轉入更有利可圖的民用航空領域，生產包括企業級航空運輸和個人級通用航空的各類產品，有遠見的航空界規劃人士甚至已開始探討爲有興趣的中產階級生產可停放於家庭機庫中的小型廉價航空器。當然，到1947年時，大多數重要的航空公司的生產訂單中，約80%—90%仍依賴於軍方的合同。同年，美國空軍從陸軍航空隊中正式獨立成爲新的軍種，獨立後的空軍更認爲需要保持適當的規模以維持國家健康的航空工業發展，同時空軍也需要充足的裝備和人力儲備以充實戰爭末期達到150萬人規模的空中力量。早在第二次世界大戰結束後的1945年8月29日，當時陸軍航空隊的副司令艾拉・ C.伊克中將曾制定了編組70個航空大隊（每大隊含3個中隊）的空中力量發展規劃，而此前，伊克中將制定的規劃中航空大隊的數量甚至達到78個，當他被告知這在經濟上無法承受時，才不得不修訂成70個大隊。[1] 另一方面，戰時極盡繁榮的美國航空工業很快也面臨著戰後三軍的緊縮，很多企業不得不退出軍用航空領域，例如，寇蒂斯航空公司，曾是戰時美國最大的軍用飛機制造商，到1948年時就因訂單縮減不得不退出軍用航空界。

戰後，由於航空技術的飛速發展，技術的高更新率導致的高折舊率使很多航空公司很快就面臨被淘汰出局的命運。戰後初期，一架最新型號的噴氣式戰斗機可能在三年之後就變成完全過時的產品。例如，1946年，空軍裝備的最新式戰斗機仍是F-84「雷電」，但兩年之後它就被更新銳的F-86「佩刀」戰斗機所取代。又過了三年，空軍已開始全面采購新型的F-100「超級軍刀」戰斗機，這也是美國空軍裝備的首款超音速戰斗機，與F-86相比其在性能上具有全面優勢。[2] 在重型轟炸機方面，40年代末期後美蘇空軍已分別研制出中程（航程約1500～2000英里）的噴氣式核戰略轟炸機原型機，比如美國空軍的B-47型轟炸機和蘇聯的圖-16轟炸機，兩種戰斗機都能搭載上萬磅的彈藥執行中、遠程任務。由於采用噴氣式引擎，其飛行速度也大爲提升，使得傳統亞音速戰斗機難以對其實施攔截。亞音速戰斗機在對抗同樣亞音速的轟炸機時，先不論需要盡快趕赴攔截空域，即便如願抵達了轟炸機所在空域，仍不得不通過長時間的咬尾攻擊來擊落對手。因此，要成功實施攔截，戰斗機必須具備更大的速度優勢，也許要比目標的飛行速度快50%。這反過來又極大地刺激了新型超音速戰斗機的發展。盡

---

[1] 富特雷爾：《觀念、概念和條令：美國空軍的基本思維》，第204頁（Futrell, *Ideas, Concepts, Doctrine*, 204）。對於芬勒特委員會（總統的空軍軍政策委員會）於1947年12月30日提交的報告，可參見該著作第224-230頁（*Ideas, Concepts, Doctrine*, 224～230）。

[2] 這些戰機的性能和任務有所重疊。當F-86戰斗機服役後擔負攔截和戰斗任務後，F-84戰機轉而作爲戰斗轟炸機，而當F-100型戰機服役後，F-86戰機的任務也作了類似的調整。

管到50年代初期，超音速戰斗機的出現使這成爲可能，但其成熟並大規模配備部隊仍需數年時間（尤其對蘇聯而言更是如此）。這也是爲什麼在50年代初期美軍總能成功使用B-47轟炸機對蘇聯周邊實施偵察，而蘇聯方面的亞音速戰斗機卻難以對其實施攔截的原因。

　　50年代初期，利用現有的亞音速戰斗機攔截高速的轟炸機較爲困難，而如果仍不得不如此的話，無疑需要更強大的武器。這些武器包括最初的機載火箭彈，之後則是雷達和計算設備控制的制導導彈。與第二次世界大戰時期的空戰武器相比，這些武器無疑更爲復雜，但作戰效率也大幅得到提升。軍用戰機和武器系統的復雜化帶來的最大後果，在於經濟成本的急劇上升。在50年代初期，美國空軍已開始意識到機載雷達和計算設備已變得和機體以及引擎同等重要了。有矛必有盾，在空中力量迅速發展的同時，地面防空導彈武器也開始逐步取代傳統的防空火炮。第二次世界大戰末期，德國在防空導彈研制方面的構想啓發了接受其戰後遺產的同盟國技術人員。到50年代中期時，美、蘇以及英國已分別發展和部署了類似的地面防空武器系統。與防空火炮不同，防空導彈對高空飛行的戰機最具殺傷效力，因爲目標距離導彈越遠（當然仍在射程范圍內），導彈就有越多的時間調整其彈道軌跡。

　　而同時代出現的原子武器，也使防空問題更加復雜化了。第二次世界大戰期間，沒有哪國的空軍能長期忍受達到5%的單次出擊戰損率，因爲這意味著空軍在使用常規武器反復（可能持續數月）飛赴敵國上空實施戰略轟炸時將很快消耗殆盡。但在配備了原子武器後，少量戰略轟炸機部隊就能完成以往由大量戰機才能完成的戰略任務，換言之，一次出去的轟炸機群中即便被擊落了95%，殘存的搭載原子彈的轟炸機仍能完成任務。對於1948年的美國空軍而言，由於仍擁有對蘇聯的空中優勢和壟斷著核秘密，因此並不太關心戰略防空問題。當然，一旦蘇聯發展其自己的戰略轟炸力量並擁有了原子武器，情況就急劇復雜了。畢竟，要確保對北美大陸的防衛，必須建立戰略防空系統，這無疑擠占了原來有限的預算。

　　對斯大林而言，德國仍是蘇聯在歐洲的關鍵性目標。考慮到西方盟國仍對德國西部進行著占領，利用其控制的人民陣線力量在選舉中贏得整個德國仍給了蘇聯一定的機會。爲了確保達成目標，蘇聯必須使西方重建德國經濟的企圖落空，如此混亂的形勢才能加劇民眾的不滿情緒進而使人民陣線有機會獲勝。1947年11月至12月，就對德和平條約問題而舉行的蘇聯和西方外交部長會議上，雙方並未取得任何進展。考慮到蘇聯蓄意阻撓妨礙議程進行，分別占領德國的美、英、法三國繼而於1948年2月23日撇開蘇聯單獨在倫敦舉行了對德政策會議，此時也正是捷克斯洛伐克危機惡化之際。三天後，三國又邀請比荷盧三國共同參與議程。會議決定有必要將西方占領區合並建立統一的德國，之前美英的德國占領區就已合並，法國此時也決定將其占領區並入形成一個更大的「三國共同占領區」（trizone）。對此，斯大林認爲，一旦西方盟國合

並其占領區，他們將不會允許任何共產黨主導的人民陣線力量贏得整個國家的權力，因此他決定采取行動。

1948年3月，美國駐德國占領軍指揮官，盧修斯・D.克萊（Lucius D. Clay）將軍致電陸軍負責情報的斯蒂芬・J.錢柏林中將稱，他對蘇聯即將實施的軍事行動感到擔憂。[1] 這份電報中判斷的預見性非常令人深刻，因爲當時在美國政府和軍方的高層幾乎只有克萊等少數幾個人對此表示了擔憂，其他人大多以嘲諷態度看待蘇聯向德國發動戰爭的可能性。後來，克萊稱他已認爲戰爭不可能發生，並承認之前的態度只是試圖令高層和公眾對慢慢發展的危機保持警惕。未公開的是，克萊於1948年2月在柏林會見了錢柏林，後者要他出示強有力證據以便用於說服國會同意通過關於普遍軍訓（UMT）的法案（即嚴肅准備應對新的軍事威脅）。克萊對於那份電報被公開並對公眾造成的影響感到震驚，他明顯認爲它只應在小范圍內被討論。[2] 對於錢柏林的要求，克萊將之前駐德美軍收集到的蘇聯加強在布拉格、柏林進行的軍事活動的情報提供給了前者。另一方面，美國中央情報局並不認可前線指揮官對事態發展緊急程度的判斷，並降低了警報程度，但同時也承認斯大林可能在未來兩個月內的任何時間內采取軍事行動。很快，蘇聯開始阻斷盟國西部占領區通往西柏林的陸路交通。

1948年4月3日，經杜魯門總統簽署，馬歇爾計劃正式成爲法案得以實施。在計劃中的四年時間裡，美國將爲歐洲重建提供130億美元的援助。而且在計劃執行過程中朝鮮戰爭也全面爆發，援助加上大規模戰爭的刺激使西歐各國的經濟高速發展。馬歇爾計劃成功的關鍵，可能也在於美國在提供援助時始終堅持對美援資金如何分配和使用的主導地位，美國認爲，這些美援資金必須發揮種子資金的作用，以改變歐洲受援國的經濟運行模式爲主要使用目的。由於此策略的實施，與1945—1946年美國給予英、法的金援相比，馬歇爾計劃中同樣給予兩國數量較少的資金，卻在恢復兩國經濟的過程中取得了更好的效果。從整體上看，戰後虛弱的歐洲各國也使美國在提供援助時附加更多條件成爲可能，否則這些條件可能並不易爲受援國所接受。例如，1949年3月30日，在美國國家安全委員會（NSC）草擬的《實現美國對蘇聯目標的措施》文件中，就包括：作爲（美國）主要的政治、經濟目標，鼓勵「以所有合適的方式促進歐洲在政治和經濟上聯合起來」。[3] 馬歇爾計劃只是一個更加統一的歐洲的開始，經該計劃培育出的合作慣性將使歐洲各國政府更易於就共同防務問題上達成協作與一致。

西方三國合並占領的德國西部地區也在馬歇爾計劃的援助范圍之內。斯大林雖然無法插足西方的占領區，但戰爭期間盟國達成的對德占領計劃卻使西方同樣合並占領

---

[1] 費斯：《從信任至恐懼：1945—1950年冷戰的開端》，第296頁（Feis, *From Trust to Terror*, 296）。

[2] 簡・愛德華・史密斯：《盧修斯・D.克萊》，第467-468頁（Jean Edward Smith, *Lucius D. Clay*, 467～468）。

[3] 1949年《美國對外關系文件》1：第275頁（FRUS[1949] 1: 275）。

的西柏林地區位於蘇聯控制的德國東部地區的包圍之中（距蘇聯與西方三國占領區的
邊境約110英里）。但1945年盟國達成的協議卻為西方提供一個無需通過陸路進入西
柏林的方式。當時占領協議中臨時約定西方可通過空中進入其在西柏林的占領區，但
並未對通過陸路途經蘇聯占領區進入柏林進行約定。在此次危機爆發前，西方都是通
過陸路向西柏林的民眾運送食品、燃料等補給品。

1948年3月，斯大林在德國的代表人，德國共產黨領導人威廉·皮克（Wilhelm
Pieck）警告稱，10月在柏林舉行的選舉很可能是災難性的，除非「能夠將柏林的盟
國勢力清除出去」。[1] 因此，斯大林決定向德國人顯示蘇聯的力量，特別是使柏林人
明白西方國家無法保護他們。在蘇聯的部署下，所有通往西柏林的陸路交通被陸續封
鎖，至1948年6月24日所有通往西柏林的鐵路、公路和橋梁被完全封閉，駐德蘇軍禁
止一切經過其占領區的西方車輛通行。柏林西部的民眾只能通過城市東部蘇占區分發
的配給票證領到少量生活用品。

對於蘇聯的行徑，西方很快做出反應。柏林空運戲劇性地展開了。在長期封鎖期
間，柏林西部的市民完全依賴美、英空運的物資生活。這次行動令人印象深刻，因為
之前美國陸軍曾研究認為無法依賴空中力量解決如此多人口長期的生活所需。空運最
初由70架C-47型運輸機實施，它們每天能向西柏林運輸225噸物資，接著美、英加大
投入運輸機隊的規模，很快使空運量達到每天2750噸（其中美國完成約2000噸，英國
完成750噸）。為了迎接龐大的運輸機隊，西柏林市民很快建立起特格爾機場。隨著
空運的進行，每天抵達柏林的物資達到4500噸，之後這一數字又上升到5600噸。西柏
林龐大的人口雖然仍靠配給生活，但情況已可容忍。

經由此次危機，斯大林「成功地」將一個萌芽中的美、英同盟催生成更為緊密的
軍事同盟。期間，英國更建議按戰時經驗建立美、英聯合計劃部門以協調繁忙的空運
行動和未來更進一步的軍事應對措施（例如在蘇聯強化軍事威脅後將盟國的重型轟炸
機派遣往歐洲）。為了應對緊張形勢，1948年4月12日至21日，美、英、加等國軍方
代表在華盛頓召開會議，決定基於美國軍方此前的計劃制定一份應急戰爭計劃綱要。
在這份戰爭計劃中，英國將負責防衛英倫三島和開羅—蘇伊士運河區，美軍在戰爭初
期仍將聚焦於本土防衛，至於在西歐面臨劣勢的美、英聯合地面部隊，則在蘇聯發起
大規模進攻後迅速回撤。駐西歐部隊將分步撤退，最初將撤往萊茵河一線，接著在短
暫抗擊蘇軍後經法國和意大利港口完全退出歐洲大陸。[2] 在此期間，美國海軍的航母
編隊將主要集結於地中海，奪取當地的海空優勢，防止蘇聯經南歐向中東地區進軍。

在最糟糕的情況下，盟軍將失去在歐洲大陸上的主要立足點，英國將成為孤懸

---

[1] 佐布克和普列沙科夫：《克里姆林宮的冷戰內幕：從斯大林至赫魯曉夫》，第51頁（Zubok and Pleshakov, *Inside the Kremlin's Cold War*, 51）。

[2] 《參謀長聯席會議歷史》2：第283-303頁（JCS 2: 283～303）。

海上的一系列易受攻擊的島嶼。這種情況將與第二次世界大戰初期英國所面臨的窘境非常相似，1940年英國同樣被逐出大陸。而即便英國在美國的幫助下如第二次世界大戰中那樣，得以免於蘇聯的入侵，其反擊的手段也同第二次世界大戰時期類似，利用空中力量實施攻擊。同樣類似於第二次世界大戰，如果與蘇聯爆發全面戰爭，保持幾塊關鍵性的地區（如中東地區）和重要航線（如北美和歐洲、地中海—蘇伊士航線等），對維持美、英繼續戰斗非常重要。所有這些使得保衛歐洲大陸的戰略目標也為更次要的選擇，同時這也意味著英國不必要在歐陸保持龐大的地面力量。當然，在1948年時，也有很多意見擔憂這樣的防禦策略並不現實，因為如果放棄大陸任由蘇聯侵占的話，後者將能在盡可能靠近英國島嶼的地區部署其空中力量以及未來的導彈力量。因此，將保衛英國與防衛整個西歐割裂開考慮的思路根本不現實。[1] 為了強化對本島的防御，英國開始撤回其預部署在中東地區的軍事力量。[2]

1948年3月至4月間，英軍總參謀部確定了一條「截止線」，如果蘇聯的舉動超出了這條截止線，就將對英國構成直接的威脅。[3] 當年9月，這條線劃在萊茵河，法國和傳統上入侵歐洲大陸的低地國家仍置於此截止線之後，第二次世界大戰時德國曾越過此線對英國構成了最嚴重的威脅，更早之前的第一次世界大戰中英國很大程度上杜絕了德國越過此線。但面對更為強大的蘇聯，要保持此界線所需的龐大軍事資源使得英國單靠歐洲國家的力量根本無法顧及其他區域的安全。無疑，將所有在此線一側的國家整合成聯盟並確保得到美國的安全介入，對於英國和整個西歐的安全非常重要。要使擬議中的聯盟更加安全，兩個伊比利亞半島上的國家（西班牙和葡萄牙）和德國也非常重要，前者擁有進入大陸的重要港口，後者擁有巨大的工業潛力。另一方面，斯堪地那維亞半島也非常重要，因為這裡靠近蘇聯海上力量進入北海和大西洋的海上航線。

法國同樣是非常重要的伙伴，因為傳統上它是歐洲的陸軍強國，可為抗擊斯大林的大軍提供大規模的地面力量，且考慮到美國和英國分別為聯盟提供重要的空中和海上優勢，因此並不會在相同的領域產生競爭。但另一方面，法國卻對這樣的聯盟心存疑慮，它仍擔憂與英國的同盟會觸怒蘇聯，除非美國同意與歐洲共同結成同盟。所以當1948年2月13日，貝文提議英、法、比荷盧建立共同防禦集團時，法國提供出的反建議是只與英國簽訂雙邊的共同防禦條約，很明顯這與之前法國在敦克爾刻簽訂的條約類似，完全是針對德國的；然而，比荷盧三國則要求簽訂多國集團防禦條約。

貝文之前曾已告誡過美國和加拿大，如果等蘇聯沖到大西洋岸邊時再組織集體防御就為時已晚了。事實上，美國對英國倡議的集體防御體系心存顧慮的真正原因在

---

[1] 柯尼什：《英國為防御德國的軍事計劃，1945—1950年》，第17-19頁（Cornish, *British Military Planning*, 17～19）。

[2] 柯尼什：《英國為防御德國的軍事計劃，1945—1950年》，第25頁（Cornish, *British Military Planning*, 25）。

[3] 肯特和揚：《「西方聯盟」概念》（Kent and Yong, *"The 'Western Union' Concept"*）。

於，華盛頓擔心過早強調構建集體防禦體系可能不利於馬歇爾計劃在國會的審議，甚至激起戰後新孤立主義在1948年舉行總統大選時的重新抬頭。對此，可能當時貝文並未意識到，他只是認為需要這樣一個條約確保美國更深入地介入到歐洲安全事務中。對於英國的提議，1948年3月3日美國國務院回復稱，除非歐洲各國自己表現出有意願聯合起來保衛自己，否則美國不能直接卷入西歐的集體安全事務，美國的表態也意味著西歐各國一系列的雙邊安全條約已無法滿足其介入的先決條件。同日，法國內閣接受了集體安全條約，這對美國國內的積極主張者而言，是個不小的鼓舞。接著英、法兩國簽署《布魯塞爾條約》（意味著西方聯盟正式成立），繼而同年3月17日，兩國又與比、荷、盧三國簽署類似條約。[1] 此時，法國已清楚地明白美國對於未來西歐安全的關鍵性意義，但在之後8月美國及西歐各國醞釀簽署跨大西洋安全條約（即北約）之時，法國卻差點扼殺了萌芽中的北約。當時法國要求美國立即承諾向法國派遣部隊和提供軍事援助，並將法國納入到聯盟的聯合指揮體系構架中。[2]

40年代末，在美國准備重整其軍備時，它僅在海、空力量方面擁有優勢。為了加強應對蘇聯的軍備，駐柏林美軍的克萊將軍很快向軍方建議，將駐德國的B-29轟炸機群規模由原來的一個中隊增配至一個大隊（於1948年7月2日完成），至當年8月，美國空軍又按計劃向德國增派了一個戰斗機大隊，另一個B-29大隊也做好了向英國或德國部署的准備。此外，還有兩個准備部署到英國的B-29轟炸機大隊已完成集結，在1948年7月14日英國方面發出要求後即部署往英國。對於西方的軍事部署，斯大林肯定也通過其在西方的情報渠道很快獲得，而且他也很可能准確地掌握到部署往英國的轟炸機並無搭載原子武器的能力。[3]

西方事實上已建立起來的同盟擁有充沛的人力，但在現代化武器方面仍較為缺乏。對於杜魯門來說，盡管美國資金充足但他仍為各方面龐大的資金需求而煩惱；相比之下，為西歐各國提供軍事援助是確保美國和西方安全的一種耗費較小的途徑，如此，美國並無需要為龐大軍事體系中重要的人力因素買單。而且如同1941年第二次世界大戰初期那樣，繁榮的軍事訂貨也有助於美國防務工業的復蘇和發展。1948年8月，杜魯門批准了國家安全委員會提交的建議，即總統應通過立法機構擴展其為盟國提供軍事援助的授權。在此背景下，新的共同防禦援助計劃（MDAP）中包括了為外國政府提供美國武器裝備（艦、機等）以及美國采購外國軍備的內容（即海外采購項目，SOP），以刺激采購對象國自己的防務工業。

對悲觀主義者而言，對戰後西歐形勢無疑抱絕望的態度，很多人懷疑戰爭已迫

[1] G.-H.蘇圖：《法國》，摘自雷諾：《歐洲冷戰的起源：國際的觀點》，第105頁（G.-H. Soutou, *"France"*, in *The Origins of the Cold War in Europe*, ed. Reynolds, 105）。

[2] J.貝利斯：《英國和北約的形成》，摘自約瑟夫·史密斯：《北約的起源》（J. Baylis, *"Britain and the Formation of NATO"*, in *The Origins of NATO*, ed. Joseph Smith）。

[3] 《參謀長聯席會議歷史》2：第132-133頁，第139頁（JCS 2: 132～133, 139）。

在眉睫。而此時英國仍判斷斯大林仍需數年時間以便從第二次世界大戰的創傷中恢復，因此不會立即發起挑釁和戰爭。英國通過以下幾個方法得出此判斷。第一個方法是評估認爲蘇聯仍需展開兩個左右的「五年計劃」以重建和恢復國內經濟形勢，並使其國力增強至可以冒險發動戰爭的水平，據此推斷戰爭爆發最可能在1956年前後。蘇聯的計劃經濟模式對於西方判斷其戰爭准備也有幫助，其戰備的「五年+五年」規則較爲清晰，即蘇聯在戰後首個五年計劃中不太可能主動發起戰爭，因爲這一階段致力於國民經濟的恢復和重建，但在其次的五年計劃中，戰爭的可能性就逐漸增大了，而且越往後其戰備程度也越高。從此邏輯出發，蘇聯戰後首個五年計劃最早於1946年展開，因此到1956年時其已完成兩個五年計劃，足以完成大規模的戰爭准備。此判斷及其邏輯也成爲1947年英國制定其戰爭計劃的正式基礎。另一個方法，則是設想斯大林在獲得足夠數量的原子武器前將保持與西方的休戰狀態，英國判斷斯大林至少要擁有100枚、甚至更多的原子彈（能夠完全摧毀美國）才稱得上足夠。在蘇聯掌握核秘密之後，至少需要五年左右的時間來生產和儲備，鑒於蘇聯出色的諜報體系，英國判斷大約在1952年蘇聯將完成自己的首次核試驗。因此，1957年似乎是蘇聯完成戰爭准備的最早年限（1945年12月，英國聯合參謀部評估認爲至少在1955年以前，全球只有美國能夠發動原子戰爭）。事實上，英國在第二次世界大戰前的戰爭預測也與此類似，而且就後來實際情況的發展看預測具有相當的准確度。1934年英國軍方就研判認爲應開始重整軍備以應對德國，當時英國非常幸運地准確判斷德國將在5年後，即1939年發動戰爭，所以1939年將是戰爭威脅最顯著的一年。[1] 到1949年時，英國對戰爭威脅最大的年份的判斷鎖定爲1957年，並據此確定英國軍隊應在此之前完成現代化整備。1950年3月（即蘇聯成功完成其核試驗後），基於對蘇聯在原子武器研究方面的進展，英國聯合情報委員會將戰爭威脅的年份提前了，但同期英國決策層並未改變完成軍備的截止年份，1957年仍是英國武裝力量完成准備的重要節點。

[1] E.M.格羅夫：《戰後「十年計劃」的神話》，摘自1994年12月《英國皇家聯合服務研究所》期刊（E. M. Grove, *"The Myth of the Postwar 'Ten Year Plan'," Journal of the Royal United Services Institute*[December 1994]）；可參見柯尼什：《英國爲防禦德國的軍事計劃，1945—1950年》，第71-85頁（Cornish, *British Military Planning*, 71～78）。還可參見劉易斯：《改變方向》（Lewis, *Changing Direction*），其中清楚地表明1946—1947年英國防務思想仍聚焦於中期的五年計劃（1947—1951年），以及更長期的後一個五年計劃（1952—1957年）的規劃；根據《改變方向》一書中第281頁的內容（Lewis, *Changing Direction*, 281），在1946年11月時英國曾評估認爲，到1951年底蘇聯的核武器數量可能不會超過5枚（如果達到25枚則是最糟糕的情況），到1956年時其核武器數量可能達到40～60枚；因此，英國認爲蘇聯如果要成功擊垮英國的話可能需要30～120枚核武器，因而如果戰爭在1956年爆發蘇聯由於核武器不足可能會以神經毒氣和生物武器（炭疽熱）作爲補充。該書中還認爲（第283頁和第289頁），在1946年12月時英國防務部門的關注點聚焦於1956年，部分是他們相信在1951年前「蘇聯的入侵威脅可能仍未完全形成」。1947年3月，一份由英國未來計劃小組提交的報告認爲，英國未來的武裝力量的規模和結構，應以1956年蘇聯與西方的戰爭准備基點。根據《改變方向》第299頁（Lewis, *Changing Direction*, 299）中的內容，1947年春季英國戰爭規劃者評估認爲，如果蘇聯能夠成功地、精確地投擲其核武器，那麼最少只需20枚原子彈就能徹底毀滅英國，相反，類似的條件下西方則需要200～250枚核武器才能完全摧毀蘇聯。因此，到1956年時，蘇聯可能已擁有足夠的核武器以應付英國的軍事威脅。由於國力的原因，英國並不指望到1957年時獲得相匹配的戰爭能力，但他們也評估設定到1953年時美國將具備摧毀大部分蘇聯的能力。由於最近解密的資料（在書中，劉易斯歸因於一名英國核物理學家阿倫‧納恩，梅博士提供的解密資料），現在可知在當時蘇聯的領導人也都清楚這一切。當時，英國預期到1956—1957年間美國將擁有400～500枚核武器，這足以徹底摧毀蘇聯。到1963年時，美、英、蘇三國已擁有足夠數量的相互摧毀對手的核武器（第309頁）。此外，在該書第370-387頁還記述了1947年5月英國總參謀部提供了一份名爲《未來防務政策》的報告，報告中提及1956是至關重要的年份（第375頁和第378頁）。最後，關於此段歷史時期的細節，還可參考克拉克和惠勒的《英國核戰略的起源》，第57-58頁，第64頁（Clark and Wheeler, *The British Origins of Nuclear Strategy*, 57～58, 64）。

　　對英國而言，美國似乎缺乏對未來戰爭威脅的中長期評估和預測。早在1949年初期，在柏林危機告一段落後，美國政府明確接受了英國對未來戰爭大致時間點的判斷，認爲1957年是戰爭威脅達到頂點的一年。[1] 但美國軍方的規劃團隊此時並不同意英國對西歐戰局的看法（最主要反對英國沿萊茵河劃定的所謂「截止線」）。美國軍方認爲，承認此截止線並任由蘇聯沖向萊茵河在政治上完全是災難性的，尤其是對於此截止線以東的國家，它們將被放棄，比如南歐的意大利。美國軍方仍非常看重意大利的戰略位置，戰時如果輕易將其放棄無疑將削弱聯盟各國的士氣，並將地中海、中東等地區置於危險的境地。特別是意大利，第二次世界大戰期間盟軍在該國的經歷仍令美國軍方感到不安。戰爭期間，意大利北部的共產黨勢力曾長期與支持墨索里尼的軍隊作戰，只是到末期美英軍隊登陸意大利本土後才結束了其內戰。未來如果盟軍在戰爭初期主動放棄該國，沒人知道當地的共產黨力量是否會重新發動針對現政府的武裝叛亂，考慮到蘇聯因素，這類叛亂的可能性可以說非常大。1948年初期，中央情報局就評估認爲，如果沒有外界的干涉，存在著意大利北部共產黨組織發動起義並奪取北部地區控制權的可能性。如果蘇聯、南斯拉夫或法國共產黨爲意共提供支援，意大利現政府將很難在沒有外援的情況下，重新獲取控制權，中情局甚至還認爲以意大利政府的能力，它很可能無法應對來自南斯拉夫共產黨武裝的蓄意攻擊。[2]

　　1948年，意大利的選舉似乎很重要，中情局暗中支持的基督教民主派人士贏得了大選中48.5%的選票。在此背景下，如果再接受英國此前對於意大利的觀點（即該國在相當長時期內仍無法保護本國免受蘇聯的滲透，因此最好仍將其劃定於截止線以

[1] 有關於此的證據是間接的。當斯大林比西方預期提前3年爆炸了他的核武器時，美國國家安全委員會將1954年（比之前設定的1957年前提3年）設定爲「最爲危險一年」。

[2] 布洛克：《歐內斯特·貝文，外交大臣》，第401頁（Bullock, *Ernest Bevin*, 401）。1948年2月中情局撰寫的報告《意大利的當前形勢》，該報告亦收錄於《哈里·杜魯門時期的中央情報局》第181-189頁。解密的蘇聯檔案亦顯示，當時意大利共產黨領導人陶里亞蒂向蘇聯提議一旦選舉失敗將發動武裝暴動（他的理由是，如果他的共產黨團隊一旦贏得了選舉，反對派基督教民主黨同樣也會制造暴亂擾亂國內秩序，如此就有了托辭取消選舉結果了）。莫洛托夫否決了其計劃。關於期間的細節可參考E.阿加羅西和V.扎斯拉夫斯基：《蘇聯和意大利共產黨》，摘自哥里和龐斯：《1943—1953年冷戰中的蘇聯和歐洲》（E. Ago-Rossi and V. Zaslavsky, *"The Soviet Union and the Italian Communist Party"*, in *The Soviet Union and Europe*, ed. Gori and Pons）。類似的史實還體現在1947年9月12日中情局的《每周情報摘要》（Weekly Summary, 12 Sep 1947）中，這份摘要亦提供給了杜魯門總統（根據庫恩斯：《評估蘇聯威脅：冷戰的早期歲月》，第134-136頁）（Kuhns, *Assessing the Soviet Threat*, 134~136）。莫洛托夫之所以否決其計劃，在於蘇聯相信一旦盟國占領軍撤離意大利，意共最好能通過選舉推翻現政權，而在選舉中發動暴亂可能給西方以干涉的口實。雖然意共還有5萬余游擊武裝力量，但意政府仍擁有20萬政府軍和憲兵（一些意大利部隊將不得不被部署到意南邊境地區），而意共的力量也有水分，其中部分力量由武裝民衆和南斯拉夫共產黨的部隊構成，因此意共的力量並不足以真正在內戰中顛覆現政府的政權。該摘要中稱，當時意共黨內存在著多個派別，其中陶里亞蒂及其力量傾向於采取政治行動，而更激進的由路吉·隆戈（曾參加過戰前的西班牙內戰）領導的革命派則更願意以武力解決問題；當時路吉·隆戈一派的8名成員曾赴莫斯科，建議蘇聯在其舉行的暴動中采取某種協調性的行動。此後陶里亞蒂本人則在一次演講中號召武裝起來，對於中情局而言，這意味著陶里亞蒂的政治傾向開始例向激進的革命。當時中情局忽視了這些變化中的表象，很大程度上因爲他們認爲斯大林可能會擔憂意大利的暴力事件將可能導致美國的戰爭。陶里亞蒂就可能也希望國內持續的經濟災難（由於美國未能向意現政府提供經濟和糧食援助，或者說美國的馬歇爾計劃未惠及意大利），如此危機將無需采取行動就能使意大利政權落入他的手中。1948年4月9日中情局《每周情報摘要》（Weekly Summary, 9 Apr 1948）（第189-191頁）則預期意共前景將逐漸衰退，並預測意共不太可能贏得4月18日的大選；同時，部分地由於意政府軍實力增強以及意政府成功截獲了意共的武器儲存（查獲了外界通過海路走私給意共的大批軍火），「在缺乏南斯拉夫共產黨的實質性幫助下，意共發動大規模叛亂的能力已被大幅削弱了」。而且，也沒有當時南斯拉夫共產黨准備干涉意大利事務的明確證據。中情局的情報還評估，考慮到意共掌握約10萬的武裝力量（主要由訓練有素的戰時意共游擊隊員組成），另有約10萬人正在加緊訓練之中。要應對這些力量，意大利政府部隊外加其他大量安全力量：包括約7.5萬名憲兵、8萬名警察、1.6萬名特別機動預備警察力量、3.6萬名金融監管力量以及約0.5萬名鐵路安全力量。1948年4月23日，中情局《每周情報摘要》第193-196頁（Weekly Summary, 23 Apr 1948）中更給出中情局對選舉失敗後意大利共產黨整體策略的評估。

外），那麼結果將是災難性的。因此，當時駐奧地利和的里雅斯特的英軍指揮官接到訓令稱，一旦戰爭爆發附近英軍將不會對意大利施以支援。至於美國方面，他們希望一旦戰爭爆發的話這些盟國部隊能夠撤往意大利並支援當地的抵抗力量，為聯盟保留在中南歐地區重要的立足點。很快的，美國政府意識到必須盡快邀請意大利加入北約聯盟，否則意大利可能在戰爭初期就屈從於蘇聯的支配，甚至加入共產國家陣營。

1949年1月，斯大林暗示將在柏林問題上與西方達成妥協，接著至當年5月12日蘇聯對西柏林的封鎖被取消。整個封鎖持續了11個月，西方通過堅決、有力的行動，向西柏林和西方三國占領區的德國民眾生動地顯示了西方的決心。在解除封鎖後的幾個月內，由美、英、法三國占領區合併組成的德意志聯邦共和國正式宣告成立。期間，美國國內很多人明顯將斯大林在柏林危機中的退讓視作東西方危機緩和的重要跡象。事實上，柏林封鎖事件只是蘇聯針對西歐采用的一系列攻勢行動中最近的一次，而它真正的意涵（標志著全面冷戰的開端）則與大眾的預期相反。

對於西方當時的空運應對措施，現在我們才知道斯大林曾考慮繼續封鎖空中通道，但在蘇聯空軍指出西方的空中力量仍占據著重要優勢後，他似乎才放棄了這一想法。根據最近公布的一份俄國檔案顯示，在1948年7月斯大林和他的蘇共政治局成員通過一份決議，要求軍方強化國家的防空能力，而這「決不是偶然事件」。[1]

斯大林很可能將封鎖視作一種手段，即通過政治和強制策略以嘗試控制德國。同樣的，他可能也知道美軍和其他西方國家軍隊當時仍非常脆弱，而且美國也不可能因為封鎖事件就貿然用原子武器對蘇聯發起全面攻擊。另一方面，他同樣清楚衝突必須保持在對峙而非真正交戰的階段，畢竟任何偶然的衝突都會導致一場真正的大戰，而美國肯定會進行第二次世界大戰中那樣的全面動員，這並不是蘇聯想要的。因此，在局勢發展到一定階段，而蘇聯又缺乏有力的回擊手段時，降溫就成為最好的選擇。

1948年11月，奧地利共產黨秘密制訂了本國的武裝政變計劃，並假設武裝行動可能引起該國社會民主黨力量的抵抗，但仍占領著該國的西方國家軍隊則不會有所行動。但斯大林很快取消了此次政變，他認為奧地利共產黨的判斷過於輕敵，很可能招致失敗。當時，發生在柏林的危機已足以讓蘇聯頭疼了。[2]

英國外務大臣貝文所倡導的北大西洋公約組織，在經過初始成員國之間緊張的談判與商討後，最終於1949年4月4日在華盛頓正式成立。條約成員國包括歐洲的五個核心國家（英、法、比、荷、盧），以及對於維持跨大西洋和地中海航線至關重要的側翼國家（挪威、丹麥、冰島和葡萄牙以及意大利）。其中，丹麥不僅控制著直通波羅的海的海峽，而且也擁有北大西洋中重要的格陵蘭島和法羅群島，因此必須被吸收

---

[1] M.M.納林斯基：《蘇聯和柏林危機》，摘自哥里和龐斯：《1943—1953年冷戰中的蘇聯和歐洲》，第62頁（M. M. Narinskii, *"The Soviet Union and the Berlin Crisis"*, in *The Soviet Union and Europe*, ed. Gori and Pons, 62）。

[2] 馬斯特尼：《冷戰和蘇聯的不安全感》，第57頁（Mastny, *The Cold War and Soviet Insecurity*, 57）。

進聯盟。法國最初拒絕將意大利納入聯盟體系內，因爲他們認爲如此的話，將使聯盟有限的力量不得不進一步拓展到地中海地區，但在美國表明其立場後法國改變了態度。此外，由於聯盟中的北大西洋國家不太願意介入地中海和南歐的防務，因此一度曾醞釀簽訂獨立的地中海防務條約。另一方面，英國希望拉入聯盟的西班牙，卻並未成爲初始會員國。[1] 西班牙被排除在外的原因可能在於當時該國仍由佛朗哥執政，而該國自30年代內戰時期起曾與希特勒德國建立起的緊密關系，使得大多數曾受德國荼毒的國家印象深刻。甚至在戰爭末期的波茨坦會議上，斯大林曾向其戰時的西方盟國提議，戰後佛朗哥政權應下台並代之以更民主的政權。鑒於1936—1939年蘇聯在西班牙曾遭遇到的失敗，斯大林此舉明顯有報復的色彩。1945年，西班牙左翼仍擁有相當的力量，但在佛郎哥政權的獨裁壓制下受到限制而無所作爲。美國的蘇聯問題專家喬治·凱南在其1946年初發往美國國務院的電報中也強調了這些情況。

但就戰後的地緣政治形勢而言，西班牙亦擁有其價值。正如西方的戰爭計劃所設計的那樣，在戰爭初期，西班牙將爲劣勢、受創的北約部隊提供一個重要的撤離方向和整備地域。此外，西班牙（及西屬摩洛哥）控制著地中海與大西洋之間的直布羅陀海峽，這也是西方最重要的海上生命線。此外，西班牙還擁有一些不那麼顯著但仍非常重要的價值：作爲曾經的殖民帝國，它對拉丁美洲和阿拉伯世界仍具有一定的影響力。例如，1948後佛朗哥曾給予阿根廷的庇隆政府相當一筆貸款（當時阿根廷仍非常反美），如果蘇聯將西班牙爭取到其陣營中，西班牙與拉丁美洲的聯系將使蘇聯更易於進入這一地區。

不幸的是，美國當時仍未與佛朗哥政權建立正式的外交關系，後者仍被美國政界視作歐洲的「異類」。例如，在審議馬歇爾計劃的受援國名單時，國會就否決將西班牙納入計劃之內。但爲了爭取該國，美國仍通過梵蒂岡向佛朗哥政府施加壓力，要求其改變其政權的很多不被西方接受的色彩，比如他支持國內的長槍黨（西班牙的法西斯主義者），以及西班牙國內過分強烈的宗教色彩。[2] 到1948年，美國和英國都試圖結束對佛朗哥政權的孤立，力圖將該國納入到新的北約集體防務體系中，爲此兩國逐漸引導國內和西方輿論向此方向前進。對於佛朗哥，杜魯門總統懷有深深地厭惡。作爲一名新教徒和共濟會成員，杜魯門對佛朗哥在其國內對新教徒和共濟會成員的迫害無疑非常反感。[3] 對他而言，佛朗哥是個極權主義者，他與斯大林和希特勒毫無兩樣。但很明顯，隨著戰後最重要的朝鮮戰爭在遠東爆發，麥克阿瑟將軍強烈要求國內

[1] J.愛德華：《將西班牙納入西方防御體系》，摘自霍伊澤爾和奧尼爾：《確保歐洲和平，1945—1962年：對後冷戰時代的思考》（J. Edwards, *"Incorporating Spain in Western Defence"*, in *Securing Peace in Europe*, ed. Heuser and O'Neill）。

[2] J.愛德華：《將西班牙納入西方防御體系》，摘自霍伊澤爾和奧尼爾：《確保歐洲和平，1945—1962年：對後冷戰時代的思考》，第165頁（J. Edwards, *"Incorporating Spain in Western Defence"*, in *Securing Peace in Europe*, ed. Heuser and O'Neill, 165）。

[3] J.愛德華：《將西班牙納入西方防御體系》，摘自霍伊澤爾和奧尼爾：《確保歐洲和平，1945—1962年：對後冷戰時代的思考》，第168-169頁（J. Edwards, *"Incorporating Spain in Western Defence"*, in *Securing Peace in Europe*, ed. Heuser and O'Neill, 168~169）。

強硬對待共產黨勢力及其與政府高層的矛盾，使杜魯門難以專心對待西班牙的問題。所以到1951年2月，美國在與西班牙建立外交關系後，其駐馬德里大使亦很快到任。很快與佛朗哥政府的軍事談判正式展開了，結果就是1953年兩國簽訂的雙邊防務條約，根據條約西班牙給予美國軍方使用其國內軍事基地和設施的權力。通過單獨與美國簽訂條約，北約初步將西班牙整合到其體系之內，但該國真正融入歐洲（成爲北約的成員國）在短時間內仍不可能。

此外，從英國獨立出去的愛爾蘭，盡管其作爲北大西洋上重要的島嶼擁有軍事價值，但也未加入北約。正如第二次世界大戰中的那樣，不論何種情況，愛爾蘭政府絕不可能與英國產生結盟關系。

對於北約成員國所面臨的殖民地問題，美國政府明確表示將不會對其歐洲盟國在殖民地問題上提供支援。因此，美國在條約中限制了集體防衛的范圍，即外國對任一成員國的攻擊將自動被視爲對聯盟其他國家的攻擊，但集體防御僅限於對歐洲范圍內的成員國受到的攻擊做出反應。對此，法國難以接受，1949年3月，法國將條約應將法屬北非（法律上，法國仍是阿爾及利亞的宗主國）納入集體防務協議作爲其接受北約條約的前提條件。[1] 法國認爲，法屬北非是連接法國本土與非洲的法蘭西聯邦的重要地區，而且戰時這裡也具有極高軍事價值，比如第二次世界大戰期間（1942年以來），自由法國就曾利用北非作爲其反攻本土的重要基地。然而，對於美國人而言，如果放任法國將其非洲殖民地納入集體防御體系，那麼其他成員國也會提出同樣的要求，比如英國在中東的殖民地顯然更具戰略價值。最後，美法之間達成妥協，法國人放棄了將北非全面納入到體系中的想法，而美國也不得不接受法國在阿爾及利亞的一些行政區域對於集體安全的重要性。實際上，美國的妥協也並非沒有益處，比如其最終獲得了法屬阿爾及利亞的幾處軍事基地的使用權。[2] 美國願意在此問題上與法國妥協可能也反映了其軍事戰略的一些變化。在財政壓力之下，美軍方才意識到北非西地中海地區的空軍基地的軍事價值，因爲與英國在開羅—蘇伊士一帶的同類基地相比，法屬北非的基地更易於防守。

此後，地中海的形勢再次出現變化，當時希臘和土耳其剛被接納成爲北約成員國。而在意大利完成談判並成爲北約成員國後，北約內部再次出現針對地中海地區簽署獨立的集體安全條約的聲音，希土兩國將這樣的安排視作二等的安全協定並因此持反對意見，而英國則希望專門對地中海地區的集體安全安排進行更全面的協商，以保護其在中東的利益，以往英國曾多次在希臘作戰以捍衛其中東的利益。然而，美國

---

[1] E.卡蘭德里：《被忽略的側翼？1949—1956年北約在地中海》，摘自霍伊澤爾和奧尼爾：《確保歐洲和平，1945—1962年：對後冷戰時代的思考》（E. Calandri, *"The Neglected Flank? NATO in the Mediterranean, 1949–1956"*, in *Securing Peace in Europe*, ed. Heuser and O'Neill）。

[2] E.卡蘭德里：《被忽略的側翼？1949—1956年北約在地中海》，摘自霍伊澤爾和奧尼爾：《確保歐洲和平，1945—1962年：對後冷戰時代的思考》，第177頁（E. Calandri, *"The Neglected Flank? NATO in the Mediterranean, 1949–1956"*, in *Securing Peace in Europe*, ed. Heuser and O'Neill, 177）。

並不同意再與地中海國家單獨簽訂類似的條約。事實上，此前遠東朝鮮戰爭全面爆發後，北約作爲軍事同盟的色彩已日益顯著，希臘和土耳其爲加入北約也正在進行著艱苦的努力。在兩國看來，沒有成爲成員國將只會得到英國和美國的模糊的安全保證，顯然這是不夠的。對於形成中的北約，英國認爲聯盟必須拓展大西洋共同體的覆蓋范圍。此外，成員國數量的增加將有助於土耳其能夠融入北約集體安全計劃（傳統上土耳其始終是個非西方國家，西歐國家對於接納土耳其心存疑慮），但土耳其海峽所具有的重要戰略價值已使美國下決心吸收其爲成員。[1] 1951年5月，美國國務院正式照會英國和法國政府，美國將支持土耳其和希臘加入北約。事實上，這也是英國要求美國爲東地中海地區提供安全承諾所必須接受的代價，同時，美國因朝鮮戰爭重整國內軍備也意識到這一地區的重要性，因此兩國一拍即合。無疑，法國對此缺乏熱情，很可能是因爲其在東地中海地區並無多少利益。接著，在1951年9月的北約成員國會議上，正式通過了接受土耳其和希臘的決定。最終，兩國於1952年2月正式成爲北約中的一員。

　　所有這些仍未能解決英國當時所面臨的主要問題。盡管英國在東地中海馬耳他島上的軍事設施被納入北約在地中海的基地體系，但英國另一處非常重要的殖民地——塞浦路斯，卻並未包含在內。英國曾向美國人苦澀地報怨稱，地中海只是作爲歐洲大陸的側翼（美國第六艦隊將駐地中海對西向進攻的蘇聯側翼發起海空打擊），以及部署重型轟炸機後可將蘇聯西南地區納入攻擊范圍內而變得重要。事實上，英國人更想說的是，地中海航線是連接其本土與中東和亞洲的必經之道，這顯然更爲重要。1952年，塞浦路斯被定位成英國在東地中海地區重要的陸軍和空軍基地，而馬耳他仍只保留了海軍設施。[2] 而在接下來的幾年裡，因爲當地形勢不穩也使英國卷入了與希土兩國的紛爭。當時，塞浦路斯島上有武裝團體要求與希臘合並，而土耳其則要求派兵上島保護島上土耳其裔民眾。而圍繞塞浦路斯產生糾紛的國家都是北約正式成員國，這也對聯盟的統一和團結造成負面影響。自1955年矛盾公開化以來，東地中海的形勢就始終撕裂著北約。

　　斯大林對西方的政治顛覆和軍事威脅暫時得到遏制。面對蘇聯威脅的長期性，美國政府意識到需要一套正式的長遠戰略來應對未來的挑戰。而在對蘇戰略形成過程中，美國的俄羅斯專家喬治·凱南的遏制理論亦深刻地影響了美國決策層。1949年11月24日，杜魯門總統以通過審批國家安全委員會文件（NSC 20/4，該文件原本是應國會制定1951財政年度預算法案的需要而擬制，但其提交時間過晚，因此並未真正用於

<hr>

[1] E.卡蘭德里：《被忽略的側翼？1949—1956年北約在地中海》，摘自霍伊澤爾和奧尼爾：《確保歐洲和平，1945—1962年：對後冷戰時代的思考》，第181頁（E. Calandri, *"The Neglected Flank? NATO in the Mediterranean, 1949~1956"*, in *Securing Peace in Europe*, ed. Heuser and O'Neill, 181）。

[2] E.卡蘭德里：《被忽略的側翼？1949—1956年北約在地中海》，摘自霍伊澤爾和奧尼爾：《確保歐洲和平，1945—1962年：對後冷戰時代的思考》，第186-187頁（E. Calandri, *"The Neglected Flank? NATO in the Mediterranean, 1949~1956"*, in *Securing Peace in Europe*, ed. Heuser and O'Neill, 186～187）。

國會預算草案審議）的方式，將凱南提出的遏制戰略正式采納爲國家戰略。在此文件的擬制過程中，國務院政策規劃團隊曾參與了最初幾個版本的撰寫。

遏制政策並不僅僅是一套具有吸引力的戰略，實際上，在當時的形勢下，它的實施不可避免。[1] 主要在於，美國很難負擔起用於贏得第三次世界大戰的龐大軍備。即使它能集結起這樣的力量，在短時間內部署大量軍隊，但到1957年，在技術發展得如此迅猛的條件下，前幾年部署的軍備可能很多也已過時了。相反，斯大林則沒有這類問題，其國內的經濟模式決定了蘇聯能在較長時間內保持其國民經濟的高軍事化水平，如果美國要與蘇聯進行同等規模的常規軍備競賽，他完全可以等待美國勢衰力竭，正如凱南所指出的那樣。另一方面，美國要應對蘇聯的長期軍事威脅，又必須及時集結、動員相應規模的武裝力量（同時還要鼓舞西方盟國繼續抵抗），以加劇蘇聯軍事冒險的風險。因此，美國必須向蘇聯清晰地表明，如果戰爭爆發，美國將按照實施一場大規模全球戰爭的要求動員其國內的軍備能力，全力以赴投入戰爭以此遏止蘇聯的擴張。[2] 如果斯大林在未來5—10年內克制住其擴張傾向，「到那時情況可能已發生變化，共產主義威脅的強度可能也會降低」。[3]

遏制戰略最初應用於歐洲，美國劃下的紅線包括北約成員國和相關重要國家，比如希臘和土耳其在遏制戰略制定時仍不是北約成員國，但也被劃入范圍。1950年秋季，希臘和土耳其應邀與北約共同規劃其防務事宜，最終兩國於1952年正式加入北約。西德則在1955年加入北約，隨之也被重新武裝。[4]

杜魯門政府並未將籌碼完全壓在被動的遏制上。到1948年，美國政府開始秘密幫助和煽動東歐各國和蘇聯國內的各種反共抵抗勢力，雖然這並未達到冒險引發戰爭的程度。對此，英國政府非常贊同，[5] 這也與1940年丘吉爾政府針對德國所采用的策略非常相似。西方主動出擊的方向至少瞄准了四個關鍵地區：波羅的海地區、波蘭、烏克蘭和阿爾巴尼亞。眾所周知，波羅的海三國對被強行並入蘇聯非常憤恨；而波蘭本土抵抗力量也始終在與共產黨政權斗爭；至於烏克蘭，在德國人被逐出其境內後也曾爆發過反蘇叛亂（烏克蘭人的反俄傾向很大程度上是由於30年代斯大林在烏克蘭強行推行集體化運動和大屠殺所引發的憤怒，其間一些叛亂活動甚至持續到1956年）；而阿爾巴尼亞對於蘇聯長期的頤指氣使也非常不快，該國的共產黨政權在與南斯拉夫的狄托政權因分歧分道揚鑣後，在地理上完全隔離於蘇聯及其衛星國，因此適於供西方

---

[1] 1949年《美國對外關系文件》1：第381-384頁（FRUS[1949] 1: 381~384）。

[2] 《參謀長聯席會議歷史》2：第215-227頁（JCS 2: 215~227）。

[3] 根據1950年2月17日美國國務卿迪安·艾奇遜所撰寫的分析報告，凱南時任國務院顧問，是國務卿在政策制定和整理方面的高級顧問。摘自1949年《美國對外關系文件》1：第160-167頁（FRUS[1949] 1: 160~167）。

[4] M.H.福里：《英國軍隊及其北大西洋條約的制定》，摘自約瑟夫·史密斯：《北約的起源》（M. H. Folly, *"The British Military and the Making of the North Atlantic Treaty"*, in *The Origins of NATO*, ed. Joseph Smith）。

[5] B.霍伊澤爾：《1948—1951年，英國和美國遏制概念中的秘密行動》，摘自奧爾德里奇：《英國情報和冷戰》，第65頁（B. Heuser, *"Covert Action within British and American Concepts of Containment, 1948~1951"*, in *British Intelligence and the Cold War*, ed. Aldrich. 65）。

嘗試其顛覆滲透戰略。1949年9月，貝文和艾奇遜同意對該國的秘密顛覆行動。[1]

如果當時蘇聯成功滲透進了英國的情報體系，他們就應意識到西方龐大復雜的計劃。西方當時曾向蘇聯和東歐國家秘密派遣了大量諜報人員，但他們大多被蘇聯當局抓獲。例如，當時為人們所熟知的，西方對波羅的海國家的一系列秘密滲透活動（使用前德國的魚雷艇向波羅的海沿岸輸送這些人員），幾乎被蘇聯方面全部擒獲，但這仍未能使英國警惕其情報機構可能已被滲透。[2] 後來，一位英國歷史學家曾指出，西方在冷戰初期進行的這些秘密戰幾乎未取得什麼實效，中歐各國並未出現明顯的大規模抵抗活動；戰爭以及伴隨期間的可怕的、殘酷的經歷，似乎仍是很新鮮的記憶。[3]

為了從思想意識形態上向東歐和蘇聯滲透，美國建立了一系列無線電台，向東方傳播其抵抗的信息，比如美國之音和自由歐洲電台等。[4] 而蘇聯方面則在1948年後開始對這些電台實施干擾。[5]

盡管西方所預期的抵抗浪潮並未出現，但（對東歐和蘇聯內亂的）期盼卻與日俱增。果然，1956年，匈牙利事件爆發。

諷刺的是，1952年美國共和黨曾批評稱民主黨對東方的遏制政策過於被動、軟弱，如果是共和黨執政將以更積極地行動回擊蘇聯對中歐的威脅。對此指責，民主黨並未回應，在其看來，所有顛覆、推翻蘇聯強權的行動都已在秘密中進行。

最初，對東方國家采取嚴厲的遏制戰略並積極支持其國內抵抗勢力，似乎有相當機會在相對較短的時間內瓦解對手。例如，1948年，英國皇家空軍參謀長，特德（Tedder）元帥曾在一次酒會上致賀詞稱，富有成效和希望的反擊行動已經開始，與東方的戰爭將在5年內取得勝利。[6] 他可能在暗示，斯大林的恐怖治國策略也只能在

---

[1] 據報道，在西方首批秘密行動人員登陸該國後，阿爾巴尼亞軍隊當年10月曾爆發兵變，該國軍隊中的約200軍官在1950年初被清洗，這可能是為避免未來該國更多的麻煩。摘自馬斯特尼：《冷戰和蘇聯的不安全感》，第81頁（Mastny, *The Cold War and Soviet Insecurity*, 81）。

[2] B.霍伊澤爾：《1948—1951年，英國和美國遏制概念中的秘密行動》，摘自奧爾德里奇：《英國情報和冷戰》，第73頁（B. Heuser, *"Covert Action Within British and American Concepts of Containment, 1948~1951"*, in *British Intelligence and the Cold War*, ed. Aldrich. 73）。

[3] B.霍伊澤爾：《1948—1951年，英國和美國遏制概念中的秘密行動》，摘自奧爾德里奇：《英國情報和冷戰》，第71頁（B. Heuser, *"Covert Action Within British and American Concepts of Containment, 1948~1951"*, in *British Intelligence and the Cold War*, ed. Aldrich. 71）。

[4] 納爾遜：《黑色天堂的戰爭：冷戰期間的西方廣播戰》，第15-19頁，第39-45頁（Nelson, *War of the Black Heavens*, 15～19, 39～45）。

[5] 納爾遜：《黑色天堂的戰爭：冷戰期間的西方廣播戰》，第21-22頁（Nelson, *War of the Black Heavens*, 21～22）。1949年4月在西方討論柏林封鎖的空運行動期間，蘇聯對歐洲自由廣播電台的電子干擾急劇增強。同期，蘇聯在其西至少部署了100套遠程和250套短程的干擾設備，到1950年短程干擾裝置的數量達到500套。1952年，美國政府估計認為，美國之音的俄語廣播中大約只有5%的信息可傳播到莫斯科；英國廣播公司（BBC）認為其廣播的俄語節目中只有約三分之一能夠被俄國內民眾收聽。納爾遜對比了此時蘇聯的干擾系統與戰時德國類似的廣播干擾系統，發現存在著差異，前者的系統旨在各頻段覆蓋西方令人不快的廣播信號，而德國的干擾則扭曲西方的反戰廣播信號使其無法被收聽。到1958年時，蘇聯投入了更多資源用於干擾西方廣播（第91頁），為了應對西方對蘇的50～60部廣播發射系統，蘇聯投入了1600部遠程干擾系統。由於技術條件限制，這些干擾機必須放置在與發射站台至目標覆蓋區域等距的區域，因而很多覆蓋東歐各國的干擾機都部署在蘇聯西部境內。盡管蘇聯為屏蔽西方的電台滲透作出了巨大努力，但實際效果仍較有限，例如1958年蘇聯內部文件評估認為，除了蘇聯的中心城市和地區（包括莫斯科、列寧格勒、基輔、里加等），在蘇聯全境其他地區都能收聽到西方的廣播信號。另一個有趣且極具諷刺意味的是，以往蘇聯曾大量生產提供給其市民收聽黨的宣傳材料的短波收音機，但市民們卻用這些收音機收聽西方廣播，迫使蘇聯不得不放棄這類收音機的生產。1958年時，蘇聯生產的各類短波收音機中的85%的設備位於蘇聯西部地區，然而，在加大干擾後這一地區的短波廣播信號都無法被收聽。也正是在這一年，蘇聯最終決定停止在這一地區提供短波收音設備，但在蘇聯內陸地區的民眾仍能獲得類似的短波收音機。

[6] B.霍伊澤爾：《1948—1951年，英國和美國遏制概念中的秘密行動》，摘自奧爾德里奇：《英國情報和冷戰》，第69頁（B. Heuser, *"Covert Action Within British and American Concepts of Containment, 1948~1951"*, in *British Intelligence and the Cold War*, ed. Aldrich. 69）。

他在世時，才能將蘇聯帝國牢牢地綁在一起。當然，特德說對了。五年之內，當斯大林逝世後，蘇聯國內已明顯陷入糟糕的狀態中，以至於他指定的繼承人——貝利亞也願意擁抱激進的改革。如果斯大林活得時間長一些，推測起來，其接班人面臨的問題無疑會更爲棘手。到斯大林末期，蘇聯的整個國家體系已開始瀕臨混亂的邊緣。但另一方面，特德和他的同事並未意識到，就算沒有斯大林，蘇共的統治體系通過內部改革仍可使其政權延續更長的時間（直到90年代初）。當然，正如凱南已預見的，其整體體系產生的內部壓力最終超出了其承受能力。

從某種意義上看，遏制戰略本身是矛盾的。就長期而言，它是一套積極的進攻性戰略；但從短期來看，它不主動發動直接軍事進攻，其防禦性相當明顯。例如，任何對蘇聯發起的直接軍事進攻很可能將其國內民眾推向其政府，正如1941年希特勒入侵蘇聯時所出現的情況那樣。當然，這種防禦性無疑對美國士氣大有影響，而蘇聯似乎也發現，他們能夠承擔更多大膽行動所帶來的風險，這往往能從美國搾取更多的讓步。美國曾經多次贏得過其歷史上所經歷的重大戰爭，但這次爲什麼就不能像以往那樣主動出擊蘇聯，爲什麼需要避免直接衝突與戰爭？

美國公眾也對發展中的遏制政策不滿，這爲共和黨抨擊民主黨政府的政策提供了便利。從表面上看，面對斯大林咄咄逼人的攻勢，遏制戰略似乎過於被動。正如共和黨競選人在1948年總統選舉中所稱的那樣，他們指責美國正在冷戰中失敗，杜魯門政府的「左傾」使其無法帶領美國戰勝蘇聯。另一方面，杜魯門政府對這些指責毫無回擊的辦法，因爲他們根本不能將遏制戰略中取得的勝利大肆炫耀，一切都是不能說的秘密，比如，在杜魯門執政期間，中央情報局曾秘密且成功地影響了1948年意大利大選，基督教民主黨勢力在選舉中獲勝。1952年，共和黨發起了將民主黨執政時期稱爲「叛國的二十年」的嚴厲譴責，包括其政府在雅爾塔會議上對蘇聯的讓步，以及因政策失誤而導致失去中國（蔣介石敗退台灣）。他們甚至還談論1945年歐洲戰場上，美國陸軍能夠（也應該）更迅速地攻占德國並解放中歐地區，如此就能免於當前西歐所面臨的軍事威脅。使當時美國政府（面臨）的難題更加復雜的是，蘇聯同期也發起了一些針對西方國家的顛覆和滲透行動。這讓美國人想起第二次世界大戰前的30年代蘇聯對英國高層的成功滲透，而當時同樣是民主黨政府卻試圖避免公眾將注意力集中到那些蘇聯間諜事件上。

共和黨掀起的共產主義恐慌很快就帶來更嚴重的後果，很多在羅斯福執政期間的行政官員受到牽連和迫害，比如阿傑爾·希斯，他被控是秘密的共產黨間諜。這種將大量前政府和現政府官員指控爲共產黨的同情者、間諜的極端反共運動，則稱爲麥卡錫主義。這些受害者，他們到底如何促進了前政府同情共產主義的傾向，對美國在中國的失敗到底應付何種責任，以及對希斯等人的指控，幾乎沒有明確的證據。後來擔任美國總統的理查德·尼克松，此時也在很大程度上因爲積極攻擊希斯而顯露政壇。

當時，很多自由派人士認爲，希斯的間諜罪名完全是捏造的，而是否相信希斯的清白也成爲後麥卡錫時代鑒別美國自由主義者的試金石（相反的，如果堅信其罪名，確定無疑是保守主義者）。直到1996年，最新公布的40年代經破譯的前蘇聯間諜密電最終證明，希斯確實是蘇聯間諜。[1]

　　1949年時，一些蘇聯方面的密電已被破譯，但杜魯門對這些破譯的電報的內容毫不知情。盡管蘇聯當時已停止使用涉及的（被破譯）密碼（之後，蘇聯方面知曉西方破譯項目的情況必然會浮現出來），但美國和英國政府並不願意承認他們所掌握的情況。這些密碼中涉及的人物完全使用代號，沒有真正的姓名，而且破譯的速度也非常慢，因此當時美英反間諜機構的調查只能依據各種細節，來推繹並判斷間諜的真實身份。同時，蘇聯方面對西方到底能在多大程度上瓦解其秘密行動也毫不知情。糟糕的是，很可能是出於無知的緣故，對於共和黨的攻擊，杜魯門傾向於支持希斯這樣能干的官員，認爲他們完全是不負責任的黨派主義的犧牲品，而不是什麼蘇聯諜報人員。如果杜魯門政府在1948—1950年掌握真正的情況，並讓實情批露的話，後來的情況可能會好得多（當然對於民主黨政府無疑就更加痛苦）。當然，這只是現在所做的假設，真實的歷史中這並未發生。接著在朝鮮戰爭中，當杜魯門領導的民主黨政府與亞洲另一個主要的共產主義國家進入戰爭狀態時，國會的共和黨敵人又抓住了他的把柄，使得情況更加糟糕。

　　美國人並不完全確信，西方的敵人就是斯大林本人以及他所領導的政治體系，或者更抽象的共產主義意識形態。在第二次世界大戰前，公眾的反共情緒很大程度上來源於右翼團隊和組織的鼓噪，後者寧願忍受左翼的自由主義觀點，也不願接受共產主義思想。現在看來，似乎右翼的觀點自有其價值。斯大林利用共產主義和左翼力量大肆進行的顛覆、政變，顯示其意識形態的力量在顛覆、打擊西方國家的過程中，幾乎具有與其強大軍事力量同等的作用。

　　共產主義國家總傾向於隱瞞其真正意圖和實力，那麼其他國家如何能知道他們是否真正強大呢？在美國國內，多少自由主義者和團隊之中隱藏有共產主義者和叛國者？基於對共產主義意識形態的深刻恐怖，共和黨政治家自然而然地選擇發動一場「十字軍戰役」以抵制他們認爲賣國的杜魯門政府，他們的反擊主要通過眾議院非美活動調查委員會（HUAC）來進行。實際上，眾院非美活動調查委員會成立於第二次世界大戰之前，最初用來調查美國國內的納粹主義勢力及其同情者。1938年，該委員

[1] 班森和沃納：《維納諾：蘇聯間諜和美國的反應，1939—1957年》（Benson and Warner, *Venona*）中收錄的第89號文件，這是一份於1945年3月30日發出的蘇聯電報，但到1969年時美國才譯出其電文。自1935年美國官員阿傑爾·希斯就開始爲格魯烏（GRU，蘇軍總參謀部情報總局）工作，至戰後希斯已在美國政府內部發展並領導著一個間諜組織。蘇聯軍事歷史學者德米特里·沃爾科戈諾夫曾稱他無法在克格勃文件中找到任何涉及希斯的珠絲馬跡，似乎並無明確證據表明希斯的間諜身份（其實根據後來破譯的電文，希斯爲克格勃的競爭對手格魯烏工作，因此克格勃內部的文件從未涉及希斯即不足爲怪）。通過破譯克格勃的電報，羅森伯格以及其他很多隱藏於西方內部的高級蘇聯間諜被發現。關於希斯成爲蘇聯間諜的詳盡資料，以及維納諾計劃中涉及他的證據，可參見海恩斯和克萊爾：《維納諾：蘇聯在美國的間諜活動》，第167-173頁（Haynes and Klehr, *Venona*, 167～173）。

會開始關注國內的共產主義活動，其首席調查員J.B.馬修斯，作為麥卡錫的助手，自然對國內的共產主義傾向保持高度警惕。該委員會不僅攻擊蘇聯力圖控制各國人民陣線，還對羅斯福政府的新政政策橫加指責，對於國內左翼政治人士的攻擊也不遺余力。在該委員會活動最高峰的時間，連它自己也把其行為描述為「狂熱」。1947年，該委員會再次成為輿論的焦點，這部分是由於時任美國聯邦調查局局長J.埃德加·胡佛的緣故。胡佛在國會該委員會舉行的聽證會上聲稱，他支持打擊顛覆、破壞分子（即美國國內共產主義者及其同情者）的政策，他還稱將公布這些共產主義者與外國共產黨聯絡的情況；他還間接地批評了杜魯門當局，稱後者未能就他的建議作出合適的決定，包括不對被指控為蘇聯間諜的政府高官采取行動等。在國會，胡佛更表露出一些不適當的想法，比如取消被證實為共產主義者的美國人的公民權（只因他們「可能」對國家安全構成威脅）。[1] 眾議院非美活動調查委員會所采取策略的實際效果，就是大量被認為是共產主義者的人士和團隊被指控，很多原本擁有光明職業前途的各界人士成為這個時代的犧牲品，但考慮到冷戰初期整體的氛圍，這種狂熱就不難理解了。另外，考慮到很多美國共產主義者也宣稱其擁有龐大的同情者支持他們，因此不僅那些被確信為共產黨的人士受到攻擊，很多並非共產黨員的左翼人士也被冠以「共產主義的同情者及同路人」而受到不公正待遇，期間的黑暗和罪惡難以盡述。

　　例如，眾議院非美活動調查委員會早期的調查活動聚焦於好萊塢。無疑，委員會希望通過制造具有轟動性的案例以達到最佳的宣傳效果，另一方面，他們也認為，通過好萊塢對美國公眾輿論的影響力，共產主義對美國的滲透也將具有更多的機會。然而，最大的問題仍在於哪些好萊塢人士是秘密的共產黨分子，以及處於身份隱密狀態的這些人士如何能有效地促進蘇聯的政策和意識形態在美國的擴散？[2] 在委員會調查的好萊塢共諜案例中，被調查人士和證人都要求指名道姓地說出誰是共產黨員，大量人士被迫接受所謂的「忠誠調查」，這在當時造成了很大的恐慌。一些主要的好萊塢制片人、演員，可能因為在平時的言論中表現出對蘇聯或共產主義的溫和態度而受到懷疑，他們亦宣稱已被列入所謂的共產主義黑名單，而對其日常工作造成影響。盡管在很多情況下缺乏確鑿的證據，但這些采取的措施很可能被委員會視作一種預防性手段，以削弱這些可疑分子的公共影響和潛在的危險。[3] 後來，當反共不再成為整個社

---

[1] 鮑爾斯：《並非毫無榮耀：美國反共產主義的歷史》，第216頁（Powers, *Not Without Honor*, 216）；1947年3月26日聯邦調查局局長胡佛的證詞。

[2] 根據鮑爾斯：《並非毫無榮耀：美國反共產主義的歷史》第219頁（Powers, *Not Without Honor*, 219）內容，羅納德·里根最先意識到共產主義政權制度在這方面的努力，1947年他被任命為好萊塢獨立公民藝術、科學和職業委員會成員，並發現當時美國的演藝界和編劇界被一群秘密的共產主義演員和編劇家所主導。當他在該委員會公開其反共立場後，委員會的其他成員明確顯示出對他的嫌惡。在聯邦調查局警告他稱好萊塢的一些信仰共產主義的導演正密謀對付他時，他從該委員會辭職。後來，成為好萊塢演員工會的主席後，他再次被警告其人身正受到演藝圈的共產主義者的威脅，為此他甚至隨身帶着槍工作。

[3] 根據鮑爾斯：《並非毫無榮耀：美國反共產主義的歷史》第218頁（Powers, *Not Without Honor*, 218）內容，好萊塢演藝圈黑名單首先以「好萊塢十正人」（Hollywood Ten）的形式出現，這些被認為是共產主義者的演藝界人士（在受審時）引用憲法第五修正案，而不回答委員會的質詢。

會的潮流後，那些曾被列入黑名單的好萊塢人士，也被描述成美國式的「大清洗」時代的犧牲品，而那些揭發其好友和周圍同事為共黨分子的揭發者也經常受到批判。極具諷刺意味的是，號稱反共的自由主義社會，卻發生著可比擬斯大林時代政治迫害的運動，這實在是美國現代社會史上最黑暗的一幕。

接著，委員會的下一步動作，是盡可能地逮捕那些被診斷是蘇聯間諜的美國共產黨人士和親共者。在《史密斯法案》（該法案禁止美國人參加或歸屬任何密謀推翻、顛覆美國政府的組織）的重壓下，1948年6月29日，美國共產黨的領導人遭到起訴。如果知道事態後續發展的話，美共戰前的領導人厄爾·白勞德可能會對其遭到清洗感到非常幸運（實際上他確有參與過美共在國內的間諜活動），因為至少他無需再經歷嚴厲的審判。這一波針對共產黨分子的訴訟潮，明確源於J.埃德加·胡佛（J. Edgar Hoover）對美國與蘇聯之間必將爆發各種衝突的預感（盡管他也不是唯一有此預感的人士）。待美國社會的整體反共氛圍達到高潮時，他進而要求獲得以更嚴厲手段調查共產黨人士（特別是那些可能作為蘇聯間諜的美國人）的法律授權，1948年對美共領導人的起訴也被其視作有用的判例。關於此次審判，也許最令聯邦調查局吃驚的是共產主義勢力對美國社會滲透的程度之深、時間之久。比如，當時調查局的一名中階官員，赫伯特·菲爾伯里克（Herbert Philbrick），他自1940年起就作為聯邦調查局的秘密探員滲透進美共活動，他亦批露出大量共產主義組織在美國活動的內幕。審判最終以美共領導人有罪而告終，之後美國最高法院也支持了此判決，此案例的判決也為後繼類似案例提供了判例，這也正是胡佛所希望的。當然，期間美國社會也始終存在著聲音質疑無論這個政黨多麼可憎，但以自由之名將共產黨作為非法組織並將其上升為美國為對抗斯大林極權主義政權的國策，是否違背美國最核心的價值觀。這一事件也使美國傳統的自由主義思潮產生了分裂，在那些典型的自由主義者看來，冷戰是「自由」與「奴役」的戰爭，在此過程中「自由」的觀念將最終摧毀斯大林的「奴役」體系。

在來自威斯康星州的參議員約瑟夫·雷蒙德·麥卡錫（Joe McCarthy）的推動下，美國國內反共勢力迎來了絕佳的機會。他的成名完全來自於偶然。1946年從軍隊退役的麥卡錫作為共和黨人參與選舉，成為威斯康星州議員。在四年參議院任期中，由於行為不檢點（參與投機交易、酗酒、賭博）他的聲望一落千丈。此時，他極需要一根救命稻草來幫他保住在國會的地位。恰逢美國國內反共聲浪高漲，在他看來就是重要的機會。40年代末，他開始指控杜魯門政府對蘇聯過於軟弱。1950年2月，在共和黨全國委員會的安排下，他在西弗吉尼亞州的惠林共和黨婦女俱樂部裡發表了一場名為「國務院裡的共產黨」的演講，演講中他稱，在其手中握有「一份205人的名單」，「這些人全都是共產黨和間諜網的成員」。這次演講本不是什麼重要的機會，但令人喜出望外的是，它引出的全國轟動使麥卡錫一夜之間成為聲震全國的政治明

星。此後，麥卡錫又前往多地重復他在惠林的演講，但每次演講他所稱已掌握的政府裡共產黨間諜的數量都不相同，而且也從未公布這些間諜的姓名。當然，在麥卡錫如簧之舌的鼓噪下，似乎也解釋了爲什麼美國會「失去」中國，蘇聯會在戰後成功控制東歐；而同期1950年6月在朝鮮戰爭全面爆發後，爲什麼美國政府裡的顛覆分子會成爲更急迫的威脅。

後來證明，麥卡錫並沒有什麼明確的證據來證實其聳動之言，他所說的完全是他爲博出名而臆測出來的，大量指控似乎也僅是爲提升其個人地位而作的驚人之舉。此後他參加過幾次相關的聽證會，對當時整個社會的右轉起到了推波助瀾的作用。剛開始時，他只是簡單地用數字（比如那份205人名單）來凸顯共產主義在美國的滲透，在同時期右翼組織的描述中，受蘇聯指使的共黨分子隱藏於美國並進行著大量地下顛覆和破壞活動。很多美國人只是簡單地不敢相信，會有如此不負責任的參議員，所以嚴肅地看待麥卡錫的指控。一旦其所言無從證實，爲了掩飾自己的言論，麥卡錫的指控也就越來越離譜、不負責任。而在此期間，麥卡錫恰好又贏得了一些重要的支持者，比如J.埃德加‧胡佛和理查德‧尼克松，之後威廉‧倫道夫‧赫斯特（William Randolph Hearst）也加入了對他的支持。1951年春，麥卡錫的謊言越來越無法持續，而民主黨也樂於見到他的很多聳動指控完全無法被證實。當然，對此他毫無羞恥之心，到1951年6月，再又作驚人之言，稱時任國防部長的喬治‧C.馬歇爾將軍（第二次世界大戰時期美國陸軍參謀長，民主黨政府中最受尊敬的人士，被杜魯門稱爲「現今最偉大的人物」）實際是共產黨人。時值美軍正在朝鮮戰場苦戰之時，這一指控極具爆炸性。對於共和黨來說，麥卡錫的此番言論也使其意識到該人毫無責任感，但如果不支持他就意味著不得不支持杜魯門當局，因此權衡之後仍對其提供了支持。共和黨更希望通過譴責現政府未能有效地反擊全球共產主義，而贏得1952年總統大選。無疑，杜魯門對麥卡錫深惡痛絕，但卻並未對其采取強有力的反制，因爲他擔憂此舉將使其政府更容易被共和黨貼上「親共」的標籤。因此他的政府只能被動地盡力淡化麥卡錫主義的陰雲。麥卡錫主義在40年代末至50年代初的泛濫，可被視作美國政治生態偏執傾向的明證。但是，關於麥卡錫主義在心理學上的解釋也很容易陷入另一個誤區。事實上，確有一些意圖顛覆美國社會的共產主義者潛伏在美國。[1]

從麥卡錫不負責任的臆想和對共產主義的恐懼，就不難想象他和他的追隨者努力搜尋被貼上共產主義標籤的自由主義人士了，而這些自由主義者確與共產主義組織無關。此過程也帶來一些意想不到的結果，當時由中情局資助的文化自由代表大會（Congress for Cultural Freedom），實際上不僅成爲麥卡錫用於攻擊政敵的工具，更

---

[1] 鮑爾斯：《並非毫無榮耀：美國反共產主義的歷史》，第257頁（Powers, *Not Without Honor*, 257）。文中認爲，容易想到的一些心理上的解釋蒙蔽了自由主義者們，使他們對一些事實視而不見，包括公眾的反共產主義情緒，而這恰恰被麥卡錫主義者所利用。麥卡錫是個典型的極端主義分子，他對反共意識的濫用完全背離了合理的范疇，這實在是民主制度的恥辱。

成爲美國全球反共產主義意識形態文化戰的重要載體。

　　1952年，共和黨在美國大選中不僅贏得了總統職位，而且還把持控制了參議院。麥卡錫獲得了權力，成爲政府工作委員會調查委員會的主席。借此平台，麥卡錫多次召開以反共爲議題的聽證會（類似於非美活動調查委員會的職能）。現在他不僅能攻擊各級行政部門，還能開展不同於以往演講的更多活動。然而，麥卡錫的表演過了頭，他的活動觸動到新當選的共和黨總統德懷特·艾森豪威爾的施政。艾森豪威爾的意圖是不直接對其展開行動，因爲那樣做無疑將陷入麥卡錫繼續指責政府縱容共產主義的轂中。因此，他一直在等待機會，直到他得知麥卡錫將很快把矛頭指向現政府。此時的美國民眾，即便是那些持右翼觀點的人，也開始承認麥卡錫做得過頭而漸漸不再支持他。但麥卡錫此時還不自知，繼續他的異想天開的指控，直到1954年他指責美國陸軍窩藏共產黨分子時，眾怒最終爆發。當然，盡管麥卡錫最後黯然收場，但他所炮制出的那些「忠誠調查」和「黑名單」仍持續了多年。

　　幾年時間裡，麥卡錫和他的同黨大肆鼓噪的共產主義威脅，最終使大多數美國人對類似言論感到厭惡，至少在美國國內共產主義仍難成氣候。麥卡錫等人的所爲，更像是偏狂妄想症患者最後的瘋狂。事實上，據已解密的資料顯示，當時美國國內的確存在著共產主義組織的顛覆破壞活動，但其規模都極爲有限，最糟糕的情況無非就是政府中少數人被蘇聯策反成爲其間諜，僅此而已。這種情況無論在哪個時代、哪種類型的政府都無法避免，只要建立起正常的安全制度和措施，就可將其造成的潛在危險降至最低；至於像麥卡錫所鼓動的那樣，設計各種忠誠調查、告密和揭發，完全毫無必要。很多真正的左翼人士或自由主義者，因爲偶然的原因而遭到攻擊，以麥卡錫爲代表的保守主義勢力則常將共產主義的帽子扣在與其意見相左的人士身上，但當他們太過頭後，隨意的指責反而失去了嚴肅性。此外，到1954年時，當麥卡錫黯然下台後，美蘇之間的冷戰也從初期對抗激烈的狀態有所降溫。斯大林在1953年去世，加之不久前朝鮮戰爭也已停戰，美蘇之間的爭鬥開始平息。而麥卡錫主義此時雖慢慢消散，但50年代初由於美國社會對共產主義歇斯底裡的態度，其反共余波已深植於美國人的心中，「共產主義者」徹底變成了主流的負面語匯，常用於攻擊那些力圖改變現有社會秩序和形態的人。例如，同期在美國國內爆發的民權運動就常被扣上共產主義的帽子；而任何試圖爲蘇聯和共產主義辯解的言論，無論其客觀與否，也都被認爲是可恥和令人羞辱的。至於那些不遺余力攻擊共產主義及其同情者的人，同樣也日益被認爲是極端主義者。

　　與此同時，美國國內的反共浪潮不僅影響了其國內政治生態，其最終也削弱了美國在冷戰中的道德基礎。如果美國國內的共產黨都不是真正的威脅，那麼很難想象外國的類似共產主義團隊是更具野心的威脅。就此而言，如果在這場運動中，很多美國的共產黨人士可以被描述成爲麥卡錫主義的受害者，那麼要使美國民眾相信外國的

共產黨人都是邪惡的同樣也非常困難。因爲傳統上，美國人總是在爲他們所參與的戰爭尋找其道德上的理由，他們仍不太習慣簡單但殘酷的國家利益邏輯，而正是一切都基於利益的考慮，才是支配超級大國行爲的核心因素。這種道德上的優越感迄今仍影響著美國的行爲，例如在波灣戰爭中，薩達姆·侯賽因被描述成類似希特勒那樣的魔鬼，以彰顯美國投入戰爭的正義性。無疑，薩達姆是個嗜血的暴君，但美國的很多中東盟國的統治者不也同樣如此嗎？事實上，美國之所以難以容忍薩達姆的行爲，是基於赤裸裸的國家利益（允許薩達姆控制科威特將使其控制波灣地區的石油生產，那麼他就擁有可用於勒索西方的有力籌碼，而且他也肯定會使用這些籌碼），只是美國人民對此仍不太習慣。

斯大林向歐洲擴張的企圖實際並未威脅到美國的國家生存，但從最低限度上看，其行爲對歐洲很多與美國擁有相同價值觀的國家構成威脅，這使很多美國人將其視作潛在的威脅，付出無論多麼大的代價與其斗爭都是值得的。而且，由於絕大多數美國人也沒有在共產主義國家生活的經歷，他們也很難想象這種制度對日常生活的鉗制和約束。在經歷了麥卡錫主義後，原本對共產主義頗爲陌生的美國民眾，也日益將這種制度與斯大林等同起來。

美國國內反共運動並無助於冷戰的終結，但它留給美國人的感情和心理影響卻在其消退之後長久、深刻地影響了這個國家和整個西方。而且就當時而言，經此運動洗禮後，美國人對反共的態度也少了一絲虛幻的道德正義感，國家安全和利益至上的態度越來越被接受。盡管這一時期大量諸如「奴役與自由」、「極權與民主」等對比性極強烈的用語被沿用至今，但麥卡錫主義所產生的實際效果卻是使美國開始習慣用傳統的強權思維來界定美國的國際行爲。「民主和人權」的華麗外衣之下，潛藏著最赤裸裸的國家利益考慮。此後，當越南戰爭日益受到美國公眾厭惡之時，外界對美國的這種虛僞的被掏空了的使命感的認識無疑更加深化了。反戰主義人士亦指出，反共產主義——作爲破產了的國家政策，正在借含混不清的偉大使命之名，扼殺著年輕的美國人。很少有美國人真正理解，蘇聯及其所代表的意識形態仍然是美國最可怕的敵人。

第8章
狄托和毛澤東

整個40年代裡，在共產主義體系內部，斯大林爲了確保其共產主義最高領袖的地位，不得不應對兩個潛在的競爭者，這兩位領袖分別是南斯拉夫的狄托和中國的毛澤東，他們也都爲著自己的革命目標在各自國家裡奮鬥著。第二次世界大戰結束後，狄托的革命熱情，特別是他對希臘內戰的支持，破壞了斯大林通過非戰爭的方式奪取整個西歐的全盤計劃。作爲不那麼聽話的外國共產黨領袖，當時狄托因其在戰時對巴爾干地區反納粹戰爭的傑出領導和功績而被東南歐國家普遍視爲英雄。戰爭結束後，他又開始致力於將巴爾干諸國整合成新的統一的共產主義國家，而這並未獲得斯大林的贊同。盡管狄托推進其計劃的手腕較爲強硬，但其仍在當地享有崇高的威望。此外，狄托還經常談論南斯拉夫通往社會主義的道路，而這有別於蘇聯的道路，因而尤其爲斯大林所不滿，後者擔憂他的行爲會鼓舞其他中歐國家不再追隨蘇聯，因此，他必須采取措施。[1]

1948年2月，斯大林同意成立保加利亞—南斯拉夫聯合體（南保聯邦），也許最終阿爾巴尼亞也將加入進去。保加利亞向來對斯大林馬首是瞻，狄托對斯大林的企圖並非沒有警覺，他擔憂這一聯邦會因爲蘇聯對保加利亞的特殊影響而成爲對南實施不適當控制的手段。因此，狄托決定退出，次月南斯拉夫共產黨政治局決定拒絕與保加利亞組成聯邦。對此，斯大林公開批評狄托並在當年6月28日將南斯拉夫開除出蘇聯領導的共產黨和工人黨情報局。[2] 斯大林甚至告訴其政治盟友稱，他只需「動動小指頭」就能消滅狄托。[3]

1948年2月在討論建立巴爾干聯邦的共產黨國家峰會期間（實際上會議的目標最終流產了），斯大林曾要求南斯拉夫人結束在希臘的戰爭。而與此同時，他又告訴毫不知情的希臘共產黨稱，蘇聯對世界革命的幫助（即中國共產黨將美國和國內資產階段政府徹底逐出中國）正處於重要的階段，因此希臘共產黨應再稍做忍耐。而當斯大林正式與狄托交惡後，他又明確地害怕希臘共產黨會站在南斯拉夫一邊。爲了防止這

---

[1] 馬斯特尼：《冷戰和蘇聯的不安全感》，第69頁（Mastny, *The Cold War and Soviet Insecurity*, 69）。斯大林的人季米特洛夫也確是這麼做的，1949年1月他飛赴莫斯科，次年7月病逝在那裡，很可能是被謀殺。

[2] R.克雷格：《一個巴爾干聯盟？》，摘自哥里和龐斯：《1943—1953年冷戰中的蘇聯和歐洲》（G. Craig-Nation, *"A Balkan Union?"*, in *The Soviet Union and Europe*, ed. Gori and Pons, 62）。

[3] 馬斯特尼：《冷戰和蘇聯的不安全感》，第53頁（Mastny, *The Cold War and Soviet Insecurity*, 53）。

種情況的出現，他告訴希臘共產黨稱他支持其斗爭。例如，1948年秋季，蘇聯及其衛星國政府甚至建立了一個委員會來協調東方對希臘民主武裝的援助，當然，該委員會僅有虛名。1949年4月，斯大林再次告誡希臘不要再繼續戰爭。[1] 而與此同時，狄托也失去了繼續支持希臘內戰的興趣，由於失去了來自狄托的主要支援，希臘政府贏得了內戰，共產黨殘存的力量則逃到阿爾巴尼亞。

1948年秋冬，蘇聯開始幫助保加利亞、匈牙利和羅馬尼亞組建其軍隊，這幾個國家軍隊的現代化及裝備水平很快也超過了之前蘇聯與其簽訂和平條約時所約定的水平。東南歐地區的力量平衡被傾覆了。在與蘇聯決裂之前，南斯拉夫曾擁有巴爾干地區最強大的軍事力量，但到1950年時，南斯拉夫軍隊，特別是其空軍力量，由於補充和支援被蘇聯所切斷，已遭到嚴重削弱。同時，斯大林針對南斯拉夫的戰爭計劃也於1950年完成制定，計劃中戰爭將首先由其衛星國（也包括阿爾巴尼亞）發動，接著蘇聯軍隊再隨後出動，以徹底解決掉狄托。1951年，該計劃在匈牙利首都布達佩斯進行了推演。美國軍方情報分析人員評估認爲，蘇聯對南斯拉夫的入侵很可能取得成功。[2] 但很可能是由於美國此時正在朝鮮與中國大打出手，斯大林最終沒有挑起戰爭，他可能認爲美國同樣也很可能會對他的入侵行動進行干涉。即便如此，1955年時莫洛托夫仍反對蘇聯從奧地利撤回其軍隊，因爲如果需要發動對南斯拉夫的戰爭，這部分軍隊仍非常有用。

盡管否決了對南斯拉夫的入侵，但斯大林仍有替代方案，即暗殺狄托。[3] 然而，暗殺計劃隨著斯大林本人的去世最終也被取消。

從西方的角度看，南斯拉夫與蘇聯的敵對關系對西方而言具有重要價值。如果這種關系繼續維持，南斯拉夫能否成爲西方的助力，在蘇聯進攻希臘或土耳其時威脅其側翼？[4] 因此，在1951年狄托獲得了西方給予的援助，但他仍拒絕直接與北約發生聯系。在此期間，美國情報分析人員將南意交界處的的里雅斯特視作屏蔽狄托繼續向意大利擴散其影響的屏障，到1954年，在西方倡議下，希臘、土耳其和南斯拉夫簽訂了一份協定，即《巴爾干公約》，該公約也被稱爲布萊德協議。[5] 斯大林去世後，新上任的蘇聯人，尼基塔・赫魯曉夫一改以往蘇聯對南斯拉夫的立場，緩和的蘇南關系也

---

[1] A.A.烏魯尼亞：《蘇聯和「希臘問題」》，摘自哥里和龐斯：《1943～1953年冷戰中的蘇聯和歐洲》（A. A. Ulunian, *"The Soviet Union and the 'Greek Question'"*, in *The Soviet Union and Europe*, ed. Gori and Pons, 304）。

[2] 帕托斯：《冰冷中回復的世界》，第21-22頁（Partos, *The World That Came in from the Cold*, 21～22）；斯圖克：《朝鮮戰爭：一部國際歷史》，第352頁（Stuek, *The Korean War*, 352），引述自匈牙利軍方貝拉・基拉伊少將，1950年時他是匈牙利陸軍步兵部隊指揮官。

[3] 沃爾科戈諾夫：《七位統治者》，第247頁（Volkogonov, *Sem' Vozhdei*, 247）。其中一些觀念，比如送給狄托一支隱藏有劇毒物質的鑽石戒指，這些做法令人想起後來美國針對卡斯特羅進行的更爲可笑的陰謀。

[4] 1952－1954年《美國對外關系文件》8：第1264-1266頁（FRUS[1952～1954] 8: 1246～1266）。國家情報評估29，1951年3月20日《1951年入侵南斯拉夫的可能性》，《中情局冷戰記錄》2：第117-127頁（NIE, 29, *"Probability of an Invasion of Yugoslavia in 1951"*, 20 March 1951, in CIA 2:117～127）。情報評估證實了美國繼續在1951年執行其對東歐國家軍事援助的正當性。根據1952年一份後續的國家情報評估（1952年1月4日），此類入侵已不太可能。

[5] 1964－1968年《美國對外關系文件》17：第97頁（FRUS[1964～1968] 17: 97）。1968年時該條約仍然有效，當時南斯拉夫在蘇聯入侵捷克斯洛伐克後亦變得非常緊張，但北約從未認識到這一點。

使西方企圖將南斯拉夫拉入己方陣營的計劃徹底終止。

在中國，毛澤東領導的中國共產黨也走過了與狄托類似的道路：先是在內戰中取得勝利，接著開始與蘇聯周旋。斯大林時代，像對待狄托那樣，斯大林也積極試圖限制毛的行動，部分原因是爲將蘇聯的利益最大化（分裂的中國最有利於蘇聯的利益），部分原因則在於避免因過分支持毛而刺激西方（當時他正努力控制德國）。事實上，蘇聯在中國的布局早在第一次世界大戰後的20世紀20年代就已開始了。20年代時，名義上奉行民族主義的孫中山所領導的國民黨政府統一著中國，但該國實際上由眾多軍閥所分治。孫中山領導了1911年中國推翻滿清王朝的革命運動，他去世後，其在國民黨的地位由蔣介石所繼承。表面上蔣仍繼續著與蘇聯的合作，蘇聯在20年代初期也保持著對蔣以及新生的中國共產黨（於1921年成立）的支持。在蘇聯的壓力下，蔣甚至同意了共產黨員以個人名義加入國民黨。但到1926—1927年時，蔣反共的真實意圖開始顯露並很快付諸實施。1927年4月，蔣介石在他的主要發跡地——上海，有組織地逮捕、屠殺了無數共產黨人。獲悉中國的劇變後，斯大林指示中國共產黨發起武裝起義，但由於力量不足，起義最終失敗了，這次起義也使蔣介石徹底與蘇聯決裂，他驅逐了仍在中國的蘇聯顧問。很可能因爲蔣的叛變，1928年舉行的第六屆共產國際代表大會上通過了針對中國的決議，譴責殖民地國家（中國）中的「資產階級的民族主義」勢力（蔣政府），完全是反動且不可信任的。[1] 而在1927—1931年間，莫斯科也秘密向中國派出特使，試圖重新在中國的幾個重要城市重建共產黨的組織，但都未能成功。

然而，毛澤東帶領著之前在城市暴動中幸存下來的共產主義者，卻在中國南方的農村地區重建了自己的黨，毛的農村共產主義路線暫時取得了成功。事實上，中國和蘇聯在革命時代面臨著完全不同的情況，經濟上極爲落後的中國，其城市人口遠低於蘇聯，因此絕不可能像蘇聯那樣通過在少數中心城市成功的革命暴動來達成革命目的。毛澤東意識到這一問題，並開始摸索適應本國國情的革命道路。因此，在他聚攏共產黨剩余力量並致力於在農村開辟新的天地時，他拒絕了蘇聯顧問提出的正規軍事戰略；相反，他更偏好中國傳統的游擊戰策略。中國與蘇聯迥然相異的國內情況，以及由此導致的革命路線的差異，對於斯大林而言非常重要，因爲蘇聯共產黨取得政權的基本經驗是首先在大城市取得勝利。在其看來，中國共產黨以農村爲基地完全是共產主義革命理論的異端，從此角度出發，斯大林對中國共產黨始終抱有偏見，而無論其領導人在莫斯科如何表現對斯大林本人的崇拜之情。1945年，在一系列的艱苦的戰斗後，30年代入侵中國的日本人被徹底逐出了中國，此時毛澤東和他的同志們已完成了對中國北方的實際控制。1945年，共產黨的地方政府管理著中國北方約9500萬人

---

[1]哈蒙德：《共產主義接管政權》（*Communist Takeovers*, ed. Hammond）。

口，相比之前，1937年時共產黨控制過的最多人口，也只有400余萬。共產黨的武裝力量也從最初的10萬余人，增至90萬（外加220余萬武裝民兵）。

太平洋戰爭末期，根據盟國對日作戰的戰略計劃，斯大林的軍隊從遠東向盤踞在中國東北的日本關東軍發起進攻，戰爭結束後，蘇聯軍隊仍駐守在東北。中國東北自1931年起就被日本侵占，實際上自1904—1905年日俄戰爭後，日本就開始了向東北的滲透，經過近半個世紀的經營，在日本戰敗時它已是中國北方工業化程度最高的地區，比如該地區的工業總產量是中國其他地區總和的四倍，占到日本在中國所控制的工業能力的70%。[1] 蘇聯人認爲東北的工業是其戰爭的合法戰利品，因此自1945年9月起就開始劫掠此地區的工業設施、產品和大量農產品，其總價值相當於30億美元價值的黃金和約5億元（中國貨幣）。因爲蘇聯暫且同意將最早於1945年12月3日撤離該地區，因此其對物資劫掠的速度非常迅速。對於蘇聯在東北的劫掠，美國表示了異議，表示這塊地區及其工業設施和產品應作爲戰爭賠償歸還給中國，但蘇聯對此表示了拒絕。

地理上，東北毗鄰中國共產黨在北方的主要基地，斯大林可能看到了支持毛澤東統一整個中國的機會。然而，他似乎更傾向於與中國當時軟弱的合法政府——民族主義的國民黨政權打交道，因爲那樣能使其攫取更多中國的領土，比如1944年蘇聯曾試圖從中國手中奪取新疆。在與中國政府交涉的過程上，爲避免蘇聯支持其國內最大的敵人——毛澤東和他的共產黨政權，蔣介石政府對蘇聯作出了很多讓步，比如承認蘇聯策動的外蒙古的獨立，同意中蘇共同管理東北鐵路系統以及旅順港的海軍基地。另一方面，爲了回報蔣的讓步，斯大林也將蔣的政府視作中國唯一合法的政權。所有這些，也都反映在1945年中蘇兩國於莫斯科簽訂中蘇條約中。

盡管有此條約，占據了東北的蘇聯人仍決定有限度地幫助毛澤東和他的軍隊，包括用繳獲的日本剩余軍事物資武裝進入東北的共產黨軍隊，阻擾國民黨軍隊占領東北地區最重要的城市——奉天（沈陽）等。

戰爭末期，美國的軍隊也進入中國，接受戰區內日軍的投降，並將接管的物資和地區一並移交給蔣介石政府。對於美國政府而言，強大的中國將有助於確保亞太地區的和平。然而，形勢並未如美國所預料的發展，爲避免內戰美國進行了調停，向中國派出了喬治・C.馬歇爾將軍（戰時美國陸軍參謀長），以促成毛和蔣的合談。美國之所以努力撮合毛與蔣的和解，部分原因在於認爲毛並非強硬的共產主義者，他之前對中國共產黨領導的經歷使美國人認爲他更易於與對手達成妥協。與此同時，毛也領導著一個由共產黨主導的「人民陣線」，他也曾對美國的援助表現出過興趣，比如1944年與美國代表的接觸。爲了吸引美國人的注意力，他也曾軟化其意識形態主張，比

---

[1] 休・托馬斯：《武裝的停戰：冷戰的開始，1945—1946年》，第411頁（Hugh Thomas, *Armed Truce*, 411）。

如，他設想中國的未來應設法在美、蘇之間保持中立。當然，馬歇爾在中國期間，周恩來（毛的主要助手）就曾告訴他稱：「我們當然傾向於另一邊（即蘇聯），但是傾向的程度取決於你們對我們的政策」。在馬歇爾的斡旋下，國共兩黨於1946年1月簽署了一份停戰協定。共產黨同意國民黨政府的部隊通過其轄區進入中國東北以收復當地的主權。至於仍駐守於此的蘇聯軍隊，將繼續駐守以維持當地的秩序直到中國政府軍隊接管那裡。蔣的美國顧問，阿爾弗雷德·魏德邁將軍，建議蔣在向北方派遣軍隊之前先鞏固其在南方的統治。但蔣拒絕了他的建議，這很可能是擔心毛澤東可能利用政府軍遲遲不能北上的時機，在北方建立共產主義國家。[1]

當蘇聯從東北撤離後，國共兩黨的戰爭首先在那裡打響。此時，蔣擁有的部隊數量大約三倍於他的共產黨對手，而且在大量美國軍事援助的支持下，其裝備水平也要好得多。內戰初期，蔣的攻勢進展得頗為順利。1946年6月，隨著蔣的部隊占領了東北另一個重要城市——哈爾濱時，美國政府再次迫切要求其停火。蔣告訴馬歇爾將軍稱，此時他正處於贏得內戰的關鍵節點。在東北，他的軍隊造成了共產黨方面約2萬人的傷亡，自身僅傷亡約7600余人，但暫時的勝利並未消滅當地的共產黨軍隊。對於中國的形勢，馬歇爾將軍曾警告蔣，認為其在當時的戰局背景下過分伸展了其有限的力量。

經過短暫的休整後，共產黨軍隊重新集結並開始反擊。而此後美國國內共和黨之所以指責杜魯門政府「失去」了中國，很可能就追溯至最初未能在哈爾濱實現國共雙方的停火。[2] 很快，和談失敗了，1947年1月中國內戰陸續在其他地區全面爆發。

當時，很多美國政府人士懷疑無論給予蔣介石多少援助，他都不能贏得與毛澤東的戰爭。1947年6月，美國駐華大使向華盛頓報告稱，中國國民黨政府很可能徹底地失去對中國北方的控制，軍方參聯會認為斯大林給了毛澤東重要的支持，使其能打敗蔣的部隊。與美國對全球其他國家（如土耳其政府）進行支援以抵制蘇聯擴張的情況不同，中國缺乏一個強有力的政府，而這使美國的援助缺乏堅實的平台和基礎。至於蘇聯為何不願盡快將東北還給中國，參聯會似乎認為斯大林可能打算將東北納入到蘇聯的西伯利亞經濟體系中，因為他看中了東北在工業和資源方面的潛力。對此，美國必需予以回擊，杜魯門主義也應擴展到遠東地區，防止蘇聯繼續擴張。

而從蘇聯角度看，斯大林並不希望毛澤東完全消滅蔣。他曾告訴毛澤東稱，中國

---

[1] 休·托馬斯：《武裝的停戰：冷戰的開始，1945—1946年》，第414-416頁（Hugh Thomas, *Armed Truce*, 414～416）。

[2] 胡頓：《最大的混亂：1936—1949年中國內戰》，第34-35頁（Hooton, *The Greatest Tumult*, 34～35）。對此，美國政府內部確存在部分犯下叛國罪行的高層在國共內戰過程中發揮了作用，正如之後維納諾項目所揭示的那樣。根據海恩斯和克萊爾：《維納諾：蘇聯在美國的間諜活動》第142-143頁（Haynes and Klehr, *Venona*, 142～143），當時美國政府內部的一名蘇聯間諜，哈里·德克斯特·懷特（時任財政部助理部長），有能力破壞戰時美國對中國國民黨政府的財經援助，包括提供給中國政府以穩定其貨幣體系的2億美元貸款。懷特和財政部內其他隱蔽的共產主義分子，以國民黨政府內部的泛濫的腐敗和需要改革其財經體系為由，認為繼續提供貸款並無助於中國的形勢，因而暫停貸款。由於缺乏來自美國的硬通貨幣支持，國民黨政府在國共內戰期間經歷了每年達1000%的通脹率，加速了國民黨統治區內的經濟崩潰。除了這些直接的行動外，1941年時懷特還設法在國民黨政府的財政部內的高級職位安置了一名在美國接受教育的共產主義者冀朝鼎，在擔任高級財經官員期間冀朝鼎對內戰期間國民黨統治區內的通脹推波助瀾，極大地削弱了現政權的穩定。此外，在美國政府內部，懷特還暗中阻遏了一系列對政府內部被懷疑認為是蘇聯間諜的美國官員的安全調查。

共產黨最好與蔣劃江而治。實際早在1945年時，他就已向中共提出此「兩個中國」的主張，直到1947年他始終也持此觀點。斯大林的邏輯之一在於如果共產黨執意統一中國並進攻仍盤踞在南方的國民黨政府可能招致美國的軍事干涉，這對中國的共產主義革命事業不利。第二次世界大戰時，日本也曾有過類似舉動，但在蔣和美國的抵抗下失敗了。此時，斯大林已發現要想完全控制歐洲的共產黨組織非常困難，他也知道毛比其他共產黨領袖更加獨立，很難讓他按照自己的意圖行事。另一方面，他可能也非常擔憂毛澤東將會在蘇聯旁邊建立起一個獨立、強大的共產主義國家；抑或他更擔心戰時蘇聯對吞並新疆的企圖會引起中國共產黨的反感，甚至中國在統一並強大後會設法奪回過去沙皇俄國所侵占、但現在已納入蘇聯版圖的地區。[1]

至1947年年底，毛澤東的軍隊已取得很大成功，他們接連在東北和中國其他地區發起重要的戰略進攻。比如國民黨軍隊的重兵集團已被重重圍困於東北地區，蔣對這部分部隊下達的死守命令使其無法撤離險境。1948年10月19日，蔣在東北的軍隊最終完全消滅，這使其喪失了近40萬訓練有素的部隊，此時共產黨所掌握的軍事力量已與政府軍勢均力敵了。此後不久，更多的國民黨部隊在中國中部和北部進行的大規模戰役中被消滅，北京也於1949年1月31日被占領。

1949年3月，當毛澤東的軍隊抵達長江一線時，斯大林再次建議他停下進軍的腳步，以停止戰爭。[2] 他認為，他的警告（要毛不要越過長江向南進攻）非常重要，因此他向中國派出了其高級特使——米高揚（Mikoyan），赴戰地面見毛澤東。斯大林之前曾告訴吉拉斯（Djilas，南斯拉夫作家和政治家，第二次世界大戰中狄托抵抗運動的重要成員，第二次世界大戰後在南政府和黨內職位很高，1954年因批評政治制度而被解職）稱，他擔心美國可能干涉中國內戰，並將蘇聯也拖入其中。因此，斯大林反復向毛強調美國可能的軍事干涉，希望將對美國干涉的擔憂植入毛的思想中，同時更警告稱，如果美國進行了干涉，蘇聯將無法對等地干涉並援助中國共產黨。

但是，毛澤東拒絕停止進軍，蔣則宣稱中國內戰是即將到來的第三次世界大戰的第一階段，並借此獲得更多的美國援助，但美國政府拒絕了他的請求（幫助國民黨沿長江建立穩定的防線）。同期，魏德邁向華盛頓報告稱，在占有絕對優勢的蔣的海軍艦隊的巡弋下，長江防線毫無疑問將防止共產黨的進軍。事實上，蔣對南中國的防禦已瀕臨崩潰，這不是幾艘軍艦能解決的問題，蔣的軍隊在中國北部和中部的戰略決戰中損失的數量超過135個師，110余萬人。為了爭取時間鞏固防線，國民黨政府提議與共產黨進行談判，以延緩其進攻。蔣希望，此時歐洲激化中的美蘇矛盾最終將使兩大強權走向戰爭，一旦戰爭爆發，中國的內戰就將成為美國全球軍事戰略版圖中重要

---

[1] 梅德韋傑夫：《中國和超級霸權》，第19-20頁（Medvedev, *China and the Superpowers*, 19～20）。1948年，斯大林曾稱他告訴過毛澤東約束其部隊在中國北部的活動。

[2] 加迪斯：《我們現在知道了：對冷戰歷史的再思考》，第65頁（Gaddis, *We Now Know*, 65）。

的一環，屆時就能爭取到更多的援助。為了與共產黨方面談判，蔣介石宣布辭去國家元首的職位，讓國民黨的其他元老與共產黨周旋，而他則繼續控制著政府和軍隊積極奮戰。此時，他已預料到在美國決定進行實質性地干涉前，中國大陸可能將完全丟失掉，因此在部署長江防禦的同時，也開始強調強化台灣島的防禦。蔣介石希望海軍能在江面上盡可能拖住共產黨渡江部隊的腳步，但1949年3月2日，由英國援助給蔣的一條巡洋艦「重慶」號（前皇家海軍「北極光」號）宣布倒向中共則使其顏面大失。同年4月20—21日，共產黨軍隊開始渡江戰鬥，部隊迅速通過長江沿線防禦區域，其間很多國民黨軍隊陣前投敵，使得形勢更加向共產黨方面傾斜。[1]

1949年10月1日，毛澤東在北京正式宣布中國人民共和國（PRC）成立。中國共產主義以令人瞠目結舌的速度取得了勝利，出乎了所有人的意料。1947年時，毛還曾判斷戰爭可能會持續5年甚至更長時間。在建立政權的同時，共產黨的軍隊仍繼續向大陸各處進攻，至1950年年中，中國大陸地區最後一塊零星的抵抗被平定。[2]

對於毛澤東而言，奪取整個大陸仍不是最終的勝利，他的國民黨對手仍盤踞在台灣及大陸沿海附近的島嶼上，比如福建沿海的馬祖、金門等。[3]

盡管美國確信無疑地不會幫助毛澤東徹底解決台灣島上的殘敵，但同時也對繼續積極支援蔣不再抱有興趣，更別提幫助其反攻大陸了。1949年10月19日，中央情報局預測稱，如果沒有美國全面的干涉和援助，台灣很可能在1950年底前被共產黨攻占。但是蔣在美國國會還有些支持者，在他們的努力下，國會繼續以1949年軍事援助項目的名義，為蔣介石政府增加了近7500萬美元的援助。時任國務卿艾奇遜警告稱，鑒於蔣政府幾乎已經破產，他們很可能無法有效運用這筆資金。但同時美國繼續承認國民黨政權作為中國的合法政府，但也僅願以外交和經濟手段幫助台灣免受毛的進攻。對此，一些蔣的支持者曾試圖推翻此決策，但並未成功。[4]

此後，英國和大多數歐洲國家陸續承認了毛的新政府。英國主要是希望維持其在東亞、遠東地區的貿易體系（因此放棄了與台灣蔣政府的官方關係，轉而承認了中國政府），然而，美國國會中的保守派人士還是很快對英政府的行為進行了譴責，而國務院的很多人士則希望美國政府也效仿英國跟進承認中國。[5] 1950年1月18日，新

---

[1] 胡頓：《最大的混亂：1936—1949年中國內戰》，第150頁、第153頁（Hooton, *The Greatest Tumult*, 150, 153）。

[2] R.梅德韋傑夫和J.多梅斯：《人民革命戰爭的模式：共產黨政權接管中國》，摘自哈蒙德：《共產主義接管政權》（R. Medevdev and J. Domes, *"The Model for Revolutionary People's War: The Communist Takeover of China"*, in *Communist Takeovers*, ed. Hammond）。

[3] 胡頓：《最大的混亂：1936—1949年中國內戰》，第170-171頁（Hooton, *The Greatest Tumult*, 170～171）。50年代初，蘇聯就向毛澤東提供了100余架戰機，包括米格-15噴氣型戰鬥機，以用於保護南方的重要城市上海，攔截阻擊國民黨來自杭州灣聽海島（音譯）起飛的戰機。當年4月，在數架國民黨戰機被中共戰機擊落後（其中1架被米格-15擊落），國民黨部隊從這些近海島嶼撤離。這也是米格-15戰鬥機首次參加實戰。（相關資料亦得到俄羅斯方面檔案的印證）

[4] 萊弗勒：《權力的優勢：國家安全，杜魯門當局與冷戰》，第293-298頁（Leffler, *A Preponderance of Power*, 293～298）；加迪斯：《我們現在知道了：對冷戰歷史的再思考》，第61頁（Gaddis, *We Now Know*, 61）。

[5] 貢恰羅夫、劉易斯和薛理泰：《不確定的搭檔：斯大林、毛澤東和朝鮮戰爭》，第98頁（Goncharov, Lewis, and Xue, *Uncertain Partners*, 98）。

的中國政府承認了胡志明在北方的革命政府，此舉刺激了法國人，當時法國仍為維持其在印度支那的殖民地體系而與越共方面進行著戰爭，因此法方更拒絕承認中華人民共和國。對於法國的敵意，毛則刻意敦促蘇聯方面盡快承認北越的胡政府，以阻止蘇聯與法國接近，對法國，毛澤東認為其是潛在的敵對西方大國。[1] 此時，蘇聯則處在較為尷尬的地位，斯大林必須在中國和法國之間做出選擇，斯大林原本認為法國在蘇聯與西方的冷戰中可能是潛在的中立方（強烈反對德國重新武裝化，因此有可能對蘇聯保持中立態度），因此蘇聯也避免在印度支那問題上刺激法國人。然而，蘇聯作為全球共產主義國家的領袖地位迫使其不得不做出選擇。1950年1月31日，斯大林承認了胡的政府，但在發表的官方公報中卻刻意與越共政府保持距離。當年2月，斯大林已決定避免與越共政府簽署類似蘇聯與中國所簽訂的那種互助友好條約。到法國人的印度支那戰爭失敗之後，為了保持與美國的友好關係，部分也是因為希望美國能對其在阿爾及利亞的戰爭提供支持，對台灣，法國仍保持了與美國相同的立場，即繼續將蔣政府視作中國唯一合法的政府。直到1964年，阿爾及利亞獨立且時任法國總統戴高樂對美國的西方同盟體系感到興致索然後，法國才改弦更張承認中國大陸的共產黨政府。

　　美國人將蔣在大陸的失敗歸結為以下幾個原因：個人集權，國內形勢不穩定，政府腐敗等。尤其到內戰中後期，積重難返的國民黨政府也深知政府需要改革，但很多必要的改革的代價非常高昂；到最後，政府腐敗惡化了經濟狀況，難以忍受的高速通脹完全摧毀了整個國家的經濟和官僚體系。而更有證據表明，潛伏於蔣戰時政府中的共產黨人也有計劃地加速其經濟崩潰的步伐。

　　蔣在內戰初期將其力量延伸向中國北部和東北的決策也非常致命。部分地由於長達八年的中日全面戰爭，蔣的各級軍事和民事干部因戰事消耗而使其數量和能力都不足。例如，內戰初期，蔣政府軍隊中的師、團級指揮官中只有27%接受過正規的軍事訓練，而在團以下層級，各級干部的軍事素質和戰術指揮能力更是糟糕。由於各級指揮官素質不足，蔣的部隊很難稱得上是有戰斗力的軍隊，他們缺乏與頑強的敵人進行面對面白刃戰的勇氣，無法在夜間或惡劣環境中持續作戰，受縛於各類交通線而且戰斗紀律也很差。這樣一支軍隊更偏好於借助既設工事（比如城牆等）進行戰斗，或者等待其他友鄰部隊的支援。[2]

　　在第二次世界大戰前和第二次世界大戰期間，蔣曾經廣泛地被美國視作保衛中國抵抗日本侵略的英雄人物。而內戰結束時，美國卻已對他的能力失去信心。現實上，蔣在中國失敗的最大原因在於缺乏民眾廣泛的支援，無論美國給予他多少援助他都無

---

[1] 貢恰羅夫、劉易斯和薛理泰：《不確定的搭檔：斯大林、毛澤東和朝鮮戰爭》，第106-108頁（Goncharov, Lewis, and Xue, *Uncertain Partners*, 106～108）。

[2] 《參謀長聯席會議歷史》2：第479-480頁；胡頓：《最大的混亂：1936—1949年中國內戰》，第57-59頁（Hooton, *The Greatest Tumult*, 57～59）。

法擊敗共產黨。相反，毛澤東的共產黨由於采取了一系列更受歡迎的政策（例如給予農民土地），內戰結束時集聚了更多民眾的支持。美國對毛澤東的勝利非常震驚，中國形勢的似乎給予斯大林更好的機會和資源，使其能在與西方的持久對抗中取得勝利。對於中國政策的失敗，共和黨人指責稱：美國政府中的共產黨分子的暗中幫助（反對給予蔣支持）應付主要責任，而國務院的中國問題專家則在散布失敗主義，這些人多也成了當時美國剛剛興起的麥卡錫主義的首批受害者。

在斯大林與狄托決裂後，美國政府也在尋找類似的契機促使毛與斯大林之間分裂。斯大林似乎已意識到美國對華政策上出現的微妙變化。[1] 1956年，毛澤東告訴蘇聯駐華大使，1949年時就已有「很多謠言」，大意是斯大林擔憂他可能成為另一個狄托。[2] 1957年，毛稱在其訪問莫斯科期間，斯大林曾說中國的民族主義人士（即不願跟隨毛建立共產主義制度）可能是危險的。[3]

事實上，斯大林的擔心是多余的，毛澤東在中共中央委員會中的大多數同事都更傾向於莫斯科。此外，在內戰期間，很可能受美國人的刺激（即不願意承認其合法政府），加之美國當時的一些舉動，毛澤東對美國的憂慮和敵意無疑正在加深，這使他擔心美國可能對中國進行軍事干涉。[4] 例如，1949年8月，他對美國的一些行動進行了分析，並將這些行動作為美國對中國抱有敵意的證據，包括維持美國在青島、上海和台灣的軍事存在；繼續在中國的一些大城市駐扎美國軍隊；美軍曾與共產黨軍隊發生過一些小規模衝突；派遣美國飛行員（實際上依據的是非官方合同）運輸國民黨軍隊進行部署；美國軍用飛機轟炸起義的「重慶」號巡洋艦（實際上是國民黨空軍所為）等。

對於毛澤東而言，中國是世界的中心。他認為美國人不太可能容忍一個共產黨政權在中國取得完全勝利。同時，從地緣角度出發，中國作為亞洲和歐洲之間「中間地帶」中最重要的親蘇國家，如果美國要全面攻擊蘇聯，必須先使中國屈服。杜魯門主義、馬歇爾計劃、德國和日本的復興、美國對朝鮮南部的占領、對國民黨政府的援助，以及在中國沿岸重要地區駐扎海軍陸戰隊，都是美國為應對未來與蘇聯對決所作的決定。一年之後，朝鮮戰爭清晰地宣示了美國的這種意圖。

斯大林知道他既無法消滅毛澤東，也不能入侵中國。以他與狄托之間不愉快的經驗，考慮到毛澤東及中國革命更為獨立的特點，他就更無法承受再與毛澤東決裂的後

[1] 貢恰羅夫、劉易斯和薛理泰：《不確定的搭檔：斯大林、毛澤東和朝鮮戰爭》，第46頁（Goncharov, Lewis, and Xue, *Uncertain Partners*, 46）。

[2] 佐布克和普列沙科夫：《克里姆林宮的冷戰內幕：從斯大林至赫魯曉夫》，第56頁（Zubok and Pleshakov, *Inside the Kremlin's Cold War*, 56）。

[3] 貢恰羅夫、劉易斯和薛理泰：《不確定的搭檔：斯大林、毛澤東和朝鮮戰爭》，第105頁（Goncharov, Lewis, and Xue, *Uncertain Partners*, 105）。

[4] 張述（音譯）：《威脅的感知和中國共產黨的外交政策》，萊弗勒和佩因特：《冷戰的起源：滲透活動，以色列關系與蘇伊士戰爭的倒記時》（Shu Zhang, *"Threat Perceptions and Chinese Communist Foreign Policy"*, in *Origins of the Cold War*, ed. Leffler and Painter）。

果了。另一方面，毛澤東也急切地需要支持，特別是來自蘇聯的支援。此外，在1949年4月北約成形，西方在歐洲形成反蘇統一聯盟後，毛澤東似乎更認爲中國對蘇聯具有更大的戰略價值，而斯大林也更密切地關注其邊境地區潛在的緩沖區，比如，中國的新疆與東北。

在中國國內，毛澤東政府內一些非共產黨人士則將美國視作中國除蘇聯外的另一個選擇，盡管毛澤東對此悲觀得多。畢竟，美國比蘇聯富裕、強大得多，而且對於中國的重建，美國和西方可能更有幫助。因此，中國最好在美、蘇之間保持中立狀態，並與雙方都維持緊密關系，而不是倒向任何一方加入冷戰棋局。毛澤東的一名好友，國民黨的張治中將軍，就指出：蔣過分依賴美國是其失敗的根本原因之一。

對於中國未來的外交路線，毛拒絕了他的朋友們的建議，很快決定倒向蘇聯一方。[1] 1949年12月中旬，他首次出訪了莫斯科，會見並擁抱了斯大林，後者則冷淡地向其勝利表示了問候。毛此行的重要目的之一是重新與蘇聯談判並簽訂條約以取代1945年蘇聯與蔣介石政府談判所簽訂的「不平等」條約，以及獲得蘇聯對中國重建的援助。但是兩位領導人並未就此完全達成一致，未能達成預期的相當重要的原因在於中俄兩種文化間的深刻差異。斯大林對毛澤東概略的、富有浪漫主義色彩的語言風格感到不適，更對毛澤東慣常用中國的歷史事件來隱喻和暗示感到難以理解。[2] 即使如此，在面對西方共同敵人的背景下，兩國於1950年2月簽署了爲期30年的友好條約。對於中國的貸款請求，蘇聯僅給予了中國3億美元（而非其要求的30億美元），而且這筆貸款和利息也都要按期償還。關於這筆貸款的用途，蘇聯最初禁止中國將之用於軍事用途，但不久（1950年）斯大林就私下裡同意其中的一半資金可用於購買蘇聯的海軍裝備，以便中國能徹底解決台灣問題。[3]

友好條約中同樣也包括了秘密條款，但這些內容對毛澤東而言令他非常不快。他所領導的革命的重要目的之一就是消除長期以來外國對中國的控制和奴役，但現在根據這些秘密條款，中國卻不得不將從西方手中所奪回的權益轉而割讓給蘇聯。例如，規定排除了除中、蘇以外任何第三個國家在中國新疆和東北的權益，這是斯大林特別強調的事，他希望確保杜絕外國尤其是美國勢力進入這些區域。1957年，毛澤東告訴時任蘇聯外交部長葛羅米柯，「只有帝國主義者」才會強加這些條件，到1958年他甚至稱中國東北和新疆是蘇聯在中國的新「殖民地」。斯大林原本還希望與中國簽訂一系列更廣泛的條約，以限制第三國的國民在中國其他地區的活動或可能取得的利益。

---

[1] 佐布克和普列沙科夫：《克里姆林宮的冷戰內幕：從斯大林至赫魯曉夫》，第213頁（Zubok and Pleshakov, *Inside the Kremlin's Cold War*, 213）。毛澤東在1949年6月30日發表的一篇文章《人民民主專政》中宣稱他更傾向於蘇聯（貢恰羅夫、劉易斯和薛理泰：《不確定的搭檔：斯大林、毛澤東和朝鮮戰爭》，第44頁）（Goncharov, Lewis, and Xue, *Uncertain Partners*, 44）。

[2] 沃爾科戈諾夫：《七位統治者》，第251頁（Volkogonov, *Sem' Vozhdei*, 251）。

[3] 梅德韋傑夫：《中國和超級霸權》，第22-23頁（Medvedev, *China and the Superpowers*, 22~23）。期間，中國向蘇聯請求的貸款很可能全部用於采購武器，因爲在1950—1955年間蘇聯對華輸出的軍備產品約達3億美元（12億盧布），摘自貢恰羅夫、劉易斯和薛理泰：《不確定的搭檔：斯大林、毛澤東和朝鮮戰爭》，第99-100頁（Goncharov, Lewis, and Xue, *Uncertain Partners*, 99~100）。

對此，中國肯定非常不滿，因爲就在中國按照蘇聯要求剛譴責完美國國務卿艾奇遜
（後者稱蘇聯試圖吞並它與他國簽訂協議時所覆蓋的領土）的第二天，蘇聯就要求中
國就此協議展開預備性討論。中蘇之間的另一個秘密協議要求中國爲蘇聯提供一種戰
略原料，同時給予蘇聯對中國向第三國出售同類原料時的否決權，無疑蘇聯希望更多
地控制中國。此外，還有另一個羞辱性的協議要求中國給予蘇聯領事裁判權，即蘇聯
有權在中國自己設立法庭審理涉及本國國民的案件，這與革命之前西方在中國享有的
同類權力並無什麼兩樣。[1]

對於新生的中國共產黨政權，毛澤東急於獲得斯大林對其安全的保證，以免受
美國可能的攻擊。但斯大林更不願直接介入可能引起美國干涉的戰爭，因此他拒絕了
毛澤東對於在攻占台灣時由蘇聯爲其提供直接軍事支持的請求。[2] 最初，斯大林還能
利用毛澤東對美國軍事干涉的擔憂，作爲其軍隊繼續駐扎在旅順港的正當理由，他們
的直接軍事駐扎將懾止美國人或國民黨從海上對中國北部的進攻。然而，毛澤東更希
望這些蘇聯部隊立即撤離，他對任何在中國國土上駐扎的外國軍隊都非常反感。除旅
順外，他也希望蘇聯軍隊從大連和中東鐵路沿線撤離，對此，斯大林將其視爲中國民
族主義抬頭的跡象，而這也是他極爲擔憂的。[3] 在中蘇間一系列協議明確下，斯大林
得以繼續占據1905年帝俄時期就攫取的大連和旅順的海軍基地，直到美國從日本撤軍
後，蘇聯才會從中國北部的港口撤離，其中旅順則是一個特例，中國要求蘇聯在旅順
駐軍的撤離不得遲於1952年。[4] 從中國的觀點看，對於1945年蔣介石與蘇聯政府簽訂
的條件（30年租約），已爭取到蘇聯在1952年後從旅順撤軍已是重大的進步了。另一
方面，毛澤東也必須重申蔣介石對外蒙古獨立的承認，此時外蒙古已成爲蘇聯的衛
星國（但傳統上外蒙古長期屬於中國）。此時，斯大林甚至希望拓展與中國的秘密協
定涉及的范圍，包括蘇聯軍隊能在任何時候（也包括在不提前知會中國的情況下）通
過中國東北的鐵路進入旅順港。最後，毛澤東還同意與蘇聯建立一套聯合的諜報系統
（借助龐大的海外華人群體）。

中蘇談判期間還發生了一件離奇的偶然事件，當時中國談判代表，政治局成員
高崗，希望斯大林在中國的旅順派駐更多部隊，並將青島作爲蘇聯在遠東的重要海軍
基地，他甚至明確表達了將中國東北視作蘇聯第十七個加盟共和國的態度。大多數蘇
聯政治局委員對此持歡迎態度，但斯大林拒絕了他的提議，他似乎已考慮到高的提議

---

[1] 佐布克和普列沙科夫：《克里姆林宮的冷戰內幕：從斯大林至赫魯曉夫》，第58頁（Zubok and Pleshakov, *Inside the Kremlin's Cold War*,
    58）；還可參見貢恰羅夫、劉易斯和薛理泰：《不確定的搭檔：斯大林、毛澤東和朝鮮戰爭》，第122頁、第125~126頁（Goncharov, Lewis,
    and Xue, *Uncertain Partners*, 122，125~126）。

[2] 貢恰羅夫、劉易斯和薛理泰：《不確定的搭檔：斯大林、毛澤東和朝鮮戰爭》，第69頁（Goncharov, Lewis, and Xue, *Uncertain Partners*,
    69）。

[3] 貢恰羅夫、劉易斯和薛理泰：《不確定的搭檔：斯大林、毛澤東和朝鮮戰爭》，第119頁（Goncharov, Lewis, and Xue, *Uncertain Partners*,
    119）。

[4] 馬斯特尼：《冷戰和蘇聯的不安全感》，第93頁（Mastny, *The Cold War and Soviet Insecurity*, 93）；還可參見佐布克和普列沙科夫：《克里
    姆林宮的冷戰內幕：從斯大林至赫魯曉夫》，第59頁（Zubok and Pleshakov, *Inside the Kremlin's Cold War*, 59）。

可能會刺激毛澤東。高崗明顯希望通過迎合斯大林以獲得支持，實現其取代毛澤東的政治野心。中國談判代表團的負責人，劉少奇在得知此事後，甚至斥責高崗是叛國者。[1] 隨著政治權力的鞏固，毛澤東現在將自己視作泛亞地區領導反西方殖民勢力的領袖，斯大林對此則采取勉強默認的態度。

1949年12月30日，杜魯門總統批准了針對亞洲共產主義國家的遏制戰略政策，但與歐洲的類似政策相比，亞洲政策也有所調適。考慮到狄托已公然與蘇聯集團決裂，毛澤東當時更被視爲強烈爭取民族獨立的共產黨領袖，因此也被西方寄望於他能帶領中國更多地獨立於蘇聯體系之外，而非蘇聯在亞洲的代言者。既然中國有可能被爭取，美國當然也就開始與蔣介石保持距離。對於美國的亞洲戰略，參聯會建議稱「即便台灣在東亞具有戰略價值，但並不意味著美國對台灣公然的軍事行動（如援助）是正確的」。在1950年1月5日白宮舉行的記者招待會上，杜魯門宣稱「美國政府將不再爲台灣的軍隊提供軍事援助或建議」。[2] 杜魯門的聲明也可被解讀爲美國已正式放棄台灣，希望中國政府能在奪取台灣後進而實現與美國的關係正常化。

斯大林也明確地意識到台灣在此時微妙的中美關係發展進程中的重要價值，如果國民黨政府能繼續存在於台灣，那將成爲毛澤東與美國政府接近的主要障礙。而如果台灣被毛澤東奪取，蘇聯對於毛澤東的價值就將大爲降低。也有間接的證據表明，斯大林始終將台灣的當前狀態作爲維持毛澤東與蘇聯友誼的必要手段。例如，斯大林積極向毛澤東提供戰斗機，而不是收復台灣所必需的海軍兩棲艦只。[3] 另外，爲了防止毛澤東與西方可能的接觸，斯大林甚至在英國承認了新中國政權後不久，就極力主張中國應盡快收回香港，對此，美國和英國肯定不會容忍。

在國際場合，斯大林對新中國政權采取的支援行動，比如在聯合國爲抗議西方的涉華議案而退場，似乎也想杜絕中國與西方接近的可能性。[4] 當時，蘇聯代表抗議西方繼續保留國民黨政府在聯合國的席位，而以未參與表決的退場來顯示其態度。有西方記者就推測認爲，蘇聯不作爲的退場舉動，實際上是爲了繼續保留國民黨在聯合國的席位，防止美國承認毛澤東的新政權，否則，以其擁有的否決票，完全可以以更積極的方式反擊西方，幫助中國。

對美國而言，在亞洲實施的新遏制政策，尋求建立起一條阿留申群島—日本列島—琉球群島—菲律賓一線的防線，通過建立亞洲版的「北約」（以日本爲核心）來

---

[1] 貢恰羅夫、劉易斯和薛理泰：《不確定的搭檔：斯大林、毛澤東和朝鮮戰爭》，第68頁（Goncharov, Lewis, and Xue, *Uncertain Partners*, 68）。

[2] 貢恰羅夫、劉易斯和薛理泰：《不確定的搭檔：斯大林、毛澤東和朝鮮戰爭》，第98頁（Goncharov, Lewis, and Xue, *Uncertain Partners*, 98）。對於NSC48/2號文件的內容可參見艾佐德和加迪斯：《遏制：美國政策和戰略文件》，第269-276頁，特別是第274-275頁（*Containment*, ed. Etzold and Gaddis, 269～276, especially 274～275）。

[3] 貢恰羅夫、劉易斯和薛理泰：《不確定的搭檔：斯大林、毛澤東和朝鮮戰爭》，第98-99頁（Goncharov, Lewis, and Xue, *Uncertain Partners*, 98～99）。

[4] 貢恰羅夫、劉易斯和薛理泰：《不確定的搭檔：斯大林、毛澤東和朝鮮戰爭》，第100頁（Goncharov, Lewis, and Xue, *Uncertain Partners*, 100）。

封堵蘇聯和中國。如同美國在歐洲對德國的態度類似，美國在戰後也對日本采取了較溫和的政策，希望重建後的日本成為其亞洲盟國體系中的重要環節。因此美國急切需要與日本簽訂和平條約，並結束對該國的軍事占領。國務院希望對日條約能安撫並彌補因占領而導致的日本人的怨恨。但軍方參聯會對此卻並不那麼確定，他們認為只要日本還處於被占領狀態，就仍可免受共產主義的威脅。而保持對日本的實際駐軍控制，也將有助於威懾斯大林，使其難以在遠東放開手腳擴張。1950年1月初，斯大林曾要求日本共產黨發起抵制美日和平條約的行動，此時他已將此條約視作日本再武裝的前奏。[1]

1950年4月，美國國務院任命約翰·福斯特·杜勒斯為遠東政策顧問，原因部分在於希望此任命能緩解國內共和黨對政府遠東政策的攻擊。[2] 杜勒斯接受任命後，隨即展開了對澳大利亞、新西蘭和菲律賓的訪問，訪問期間，他發現上述三國政府更將美國視作防止日本軍國主義復蘇（而不是蘇聯或中國威脅）的重要保護者。這種情況其實與1946年歐洲各國對德國的看法類似。而且所有這三國政府也都拒絕與日本結成安全伙伴關係。對於亞太各國來說，新的中蘇威脅遠談不上現實，理由很簡單，中蘇在相當長時間內仍不具備強大的海軍實力以投射其力量。

對於戰後遠東急劇變化的形態，英國更擔心可能被排擠出這一區域。如果美國人計劃中的亞洲安全條約被限制在日本—菲律賓等島嶼國家一線，那麼共產主義會感覺到奪取香港毫不費力，此時馬來亞地區已受共產主義游擊隊的攻擊，因此英國人希望美國的安全協議能將其東南亞和遠東的殖民地也包括在內。當然，如果果真如此的話，條約的殖民主義色彩無疑將受到抨擊。為了協調亞太主要國家立場，美國設想的亞太版北約被放棄了，取而代之的是一系列雙邊防務條約，最初只是美國、澳大利亞和新西蘭三國與1951年9月1日在舊金山簽署成立「太平洋共同防衛組織」（ANZUS）；接著同年9月8日，在美國與日本締結和平條約後，雙方立即簽署了共同防御條約。之後，美菲之間也將雙方已有的安全協議拓展成類似的雙邊安全條約。

美國之所以未能像在歐洲那樣，在亞洲建立類似北約那樣的集體安全體系，主要原因在於日本與德國的狀況存在相當差異。1945年戰敗後的德國仍是整個歐洲經濟體系中最重要的一環，而且其他歐洲國家難以徹底在經濟上與德國決裂，特別是法國和低地國家。因此，在北約的軍事議題之前，西歐各國已在相當多的政治和經濟議題上達成一致，這又進一步為軍事上的多邊集體合作提供了協調與斡旋的可能。為了重新加到西方懷抱，西德方面也做出了重要努力，他們勇敢面對了自己令人憎惡的歷史，並努力與鄰國達成和解。也許，最重要的是，西德更需要西方作為整體保證其安全，每個西德人都理解他們的國家直接面臨著強大的蘇聯及其東歐衛星國的軍事威脅，這

[1] 馬斯特尼:《冷戰和蘇聯的不安全感》，第91頁（Mastny, *The Cold War and Soviet Insecurity*, 91）。
[2] 杜勒斯曾在很多年時間裡涉足美國的外交政策制定，並多次出任國務院的代表，他也是共和黨的外交政策專家。

是他們單獨所無法抵抗的。

　　而在遠東，毛澤東在中國的勝利以及美國正在實施中的遏制政策，將日本徹底與其主要原料來源地、產品傾銷地（主要是中國和東南亞）切割開來。戰後日本工業的恢復主要基於與美國和西方的貿易，而不是遠東那些它曾試圖殖民、侵占的國家。此外，整體上看，亞太地區仍處於較貧窮和未開發狀態，各國相互間戰略聯繫都非常有限，因此也不存在聯合的經濟和政治基礎。同時，麥克阿瑟領導下的駐日美國占領軍未能完全清除日本社會中的軍國主義思潮，這些都使日本難以與美國在亞洲的其他盟國達成真正的和解。例如，即使在美國占領期間，日本社會仍未准備好接受對其戰時殘暴侵略行徑的譴責，對於所經歷的太平洋戰爭，日本也將它描述成日本對西方奴役下亞洲的解放戰爭。

　　最後，寬闊的海峽使日本遠離大陸上的威脅。它不必過分擔憂遭受蘇聯或中國的軍事威脅，與西德相比，自衛問題仍顯得相當遙遠。這些因素導致了戰後美國在亞洲采取了與歐洲類似但又有所區別的政策。美國需要將日本作為遠東的重要基地似乎比日本需要美國駐扎在其本土為其提供安全更為迫切。在這樣一種氛圍下，日本更無需真誠面對其歷史，也沒有與鄰國達成和解的需要。也許，更為重要的是，日本之所以未像西德那樣重啓與鄰國的關係，在於其防衛並不完全依賴其最近受害者們的幫助（當然，除了美國以外，而且美國也不要求對日本進行更多的道德清算）。

冷戰期間，蘇聯的威脅到底是政治方面的還是軍事上的很大程度上保持著模糊的狀態。對於冷戰初期的杜魯門總統而言，向西歐注資重建資本主義世界（防止西歐國家因經濟凋敝而傾向於共產主義），與向軍事戰備領域的投資同樣重要。加之當時美國壟斷著核武器，因此美國在杜魯門時代的軍事投資被大量壓縮，反過來這又不可避免地使美國越來越依賴核威懾。這一時期的戰略核能力的象徵，即圖中所示的B-36轟炸機照片。它能從美國起飛直接攻擊蘇聯的目標。理論上，如果美國戰略空軍配備大量B-36轟炸機，美國就能在不依托任何海外軍事基地的前提下進行一場核戰爭。但這並未成為現實，部分原因在於B-36轟炸機過於昂貴。此外，由於主要采用較省油的活塞式引擎（外加4台噴氣式引擎，以提高速度），這款戰略轟炸機獲得了極大的航程，但相應的缺陷則在於與當時新興的高速噴氣式攔截機相比，其航速仍相對較慢。（美國海軍學院）

第9章
崛起中的民族主義

在中東和亞洲，西方各國也面臨著一股新的威脅：民族主義。這也是引發美國和歐洲之間潛在不快的新因素。考慮到美國人始終堅持戰後全球的去殖民化趨勢不可避免，因此對於這些憎恨其原帝國主義宗主國的民族主義浪潮，美國很大程度上采取了支持的立場。在戰爭期間，羅福斯總統就經常稱，就個人而言他希望看到大英帝國解散（對此，丘吉爾則回應稱，他不願成爲分裂帝國的首相）。[1] 早在20年代，列寧和之後的斯大林就曾希望全世界殖民地的民族主義者在爭取本國自由獨立的過程中向蘇聯尋求支持。他們自己也研究認爲，殖民地市場是西方資本主義經濟體系中不可或缺的一環，所以發生在殖民地的民族解放運動必將很快波及其在歐洲的宗主國。1946年，歐洲普遍形成的一個更現實的觀點，即各宗主國期盼其遍布全球的殖民地，能夠爲母國的重建提供重要的資金、市場，以及廉價的原材料。以法國爲例，盡管遭受到1940年的慘敗，但法國的海外殖民體系，仍是支撐法國繼續作爲大國的基礎條件。

戰前和戰爭期間，由於斯大林顯然對歐洲更感興趣，共產主義對於殖民帝國的直接威脅是有限的。因此，在戰後全球民族主義浪潮席卷各個大洲之時，斯大林也曾試圖阻礙印度支那半島的共產主義/民族主義領袖，比如北越的胡志明，以避免令法國國內的共產主義勢力面臨尷尬境地。顯然在蘇聯看來，爭取法國是更值得追求的目標。[2] 而一旦他決定放棄歐洲各國的人民陣線力量，他則過於渴望通過掀起殖民地國家的民族主義浪潮來打擊歐洲的宗主國。例如，在印度尼西亞，一場未遂的捷克式的政變（1948年8月）使該國多年來始終對共產黨保持警惕。[3] 而且，斯大林也始終糾結於亞洲各國民族主義、共產主義勢力對蘇聯的忠誠，因此在1948年他選擇了印度人，而非中國人，來領導在亞洲的革命，甚至印度的共產主義政黨遠稱不上強大和堅強。[4]

當然，冷戰中蘇聯所面臨的挑戰仍主要來自歐洲主要的殖民帝國。第二次世界大戰後，歐洲傳統的殖民帝國，包括英國、法國和荷蘭等，都普遍遭到了削弱，爲了

[1] 路易斯：《陷入困境的帝國主義》（Louis, *Imperialism at Bay*）。

[2] 佐布克和普列沙科夫：《克里姆林宮的冷戰內幕：從斯大林至赫魯曉夫》，第57頁（Zubok and Pleshakov, *Inside the Kremlin's Cold War*, 57）。

[3] 馬斯特尼：《冷戰和蘇聯的不安全感》，第55頁（Mastny, *The Cold War and Soviet Insecurity*, 55）。

[4] 馬斯特尼：《冷戰和蘇聯的不安全感》，第55頁（Mastny, *The Cold War and Soviet Insecurity*, 55）。

繼續維持其搖搖欲墜的殖民體系，他們也都不得不耗費有限的資源來應對殖民地民族
主義運動對帝國統治秩序的威脅。考慮到美國對殖民主義一向的反感態度，歐洲的幾
個殖民地宗主國幾乎不指望在殖民地問題上獲得美國的支持。因此，戰後這些國家在
亞、非各殖民地的一系列平叛戰爭更加消耗了本來就有限的軍事和經濟實力，令原來
軍事力量就遠弱於蘇聯紅軍的各國更加窘迫。

　　冷戰期間，確保西方各宗主國與其主要殖民地之間的交通聯系至關重要，這與
1940—1941年的情況較為類似。到1948—1949年時，美國對抗全球共產主義的努力仍
聚焦於歐洲，為了打贏與蘇聯的現代化戰爭，美國也需要很多來自歐洲殖民地的原材
料，比如東南亞地區的馬來亞、緬甸的戰略原料。第二次世界大戰期間，日本曾奪取
過東南亞的歐洲殖民地，做出此戰略決策的依據，在於切斷美國獲得這些原材料的渠
道以阻止美國更深入地涉足歐洲戰事，從而實現與歐洲軸心國的戰略協同。而到了冷
戰時期，主要發生在歐洲的戰事同樣需要東南亞地區為西方供應其重要物資，這賦予
了遙遠的東南亞更重要的戰略價值；[1] 至於中東的石油產區，其戰略價值也是毋庸置
疑的。

　　各歐洲宗主國對其殖民地的管制體系各不相同。例如，英國就通過當地的部落
首領、國王、酋長和帕夏（舊時奧斯曼帝國的高級官員）等，在中東維護著龐大的殖
民帝國。同樣，宗主國所遭遇的困境也會影響到屬地的官僚體系，例如，1942年英國
在北非受到德國非洲軍隊猛烈打擊後，鼓舞了埃及的民族主義者，使其有機會發動針
對英國在埃及的代理人——法魯克國王的起義。民族主義者無疑希望德國人在北非取
得勝利，如此就會帶給埃及全面的獨立，當然在名義上，1936年英國與埃及簽訂的共
同防御條約已給予埃及更獨立的地位，但對於民族主義者而言，這遠遠不夠。而在
東亞，戰爭期間日本人更以「亞洲人的亞洲」[2] 為旗幟，發動名義上為驅逐西方殖民
者的太平洋戰爭。1945年，當日本人被迫從東南亞撤離時，當地的政治勢中既包括
相信日本人驅逐西方殖民者口號並反抗西方的民族主義者，也包括由西方支持的反日
游擊隊（後者感覺到他們致力於使國家擺脫日本的桎梏，因此更有資格主導國家的未
來）。

　　此外，英國認為他們在東南亞進行的是一場自由的戰爭，很多其殖民地的人民卻
不能理解為何他們無法享有英國人所說的自由，而且必須在趕走日本人後繼續接受英
國統治。戰爭期間，一方面受到美國反殖民傾向的壓力，另一方面由於確保獲得戰時
所需的援助，並促使南亞、東南亞殖民地抵抗日本的誘惑（從西方手中解放他們），
英國允許戰後將給予印度真正的獨立。戰前，征召自印度的軍隊曾為大英帝國東征西
戰，從波斯灣到馬來亞，大量印度裔士兵補充著帝國逐漸枯竭的人力資源，如果沒

---

[1] 馬歇爾：《擁有和失去》（Marshall, *To Have and Have Not*）。

[2] 第二次世界大戰期間，日本占領了英屬的緬甸、馬亞西亞、香港，荷屬的東印度群島（現印度尼西亞），法屬印度支那和美國的菲律賓。

有這些殖民地軍隊的話，戰爭期間英國無疑要以更高昂代價繼續維持其全球帝國體系。[1] 因此，戰時英國對很多殖民地的獨立要求都不得不接受，例如，緬甸，作爲戰前和戰時英國重要的石油和橡膠來源國，曾也要求英國給予其獨立，當時戰時丘吉爾政府除了滿足其要求並無其他選擇。當然，也有例外，類似馬來亞、新加坡以及遠東的香港，並未要求更多的獨立地位。

戰後按約定，英國給予了印度獨立的地位，根據蒙巴頓方案原英屬印度根據宗教信仰分裂成現代的巴基斯坦和印度兩國。盡管失去了最重要的南亞殖民地，當時英國仍在中東維持著極富戰略價值的殖民地體系，這些殖民地很多攫取自1918年第一次世界大戰後崩潰的奧斯曼土耳其帝國。來自伊拉克和約旦的哈桑王族（中東最重要的家族），作爲英國的代理人分別統治著中東大大小小的國家、部落和地區。英國管制中東各國的法律依據，來自第一次世界大戰後國際聯盟所委任的托管權，英國也允許逐步給予這些國家獨立地位。1930年時，英國給予了伊拉克獨立，但仍維持對伊拉克的重要影響力，比如伊獨立後即與英國簽署了共同防禦條約，繼續爲英國提供使用其境內軍事基地的權利。1936年，另一個北非的保護國埃及，在獨立後也與英國簽訂了類似條約，1946年約旦緊隨其後。總體而言，英國在中東仍保持了巨大的影響力，英國人認爲，將這些殖民地的大部分民事權力移交給當地的親英政府有助於顧及當地的民族主義情緒，而這些親英的政府也能最大限度地確保英國在當地的影響力，比如對其外交政策的引導（都在條約中有所體現）。當然，當地的政府無疑將承受很大的壓力，他們有時不得不面臨公眾強烈的民族主義情緒，例如，後者常指責他們向英國出賣國家。

英國在中東的另一塊委任托管地——巴勒斯坦，在戰後則變成了個大問題。英國根本無法在這裡任命一個政府以處理獨立事宜。因爲根據戰後美英等國協議，在歐洲大屠殺中幸存的猶太人將被安置在巴勒斯坦建國，隨著當地猶太人數量不斷增長，他們宣稱這裡將是《聖經》中所說猶太人獨立建國的「應許之地」，因此與當地阿拉伯人產生激烈矛盾。對於猶太人的建國要求，英國早在第一次世界大戰時期就允諾如此。第二次世界大戰結束後，英國人卻對真正幫助猶太人建國猶豫不決，英國擔憂對猶太人的幫助將激怒周邊的阿拉伯世界，而後者的土地上正流淌著重要的戰略物資——石油。當然，在美國等國的推進下，猶太人的建國設想一步步成爲現實，中東的反西方情緒日益高漲，英國也越來越無法負擔將軍隊繼續駐防在反西方叛亂不斷增長的地區。因此，英國轉而求助於聯合國，因爲最初英國的托管權正來源於聯合國的前身——國際聯盟。

---

[1] 參見英國1946年10月24日的內閣備忘錄，現存於英國檔案局CAB128/6（PRO file CAB 128/6）。然而，即便是印度也無法提供足夠的部隊駐守德國和奧地利，或者在歐洲大陸長期派駐一支部隊。還可參見斯科特：《征兵和艾德禮政府：英國兵役的政治和政策》，第16頁（Scott, *Conscription and the Attlee Governments*, 16）。

1947年，聯合國決定將由猶太人和阿拉伯人分治巴勒斯坦，兩者分別建立自己的國家。斯大林對猶太人國家，新建立的以色列表示了支持。對此合理的推測是，以色列的存在有助於削弱英國在中東的影響力（只有西方支持的以色列繼續存在下去，就將與當地的阿拉伯國家陷入持久的紛爭，而英國作爲西方國家，即便從不明確支持以色列建國，也將面臨阿拉伯世界的怒火）。在斯大林表明態度後，捷克斯洛伐克也向新生的猶太人國家提供了重要的武器支援，包括飛機等。斯大林可能也希望（當然是不可能的），新猶太國家中的社會主義者未來能將國家引向他所預期的發展方向。毫不懷疑的，整個中東地區的阿拉伯國家，特別是其民族主義者對以色列抱有強烈的敵視情緒。而英國所主導的阿拉伯國家的政府，也沒有一個敢於忽視這些呼聲。隨著以色列建國初期首次阿以戰爭的爆發，英國在當地的重要盟友，包括埃及、伊拉克和約旦，都卷入了與以色列的戰爭。但最終，猶太人贏得了戰爭，新的以色列國在戰火中誕生了。

1948—1949年的阿以戰爭最終以以色列與與接壤的三個阿拉伯國家簽訂的一系列停戰協定收場。1950年，兩個仍對中東感興趣的宗主國——法國和英國，同意美國提出的限制向雙方提供軍備的提議。兩國也保證中東地區1948—1949年以阿雙方停戰的有效性。此外，在英國與其中東盟友的共同防禦條約的約束下，理論上，如果以色列攻擊埃及、伊拉克和約旦，英國將爲三國提供安全而與以色列交戰。然而，之後的現實表明，英國從未在阿以戰爭中真正幫助過阿拉伯人。

當時，英國和美國的戰略學者還對另一個重要議題非常感興趣，即保衛整個中東地區使之免受蘇聯的攻擊。對於達成此戰略目標，埃及具有關鍵性的戰略意義。而與此同時，埃及方面對未來潛在面臨的蘇聯威脅毫無興趣，他們的注意力聚焦在新近帶給整個阿拉伯世界恥辱的以色列身上。至於所有阿拉伯國家的民族主義者，在失敗後更將矛頭指向親英當權者的無能。英國也因未能按共同防禦條約在戰爭中給予這些阿拉伯盟友以實質性的幫助而日益受到敵視。更糟的是，戰後英國的工黨政府似乎也願意放棄其阿拉伯盟國的老舊統治者，轉而支持那些民族主義勢力。而當英國發現無法控制這些民族主義勢力，並再次需要比如埃及的法魯克國王那類傳統的統治者時，這些人已無法再恢復其原有的尊敬與威望了。

自1882後英國占領埃及後，該國可能是英國整個中東殖民體系中最爲反叛的國家。在1950年11月，當法魯克國王發表其年度演說時，他毫不令人驚奇地強烈譴責了1936年英埃之間的防禦條約，在該條約的規范下，英國仍可在蘇伊士運河區駐扎龐大規模的軍隊（類似的還有1899年英國與蘇丹簽訂的條約，英國得以控制部分尼羅河河段），顯然，埃及希望取代英國控制整個尼羅河流域。爲了限制埃及人的野心，英國開始支持蘇丹人的民族自決運動，以此平衡埃及。對此，法魯克重申了其首相長期堅

持的觀點。[1] 與埃及相呼應，伊拉克首相努里·賽義德（Nuri as-Said），也發表了譴責英伊共同防御條約的言論。

　　英國非常需要埃及，但後者卻對英國充滿憎恨。1951年，英國構想了一種擺脫當時困境的策略：組建多國中東司令部（MEC）。它在將英國軍官的領導下重新凝聚中東的前殖民地國家。如果埃及加入多國中東司令部，他們將放棄對英國駐蘇伊士運河的指責，因爲這些基地將變成多國中東司令部的一處基地。英國部隊將不再作爲宗主國的軍隊，而是以更平等的姿態繼續守衛運河區。對於埃及方面而言，他們更希望在1950年4月建立的阿拉伯聯盟集體安全條約（ASCP）的框架下選擇另一種方案。表面上，英國人是在幫助阿拉伯人直接對抗以色列（遠期目標是爲防備蘇聯對中東的滲透），但實際上它希望以此鞏固在埃及的影響力以平衡日益難以控制的伊拉克而埃及對於防備伊拉克，顯然比防范遙遠的蘇聯更重要。[2]

　　在中東，除了蘇聯的潛在滲透外，英國還必須認真看待美國在沙特阿拉伯的經營。在該國，英國所中意的哈桑王族代理人遭到了驅逐，而且與英國在伊拉克和伊朗的情況不同，第二次世界大戰結束後，美國影響力在該國迅速擴張，其主導的阿拉伯—美國石油公司（Aramco）更迅速在該國開發了一批覆蓋廣泛的油田。沙特阿拉伯還向美國提供了其境內多個軍事設施的使用權，該國的達蘭，由於地理位置優勢，40年代末也被視作開羅—蘇伊士的替代選擇。對於英國人來說，美國在沙特存在也是一種潛在威脅，畢竟阿美其石油公司（Aramco）爲沙特提供了與英國相比更好的機會。

　　1951年，阿美石油公司同意與沙特政府達成「50—50」的石油利潤分配協議（即平均分配所得）。此前，在委內瑞拉的美國石油公司也與該國政府達成類似協議。[3] 而在伊朗，英國控制的盎格魯—伊朗石油公司，則僅將其收益的25%—30%支付給伊朗政府。對此，伊朗人當然怨憤，但他們忽視了一個事實，即英國石油公司付給他們的是其全球利潤的25%—30%，而不僅僅只是在伊朗所獲收益的同百分比利潤。[4] 實際上，盎格魯—伊朗石油公司在全球能源市場上獲利能力非常強，1951年該公司是全球第三大原油生產商，在中東其原油產量約占整個地區的40%，它在伊朗阿巴丹島建設的原油精煉設施也是全球最大的，其原油處理能力在整個東半球都首屈一指。[5] 盡管每年從該公司獲取大量收益，但伊朗整體經濟形勢非常糟糕，美國國務院擔憂其國內形勢不穩將誘發共產主義勢力的滲透。[6] 當時，在伊朗議會，穆罕默德·摩薩德博

---

[1] 《參謀長聯席會議歷史》4：第333頁（JCS 4: 333）。

[2] 路易斯：《陷入困境的帝國主義》第331-344頁（Louis, *Imperialism at Bay*, 331～344）。英國試圖與其談判達成另一項替代性條約，但當時伊拉克代表雖然在1948年1月15於普茨茅斯簽署了條約，但其政府拒絕批准此條約。

[3] 麥吉：《在冷戰的前線》，第100-104頁（McGhee, *On the Frontline in the Cold War*, 100～104）；1950年11月這項利弊參半的聲明亦被稱爲「麥吉炸彈」。

[4] 葉金：《戰利品：對石油、財富和權力的永恆探尋》，第453頁（Yergin, *The Prize*, 453）。

[5] 葉金：《戰利品：對石油、財富和權力的永恆探尋》，第452-454頁（Yergin, *The Prize*, 452～454）。

[6] 《參謀長聯席會議歷史》4：第354頁（JCS 4: 354）。

士（Dr. Mohammed Mossadegh）的國民陣線主張將西方控制的石油工業國有化。1951年3月，在政府首腦遭到暗殺後，摩薩德成爲繼任首相，接著到5月2日，他下令將石油產業國有化。

令英國人擔憂的是，如果對摩薩德的行動進行反制，無疑將刺激其國內的民族主義情緒，後者一直以來都希望將英國勢力驅逐出去，進而將危及到英國在中東的整個體系。英國人寧願讓蘇聯在伊朗獲利，也不願摩薩德成功地實現國有化，如此，英國與伊朗間的矛盾將轉嫁到蘇聯與伊朗民族主義者之間，而英國將獲得更多主動權。[1] 英國人之所以不擔心共產主義勢力在伊朗取得政權，因爲該國的宗教傳統深厚，社會經濟發展落後，共產主義幾乎不可能取代當地政權。另一方面，美國人則將摩薩德視作防止蘇聯向中東擴張的防波堤。此外，考慮到以摩薩德爲代表的中東新一代民族主義者很快將主導中東各國政權，西方必須盡可能與其交好。[2] 因此，美國政府竭力斡旋，勸說英國給予伊朗人所要求的權利，否則此後英國也遲早得作出讓步，同時美國更拒絕支持英國反對摩薩德政府。

當摩薩德逼迫英國人交出在伊的石油工業時，英國政府選擇了加強駐軍和向阿巴丹派遣戰艦示威的舉措。然而，私下裡，艾德禮首相拒絕軍方提出的軍事干涉行動。[3] 根據1921年蘇伊條約，一旦英國入侵伊朗，摩薩德能夠請求獲得蘇聯的軍事援助。因此，當摩薩德派遣力量強制占領阿巴丹的石油設施並驅逐英國技術人員時，英國政府並無任何舉動。至於收回石油設施後，伊朗人發現這實在是個「雙輸」的行動，畢竟伊朗缺乏技術無力單獨確保整個設施的運行，並因此失掉了重要的財源，而西方則失去了當地重要的石油資源。

摩薩德的大膽行動啓發了埃及人。英國擔憂埃及在其他國家民族主義者的鼓舞下主動廢除1936年英埃間的共同防御條約，並奪取蘇伊士運河。運河及其沿線的基地設施對於冷戰中的西方而言具有極重要的價值。因此，英國相信如果爲保護運河，美國將施以援手。但從美國的觀點看，盡管運河的戰略價值顯而易見，但要與英國人一起保衛運河，無疑將與美國政府在後殖民時代新興的第三世界國家保持友好合作關系的基本政策相左。因此，美國還是決定不涉足英國與埃及的紛爭，如此英國的撤離已不可避免。[4] 但同時，希望美國政府支持敵對英國的埃及奪回運河顯然也不可能，因此其采取模糊的政策盡可能保持中立態度。對於英國方面的請求，美國政府的說辭是，如果未取得聯合國的授權，它將無法公開支援英國任何的防御性行動。

1951年10月，埃及議會全體一致通過表決，不僅決定取消英埃共同防御條約，

---

[1] 葉金：《戰利品：對石油、財富和權力的永恆探尋》，第465頁、第467頁（Yergin, *The Prize*, 465, 467）。

[2] 《參謀長聯席會議歷史》4：第355頁、第357頁（JCS 4: 355, 357）。

[3] 《參謀長聯席會議歷史》4：第359頁（JCS 4: 359）。

[4] 《參謀長聯席會議歷史》4：第338頁（JCS 4: 338）。

也不承認早前英國與蘇丹簽訂的條約。埃及國內的民族主義勢力希望法魯克能夠成為埃及和蘇丹兩國共同的元首，而埃及首相納哈斯・巴夏（Nahhas Pasha）更拒絕埃及加入多國中東司令部（MEC）。[1] 此時，英國艾德禮政府已在選舉中被丘吉爾的保守黨勢力取代，丘吉爾認為艾德禮在伊朗問題上猶豫不決給予埃及方面以膽量挑戰英國的利益，因此必須采取強硬措施。他告訴他的外交大臣，安東尼・艾登（Anthony Eden），如果埃及徹底地擺脫了英國，將激起英國國內保守派勢力的強大反彈，此舉將使英國放棄帝國未來生存所依賴的最為關鍵的地區。[2] 蘇伊士運河承載著大英帝國最後的榮耀，而英國正是自由世界對此最重要運河的托管者。

隨著埃及反英游擊隊在運河區域的活動次數大增，為斡旋埃英兩國矛盾，美國政府曾建議英國承認埃及對埃蘇兩國爭議地區的主權，以換取埃及方面同意加入多國中東司令部。事實上，1952年1月19日，一支埃及的輔助警察力量攻擊了英國在伊斯梅利亞（運河區的埃及城市）的駐軍，英軍的反擊造成埃方64人喪生。開羅市內的謝潑德酒店，英國在埃及權力的象徵，也在隨之爆發的嚴重騷亂中被焚毀。

對於一觸即發的英埃形勢，美國政府拒絕為英國提供軍事援助。[3] 事實上，美國此時仍忙於朝鮮戰爭，且判斷在當時形勢下蘇聯不太可能以軍事力量直接奪取中東。因此，1952年4月29日杜魯門總統簽署的政策文件（NSC 129/4）強調，中東近來的緊急局勢（包括各國不穩定的狀態、反西方民族主義情緒和阿以衝突），有可能使該地區的親蘇勢力掌握權力。因此，美國必須支持當地的民族主義勢力反對英國的殖民主義心態，防止因中東的反西方情緒將各國推向蘇聯的懷抱。

1952年7月，埃及的民族主義勢力（反君主的埃軍軍官團體聯合伊斯蘭穆斯林兄弟會一起）發動政變推翻法魯克政權。政變由埃軍方的納吉布將軍領導，他放棄了埃及對蘇丹的要求，在與西方接觸期間他還秘密提議如果給予他足夠的支持，特別是軍備，他將領導國家加入經調整的多國中東司令部（MEC）和中東防禦組織（MEDO）等西方建立的機構。[4] 當然，與其前任類似，納吉布同樣堅決要求收回運河區。

這是一個有吸收力的提議，美國當即表示贊同並專門編列了援埃資金。在美國人眼中，納吉布似乎是新一代的阿拉伯世界統治者，他將接替殖民時代的國王和酋長。但英國人反對美國向埃及提供軍備，因為美、英、法三國曾於1950年在華盛頓簽署成立了專門管理和協調西方向中東地區提供軍備的「近東協調委員會」。英國必須阻礙美國如此行事，因為他們擔憂美國人的軍事援助將鼓勵埃及停止就蘇伊士運河問題進

[1] 奧倫：《第二次阿以戰爭的起源：埃及、以色列和強權，1952—1962年》，第61頁（Oren, *The Origins of the Second Arab-Israeli War*, 61）。

[2] 威廉姆・R.路易斯：《英國-埃及1954年解決方案》，摘自路易斯和歐文：《1956年蘇伊士》，第53-54頁（W. R. Louis, *"The Anglo-Egyptian Settlement of 1954", Suez 1956*, ed. Louis and Owen, 53～54）。

[3] 《參謀長聯席會議歷史》4：第343-344頁（JCS 4: 343～344）。美國大使報告稱，只有法魯克的介入可防止該國爆發共產黨政變。

[4] 《參謀長聯席會議歷史》4：第349頁（JCS 4: 349）；W.R.路易斯：《英國-埃及1954年解決方案》，第51頁（W. R. Louis, *"The Anglo-Egyptian Settlement of 1954", Suez 1956*, ed. Louis and Owen, 51）。

行的談判，轉而采取更加強硬的立場。爲了照顧英國人的情緒，新任美國總統的艾森豪威爾最終不得不向埃及提出了一個反建議，但埃及人顯然對美國人建議中遭大幅削弱的軍事援助規模和質量（不再包括埃及希望獲得的噴氣式飛機）感到失望。美國希望以有條件的軍事援助換取埃及加入中東防御組織，並與英國就蘇伊士和蘇丹問題達成妥協，埃及則在幾個月的討價還價中所獲甚少。

由於埃及形勢變化，在早期美國制定的中東戰爭計劃中，該國的地位也變得尷尬。例如美國曾計劃以開羅—蘇伊士爲基地部署遠程轟炸機，但其國內形勢不穩顯然使此構想不再可靠。爲了替代埃及的基地，美國政府對基於中東的「北方屏障」（即土耳其和伊朗）來阻止蘇聯擴張的構想產生了興趣。土耳其和伊朗兩國都將蘇聯視作危險的敵人，而且自1946年兩國也都涉足了冷戰前夕的緊張事件；另一方面，兩國都未卷入令西方立場尷尬的阿以戰爭，因此更容易與其形成共同的反蘇聯盟。同時，爭取到這兩國後，還能將其與英國在中東重要的盟國——伊拉克連成一體。經過一系列緊張斡旋和談判後，美國的構想演變成了「巴格達條約組織」。[1]

在西方的冷戰戰略下，現在伊朗具有了比以往更重要的意義，但該國由摩薩德所引起的混亂，也使該國國內的共產主義組織——圖德黨（Tudeh Party）有了新的機會。至於在美國的戰略構想裡，伊朗將成爲美國在中東最重要的盟友，它將代表美國控制整個中東波斯灣及當地的石油資源。對於美國軍方而言，更重要的是，伊朗需要緊密地與美國捆綁在一起，而非確保英國在伊朗的石油利益。[2] 在商討如何援助伊朗時，美國認爲直接的財政援助將避免伊朗經濟崩潰，但英國人顯然認爲伊朗幾乎缺乏現代意義上的經濟體系，因此，即便沒有石油收入也無所謂崩潰與否。[3] 爲避免伊朗徹底與英國斷決關系，1952年10月22日，美國向伊朗提議，伊朗與英國就之前的不快達成妥協，美國則爲其提供必要的財政援助，但摩薩德仍決定斷決與英國的外交關系。此後，美國政府將援助的金額提高到1億美元，以確保美國石油公司主導伊朗的原油市場。[4]

到1953年初，艾森豪威爾入主白宮，美國對伊政策再次出現變化。而伊朗國內形勢仍在惡化。丘吉爾的保守黨政府敦促美國采取行動。艾森豪威爾的國務卿，約翰・福斯特・杜勒斯似乎認爲他與英國的關系比他與杜魯門政府時期國務院同行的關系更爲重要，因此更傾向於接受英國人的建議。在其要求下，中情局制定了針對伊朗的秘密政變計劃，而針對中東劇變的形勢，國內民主黨針對政府的應對也在醞釀反擊，但中情局負責外國秘密政變行動的克米特・羅斯福（Kermit Roosevelt）獲悉了民

[1] 《參謀長聯席會議歷史》4：第371-373頁、第374頁（JCS 4：371～373，374）。

[2] 《參謀長聯席會議歷史》4：第363頁、第365頁（JCS 4：363，365）。

[3] 《參謀長聯席會議歷史》4：第362頁（JCS 4：362）。

[4] 《參謀長聯席會議歷史》4：第366頁（JCS 4：366）。

主黨的計劃（被認爲過於同情摩薩德），但他阻止了將此消息上報。而同在中情局任職的阿倫‧杜勒斯（Allen Dulles）——國務卿約翰‧福斯特‧杜勒斯的兄弟，則希望政變在共和黨人和他的兄弟正式赴國務院就職後再行發動。[1] 在英國人反復勸說下，艾森豪威爾最終放棄爲伊朗提供貸款和援助的打算，因爲如此將直接破壞英國的利益。1953年6月，摩薩德轉而求助於蘇聯，他提出了2000萬美元的貸款需求，據稱蘇聯同意了他的要求。[2] 同年8月8日，蘇聯宣稱已開始與伊朗就援助問題進行談判，隨即蘇聯向德黑蘭派遣了大使，而這名官員正是之前1948年捷克政變時蘇聯在布拉格負責發動政變的同一人。此時，艾森豪威爾得出結論認爲，伊朗已轉向共產主義集團，因此他指令盡快實施政變計劃。在中情局和英國情報部門的配合下，政變很快爆發，摩薩德政府被推翻了。[3]

在經濟方面，伊朗的政變迫使英國接受悲慘的現實：政變後英國遭受的結果甚至更甚於摩薩德所脅迫英國付出的代價。根據1954年8月美、英、荷等國就伊朗原油產量所達成的配額協議，英國只占有伊朗原油的40%（美國和荷蘭分別得到40%和20%）。此外，英國在伊朗的石油收入中，50%必須交納給伊朗政府，所以英國真正獲得的收益只占到伊朗總石油收益的20%。[4] 至於政變的結局，爲便於直接由伊朗國王統治，其議會被解散。

當時，伊朗政變具有極爲重要的意義，因爲政變的成功使中央情報局意識到，政變將是解決對外政策問題時的可行方法。同時，埃及的危機仍未有消退跡象，同伊朗的情況類似，美國和英國的觀點普遍遭受反對。英國人想要保住他們在運河區的基地，甚至試圖壓制當地的反英民族主義情緒；而對美國而言，新興的民族主義勢力將努力被引導成爲美國的朋友。問題在於，如何在不過多地犧牲美英之間關系的前提下，獲得他們的信任。

在中東發生著深刻地緣形勢劇變的同時，遠東很快爆發了殖民地戰爭。在馬來亞，英國軍隊與當地民族主義解放勢力激烈交戰，馬來亞有很多華裔人口。當1948年毛澤東逐漸贏得中國內戰之時，馬來亞當地也掀起了本國的反英起義運動。1948—1952年間，當地英國駐軍試圖孤立反英游擊隊與華裔群體之間的聯系。對於英國有利的是，馬來亞並未與中國接壤，因此在英國人圍剿時，游擊隊無法撤退到中國境內休整和補充彈藥。在英國的連接反擊下，反英游擊力量的規模和襲擾程度逐漸下降，形勢曾一度向著有利於英國的方向發展。事實上，在平叛行動中英國最主要的武器並非

[1] 比爾：《鷹和獅子：美國-伊朗關系的悲劇》，第85頁（Bill, *The Eagle and the Lion*, 85）。

[2] 安布羅斯：《美國總統：艾森豪威爾》，第112頁（Ambrose, *Eisenhower: The President*, 112）；葉金《戰利品：對石油、財富和權力的永恆探尋》，第468頁（Yergin, *The Prize*, 468）。

[3] 比爾：《鷹和獅子：美國-伊朗關系的悲劇》，第85-94頁（Bill, *The Eagle and the Lion*, 84~94）；葉金《戰利品：對石油、財富和權力的永恆探尋》，第467-470頁（Yergin, The Prize, 467~470）。

[4] 奧文戴爾：《英國、美國和中東權力的轉移：1945—1962年》，第73-74頁（Ovendale, *Britain, the United States and the Transfer of Power*, 73~74）。

軍隊本身，而在於他們與當地既得利益者的良好關系，這賦予其更優越的情報優勢。在1952年之後，英國進入攻勢狀態，派遣大量巡邏隊（通常由10名士兵和2名當地向導組成）到處搜捕游擊隊。到1954年，大部分游擊隊已轉移撤離出該國。與此相比，法國在越南的殖民戰爭情況卻截然相反。

在印度支那，法國人遭遇到更惡化的情況。盡管當時東南亞的民族主義運動敵視所有的歐洲殖民宗主國，但在英、法、荷等國中，戰時美國總統羅斯福尤其反對法國的做法，據稱，這是因爲他個人非常厭惡戰時自由法國運動的領導人，查爾斯・戴高樂將軍。[1] 例如，直到1945年3月時，他個人仍不願法國涉足由美國主導的太平洋戰區，其目的就是防止戰後法國繼續重新獲得印度支那的殖民地。隨著1940年法國的失敗，法國分布在全球各處的殖民地，亦成爲了與德國人合作的維希政權與自由法國相互爭奪的對象。

戴高樂領導的自由法國，雖有「自由」之名，卻難有「自由」之實，他們對自由的激情似乎只限於法國自身，對原殖民地仍抱著不切實際的僵化思維。1946年，剛剛從德國鐵蹄下被解放的法國政府宣布曾經的帝國將重新組建法蘭西聯邦（French Union）。理論上，聯邦是法國及其各殖民地基於自願而聯合成的整體，各殖民地的人民最終也將成爲法國公民，但實際上，法國人並無意願允許自願聯合的各殖民地退出聯盟。即便在戰前，法國就曾設想，其帝國體制將使更多來自各殖民地的代表進入法國議會。然而，在實際付諸實施時卻並不像法國所宣稱的那樣：來自殖民地的民間代表基本都由具有法國血統的當地殖民者選出，沒有當地的原住民，而且很少有原住民能獲得法國公民的身份。即便如此，建立由法國及其所有殖民地共同融合的聯邦的構想仍延續下來。例如，法國的幾塊重要殖民地中，最重要的阿爾及利亞，自1948年甚至被認爲是法國本土的一部分；印度支那半島最富饒的交趾支那（印度支那半島南部區域，現越南南部，包括湄公河三角洲）也曾向巴黎派遣過代表。到戰後，這一構想改頭換面再次被提出。

隨著戰爭的爆發和法國的戰敗，其面臨的殖民地危機已非常明顯了。1942—1943年時，自由法國曾試圖借助美、英的力量奪取其原北非殖民地作爲未來反攻德國的前進基地，但美國軍隊在北非的登陸打亂了自由法國的計劃，而且更令其驚恐的是，當地民族主義者對美軍隊的到來持歡迎態度。[2] 考慮到當時自由法國對法國海外殖民體系具有一定影響力，美國仍需要其支持，因此並未立即宣布當地解放，但其對自由和平等的追求在當地確實引起反響。法國戰敗後，1941年爲確保對蘇伊士運河的絕對控制，英國迅速搶占了法國在中東的兩個托管地——敘利亞和黎巴嫩，以防止德國通過維希政權染指中東。1946年戰後，美國和英國一起迫使法國准予兩地獨立（這也是戰

---

[1] 路易斯：《陷入困境的帝國主義》，第27頁（Louis, *Imperialism at Bay*, 27）。

[2] 馬丁・托馬斯：《戰時的法蘭西帝國：1940—1945年》，第197頁（Martin Thomas, *The French Empire at War*, 197）。

前法國所允諾的）。[1] 對此，同樣民族主義情緒強烈的戴高樂，將之視作盎格魯-撒克遜人力圖遏制法蘭西榮光的舉動。因此在之後與美、英就未來歐洲前景的談判中，法國人很難稱得上友善。

在遠東，在戰爭的大多數時間裡，法國仍設法維持其在印度支那的地位，即使只是名義上的宗主國。到1945年3月時，日本已占領了法屬印度支那半島，共涉及越南、老撾和柬埔寨3個國家。為削弱法國人的影響力，日本人宣布越南在其末代皇帝保大（Bao Dai）的領導下正式獨立。早在1925年時，保大就繼承了安南（現越南中部一地區，位於東京灣和交趾支那間的中國南海邊）的王位，但他實際上只是法國的傀儡。為了鞏固其權力基礎，保大皇帝多次試圖邀請當時越南著名的民族主義者、保守的天主教教徒吳庭艷擔任他的政府總理。但吳庭艷認為保大皇帝的獨立只是場鬧劇，因此拒絕了他。直到1954年以後，吳庭艷才出任了南越的總統。[2]

除吳庭艷外，越南還活躍著很多民族主義組織，其中之一是成立於1941年的越盟，它由共產主義者胡志明所領導。到1945年時，在胡的領導下，越盟已排擠（或者說團結）了其他的民族主義勢力（即取得了主導地位），而在後一類勢力中，一些派別與北部邊境中國的民族主義勢力存在著聯系。

隨著法國人的離去，到1945年5月時，越盟的影響力已覆蓋整個越南北部地區，並在北部建立了共和國政府。戰爭末期日本曾試圖消滅越盟，但最終失敗了，部分是由於到1945年夏時，在太平洋戰場上不斷慘敗的日本已無多余力量發動攻擊，只能以有限兵力控制城市、關鍵的鄉鎮和交通線。1945年7月，越盟與法國政府聯系，要求在最少5年、最多10年內獲得完全的獨立。對此，法國政府明確地拒絕了，正如胡志明所預期的那樣。當太平洋戰爭結束時，曾征戰整個東南亞的日軍被迫投降，但他們將自己的武器和設施都移交給當地的民族主義武裝（包括反日和反西方的派別），在越南也同樣如此。1945年8月19日，越盟進入河內，其是越南北部地區的首府。很快，他們控制了整個越南北部地區。此時，保大皇帝要求越盟組建戰後越南政府，而越盟則不承認保大皇帝的任命並要求其退位。同年8月25日，保大皇帝宣布退位。[3]
1945年9月2日，胡志明正式宣布成立越南民主共和國（DRV）。新的共和國涵蓋東京（越南北部地區舊稱）和毗鄰的安南地區。但是在，越南最南端的交趾支那地區，仍存在著很多與越盟競爭的政治勢力，比如反對與任何外國勢力合作的共產黨托洛茨基派等。

作為一支在戰爭中成長起來的反日游擊隊，胡志明也曾尋求過美國的支持。戰

---

[1] 路易斯：《陷入困境的帝國主義》，第124頁、第147-151頁（Louis, *Imperialism at Bay*, 124，147～151）。

[2] 《參謀長聯席會議歷史》：《參謀長聯席會議和越戰爭》1：第64-65頁（JCS, *The Joint Chiefs of Staff and the War in Vietnam*, 1: 64～65）；還可參見瑪爾：《1945，越南》，第116頁（Marr, *Vietnam 1945*, 116）。

[3] 《參謀長聯席會議歷史》：《參謀長聯席會議和越戰爭》1：第42頁、第46頁（JCS, *The Joint Chiefs of Staff and the War in Vietnam*, 1: 42, 46）；還可參見瑪爾：《1945，越南》，第438-453頁（Marr, *Vietnam 1945*, 438～453）。

時他也的確接收過一些美援，這令他認爲他能爭取美國的承認。但直到1945年初時，
對戰後印度支那的政治前途，羅斯福總統更傾向於讓越南保持某種托管狀態，當然不
是由法國來負責，而是交由中國托管。[1] 這一構想也反映出羅斯福對亞洲在戰後後殖
民主義時代的政治規劃，即扶持並交好一個強大的中國，以防止歐洲帝國殖民主義重
返亞洲，這有助於在亞洲實現他的反殖民主義戰略。但隨著1945年上半年羅斯福病情
的急劇惡化，他顯然也發現並不理想的現實（比如積弱的中國以及蘇聯潛在的威脅）
將使他的計劃幾乎很難成功。最終，他決定允許法國人在戰後拿回在東南亞的殖民
地，當然，如果他們能成功的話。羅斯福去世後，繼任的杜魯門當局也延續了這一政
策。[2]

　　在太平洋戰場的具體劃分上，越南南部是英國主導的東南亞戰區的一部分，所
以在日軍投降時，英國也在越南南部受降。期間，越盟曾與英軍有過合作。在英軍重
返南越時，活躍在當地的越共托派組織和其他左翼革命團體激烈地反對英軍進入，對
此英軍干淨利落地消滅了他們。這也使得胡志明領導的越盟成爲越南南部唯一合法的
民族主義組織。當然，交趾支那一直是法國在越南統治的中心地區，具有重要的經濟
價值，也曾是唯一一個向法國議會派駐過代表的越南地區。似乎是出於對殖民帝國未
來命運的不祥預感，英國人決定幫助法國人重新取回這塊殖民地。在與法國政府磋商
後，雙方移交於1945年10月開始，數月內法國已基本完成接管。[3]

　　至於越南北方，則被劃入中國戰區范圍。[4] 傳統上，越南位於中國影響力范圍
內，直到1884—1885年中法戰爭後才被法國所殖民。因此，中國對於法國重返越南並
無好感。另外，戰爭期間，中國也曾支援過胡志明和他的武裝，以此作爲襲擾日軍的
重要策應。因此，美國在與中國磋商讓法國戰後重返越南時，中國方面開出很高的價
碼：法國必須放棄在中國所有的特權和治外法權，在越南生活的中國人應享有特權，
以及中國在越南的貿易也須享有特權（還涉及雲南至海防的鐵路相關權益，該鐵路由
法國擁有）。[5]

　　與狄托類似，胡志明在1945—1946年間利用各種資源鞏固其地位。1946年1月6

---

[1] 馬丁·托馬斯：《戰時的法蘭西帝國：1940—1945年》，第428頁（Martin Thomas, *The French Empire at War*, 428）。

[2] 《參謀長聯席會議歷史》，《參謀長聯席會議和越南戰爭》1：第50頁、第74-75頁（JCS, *The Joint Chiefs of Staff and the War in Vietnam*, 1: 50, 74~75）。

[3] 《參謀長聯席會議歷史》，《參謀長聯席會議和越南戰爭》1：第79-85頁（JCS, *The Joint Chiefs of Staff and the War in Vietnam*, 1: 79~85）。

[4] 《參謀長聯席會議歷史》，《參謀長聯席會議和越南戰爭》1：第45頁（JCS, *The Joint Chiefs of Staff and the War in Vietnam*, 1: 45）。還可參
見鄧恩：《第一次印度支那戰爭》（《第一次越南戰爭》），第367頁（Dunn, *The First IndochinaWar*, 367），文中認爲這是一個至關重要
的決定。英國占領了該國南部並解散了日軍的武裝，這使得法國重新恢復在當地的控制成爲可能，進而間接地導致了南越的建立。當時中
國曾阻止法國進入印度支那半島，胡志明領導的越盟亦有機會控制越南的北部，爲後來越盟統一整個越南奠定了基礎。由於美國迫使法國
接受由中國完成對越南北部日軍占領地區的受降，因此也可以說是美國政府爲胡志明提供了其最初發展的空間。法國曾希望英國在日本投
降後，以東南亞司令部（SEAC）的形式接受整個法屬印度支那半島的管制權，鄧恩認爲如果英國軍隊進抵河內，他們就會發現「越盟的
虛僞」。

[5] 《參謀長聯席會議歷史》，《參謀長聯席會議和越南戰爭》1：第91-100頁（JCS, *The Joint Chiefs of Staff and the War in Vietnam*, 1: 91~100）。

日，胡及其政黨在越南北部舉行大規模選舉（主要在東京和安南地區舉行，越南南部的交趾支那地區則隱蔽地進行了投票）。盡管對此次選舉外界仍存有疑問，包括他是否采用強制性手段操縱選舉結果等，但無論如何此選舉似乎更鞏固了他在越南政治版圖中的地位。[1] 1946年3月，法國承認胡志明建立的越南民主共和國作爲法蘭西聯邦體系下合法的越南政府。然而，他們拒絕將交趾支那交還給越南民主共和國，而胡認爲那是越南的一部分。爲了解決難題，在3月份法國與胡政府的談判協議中，曾考慮就交趾支那的未來地位再次進行公民公投。但鑒於形勢發展對法方不利，法國以南方仍未穩定爲借口，企圖延期進行全民公投。最後到1946年6月1日，法國宣布在越南南方建立交趾支那自治共和國。法國與胡志明的交惡已不可避免了。[2] 雙方的戰爭於1946年11月20日因兩件偶然事件而爆發。

　　1947年5月初，法國不再認爲他們能與胡志明達成避免戰爭的協議了。於是，法國再次將保大皇帝抬了出來，由其組建了一個反越盟的南方政府。與胡志明相似，保大皇帝也要求法國將交趾支那地區交給他的政府，但與前者不同的是，他接受未來越南政府加入法蘭西聯邦的安排，當然，法國仍將控制他的國家的外交政策。[3] 對於與北方的戰爭，保大皇帝猶豫不決，法國還是於1947年10月—1948年初發動了對北方的主要攻勢行動，但這次進攻仍失敗了。

　　法國感覺他們在印度支那不能放棄，因爲越南人的成功將鼓舞其殖民帝國中其他日益反叛的殖民地的民族主義情緒。在全球各地，法國已遭遇戰後猛烈的反殖民主義浪潮，北非的阿爾及利亞、突尼斯和摩洛哥，非洲的馬達加斯加，都爆發了反法運動。[4] 而戰後法國僅有6萬軍隊，如果要以軍事行動鎮壓各地叛亂至少需50萬軍隊。可想而知，法國根本缺乏足夠的力量應對各殖民地的叛亂。例如，在胡志明控制的越南北部地區，法國軍隊僅駐扎在兩個主要城市（河內和海防）和沿重要交通線的一系列堡壘中。

　　美國情報部門對於法國的成功持懷疑態度，因爲他們缺乏必要的軍隊，而且總是想當然地認爲胡志明的武裝缺乏戰斗力，越盟此前之所以能成功是因爲吸納了大量戰敗的日軍士兵，等等諸如此類的原因。他們並未真正認識到胡志明不僅是民族主義者，更是名共產黨員，對於胡在1946年對法國的敵視，他們也只是以爲胡受制於極端民族派別而不得不如此。對於印度支那未來的形勢，法國人還存在著「天真」（中情局的評價）的觀點，即東京和安南地區的越南人民，由於近在咫尺的戰爭，對越盟的

---

[1] 《參謀長聯席會議歷史》，《參謀長聯席會議和越南戰爭》1：第103頁（JCS, *The Joint Chiefs of Staff and the War in Vietnam*, 1: 103）。

[2] 《參謀長聯席會議歷史》，《參謀長聯席會議和越南戰爭》1：第105-106頁（JCS, *The Joint Chiefs of Staff and the War in Vietnam*, 1: 105~106）。

[3] 《參謀長聯席會議歷史》，《參謀長聯席會議和越南戰爭》1：第121-131頁（JCS, *The Joint Chiefs of Staff and the War in Vietnam*, 1: 121~131）。

[4] 《殖民帝國的瓦解及其對美國安全的暗示》，中情局於1948年9月3日發布的報告，ORE25~48，現存《中情局冷戰記錄》1：第219-234頁（*"The Break-Up of the Colonial Empires and Its Implications for U.S. Security"*, a 3 September 1948 CIA report, ORE 25~48, in CIA 1:219~234）。

恐怖主義非常怨恨，因此更歡迎親法國的溫和政府。大約在1947年1月，法國宣稱它將向越南北部大規模派遣法軍以「恢復秩序」，對此美國分析人士認為，平叛行動將持續兩年甚至更長時間。一旦秩序得以恢復，法國希望在越南南部建立能夠控制的親法國家，而美國人士確信法國的輕率行動根本無法達到恢復北方秩序的目的，而其失敗必定更加刺激當地民眾對法國的蔑視。而且美國還預測，北方的不穩定形勢將隨著法國的戰爭行動擴展到南方，甚至毗鄰的其他地區，如老撾和柬埔寨。[1] 1947年秋，法國向北方發起重要的攻勢行動，美國分析人士預期行動將失敗，而且行動不可能迫使胡志明政府與法國政府談判，而戰事導致的法國威望的衰敗也將擴散到其他法國殖民地。另一方面，為了這場戰事，法國人也頗費苦心，比如盡可能縮小其進攻的規模以免招致聯合國的干涉。之後戰事的發展似乎與美國當時的主流分析並不相符，法軍在當地的行動取得了特別的成功。此外，「法國的預期（胡志明政府將願意就法國開出的條件進行談判），忽視了越南北部大多數民眾對法國抱以強烈憎恨和輕蔑的現實。這種對法國人的負面情緒，不僅與胡志明的民族主義政黨無關，而且即便北方遭受挫折也不會消退。無論法國或法國仍占據的地區的政治人物提出什麼天真的政治設想，都不能夠削弱胡志明，後者已擁有足夠的民眾支持」。[2]

　　1948年，越南的戰事無疑耗盡了法國最後的力量，杜魯門政府也傾向於認為法國應在歐洲集中力量，而不必在亞洲繼續浪費實力。同期，為應對歐洲緊張形勢，法國繼續向美國要求援助。1948年7月，美國則表態稱，如果法國願意將交趾支那歸還給越南並最終給予越南真正的獨立，美國將考慮為法國繼續在東南亞的戰爭提供物資援助。法國別無他法只得同意美國的要求，否則將確定無疑地輸掉戰爭。只有真正的越南民族運動有可能抵制胡志明的共產主義意識形態，最後法國似乎理解了這一點。1949年3月8日，法國承認南方保大皇帝政府獨立（但仍保留在法蘭西聯邦之內）。到1950年2月，法國警告稱如果美國不提供長期援助，法國可能不得不徹底從印度支那撤出。

　　到1949年年中，法國已計劃從駐德國和北非的法軍中抽調力量，派駐到越南。但不幸的是，至少在美國看來，法國此舉並不明智，這些力量對於保衛歐洲非常重要，顯然歐洲之於整個西方比越南之於法國重要得多。美國分析人士也擔憂，由於法國人的東南亞戰爭需要美國支援的軍備和物資才能繼續下去，這將對美國在遠東的威望構成負面影響。此外，法國持續地在東南亞消耗其力量，更將極大地影響法國經濟的復蘇，而後一種結果將使法國社會在蘇聯的政治、社會進攻中更顯脆弱。無疑，法國的亞洲戰爭戰略，依賴於美國持續的援助以及美國公眾的理解和支持，但繼續支持法國

---

[1] 庫恩斯：《評估蘇聯威脅：冷戰的早期歲月》，第97頁（Kuhns, *Assessing the Soviet Threat*, 97），摘自1947年1月10日中情局《每周情報摘要》（送杜魯門總統）（Weekly Summary, 1 Oct 1947）。

[2] 庫恩斯：《評估蘇聯威脅：冷戰的早期歲月》，第145-146頁（Kuhns, *Assessing the Soviet Threat*, 145～146），摘自1947年10月24日中情局《每周情報摘要》（Weekly Summary, 10 Jun 1949）。

則使美國擔心這將令國際共產主義有機會指控美國政府是殖民主義強權。[1]

　　1949年毛澤東在中國大陸的勝利再次給予法國致命一擊。由於與中國接壤，毛澤東的勝利將使胡志明獲得中國的支持和庇護。對斯大林而言，胡志明的成功則是苦甜參半的，從壞的方面看，胡在越南令法國遭受的失敗將威脅到法國共產黨在國內的聲望。[2] 而對毛澤東來說明顯不存在這些顧慮。當時，美國情報評估認為，法國已用盡了它所能投入印度支那地區的所有力量，如果中國願意為越南提供有力的支援，法國將無法在缺乏外界援助的前提下繼續遏制北方的政權；如果法國希望繼續戰斗下去，他們對美國和英國的援助要求肯定會大幅增加。[3]

　　實際上，越南並未被納入美國在1949年12月規劃的亞洲遏制戰略涵蓋范圍之內，但很快美國國家安全委員會警告當局稱，如果印度支那半島被赤化，下一個倒下的多米諾骨牌將是泰國和緬甸（當時國務卿和國防部長甚至將馬來亞納入可能被危及的清單，並警告可能威脅更西邊的國家）。同期，中情局的分析也警告，共產主義政府主導的越南將與蘇聯、中國一起，最終使馬來亞和印度尼西亞加入共產主義集團。[4] 1950年3月，杜魯門總統批准立即動用1949年總額達7500萬美元軍事援助款中的1500萬美元，提供給其認可的中華民國政府（用以支援退守台灣的蔣介石政權）；同年4月，杜魯門批准了國家安全委員會的政策聲明，其中將印度支那列為東南亞涉及美國安全利益的關鍵地區。此刻，美國仍認為只有給予越南全面的獨立才可能解決問題。然而，當地形勢惡化的速度如此之快，以至於那些直接援助可能僅具心理價值。[5] 對於法國在越南宣布的所謂獨立，後來也清楚地表明法國人所承認的保大政權仍是個傀儡：法國仍保持著最大的控制權，很多情況下法國殖民地官員只是換了個名稱繼續任職。

　　東南亞另一個殖民帝國——荷蘭，在戰後同樣面臨著同英、法兩國一樣的問題。1942年，日本向東南亞發起進攻，將荷蘭殖民地當局逐出最具價值的東印度群島（現在的印度尼西亞）。日本戰敗後，荷蘭同樣夢想奪回原殖民地，東印度群島橫跨從中東到日本的海上交通線，且擁有巨量的各類自然資源（包括石油、鋁土和橡膠等）。最初，荷蘭要求美國提供兩棲艦只以便重新征服這裡，但美國政府拒絕了。不得已之

---

[1] 庫恩斯：《評估蘇聯威脅：冷戰的早期歲月》，第316-317頁（Kuhns, *Assessing the Soviet Threat*, 316～317），摘自1949年6月10日中情局《每周情報摘要》（Weekly Summary, 10 Jun 1949）。法國已與保大帝簽署了一份協議，他們宣稱如果保大皇帝希望在政治上獲得成功的話，其對盟要的實質性勝利是必需的。考慮到美國堅持讓越南獨立，這一協議很可能使美國政府相信應該為法國所支持的越南政權提供援助。

[2] 馬斯特尼：《冷戰和蘇聯的不安全感》，第85頁（Mastny, *The Cold War and Soviet Insecurity*, 85）。

[3] 庫恩斯：《評估蘇聯威脅：冷戰的早期歲月》，第355-356頁（Kuhns, *Assessing the Soviet Threat*, 355～356），摘自1950年2月10日中情局《每周情報摘要》（Weekly Summary, 10 Feb 1950）。

[4] 庫恩斯：《評估蘇聯威脅：冷戰的早期歲月》，第350頁（Kuhns, *Assessing the Soviet Threat*, 350），摘自1950年2月1日中情局《每周情報摘要》（Weekly Summary, 1 Feb 1950），該情報暗示蘇聯已承認胡志明政權。

[5] 《參謀長聯席會議歷史》，《參謀長聯席會議和越南戰爭》1：第134-135頁（JCS, *The Joint Chiefs of Staff and the War in Vietnam*, 1: 134～135）。

下，荷蘭只得求助於英國，因為戰時東印度群島位於英國負責的東南亞戰區內。與越南的情況類似，日本戰敗時將其武器都移交給了當地的民族主義武裝，其兩位重要的領導人蘇加諾和哈達則在荷蘭人重新到來前宣布了本國的獨立。

1945年9月30日，英國、印度和澳大利亞重新登陸印度尼西亞，但當地人普遍進行了抵抗，特別是在蘇臘巴亞（爪哇島東北部城市）抵抗尤為激烈。這使英國人相信僅憑現有的有限力量無法重新占據這個島國，當然，英國人還是盡可能派出部隊維持當地秩序，為荷蘭留下了是否重新占領的更多選擇。對於荷蘭與當地的矛盾，英國敦促雙方進行談判。毫無疑問談判破裂了。由於1940年德國的入侵，荷蘭戰後幾乎沒有什麼武裝力量，因此不得不耗費兩年時間重新組建其軍隊。直到1947年7月，荷蘭才實質性派遣軍隊赴東印度群島，他們稱之為「警察行動」。最初荷蘭軍隊很快奪取了半個爪哇島和蘇門答臘島最富饒的地區，但當地民族主義勢力並未投降。因兵力不足，雙方不得不停火，此次停火一直持續了17個月，直到1948年12月荷蘭再次發起了進攻。通過這次進攻荷蘭人很快奪取了民族主義者在爪哇島南部的臨時首都日惹，蘇加諾、哈達以及很多政府內閣成員亦被荷蘭捕獲。然而此次行動並未發展成為決定性的勝利，群島上的游擊隊將戰事拖入持久狀態。這使荷蘭不得不面臨巨大的外交壓力，特別是美國，其要求荷蘭應在1949年底放棄該地區的主權。迫於壓力和國力衰弱的現實，荷蘭不得不接受美國建議，但仍保留了西新幾內亞島，此前該島是東印度群島的一部分，後來被印度尼西亞奪取。

荷蘭人曾以為，他們對日益成形的大西洋防御體系的積極參與，將使美國人願意在東南亞殖民地問題上給予援助，但這一切都只是荷蘭人的臆想。事實上，美國甚至更為嚴苛，其參議院不僅不同意幫助荷蘭恢復其殖民體系，更以馬歇爾計劃為要挾，迫使荷蘭放棄其殖民地。1949年3月，美國更進一步威脅拒絕在北約框架下為荷蘭提供軍備。可以想象當時荷蘭的憤怒，也因此當1956年蘇伊士運河危機時，荷蘭和英法站在一邊反對美國。[1]

事實上，並非只有歐洲諸國擁有殖民地，美國在亞洲也有一塊主要的殖民地——菲律賓，當然在1946年時美國就給予了菲律賓獨立的地位，這也是戰前國會為菲律賓設定的政治進程。與亞洲其他地方類似，戰時菲律賓的反抗活動（既有反抗西方殖民，也有反抗日本占領的運動）也涉及共產主義武裝和團體，後者如虎克（Hukbalahaps，虎克巴拉哈，抗日人民軍）。而菲律賓亦成為美國試驗其理念的理想之地，美國認為如果在殖民地實施開明的政策，就能克服共產主義對當地的影響，因此戰爭結束後美國很快就履行了承諾。但當時菲律賓的季里諾政府卻腐敗、獨裁不

---

[1] C.維貝斯：《1940—1949年，荷蘭的國家安全政策》，摘自約瑟夫·史密斯：《北約的起源》（C. Wiebes, *"The National Security Policy of the Netherlands, 1940~1949"*, in *The Origins of NATO*, ed. Joseph Smith）。還可參見克里布和布朗：《現代印度尼西亞：1945年以來的歷史》（Cribb and Brown, *Modern Indonesia*），其中描述了印度尼西亞努力獲得獨立的經過。

堪，到1950年時，虎克的叛亂活動已在菲全國擴散開來。美國則在繼續爲政府提供援助的同時，要求其進行改革以解決社會矛盾。此時，另一名菲律賓領袖，拉蒙・麥格賽賽（Ramon Magsaysay）在混亂中崛起，他重振其追隨者的士氣，並在1951年進行的全國大選中獲得成功。美國在菲律賓的經歷似乎表明，富有活力、受到廣泛歡迎的本土政治領袖（這也是當時中國民族主義力量所缺乏的），是殖民地政治改革進程成功的關鍵。另一方面，麥格賽賽成功的極端重要的原因還在於，虎克缺乏任何外部的支援，因此在遭受挫折時虎克只得在菲律賓的邊遠地區尋求避難之所。這些都是戰後菲律賓爲何未步越南等國後塵的原因。

　　曾爲麥格賽賽服務的美國顧問後來在法國人撤離後又到了越南，幫助當地克服共產主義影響。在那裡他們試圖推行曾在菲律賓取得的成功經驗，即在扶持當地親美且富有活力的民族主義領袖的同時，積極推行當地的社會經濟改革。但這次，越南北方的共產主義者所享有的外部支援和庇護所（與中國廣泛接壤），使這種經驗再難以奏效。

1953年艾森豪威爾就任美國總統，他的經歷和個人特點使其非常勝任這一職務。第二次世界大戰期間，他任歐洲盟軍總司令，戰後又擔任了北約的主要軍事領導人，在軍中任職期間他與當時各主要國家的領導人建立了良好的私人聯系。圖中所示爲1955年8月他與英、法、蘇等國領導人在瑞士日內瓦會議上的合影。從左至右依次爲蘇聯領導人尼古拉・布爾加寧、美國總統艾森豪威爾、法國總理埃德加・福勒（Edgar Faure）和英國首相安東尼・艾登。此時，西方人仍未意識到布爾加寧的政治搭檔，尼基塔・赫魯曉夫，已在很大程度上掌握了蘇聯。而英國和法國的兩位領導人此時也未計劃1956年底一同參與的第二次中東戰爭，他們更未意識到此舉幾乎使北約陷入分裂。（美國海軍學院）

第10章
斯大林的備戰

戰爭結束時，斯大林從未像美國那樣大規模地解散其軍隊。在20世紀70年代，中央情報局曾評估稱，第二次世界大戰後總規模曾達千萬級規模的紅軍經戰後裁撤後，到1947年時仍有大約260萬人。與戰時相比規模已大爲削減，但仍是同期美國武裝力量規模的5倍多。同時，蘇聯國內的內務安全力量總規模亦達到約100萬人。[1] 1947年之後，蘇聯軍隊開始得到恢復，從1948年與1949年間的多天至1950年年中，斯大林再次擴編了100余萬的紅軍。根據美國情報部門評估，蘇聯陸軍規模的高峰大約出現在1952年中期，當時蘇聯地面部隊的總兵力達到600萬之眾。到1950年時，據信斯大林擁有175個陸軍師，外加其衛星國的陸軍部隊。如果當時歐洲緊張的形勢最終無法遏制的話，這就是當時北約所需面臨的力量。

對於大多數西方人而言，如果說1945年時蘇軍之所以戰勝德國只是更多地依賴雖然裝備較差，但具有壓倒性的數量規模優勢的話，那麼當德國——公認曾擁有西方最強大的武裝力量被擊敗後，西方未來又將如何面對蘇聯軍隊？或者說，當斯大林改進了其軍隊的裝備質量，擁有與西方類似的精密復雜技術裝備後，西方還能有什麼更好的辦法？

戰後，歐洲面臨的現實更爲糟糕。現在我們知道，蘇聯之所以取得勝利更多地在於其軍隊統帥的指揮能力超越了德軍，並非僅依靠單純的數量優勢取勝。總體上看，戰爭期間蘇軍與德軍的數量對比並不如想象中那麼懸殊。爲了獲得壓倒性的勝利，蘇聯統帥更善於在前沿集中兵力，充分依靠僞裝、欺騙等手段，使德軍無法真正意識到蘇軍前沿特定地段兵力薄弱的現實。[2] 至於紅軍的數量優勢，根據近期的研究認爲，大約在1943年以後，紅軍前期損失的部隊數量很難單純地通過征召後方兵員加以彌補，戰爭後期其兵力規模優勢遠達不到讓前線統帥無所顧及運用的程度。[3] 除了統帥的戰爭技巧之外，戰爭後期紅軍作戰極爲依賴優勢火力，正如其西線的美軍同行那樣。

關於蘇軍以數量規模優勢取勝的神話只是西方自我安慰的想象。導致西方產生如

---

[1] 梅·斯坦布魯納和沃爾夫：《戰略軍備競爭的歷史》，第81頁（May, Steinbruner, and Wolfe, *History of the Strategic Arms Competition*, 81）。

[2] 格蘭茨：《第二次世界大戰期間蘇聯軍事欺騙》（Glantz, *Soviet Military Deception*）。

[3] 對於戰爭期間蘇軍人力的損失，可參考格蘭茨和豪斯：《當巨人們衝突之時：紅軍如何阻止希特勒》，第156-157頁；而關於其采用裝備的浪費規模可參見第180-181頁、第288-289頁內容。（Glantz and House, *When Titans Clashed*, 156～157, 180～181, 288～289）。

此印象最主要的原因，在於德國。由於輸掉了戰爭，德國人為西方提供了蘇聯軍隊如何取勝的最直接的圖景。不難理解，為了維持其榮譽，德國人更願意將蘇軍的勝利歸結為他們壓倒性的數量規模優勢，而非其將帥更優越的指揮能力和各級官兵的戰鬥技巧。在英國，有不願面對現實的人也暗示稱，德軍擁有更佳的戰爭素質（蘇聯只是通過數量規模優勢獲勝）是更令人愉悅的解釋，如此就解釋了為何1940年戰爭爆發初期歐洲盟國在西線，以及1941—1942年英軍在北非，為何表現如此糟糕了。

到1948年，蘇聯陳兵中歐並開始著手現代化其裝備。這與麥斯基曾在1944年所提出的戰後「十年計劃」（1946—1955）建議相一致，期間蘇聯各軍種都制訂了本軍種的現代化規劃，這些規劃明顯也都經斯大林的審查。為確保計劃制定的科學性，蘇共還從其政治局中抽出成員參與計劃的制定。[1] 由於此十年計劃將於1956年1月結束，這意味著到1957年時蘇聯很可能已完成大部分戰爭準備。現在仍不清楚的是，當時英國情報機構是否獲悉了斯大林戰備計劃的幾個重要時間節點，畢竟這直接關系到英國軍方制定自己的計劃及戰備情況。無疑，蘇聯軍方的第一個五年計劃恰與整個國家的五年計劃相重合，這期間主要致力於恢復損失慘重的國內經濟和軍工產業，期間所需的人力由解散的軍隊補充。同時，這批退役人員還將轉入預備役力量，並准備裝備戰後新生產的新型武器裝備，這主要在第二階段（1951—1955）進行。待這一切完成後，蘇軍將由戰爭末期的騾馬化向摩托化轉變。

所需的技術和工業能力主要來源於西方（涉及戰時通過租借法案和諜報系統獲得的技術），以及直接從德國劫掠來的技術。特別是後一來源，戰爭末期迅速向西挺進的蘇軍部隊獲得了大量的德國工業專家和設備，這些人和設備被很快運回後方並發揮作用。戰爭結束後，蘇聯在德國和東歐的駐軍更是有系統地搜索各類技術人才，其中大部分被押解回蘇聯參與其重建。為了管理協調相關事務，蘇聯還專門成立了特別科技研究所（NIIs）。在利用並組織德國人展開工作時，蘇聯通常還會組織本國技術團隊同步並行展開研究。50年代，這批被強制在蘇聯工作的德國人陸續返回德國，他們亦成為西方了解、掌握蘇聯總體技術能力的最佳信息來源。對此，美英共同啓動了一個名為「龍之回歸/勒索者」（Dragon Returns/Wringer）的項目，通過對不同領域的返德專家反饋信息的收集、整理，拼湊出蘇聯整體技術能力現狀和發展趨勢。[2] 事實上，這一項目僅僅是為驗證西方長期以來深信不疑的觀念，即蘇聯不可能僅靠自身發展先進的技術。

這一時期很多蘇制武器的確直接復制自外國的同類裝備，最重要的例證是美國和

---

[1] 當時蘇聯軍備發展「十年計劃」中只有海軍軍備發展部分被公布，參見巴甫洛夫：《蘇聯戰艦，1945—1991年》（Pavlov, *Warships of the Soviet Union*），其中數據來源于近期刊登的俄國資料与論文。

[2] 關於蘇聯技術能力的資料，可參見當時英國政府的記錄和一些對蘇情報項目的報告，這類新公布資料現存於英國公共記錄辦公室（DEFE41、42）。蘇聯遣返這些德國專家及工程師的行為始於1951年。根據拉克：《情報的運用與局限》第143頁（Laquer, *The Uses and Limits of Intelligence*, 143），最初西方所獲悉的蘇聯火箭項目發展情況多源於G.A.托卡列夫中校，他於1948年被英國情報機關吸收，他向西方提供了蘇聯在1947年啓動的火箭開發項目的情報，他還稱他曾接觸過斯大林。

英國在租借法案框架下向蘇聯提供的B-29轟炸機、預警雷達，以及美國繳獲的德國被動式自導魚雷，戰後蘇聯很快都研制出了源自這些武器的仿制品。而且通過仿制這些武器系統，不僅可以直接用於蘇聯同類裝備的研制與生產，甚至更爲重要的是，它們的很多重要子系統和技術之後也可用於完善其他的武器裝備。例如，50年代蘇聯研制的噴氣式轟炸機，包括圖-16「獾」式和圖-95「熊」式轟炸機及其機載防禦機炮的火控系統，都直接基於B-29型轟炸機，德國魚雷先進的自導技術也被應用於後繼魚雷系統。

在當時最先進的噴氣式戰斗機方面也同樣如此。戰爭結束前，蘇聯已俘獲了一些德國噴氣引擎，以此爲藍本蘇聯的噴氣技術得以啓動。1945年2月，斯大林就下令開發由這些德制引擎驅動的戰斗機。到1946—1947年時蘇聯戰後第一代噴氣式戰斗機進入量產階段。1946年3月，蘇聯戰斗機設計師獲得指令盡快開發第二代跨音速（達到0.9馬赫）晝間戰斗機。但通過改進現有德制引擎已無法獲得所需的功率，當時只有英制引擎擁有類似的功率，斯大林可能也考慮到英國人不會愚蠢到將自己最先進的引擎技術出售給蘇聯。但他的外貿部門高級官員阿那斯塔斯·米高揚（Anastas Mikoyan）向他保證英國會提供其引擎技術。1946年4月，蘇聯開始與英國就引起引擎的問題展開談判，當年9月這筆交易最終達成，次年3月第一台英制引擎運至蘇聯。很快蘇聯又以其爲基礎，改進設計了自己的引擎並投入量產。該系列引擎最終用到了米格-15戰機的機體上，而後者在隨後的朝鮮戰爭中被中國和蘇聯空軍廣泛運用。

對於原子武器，斯大林在獲悉美英的曼哈頓計劃後就命令緊急啓動同類項目，項目除了包括蘇聯自己的原子彈外，還涉及投擲它們的重型轟炸機。戰爭期間，蘇聯曾要求美國向其提供類似的重型轟炸機，但美國始終拒絕其要求。重型轟炸機的問題最終在1944年出現轉機，當時3架B-29轟炸機在完成轟炸日本的任務後迷航降落到蘇聯西伯利亞地區。斯大林緊急指令國內航空部門以其爲藍本制造自己的轟炸機，即後來的圖-4（北約代號「公牛」）轟炸機，斯大林曾命令制造1000架該型轟炸機。

類似的，德國在戰時開發的很多先進武器系統也啓發了蘇聯，比如在其V-2彈道式導彈出現後，斯大林就敏銳地將其視作未來抵消西方空中優勢的重要武器。戰爭末期美英的相關研究也表明，要想防禦這種導彈，仍需數十年時間來發展相關技術。另一方面，V-2導彈的生產極端復雜和昂貴，戰爭末期德國爲將其產量投入了大量技術資源。而德國量產的此型導彈中，絕大多數被投向倫敦和安特衛普，其彈藥投擲量相當於數千架戰機在幾個月時間內連續的轟炸。當然，戰後隨著原子武器輕型化不斷取得進展，V-2作爲未來投擲原子彈的重要手段，也更具吸引力。

在蘇軍向西挺進過程中，斯大林同樣獲得了V-2導彈的樣品和大量用於生產導彈的技術裝備。1946年，由於斯大林對蘇聯航空工業部門的清洗，該部門的研發生產能力受到很大影響，因此新的導彈項目被置於軍備生產部長的管理之下（由德米特

里・F.烏斯季諾夫，Dmitriy F. Ustinvo領導），該部門此前主要負責炮兵裝備。[1] 1947年4月14日，蘇共中央政治局批准發展類似V-2的彈道式導彈，即第一種蘇聯彈道導彈R-1型。[2] 爲了熟悉這種裝備，蘇聯新建了卡普斯京亞爾發射場，利用從德國繳獲的V-2導彈於1947年10月18日首次嘗試進行了發射。到1950年，蘇聯工業部門向軍隊交付了18枚R-1型導彈。當時，以R-1爲基礎的增強型R-2型導彈也已由火箭設計局（由謝爾蓋・科羅廖夫，Sergei Korolev負責）開發出來，其射程大約兩倍於R-1導彈。

但是量產這些導彈，則是另一個困難的挑戰。蘇聯的火炮設計師和技術人員毫無生產這類飛行物的經驗（彈體需在保持強度的前提下盡可能減輕重量）。1950年8月，蘇聯陸軍要求裝備上千枚R-1/2型導彈，但當時炮兵研發部門的負責人，雅科夫列夫（Yakovlev）將軍斷絕了軍方的希望。[3] 作爲炮兵出身的將軍，他並不喜歡導彈，認爲其難以使用、不准確而且毀傷效率並不理想，除非能夠將其與原子彈搭配使用，否則並不適於軍事用途。考慮到當時蘇聯整體戰備計劃，1950—1951年間各裝備項目的進展非常重要，因爲後繼戰爭計劃直接取決於這一時期准備情況。1951年，雅科夫列夫卸任，其繼任的M.I.涅德林元帥命令將導彈投入量產。他可能知道適用於這類導彈的輕量化原子彈頭很快就能配備部隊。但諷刺的是，盡管蘇聯爲其兩種導彈（R-1/2）發展的核彈頭項目正在加緊進行之中，但兩者似乎不能搭配使用。

此外，蘇聯的軍隊及其軍工體系似乎更傾向於強調生產、部署整套的武器系統，而不像西方那樣在部署成套武器裝備的同時，還附有大量備件（因此在西方很多防務企業也發現，武器裝備部署後的後繼零配件維護和服務可能比單純出售這些武器產生更多利潤）。以坦克爲例，對蘇軍而言，坦克本身就被認爲是戰爭的消耗品，一輛坦克被擊毀後，後備的坦克將立即投入戰場，而無須以零配件維修被毀的坦克。西方軍隊則傾向於用零配件盡可能修復戰損坦克，再投入使用，因此在平時，西方軍隊建設只將其庫存中的少部分裝備投入正常訓練，因爲現役部隊大規模使用技術裝備將極爲損耗其壽命。例如，在80年代，駐東德蘇軍就大量使用特種坦克用於日常訓練，因爲他們希望在訓練中加速磨損報廢這些坦克，而真正用於作戰的坦克則被儲存於專門的倉庫中。蘇聯的這種觀念源於他們認爲在戰時一輛坦克很可能在其正常磨損並報廢前就已被擊毀。因此無須在零配件及修理設備上浪費精力和資源。也正因如此，在整個冷戰期間，蘇聯生產部署了比西方多得多的軍事裝備（不僅坦克如此，在飛機和艦船數量上同樣如此）。由於維護修理被相對的不受重視，與西方軍隊相比，蘇聯部隊總是傾向於爲作戰支援部門投入較少的人力和資源。

蘇軍的作戰理念及其形成的獨特戰術，對於西方國家軍隊而言極爲陌生。在後者

---

[1] 萊楚卡和皮沃瓦拉：《蘇聯和冷戰》，第165頁（Lyelchuka and Pivovara, *SSR i Kholodnaya Voenia* [*USSR and Cold War*], 165）。

[2] 萊楚卡和皮沃瓦拉：《蘇聯和冷戰》，第172頁（Lyelchuka and Pivovara, *SSR i Kholodnaya Voenia* [*USSR and Cold War*], 172）。

[3] 萊楚卡和皮沃瓦拉：《蘇聯和冷戰》，第176頁（Lyelchuka and Pivovara, *SSR i Kholodnaya Voenia* [*USSR and Cold War*], 176）。

的觀念中，一個裝備著壽命很短的武器系統的師（而且也缺乏足夠的維護修理設施及力量），按西方軍事標准來看不具備持續作戰能力。但這樣的軍隊設計也有好處，比如它無需龐大的後勤尾巴，戰時這樣的師能迅速展開並在損耗後迅速被另一個同樣的師替換，前者在撤回到後方後又用同樣的武器裝備休整，然後再次用於替換前沿損耗殆盡的部隊。這與西方軍隊典型的作法截然相反，其陸軍師的編制和建設總是盡可能地確保其戰場持續作戰能力，戰斗中部隊的損失也總是通過少量成套替換，大部分緊急維修的方式完成。西方認為，如此才有利於部隊積累戰斗經驗，維持部隊的戰斗技能。因此，如果未來與西方爆發戰爭時，持續的戰事將使蘇軍以多個師（以輪換的方式）來對抗西方的少量師。理解了雙方在部隊建設和部署時所遵循的不同邏輯後，就不會因蘇軍在數量規模上表面的優勢而受到誤導。

在海上，蘇聯海軍同樣采取了類似的策略。戰爭末期受德國XXI型潛艦的啟發，蘇聯大量建造了類似的潛艦，它類似於地面上龐大的裝甲集群，直接對西方賴以生存的海上優勢構成了威脅。未來戰爭中，遠在美洲的美國，仍會像第二次世界大戰中那樣成為西方世界的軍工廠，但要達成此目的，美國必須保持跨大西洋海上交通線的通暢。此外，在海上交通線的歐洲一端，美國海軍還要確保歐洲港口不受水雷的困擾。因為蘇聯戰後從德國獲得的，不僅包括其先進的潛艦技術，還包括新型水雷技術。

對於蘇聯在1945年後的軍備躍進，西方還有另一種認識上的傾向，即總是將其與某些外部事件聯合起來，比如北約的成立或朝鮮戰爭的爆發。事實上，盡管蘇軍各軍種在歐洲戰爭結束前就已制定了其戰後的發展規劃，但至少就蘇聯海軍來說（也相當典型），其十年戰備計劃只是在1945年底前才得到批准，而那時沒人會預料到北約的成立。因此，這種聯系並不存在。戰後蘇聯國防預算的急劇提升，很可能是一系列新型武器陸續成熟、部署部隊後所導致的不可避免的反應，比如噴氣式戰斗機。同期的杜魯門政府也面臨同樣的情況，但與蘇聯不同的是，美國政府必須考慮預算平衡的問題。由於新裝備更新速度快且價格高昂，因此杜魯門只得急劇地削弱其常備軍。如果他不那麼選擇，美國軍方在40年代末的預算同樣也將迅速膨脹，正如斯大林的蘇聯所表現的那樣。

當然，斯大林在戰爭之後重整軍種的原因，可能也與北約有關。戰爭結束後，斯大林將與西方未來的決戰視作共產主義與資本主義的終極對決，對此他從未放松，只是最初他設法秘密地進行，直到他願意公布出來。對於此時的西方，首次意識到蘇聯重整軍備的規模與范圍是在1949年3月，當時蘇聯公布其1949—1950年度國防預算約占其政府總支出的19%，相比1948—1949年預算增長約6%（當年占總支出比例約18%），若其聲明非虛，這意味著1950年軍費比上年度增長約100億盧布。但當時這一數字僅出現在俄語出版物中，並未真正公開對西方發表，其目的可能是為提升其東歐盟國面對新成立北約時的信心，當然也可能是內部宣傳攻勢的需要（用以解釋國家在

戰後所面臨的威脅並未減弱，仍需增加國防開支）。

根據現已解密的蘇聯檔案和數據顯示，1950年，其防務開支占到整個國家預算的20%。1952年的數字爲1126億盧布，1953年開支達到1242億盧布，但1954年的防備開支急劇下降到1003億盧布（至少紙面上如此），1955年預算略有上升達到1074億盧布；此後每年預算都略有下降，包括1956年的978億盧布、1957年的967億盧布；到1958—1960年，每年的預算約爲960億盧布。同時，在1955年以後，蘇聯整體的國家預算開始迅速上升，這使得同期防務預算在整個預算中的比例迅速從當年的19.9%降到1960年的11%左右。[1]

1952年後蘇聯防務開支的持續增長實際隱含了一個有趣的事實。西方觀察者認爲該時期蘇聯軍費開支趨於穩定並隨後下降，是因爲蘇聯生產和部署的武器數量有所降低。而導致此結果的原因，部分在於生產率的下降，這正好契合了同期重要武器裝備復雜程度急劇提升的現實。例如，蘇聯原計劃制造數量龐大的驅逐艦（最初是41號工程的「塔林」級，之後是56號工程的「科特林」級驅逐艦），但最終未能如願，原因是後繼軍艦的復雜程度急劇提升，使蘇聯無法按計劃所設定的數量生產。當然，1955年以來蘇聯軍費削減的部分原因，可能也在於爲增加人民所需的消費品的生產。因此，這一時期來源於蘇聯的很多數據，都具有欺騙性。

對於蘇聯經濟的真實情況，不僅西方學者難以理解，而且就算是斯大林本人（及其繼任領導人）也都難以真正掌握。其經濟體系運行依賴高度的計劃調節，因此西方傳統的貨幣—經濟理論難以解釋蘇聯的經濟現象。赫魯曉夫曾特別以各種經濟數據自豪，但現在看來，這些數據可能真的毫無意義。每個蘇聯企業在財務結算時必須給出獲得的收益額，但此收益數字並非來源於其產品在出售過程中所實現的利潤，而是以企業生產的產品總量爲基礎計算得出。以蘇聯的軍工體系爲例，軍方總是要求廠方降低產品價格以便以其有限的預算采購所需的數量。爲了彌補給軍方折扣對整個生產的影響，實際上每座軍工廠也都會生產一定的民用品，而其民用品價格往往較高以抵銷軍品出售時的折扣。這種混合生產的模式可能在最初用於應對緊急情況時增加產量是適用的，但它只能在賬面上使企業的運營看上去是合理、正常的。例如，在80年代，蘇聯軍工體系生產的坦克每輛僅「價值」約10萬盧布，考慮到當時名義上盧布對美元的匯率這一數字的荒謬程度就可想而知了。再例如，80年代末蘇聯參與巴黎國際航空展時，蘇霍伊飛機設計局的負責人曾稱，1架蘇-27戰機的成本與1架米格-29戰機差不多，即便兩種戰機在尺寸和復雜程度上存在著巨大差別。他的話既是正確的，也是錯誤的。在蘇聯的經濟體系下，國家確實爲兩種戰機的采購「支付」了同樣的資金，但

---

[1] 數字來源於西蒙諾夫：《1920—1950年代的蘇聯軍事工業復合體》（Simonov, *Voenno-promyshlenniy kompleks SSSR* [*Military-industrial Complex of the USSR*]）。蘇聯的國防預算通常分爲三部分，一是部隊維持費用，二是武器和其他消耗品（彈藥和車輛等）的采購，三是軍事投資。通常第二類費用的比例占到總預算的1/3，但在1953—1955年間這部分費用升高到總預算的一半。

同樣的資金在流轉向不同機型生產企業時卻完全不同。

後來，戈爾巴喬夫的經濟學家們曾於1987年夏季共聚一堂，試圖研究改革蘇聯經濟體系的一攬子解決方案時，他們就意識到蘇聯傳統的預算和統計數據毫無價值。[1]葉戈爾·蓋達爾（Yegor Gaidar），後來曾任葉利欽政府總理，當時就稱，按照經濟學家的建議1000億盧布的赤字（約占其國民生產總值的12%）將摧垮國家的經濟；而當時蘇聯經濟改革的主要設計者則稱，考慮到1987年政府實際赤字已達1270億盧布，僅僅1000億盧布的赤字已是進行。到1989年，戈爾巴喬夫在蘇聯歷史上首次承認國家的預算存在赤字（約360億盧布）。但所有這些數字都很難稱得上有意義，因爲蘇聯的國家銀行直接由政府財政部長控制，需要的話，只需印更多的鈔票即可。

由於生產效率不高，蘇聯的軍工廠在需要生產高質量的軍品時，其成品率都不高，剩餘的次品要麼拆毀丟棄，要麼強行轉給民用經濟部門使用。以冷戰早期生產的電子管爲例，數以百計的電子管生產出來後，可能只有一到兩個達到軍品要求，供給相關軍工企業。[2]此外，蘇聯的民用經濟部門只是名義上的「民用」。例如，蘇聯民用航空總局（Aeroflot）及其龐大的商船隊，都擔負著軍事使命。西方曾發現蘇聯用於測試軍用激光的特種飛機噴塗著民用航空總局的標志和色彩。[3]這意味著其民用航空部門的預算中包含有部分軍事預算。

很可能是由於蘇聯將其經濟中如此大的比重投入到軍事部門中，因此他們對西方經濟的規模總體上亦存在高估的問題。蘇聯解體後，其內部對西方評估的這種古怪傾向得以曝光。[4]在這些評估中，蘇聯將西方的地面部隊描述爲雖然規模較小但具有壓倒性的作戰能力（由其強大的動員能力支撐著）。另一方面，西方人總認爲其政府不願向軍事部門投入過多資金，但他們自己也經常高估蘇聯經濟成分中用於軍事用途的比例，且蘇聯總體的經濟規模也遠比西方所想象得要小。

在蘇聯，由於沒有真正的國內市場，任何一件商品或服務的價格與生產他們所需的真正成本（包括機會成本）之間並無太多聯系。蘇聯經濟體系缺乏價值規律主導，效率低下，浪費嚴重。現實世界中幾乎找不到可與其類比的相似情況。另一方面，因爲經濟運行完全依賴計劃指令，使得一個企業不管有多少盧布或什麼好的產品，只要上級計劃部門沒有要求，他們的盧布就缺乏使用的動力，產品也不會實現其價值。很

[1] 普賴斯－瓊斯：《那場不曾是戰爭的戰爭：蘇聯帝國的墜落，1985—1991年》，第98頁（Pryce-Jones, *The War That Never Was*, 98）。

[2] 加迪：《過去的代價：俄羅斯努力解決以往軍事化經濟體系的遺產》，第42頁（Gaddy, *The Price of the Past*, 42）。

[3] 例如，邁克爾·泰勒：《布拉希world飛機和系統指南，1996—1997年》第178頁（Michael Taylor, ed. *Brassey's World Aircraft and Systems Directory*, 1996—1997年, 178）內容顯示，一架伊留申戰略指揮和控制機就采用蘇聯民用航空總局的塗裝。該型飛機共有4架，都注冊在蘇聯的民用航空類別中（原書第178頁）。書中第177頁顯示1架伊爾76型通信中繼機，第180頁顯示1架圖135運輸和通信機（圖134客機的軍用型），這種機型也都采用蘇聯民用航空總局的塗裝。此外，在戴維·唐納德和喬恩·萊克：《世界軍用飛機百科全書》卷I（1994年，倫敦航空出版社）的第211-212頁（David Donald and Jon Lake, eds., *Encyclopedia of World Military Aircraft*, vol. 1 [London: Aerospace Publishing, 1994]）所示的兩架蘇聯伊爾76和伊爾86飛機同樣采用蘇聯民用航空總局的塗裝。

[4] 例如，可參見V.什雷科夫：《美國和蘇聯情報的致命失誤：第一部分》，摘自1996年《國際事務》42期，第159-178頁（V. Shlykov, *"Fatal Mistakes of the U.S. And Soviet Intelligence: Part One"*, *International Affairs* 43, no. 5/6[1996]:159～178），特別是第171-178頁當時格魯烏曾稱美國在動員其軍工能力後，能夠在一年內生產5萬輛坦克。

多蘇聯的軍工聯合體發現，即使他們有現金也難以采購到生產所需的必需品，更多情況下他們不得不運營多個次級企業，爲其員工提供生活必需品，或生產那些用於與其他企業交換的產品。[1]

蘇聯崩潰後，西方開始接觸到更多蘇聯經濟體系運行的內幕。例如，國家法定貨幣盧布，在其預算體系內就分爲很多種：普通的是用於民用經濟部門的盧布，還有用於防務軍用部門的盧布，以及用於與外國交易的特殊盧布等。[2] 軍事經濟部門的產品，其價格被人爲地定低，即是說，同樣的盧布，對軍用品的購買力比民用品更強。考慮到軍用經濟部門也需在生產過程中獲得更多收益，比如爲其員工修建住房，贏得主要生產訂單後生產過程中例行的獎金報酬等，都使這種情形更加惡化（即軍工產品與民用產品間價格剪刀差更爲擴大）。這種價格差只能經民用經濟部門，最終傳導轉嫁到普通民眾身上，結果導致民眾生活水平長期停滯甚至降低。部分的由於此原因，但更大程度上因爲其整體經濟結構失衡，經濟發展計劃通常表現得非常樂觀。而對於蘇聯軍事工業及其他很多工業領域的發展計劃制定者而言，他們對於整體經濟的缺陷完全是不清楚的。

美國情報機構曾試圖評估蘇聯真正的防務開支，比如中央情報局在冷戰中後期開發的「蘇聯經濟成本分析模型」（SCAM），常被用於評估其經濟狀況。70年代末，常見的分析數據表明蘇聯軍事開支占其國民生產總值的11～13%，但在中情局被迫接受了蘇聯軍工企業的整體生產效率並不比其民用企業的效率更高的事實後，經修正的軍事開支占比升高到15%—17%。[3] 同樣在70年代末，據稱時任蘇聯最高領導人列昂尼德·勃列日涅夫（Leonid Brezhnev）曾對他的同事稱，蘇聯經濟運行過程中，三個盧布中就有一盧布投入到軍事領域，他認爲這一數字是不會讓蘇聯人民接受的。在蘇聯解體，一些真正的經濟數據被批露後，西方更震驚地發現，曾經評估認爲的蘇聯國民生產總值規模，竟然不超過真正數值的三分之一。如果上述數據和中情局的測算是正確的話，那麼到冷戰中後期蘇聯的實際防務開支負擔可能達到國民生產總值的55%，甚至更高。如此高比例的軍事投入，即使第二次世界大戰期間作爲盟國軍工廠的美國也從未達到過。據目前估計，冷戰時蘇聯的機器制造和金屬制造兩個主要門類中62%的產值與軍事用途直接相關，另32%則用於投資領域，而用於民生消費產品生產的只有5～6%。[4]

西方人本應對此了解得更多，但很大程度上仍被斯大林及蘇聯對其經濟體系的控制能力所迷惑。當然，考慮到在蘇聯歷史的絕大部分時間裡，其人民都處於被奴役的

[1] 加迪：《過去的代價：俄羅斯努力解決以往軍事化經濟體系的遺產》，第130-147頁（Gaddy, *The Price of the Past*, 130～147）。

[2] 加迪：《過去的代價：俄羅斯努力解決以往軍事化經濟體系的遺產》，第12-13頁（Gaddy, *The Price of the Past*, 12～13）。

[3] 加迪：《過去的代價：俄羅斯努力解決以往軍事化經濟體系的遺產》，第10頁，是指70年代初期（Gaddy, *The Price of the Past*, 10）。

[4] 加迪：《過去的代價：俄羅斯努力解決以往軍事化經濟體系的遺產》，第14頁（Gaddy, *The Price of the Past*, 14）。

狀態，因此無論當局要求什麼都不會有違抗。西方對於蘇聯對其經濟體系的高強度控制的觀念，自1945年起就從未改變過，而且這種觀念一直持續到1989—1991年蘇聯解體。甚至在70年代末，很多美國的防務界人士曾非常羨慕蘇聯武裝力量在其國內的超然地位，相較而言，美國國會、媒體和大眾對美國軍方從來就抱著懷疑的態度，批評質疑之聲不絕於耳。這也引起了美國高層的思考，比如他們會問，純粹就軍事而言，高級軍官會更偏好統率美軍還是蘇軍？對於那些喜歡制服、團體的人士而言，答案是不言自明的。

可能並不是所有西方人都會高估蘇聯的軍事經濟能力，但就蘇聯軍事體系滿足新軍事需要的靈活性而言，可能更多的人會得出高估的判斷。蘇聯的生產計劃者們更偏愛一種較穩定的經濟狀態，如果他們能容易地預測每個企業的生產指標和任務，如此環環相扣，整個經濟體系的運行很大程度上就能被計劃指導了。對他們而言，更喜歡保持某件武器裝備處於生產狀態，而非由於某種原因（如性能落後）而將其淘汰停止，重新建立新的生產流程和體系。類似的，維持其現有的技術研發體系（如蘇聯與西方截然不同的、專精於特定技術領域的設計局體制），肯定比激進地改變技術研發體制更加容易。資本主義經常被描述為「創造性破壞」，相較而言，蘇聯的體制則更為保守。

到70年代末，蘇聯的軍工經濟學家也坦言當前難以跟上世界的變化，在其看來，戰爭形態的變化速度如此之快，以至於要想預測未來戰爭將需要什麼樣的武器幾乎已不可能。其得出結論，軍工體系除了需具備現有武器裝備的大規模量產能力外，更重要的是整個體系必須足夠靈活以適應不可預知的未來。[1]

在整個冷戰期間，美國防務界的很多人士經常哀歎，由於體制限制，美國的防務開支只能局限於其國民生產總值中的很少一部分，與其夙敵蘇聯相比完全不成比例。然而，回過頭看，正是美國沒有將其主要資源消耗在軍事領域，才使得大量資本得以應用於技術創新與發展，為引領、主導後續的戰爭技術革命奠定了基礎。80年代，微型計算機已在美國得到廣泛應用，就是最佳的例證。而美國軍工經濟體系，雖然同樣依賴防務需求而生存，但高效靈活的資源配置模式遠非蘇聯可比。而西方對蘇聯經濟及其軍工體系的誤解，可能也是整個冷戰中最具諷刺意味的錯覺。

由於仍缺乏大量一手的資料，蘇聯時期的工業體系效率仍僅能從只鱗片爪的文獻材料中窺得一斑。例如，現在已了解到蘇聯的海軍項目整體進展非常不盡如人意，因而可以猜測蘇聯的軍工和經濟體系早在40年代末至50年代初，就已處於怠滯狀態；還掌握到蘇聯的工人群體曾希望第二次世界大戰的勝利能帶來他們生活上的改善，但最後他們還是失望了。當整個社會各階層的流動越來越依賴於一個人的政治身份和他對

---

[1] 加迪：《過去的代價：俄羅斯努力解決以往軍事化經濟體系的遺產》，第45-46頁（Gaddy, *The Price of the Past*, 45～46）。

黨的政治忠誠，而非取決於他的能力和專業素質時，越來越多的人對國家和黨失去信心甚至心懷怨憤，就不足爲奇了。隨著軍力重建被明顯地置於優先地位，憤怒的民眾也明顯地發現，要想達到政府所宣稱的非常高的生產指標，實在是越來越困難。

美國空軍戰略空軍司令部（SAC），是艾森豪威爾主政時期最大的「大棒」。他認爲，主要由戰略空軍司令部實施的戰略核威懾，將使歐洲大規模戰爭不再可能。只要戰略空軍能確保自身安全並發揮作戰效能，艾森豪威爾就有信心將共產主義威脅局限在歐亞大陸的邊緣戰場。圖中所示爲部署於格陵蘭島圖勒空軍基地的戰略空軍B-47噴氣式中程轟炸機。（美國海軍學院）

第11章
西方的反擊

為了重建西方盟國，美國啓動了耗資巨大的馬歇爾計劃，與此同時，政府又需控制其支出。這不可避免地促使美國的軍事戰略越來越多地依賴殘酷的原子武器。這種轉變並非願不願意的問題，而是沒有替代方案。至於認為美國之所以將軍事戰略轉變為以核武器為基礎，是由於杜魯門政府通過1947年國防法案組建獨立空軍（源於杜魯門希望整合三大軍種的願望），進而采納有利於空軍的軍事戰略（核戰略），則在相當程度上歪曲了當時的形勢。三軍的統一，事實上很大程度上出於出身於陸軍的馬歇爾將軍的建議，後者希望統一指揮能帶來真正的軍事效率提升，這在蘇聯顯露威脅本質而導致美國不得不將重整軍備與耗資巨大的馬歇爾計劃同步展開的戰後初期，是極有必要的。

願望故然美好，但現實卻非常艱難。出於軍種利益的考慮，空軍從陸軍獨立出去後所形成的三大軍種對如何統一指揮的問題都有著截然不同的觀點（這些觀點有時也是相互補充的）。然而，從某種意義上說，正是由於三軍意見不一，幫助美國避免了采納那類缺乏彈性的刻板戰略，而這肯定無法適應之後令人難以想象的冷戰現實。當然，在此階段，美國武裝力量的整合很大程度上由剛獨立出去的空軍（新興的戰略性力量）所推動。空軍人士認為，德國在1940年的軍事成功，可以追溯至其主要對手——英國和法國，缺乏足夠的空權意識，而同樣發生在1940年的不列顛空戰，同樣是皇家空軍拯救了英國。但此時美國的空權派很少意識到，戰時德國的成功是其空軍在與地面和海上力量高效協作所導致的結果；而單獨使用空中力量（比如戰爭期間，德國對英國的空中戰役，以及後來美英對德國的戰略轟炸）以求得決定性戰果的戰例都失敗了。甚至在1940年，德國無法對英國實施入侵，很大程度上正是由於空中戰役未能達成預期效果，而這使德國難以危及本來由英國占有的巨大海上優勢，更遑論集結一支可用於入侵的海軍艦隊了。

美國為整合其三軍，其過程之曲折、復雜，堪稱美國現代軍種關系史上最黑暗的時刻。期間，由於空軍源出陸軍航空隊，首批空軍將領也基本上由陸軍轉任，故而兩個軍種基本上站在一邊；而向來與陸軍激烈競爭的海軍，則處於孤立狀態。在就一系列重大軍事議題進行辯論時，陸軍和空軍往往聯手，海軍很多情況下都處於不利地位。例如，對陸軍而言，任何耗費在歐洲外圍的資源都是浪費，雖然1948年的陸軍除

了預見到西德將是未來抵抗蘇軍進攻的最前線外，很難把握戰爭真正的趨勢。海軍則與陸軍完全相反，它將周邊戰略視作削弱陸軍所面對的優勢蘇軍的一個手段。而空軍則在支持陸軍的同時也打著自己的算盤，比如其認為部署於歐洲主戰場兩翼海洋，用以攻擊蘇聯進攻力量側翼的海軍航空部隊，完全是多余的（希望奪取海軍的航空部隊）。為了回報陸軍對空軍的支持，空軍亦為陸軍在壓制其老對手——海軍陸戰隊而進行的論戰時，提供不少支持。

甚至，各個軍種的很多基本觀念也都完全不同。例如，在海軍，其組織指揮慣常采取更為靈活的委任式指揮，一線指揮官對其行動擁有更大的權限；而另兩個以陸地為導向的軍種則習慣於由上級主導的集中指揮控制模式。簡言之，海軍指揮機構往往只為下屬部隊規定禁止的事項，至於未提及的則都屬於可行的范圍；而陸軍和空軍，則只會規定要完成的任務和事項，未提及的則都屬於行動禁止之列。由於作戰環境、傳統傳承等因素的差異，軍種間孕育出迥然相異的組織指揮觀念非常自然。海軍部隊長期分散行動，因此僵化、嚴格的指揮控制既不可行，又非常困難；而陸軍和空軍，由於其作戰空間較有重合，兩軍種之間的協作關系更為密切，因此行動時更須依賴集中的指揮和詳盡、標准的行動程序，否則兩者間的協作就會失調。

美國政界重新整合其武裝力量體系的想法由來已久，戰後經過一系列艱苦的博弈，最終在1947年通過了《國家安全法案》。依據該法案，國家安全委員會（NSC）、中央情報局得以誕生；新的國防部得以成立，一個全新軍種——美國空軍，亦從陸軍獨立（海軍仍保留其航空兵力量）。新體制下，海軍部和陸軍部從原來的內閣部降格，與空軍部一起歸並到新國防部之下，受國防部長統一領導。參謀長聯席會議（JCS）體制也經該法案而強化和鞏固，構成參聯會的三軍種參謀長及其高級參謀，該組織也逐漸演變成非常重要的實體性機構，例如，自1949年起參聯會開始負責為所有軍種制定統一的預算需求。鑒於美國的防務開支始終被嚴格地限制著，戰後圍繞著有限經費的軍種利益之爭也愈演愈烈，而參聯會作為軍種間重要的協調機構，則必須就軍種間利益劃分（如軍種重大軍備項目是否裁撤等）提出建議，這在很大程度上決定著美國的整體軍事戰略。國防部成立後，杜魯門任命了海軍將領詹姆斯·V.福雷斯特爾作為首任國防部長（作為與海軍派的利益交換）。而任此職前，作為海軍部長的福雷斯特爾，曾艱苦地與陸軍和空軍爭斗以削弱政府倡導的軍種統一，前者和很多海軍高級將領認為這完全是陸軍和空軍的陰謀。無疑，如果當時是其他人擔任國防部長一職來協調軍種之間的利益，將是非常棘手和難以應付的，而被總統任命為以整合三軍為使命的國防部長後，盡管他仍傾向於保護海軍的利益，但還是在協調三軍方面做了些工作。[1]

---

[1] 克利福德和霍爾布魯克：《對總統的建議》，第148-158頁（Clifford and Holbrooke, *Counsel to the President*, 148~158），其建議使杜魯門總統相信他們對整合統一各軍種的設想。

對於整合武裝力量而言，1947年法案並未解決的關鍵性問題在於各軍種在歐洲戰爭中的角色及其戰略任務仍未能明確。1948年3月，各軍種參謀長聯席會議在基韋斯特島舉行會議，期間海軍同意不再堅持擁有其自己的戰略轟炸力量（回報空軍不再試圖阻撓海軍的航母建造計劃）。當然，海軍將繼續執行其歐陸戰爭的「間接」戰略，從側翼打擊大陸縱深的目標，例如，攻擊蘇軍對己方海上交通線和兩棲登陸具有威脅的陸基航空力量、蘇軍的陸上交通線等。同年7月1日，國防部長福雷斯特爾批准了此次會議達成的協議。[1]

而之後空軍又有反悔之舉，在重新考慮後，空軍參謀長卡爾·斯帕茨（Carl Spaatz）上將告訴福雷斯特爾稱，空軍仍希望海軍取消其艦載航空力量，而後者則告訴他說，在1947年法案中國會已認識到海軍需要自己的空中打擊能力，因此空軍不應得寸進尺。[2] 此外，基韋斯特會議中，海軍不再要求擁有自己的原子武器，各軍種參謀長也都口頭表示了同意，但空軍仍希望進一步獲得對此戰略武器的排他性控制權。陸軍參謀長奧馬爾·布雷德利也同意空軍的看法。最終，空軍獲得了暫時性但並不完全的勝利。[3]

1949財年防務預算（1948年編定）是美國戰後重整軍備的首年度預算，也是各軍種最後一次獨立地提交其預算需求。在福雷斯特爾的竭力影響下，當年度預算中，海軍獲准建造其可搭載彈射轟炸機（可投擲原子彈）的超級航母，這無疑打破了空軍對新武器（原子彈）的壟斷。海軍繼續在預算中占據重要地位，這無疑意味著其他軍種不得不作出犧牲。更確切地說，陸軍所受影響最大，按此規劃陸軍已無法擁有足以對抗斯大林龐大地面部隊的力量。此時，經戰後大額度的裁撤後，陸軍的野戰兵力僅剩10個未滿員的師，而且這些師大多已部署到海外，至於其預防緊急狀況的預備役部隊，總計只有兩個半師。對於未來的戰事，陸軍並無信心甚至充滿了悲觀，後來，陸軍調低了預期只要求增編部署12個齊裝滿員的現役師。當然，陸軍規劃除了12個現役師外，還有一支龐大的後備力量作為支撐，包括13個國民警衛隊師和25個預備役師。

美國的戰爭規劃仍預期未來與蘇聯進行一場持久的大規模戰爭，戰爭的頂點將是雙方集結的龐大地面部隊的對決。當然，平時就維持龐大的常備軍做好充足的戰爭准備，在經濟上對美國而言顯然是不可承受的。1948—1949年時參聯會預計，如果從當前開始准備並在1952年前後爆發全面戰爭，三軍在1949財年約需投入193億美元預算，並逐漸升高到1952的227.8億美元。而杜魯門總統明確未來幾年裡每年防務預算的上限只有150億美元，國會甚至更為苛刻，在其通過的1949財年防務開支預算中，就算將當時國會臨時增加的、用於采購飛機的10億美元計算在內，當年預算也僅

[1] 《參謀長聯席會議歷史》2：第165-184頁（JCS 2: 165～184）。

[2] 《參謀長聯席會議歷史》2：第184頁（JCS 2: 184）。

[3] 《參謀長聯席會議歷史》2：第185頁（JCS 2: 185）。

爲139.4億美元，而且其中的一些預算額度已在1948財年中開支掉了。因此時美國經濟已進入戰後首次衰退期，1950財年的情況甚至更糟（1948年時就已編列）。1950年前後，政府稅收縮減，大量資金不得不用於社會救濟和保障，此時美國政府還未開始奉行大幅赤字的政策。國防部將爭取預算的目標降低到145億美元，同期馬歇爾計劃所需資金亦達到防務開支的1/3（42億美元）。而且未曾預料到的是，此時馬歇爾計劃對美國國內經濟的刺激效應開始顯現，這減緩了美國經濟的衰退。[1]

在經費捉襟見肘的情況下，空軍的戰略核轟炸機恰提供了一種不那麼高昂的戰略手段。1947—1948年的冬天，空軍戰爭計劃團隊提出建議，如果戰爭爆發，以戰略核轟炸機摧毀蘇聯的城市將對其產生極大的震懾作用，並且可用較小代價在短時間內迅速癱瘓蘇聯政府。通常而言，如此瘋狂的想法在其軍種內部決不會被批准。[2] 但此時形勢所迫，空軍還是采納了此建議，並以此爲基礎制定對蘇戰略打擊計劃。在研究中空軍認爲要最大限度地發揮原子彈空中進攻的震懾力，行動必須在戰爭初期就盡可能迅速地實施，而不是像以往所想象的那樣，在戰爭爆發幾個月戰火已擴散開後再實施。1948年，戰略空軍司令部（SAC）就建議如果蘇聯挑起全面戰爭，在戰爭爆發的48小時內就立即向蘇聯預定目標投擲200枚原子彈。

以當時的原子彈威力，理論計算認爲只需4枚原子彈即可完全摧毀任何一座城市，根據統計和篩選，當時蘇聯共有約100座城市值得使用原子彈進行打擊。1947年10月29日，參聯會就要求至1953年1月1日前，軍方應部署至少400枚可用於實戰的原子彈，其根據就在於上述理由。然而，現實中，美國當時也僅有少數原子彈可供實戰，而且由於核裝藥的高度輻射性，它們基本都處於等裝配的零散狀態（核輻射不僅易使核裝藥之間的粘接物變質，而且用作點燃核裝藥鈈點火源的壽命也非常短）。以美國第一代量產型的MK3型原子彈爲例，每裝配1枚原子彈需39人的工程師小組耗費約24～36小時（含核裝藥粘接劑的干燥時間）。此外，在1947年春，除了戰爭期間培訓的幾個原子彈裝配小組外，並無更多小組接受類似訓練或具備操作能力。時任戰略空軍司令部指揮官肯尼將軍指出，他無法在接到指令後立即組織發起核攻擊，畢竟在他的基地裡僅僅將原子彈組裝就需要耗費很多時間。[3]

另一方面，戰後美國武裝力量的大規模裁撤亦使戰略空軍司令部失去了大量嫻熟的技術人員，司令部在短時間內無法大規模地使用核武器。例如，1947年5月，該司令部共部署有180架B-29轟炸機，其中只有101架具備搭載訓練彈攻擊類似紐約的這類城市目標的能力。[4] 實際到1948年2月，當捷克斯洛伐克危機爆發時，雖然此時美國

[1] 孔茨：《黃油與槍炮：美國的冷戰經濟外交》，第54頁（Kunz, *Butter and Guns*, 54）；當時美國的失業率上升的幅度低於預期，只是從1948年的3.8%升到1949年的5.9%。

[2] 美國國防部國防分析研究所（IDA），第15-16頁。

[3] 梅、斯坦布魯納和沃爾夫：《戰略軍備競爭的歷史》，第81頁（May, Steinbruner, and Wolfe, *History of the Strategic Arms Competition*, 81）。

[4] 美國國防部國防分析研究所（IDA），第71-72頁。

共有567架B-29轟炸機在現役，外加45架B-50轟炸機，其中約2/3具有投擲原子彈的能力，但當時僅有2個原子彈裝配組，加之考慮到原子彈的實戰化程度仍極低，因此仍缺乏有效的核打擊能力。到1948年，在整體備戰的氛圍下，戰略空軍司令部的原子彈組裝能力已提升到每天10枚，到1949年年末時裝配能力進一步提升至每天20枚。但當時戰略空軍瞄准了哪些蘇聯城市目標，以及蘇聯的戰略防空能力如何，依據現有資料仍不清楚。[1]

　　作為衡量戰略空軍司令部戰爭計劃准備程度的重要內容，1949年1月緊急戰爭計劃（在蘇聯獲得其原子彈前與其爆發全面戰爭）明確開列出包含有大量蘇聯戰略目標的打擊清單：70個蘇聯重要城市的工業設施，其中20個被列為第一優先打擊目標（包括莫斯科和列寧格勒）。全面的空中核攻擊將從多個地區實施，涉及英國、北非埃及—蘇伊士區和日本沖繩等地。

　　1948年，各軍種參謀長擬制並提交了為徹底擊敗蘇聯所需的第一階段軍備預算（1952年時完成）總共約300億美元。然而，事實上僅僅維持當年的軍備水平就需耗資約186億美元，這仍超出國會批准的1949財年預算達46億美元。軍方所提交的備戰成本之所以增長不少，部分原因在於自戰後以來軍工體系受大裁軍影響，很多重要裝備產能要在短時間內恢復必須追加投資額度。而且自政府決定備戰後，大量新增訂單導致貨幣投入量大增，進而引起一定程度通脹及軍品價格上升。同期，由於各軍種普遍人力資源缺乏，加之新裝備價格高漲，使各軍種明顯減少了對次要裝備項目的投入，比如對第二次世界大戰遺留裝備物資的維護等。結果，當1950年朝鮮戰爭爆發時，陸軍的3457輛M24輕型坦克中只有23%、3202輛M4中型坦克中只有57%，可用於服役。[2]

　　由於總體限制，參聯會可用於騰挪、周轉的空間非常有限。此時，各軍種主要力量都前置部署於全球各地，本土可用的預備役力量非常有限，但那些海外部署的力量中相當比例的部隊都無法調回或挪作他用。例如，擔負占領職責的海外部隊防備著蘇聯，使後者無法在不發動針對西方的戰爭的前提下攫取更多地區（而且當時與美國開戰也不是斯大林所希望的）。同樣，海軍全球部署的艦只，它們的前沿存在就具有巨大的鼓舞作用。然而，仍需要更多數量的部隊以執行緊急戰爭計劃，具體包括：戰略空中進攻、保護必要的海上交通線，以及最重要的任務——保衛美國本土。事實上，緊急戰爭計劃很大程度上，將海軍與陸空軍軍種之間對未來戰爭策略的分歧掩蓋住了。海軍認為，海上控制不應與其他海軍行動割裂開來，海軍針對蘇聯反艦力量的進攻性打擊無疑也有助於確保全球海上交通線的安全，但這樣的行動不應被稱為海軍更傾向於常規的艦隊作戰。相比之下，陸、空軍在緊急戰爭計劃中的作戰任務和角色則

---

[1] 羅森伯格：《為了末日決戰：美國核戰略的基礎，1945—1961年》，第108頁（Rosenberg, *"Toward Armageddon"*, 108）。

[2] 《參謀長聯席會議歷史》1：第158-160頁（JCS 1: 158～160）。

要明確得多。

　　例如，陸軍總參謀長奧馬爾·布雷德利認為，開羅—蘇伊士地區的基地群應該被放棄，如此海軍就無須在此部署航母特混編隊，而取消1個編隊將省出一大筆預算（相當於在D+3日時緊急向歐洲輸送6～8個陸軍師）。對海軍來說，這完全是不可接受的，他們認為維持在東地中海地區部署航母編隊是更明智的決策。它可用來從中歐撤離陸軍部隊，並將其輸送到其他任何可能的地點作戰。同時，以東地中海的艦隊為基礎，美國就能迅速向蘇聯西南部重要地區發起攻擊。為了應對這支海軍力量，蘇聯將不得不抽調大量海空兵力，這無疑能防止蘇聯在戰爭初期就迅速摧毀西歐和英國的海空基地，特別是後者，更是緊急戰爭計劃中戰略司令部所急需的。

　　隨著防務預備遭壓縮的形勢更為惡化，陸軍不得不放棄了戰爭初期就在歐洲發起地面攻勢的任何希望。而空軍則計劃將戰略力量分散部署到英國和冰島，從那裡發揮其新的核心能力——戰略空中核攻擊。海軍仍計劃以攻擊性航母為核心，希望保留盡可能多的航母編隊數量，但這自然遭到空軍和陸軍的激烈反對。時任海軍作戰部長（CNO），路易斯·丹菲爾德（Louis Denfeld），也激烈地指控稱，陸軍和空軍的建議將使美國放棄整個歐洲，是對北約條約的背棄。對於空軍所竭力主張的戰略空中核打擊，他更是持懷疑立場，例如，他認為轟炸精度難以保證，或者空軍笨重的遠程轟炸機能否突過蘇聯嚴密防護的空中防線，這些都可能使空軍戰略核打擊的效能不如預期。相反，他認為海軍在東地中海的戰略成功的機率更高，即以艦載機攻擊蘇聯進攻西歐側翼的補給線。

　　即使陸軍和空軍一絲不苟地制定其戰爭計劃，但仍突破了杜魯門對1950財年所設定的預算上限（144億美元）。國防部長福雷斯特爾認為，在此預算上限約束下，美國武裝力量的作戰能力將被局限於僅能利用英國的空軍基地對歐洲大陸和蘇聯發動戰略空襲，至於想要保住地中海的交通線，所需三軍兵力約需再耗資41億美元。

　　杜魯門對此似乎有其假設性前提，即只要美國仍保持核壟斷地位，戰爭爆發可能性就非常有限。此時國際形勢已變得非常微妙，西方與蘇聯之間圍繞被封鎖的柏林正展開著激烈博弈。如果此時要求國會大規模增加軍事預算，對蘇聯而言這無疑是美國戰爭准備加速的信號，更無助於緩和局勢。因此，杜魯門仍提交了其144億美元的下年度預算，當然如果需要的話，他也可以要求國會追加撥款。對於行政當局的決策及其邏輯，三軍種參謀長並不買賬，甚至明確拒絕保證僅用144億美元就能確保國家的安全。

　　為滿足各軍種要求，杜魯門不得不拿馬歇爾計劃中的款項開刀。就杜魯門而言，馬歇爾計劃對於國家安全的重要性遠甚於軍方生澀的戰爭能力。如果西方缺乏經濟穩定和西歐各國的復蘇，妄圖用軍事力量獲得的安全終究只是幻覺。盡管如此，但還是要先應付當前緊張的局勢，作為軍事應對措施，國會緊急調整了三軍的預算分配比

例，從陸軍和海軍原本的預算中削減了10億美元補貼給了空軍。杜魯門對此並無異議，但他拒絕三軍完全耗盡其預算份額，要求保留7.357億美元留作備用。[1]

隨著總體預算額度塵埃落地，1949年2月11日，福雷斯特爾將德懷特・D.艾森豪威爾召回現役，作為總統和他的特別顧問。在艾森豪威爾的幫助下，他將擔負最艱苦的工作──盡力協調預算分配。鑒於預算的具體分配直接與軍事戰略息息相關，福雷斯特爾和艾森豪威爾同樣也對軍事戰略的最終確定負有責任。在第二次世界大戰期間，艾森豪威爾曾擔任盟國總司令，善於協調各個方面的事務，戰後他曾任陸軍參謀長直至1948年退休。

與過去美國戰略家所考慮的問題不同，此刻，艾森豪威爾除了美國三軍、傳統的歐洲盟國外，還要將新的盟國考慮到其整個軍事戰略中。當戰爭爆發美國開始全面動員之時，必須與歐洲盟國一道堅守住西歐戰線，最好的情況是至少要在萊茵河一線抵抗住蘇聯的進攻洪流。事實上，按照將萊茵河一線視為戰場正面的話，英國可被視作整個戰線的左翼，而西北非則是戰線的右翼。如果這條線無法堅守，則盟國至少要在歐洲大陸確保守住一處堅實的橋頭堡區域。如果這些都未能實現，那麼西方將再次重演第二次世界大戰的情景，以英國為前進基地重新奪回西歐。這樣的話，戰事將耗得非常長，至少需2年左右時間，畢竟要使登陸西歐成為可能，美軍至少要動員41個陸軍師和63個戰術空軍大隊。通過一步步推算清楚地表明，如果未能在戰爭初期抵抗住蘇聯的攻勢的話，美國及其盟國很難在歐洲保有一處立足點。對美國而言，歐洲始終是其全球戰略最優先的地區，遠東只是作為整個歐亞大陸戰場的側翼，甚至其確定的遠東防線都未納入朝鮮半島。

中東地區同樣也被忽視掉了，正如第二次世界大戰期間中東戰場那樣，它將被經由蘇伊士運河和繞行好望角的海上交通線所連接和補充，海軍仍主張其堅持的間接戰略，通過以航母編隊為核心的海上力量主導地中海和大西洋，並攻擊蘇聯南部和向西歐進軍的蘇軍側翼。對於這處邊緣戰場將如何具體影響歐洲戰場，海軍和空軍仍爭辯不休。

1949年3月，杜魯門總統任命了新的國防部長，路易斯・約翰遜（Louis Johnson），與福雷斯特爾相比，他對預算的要求更為溫和，因此也與總統建立了更好的關系。此時，總統已設定了1951財年的防務開支上限──150億美元。為便於各軍種就預算分配達成一致，三軍種都被要求提交各自的預算需求（此需求不僅包括本軍種需求，還包括其他兩個軍種的需求）。但這再次引起軒然大波，空軍提議海軍裁撤其全面的重型航母（航母被空軍視作其戰略轟炸力量的有力潛在競爭者），這引起海軍激烈反彈。作為之後一系列妥協的起點，艾森豪威爾先為各軍種分配了其他兩軍種

---

[1]《參謀長聯席會議歷史》2：第229-255頁（JCS 2: 229～255）。

所提出的該軍種應得的最少的預算需求，如此，空軍雖未達成其理想的預算方案，但也使海軍失去了其視作珍寶的航母力量預算。

　　軍方發現，削減常備軍對預算節省的效果相對非常有限，僅採購各種新型武器就耗盡了大部分預算。約翰遜不得不取消至少一項主要的新型裝備項目。不幸的是，厄運再次降臨到海軍。之前在擴張性的1949財年預算中，海軍最新的「美國」號超級航母（具備核打擊能力）本已列入，但此時顯然成爲新防長裁撤的候選對象。很明顯，用於保衛制海權並不需要這樣的超級項目，而且在空軍看來，該航母的核打擊任務與戰略空軍基本重疊，因此，對於約翰遜的提議自然毫無異議，同時陸軍參謀長奧馬爾・布雷德利支持空軍。艾森豪威爾將軍似乎也同意陸軍和空軍的觀點。在與諸軍種緊急協商後（盡管海軍仍竭力反對），1949年4月約翰遜決定此裁撤此航母，爲了抗議國防部長的決定，極爲憤怒的海軍部長沙利文辭職。

　　在整個1949年夏季，海軍航空兵都處於騷動亢奮的狀態，對於很多海軍人士而言，似乎空軍贏得這些爭鬥主要依靠如簧般的巧舌，而非合乎邏輯的爭論。因此，海軍不僅火力全開攻擊空軍的「原子閃擊戰」概念，還連帶地大肆貶低空軍的B-36轟炸機項目。例如，海軍稱空軍指望著將航母項目裁撤後節省出來的資金用於繼續B-36轟炸機的生產。海軍的指責自然引起了空軍和陸軍的反擊，一時間各軍種混戰不已，官司甚至打到國會那裡，史稱「海軍上將造反」（Revolt of the Admirals）事件。另外，期間亦有消息暗示，約翰遜之所以傾向於空軍，因爲他與諸多空軍重要裝備制造商的政治聯合甚至可追溯回第二次世界大戰時期。爲了證明空軍的空軍轟炸機根本無力突破蘇聯的現代化防空體系，海軍的一名軍官甚至自願公開駕駛一架海軍戰鬥機，演示如何輕松擊落1架B-36轟炸機。

　　對於各軍種之間的攻訐，行政當局萬分惱怒。對杜魯門而言，問題不在於美國是否有能力打一場熱戰，而在於美國能否在這場持續很久的冷戰中生存下來，美國必須在保有可信的武裝力量的同時確保不過早耗盡國家的經濟潛力，然而，軍方卻完全從本軍種角度出發，爲爭奪短期利益鬧得不可開交。而且，杜魯門也希望避免將軍種之間的矛盾和對相關軍事議題的爭論公開化，他意識到防務事務一旦被公開廣泛地討論將是極端危險的，因爲這將激起公眾對軍事領域投入更多國家資源的要求，從長遠看對國家是極爲有害的。那些強烈要求提高軍備開支的聲音，根本不可能將增加開支與接踵而來的高稅收或由於技術赤字造成的經濟災難聯系起來。軍方的強烈反彈，可能也使杜魯門意識到其預算上限過於嚴苛，但作爲美國最高領導人，只有他能對過分支出後造成的結果負全部責任。面臨左右爲難的局面，美國當時仍壟斷著的核武器似乎使問題簡化了，因爲核武器的存在使戰爭成爲風險極高的決策。戰後，美國武裝力量的總體任務是阻止斯大林獲得「廉價」的勝利，借助對核武器的壟斷，這樣的任務似乎更易達成。考慮到核壟斷地位，蘇聯的主要威脅將體現在政治經濟領域，而當西方

經濟疲軟之時，這種威脅尤甚於直接的戰爭。

　　海軍將領的一系列反抗最終被壓制，時任海軍作戰部長丹菲爾德，作爲挑起這一系列事件的主要責任人亦引咎辭職。甚至極具象征意義的，傳統以來每年10月27日舉行的「海軍節」（與西奧多・羅斯福總統生日同日）慶祝活動，自此亦被完全廢止，取而代之以「武裝部隊日」。另一方面，爲了安撫海軍派受到的挫折，亞瑟・W.拉德福德（Arthur W. Radford）海軍上將（丹菲爾德的副手）升任太平洋戰區總司令，之後又被任命爲參聯會主席。而在當時論戰中，組織海軍中層參謀軍官團體竭力反擊空軍的阿利・伯克（Arleigh Burke）海軍上校，亦很快得到提升，到1957年時已升任爲海軍作戰部部長。

　　此外，盡管陸軍和空軍強列反對，約翰遜國防部長仍批准了丹菲爾德的關於裁撤超級航母項目的建議（在其辭職前），即裁撤「美國」號超級航母後省出的大約1.3億美元並不轉投往其他陸、空軍項目，而是用於改造現有兩支艦隊的航母艦只，如此使這兩條航母具有搭載轟炸機的能力（只是這些轟炸機略小於計劃配置到「美國」號超級航母上的轟炸機）。由此，海軍的艦載轟炸機項目得以換成另外一種方式延續下來。當時的情況表明，很可能是海軍表現出的強硬使約翰遜亦不得過於侵害海軍的利益。

　　總體上，冷戰初期美國武裝力量中最大的受益者是空軍及其戰略核打擊能力，客觀地看，其他軍種的備選方案確實不具備經濟上的可行性。因此，自1949年起軍方對部署更多核武器的要求就從未停息過。而且，隨著時間流逝，越來越多的美國軍方人士意識到，斯大林將最終擁有自己的核武器，美國的核壟斷地位並不能永遠保持下去。一旦出現此情況，美國有限的核武庫中就必須分出部分力量用以打擊蘇聯的核力量。1949年6月，參聯會決定至1956年1月1日前將國家的核武器儲量增加一倍。[1] 就當時而言，美軍方所預期的核武庫規模非常龐大，其中除了用於與蘇聯交戰外，還將保留較小比例的備用份額，以便大戰後用於維持和平。

　　當然，還存在著另一種可能性。美國軍方認爲，原子彈除了用於攻擊蘇聯後方的戰略目標外，還可用於戰場以減緩蘇聯向西歐軍事進攻的步伐，軍方將此類任務稱爲「阻滯」任務。[2] 如此，就能彌補此前對美國地面部隊的災難性裁撤。此後，隨著核武庫規模不斷增大，參聯會命令1/4的核武器用於地面戰場的阻滯打擊任務，隨著對核武器戰術用途的重視，也使後來時任總統艾森豪威爾的「新橋頭堡戰略」成爲可能。此前，英國亦將西歐的盟國地面部隊視作屏蔽其海空基地（用於實施戰略空中進攻）的重要屏障。對其而言，艾森豪威爾的新戰略解釋了爲什麼美國日益認爲西歐比中東

[1]《參謀長聯席會議歷史》4：第144-145頁（JCS 4: 144～145）；梅・斯坦布魯納和沃爾夫：《戰略軍備競爭的歷史》，第60頁（May, Steinbrunner, and Wolfe, *History of the Strategic Arms Competition*, 60）；還可參見1949年《美國對外關系文件》1：第560-562頁（FRUS 1: 560～562）。

[2]《參謀長聯席會議歷史》2：第299頁（JCS 2: 299）。

地區更為重要。[1]

然而，真正將阻滯戰略付諸實施仍面臨很多困難。因為蘇聯為准備其與西方的戰爭已儲備了大量維持其進攻所需的物資，要摧毀這些物資無疑需要盡可能小當量化的原子彈，當然，打擊蘇聯的石油工業可能也能起到打擊其持續作戰能力的目的。

隨著戰略的轉變，美國對核武器，特別是核原料的需求大增，然而沿用早先原始武器的設計，美國也僅有有限的核原料儲備（鈾和鈈）。幸運的是，技術的發展打開了另一扇大門，一些全新的核武器設計和核原料提煉技術陸續發展起來。例如，一種新的球形核裝藥的設計使得引爆核武器僅需要更少的核燃料，以同樣數量的核原料，采用新設計後可制造的核彈數量增加63%，總當量亦增加75%。[2] 以此為基礎，現在美國原子能委員會有把握在1951年1月1日前提供之前戰爭計劃所需的400枚核武器，而在1949年7月1日時，美國的核武器數量亦達到至少133枚。1948年，新的核武器設計展開試驗，此設計使（同等威力）核武器的重量減輕至早期型號的一半左右，具備了由導彈等武器系統搭載的條件。[3] 此後，技術的進一步改進使核武器的設計日趨精良，所需核裝藥不僅更少，威力也大為提升。[4]

到1950年時美國核武器的設計已達到取得極大的進展，例如在1950年5月時，原子能委員會應軍方要求著手設計並制造可由戰斗機搭載的輕量級原子彈，至1952年時這種輕型的MK7型原子彈已交付軍方。隨著越來越多重量、威力各異的核武器進入現役，原本由戰略空軍司令部壟斷的核打擊能力也被打破。畢竟，空軍的戰略轟炸機不再是投擲核武器的唯一工具，現在海軍的艦載戰斗機也能投擲遠比當初摧毀廣島和長崎威力大得多的核武器。

現在看來，原子能委員會所推動核武器技術發展導致的最重要結果在於為軍方提供了「充盈」的核武庫：在短短幾年時間裡，核武器的制造成本大幅降低，大規模生產核武器的時間已經來臨，使其成為一種經濟上可承受、威力上無可比擬的軍事手段。1949年（很可能是該年年底）時，美國的核武庫存量已達到169枚原子彈，而5年後，這一數字更飆升至1630枚，幾乎十倍於1949年的存量；至10年之後，數字已達到令人驚歎的12305枚。[5]

技術的進展沒有盡頭，在解決了核武器輕量化和新引爆機理的問題後，核武器爆

[1] 柯尼什：《英國為防禦德國的軍事計劃，1945—1950》，第98-99頁（Cornish, *British Military Planning*, 98～99）。

[2] 羅森伯格：《為了末日決戰：美國核戰略的基礎，1945—1961年》，第121頁（Rosenberg, *"Toward Armageddon"*, 121）；羅德斯：《黑暗太陽：氫彈的制造》，第188-189頁（Rhodes, *Dark Sun*, 188～189）。

[3] Mk5型核彈（重3175磅、直徑43.75英寸）是美國第一種尺寸小到能夠裝進空軍B-45輕型轟炸機彈艙的原子彈，最初這款轟炸機並未被設計用於執行核攻擊任務。1949年秋冬，一個由約翰·E.赫爾中將領銜的委員會建議稱，加速發展可搭載Mk5型核彈的4種導彈，包括海軍的「天獅星」巡弋飛彈、陸軍的「赫爾姆斯A-3」（後來放棄，代之以「下士」導彈），以及空軍的「流氓」和「蛇鯊」導彈。事實上，最終只有海軍的「天獅星」巡弋飛彈配備了Mk5型核彈。該核彈自重過大，無法配備到陸軍的「下士」導彈，至於空軍計劃發展的兩種導彈，則由於研制延期最終並未配備該型彈頭（後來搭載了熱核彈頭）。

[4] 漢森：《美國的核武器：秘密歷史》，第25-27頁（Hansen, U.S. *Nuclear Weapons*, 25～27）。

[5] 美國國防部國防分析研究所（IDA），第33-34頁。

炸後巨大能量的釋放方式又成為新的技術突破口。傳統上，重核素原子裂變引爆後，能量主要以強沖擊波、光/熱輻射、早期核輻射、放射性沾染等形式被釋放出來。相當有趣的是，自1950年代以來，至少在美國，研發機構一直致力於設計某種「干淨」的核武器，它的核爆能量將主要以核輻射的形式釋放出來。這種「干淨」的核彈將能夠在開闊地殺傷敵方部隊，而不會對環境造成過多破壞。核輻射，特別是中子輻射，具有應用於武器系統的潛力，大量核試驗表明，高能中子流能穿透裝甲車輛直接殺傷其內部乘組，而不會對裝甲車本身造成過多破壞。能量不以強沖擊波形式釋放就意味著爆發後輻射塵埃所能影響的區域更小，部隊可以很快進入爆心區域執行任務，而戰場周邊的非軍事目標亦不會受到毀傷。無疑，這種核武器非常適宜戰術用途。之後在1958年中國沿海的金門危機中，美國高層再次對這類武器進行了討論。而這種被稱為「中子彈」或「增強輻射彈」（ERW）的武器，它們的出現和部署也引發了相當大的政治爭議。

　　核武器的設計涉及極端複雜的概念，尤其是一種新出現的設計，更無人能夠保證其在試制出後它能達到預期爆炸效果。由於最先涉及核領域，因此到1958年時美國已嘗試了當時已知的所有核武器設計方案，故而尋求在全球範圍內實現某種核禁試。但很快，實踐證明美國過分自信。此外，在1960年代，由於積累了大量實戰化核彈頭的操作和使用經驗，美國發現由於核裝藥、炸藥及其粘接物之間相互反應，會使核彈頭隨著儲備年限的延長而逐漸出現核裝藥遭腐蝕的情況。而隨著裝藥遭腐蝕的區域慢慢擴大，將徹底破壞彈體內部核裝藥的對稱性，甚至導致彈頭失效。[1] 1963年以後，美國對此類問題進行了大量試驗，以判明其與儲存年限間的關系，以及如何克服。

　　在其他軍種打破了空軍對核武器的壟斷後，盡管空軍仍將其下屬的戰略空軍司令部作為整體軍種的核心，但很多人都會回憶起戰時曾進行的戰略轟炸很大程度上都失敗了。1948年10月23日，心神不安的福雷斯特爾（時任國防部長）要求參聯會評估空軍戰爭計劃，按其要求，參聯會組織了一個跨軍種委員會在空軍將領H.R.哈蒙的帶領下對計劃進行了評估，報告的結果令人沮喪。在這份報告中顯示，戰爭爆發後，戰略空軍司令部的核襲擊能夠摧毀蘇聯工業能力的30%—40%，並導致目標區域2800萬總人口中的270萬人傷亡。[2] 在遭受如此毀傷性的打擊下，很可能使蘇聯民眾更緊密地團結在其政府周圍。另外，評估認為，對蘇聯工業體系的攻擊無助於在短期內阻止蘇聯軍隊的前進。另一方面看，一旦戰事爆發，蘇聯會以最快的速度發展其在西歐的軍事優勢，在此情況下，英國需要至少三天建立圍繞其境內重要空軍基地的有限防御，在此情況下，空中運輸能力（用於將儲備於美國本土的核武器運輸至英國前進基

---

[1] 漢森：《美國的核武器：秘密歷史》，第38頁（Hansen, U.S. *Nuclear Weapons*, 38）；《核武器手冊》2：第46-51頁（NWD 2, 46～51）。
[2] 圓概率誤差（CEP）達到3000英尺，即投向目標的彈藥中至少有50%的彈藥可落在以目標為中心3000英尺半徑的圓周內。

地）和燃料保障能力都極爲有限。[1] 對此，聯合情報委員會同意丹菲爾德海軍上將的看法，後者認爲1950年左右的戰爭計劃的制定，實際上是以非常不充分的情報爲基礎的。然而，1950年2月由參聯會新成立的武器系統評估小組（WSEG）所撰寫的報告認爲，如果能獲得充分准確的情報，計劃使用的70%—85%的核武器將能投擲至預定的目標區域，如此，每枚核彈都能摧毀工業目標1/2—2/3的能力。同樣在此情況下，原本建議在發起戰略核打擊後立即實施的非核空中攻擊，最終被放棄。[2]

　　一直到1949年，美國的防務預算都極爲緊張，各軍種的預算赤字持續攀升，原因在於，在當時政府的主導下非防務安全的重大預算項目，包括馬歇爾計劃和美國軍事援助項目（MDAP）等所耗費資金保持著增長。到1949年秋，即使經濟衰退結束，軍方的預算赤字似乎仍將在1951財年達到50億美元（1948財年防務預算赤字約爲18億美元）。杜魯門的經濟顧問懷疑美國能否在更長時間內支撐這類赤字。然而，斯大林似乎完全沒有這些顧慮，他能集結「幾乎所有預先設定的軍事力量或政治—經濟實力，只需降低其國內民眾的生活標准即可」。[3]

　　西方社會無疑缺乏斯大林的這種對社會的強制控制能力，畢竟自由的選民不會選擇一個爲了維持政府本身而爲自己帶來永久貧困的政府；否則的話，他們就會把選票投給共產主義者。盡管存在種種沮喪，但杜魯門的經濟顧問顯然未意識到的是，自由社會也會迸發出更強大的生產力，他們能在不使自己破產的前提下創造更大的生產力。當然，在1949年這一切尚不明確，畢竟剛結束的第二次世界大戰使整個西歐遭受了嚴重的破壞。一旦西歐完全從創傷中恢復過來，形勢將出現戲劇性變化。

　　冷戰初期，西方在預算上的沮喪也導致了一個積極的後果，西方被迫采用全新的軍事戰略來保衛歐洲，艾森豪威爾將軍將成爲新戰略的關鍵性人物。在第二次世界大戰的最後階段，他曾指揮西方盟軍取得重大勝利；到了1950年，他再次成爲首任歐洲盟軍總司令（SACEUR），統一指揮北約諸國的軍事力量。擔任此職務後，他將能把他在1949年的戰爭觀念轉變成爲某種現實。

[1] 巴羅：《海軍上將造反：爲海軍航空兵的斗爭》，第108-114頁（Barlow, *Revolot of the Admirals*, 108～114）。

[2] 《參謀長聯席會議歷史》2：第351-353頁（JCS 2: 351～353）；國防部國防分析研究所（IDA），第20-22頁。

[3] 1949年《美國對外關系文件》1：第394-396頁（FRUS[1949] 1: 394～396）。摘自1949年9月30日由經濟顧問委員會主席埃德溫·G.諾斯的報告。

第三篇

核世界中的危機

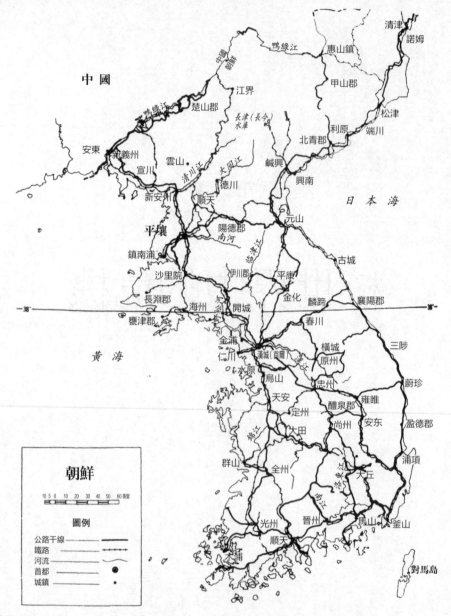

朝鮮

圖例

公路干線 ————
鐵路 ————
河流 ————
首都 ●
城鎮 ·

10 5 0　10　20　30　40　50　60英里

朝鮮

　　圖中清晰可見韓國首都漢城（現稱首爾）距南北分界線（北緯38度線）非常近，以及朝鮮軍隊要推進至釜山，需要克服多麼遠的距離。此圖並未標示出日占時期其建設的工業基地位置，它們主要分布在朝鮮北方與中國東北邊境地區。日本占領中國東北之前，已在朝鮮殖民多年。因此1950年戰爭爆發時，韓國很大程度上仍是個農業國家。朝鮮戰爭後，半島南北方對峙的情況一直持續至今。

感謝美國陸軍制圖局供圖，摘自G.G.奧諾克（G. G. O'Rourke）與E.T.伍爾德里奇（E. T. Wooldridge）：《朝鮮上空的夜間戰士》（馬里蘭州，安納波利斯，海軍研究所出版社，1998），第75頁。

第12章
面對蘇聯的核威脅

1949年8月28日，蘇聯成功試爆了其第一枚原子彈。一夜之間，斯大林就擁有了一種可用於攻擊美國的戰略武器。據當時多部門聯合評估，基於已知或可推導的能力，蘇聯到1950年中期時可能擁有10—20枚核武器，1951年中期將增加到25—45枚，1952年中期進一步增長至45—90枚，1953年數量會達到70—135枚，進入1954時將會有200枚左右。[1] 據軍方推測，如果戰爭在1954年爆發，考慮上因美國核攻擊對蘇聯核武庫的毀傷，蘇聯仍可能成功地將其核武庫中的一半（100枚左右）投擲向目標，美國將遭受嚴重的打擊。對西方而言，「最危險的一年」，即斯大林能夠認真考慮發起世界大戰的時間，將從原來預計的1957年提前至1954年（英國仍將其戰備時間節點設定爲准備1957年的大戰）。[2]

早在1941年，斯大林通過其潛藏於美、英的間諜，就獲悉了兩國的原子彈開發項目。此後，當美國在實戰中展示了這種武器的強大威力後，斯大林更急迫地想擁有它。1945年，他指示拉夫連季·貝利亞（Lavrenti Beria，秘密警察頭子），蘇聯要在1948年前發展出原子武器。接著，相關的設計局得以建立。與美國嚴格保密的曼哈頓工程類似，蘇聯也在其腹地興建了一座秘密城市，用以確保其核秘密不會輕易外洩。爲了盡快完成原子彈設計，在美國核計劃的啓發下，蘇聯核開發人員選擇了相對較容易的鈈彈開發路線。1946年12月25日，蘇聯首座反應堆進入關鍵時期。顯然，貝利亞已超出了斯大林設定的1948年的節點，但所幸的是也未超出太久，至1949年8月首次核試驗取得了成功。實際上，其首枚原子彈只是當初美國投入長崎的那枚鈈彈的復制品，爲確保盡快獲得核能力，斯大林特別否決了技術團隊建議的，在首枚原子彈上采用本國改進型設計的方案。[3]

1945年參聯會評估認爲，蘇聯可能將在五年內具備核能力。之所以作出這樣的預

---

[1] 摘自1950年6月9日聯合特別委員會的一份報告，《蘇聯擁有原子彈對美國安全的影響》，《中情局冷戰記錄》1：第327-333頁（ORE 32～50, *"The Effect of the Soviet Possession of Atomic Bombs on the Security of the United States"*, in CIA 1: 327～333）。

[2] 200枚核彈的數字似乎於1946年浮出水面，並作爲美國核軍備的一個目標（摘自保迪：《錦囊妙計：爲什麼美國未在冷戰中使用核武器，1945—1965年》，第5頁）（Botti, *Ace in the Hole*, 5），這一數字的確定充分考慮了核武器在使用時的故障率（假定爲50%），如此確保真正實戰時至少有98枚核彈能夠實現對17座蘇聯城市的完全摧毀。在保迪的《錦囊妙計：爲什麼美國未在冷戰中使用核武器，1945—1965年》一書第5頁中還引用了1950年2月的一份中情局情報綜述，其中評估認爲蘇聯如果要對美國實施類似的核報復，就必須向美國成功投擲約100枚核彈，對此並無詳細的分析支持綜述中的此數字的合理性。當年，一些參聯會的研究報告暗示，蘇聯可能只需要用比上逑數字少得多的核武器就能癱瘓美國的工業能力。

[3] 羅德斯：《黑暗太陽：氫彈的制造》，第196-197頁（Rhodes, *Dark Sun*, 196～197）。

測，很可能是根據美國自己的經歷（美國舉全國之力仍耗時三年才成功）；類似的，時任陸軍部長的史汀生亦認爲斯大林將耗時4年左右獲得自己的核能力。到1947年，中央情報局估計認爲蘇聯將在1953年左右完成核試驗，最早不超過1951年，做出此判斷的依據是雖然蘇聯啓動其核項目的時間並不比美國晚多少，但據信蘇聯的研發進展速度僅有美國的三分之一左右（很可能基於蘇聯僅有一座生產武器級核元素的反應堆，而美國有三座類似反應堆）。對此判斷，空軍並不同意，後者預期蘇聯的原子彈將在1959—1962年間完成。到1948年3月，美英聯合情報委員會認爲，1950年可能是蘇聯獲得其原子彈的最早時限，1953年中期則是最可能的時間節點。[1] 上述不同的判斷無疑都具備一定的准確性，最終蘇聯在1949年成功完成核試驗。[2]

　　迄今，沒人知道蘇聯當初在追尋其核能力的過程中從間諜渠道獲得了多大的幫助。從核原料的來源看，似乎蘇聯當時並不擁有可比擬剛果的高品位鈾礦。因此，斯大林不得不設法從當時已知的東歐國家（主要是保加利亞境內分布有鈾礦）獲得鈾原料，當時捷克境內也發現類似礦藏，但其品位較低。對於核原料來源瓶頸，現在清楚的是當時西方的確被蘇聯所蒙蔽，後者精心隱瞞了其在本國境內發現富鈾礦藏的事實。[3]

　　無疑，幾乎所有西方人士都預計到蘇聯將研制自己的原子彈，早在1945年時西方就對如何在遠距離外探測核爆炸的方法非常感興趣，因爲這可用於監測蘇聯的核進展。[4] 美國空軍提議的方案是派遣高空偵察機赴可能進行核試驗地點的高空直接采集大氣樣本，通過檢測大氣中放射性殘留物的方式檢測核試驗，這在當時也是唯一較有效的方案。初期，對蘇聯的高空核監測並不成功，直到1949年對蘇聯的定期監測飛行才正式開始，結果適逢蘇聯在當年8月成功進行了核試驗。當時並無明顯跡象表明蘇聯會在1949年中期進行核試驗，因此當監測飛機帶回目標區域的放射性大氣樣本後，其真實性甚至引起了懷疑。[5]

　　三周之後（9月23日），經過反復判斷與分析，杜魯門總統最終確認了此次試驗的結果。此時，他更希望蘇聯主動宣布其擁有核武器的事實，如此就不會令美國暴露其擁有的秘密核監測能力。而且杜魯門亦希望避免主動公布發現結果，以免對英國盟友造成沖擊，後者此時正緊張准備著自己的核試驗。

　　由飛機帶回的蘇聯核試爆殘余樣本爲美國分析蘇聯的核開發進展及技術特點提供

[1]《參謀長聯席會議歷史》2：第525頁（JCS 2: 525）。

[2] 1949年《美國對外關系文件》1：第339-345頁（FRUS[1949] 1: 339～345）。根據1949年9月20日的中情局備忘錄（此備忘錄發布於美國確認蘇聯首次核試驗之後，但在此消息被公開之前），聯合核能情報委員會預計到1950年中期時蘇聯可能會擁有1枚原子彈，但更可能的情況是至1953年時才擁有1枚。

[3] P.蘇多普拉托夫等：《特殊任務：一名蘇聯間諜不必要見證的回憶錄》，第199頁（P. Sudoplatov et al., *Special Tasks*, 199）。

[4] 齊格勒和雅各布森：《無需間諜的偵察：美國秘密核監視系統的起源》，其中描述了當時的各種間諜技術（Ziegler and Jacobsen, *Spying Without Spies*）。

[5] 齊格勒和雅各布森：《無需間諜的偵察：美國秘密核監視系統的起源》，第203-210頁（Ziegler and Jacobsen, *Spying Without Spies*, 203～210）。

了相當多有用的信息，包括核裝藥成分及其設計原理等。此後，美國長期持續對全球進行類似的核試驗監測，直到90年代。當時，駐華盛頓的英國情報聯絡官金‧菲爾比（後被證實爲蘇聯間諜），很快也獲得了美國關於核監測技術的簡報，無疑他很可能將此情況傳回了蘇聯。

蘇聯的原子彈開發項目很大程度上采用了與美國相同的方案。[1] 1954年，蘇聯試驗了其首枚量產型戰略核武器，RDS-3I。由於在1954年之前，蘇聯制造的核武器都屬試驗性質，包括早期的RDS-2型原子彈僅制造了6枚，此後戰術用途的RDS-4型原子彈也未進入量產，因此，直到1955年時蘇聯的核武庫很可能僅有10～20枚原子彈。實際情況與美國當時對蘇聯核武庫規模的估計形成強烈的反差。例如，美國預測在1953年中期時蘇聯將擁有120枚左右的原子彈（每枚當量約8萬噸），到1955年中期時這一數量將增長到300枚左右。[2] 美國情報機構過分高估了蘇聯的核武庫增長速度，很可能的原因在於其並非意識到當時斯大林更關注的是如何盡快擁有原子彈以打破美國的核壟斷，而沒有認真考慮如何量產這種昂貴的武器。

蘇聯擁有核武器後對美國的影響也並不如外界想象得那麼大，1951財年的防務預算並未因蘇聯核武器而急劇增加。因爲杜魯門仍堅信蘇聯的威脅仍主要是政治和經濟方面的，而非軍事領域的，因此仍未到美國全力動員的時刻。1950年1月9日，在政府向國會提供的防務預算中，杜魯門僅適度地增加了預算額度，包括陸軍增編一個師（使現役師的規模達到十個），海軍增加一個大型航母編隊（總數達到七個）。[3] 對於增加的預算，國防部長約翰遜認爲應從1952財年起大幅削減，以保持總量平衡，以致於到1950年4月中旬，陸軍參謀長決定將其部署在日本的四個師（執行占領任務）中的一個師解除現役。

當然，當時局勢之緊張也使不少人認爲戰爭正在迫近。柏林封鎖似乎正顯示了戰後東西方的對抗達到了新的高度。斯大林似乎也改變了其路線策略，從早前靜待資本主義世界自行崩潰轉移到更傾向於直接的戰爭。在這種情況下，紅軍的一舉一動也被外界視爲戰爭的先兆。在西方看來，斯大林似乎並未意識到以戰爭爲手段和戰爭本身之間的區別。當時蘇聯的軍事備戰如此之明顯，以致於在1950年初期美國參聯會甚至警告稱，蘇聯已做好戰爭准備隨時就能發起全面進攻，使西方根本沒時間反應和動員。[4]

鑒於蘇聯已完成了其核爆試驗，杜魯門總統隨即指令成立了一個跨部門的戰略小組評估美國的國家安全政策。該小組由保羅‧H.尼采（Paul H. Nitze）牽頭，他同樣承

[1] A.伊林：《俄羅斯核武器的第一次試驗：來自軍備競賽編年史》，摘自1997年《國際事務》43期，第203-224頁（A Il'in, *"The First Testing of Russian Nuclear Weapons: From the Annals of the Arms Race"*, *International Affairs* 43, no. 2[1997]: 203～224）。

[2] 1949年《美國對外關系文件》1：第466頁（FRUS[1949] 1: 466）。

[3] 《參謀長聯席會議歷史》2：第257-281頁（JCS 2: 257～281）。

[4] 1949年《美國對外關系文件》1：第142-143頁（FRUS[1949] 1: 142～143）。

繼了凱南的對蘇遏制戰略，而後者此時已任職美國國務院的政策計劃幕僚負責人。作為戰後美國戰略轟炸調查委員會的成員，尼采對美國的戰略武器在美蘇對抗過程中到底能發揮什麼樣的作用已有自己的看法。1949年10月11日，他在一次會議上指出，如果希望用核武器輕鬆地應對蘇聯的全面常規進攻，那根本是不可能的。[1] 在核壟斷被打破後，如果美國使用核武器，蘇聯也會用同樣的武器回擊，美國將不得不部署昂貴的、杜魯門當局認為無法擔負的大規模常規部隊。沒有全面的軍事力量優勢，遏制政策將只是自欺欺人的把戲。

尼采認為美國在保衛自己和西方盟友方面應該擔負更多。蘇聯已經在其防務和工業領域耗費了國民生產總值的40%，而同樣的數字美國僅占到22%（包括用於防務的6%和對外援助的2%）。美國的經濟規模據信至少四倍於蘇聯的體量（實際上真正的差距更大）。就算以當時的比例看，就絕對值來看，美國在防務和工業領域所耗費的22%國民生產總值，至少相當於蘇聯國民總值的88%。當然，由於蘇聯國民整體生活水平較低，蘇聯花費在其防務上的每一美元的「軍事價值」，都無疑遠高於美國所花費的同樣美元。例如，如果美國要召募、訓練、裝備、部署並維持60個陸軍師，需要耗費400億美元經費（幾乎3倍於美國國防預算），相比之下，斯大林要實現同樣的效果，只需花費200億。因此，為了確保與蘇聯的平衡，美國不得不耗費更多經濟資源。尼采認為，第二次世界大戰表明美國能達成那樣的目標，戰爭期間美國的軍費開支最多時占到當時國家收入的一半。尼采的比較可能稍顯保守，畢竟當時就有證據表明蘇聯並未達成其宣稱的經濟增長目標。

一些人認為，美國在防務開支上的大幅躍進式提升可能激起一場軍備競賽。對尼采而言，他認為蘇聯已為備戰耗盡了全力，這種狀況持續下去，蘇聯將難以對其經濟進行更多投資，無論是軍事工業還是其他工業領域。相比之下，美國的經濟狀況似乎還有極大潛力可供釋放。但對此，美國預算局表示懷疑。美國之所以在戰時實現極高的軍工產能輸出，部分是由於美國政府為盡可能多地生產軍備，忽視了其工業部門的可持續性發展，這種情況必然無法持久。考慮到美國經濟體系的複雜性，仍無法准確判斷到底它的軍事潛力止於何處。即使在經濟衰退的1949年，國內失業人數達到350萬人，一些經濟部門，如重工業仍在滿負荷運轉。但大量投入防務工業的資金，亦因通貨膨脹而被侵蝕，除非相關產品價格得到控制或政府開征新的稅種。

歐洲的北約國家可能需要付出更多。這些國家的經濟總產值超過蘇聯約三分之一，是蘇聯在中東歐衛星國的4倍。尼采暗示稱，歐洲盟國政府為了保證本身的獨立與自由應向防務部門投入更多資源，其國民也應接受適度降低的生活水平。時任國務卿迪安·艾禮遜拒絕了尼采的觀點，認為後者所主張的極不現實。[2] 為提高軍事能

---

[1] 1949年《美國對外關係文件》1：第414頁（FRUS[1949] 1: 414）。

[2] 1949年《美國對外關係文件》1：第414頁（FRUS[1949] 1: 414）。

力，不惜犧牲整體國民的生活水平，這完全是飲鴆止渴，恰恰爲斯大林顛覆西歐提供了政治上和意識形態上的武器。美國爲支援歐洲的馬歇爾計劃，其整體目標就是向世界展示美國及其盟友的制度等同於繁榮與穩定，而不是類似蘇聯社會那樣的貧窮和困頓。

尼采擔憂通常謹慎的斯大林爲會了推行其世界革命理論而鋌而走險。他也有其依據，比如斯大林已感到其陣營內部狄托的威脅，後者的革命激情對很多歐洲國家共產主義組織具有莫大的吸收力；類似的在亞洲，蘇聯斯大林的地位也受到毛澤東的威脅，越南和馬來亞地區的共產主義者對中國的革命模式更感興趣。如果斯大林更爲好戰，可能會嘗試發動更多捷克式的政變，比如在戰後脆弱的法國。法國人的確比較緊張，正如幾個月後時任哈佛大學校長的詹姆斯·B.科南特博士（Dr. James B. Conant）和另一名政府顧問所評論的，如果共產主義現在就接管法國，法國的知識分子可能根本不會有什麼異議。[1]

1950年4月7日，尼采提供了他的研究報告，即NSC 68文件。[2] 爲應對蘇聯日益增強的對美國本土的威脅，報告建議美國和加拿大應構建完善的防空體系；此外，對蘇聯在歐洲的軍事威脅，報告稱應擴充足夠數量的常備軍，使之足以抵禦蘇聯在任何時間發動的常規進攻，使得美國及其盟國有時間將其龐大的經濟實力轉化爲軍事實力。如果現在不進行相應准備，那麼美國爲確保其安全唯一可依賴的，就是斯大林對如果進攻美國就會使蘇聯遭受原子彈打擊的擔憂。[3]

尼采認爲，盡早形成並保持西方強大的防禦態勢將使歐洲盟國在抵制蘇聯的哄誘、滲透乃至軍事進攻時更具信心。現在的態勢實在不盡如人意。例如，在1949年初時四個西歐盟國（英、法、比、荷、盧）僅在西歐部署有約20個師的部隊（兩個英國師、三個法國師部署在德國，另五個師部署在法國和比利時）；另有32個獨立旅（相當於另外10師）部署於各國。而一旦戰爭爆發，在90天內，依靠西歐國家自己的力量，僅能再往這份兵力清單上增加三個輕步兵營和25個輕步兵連。後備動員能力如此糟糕的原因是缺乏充足的武器裝備，而非兵員數量不足。如果爲這些國家提供充裕的武器裝備，那麼現有人力將能立即裝備並部署出另外八個師、五個步兵旅、四個裝甲團、十個炮兵團、七個反坦克團和三個步兵營。[4]

因此，美國必須擔負起提供武器裝備的責任。在美國首個軍事援助計劃（1949年）中，就計劃爲歐洲提供14個師的裝備，包括九個法國師、一個比利時師、兩個挪

[1] 1950年《美國對外關系文件》1：第179頁（FRUS[1950] 1: 179）。

[2] 對於NSC 68文件原文可參見1950年《美國對外關系文件》1：第235-292頁（FRUS[1950] 1: 235～292）。對於NSC 68/1文件附錄VIII，《自由的戰略》（"The Strategy of Freedom"）發布於1950年11月10日）的詳細內容，可參見1950年《美國對外關系文件》1：第404-407頁（FRUS[1950] 1: 404～407）。

[3] 1950年《美國對外關系文件》1：第317頁（1950年5月29日報告）（FRUS[1950] 1: 317）。

[4] 《參謀長聯席會議歷史》2：第420-422頁（JCS 2: 420～422）。

威師和兩個丹麥師。[1] 這些數字，連帶駐德國的兩個英國師和兩個美國師，北約將在歐洲靠近中歐前線的地域擁有超過14個師的力量。緊急情況下，大約到1950年10月時，還能從美國和英國調遣額外的部隊（其中，美國六個師，英國1+2/3個師）。戰爭初期，北約將需要時間來集結其部隊，例如，預計在1950年10月時法國仍能貢獻出六個師（四個步兵師，兩個裝甲師），而之後隨著大批美援抵達歐洲，各國的軍隊數量都將持續穩定上升。

　　另一方面，在1950年時蘇聯已在東德部署了22個師，另在奧地利、波蘭和匈牙利各部署有兩個師，至於其他衛星國則至少部署有一個師以維持對當地的控制。因此，當年蘇聯如果要從中歐發起進攻，它最多投入的兵力就是22—25個師。根據通常的經驗，進攻方對防禦方通常要在前沿形成3：1的數量優勢才能形成有效突破。因此，蘇聯不太可能在中歐於戰爭初期擊潰北約。如果蘇聯真希望對北約一擊必殺，它必須從其西部軍區調集大量增援部隊。[2] 從此角度看，爆發於中歐的軍事危機，其最終結果將成為蘇聯與北約之間的後勤和動員競賽。

　　與此同時，參聯會在很快完成的另一項類似研究中，對到1954年前（被認為是新的「最危險年份」）所需達到的戰備水平制定了標准。根據其1950年5月發表時顯示，至1954年美國應部署有12個陸軍師、370艘主要艦只以及77支空軍聯隊。為了實現此目標，到1952財年時，美國需編成10個陸軍師，311艘主要艦只（1950年僅234艘）和56個空軍聯隊（1950年僅48個）。按數量規模計，這並非一支龐大的力量，但杜魯門當局的力量規模仍遠小於此。1950年6月初，他告訴一名記者稱，由於其經濟學家已意識到問題（過分增加防務支出對經濟造成的損害），他計劃削減防務開支。對於認同尼采邏輯的那些人，這意味著放棄將美國的軍事支出保持在可供維持的水平上。[3]然而，至1950年下半年隨著朝鮮戰爭的全面爆發，政府內部關於該問題的熱烈討論全面嘎然而止了。之後，美國開始動員，而這證明尼采的判斷是正確的，美國的確能夠在增長防務開支方面做得更多。杜魯門一改早前他反對增加軍事支出的姿態，進行了戰後首次大規模的軍事動員。

　　考慮到可察覺到的蘇聯軍隊的規模以及北約的脆弱態度，在1950年初參聯會就認為，如果出現蘇聯向北約發起進攻的狀況，北約在前沿的部隊將不得不從其當前陣地撤往法國的防線。但法國政府拒絕任何從萊茵河防線撤退的想法，其要求亦被寫入1950年3月的北約《中期防務計劃》（為1954年爆發大規模戰爭而制定）。[4] 當年9

---

[1]《參謀長聯席會議歷史》2：第436頁（JCS 2: 436）。

[2] J.S.達菲爾德：《蘇聯對西歐的軍事威脅：美國對1950和1960年代的評估》，摘自1992年《戰略研究期刊》15期，第217頁（J. S. Duffield, *"The Soviet Military Threat to Western Europe: U.S. Estimates in the 1950s and 1960s"*, in *Journal of Strategic Studies* 15[1992]: 217）。

[3]《參謀長聯席會議歷史》4：第25-35頁（JCS 4: 25～35）。

[4] J.S.達菲爾德：《蘇聯對西歐的軍事威脅：美國對1950和1960年代的評估》，摘自1992年《戰略研究期刊》15期，第49頁（J. S. Duffield, *"The Soviet Military Threat to Western Europe: U.S. Estimates in the 1950s and 1960s"*, in *Journal of Strategic Studies* 15[1992]: 49）。

月，丹麥和荷蘭政府對此計劃提出異議，反對讓北約主要兵力堅守萊茵河和艾塞爾河（荷蘭東部）一線的防線，因爲此舉將使荷蘭和丹麥直接暴露於前沿。

　　只要北約仍企圖在歐洲中西部站穩腳跟，就必須擁有一支強大的軍隊，而這遠超出北約各國所能擔負的。在1950年初，英國首次承諾在緊急情況下將向德國補充部隊。這一改早前英國的觀點，當時英國希望其兵力主要用於固守本土，以本土爲空中進攻的出發基地，以阻滯蘇軍進攻。當形勢發展到1950年左右時，英國政府也意識到先前觀念存在缺陷，如果蘇聯推進到足夠靠近英國本土的地區，就能以其空中力量向英本土發起襲擊（更遑論倫敦本身）。此外，其他歐洲國家（特別是法國）更視英國的態度作爲他們向聯盟提供大規模地面部隊的依據，他們認爲除非英國顯示出保衛歐洲的嚴肅態度（比如，英國將本國駐德部隊增加到兩個師），否則難以說服國內作出增兵的決策。1950年的戰爭計劃要求北約各國倍增其現有力量，英國無疑對地面部隊的貢獻有限，畢竟其已維持著龐大的空中和海軍力量。[1]

　　法國是聯盟地面部隊最主要的來源國，但戰爭的創傷遠未恢復。北約的軍事計劃希望在中歐前線部署32個完成戰備的師，外加其他部署在二線和後方的18個師，足以將蘇軍阻滯在萊茵河以東。但到1949年，聯盟僅有7個非法國師部署在歐洲，到1950年緊張的法國政府告訴艾奇遜稱，除非法國人民相信北約的計劃能夠成功（或者說聯盟各國也將派遣大量部隊充實北約稱其所需的54個師的部隊），否則人民不願再作出重大犧牲。如果美國的援助很快到位，法國就能爲北約提供5個現代化的師，後繼也將部署更多的，比如說，15個師的部隊。

　　德國是西歐僅存唯一一個尚有人力儲備的國家。在1949年11月，美國陸軍建議放松對西德重整軍備的限制，盡管在此之前美國對西德的官方政策仍致力於對其非軍事化改造。接著，到1950年5月，盡管參聯會同意了陸軍對西德再武裝化的意見，但杜魯門總統仍否決了提議，並稱之爲「軍國主義」的復生。在他看來，德國人爲戰爭貢獻的最好模式就是爲駐德盟軍提供資金。

　　資金，是北約戰備計劃在各國間引發摩擦的主要原因。北約每增加一名軍人都意味著爲其花費大量資金，以便爲其配備各種裝備。1950年，美國政府感到在聯盟的軍備上已充分負擔他們所能負擔的份額，未來聯盟軍事能力的增長必須由歐洲國家自己來承擔。然而，當國務卿艾奇遜要求英國和法國增加軍備投入時，後者僅表示未來的3年內最多僅能提供35億美元，而美國人希望他們在防務上投入100億—120億美元。[2]

　　朝鮮戰爭的爆發直接促使美國人轉變了對德國的態度，而這無疑引起法國難以壓抑的恐慌。法國人擔心這樣一種可能性，即復蘇的德國有朝一日會向其報復。而且法

[1] 柯尼什：《英國爲防禦德國的軍事計劃，1945—1950年》，第24-25頁、第47-49頁、第126-127頁（Cornish, *British Military Planning*, 24～25, 47～49, 126～127）。

[2] J.S.達菲爾德：《蘇聯對西歐的軍事威脅：美國對50和60年代的評估》，摘自1992年《戰略研究期刊》15期，第74-75頁（J. S. Duffield, *"The Soviet Military Threat to Western Europe: U.S. Estimates in the 1950s and 1960s"*, in *Journal of Strategic Studies* 15[1992]: 74～75）。

國人也認爲，借助核武器北約可在無需德國軍事力量的前提下與蘇聯抗衡。

美國擁有核武器後，法國無疑將原子武器等同於強權大國地位的象徵。解放後的1945年，法國立即建立了自己的原子能開發機構。1951年，法國希望能很快擁有這種武器，法國陸軍甚至開始考慮這類武器的戰術用途，這可以彌補北約在常規力量方面的劣勢。1954年12月26日，法國內閣正式批准了制造本國核武器的秘密項目，推測起來，此決定很大程度上與同年5月法國在印度支那半島奠邊府戰役遭受慘敗所致的羞辱有關。[1] 由於核研究的很多前期作業已完成，因此在1958年4月11日，法國當局正式下達了制造原子彈的指令（並在1960年進行試驗）。1960年2月13日，法國在阿爾及利亞沙漠靶場進行了其首次核試驗。[2]

當時，英國也展開自己的核項目。由於英國無法承擔大量核試驗所需的成本，因此在很長時間裡都無法部署類似美國和蘇聯所開發的各型核武器。對此，英國急切地希望再次建立類似戰時那樣的、與美國的緊密合作關系。美國政府亦多次考慮向英國提供涉及核武器的重要數據，以便戰時能順利使用美國供應的核武器，但因害怕其設計信息被洩露而屢次作罷。[3] 美國人的擔心不無道理，畢竟每型核彈在真正實戰使用前都需要進一步組裝，假如需要英國的技術小組完成這些工作，很多涉及核武器設計的關鍵信息就必須提供給英國，比如彈體重心的位置、（對不同旋轉軸的）轉動慣量、當量、安全特性、弱點、裂變和點火特性以及彈體空中的特性等，英國人在獲得這些數據和信息後無疑將大大加速其核武器研制的進展。

NSC 68文件倡導了一種軍事色彩更爲顯著的遏制戰略。該文件認爲，遏制失效的替代性方案就是主動發起預防性的戰爭。在蘇聯成功完成其核試驗後，該文件所倡導的觀念在美國軍界引起廣泛的爭論，比如，1950年4月美國空軍部長芬勒特在空軍戰爭學院的演講中就明確拒絕這一觀點。當然，在1950年8月朝鮮戰爭爆發後時任海軍部長弗朗西斯·馬太（Francis Mathews）同意了該觀點，即如果美國的戰爭准備非常充分立於不敗之地的話，在敵人發起嚴重挑戰後必須實施預防性戰爭，以保證未來的和平。很明顯，各軍種部長對此問題的爭論是時任國防部長路易斯·約翰遜放出的試探氣球。盡管國務卿迪安·艾奇遜（Dean Acheson）也反對馬太的評述，杜魯門總統並未將馬太逐出國防部。相比之下，另一名軍方人士卻因類似言論而遭到杜魯門公開解職，如空軍戰爭學院院長奧維爾·安德森將軍，他就因附和預防性戰爭觀點而被解職，杜魯門本人公開反對預防性戰爭。此後在1952年，空軍仍試圖重新采納此觀點（根據一份仍留存的國務院摘要）。[4]

[1]《核武器手冊》5：第183頁（NWD 5, 183）。

[2]《核武器手冊》5：第184-185頁（NWD 5, 184～185）。

[3] 保迪：《漫長的等待：鍛造英—美核聯盟，1945—1958年》，第74頁（Botti, The Long Wait, 74）。

[4] T.D.比德爾：《應對蘇聯威脅：「項目控制」及對冷戰初期美國戰略的討論》，摘自1989年《戰略研究期刊》12期，第273-302頁（T. D. Biddle, *"Handling the Soviet Threat: 'Project Control' and the Debate on American Strategy in the Early Cold War Years"*, in *Journal of Strategic*

　　由於斯大林擁有了核武器，美國的軍事目標規劃團隊自然而然地將蘇聯的同類武器列為戰略目標，防止蘇聯可能發動的任何核攻擊行動。具體而言，參聯會為其核武庫設定了三類目標，以確保美國能夠在冷戰中打贏核戰爭：一是摧毀蘇聯的工業能力及其城市區域（「Delta」方案），削減蘇聯的核進攻能力（「Bravo」方案）以及報復蘇聯的主動進攻（「Romeo」方案）。[1]

　　當時，新近成立的美國戰略轟炸調查委員會經評估得出結論認為，考慮到第二次世界大戰期間美英空軍曾將德國的石油工業和電力設施列為關鍵性目標（特別是對於後類目標，戰爭期間並未實現對其的完全摧毀，如果實現此目標將徹底癱瘓德國的工業能力）。因此，在1950年8月，參聯會完成制定第一份戰略目標清單時，其中共列出的300餘個目標中，大多數都是蘇聯的電力和石油工業設施。[2]

　　當這份目標清單出爐時，參聯會所列出的優先打擊清單與戰略空軍司令部（SAC）所制定的目標並不一致。而在獲悉此清單後，戰略空軍司令部指揮官寇蒂斯·李梅中將也表示了反對。他認為，如果按參聯會的清單實施打擊，他的飛行員可能會錯失其中的很多目標。例如，很多電廠的位置都非常偏僻，戰機很難在實戰中精確地發現它們，而且就算實施攻擊了，也難以獲得轟炸所需的附帶毀傷效果。相反，李梅提交的目標清單中，高優先性的目標包括：1.液體燃料工業；2.軍事、政府和經濟控制節點；3.工業中心。接著，軍方整合多個機構，於1951年10月再次制定出新的目標清單，但並未被通過。[3]

　　1951年10月22日由戰略空軍司令部緊急戰爭計劃部門提交的目標清單（經參聯會審批通過），可窺知當時的戰略目標選擇思路。在此目標計劃中，戰略空軍將在6天時間內進行先期襲擊，重型轟炸機群（B-36）將從緬因州飛赴莫斯科-高爾基地區並投下20枚核彈，接著返回英國基地著陸。中型轟炸機群（由B-29和B-50機組成）將從加拿大紐芬蘭的拉布拉多出發，沿北方航線飛赴蘇聯列寧格勒地區，並投下約12枚核彈，接著在英國著陸。而提前部署在英國的中型轟炸機，將沿地中海航線從南側攻擊蘇聯伏爾加河和頓河盆地地區，投擲約52枚核彈，接著在利比亞和埃及降落。部署在亞速爾群島上的中型轟炸機，攜約15枚核彈攻擊蘇聯高加索地區，並在沙特阿拉伯東北部的達蘭降落。至於遠東方面，部署於關島的轟炸機將向蘇聯遠東符拉迪沃斯托克和伊爾庫茨克地區投擲15枚核彈。[4]

　　從保護自身的角度看，第二項任務（即打擊蘇聯的戰略核武器）自然將是最重要的任務。當然，即便一些蘇聯轟炸機率先發起攻擊，戰略空軍司令部也能擊落一些

Studies 15[1992]: 273～302）。

[1] 美國國防部國防分析研究所（IDA），第22頁。

[2] 羅森伯格：《為了末日決戰：美國核戰略的基礎，1945—1961年》，第162頁（Rosenberg, *"Toward Armageddon"*, 162）。

[3] 《參謀長聯席會議歷史》4：第165-166頁（JCS 4: 165～166）。

[4] 《參謀長聯席會議歷史》4：第169-170頁（JCS 4: 169～170）。

敵機，但其他仍會准備進攻。朝鮮戰爭爆發後，參聯會認爲，盡管Bravo方案仍是主要的選擇，但首先仍要對蘇聯的軍事行動實施遲滯性打擊（即Romeo方案）。由於戰略空軍司令部的堅持，1951年中期在一份非正式的協議中，陸軍同意了戰略空軍的觀點，即戰時對蘇聯城市的打擊以癱瘓其政府動作將有助於遲滯其地面部隊向西歐的突擊。當年12月，戰略空軍司令部被迫同意批准了一份利用核武器進行遲滯打擊的目標清單（由北約空中力量司令勞里斯·哈爾斯塔中將制定）。[1] 當然，Romeo方案也爲海軍的參與提供了機會。

　　對於戰略空軍司令部而言，高層認爲Bravo方案簡直是一種恩賜。畢竟，Delta方案中所列目標本質上都是蘇聯重要的城市，不太可能大幅度增長（意味著如采用此類方案，所需的轟炸機和核彈數量都不會有太大變化）。而對於Bravo方案，情況則完全不同。預期蘇聯的戰略核武器類目標數量將持續增多，爲了對付這類目標，空軍對轟炸機和核彈的需求亦同步提升。例如，1953年，戰略空軍司令部標明了409個潛在的蘇聯的轟炸目標。1952年，空軍單方面放棄了跨軍種的目標情報部門，將其合並進空軍情報局，爲協調其他軍種的目標篩選工作，陸、海軍等向空軍情報局所屬的評估和目標部門派遣了代表，當然陸、海軍的人員對龐大的空軍機構的影響力非常有限。[2] 由於空軍幾乎完全控制了空中情報，因此很大程度上對目標的界定完全由空軍決定。加之美國享有更大的空中優勢，因而對於戰略空軍司令部而言，似乎不會出現更糟糕的情況，即蘇聯的轟炸機力量可能成長到使美國戰略空軍自身的缺陷和弱點都會成爲重要問題的地步。當然，戰略空軍對Bravo方案的偏好並不暗示著一套預防性的戰爭計劃，畢竟，針對蘇聯的全面打擊計劃的制定耗時達30余天之久，而且要制定這樣的方案，戰略空軍對具體內容的確定肯定會受到影響。事實上，對於此間美國軍方的戰爭猜想，沒人質疑的一個前提在於，戰略空軍如何掌握蘇聯何時發起進攻（進而實施自己的戰爭計劃），對此沒有令人滿意的回答。1950年代初期，中央情報局和其他情報機構曾嘗試在蘇聯部署有大型轟炸機的機場附近安插線人，以提供關於蘇聯戰略空中力量行動的實時預警信息。但最後發現，成功安插了線人的機場記錄的重型轟炸機起飛次數非常有限，難以作爲系統的預警信息。

　　這一時期，美國戰略空軍司令部所面臨的兩難境地實際上正是自己造成的。一方面，戰略空軍宣稱其極端有效，所在Bravo方案之前的幾個數量有限的目標集打擊方案證明相對較少的戰略核力量就側滿足任務所需（高效費比的作戰能力使其在軍種利益爭奪時更具優勢）；另一方面，很多戰略空軍的高級官員不得不懷疑「墨菲定律」在戰時仍將非常有效，畢竟，所有根據樂觀的和平時期的計算所證明合理的小規

[1] 梅、斯坦布魯納和沃爾夫：《戰略軍備競爭的歷史》，第141-142頁（May, Steinbrunner, and Wolfe, *History of the Strategic Arms Competition*, 141～142）。

[2] 羅森伯格：《爲了末日決戰：美國核戰略的基礎，1945—1961年》，第167頁（Rosenberg, *"Toward Armageddon"*, 167）。

模戰略打擊力量,到戰時很可能將難以滿足需求。爲了獲得戰略空軍司令部所需的龐大力量,它要麼承認墨菲定律仍舊適用(這也引發對其能否以當前力量完成任務的質疑),要麼清楚解釋爲何基於樂觀的考慮仍需維持如此大規模的戰略空中力量。至於其他軍種,則對戰略空軍既羨慕又嫉妒,特別是它無須承認自身的缺陷就能更容易地獲得資源投入。然而,一旦戰略空軍踏出這一步,它就很難退卻了。

總體而言,單就經費消耗而言,戰略空軍仍是美國武裝力量中最省錢的。同期公布的NSC 68文件中的中心問題仍在於,任何戰略打擊力量,盡管威力強大,但能否勝任威懾同樣擁有核武器的蘇聯,懾止其在歐洲或亞洲軍事冒險;當然同時的,蘇聯也會算計其戰略核力量能否威懾美國的類似舉動。在防務開支方面,NSC 68文件中亦要求強化非核、非戰略的常規力量,使之達到可真正抵擋住蘇聯地面部隊的程度。但就在作爲美國武裝力量重整軍備綱領性文件的NSC 68號文件發布後不久,朝鮮戰爭的爆發似乎表明現實中核威懾的實際效果非常有限,而強大的常規力量仍是必需的。

第13章
「超級」核彈

在蘇聯1949年進行其首次核試驗的同時，適逢美國正以原子彈爲基礎開發新的「超級」核彈——氫彈。事實上，氫彈的概念早在對日本實施核打擊之前就已被提出。核聚變的反應機理使其威力達到裂變核彈的上千倍，其釋放能量之巨亦符合對原子彈威力的早期預計。1949年的美國，無論從實踐還是心理上，都已充分認識到超級核彈的巨大威力，因此在完成裂變核彈的開發後，科技開發的重心自然而然地轉到了氫彈上。隨著美國日益掌握氫彈的奧秘，美國的戰略家們亦開始對什麼是「嚴重打擊」和「決定性打擊」有了更清晰的認識。遭受嚴重打擊的國家也許仍能繼續戰鬥，但決定性打擊將徹底毀滅敵方還擊的能力，或者極大地破壞其整個社會和文化基礎，使其歸於混亂和失序。毫無疑問，氫彈的威力將對目標國家造成決定性毀滅。

聚變彈（氫彈）的理論基礎和概念眾所周知，它采用了與宇宙間恆星相同的核反應釋能原理，相較而言，裂變彈（原子彈）以另一種不同的、且效率更低的方式釋放出核能。要點燃聚變反應需要極端高溫和高壓，以目前的技術條件，只有原子彈的核反應能提供這種條件，但以裂變反應作爲點火源存在一個問題，反應時產生的高溫高壓能量是外向而非內向釋放的。因此，要賦予裂變反應點火的任務，必須以某種方式使其在將整個裝置徹底炸得四分五裂之前，使向外釋放的狂暴能量在極短時間內加熱並壓縮聚變核素以至足以引發後者發生可持續的聚變反應的狀態。解決這一問題需要相當精巧的工程設計。1949年，鼓吹聚變彈的科研人士認爲他們已找到了解決方案，所以沿著其技術路徑開發就可能研制出一枚這樣的核彈。但他們錯了。

支持氫彈項目的人士認爲，聚變彈的可能性是存在的，因此蘇聯在完成其裂變彈的開發後很可能也在做美國同樣在做的事。現在掌握的資料顯示，蘇聯早在1946年，幾乎與其原子彈項目同步地、就啓動了其超級核彈研制項目，至1949年夏，蘇聯已開始相關的設計計算工作。[1]

1949年9月底，美國原子能委員會（AEC）下屬的一個特殊委員會（由戰時美國原子彈項目的負責人羅伯特·奧本海默博士牽頭）曾建議不再繼續氫彈的開發。奧本海默作爲科學家的本能，使其認識到氫彈的威力已經強大到足以威脅人類本身的地

---

[1] 佐布克和普列沙科夫：《克里姆林宮的冷戰內幕：從斯大林至赫魯曉夫》，第151頁（Zubok and Pleshakov, *Inside the Kremlin's Cold War*, 151）。

位，就算俄羅斯制造出一枚氫彈，美國龐大的核武庫也足以威懾其不敢使用。原子能委員會的高級顧問委員會也建議不再研究類似的「超級」核武器。[1] 但這些反對的聲音並未壓住支持氫彈的聲音，對氫彈態度的分歧撕裂了學術界，很多原子能委員會的委員甚至拒絕就此表達立場。因爲這一問題不僅涉及通常所考慮的成本、可行性、以及如何更有效地利用有限且昂貴的裂變材料，它更關乎整個星球的未來。兩種聲音爭論不休，最終問題被擺上杜魯門總統的案頭留待最高領導人的裁決。原子能委員會總體認爲，研制氫彈成功和失敗的可能各占50%，如果美國決定研制，那麼最遲在3年內就會得到明確結果。

當時，美國各界對此問題的爭論如此廣泛，以至於相關決策很難保密。相反的，爲了充分動員科學界全力研制氫彈，總統不得不公開地闡述對此類項目的政策。最初，原子能委員會擔憂如果氫彈研制成功，戰爭中使用的少量氫彈（可能僅需10枚）就會危險地污染大氣層，進而導致人類完全毀滅。但到1949年11月相關計算表明，要達到使整個地球大氣層污染的程度，至少需爆炸成百上千枚氫彈才有可能，因此對污染的擔憂很快就不再被提及了。[2]

由五人組成的原子能委員會最高決策小組中，戈登·迪安（Gordon Dean）和委員會主席路易斯·L.施特勞斯（Lewis L. Strauss）支持開發氫彈。迪安認爲，如果美國率先擁有此種武器有助於打擊蘇聯的士氣。此外，除非真正開發出來，誰也不知道它的威力究竟如何。氫彈將成爲美國核武庫中最強有力的威懾象徵，單枚超級核彈就能摧毀莫斯科。另一位委員，H.D.史密斯（H. D. Smyth），認爲美國僅僅是以開發氫彈相威脅，就足以使斯大林相信核戰爭是沒有前途的，進而接受與美國就控制核武器問題達成的協議。[3]

至於原子能聯合委員會的主席，麥克馬洪參議員（Sen. McMahon）也認爲「超級」核彈是必要的。由於裂變材料仍有限且昂貴，美國所擁有的原子彈數量非常少，因此如果能開發出氫彈，用之於摧毀城市的話，就能使更多低當量的裂變原子彈轉而用於打擊蘇聯的空軍和海軍基地，進而削弱蘇聯報復的能力。如果蘇聯使用氫彈消滅美國的城市，美國必然要報復，在此情況下多一種打擊敵方大型城市目標的手段總是更好的。「現代戰爭，即便僅使用原子時代之前的武器，仍具有大規模種族滅絕性的毀滅效果（當然不是用類似氫彈這樣的單枚炸彈）。第二次世界大戰期間，德國在俄羅斯和西歐造成的浩劫，以及之後盟國對德國和日本以同樣的手段還以顏色，期間所造成的生靈荼毒，很可能就超過十數枚超級核彈所帶來的苦難」。[4] 以參聯會主席而

---

[1] 1949年《美國對外關系文件》1：第570-571頁（FRUS[1949] 1: 570～571）。

[2] 1949年《美國對外關系文件》1：第598頁（FRUS[1949] 1: 598）。

[3] 1949年《美國對外關系文件》1：第577-585頁（FRUS[1949] 1: 577～585），原文是美國原子能委員會於1949年11月9日發布的報告。

[4] 1949年《美國對外關系文件》1：第590-591頁（FRUS[1949] 1: 590～591）。

言，「蘇聯擁有新的熱核武器，而美國沒有的話，這完全是不可容忍的」。[1] 按照保羅·尼采的話說，美國難以在此方面接受劣勢，雖然他確實擔心強調這類大規模殺傷性武器的可能被使用將有損美國在道義上的立場，但現實要求美國必須研制這類武器。同時，考慮到美國已擁有相當規模的裂變核武庫，氫彈對美國的意義無疑小於其對蘇聯的意義。因此，尼采建議美國應立即著手氫彈的研制和試驗，但其是否大規模量產部署應留待未來形勢的進一步發展而定。[2]

1950年1月31日，杜魯門總統正式下令展開氫彈的研制。他認為這一決定只是形式上的手續，因為在之前10月份批准增加核武器研究的決策下達後，相關工作早已展開。他並未意識到「超級」核彈有可能無法制造出來。1949年，一些美國物理學家認為，他們已掌握如何制造氫彈的技術，至少在原理上如此，但他們都錯了。直到1952年，主要由泰勒和烏拉姆（Teller and Ulam）提出的革命性解決方案，才真正使氫彈的概念在工程設計上變成現實。其方案利用了裂變彈爆炸時比爆速快得多的輻射能量來壓縮聚變核素，或「次級」聚變物質。對於此設計概念，美國政府似乎將其嚴格保密直至70年代末期。[3]

為了驗證其設計，泰勒的設計團隊在太平洋中部的試驗場制造了一個試驗性裝置，它包含一套巨大的冷卻系統（用以使氫核素保持液態），因此並非完全實戰意義上的氫彈。1952年11月1日試驗裝置被引爆，產生了極為壯觀的爆炸場景。[4] 接著到1954年初，美國才在一系列代號為「城堡」的試驗中，實驗了可供投擲的氫彈。[5] 最初，美國將氫彈研制方向的重點放在盡可能增強其爆炸威力上，即可摧毀整座城市的單枚氫彈。然而，同樣的技術也導致核武器的開發走向另一個極端，即研制極為輕量化的低當量核彈，這實際上對之後一系列彈道導彈的開發具有重要意義。

相比之下，蘇聯在進行其氫彈開發方面顯然走了更多彎路，這也從另一方面映襯出泰勒和烏拉姆的設計多麼具有創新性。安德魯·薩哈羅夫（Andrei Sakharov，蘇聯物理學家，持不同政見者，參與制造蘇聯第一枚氫彈）在其參與蘇聯氫彈研制過程中，就並未想到泰勒—烏拉姆的設計概念。事實上，他當時參與設計時采用了「夾層餅」的設計概念，而這是美國設計團隊早已放棄的設計。正如其名稱所暗示的，此設計以裂變彈為初級反應單元，其外層包裹並敷以一層聚變物質材料，在此層材料外圍包裹厚層堅固外殼（用以防止彈體在爆炸瞬間徹底碎裂），利用裂變核爆所產生的外向爆炸能量在外層硬殼的短暫約束下瞬間壓縮和加熱其外層的聚變材料，最終點

[1] 1949年《美國對外關系文件》1：第595-596頁（FRUS[1949] 1: 575～596）。

[2] 1949年《美國對外關系文件》1：第611頁（FRUS[1949] 1: 611）。

[3] 在霍華德·莫蘭在1979年11和12期的《progressive》雜志上描述氫彈的具體細節之時，當時引發了對各主要大國能否保守住氫彈設計秘密的質疑。可參見莫蘭：《爆炸的秘密》以及漢森的《美國的核武器：秘密歷史》，第5頁、第28-29頁。

[4] 漢森：《美國的核武器：秘密歷史》，第54-60頁（Hansen, *U.S. Nuclear Weapons*, 54～60）。

[5] 漢森：《美國的核武器：秘密歷史》，第61-68頁（Hansen, *U.S. Nuclear Weapons*, 61～68）。

燃聚變反應。以該設計爲基礎，蘇聯於1953年8月12日進行了全球首次可實戰投擲的氫彈爆炸試驗，對此蘇聯進行了大肆宣傳和鼓吹，但實際上此次核試驗並未達到預期效果。聚變層確實使爆炸威力增色不少，但遠未達到證實其作爲成功聚變彈所需的能量釋放水平。直到1954年初，薩哈羅夫和另兩名主要研制人員，捷里多維奇和哈里頓（Zeldovich & Khariton，領導了蘇聯的原子彈開發項目），才發展出類似泰勒—烏拉姆設計原理的點火概念，並最終於1952年11月22日進行了核爆試驗。

在美國仍壟斷著氫彈和原子彈設計秘密的時間裡，原子能委員會和原子能聯合委員會非常不願向他們的英國盟友提供此類核武器的設計信息。直到1952年10月英國也完成了其首次核爆試驗後，美國的決策層和科學界才同意其英國同行所提出的，最好共享兩國核項目設計信息的提議。隨著美國完成其首次聚變裝置的試驗（1952年11月1日），對原子能委員會和原子能聯合委員會而言，美國在核領域已遠遠走在英國前面，後者在信息共享方面的貢獻也越來越不具價值。

然而，此時接替杜魯門的新任總統——德懷特·D.艾森豪威爾（Dwight D. Eisenhower），更加重視北約，以及利用核武器平衡規模龐大的蘇聯地面部隊。在此背景下，他開始與北約盟國商討共享核武器項目的議題。例如，戰時要使美國核武器能夠由歐洲盟國的軍隊使用，後者需要了解涉及核武器的很多基本信息，包括其尺寸、重量、形狀，以及武器毀傷效果和使用計劃等方面的信息。本質上，這些信息並非設計及工程制造信息，應該提供給盟國參考，但原子能委員會擔心諸如形狀之類的信息會洩露美國氫彈設計的秘密。與此同時，英國對美國核武器的尺寸信息很感興趣，因爲英國希望戰時其新型轟炸機能裝備美國提供的核武器用以作戰。否則，僅靠其本國有限的核武庫，根本無法滿足需求。例如，1954年英國皇家空軍僅計劃采購12枚核彈，然而其投擲能力卻達到200枚之多。1954年8月30日，美國國會批准了原子能委員會提交的與盟國共享相關核信息的法案。

1954年7月26日，英國內閣正式決定研制氫彈，當年年初就對相關問題進行了討論（此前英國人認爲「氫彈」並不現實）。[1] 作爲過渡性步驟，1956年1月英國國防大臣鄧肯·桑迪正式向內閣建議，爲彌補本國有限核武庫的不足，戰時皇家空軍使用美國提供的核武器。接著到1956年8月，美英之間就此議題達成詳細的協議。協議項目被命名爲「Project E」，在此協議規范下，美國將向英國基地部署核武器（由美空軍負責保管維護），戰時將依據美國總統的指令加以使用（可由美國空軍或皇家空軍具體投擲）。「Project E」的制定實際上也與當時美英間的另一項核合作項目相呼應（即美國向英國提供其「雷神」中程彈道導彈）。蘇伊士運河危機後，艾森豪威爾非常希望重建與英國的特殊關系，因而大力推進了這兩個核合作項目。[2] 對此，原子

---

[1] 韋利：《英國皇家空軍核威懾力量》，第239頁（Wynn, *RAF Nuclear Deterrent Forces*, 239）。

[2] 納什：《10月份的其他導彈：艾森豪威爾、肯尼迪和朱庇特，1957—1963年》，第8-9頁（Nash, *The Other Missiles of October*, 8~9）。

能委員會和原子能聯合委員會持反對態度，直到1957年秋蘇聯發射全球首枚人造衛星——「斯普特尼克」並引起西方震驚與恐慌後，兩機構仍未完全放棄其反對意見。

對於采用全新核反應原理的氫彈，英國更關心其當量能否達到百萬噸級水平，而非原子彈傳統上的千噸、萬噸級水平。英國的氫彈項目主設計人約翰‧C.沃德（John C. Ward），之後曾稱他在看到美國的氫彈形狀之後的六個月內，理解了泰勒－烏拉姆的設計概念。在其看來，美國的氫彈形狀細長，而非采用「夾層餅」設計理念所必然導致的粗大形狀，意味著以前他所想象的兩段式核反應氫彈的設計概念完全就是個騙局。1957年，在英國制造其試驗性氫彈時，仍以一枚大當量的裂變彈作爲支撐，以確保其爆炸的是某種類型的百萬噸級氫彈。[1] 1957年11月8日，英國試爆氫彈的當量達到180萬噸；1958年4月28日的另一次試驗中，當量達到300萬噸。[2] 至此，英國擁有了自己的氫彈，至少在西方，美國不再具備核壟斷的地位了。

1958年7月2日，艾森豪威爾總統簽署了修訂後的原子能委員會法案，允許美國將其核武器的部件，向那些在核武器開發方面取得實質性進展的盟國（即英國）進行轉移，「所允許轉移部件並不會顯著提升對象國在核武器開發、設計和制造方面的能力」。由於英國已顯示了其研制氫彈的技術能力，無疑該法案意味著英國可接受美國提供的氫彈零部件了。接著在1958年7月3日，美英之間簽署了新的核合作協議。該協議之後在1959年5月7日進行了修訂，修訂使兩國可相互提供涉及核武器的非核材料和核武器的設計信息。之後，英國向美國提供了其核武器設計細節，美國方面得出結論認爲，英國試驗的核武器大致相當於美國在1954—1955年時試驗的水平，其具體設計也與美國1956年開發的核武器類似。然而，英國設計也具有足夠的創新性，使兩國的核信息共享完全是物有所值的。[3] 1961年，英國以美制B-28核彈爲藍本完成了本國類似型號核彈的設計。此後，據稱英國所有的核武器設計都以美國類似武器爲基礎。1958年10月1日，當72架裝載著Mk5型核彈的轟炸機部署到3個皇家空軍基地時，Project E「技術上已然生效」，最終該項目於1969年結束，當時駐德美制核武器由英國的同類武器所取代。這是由於此後美國相關法案要求，所有駐外部署的核武器必須由美國武裝力量監管與維護，因此不再可能將美國核武器預先裝載在大量分散的英國轟炸機上。[4]

在美國向英國分享其核秘密的同時，美國逐漸向英國轉移部署更多的核武器，包括原子彈和氫彈，這些核彈的日常維護與管理也逐漸由原子能委員會（非軍事部門）轉給軍方，其擴散的目的地除了英國外還包括更多的海外部署地點。最初，軍方僅請

[1] 拉明：《V-轟炸機：火神、勇士和勝利者——英國的空中核威脅》，第95-96頁（Laming, *V-Bombers*, 95～96）。

[2] 拉明：《V-轟炸機：火神、勇士和勝利者——英國的空中核威脅》，第107頁（Laming, *V-Bombers*, 107）。

[3] 《核武器手冊》5：第48-49頁（NWD 5, 48～49）。

[4] 韋利：《英國皇家空軍核威懾力量》，第263頁（Wynn, *RAF Nuclear Deterrent Forces*, 263）。

求總統授權在緊急情況下向海外轉移其核武器，但之後這種海外部署變得更爲常態化。轉移時，戰略空軍司令部的核武器由專門的貨機運往海外。例如，1950年朝鮮戰爭爆發後，軍方曾考慮在朝鮮使用原子彈，杜魯門總統亦同意戰略空軍向其駐沖繩基地部署了9枚核彈。

除了由美國武裝力量監管的、儲存於海外的核武器外，美國還在其遍布全球的基地和海上艦只上儲存有很多核武器的非核零部件，但關鍵核部件仍主要儲存於原子能委員會設在本土的儲備點中。采用此種管理體系的唯一原因在於核戰爭事關重大，相關決策和行動實施都極爲慎重和緩慢。然而，在總統艾森豪威爾入主白宮後，以往的核武器管理體系在他看來完全不適用於實戰。因此1954年，他決定向海外部署核部件，但具體部署地點的選擇也僅限於美國能夠對此類武器實施獨立控制的國家或地點（在未與其他國家就部署達成協議之前，符合條件的地點只有關島和海軍的航母）。1954年4月，美國與英國和摩洛哥達成部署核武器協議，接著在當年6月，與西德政府完成相關談判。即使如此，在當年年底，國防部直接管理的核武器僅有167件（同期美國共有1630件核武器）。只有到1958年時，軍方直接管理的核武數量（4017件）才超過作爲民事部門的原子能委員會所管理的數量（3385件）。更進一步的，到1959年，國防部已擁有8337件核武器（同期美國總共擁有12305件）。導致軍方監管核武數量大幅增加的部分原因，在於用於配備導彈的核彈頭數量大增，無疑這些以實戰爲目的的核武器已不可能再由原子能委員會監管。

第14章
遠東危機

在1949—1950年間，美國的戰略家們被迫考慮很多不利的局面。如果斯大林在全球范圍內發起攻勢，顯然美國不可能在各個地區都做出反應，因此必須有所選擇。但美國的問題正在於，如果最不利的情況發生，即斯大林在全球各處燃起戰火，美國必須盡可能地在各處都進行抵抗，而且抵抗的成本很可能遠大於所保衛的地點的價值。美國的應對事關重大，畢竟作爲西方世界的領頭羊，其抵抗行動將彰顯出美國抵制蘇聯的堅定決心。也許，不那麼合乎邏輯的是，美國的抵抗更顯示出冷戰的主戰場——歐洲所面臨的嚴峻威脅，如果蘇聯在其他地方得手，他們對歐洲的野心將受到刺激，而歐洲的失敗對西方來說是極爲致命的。

1950年，東北亞的形勢並不平靜。毛澤東在前一年已贏得了中國的內戰。在朝鮮半島南部，美國的占領軍隊按戰時與蘇聯達成的協議開始陸續撤出半島。1950年1月12日，國務卿艾奇遜發表了令人不安的消息，他公開宣稱（這些也都是參聯會所清楚的），考慮到美國的武裝力量有限，美國必須做出選擇。鑒於亞洲在重要性上遠不如歐洲，因此，美國在東亞要守衛的只是一串離岸的「島鏈」，它包括日本列島（區域內唯一真正的工業國家）、琉球群島和菲律賓。整條島鏈並不包括中國台灣和朝鮮南部半島。

但在斯大林看來，朝鮮半島顯然比艾奇遜所稱的更爲重要。在沙皇時代，爲爭奪朝鮮半島俄羅斯就曾於1904年與日本爆發過戰爭。當時，朝鮮半島被俄羅斯視作「直指日本心髒的匕首」。相反的，在中國看來，朝鮮則是日本指向中國的鎖鑰之地，其歷來是日本侵犯中國的跳板。[1] 在1950年時，在斯大林看來，日本不太可能忽視任何在朝鮮半島上的共產主義勝利。一旦美國占領軍撤離，日本將面臨共產主義的朝鮮，後者進而有可能將這種風潮傳播到日本。朝鮮半島就其本身的地緣價值來看，遠非美國所認爲的那麼無關緊要，至少，朝鮮仍居於遠東的中心。美國從純粹軍事角度出發構想出的防禦性島鏈，無疑是可笑的。

當然，斯大林也有其顧慮，毛澤東可能將成爲亞洲的狄托，在形勢真正發展到那一步前，將中國緊緊綁上蘇聯的戰車是必需的。當然，從這一點看，中國的重要性遠

---

[1] 張曙光：《毛澤東的軍事浪漫主義：中國和朝鮮戰爭》，第44頁（Shu, *Mao's Military Romanticism*, 44）。

非朝鮮可比。如果放棄朝鮮能更好地控制中國，斯大林可能也確實願意這樣做。他必須向毛澤東展示蘇聯的善意，因此在1950年1月的聯合國會議期間，蘇聯代表爲抗議而退席，因爲蘇聯認爲如果沒有由中國共產黨所代表的中國占據在聯合國安理會的席位，任何的安理會會議都是無效的。當然，此舉在六個月後導致了各國都不曾預期的後果。

1950年，朝鮮已組建了自己的共產主義政府，它由1945年就進駐朝鮮的蘇聯紅軍以人民陣線的形式扶持。在朝鮮，斯大林明顯制定並執行著長線的計劃。例如，1942年他組建了第88步兵旅，該旅下屬的四支部隊全部由朝鮮人構成，以便爲未來的朝鮮人民軍培訓干部。該旅的指揮官金日成逐漸成爲其領導者，而早期朝鮮共產主義組織的領導人則陸續被他驅逐。[1] 同時，在半島南端，李承晚領導的韓國政府，在美國占領軍的扶持下也得以成立。對於半島的未來，金日成和李承晚都力圖以已爲主進行統一。1948年，金顯然已決定以武力統一朝鮮。[2]

1945年執政後，金立即開始奉行蘇聯的政治和經濟路線，著手朝鮮北方的重建。由於北方具備較好的經濟工業基礎，經過兩個「一年計劃」（1946年、1947年）後，各項經濟指標漸有起色，但在此後1948—1949年的「兩年計劃」卻遭到了不幸的失敗。爲尋求蘇聯支持，1949年3月金日成赴莫斯科訪問，雖然並未與蘇聯簽署友好互助條約，但金與蘇聯達成爲期10年的經濟和文化合作條約。1950年初，金日成的一些顧問就認爲，僅以半島人口的三分之一進行國家的重建是不可行的，而半島南部擁有充沛的人力和資源，且很容易被征服，因此應盡快著手國家統一戰爭。接著，在1949年5月初朝鮮政府開始制定針對南方的土地改革法案，很明顯北方政府早就開始考慮半島戰爭的問題了。[3]

當然，金日成也面臨著挑戰。南方共產主義組織的領導人，樸憲永（Pak Hong-yong），無疑也希望通過推翻現政府的革命成爲新的領導人，而且考慮到南方在人口方面的優勢，他將比金日成更具優勢。至少在表面上，雙方仍保持著合作與同志的關係。1949年，李承晚政府的軍隊有效地打擊著境內的共產主義游擊隊，對他而言更擔心金日成會入侵南方以解救其意識形態盟友。這種情況在此後1959年的越南重演，當時南越政府軍也有力地打擊了其境內的南方越共組織，同時亦擔憂北方越共的支援。爲應對眼前的危機，樸憲永竭力鼓動金立即南下，他向金允諾稱一旦北方人民軍南下，他在南方的大約20萬共產黨游擊隊將群起響應，共同推翻南方資本主義政府。金顯然未受後者的影響，相反，他斥責了樸憲永的失敗。1963年2月8日，在慶祝朝鮮人

---

[1] Dae-Sook-Suh：《金日成：朝鮮領導人》（Dae-Sook-Suh, *Kim Il Sung*）；貢恰羅夫、劉易斯和薛理泰：《不確定的搭檔：斯大林、毛澤東和朝鮮戰爭》，第131頁（Goncharov, Lewis, and Xue, *Uncertain Partners*, 131）。

[2] 伍德羅·威爾遜中心冷戰國際史項目（CWIHP）3：第15-17頁。摘自1966年一份蘇聯外交部報告，其中涉及當時蘇聯對朝鮮戰爭的准備情況，該報告實際提交給勃列日涅夫和柯西金。

[3] Dae-Sook-Suh：《金日成：朝鮮領導人》，第112-121頁（Dae-Sook-Suh, *Kim Il Sung*, 112～121）。

民軍成立15周年的慶典上，他曾告訴他的軍官稱，樸憲永就是個騙子，他連1000人的隊伍都沒有，更別提20萬的武裝力量了，畢竟在北方政府發動統一戰爭時南方幾乎無人響應並進行起義。[1]

金日成最初對南方的猶豫使斯大林對其大加斥責，「你們必須打擊南方敵人」。然而，斯大林對於金可能在其行動中對美軍的攻擊仍保持謹慎，後者當時正准備撤離半島。1949年，斯大林告訴金，只有美國和韓國軍隊向北推進時，北方政府才應發起反擊。據報道稱，蘇聯對朝鮮問題的策略早在1948年在莫斯科舉行的一次戰略會議上就已做出，之後1949年1月在中國哈爾濱舉行的另一次會議上，中國人同意在當年9月前允許解放軍中的朝鮮族官兵（約2.8萬人）返回朝鮮參加北方政府的軍隊，這些部隊曾廣泛參與中國內戰，極具作戰經驗。[2] 金日成曾在30年代領導過活躍於中朝邊境地區的反日游擊隊，他希望樸憲永的南方游擊力量能夠在1949年秋季前推翻南方政府。[3] 根據其設想，他的軍隊將扮演斯大林所偏好的那種支援革命的角色，而不是主動對處於防守狀態的敵軍發起攻擊。

另一方面，早在1947年時，美國政府就考慮將其部隊從朝鮮半島南部撤出（因戰後裁軍的原因），但爲了防止半島南部輕易被共產勢力奪取，唯一的辦法就是盡快組建當地政府的軍隊。最初美國幫助南方政府建立了警察部隊。一些都在按計劃進行，美國軍隊原定於1948年8月15日開始撤離，但之後實際推遲到1949年1月15日，部分原因在於1948年10～11月一些警察部隊在共產組織的煽動下進行了武裝叛變。1949年初，中央情報局警告稱金日成很可能在美國撤軍後發起對南方的進攻。美國判斷就算只在半島部署很少的軍事力量，但只要美軍在當地存在就足以威懾北方的冒險舉動，而一旦戰爭爆發，就需要向當地派遣大規模的軍隊。此外，中情局還認爲，朝鮮崩潰將使很多日本人相信美國同樣不會保護他們。對於中情局的判斷，美國陸軍並不同意，後者認爲，如果蘇聯想要奪取韓國，他們將更可能派遣游擊隊向南方滲透，至少不會實施大規模進攻。[4] 緊張的李承晚政府試圖使美國軍隊繼續留在半島，但在當時美國軍事開支整體收縮的大背景下，實施並維持占領所需的費用顯得過於昂貴。因此，他未能獲得美國對保衛韓國的承諾。美國人可能也害怕李承晚是另一個蔣介石，因此耗費資源來武裝和訓練韓國軍隊極具風險，例如，李承晚可能試圖投向北方（正

[1] Dae-Sook-Suh：《金日成：朝鮮領導人》，第121頁（Dae-Sook-Suh, *Kim Il Sung*, 121）。

[2] 賈恰羅夫、劉易斯和薛理泰：《不確定的搭檔：斯大林、毛澤東和朝鮮戰爭》，第135頁（Goncharov, Lewis, and Xue, *Uncertain Partners*, 135）；沃爾科戈諾夫：《七位統治者》，第284-285頁（Volkogonov, *Sem' Vozhdei*, 284～285）。張曙光的《毛澤東的軍事浪漫主義：中國和朝鮮戰爭》45頁（Shu, *Mao's Military Romanticism*, 45）的內容中，一名韓國歷史學家曾稱他關注並研究過1948—1949年幾個主要國家的會議情況，但中國歷史學家既未確認，也未反駁這些陳述。

[3] 賈恰羅夫、劉易斯和薛理泰：《不確定的搭檔：斯大林、毛澤東和朝鮮戰爭》，第135-136頁（Goncharov, Lewis, and Xue, *Uncertain Partners*, 135～136）。金日成非常重視這類游擊戰的概念，之後他曾再次運用游擊戰針對南方政府。

[4] 摘自《中情局冷戰記錄》1：第265-274頁，此《美國軍隊於1949年春季從朝鮮撤出後的後果》報告發布於1949年2月28日（"*Consequences of U.S. Troop Withdrawl From Korea in Spring, 1949*"[ORE 3-49], 28 Feb 1949, in CIA 1: 265～274）。

如他曾威脅過的那樣）。[1] 爲防止出現那種情況（美國大量援助南方的物資因李承晚的失敗而落入北方手中），美國拒絕了他提出的要求獲得美制作戰飛機的要求。1950年中期時，李承晚最好的五個師〔四個部署在邊境地區，一個用於保衛首都漢城（現首爾）〕，每個師僅有一個炮兵營，而美國的陸軍師則配屬有四個，而且其裝備的105毫米榴彈炮的射程也不如蘇聯爲北方提供的類似口徑火炮。此外，南方在其境內還部署有三個人員和裝備不足的師，用以鎮壓游擊隊和武裝叛亂。在作戰能力方面，李承晚的軍隊亦非常糟糕，其團級以上的部隊通常僅完成基本訓練。

　　美國對於韓國武裝力量的實際能力更存在誤判。1950年1月美國陸軍相信，「提升了作戰能力」的韓國軍隊將有效威懾北方的入侵。因此，在北方軍隊於當月出現向南方移動的跡象後，中情局低估了此信息的價值，只將其視作北方的防禦性換防「以抵消傾向進攻且日益強大的韓國軍隊」。此外，美國情報系統和軍方亦注意到其他很多戰爭跡象，包括中國駐東北軍隊中的不少部隊返回了朝鮮（根據約定回國的朝鮮族部隊），這極大增強了北方朝鮮軍隊的作戰能力；蘇聯通過中國在中朝邊境向北方軍隊移交了坦克和重型火炮等武器等。但不幸的是，美國的情報判斷仍認爲戰爭可能在6個月後爆發。[2] 到1950年6月19日，也就是戰爭全面爆炸不到1周的時候，中情局報告稱，盡管北方軍隊獲得了更多進攻性作戰能力，他們仍不太可能打敗南方，此判斷的依據部分源於美國認爲韓國人具有堅決的反共態度及其軍隊士氣高昂。對於戰爭爆發後出現的最糟糕的情況，中情局評估比較了雙方軍隊的作戰能力、數量規模、訓練水平和領導能力，認爲北方在裝甲、重型火炮和飛機等方面領先。因此，美國相信北方擁有實現有限軍事目標的能力，比如占領韓國首都——漢城，畢竟該城距邊境非常近。當然，如果北方希望獲得更大的成功將取決於蘇聯的援助。[3] 毫無疑問，北方希望打敗南方政府統一半島，但中央情報局評估認爲北方不太可能孤注一擲挑起大規模戰爭，其行動將限於宣傳、滲透、破壞、顛覆以及游擊戰等，對於南方來說這些行動很難取得成功。

　　金日成的軍隊最初裝備著蘇聯自1948年撤離半島時遺留的武器，他的蘇聯軍事顧問對其軍隊也非常有信心，這主要是基於1949年北方軍隊在開城的表現。[4] 當年9月，金日成向斯大林請求允許其向南方發起進攻，他認爲李承晚已經失去支持，而且南方的經濟正處於崩潰邊緣。斯大林對此表示懷疑，因爲到1949年12月，李承晚的軍隊仍能有效打擊境內的游擊力量。之後，雙方邊境多次出現緊張狀態，一支北方的巡

[1] 魏蘭：《劃定界限：1950—1953年朝鮮戰爭》，第90-91頁（Whelan, *Drawing the Line*, 90～91）。

[2] 庫恩斯：《評估蘇聯威脅：冷戰的早期歲月》，第349頁（Kuhns, *Assessing the Soviet Threat*, 349）所收錄的1950年1月13日中情局《每周情報摘要》（Weekly Summary, 13 Jau 1950）。

[3] 庫恩斯：《評估蘇聯威脅：冷戰的早期歲月》，第390頁（Kuhns, *Assessing the Soviet Threat*, 390），摘錄自當時的一份國家情報評估（ORE 18-50）。

[4] 貢恰羅夫、劉易斯和薛理泰：《不確定的搭檔：斯大林、毛澤東和朝鮮戰爭》，第135頁（Goncharov, Lewis, and Xue, *Uncertain Partners*, 135）。

邏隊曾越過邊境進入南方境內，蘇聯獲悉後斯大林向金表示若非獲得他的允許，禁止北方未來進一步的越境行動。[1] 此時，他並未考慮到金正爲戰爭做著一切准備。儘管北方的軍隊明顯比南方強大，但斯大林似乎對李的雄辯及其軍隊的進攻欲望更加印象深刻，在1949年時他甚至明顯懷疑金的政權在未來能否生存。[2]

但蘇聯還是爲北方提供了其在第二次世界大戰時期表現出色的T-34型坦克，這似乎是第二次世界大戰後蘇聯爲其每一個僕從國提供軍事援助的標准模式，這些武器也構成了金日成向南方進軍的進攻性力量。[3] 另一方面，李承晚的美國顧問卻做出導致此後災難性錯誤的判斷，他們認爲多山的朝鮮並不適應坦克等機械化裝備的使用，因此李承晚不僅沒有爲其軍隊裝備坦克，而且其軍中除了部分「巴祖卡」火箭筒外幾乎沒有什麼像樣的反坦克武器，即便是少量火箭筒也無力擊穿北方T-34坦克的正面裝甲。事實上，在戰爭爆發前，甚至很少有韓國人看到過坦克。如同很多之前的戰事中那樣，當戰爭爆發北方坦克出現時，僅僅是它們強有力的外觀就導致了軍隊和民間的恐慌。[4]

1950年1月，緊隨著艾奇遜發表的演講，半島形勢開始緊張。在莫斯科，莫洛托夫爲到訪的毛澤東提供了艾奇遜演講的譯稿。[5] 蘇聯的諜報系統很可能也向斯大林提交報告，美國並未計劃保衛韓國。金日成再次向斯大林請求准備發動統一國家的戰爭。此時，毛澤東已在內戰中獲得完全勝利，現在該輪到金完成統一使命了。由此，1950年1月17日，斯大林給予了金前進的信號。[6]

這將是一場誰的戰爭？據現在的記載看，它確定無疑是金日成的戰爭。他一次又一次地請求斯大林，直至其同意。當然，斯大林本身非常擅長誘導他的衛星國領導人向其請求實現他們的欲望，然後再在他們符合了他所期望的狀態下同意其請求。他沒有留下任何書面的、關於其本身動機的記錄，然而，似乎並無疑問的是斯大林確實獨自做出了這樣關鍵性的決策。

在密切關注朝鮮局勢的另一邊，中國的領導人毛澤東當時也急切地希望收復台灣，完成統一整個中國的使命。因此1950年2月毛澤東本人在莫斯科訪問期間，他向

[1] 沃爾科戈諾夫：《七位統治者》，第285頁（Volkogonov, Sem' Vozhdei, 285），日期是1949年10月27日。

[2] 貢恰羅夫、劉易斯和薛理泰：《不確定的搭檔：斯大林、毛澤東和朝鮮戰爭》，第140頁（Goncharov, Lewis, and Xue, Uncertain Partners, 140）。

[3] 貢恰羅夫、劉易斯和薛理泰：《不確定的搭檔：斯大林、毛澤東和朝鮮戰爭》，第147頁（Goncharov, Lewis, and Xue, Uncertain Partners, 147）。1950年6月，蘇聯認爲朝鮮軍隊在坦克、部隊數量、各種火炮以及飛機等方面都擁有決定性優勢。

[4] 魏蘭：《劃定界限：1950—1953年朝鮮戰爭》，第101頁（Whelan, Drawing the Line, 101）。美國軍隊在面對朝鮮軍隊坦克攻勢時遭遇失敗的一個原因，在於他們的巴祖卡火箭嚴重不同，當時韓國軍隊也存在類似問題（仍由美軍提供）。解決方案是後來美軍裝備的一種新「超級巴祖卡火箭筒」，它擁有更大的彈頭。

[5] 馬斯特尼：《冷戰和蘇聯的不安全感》，第91頁（Mastny, The Cold War and Soviet Insecurity, 91）。

[6] 佐布克和普列沙科夫：《克里姆林宮的冷戰內幕：從斯大林至赫魯曉夫》第63頁（Zubok and Pleshakov, Inside the Kremlin's Cold War, 63），根據其內容，由於無論如何金日成在戰場中已能走得更遠，因此斯大林不得不同意他的方案。當然，最好能獲得一場迅速的勝利而非一場延長的戰爭，否則美軍的干涉可能性將大爲增加，正如在希臘發生的那樣。但在貢恰羅夫、劉易斯和薛理泰：《不確定的搭檔：斯大林、毛澤東和朝鮮戰爭》（Goncharov, Lewis, and Xue, Uncertain Partners）一書中，相關內容卻強調當時斯大林對操縱中國介入戰爭感興趣。

蘇聯訂購了大量登島必需的傘兵裝備。同年3月底他批准了軍方一系列針對台灣的兩棲作戰行動，首先登陸舟山群島，接著再占金門（盡管後來失敗了），最後是台灣島。1950年4月12日，他命令解散部分中國部隊，很可能是要集中所擁有的裝備和力量以收復台灣本島。他還向蘇聯要求盡快提供用於台海作戰的海軍及海岸防御裝備。鑒於渡海作戰的復雜性和風險，毛澤東發現軍隊為台海作戰所做准備的耗時比預期更長，因而原定1950年6月初的行動被迫推遲至1951年夏季。[1]

對於金日成能否成功實現其戰爭目標，毛澤東持懷疑態度。[2] 他及其他軍方領導人擔心的是，美國會對金的進攻采取行動，那樣的話，後繼擴大的戰爭將有可能危及中國。[3] 因而，毛澤東試圖勸阻金日成，但未能說服後者。在戰爭爆發前的兩個月，即朝鮮在為戰爭做著最後准備的時間裡，金日成和斯大林故意阻止中國獲知諸多行動的細節。例如，期間幾乎所有蘇聯提供的武器都經由海路，而非通過中國的鐵路，運抵朝鮮。到50年代中期，即便朝鮮因中國的參戰而最終生存下來，但很多中國高級軍官仍對戰爭之初金日成將中國排除在其決策圈之外的做法感到憤怒，特別是考慮到中國後來被迫為參與這場戰爭所付出的高昂代價，他們的憤怒就情有可原了。[4] 朝鮮戰爭爆發時中國所面臨的兩難境地似乎也為蘇聯提供了絕佳的機會。當時，對於朝鮮戰爭和解放台灣的戰爭，中國僅有足夠的力量全力參與其中的一場。將部隊投入朝鮮後，中國將無力再收復台灣，對於後者，斯大林認為對蘇聯而言這是斷絕毛澤東未來與美國接近可能性的最佳選擇。只要蔣政府繼續存在於台灣島上，毛澤東將很難變成類似狄托那樣與蘇聯敵對的、甚至擁抱西方的國家。[5] 此外，一旦毛澤東決定參與戰爭，中國將肯定完全依賴蘇聯供應的軍事物資。而如果美國不加干涉的話，那麼朝鮮無疑將成為蘇聯在遠東的忠誠僕從，繼而為日本加入共產主義陣營奠定基礎。在這種情況下，斯大林將成為世界革命運動的當然領袖，而毛澤東亦將無法拒絕作為其唯一可資求助來源的蘇聯。

1950年2月9日，斯大林指令准備制定「預防性進攻作戰計劃」。[6] 盡管未能勸阻金的軍事冒險，毛澤東仍對金提供了有限的支持，他為後者提供了兩個朝鮮師的部隊，這些部隊曾長期在中國軍隊服役，來自他原本用於收復台灣的主力部隊。[7] 眼見

---

[1] 貢恰羅夫、劉易斯和薛理泰：《不確定的搭檔：斯大林、毛澤東和朝鮮戰爭》，第148頁、第152頁（Goncharov, Lewis, and Xue, *Uncertain Partners*, 148，152）。

[2] 貢恰羅夫、劉易斯和薛理泰：《不確定的搭檔：斯大林、毛澤東和朝鮮戰爭》，第146頁（Goncharov, Lewis, and Xue, *Uncertain Partners*, 146），其內容引述了1955年彭德懷元帥的回憶，以及之後一位蘇聯高級外交官員的回憶。

[3] 貢恰羅夫、劉易斯和薛理泰：《不確定的搭檔：斯大林、毛澤東和朝鮮戰爭》，第153-154頁（Goncharov, Lewis, and Xue, *Uncertain Partners*, 153～154）。

[4] 貢恰羅夫、劉易斯和薛理泰：《不確定的搭檔：斯大林、毛澤東和朝鮮戰爭》，第153-154頁（Goncharov, Lewis, and Xue, *Uncertain Partners*, 153～154）。

[5] 貢恰羅夫、劉易斯和薛理泰：《不確定的搭檔：斯大林、毛澤東和朝鮮戰爭》，第143頁（Goncharov, Lewis, and Xue, *Uncertain Partners*, 143）。

[6] 沃爾科戈諾夫：《七位統治者》，第287頁（Volkogonov, *Sem' Vozhdei*, 287）。

[7] 馬斯特尼：《冷戰和蘇聯的不安全感》，第91頁（Mastny, *The Cold War and Soviet Insecurity*, 91）。

無法阻止朝鮮戰爭的爆發，毛澤東只能將收復台灣的計劃推遲至1951年，也就是計劃在朝鮮戰爭結束後實施。[1] 1950年春，金日成開始派遣部隊試探韓國的邊境地區。通過對捕獲俘虜的審訊，他的最高司令部確信戰勝韓國軍隊將並無太大問題。[2] 金日成計劃用22—27天時間取得完全勝利，他也希望樸憲永在南方的共產黨游擊隊能對他的入侵提供決定性的幫助。[3] 非常業余的是，朝鮮幾乎不允許其戰爭計劃出現任何可能的失敗。[4]

1950年6月10日，在斯大林參考了其本國和中國的專家所提供的簡報後，他給予金日成發起進攻的最終許可。為了掩蓋其責任，他在發出的電報稿上使用了葛羅米柯的簽名。[5] 同樣的，為避免給美國人以口實，斯大林將邊境地區的蘇聯軍事顧問統統撤回。[6] 他甚至還指令金日成，戰爭必須以反擊的形式發起（即韓國軍隊打響戰爭的第一槍，盡管戰爭本身純粹是按北方主動進攻來設計與計劃的）。之後，斯大林更要求其軍事百科全書的編者，在其著作中編造美國在1949年5月就制訂進攻計劃的虛假情節（此虛構的計劃中，由美國武裝起來的10萬韓國軍隊將於1950年夏實施其向北方的進攻計劃）。[7]

就在斯大林和金日成秘密謀劃戰爭的同時，遠在台灣島上的蔣介石政府再次進入了美國人的視野。對於參聯會而言，毛澤東是斯大林最主要的盟友，而美國無論出於什麼意圖和目的來說，都與蘇聯處於非常敵對的狀態，既然如此，美國與中國也是明確的敵我關系。蔣介石在台灣的抵抗將同樣有助於抵抗共產主義擴張勢力。因此在1950年春，當中國軍隊奪取了沿海第二大島嶼——海南島後，杜魯門政府同意加速向台灣運輸已出售給他們的武器（除坦克和噴氣式戰機以外）。

在東亞，蔣介石還有一位重要的朋友，遠東美國武裝力量總司令——道格拉斯·麥克阿瑟（Douglas MacArthur）將軍。後者認為作為「不沉的航空母艦」的台灣，如果被敵人掌握，就能被其用來壓制沖繩群島和呂宋島北部的美軍力量，進而使日本與第一島鏈中的其他基地割裂開。1941年，日本以台灣為基地的空中力量，就曾成功攻擊並壓制了在菲律賓的麥克阿瑟。

北方的進攻必須趕在當地7月份的雨季到來之前發動，因為屆時整個半島將泥濘

---

[1] 馬斯特尼：《冷戰和蘇聯的不安全感》，第100頁（Mastny, *The Cold War and Soviet Insecurity*, 100）。

[2] 貢恰羅夫、劉易斯和薛理泰：《不確定的搭檔：斯大林、毛澤東和朝鮮戰爭》，第143頁（Goncharov, Lewis, and Xue, *Uncertain Partners*, 143）。

[3] 貢恰羅夫、劉易斯和薛理泰：《不確定的搭檔：斯大林、毛澤東和朝鮮戰爭》，第137頁（Goncharov, Lewis, and Xue, *Uncertain Partners*, 137）。

[4] 貢恰羅夫、劉易斯和薛理泰：《不確定的搭檔：斯大林、毛澤東和朝鮮戰爭》，第155頁（Goncharov, Lewis, and Xue, *Uncertain Partners*, 155），內容引述退役的朝鮮Yoo Soong Chul將軍的言論。另一名朝鮮將軍Chung Sang Chin則稱，金日成曾假設南方政權在漢城被攻陷後將很快投降，而如果韓國軍隊在漢城陷落後仍堅持抵抗的話，當時朝鮮對此並無詳細的應對計劃。

[5] 沃爾科戈諾夫：《七位統治者》，第289頁（Volkogonov, *Sem' Vozhdei*, 289）。

[6] 馬斯特尼：《冷戰和蘇聯的不安全感》，第96頁（Mastny, *The Cold War and Soviet Insecurity*, 96），文中認為，正如尼采所推測的，斯大林支持金日成向毛澤東證明，他仍積極地以武力解決面臨的問題。

[7] 沃爾科戈諾夫：《七位統治者》，第291頁（Volkogonov, *Sem' Vozhdei*, 291）。

不堪，北方占據優勢的坦克力量將大打折扣。具體的戰爭發動時間留待金日成決定。1950年6月25日，全面進攻正式發動。對韓國軍隊而言，盡管當時已有大量跡象表明北方的進攻在即，但行動仍成功的達成了完全的戰術突然性。[1] 關鍵在於美國對於其戰爭前景的預期過於自信，在其看來，斯大林非常謹慎因而不太可能冒這樣的風險。此外，美國人更認為斯大林對歐洲更感興趣，因此不會冒險在遠東開闢新的戰場。在這一系列因素的影響下，北方的入侵取得極大的成功，這似乎也是斯大林首次願冒與美國全面戰爭的風險（盡管這只是一場距離歐洲主戰場很遙遠的戰爭）。在西方看來，朝鮮戰爭將分散美國注意力，隱藏斯大林對西歐戰爭准備的伎倆。只有當這種擔憂消退後（到1950年6月底，西方意識到蘇聯在遠東企圖並不只是聲東擊西），美國才投入軍事資源保衛韓國。[2] 與當時很多西方人看法相反的是，艾奇遜激烈地認定，為遏制住斯大林得寸進尺的欲望，美國必須保衛韓國。[3] 當然，通過在朝鮮半島爆發的戰爭，斯大林似乎找到了一種不用直接參與戰爭（因而也就無需冒直接風險）而與西方斗爭的策略。例如，蘇聯可利用東德的非正規軍攻擊西德，而西方盟國將不敢攻擊支援其行動的蘇軍力量，正如中國在朝鮮戰爭以「自願」名義派出其軍隊，而美國亦不能直接向中國宣戰。

朝鮮的軍事冒險當即在聯合國引發風暴，美國代表要求安理會授權懲罰朝鮮的侵略。蘇聯代表因自1950年1月起為抗議中國代表席位被盤踞台灣的國民黨政府非法占有而抵制參加會議，因而未能否決美國的動議。鑒於聯合國通過了美國的動議案，杜魯門總統感到無需再正式宣示他所描述的即將在遠東實施的「警察行動」。後來共和黨把持的國會借以對他進行了攻擊，畢竟美國國會並未對總統在半島的軍事行動進行投票表決，因此國會並不感到他們應對行政當局決策的失誤負有責任。14年後，時任總統林登·約翰遜（Lyndon B. Johnson）認為，朝鮮戰爭最大的教訓在於，政府在投入戰爭前必須征得國會的同意，因而在其任內為使在北越的軍事行動合法化，他向國會提交動議，後者於1964年8月7日通過了其議案，授權總統「采用一切必要措施」，「防止進一步的侵略」，即「東京灣決議」。

在聯合國的授權下，美國陸軍麥克阿瑟上將出任了「聯合國軍」總司令，同時他

---

[1] 1949年10月，朝鮮向聯合國秘書長遞交了一封對外信件，其中宣稱其以武力統一國家的權利（摘自《參謀長聯席會議歷史》卷3，pt.1，第49頁）（JCS vol. 3, pt. 1, 49）。當詹姆斯·F.施納貝爾（當時是在美國遠東司令部工作的歷史學家，後來成為一名研究參謀長聯席會議歷史的學者）於1949年11月抵達東京時，當時外界已廣泛認為朝鮮將於來年夏天發動對南方的入侵（摘自魏蘭：《劃定界限：1950—1953年朝鮮戰爭》第91頁）（Whelan, *Drawing the Line*, 91）。1950年，參謀會發布《在韓美國人相信朝鮮的進攻是確定無疑的》（摘自《參謀長聯席會議歷史》卷3，pt.1，第48頁）（JCS vol. 3, pt. 1, 48）。1950年4月，美國情報機構明顯已破譯一份由蘇聯駐平壤大使發出的外交電報，其中報告稱，金日成已告訴（該大使）稱他計劃於當年6月展開進攻行動（摘自馬斯特尼：《冷戰和蘇聯的不安全感》，第95頁）（Mastny, *The Cold War and Soviet Insecurity*, 95）。1950年5月10日，韓國國防部長在漢城舉行的一場新聞發布會上宣稱，北方已在38度線一側集結了173輛坦克和18.5萬人的部隊准備展開入侵；他急切地希望美國幫助其軍隊抵抗北方進攻（摘自魏蘭：《劃定界限：1950—1953年朝鮮戰爭》，第106頁）（Whelan, *Drawing the Line*, 106）。而在戰爭爆發前，美國情報機構也未能偵聽到朝鮮組織其38線附近的平民撤離的行動，而這很可能成為戰爭即將爆發的重要預警。

[2] 馬斯特尼：《冷戰和蘇聯的不安全感》，第101頁（Mastny, *The Cold War and Soviet Insecurity*, 101）。

[3] 1950年《美國對外關系文件》1：第324-326頁（FRUS[1950] 1: 324～326），1950年6月29日美國國家安全委員會顧問會議得出的結論。

亦擔負著美國遠東地區和駐日本占領軍總司令的職務。事實上，朝鮮戰爭爆發時美國在日本仍駐有規模龐大的占領軍，即第8集團軍下屬的四個未滿員的師，[1] 這爲美國迅速采取干涉行動提供了條件。

其他國家提供了數量不等的部隊並接受麥克阿瑟的領導，因此朝鮮戰爭是一場真正的聯盟戰爭。[2] 其中，英國特別希望他們爲朝鮮戰爭所做的努力能夠使其在戰爭決策過程發出更大的聲音，他們和其他歐洲國家更擔心的是美國在朝鮮的行動可能導致升級，而非斯大林計劃發動一場更廣泛的戰爭。例如，公開與中國進入戰爭狀態可能激活中蘇條約中的某些條款，這進而使蘇聯加入戰爭；而如果出現後一種情況，蘇聯完全有能力在歐洲而非遠東，開辟新的戰場以策應其遠東盟友。

蘇聯方面，斯大林可能沒有考慮到美國對金日成冒險行動做出反應時的聯合國因素。很可能他更關注的是確保毛澤東與他站在同一陣線上。[3] 畢竟，蘇聯（因中國）放棄在安理會否決美國動議的情況此後再未出現。相反，此後近四十多年時間裡蘇聯頻繁的否決幾乎癱瘓了聯合國。

對於毛澤東而言，美國的反應使他確信前者的目標不僅僅在於朝鮮，他們最終將攻擊中國以推翻他所領導的革命，因此他對美國堅決的干涉態度感到尤爲憂慮。但另一方面，之前的形勢似乎表明，美國付出更大努力保衛韓國似乎並不可能發生，特別是在艾奇遜於1950年宣稱朝鮮並不是美國的重要利益之後。[4] 但無論如何，毛澤東仍相信半島的衝突很可能擴散到中國，因此在1950年7月初，他命令國內軍隊作好戰爭准備，其具體行動首先是向中朝邊境地區增派了軍隊。[5]

一旦戰爭爆發後，美國強化西太平洋地區的條約體系，希望將日本綁上西方的戰車。很快，所有駐日本的四個美軍師（這些部隊原本用於抑制日本國內的共產主義勢力），接到備戰指令可能投入朝鮮戰場。北方軍隊在戰爭初期快速的勝利可能也鼓勵了日本國內的反美情緒，加之占領行爲本身極易激怒當地民眾。因此，軍方認爲對日本的占領越快結束，此後的日本政府和民眾可能對美國就越友好，之後的相關條約也就能順利簽署。[6]

---

[1] 這4個赴朝美軍師平均每師員額約爲1.3萬，相較而言，滿編時每個師員額達到1.89萬人（《參謀長聯席會議歷史》卷3，pt.1，第44頁）（JCS vol. 3, pt. 1, 44）。

[2] 其他配合美國向朝鮮派兵的盟國，包括英國向朝鮮派出的1個步兵旅（之後又派出第2個員額較少的旅），加拿大派出的1個旅。此外，澳大利亞、新西蘭派出了數個營的兵力；土耳其、泰國和菲律賓各派出1個團級戰斗部隊（相當於旅）。盡管泰國、菲律賓等國派出的部隊裝備糟糕且作戰能力有限，但基於政治和宣傳上的意義美軍仍非常歡迎其派兵行爲（表明至少有亞洲國家與西方一起赴朝參戰）。除了以上這些派出較多部隊的國家外，法國、比利時、荷蘭、希臘、埃塞俄比亞和哥倫比亞等國亦向朝鮮派出1個營的部隊，盧森堡派出1個連（《參謀長聯席會議歷史》卷3，pt.1，第161-175頁）（JCS vol. 3, pt. 1, 161～175）。其他一些國家，比如希臘和南非等國，亦向聯合國軍提供了艦只和作戰飛機。

[3] 佐布克和普列沙科夫：《克里姆林宮的冷戰內幕：從斯大林至赫魯曉夫》，第64頁（Zubok and Pleshakov, Inside the Kremlin's Cold War, 64）。

[4] 張曙光：《毛澤東的軍事浪漫主義：中國和朝鮮戰爭》，第55-56頁（Shu, Mao's Military Romanticism, 55～56）。

[5] 張曙光：《毛澤東的軍事浪漫主義：中國和朝鮮戰爭》，第56-58頁（Shu, Mao's Military Romanticism, 56～58）。

[6] 到1950年時，當英國向美國透露稱斯大林已從西伯利亞向薩哈林調遣了12個師的兵力時，日本的脆弱突顯成爲問題，這些部隊很可能用於入侵日本北部主島（北海道）。爲防備萬一，1951年4月兩個美國師（征召的國家警衛隊師）進抵日本。

戰爭初期，金日成的部隊迅速粉碎了韓國和美國軍隊的抵抗，其成功對西方而言完全是惡兆。這似乎顯示了蘇聯有能力幫助其衛星國迅速發展出一支富有戰鬥力的部隊，無論之前這些國家的軍事能力多麼微弱；通過朝鮮，西方看到蘇聯的歐洲衛星國軍隊也不再像以往那樣不值一提了。

駐日本的美軍迅速被調往朝鮮半島，但他們同樣未能遏制北方軍隊的攻勢，這支集團軍整體上實力不足，其下屬的幾個師的員額只及滿編同類部隊的三分之一，例如，師下屬僅兩個團（正常編制爲三個團），其下屬的團、營、連分別也面臨同樣的缺額比例。1950年初，當該集團軍仍駐日本時，每師還有18個步兵連；到部署往朝鮮時每師所轄步兵連的數量已降至12個（滿編時應該有27個步兵連）。而且，由於美國陸軍判斷日本並不適合使用坦克等重型戰鬥車輛，因此這些師所保有的坦克數量僅有正常數量的12%。

杜魯門總統迅速批准調集兵員以充實遠東的作戰力量。但不幸的是，唯一可供向遠東部署的、訓練有素的後備力量似乎只能是美國國內的預備役部隊，這些已是陸軍最後的總預備隊。而朝鮮僅僅只是美國全球戰場上的外圍戰場。每個在華盛頓的政客都贊同歐洲是冷戰的關鍵，因而對立即從本土抽調力量感到不安。至於在歐洲的美軍，同樣力量不足的北約正面臨著龐大規模的蘇軍的壓迫，他們更不可能被調往遠東。

杜魯門曾認爲無需保持龐大、昂貴的常備軍隊，但明確的是，如果美國不得不戰鬥，就需維持這樣的軍隊。在經濟上可承擔的解決方案是在維持少量常規軍的同時，保持一支大規模的裝備良好的預備役力量。軍方也確實向這個方向努力，1950年6月朝鮮戰爭爆發之前陸軍發布了年度報告，報告中稱即將完成最後幾個師的裝備配備（國會授權編成25個預備役師）。1950年7月19日，杜魯門總統宣布征召預備役人員。[1] 但糟糕的是，即便是好些曾參與過最近戰爭的預備役人員，也需要經過耗時的訓練才能完成相關作戰准備。不僅征召人員如此，即便那些已編成的成建制預備役單位同樣也需要完成大量戰備。爲了應付眼前的急需，陸軍緊急征召了大量經過挑選的人員以充實國內的五個師。爲替換在朝鮮的狀況非常糟糕的四個師，四個陸軍國民警衛隊步兵師、兩個團級戰鬥隊被緊急動員，但陸軍也清楚這些力量至少在1951年之前仍無法完成作戰准備。此外，海軍的兩個陸戰隊師也開始動員至戰時滿編狀態。

朝鮮危急的戰事表明美國預備役體系存在缺陷。過去，美國經歷的戰爭，在真正投入力量前總會有充分的時間供國家動員其力量，使軍隊達到作戰標準。但朝鮮戰爭具備極強的戰略突然性，使美國的軍事動員體系一下就暴露出其弱點。加之戰後，技術迅猛發展使得維持一支常備軍所需的成本大增，人力成本在軍備總成本中的比例幾

---

[1] 《參謀長聯席會議歷史》卷3，pt.1，第188頁（JCS vol. 3, pt. 1, 188）。

乎下降到最低。戰後，美軍地面部隊編制構成的調整，使得每個滿編全裝的預備役部隊消耗了大量武器及其他裝備，甚至僅留下很少比例的武器裝備分配給各現役部隊，庫存也大爲減少。但幸運的是，美國因第二次世界大戰而迅速發展起來的防務軍工業此時仍很大程度上得以保存，只須給予一定時間它們就能再度提高產能；同時，在彈藥方面，第二次世界大戰時期的庫存仍有較多儲備。

從冷戰的角度看，也許朝鮮戰爭促使美國所做出的最重要的決定，就是在全球范圍內重整其軍備，而這不只僅爲應付在朝鮮的戰爭。朝鮮事態的急劇變化也印證了尼采在其NSC 68號文件中的觀點是正確的：斯大林正在准備戰爭。1950年9月30日，杜魯門總統很快批准了大規模的重整軍備案，預計於1954財年完成。軍方獲得了他們夢寐以求的一切，預算的增長超過了4倍。在做出決定後，杜魯門慢慢發現，他的選擇並不只是要麼選擇槍炮、要麼選擇黃油；而是通過制造更多槍炮確保經濟充分增長，進而帶來更多的黃油。很可能是由於美國重整軍備之初，其經濟仍處於衰退之中，因此在凱恩斯主義者看來，政府因擴張性軍事財政項目將帶來經濟成長，而非毀滅性的通貨膨脹。

在大規模的財政投入下，美國的防務工業再次進入戰後的繁榮期，大量資金投入武器裝備生產與開發中。戰略空軍司令部熱切地希望啓動新的以Bravo方案（打擊蘇聯戰略核力量）爲主的裝備計劃。朝鮮戰爭之前，恰逢蘇聯擁有了自己的原子彈。當時，戰略空軍裝備的主力轟炸機是中等航程的B-47型噴氣轟炸機，爲了使其具備更遠的航程，以攻擊蘇聯腹地的原子武器設施，戰略空軍急需空中加油技術，這進而使發展KC-135空中加油機（波音公司以該型軍機爲基礎，後繼發展了一系列噴氣運輸機型）非常必要。另一方面，具有洲際打擊能力的、更大型的B-52轟炸機項目以及多種遠程導彈項目，亦在此期間得以啓動。整體上，戰略空軍力量得到長足的發展，使其能擔負以Bravo方案爲主的打擊任務。1951年9月，參聯會批准（不顧其他軍種的反對）了空軍的提議，計劃將空軍擴充到126個戰斗聯隊（1950年計劃僅80個聯隊），其中戰略空軍力量占到57個聯隊（原計劃34個聯隊），這標志著美國軍事戰略的歷史性轉變，空軍在美國武裝力量中已確立了其優先性地位。[1]

陸、海軍盡管並不如空軍受重視，但也未損失過多，畢竟預算總量大幅提升後，空軍的大幅擴充並未過多影響其利益。以陸軍爲例，戰前10個貧弱的陸軍師得到極大加強，遠超出應對朝鮮戰爭所需。其師數量規模比戰前增加一倍，達到21個師：其中有13個高戰備的師部署於海外，6個在朝鮮作戰、2個駐日本，另5個師駐德國（還包括1支相當於師的部隊）；美國本土駐8個師，其中5個師作爲總預備隊，另3個是專門的訓練師（用於征召兵員訓練）。更重要的是，所有21個師的兵員、裝備都被補充完

---

[1]《參謀長聯席會議歷史》4，第94-101頁（JCS 4: 94～101）。

整。另一方面，參聯會又拒絕了1952年陸軍的要求，後者建議將陸軍規模進一步擴充至27個師。當然，在陸軍看來，現有力量規模仍太少不足以支持一場全球範圍內的全面戰爭，但參聯會卻認爲陸軍的計劃過於昂貴而無法維持，陸軍仍將依賴預備役力量應對未來的大規模戰爭。

海軍也得到他們的大型航母，1952財年，其「福雷斯特爾」號航母的預算被批准。朝鮮戰爭中北方軍隊迅速進入南方並奪取其境內機場時，證明了航母在世界戰場上仍極具價值。參聯會認識到，爲應付冷戰中各種緊張情況，航母仍是重要的選擇。1950年時海軍還被要求僅能維持6支航母編隊，此時已倍增爲12支編隊。海軍的陸戰隊部隊也由原來的2個師規模，擴充爲3個師。

對於尼采和他的同事而言，美國的戰備計劃能否成功，在於能否提高可維持的防務開支水平，畢竟沒人知道冷戰在朝鮮戰爭結束後會持續多久，而且就算打贏朝鮮戰爭可能也不會獲得和平紅利。美國的民主環境決定了沒人會認爲公衆能夠長年忍受每年200億美元的防務開支，更別提尼采所設想的高防務開支水平了。對此，時任國防部長馬歇爾將軍深有體會，在兩次世界大戰的間歇期，公衆就曾經對軍事和防務事務毫無興趣，致使軍隊長久處於預算短缺的狀態。在他看來，美國強大的工業能力，而非其常備軍規模，將是未來成功的關鍵。他將這次重整軍備的機會看作一次性的1080億美元的大禮，因此他認爲應該有計劃地花費這筆資金，保持軍工體系的活力，如果下次危機再次爆發，就能盡快征召並裝備起一支足以應對危機的軍隊。尼采對此並不同意：下次危機不會再有時間動員了，美國必須保持足以隨時威懾蘇聯的武裝力量。最終，尼采贏了。[1]

同期，在軍備刺激下美國經濟表現得相當健康，通貨膨脹被抑制（通脹率僅從1950年的2%升至1952年的8%），出現此結果的部分原因在於政府有力的價格控制和高稅率政策，整體經濟增長大幅提升，美國國民生產總值從1948年2785億美元，至1951年已增長至3250億美元。[2] 國內消費者消費支出大增使工業能夠繼續投資並刺激進一步增長。在增加防務開支後，其經濟增長率達到5%，此後幾年基本也保持此增長率，這也爲繼續提高防務開支留下了空間。[3]

對尼采而言，此時美國軍備所耗資源在整個國民經濟中的比重仍遠低於第二次世界大戰時期的高峰水平，因此這種增長不僅可能，而且也應持續。正如1950年11月所計劃的，開支峰值時間將在1952財年下半年，屆時將花費700億美元，即便如此，也

---

[1] 1951年《美國對外關係文件》1：第110-112頁（FRUS[1951] 1: 110～112）。摘自1951年7月31日由尼采向國務卿提供的備忘錄。

[2] 美國的國民生產總值從1950年的2647億增長至1952年的2937億，到1953年增至3053億，之後在1954年微跌成3008億美元；到1955年時又回升至3224億美元。以上數據摘錄自1957年編輯的《美國統計摘要》，第296頁。考慮到期間的通脹水平，1947—1949年間的100美分，在購買消費品時相當於1950年的97.3美分，到1951年跌至90.1美分，期間通脹率達到約7%。到1952年，隨著美國國內價格穩定，它相當於同期的88.1美分，至1953年再降至87.4美元，1955年時則更跌至87.3美元。以後數據摘自1960年出版的《美國統計摘要》，第331頁（1960 edition of *Statistical Abstract of the States*, 331）。

[3] 1951年《美國對外關係文件》1：第245-254頁（FRUS[1951] 1: 245～254）。

僅占同期美國生產總值的25%；相較而言，第二次世界大戰期間峰值年份的比例高達
42%（以此比例計，1952財年下半年需花費1300億美元）。在軍隊人員規模方面，軍
方計劃至1952年6月，總兵力規模達到320萬人，僅占全國勞動力人口的4.5%，第二
次世界大戰時期這一比例曾高達17%；爲擴充軍備，軍工產業將吸收美國15%—20%
的鋼鐵產能，第二次世界大戰時期同項目比例超過50%。1950年，由於軍費開支占政
府支出的比例大漲，民事部門發現其獲得的預算僅占當年政府開支預算的10%不到，
很多項目因此而被削減，但這仍可以說是打破了戰後的紀錄。例如，在1944年當年民
事開支僅占當年政府開支的7.5%，而1939年戰前民事開支占政府開支比例約爲20%不
到。[1]

共和黨認爲昂貴的常規部隊（除去朝鮮戰爭所需的力量外）在核時代實際上用
處不大。蘇聯已擁有核武器，可以預期未來某種形式的核僵局正在形成，如果無法有
效抵禦蘇聯的核攻擊（雖然這似乎不太可能），美國主要基於其核報復威脅能力來
強化其防御，可能效果更好（主要是成本較低）。在一大批共和黨的批評聲浪中，最
著名的人士是參議員羅伯特·H.塔夫脫（Robert H. Taft）和約翰·福斯特·杜勒斯。
塔夫脫是1952年總統競選的潛在參與者，而杜勒斯則是紐約州州長托馬斯·E.杜威
（Thomas E. Dewey，曾作爲共和黨1944年、1948年的候選人參與總統大選）的首席外
交政策顧問，此後在1950—1952年間，杜勒斯擔任了國務院的顧問，艾森豪威爾時期
他又任其國務卿。

尼采認爲，以核實力實施威懾可能只是錯覺。這是由美國和蘇聯兩國政府的本質
區別決定的，前者可能會擔心核戰爭會毀滅其平民社會，但後者的這種顧慮可能就小
得多，粗魯的蘇聯願意以本國平民作賭注以消滅西方社會。因此，在核時代，常規力
量不僅沒有失去其意義，而且更加必要。假設美國僅有少量常規力量（同時擁有大量
核力量），那麼當斯大林發起挑釁時美國的選擇就非常有限：要麼投降，要麼徹底攤
牌打核戰爭。此外，新的防空技術可能也會急劇地傾覆核平衡，因爲這類系統的存在
將使一方能夠較有效地攔截阻止另一方的核攻擊轟炸機成爲可能。故而，尼采相信，
只要西方整體上繼續加強其常規軍事力量，就有機會在不采取公然戰爭行動的前提下
結束歐洲的鐵幕。最後，尼采預期，只要繼續加強軍備，10年內西方很可能從整體上
形成與東方的平衡。

朝鮮戰爭爆發後，盡管非常痛苦但很清楚的是，此前擔任國防部長的約翰遜在追
求其防務理念的過程中，對軍隊的削減過於嚴苛，致使戰爭爆發時美國很快發現其陷
入前所未有的軍力短缺。杜魯門總統於1950年9月11日將其解職，後來他曾稱約翰遜
在很多方面給他留下的是個徹底的爛攤子，早在當年5月時（戰爭爆發前）他就想過

---

[1] 1950年《美國對外關系文件》I：第428-431頁（FRUS[1950] 1: 428~431）。

要將其開缺。究其根本，約翰遜曾暗中算計國務卿艾奇遜（恰巧他也反對美國對西歐盟國的支持），而這可能是其杜魯門不再信任他的部分原因。

隨著朝鮮部隊的持續南進，麥克阿瑟變得愈加悲觀。他要求將駐日本的四個師中的兩個調動到朝鮮半島參戰，為了給予其信心，當局直接將全部駐日的四個師調集到朝鮮。但在美國真正動員起來之前，這仍未能有效遏制北方攻勢，韓國和美國聯軍正被日益壓縮到半島南部的一個小范圍區域裡。此時，麥克阿瑟開始計劃在朝鮮前線的後方被登陸逆襲，以求最大程度挽回敗局，他要求權獲得一個陸戰隊團級戰鬥隊（相當於三分之一個師），以其為先導實施登陸。但在一切未准備好之前，他仍為朝鮮的危局殫精竭慮，7月9日他向華盛頓發出一條令人恐慌的信息，要求本土再向朝鮮增兵額外的四個師，因為此時美韓聯軍面臨著北方「兵力超過十倍的壓倒性優勢」，現有力量僅能守住半島最南端的一小塊地區。次日，他又請求將投入戰場的陸戰隊部隊由之前的一個團增加到一個整師。此時，當局正加緊向遠東調動兵力，在這些部隊仍未進入朝鮮半島並送到麥克阿瑟手中之時，政府也不清楚他是否真的需要如此之多的部隊。[1]

此時麥克阿瑟無疑展示了其個人性格中自負、不沉著的一面，很快戰爭進程就證明了其性格對戰局發展的災難性影響。對華盛頓而言，朝鮮無疑是個次要的戰場，冷戰的關鍵還在歐洲，為了滿足本人的自負情緒，麥克阿瑟無疑將朝鮮戰場擺在了更為重要的地位。聯合國對他的授權只是將北方入侵軍隊逐出南方，最好是不要越過北緯38度線，只須恢復戰前的邊境。但他則要繼續向北進軍，只因他認為必須要消滅韓國的「嚴重威脅」。[2] 戰爭期間，在陸軍參謀長勞頓·柯林斯抵達朝鮮視察期間，他對柯林斯稱，他將徹底摧毀朝鮮軍隊而不僅僅只將其反擊回邊境，為此他可能不得不占領整個朝鮮。在他眼中，戰爭已變成一場遠東的「十字軍東征」，而他正是這場東征中最耀眼的英雄。為了執行他的計劃，他希望獲得更多的部隊，這遠超出參聯會和美國在歐洲的那些緊張的盟友所能提供的數量。因此，在此後他仍主導這場戰爭的時間裡，他持續不斷地提出要求。對此，柯林斯提醒他，美國投入的資源是有限的。[3]

為了滿足其對國內難以提供的軍事資源的需求，麥克阿瑟看上蔣介石和台灣，在他眼中蔣是個可靠和重要的盟友，很大程度上在於蔣掌握著遠東唯一大規模可供投入朝鮮戰場的兵員。因此，在本土部隊因動員、訓練等原因遲遲無法抵達戰場的時間裡，恐慌的麥克阿瑟強烈催促國內授權他調集國民黨軍隊進入朝鮮。作為回報，蔣必須獲得美國的保護，並通過朝鮮重返中國大陸反擊毛澤東。蔣介石當時也確有這樣的算計，雙方可說是一拍即合。但美國政府顯然不是這樣考慮，而且華盛頓更不知道的

[1]《參謀長聯席會議歷史》卷3，pt.1，第108-109頁、第116頁、第118-119頁、第179頁、第183頁、第185頁（JCS vol. 3, pt. 1, 108～109, 116, 118～119, 179, 183, 185）。

[2]《參謀長聯席會議歷史》卷3，pt.1，第103-105頁（JCS vol. 3, pt. 1, 103～105）。

[3]《參謀長聯席會議歷史》卷3，pt.1，第191頁（JCS vol. 3, pt. 1, 191）。

是，毛澤東已做出決定，只要美國擴大在朝鮮的軍事行動就相當於間接對中國實施進攻，因此如果金日成失敗的話他將很可能實施干涉（更別提美國邀請中國台灣加入朝鮮戰局）；反之，如果希望龐大的中國軍隊能置身於這場戰事之外，那麼，美國與蔣的任何軍事合作將都是自殺性的。

考慮到將蔣牽扯進朝鮮很可能帶來政治上的巨大風險，美國政府早在6月30日就拒絕了麥克阿瑟的提議。但另一方面，杜魯門還是命令美國海軍第七艦隊封鎖台灣海峽，保護台灣島免受共產黨的進攻，同時美國更嚴令蔣停止使用其海、空軍攻擊大陸。由於已有定見，毛澤東並未將美國的舉動視作某種程度的中立，而是美國已公開卷入中國內戰之中（正如其所預料到的）。直到1950年6月底時，毛澤東似乎仍不相信美國政府並不想卷入毛澤東與蔣的內戰，相反，後者仍希望爭取毛澤東避免其完全倒向蘇聯。同時，盡管蔣宣稱海峽當面的很多大陸基地將用於入侵台灣，美國政府仍拒絕轟炸這些設施。[1]

此外，隨美軍進入戰場的聯合國盟友們，很多都對蔣的參戰毫無興趣，甚至反對如此。例如，參戰的英國及英聯邦成員國特別希望維持與毛澤東的關系，如果他們在朝鮮與蔣的部隊並肩作戰，英國在中國南方的香港殖民地和重要的貿易聯系就有可能受到威脅。[2] 因此他們明確拒絕與台灣國民黨軍隊一同作戰。

在朝鮮的連續進攻下，美軍最終撤退至半島南端釜山港的防御圈內。當時，借助美軍優勢的海空火力和當地堅固的防御，朝鮮軍隊的攻勢最終止步於此，9月1日，北方軍隊向防御圈發起進攻但損失慘重，其進攻之勢已被遏制。事實上，朝鮮軍隊已由進攻之初的8.9萬人減員至只有5.8萬人。特別是隨著進軍距離不斷延長，主要由農民構成的朝鮮軍隊傷亡不斷增加而且補給日益困難，作戰能力已顯著下降。很多遲滯朝鮮軍隊的軍事行動（部署於日本先期進入朝鮮的美軍）早在7月中旬就已展開。[3] 在堅守釜山防御圈之時，參聯會非常驚恐，麥克阿瑟則一邊緊張實施其制定的作戰計劃，一邊反復游說參聯會將本土所有訓練有素的預備隊（除了第82空降師）都調集到朝鮮供他指揮。麥克阿瑟計劃以其擁有的所有力量，從海上在半島中部實施兩棲登陸作戰，切斷南進朝鮮軍隊的退路，考慮到朝鮮海岸復雜的氣象、水文環境並不適應如此大規模的登陸作戰，他的計劃風險性極大。一旦行動中出現差錯，美國就將徹底失敗。而要指望國內新征召的預備役力量根本不可能，這些部隊要完成訓練戰備至少還需4個月時間。

---

[1] 1950年《美國對外關系文件》1：第327-328頁、第376-391頁（FRUS[1950] 1: 327～328, 376～391）。1950年6月29日國家安全委員會召開顧問會議，期間就美國可能采取的行動形成了報告。

[2] 《參謀長聯席會議歷史》4，第397頁（JCS 4: 397）。

[3] 《參謀長聯席會議歷史》卷3，pt.1，第196-201頁（JCS vol. 3, pt. 1, 196～201）。在遠東以外地區，1950年時麥克阿瑟接收了3個滿編師（其中1個是陸戰師），以及2個團級戰斗隊的兵力，這部分兵力將補充其用於干涉朝鮮半島的現有兵力（4個師和1個團）。其他國家派遣的部隊約相當於另1個師。麥克阿瑟因此擁有超過8個師的兵力，這也正是他為展開干涉行動所要求獲得的。

　　1950年8月28日，斯大林向金日成發出一封祝賀的電報（仍未署他的名字）。[1]他可能已懷疑美國人會有大規模的軍事行動以扳回戰局，因此在電報中他表達了對戰局發展的憂慮（但顯然金日成並未重視）。更明確的，受益於蘇聯龐大的間諜體系，他很可能已意識到麥克阿瑟的兩棲登陸計劃。因此，是時候讓中國介入戰局了。斯大林催促毛澤東向中朝邊境地區部署作戰力量（9個師），如果形勢惡化就准備隨時介入戰局。毛澤東擔心的則是美國一旦擊敗朝鮮將繼續向中國發起進攻。[2]到8月底，中國完成在邊境地區的軍事部署，這使得任何收復台灣的計劃都不得不推遲到1952年以後，但誰也未料到延遲竟會一直持續至今日。[3]

　　與此同時，斯大林告訴東歐各衛星國稱，爲補償在亞洲的失敗，美國可能會在東歐下手，此番言論的重點似乎特別指向捷克斯洛伐克。[4]現在仍不太清楚的是，斯大林的戰爭恐嚇到底在多大程度上是在爲他即將在東歐展開的清洗尋求理由。當然，對美國人而言，這暗示著斯大林正在准備戰斗。對此，杜魯門公開警告蘇聯的介入，畢竟美國是在聯合國名義下實施的戰爭行動。爲了展現美國明確的戰爭意志，其核轟炸機開始向遠東移防。同樣不清楚的是，斯大林對這一信息及其背後意涵的掌握程度。[5]而在毛澤東看來，中國東北與朝鮮接壤的邊境，是當時中國面臨著外患威脅的兩個地區上；另一處則是南部的印度支那半島，國共內戰末期一些國民黨部隊曾退往半島。而朝鮮戰爭爆發時，適逢越共胡志明在中越邊境地區發起針對法國殖民軍的戰爭行動，其中也牽涉當地的國民黨軍隊。[6]有資料記載當朝鮮戰局在1950年9月出現逆轉時，毛澤東曾告訴越南人稱，在亞洲，越南與朝鮮是共產主義陣營反擊美國的兩個重要方向，而他對形勢的判斷及應對也更爲謹慎。例如，此後他將其部隊從印度支那半島與中國的邊境地區撤出。[7]

　　1950年9月15日，麥克阿瑟發起反擊。他的先導陸戰隊力量，在第10軍第7師的支援下於半島中部的仁川地區（靠近漢城，是韓國公路與鐵路網的樞紐）成功實施了大規模兩棲登陸。事實上，從軍事角度看此處岸灘並不適合實施大規模兩棲作戰，例如，此地分布有大量泥灘，阻塞著通往港口的水路（除滿潮時可直接進入港口），而且朝鮮在登陸區域還駐守著一座築壘化的小型島嶼月尾島，它瞰制著狹窄的岸灘區。整個行動被嚴格保密，但1950年8月份時中國情報機構還是作出了美國很可能在仁川

---

[1] 沃爾科戈諾夫：《七位統治者》，第293頁（Volkogonov, *Sem' Vozhdei*, 293）。

[2] 張曙光：《毛澤東的軍事浪漫主義：中國和朝鮮戰爭》，第63頁（Shu, *Mao's Military Romanticism*, 63）。到8月4日北京中共政治局會議上，毛澤東曾稱，中國將不得不以派遣志願部隊的形式干涉朝鮮戰爭，以確保朝鮮軍隊的勝利。

[3] 馬斯特尼：《冷戰和蘇聯的不安全感》，第100頁（Mastny, *The Cold War and Soviet Insecurity*, 100）。

[4] 馬斯特尼：《冷戰和蘇聯的不安全感》，第100頁（Mastny, *The Cold War and Soviet Insecurity*, 100）。

[5] 馬斯特尼：《冷戰和蘇聯的不安全感》，第101頁（Mastny, *The Cold War and Soviet Insecurity*, 101）。

[6] 貢恰羅夫、劉易斯和薛理泰：《不確定的搭檔：斯大林、毛澤東和朝鮮戰爭》，第107頁（Goncharov, Lewis, and Xue, *Uncertain Partners*, 107）。毛澤東擔心法國將支持這些部隊。

[7] 張曙光：《毛澤東的軍事浪漫主義：中國和朝鮮戰爭》，第69-70頁（Shu, *Mao's Military Romanticism*, 69～70）。

實施登陸的判斷，略有瑕疵的是中國認為實施登陸的將是美軍第8集團軍，第二次世界大戰期間該集團軍曾執行過大量兩棲攻擊任務，完全有能力勝任朝鮮的登陸。當年8月底，毛澤東向金日成派駐北京的個人代表發出警告，稱美軍有可能在三個潛在的地點實施登陸，其中就包括仁川。朝鮮政府方面顯然並未重視中國的預警，也許他們此時無論如何已無法迅速調整其部署了。[1]

　　在朝鮮的大意和麥克阿瑟的嚴格保密、精心組織的共同影響下，仁川登陸取得了完全成功，登陸行動導致的後果對金日成而言是災難性的。一支龐大的美國登陸部隊出現在半島蜂腰部位，截斷了南進朝鮮軍隊的退路，而第8集團軍也從釜山登陸後迅速擊潰當面朝鮮軍隊的抵抗，並向北進擊。至9月27日，該集團軍先頭部隊已與登陸的第10集團軍發生接觸，次日漢城被美軍收復。朝鮮軍隊面臨開戰以來最嚴峻的局面，大量部隊失散並瓦解，1.3萬余人被美軍俘虜，直到1951年中期時其元氣仍未能完全恢復，在中國軍隊大規模入朝參戰後，幸存和整訓的朝鮮軍隊在相當長時間裡只能主要作為總預備隊而無力影響戰局。仁川登陸後不久，朝鮮非正式地促請中國派兵參戰。周恩來隨即派遣5名中共高級將領赴朝鮮了解先期情況，並為之後中國大規模軍事干涉制定計劃。[2]

　　戰場的天平再次倒向美國一方，此前的8月份，參聯會曾派員與麥克阿瑟會面商討戰局。到登陸成功後，軍方認為應授權麥克阿瑟更大權力以越過戰前邊境追擊並消滅朝鮮軍隊。[3] 9月1日，美國國家安全委員會批准了軍方的提議，但也警告麥克阿瑟勿使戰局擴大化。[4] 按照國家安全委員會的設想，如果蘇聯或中國軍隊派遣部隊進入朝鮮，或是僅僅宣示他們有這樣做的意圖時，麥克阿瑟就應該停止行動並就地采取守勢，以待聯合國的進一步指揮。只有在以聯合國為平台獲得充分授權後，才能深入朝鮮境內作戰。對此，參聯會提出異議，他們認為委員會的命令過於嚴格且僵硬，根本無法執行，畢竟戰場上的一些行動肯定會很自然地延伸至朝鮮境內。為協調安全委員會與軍方立場，雙方達成妥協，國安委的戰略指導被修訂，之前是「禁止將作戰行動延伸至朝、中、蘇邊境地區」，改為「禁止越過邊境實施軍事行動」。類似的，國安委原來指示，除韓國軍隊外，嚴禁其他國家軍隊進入邊境地區；之後，這項限制條件被修訂成大體上不可如此的政策。[5]

　　到9月底，美韓方面似乎已取得勝利。國務院甚至已著手制定戰後半島的秩序恢復和重建計劃，比如，接受所有朝鮮軍隊的投降，占領半島關鍵要地，以及聯合國監

[1] 《參謀長聯席會議歷史》卷3，pt.1，第203頁；張曙光：《毛澤東的軍事浪漫主義：中國和朝鮮戰爭》，第72頁（Shu, *Mao's Military Romanticism*, 72）。現在仍不太清楚的是，當時斯大林的間諜是否已對美軍發起的仁川登陸行動發出了預警。

[2] 張曙光：《毛澤東的軍事浪漫主義：中國和朝鮮戰爭》，第74頁（Shu, *Mao's Military Romanticism*, 74）。中國領導人周恩來曾在9月17日，即這些高級軍官離開並前往朝鮮前，私下與他們交換了意見。

[3] 《參謀長聯席會議歷史》卷3，pt.1，第223頁（JCS vol. 3, pt. 1, 223）。

[4] 《參謀長聯席會議歷史》卷3，pt.1，第224-225頁（JCS vol. 3, pt. 1, 224～225）。

[5] 《參謀長聯席會議歷史》卷3，pt.1，第227頁（JCS vol. 3, pt. 1, 227）。

督下的選舉等事宜。[1] 麥克阿瑟計劃在占領漢城後繼續向北推進，並在半島最狹窄的地區劃定了一條界限，作爲美軍和聯合國軍向北推進的終點，而超出此線再往以北地區的進軍將只由韓國軍隊實施。[2]

　　不利的局面使斯大林斷言戰爭已失敗了。9月29日，金日成請求蘇聯派遣援軍。斯大林雖然提了部署在遠東的地面部隊戰備等級，但他並不急於與美國直接交戰，除了繼續爲中國和朝鮮送去補給外，他並不打算派兵參戰。10月1日，金日成再次請求中國出兵干涉。當天，北京獲得情報顯示，聯合國部隊正越過38度線向北進軍。次日，毛澤東告訴斯大林稱，他將參戰。他緊急電令早就部署在東北中朝邊境地區的12個師做好入朝准備，時間初步定在10月15日。另有24個師也開始調防並重新部署在通往中朝邊境的鐵路沿線附近，准備1951年春季或夏季進入朝鮮。面對全球最強大的武裝力量，毛澤東向斯大林抱怨稱，中國軍隊在火力方面處於非常不利的態勢，因此中國只能盡可能以數量規模來彌補火力的缺陷，同時要求蘇聯爲中國提供重要的支援火力。例如，首批入朝的12個師被編成4個軍（每個軍轄3個師），在緊急配備了蘇聯援助的新式火炮後，與當面美軍相比仍感火力不足；相較而言，美軍計劃投入朝鮮的地面部隊只有3個師（2個步兵師、1個摩步師），而且這3個師中並未完全部署到半島。[3]

　　另一方面，在9月底的一次會議上，毛澤東及其將領分析了一些中國軍隊有可能打贏戰爭的原因，包括美國軍隊政治目標不明，作戰過於依賴火力和後勤保障，缺乏夜戰、近戰、白刃戰的勇氣，山區等復雜地形上持續作戰能力不足，美軍嚴格按其作戰條令實施戰斗，戰術呆板僵化，在朝鮮美軍戰線過長其後勤補給線橫貫整個太平洋。特別是美軍政治上處於劣勢，毛澤東更堅信其軍隊的士氣和政治優勢足以在戰爭中克服技術和裝備上的缺陷，而這也正是他在長期的中國內戰中所反復證明和強調的。

　　10月2日，周恩來公開警告美國稱，如果聯合國軍隊的追擊越過38線進入朝鮮境內，中國將實施軍事干涉。盡管如此宣示，但實際上此時戰爭決策已經作出，至少毛澤東已下定決心。9月份時，中國之所以仍按兵不動，在於毛澤東認爲中國出兵應充分展示中國保護朝鮮使之免受美國侵略的姿態，而從當時的形勢看，仍不是最有利的時機。大約在美軍仁川登陸兩周前，毛澤東的將領就曾向他建議，最有利於中國出兵的時機是在聯合國軍隊進入朝鮮境內之時。[4]

---

[1] 《參謀長聯席會議歷史》卷3，pt.1，第231頁（JCS vol. 3, pt. 1, 231）。

[2] 《參謀長聯席會議歷史》卷3，pt.1，第267-237頁（JCS vol. 3, pt. 1, 267～237）。參聯會質疑最高行政當局是否應批准預期的、向38度線以北的推進。

[3] 馬斯特尼：《冷戰和蘇聯的不安全感》，第103頁（Mastny, *The Cold War and Soviet Insecurity*, 103）；張曙光：《毛澤東的軍事浪漫主義：中國和朝鮮戰爭》，第77-79頁（Shu, *Mao's Military Romanticism*, 77～79）。

[4] 張曙光：《毛澤東的軍事浪漫主義：中國和朝鮮戰爭》，第75-77頁、第80頁（Shu, *Mao's Military Romanticism*, 75～77, 80）；加迪斯：《我們現在知道了：對冷戰歷史的再思考》，第81頁（Gaddis, *We Now Know*, 81）。

　　與中共最高決策圈裡的其他同事相比，毛澤東的戰爭意志更加明確，因爲在此前數次討論中部分人已開始動搖。在大多數人看來，中國沒有條件與美國打一場大規模局部戰爭。中國軍隊的高級將領，林彪元帥（最初被毛選定爲率兵入朝參戰的將領），也對戰爭前景感到悲觀，他拒絕了毛的任命，畢竟中國軍隊除了地面部隊外，空軍、海軍幾乎一片空白，他認爲這樣的軍隊入朝參戰將很快遭受重大傷亡。因此，他更傾向於穩守中朝邊境地區，支持金日成在朝鮮北部地區展開游擊戰。林彪的態度並未改變毛澤東的決定，在後者看來，美國在朝鮮的軍事行動是其針對中國實施的戰略大包圍的一部分，未來美軍還可能在台灣、菲律賓或印度支那半島等環繞中國周邊的地區繼續實施對中國的敵對性軍事行動。此外，如果美國實現了其在朝鮮半島的戰爭企圖，中國重工業基礎最優越的東北地區將直接面臨美國的軍事威脅。[1] 此時，斯大林也提議中國盡快參戰，他認爲中國和蘇聯聯合起來將比美國與英國（其主要盟友）更爲強大；而且他可能認爲如果第三次世界大戰不可避免，與其坐等西方將德國和日本重新武裝起來，不如現在就從朝鮮戰爭打起。[2] 與此同時，蘇聯還秘密向美國提議了一些條件（與美國政府當時秘密擬制的類似條件相似），以試探停火的可能性。[3]

　　對於毛澤東而言，參戰除了保護中國的戰略利益外，還將鞏固其在國內的勝利。與其他西方國家相比，很多中國國民對美國抱有更多的好感，而一場針對美國的戰爭將打破這種聯系。相反的，如果美國達成其目的則會削弱新生共產黨政權的穩定，當時甚至流傳稱美將在大陸登陸、蔣介石軍隊將反攻大陸、抑或第三次世界大戰即將爆發的謠傳。當美國在仁川登陸並成功扭轉朝鮮戰局的消息傳來後，中國國內敵視共產黨的勢力更是蠢蠢欲動，頻頻在國內展開武裝暴動、破壞交通線，甚至攻擊政府及其支持者。[4] 1850年10月8日，毛澤東告訴金日成稱，中國將很快介入戰爭。接著，周恩來緊急趕赴莫斯科與蘇聯商討軍事合作的細節事宜。

　　鑑於美國人在朝鮮的迅速進展，斯大林告訴周恩來稱，蘇聯可能無法提供更多的援助。在具體參戰方面，蘇聯僅能爲中國提供有限的空中掩護，無法在中國軍隊向朝鮮境內出擊時，超過國境線提供延伸掩護。此後的1970年，毛澤東曾宣稱斯大林否決了莫洛托夫同意爲中共提供所需空中支援的建議，推測起來很可能是因爲斯大林害怕與美軍發生直接對抗，進而引發兩國的戰爭。在中國看來，斯大林的舉動完全是對兩國不久之前才簽署的友好同盟條約的背叛。[5] 爲了與斯大林討價還價，周恩來曾經告

---

[1] 張曙光：《毛澤東的軍事浪漫主義：中國和朝鮮戰爭》，第80-81頁（Shu, *Mao's Military Romanticism*, 80～81）。在該書第10-11頁和第12-30頁，張曙光描述了毛澤東堅持認爲的、在戰爭中人是超過技術的更決定性因素的信念。

[2] 沃爾科戈諾夫：《斯大林：勝利與悲劇》，第296頁（Volkogonov, *Stalin: Triumph and Tragedy*, 296）。

[3] 馬斯特尼：《冷戰和蘇聯的不安全感》，第107頁（Mastny, *The Cold War and Soviet Insecurity*, 107）。

[4] 陳兼：《中國走向朝鮮戰爭之路——中美衝突的形成》，第24-26頁（Chen, *China's Road to the Korean War*, 24～26）；貢恰羅夫、劉易斯和薛理泰：《不確定的搭檔：斯大林、毛澤東和朝鮮戰爭》，第181頁（Goncharov, Lewis, and Xue, *Uncertain Partners*, 181）。

[5] 馬斯特尼：《冷戰和蘇聯的不安全感》，第107頁（Mastny, *The Cold War and Soviet Insecurity*, 107）；陳兼：《中國走向朝鮮戰爭之路——

訴蘇方稱，如果中國出兵的條件得不到滿足，毛澤東將不再考慮出兵的可能性。[1] 毛澤東暫緩了戰爭准備，這引起了蘇、朝兩國的不滿，如果中國拒不出兵，朝鮮將確定無疑被美國所消滅。10月12日，斯大林告訴金日成讓其將殘余力量撤往中國境內，並與中國協商在當地建立流亡政府，此舉無疑默認了美國即將進抵中國邊境的事實。

對此，毛澤東絕對難以容忍，最終他屈從了蘇聯的出兵條件，在其力主之下中共決策層下了決心。[2] 戰爭結束後，毛澤東曾將中國在朝鮮所遭受的慘重傷亡歸咎於斯大林拒絕爲其提供包括直接空中掩護在內的更多援助所致。[3]

10月7日，聯合國通過了美國草擬的關於半島統一的決議案。[4] 消息傳至朝鮮時，麥克阿瑟將其視作對他繼續進軍解放整個朝鮮的授權。當天，他就向北方派出了先遣力量，9日其主力跟隨繼續向北推進。至10月中旬時，朝鮮方面有組織的抵抗已基本結束。

杜魯門總統此時卻更擔憂麥克阿瑟的魯莽行動可能將中國拖入戰爭。否則，他顯然會相信10月12日中情局提交的那份報告，該報告中稱，盡管相當多的證據表現出異常，但中國仍不太可能軍事干涉。[5] 報告具體稱，如果中國實施干涉，由於其缺乏海、空軍掩護支援，加之武器裝備落後，以及考慮到中國國內仍面臨著嚴重的問題，干涉行動就算能起到效果但仍難以發揮決定性作用，而且一旦在前線失利很可能會波及中共政權的安危。盡管已掌握很多中國軍隊在東北地區內調動的情況，周恩來此前也發出嚴肅聲明（如果聯合國軍越過38度線中國將實施干涉），而且中國還加大了對聯合國軍在中朝邊境地區戰爭暴行的譴責和宣傳力度（爲干涉行動作充分的輿論准備），但中央情報局仍作出此判斷。事實上，盡管中國並未能爭取到蘇聯更直接的戰爭支持，但毛澤東已確信，如果任由聯合國軍消滅朝鮮，中國乃至整個共產主義世界將受到西方更直接、嚴重的威脅。

10月15日，杜魯門總統與他的遠東統帥麥克阿瑟在太平洋中部的威克島會面。麥克阿瑟向總統匯報時稱，戰爭已取得勝利，中國已錯失了干涉的最好時機，如果他們在戰爭爆發的前兩個月實施干涉，可能還會具有決定性影響。但現在，他們的干涉難以取得實效，即使是立即實施行動他們也只能向鴨綠江東岸派遣不超過5～6萬人、且缺乏空中掩護的部隊。至於蘇聯，麥克阿瑟稱，他們的空軍「絕非聯合國空中力量的對手」，而且也沒有成規模的、馬上就能進入朝鮮的蘇聯部隊。[6] 對於中國，麥克阿瑟充滿了輕視的情緒，他認爲中國人如果出兵所能達成的最大目標，就是毀滅其共產

中美衝突的形成》，第197頁（Chen, *China's Road to the Korean War*, 197）。

[1] 陳兼：《中國走向朝鮮戰爭之路——中美衝突的形成》，第196-199頁（Chen, *China's Road to the Korean War*, 196～199）。

[2] 陳兼：《中國走向朝鮮戰爭之路——中美衝突的形成》，第200-203頁（Chen, *China's Road to the Korean War*, 200～203）。

[3] 馬斯特尼：《冷戰和蘇聯的不安全感》，第106頁（Mastny, *The Cold War and Soviet Insecurity*, 106）。

[4] 《參謀長聯席會議歷史》卷3，pt.1，第244頁（JCS vol. 3 pt.1, 244）；動議以47票贊成，5票反對，另有7票棄權而通過。

[5] 《中情局冷戰記錄》1：第349-372頁（CIA 1: 349～372）；一份日期爲1950年10月12日的絕密備忘錄。

[6] 《參謀長聯席會議歷史》卷3，pt.1，第264-269頁（JCS vol. 3 pt.1, 264～269）。

政權自己。

　　10月底，形勢發展已非常明確，麥克阿瑟計劃從各個線路全力向北推進，盡快抵達中朝邊境地區的鴨綠江沿線，以防止任何中國干涉的機會，這甚至比參聯會和總統所預期的更靠北。他解釋稱，之所以派遣聯合國軍主力繼續向北，是考慮到韓國軍隊仍較屠弱而難以單獨解決朝鮮方面的殘餘力量。[1] 對於麥克阿瑟而言，取得決定性勝利實在太具吸引力，以致於他難以就這麼輕易放棄。

　　當然，朝鮮戰爭並非僅是發生在遠東的戰爭，它是一場目的有限的局部戰爭（盡管之後麥克阿瑟曾試圖將其變爲自己主導的戰爭），但其戰爭進展的演進始終是在更大的全球冷戰的框架下所展開的。從此視角看，可能很難爲麥克阿瑟和他所率領的部隊歡呼。正如在此十多年後在越南發生的那樣，盡管軍方對遭受失敗後最直接的反應就是升級直至徹底打贏戰爭，但政府卻最終做出了限制其規模、乃至接受失敗事實的決定，畢竟升級所引發的後果可能比軍事上的失利更令人難以忍受。麥克阿瑟之後在朝鮮戰場中被貶斥，正由於其過分地視其個人的光榮（贏得戰爭）與派他到朝鮮戰爭所達成的戰爭目的爲一體了。戰後，他在演講中曾悲慟地稱「沒有什麼可以替代勝利」，但對政治家來說，除了勝利，他們還需考慮更多的問題。

　　先期入朝的中國四支軍級部隊（共12個步兵師）以「中國人民志願軍」爲名，於1950年10月19日跨過鴨綠江。幾天後，中國軍隊與美國和韓國軍隊發生接觸並交火。由於對中國的行動一無所知，這些中國部隊取得一些成功。例如，11月初，在擊潰附近的韓國部隊並迫使其撤退後，中國軍隊成功包圍了美軍的1支騎兵團。鑒於前線的推進遭遇到數量不明的中國軍隊的阻擊，麥克阿瑟命令全線停止進攻。但之後奇怪的情況再次出現，中國軍隊突然迅速撤離了，結束了他們「第一階段的攻勢」（一次戰役）。中國人認爲他們初期的試探性進攻結束後，需要進一步營造出適合發動其主要攻勢（二次戰役）的氛圍，因此在第一擊得手後迅速撤離以迷惑美軍。

　　仍陶醉在仁川登陸不可思議的勝利中的麥克阿瑟並未把握住中國人的意圖，相反，他得出了中國軍隊一擊即潰、毫無斗志的結論。爲了擊敗敢於入朝干涉的中國人，他計劃由空軍擊毀鴨綠江上供中國人進入朝鮮的所有橋梁以及中朝邊境朝方境內的一切重要設施，將入朝的中國軍隊徹底封鎖在朝鮮境內。這顯然與參聯會和白宮的意圖相反。更糟糕的是，他在將計劃付諸實施前並未詳盡地知會參聯會，要不是麥克阿瑟的遠東空軍指揮官將其計劃發給空軍參謀長，參聯會甚至仍不清楚這樣的計劃。政府對此非常不滿，畢竟此前杜魯門曾向英國允諾稱，在美軍采取任何涉及中國東北的軍事行動前必須與其協商，顯然麥克阿瑟已脫離了政府的控制。對於來自華盛頓的質疑，麥克阿瑟解釋稱，中國軍隊正通過這些橋梁潮水般湧進朝鮮，如果繼續讓橋梁

---

[1]《參謀長聯席會議歷史》卷3，pt.1，第275頁（JCS vol. 3 pt.1, 275）。

保持暢通，他和他的部隊可能將被中國人淹沒。最終，他對中朝邊境地區的攻擊計劃得到批准，盡管美國食言於提前與英國協商的承諾。[1]

戰爭形勢的再次變化令麥克阿瑟又一次提出了更多的部隊需求，但在新征召的陸軍國民警衛隊師完成其訓練戰備之前，他並無來自本土的生力軍可投入戰場。爲填補兵力缺口，唯一可行的辦法是盡快重建韓國軍隊。大約在中國正式干涉前後，韓國方面僅有5個師部隊，因此麥克阿瑟建議將韓國軍隊擴充一倍，杜魯門批准了此建議，以美軍援助裝備爲主以每月編成1個師的速度進行部署。到1950年10月份時，韓國方面已新編成了3個師，盡管這些師只是初步編組完成，還遠未達到完成訓練並可立即投入戰場的地步。[2]

對於參聯會而言，中國參戰得到證實後，給予麥克阿瑟的命令非常簡單，既然中國人已參戰，他應先采取守勢，然而等待新的命令。實際上，麥克阿瑟引用了參聯會的指示，其大意是，如果中國參戰得以明確，只要他認爲仍把握著「合理的成功的機會」就繼續行動下去，但是除非得到直接的批准，他不得攻擊任何中國境內的目標。[3] 爲了向軍方高層表明其攻擊鴨綠江沿線設施的決定是正當的，麥克阿瑟向高層許諾稱除非實施此類的行動，否則無法阻止更多的中國軍隊進入朝鮮；至於已進入戰場的中國軍隊，他的聯合國軍將予以消滅；只要再發起一次主要的攻勢，就能徹底結束戰爭。

但真正的計劃並卻不像他向華盛頓報告的那樣，麥克阿瑟充分顯露出其個性中黑暗的一面。他計劃，如果最後的進攻失敗了，他將升級戰事派遣空中力量攻擊中國位於東北境內的設施和軍隊。此舉可能導致蘇聯參戰，但在他看來，聯合國軍擁有中蘇軍隊都不具備的、無可挑戰的空中優勢，這足以彌補數量規模上的不足。在麥克阿瑟嚴密組織其重要進攻的同時，很多人似乎都忽視了一個令人擔憂的細節：他的飛行員從未報告過在巡邏途中發現過任何有關中國軍隊的蹤跡。這本應引起麥克阿瑟的警覺，但他自己卻深信這意味著中國真正向朝鮮派出的軍隊可能比此前估計得更少：也許只有3萬人規模。[4] 事實上，此時中國已向朝鮮北部派出了10倍於此的部隊，這些部隊經過精心的偽裝，晝伏夜行，成功地欺騙了美軍前線的戰術情報系統。

參聯會同樣也未預料到即將到來的災難，麥克阿瑟能夠在沒完全進抵鴨綠江的地帶找到一條合適的防線。如此，在他的軍隊和中國人之間建立的這一緩沖地帶，中國人可能就會「在不損及其顏面的情況下撤回東北」。但麥克阿瑟拒絕了這樣的設計，完全置參聯會的苦心於不顧，他要的是占領整個朝鮮。在他看來，哪怕還爲朝鮮方面

---

[1] 《參謀長聯席會議歷史》卷3，pt.1，第290-294頁（JCS vol. 3 pt.1, 290～294）。

[2] 《參謀長聯席會議歷史》卷3，pt.1，第319頁（JCS vol. 3 pt.1, 319）；在仁川登陸前就已有建議提及此計劃。

[3] 《參謀長聯席會議歷史》卷3，pt.1，第261頁、第301頁（JCS vol. 3 pt.1, 261, 301）。

[4] 《參謀長聯席會議歷史》卷3，pt.1，第307頁（JCS vol. 3 pt.1, 307）。

留下一絲供其喘息的空間，都是對韓國的「背叛」，在向整個亞洲顯示美國致命的弱點。[1]

另一方面，見麥克阿瑟並未識破其計謀，中國人感到已完全把握住美國這個危險且復雜的敵人，對於戰勝美國更有信心。繼而，中國軍隊大規模隱蔽地進入朝鮮，就在麥克阿瑟發起其「最後攻勢」的4天後，中國軍隊攻擊了處於前沿的美軍第26師。由於襲擊保持了最大的戰術突然性，中國軍隊先是迅速擊潰了位於當面的韓國軍隊，美第26師的側翼完全暴露了。

此次行動很可能是20世紀美軍遭遇的最慘重的失敗。與之前夏季時匆忙拼湊起來卻被朝鮮軍隊擊潰的失利不同，這次被擊敗的美軍部隊人員滿編、裝備精良，而且其官兵在朝鮮也大都經歷了半年多的戰斗，作戰經驗豐富且熟悉朝鮮戰場。但他們還是被擊敗了。此後，中國人不計犧牲地發動了他們的攻勢，美韓聯軍被迫節節敗退，至12月6日，中國軍隊奪取了朝鮮首都平壤。之後，中國人發起的「第二次戰役」結束了，此役中國共損失了3.07萬人。[2] 籍著此次勝利，中國已成爲可與美國相匹敵的軍事強國，麥克阿瑟必須正視他所輕忽的中國軍隊了。

1950年6～7月間，麥克阿瑟爲了向華盛頓申請更多的部隊以及對戰爭可能升級的允諾，曾向軍方和政界高層描述了一幅中國全面參戰後的悲慘畫面。面對數量上占據壓倒性優勢的中國軍隊，他所僅有的部隊完全無力應對，而且他不時地向參聯會灌輸中國隨時向朝鮮派出更多部隊的觀念。而到了1950年底，冰封的鴨綠江和不斷退卻的聯合國軍似乎正印證了他的觀點。更糟糕的是，最新的偵察情報顯示，在位於中朝邊境中方一側境內的機場已進駐了近200架轟炸機。通過襲擊美國位於朝鮮和日本的機場，它們完全能摧毀麥克阿瑟所唯一保有的優勢——美軍的空中力量。對於麥克阿瑟的企圖，參聯會非常清醒，他們知道如果按前者的計劃行動，攻擊中國境內基地將意味著戰事的一次重大升級。[3]

麥克阿瑟似乎正竭力將美國拖入一場與中國的大戰。也許他並未意識到這正落入斯大林的圈套，而此時美國最主要的敵人——蘇聯，仍躲在中國的背後。1951年1月，杜魯門總統已將朝鮮描述成「一個巨大的血腥陷阱」。之後不久，參聯會主席奧馬爾·布雷德利上將對朝鮮戰爭作出了那個著名的評論，由於西歐仍是美國最重要的核心戰略地區，蘇聯仍是主要敵人，因此在遠東與中國爆發一場大規模戰爭，將是一場「在錯誤的地點、錯誤的時間與錯誤的敵人進行的錯誤戰爭」。但他的此番評論也經常誤用於發生在朝鮮的這場戰爭本身。[4]

---

[1] 《參謀長聯席會議歷史》卷3，pt.1，第326-331頁（JCS vol. 3 pt.1, 326～331）。

[2] 張曙光：《毛澤東的軍事浪漫主義：中國和朝鮮戰爭》，第118頁（Shu, *Mao's Military Romanticism*, 118）；其內容認爲這一最初的勝利使中國人過分地自信，他們想象能夠以其高超的戰略和戰術，而非其好運氣，贏得與聯合國軍的戰爭。

[3] 《參謀長聯席會議歷史》卷3，pt.1，第339頁（JCS vol. 3 pt.1, 339）。

[4] 《參謀長聯席會議歷史》4，第67頁（JCS 4: 67）；魏蘭：《劃定界限：1950—1953年朝鮮戰爭》第261-262頁（Whelan, *Drawing the Line*,

　　形勢再次急轉直下，1950年11月30日，杜魯門總統宣布他考慮使用原子彈以贏得這場戰爭。對於美國升高調門，英國人後退了，他們擔心蘇聯將進行干涉，而後者不是中國，無需將干涉的范圍僅限於遠東的朝鮮。例如，蘇聯可能攻擊美國位於英國的核基地。面對美國可能升級的前景，英國首相艾德禮告訴議會稱，他希望美國在作出此重大決定之前與盟國先行商議。經過與杜魯門的緊急磋商，他說服後者接受英國對美國在戰爭中做出任何重大決定前都具有否決權。杜魯門之所以答應英國的要求，很可能是擔心如果不退步，英國可能會拒絕戰略空軍司令部在其境內的部署。[1]

　　第二次戰役結束後，麥克阿瑟在中國軍隊的不斷反攻下已徹底退出了朝鮮境內，中國軍隊希望在此役結束後進行休整，但金日成卻催促毛澤東繼續進軍，在後者看來是時候尋求與聯合國軍進行決定性決戰的時候了。然而，中國軍隊的統帥，彭德懷元帥卻提醒此時更應謹慎，前線的中國軍隊願意向漢城推進，但只有在作好充分准備，有把握擊敗當面的美軍部隊的前提下才有可能實施。他擔憂，如果中國軍隊的進攻只是迫使當面美軍不斷有秩序地後撤，而不能大量殺傷敵人的話，對方很可能在隨後的反擊中實施成功的逆襲。根據其闡述，中國軍隊在經過連續追擊進攻後已遠離其後方補給，盡管戰役中只遭受有限的傷亡，但很多官兵因後勤補給不繼已處於糧彈俱缺的狀態，而且大量官兵因凍傷已無法繼續作戰，部隊已極度疲勞不願繼續進攻。經短暫整補後，1950年12月22日，毛澤東命令實施第三次戰役。在中國軍隊的強大壓力下，聯合國軍於1951年1月4日被迫放棄漢城（並非被中國軍隊消滅，而是有組織地撤離漢城）。朝鮮半島的形勢似乎急劇惡化（部分歸罪於麥克阿瑟的誤導），以致於參聯會決定「一旦形勢明確表明，中國共產黨軍隊意圖將聯合國軍趕出朝鮮」，就准備將在朝美軍全部撤離出半島。毛澤東似乎也意識到美國決策層的變化，期間13個中立國提議的停戰建議也使他得到鼓舞，毛顯然將此視作美國在徹底輸掉戰爭前玩弄的停戰把戲。但他的前線指揮官實際上已意識到第三次戰役中美軍並非被擊潰而是有秩序地後撤，准確意識到美軍可能正在引誘中國軍隊進入韓國地區，以期再進行一次類似仁川登陸這樣的戰略兩棲登陸，對南進中國軍隊實施戰略包圍。1951年1月8日，第三次戰役結束，聯合國軍向後撤退了80英里。而朝鮮方面則抗議中國在「勝利的邊緣」停止了前進。此次戰役，盡管僅取得有限的戰果，但卻使北京的領導層欣喜異常，北京連日舉行公眾游行，要求將美國人徹底「趕進大海」。[2]

　　另一方面，爲達到個人目的，麥克阿瑟公開向媒體發表不合時宜的講話，比如，抱怨歐洲盟國正在將中國變成一個庇護所。[3] 事實上，他並未意識到他已經挑戰了美

261～262）。

[1] 保迪：《漫長的等待：鍛造英—美核聯盟，1945—1958年》，第80-81頁（Botti, *The Long Wait*, 80～81）。

[2] 張曙光：《毛澤東的軍事浪漫主義：中國和朝鮮戰爭》，第121頁、第123頁、第131頁（Shu, *Mao's Military Romanticism*, 121, 123, 131）；《參謀長聯席會議歷史》卷3，pt.1，第394頁（JCS vol. 3 pt.1, 394）。

[3] 《參謀長聯席會議歷史》卷3，pt.1，第524頁（JCS vol. 3 pt.1, 524）。

國「歐洲優先」的冷戰戰略。有歐洲盟國的代表曾挪揄稱，麥克阿瑟將軍所指揮的戰區必定是最為重要的。而他通過輿論制造話題的方式也日益為華盛頓所不容，杜魯門甚至命令他在發表任何聲明之前必須先向華盛頓匯報。但顯然，桀驁不馴的麥帥不願接受更多限制。

此時，與麥克阿瑟對戰局毫無理由地悲觀正相反，毛澤東則陷入了類似的無理性的樂觀之中。他對戰局的判斷與斯大林類似：美國必須撤出半島，並承認他的政權。[1] 但在美國看來，這完全是不可接受的。但此時，雙方的賭注都已越壓越大，變成誰都無法認輸的局面。朝鮮並不在歐洲，但歐洲盟國卻將其視作衡量美國決心和意志的標志。例如，在德國，支持美國就此妥協的聲音認為，美國已證明了它的軟弱。[2]

麥克阿瑟來回在悲觀恐慌和過分樂觀之間的變化已將美國太多的軍事資源拖入了遠東。在整個1950年，參聯會應為其跟隨麥克阿瑟起舞而受到譴責。但另一方面，參聯會不斷屈從於他的要求也有情可原，畢竟，麥克阿瑟太過出名了，他是美國太平洋戰爭中的英雄，而且他也非常善於利用媒體輿論為自己造勢，因此在很大程度上即便是他的上級亦不得不嚴肅考慮他的意見。但這些並不能作為他將戰爭引入不可預知的前景的借口，這場發生在主要戰場周邊的戰事已吞噬了大量訓練有素的軍官和士官團隊，這些人員的損失無疑將影響陸軍此後十數年的戰鬥力，甚至會涉及在歐洲主戰場上美軍的作戰能力。從此角度看，朝鮮戰爭並非一場邊緣戰爭。

盡管遭遇失敗，但麥克阿瑟告訴參聯會，中國的干涉不足為慮，當然，這需要他所有的部隊繼續在朝鮮戰鬥下去。而且，此刻是時候向半島派出台灣蔣介石的軍隊了。至少，在他看來，如果能在朝鮮繼續消耗中國的實力，將避免中國共產勢力對亞洲其他國家構成威脅。至於向半島引入蔣介石的力量後，美國對戰爭的貢獻就只限於封鎖大陸和實施海、空攻擊了。[3] 畢竟，中國大陸現在正與美國處於事實上的戰爭狀態（盡管從法律意義上，兩國從未正式宣戰）。對於麥克阿瑟的論調，美國政府顯然缺乏熱情。將蔣介石的部隊引入戰爭，對於安撫與英國的關系代價過於高昂，而後者是美國更為宏大的冷戰戰略中極端重要的盟國。而其他亞洲國家政府更認為蔣介石政府「極端保守、政治低能，而且已被他自己的人民所拋棄」，將這樣一個政府的軍隊派往朝鮮，顯然不受歡迎。另外，美國並非獨自在朝鮮戰鬥，它只是聯合國軍同盟中的重要部分，但非全部，在此背景下美國顯然無法全然按自己的意圖行事。大多數參戰的聯合國成員國，由於擔憂麥克阿瑟的舉動將使中國更傾力投入戰場，因此很可能

[1] 馬斯特尼：《冷戰和蘇聯的不安全感》，第111頁（Mastny, *The Cold War and Soviet Insecurity*, 111）。

[2] 《參謀長聯席會議歷史》卷3，pt.1，第359頁（JCS vol. 3 pt.1, 359）。

[3] 《參謀長聯席會議歷史》卷3，pt.1，第399-401頁（JCS vol. 3 pt.1, 399~401）。

拒絕直接與台灣國民黨軍隊共同作戰。[1] 此後的一年，在強大的壓力下麥克阿瑟不得不承認蔣如果缺乏美國的直接支援，可能在朝鮮戰爭無所作爲，而且即便得到美國全力支援，他們可能仍會失敗。

另一方面，美國聯合情報委員會評估認爲，中國國內仍有大約60～65萬活躍的不同政見者，其中大約30萬人與才敗退出大陸的國民黨有種種聯系，但作爲大陸敵後的游擊隊，這部分力量仍缺乏某種形式的控制和指導。爲了整合這部分力量，中央情報局秘密資助了其中約16.5萬人的游擊組織，但幾乎所有這些力量都未由蔣介石所掌控。中國境內的秘密戰爭並不成功，中情局控制的這些叛亂武裝似乎並不願意冒險配合美軍積極主動實施襲擊。當然，中情局自1951年中期開始實施的大陸內部的顛覆活動一直持續到戰爭結束，但始終成效不彰。[2]

在朝鮮，第三次戰役期間第8集團軍司令官沃克在前線因車輛事故陣亡後（這是一段史實，沃克死於該集團軍慌亂撤離中的翻車事故，之後李奇微接任其指揮官職務），馬修·B.李奇微（Matthew B. Ridgway）陸軍中將接任了他的職務，在該集團軍向後撤退過程中，李奇微重新組織起了部隊，並在中國軍隊的壓力下堅持戰鬥。1951年1月17日至25日，他指揮所部重新向北發起緩慢的攻勢。當年3月，漢城再次被聯合國軍奪占，接著又進一步前進到38度線附近地域。在麥克阿瑟的授意下，美軍遠東司令部向國內報告稱，斯大林已批准在4月底對半島進行大規模干預，在朝美軍面臨全面戰爭的風險。杜魯門原本准備授權麥克阿瑟在共產黨對半島美軍發動大規模空中攻擊時，對其位於東北的基地實施報復；但他顯然非常懷疑麥克阿瑟竭力想要擴大戰爭，並會過早地實施報復，因此這份授權並未真正送出。[3]

自2月以來，麥克阿瑟與最高當局的矛盾日益突出，但是杜魯門總統仍勉強對其施以懲誡，包括反對他將更多軍事資源投向遠東的要求，確保國會批准軍方仍將其軍事重心置於歐洲的方案等。在其看來，麥克阿瑟對將軍事力量集中於亞洲的要求，都在確定無疑地破壞著最重要的歐洲戰略。爲擺脫政府對他的羈絆，2月份時，麥克阿瑟曾告訴媒體稱，他將不會進攻超過38度以北的地區，除非他得到允許采取有效行動以削弱中國的優勢——這意味著直接攻擊中國東北本土。[4] 3月中旬，他再次以口無遮攔的言辭毀了一次停戰動議（對此動議，當局已正式知會了他），他威脅稱如果中

---

[1] 《中情局冷戰記錄》1：第373-381頁（CIA 1: 373～381），發布於1950年12月27日的一份國家情報評估，《初步向朝鮮部署中國國民黨軍隊的後果》（NIE-12）。

[2] 對於中央情報的朝鮮戰爭情報項目，可參見N.B.塔克和H.福特：《中情局和亞洲的冷戰》，收錄於《中情局會議報告》第102頁（N.B. Tucker and H. Ford, *"CIA and the Cold War in Asia"*, in *CIA Conference Report*, 102）。還可參見《參謀長聯席會議歷史》卷3 pt.1，第487頁和第492頁（JCS vol. 3 pt.1, 487, 492）；魏蘭：《劃定界限：1950—1953年朝鮮戰爭》第296頁（關於蘇聯進攻的謠言）（Whelan, *Drawing the Line*, 296）。

[3] 張曙光：《毛澤東的軍事浪漫主義：中國和朝鮮戰爭》，第145頁、第154頁（Shu, *Mao's Military Romanticism*, 145, 154）。

[4] 魏蘭：《劃定界限：1950—1953年朝鮮戰爭》，第267-268頁（Whelan, *Drawing the Line*, 267～268）。根據《劃定界限：1950—1953年朝鮮戰爭》一書中第289頁內容，1951年3月蓋洛普民意測驗顯示，2/3的美國受調查人希望除非中國的本土能夠被施以攻擊，否則美軍應從朝鮮撤軍。

國不立即撤退，他們將「被迫打到認輸」。[1]

　　杜魯門本來在1950年底就想解除麥克阿瑟的職務，但考慮到參議院對於向歐洲進一步派遣美國武裝力量仍在辯論之中，因此讓麥克阿瑟得以繼續在任。到1951年4月4日，在國會批准了向歐洲派遣美軍與歐洲盟國共同組建北約武裝力量後，所有可能的阻礙都不存在了。當月11日，杜魯門以不順從政府當局爲由正式解除麥克阿瑟的軍職。[2] 解職的直接導火索正是麥克阿瑟自己提供的，此前他曾以信件的方式投書國會議員小約瑟夫・W.馬丁，（Joseph W. Martin Jr.，眾議院少數黨領袖）。在信中，他像往常那樣直言不諱地指責杜魯門當局已在朝鮮失敗了，而失敗的原因在於當局更重視歐洲而非亞洲，總統並未認識到「在戰爭中，除了勝利別無選擇」。4月5日，馬丁在眾議院將此信公之於眾。此時，參聯會已完全失去了對麥克阿瑟的信任，因此全體一致地支援杜魯門的決定。例如，1951年初，他曾在寫給參聯會的電文中稱，在朝美軍正士氣低落且殘破不堪（實際上是爲爭取更多資源），但參聯會派員赴朝實地視察後卻得出相反結論。到1951年4月時，參聯會已得出結論認定，如果預期中的中國軍隊大規模進攻一旦出現，他很可能將作出無智的決策，因而急切地想解除麥克阿瑟的統帥權力。

　　軍方預期中的大規模進攻（第四次戰役）如期而至，但仍僅限於中國和朝鮮軍隊，蘇軍力量並未涉足其中。這次戰役遭受聯合國軍的強有力反擊，中朝方面損失慘重。[3] 到此次戰役結束時，中朝軍隊與第8集團軍對峙於平行於38度線略北的新戰線，美軍開始就地掘壕固守。經此一役後，中國軍隊已失去了其初期幾次進攻戰役的銳勢，聯合國軍所擁有的火力優勢再次證明能夠擊敗雖有數量優勢但裝備較差的中國軍隊。中國軍隊的統帥，彭德懷元帥緊急向毛澤東匯報其軍隊的士氣和狀態都在下降，而美軍的士氣正在急劇上升。[4] 戰爭的天平再次傾向美國，但李奇微不是麥克阿瑟，並未因此而忘記美軍在半島的真正使命。5月，他向政府報告稱，是時候展開與中國人的談判了。毛澤東也不再期望戰爭手段能解決一切問題，他做出了類似的談判決定。但實際上，當時美國並未意識到中國所面臨形勢的糟糕程度。[5]

　　1951年7月10日，中國與聯合國軍在朝鮮開城舉行停戰談判，但談判毫無成果可言。從談判中，斯大林和毛澤東都嗅到美國的軟弱，否則爲什麼美國人會不利用他們的軍事優勢繼續打下去？在獲得斯大林贊同後，毛澤東修訂了他對美軍必須撤離半島的停戰要求。但談判很快又因戰俘遣返問題面臨僵局，很多中國和朝鮮被俘官兵拒絕

---

[1]《參謀長聯席會議歷史》卷3，pt.1，第527頁（JCS vol. 3 pt.1, 527）。

[2]《參謀長聯席會議歷史》卷3，pt.1，第529-530頁（JCS vol. 3 pt.1, 529～530）；魏蘭：《劃定界限：1950—1953年朝鮮戰爭》，第295-299頁（Whelan, Drawing the Line, 295～299）。

[3] 馬斯特尼：《冷戰和蘇聯的不安全感》，第123頁（Mastny, The Cold War and Soviet Insecurity, 123）。

[4] 馬斯特尼：《冷戰和蘇聯的不安全感》，第124頁（Mastny, The Cold War and Soviet Insecurity, 124）。

[5]《參謀長聯席會議歷史》卷3，pt.1，第363-364頁（JCS vol. 3 pt.1, 363～364）。

回國，爲了這些戰俘的最終去向和歸屬，談判雙方誰都不願讓步，美國人希望借此顯示其在道德和士氣上的勝利，這有助於威懾斯大林任何其他的冒險舉動。

當然，戰爭的走向最終仍握在斯大林手中。1952年8月，毛澤東派遣周恩來赴莫斯科商討結束戰爭的事宜，朝鮮在最終決策中的地位無疑被削弱了。金日成原來想就此結束戰爭，但斯大林告訴他的盟友稱，應繼續讓美國人流血（繼而壓制、擊敗他們）。他對中國人說，朝鮮戰爭將爲中國提供一次適應現代化戰爭的頗有價值的經歷，至於戰爭中遭受的慘重傷亡，都是值得的。[1] 爲了鼓舞中國繼續戰斗下去，斯大林承諾將繼續供應中國軍隊武器，如果蘇聯停止向中國提供軍事援助，中國將更易受到入侵。周恩來則要求斯大林作出保證，如果美國擴大戰爭（比如直接攻擊中國本土），蘇聯應實施直接軍事干涉。斯大林同意繼續維持在旅順港的蘇軍，用於威懾美國。[2]

在麥克阿瑟被解職後，他的戰爭也就結束了，在回國期間他受到各地熱情的迎接。很多共和黨人更是憤慨他所遭受的不公待遇，而意圖重新回到原來的孤立主義議題中。他們認爲，狡猾的歐洲人再次要求用鮮血保衛歐洲，未來不再取決於疲弱的歐洲，而在於新興的、人口眾多的亞洲，因此保護亞洲免受共產主義侵襲比保衛歐洲更加重要。這樣的邏輯與當時共和黨對杜魯門政府「失去」中國的指責非常吻合。麥克阿瑟在回國後很快投身政壇，他曾在國會的一個委員會上宣稱，「如果我們放棄或失去福爾摩沙（台灣，即蔣政府），那麼實際上就放棄了太平洋」。1952年，麥克阿瑟參加了當年的共和黨總統候選人競選，但未能獲得共和黨提名。

由於共和黨人士一直攻擊當局制定的對蔣政府進行限制的政策，因此1953年共和黨掌握權柄後，第7艦隊就被立即要求停止阻止蔣攻擊大陸的任務。但同時，美國也要求蔣政府允諾，在未與美國協商的條件下，避免對大陸發起任何重要的進攻。繼而，美國向台灣派出軍機，這個遠東重要島嶼上的基地設施也開始獲得修繕，以便爲未來更多美軍的進駐作准備。

同期在朝鮮，到1951—1952年底的冬季時，雙方的戰線已基本形成並日益穩固，戰爭似乎退回到第一次世界大戰時的情景，雙方都依托陣地堅守已占領地域，誰也無法打破僵局。在美國軍方看來，只要中國仍在鴨綠江中國一側境內屯積大量部隊，而美軍又無法獲得授權打擊其本土的話，那麼所有在朝鮮戰場上的作戰行動都很難稱得上是決定性的。期間，中美兩軍圍繞防線的一些個別地區進行了毫無意義的反復拉鋸，而這使杜魯門的支持率迅速下降。對此，他已有准備，因此決定謀求1952年總統大選的連任。而當年的大選中，德懷特·艾森豪威爾之所以能夠勝出，部分原因在於他許諾將赴朝鮮並尋求結束戰爭。

---

[1] 1951年《美國對外關系文件》1：第240-244頁（FRUS[1951] 1: 240～244）。

[2] 馬斯特尼：《冷戰和蘇聯的不安全感》，第148頁（Mastny, *The Cold War and Soviet Insecurity*, 148）。

美國人沒有意識到，停戰談判之所以陷入僵局的主要原因在於斯大林對繼續戰斗下去的堅持。軍事上的壓力難以轉化爲談判桌上的協議，部分原因在於當和談仍在繼續的同時，美軍仍在承受不斷傷亡，而且傷亡的增長正越來越難以承受。在朝美軍曾力圖將戰場轉移到對己方有利的空中，這曾是個吸引力的選擇，但到1952年中期時，朝鮮境內有價值的、可供空軍襲擊的目標已所剩無幾。至於鴨綠江邊一連串水電站設施，似乎是這一階段美軍空中攻擊目標中的例外，這主要是因爲它們過於靠近中國邊境。糟糕的形勢令人絕望，以致於到1952年6月時，美軍批准了對此類目標的攻擊行動，打擊造成朝鮮大部分地區停電達兩周之久。[1] 但這也引起了英國的恐慌，後者指責美國並未將此次主要的升級行動提前通知英國。

軍方難以忍受半島的軍事僵局，因此試圖撤離部分在朝軍隊並將其調往歐洲，以應對那裡一旦出現的緊急事態。到1952年中期，美國陸軍此前的擴張已走向終點，爲了充實一線部隊應對朝鮮的戰爭，它甚至采取了在當時看來令人絕望的措施：爲軍中的非洲裔美軍官兵提供更平等的待遇，以期將其融入作戰部隊之中。[2]

談判的僵局一直要等到斯大林逝世之後才得以打破。1953年3月初斯大林病逝，繼任的蘇聯領導人改弦更張（作爲蘇聯與美國脫離敵對的總體政策中的一部分），停戰談判開始取得進展。與此同時，蘇聯與以色列和南斯拉夫的關系得以好轉，對土耳其的領土要求也予以放棄。[3]

戰爭使美國永久性地駐扎在半島中部的邊境，在確保韓國安全的同時，這部分美軍也成爲朝鮮突然武力攻擊的人質。爲了應對北方的威脅，韓國不得不建立其自己的軍事力量。盡管代價不菲，但自70年代以來，韓國仍取得了巨大的經濟建設成就。而朝鮮則一直堅持到冷戰結束並持續至今日，就其本身而言堪稱冷戰的活化石。

在朝鮮，中國軍隊亦給美國留下深刻印象，很多美國老兵至今仍能回憶起半島上的中國軍隊不計傷亡一波又一波地發起沖擊。按美國和歐洲的標准看，中國軍隊意志堅決，爲達成作戰目的願意承受巨大的傷亡，其傷亡比例和規模顯然不是西方國家所能維持的。事實上，就在朝鮮戰爭前的幾年，太平洋戰場上的日本軍隊也顯然出類似的對生命的態度。對很多亞洲國家來說，性命似乎是無關緊要的東西，在此方面，蘇聯的態度似乎更接近亞洲，而非歐洲。直到現在，西方才了解到中國人實際上也非常在乎其損失。[4] 另一方面，隨著近期對那場戰場研究的深入和大量檔案的解密，西方

---

[1] 《參謀長聯席會議歷史》3，第843-848頁（JCS vol. 3 pt.1, 843～848）。

[2] 唐納森：《自1945年以來美國參與的戰爭：朝鮮、越南和波灣戰爭中的政治與外交》，第51～52頁（Donaldson, *America at War Since 1945*, 51～52）。

[3] 佐布克和普列沙科夫：《克里姆林宮的冷戰內幕：從斯大林至赫魯曉夫》，第155頁（Zubok and Pleshakov, *Inside the Kremlin's Cold War*, 155）。

[4] 根據張曙光：《毛澤東的軍事浪漫主義：中國和朝鮮戰爭》第247頁內容（Shu, *Mao's Military Romanticism*, 247），朝鮮戰爭中，中國總共向朝鮮部署過25個步兵軍（約占同期中國人民解放軍同類部隊總量的73%）、16支炮兵師（67%）、10個裝甲師（100%），12個空軍師（52%）以及6個警衛師。戰爭期間，中國軍隊損失了39萬余人（其中14.8萬人陣亡，2.1萬人被俘、4千余人失蹤，其余的則是受傷人數）；其他主要損失還包括399架戰機和12916輛各型車輛。

才知道中朝爲了彌補其技術、後勤方面的缺陷，戰時曾動員了大量人力維護道路和橋梁暢通，這急劇地限制了戰爭中後期美國空中絞殺攻勢的效果。這也預示著，未來戰爭中除非能夠自由地發揮火力優勢——特別是核武器，與東方國家的戰爭似乎是無法取勝的。

　　參戰的中國軍隊對美國的火力優勢則記憶猶新，盡管爭取到了戰爭的最好結果，但仍付出了慘重的傷亡。由於戰爭，中國被西方徹底封鎖了，不得不進一步尋求蘇聯的援助。對於參戰的各方而言，斯大林似乎是最大贏家，他不僅將中國牢牢綁上了蘇聯戰車，而且在這場中國與美國延長的全面戰爭中，消耗了美國及其盟國的實力。[1]中國則意識到，一支高度動員的軍隊能克服其物資上的劣勢，更增添了其對未來的信心。[2] 在災難性的大躍進時期，這種心態更進一步拓展到工業發展領域。[3]

　　毛澤東認爲他的勝利啓發、鼓舞了其他亞洲國家的人民。特別是越南，在朝鮮戰爭後也開始致力於實現其自己的革命解放運動。戰後，應胡志明的要求，毛澤東向越南派出了他的軍事顧問，甚至到1964年與美國作艱苦戰鬥、曾指揮過奠邊府戰役的越南武元甲將軍亦將其軍隊的成功歸功於當年1953—1954年中國顧問所傳授的戰爭經驗。當然，他對中國經驗的評價，可能與其當時正需要獲得中國援助有關。[4]

　　朝鮮戰爭還戲劇性地影響了日本經濟。美國的戰爭需求使日本成爲戰爭期間最重要的工業和後勤基地，極大地緩解了戰後日本經濟的凋敝。借助戰爭，日本經濟開始復興。[5] 同時，戰爭還開啓了日本的再武裝進程，麥克阿瑟要求日本組建國家警察預備部隊並擴充其現有海上安全機構（海岸警衛力量），而這成爲戰後日本建設其軍事力量的開端。戰爭期間，日本的掃雷艦隊除參與清除第二次世界大戰時期日本和美國在日本列島周邊布設的水雷外，還被暫時征用參與朝鮮戰爭。[6]

　　與日本的情況類似，同步展開的北約歐洲諸國戰後再武裝進程，最初也主要由美國的軍事援助所刺激。比如1950年仍較爲脆弱的西德經濟，因戰後其對鋼鐵、機械及其他產品的巨大需求，而逐漸得以恢復。鑒於西德擁有熟練的產業技術工人和齊備的工業，幾年之內，其潛力就被完全施放出來。

---

[1] 張曙光：《毛澤東的軍事浪漫主義：中國和朝鮮戰爭》，第247-248頁（Shu, *Mao's Military Romanticism*, 247～248）。根據書中內容描述，彭德懷元帥宣稱，中國軍隊給聯合國軍造成了39余萬人的傷亡，另外還消滅了70萬韓國軍隊。正如張曙光指出的，朝鮮戰爭是近代歷史上中國第一次在與西方強權的軍事對抗中成功堅持並取得一定程度成功的戰爭。

[2] 張曙光：《毛澤東的軍事浪漫主義：中國和朝鮮戰爭》，第251-252頁（Shu, *Mao's Military Romanticism*, 251～252）。根據張曙光在書中的敘述，1953年月2月7日—1954年1月26日期間，解放軍高層召開會議總結戰爭中的教訓，並得出最重要的結論認爲，堅強的政治意志能夠戰勝現代化的武器裝備。

[3] 張曙光：《毛澤東的軍事浪漫主義：中國和朝鮮戰爭》，第250頁（Shu, *Mao's Military Romanticism*, 250）。

[4] 張曙光：《毛澤東的軍事浪漫主義：中國和朝鮮戰爭》，第249頁（Shu, *Mao's Military Romanticism*, 249）。

[5] 施蒂克：《朝鮮戰爭：一部國際歷史》，第367-368頁（Stueck, *The Korean War*, 367～368）。

[6] 根據E.格魯夫：《日本》一文（收錄於加德納：《勢力範圍：強權對歐洲的瓜分，從慕尼黑到雅爾塔》，第220頁）（E. Grove, *"Japan"*, in *Spheres of Influence*, ed. Gardner, 220），戰爭期間2艘日本掃雷艦艇損沉沒。自1950年10月2日～同年12月15日間，日本海上力量共有46艘掃雷艦和1艘水雷破壞艦參與戰爭期間的掃雷行動。經驗豐富的日本掃雷部隊也被認爲是當時遠東最善於處理水雷的力量。

第15章
保衛歐洲

1950年6月，當朝鮮戰爭爆發時，北約在整備提升其軍事實力以抗擊蘇聯方面（同期，西方首次嚴肅正視蘇聯軍事威脅的可能性），幾乎未取得什麼實質性進展。西德仍然是歐洲少數深具軍事潛力的重要國家，而以往不敢想象的議題——德國的再武裝，突然之間似乎不再只是設想，而是北約諸國准備付諸實現的現實。由於朝鮮戰爭，斯大林最擔憂的事情成真了，杜魯門政府決定重新武裝德國。

歐洲人當然意識到此舉潛在的危險，他們需要德國的武裝力量，但不希望古老的德國軍國主義傳統（比如設計並實施了兩次世界大戰的德軍總參謀部）再次復活。法國提出了一個解決方案，將德國重建的武裝力量整合、納入法國人所主張的歐洲防務共同體（EDC）下轄的歐洲軍隊之中，然而由歐洲議會負責審議聯盟整體的防務預算。德國人將不再組建他們自己的統一且獨立的軍隊，但卻能幫助保衛歐洲。當然，法國人的提議只是概略的設計，而且其他歐洲國家是否接受其提議仍不明確。[1]

對杜魯門當局而言，歐洲防務共同體，或至少說將西德納入北約軍事組織的議題，將是成功形成某種歐洲共同防御體系的先決條件。為了鼓勵歐洲盟友的士氣，1950年秋美國提議向德國派駐更多的部隊，以便與其他盟國部隊共同組成歐洲防御力量（當然這支力量由美國指揮官指揮）。因朝鮮戰爭而進行的大規模動員，不僅使得向歐洲派駐更多美軍部隊成為可能，而且在歐洲地區爆發緊急情況時可以提供更多的戰略預備力量。北約總部對此表示贊同，1950年12月，北約各國國防部長批准組建統一指揮機構，即「歐洲盟軍部隊最高司令部」（SHAPE），要求美國指派艾森豪威爾將軍擔任歐洲盟軍總司令（SACEUR）。1951年4月，在艾森豪威爾的組織下，該司令部開始運作。

在戰後和平時期，美國在歐洲的軍事存在是為了清晰地展示其保衛西歐免遭蘇聯攻擊的意圖，而非在蘇聯入侵後解放這些區域。當年12月，擔任歐洲盟軍總司令的艾森豪威爾將軍要求美國向歐洲部署20個師的部隊；次年1月，他削減美軍部隊規模至10～12個師，這些部隊將成為北約計劃部署的50或60個師（此規模被認為足以保衛西歐，但要進攻蘇聯則仍嫌不足）的重要組成部分。1951年2月中旬，時任美國國防部

---

[1] 國防部長辦公室（OSD），2：第326-232頁（OSD 2: 326～32）。

長的馬歇爾將軍在某個參議院委員會稱，行政當局准備向歐洲派駐4個師的部隊。馬歇爾承認，鑒於朝鮮戰爭對武裝力量的需求，即便僅向歐洲部署4個師仍面臨重重困難。4月2日，參議院以49對43票的表決結果通過了要求國會批准向歐洲部署更多部隊的動議（超過4個師），在之後4月4日的國會批准了向歐洲部署4個師。杜魯門政府拒絕國會的限制，但此後白宮並未再挑戰國會的決議。向歐洲輸送的部隊中，1個師及1支相當於師的部隊已部署在歐洲，本土再轉運了1個師，由這3支部隊共同組建起第7集團軍。[1] 由於國會限制進一步向歐洲部署更多部隊，使得如何快速增援歐洲成爲美國軍方戰爭計劃的永恆主題。

　　如果歐洲防務共同體實編了部隊，那麼北約的戰略必須修訂。此前，除美軍力量外，北約在歐洲主要依賴法國和英國提供的地面部隊，一旦蘇聯從中歐大規模入侵，處於一線的西德肯定無力堅守，因此北約計劃駐中西歐地面部隊且戰且退至萊茵河一線堅守。這是典型的以空間換取時間，通過撤退鈍化蘇聯進攻銳勢的策略。當然，西德不願接受這種犧牲本國以保存其他北約國家的策略。不可避免的，北約進而提出前置防御重心、實施前沿防御的新策略，但自第二次世界大戰開啓了大規模裝甲快速攻擊的時代以來（恰由德國人自己所發明），這種想法無疑已不現實。實施此新戰略，采取此戰略主要在於它首先需要更多部隊，而這要求各國政府向防務領域投入更多資源。

　　北約預計到戰爭爆發時，德國可能爲聯盟貢獻10個師的部隊，而在朝鮮戰爭美軍完成動員後，美國亦可能提供另外14個師。1951年，艾森豪威爾的歐洲最高司令部曾評估認爲，歐洲戰爭爆發前需要在中歐前線部署至少31個師，此外，戰爭爆發30天內還需部署另34個師。[2] 最高司令部還樂觀的預計到1954年時，法國將能組建19個師，而英國組建另外11個師，如此至1954年時在戰爭爆發後的30天內，北約主要國家將能集結起54個師，這將能滿足戰爭初期的需求。[3]

　　事實上，歐洲各國根本不可能滿足盟軍最高司令部的兵力部署目標，各國大多仍處於戰後恢復時期。1951年1月，美國專家曾估計要募集足夠數量的部隊，北約各國的防務預算幾乎需要翻倍（以朝鮮戰爭前預算開支爲基礎）。而且，隨著戰後技術裝備更新加快，部隊組建、部署的成本上升，情況將更爲惡化。此外，戰後歐洲各國普遍缺乏類似美國的那種危機感，他們的政府也很難讓人民作出像戰時那樣的犧牲，以承擔大比例的防務開支。總之，歐洲各國至1950年時仍未能完全恢復。例如，1951年西歐各國人均收入僅爲597美元，同時期美國的人均所得達到2143美元。[4] 而且由於

---

[1] 國防部長辦公室，2：第319頁、第340頁（OSD 2: 319, 340）。

[2] 達菲爾德：《進化》，第219-220頁（Duffield, *"the Evolution"*, 219~220）。

[3]《參謀長聯席會議歷史》4，第208頁（JCS 4: 208）。

[4]《參謀長聯席會議歷史》4，第241頁（JCS 4: 241）。

經濟仍處於恢復之中，各國也不可能承受持續的重稅。而朝鮮戰爭期間，因西方各國政府防務開支普遍增加，致使美國、英國、意大利和西德等主要國家出現通貨膨脹，物資普遍上漲達到9%—10%。期間，由於法國還承受著印度支那戰場的壓力，其通膨率更高達20%，其國民生活水平也普遍降低。[1]

1951年，英國政府急劇增加防務開支，而這亦暴露出其國內經濟面臨的惡化形勢。當時，英國政府將兵役由18個月延長至24個月，同時將在德國萊茵河地區駐扎的常備軍（BAOR）規模翻倍，達到4個裝甲師之多。爲了支持這樣的防務規模，工黨政府不得不削減其主張的社會開支項目，結果，該黨在當年大選中輸給了溫斯頓·丘吉爾所領導的保守黨。丘吉爾政府重新執政後，也不得不放棄如此大規模的軍備計劃。[2]

1950年秋末，蘇聯的威脅似乎更爲凸顯，也許是受到美國在朝鮮災難性失敗的鼓舞，斯大林告誡其東歐各衛星國政府盡快准備1952年的歐洲戰爭。[3] 但杜魯門認爲斯大林只是想讓美國繼續流血，而不願真正冒險。他駐莫斯科的大使，退役海軍上將艾倫·G.柯克（Alan G. Kirk）對此表示認同。1950年12月，柯克認爲蘇聯與西方之間的戰爭機率已大爲降低；但亦強調他可能過於謹慎，而斯大林受其身邊人的阿諛奉承，很可能（像希特勒那樣）希望在其身故前贏得最終的世界主導權。其他人則指出，如果美軍在朝鮮戰爭的殘酷消耗中損失了其大部分訓練有素的軍官和士官，斯大林可能也難以不對發動戰爭動心。

1950年11月，斯大林試圖阻止西方重新武裝西德，他要求其他三大占領國會晤，以商討撤軍事宜並執行波茨坦會議中關於德國的去軍事化議題。盡管當時已加入北約，法國對美國（對蘇聯）的威懾沒有什麼信心，因此該國向美國表達了自身仍較爲虛弱難以保衛自己的顧慮，因而擔憂與蘇聯敵對後招致更嚴重的後果。這很可能是法國政府提醒美國其國內持續擴張的法共勢力的一種外交辭令。法國總理勒內·普利文（Rene Pleven）對美國人稱，他將無法說服他的國家重新武裝起來，畢竟除非他向他的選民充分展示其盡所有努力保持與蘇聯的良好關系，可能才會獲得足夠的民意基礎繼續執政。在軍事人力的儲備方面，法國是北約集團內僅次於德國的第二大國，因此法國政府的現狀對北約保衛歐洲的計劃實是雙重的打擊（不僅無法爲聯盟提供更多兵力，還需要其他國家的保衛）。法國指望不上，杜魯門決定發揮德國人的長處，他設

[1]《參謀長聯席會議歷史》4，第241頁（JCS 4: 241）。

[2] M.道科爾爾：《50年代英國國防的轉型》，摘自約瑟夫·史密斯：《北約的起源》，第53頁（M. Dockrill, "The Changing Shape of Britain's Defence during the 1950s", in The Origins of NATO, ed. Joseph Smith, 53）。

[3] 東德顯然相信了斯大林的話，他們認爲斯大林將很快帶領他們統一整個德國。根據特拉赫滕貝格：《歷史和戰略》，第151頁（Trachtenberg, History and Strategy, 151），當朝鮮戰爭爆發後的1950年底，東德領導人曾威脅攻擊西德。東德共產黨領導人烏布利希曾稱，他拒絕了建築一座新海港的計劃，因爲很快「民主德國」（東德）將擁有漢堡港和呂貝克港（屬西德）。至1952年初，據推測由於對東方陣營而言朝鮮戰爭形勢已如此之惡化（同期西方顯然已開始再次武裝），東德開始更多地探討戰略防御的問題，並警告西德兩德間存在著「兄弟相殘」的戰爭，這顯然也是斯大林全面從德國撤離的論調的一部分。

法勸說普利文同意拒絕會議上蘇聯提出的涉及德國的任何提議（防止西德或統一後的德國加入西方陣營）。[1] 因此，在預備會議上，斯大林的外交官，安德魯·葛羅米柯（Andrei Gromyko）表現得令西方印象深刻，但斯大林實際上暗中破壞了他致力於同西方達成協議的預期。1951年4月，他命令葛羅米柯在會議議程上引入新的議題：大西洋條約和美國在英格蘭、挪威、冰島、其他歐洲及近東國家部署的軍事基地，最終這次會議被破壞了。[2]

果然如普利文所言，他致力於擴充法國軍隊。他計劃將兵役期從12個月延長至18個月，到1953年前擴充20個師的陸軍用於歐洲防衛。但不幸的是，法軍面臨著人員完成募集但缺乏武器裝備的窘境，法國原本希望美國能為其擴軍所需的大部分資金買單，但情況很快表明美國人的預算也是有限的；第二次世界大戰時剩余的裝備也已消耗了大部分，同時期美國在朝鮮半島的戰爭也使法國不得不承擔更多擴軍所需的投入。政府原准備加稅，但法國民眾聚集起來拒絕以此為借口加稅。因此，法國政府不得不削減其原定的擴軍目標，至1953年時組建12個師，到1955年時擴充至15個師。此後，美國國會對法國重新武裝的緩慢進展感到沮喪和挫折，因而削減了對法軍事援助，至此法國政府更放棄了至1955年為聯盟提供15個師的任何希望。[3] 在此情況下，德國的軍事潛力愈加顯得重要。

與此同時，1951年1月，斯大林與其東歐共產黨領導人和軍方高級將領舉行了3天秘密會議。會議期間，他宣稱朝鮮戰爭已充分顯示了西方的脆弱，是時候發起攻擊了。鑒於蘇聯對美國的軍事優勢可能僅能維持3年或4年多的時間（即到1954年，NSC 68所稱「最危險的年份」），因此社會主義世界不僅應在經濟上、而且也要在政治上充分動員起來。

1954—1955年的日期，使斯大林回想起此前他對美國軍事能力的觀點，即至少在1955年之前美國仍無法擁有足夠數量的原子彈。朝鮮戰爭只是一次試探，歐洲才是蘇聯真正的目標，東歐將在充分准備的蘇軍的帶領下入侵西歐。[4] 1951年2月，捷克斯洛伐克、匈牙利和波蘭等國宣布增加其工業產值，這其實意味著其軍事產能大增。在前一年的12月，斯大林曾提議由意大利共產黨的領導人皮爾特羅·陶里亞蒂擔任共產黨和工人黨情報局（Cominform）的領導人，但陶里亞蒂拒絕了斯大林。西方情報界將其視作斯大林正准備戰爭的重要信號。蘇聯軍隊似乎也移防至邊境地區，為即將發

[1]《參謀長聯席會議歷史》4，第249-250頁（JCS 4: 249～250）。

[2]《參謀長聯席會議歷史》4，第253頁（JCS 4: 253）。

[3] 達菲爾德：《進化》，第127-128頁（Duffield, "the Evolution", 127～128）。

[4] 馬斯特尼：《冷戰和蘇聯的不安全感》，第114頁（Mastny, The Cold War and Soviet Insecurity, 114）。還可參見赫勒和勒科瑞奇：《執政的烏托邦：1917年至今的蘇聯歷史》，第504-506頁（Heller and Nekrich, Utopia in Power, 504～506）。1951年捷克共產黨檔案中發現了斯大林關於此事的演講，並於1973年被一位捷克歷史學家Karel Kaplan整理並公布。另可參見霍洛韋：《斯大林和原子彈：蘇聯和原子能，1939—1956年》，第286-287頁（Holloway, Stalin and the Bomb, 286～287），其中有描述了相關細節，並引用一名前波蘭黨的中央委員會書記愛德華·奧哈布的言論，霍洛韋推測認為，斯大林實際上希望將他對陶里亞蒂的談話內容以及1951年會議的內容洩漏給西方，如此以威懾西方的擴大亞洲戰爭的企圖。

動的大規模軍事行動做准備；而由蘇聯主導在華沙成立用於替代聯合國的「世界和平理事會」，對西方而言顯然是個惡兆。當然，這些都只是間接證據，蘇聯戰爭准備的明確跡象仍未出現，相關戰爭計劃也未浮出水面。斯大林仍舊命令采取防禦姿態。[1]他可能期望西方先行發起攻擊，但如果他警告東歐諸國西方的進攻在即，亦擔憂如此會削弱其衛星國的士氣。[2]

國家安全委員會認定「最危險的年份」的邏輯發生了變化（原來認爲1954年最爲危險）。之後看來，到1954年時北約在歐洲將部署足夠強大的部隊抵抗蘇聯的進攻。因此，在1954年之前的幾年裡將是斯大林的機會窗口，其中尤以1952年爲最。當時，蘇聯在原子武器及航空工業方面取得的進展使其在1952年時將能最大化地縮短與西方的差距，而那時西方仍無法爲戰爭作全面的准備。[3]

對此，歐洲各國反應平靜，他們對北約的觀點幾乎與美國政府的截然相反。歐洲各國傾向於在涉及防務的相互談判中不斷壓低所需的軍隊規模，他們甚至懷疑蘇聯有意圖在歐洲挑起一場戰爭。在其看來，戰爭太過於冒險了，而且原子時代戰爭的毀滅性也達到駭人聽聞的地步。當然，戰爭可能因雙方的誤判或誤算而開啓。爲了避免出現此情況，歐洲更需要最大程度的威懾。從此角度看，美國在歐洲的軍事存在是必需的。只要如此，沒有哪個蘇聯領導人會輕松地預期其進攻能消滅美軍在歐洲的主要力量，否則此舉將誘發更大規模的戰爭，甚至是全面的核攻擊。爲了確保美國對西歐的安全承諾，歐洲人必須建立起足夠的常規防禦力量，以使美國相信它將不必在戰爭一開始就使用核武器。美國經常抱怨歐洲盟國除了確保美國的安全承諾外，其他的就不願多付出了。[4]

從美國的角度看，政府尋求北約擁有足夠規模的部隊，爲歐洲安全提供穩健的非核防禦能力。但這對歐洲來說完全是詛咒。他們的人民經歷過太多戰爭，知道一場發生在歐陸的大規模非核戰爭是什麼樣子。反對蘇聯將會帶來毀滅，就算打贏一場長期大規模常規戰爭也同樣不可接受。與其無論如何都被毀滅，不如直接中立甚至投降。

美國與其歐洲盟友之間無疑會發生不少有趣的摩擦。艾森豪威爾對北約所需軍事實力的估計完全基於對蘇聯實力的想當然之上，這種傾向一直保持著。例如，1970年中央情報局認爲美國陸軍應清楚1949年時斯大林的很多師只不過是個空架子（僅有少數軍官），緊急情況時訓練不足的義務預備人員會填充這些「架子師」。而很多被認爲具備作戰能力的師，與美國當時駐德國的未滿員師相差無幾。斯大林可能強制生產大量物資，但他無法「制造」用於替換此前戰爭中大量傷亡的成年俄羅斯人。如果中

[1] 馬斯特尼：《冷戰和蘇聯的不安全感》，第113頁（Mastny, *The Cold War and Soviet Insecurity*, 113）。

[2] 馬斯特尼：《冷戰和蘇聯的不安全感》，第115頁（Mastny, *The Cold War and Soviet Insecurity*, 115）。

[3] 1950年《美國對外關系文件》1：第414-416頁（FRUS[1951] 1: 414~416）。

[4] 威格斯（Wags）曾稱，北約的目標是防止俄羅斯介入、確保美國參與歐洲事務，並使德國再無力實現軍事崛起。

情局是正確的，那麼當時對斯大林的動員能力就值得懷疑了（戰爭爆發後，1年內蘇聯可部署470個師，30天內可動員320個師）。[1]

　　決策層，也即整個美國和北約的各項防務項目被制定的地方，並不願就蘇聯到底能動員320個、還是470個師而爭論；而在執行層（軍方），無疑總傾向於設定更高的戰備目標，當然軍方的要求將不可能得到全部滿足；而在更低的執行層，[2] 除了希望獲得更多部隊以使其能夠在對抗中與蘇聯相抗衡外，並無他求。對於北約，如果承認其擁有足夠的防禦力量，則無形中鼓勵各國政府削弱其力量，這也是爲什麼在1961年後，美國國防部長麥克拉馬納非常驚奇地發現，北約的常備軍並不如其宣稱的那麼脆弱，在其看來就算蘇聯發起進攻，北約軍隊仍有很大機會在數年時間內裡堅守其防線，並阻擋住蘇聯的攻勢。[3]

　　1952年2月，北約成員國國防部長在里斯本召開會議，會議承認了西德的主權，並同意建立歐洲防禦共同體（EDC），這意味著重新武裝德國並將其融入歐洲防禦體系的前提條件已經滿足。很快，北約在中歐地區部署的部隊數量達到18個高戰備的師，其中6個美國師、5個法國師、4個英國師、2個比利時師和一些獨立旅；此外，法國還編有可迅速動員起來的7個師。北約希望德國能盡快編成12個師（10個步兵師、2個裝甲師），使北約在中歐駐軍的規模達到30個師，當然這離1951年的目標仍有差距。對於整個歐陸戰場的側翼，北約的目標是部署12個師（意大利、丹麥和挪威），此前在兩翼地區已部署7個師。

　　盡管仍未達到艾森豪威爾所預期，但此目標的實現將使北約防禦態勢有較大改觀。至少，它杜絕了斯大林在歐洲的任何軍事冒險企圖，其部署於中歐的22個蘇軍師將無法實現速勝。要進一步在中歐形成戰略優勢，蘇聯無疑需要將其位於東歐和國土西部的軍事力量西調，但這將爲西方提供難以忽視的戰略預警，從而使北約有時間動員其龐大的後備力量。例如，蘇聯龐大的裝甲坦克群需要利用中東歐的鐵路網或平板拖車輸送至出發地域，這些信號無論如何將使北約警覺並迅速反應。

　　戰時蘇軍的交通線將穿過蘇聯在中東歐的衛星國，而這些國家對蘇聯的怨憤本來就已高漲。也許西方的游擊或心理戰力量能夠利用這些潛在的機會。當然，1950年以後，鑒於蘇聯在朝鮮的擴張傾向已非常明顯，歐洲地區的戰備似乎也急迫起來。在

[1] 至1945年1月1日，蘇聯紅軍共擁有634個一線師，但其中很多的這類師級部隊，在裝備和員額上甚至不如1個美軍的團級部隊。

[2] 梅、斯坦布魯納和沃爾夫：《戰略軍備競爭的歷史》，第57頁（May, Steinbrunner, and Wolfe, *History of the Strategic Arms Competition*, 57），其中引用了與雷伊·克萊因的訪談。

[3] J.S.達菲爾德：《蘇聯對西歐的軍事威脅：美國對1950和1960年代的評估》，摘自1992年《戰略研究期刊》15期，第214頁（J. S. Duffield, *"The Soviet Military Threat to Western Europe: U.S. Estimates in the 1950s and 1960s"*, in *Journal of Strategic Studies* 15[1992]: 214）。1952年時據估計認爲，對比美軍的陸軍作戰能力，1個美國師在火力方面超過蘇軍同類滿編師級部隊約50%。此外，到1953年初，據估計和平時期1個蘇聯陸軍師的員額以及戰時滿編的60～80%。另一方面，美軍師也擁有更爲充裕的作戰支援能力，類似的作戰支援能力可用雙方軍隊的總員額除以師的數量來衡量：以此計算1951年蘇聯可換算爲14300，而美國爲59000；到1952年中期時美軍的此比值至少達到76000。1952年時，蘇聯部署在東德的部隊只在人數上比美國（西德的美軍部隊相當於6個師）多出50%，其他北約國家在西德的駐軍更縮小了雙方之間的差距。

加強對蘇特種作戰方面，美國陸軍曾較有抵觸，因爲很多特種單位將抽調大量優秀的人力資源。但陸軍部部長和陸軍司令部的不少人還是支持這些舉措。包括1952年5月1日，美國陸軍組建了心理戰中心，並在本土布拉格堡編組了第10特種大隊；在歐洲，美國和北約還大量召募熟練掌握各中歐國家語言的志願者。[1]

北約在里斯本的防長峰會似乎刺激了斯大林，促使其采用最後的努力阻止西德融入北約。1952年3月，他突然提議稱，蘇聯將從東德完全撤軍，以換取整個德國未來的中立化（潛台詞就是德國僅能建立有限的軍備）。而在斯大林看來，現在中立的德國稍後遲早將成爲統一的共產主義德國，這種退後一步希望再前進兩步的策略，無疑具有典型的共產主義風格。西德政府無疑看穿了斯大林的意圖，正因爲與西方的聯繫保證了該國在面對蘇聯軍事強權時的生存。

很快，斯大林不得不接受其人民陣線在德國的最終失敗。在這一點上，他已接受在東德地區存在著的一定程度的資本主義因素。理論上，德國並未准備好全盤接受社會主義體系。因此，只得解除對德國共產黨的控制。在此前的大約1年之內，他授意東德共產黨強迫改造東德的經濟體能，所造成的緊張壓力甚至使東德曾爆發了短暫的騷亂，特別是在柏林。

大約就在同時間，他就德國問題做了最後的努力。1952年3月，斯大林在本國公開發動了大規模的反美運動，蘇聯的宣傳機器不再援引馬克思主義或階段斗爭理論來證明其反美的正當性；相反的，試圖鼓動起「針對美國人本身的嫌惡，無論其人民還是其士兵」。很多外國觀察家認爲，這場宣傳攻勢意圖令所有蘇聯人作好迎接新壓力的准備，而這種壓力很可能就是戰爭。到1952年底，斯大林再次發動一場反猶運動（始於所謂的「醫生的陰謀」）。無疑，一場大清洗在即。也有人將此視作蘇聯有計劃發動戰爭的先兆。[2] 當時，新任美國駐蘇大使喬治·凱南，則認爲蘇聯的輿論噪動只不過是試圖克服其國內民衆自30年代以來「普遍的政治冷漠與懷疑主義」。[3] 對此，從1952年10月14日蘇聯共產黨第19次代表大會上，斯大林在其最後一次重要演講中就可看出這一點。當然，該演講也是蘇聯戰爭准備的一部分。對此，外國共產黨不得不支持蘇聯爲維護世界和平，解放「那些仍奮力爭取自由的人們」所作的戰斗。

正在進行中的朝鮮戰爭給了北約一種急迫感。1952年5月27日，法國、德國、英國和美國簽署了「歐洲防御共同體」（EDC）條約。英國首相溫斯頓·丘吉爾允諾稱，英國的4個師和戰術空軍力量將部署歐洲50年，以此鼓舞歐洲的士氣。[4] 然而，歐洲防御共同體注定是短命的，就在其成立的2年後，其主要發起國——法國，就宣

---

[1] 托拉斯：《變革中的秩序：1945年以來的世界各國軍隊的演變》，第20頁（Tsouras, *Changing Orders*, 20）。

[2] 羅辛斯基：《斯大林：首部基於俄羅斯新爆出新秘密檔案文件的深度傳記》，第560～562頁（Radzinsky, *Stalin*, 560～562）。

[3] 1952－1954年《美國對外關系文件》8：第971-977頁（FRUS[1952～1954] 8: 971～977）。

[4] 托拉斯：《變革中的秩序：1945年以來的世界各國軍隊的演變》，第26頁（Tsouras, *Changing Orders*, 26）。

布退出該組織。法國的退出自有其理由，畢竟期間法國在印度支那遭受災難性失敗之時，沒有一個歐洲國家提供了充分的幫助；而加入此共同體後，大量法國部隊將難以抽調出來以保衛法蘭西帝國殘余的殖民地。德國對防御共同體同樣心存芥蒂，因爲共同體的存在將使兩德統一更加困難。

　　大西洋的另一側，美國政府試圖使歐洲各國相信必須提供足夠的人力組建常規軍以抵抗斯大林的軍隊，它自己則發展用作補充歐洲盟國常規力量的核作戰能力。但不幸的是，歐洲人並不願維持龐大的常規軍，而且他們不僅未將核武器視作常規力量的補充，更將其視作後者的替代品。杜魯門政府拒絕類似的觀念，主要是擔憂核武器的輕易使用將使中歐前線的戰局很快失去控制。另一方面，1951年美國政府的一些研究報告顯示，如果蘇聯從中歐發動大規模進攻，使用原子武器及新擴充的常規力量，北約最終仍能堅守歐洲的重要區域。[1] 到50年代中期，美國空軍駐歐戰術空軍司令部（TAC）已開始裝備新型輕量級核武器。這部分部隊將自己稱作「歐洲盟軍總司令官的利劍」（而常規地面部隊則是最高司令官的護盾），戰術核空軍可飛赴蘇軍戰線縱深後方（如東歐、甚至蘇聯西部）攻擊蘇聯後繼進攻梯隊。在南歐，美國海軍在地中海部署的兩支航母戰斗群同樣配合了戰術核武器；至於歐陸戰場上的美國陸軍也開始尋求發展其自己的短程核導彈系列。

　　鑒於在戰爭初期控制戰場主要依賴核武器，歐洲盟軍總司令認爲，和平時期就應儲備一定的核武器，同時，他亦需要即時的授權以便在戰爭爆發之初使用它們。對於歐洲人而言，直接、率先動用核武器似乎在道德上令人嫌惡，最好等到出現時機再使用不遲。[2] 歐洲盟軍總司令認爲，任何發生在歐洲的戰爭不可避免的都將是核戰爭。當然，與公眾的情緒相反，即便率先使用核武器，城市類目標也不會是率先打擊的目標，而主要會集中於蘇軍的裝甲坦克集群和軍事設施。

　　當然，軍方的計劃仍無法令人安心。據1955年6月美國全權授權軍方對歐洲核戰爭的研究預測，歐陸發生核戰爭時，即便不考慮核攻擊後繼的殺傷效果（如放射性塵降），歐洲各國必將遭受慘重的平民傷亡，包括170萬人喪生，另外350萬人受到各種程度不同的損害。而且，就算核攻擊在一定意義上達成了預期效果（即北約無需使用戰略轟炸機進一步升級攻擊城市，戰場上的核打擊已遏制並制止了蘇聯的攻勢），軍方非常確切地判斷德國很可能成爲雙方爭相投擲核武器的地獄戰場。此研究報告出爐後，當時西德的主要反對黨——社會民主黨（SPD），借此攻擊政府的常規軍備計劃，在其看來常規軍隊在核戰爭中已完全過時了。[3]

---

[1] 根據1951年10月12日的NSC 114/2號文件（1951年《美國對外關系文件》1：第182-192頁，特別是第186頁）（FRUS[1951] 1: 182～192, esp. 186），「考慮到地形因素、蘇聯後勤問題及其核武器發展……至1953年中期仍能保持對歐陸主要戰略地區的控制」。之前在NSC 114系列文件中已預計蘇聯能隨意發動對歐洲的進攻。

[2] 1951年《美國對外關系文件》1：第190-193頁（FRUS[1951] 1: 190～193）。

[3] 布魯斯：《英國、德國和西方的核戰略》，第33-34頁（Bluth, *Britain, Germany, and Western Nuclear Strategy*, 33～34）。如果大戰在1955年6

隨著艾森豪威爾就任美國總統後，其政府宣稱任何對核武器與非核武器進行的顯著區分都是毫無意義的，特別是考慮到一旦蘇聯也擁有了充足的核武器後，再辯論戰場上兩種武器的區別都無關緊要了。既然清楚地知道敵人肯定會使用核武器，那麼先用還是後用有什麼關係呢？

盡管已失去核壟斷地位，但考慮到美國核武器仍更大程度上維持著數量規模優勢，美國迅速轉變了思路。1952年參聯會設想，假如軍方已擁有1000枚核武器，但其中僅有80枚（約8%）將備用於歐洲，這部分核武器將足以應對蘇聯軍隊向西歐的推進。沒有必要對縱深的蘇聯目標實施核攻擊，畢竟蘇聯的核武器數量仍不足，更遑論將其用作戰術目的。當然，這一切都建立在蘇聯缺乏戰術核武器的前提之上，如果此基礎條件被顛覆，情況將再次轉變。

1954年，美國政府不再對核戰爭和非核戰爭進行明確的區分，駐歐盟軍總司令在其戰略制定過程中將自由考慮核武器運用問題，1954年7月，歐洲盟軍總司令在其擬定的以1956年歐洲核戰爭為背景的作戰計劃中，就計劃使用大約同等數量的原子彈（約76枚）以應對推進的蘇聯裝甲集群；[1] 除前沿使用的這76枚外，在戰爭的頭兩天裡更計劃使用超過600枚核武器實施縱深核打擊，以便從源頭上摧毀蘇聯的戰術核威脅及目標，比如縱深的關鍵性機場和通信設施等。

在此計劃設想中，蘇聯以其壓倒性優勢的常規力量率先向中歐發起攻擊，盟軍總司令計劃先運用前沿所有常規部隊進行堅守抵抗。為了突破盟軍防御，蘇聯將不得不在前線集結其重兵集團，這就為盟軍計劃運用的76枚戰術核武器創造了高價值的目標。無疑，該計劃得以實施的前提在於蘇聯缺乏足夠核武器，因此除了對西方進行戰略核打擊外（相應的這將招致更猛烈的核報復），在戰術上並無應對西方率先使用核武器的有力舉措。按北約自己的邏輯，蘇聯的少量戰術核武器將以北約的類似核部隊為主要打擊目標，如果有少量剩余的話才會轉用於打擊北約的常規部隊。因此，北約在集結起的常規重兵集團將不會立即成為蘇聯核武器的打擊目標。

無論何種情況，德國仍舊非常重要。對於西德在戰後很快開始的重新武裝，西歐各國多少有些敏感，但西德通過一系列協議已融入了歐洲的集體防御體系，因此其重建強大的部隊似乎也是可以接受的。1955年，西德正式加入北約，接著在當年11月12日，首批101名西德男性公民宣誓加入新的聯邦國防軍。至1957年，西德首次編成部署了3個師部隊，在接下來的幾年裡，西德國防軍又陸續部署了多個師，包括1958年的4個師、1959年的1個師，1960年的2個師，1963年的1個師，最後到1965年編成了最後的第12個師。[2] 另一方面，蘇聯也扶持東德組建了自己的軍隊，1956年1月18日，

月爆發，那麼在最初的進攻中，蘇聯使用25枚原子彈就能摧毀西方的6處重要空軍基地，而西方在最初反擊期間亦將發動針對東歐國家各重要目標的24次打擊；整個戰爭計劃中共模擬使用了355件核武器。

[1] 達菲爾德：《進化》，第185頁（Duffield，「the Evolution」，185）。

[2] 托拉斯：《變革中的秩序：1945年以來的世界各國軍隊的演變》，第109-110頁（Tsouras, *Changing Orders*, 109～110）。

在蘇聯的幫助下東德將其准軍事部隊正式改編成常備軍。

　　德國（並非其他聯盟伙伴國）爲解決北約面臨的兩難困境（保持大規模常備軍經濟上難以承受，削減軍事開支卻又面臨嚴峻的安全威脅）設計了一套戰爭方案。戰爭爆發後，北約除守備部隊就地防禦外，其強有力的機動作戰部隊將尋隙向東實施反擊，以此獲得戰略回旋空間。反擊的機動部隊應嘗試從側翼迂迴包抄、甚至包圍蘇軍的進攻重兵集團，切斷其與後方的交通線，並在北約依托堅固陣地守備力量配合下予以消滅。但很多北約的高官認爲德國人的計劃過於挑釁。但最終，1980年，德國人最初設想的戰法進入美國陸軍的詞典裡，成爲當時興起的「空地一體戰」理論中的一部分，並在1991年第一次波灣戰爭中首次經歷了實戰檢驗。

　　對於西方將西德拉入北約，蘇聯立即做出了回應，很快由蘇聯與東歐國家集團簽署建立了華沙條約組織，兩大政治軍事同盟沿著中歐對峙的局面就此成形。當然，兩個集團間存在著顯著的差異，北約集團完全是各國籍著安全擔憂而自願形成的聯盟，集團中最重要的成員——美國，也不能強迫任何一個成員國做出符合美國利益的決定，更別提對成員國采取其他什麼行動了。事實上，北約的建立源於歐洲自由國家對共同威脅的恐懼，在聯盟成立之前的相當長時間裡，西歐各國甚至美國發現，各自國家都無力應對來自東方的挑戰，因而，結成一體整合各國的軍事資源成爲必然的選擇。另一方面，北約民主的組織架構決定了即便是美國也無法強迫聯盟采取它所偏好的核戰略；類似的，60年代美國深陷越南戰爭之時，亦發現它的北約盟國根本不可能爲它的戰爭行爲背書。

　　華沙條約組織的性質則完全不同，各國都受到蘇聯的嚴格控制，當1989年華沙組織崩潰時，東歐各國政府甚至吃驚地發現，所有成員國軍隊的指揮控制體系，除了象徵性地連接著各國首都和國防部外，實質上更主要地接受來自莫斯科的指令。華沙組織的軍事戰略皆由莫斯科所決定，而且很大程度上，各成員的軍事指揮機構對莫斯科的整體戰爭計劃一無所知，更不清楚戰時各國的部隊將如何投入戰斗。這也是爲什麼當時北約的作戰概念總是人盡皆知，但華約的戰爭計劃很大程度上卻只能靠推測的重要原因。

第16章
印度支那危機

　　朝鮮戰爭爆發之時美國政府曾要求法國更多的爲北約提供部隊,但實際上法國政府當時正面臨著印度支那殖民地的重大危機。日本戰敗後,在英國人幫助下,法國短暫地重返印度支那殖民地,但自從重返這裡後,他們的好運似乎就不斷失去了。最關鍵的災難性事件是毛澤東取得了中國內戰的完全勝利。隨著中越邊境被共產黨所控制和開放,胡志明的越盟開始接受來自中國和蘇聯的大量軍事援助。在1945—1949年期間,他的武裝力量已逐漸由戰斗能力低下的游擊隊發展爲正規軍,並能夠開始實施大規模的常規作戰行動。1949年,胡志明在北越編成了他的第1支步兵師,次年,另外5支步兵師投入部署。此後,隨著朝鮮戰爭告一段落,大量由中國繳獲自朝鮮的美制武器以及中國自己所使用的蘇制武器,經由中共轉交給越盟軍隊。1950年9~10月,越盟發起了首次大規模進攻行動,沿越南東北部邊境地區部署的6個法軍營被消滅。隨著法軍被徹底驅逐出重要的中越邊境地區,胡志明通往中國的主要補給線被完全打通了。對法國而言,印度支那的戰爭變得越來越代價高昂和難以忍受,因而對美國援助的需求更是與日俱增。

　　美國爲駐印度支那的法軍力量提供軍事援助,最初始於朝鮮戰爭爆發之初,盡管兩個地區地理上並不毗鄰或接近。當然,在美國爲朝鮮戰爭進行大規模動員期間,美國很容易從其龐大的軍事物資分出一小部分提供給法軍。當然,對美國而言,軍事援助並不足以解決法國的問題,問題的核心在於法國的殖民地政策。美國政府始終要求法國給予其殖民地以真正的獨立,並建立一支真正的越南國民的軍隊。考慮到美國人的要求,法國政府於1951年在越南組建了越南國民軍(VNA),但越南人顯然將其視作法軍的輔助部隊。這支軍隊的軍官很少由越南本地人擔任,盡管1949年法國在越南建立了一所軍官學校。[1]

　　從純粹的軍事角度看,法軍在越南的問題在於如何在大規模戰爭中憑借其火力優勢,盡可能消滅越盟力量。直到1950年底,法國在越南的軍事部署仍很大程度上依賴大量堡壘要塞,這些要塞有少量長期的駐軍,但其非機動的本質決定了越南人很容易通過迂回、繞過的方式克服它們。面臨越南的問題,法國政府更換了占領軍的指揮

---

[1] 托拉斯:《變革中的秩序:1945年以來的世界各國軍隊的演變》,第64-65頁(Tsouras, *Changing Orders*, 64~65)。

官，新任的德·拉特爾·德·塔西尼將軍（Jean de Lattre de Tassigny）到任後采取了更積極主動的戰術，以求限制、消滅越盟力量；爲此，他還編組了新的快速機動單位（GM），以便作戰中在越盟力量分散撤離前拖住並消滅他們。1951年1月13～17日，法軍在越南永安取得了對越盟作戰的重大勝利，消滅了約6000余人。同年3月和6月，越盟在北部東京三角洲地區發起攻擊試圖打破法國在該區域的防御體系，但未能成功。之後，越盟減少了主動出擊以逐漸恢復實力，但法國的幾次出擊也未能摧毀其位於北方的補給基地。而在與先進的宗主國軍隊較量期間，越南人學會了如何應對空中打擊。

東南亞，特別是馬來亞和印度尼西亞，是全球最重要的天然橡膠和金屬錫出產地，同時該地區還盛產石油和其他戰略物資；緬甸和泰國是該地區主要的水稻產地，其農作物供應著馬來亞、錫蘭（今斯里蘭卡）、香港，甚至遠至日本和印度。戰後的日子裡，所有這些國家都面臨著不穩定的國內形勢，受到本國共產主義勢力顛覆的困擾。很多人相信，這些國家中只要有一個陷落，就會迅速引起其他國家趨向於共產主義的連鎖反應。到1952年初，美國政府認識到在全球冷戰框架下，東南亞地區具有至關重要的價值。[1]

美國不再施加影響以強迫法國接受越南的獨立，盡管在美國看來，給予越南獨立可能是唯一真正的成功希望，但法國人顯然不願就這麼放棄。當然，在50年代初法國確未做好撤離的准備。同期法國國內對戰爭的支持已有下降，但法國政府擔憂如果就此承認放棄越南，將危及法蘭西帝國的整個殖民體系。1953年美國政府增加了對法援助，同期法國在越南的形勢正日益惡化，駐越法軍中唯一富有積極進取精神、有望帶領法軍打贏越盟的統帥——德·拉特爾·德·塔西尼，也在此期間陣亡。

1953年5月，越盟派出3個師侵入老撾境內，似乎他們想要將戰爭范圍擴大化。考慮到老撾直接毗鄰緬甸和泰國，這引起了西方一定程度的恐慌。但現在，相關披露的史料顯示，當時越盟進入老撾的行動實際上只想實現有限的目標：他們簡單地擴大戰線，真正目的在於迫使法國分散集中在其境內的兵力。[2] 當然，美國對此反應強烈，如果法國想要繼續得到美援，就必須指定新的有能力的統帥遏制越盟在印支半島的擴張。

但連綿的戰事已使法國精疲力竭，他們尋求體面地擺脫當前的困境，所謂體面的

[1] 1951年《美國對外關系文件》1：第44-48頁（FRUS[1951] 1: 44～48）。另可參考1951年9月24日的一份中情局特別評估（SE-13），《1953年中期全球形勢的可能發展》第193-207頁（*"Probable Development of the World Situation Through Mid-1953"*）；或同期1952年初一份國安安全委員會文件《美國對東南亞的目標和行動方案》（「early 1952」[28～33, document no. 2, c. 1], *"United States Objectives and Courses of Action With Respect to Southeast Asia"*）。另在艾森豪威爾政府時期1953年中期的一份涉及基本國家安全政策的國家安全文件中（1952～1954年《美國對外關系文件》2：第578-597頁）（FRUS[1952～1954] 2: 578～597）亦闡述「其他一些國家，比如印度支那或台灣，對美國而言都具有重要的戰略價值，對這些國家的攻擊將可能迫使美國作出軍事反應，而這種反應既可能是對侵略行爲的小規模反應，也可能是涉及侵略者本身的大規模戰爭」。

[2] 詹姆斯·R.阿諾德：《第一張多米諾骨牌：艾森豪威爾、軍方和美國對越南的干涉》，第114頁（James R. Arnold, *The First Domino*, 114）。

辦法，其實就是指迫使越盟方面接受越南作爲新的法蘭西聯邦成員國，如此就有台階讓法國與越盟展開後續談判，以降低戰爭強度。爲實現此目標，法國指派了新的指揮官，亨利‧納瓦拉（Henri Navarre）將軍指揮駐越法軍，到任後他重新整備力量計劃首先發動重要攻勢，使越盟方面暫時地退縮回邊境地區，接著他將致力於集結、整頓當地力量，以便在法國人撤離後保衛自己。[1] 這與1969年尼克松在越南戰爭中的策略較爲相似。爲了發起他所計劃的決定性攻勢，他必須將目標鎖定在一處越盟必須全力以赴投入戰爭的關鍵要地，在那裡，他將能發揮法軍的火力優勢重創越盟的部隊。而此前越盟武裝進入老撾的事實暗示，他們正努力拓展更多的進入越南中南部地區的交通線。在整個北方地區，奠邊府控制著越盟控制區域的幾條關鍵道路（實際上大多數交通線都途徑叢林地區），其附近亦是重要的水稻產區；[2] 此外，奠邊府還控制著越南北部通往老撾首都的道路。納瓦拉無疑認爲越盟下一步可能計劃入侵老撾並攻占其首都，這對法國而言是絕對不可接受的，如果這一切發生的話，將極大地動搖法國民衆的士氣，甚至導致當時虛弱的法國政府被迫下台，或在不利的情況下結束戰爭。[3]

奠邊府位於越南北部越盟控制區的縱深地帶，如果要對此目標發起決定性地面攻擊，後勤補給將是重大難題，但納瓦拉認爲法軍的飛機能夠飛抵那裡提供支援和補給。在戰機火力和法軍地面部隊本身火力的支持下，他有把握在那裡大量殺傷敵人。最初，納瓦拉計劃以主力進占奠邊府後以當地爲基地，繼續向周邊越盟的交通線發起攻擊，但在作了大量情報分析後，他發現此計劃根本行不通，當地的地形極端糟糕而且他的部隊也不足。[4] 很快，他改變了主意，決定以部分主力占領奠邊府後就地固守，將其作爲誘餌吸引越盟集結力量攻擊此處，再以法軍優勢的火力重創敵人。法軍軍方同意納瓦拉的計劃，但在計劃過程中很快意識到法軍只有在集結所有駐越力量的前提下實施其計劃，這樣做將致使法軍無力在其他地區采取有效的行動。最終，納瓦拉的計劃仍然實施了，初步進展較爲順利，奠邊府被法軍占領吸引了越盟的注意。越盟方面原計劃於1953年12月初集結力量重新奪回奠邊府，但拖到1954年1月時，他們決定暫停發起攻擊。[5]

越盟推遲進攻的決定與當時的形勢急劇變化有很大關系，越盟設想了奠邊府戰役的各種可能，但唯獨未考慮到法國政府擺脫戰爭困擾的決心。1954年1月，美、蘇、英、法四國外交部長會議自斯大林去世後首次在柏林再次重開會議，理論上，此次會議是爲商討當年4月即將在日內瓦舉行的朝鮮戰爭和平會議而開。會議期間，莫洛托

---

[1] A.zervoudakis：《nihil mirare，nihil contemptare，omnia intelligere：1950—1954年法越在印度支那的情報》，摘自亞歷山大：《了解你的朋友：自1914年以來至冷戰時期的聯盟和伙伴內部的情報》，第214-215頁（*Knowing Your Friends*, ed. Alexander, 214~215）。

[2] 亞歷山大：《了解你的朋友：自1914年以來至冷戰時期的聯盟和伙伴內部的情報》，第217頁（*Knowing Your Friends*, ed. Alexander, 217）。

[3] 詹姆斯‧R.阿諾德：《第一張多米諾骨牌：艾森豪威爾、軍方和美國對越南的干涉》，第131頁（James R. Arnold, *The First Domino*, 131）。

[4] 詹姆斯‧R.阿諾德：《第一張多米諾骨牌：艾森豪威爾、軍方和美國對越南的干涉》，第132頁（James R. Arnold, *The First Domino*, 132）。

[5] A.zervoudakis：《nihil mirare，nihil contemptare，omnia intelligere：1950—1954年法越在印度支那的情報》，摘自亞歷山大：《了解你的朋友：自1914年以來至冷戰時期的聯盟和伙伴內部的情報》，第216頁（*Knowing Your Friends*, ed. Alexander, 216）。

夫告訴法國外長，如果法國願意放棄發展與德國的同盟，並退出歐洲防御共同體（與此相反，美國開出的條件是，如果法國繼續支持歐洲防御共同體，將爲其在印度支那的軍事行動提供進一步的支援），蘇聯將投入斡旋使法國與越盟能夠達成和平協議。對此，法國政府並未過早決定，但同意將印度支那問題列入日內瓦會議議程。[1]

　　對越盟方面而言，形勢的變化迫使其考慮更多問題。最初，越盟認爲如果贏了在奠邊府的決定性作戰，法國將會撤離。但當柏林會議的消息傳到越盟決策層後，他們轉變了立場，決定盡快給予法國人致命一擊。[2] 在此情況下，奠邊府應盡快成爲令法國人流盡最後一滴血的傷心之地。同時，中國和蘇聯亦幫助越盟加緊准備戰斗；至於可能導致的大量傷亡，越盟甘願冒這樣的風險。

　　納瓦拉之前並不知曉政府在柏林會議上的決定，在同樣未清醒認識越盟戰爭能力的情況下，他將面對戰爭最危險的情況。不出意外的，越盟發起了奠邊府戰役，納瓦拉在戰斗打響後就意識到法國的戰爭資源根本不足以應對敵方的全力進攻。法軍戰斗飛機的空中支援根本無力摧毀越盟方面在奠邊府周邊集結的部隊，而且在地面，法軍也缺乏足夠的部隊實施反擊。在奠邊府要塞駐守的法軍甚至看著越盟以人力推動著防空火炮（由中國提供），進入奠邊府周邊地域。空中補給變得越來越危險，而法軍的作戰飛機亦無力對付這些防空火力。在控制住奠邊府周邊形勢後，越盟方面將更多的迫擊炮和榴彈炮機動至要塞周邊的高地上，配合地面兵力對奠邊府實施圍攻。至1954年5月7日，越盟用火炮碾碎了奠邊府的防御體系，大部分法國守軍隨即撤出戰斗，但在之後的死亡後撤行軍中幾乎全軍覆沒。在越盟方面集中力量發動此次圍攻戰役之時，法國曾請求美軍出動轟炸機摧毀越盟方面的防空火力，進而爲法軍重新打開空中補給線。艾森豪威爾個人否決了法國的請求，[3] 他認爲法軍在當地兵力極爲匱乏才是問題的關鍵，僅用轟炸機並不足以扭轉戰爭形勢，轟炸之後大規模的地面部隊必須跟進，這才有機會翻盤。派遣美軍進入越南同樣極不現實，如果那樣做的話，誰敢保證中國不會再像朝鮮戰爭那樣，再次對越南進行軍事干涉。而且在朝鮮與聯合國軍持續作戰數年後，中國軍隊已相當強大，就算美軍進入越南，但他們全力以赴的話完全可以將美軍和法軍一起趕出印支半島。至於在越南使用核武器更是惡夢，美國已失去了核壟斷地位，蘇聯完全可能卷入戰爭，而這正是先前的杜魯門和現在的艾森豪威爾政府在朝鮮所極力避免出現的升級情況。與朝鮮戰場相比，印度支那半島戰場同樣也是周邊的次要戰場，根本不具備可投入核賭注的戰略重要性。時任美國國務卿杜勒

[1] 詹姆斯・R.阿諾德：《第一張多米諾骨牌：艾森豪威爾、軍方和美國對越南的干涉》，第130-131頁（James R. Arnold, *The First Domino*, 130~131）。

[2] A.zervoudakis：《nihil mirare，nihil contemptare，omnia intelligere：1950—1954年法越在印度支那的情報》，摘自亞歷山大：《了解你的朋友：自1914年以來至冷戰時期的聯盟和伙伴內部的情報》，第216頁（*Knowing Your Friends*, ed. Alexander, 26）。

[3] 戴維森：《戰爭中的越南：1946—1975年的歷史》，第262-269頁（Davidson, *Vietnam at War*, 262~269）；保迪：《錦囊妙計：爲什麼美國未在冷戰中使用核武器，1945—1965》，第57頁（Botti, *Ace in the Hole*, 57）。

斯也對印支半島（自由越南、老撾、柬埔寨等半島國家）未來的形勢「並不非常樂觀」，在闡述其理由時他認爲，「除了從西方的聲望以及它們必須被視作共產主義勢力在東南亞欲推倒的多米諾骨牌的角度，這些國家對西方並不真正具備非常重要的意義」。[1]

奠邊府戰役重創了法軍，但並未從根本上消滅法國在越南的主要力量，但法國人在心理上已將其視作贏得半島戰爭的最後機會。他們確已爲這場戰爭耗盡精力，而更令他們憤怒的是他們的北約盟國毫無伸出援手的意願。對於美國，正如法國後來看到的那樣，他們所起的作用是更多的干擾而非真正的援助。例如，美國從不願意向越南投入部隊。美國的注意力始終聚焦於歐洲，而不是爲維護幾個老舊的殖民帝國。但在歐洲各國看來，維持本國的殖民體系才使歐洲維持強大成爲可能。在法國方面，美國不願過多支持其印支半島殖民戰爭更使其國內對美國的憤怒情緒逐漸醞釀並積累，這種情緒在戰後50年代法國殖民帝國搖搖欲墜的過程中不斷發酵、成長。最初是1951年摩洛哥危機，繼而是法國在越南的失敗，接著到1956年美國在蘇伊士運河危機中對英法兩國的背棄，以及之後在阿及爾利亞問題上美國的反對。所有這些，都爲此後的諸多事件埋下導火索。

在奠邊府戰役激烈進行之時，日內瓦和平會議如期召開了，中國和越盟的代表都參與了會議。爲了向法國施加壓力，越盟在此期間持續攻擊北部河內地區富饒的紅河三角洲，並進一步向南進攻。1954年7月，法越雙方達成停戰協議，對於停戰越盟方面是勉強同意的（在中國的壓力下）。根據協議，越盟的區域被限制於北緯17度線（而非北緯13度線）以北的越南北部地區；越盟還同意以17度線南北兩側寬各5千米建立隔離的非軍事化中立區，雙方在中立區不駐兵力。作爲回報，中國似乎希望得到法國的承認（但法國並未如此）。中國的意圖在於盡快達成妥協性解決方案，這將限制美國干涉越南事務的程度，中國認爲一旦法國人撤退美國不可避免地將涉足半島局勢。對於越盟來說，他們更傾向於「豹斑」（雙方在停火時交互雜處，各自占據區域呈豹斑狀）式停火協議，如此，一方面既有利於越盟鞏固傳統上占據優勢的越南北部地區，又能向影響力薄弱的南方地區輸出其意識形態。法國最終不得不同意了協議，願意放棄北方的河內、海防等城市區域，但通過設立非軍事區使其有機會鞏固其位於南方的勢力范圍。[2]

後斯大林時代的蘇聯政權也希望法越戰爭盡快結束。與美國的預期相反，蘇聯主要是擔憂越南戰事繼續下去會因中蘇間的同盟條約而被更一步拖入印度支那半島的戰事，進而與美國發生戰爭。如果戰爭持續下去，而且美國實質性地取代法國與中越聯軍交戰的話，那麼這種可能性就非常大了。因此，蘇聯可能也向越盟方面施加了壓

[1] 1952—1954年《美國對外關系文件》2：第835頁（FRUS[1952～1954] 2: 835）。

[2] 安東尼‧克萊頓：《法國的去殖民地化戰爭》，第72頁（Anthony Clayton, *The Wars of French Decolonization*, 72）。

力。從此意義上看，停火協議也可被視作美國新施行的「大規模報復」戰略的一次重要勝利。

根據日內瓦停火協議，越南將在兩年後（即1956年）舉行全國性的選舉，以完成統一（但事態的後繼發展完全脫離了預定軌道）。越南統一後，法屬印支殖民地區域內的另兩個國家，老撾和柬埔寨也將獲得獨立。中國對越南事務的謀劃非常精明（包括贊同設立雙方都不駐軍的中立區，以盡可能杜絕美國干涉的可能），而這使當時法國政府非常擔心，一旦美國哪怕是露出一絲干涉的跡象，都會觸動中國人敏感的神經，進而使越盟就地攻擊法國仍在越南北方的力量（或中國對越南的軍事干涉）。法國政府在日內瓦會議上的談判代表認為，最好的解決方案是統一後的越南成為中立區域，最終使印度支那半島作為「第三股力量」，成為阻絕共產主義進入東南亞地區的屏障。這樣宏觀的計劃，可能也是法國希望自己能夠發揮「第三股力量」作用的一個早期例子。

對於美國政府而言，朝鮮戰爭的教訓似乎正在於，美國的武裝力量不應在未獲得國會批准的條件下輕易投入一場戰爭（但之後美國總統通過東京灣決議，再次在很大程度上架空了國會的宣戰權）。[1] 但在當時，艾森豪威爾和杜勒斯因而要求國會盡快與東南亞相關國家締結新的區域性安全條約（即之後在馬尼拉簽署的《東南亞條約組織》文件），以保證印度支那半島的政治解決方案。通過該條約，為未來美國干涉該地區的安全事務提供了可信的法律基礎。而法屬印度支那半島的各國並未成為美國主導的東南亞條約組織簽署國，因為在理論上，這些國家都屬於中立區。法國的談判代表也擔憂，如果將印支半島上的國家納入該條約組織，很可能使中國表明強硬立場。法國政府看問題總是與眾不同：蘇聯仍是歐洲盟國的真正威脅，北約有存在的必要，但考慮到法國實力難以支撐其單獨應對該地區任何類型的「第三股力量」（即便抽調法國在其北非殖民地日益增加投入的力量也是如此），因此法國政府選擇加入東南亞條約組織（SEATO）。[2] 英國同樣作出此選擇，他們仍對東南亞地區保持著重要的興趣。該條約的其他簽署國還包括美國、菲律賓及兩個澳洲國家（澳大利亞和新西蘭）。[3] 除印度支那半島外，東南亞條約組織的安全承諾觸角此後還延伸向馬來亞、巴基斯坦和泰國。

越南北方形勢的變化促使很多越南人用腳進行投票，1954年，不少越南人湧向南方並通過美國軍艦離開越南。與此同時，胡志明開始在北方建立其共產黨政權，並驅

---

[1] 比塞爾：《一位冷戰武士的深思》，第78-79頁（Bissell, *Reflections of a Cold Warrior*, 78～79）。

[2] D.阿爾托：《1954—1955年的美國、法國和東南亞，作為威脅大西洋聯盟凝聚力的因素》，摘自約瑟夫·史密斯：《北約的起源》（D. Artaud, *"The United States, France, and Southeast Asia as a Threat to the Cohesion of the Atlantic Alliance, 1954~1955"*, in *The Origins of NATO*, ed. Joseph Smith, 53）。

[3] 為了幫助最高層決策，政府當局命令情報機構提供一份特別國家情報評估（SNIE 10-4-45），這份日期為1954年6月15日的評估名為《共產主義國家對美國針對印度支那地區行動的反應》（*"Communist Reactions to Certain U.S. Courses of Action With Respect to Indochina"*），其中有探討了一旦美國軍隊就東南亞條約組織請求對新獨立國家實施軍事干涉時，蘇聯和中國可能的反應。

逐越盟人民陣線中的非共產黨成員。建立政權後，他采取的一些教條主義做法引起了部分越南北部地區農民的不滿，最終導致1956年北方出現流血的起義事件。

到1956年時，北越和南越政府都未根據停火協議進行擬議中的全國大選。艾森豪威爾當局認爲，北方進行的選舉很難稱得上是自由的選舉，選舉結果也無法令美國滿意，加之其擔憂北越的選舉將使共產主義意識形態進入南越，因而反對北越的選舉。但另一方面，胡志明則擔憂，如果允許北方自由投票的話，可能出現難以控制的結果。南越方面則稱，他們希望推遲選舉，因此北方很快同意其提議。[1]

有評論暗示，作爲一名真正的民族主義者，如果舉行大選，胡志明將不可避免地贏得勝利，但1954年上百萬越南人逃往南方的事實也暗示，很多越南人並不完全信服胡和他的政權。對於這個新生的前殖民地國家，艾森豪威爾當局希望南越作爲一個國家能夠很快自立並生存下來。無疑，盡管胡志明作爲一名越南民族主義領袖領導了反抗（法、日）殖民統治的國家獨立戰爭，但同樣由於他對共產主義的信仰，他在北方取得的勝利並不純粹。美國國務院的一些官員可能會回憶起第二次世界大戰期間，爲支持他的反日運動，美國也曾爲其提供經濟上的援助；他們可能也會感興趣想知道，如果1946年起美國繼續支持他反抗法國的殖民體系（希望以此顯示美國的友善，使他更傾向於民族主義，而非共產主義），之後的情況是否會有所轉變。

南越政府成立後，美國對該政府的援助嚴格按照條約進行。但對其他半島國家，特別是泰國，顯然獲得美國更多的支持。艾森豪威爾總統將泰國作爲東南亞的「樞紐」國家，因此與半島上其他動蕩不堪的國家相比，泰國保持了較穩定的形勢。其國內也沒有任何共產主義組織敢於宣稱自身真正代表泰國的民族主義力量，泰國皇室始終保持著對社會的影響力，其皇家陸軍堅定地保衛著皇室與國家。相反的在越南，任何一個南越政權的領導人都必須向其民眾證明，他是與胡志明（最先舉起反法民族主義旗幟）同樣堅定的民族主義者和反法主義者。

對於法國人而言，印度支那戰爭是戰後他們所遭遇的全新類型的革命戰爭，在這場戰爭中，爭奪社會和心理上的優勢顯然勝過純粹的軍事勝利。類似越盟這樣非正規武裝，充分發揮了全球民族主義解放運動中反復被證明至關重要的道德和心理優勢，團結了大量殖民地民眾，最終擊敗了強大的宗主國軍隊。類似的，法軍在發揮其軍事努力的同時，必須實施一系列社會、教育和心理上的計劃，以抵抗越盟游擊隊的心理攻勢，因此戰爭很大程度上以游擊戰和心理戰爲表現形式。在越南，法軍認爲其已吸取了很多代價異常高昂的教訓，更進一步的，他們更認爲已爲下一場類似的殖民地戰爭做好了准備，比如，阿爾及利亞。[2]

事實上，這些經驗、教訓並不新鮮。同期，在馬來亞和菲律賓取得的成功以及美

---

[1] 蘭斯代爾：《戰事之中：美國的東南亞任務》，第345-347頁（Lansdale, *In the Midst of Wars*, 345～347）。

[2] 托拉斯：《變革中的秩序：1945年以來的世界各國軍隊的演變》，第29-30頁（Tsouras, *Changing Orders*, 29～30）。

國對給予相關國家以真正獨立的堅持，都表現出一種對問題的正確理解。在解決殖民地問題上，法國可能有充分的理由希望擁有一種獨特的、且經濟上可行的軍事能力來應對戰後的殖民地挑戰，而不是像美國和英國所采取的那樣的做法。如果游擊戰爭是未來的潮流的話，當時在1954年後法國確能宣稱他們在此方面堪稱專家（盡管法國顯然在越南遭遇了慘敗）。[1]

艾森豪威爾派遣陸戰隊和美國海軍，向歐亞大陸邊緣不穩定的地區和國家實施強制和平的軍事干涉。考慮到戰略空軍的威懾效果（外加海軍相當的核實力），艾森豪威爾認為歐洲爆發大戰的機率極小。因此，不必再維持龐大的陸軍常備部隊。而反應靈活、戰備程度更高的陸戰隊部隊，在海軍支持下，正是應對邊緣地帶各種危機的最好選擇。即使如果需要更多部隊，美國將不會單獨行動，而是以聯盟的方式由盟國提供更多的力量實施干涉。艾森豪威爾離任後，繼任的肯尼迪總統忽視了艾森豪威爾的軍事觀點，因此在他任內美國陸軍重新擴張至足以大規模干涉越南的程度。圖中所示為1958年美國海軍陸戰隊在黎巴嫩的登陸行動，用以實現其艾森豪威爾主義。（美國海軍學院）

[1] 托拉斯：《變革中的秩序：1945年以來的世界各國軍隊的演變》，第29-30頁（Tsouras, *Changing Orders*, 29～30）。

第17章
赫魯曉夫時代

　　自1953年3月斯大林逝世後，他生前所制定的任何滲透、進攻西歐的計劃亦全盤終止了。對於各國共產黨而言，其大部分組織成員仍然都是統一的世界共產主義運動中的一部分。斯大林曾經是共產主義世界的上帝，但當他突然去世後，其離去無疑給共產主義世界留下令人恐懼的空虛。在蘇聯，即便很多人都經歷過他恐怖統治手段的折磨，但仍哀悼他的去世。隨著他的身故，大量此前他曾犯下錯誤的細節被披露出來，但他們拒絕相信其個人應對以往國家和人民所遭受的無謂苦難負有責任。在其死後的短時期內，美國情報機構仍將其描述成一名極其出眾的策略大師。戰後在他主政的時期裡，蘇聯未冒任何直接的戰爭風險，卻每每總能最大限度地壓搾出西方的讓步。無疑，他的繼任者在這方面肯定難以與他比肩，甚至可能會跌入與西方的公開戰爭中。[1]

　　隨著斯大林逝去，由誰接任其職務無疑立即引起各方關注，蘇聯國內有幾類潛在的競爭集團，包括斯大林派（以莫洛托夫為首）、技術官僚派（以貝利亞和馬林科夫為首）和蘇共中的年青派（以赫魯曉夫為首）。斯大林生前並未指明其接班人，事實上，他很可能計劃清洗掉所有任何敢於爭奪權力的黨內派別或人士。由於這些派別誰都無法在權力斗爭中取得完全的政治優勢，因而在斯大林逝世後他們短暫地形成了一套集體領導的體制。

　　在此領導集團中，馬林科夫（Malenkov）接任了蘇聯的部長會議主席一職（斯大林在世時任此主席職務，馬林科夫作為其助手長期任副主席），此職務相當於首相、總理等政府首腦。對於後斯大林時代的蘇共政治版圖，他感覺到黨內缺乏富有智慧的領導者，他也明確認為赫魯曉夫並無出眾的才華。貝利亞，曾長期負責大多數的軍事研究項目（包括蘇聯的原子彈開發），此時成為蘇聯內務安全部門的負責人。事實上，貝利亞和馬林科夫對權力的共享並不穩定。其他的蘇共領導人還包括莫洛托夫（繼續負責外交事務），另兩名自斯大林時代幸存的老布爾什維克，布爾加寧（國防部長）和卡岡諾維奇。至於戰時的蘇聯英雄朱可夫元帥，則被斯大林流放到遠東。

　　尼基塔·赫魯曉夫（Nikita Khrushchev）任黨的總書記，馬林科夫對他較為輕

[1]《中情局冷戰記錄》2：第3-9頁。1953年3月12日發布《斯大林逝世後以及馬林科夫升任蘇聯領導人的可能後果》（*Probable Consequences of the Death of Stalin and of the Elevation of Malenkov to Leadership in the USSR*, in CIA 2: 3～9）。

視，對於很多人來說他似乎只是一個來自烏克蘭農村的鄉巴佬。西方分析人士原來以為馬林科夫會繼承斯大林所擔任的黨的總書記一職，他們並未注意到赫魯曉夫會崛起。對此，他們似乎遺漏了重要的一點，即赫魯曉夫被指定為斯大林治喪委員會的主席，這意味著他的政治地位在斯大林逝世後已升高了。對此西方吸取了教訓，此後蘇聯領導人逝世後其葬禮委員會的負責人亦都被視作該領導人最可能的繼任者。

斯大林的死所帶來的最直接影響就是這個國家陷入了某種停滯，其生前制定的野心勃勃的軍事計劃無從實施。然而，在當時最為關鍵的是蘇聯的這些情況完全不為西方所知。 與此同時，在1952年東德地區爆發了危機，當年斯大林允許東德統一社會黨領導人沃爾特‧烏布利希加速「建立社會主義」，但遭遇到民眾相當程度的反彈，引起社會動蕩。這些問題都可歸咎為斯大林所鼓勵的黨對社會改革的教條主義態度。同時，斯大林對外國共產黨的嚴密控制也使這些國家原本支持共產主義制度的民眾逐漸喪失熱情。

至於貝利亞，作為斯大林時代受到重用、並在其死後仍留在蘇共政治局中唯一的重要官員，很可能對當時蘇聯和東歐各國的社會緊張情緒有著清醒的認識。他曾建議放松原來對衛星國的嚴密控制，並奉行技術官僚專業化治理的觀點。例如，他認為蘇共應為控制軍隊所建立的嚴密的政委制度進行松綁，讓軍事回歸軍事。無疑，他的施政理念反映出他對當時蘇聯社會的理解僅在於應對以往的偏差進行糾正，而非徹底反對，畢竟在斯大林時代，他執行了很多戰前、戰爭期間和戰後的大清洗行動。[1]1952—1953年斯大林的新一輪大清洗（與捏造的「醫生的陰謀」相關）在其死後被終止。類似的，斯大林生前（1952年3月）最後發動的反美宣傳攻勢，也逐漸偃旗息鼓。

對於斯大林死後東德出現的動蕩，貝利亞建議烏布利希放慢社會改造步伐，後者的變革實踐因而中止。後斯大林時代的蘇聯缺乏政治強人的意志，對於新領導層中的貝利亞而言，支持東德共產主義政府的代價可能過於高昂，是時候與西方妥協甚至放棄東德了。但貝利亞的同事顯然不這麼看，任何這樣的退讓將意味著向西方示弱，甚至使第二次世界大戰中蘇聯付出慘痛犧牲才贏得的成果被白白廢棄掉。

1953年6月，貝利亞建議東德當局采取的措施引起了東柏林居民的起義，以及毗鄰東德的波蘭的混亂。這似乎是戰後蘇聯東歐衛星國首次發生的公開起義事件。這些事件除了讓蘇聯倍感尷尬外，東德的起義還使蘇聯打消了利用東德的工業和技術優勢，發展其軍事工業的念頭。例如，蘇聯曾計劃在東德建設潛艦研制和生產機構（用以裝備新生的東德海軍），但最終該計劃被放棄。[2]蘇共政治局感到他們毫無選擇，

[1] 關於貝利亞的改革項目，可參考奈特所著的《貝里亞：斯大林的中尉》一書第183-186頁有詳盡表述（Knight, *Beria: Stalin's First Lieutenant*, 183～186）。

[2] 梅爾和謝弗：《德國海軍的另一面》，第17-19頁（Mehl and Schaefer, *Die andere deutsche Marine*, 17～19）。

東德的反抗可能鼓勵蘇聯帝國裡的其他國家成員，因此反叛必須被鎮壓，而導致這一切的貝利亞的松綁政策基本上也被放棄。當然，同期在捷克斯洛伐克和匈牙利，一些改革措施繼續得以推行。

對於他的政治局同僚而言，貝利亞尤其是個威脅。他曾長期負責蘇聯秘密警察組織，使其具備發動一場政變的能力，這令與其共事且希望主導未來統治集團的精英們難以安心。赫魯曉夫決定行動起來，在獲得其他高層的支持後，他發動了一次反政變。1953年6月27日，貝利亞在蘇共政治局會議上遭到逮捕（直到當年7月10日此次逮捕才被公布）。明顯的是，在貝利亞遭到逮捕的日子裡，他此前在莫斯科集結的秘密警察力量已開始准備並實施他所計劃的政變。[1] 但軍方系統的部隊阻止了他們的企圖，蘇聯防空軍（PVO）在顛覆貝利亞勢力的過程中發揮了特殊作用，之後他們亦因此獲得了豐厚的回報。經秘密審判後，1953年12月貝利亞被秘密槍決。

接著，貝利亞的追隨者遭到了清洗，這些人受到了「政治忠誠問題」的指控，如同此前他們迫害、清洗其他人士那樣。例如，列寧格勒黨組織中的一些高層人士，因受到非法操縱黨的選舉的指控而被處決。當然，其做法在此前並未受到異議。在除去貝利亞後，黨的高層再次啓動了他們曾感到恐懼的秘密警察力量，原因無他，要確保黨對絕大多數蘇聯民眾的控制，需要這支安全力量。只有在獲得安全感後，黨的各級管理者和監督者才能集中精力於他們的工作。只有讓黨的各級成員，比如工廠的管理者們，感覺到安心和穩定後，經濟部門和主導它們的軍事機構才會更放心。

諷刺的是，就是貝利亞被處決後不久，他曾領導的核武器研發機構獲得了重大進展。一種可供實戰使用的50萬噸級核彈於1953年8月12日成功進行了試爆。盡管蘇聯的宣傳部門聲稱這是一枚「氫彈」，但實際上它只是改進後的混合式裂變核彈。即便如此，它的威力仍20倍於1949年蘇聯首次核試驗時爆炸的原子彈。1953年，在收到關於大威力核彈試驗的詳細報告後，赫魯曉夫興奮得幾天都未成眠。1954年3月1日美國試爆了其1500萬噸級氫彈後，蘇聯核科學家很快向蘇共中央提交了正式報告，其中稱這樣的超大威力武器很容易摧毀地球上的所有生物。戰爭，至少在兩大強權之間的戰爭，似乎不再可行了。赫魯曉夫和莫洛托夫不同意公布此報告。當然，該報告和其他類似的報告，無疑都影響了所有志在競爭蘇聯最高統治者的人。[2]

那些像莫洛托夫那樣曾長期作爲斯大林的重要幕僚爲其服務並成爲其親信的群體，則希望繼續像以往那樣。比如與西方資本主義的永恆斗爭，無論新核彈試爆意味著什麼，就此放棄戰爭都是無法想象的。正如斯大林所說，不同類型的戰爭既是不可

---

[1] 奈特：《貝里亞：斯大林的中尉》，第196頁（Knight, *Beria: Stalin's First Lieutenant*, 196），當時莫斯科共駐有兩個內務部師（在貝利亞直接控制下），這兩個內務部師拱衛著克里姆林宮。因此逮捕貝利亞的軍官必須先潛入內務部。還可參見，馬斯特尼：《冷戰和蘇聯的不安全感》第185-189頁（Mastny, *The Cold War and Soviet Insecurity*, 185～189），書中懷疑貝利亞是否制定過政變的任何計劃，然而真正實施的陰謀卻是針對他的。

[2] 佐布克和普列沙科夫：《克里姆林宮的冷戰內幕：從斯大林至赫魯曉夫》，第167頁、第188頁（Zubok and Pleshakov, *Inside the Kremlin's Cold War*, 167, 188）。

避免的；在某種意義上，又應該受到歡迎，特別是催化當前的世界向預期的方向變革時。

其他類似馬林科夫的那部分群體，則習慣於將自已視作現實主義者和技術型官僚。如果他們這類人在30年代就在蘇聯的政治版圖中崛起的話，他們無疑對黨的意識形態路線興趣甚少。[1] 在其看來，斯大林和他在蘇共中的追隨者已滅了這個國家，蘇聯與西方的戰爭將是極端危險的。因此在斯大林死後，可能正是弱化黨在整個國家政治生活中占據中心位置的時候了，只有這樣才有利於構建傳統的政府、軍事組織，讓專業回歸專業。馬林科夫曾在一次特別的演講中稱，戰爭不再是可考慮的了，當前世界革命同樣過於危險而不能再像以往那樣竭力推動了。[2]

赫魯曉夫，作為黨的總書記，自然仍將黨和它的全球革命任務視作最重要的使命。未與其保持一致的黨的文人喉舌無疑是嚴重的問題，但並非無法解決的問題。對於蘇聯未來是擁抱戰爭，還是爭取和平，他得出一個很有趣的結論。他認為，在共產主義和資本主義世界都掌握了核武器的當代，資本主義者可能也清楚一場核戰爭，至少是一場大規模戰爭中的核戰爭，很可能具有相互自殺的性質。因此，只要蘇聯仍有能力擲出自己的核武器，斯大林所認為的不可避免發生在兩種制度、意識形態間的全面總體戰爭，將有可能被避免。即便在極端情況下，西方都不會蠢到主動向世界革命的中心發起自殺性的核打擊。蘇聯的核武器將成為國家安全的堅固盾牌，在其保護下，世界革命之劍將能被安然地揮舞和運用。

在經濟領域，自斯大林時代末期以來蘇聯經濟增長乏力、停滯不前的問題仍必須得以處理。這肯定影響了蘇聯的軍工復合體系。1953年8月，馬林科夫宣稱將向輕工業和消費品生產領域投入更多資源。新的蘇共領導層希望生產更多農作物，但他們卻將目光盯向了農戶家小塊的自留土地。[3] 同期，工廠裡的工人生產積極性也急劇下降，畢竟他們的薪水毫無意義，因為市場上根本沒什麼東西可買。經濟上的窘境使馬林科夫意識到，以往的經濟結構和秩序必須重構，他對經濟的調整實際上就是要勞動者在現有的報酬水平下能夠買到物有所值的商品。

斯大林的繼承者們似乎對他生前設計的種種革命計劃、以及他所建立的軍事及工業體系知之甚少。當所有曾經被列為機密的經濟數據呈現在眼前時，他們很可能震驚地發現蘇聯經濟工業體系的脆弱程度。他們必須采取措施緩解整個國家體系的緊張狀態，以便為解決問題、為改革爭取喘息的時間。時代給了蘇聯很好的機會，先是朝鮮

[1] 佐布克和普列沙科夫：《克里姆林宮的冷戰內幕：從斯大林至赫魯曉夫》，第142頁（Zubok and Pleshakov, *Inside the Kremlin's Cold War*, 142）；其中叙述称「他们的意识形态并非源自马克思-列宁主义，而源自『计划』」。

[2] 佐布克和普列沙科夫：《克里姆林宮的冷戰內幕：從斯大林至赫魯曉夫》，第166頁（Zubok and Pleshakov, *Inside the Kremlin's Cold War*, 166）；這次演講是馬林科夫於1954年3月12日對蘇聯選舉人所作，此前的1953年8月8日他就曾稱，「美國和蘇聯之間沒有事實上的理由發生碰撞」（書中164頁）。

[3] 1952—1954年《美國對外關係文件》8：第1210-1212頁（FRUS[1952～1954] 8: 1210～1212）。

戰爭，接著又是印度支那戰爭，這些爆發於歐洲以外邊緣戰場的戰事吸引了西方的注意，為蘇聯在斯大林死後的結構調整爭取到了時間。

赫魯曉夫在領導反對貝利亞的政變後獲得了相當的權力，之後在1953—1954年間他聯合莫洛托夫，以擁護斯大林的政策為旗幟，解決掉了更注重實效、不那麼意識形態的馬林科夫。馬林科夫很大程度上低估了黨的成員中保守派的勢力（他認為保守派在斯大林死後已非常脆弱無力強硬地反擊）。他被赫魯曉夫捉住的致命把柄在於，他公開宣稱未來（與資本主義的）戰爭不再是可能的了（赫魯曉夫盡管也擁抱此觀點，但在最終登頂前並未公開表露），因而被赫魯曉夫所利用。與期大林相比，赫魯曉夫本人缺乏足夠的威信，因此並不想使自己成為一個孤獨的獨裁者，所以他繼續躲身於蘇聯的集體領導體制下鞏固自己的權力。1954年，較為軟弱的布爾加寧（Nikolai Bulganin）元帥取代了馬林科夫，擔任了後者曾任的總理一職。盡管布爾加寧具有軍方背景，且作為蘇聯政府的首腦，但他本質上還是一名民事領導人。而空缺出的國防部長一職，則由蘇德戰爭時期的英雄——朱可夫元帥擔任，斯大林曾因猜忌將朱可夫貶斥。在他擔任國防部長後，蘇聯軍隊真正由一名職業的軍人領導了。這些高層領導者，由於支持赫魯曉夫上台，亦贏得了後者的信任。1954年10月，赫魯曉夫單獨赴中國訪問，名義上是慶祝毛澤東的中華人民共和國建國五周年，但實際上他需要爭取毛澤東在國際共產主義世界中的支持並希望與中國達成幾項至關重要的協議。對於赫魯曉夫，西方直到1955年後才意識到他已掌握了蘇聯的絕對權力。

對於蘇聯的外交，赫魯曉夫決定打破斯大林加諸於自身的孤立。他不再與狄托為敵，並於1955年4月對南斯拉夫進行訪問。[1] 莫洛托夫則很大程度上堅持斯大林對狄托的敵視立場，因此他認為保持蘇聯在奧地利的駐軍非常重要，因為如果蘇聯需要進軍南斯拉夫，奧地利將是極具價值的側翼方向。[2] 但對赫魯曉夫而言，繼續占領奧地利將會成為負擔。此時，他已鞏固了權力敢於否定莫洛托夫的意見。1955年5月，他突然宣布與奧地利簽署和平條約，結束對該國的軍事占領；接著，他又撤出了駐芬蘭的軍事基地（自1945年蘇軍就駐扎在這個毗鄰的北歐國家）。1955年7月，赫魯曉夫率領的一個蘇聯代表團參與與美、英、法等西方主要國家的領導人峰會。也許，最令人瞠目瞪呆的是當年9月，西德首任總理康拉德·阿登納（Konrad Adenauer）應赫魯曉夫邀請，赴莫斯科與其談判有關兩國外交關系的事宜。赫魯曉夫決定采取靈活的策略來打破西方形成的反蘇同盟。1956年10月16日，他又向日本提出，可以考慮歸還第二次世界大戰末期占領的兩處日本島嶼，以交換與日本簽訂和平條約（潛台詞是日本

[1] 佐布克和普列沙科夫：《克里姆林宮的冷戰內幕：從斯大林至赫魯曉夫》，第186頁（Zubok and Pleshakov, *Inside the Kremlin's Cold War*, 186）。在斯大林死後，蘇聯領導層立即啓動了對與南斯拉夫關系的重要評估，貝利亞認為，兩國關系應該實現正常化，但莫洛托夫否決了他的提議，並在1953年中期蘇共主席團就此議題的投票中贏得認可。

[2] 佐布克和普列沙科夫：《克里姆林宮的冷戰內幕：從斯大林至赫魯曉夫》，第158頁、第171頁（Zubok and Pleshakov, *Inside the Kremlin's Cold War*, 158, 171）；在與奧地利總理進行秘密會談後（會談於1955年初開始）締結了條約。

必須中立）。[1] 到50年代末，他甚至准備以低價將蘇聯的石油賣給意大利。

坦誠地接納狄托並緩和以往與周邊國家的緊張關系，這些都反映出赫魯曉夫對世界共產主義革命，以及他在這場革命中的地位，秉持著放松、樂觀的態度。不像斯大林那麼偏執和妄想，他更願意與其他任何可能轉變立場的人，比如狄托、或者東方那些在蘇聯眼中不那麼純粹的共產主義者，成爲朋友。對於歐洲立場各異的左翼組織和政黨，他也保持開放、松綁的態度。赫魯曉夫的政策取得了相當的成功，狄托很快修正了國家的外交方向，采取了在東、西方間保持中立的「中間路線」，並終止了此前與北約的曖昧關系。到60年代末，很多歐洲的左翼組織甚至已明確表明了其反美立場，就其程度而言以至於蘇聯能夠期盼這些左翼勢力可能會在諸如越南戰爭，以及後來的中子彈問題上，支持蘇聯的立場。

還是在1955年，赫魯曉夫和布爾加寧與印度總理尼赫魯實現互訪。對印度的外交在60年代取得了成果。1962年當印度與中國就邊境問題爆發短暫戰爭時，傳統上爲印度提供軍備的英國（背後又由美國支援）雖然向印度補充了戰爭損失的軍備，但很可能是因爲美、英兩國都不願因公開支援印度而令巴基斯坦不快，因此兩國都不願在此戰之後爲印度重整軍備提供支持。與此同時，赫魯曉夫果斷的抓住這次機會，加大了對印度的軍事援助並成功地拓展了對該國的影響。在接下來的冷戰歲月裡，蘇聯亦成爲印度主要的軍備供應國。

隨著馬林科夫退出政壇，曾經的盟友——莫洛托夫，成爲赫魯曉夫的主要競爭者。他和其他斯大林主義者必須離開，赫魯曉夫剛剛鞏固了其地位不久，就公然全面否決斯大林和他的時代。1956年2月在蘇共在莫斯科召開的第二十次代表大會上（斯大林去世後蘇共首次舉行的代表大會），赫魯曉夫拋出一份徹底清算斯大林的秘密報告。對此，莫洛托夫非常憤怒。在其看來，質疑斯大林時代就是質疑問難蘇聯共產黨的整個權力基礎。[2] 赫魯曉夫曾經是斯大林政權體系中的擁護者，但現在他否決斯大林難道就不是否定他自己？爲准備這次重要會議，赫魯曉夫提前向蘇共建議重新調查斯大林時期的很多活動。面對蘇共高層的反彈，赫魯曉夫不得不允諾調查將只限於那些「侵犯社會主義法制」的事件，無疑，這很大程度上指向秘密警察頭子貝利亞。1955年12月，蘇共中央委員會批准了他的建議。

赫魯曉夫主導了調查活動，最後其調查結論體現在1956年2月25日蘇共第二十次代表大會上那份著名的、宣讀時間長達4小時的「秘密報告」中。但事態最終的發展，超出了他的預期，在報告中他指控斯大林（還包括那些仍活著的斯大林的追隨者）背棄了本應忠誠的革命使命，甚至還將試圖毀滅整個黨的罪名加在斯大林的頭上；此外，他還譴責斯大林造成的「個人崇拜」。事實上，爲了根除斯大林的影響，

[1] 沃爾科戈諾夫：《七位統治者》，第406頁（Volkogonov, Sem' Vozhdei, 406）。

[2] 沃爾科戈諾夫：《七位統治者》，第369頁（Volkogonov, Sem' Vozhdei, 369）。

赫魯曉夫甚至警告黨內成員，如果他們仍保留著對斯大林時代的回憶和忠誠，就將被視作犯罪集團的一部分。

　　長期以來，蘇共從上至下一直被教導相信斯大林就是他們的上帝，無論他（和黨）說什麼，無論莫斯科發出什麼指令，都必須相信並執行。路線方針可能變化，真理可能改變，但沒人敢質疑斯大林和黨的崇高地位。在斯大林時代，否定他完全是過於恐怖而難以想象的。正如在蘇聯內部流傳的秘密報告中所言，黨失去了它的大部分威信。黨的意識形態專家抱怨，赫魯曉夫魯莽地否定斯大林，顛覆過去的一切，所造成的損失是不可挽回的。赫魯曉夫此時可能不知道，在他批判斯大林的同時也爲自己製造了致命的敵人。而更令事態惡化的是，秘密報告中內容遭受了洩漏，接著又通過美國之音重新傳回了蘇聯、東歐、中國等共產主義國家，造成了共產主義世界的極大混亂。

　　對於那些將赫魯曉夫視爲投機主義者的人來說，赫魯曉夫的動機似乎在於，他本想將秘密報告的內容僅局限於蘇共上層，以此在小范圍內達成共識消滅其黨內的斯大林派競爭者；然而，事態發展超出他的控制，其內容的外洩使得報告的影響大爲削弱，事態甚至開始向反方向發展（影響蘇共政權的合法性）。爲了避免自己點燃的火焰將整個蘇共毀滅，他最大努力地借提升列寧的地位來抵消後繼的影響。長期統治蘇聯政局的斯大林主義出現了偏差，是時候重新尊奉列寧主義的正統了。1961年10月，赫魯曉夫命令將斯大林的遺體從紅場上的陵寢中移出，只留下列寧的遺體供世人瞻仰。接著，第二次世界大戰期間經歷了殘酷防禦戰的重要城市——斯大林格勒，被重新改爲伏爾加格勒。

　　對赫魯曉夫一系列行動反感的反對派指出，他的寬大和自信不僅有限而且虛偽。例如，赫魯曉夫當政時期，用於關押政治犯的古拉格集中營雖然很大程度上都被廢棄，但赫魯曉夫從未公開向斯大林時期受迫害的人士道歉並恢復甚至補償其權利。而且赫魯曉夫在秘密報告中對斯大林的指控基本上也僅限於對黨內成員的清洗和迫害（這使人有理由推測，赫魯曉夫其實對斯大林迫害非黨員蘇聯公民的行動並未感到有什麼不妥）。赫魯曉夫還令人准備了一份關於斯大林的更詳盡的報告，但它從未公布。一些斯大林主義者認爲，赫魯曉夫與西方所認定的更具自由思想的蘇聯領導人毫無相似之處，他更善於僞造不利於其政治競爭者的證據並借以打擊對手。要知道，在斯大林時代的烏克蘭，他曾是對斯大林充滿崇敬的中尉軍官，堅決支持並執行了斯大林的所有命令，而赫魯曉夫在斯大林死後的清算行爲中所犯下的罪行正是他自己的指責斯大林的。

　　現在似乎很清楚的是，當時赫魯曉夫指責斯大林背叛了革命其實是他意識到，除非將斯大林的思想、他的做法從整個國家中清除出去，否則蘇聯面臨的停滯就難以克服。例如，斯大林主政期間所造成的普遍恐懼，使整個蘇聯社會變成順從其意願的、

缺乏創造性的社會。當一個人很可能因某件瑣事被輕易地送往古拉格集中營時，誰還會說出真話？爲了重新激活蘇聯社會的活力，赫魯曉夫必須給予人們更多的自由以解凍整個社會，同時確保黨對一切的控制。就這一點看，他是幸運的，順應了蘇聯社會對後斯大林時代的新要求。甚至是貝利亞，早在三年前就已意識到蘇聯社會必須改變。

斯大林時代，在他的大清洗政策中幸存下來的人，出於恐懼都不太可能富於嘗試新鮮的做法或事物，因爲那樣意味著無法與斯大林保持一致。而到赫魯曉夫時代，他決定改革黨，爲黨的高層增添新的血液。因此，很多專業人士（斯大林憎惡這些缺乏意識形態忠誠的技術官僚），被破格提拔上高位。很多新提拔的人並未經歷過黨的考驗，也無需做那些沒完沒了、毫無意義的意識形態報告，提升只取決於他們的專業能力，而不僅僅是對黨的忠誠。毫無疑問，這些共產主義政權的新貴們會遭到敵視。

戰後，東歐的衛星國們曾被斯大林親自挑選出的、他認爲忠誠的人所統治，在第二次世界大戰期間這些傀儡和木偶遠在蘇聯國內隨時聆聽斯大林的教導，因此很得他的信任。戰後，通過他們的名義，蘇聯實質上決定著衛星國的各項事務，甚至是極爲微不足道的決定都會由斯大林在莫斯科作出。戰爭期間，很多東歐國家中屬於左翼的抵抗組織成員，在戰火中迎來了本國的解放，但最後卻被告知要聽從來自莫斯科的領導人的指導，對此他們的憤怒就不難理解了。當然，赫魯曉夫的報告中似乎也譴責了這些本土成長起來的共產黨領導人。

赫魯曉夫的反斯大林舉動很快引起了東歐的動蕩，1956年6月波蘭境內的波茲南爆發反共暴亂；至當年10月，波蘭統一工人黨宣布免除斯大林時代任命的傀儡領導人斯塔尼斯拉夫·貝魯特（Stanislaw Beirut），代之以弗瓦迪斯瓦夫·哥穆爾卡（Wladyslaw Gomulka），後者在戰爭時期一直領導著當地的共產主義抵抗組織，而且也受到過斯大林的迫害。對此，赫魯曉夫持反對意見，他趕赴波蘭要求波蘭統一工人黨解除對哥穆爾卡的任命，並威脅入侵波蘭。波蘭人將赫魯曉夫的要求斥爲虛張聲勢，爲防備蘇聯入侵，波軍開始了戰備。通過激烈地表明態度，波蘭人使赫魯曉夫相信，允許波共選擇自己的領導人將有更好的結果。赫魯曉夫意識到，通過波共間接地影響波蘭的國家政策可能更爲有效，而以往通過任命自己喜好的領導人，施加直接控制的做法可能導致衛星國的反叛和起義。爲了消除赫魯曉夫的疑慮，哥穆爾卡向其保證他對蘇聯仍是忠誠的；另一方面，在赫魯曉夫看來，略爲松綁對各個衛星國的控制無疑比立即引起災難性的衝突事件，對蘇聯更爲有利。此外，30年代以來赫魯曉夫就已知道了哥穆爾卡，而這也可能對緩和當時的緊張有幫助。[1]

[1] 佐布克和普列沙科夫：《克里姆林宮的冷戰內幕：從斯大林至赫魯曉夫》，第186頁（Zubok and Pleshakov, *Inside the Kremlin's Cold War*, 186）。

在匈牙利，蘇聯的控制面臨更爲棘手的情況，當地民眾對蘇聯和他們統治本國的傀儡政府滿懷憤怒。赫魯曉夫無法承擔讓該國事態擴大所導致的影響。[1] 1956年，在最初撤離了該國後，蘇聯坦克的履帶再次碾進了布達佩斯，並鎮壓了當地的反蘇叛亂。蘇聯駐匈大使，尤里·安德羅波夫（Yuri Andropov），放任入侵蘇軍對起義匈牙利人的鎮壓。哥穆爾卡對此提出抗議，他知道事態再發展下去，波蘭很可能是蘇聯入侵的下個目標。蘇聯的鎮壓使該國多名領導人，包括總理伊姆雷·納吉（Imre Nagy）和國防部長帕爾·馬略特（Pal Maleter），逃進南斯拉夫大使館尋求避難。爲解決這些問題，蘇軍指揮官引誘匈牙利高官離開大使館與蘇聯進行談判，但在談判中被蘇軍逮捕，之後這些前領導人被蘇軍處決（狄托對此提出強烈抗議）。以斯大林的強勢都未作出這樣的決定，但赫魯曉夫做到了。這些事件使赫魯曉夫意識到，對東歐國家的控制取決於武力，而不是什麼同爲社會主義國家的精神感召。

雖然如此，赫魯曉夫仍然認爲，類似英國爲控制其龐大殖民帝國所采用的利用當地人實施間接統治的手腕（而非像斯大林那樣的直接控制）那樣，間接控制的方式可能是更好的選擇。匈牙利事件期間，他的將軍也告訴他稱，如果波蘭和匈牙利同時出現反叛，要以當地蘇軍同時進行鎮壓是不可能的。匈牙利亂局期間，亞諾什·卡達爾（Jànos Kàdàr）成爲新的匈牙利領導人，接著開始實施一些社會改革措施。爲了獲得民眾的支持，他宣稱「任何不反對我們的人都是我們的同志」，並避免對參與起義的人進行清算。

其他東歐國家也出現了規模不等的叛亂和動蕩，包括在東柏林的小規模暴動、捷克斯洛伐克的游行示威活動，以及在羅馬尼亞，因其領導人喬治烏-德治（Georgiu-Dej）害怕赫魯曉夫同樣干涉其國家事務而引起的緊張局勢。當然，赫魯曉夫也清楚，盡管他反對斯大林的一切，但並不能將所有東歐國家的斯大林扶持的領導人都撤換掉。

莫洛托夫和他的同志仍試圖對赫魯曉夫發起反擊。1957年7月，蘇共最高蘇維埃主席團在赫魯曉夫缺席的情況下，召開一次特別會議，以多數票表決罷免赫魯曉夫。赫魯曉夫得知後聲稱，只有黨的中央委員會全體會議上的表決才算合法，因此，他要求中央委員會的票決。在國防部長朱可夫元帥的支持下（緊急動用空軍將支持赫魯曉夫的中央政治局委員召集起來送到莫斯科參加投票），使他成功渡過這次難關。中央委員會最後決定，莫洛托夫等「反黨」集團妄圖復辟斯大林主義，應予清算。莫洛托夫、馬林科夫被解職並驅逐，接替莫洛托夫外交部長職務的是安德魯·葛羅米柯，他擔任這一職務的時間長達28年，直到1985年才退休。當然，赫魯曉夫爲了顯示其不同於斯大林的冷酷，所有這些人都未被槍決或遭囚禁。盡管朱可夫元帥幾次幫助了赫魯

---

[1] 佐布克和普列沙科夫：《克里姆林宮的冷戰內幕：從斯大林至赫魯曉夫》，第184頁（Zubok and Pleshakov, *Inside the Kremlin's Cold War*, 184）。當他正准備干涉時，赫魯曉夫告訴狄托稱，很多蘇聯人譴責匈牙利的去斯大林化，如果斯大林仍在世的話，這一切都不可能發生。

曉夫，但他在蘇聯社會中的崇高威望已使其成為新的威脅，因此1957年10月，朱可夫退休不再擔任國防部長。接替他的是馬利諾夫斯基元帥，他也是參加過第二次世界大戰的高級軍官。1958年2月，赫魯曉夫更讓自己擔任了蘇聯政府總理，使斯大林時期國家與黨的首腦合而為一的情況再次出現。

搭載核武器的彈道導彈成為冷戰時期最重要的象徵。圖中所示為1965年5月蘇聯慶祝衛國戰爭勝利20周年紅場閱兵時，通過廣場的1枚RT2型彈道導彈（北約命名為SS-13「野人」導彈）。冷戰期間，蘇聯舉行了大量的閱兵慶典。這款彈道導彈是蘇聯首次成功研制的固體中程戰略核導彈。其糟糕的性能，亦鮮明地表現出蘇聯一切以軍事為中心的經濟體系與消費者驅動的美國自由經濟體系之間的差距。相比之內，美國的軍事研發體系寓軍於民，其固體燃料主要取自於民用化工工業企業，性能較蘇聯的同類產品要好得多。RT-2固體導彈還顯示了蘇聯社會的另一項特點，即，其主要武器系統設計機構所擁有的政治影響力。儘管按西方標准看，這款導彈的性能並不好，但由於設計它的科研機構，科羅廖夫及其設計局，在蘇聯政壇中具有重要的影響力，因此它仍被投入生產。最終，蘇聯內部停滯、僵化的特點徹底毀滅了國家。特別是列昂尼德·勃列日涅夫主政時期，蘇聯根本不可能為了引入新的工業（比如80年代興起於美國的計算機工業）而削減過量的軍事工業。（美國海軍學院）

第18章
「新面貌」戰略

　　由於擁有一些其他候選人所不具備的巨大優勢，德懷特・艾森豪威爾於1953年1月入主白宮。因此他非常理解美國和西方所面臨的安全挑戰。由於第二次世界大戰時期他曾擔任過歐洲盟國最高司令官，當選前不久他又任過歐洲盟國總司令（SACEUR），這些經歷使他熟識各歐洲盟國領導人，同時對盟國的安全關切及需求亦非常熟悉。而且，至少同樣重要的是，盟國，也包括蘇聯，都熟悉這位美國的新任領導人，因此，上任後他無需證明他是什麼樣的人。長期從軍又深諳政治之道的經歷，使他成為當代西方社會唯一一名具備協調、平衡軍方與政府、美國與盟國之間復雜關系的大國領導人。此外，在面對復雜的軍事戰略問題時，他的軍事經驗可能會幫助他作出正確的決策。

　　上任後，艾森豪威爾面臨的軍事戰略現實實際上很快也將被斯大林死後的馬林科夫和赫魯曉夫所經歷：新的氫彈問世使傳統的全面戰爭因戰爭後果過於恐怖而變得不再可行。從某種程度上看，他對未來軍事戰略的選擇回應了歐洲人的恐慌，1953年7月，在美國國家安全委員會的一次會議上，他稱「唯一比輸掉全球戰爭更糟糕的事情，就是贏得這場戰爭……在下一場全球戰爭之後，人類個體的自由將不復存在了」。艾森豪威爾對於未來戰爭的預期，實際上蘊含著一個憂慮，或者說事實，即美國將無法再承擔高額的軍事支出了。氫彈的成熟使他有了新的選擇，這種威力強大的武器使得冷戰將永遠不會以一場真正的全面戰爭結束。可能當時誰也沒想到，冷戰會持續40年之久。

　　對軍備無窮盡的要求將要求民眾付出越來越多，對國家經濟的控制也越來越嚴格，最終使美國成為軍事獨裁的國家。至少在當時，並非只有艾森豪威爾已意識到，政府為強化軍備持續保持大規模的赤字，可能最終會削弱美國的經濟甚至整個自由世界。1953年10月13日，在國安委會議上，財政部長漢弗萊就稱，「如果民眾開始認為本屆政府還是和上一屆政府那樣采用老辦法，那麼美國經濟將滑入深淵，而共和黨也將在下次總統大選中失去支持」。[1]上屆政府留下的龐大軍備遺產，使艾森豪威爾能夠在執政初期采取有效的措施，包括盡快結束朝鮮戰爭，減少軍備開支緩解對經濟

---

[1] 1952—1954年《美國對外關系文件》2：第534-549頁（FRUS[1952～1954] 2: 534～549）。

的壓力等。此時，美國武裝力量已充實起來，達到了蘇聯輕易不願挑起全面戰爭的程度。此外，艾森豪威爾削減軍備但並不想使武裝力量恢復到朝鮮戰爭之前的那種「貧血」的狀態，他僅僅希望到1957財年時，將軍備預算限制在330億美元（約2倍於朝鮮戰爭前的預算水平），而非杜魯門當局當初計劃的400億美元。對此目標，由於與蘇聯的戰爭已相當不可能了，因此他感到他能實現甚至做得更多。

美國能夠維持它的武裝力量以應對不確定的未來挑戰嗎？蘇聯的核力量正在日益成長，但蘇聯仍無能力摧毀美國。參聯會的高級咨詢小組建議稱，如果戰爭不可避免，美國應考慮有意地突然與蘇聯爆發戰爭，畢竟美國仍是唯一掌握氫彈的國家，而且原子彈的數量也遠超後者。艾森豪威爾的參聯會主席，亞瑟·H.拉德福德（Arthur H. Radford）海軍上將也認為，一旦等蘇聯擁有了自己的氫彈（當時預計在1957～60年），如果屆時與蘇聯爆發戰爭，美國將發現它要麼與蘇聯打一場共同毀滅的核戰爭，要麼屈從於蘇聯的威脅。面對如此尷尬的情況，經過深思熟慮地思考後，從現在起就做准備總好過到時耗費更多的資源來維持美國的威懾能力。艾森豪威爾從未考慮在蘇聯羽翼未豐之前對其進行預防性戰爭，他不會強迫自己通過殺死敵國數以千萬計的民眾來嘗試改變這個世界。[1]

在擔任歐洲盟軍總司令（SACEUR）期間，艾森豪威爾就意識到英國的建議是正確的，後者認為聯盟應制定統一的全球戰略以解決重要問題。[2] 朝鮮戰爭時期，英國曾試圖再次進行大規模動員，但最後卻並未成功，英國困境可能正預示著美國由於軍事超支所導致的經濟災難。英國深悉其國力和政治體制的限制，他們無法在中歐部署一支足夠龐大的軍隊以對抗蘇聯人的裝甲坦克突擊，因此，運用核攻擊威脅以懾止蘇聯的軍事冒險，同時部署適度的常規軍隊以解決急迫的英聯邦安全問題，可能更為明智。如果威懾失敗，則直接用於戰爭，阻止蘇聯進攻軍團的推進。[3]

朝鮮戰爭的代價高昂，部分原因在於杜魯門總統拒絕在朝鮮使用核武器。到了艾森豪威爾時代，在他任職後美國國家安全委員會舉行的首次會議上，也曾有聲音敦促他在朝鮮戰場上盡快使用少量核武器，如此，不僅解決麻煩的中國軍隊，還能克服公眾對核戰爭危險的歇斯底裡的恐懼。對此，他明確拒絕並稱，「我們不應對此舉（使用核武器）對我們的盟國所造成的影響熟視無睹，如果輕易使用了，他們（盟國）就會感覺到未來在美國與蘇聯爭斗的戰場上，他們將確定無疑地置身於核戰爭之中」。[4]

[1] 安布羅斯：《美國總統：艾森豪威爾》，第123頁（Ambrose, *Eisenhower: The President*, 123）。

[2] 1952－1954年《美國對外關系文件》2：第672-675頁（FRUS[1952～1954] 2: 672～675）。

[3] S.崔姬和A.麥克米倫：《英國和美國，與1950～1964年北約戰略的制定》，摘自1996年《戰略研究期刊》19期，第260-281頁（S. Twigge and A. Macmillan, *"Britain, the United States, and the development of NATO Strategy, 1950–1964"*, in *Journal of Strategic Studies* 19, no2, [1996]: 260～281），其中特別是第261-262頁內容涉及北約全球戰略文件的起源與意涵。

[4] 1952－1954年《美國對外關系文件》2：第276頁（FRUS[1952～1954] 2: 276）。

對於軍費開支，艾森豪威爾要求新晉加入參聯會的四名成員進行研究，盡快拿出急劇削減當前開支的措施。1953年8月27日，參聯會提交了報告，報告中稱如果政府能接受軍方相對自由地使用核武器（即軍方不再同時准備核戰爭和常規戰爭的話），可以對已部署的部隊進行裁撤。[1] 每枚核彈頭盡管成本不菲，但它的威力確保它能夠替換很多常規部隊，從其具有的威力與相應成本的角度考慮，核彈頭仍是相對便宜的選擇，特別是考慮到核彈頭僅由少數導彈、火炮或者飛機投擲，所需直接參戰人員及保障人員有限，它的成本優勢就更為明顯了。相反，若要依賴常規部隊實現類似的毀傷效果，所需的成本絕對不菲。

就在參聯會仍在斟酌之時，1953年5月9日艾森豪威爾正式指令啓動一項針對蘇聯、代號爲「日光浴室」（Solarium）的戰略研究任務（以白宮的日光浴室命名）。項目組共分爲三個小組，分別針對三類政策領域展開研究：一是持續遏制戰略，二是在全面戰爭威脅（蘇聯有可能挑戰）下的遏制戰略，三是尋求在美蘇之外雙方爭奪地區的國家取得自身的成功，以營造「勝利的氛圍，擾亂蘇聯及其衛星國，最終鼓勵各國擁抱自由世界」。[2]

A項目組的研究結論爲杜魯門在朝鮮戰爭擴充軍備，以維持充分的武裝力量數量規模以壓制蘇聯的任何威脅的政策進行了辯護，實際上仍贊同繼續維持盡可能多的軍備。

B項目組則建議，不要跟隨蘇聯或其代理人的節奏起舞，例如美國不應對每一次他們在隨便哪個周邊戰場發起的進攻作出反應，美國只需簡單地威脅如果事態脫離了美國的控制就將實施大規模報復即可。相對有限的美國武裝力量憑借技術優勢能夠維持以歐洲爲中心及其周邊重要地區的安全與秩序。但這一策略也存在問題，公眾可能拒絕爲應對一些蘇聯發動的次要攻勢而冒全面戰爭的風險。

C項目組的方案更爲激進，他們建議美國應有意延長並持續在朝鮮的戰爭，以便證明最終贏得戰爭是正當的。例如在朝鮮，美國既可加大軍事投入一直打到鴨綠江邊以結束戰爭，要麼包圍並摧毀入朝的大部分中國軍隊以逼其退出戰爭；甚至美國還可以支持蔣介石的部隊重新奪占海南島，如此亦可爲打擊印度支那北部地區提供重要的前沿基地。

經過反復權衡，艾森豪威爾最終參考了參聯會的意見（即以少量核軍備取代龐大常規軍備的設想），並綜合了B項目組意見，醞釀設計了「新面貌」國家戰略。1953年12月，白宮宣布，美國將嚴肅考慮以核軍備替代常規軍備的問題；接著，1954年1月12日紐約北約外交部長會議上，國務卿杜勒斯亦宣稱，一旦蘇聯實施任何進一步的侵略舉動，美國將采取「在我們所選擇的時間和地點」實施大規模核報復的軍事政

---

[1] 1952—1954年《美國對外關系文件》2：第443-455頁（FRUS[1952～1954] 2: 443～455）。

[2] 1952—1954年《美國對外關系文件》2：第323-326頁（FRUS[1952～1954] 2: 323～326）。

策。這種政策即是後來廣爲人知的戰爭「邊緣政策」（情願將高度危險局勢推到極限而不是退避，以嚇退敵人的政策）。在此政策的願景下，如果出現危機，美國將迅速升級危機至臨界點，兩難的決策困境（要麼退縮，要麼冒險徹底毀滅）將擺在蘇聯面前。毫無疑問，理論上此政策極端危險，因爲蘇聯此時已掌握了核武器，並正致力於發展向更遠地區投擲它們的手段。艾森豪威爾的情報機構也確認了這一點，至少在1969年美國所認爲的美蘇之間存在「導彈差距」泡沫破裂之前，美國情報界始終持上述觀點。事實上，現在知道在50年代，蘇聯根本不具備美國情報部門所預判的蘇聯應有的核武器投擲實力。因此，就邊緣政策在此後的實踐來看，它遠比艾森豪威爾和杜勒斯所想象得要安全。

杜勒斯所說的「在美國選擇的時間和地點」實施報復的原則，實際上基於的是美國在朝鮮戰爭中的經驗。朝鮮戰爭的代價如此之高昂，主要是因爲它發生在斯大林所選擇的邊緣陸地戰場，那裡多山的環境不利於美軍所習慣的大規模機械化兵團作戰（坦克和戰術飛機都派不上多少用場）；地理位置遠離美國本土致使後勤補給既耗時又廢力，相反，中蘇等國卻享有內線作戰的後勤補給優勢以及中國縱深後方庇護的便利。此外，僅發生在朝鮮的戰爭，就算美國和盟國投入更多軍隊，也無法對蘇聯構成立即、直接的威脅，以迫使其放棄戰爭。如果選擇在一處對蘇聯更爲重要的地區作爲戰場，無疑更容易對蘇聯形成威脅。

「新面貌」戰略特別適用於當時動盪的東南亞地區。美國政府曾設想，在不投入大規模地面部隊的情況下，核武裝的空軍、海軍力量將可能足以應對該地區的任何共產主義威脅。但在西歐，大規模報復的威懾可能收效甚微。因爲，一方面，西歐的價值高到足以讓蘇聯甘冒相當的風險以盡可能完整地奪取該地區，而非單純地徹底毀滅該區域；另一方面，這塊地區如此重要，以致於蘇聯在這一地區的小規模行動，可能難以促使西方不惜代價將衝突直接升級到最後攤牌。杜勒斯曾在一次新聞發布會上稱，「世界上沒有哪個地方的情況比得上這裡（西歐）」，對此，批評人士揶揄稱，杜勒斯的意思可能是說，美國選取大規模報復的地點，可能沒有哪個地區比西歐更有意義。實際上，他們感到諷刺的是，杜勒斯一方面認爲西歐重要性使得不能對該地區實施大規模報復；但另一方面，在其他地區的報復可能又達不到威脅的效果。

而且當時美國政府對如何有效威脅蘇聯，以達成威懾的目的，也不甚清晰。以西方最爲珍視的生命爲例，以蘇聯對其士兵和國民生命的重視程度，顯然無法借威脅蘇聯公民的生命來懾止其行爲。1955年，國家安全委員會的一次會議上，美國副總統理查德·尼克松建議，必須使蘇聯意識到美國巨大的核打擊能力，大規模報復戰略才會有使蘇聯正視的基點。艾森豪威爾基本同意其觀點，「就目前觀察而言，假設蘇聯……對在核戰爭中其政權和國家的毀滅有一些評估……那麼對於以核武器與美國進

行核交換的預期，可能會動搖其意志，這完全是合理的……」。[1]

因此，從艾森豪威爾的觀點出發，只要美國仍維持有可靠、有效的戰略核力量，那麼蘇聯未來是否發展、擴充其核武庫，對美國而言就不那麼重要了。對於他的觀點，很多歐洲盟友感到不安。一些人擔憂美國對核戰爭的強調，是否會將他們也拖入一場沒有贏者的戰爭？[2] 還有人擔憂，如果未來蘇聯入侵西歐，美國有可能會不願為歐洲安全而與蘇聯核攤牌（比如美國內重新崛起的孤立主義）。盡管美國向歐洲盟國解釋稱，北約就算沒有多餘的部隊，但如果蘇聯認識到一旦真正地入侵西德或其他聯盟國家，他們將受到難以承受的美國核打擊，蘇聯的軍事冒險就被會遏止。但這些解釋無法完全打消歐洲的顧慮，正如當時經常被問到的一個問題：美國願意冒用毀滅紐約的風險，來換取巴黎或波恩的安全嗎？[3] 按著這種邏輯，很多歐洲人又開始質疑，蘇聯會因為他們允許美國戰略空軍在其國土上部署而對其實施攻擊麼？1954年，一些歐洲盟國政府已要求禁止美國在其國土上部署核武器及戰略空軍的裝備了。[4]

對艾森豪威爾來說，所有這些顧慮都不是重點。沒有哪個蘇聯領導人能夠確信美國不會發起報復，任何攫取歐洲的舉動最終都會以充滿著輻射塵的蘇聯國土為結束（美國本土可能也面臨同樣的毀滅前景）。只要美國仍可信地威脅使用全部核武器進行戰爭，那麼就不必為准備一場非核的全面戰爭耗盡資源。此外，將戰術核武器部署在歐洲亦有助於確保大規模報復戰略的實施，因為這類小型核武器的存在防止了蘇聯輕易獲得任何勝利。第二次世界大戰期間，他曾與很多蘇聯職業軍官打過交道，知道他們並不蠢且懂得如何權衡利弊，他們不會冒徹底毀滅的風險去追求微不足道的利益。只要美國仍能以共同毀滅威脅蘇聯，並表明這種決心和意志，艾森豪威爾就達到了其目的。

接任總統職務後，艾森豪威爾繼承了杜魯門留下的龐大常規軍事遺產，但在他看來，全球戰略局勢的演變並未帶來什麼可供運用這些力量的機會，因此在其任期內幾乎也從未動用過龐大且昂貴的常規力量。當然，他不會全部撤消這些力量，他還需要在歐洲、朝鮮部署一定規模的常規部隊。但同時，他也必須以某種方式來證明削減常規軍備是正確、正當和明智的。經過權衡，他采取了極為聰穎的方式解決這個問題：對於作為削減重點的陸軍，他命令陸軍部圍繞戰術核武器（而非常規武器系統）重新整編原有的龐大部隊。將核武器大規模引入陸地戰場，實際上完全證明了大規模削減陸軍規模的正當性，例如，1枚核火箭就能替代整個炮兵群，而且其龐大的殺傷力迫

[1] 1955—1957年《美國對外關係文件》19：第126-130頁、第188-191頁（FRUS[1955～1957] 19: 126～130, 188～191）。

[2] 1952—1954年《美國對外關係文件》2：第686-698頁（1954年6月24日國家安全委員會會議記錄）、716～731頁（FRUS[1952～1954] 2: 686～696, 716～731）。

[3] 1952—1954年《美國對外關係文件》2：第457-460頁（FRUS[1952～1954] 2: 457～460），內容記錄了艾森豪威爾在批審此份備忘錄時的批示。

[4] 1952—1954年《美國對外關係文件》2：第551-562頁（FRUS[1952～1954] 2: 551～562）；對於歐洲爆發戰爭的問題，還可參見1953年10月23日發布的國家情報評估（NIE-99）「1955年世界形勢評估」。

使地面部隊以更分散的狀態部署於戰場，傳統上較爲依賴數量規模實施地面決定性作戰的陸軍只能接受被削減的命運。正如大部分研究艾森豪威爾和他的「新面貌」戰略的學者所言，他通過擴充核軍備有效地節省了預算。

當然也有反對意見，批評者認爲新政策極端危險。如果按其邏輯，未來戰爭爆發後核武器將很快應用於戰場，但哪怕是只使用少量的原子彈都可能觸發蘇聯方面的核反擊，最終導致毀滅性的核決戰。對於這些批評者而言，艾森豪威爾愚蠢地消滅了美國在歐洲以常規力量主動發起戰爭的能力。但艾森豪威爾決非愚蠢，他只是認爲此舉將杜絕歐洲再次發生戰爭的可能，這正是確保和平所需要的。

減緩過度軍備對經濟的負面影響，正是艾森豪威爾的新戰略所要實現的重要目標。與失去主動的常規進攻能力相比，過度軍備及後繼龐大的維持開支造成美國經濟崩潰的可能性，才是更大、更長遠的危險。如果大規模報復的威懾如預期般有效，蘇聯將把全面戰爭努力轉移到經濟、政治上的滲透和顛覆上來。爲了抵御後一類軟攻勢，美國更需要穩健、強大的經濟。當然，艾森豪威爾不會公開稱他削減軍備是因爲本質上常規力量已經過時（由於大規模的全面常規戰爭不可能再出現了），因爲尤其在美國這將是政治上的自殺，而且對歐洲盟國的士氣也有影響。因此，研究「新面貌」戰略很難擺脫經濟視角。

從軍種角度看，圍繞著蘇聯周邊各地區、海域，「新面貌」戰略很大程度上將陸上常規作戰力量以核武化的海軍力量所取代。在此背景下，海軍的航母特遣編隊由於其突出的戰略機動性，能夠快速響應主戰場和周邊戰場的危機，因而受到重視。對海軍而言，新戰略意味著美國將開始持續地前沿部署其航母力量，這一傳統一直延續至今。在地中海常設第六艦隊，在遠東則是第七艦隊。當時，海軍並未以全新的力量維持此持續部署，比如一段時間以來海軍就在地中海維持部署了核武裝化的第六艦隊；而在遠東，由於朝鮮戰爭需要大量新艦補充進第七艦隊，形成了朝鮮戰爭戰後其船齡普遍較短的情況。此外，除核武化，這些前沿部署艦隊還搭載著艾森豪威爾在應對第三世界危機時所需的重要力量——海軍陸戰隊。

而對於陸軍，1953年底艾森豪威爾希望將陸軍現役的150萬規模削減至100萬，到1955年中期將陸軍的作戰師則從20個減至17個，至1957年進一步削減至14個。毫無疑問，陸軍並不願被削減，其高層更強烈反對總統對陸軍的苛待。對此，艾森豪威爾甚至拒絕支持時任陸軍參謀長馬修·B.李奇微上將（第一任期爲：1953—1955年）留任第二個任期（通常軍種參謀長會擔任兩個2年任期），1955年前傘兵麥克斯韋·D.泰勒（Maxwell D. Taylor）上將接任了陸軍參謀長一職。[1] 爲應對全新的核時代，在泰勒任期內陸軍開始全面發展戰術核武器，而其也對陸軍的編制體制進行了大尺度的變

---

[1] 巴塞維奇：《五群制原子師時代》（Bacevich, *The Pentomic Era*）。

革，比如1956年開始嘗試「五群制原子師」的編制結構，借此度過艾森豪威爾對陸軍的嚴苛緊縮時代。陸軍似乎希望通過采用五群制原子師的編制來滿足總統對陸軍大幅削減兵員規模的要求（五群制師的兵員規模少於常規陸軍師），同時又盡可能保持陸軍作戰師的編制數。如此，一旦陸軍的戰術核武器化浪潮結束（比如被認爲不適應需要），陸軍就又能重新擴充編制數不變的作戰師，保持其整體規模不至大幅削減。然而，陸軍對原子師的嘗試並不成功，在試驗中它未能達成改編預期，因此艾森豪威爾不僅壓縮了陸軍規模，而且還削減了陸軍師的編制數。[1] 到1957年時，陸軍僅余下15個作戰師，基本達到了總統的預期；同時，由於陸軍海外部署任務繁重，總體規模削減後，其海外部署力量占其總力量的比重進一步上升到41%。到1960年艾森豪威爾總統任期末，陸軍進行大規模非核常規戰爭的能力已大幅下降。

　　1949年美國軍界曾爆發了著名的「海軍將領造反」事件，到艾森豪威爾時期輪到陸軍以激烈的行動表達其不滿了，1956年陸軍導演了類似的「陸軍上校造反」事件。[2] 在李奇微憤而退休後，陸軍參謀部的幾個校級軍官將若干保密研究報告洩露出一名可靠的新聞記者，以此發洩對國家高層的不滿。他們所洩漏的研究資料顯示，一場發生在歐洲的核戰爭可能造成多麼嚴重的毀滅效果。爲了應對歐陸核戰爭，陸軍認爲不應再繼續削減地面部隊。陸軍的觀點得到了杜魯門時期的不少防務和外交官員的支持，在艾森豪威爾贏得總統任期後，這些官員中的很多共和黨人主動離職以示抗議。爲了支持自己的觀點，陸軍開始資助核戰略方面的學術研究，比如此後在美國政壇上舉足輕重的亨利·基辛格也接受過陸軍的資助。按陸軍的觀點，如果美國武裝力量僅擁有核作戰能力而缺乏替代性的非核作戰能力是極端危險的，同期空軍智庫蘭德公司的很多學者對此也表示了附和。這些戰略學者，包括赫爾曼·卡恩（Herman Kahn，1960年撰寫了《論熱核戰爭》）、羅伯特·沃爾施泰特（Robert Wohlstetter）等人，在此期間進一步發展了有利於陸軍觀點的核戰爭理論。其理論認爲，如果能夠謹慎地控制核升級，那麼核戰爭的毀滅性作戰效果可能是有限、可控的。他們將核國家之間核戰爭視作雙方在理智、默契前提下相互交換損失的過程，在此過程中，一方可能確信如果限制己方的核打擊行爲，也會暗示對方限制對己方實施核攻擊時的強度；如果一方選擇升級，那麼接下來對方也會升級攻擊強度，從而使核戰爭達成可控和有限。陸軍擁抱此理論是因爲核戰爭逐漸升級的過程，很可能會以一方以非核戰爭行動，對另一方的非核戰爭行動（比如蘇聯對西歐的常規進攻）作出的反應來開啓戰局。在此理論指引下，爲避免冒徹底毀滅自己的風險，需要強有力的陸軍以確保升級戰爭強度時的謹慎和可信。陸軍參謀長泰勒大力有限核戰爭的觀點，並進而提出了著名的「靈活反應戰略」，與總統所堅持的「大規模報復戰略」形成了對立。

---

[1] 在1953—1955財年期間，美國陸軍的預算被減半，在艾森豪威爾執政時期陸軍成爲三軍種中最弱小的軍種。

[2] 巴塞維奇：《五群制原子師時代》，第46頁（Bacevich, *The Pentomic Era*, 46）。

　　但陸軍掀起的「上校造反」事件最終失敗了。盡管陸軍的抗議風潮恰與1956年的總統競選時間重合，本有利於陸軍爭取更多支持，但不幸的是它同時亦與空軍鼓噪的「轟炸機差距」事件重合。50年代以來，美國空軍始終認定蘇聯在發展、部署新型噴氣式戰略轟炸機方面已獲得了更大優勢（盡管並無客觀證據證實），並借此要求政府和國會增加投向軍方，特別是空軍的預算，即所謂的「轟炸機差距」（實際上是各軍種爭奪軍種利益的慣常手段）。空軍的宣傳極爲吸收公眾眼球，畢竟各種媒體更偏好刊登充滿魅力的現代軍機和空軍的觀點。當時，美國一些發行量很大的通俗雜志，比如《生活》，以大幅圖片和長篇專訪文章向公眾介紹了可怕的蘇聯新式轟炸機（對比之以可鄙的美國同類戰機），這些內容顯然勝過歐洲的核毀滅或者陸軍坦克和部隊數量下降的圖表及文字。此類宣傳極大地影響了美國公眾意見。另一方面，參與洩露機密文件的陸軍上校們被放逐，與1949年時海軍高級將領激烈抗爭事件後的遭遇完全不同。然而，陸軍還要繼續堅持下去。爲抗議當局的固執已見，陸軍參謀長泰勒於1959年退休，之後他撰寫著名的《音調不定的號角》一書，批評艾森豪威爾的政策和戰略，並闡述自己所堅持的「靈活反應戰略」，當時該書就引起了美國軍政界的討論。同時，這本書還得到了約翰·F.肯尼迪（John F. Kennedy）的關切，之後肯尼迪主政時期更是采納了他的「靈活反應戰略」。

　　「新面貌」戰略的內在邏輯深刻地影響了陸軍。在杜魯門時代，美國對歐洲的軍事戰略在於擊退來自鐵幕背後的西侵，理論上蘇聯駐扎在中歐的常規軍隊是西歐最大的威脅，在蘇聯入侵西歐後將其反擊回去是最基本的應對結果，而更好地選擇在於永遠不讓他們侵入西歐。然而，在艾森豪威爾任總統之初，蘇聯就成功地試爆了他們的大威力混合式裂變彈，無疑這表明蘇聯下一步將開發真正的可以橫掃整個國家的氫彈。在此情況下，西方面對的主要威脅已轉變成敵對的蘇聯在中歐部署的日益增長的核武器。而且，在戰後第三世界國家民族主義浪潮風起雲湧的背景下，蘇聯擴張的形式更爲豐富，它只需切斷輸往美國的、來自其他重要地區（比如中東）的大宗原料物資，就能對美國造成極大危害。[1] 而實現該目的的方法很可能是顛覆、滲透相關國家，而非傳統的軍事進攻。

　　最根本的，只有美國仍保持著徹底摧毀蘇聯的可信威脅，「新面貌」戰略才有意義。當然，作爲確保和平的較保守的戰略方案，「新面貌」戰略在限制美國戰略積極性的同時，也令美國同樣被蘇聯所威脅。按此戰略設想，美國將在多大程度上得以保護？美國得以保護的程度越高，美國對蘇聯的威脅也就越可信，反之亦然。否則（威脅不可信），美國的威脅很大程度上只能算作對相互自殺式毀滅的一種宣示。

　　隨著1953年蘇聯試驗了他們的大威力核彈，及其原子武器數量的規模持續縮小與

---

[1] 1952—1954年《美國對外關系文件》2：第740-759頁、第833頁（FRUS[1952～1954] 2: 740～759, 833）；其中內容記錄了1954年10月11日一次國家安全委員會的會議記錄。

美國的差距，一段對美國而言的戰略優勢窗口期（是美國、而非蘇聯，能對對方造成更具決定性的毀滅）似乎正被結束。在整個50年代，由於雙方竭力隱藏其核實力，因此美蘇之間所謂的戰略優勢一次又一次地被提及，但這些猜測很大程度上缺乏證據支撐，正如美國專家試圖預測、構想核戰爭可能的過程和結果那樣。然而，這些預測和評估亦使艾森豪威爾意識到他能在一場危機中到底走多遠。[1] 不幸的是，現在我們仍然無法知道當年的美蘇高層從各自角度研究評估雙方核能力的結果，或者說，赫魯曉夫是否私下知情美國在這方面的研究。

現在看來，之所以認爲「新面貌」戰略缺乏實際意義，在於1953年時的兩個關鍵性事實。首先，美國不太可能獲得關於蘇聯突然發動大規模襲擊的預警（後者既然決定要武力解決，必然謹慎計劃嚴格保密，待實現其攻擊意圖時美國可能已失去全面反擊相互確保摧毀蘇聯的能力）；其次，美國本土昂貴的防空體系僅能應對少量來襲的蘇聯戰略攻擊力量。比如軍方評估蘇聯若全面向美國本土發動戰略核襲擊，以當時的防空能力計算僅能應對7%左右的襲擊力量（蘇空軍戰略轟炸機），至1955年這一比例也僅提升至27%。再從蘇聯方面考慮，要蓄意摧毀美國，蘇聯必須精准計劃其戰略轟炸機的行動，使出擊戰機幾乎同一時段抵達美國各個目標並同時實施襲擊。然而，爲「新面貌」戰略辯解的人士認爲，蘇聯當時並無此能力協同如此大規模的行動，比如艾森豪威爾就曾評價稱，戰時曾與蘇聯飛行員一起執行任務的空軍官兵，大概沒人會相信蘇聯空軍有如此精准的導航和協同能力。[2] 因而，當第一批蘇聯核彈落向美國時，戰略空軍司令部將獲得預警，其大批轟炸機就能升空疏散。此外，考慮到當時大部分核武器並未與戰略空軍的轟炸機一同部署在其基地裡（可能出於安全考慮），因此在遭到襲擊後將耗費3～6天進行裝載准備並發動反擊。[3]

50年代初期美國本土的防空系統非常令人擔憂，此系統主要由一系列各型雷達組成，包括用於探測來襲轟炸機的預警雷達，用於引導空軍攔截飛機的跟蹤雷達等。演習表明，盡管此系統能及時發出預警，但要持續跟蹤並准確引導戰斗機攔截蘇軍的高速戰略轟炸機仍極端的困難（很大程度上是因爲以當時的技術條件要在快速變化的戰場環境中無法隨時更新攔截信息並保持行動同步）。當然，整個系統的預警功能仍有價值（雷達可爲戰略空軍提供4個小時的預警，並保存約85%的戰略轟炸機力量），它有助於戰略空軍保存其力量進行後繼反擊，這種反擊能力可能足以首先威

---

[1] 1955—1957年《美國對外關係文件》19：第56頁（FRUS[1955～1957] 19: 56）；1955年2月14日美國建立淨評估小組委員會，該委員會於1955年10月27日提交了其成立以來的首份年度美蘇戰略性戰爭的評估（對3年後兩國的戰爭），其中涉及美國所能運用的部隊主要是根據各軍種發展規劃預期在3年後達到的水平。在1955—1957年《美國對外關係文件》19：第379-381頁（FRUS[1955～1957] 19: 379～381）中則收錄了該委員會1956年的研究評估（針對1959年美蘇之間的戰略決戰）；1957年的研究報告則收錄於同冊對外關係文件中的第672-676頁；1958年研究可參見1958—1960年《美國對外關係文件》3：第147-152頁（FRUS[1958～1960] 3: 147～152）；1959年研究則在1958—1960年《美國對外關係文件》3：第397-404頁（FRUS[1958～1960] 3: 397～404）。類似的研究至少延續至1961年（對1964年美蘇可能爆發的戰略性戰爭）。

[2] 1952—1954年《美國對外關係文件》2：第332-349頁、第367-370頁（FRUS[1952～1954] 2: 332～349, 367～370）。

[3] 1952—1954年《美國對外關係文件》2：第339頁（FRUS[1952～1954] 2: 339），其中給出了1953年的情況。

脅蘇聯的冒險。

預警可能也會拯救更多美國的民眾。考慮到預警信息通過信息傳輸網絡傳播的延遲，民眾可能只有不到1個小時的時間進行疏散和隱蔽。他們可能仍將面臨輻射塵降的威脅，但至少能尋得一處掩蔽所。在預警支持下，蘇聯對美國本土核打擊造成的傷亡可能會減半，而美國城市區域持續快速拓展也會降低美國人口的集中度，弱化核打擊效果。此外，艾森豪威爾還認為，戰後新建的大量州際公路亦有助於拯救民眾生命，利用這些公路，危機時民眾可以迅速自行疏散出大城市地區。作出此判斷亦有其根據，比如，很多美國的公共假日時空無一人的城市街區，正說明了在沒有政府的組織下民眾也能在1～2天內自發地完成疏散。美國本土防空系統的建立源於杜魯門任職末期簽署的最後一份官方文件，即NSC 139號文件（1952年12月31日簽署），其中要求至1955年12月3日前在全國建立全面的防空預警體系，為防備蘇聯對美本土的戰略襲擊提供3～6小時的預警時間。[1]

民眾可以疏散，但美國的工業能力仍較為集中，甚至蘇聯發動相對小規模的戰略核襲擊亦能在短時間內摧毀大部分工業設施。1950年後，美國首次嚴肅地評估蘇聯的核襲擊對本土工業的打擊能力，評估認為到1953年，蘇聯的大規模襲擊可能摧毀1/3的美國工業能力。例如，未經疏散的前提下，41架蘇聯戰略轟炸機的突然襲擊，將摧毀美國90%的涉核生產能力；55架轟炸機能摧毀90%的航空噴氣引擎制造能力；90架轟炸機能摧毀近50%的石油加工工業。然而，考慮到美國如此富庶，即便像上述估計那樣突然遭受蘇聯的襲擊，所剩余的工業在短時間內的產能，不僅仍能滿足民眾的最低生活需求，還能為軍事部門提供必要的物資。

事實上，真正的情況可能並不像想象中那麼糟糕。美國對威脅的高估很大程度上源於對蘇聯真實能力的缺乏了解（另一方面亦反證蘇聯嚴格的保密體系非常成功），大多數美國評估都做了情況最壞的估計。例如，蘇聯在研制其首枚原子彈時遭遇巨大的困難，但美國並未意識到其所遇困難的程度，仍假設斯大林將迅速量產原子武器使蘇聯能在短時間內擴充其核武庫。在此基礎上，美國擴大了蘇聯的核成就，例如美國預計大約在1953年中期左右蘇聯將擁有120枚核彈（每枚當量8萬噸）；然而，真正的情況是蘇聯直到1954年才開始連續生產用於實戰的原子彈。所以至晚到1954年初時蘇聯的核武庫規模僅為10～20枚左右。類似的，蘇聯的戰略轟炸能力也被極大地高估。1953年6月，美國相信蘇聯已擁有1600架遠程的圖-4轟炸機，這種轟炸機復制自美國B-29轟炸機（美國當時已逐漸淘汰B-29轟炸機）。事實上，斯大林在世時僅命令生產1000架圖-4系列轟炸機，1952年該機型生產結束時總量僅有847架，幾乎為美國估計數量的一半。[2] 雖然圖-4擁有遠超以往蘇聯同類重型戰機的航程，但要實現對美國本土

---

[1] 美國國防部國防分析研究所（IDA），第205-207頁。

[2] 達菲和肯德爾：《圖波列夫：他和他的飛機》，第220頁（Duffy and Kandalov, *Tupolev*, 220）。

的攻擊其航程仍較有限,這也是同時期美國空軍熱衷於獲得蘇聯周邊空軍基地的重要原因。至於,美國在50年代初爲什麼會擔憂蘇聯利用類似圖-4這類航程有限的轟炸機對本土實施襲擊,則是因爲美國軍方認爲以斯大林的獨裁統治,如果需要他肯定會要求其空軍機組以航程有限的轟炸機作單程的自殺性攻擊(不考慮回程的話50年代的蘇式轟炸機足以攻擊美國本土),加之考慮到核戰爭時代載核飛機墜毀於敵國本土和飛回基地被敵方核攻擊摧毀並無什麼區別,這種可能性就更不能排除。當然,現在仍不清楚當時斯大林是否有類似的計劃,但對於歐洲,圖-4的航程是完全足夠的。對於蘇聯軍方,轟炸機航程在核時代初期是極爲重要的難題,解密檔案顯示1948年蘇聯曾考慮研制特種攻擊潛艦,戰時用於襲擊靠近美國本土的海外空軍基地,控制機場後用於爲己方轟炸機提供支援,以便其轟炸機能飛赴美國本土。[1] 就此而言,美國軍方曾判斷假設,至1953年左右蘇聯利用重型轟炸機攻擊美國本土時,將需要廣泛使用北極地區的機場,但直到50年代末,西方才了解到蘇聯並未真正嘗試在北極地區進行轟炸機的訓練和部署。事實上早在40年代,蘇聯就發現以北極爲進攻發起地區並不可行,例如,潤滑油被凍結、磁導航設備在北極地區失效等問題(蘇聯曾耗費多年時間才得以解決),都制約了北極地區的軍事用途;類似的,這些問題同樣使美國空軍無法利用北極的地理優勢。

圖-4轟炸機的威脅程度有限,1953年美國空軍已大規模部署了噴氣式戰斗機,它們被認爲足以應對蘇聯的圖-4型轟炸機。因此,到此階段,蘇聯的戰略核威脅問題已轉化爲該國何時能會部署飛行速度更快、航程更遠的噴氣式轟炸機,以使它們的速度與同時期的噴氣式戰斗機速度相當。當時的防空預警雷達主要用於測量距離而非時間,因此理論上,轟炸機速度越快,可供利用的預警時間就越短。1953年4月,仍以螺槳推進的圖-95「熊」式重型轟炸機首次出現;接著1954年3月另一種新型的圖-16「獾」式中程噴氣式轟炸機繼而出現;1954年4月另一種比圖-16更大的噴氣式重型轟炸機的原型機(米亞西捨夫「野牛」轟炸機)被清楚地辨識出來。[2] 1955年5月1日國際勞動節蘇聯航空展上,多架「野牛」和「獾」式轟炸機公開亮相。在西方眼中,蘇聯在核武器戰略投擲能力方面的進展非常令人震驚和恐懼。同期,盡管美國空軍大量裝備了中程噴氣式B-47型轟炸機,其雖在作戰性能上超過蘇聯的圖-16,但雙方轟炸機差距仍已大爲縮減,美國空軍原計劃迅速發展性能更優越的B-52重型轟炸機,但很快

---

[1] 對於1948年的項目,可參見A.希羅科拉德:《在極地登陸的水箱》,摘自1996年《青年技術》,no42:9(A. Shirokorad, *"Tank Landings at the Pole"*, in *Tekhnika molodezhi*, no. 42[1996]: 9)。一張可能透露出蘇聯1974年核動力運輸潛艦設計(第717工程)的照片,出現於A.M.瓦西列夫等:《istoria otechestvennogo sudostroyeniya》。摘自《造艦歷史》卷5(1946—1991年),該書由聖彼得堡sudostroyeniya出版社於1996年出版。

[2] 1953年7月,美國駐莫斯科大使館一名空軍武官提交了一張模糊的蘇聯大型飛機照片,後來該飛機被證實爲蘇聯最新的米亞-4「野牛」重型轟炸機。該轟炸機於1953年1月20日首飛,而圖-95「熊」式轟炸機於1952年11月12日首飛,圖-16「獾」式轟炸機於1952年4月27日首飛。摘自甘斯通:《俄羅斯飛機百科全書,1875—1995》,第258頁、第421頁、第425頁(Gunston, *The Encyclopedia of Russian Aircraft*, 258, 421, 425)。

發現要量產此重型戰機非常困難。在美國看來，蘇聯似乎正以某種方式迅速彌補曾經的差距。

　　然而，西方所不知道的是，當此時期蘇聯轟炸機快速發展的秘密被批露後，其背後的艱辛和困難也公之於世：爲了加速擁有自己的戰略轟炸機，蘇聯軍工研制團隊承受了很高的事故率。[1] 因此，總體看當時蘇聯的整體科技發展的速度確實令人印象深刻，但在後繼量產方面則很不盡如人意。美國原子能委員會的路易斯·斯特勞斯（Lewis Strauss）海軍上將認爲，蘇聯在集中科技人才和資源聚焦於重大項目的效率方面超過美國，1955年他又進一步稱，蘇聯首枚氫彈是以洲際彈道導彈（ICBM）的彈頭形式被試爆的，在此基礎上，他正確地預判稱蘇聯可能很快於1957年中期擁有實戰化的核洲際彈道導彈。[2] 美國情報機構設想認爲，爲了對抗美國蘇聯將盡可能迅速地上馬能夠抗衡美國的重要武器項目，在當時這種武器主要指向重型轟炸機。因此，1955年美國空軍情報機構猜測認爲，到1958年蘇聯將擁有350架「野牛」和250架「熊」式轟炸機（具體數據反映在當時的國家情報評估中）。但實際上，這只是美國空軍的幻想，蘇聯無法在短時間內量產如此數量的復雜轟炸機，到1958年時蘇聯實際只生產了93架「野牛」（還包括其原型機）和51架「熊」式轟炸機。

　　此外，從具體裝備的性能看，情況遠非大多數人所暗示得那麼惡劣。圖-16「獾」式中程轟炸機構成了蘇聯戰略轟炸機力量的主體，但這種飛機航程有限，只有在不考慮回程的前提下才具備抵達北美的能力，而且現在清楚的是當年蘇聯並未考慮以這種自殺性方式使用其轟炸機，蘇聯部署它的目標主要用於歐洲地區的作戰。此外，通過後繼解密的檔案顯示，蘇聯當時的大多數轟炸機並非主要用於實施對美國的戰略攻擊，而更多地分配給海軍航空兵部隊（對抗美國航母編隊，蘇聯將之視作爲更主要的威脅）和前線戰術航空兵部隊。然而，似乎直到1960年左右美國情報機構才意識到蘇聯轟炸機的主要用途。[3] 另一方面，到了蘇聯部署了相當數量的洲際轟炸機的時代，同期用於對抗它們的美國本土防空系統也比1953年時更爲有效。最重要的是，美國防空系統已初步完成計算機化，反應速度、探測距離和准確度都大幅提升。然而較具諷刺意味的是，美國開發的基於電子計算設備的本土防空系統「賽其」（SAGE），待其成熟並達到實際運用的水平時，此時蘇聯已放棄轟炸機轉而集中資源發展和部署各型導彈了（包括地基遠程和空中投射的戰略）。甚至更諷刺的是，當年因爲恐懼蘇聯

[1] 1955—1957年《美國對外關系文件》19：第148-149頁（FRUS[1955～1957] 19: 148～149）。

[2] 1955—1957年《美國對外關系文件》19：第148頁（FRUS[1955～1957] 19: 148）。現在知道的是，1953年蘇共中央委員會主席團（前政治局）成員決定在兩年內組建負責核工業及武器生產的「中型機械工業部」，並盡快試驗薩哈羅夫研制的氫彈。根據霍洛韋：《斯大林和原子彈：蘇聯和原子能，1939—1956年》（Holloway, *Stalin and the Bomb*）一書中內容，在那次會議上，主席團決定盡快開發R-7型洲際彈道導彈專用於搭載核彈頭。

[3] 國家情報評估（NIE 11-8-59），《至1964年中期蘇聯的戰略攻擊能力》，該報告發布於1960年2月9日，收錄於《中情局冷戰記錄》4：第71-107頁（*"Soviet Capabilities for Strategic Attack through Mid-1964,"* 9 Feb 1960, in CIA 4: 71～107）。這似乎是首份指出蘇聯的圖-16「獾」式轟炸機並非都用於執行戰略任務的報告；後來，約290架該型轟炸機部署於蘇聯海軍航空兵部隊，另有120架部署於前線（戰）航空兵。

的戰略核打擊而迅速發展起來的電子信息技術，最終間接地摧毀了蘇聯。

　　對蘇聯轟炸機數量預判偏高還導致了另一項後果。因為轟炸機數量越多，蘇聯部署它們所需的機場也就越多，而後者越多意味著戰略空軍司令部需打擊的目標就越多。作為負責打擊蘇聯戰略核能力的主要軍種，美國空軍很大程度上應對當時的高估負責。另一方面，艾森豪威爾願意為空軍買單，主要也因為與其他軍種相比，戰略轟炸機的成本更低。當然，在其力圖控制整體軍事開支的大背景下，他偏好空軍不難想象。作為曾經的軍事統帥，他深知沒有一個指揮官會滿足於所擁有的力量；但作為總統，他也知道與蘇聯的大規模戰爭可能性在50年代已非常低，而且經濟作為美國的根本，只能加強不能削減。因此，與杜魯門類似，他認為冷戰中政治和經濟競爭的成分更大，消耗過多資源於軍事領域，雖然看起來令人覺得安全，但對國家這卻是真正致命的因素。

　　因此，艾森豪威爾在其任職內本能地避免將防務事務作為公眾議題，哪怕此類議題有助於他的支持率，畢竟國家安全必須置於政治算計之上；此外，艾森豪威爾的很多決策都基於高度機密、敏感的情報，難以公開討論。同時，他也竭力防止基於本利益集團（如各軍種、防務工業領域）的觀點和政策，影響整個美國、甚至西方的長遠利益，例如在他任期內反復強調地防范「軍工復合體」。實際情況確實也如此，空軍就極為擅長利用公眾輿論，通過洩漏情報給媒體挑起公共議題，進而形成公共壓力使其獲得其所需的結果，「轟炸機差距」即為其中典型的案例。再例如，空軍曾拉攏政客幫助其獲得高位，再獲得其利益回饋。嚴格限制軍備在財政方面引發的後果，使總統非常擔憂，而且很可能在較長時間內亦超出了國會參、眾兩院的想象。

　　此外，艾森豪威爾亦不可能太過公開他的核牌局，他必須根據公眾輿論不斷搖擺調整其政策，使其最終達成自己的預期狀態。稍有不慎，就極易引發公眾輿論的怒火。對此，公眾輿論並不關注什麼長期的軍事平衡或者可能的戰爭結果，他們更傾向短期的感受和滿足。在應對輿論方面，艾森豪威爾的方式顯然與通常的政客並不相同，後者傾向於煽起公共議題，並通過聲言只有自己才能解決問題來獲取支援。但艾森豪威爾並不這樣，他認為平淡無奇才是政治家向公眾負責的最終道德，也許這正是他在經歷了第二次世界大戰前麥克阿瑟將軍在菲律賓極為誇張的、鬧劇般的表現後得出的結論。

　　1956年空軍所鼓噪的「轟炸機差距」事件，很大程度上表明了美國公民社會對軍事、政治問題的集體焦慮和艾森豪威爾的解決之道。為了獲得更多的B-52轟炸機，空軍臆想並大肆宣傳蘇聯轟炸機力量持續快速膨脹。艾森豪威爾清楚地知道，他需要強有力的情報而不是模糊的數據來驗證事實。因此，當局籌組的1個專門小組研究認為，需要對蘇聯國土腹地進行戰略偵察，以證實蘇軍對美國實施戰略空中突襲的能力和戰備情況。在此背景下，艾森豪威爾批准了使用U-2高空偵察機對蘇戰略偵察的計

劃。1956年7月，首架次U-2偵察機飛赴蘇聯領空。對此，蘇聯方面提出抗議，但礙於其防空系統的作戰能力，美國並不承認這起偵察飛行事件。此時，艾森豪威爾政府非常擔心此舉會破壞正在緩和中的美、蘇關系，但他之所以仍批准繼續飛行很大程度上在於，首次飛行的偵察結果即證實空軍對「轟炸機差距」的焦慮完全是不必要的。U-2飛機的偵察結果也在1959年的中央情報局報告中有所體現，當時該報告稱，蘇聯僅制造了約60架圖-95「熊」式和115架「野牛」式戰略轟炸機，另有約1050架圖-16「獾」式中型轟炸機。[1]

艾森豪威爾當時如果選擇公開這些數據，無疑會直接惡化軍方與政府的關系，而且他也非常有理由這樣做。事情的起因仍在1959年，當時空軍及其鼓吹者宣稱，不僅存在著所謂的「轟炸機差距」，美蘇之間的「導彈差距」也在形成，向政府施壓要求獲得更多預算。艾森豪威爾很快就面臨要求采購更多極端昂貴的彈道導彈的游說壓力。這一次，適逢美國搭載於衛星上的可見光成像技術已經成熟，其空間偵察結果同樣表明，所謂的「導彈差距」同樣是利益集團虛幻的想象。

當然，艾森豪威爾並未用確鑿的情報揭穿這一切，以獲取有利於政府的效果。相反，他認爲被動地承認利益集團和公眾輿論的攻擊，比起因公開情況而暴露美國刺探蘇聯秘密的新手段，更爲有益。他單純地拒絕了空軍及其國會盟友提出的要求，當然在此過程中他誠懇謹慎地回應著外界的攻擊，並努力尋求更大的共識，無疑他的目的達到了。也許，沒有哪一任總統能夠做得比他更好，在美國20世紀的歷任總統中也只有他擁有足夠的軍事聲望，在確保不挑起國內政治紛爭的前提下勇於反對軍方首腦的意見。

然而，除了軍方鼓噪的具體武器系統的差距外，在整個50年代美國面臨的更重大的軍事問題，仍在於蘇聯是否已具備某種消除美國戰略力量威脅的方式或能力，更具體的便是將戰略空軍消滅在空中或地面的能力。尤其是蘇聯能否消除戰略空軍威脅的問題，看起來顯得非常矛盾，因爲如果美國戰略空軍不希望只是抵擋蘇聯的戰略進攻（即采取更主動、兩敗俱傷的戰爭策略），無疑蘇聯仍極爲原始的防空系統將不太可能抵抗其進攻；但如果空軍希望獲得最好的結果（即打擊敵人的同時盡可能防止對方的打擊），則非常困難。畢竟，很多美國的重要目標都位於束西海岸和邊境地區，要在蘇聯轟炸機來臨時提前很早就發現它們並作好攔截准備仍十分困難。考慮到蘇聯的地理位置，要實現對其轟炸機的早期預警較爲容易，但要發揮預警的效益准確攔截打擊來襲機群仍非常困難。簡言之，如果預估美蘇兩國戰略進攻能力較爲均衡的話，那麼在防御方面，由於美國對防御蘇聯戰略進攻的要求更高，因而後者實際上面臨更大

[1] 國家情報評估（NIE 11-8-59），《至1964年中期蘇聯的戰略攻擊能力》（"Soviet Capabilities for Strategic Attack through Mid-1964," 9 Feb 1960, in CIA 4: 71～107），其中的數據都較爲准確，該報告人最後評估認爲蘇軍中共有約1460架圖-16「獾」式轟炸機服役。根據達菲和肯德爾：《圖波列夫：他和他的飛機》，第222頁內容（Duffy and Kandalov, Tupolev, 222），該型轟炸機總共生產了1511架。

的挑戰，更難以完成任務。加之如果蘇聯以某種方式（比如美國最擔心的諜報手段）
獲得了戰略空軍的進攻計劃，他們就知道如何集中其防空力量，從而抵消掉美國的戰
略空軍能力。因此，自1951年起，戰略空軍司令部的指揮官寇蒂斯‧李梅空軍中將就
宣稱以保密為由，一直拒絕向參聯會提交戰略空軍的基本戰爭計劃。[1]

　　1954年，李梅中將做了一次秘密演講，現在這段演講的內容經常被學者引用以說
明當時的情況，其演講的大意是，美國的戰略轟炸機不可能被蘇聯擊毀於地面，美國
坐等蘇聯的進攻是完全「不可想象的」。李梅的信心似乎來自對蘇聯的持續間諜偵察
飛行，使戰略空軍能在蘇聯預熱他們的機群前就能夠先發制人實施打擊。[2] 從此演講
中，似乎也可嗅出當年他堅持向參聯會保守其戰爭計劃秘密的原因，因為參聯會將從
他的戰爭計劃中發現很多不可接受的策略，這與艾森豪威爾政府所禁止的先發制人戰
略的原則直接抵觸。

　　事實上，間諜飛行根本不可能一直持續下去，因為初期每一次飛行計劃都必須獲
得總統的審批（正如後來每架U-2偵察機的秘密偵察任務那樣）。空軍對蘇的間諜偵
察飛行早在1952年就開始了，但真正對蘇聯部分外圍空域進行一系列廣泛的飛行直到
1956年3月21日才展開，當日1架RB-47偵察機從圖勒（格陵蘭西北部城鎮）飛赴蘇聯
北部地區，後繼多達6架同型飛機以圖勒為基地對蘇聯西伯利亞北部地區進行了地形
測繪和偵察，直到1956年5月6日到7日才完全結束。RB-47偵察機共執行了156次飛行
任務，它們僅對蘇聯邊遠地區進行試探性飛行，從未深入蘇聯內陸腹地。[3] 令人信服
的是，戰略空軍並非依賴這些邊緣地區的偵察飛行，而是靠偵聽蘇聯在邊遠地區空軍
基地的無線電通信掌握其動態信息，至於國家安全委員會，則對李梅能否確保美國本
土空防百分之百的安全更為關切。

　　在李梅的那次秘密演講中，亦有部分海軍軍官在場，後者曾對他的演講內容提
出挑戰，對此李梅予以辯護。例如，後者稱如果與他所宣稱的正相反，存在著因蘇聯
的突然襲擊致使戰略空軍失去作用的可能，那麼美國就需要一種缺陷更少的戰略威懾
手段，如果這種手段存在的話無疑將是從海軍航空母艦和潛艦發起的核攻擊。為了應
對蘇聯的戰略攻擊手段，自1954年起李梅及其戰略空軍就集中精力發展快速反應的能
力，即預警反應能力。核彈藥將直接儲備於轟炸機基地，並保持戰備狀態，一旦接到
預警信息，攻擊就能盡可能迅速地展開。1955年中期，戰略空軍司令部宣稱其能夠在
接到警報的12小時內放飛其首批180架轟炸機，在48小時內其總共部署的880架轟炸機
都能完成戰備並升空（考慮到獲取蘇聯大規模戰略進攻的跡象可能為空軍提供3～4天

---

[1] 羅森伯格：《為了末日決戰：美國核戰略的基礎，1945—1961年》，第205頁（Rosenberg, "Toward Armageddon", 205）。

[2] A.E.羅森伯格：《2小時核攻擊後的煙塵及輻射廢墟》，摘自1981年《國際安全》第6期，no.3。（A.E. Rosenberg, "A smoking, radiating ruin at the end of two hours", International Security 6, no. 3[1981]）

[3] 可能最完整記錄U-2間諜飛機使用之前的對蘇偵察飛行的檔案是R.C.霍爾所著的《飛越領空的真相》一文，摘自1997年春季MHQ9，no3，24頁（"The Truth about Overflights", in MHQ9, NO. 3[spring 1997]）。霍爾是美國空軍官方的歷史學者。

的預警時間，因此戰略空軍的近千架轟炸機具備較高的生存能力和同時發起打擊的能力）。1957年，戰略空軍司令部進一步宣稱，接到預警後美國本土轟炸機基地可在兩小時內、海外基地在半小時內，共起飛134架掛彈的轟炸機，但在1957年9月舉行的一次實戰性檢驗飛行中，接到警告6小時後首架飛機仍未能升空。[1]

戰略空軍司令部為其主力機型B-47計劃了新的戰爭方案，使這種中程轟炸機能直接飛赴蘇聯各目標，而不是先行飛赴靠近蘇聯目標的海外基地。新策略的核心是改進的空中加油技術，它極大拓展了中程轟炸機的航程。盡管空中加油成為可能，戰略空軍司令部仍決定繼續保持其海外龐大的基地群，用以復雜化蘇聯的應對努力，同時便於回收實施完攻擊的機群。[2] 為配合新戰術，B-47轟炸機必須從美國北部機場起飛，這也令此地區成為易受蘇聯攻擊的區域（除蘇聯戰略空軍外，當時認為蘇聯初步成熟的潛射導彈也易於打擊該地區）。[3]

戰略空軍司令部的秘密戰爭計劃中的相當部分被洩漏給陸軍參謀長李奇微將軍，後者於1954年10月向參聯會指控稱，戰略空軍的目標清單並不全然符合經過審批的參聯會既定政策。[4] 但此時參聯會毫無動作，因為參聯會感到缺乏評估此清單的技術能力。1957年，戰略空軍似乎受到更多重視，鞏固了其在美國國家安全中的地位，空軍申購的IBM公司的704型計算機也獲得了批准（空軍稱其本土防空系統需要此計算設備的獨特能力，然而到1960年時，艾森豪威爾任期內的科學顧問告訴他稱，此計算機實際上無助於空軍所聲稱的用途）。[5] 1956年，戰略空軍司令部列出了2997個需打擊的蘇聯目標，到1957年初此目標清單進一步擴大為3261個。[6]

隨著戰略打擊目標清單的增長，戰略空軍不僅需要更多的飛機，對儲備的核彈需求量也增大了。1957年初，戰略空軍向總統提議擴大美國的核武器庫存量，老謀深算的艾森豪威爾在同意空軍請求的同時，要求海、陸軍共同審查戰略空軍司令部的戰爭計劃。結果（即根據參聯會1957年8月28日會議摘要進行的「布達佩斯項目」）令

---

[1] 1955年數據來源於空軍戰略司令部司令官柯蒂斯‧李梅將軍於1955年7月15日的一次演講。1957年的戰略空軍數據摘自羅曼：《艾森豪威爾和導彈差距》第52頁（Roman, *Eisenhower and the Missile Gap*, 52）；至於1957年9月那次失敗的演習亦可參見羅德斯：《黑暗太陽：氫彈的制造》第568頁（Rhodes, *Dark Sun*, 568）。

[2] 國防部國防分析研究所（IDA），第157頁。

[3] 1952—1954年《美國對外關系文件》2：第475-489頁（FRUS[1952~1954] 2: 475~489）。其中內容涉及1953年9月關於美國本土防空系統的報告，報告中將蘇聯的潛射核導彈視為近期的威脅，盡管報告中也承認缺乏蘇聯核潛艦的明確證據。還可參見，國防部國防分析研究所（IDA）87和1956年3月6日國家情報評估（NIE 11-56），《至1959年中期蘇聯攻擊美國本土和關鍵海外設施及軍隊的總體能力》（《中情局冷戰記錄》4：第9-37頁）（"Soviet Gross Capabilities for Attack on the U.S. And Key Overseas Installations and Forces Through Mid-1959", in CIA 4：9~37）；摘錄於1955—1957年《美國對外關系文件》19：第665-672頁（FRUS[1955~1957] 19: 665~672），其中涉及1957年11月12日的國家情報評估（NIE 11-4-57），《蘇聯（戰爭進攻）能力和政治的主要趨勢》（「Main Trends in Soviet Capabilities and Policies」）。事實上，在1955年9月，蘇聯試驗了短程（166千米）的潛射彈道導彈（R-11FM型，實際上是「飛毛腿」彈道導彈的潛基改型），1958年1月28日此該套潛射系統服役。同期，蘇聯還開發了一種跨音速的巡弋飛彈——P-5型（北約命名為SS-N-3「柚子」，與美國同期的天獅星導彈類似）。1960年，蘇聯海軍首次完成了作戰潛射巡弋飛彈的部署。

[4] 羅森伯格：《為了末日決戰：美國核戰略的基礎，1945—1961年》，第205頁（Rosenberg, *"Toward Armageddon"*, 205）。

[5] 1958—1960年《美國對外關系文件》3：第492頁。根據羅森伯格《為了末日決戰：美國核戰略的基礎，1945—1961年》297頁內容（Rosenberg, *"Toward Armageddon"*, 297），基斯佳科夫斯基曾告訴艾森豪威爾稱，戰略空軍司令部的計算機系經常出現此類問題。

[6] 羅森伯格：《為了末日決戰：美國核戰略的基礎，1945—1961年》，第240頁（Rosenberg, *"Toward Armageddon"*, 240）。

人震驚。[1] 當時，美國軍方各軍種總體上已就戰略打擊蘇聯的問題達成一致意見，即要摧毀蘇聯的眾多目標，美國必須擁有大量的核武器，根據目標和打擊需要明確戰略空軍和戰術空軍的數量規模。海軍雖然也具備一定的核打擊能力，但其僅具備有限的投擲能力，因此在空軍的核戰爭計劃中完全居於次要角色。但在審查戰略空軍的計劃時，各軍種發現很多戰略空軍所選定的目標中，有些目標相互間的距離如此之近（用單枚大威力核彈完全能完成摧毀），但在戰略空軍的計劃中仍要求對相鄰目標都投擲核武器，這將導致巨大的浪費以及核彈相互間影響的問題，而且投擲大量核武器所產生的輻射塵完全有可能飄到歐洲和遠東（如日本）並殺傷盟國數以百萬計的人口。審查認為，只須使用少得多的核武器就能實現預期的毀滅效果。這些無疑表明，戰略空軍對Bravo方案和先發制人打擊策略達到了癡迷的程度，其力量完全超出了所需。

　　與李梅的先發制人策略不同，行政當局實際上更多地預想由蘇聯率先發起戰略進攻，或者至少是對方先有這樣的意圖。因此，決策層要求戰略空軍研究制定替代性的二次打擊計劃。[2] 從海軍的角度看，這是其重振自原子時代起就屢受挫折的大好時機，海軍力量的靈活性使其擁有比戰略空軍更強的生存能力，因此如果傾向於采用二次打擊的策略將有利於海軍。海軍意識到他們已具備替代戰略空軍及其戰略任務的潛力，其打擊力量，特別是當時日益成熟的潛射導彈能力，將成為二次打擊戰略的核心，而不再只是無足輕重的力量。

　　與赫魯曉夫類似，艾森豪威爾此時非常擔憂大規模的戰略核武庫所蘊含的潛在風險。「非常明顯，核時代的戰爭需要將戰爭毀滅人為地限制在人類所能承受的限度內」，如果美國傾出其核武庫中的所有核彈，就算打敗了蘇聯人，美國也難言勝利，屆時可能整個北半球都充滿著致命的輻射塵降。「我們應該將這樣的戰爭後果當作常識來灌輸」。[3]

　　艾森豪威爾當然不願意就此打壓、削減戰略空軍，他可能認為戰略空軍龐大的絕對規模是一種有價值的保證，因為蘇聯可能發動的突然襲擊（其可能性很可能被戰略空軍所低估）將不可避免地毀損一部分戰略空軍的力量，而其殘余的力量仍能完成與敵同歸於盡的任務。隨著三軍逐漸擁有了自己的核武器，他批准了戰略空軍司令部提議的將軍方所有核打擊能力都置於統一的「單一整合作戰計劃」（SIOP-62）之中。[4] 這項核戰爭計劃非常恐怖，它的目標不僅指向蘇聯，連中國等共產主義國家同樣被納入在內，這意味著從根本上清除全球的共產主義勢力。計劃的制定並非軍方高層概略

[1] A.D.羅森伯格：《超殺的起源》，摘自1971年春季刊《國際安全》，第3-71頁（A.E. Rosenberg, *"The Origins of Overkill", International Security* [spring 1971], 3～71）。

[2] 梅、斯坦布魯納和沃爾夫：《戰略軍備競爭的歷史》，第459-460頁（May, Steinbrunner, and Wolfe, *History of the Strategic Arms Competition*, 459～460）。

[3] 1958—1960年《美國對外關系文件》3：第147-152頁、第183頁（FRUS[1958～1960] 3: 147～152, 183）。

[4] 1958—1960年《美國對外關系文件》3：第1-3頁、第49-51頁、第65-68頁（FRUS[1958～1960] 3: 1～3, 49～51, 65～68）。

的規劃，而是經過詳盡、嚴密的設計。艾森豪威爾知道，自50年代末起中蘇之間的裂痕正在擴大，但他擔心一旦美蘇之間的核戰爭未波及中國，後者將具有成長為另一個蘇聯的潛力，即是說成為另一個對西方世界具有致命威脅的國家，因此不論如何中國都將被列入核打擊清單。[1]

政府內部的批評認為，此項計劃將需要進一步擴充戰略空軍的轟炸機群和核武庫規模，艾森豪威爾總統曾咨詢他的科學顧問基斯佳科夫斯基，評估此「單一整合作戰計劃」及其後繼的第二波核打擊計劃。基斯佳科夫斯基指出，兩波次核攻擊完全超過了摧毀對手所需的殺傷手段，根據其看法，計劃中後繼實施的第二波次核攻擊幾乎再無取得更大殺傷效果的空間了，因為首次核攻擊的強度已足以殺傷目標區域的人口4到5次。艾森豪威爾對此感到極為震驚。[2] 此外，美國最初的核戰爭計劃實際上很可能無法實施，因為此後初顯威力的偵察衛星發現，目標規劃團隊對很多待打擊目標地理位置掌握的准確程度，並未精確到足以確保命中它們的水平。[3]

至此，戰略空軍失掉了決策層的青睞，但它仍認為已在這場軍種利益爭奪中取得了勝利。艾森豪威爾已下定決心，無論未來采購新型轟炸機或是導彈，都不再將之與「單一整合作戰計劃」計劃掛鉤。到1960年，戰略空軍最重要的主力機型B-47轟炸機已逐漸老化，當時看，在可預見的未來，每年少量入役的遠程戰略轟炸機B-52仍不足以彌補因B-47退役而造成的戰力損失。當時，新興的彈道導彈項目仍無法提供戰略空軍曾經擁有的百萬噸級核彈的投射能力，但對戰略空軍已抱有懷疑態度的艾森豪威爾已決定不再采購下一代的新型轟炸機B-70。

無論制定何種進攻性的戰略計劃，戰略空軍司令部必須考慮如何避免遭受蘇聯的突然性戰略突襲。1954年3月27日，艾森豪威爾要求國防部國防動員署下屬的科學顧問委員會研究如何降低蘇聯戰略突襲可能性。該委員會，由小詹姆斯‧R.基利安（James R. Killian Jr）牽頭，由42名成員組成，其中包括的由專精相機和膠卷研制的寶麗來公司的埃德溫‧蘭德（Edwin Land）所領銜的情報能力小組。1954年中期，該委員會提議研制一種高空偵察機作為對蘇戰略偵察的過渡期解決方案（即後來著名的U-2偵察機項目），長遠目標是設計戰略偵察衛星。根據規劃，這兩種偵察手段都具

[1] 對相關檔案可參見1958－1960年《美國對外關系文件》3：第382-385頁、第407-408頁、第420-421頁和第442-451頁（FRUS[1958～1960] 3: 382～385, 407～408, 420～421, 442～451）；還可參見梅、斯坦布魯納和沃爾夫：《戰略軍備競爭的歷史》，第466頁（May, Steinbrunner, and Wolfe, *History of the Strategic Arms Competition*, 466）。

[2] 羅曼：《艾森豪威爾和導彈差距》，第85頁（Roman, *Eisenhower and the Missile Gap*, 85）。

[3] 1958－1960年《美國對外關系文件》3：第483頁、第492頁（FRUS[1958～1960] 3: 483, 492）。根據羅森伯格：《為了末日決戰：美國核戰略的基礎，1945－1961年》第293-295頁內容（Rosenberg, *"Toward Armageddon"*, 293～295），「單一整合作戰計劃」（SIOP-62）中涉及對蘇聯的1050個戰略性目標實施打擊，這些目標從2600余個重要目標中精選而出，而後一類重要目標又是從范圍更大的4100余個國家目標清單（NSTL）中選出。在最重要的1050個目標中最頂級重要性的目標有600余個（皆高於參謀會制定的重要戰略目標標准），所有這類目標皆受到重點關注。對此，美國海軍認為對這類重要戰略目標的打擊需要使用300～500千噸級核彈。而一旦真正實施了核打擊，不僅將造成對蘇聯的重大毀滅，蘇聯周邊的各國城市和地區（包括赫爾辛基、柏林、布達佩斯、漢城以及日本北部）都將遭受致命的輻射落塵的殺傷。

備發現蘇聯實施戰略突襲的早期准備跡象的能力。[1] 隨著美國對蘇聯戰略能力的恐懼加劇，艾森豪威爾決定盡快將U-2偵察機投入對蘇戰略偵察任務。至1956年起，這型偵察飛機開始執行這項高風險的偵察行動，蘇聯的雷達基本都能發現間諜飛機的蹤影，但卻缺乏有效攻擊它們的手段。盡管蘇聯一時無法對付高空偵察，但艾森豪威爾還是謹慎地批准這類間諜飛行，以避免偶然性事故造成惡劣影響，也正因如此，U-2偵察機亦無法提供足以探測蘇聯戰略突襲准備的連續偵察情報。

另一方面，每次獲悉美國U-2偵察機毫髮無損地飛越蘇聯領空，都時刻提醒赫魯曉夫其國土戰略防空能力的低下。在U-2肆虐蘇聯領空的時間裡，蘇聯的攔截戰機一次次升空攔截卻始終未能成功。美國人每次從U-2偵察艙中取回的蘇聯腹地照片，所記錄的正是對蘇聯羞辱的失敗。直到1960年後，隨著蘇聯研制成功了高空防空導彈，U-2飛機的對蘇戰略偵察才告一段落。

比飛機更安全的衛星，盡管僅能提供有限的偵察覆蓋面積，但在當時仍是檢視蘇聯腹地潛在目標的最有效偵察手段。當然，衛星手段也存在缺陷，它們只適於戰略普查，卻無法在短時間內反復偵察同一地區的變化情況，而且易受地面天氣條件影響。如果蘇聯的戰略轟炸機在衛星偵察掃視其機場的間隔完成准備，衛星照片並不能顯示期間的變化。美國早期的戰略偵察衛星，即「科羅娜」衛星於1959年2月升空，其完成空間照像偵察後將膠片艙投回大氣層，由特種飛機在空中進行回收（返回艙的回收試驗失敗了13次之多，直到1960年8月才獲成功）。[2] 考慮到U-2飛機在1960年被擊落後導致美蘇之間的外交紛爭，偵察衛星的出現正逢其時，無人化的操作方式加之空間飛行不虞被擊落的風險，使之使用幾乎不用冒什麼政治風險。但不幸的是，早期空間偵察照片成像質量仍難達到U-2偵照的水平。

在一次國際會議上，戴高樂曾指責赫魯曉夫稱，蘇聯的衛星每天都經過巴黎16～18次，對法國大搞間諜偵察活動。對此，赫魯曉夫的反應非常特別，他稱他才不在乎有多少顆衛星飛越蘇聯領土，「任何人都能使用經過蘇聯領土的衛星拍攝他想要的照片」。不幸的是，此次會議並未記錄下任何贊同的聲音，但艾森豪威爾認為赫魯曉夫的言辭無論如何都是有用的。[3] 近年來，冷戰史學術界曾有推測認為，艾森豪威爾當局蓄意延誤美國的偵察衛星項目，以確保蘇聯率先獲得這一領域的能力，進而使蘇聯同意關於衛星擁有自由飛越地球表面任何國家的權利。至晚在1960年形成的有關

---

[1] 梅、斯坦布魯納和沃爾夫：《戰略軍備競爭的歷史》，第593頁（May, Steinbrunner, and Wolfe, *History of the Strategic Arms Competition*, 593）。還可參見佩德洛和維曾巴赫：《中情局和U-2諜項目，1954—1974》一書（Pedlow and Welzenbach, *The CIA and the U-2 Program*）中關於中情局對此項目的官方報告（現已解密）。

[2] 比塞爾：《一位冷戰武士的深思》，第92-93頁（Bissell, *Reflections of a Cold Warrior*, 92～93）。關於該項目的細節信息，可參見皮伯斯：《「科羅娜」項目：美國的首枚間諜衛星》（Peebles, *The Corona Project*）以及《中情局冷戰記錄》卷5（CIA, vol.5）中相關內容，其中包括一份基於「科羅娜」項目獲得的偵察照片的情報評估報告（NIE-11-8/1-16），即1961年9月21日發布《蘇聯遠程彈道導彈力量的實力和部署》（"*Strength and Deployment of Soviet Long-Range Ballistic Missile Forces*", 21 Sep 1961）。

[3] 1958—1960年《美國對外關系文件》3：第409頁（FRUS[1958～1960] 3: 409）。

空間飛行自由的觀點似乎值得關注，這也意味著美國行政當局至少在3、4年前仍無這樣的構想。此外，U-2偵察機及後繼偵察衛星對美國決策層和軍方也產生了非常重要的影響。因為U-2偵察機的絕密行動直接由中央情報局，而不是空軍負責（空軍曾試圖接管此項目但並未成功），這也是空軍第一次面對中立的關於蘇聯戰略進攻力量規模的直接情報來源。由情報機構通過判讀偵察照片來計算蘇聯的轟炸機和導彈數量，使得空軍再也無法為了本軍種需要而肆意捏造威脅。

源源不斷的偵察照片，先是來自於U-2偵察機，接著回收自一系列偵察衛星，徹底地改變了美國情報界。傳統上依賴人力情報的情報機構很難完全客觀地判讀其情報來源，並且會得出多少帶有主觀性的結論。即便是偵聽無線通信的技術情報手段，偵聽到內容的上下文語境對於正確地解讀情報信息也非常重要，因此也很難稱得上完全客觀。但衛星照片提供的卻是明確客觀的信息，情報分析人員通過識別和測量照片所記錄的信息，往往能得到較准備的客觀信息。鑒於此，此後美國情報機構開始湧入大量圖像分析人員。部分的，由於蘇聯社會的封閉性，傳統情報手段難以打開鐵幕，因此新的「客觀」情報極受歡迎。例如，蘇聯國內活躍著龐大的反情報力量，甚至每名到訪蘇聯的外國人都會被監視，每間賓館的房間亦都受到單獨的監控。[1]

當然，新的圖片情報並未萬能，有時它們甚至比想象中的更不可靠。缺乏其他渠道情報手段的印證，大規模的技術數據也可能會誤導決策者。例如，80年代根據美蘇中導條約，在蘇聯被迫拆除其部署在東歐的SS-20中程導彈的過程中，針對美國依賴技術偵察手段的情況，蘇聯通過采取偽裝和假目標等措施，使得美國政府及軍方對蘇聯拆除導彈產生了誤判。最令美國情報機構尷尬的是，其對蘇聯核彈頭數量的評估非常不准確，比如，冷戰末期據美國曾估計蘇聯擁有2.8～3萬枚核彈頭，但到90年代初蘇聯解體後，負責拆除這些核彈頭的俄羅斯國防部長曾要求西方和美國提供資金，以處理他所控制的4.5萬枚各式核彈頭。

在1955年2月14日報告中，基利安委員會指出，如果蘇聯轟炸機威脅非常嚴重的話，那麼其彈道導彈的威脅可能更為糟糕。當時的報告中，認為蘇聯已開始著手其洲際彈道導彈的研制工作，蘇聯似乎已將這種新武器作為其最為優先的重要項目，作為少數幾種可直接打擊美國本土的有效手段，洲際導彈無疑將非常勝任這一任務。一旦蘇聯擁有大量類似導彈，他們將能完全忽視戰略空軍能力，甚至不是在幾個小時內，而是在30分鍾內先發制人摧毀戰略空軍的基地設施。獲此情報後，美國絕望地感到，不僅必須盡快發展自己的洲際導彈能力，而且還要采取措施以彌補傳統戰略空軍在面對蘇聯新武器時的缺陷。

---

[1] 在蘇軍奧列格·潘可夫斯基上校叛逃至西方前，1961－1962年間西方對蘇聯類似項目的情報掌握極為有限。作為一名格魯烏高級情報軍官，奧列格·潘可夫斯基上校使西方了解了蘇聯軍事體系的結構，在叛逃時他還隨身攜帶了大量秘密、甚至絕密級的蘇聯資料（比如蘇軍的《軍事思想》期刊，Voyennaya Mysl）。所有這些資料以及根據他的口述的所形成的蘇聯情報文件現存於「國家安全檔案」的「蘇聯評估」類別中。

　　在當時看來，任何對洲際導彈的有效防禦都是不可能的。對抗此類導彈最好的結果，可能僅在於能盡早發現蘇聯的導彈發射，爲己方戰略轟炸機盡早升空提供些許預警時間。例如，美國此後在格陵蘭島和蘇格蘭設立的大型早期預警雷達（BMEWS），只有在蘇聯導彈升空並到達足夠高度後才能發現其飛行活動，在最有利的情況下也僅能爲本土提供15分鐘的預警時間。而且此預警系統非常容易產生虛警信號。例如，1960年10月5日，位於圖勒的一座新雷達站就錯誤地將月亮識別爲導彈攻擊信號，由於雷達未能預測導彈的落點，因此北美防空司令部（NORAD）和戰略空軍司令部將其判定爲虛警信號，之後查證果然如此。後來，一系列經改進的預警雷達投入使用，但它們始終無法完全杜絕虛警的問題，直到80年代甚至還發生過類似的事件。這類系統當年就已引起爭議，有意見認爲美國不應投資此類遠未成熟的自動化戰略導彈防禦系統。[1] 當然，此後歷史發展也證實了美國戰略空軍的確從未有真正的機會投入實戰。艾森豪威爾曾評論這樣的一個常識，即絕對不能將人的因素與涉及核武器的微動扳機以實戰的姿態聯繫在一起，實踐證明，他是對的。

　　美國初期部署的預警雷達僅能爲本土提供15分鐘的預警，這意味著理論上一旦接獲警報，戰略空軍的值班戰機必須要在15分鐘內升空，升空初期的幾分鐘內，即便來襲核武器命中其剛起飛的基地，空中戰機仍可大體確保安全。當然，現實總比理論復雜困難得多。例如，戰略轟炸機是一套復雜的武器系統，爲保持較高戰備出勤率，必須持續維持對它的保養，因此戰略空軍更喜歡將其集中在少數幾處大型基地內（集中易於維護），但這也使這些少數基地成爲非常具有吸收力的目標。另外，無論基地可駐停多少架轟炸機，其起降能力總是有限的，因此當緊急戰備需要起飛的飛機越多時，整個機群升空所需的時間就越長。

　　1957年10月，戰略空軍開始進入執行戰備值班。根據試驗，在接到警報後僅能在15分鐘內確保其三分之一的力量升空，因此，戰略空軍規劃了其力量的戰略輪值制度，特別是在形勢緊張時期，每天戰略空軍都會保持其三分之一的力量在空中執行巡邏飛行任務，另三分之一於地面戰備值班，最後三分之一處於維護保養狀態。[2] 盡管預警系統可能會有誤報的情況，但是一旦轟炸機完成升空，它們的處境就相對安全了，這也爲戰略決策預留了更多的時間。此規則被戰略空軍稱之爲「故障保護」（後來更名爲「積極控制」）。最初，這套戰備值班行動一旦展開，除非獲得統帥部的召回命令，升空轟炸機將前往各機預定目標完成轟炸。隨著戰略空軍高戰備值班情況被公之於眾，其高戰備狀態的值班飛行亦爲蘇聯所知曉，當然在美國看來，這是防止蘇聯企圖僥幸突襲美國政府首腦的有效威懾。但任何構想都有漏洞，比如如果發現預警信息是虛警需要召回飛向目標的飛機時，召回信號可能無法被任務飛機接收到，例

---

[1] 國防部國防分析研究所（IDA），第218頁。
[2] 國防部國防分析研究所（IDA），第158頁。

如，由於太陽黑子運動會影響無線電信號傳播，可能導致未接到召回信息的核轟炸機全面誘發蘇聯的核反擊。[1] 因此，在實踐中，升空警戒的轟炸機只有在接收到行動的指令後，才會真正開始向目標飛行，否則就需返回基地。

下一步是實現載核轟炸機在空中的常態化警戒飛行。盡管這需要投入大量飛機和機組成員，但這種方式最能保證部分轟炸機在蘇聯的核突襲中的生存率。從轟炸機的滯空性能考慮，當時只有B-52轟炸機適宜擔負此類任務。通常，戰略空軍在任何時間都確保有12架轟炸機處於滯空警戒狀態。1962年古巴導彈危機，美蘇之間的核戰爭一觸即發，戰略空軍司令部更是首次實施全面的空中警戒飛行，期間戰略空軍在相當長時間內實時維持有65架B-52轟炸處於滯空警戒狀態。[2] 在此後的冷戰歲月裡，戰略空軍也持續維持著部分B-52轟炸機的實時滯空警戒飛行。當然，在局勢較穩定的時期，大多數轟炸機仍處於地面維護狀態，戰略空軍亦不會在沒有得到實質性預警信息的條件下放飛其轟炸機群主力。

除了保持核轟炸機的高戰備狀態，戰略空軍還必須確保起飛的戰機能夠抵達其目標並完成攻擊任務。自50年代起，蘇聯開始構建其嚴密的戰略防空系統，盡管從美國的角度看，這些系統並不具備多少令人印象深刻的技術優勢。但到50年代末期，蘇聯仍建成了覆蓋其大部分國土的防空預警雷達網絡，當然它們僅在探測中、高空（3000米左右）飛行器時具有較好的效果，同期蘇聯部署的防空導彈在此空域高度范圍內對入侵戰機構成較大威脅。[3] 為尋求高突防率，戰略空軍開始嘗試低空突防戰術，B-47轟炸機顯示出其具備像戰斗機那樣從低空實施突防的能力，並能在進入蘇聯新式低空防空導彈的攻擊范圍前完成彈藥投擲（由於地表曲率和雷達控制距離因素的影響，突防高度越低，敵方防空導彈的有效攔截距離越小）。當然，有利必有弊，低空飛行對機組成員的素質要求更高，同時戰機磨損也更快，戰略空軍司令部曾發現經歷大量低空飛行訓練的轟炸機，其故障率升高且服役周期縮短，同樣的情況也出現在英國皇家空軍之中。[4]

隨著蘇聯防空導彈性能提升，轟炸機的投彈方式也在發生著變化，從最初飛臨目標上空投彈，到攜帶導彈在敵方防空武器射程外實施防區外發射。最初此戰術出現在超音速戰術飛機上，但在1959年美國曾計劃研究極具未來色彩的由轟炸機發射的彈道導彈，即「天弩」空地導彈項目。[5] 當時，這種導彈對戰略空軍司令部非常重要，

---

[1] 這種可怕的可能性正是電影《奇愛博士》（*Dr. Strangelove*）和小說《安全失效》（*Failsafe*）的基礎。

[2] 國防部國防分析研究所（IDA），第329頁。

[3] 國家情報評估（NIE 11-3-61），《至1966年中期中蘇防空能力》，發布於1961年7月11日（*"Sino-Soviet Air Defense Capabilities Through Mid-1966"*, 11 July 1961）。

[4] 克納克：《第二次世界大戰後的轟炸機》，其中有第137-142頁（內容是B-47）、第386-389頁（內容是B-58）（Knaack, *Size, Post-World War II Bombers*）；關於同期的英國「勇士」戰略轟炸機，可參見韋利：《英國皇家空軍核威懾力量》第464-465頁（Wynn, *RAF Nuclear Deterrent Forces*, 464～465）。

[5] 羅曼：《艾森豪威爾和導彈差距》，第161-163頁（Roman, *Eisenhower and the Missile Gap*, 161～163）。

但對同期的英國來說它的重要性更爲突出。這是由於美國的戰略核威懾並不完全由戰略轟炸機構成，其海軍航母、潛艦及導彈都能投擲核武器；而對英國而言選擇則有限得多，在其當時僅有的轟炸機和固定式彈道導彈兩種威懾方式中，固定的導彈易受打擊，轟炸機則靈活得多，因此英國非常看重「天弩」這樣的機載核導彈系統。至1960年，英國放棄了自己的彈道導彈項目，轉而尋求由美國供應「天弩」導彈裝備自己的轟炸機。

另一方面，當時美國軍界卻因「天弩」導彈項目而發生意見分歧。例如，反對聲音擔憂這種導彈將從其他軍備項目中分流資源，而且，發展一種由大型飛機搭載並發射的彈道導彈無疑將極大地增加技術復雜性，由於經費有限空軍甚至不得不降低其戰術性能以限制成本。艾森豪威爾當局故意將此項目是否量產的最終決定遺留給下屆政府。實際上，此型導彈被視作與盟國討價還價的籌碼，例如，美國政府曾在1960年數次向英國保證將繼續進行該項目，但亦向英國提出，作爲爲英國提供此型導彈的回報，英國應允許美國重要的「北極星」級核潛艦駐停於其基地。

在艾森豪威爾當局看來，轟炸機及其武器在冷戰中發揮的作用主要是使冷戰更冷。對於這場競爭未來的結果，艾森豪威爾並未抱有幻想：競爭將繼續激烈地進行下去，但主要在戰爭以下的層級上展開。在東西方在歐洲激烈對峙形成均勢後，蘇聯有可能在第三世界挑起爭端，在外圍戰場獲取優勢。雖然現在蘇聯仍缺乏向這些地區投射實力的能力，但普遍貧困落後的第三世界國家對西方原殖民宗主國的不滿情緒，仍有大量可供其利用的機會，比如第二次世界大戰後1947—1949年蘇聯在歐洲各國操縱的人民陣線左翼勢力。此後，美國成功遏止了蘇聯向伊朗的滲透行動，此亦暗示中情局的秘密戰可能是對抗蘇聯隱蔽攻勢的最佳手段。

50年代初，蘇聯支持的左翼勢力似乎已快要實現對拉丁美洲危地馬拉政權的接管。在1954年之前的幾年，該國政府都由左翼黨派控制並傾向於執行類似蘇聯的政策，比如其政府對美國聯合果品公司的國有化。如果危地馬拉不那麼靠近巴拿馬運河，可能並不會使美國那麼敏感，事實上該國地緣上的重要性加之其左傾化令美國非常緊張。考慮到巴拿馬運河對美國自由運用其海上力量的極端重要意義，美國必然對其政府非常關注。例如，50年代在斯大林逝世時，該國是西半球唯一一個舉行了一分鍾默哀儀式的國家。因此，中央情報局實施了針對該國總統艾賓斯的政變，結果使該國的右翼獨裁政府上台。極具諷刺意味的是，當年美國的陰謀之所以會爲該國帶來獨裁，部分原因正是艾賓斯在1952年總統大選的預熱階段消滅了其右翼的競爭對手，弗郎西斯科·賈維爾·阿拉納（Francisco Javier Arana），致使政變後的右翼領導人根本無人制衡。[1]

---

[1] 比塞爾：《一位冷戰武士的深思》，第92-99頁（Bissell, *Reflections of a Cold Warrior*, 92～99）。

美國在危地馬拉的行動極不尋常，這表明了美國決不允許任何反美勢力靠近巴拿馬運河的決心，而美國對拉丁美洲其他國家的左傾趨勢並不太在意。例如，當時很多拉丁美洲國家普遍並不親美，在整個50年代甚至還有部分國家曾以國有化的名義罰沒了美國資本。當1958年作爲副總統的理查德‧尼克松（Richard Nixon）訪問委內瑞拉首都加拉加斯時就曾受到攻擊。但是美國國內反應並不強烈，整體而言，美國政府在50年代似乎並未采取多少措施試圖控制其他拉丁美洲國家。

中央情報局也曾於1958年試圖在印度尼西亞發動政變，因爲當時該國領導人蘇加諾表現出投奔共產主義陣營的傾向。[1] 該國同樣因其地緣位置的戰略意義（毗鄰通往遠東的海上航線），以及富集各種戰略資源而受到美國關注，太平洋戰爭初期的1941—1942年美英等國亦曾在此與日軍作戰。戰後在第三世界國家的民族主義解放風潮中，該國與西方關系並不好，但1956年爆發於印尼西部蘇門答臘島上的反叛活動使美國看到了機會。接著到1957年，蘇加諾宣布禁止該國所有政黨的活動（在美國看來這是其准備操縱民主的證據），並准備赴幾個主要共產黨國家首都訪問，這些事實無疑更加刺激了美國采取行動的決心。即便在政變前兩個月蘇加諾剛剛熱情接待完蘇聯領導人伏羅希洛夫，仍未能阻止美國人的行動。1957年9月，中央情報局獲得授權對該國實施秘密政變行動，其計劃在於通過支持該國叛亂組織，制造混亂以造成其形勢不穩的狀態，使美國有理由不再承認蘇加諾政府的合法性，進而以保護美僑及財產爲由，派兵登陸印尼主要地區推翻蘇加諾政府並扶持親西方的政治勢力。中情局的計劃非常嚴密，即便政變不成由其扶持的印尼地方勢力也將使整個國家陷入分裂，在美國人看來，與其整個印尼成爲共產主義國家，不如使其分裂和混亂更爲有利。與此同時，爲了轉移國內民衆對叛亂事件的注意力，蘇加諾政府鼓噪重新奪回荷屬西新幾內亞地區的活動（並非訴諸於戰爭手段）。在與叛軍的談判中，叛軍聲稱只有蘇加諾改組內閣並放棄對民主的操縱，叛亂才會平息。蘇加諾拒絕了叛軍的提議，雙方持續進行交戰，到1958年2月，叛軍組織領導人宣布建立替代性的政權。但中情局並未因此而歡呼，事態後繼的發展也證明，叛軍並不如他們所想象的那麼強大和具有凝聚力，因此無法完全瓦解蘇加諾的勢力。期間，一些偶然性的事件亦令美國尷尬不已，包括

名中情局的探員駕機向叛軍運輸其援助武器時被蘇加諾軍隊擊落並被俘，在其身上搜到的身份證明文件等文書資料令蘇加諾對美國的行徑非常憤怒。爲了尋求印尼方面釋放這名情報人員，美國允諾勸說荷蘭政府放棄西幾內亞地區，使印尼政府能夠和平地獲得該地區。這次失敗的政變行動使印尼的形勢向杜勒斯所擔憂的方向發展：蘇加諾不僅未因政變而受到影響，而且繼續向蘇聯請求更多援助。很快，蘇聯武器開始進

---

[1] 埃文‧托馬斯：《最優秀的人：四位勇士，中情局的早期歲月》，第157-160頁（Evan Thomas, *"The Very Best Men"*, 157～160）；普拉多斯：《總統的秘密戰爭：第二次世界大戰至波灣戰爭期間中情局和五角大樓的秘密行動》，第130-144頁（Prados, *Presidents' Secret Wars*, 130～144）。

入該國，到1962年時，明確表現出反西方傾向的印度尼西亞已經真正成為一個問題，作為東南亞地區的一支主要力量（至少表面上如此），它扼控著對西方至關重要的航線和海域。

西方情報機構的秘密戰也被用於對付中國。[1] 1950年8月，中國軍隊進入西藏，在此之前，中國盡管名義上具有對西藏的宗主地位，但對該地區的實際控制始終很弱。共產黨軍隊進入西藏後，像在中國其他地區發生的那樣，急劇地改變了西藏的社會治理體系，這引起了西藏原神權統治階層的不滿。1954年，前統治階層發動武裝叛亂，中國軍隊繼而進藏鎮暴。為了控制這個地區中國軍隊修築了多條進藏的公路，但這些交通線條件極差並經常封閉。

現有史料表明，中央情報局早在1951年時就以情報收集為目的，而與西藏上層人士有所接觸。此後西藏爆發了武裝起義後，也被美國視作一次重要機會，特別是西藏人很快表現出他們與共產黨軍隊戰斗的意願後，美國更願意為其提供援助。1956年，中情局與西藏叛亂勢力展開大量合作，包括為叛軍空投裝備和人員等。中情局甚至還為流亡出西藏的叛亂組織提供各種訓練，訓練地點最初在台灣，最終選擇在本土的科羅拉多州訓練營。至1957年，據估計西藏共有8萬余人反共力量，外加1萬人左右的反共的盜匪以及當時的部落人員。中情局這些人提供的裝備部分來自於流產的印度尼西亞政變行動。1958年叛亂組織與入藏的中國軍隊發生主要作戰行動，當時抵抗力量試圖與14個中國師抗衡，部分參戰軍隊曾參加朝鮮戰爭，很快就擊潰了叛亂武裝，徹底將其趕出了西藏地區。為向西藏地區的叛亂組織提供武器和給養，美國付出極端高昂的代價（主要是運輸成本），但這些行動可能也使中國無法將其入藏軍隊轉用於其他地區。與此同時，中國也痛苦地意識到在其他邊境地區面臨越來越難以控制的局面（主要是印度之後在邊境地區對中國發起的挑戰）。

至少在1958年時，西藏地區主要的精神領袖——達賴喇嘛，仍未明確支持叛亂戰爭。但到1959年3月，在中國人試圖將其「保護」起來防止更多叛亂事件後，他及其隨從倉惶逃往印度，並開始轉向抵抗共產黨的立場。達賴喇嘛出逃後，中國軍隊炮擊了他的居所，並在近10天的戰斗行動中造成多達4萬人的傷亡。在西藏的其他地區，中國宣稱當年他們消滅了8.7萬名西藏反叛組織成員。

西藏的抵抗行動嚴重地依賴美國空投的補給，這類任務主要由駐泰國的美軍C-130戰術運輸機完成。1960年5月1日，在蓋瑞·鮑爾（Gary Power）駕駛的U-2偵察機被蘇聯在其領空擊落後，艾森豪威爾總統曾下令禁止所有飛越共產主義國家上空的行動，這同樣影響了對西藏抵抗力量的補給。中情局不得不改用陸路的補給運

---

[1] 普拉多斯：《總統的秘密戰爭：第二次世界大戰至波灣戰爭期間中情局和五角大樓的秘密行動》，第130-144頁（Prados, *Presidents' Secret Wars*, 130～144）。關於此的最近的記錄，基於解密的美國官方資料，這次資料收錄於克勞斯：《冷戰的孤兒：美國和為了求存的塔利班》（Knaus, *Orphans of the Cold War*）。

輸方式。此後上任的肯尼迪總統，其駐印度大使約翰‧肯尼思‧加爾布雷恩（John Kenneth Galbraith），由於厭惡地看待西藏抵抗運動，因而曾試圖停止對西藏人的資助，這在國內曾引起爭議。當時西藏反抗共產主義的勢力被認爲是美國的盟友，他們不應被遺棄。之後，中情局將行動重心移往尼泊爾。失去了美國的空中補給支援，西藏當地的抵抗運動逐漸被撲滅，畢竟中國人有能力封閉所有大多數邊境通道，只靠陸路進行運輸非常易中斷。1970年代初期，西藏境內的武裝抵抗運動盡管已大爲削減，但仍有持續，直到1973年中國與尼泊爾政府交涉，後者同意關閉中尼邊境後，西藏的抵抗才完全消失。

對於西藏人的抗爭，中情局從未抱過高的希望，因爲此前中國在此前一系列戰爭中表現出的能力實在太令人印象深刻了。但對西藏人，特別是抵抗組織的人士而言，勝利顯然並不緊要，他們經常稱，面對中國人的暴行，他們將願意戰鬥到最後一人。事實上，他們的抵抗已盡到了自己最大的努力，在西藏極爲惡劣的高海拔多山環境中，他們持續了盡可能長的時間。在西藏的抵抗漸漸平息後不久，蘇聯很快發現他們與將經歷中國軍隊在西藏所面臨的那種復雜、惡劣戰場環境。在與中國不同的是，在阿富汗蘇聯軍隊最終不得不撤離。

第19章
赫魯曉夫的「新面貌」

　　在艾森豪威爾主政時期，對應著蘇聯的統治者是赫魯曉夫，當時他所面臨的形勢與艾森豪威爾並沒有太多不同。在對待百萬噸級的熱核戰爭問題上，他與艾森豪威爾的看法頗爲相近，兩人都認爲運用大量核武器的全面戰爭實際上已不太可能發生了。因此，兩國斗爭的焦點從均衡的歐洲轉向了雙方力量都非常薄弱的第三世界。與艾森豪威爾類似，他同樣認爲維持大規模常備軍將侵蝕本就不穩健的國內經濟，無助於提升蘇聯在冷戰中的優勢。在他之前的斯大林時代，爲了全面與西方競爭，斯大林不顧國內經濟情況耗費巨資發展重型轟炸機及大型戰艦等軍備，使內形勢更爲惡化。赫魯曉夫上台後，表現出迥然相異的更傾向於依賴其個人直覺的執政風格，因此現在並不清楚他是否從最開始就意識到他的政策會導致何種後果。當然，如前所述，他執政後同樣通過強調相對經濟的核軍備來減少其軍費開支。他的高級將領也與美國的同行們一樣，對戰爭和軍備同樣形成了較爲相似的觀念，即完全以核武器作爲軍備重點並不可行，軍隊仍需保持強有力的常規能力。對此，赫魯曉夫並不真正在意軍方的微詞，因爲他和艾森豪威爾一樣，從來就沒打算真正使用軍事力量。

　　赫魯曉夫缺乏或者說僅有非常有限的軍事經歷。根據他的回憶錄，對於斯大林在世時所致力於發展的新技術，在他上台後他和他的政治局同事們都對其只有模糊的認識。例如，赫魯曉夫曾稱，當他第一次得知蘇聯新型反艦導彈能夠將費用高昂的巡洋艦迅速送入海底後，他感到無比震驚。對於核武器，他同樣明白少量核導彈將能取代大規模的炮兵部隊。因而，對於核時代的軍備，他認爲發起一場核導彈革命，至少能急劇地降低蘇聯軍事機器的成本。

　　在50年代初期，蘇聯利用耗費了國家大部分人力和資源所建立的軍事工業，維持著一支龐大的軍隊。這一時代的蘇聯最緊缺的就是人力資源，這源於30年代斯大林大規模的政治整肅運動以及之後傷亡慘重的蘇德戰爭對蘇聯成年人口的巨大摧殘。[1] 例如，1955年時，蘇聯擁有570萬武裝部隊，龐大的常備軍極大地限制了蘇聯的發展動力。1956年5月，赫魯曉夫宣布當年將裁撤64萬軍隊，接著再削減120萬軍隊，至1957

---

[1] 安東諾夫-奧夫謝延科：《斯大林的時代：暴政的肖像》，第212頁（Antonov-Ovseyenko, *The Time of Stalin*, 212），根據引用的蘇聯統計數據，當地每千人的生育率從1928年的44.3，下降至1931年的32.6，而1928年正是恐怖的烏克蘭大饑荒的開始之年；到1934年這一數據進一步降至31.6，在1934年之後的年份緩慢上升，到1939—1940年再次下降（反映了當時數百萬計的蘇聯人遭囚禁和關押）。

年蘇聯軍隊實際削減了約43個師的兵力，但絕對數量仍達到390萬人。接著到1958—1959年，赫魯曉夫計劃再削減30萬人，繼而至1960—1961年削減另60萬人；未來至1962～64年還將進行更一步的裁撤。根據其計劃，至1965年時赫魯曉夫似乎要削減35～55個師的部隊，其中一些部隊將僅保留少量軍官和骨干；另外，1960—1961年間蘇聯專門爲陸軍提供支援的前線航空兵部隊的戰機數量也被削減到原來的一半。[1] 到1964年赫魯曉夫因政治斗爭被驅逐時，當時正在執行的對60萬軍隊的削減計劃被中止。[2]

赫魯曉夫深知蘇聯在裁軍上的積極行動將制造絕佳的宣傳噱頭。對西方來說，蘇聯的裁軍似乎意味著斯大林時代出現的軍事威脅正在減緩，歐洲形勢正在緩和。北約各國原本因軍備原因而推遲、削減的社會公共支出重新被置於優先地位。例如，對這些國家而言，在幾年之前美國軍事援助項目（MDAP）要求下增加支援，爲軍隊更換更新型裝備已非常困難。甚至英國也認爲應對赫魯曉夫的裁軍緩和行動做出相應的回應，德國則考慮將兵役年限從18個月縮短至12個月。[3]

事實上，正如赫魯曉夫死後，蘇聯馬林諾夫斯基元帥（Malinovski，赫魯曉夫時期的國防部長，並非赫魯曉夫的追隨者）所言，赫魯曉夫將蘇聯陸軍削減至幾乎無法御北約軍隊與其國土之外的程度（他又補充稱但在赫魯曉夫下台後他很快又恢復了蘇聯的軍事實力）。艾森豪威爾時期，美國陸軍中對其不滿的軍方高層也同樣對艾森豪威爾的政策惡言相向。當然，美蘇兩國當時的主政者無疑都認爲，一場爆發在歐洲的全面常規戰爭將不可避免地升級爲毫無限制的戰略核戰爭，所以要保證不爆發自殺性的戰爭，唯一的辦法就是擁有充足的戰略核武庫，使對方意識到無法真正打贏戰爭。1955年11月22日，蘇聯成功試爆了自己的氫彈，這一事件非常重要，對美國而言，這比當年斯大林擁有原子彈更讓人震驚。因爲當時美國實在無法相信蘇聯能通過什麼手段獲得美國氫彈的設計秘密，唯一可能的原因似乎是曾經被看低的蘇聯科技人員一夜之間就成爲了天才。

赫魯曉夫自此進入了他的「新面貌」時代。1954—1955年，斯大林死後的第一個五年計劃（1956—1960）即將展開，此時赫魯曉夫已情緒高昂地接受了新的關於導彈火箭技術將主宰未來戰爭的觀點。例如，1954年，蘇聯火箭設計局負責人，S.P.科羅廖夫（S. P. Korolev），正在緊張研制一款中程彈道導彈，它能有效地將歐亞大陸主要地區納入其射程范圍。爲了爭取更多支持，科羅廖夫更稱有把握研制出射程三倍於該型中程導彈的洲際導彈。當時，蘇聯內部曾有懷疑聲音認爲，他實際上對空間探索更有志趣，聲稱能輕松研制超遠程洲際導彈實際上爲未來蘇聯征服外層空間奠定基礎。

---

[1] 國家情報評估（NIE 11-4-65），1965年4月14日《蘇聯軍事政策的主要傾向》，摘自《中情局冷戰記錄》3：第191-214頁（*"Main Trends in Soviet Military Policy"*, 14 April 1965, in CIA 3: 191～214）。

[2] 托拉斯：《變革中的秩序：1945年以來的世界各國軍隊的演變》，第121頁（Tsouras, *Changing Orders*, 121）。

[3] 達菲爾德：《進化》，第254頁（Duffield, *"the Evolution"*, 254）。

但不論如何，他獲得了蘇聯當時負責戰略武器研制項目的負責人，德米特里·F.烏斯季諾夫的熱烈支持，1954年5月20日，科羅廖夫的建議得到批准。後繼發展正如科羅廖夫所設想，到1957年蘇聯成功試射了蘇聯的首款R-7型洲際彈道導彈（北約代號SS-6）。[1] 在赫魯曉夫的支持下，大量資源被投入研制各種戰略導彈的項目中：包括世界第一種潛射彈道導彈、重型轟炸機搭載的防區外導彈，以及後來被放棄的洲際巡弋飛彈等。

在導彈火箭項目取得積極進展的支撐下，赫魯曉夫能夠削減其龐大、昂貴的常規軍備。例如，他告誡他的海軍將領稱，未來海軍的打擊手段將主要由從潛艦發射的大型反艦導彈組成，1955—1956年，他取消了海軍打造主要由導彈巡洋艦和航母構成的龐大艦隊的計劃。他還告訴西方人，他不會批准建造任何一種無法發射核導彈的潛艦。至於中型和重型轟炸機的生產計劃也被取消，赫魯曉夫只批准了那些他稱之爲「導彈載機」的轟炸機型號。[2]

整個軍備計劃的重大轉向，意味著蘇聯的軍工體系和資源將不得不重新調整，以采用新的技術、設備，生產新的軍備設施。軍工經濟的管理層們剛剛從斯大林時代的恐懼中恢復過來，面對赫魯曉夫對生產計劃的重新規劃，再次感到難以應付。赫魯曉夫還曾命令蘇聯從事坦克、火炮和戰機研制的設計局所立即轉向各類新型導彈的開發。任何社會中，對於所有這些劇烈變化，相關的轉型都會很痛苦；但在蘇聯情況可能更加糟糕，因爲其計劃經濟體系使得任何一個工業領域的重大變化都會導致整個計劃體系的混亂。

對於赫魯曉夫的要求，沒有哪個蘇聯官方機構或企業管理人會不照之執行，他們知道只要需要，赫魯曉夫同樣願意采取斯大林所曾施加過的那些強制手段。當然，如果斯大林當年下達類似赫魯曉夫這樣的命令，所有人都會毫無選擇的服從；而赫魯曉夫盡管放棄了斯大林的恐怖手段，但並不代表他永遠不會重拾前者的衣缽。另一方面，由於各級蘇聯經濟管理人員都逐級由黨來任命其職務，因此其整個經濟體系最終都歸結到列昂尼德·勃列日涅夫（黨在軍事工業領域的主要負責人）那裡。軍工體系的震蕩不可避免地傳導到蘇聯黨的高層，對經濟體系的破壞後來也成爲蘇共清算赫魯曉夫時指控他的重要罪名。

東西方在歐洲的核僵局使主戰場維持著總體的均勢，第三世界國家再次成爲重要的戰場。戰後，隨著西方從全球各殖民地紛紛撤出，一系列新興國家開始走上世界政

---

[1] 萊楚卡和皮沃瓦拉：《蘇聯和冷戰》，第183頁（Lyelchuka and Pivovara, *SSR i Kholodnaya Voenia[USSR and Cold War]*, 183）。

[2] 蘇聯將裝備這類導彈武器的轟炸機稱作「導彈載機」。在1954年一道政治局法令下，蘇聯開始爲其新型洲際轟炸機米亞4「野牛」和圖95「熊」開發新的導彈。在幾個項目中只有Kh-20（北約代號AS-3）型導彈獲得了成功。戰術轟炸機則未配備類似的空射型導彈，因爲彈頭過重難以安裝到戰術型飛機所能搭載的小型導彈上，唯一的爲新一代戰術轟炸機（雅克-28）開發的導彈只僅有Kh-28型反輻射導彈。1964—1965年蘇聯還准備以雅克-28爲原型，開發一種專用的核打擊型雅克-28N型，但之後放棄。關於這幾型飛機可參考甘斯通和戈登：《雅克夫列夫戰機》，第144-145頁、第149-150頁和第157-169頁。由於同期陸軍開始接收更多的中程導彈（包括「飛毛腿」彈道導彈和SSC-1型巡弋飛彈/相當於海軍的P-6型「柚子」巡弋飛彈），雅克-28型轟炸機的生產量並不大。

治舞台，西方擔憂他們很可能遭到滲透，因爲蘇聯所標榜的民族解放與自由對這些國家極具吸收力。1955年，由戰後新建立的重要國家，印度尼西亞提議不結盟國家在萬隆召開會議。期間，中國盡管已與蘇聯結成盟友但還是受邀參加了此次會議。他們的代表，政府總理周恩來在會上極力宣揚赫魯曉夫的「和平共存」思想。

新興的獨立國家需要自己的軍備，但一些國家因受到西方強加的限制而憤恨不已。赫魯曉夫的出現給了他們新選擇，最先倒向蘇聯的是1955年納賽爾（Nasser）統治下的埃及。盡管埃及並非共產主義國家，但這並不緊要。

赫魯曉夫意識到經濟表現也是冷戰中的重要武器，他真誠地認爲蘇聯的計劃經濟體系能夠成功，如此就能爲廣大的第三世界國家提供示范作用，使蘇聯的制度更具吸收力。事實上，他被自己過於樂觀地估計和想象（比如蘇聯的經濟將在幾十年內超過美國）所蒙蔽。例如，1959年他所作出的著名論斷——「我們將埋葬你們」，當然，正如很多人所認爲的，這並非赫魯曉夫侵略成性的表現，其真正的意思是資本主義制度最終將不可避免地衰落，而共產主義將自然地替代資本主義。用赫魯曉夫直白言論來說，共產主義將作爲資本主義的掘墓人，等待將後者埋葬的時機的到來。

在不少第三世界國家，當地的共產主義組織不可能單純依靠自身力量奪取本國的勝利，赫魯曉夫必須使他們相信蘇聯道路值得追隨。要實現此目標，他所提供的最重要的東西就是這些國家在采用蘇聯模式後能夠實現經濟更好的發展。他必須向這些國家展示，是蘇聯（而不是西方）的中央計劃經濟體系能爲本國帶來高達兩位數的經濟增長，蘇聯才是他們發展的正確典范。一個成功實施蘇聯模式並實現經濟發展的第三世界國家，將成爲蘇聯向世界宣示其制度優勢的最佳范例。

1959年1月，菲德爾·卡斯特羅（Fidel Castro）推翻了古巴的獨裁政府——富爾亨西奧·巴蒂斯塔（Fulgencio Batista）政權。盡管卡斯特羅一直以共產主義信徒自居，但在奪取政權的艱苦過程中他高舉的是反獨裁的民族民主革命旗幟。卡斯特羅在發動古巴革命政變後並未尋求蘇聯的援助者，因爲他仍不是古巴共產黨的正式成員，蘇聯最初也不太信任他。然而，1960年8月，他的一名最親密的顧問奔赴莫斯科向蘇聯領導人帶去了他的親筆信：卡斯特羅希望創建馬克思主義政黨並尋求與蘇聯的團結和幫助。赫魯曉夫非常興奮，隨後要求其幕僚研究保護這個加勒比海小國免遭美國入侵的可能性。[1] 1960年9～10月，赫魯曉夫和卡斯特羅共同參加聯合國在紐約舉行的會議，此時，卡斯特羅已宣布對很多在古巴的美國資產的國有化政策，並在國內展開了社會主義運動。兩位共產黨國家領導人更在紐約公開擁抱，慶祝古巴革命的勝利。當年11月，著名的革命者，切·格瓦拉（「Che」Guevara）赴莫斯科訪問，希望蘇聯能夠采購古巴生產的糖（以克服美國對古巴采取的嚴厲禁運和敵視政策的影響）。在莫

---

[1] 富爾森科和納夫塔利：《賭博的地獄：古巴導彈危機秘史》，第70頁（Fursenko and Naftali, *"One Hell of a Gamble"*, 70）。

斯科期間，格瓦拉受邀與蘇共政治局成員一起站在列寧墓前參加了蘇聯的十月革命慶典。[1] 對於古巴，赫魯曉夫意識到這個小國和他的領導人正是蘇聯努力為第三世界國家樹立的典範。

蘇聯國內，為了促進經濟情況好轉，赫魯曉夫延續了馬林科夫開啓的、為民眾生產更多消費品的政策。由於其對軍事開支的大幅削減，用於民用經濟領域的資源得以增加（盡管這些大部分削減的開支很可能仍會進入導彈和核武器領域），因此政策很容易取得成效。為了提高生產效率，赫魯曉夫試圖利用更好的生活和物質條件激勵其生產力大軍，他重新提出黨必須向大眾和全世界人民展示蘇聯正在建設著的「共產主義」，而這意味著一個物資上極大豐富的世界。但不幸的是，赫魯曉夫對美好生活的允諾，在某種程度上亦使他成為蘇聯經濟表現的「人質」。

湊巧的是，赫魯曉夫時期蘇聯軍工界的很多產品特別適合第三世界國家客戶的需求。主要源於經濟方面的限制，這些國家買不起重型轟炸機、超音速戰斗機或大型的戰艦，但他們對攔截著重型反艦導彈（足以擊沉大型、昂貴的戰艦）的小型艦艇，或者由單兵攜帶使用的廉價防空或反坦克導彈，有著異常的興趣。很多類似的極具性價比的現代化入門級武器系統正是蘇聯軍工的強項，因此這一時期的蘇聯軍備大批量進入第三世界國家。

1956年蘇共黨代會上，赫魯曉夫在演講中公開宣示了他的戰略。他認為，戰爭不再是不可避免的，事實上，考慮到原子武器可怕的毀滅力，核戰爭應該被避免，共產主義和資本主義制度可以「和平共存」；核威懾不僅只是概念，而且也是可行的，盡管這也與之前斯大林的觀念完全相抵觸。很多西方人希望赫魯曉夫所說的「和平共存」政策標志著冷戰的結束。而自信的赫魯曉夫為了展示蘇聯的和平願望，他甚至開放有限數量的西方旅游者赴蘇聯參觀和游覽。進入蘇聯的西方人這才驚奇的發現，蘇聯人民同樣是和他們一樣能說會笑的人，而不是斯大林時代像機器人般冰冷的人。

然而，在共產黨內部的高級會議上，與會者被告知，赫魯曉夫所謂與西方的「和平」，實際上只是革命斗爭以另一種非戰爭方式的繼續（這類言辭在蘇共歷史上已非首次使用）。至少，「和平共存」政策只限於西方國家，與當時第三世界國家的革命斗爭形勢並無關聯。在蘇聯看來，這些國家的革命行動將使西方無法獲取來自第三世界國家的重要原料。

1956年秋匈牙利危機爆發，赫魯曉夫采取的應對措施似乎證明了他對未來趨勢的判斷是正確的，西方難以承受核戰爭的風險，因此只要表露出意志和決心，西方就不敢真正反制。盡管在輿論上，比如美國的自由歐洲之聲，似乎對匈牙利明確地表達了

---

[1] 富爾森科和納夫塔利：《賭博的地獄：古巴導彈危機秘史》，第58-59頁內容（Fursenko and Naftali, *"One Hell of a Gamble"*, 58～59）涉及了1960年卡斯特羅在哈瓦那發表的革命宣言。

支持與鼓勵，但美國同時也明確拒絕了以實際行動進行支持。[1] 此後，東德地區也爆發了示威，赫魯曉夫毫不猶豫地授權駐德國蘇軍武力處置示威人群，他根本不擔心西方可能的干涉。[2]

事實上，赫魯曉夫很可能沒有意識到的是，西方之所以對蘇聯在匈牙利危機中的行動保持最大克制，實際上表明雙方的相互威懾正在發揮作用。朝鮮戰爭之後，美國的歐洲盟國非常害怕美國任何對中國的核打擊將把歐洲拖入全面核戰爭，因為中蘇間已結成軍事同盟關係。這種恐懼限制了英國對美國所主導的東南亞條約組織（SEATO）的支持，例如1955年中國炮擊金門引發危機期間英國曾抗議歐洲盟國以限制其對美國的更進一步支持。另一方面，赫魯曉夫也不願冒險在第三世界國家新啟核戰端，盡管在一定程度上西方並未覺察到這一點。與斯大林類似，赫魯曉夫希望掀起更多的世界革命，但他同時更意識到與蘇聯的安全相比，世界革命運動顯然仍處於較次要的地位。然而，他對西方采取克制的需求，將很快使其陷入尷尬的處境。

就在他投入干涉內的軍隊陷在匈牙利之後，赫魯曉夫發現蘇聯強大的核武庫為他帶來了巨大的影響力。他誇誇其談蘇聯的火箭核武器優勢，英國和法國也在蘇伊士危機中退縮了。事實上，蘇聯擴充火箭核軍備的過程遠非他所說的「像生產香腸」那樣容易，此後蘇聯解體後，俄羅斯自己也承認當時就連真正的香腸也無法完全滿足需求。無論危機中英法主要是因為美國的壓力而退縮（下文還將詳細闡述），或者還是他的核訛詐起了主要作用。總之，至少在反對西方方面，赫魯曉夫憑借核武器而進行的虛張聲勢達到了效果。

匈牙利危機似乎使西歐感到很受挫折，他們未能為匈牙利提供真正的支持，西方似乎也明確放棄了對蘇聯後撤其立場的任何希望。赫魯曉夫在宣揚他的「和平共存」

---

[1] 納爾遜：《黑色天堂的戰爭：冷戰期間的西方廣播戰》（Nelson, *War of the Black Heavens*），西方新設置的3部自由歐洲廣播電台在煽動1956年匈牙利暴亂的過程中發揮了作用。期間，這些電台向東方廣播了對約瑟夫·斯威亞洛上校的訪談，後者是前波蘭政府的一名秘密警察，他於1953年12月5日叛逃到西方，在訪談中他大量披露波蘭共產黨領導層的腐敗行為。此外，1955年5月狄托和布爾加寧一致同意各國在建設社會主義制度的過程中有不同的道路，以及之後赫魯曉夫的秘密報告，都經自由歐洲廣播電台向東方集團進行了宣傳。美國國務院認為斯威亞洛的批露是戰後針對東方集團的最有效的政治宣傳攻勢。1956年6月當波蘭工人在波茲南暴亂時，自由歐洲電台又廣播了兩個敏感主題的內容，包括「面包與自由」和「俄羅斯人滾回家去」。根據《黑色天堂的戰爭：冷戰期間的西方廣播戰》第70頁的內容，當時自由歐洲電台考慮到單純的民眾暴亂只會激起進一步的壓制，因此並不鼓勵東方國家的民眾暴動；同時，一名波蘭共產黨政府的官員在斯德哥爾摩告訴一名自由歐洲電台的記者稱，在平息國家的動蕩過程中，自由歐洲電台呼吁民眾冷靜的倡議很可能發揮了決定性作用。在匈牙利，自由歐洲電台也曾犯過錯誤，當時該電台誤解了布達佩斯一家電台的廣播內容，進而指責匈牙利總理府伊姆雷·納吉召來了蘇聯軍隊（《黑色天堂的戰爭：冷戰期間的西方廣播戰》第72頁）。這似乎表明，當時該電台的匈牙利語節目的審查和監管並不嚴謹，很多節目的內容過於激進（《黑色天堂的戰爭：冷戰期間的西方廣播戰》第73-81頁），比如有幾次節目甚至為該國的叛亂分子提供軍事建議，又比如1956年10月27日的節目暗示如果該國國內的革命能夠奪取軍隊控制權那麼外界的軍事援助就將轉瞬而至，這顯然很容易引起誤讀。另外，該電台的不少節目的確存在著類似的問題，有煽動和挑拔東歐各國民眾反抗現政權之嫌。比如最臭名昭著的事件是11月4日該電台廣播的「簡短世界新聞評述」，該節目引用英國《觀察家報》中的內容稱，「如果……匈牙利人能夠堅持3到4天，那時外界對美國及西方政府的壓力將迫使他們向匈牙利人提供軍事援助……這將是不可壓制的」。11月4日，匈牙利的貝拉·柯瓦克斯（前匈牙利農民黨主席）向美國駐布達佩斯公使館申請政治避難，公使館對外稱「就他個人的意見而言，他並不相信美國政府為基於其自利的目標，而冷血地操縱匈牙利人民與蘇聯公開對抗」。1956年12月初，美國信息機構在對匈牙利難民進行的民意測驗中發現，96%的難民希望西方給予匈牙利人民更多的支持，特別是其中77%的難民要求西方采用軍事援助的措施；而所有對西方支持和援助持期待態度的匈牙利受訪者中，只有8%是基於收聽了自由歐洲廣播電台的宣傳內容。

[2] 佐布克和普列沙科夫：《克里姆林宮的冷戰內幕：從斯大林至赫魯曉夫》，第187頁（Zubok and Pleshakov, *Inside the Kremlin's Cold War*, 187）。

理論時，似乎表明蘇聯將克制地對待鐵幕內東歐各國的異議和不滿，他們不會成爲西方的威脅，而且蘇聯也表現出與西方進行更廣泛貿易的興趣。樂觀主義者甚至認爲，通過貿易能使蘇聯日益融入世界經濟體系，從而限制其行爲。從某種程度上看，這類觀點是對的，最終蘇聯將急需進口西方糧食，爲此，蘇聯需要大量硬通貨和與西方的貿易協議。

　　1957年，赫魯曉夫似乎走上了其權力之路的巔峰位置，他打擊了以莫洛托夫爲首的蘇共內的斯大林主義勢力，意味著他能進一步向經濟領域延伸其意志。作爲其掌握最高權力的象徵，他命令中止實施正在進行中的1956—1960年五年計劃，轉而實施他所支持的第七個五年計劃（1959—1965年），在新的五年計劃期間，他爲蘇聯經濟發展確立了更宏偉的目標，更多的生產能力將被迅速轉移至新技術領域。1960年1月14日，他在演講中宣稱，導彈和核武器時代標志著新的「軍事事務革命」已經來臨。[3]

　　與美國類似，這意味著對傳統軍隊結構的重大調整。在大規模削減軍事部隊的同時，1957—1959年間大批高級軍官（他們在蘇共黨政軍高層仍擁有深厚的人脈）在調整中被強制退役，赫魯曉夫以其上台後的軍事改革爲契機，努力消除軍隊中斯大林主義的殘余影響。在蘇聯獨特的社會結構中，失去了權位就相當於失去了一切，面臨退役後微薄的退休金，獲得民事的高級職務又無望，這些退役高級將領們的前途暗淡。當然，與斯大林戰前多次進行的大清洗相比，赫魯曉夫1957—1959年間對軍隊高層的清洗算得上相當人道了。例如，朱可夫元帥，蘇聯在第二次世界大戰中最著名的統帥，在此次改革中被迫退休而非被送進勞改營，似乎證明了這一點。但是正因爲無人被槍決或是監禁，成爲清洗對象的高級將領們對赫魯曉夫的怨恨情緒亦得以醞釀和積累，成爲後來赫魯曉夫下台時的重要因素。當然，縱觀蘇聯兩位領導人對軍隊的大規模改革似乎也有些許共同點，例如，30年代斯大林的大清洗伴隨著大規模的新式坦克和飛機進入軍隊，而到50年代赫魯曉夫整頓軍隊時則是導彈核武器時代的來臨。對於改革，相當多的軍方人士並不支持，赫魯曉夫雖然強勢但也無法完全壓制軍方的意見。例如，1960年在最高蘇維埃會議上，軍方最重要的總參謀長和其他高級軍官並未明確表示對赫魯曉夫在軍事改革問題上的支持，這可能暗示了軍方對改革的態度。[4]

　　在赫魯曉夫清洗中幸存下來的高級軍官們不得不嚴肅考慮他所支持的導彈核武器戰略，正如美國軍方在50年代不得不表面上同意艾森豪威爾的「新面貌」戰略那樣。類似的，美蘇兩國軍隊，特別是陸軍都宣稱他們已掌握了如何在核條件下進行大規模的地面戰爭，盡管兩支陸軍似乎都不太可能有機會真正在戰場對抗。60年代初，蘇聯及其軍方高層對未來核戰爭的問題和觀點進行了大范圍的討論，例如當年蘇軍重要的

---

[3] 梅、斯坦布魯納和沃爾夫：《戰略軍備競爭的歷史》，第354-355頁（May, Steinbrunner, and Wolfe, *History of the Strategic Arms Competition*, 354~355）。

[4] 阿倫‧杜勒斯在1960年1月21日國家安全委員會上的意見，可參見1958—1960年《美國對外關係文件》3：第366-369頁內容（FRUS[1958~1960] 3: 366~369）。

理論期刊《voyennaya mysl'》（《軍事思想》）上刊登的那類文章。當時，叛逃到西方的蘇軍上校奧列格・潘可夫斯基（Oleg Penkovskiy），就曾將他在軍中收集的這類論文和情報交給西方情報機構。

　　當時，這些文章的內容令西方極為震驚，其內容表明蘇聯軍方似乎並未意識到在戰場上大規模使用核武器可能招致的毀滅性影響。例如，美國哈德遜研究所的一名研究人員曾稱（曾研究過早期的蘇軍作戰理論），蘇聯軍隊認為，即便他們的軍人們的牙齒因強烈的核輻射而發光，他們仍能繼續前進。而且，蘇聯明顯也不認為，戰爭爆發時為戰術核武器尋找戰場目標是什麼重大的問題。[1] 之後，美國放棄了「新面貌」戰略，支持這一舉措的人士對於蘇聯仍迷戀火箭核戰爭感到不解，他們甚至輕蔑地認為蘇聯完全落後於那個急劇變革的時代約5年時間。

美國彈道導彈的優勢源自其強大的航空工業，這賦予了美國強大的新式武器生產能力。冷戰期間的美蘇導彈競賽中，儘管人們普遍認為美國危險地落後於蘇聯，但事實上，美國的武器系統很快就在性能上反超了蘇聯的類似導彈。更為重要的是，只有美國（而非蘇聯），擁有強大、堅實的工業實力，能夠迅速將實驗室試制的新導彈原型，轉化為可供軍隊大規模裝備的武器。圖中所示為美國第一種洲際彈道導彈——「阿特拉斯」導彈的薄壁燃料貯箱艙段的流水線生產車間，為了保持薄壁艙段的形狀，生產時其內部充填了高壓氣壓。（美國海軍學院）

---

[1] 1961—1963年《美國對外關系文件》8：第299-300頁（FRUS[1961～1963] 8: 299～300），內容闡述了麥克斯韋爾・泰勒提交給總統的一份備忘錄。據推測，該備忘錄中的內容由佩尼科夫斯基上校所提供。泰勒的此份備忘錄可能亦參考了由蘇聯V.巴斯卡科夫中將所撰寫的《作戰藝術和戰術的新發展》，中情局在獲得該文後於1962年1月31日將其翻譯成英文並提供給美國政府高層讀者，該文中涉及了蘇軍1959年舉行的重要演習。

第20章
中東的災難

　　1954年英國將其防務重心從中東重新轉回歐洲。在整個西方聯盟體系中，這個前帝國仍具有極端重要的地位，他們之所以從中東抽身重返歐洲是認識到，蘇聯滲透入中東已明顯不太可能了。另一方面，同時期歐洲各國接受對西德的重新武裝，對北約聯盟也非常重要。對於重新建軍的西德，英國在西德永久性駐軍似乎正是平衡其他國家憂慮的舉動。1954年10月修訂西歐聯盟條約時，時任英國首相丘吉爾正式允諾，4個英國師將在未來50年內駐扎在西德。也正是在西歐聯盟條約的約束下，西德開始了重新武裝。[1]

　　宏願之下面臨的仍是緊縮的財政壓力，為了通過議會審議，丘吉爾必須削減1.8億英鎊的軍事開支。當時每年維持蘇伊士運河區的開支達到5600萬英鎊。[2] 同時，在1954年初，丘吉爾發現在維持運河區駐軍的同時，以現有力量很難再向中東其他地區部署力量。此外，1954年3月美國完成了其實戰化可投擲的氫彈試驗，這似乎表明傳統大型基地在未來戰爭中除了戰初發揮些作用後很快就會被摧毀。在美國的竭力勸說下，盡管丘吉爾自身的保守黨陣營和議會右翼團隊的反對，丘吉爾還是同意了外交部於1954年7月與埃及方面簽訂的條件，英國同意在20個月內（至1956年6月）從蘇伊士運河區域撤離。同時，英國承認了埃及在阿拉伯聯盟集體安全條約（ASCP）中的地位，對埃及而言，這意味著他們在中東擁有更大的自主和更好的戰略地位；對英國而言，新的條約保證了如果出現對包括土耳其在內的幾個中東國家的侵略，英國軍隊將能夠重返中東。[3]

　　英埃之間的協議似乎亦將埃及與正在形成中的「北層（同盟）防御協定」（Northern Tier）緊緊地聯系起來，所謂北層，即中東地區與蘇聯接壤的北部地區。「北層軍事聯盟」相關協定始於1954年4月，土耳其、巴基斯坦在率先締結合作條約的基礎上，經美國對伊拉克的大力游說（允諾給予其軍事援助），將伊拉克拉進了土巴兩國的雙邊軍事同盟。此集體安全聯盟再通過北約重要的成員——土耳其，與北約集體安全聯盟聯系起來。伊拉克之所以會同意加入西方的反蘇聯盟，最重要的因素

---

[1] S.道科利爾：《從歐洲大陸撤離？1955—1958年英國削減駐西德軍隊的動機》，摘自1997年9月發行的《戰略研究期刊》，第20期，no.3（M. Dockrill, *"Retreat From the Continent? Britain's Motives for Troop Reductions in West Germany, 1955~1958"*, in *Jouranl of Strategic Studies* 20, no. 3[Sep 1997]）。

[2] 威廉姆·R.路易斯：《英國—埃及1954年解決方案》，摘自路易斯和歐文：《1956年蘇伊士》，第62頁（W. R. Louis, *"The Anglo-Egyptian Settlement of 1954"*, *Suez 1956*, ed. Louis and Owen, 62）。

[3]《參謀長聯席會議歷史》4：第353頁；奧倫：《第二次阿以戰爭的起源：埃及、以色列和強權，1952—1962》，第67頁（Oren, *The Origins of the Second Arab-Israeli War*, 67）。

在於美國爲其提供的軍事援助，因爲伊拉克一直試圖將所謂的「新月沃地」（Fertile Crescent，中東橫跨敘利亞沙漠北部，從尼羅河流域一直延伸到底格裡斯河和幼發拉底河流域的弧形地區，包括現在的約旦、敘利亞）重新歸於傳統的阿拉伯哈桑王族的治下。然而，美國和英國所始料未及的是，埃及人發自內心地對伊拉克的警惕和憤恨，兩國絕對不可能共同存在於同一聯盟之內。因此埃及對美英的行動非常不滿，竭力反對任何使伊拉克在中東地區更具聲望的行爲。[1]

但中東發生的種種變化都無法改變英國所占據的蘇伊士運河本身的價值。20世紀前，它是大英帝國王冠上最耀眼的寶石——印度與英國本土聯系的紐帶；現在，它是中東石油帝國（沙特、科威特和伊朗的石油）通往西方消費市場最重要的交通線。如果失去對運河的控制，或者說戰時它被切斷，中東的油流只得繞行非洲進入大西洋，對西歐的經濟、軍事和政治造成極爲嚴重的影響。

與此同時，1954年4月，卡邁爾·阿卜杜爾·納賽爾上校（Gamal Abdel Nasser，可能在此前1952年的政變中就是行動的首腦）登上了埃及的權力中心。對埃及乃至阿拉伯世界而言，他是一名抱有泛阿拉伯主義思想的政治家，又是一名極富感染力的領導者；但對英國而言，他更像是災難。1954年納賽爾在其著作《革命的哲學》中所表露出的反西方意志就令英國印象深刻，當時英國就預感到納賽爾的上台將威脅英國在中東的重要利益。接著，納賽爾對沙特阿拉伯當時的反英傾向持支持態度。1955年6月，英國外交部長安東尼·艾登（Anthony Eden）就寫道，「對於那些不久之後即將被以色列攻擊和消滅的埃及阿拉伯人而言，這完全是粗魯、無禮的，我希望我們不會給予他們幫助」。納賽爾的書亦被視作埃及版本的《我的奮鬥》，逐漸的，英國國內認爲如果在運河事務上表現出軟弱就等同於戰前對德國的綏靖政策一樣可恥。事實上，1938年在慕尼黑，艾登就因抗議政府對德國綏靖而辭去外交部長的職務。[2]

隨著運河問題的解決得以明確，美國和英國政府開始瞄准阿—以問題的根源作起了文章。1955年8月26日，時任美國國務卿杜勒斯拋出一份埃—以和平計劃，計劃以西方強國對以色列的安全保證換取它在領土問題上的讓步，但納賽爾更進一步提出了幾方都不可接受的要價，他要求以色列撤出以色列南部比爾謝巴的內蓋夫地區（巴勒斯坦南部地區）。內蓋夫盡管只是片沙漠地區，但蘊藏大量礦產資源，是以色列絕不允許失去的地區。

西方一心只想著蘇聯的挑戰，因此很可能並未意識到納賽爾根本就不想和平解決，因爲在與西方對抗的過程中，他將獲得很多盟友，並使自己成爲阿拉伯世界抗擊以色列和西方殖民主義者的斗士。[3] 爲了消滅以色列，無論他是否真的決定戰斗，他

[1] 奧倫：《第二次阿以戰爭的起源：埃及、以色列和強權，1952—1962年》，第66頁（Oren, *The Origins of the Second Arab-Israeli War*, 66）。

[2] 威廉姆·R.路易斯：《英國—埃及1954年解決方案》，摘自路易斯和歐文：《1956年蘇伊士》，第50-51頁（W. R. Louis, *"The Anglo-Egyptian Settlement of 1954", Suez 1956*, ed. Louis and Owen, 50～51）。

[3] 孔茨：《黃油與槍炮：美國的冷戰經濟外交》，第71頁（Kunz, *Butter and Guns*, 71）。關於其他幾個不同解決方案的細節，可參見S.薩米爾：

都需要武器。但很快，他發現英國根本不願爲他提供足夠數量的軍備，向美國求援也不現實，後者要求通過其派駐埃及的軍事援助小組對其援助軍備進行控制，使其無法被用於與以色列的戰爭。

在此情況下，赫魯曉夫看到了機會，支持納賽爾打代理人戰爭是奪取中東而又不會與西方直接對抗交惡的最佳途徑。爲此，他向埃及提供了西方所不會提供的軍備，這些軍備亦足以讓埃及再一次發起試圖消滅以色列的戰爭。1955年9月，第一船來自捷克斯洛代克的軍火宣布起航，不久之後，蘇聯開始直接向埃及提供各種裝備和彈藥。

無疑，西方各國很大程度上誤判了納賽爾，他們認爲可以用經濟援助來牽制他，但結果卻出乎其意料。1955年秋，埃及表露出希望在尼羅河上游的阿斯旺地區修築大壩和水電設施的意願。[1] 這項重要的工程將爲埃及提供經濟發展所需的電力，並有利於國家的農業發展。英國和美國政府希望以支持埃及修築大壩爲條件，換取納賽爾對其中東政治解決方案的同意。[2] 在西方國家的操縱下，國際重建和發展銀行利用埃及對此項工程的貸款需求，附加了貸款的政治條件（即埃及不得將貸款用於軍備采購）。然而，在納賽爾看來，無論大壩能否爲埃及帶來繁榮，都不及埃及在阿拉伯世界中的聲望和權威重要，而後者完全可能通過公開對以色列和西方的敵意來獲取。

另一方面，納賽爾和他的伊拉克競爭者都將冷戰視作獲得他們最爲重視的地區影響力的契機，西方各國當時對納賽爾的誤解很大程度上在於未把握住他們對冷戰和國際形勢的看法。1955年2月，敘利亞宣布與納賽爾結盟，作爲反制埃及的措施，伊拉克正式加入了土、巴兩國的北層防禦同盟，該條約之後演變成了巴格達條約組織。[3] 當年4月，英國加入了進來，明顯是爲維持在伊拉克的影響力，其意圖還包括繼續維持重要的謝巴和哈巴尼亞空軍基地的存在。[4] 盡管美國反對，伊朗之後也加入了該組織。

納賽爾抓住了他所能抓住的機會，大肆攻擊西方主導的巴格達條約組織，例如他將該條約組織描述成西方對中東的入侵，是新時代的殖民主義等等。[5] 當英國奪取布賴米綠洲（Buraimi Oasis）時，沙特政府提出抗議宣稱對該地擁有主權，納賽爾站在沙特一邊反對英國。之後，雙方簽訂了一個爲期5年的防務條約，接著也門（傳統上是沙特的衛星國）也加入該條約。爲進一步加強巴格達條約組織，英國曾試圖將約旦吸收入組

《阿爾發項目的瓦解》，摘自路易斯和歐文：《1956年蘇伊士》（S. Shamir, *"The Collapse of Project Alpha"*, Suez 1956, ed. Louis and Owen）。

[1] 孔茨：《黃油與槍炮：美國的冷戰經濟外交》，第72-76頁（Kunz, *Butter and Guns*, 72～76）。

[2] R.R.鮑伊：《艾森豪威爾、杜勒斯和蘇伊士危機》，摘自路易斯和歐文：《1956年蘇伊士》（R. R. Bowie, *"Eisenhower, Dulles, and the Suez Crisis"*, Suez 1956, ed. Louis and Owen）。

[3] 奧倫：《第二次阿以戰爭的起源：埃及、以色列和強權，1952—1962》，第70頁（Oren, *The Origins of the Second Arab-Israeli War*, 70）；H.F.艾爾茨：《蘇伊士的沉思：中東的安全》，摘自路易斯和歐文：《1956年蘇伊士》（H. F. Eilts, *"Reflections on Suez: Middle East Security"*, Suez 1956, ed. Louis and Owen）。

[4] H.F.艾爾茨：《蘇伊士的沉思：中東的安全》，摘自路易斯和歐文：《1956年蘇伊士》，第352頁（H. F. Eilts, *"Reflections on Suez: Middle East Security"*, Suez 1956, ed. Louis and Owen, 352）。

[5] S.薩米爾：《阿爾發項目的瓦解》，摘自路易斯和歐文：《1956年蘇伊士》，第90頁（S. Shamir, *"The Collapse of Project Alpha"*, Suez 1956, ed. Louis and Owen, 90）。

織，但遭到納賽爾的破壞。納賽爾告訴約旦人稱，一旦加入該條約就等同於接受了西方的和平計劃，也就是承認了以色列。由於大量巴勒斯坦難民仍滯留在約旦，加之該國強烈的反以情緒，即便約旦國王侯賽因也無法不顧納賽爾所激起的國內情緒，而同意英國人的游說。[1] 最終，約旦與沙特、也門等一道，加入了納賽爾的紅海防御集團組織。

美國的姿態則非常狡猾，納賽爾可能並不滿意美國人的態度，因爲似乎意識到未來局勢的發展，美國和西方還會有求於他。[2] 此外，美國此時仍在打繼續挖英國人牆腳的主意，他們希望將英國人影響力較弱的沙特阿拉伯打造成中東地區的主要力量，[3] 以確保美國對中東的影響力，因此杜勒斯拒絕加入巴格達條約組織。

1955年底，英國在納賽爾的小圈子裡發展了一名諜報內線，代號爲「lucky break」。[4] 通過此內線傳遞的信息，納賽爾似乎越來越向蘇聯靠攏。對於蘇埃接近，英國並不吃驚，更擔心的是蘇聯派出志願人員幫助納賽爾進行戰備，甚至直接參戰。至1956年初，英國正式將納賽爾劃爲敵人，而此時納賽爾的反英腳步也越走越快，包括將指揮約旦軍隊的英國軍官格拉布·帕夏（Glubb Pasha）解職等。[5] 因此，英國開始不再支持納賽爾的阿斯旺大壩的工程，至1956年5月，杜勒斯和英國外交部長塞爾溫·勞埃德（Selwyn Lloyd）就撤回對埃及大壩工程援助一事達成一致，決定不再提供援助而讓該工程逐漸凋萎，另一方面美國國會也最終決定終止政府的對埃工程支持（部分源於納賽爾表現出的反西方趨勢）。[6] 杜勒斯在當時參議院外交關系委員會舉行的秘密會議上稱，對於（因西方停止支持該工程使得）蘇聯有可能接手後繼工程一事，他認爲這可能並不是壞事。因爲埃及若繼續上馬該工程，所需的巨額資金可能會影響其經濟，而且此大壩築成後也可能導致其他問題，蘇聯深度參與其中無疑將背負其責任。[7]

在中東，得到蘇聯支持的埃及和以色列戰端將要再啓，自埃及源源不斷地從蘇聯集團獲得軍備以來，以色列就將其視作埃及戰爭准備的一部分。以方估計埃及將利用大概6個月到8個月時間熟悉如何使用蘇式武器，爾後埃及方面將發動戰爭。以方關於埃及戰略意圖判斷的另一項明顯證據，在於加沙地區由埃及支持的阿拉伯突擊隊（fadayeen）對以方的襲擊和封鎖加劇。因爲自1955年2月以軍攻擊加沙以來埃及方面就一直反應強烈（以軍此舉羞辱了埃及軍隊，後者也是納賽爾政權的主要支持者），

[1] 奧倫：《第二次阿以戰爭的起源：埃及、以色列和強權，1952—1962》，第73-74頁（Oren, *The Origins of the Second Arab-Israeli War*, 73～74）。

[2] 此情節在科普蘭：《國家的博弈：超越道德權力》（Copeland, *The Game of Nations*）有精彩地描述；還可參見科普蘭：《博弈者：中情局最初政治操作的供認》，第158-171頁（Copeland, *The Game Player*, 158～171）。

[3] R.R.鮑伊：《艾森豪威爾、杜勒斯和蘇伊士危機》，摘自路易斯和歐文：《1956年蘇伊士》（R. R. Bowie, *"Eisenhower, Dulles, and the Suez Crisis", Suez 1956*, ed. Louis and Owen）。

[4] 羅德曼：《比和平更珍貴：冷戰和爲了第三世界的斗爭》，第75-76頁（Rodman, *More Precious than Peace*, 75～76）。

[5] K.凱爾：《1955—1956年，英國和危機》，摘自路易斯和歐文：《1956年蘇伊士》，第109頁（K.kyle, *"Britain and the Crisis, 1955~1956", Suez 1956*, ed. Louis and Owen, 109）。

[6] R.R.鮑伊：《艾森豪威爾、杜勒斯和蘇伊士危機》，摘自路易斯和歐文：《1956年蘇伊士》，第192頁（R. R. Bowie, *"Eisenhower, Dulles, and the Suez Crisis", Suez 1956*, ed. Louis and Owen, 192）。

[7] 羅德曼：《比和平更珍貴的：冷戰和爲了第三世界的斗爭》，第77頁（Rodman, *More Precious than Peace*, 77）。

納賽爾在未完成全面戰爭准備的情況下，只得發動非常規的襲擊行動。1955年12月，以色列曾計劃對埃及發動先制性進攻，但最終放棄。

此時，納賽爾已與敘利亞簽署同盟條約，所以形勢對以色列非常不利，因為兩國位於以色列南北，任何戰爭都會使以軍面臨兩線作戰的困境。而且對以色列而言，更為重要的是，與埃及開戰後英國的態度，因為當時英國仍統治著巴勒斯坦。以色列認為英國總是偏向於阿拉伯人一方，其擔憂並非沒有來由。而且，在當時英埃簽署的運河協議中，英國為確保對運河的控制仍繼續向埃及提供安全保證。因此，如果以軍主動進攻埃及，英國很可能加入埃方的防禦性戰爭。當然，對於當時英埃之間的不睦，以色列也曾設想過，如果英國方面被迫退出運河區，他們很可能希望在另一邊靠近運河的地區（比如，以色列占據的內蓋夫地區）獲得類似的基地；至於納賽爾，不僅能在收回運河後獲得英軍撤離後遺留下的重要軍事基地和物資，再加上埃及從蘇聯獲得的武器，他們很可能在1956年夏季時完成准備並主動攻擊以軍。

納賽爾上台後一直宣稱要洗雪1949年失敗的恥辱，到1956年時他的好運似乎已達巔峰。英國在美國的勸說下正在撤離運河區，赫魯曉夫承諾的武器也已交付，此外，夙敵伊拉克已被孤立而且埃及國內納賽爾的反對者也遭到壓制，在這種條件下，以色列成為他的政權的最突出的威脅。[1] 1956年3月，埃及軍隊開始向西奈半島集結，高級軍官獲得了他們的作戰命令：消滅以色列軍隊。[2]

英國情報機構很快發現了埃及人的戰爭准備，時任首相艾登對納賽爾的舉動亦越來越敵視。為了給埃及以教訓，他以私人名義將埃及即將向以色列進攻的消息通報給了艾森豪威爾。在與以色列達成的武器出口控制協議約束下，已經在1949年阿以停戰協議上簽字的英法兩國實際上負有保護以色列免遭埃及攻擊的責任。為此，兩國需要向中東派遣足夠的部隊並奪占蘇伊士運河。1956年7月29日，艾登電告艾森豪威爾稱，他已指令他的參謀長制定與納賽爾交戰的作戰計劃。美國國務卿杜勒斯建議艾森豪威爾，此時應避免過分偏袒英法，以免納賽爾徹底倒入蘇聯陣營，如此也可為埃及留下最後一條與英法磋商的渠道（即相對中立的美國）。

當然，杜勒斯不願也不想了解，納賽爾對冷戰中的唯一的興趣就是有機會首鼠兩端以實現他的目標。當時，中情局駐埃及的負責人，邁爾斯·科普蘭（Miles Copeland），之後曾寫道，當時沒人真正理解納賽爾的所有決策和舉動都立足於他或埃及的利益。而在美國政府當時對埃及局勢未來走向的設計中，科普蘭又扮演著類似納賽爾的角色，當然他絕對忠誠於的是本國的利益，只不過沒想到杜勒斯卻誤解他「比納賽爾更像納賽爾」。[3]

---

[1] 奧倫：《第二次阿以戰爭的起源：埃及、以色列和強權，1952—1962》，第91-92頁（Oren, *The Origins of the Second Arab-Israeli War*, 91～92）。

[2] 奧倫：《第二次阿以戰爭的起源：埃及、以色列和強權，1952—1962》，第137頁（Oren, *The Origins of the Second Arab-Israeli War*, 137）。

[3] 科普蘭：《國家的博弈：超越道德權力》，第202頁（Copeland, *The Game of Nations*, 202）。

　　在西方停止就阿斯旺大旺工程繼續向埃及提供財政支持後，納賽爾將西方的強硬視作證明和展示其民族主義色彩的一次絕佳機會。為了獲得工程所需的資金，他宣布對蘇伊士運河實施國有化（公司全部財產移交埃及政府）。此前英國雖然在美國的干涉下同意將原駐扎在運河區的重兵撤出，但這卻是以繼續保留對運河的管理權為前提的（運河仍由英法合資公司共同控制），而納賽爾的政策不啻於徹底將英國勢力逐出埃及。納賽爾此舉非常精明，行動將使美國與其兩個主要的歐洲盟國（英、法）的關系在埃及運河問題上出現重大分歧。

　　當時，英、法兩國將納賽爾視作對其中東利益的直接威脅。特別是法國人認為（盡管是錯誤的），當時他們在阿爾及利亞面臨的反殖民主義戰爭，得到了埃及人的支援，正如遠東印度支那半島胡志明的游擊隊是在中國的支持下才取得了成功一樣（開放的地中海使埃及有條件為阿爾及利亞叛亂組織提供支援，正如中越擁有漫長的陸上邊境那樣）。1954年11月1日，就是法國剛剛結束在印度支那半島的戰爭後不久，阿爾及利亞的反殖民戰爭爆發了，當日民族解放陣線（FLN）襲擊一處法軍哨所。盡管戰火在西北非燃起，法國政府仍於1956年春解除了對與阿爾及利亞毗鄰的兩個國家（突尼斯和摩洛哥）的保護關系，接著又進一步宣稱將給予法屬各非洲殖民地以更大的自治權（盡管仍不能算作給予真正獨立地位）。這些政策在法國國內引起爭議，很多法國人將之視作政府在繼撤出印度支那半島之後新的軟弱表現。[1] 因此，對於埃及納賽爾的行動，法國政府認為必須采取強硬措施。其不僅能展示法國的決心，也能拯救法國在運河區和阿爾及利亞的利益。

　　英國同樣不能容忍納賽爾的冒險舉動，很快兩國開始制定聯合軍事計劃——「火槍手行動」，以重新奪回運河控制權。為了羞辱納賽爾，法國人開始表態支持以色列，將其作為吸引納賽爾注意力的一種方式，同時這也有助於減少埃及對其他法屬非洲殖民地的支援。毫無疑問，英法都意識到以色列將是其對抗納賽爾時的最大助力，以色列對埃及備戰保持著天然警惕，更希望在埃及完成軍事准備前先發制人摧毀其軍事力量。對於以色列，「火槍手行動」的實施改變了一切。埃及對時任以色列總理本古里安所稱提「值得尊敬的公司」（即英法合資的蘇伊士運河公司）下手，令以色列方面欣喜非常，他們對埃及的軍事行動再也不必擔憂英國政府的反擊了。[2] 至於法國，此時也與以色列站到同一陣營，他們允許將保持敘利亞和黎巴嫩置身於戰局之外。

　　對英國而言，要處理的形勢則更為復雜。他們仍希望在解決運河危機的同時，盡可能保持在中東最後的帝國遺產，畢竟英國與伊拉克和約旦簽訂有防務互助條約，艾登首相擔心一旦和以色列一起與埃及開戰，將把伊拉克和約旦兩國也牽入戰火之中

---

[1] A.沃森：《蘇伊士危機的後果：法蘭西帝國的去殖民化》，摘自路易斯和歐文：《1956年蘇伊士》，第341頁（A. Watson, *"The Aftermath of Suez: Consequences for French Decolonization"*, in *Suez 1956*, ed. Louis and Owen, 341）。

[2] 奧倫：《第二次阿以戰爭的起源：埃及、以色列和強權，1952—1962》，第138頁（Oren, *The Origins of the Second Arab-Israeli War*, 138）。

（兩國與以色列亦是死敵）。[1] 因此，英國采取的任何與以色列的直接合作行動都會誘發不可預知的致命風險。最終，英國和法國找到了解決方案，即英法兩國支持以色列直接出兵奪取運河，此後再由英法派兵對占領區實施保護措施實現對運河的控制。在巴黎郊外，三國經過一系列秘密協調和磋商，初步完成了戰爭計劃的制定。[2]

中東的火藥味越來越濃，艾森豪威爾也意識到歐洲人正在密謀采取行動。整個1956年夏，美國政府都試圖勸阻英、法兩國不要貿然行動，杜勒斯和艾森豪威爾甚至明確警告艾登，在中東地區公然運用武力將疏遠這一地區甚至整個第三世界國家，進而使蘇聯有可能得利。然而，當英法將原本用於北約的軍備物資運出歐洲時，並未引起什麼抗議。[3]

蘇伊士運河危機誘發的第二次中東戰爭爆發了，以色列軍隊很快橫掃西奈半島進抵運河區。此前，赫魯曉夫爲埃及提供的大宗軍備物資並未真正使埃軍具備戰斗力。正如事先計劃中所預期的，英法聯軍緊隨以軍的勝利成功在運河區登陸。在軍事上，這次登陸行動頗具亮點，英軍首次使用直升機搭載陸戰隊員在預定地區（塞得港）實施了垂降；但也僅此而已，英法的登陸行動只涉及運河近地中海的一端，並未考慮到如何盡快奪占運河在紅海一端的據點（他們很可能認爲只要取得初步勝利，納賽爾就會放棄，後繼交由政治談判解決）。然而，當埃軍繼續堅持下去，中東及全世界各國廣泛譴責英法的侵略行動時，他們的行動就陷入了僵局。英法聯合行動所面臨的尷尬更揭示出兩國已深陷危機之中。爲了繼續完成控制運河的任務，兩國不得不將其位於附近的所有海軍力量投入行動，但由於缺少兩棲載具，以致於不得不征用兩棲運兵卡車來運輸登陸部隊，而且這些載具甚至是由民事人員所駕駛的。[4]

艾森豪威爾對英法的行動非常震驚，英國和法國是美國在歐洲最重要的盟國，另一方面，埃及對運河的強制國有化行動並不能被視作英法開戰的合理理由。如果公開支持英法以典型的殖民時代思維，對一個重要的第三世界國家動武，將使美國失去在中東艱難建立起來的影響。對了阻止英法盟友的瘋狂冒險，以免破壞西方與蘇聯對抗這一更重要的戰略使命，美國利用自身金融優勢，強迫英法以與埃及方面停火並撤退。由於此前1955年2月英格蘭銀行爲挽救國內外對英鎊的信任（使英鎊的持有者相信其貨幣仍是安全並繼續持有英鎊），宣布英鎊與美元的自由兌換政策，因此此時英國在金融領域對美國非常依賴。但不幸的是，當時英國的美元儲備非常少，在1954—1957年時英國央行平均僅備有23億美元，相比之下美國儲備達到220億美元。自危機爆發後，當年的8～10月間，英格蘭銀行的美元存底迅速減少了3.34億，因爲危機引發

[1] 奧倫：《第二次阿以戰爭的起源：埃及、以色列和強權，1952—1962》，第139頁（Oren, *The Origins of the Second Arab-Israeli War*, 139）。

[2] 凱爾：《英國和危機》，第266-271頁；M.巴倫：《戴維·本古里安和塞夫蘭·克路辛》，摘自路易斯和歐文：《1956年蘇伊士》，第147頁（Kyle, *"Britain and the Crisis"*, 266～271; M. Bar-On, *"David Ben-Gurion and the Sevres Collusion"*, in *Suez 1956*, ed. Louis and Owen, 341）。

[3] 羅德曼：《比和平更珍貴的：冷戰和爲了第三世界的斗爭》，第79頁（Rodman, *More Precious than Peace*, 79）。

[4] 格魯夫：《三叉戟的先鋒：自第二次世界大戰以來的英國海軍政策》，第184頁（Grove, *Vanguard to Trident*, 184）。

的恐慌使得大量英鎊被兌換成美元。例如，在英法聯軍入侵開始時，英格蘭銀行在兩天內被擠兌5000萬美元，因此英國財政大臣哈羅德‧麥克米蘭（Harold Macmillan）向內閣報告稱，自行動以來英國央行已損失2.8億美元儲備（美國政府故意拋售英鎊），而且美國同時還否決了英國向國際貨幣基金組織的貸款申請，停止對英國的經濟援助，最終英國內閣不得不同意了美國的停火條件。與此同時，由於運河在危機中被封鎖，造成中東輸往歐洲的石油供應被切斷，使得英法面臨的國際環境更為惡化。[1]

當然，正如後來國務卿杜勒斯所說，如果不是他在英法入侵行動開始後因患病而無法發揮影響力，他應該就能勸阻總統對英法施加壓力，英法也許就有取得決定性勝利的機會。英法的行動已導致了第三世界對其殖民主義的憤怒，因此就算他們的行動繼續下去情況也不會比現在更糟了。[2] 英國無疑發現美國人此次在運河危機中的態度非常奇怪，此前美國政府願意支持在伊朗反對摩薩德的政變，而這次在埃及卻膽怯了。無疑，英國人認為運河與伊朗的石油同樣重要。

運河危機爆發的同期，蘇聯仍在為匈牙利事件而傷腦筋，但英法最終的放棄仍使赫魯曉夫獲得了一定的聲望。為了淡化國際社會對其出兵匈牙利的關注，並獲得中東國家的好感，蘇聯很快插手危機，赫魯曉夫甚至警告英法兩國，必要時蘇聯將運用核武器。美國對英法魯莽行動可能引發的歐洲大戰的擔憂無疑是正確的，但赫魯曉夫同期的的聳人聽聞之辭（威脅使用他的新式核導彈將歐洲徹底毀滅）也是騙局，因為此時蘇聯仍僅有少量導彈核武器。當然，北約除英法外的其他各國政府，對蘇聯實質介入英法對埃及的干涉非常擔憂，因此也隨美國一道勸說英法退出中東。

英法兩國最終撤出蘇伊士運河區，這次失敗生動地表明英、法兩個傳統的歐洲帝國已不再被認為是新的核時代的全球強權了，美蘇作為真正主宰中東乃至全球的超級大國正式走上前台。盡管英、法兩國對失敗充滿了苦澀的記憶，但兩國決策者都明白他們無法再承擔起失去北約的後果，蘇聯已經成為更明確的威脅，而美國盡管作為跨大西洋聯盟關系中最重要的盟友，在關鍵時刻亦是難以靠得住的。此次危機中，兩國得到的教訓在於，他們迫切地需要使其觀點（政治的和軍事的）被別國嚴肅傾聽的能力。為此，歐洲國家意識到必須聯合起來，才能夠在未來的世界舞台上發出自己的聲音，在此背景下，已正在形成中的歐洲經濟共同體（EEC）被列入歐洲主要國家領導人的議事日程。特別是法國人，面對美英之間的特殊同盟關係，法國決定解除在運河危機中與英國的緊密聯系，[3] 決定與德國和解，形成以法—德軸心形成未來統一的歐

[1] 孔茨：《黃油與槍炮：美國的冷戰經濟外交》，第85-86頁（Kunz, *Butter and Guns*, 85～86）。

[2] 羅德曼：《比和平更珍貴的：冷戰和為了第三世界的斗爭》，第84-85頁（Rodman, *More Precious than Peace*, 84～85）。英國外交大臣塞爾文‧勞埃曾稱，當他於11月中旬在醫院與杜勒斯交談時，後者「立刻略帶興奮地對他說，『塞爾文，你為什麼要阻止？你為什麼不堅持下去並把納塞爾解決掉？』」。到11月3日早晨，英法兩國軍隊已進抵埃及外海，但並未發起攻擊，中情局局長告訴其駐倫敦的負責人稱「告訴我們的朋友，要麼遵守那些該死的停火協議（由聯合國協調簽署的），要麼就繼續前進完成該死的入侵行動。這兩種方式中，無論他們選擇那一種，我們都會支持他們，只要他們的動作夠快就行了。我們所無法容忍的是，在匈牙利正在燃燒著怒火的時候他們還在那該死地猶豫不決。」

[3] M.瓦伊斯：《蘇伊士危機後的法國》，摘自路易斯和歐文：《1956年蘇伊士》（M. Vaisse, *"Post-Suez France"*, in *Suez 1956*, ed. Louis and Owen）。

洲的核心，以平衡美、蘇超級大國。另一方面，由於對危機中赫魯曉夫赤裸裸的核訛詐印象深刻，法國加速了其核武器的研制進度，1956年12月法國議會除法共議員外，全體投票通過了其核項目開發的決議。時任法國總理居伊‧摩勒（Guy Mollet）在此次危機中幸免於辭職，部分由於當時他的決策得到了大多數法國人的支持。[1] 至於阿爾及利亞，最初其反抗意識被法國政府堅定的決心所震懾，但當蘇伊士行動失敗後他們的民族主義再次被重新點燃。[2]

至於英國，此次危機並未攪起太大波瀾，安東尼‧艾登首相因咎辭職。很多人感到他在危機中的決策和行動有些失常，哈羅德‧麥克米蘭接替他擔任了首相一職。另一方面，美國對於美英兩國在中東的意見分歧也表示了遺憾，但爲了維持特殊的跨大西洋同盟關系，艾森豪威爾與麥克米蘭於1957年3月在百慕大舉行會晤，會晤中向英國伸出橄欖枝以重建信任。具體舉措包括向麥克米蘭允諾美國將向英國租借戰略彈道導彈。[3] 對此，法國再次感受到美英間的特殊關系，更加堅定了與夙敵德國和解並構建法—德核心的決定。

但英國人當時對美國的補救行動仍心存芥蒂，他們認爲英國爲歐洲和西方防御所付出努力很大程度上並未實現預期結果。1955年，英國的國防開支遠高於其他歐洲國家，超過國民生產總值的9%，其國內科研開發支出的三分之二被用於軍事領域（主要是新戰略威懾能力）。即便如此，英國仍對繼續在德國駐重兵感到力不從心，要不是德國支付了部分駐扎費用，英國幾乎無法堅持向歐陸派遣大量部隊。現在，西德已開始重新武裝進程，但其當時的一些舉動幾乎也引起了一場不大不小的危機，包括西德希望將防務支出更多地用於自己武裝力量的建設，遭到英國等在西德駐軍國家的抗議，最後幾國就此問題達成協議（西德同意保持對駐德其他國家軍隊的經費支持）。[4] 事實上，早在1956年7月英法運河入侵行動的同時，英國首相艾登就指令對國家防務政策進行評估，希望軍備處於在可維持的水平。

評估於1957年1月完成，時任英國國防大臣鄧肯‧桑迪斯（Duncan Sandys）認爲，英國將不得不在1962年底以前結束征兵制（國民兵役制度），主張英國逐漸建立全志願役的軍隊，因爲高度職業的、小規模的武裝力量作戰能力更強。在其規劃下，英國將削減現有軍隊員額並保持約37.5萬人的全志願役軍隊（其中陸軍約16.5萬人）。蘇伊士運河危機前的評估認爲，要滿足英國的防務需要和對外安全承諾，至少需44.5萬人的部隊，其中陸軍規模約20萬人。特別是考慮到德國即將再次武裝，很多

---

[1] M.瓦伊斯：《蘇伊士危機後的法國》，摘自路易斯和歐文：《1956年蘇伊士》，第339頁（M. Vaisse, "Post-Suez France", in Suez 1956, ed. Louis and Owen, 339）。

[2] M.瓦伊斯：《蘇伊士危機後的法國》，摘自路易斯和歐文：《1956年蘇伊士》，第340頁（M. Vaisse, "Post-Suez France", in Suez 1956, ed. Louis and Owen, 340）。

[3] 1955－1957年《美國對外關係文件》27：第736-738頁（FRUS[1955～1957] 27: 736～738）；相關內容描述了1957年3月22日在百慕大海洋中心俱樂部的談話內容。

[4] 達菲爾德：《進化》，第263-264頁（Duffield, "the Evolution", 263～264）。

歐洲國家都希望英國繼續在德部署重兵，以作爲平衡德國的關鍵。因此最終英國決定仍維持在德國部署的4個裝甲師的規模，但各師的員額都受到裁減。[1]

在更少的人力支撐下，英國繼續維持其在非洲的駐軍已不太可能。在過去幾年裡，非洲各英屬殖民地的反叛起義此起彼伏，包括肯尼亞茅茅黨人起義等，這些都使英國有限的軍力捉襟見肘。1960年2月3日，英國首相哈羅德‧麥克米蘭在南非開普敦發表演說宣稱，非洲大陸遍吹「變革的風潮」，是時候接受非洲黑種人群主體意識覺醒的時代了。[2] 早在1934年，斯坦利‧鮑德溫（Stanley Baldwin）就對非洲大陸仍被歐洲各大國殖民的狀態深表不滿，並發出了「變革風潮」的吶喊。正如麥克米蘭所言，歐洲各國在布魯塞爾的會議正在討論非洲剛果的獨立問題，該國也是之後非洲民族主義獨立運動旋風刮起的開端。在麥克米蘭作出講話前，英國已給予了加納和尼日利亞等前殖民地的獨立地位，而麥克米蘭之所以在南非和羅德西亞做出此番講話（當時仍由白人統治者維持），正是提醒兩國非洲的大勢所趨。毫無疑問，自蘇伊士運河危機以來，英國發現要繼續維持戰前的大英帝國體系愈加困難；在運河危機後，英國不得不撤出了在約旦的全部軍隊，幾年後他們又將從利比亞撤軍。維持殘存帝國的存在，很大程度上依賴於機動部隊，比如駐扎也門亞丁的駐軍（亞丁灣入口重要的補給點），巡弋在印度洋的1支航母特遣編隊等。至1960年，形勢更加搖搖欲墜，馬來亞的反英游擊隊最終迫使英國承認該國的獨立。

在迫切需要削減防務開支方面，英國並不孤單。自美國確立了大規模報復戰略以來，整個北約各國政府都將核武器視作受歡迎的軍備重點，如此就有理由繼續大幅削減昂貴的非核軍備。當時陸軍尤其受影響，因爲各國陸軍規模主要以師的數量來顯示，當削減指標下達後，不僅師的數量被縮小，而且各師的裝備、員額也都受到不同幅度的削減，比如1950年杜魯門總統對美國陸軍的裁撤，幾乎令美國陸軍一蹶不振。而北約各國中非美軍的陸軍師甚至更不容樂觀，經裁撤後各國陸軍師級部隊的作戰能力幾乎僅及同期美國陸軍師的60%。[3] 1957年4月，艾森豪威爾批准向盟國提供美軍的戰術核武器，但所有獲准使用美制戰術核武器的盟國必須承諾接受美國的條件（即必須由美國和核武器部署國一致同意後，才能使用這類武器，實際上保有了這些對外部署的核武器的使用否決權）。到1961年，北約戰術空軍部隊幾乎僅剩下戰術核打擊能力。艾森豪威爾發現北約盟國對使用核力量保衛歐洲的觀念相當接受（與以往歐洲各國對核武器本能的抵觸相比，態度變化明顯），但本質上，出現這種情況的原因在於歐洲人（與赫魯曉夫類似的）都不相信東西方將在歐洲爆發一場全面的大規模核戰

[1] 達菲爾德：《進化》，第287-288頁（Duffield, "the Evolution", 287～288）；納維亞斯：《核武器和英國戰略規劃》，第134-187頁；在1957年3月22日百慕大會議期間，英國首相麥克米蘭曾公布了艾森豪威爾總統的新戰略的要旨（1955—1957年《美國對外關系文件》27：第749頁）（FRUS[1955～1957] 27: 749）。

[2] 霍尼：《哈羅德‧麥克米蘭和英國的世界角色》，第195-198頁（Horne, *Harold Macmillan*, 195～198）。

[3] 幾年後，時任美國國防部長麥克納馬拉使用這些數據來說明兩國的相對實力。

爭。當然，對美國艾森豪威爾時期的「新面貌」戰略持批評態度的人士則認爲並非如此，等肯尼迪政府上台後在他們的失去下，此前的大規模報復戰略被靈活反應戰略所取代，歐洲再次進入多事之秋。

在歐洲各國忙著裁軍的同時，法國人驚覺於他們所處的特殊雙重約束。由於迷信國家的軍事力量，他們拒絕放棄其所費不菲的大規模義務役常備軍；這種態度使法國國內的左翼勢力擔憂政府極力維護盡可能多的武裝力量是准備用於鎮壓自己。與英國在大幅削減常備軍之前面臨的情況類似，法國發現要爲其龐大的常備軍及時提供現代化的武器裝備越來越難，特別是在美國軍事援助不斷縮水的情況下，更是如此。此外，自1954年起，由於阿爾及利亞反殖民戰爭爆發，美國拒絕以任何形式爲法國提供援助，而這更加劇了其困難。在法國人看來，法律上阿爾及利亞仍是法國的組成部分，發生在當地的叛亂應該得到北約的干涉和支援（更別提阿爾及利亞在1949年北約成立時亦包含在其范圍之內），因此，法國對美國拒絕提供支援極爲憤怒。隨著法國在阿爾及利亞的投入不斷加大，到1957年時，法國每年至少消耗在當地的防務支出達到10億美元。[1] 而此時的法國政府既無力增稅擴大收入來源，也不敢削減其他方面的支出，因此極爲窘迫。然而，大多數法國人對於法國所面臨的深刻的財政危機，僅有模糊的認識，他們仍沉浸在此前連續四年的經濟穩步恢復所帶來的暫時繁榮之中（部分源自於美國的援助）。

至少在阿爾及利亞危機爆發伊始，根本沒人質疑是否應放棄這塊殖民地，阿爾及利亞是法蘭西帝國最重要的組成部分，成千上萬的法籍殖民者生活在那裡。如果放棄，法國政府擔心這些人將不得不返回母國，進而不利於本就非常脆弱的國內穩定。由於在法律意義上，阿爾及利亞仍是法國的一部分，龐大的法國義務役常備軍不得不大量派駐部署到當地。因此從人力資源角度看，法國在當地並不缺乏兵員，例如在1956年時，法國向阿爾及利亞部署了14個師；相比之下，法國僅爲北約提供了2個師的兵力（而且每個師的裝備、人員都只及正常編制員額的三分之二）。但從作戰能力角度看，大量的法國部隊卻並不盡如人意，其義務役軍隊缺乏訓練，除了在殖民地擔負駐防任務外，幾乎無法用於其他更復雜的作戰任務。此外，隨著這些義務役兵員服役期滿，他們也將殖民地戰爭的真實情況帶回了國內。

真正擔負機動、進攻任務的部隊，由較精銳的法軍部隊實施，包括外籍軍團、傘兵部隊、陸戰隊突擊部隊等。這些部隊很多都由參與過印度支那戰爭的老兵組成。吸取了此前在東南亞反殖民戰爭的經驗，法國政府認爲必須要封鎖阿爾及利亞與其鄰國的邊境，以阻止境內的叛亂組織獲得外界的援助，到1957年9月，法國封鎖了當地與突尼斯和摩洛哥的邊境地區。阿爾及利亞有組織的叛亂力量被擠壓到邊境地區，無力挑戰駐守法軍。[2] 接著，法軍精銳部隊在阿爾及利亞境內展開廣泛的清剿和打擊行

---

[1] 1955—1957年《美國對外關系文件》27：第78-79頁、第148-149頁（FRUS[1955～1957] 27: 78～79, 148～149）。

[2] 安東尼·克萊頓：《法國的去殖民地化戰爭》，第135-141頁、第160頁（Anthony Clayton, *The Wars of French Decolonization*, 135～141, 160）。

動，阿境內形勢雖然略有好轉，但他們也越來越憂慮地意識到，如果國內的士氣被摧毀，無論他們在戰場上多麼完美地完成任務，都已於事無補了。對於這些部隊來說，殖民地的民族革命戰爭模糊了政治與戰爭之間的邊界。1958年，由於阿爾及利亞暴亂，第四共和國政府垮台。形勢使戴高樂將軍重返政壇，而他（在掌權後）要求獲得完全的行動自由——這可能包括使那些背叛的軍隊恐懼的行動。[1]

　　戴高樂重返法國權力核心對冷戰具有深遠影響。1945—1946年，他曾相當願意與美國和英國展開合作，因為當時他也將蘇聯視作法國最重要的威脅。然而，在他第二次執政後，他對歐洲的形勢形成了新的看法（即在美、蘇全球爭霸的國際形勢下，歐洲不應成為兩國的附庸，必須要更為獨立地扮演新的一極的角色），他認為北約的集體防禦體制與他的政治理念完全不符。他期望法國應保有獨立地位，以發揮令人尊敬的作用。早在1952年時他就曾私下告訴艾森豪威爾稱，如果他重新執政，他治下的法國將退出北約，除非這個聯盟能更好地反映他的政治理想。在他看來，法國已被淪落到必須執行他人（由美國人擔任的SACEUR）的指令的地步，這是十分恥辱的。[2]

　　到了1958年，歐洲的形勢已出現了變化，法國仍非常虛弱，正如前兩年蘇伊士運河戰爭中所表現的那樣。由於表現出更強的獨立傾向，美、英等北約核心國家對法國的不滿在加劇，進而在很多事務上令戴高樂感到受到了冒犯。戴高樂發誓將要反擊，在他看來，分裂北約無疑是對美、英主導的跨大西洋集體安全體系的最大打擊。他之所以在此時才有這樣的想法，很可能在於他認為法國退出北約並不會導致法國在安全上的更多風險，因為此時法國已擁有了核武器，而更大層面上美國及西方與蘇聯形成的核平衡，使得蘇聯不會因法國退出北約而僅對法國發起攻擊。戴高樂似乎想再次采取第二次世界大戰時自由法國的策略（盡管1940年法國戰敗同期他所領導的自由法國運動的資源也有限，但他仍設法維持了法國與其他主要大國的平等地位，而不只是一個無足輕重的戰勝國），重新凸顯法國在歐洲、世界政治格局中的重要地位。

　　對於在阿爾及利亞日益陷入的游擊戰爭，法國國內民眾的不滿情緒日益升高。法軍在當地的殘酷也逐漸被批露，例如為了拿到其軍事行動所必需的情報，法軍經常通過對當地反法民眾或戰俘的折磨和酷刑來獲取；而在這一切被批露後，法國國內的阿爾及利亞人社區也開始了他們的抗爭，在巴黎和其他聚集了阿爾及利亞人的城市，暴力不斷蔓延，越來越多的法國人將阿爾及利亞戰爭視為一場骯髒的、不可接受的戰爭。[3] 同時，就算法軍的精銳力量能夠取得戰場上的勝利，對這場戰場的堅持也攪亂了歐洲。

---

[1] 安東尼·克萊頓：《法國的去殖民地化戰爭》，第144-150頁（Anthony Clayton, *The Wars of French Decolonization*, 144～150）。

[2] C.buffet：《柏林危機、法國和大西洋聯盟，1947—1962年：從聯合到瓦解》，摘自霍伊澤爾和奧尼爾：《確保歐洲的和平》，第91頁（C. Buffet, *"The Berlin Crises, France, and the Atlantic Alliance, 1947–1962: From Integration to Disintegration"*, in *Securing Peace in Europe*, ed. Heuser and O'Neill, 91）。

[3] 安東尼·克萊頓：《法國的去殖民地化戰爭》，第132頁、第134-135頁（Anthony Clayton, *The Wars of French Decolonization*, 132, 134～135）。

英、法兩國在第二次中東戰爭中的軍事失敗使其付出了慘重的代價，阿拉伯世界不僅被他們對埃及的侵略所激怒，更因兩國與以色列的合作受到所有阿拉伯人的憎恨。中東戰爭結束後，1958年1月，納賽爾與敘利亞結盟，建立了阿拉伯聯合共和國（UAR）。[1] 這引起了阿拉伯保守派勢力的緊張，當年2月，伊拉克和約旦成立了自己的阿拉伯聯盟。當然，由於沙特阿拉伯與伊拉克的敵對關系（現任沙特王室是通過驅逐與伊拉克王室有關的哈桑王族，才得以獲得政權），他們並未加入。之後，隨著也門（與沙特接壤）加入阿拉伯聯合共和國，沙特在整個阿拉伯半島政治勢力版圖中的地位亦變得非常微妙了。至於黎巴嫩政府，由於其與當時伊拉克政府的敵對，因此根本未考慮過加入阿拉伯聯盟。

運河危機後，伊拉克成爲蘇聯在中東阿拉伯世界僅存的主要盟友，但到1958年該國爆發了血腥的政變。當時，該國軍隊中的民族主義勢力對政府在蘇伊士運河危機後仍奉行親西方政策（包括支持西方對敘利亞的干涉）極爲憤怒。同年7月14日，伊拉克發生流血政變，伊軍起義力量推翻國王費薩爾二世的政權，當日各巴格達條約國家政府正准備商討應對黎巴嫩危機的事宜。[2] 因爲此次政變，巴格達條約組織被徹底摧毀，之後該條約組織在美國主導下於1959年演變爲「中央條約組織」（CENTO）。由於該條約組織的親西方性質，只有較保守的阿拉伯國家政府（很快僅余沙特阿拉伯和約旦兩國）加入其中。至此，英國在阿拉伯半島上的影響力衰退至小部分地區，包括波斯灣的小國科威特（1961年前仍是英國的保護國）和也門（英屬殖民地）。半島形勢突變後，艾森豪威爾政府明確承認了英國對納賽爾是蘇聯在中東代理人的指責，因此，1957年1月，艾森豪威爾宣布了他的「艾森豪威爾主義」，提出將向中東地區任何可能受到由共產主義勢力控制的政府（即埃及[3]）威脅的國家提供援助（包括直接派遣美軍部隊）。在伊拉克政變之後，敘利亞情報機構挑起了親西方的黎巴嫩國內的短暫內戰。爲了支持黎巴嫩政府，美國向貝魯特派駐了陸戰隊。但當美軍部隊抵達該國時，其國內形勢已緩和，當時的新聞照片記錄下了令人尷尬的一幕，全副武裝的海軍陸戰隊員在散布著身著比基尼泳裝的女郎的黎巴嫩海灘登陸。[4] 當然，美軍的入侵無論如何宣示了艾森豪威爾對中東反共的決心。至於美國爲保護黎巴嫩免遭伊拉克卡塞姆（而非埃及納賽爾）滲透而作出的出兵決策，則表明如果納賽爾只是作爲民

[1] R.哈利德：《阿拉伯世界中的蘇伊士危機後結果》；摘自路易斯和歐文：《1956年蘇伊士》，第340頁（R. Khalidi, "Consequences of Suez in the Arab World", in Suez 1956, ed. Louis and Owen, 340）；吉爾格斯：《超級強權和中東：1955—1967年的地區和國際政治》，第101頁（Gerges, The Superpowers and the Middle East, 101）。

[2] 吉爾格斯：《超級強權和中東：1955—1967年的地區和國際政治》，第112-114頁（Gerges, The Superpowers and the Middle East, 112~114）。

[3] 吉爾格斯：《超級強權和中東：1955—1967年的地區和國際政治》，第80頁（Gerges, The Superpowers and the Middle East, 80）。

[4] 安布羅斯：《美國總統：艾森豪威爾》，第463-466頁、第471-475頁（Ambrose, Eisenhower: The President, 463~466, 471~475）；A.拉斯梅爾：《兄弟般的敵手：1945—1967年敘利亞—埃及情報軸心的崛起和陷落》，摘自亞歷山大：《了解你的朋友：自1914年以來至冷戰時期的聯盟和伙伴內部的情報》，第236-239頁（A. Rathmell, "Brotherly Enemies: The Rise and Fall of the Syrian-Egyptian Intelligence Axis, 1954~1967", in Knowing Your Friends, ed. Alexander, 236~239）。當時，艾森豪威爾總統心中似乎對黎巴嫩的形勢已有定見。

族主義者（而非共產主義者的話），還是有可能不會觸碰到美國敏感的神經。1958年10月，艾森豪威爾政府接受國家安全委員會的建議，美國應依賴當地的民族主義勢力阻止蘇聯進入中東。[1] 很大程度上，早在1952年，這正是杜魯門政府所采取的中東戰略，當時他曾支持埃及國內反英的摩薩德。

埃及和伊拉克，作爲中東兩個人口最多的國家（自然也是相互競爭的國家），至此已都爲激進的阿拉伯民族主義勢力所掌握，兩國都希望取得更廣泛的權力。新的伊拉克獨裁者，卡塞姆（Kassem），作爲出身於反西方的政變軍隊領導人，自然無法從西方獲得支持，因此他將目標轉向蘇聯，他使蘇聯相信在中東他是更好的選擇，因此在言論和行動方面很多都與共產主義較爲接近。1959年1～2月，蘇聯共產黨代表大會宣布將繼續支持中東的共產主義組織（即伊拉克的卡塞姆），而不是資本主義的民族主義者納賽爾。[2] 有了蘇聯支持後，卡塞姆借用伊拉克共產黨的力量鎮壓了伊國內要求與納賽爾的阿拉伯聯合共和國（UAR）結成聯盟的勢力。在地緣政治對手得到蘇聯支持後，納賽爾再次調整其戰略，減少對蘇聯的依賴並開始偏向美國一邊，艾森豪威爾政府也適時地將其中東政策的核心定位在北非的埃及身上。繼任的肯尼迪政府也繼承了這一策略。盡管赫魯曉夫始終想將埃及拉入自己的陣營，並許以諸多好處，但納賽爾卻不爲所動，在他看來蘇聯與其他西方殖民主義國家沒有什麼區別。

納賽爾建立的阿拉伯聯合共和國，最終亦由他自己所終結。與其他很多第三世界國家的獨裁者類似，他通過給予那些對他表現出政治忠誠的人士高官厚祿以維持其統治，其中也包括敘利亞的一些人。當然，將本國拉入納賽爾建立的聯合共和國的敘利亞復興社會黨也采取類似的手段來獲得國內支持。但出乎意料的，納賽爾拼湊起的地區聯盟最終卻因敘利亞於1961年9月的政變而瓦解（當年，敘利亞退出聯盟）。此後，一直在爭取埃及友誼的美國和蘇聯，很快承認了政變後的新敘利亞政權。納賽爾感覺受到了孤立，接著也門退出了聯合共和國。等聯盟分崩離析之時，只有黎巴嫩（因擔憂敵對的敘利亞的政權），仍維持著與納賽爾的友誼。[3]

戰略形勢的急劇變化，迫使納賽爾需盡快重建其國內民族主義者的信任。因此，1961年10月，他宣布埃及國內的新的改革，接著1962年5月又通過了新的國家憲章，並宣布埃及將繼續支持阿拉伯民族主義解放運動的政策。事實上，此舉等於是在宣稱埃及將利用其他阿拉伯國家的不穩定形勢。由於埃及新憲章中包含著社會主義的原則與因素，這給蘇聯巨大的鼓舞，即納賽爾未來很可能帶領埃及走向社會主義道路，[4]

---

[1] 吉爾格斯：《超級強權和中東：1955—1967年的地區和國際政治》，第129-130頁（Gerges, *The Superpowers and the Middle East*, 129～130）；還可參見阿什頓：《艾森豪威爾、麥克米蘭和納賽爾的問題》，第194-195頁。

[2] 吉爾格斯：《超級強權和中東：1955—1967年的地區和國際政治》，第126頁（Gerges, *The Superpowers and the Middle East*, 126）。

[3] 吉爾格斯：《超級強權和中東：1955—1967年的地區和國際政治》，第132-133頁（Gerges, *The Superpowers and the Middle East*, 132～133）。

[4] 吉爾格斯：《超級強權和中東：1955—1967年的地區和國際政治》，第148-149頁（Gerges, *The Superpowers and the Middle East*, 148～149）。

畢竟此時之前政變上台的伊拉克政府已經與蘇聯分道揚鑣了。

對於敘利亞的政變，納賽爾譴責其幕後由保守的阿拉伯國家（約旦和沙特阿拉伯）所策動。為了反擊，納賽爾策動並支持了1962年9月26日的也門政變。[1] 沙特阿拉伯認為其毗鄰的也門對其安全非常重要，因為如果也門由激進的阿拉伯民族主義勢力執政，將不可避免地影響其本國的穩定。但也門的政變並未完全取得成功，一場內戰緊隨其後爆發。在這場內戰中，沙特無疑支援原來的也門王室；另一方面，為了支持也門民族主義勢力，納賽爾需要大量軍備（用以提供給也門反政府組織）。正如他在1955年時所發現的，從蘇聯獲得軍事援助遠比從美國更為容易（因為美國不願意卷入阿拉伯世界間的紛爭），因此更加倒向蘇聯。對於也門內戰，西方曾努力調解但並未成功，內戰仍持續進行。[2] 類似的，為了獲得西方支援以提供給也門王室，沙特不得不更緊密地靠向英國和伊朗，以獲得美國所不願提供的援助。[3] 為了在也門點燃全面戰火，納賽爾亦支持了也門國內城市亞丁的反英起義。

為了支持也門內戰，納賽爾將其大部分軍事力量傾注到也門。但內戰的結果卻令他沮喪，1963年他曾稱美國的政策就是通過將埃及拖入也門內戰來削弱埃及。然而，他的看法並不正確，不過至晚到1967年，埃及武裝力量的三分之一確實仍滯留在也門參與內戰行動。直到當年埃及在也門內戰中失敗後，殘余的軍隊才返回國內。[4]

中東一直延續著不穩定的狀況，1963年2到3月，敘利亞和伊拉克的首都（大馬士革和巴格達）再次爆發政變，泛阿拉伯復興社會黨（與納賽爾的政治勢力是競爭關係）相繼通過政變上台。兩國的新復興社會黨政府立即提議與納賽爾的埃及結成更廣泛的同盟。實際上，兩國復興社會黨政府希望通過建立同盟來吞沒納賽爾的勢力。[5] 然而好景不長，1963年11月，伊拉克的復興社會黨政府再次被推翻，使得敘利亞的復興社會黨政府感到非常孤立。為了在阿拉伯世界尋求盟友，敘利亞將目光投入最容易調動起阿拉伯世界情緒的以色列。由於在此前的阿以戰爭中損失慘重，納賽爾不願再次與以色列開戰，因此被敘利亞人視為膽怯，不配再領導阿拉伯世界。[6] 1963年11月，美國總統肯尼迪遇刺身亡，繼任的林登·約翰遜總統開始調整美國的中東政策，他對以色列的支持較為溫和並冷卻與不結盟國家的有關系。這一時期，美國也曾拉攏過納賽爾，但並未成功。

---

[1] 吉爾格斯：《超級強權和中東：1955—1967年的地區和國際政治》，第151頁（Gerges, *The Superpowers and the Middle East*, 151）。

[2] 吉爾格斯：《超級強權和中東：1955—1967年的地區和國際政治》，第156-157頁（Gerges, *The Superpowers and the Middle East*, 156~157）。

[3] 吉爾格斯：《超級強權和中東：1955—1967年的地區和國際政治》，第159頁（Gerges, *The Superpowers and the Middle East*, 159）。

[4] 吉爾格斯：《超級強權和中東：1955—1967年的地區和國際政治》，第161頁（Gerges, *The Superpowers and the Middle East*, 161）。

[5] 吉爾格斯：《超級強權和中東：1955—1967年的地區和國際政治》，第162-163頁（Gerges, *The Superpowers and the Middle East*, 162~163）。

[6] 吉爾格斯：《超級強權和中東：1955—1967年的地區和國際政治》，第164頁（Gerges, *The Superpowers and the Middle East*, 164）。

第四篇

僵局

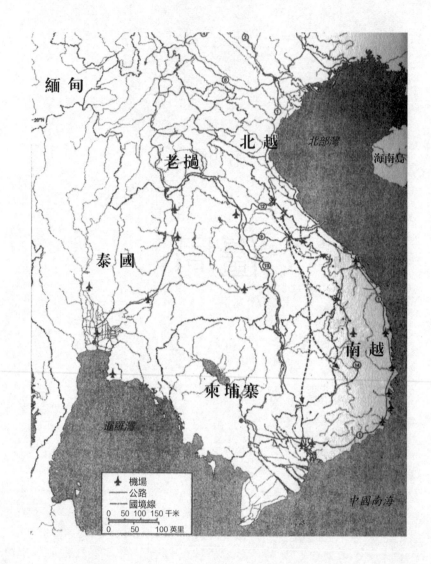

緬甸

北越　北部灣

老撾　海南島

泰國

南越

柬埔寨

暹羅灣

中國南海

✈ 機場
— 公路
— 國境線
0　50　100　150 千米
0　　50　　100 英里

東南亞

　　越南戰爭的關鍵在於胡志明小道，北越方面經由這條借道於鄰國老撾和柬埔寨的原始後勤補給線，向南方輸送作戰物資和人員。尼克松當局認為由於中立的老撾和柬埔寨兩國無力阻止越南利用其領土進行戰爭，因此美國可以合法地打擊經由這些交通線的北越力量。老撾和柬埔寨政府私下亦同意了美國的要求，但卻不願美國的行動遭到公開，以免喪失其中立地位（如果喪失中立，其國內共產主義勢力可能在北越支持下發動叛亂）。因此，美國的攻擊行動必須秘密展開，對很多美國人來說，這似乎表明了美國在一場非正當戰爭中十足的偽善。

本地圖出自達雷爾·惠特科姆（Darrel Whitcomb）著作《拯救蝙蝠21（The Rescue of Bat 21）》（安納波利斯，海軍學院出版社，1988年），第76頁，由Bowring制圖公司制作。

第21章
導彈競賽

自60年代以後，洲際彈道導彈（ICBM）已成爲冷戰中最顯著的象征。除卻它的軍事價值外，從導彈研制之初它就象征著現代科學技術，其標志性意義尤如第二次世界大戰前的飛機一般，而且它更具備飛機所不具備的激發人們想象的能力。憑借擁有率先發射威力強大的導彈，赫魯曉夫試圖超越美國在傳統航空領域的技術優勢，重塑蘇聯作爲世界超級強權的全新形象；相反，美國曾引以爲豪的重型轟炸機，似乎也在一夜之間就成爲過時的、老套的技術。在美蘇導彈競賽的初期，美國未能跟上蘇聯的步伐似乎證明了美國的疲軟。就此而言，兩國在率先制造並部署洲際彈道導彈方面展開的競爭，正象征著冷戰期間世界強權全面軍備競賽的爆發。在1955—1960年間，兩國幾乎都在同一時段試圖制造這種武器系統。然而，在冷戰的其他時間段裡，通常是一方制造了某種武器系統，而另一方出於一系列原因並不刻意研制類似的系統；甚至就導彈競賽本身而言，這種反應—應激反應的發展范式亦並不如想象中那麼頻繁地出現。然而，兩國卻幾乎在同一時段時希望獲得早期的洲際彈道導彈，而且兩國對對方在此領域的具體進展也都知之甚少，無疑都暗示著洲際彈道導彈對兩國的重要意義。

事實上，復雜、尖端的火箭技術源自第二次世界大戰中德國的技術遺產，德國的V-2彈道導彈很可能是戰爭時代最具未來色彩的武器系統。1946年，一本關於火箭的、名爲《未來的彈道學》的小冊子問世了，過去「彈道學」通常是指關於槍炮射擊的技術，但在這本書中顯然特指全新的火箭導彈武器系統。第二次世界大戰中，德國大量使用彈道導彈攻擊同盟國，雖然稱不上成功但卻啓發了其他參戰國，當時人們最大的疑問在於，火箭（或者說導彈）何時才能夠成熟到替換以往的火力武器系統（如飛機、炮兵）。待到那一刻實現後，火箭設計師就可以設計制造足以運載、投擲核武器的導彈，並取代傳統的投擲手段。技術上要達到這一步，導彈的體積和威力必須足夠強大，而且對於蘇聯而言，因爲氫彈的輕型化並未達到美國的水平，對火箭載荷能力的要求更高，因此蘇聯的第一款運載氫彈的導彈體積、尺寸就顯著大於美國的同類導彈，相應的，美國的導彈由於尺寸較小也更易於部署。除了導彈本身的運載能力、可靠性性能外，它的制導系統和保護核彈頭在再入大氣層時所遭遇極端復雜條件的再入載具的設計，也是設計團隊必須面對和解決的問題。

1946年，斯大林命令被俘獲的德國專家及技術人員幫助本國發展自己的火箭導彈

系統。至50年代初期，隨著這批德國專家回國，美國發現了蘇聯的努力。事實上，在朝鮮戰爭期間，美國空軍已展開了自己的遠程導彈——「阿特拉斯」導彈項目的開發工作。似乎，這預示了兩強在導彈方面的軍備競賽已經開跑了。在空軍彈道導彈項目進行的兩年期間，它屬於具有較高的優先級的項目（但並非最高優先），因為與轟炸機相比，導彈的載荷少一些，而且精度也無法保證。

當然，在1955年時，基利安小組對國家安全委員會強調稱，蘇聯即將成熟的洲際彈道導彈將為美國帶來重要的戰略威脅。當年12月，空軍的彈道導彈項目獲得了安全委員會的認可，成為單項優先級最高的研發項目。當時，美國決策層對彈道導彈項目的重視度大增，在決定空軍實施其阿特拉斯導彈項目的同時，再資助一個名為「泰坦」導彈的備份項目。除了這兩種洲際型號外，美國軍方又迅速實施了兩項中程彈道導彈（IRBM）項目，「雷神」導彈和「朱庇特」中程導彈。由於中程導彈比洲際型號更易研究，因此後兩類項目的成功率似乎可以預期，而且考慮到美國與蘇聯的地緣環境條件，如果在歐洲或阿拉斯加部署這類中程導彈，同樣能射達蘇聯西部的工業地區，發揮和部署於美國本土的洲際導彈同樣的效能。相反的，如果蘇聯只有研制成功洲際導彈，才能直接打擊美國本土的目標。也許更為重要的是，美國在中程導彈項目上動手時間並不晚，在相關技術領域完全匹敵蘇聯的同類導彈系統。

與傳統的戰略轟炸機相比，彈道導彈具備一項後者永遠無法企及的優勢（至少在當時看來如此），飛機能夠被擊落，但導彈似乎根本就無法被攔截。1955年底，美國國務院認為，如果蘇聯成功地在美國之前完成其中程彈道導彈試驗，北約將在士氣和軍事上受到嚴重打擊；即便是最好的情況，北約盟國也會對美國的技術優勢產生懷疑，至於那些倡導與蘇聯妥協的國家無疑將更堅定其主張。更進一步的，如果蘇聯首先研制成功洲際彈道導彈（ICBM），盟國政府很可能對美國是否會為歐洲國家冒徹底毀滅的風險感到擔憂。[1]

當時，只有極少數人真正理解彈道導彈遠未達到各國所吹噓的實戰水平。第一代龐大的液體彈道導彈需要耗費數小時准備才能完成發射，只要情報保障有力，戒備狀態的轟炸機完全能在導彈抵達前升空，甚至當轟炸機飛臨敵國腹地的導彈發射場時，這些導彈還在進行緊張的發射准備。導彈發射設施非常龐大，難以隱蔽，而且導彈成功發射依賴於復雜技術保障措施，這些都能成為其致命弱點。只有在發射升空後，彈道導彈才能發揮出其速度優勢，但就算此時接到警報，轟炸機仍有少許時間完成升空並趕赴預定目標實施攻擊。當然，早期彈道導彈的這些局限，隨著此後的技術發展將逐漸得到克服，但在當時，仍遠未達到完善。

在美國拼盡全力與蘇聯展開導彈競賽之際，不同項目的失敗消息往往成為行政當

---

[1] 1955—1957年《美國對外關係文件》19：第401-409頁（FRUS[1955～1957] 27: 401～409）；還可參見諾伊費爾德：《美國空軍的彈道導彈，1945—1960年》，第147頁（Neufeld, *Ballistic Missiles in the United States Air Force*, 147）。

局最糟糕的惡夢，爲了防止對民眾和盟國士氣造成傷害，這些試驗消息都被完全封鎖和保密，這也是艾森豪威爾主政時期對待類似情況的行事風格，無疑這在當時確實是最好的選擇。當然，在向來難以保守住秘密的美國，秘密的導彈試驗有時也會爲當局帶來喧囂的指責和批評，即便以艾森豪威爾這樣極富手腕和強勢的領導人，也無法幸免。

赫魯曉夫的導彈計劃進展得比西方預期得更快。1957年8月26日，他宣布蘇聯已成功試射了R-7型洲際彈道導彈。而此前，大多數美國情報分析人員預計蘇聯在1960年前仍無法完成類似的試射；西方預計的是在1957年左右，蘇聯完成中程彈道導彈的試驗。現在我們知道，實際上蘇聯早在1954年就決定研制R-7型洲際（而非中程）彈道導彈，對此，西方並不知曉。

但是蘇聯的導彈引擎是其重要軟肋。在西方，類似的導彈通常裝配有一具推力足夠強大的主引擎，而蘇聯由於基礎技術不過關，無法獲得足夠推力的單一引擎，因此他們只得將多台小推力引擎拼湊成集束式的推力模塊，以獲得預定推力。R-7導彈正采用類似的動力設計方案，一方面這急劇地縮短了它的研制時間，但另一方面，它使導彈的彈體更爲龐大、笨重。

赫魯曉夫宣布其R-7導彈成功的消息，最初並未被西方嚴肅看待。甚至中情局一開始也沒有情報渠道獨立的證實赫魯曉夫所稱的試射確實發生過，西方的謹慎有其理由，因爲赫魯曉夫習慣於誇大事實的胡亂吹噓。因此，爲印證後續蘇聯的類似試射，中情局很快在土耳其部署了一套遠程雷達系統，以觀測蘇聯的導彈試射。[1] 事實上根據解密檔案，當年赫魯曉夫確實在試射問題上誇大其辭。他宣稱的試射所采用的導彈並非蘇聯計劃中的R-7型完整原型彈，此款導彈真正的原型彈很可能在1958年1月之後才完成試射。作出此判斷的依據是，1957年的試射並未達到5500海里（10200千米）的設計射程；而且現在清楚的是，當時蘇聯僅試射成功的是火箭本身，它並不具備真正實戰化的彈頭再入載具。[2] 這此意義看，當時蘇聯率先成功的洲際導彈並不具備實戰能力。

另一方面，美國在研制過程中發現，遠程的洲際彈道導彈仍存在著重大的技術困

[1] 根據拉克：《情報的運用與局限》第143-144頁內容（Laquer, *The Uses and Limits of Intelligence*, 143～144），卡普斯京亞爾靶場試射的中程彈道導彈的射程在1954年被西方情報機構披露出來（通過監視蘇聯國內軍、民用通信）。至1955年夏，美國在土耳其薩姆森安裝的一部FPS-17雷達正式開始運行，該雷達能夠監視蘇聯西部的各種導彈發射及試驗情況，爲了配合該雷達的監視美國後繼又在土耳其比爾布爾士山脈、伊朗的麥什德和巴基斯坦的白沙瓦設置了一系列監視設備。蘇聯方面，爲配合新研制的洲際彈道導彈試驗，蘇聯在丘拉塔姆（也稱拜科努爾）建立了一處新的發射試驗綜合設施，西方的雷達最早於1956年發現該發射場的試射活動，接著在1957年夏初1架美國U-2偵察機偵察到了蘇聯在該場地進行的洲際彈道導彈試驗情況。正是這張照片使中情局得出結論認定，蘇聯的洲際導彈試驗已迫在眉睫。當然，FPS-17雷達也可用於監視丘拉塔姆試驗場的情況，該試驗場靠近土耳其東南部的迪亞巴克爾，如果沒有U-2的偵察結論，美國原認爲該發射場至少在1957年秋之前仍無法使用。根據布德瑞：《改變世界的發明：一小群雷達先驅如何贏得第二次世界並啓動技術革命》第436頁（Buderi, *The Invention that Changed the World*, 436）中的內容，蘇聯首枚衛星「斯普特尼克」的發射正是在該發射場進行的。1958年4月14日美國國家安全委員會會議上，時任中情局局長阿倫·杜勒斯提到美國新近完成的一處監視系統，很可能正是指一處新FPS-17雷達的上線（1958-1960年《美國對外關系文件》3：第69頁）FRUS[1958～1960] 3: 69）。在之後美國的國家情報評估《蘇聯導彈試驗場的能力和可能的項目》（NIE 11-5-57），顯然也缺乏具體的數據，該報告被收錄於《中情局冷戰記錄》2：第59-62頁。

[2] 史蒂夫·扎洛加：《蘇聯的戰略武器》，即將出版。

難，就在赫魯曉夫宣布其R-7導彈成功試射的幾周前，美國的阿特拉斯型洲際彈道導彈也展開了其首射，但不幸的是，試射以失敗告終。

1957年10月4日，赫魯曉夫再次以實際行動公開展示了蘇聯已擁有洲際彈道導彈。一枚由R-7火箭改進的運載發射火箭將人類第一枚衛星——「斯普特尼克」（Sputnik），成功發射進入地球軌道。對蘇聯來說，就是一項重大的技術成就和勝利，通過這枚人造衛星，赫魯曉夫向全世界展示了蘇聯的技術潛力和優勢，他們確實走在了美國的前面。美國及其盟國則陷入緊張和慌亂之中。美國行政當局雖然非常符合邏輯地反駁稱，一次成功的衛星發射並不證明蘇聯已擁有戰略優勢，美國的戰略空軍仍能輕鬆摧毀蘇聯；但在大多數人看來，這只是美國心虛的反應。為了打擊美國人的信心，赫魯曉夫在不同場景宣揚蘇聯的成功，他說，斯普特尼克是由一枚洲際彈道導彈發射升空。事實上，即便是蘇聯成功發射衛星的火箭，仍是相當早期和不可靠的原型產品。[1] 由於無法監控蘇聯大多數的火箭發射項目，美國的情報機構亦不能有根據的反駁、揭穿赫魯曉夫的恫嚇之言。事實上，西方大多數民眾和軍方人士，對一次成功的試射和一支具備實戰能力的導彈力量的認識相當模糊。正如之後艾森豪威爾所指出的那樣，蘇聯率先完成導彈和衛星試驗非常重要，至少他們對西方世界造成了巨大的心理沖擊。

斯普特尼克，作為人類首枚進入太空的衛星，似乎標志著一個難以捉摸的時代的開始。進入空間時代後，兩大強權初期所密集取得的空間成就，很多都絕對地與軍事能力無關，因為這些成就更多地彰顯的是兩國科技實力，其次才是連帶蘊含的軍事、政治和經濟實力。例如，能夠將重型衛星發射入軌的火箭，顯然能將重型核彈頭投擲到數千千米以外，又或者1957年底蘇聯率先搭乘火箭進入太空的「萊卡」小狗，以及1961年首次進入太空的尤里・加加林，都具有類似的多維度影響。至於之後美蘇兩國在月球和行星探測方面展開的競賽，似乎與軍事能力的聯系更為微弱，盡管也有意見認為這些空間探測項目中，對月球或火星表面的撞擊顯著表明了兩國的導彈制導精度方面的實力。至於美國肯尼迪總統上任後為應對蘇聯的空間挑戰，公開宣布將在60年代完成將人類送上月球的壯舉，明顯主要是為了捍衛美國的聲望和技術優勢。而所有這些早期的空間計劃距離對空間的真正軍事利用，比如直到90年代才出現成熟的空間導航、通信和偵察應用，仍有相當的差距。

諷刺的是，美國人造衛星項目進度正是由於無法借重當時正在進行中的重型導彈項目，而嚴重受到延誤。事實上，美國的人造衛星項目也在緊張進行之中，但為了保密並避免與當時的一些導彈項目相關聯，艾森豪威爾政府希望隱瞞其對偵察衛星的興趣。當時，海軍的改進型「維京」科研火箭（即「先鋒」號運載火箭）被軍方選中

---

[1] 羅賓遜：《美國世紀的終結：冷戰的隱含議程》，第211頁（Robinson, *The End of the American Century*, 211）。

用於發射首枚衛星，但事實證明這種改裝的火箭遭遇重大技術困難，其一連串試射都以失敗告終。但幸運的是，陸軍位於阿拉巴馬州北部亨茨維爾的導彈開發團隊，提議利用現有較成熟的短程「紅石」彈道導彈發射，此時蘇聯的斯普特尼克衛星已經發射升空，因此美國決策層認為必須盡快完成本國的衛星發射。在這種氛圍下，1958年2月，由改裝的朱庇特C型火箭將美國首枚「探索者1號」衛星送入軌道，但這枚衛星的重量遠比不上斯普特尼克衛星，更別提之後蘇聯發射的一系列衛星。

斯普特尼克衛星似乎向全世界證明了蘇聯能夠比美國以更快地速度發展其軍事科技。這引起了美國和西方世界的巨大恐慌。為了面對蘇聯在新的領域發出的挑戰，美國國會很快通過了《國防教育法案》，授權聯邦政府特別撥款，資助州和地方的教育培訓機構，滿足國際競爭的智力需要。此後美國教育體系的課程被修訂，初級和高級中學的自然科學和技術課程比重大為提升。作為促使社會更加重視科技努力的一部分，國防動員辦公室下屬的科學顧問委員會，被任命為總統的科學顧問委員會，該委員會的主席亦成為總統的科學顧問，就美國的科技發展戰略向總統提供咨詢。當時，美國並不清楚在蘇聯的高等教育體系實際上並不繁復，更難稱得上擁有壓倒性的智力優勢，他們所培養的很多工程師的專業面相當狹窄，大約僅相當於美國同類科研機構的技術人員。遠達不到將全面超越西方科技開發體系的程度，相反，西方以民用為主體的科研體制具備更強的創新能力，在其輔助下軍事領域將獲得源源不斷的突破。

驚聞「斯普特尼克」發射，這似乎迷惑住了艾森豪威爾，使其對蘇聯的軍事科技實力產生錯覺，但他並未借用蘇聯衛星對國民造成的震撼，他擔心各軍種將利用此噱頭展開公關以擺脫他對軍費開支的嚴厲控制。事實上，他對本國正在發展之中的偵察衛星的軍事價值有著清醒認識，而且也掌握了斯普特尼克除了象徵意義外在軍事實用性方面幾乎沒什麼作用，因此他選擇忽視了蘇聯衛星軍事上的意義。但令他苦惱的是，當時除了他保持著冷靜外，幾乎沒人有同樣的認識。艾森豪威爾之所以能安然度過這次風暴，部分因為他的沉著鎮定，部分因為他對蘇聯虛張聲勢背後真實情況的敏銳判斷。

但在理論上，由於美國的洲際彈道導彈仍未完成，美國只得以現有的中程導彈抗衡赫魯曉夫的新武器。此外，美國傳統上占據著優勢的戰略轟炸機也已完成了在柏林的部署，事實上，早在1956年3月，美國空軍就計劃在西德部署這類中程轟炸機。[1]另一方面，英國當時也要求獲得美國的彈道導彈。1956年秋，赫魯曉夫誇談其遠程導彈（實際上是中程導彈），威脅英國從蘇伊士運河撤出，這極大的刺激了英國人，他們急切地需要作出回擊。1957年3月的美英首腦百幕大會議上，艾森豪威爾決定一旦美國完成「雷神」中程導彈的定型就向英國提供。兩年後，這種導彈進入英軍服役，

---

[1] 諾伊費爾德：《美國空軍的彈道導彈，1945—1960》，第160頁（Neufeld, *Ballistic Missiles in the United States Air Force*, 160）。

當然它的使用采用兩國協商共同決定的原則。部署到英國後，它能將莫斯科和列寧格勒納入其打擊范圍，但總體上來說，他們實際上更像是一種心理武器，而非真正實戰的系統，例如，它們的發射准備時間較長而無法迅速地在敵方導彈突襲前完成升空。之後，英國部署美制中程導彈的消息被洩露，當年7月法國也要求獲得同類的導彈系統。[1]

對其他北約國家政府而言，赫魯曉夫的中程導彈似乎是比北約自己的核轟炸機更令人印象深刻。顯然，北約盡快部署自己的中程導彈是有效的回擊措施。爲了安撫歐洲盟國因蘇聯斯普特尼克衛星導致的震撼，艾森豪威爾提議將1957年12月的北約外交部長會議升格爲北約首腦峰會。接著在當年10月，歐洲盟軍總司令提出的盡快部署彈道導彈以應對赫魯曉夫的建議被北約決策層批准。[2] 現在仍不清楚的是，當時歐洲盟軍總司令在多大程度上努力使美國獲得了位於歐陸盟國、可將蘇聯西部地區納入其射程的中程導彈基地。到1958年秋，美國政府與法國、意大利和土耳其等國談判，向其境內部署「朱庇特」系列中程彈道導彈。與法國的談判遇到些麻煩，但意大利和土耳其進展順利，該型導彈很快部署到兩國境內。由於蘇聯一系列成功的刺激，美國的技術、資金資源開始向導彈領域傾斜，各類項目的進展都非常迅速，待美國完成向歐洲部署「朱庇特」導彈時，其洲際彈道導彈已試制成功，因此這類中程彈道導彈似乎也不那麼重要了。

事實上，1957年赫魯曉夫仍然仍有少量的重型火箭，供其誇耀和吹噓。蘇聯真正可供實戰的導彈系統大約出現在1958年，當年射程1850千米的R-12型導彈得以部署；1961年，蘇聯真正的中程導彈，射程約4000千米的R-14（SS-5）型導彈及其4套易受攻擊的發射設施才完成作戰部署。當時，赫魯曉夫明明宣布了一系列的導彈開發項目，同時亦取得了相當的成功，但美國專家難以理解爲什麼蘇聯的導彈部署速度如此遲緩。然而，現實的情況是，蘇聯的工業基礎水平落後，根本達不到迅速量產導彈的水平。在蘇聯，赫魯曉夫亦面臨著自己的問題，這是美國人所難以理解的，但卻根植於蘇聯的政治體系之中。例如在1946年，當蘇聯火箭導彈項目開始啓動時，斯大林同期對蘇聯的航空工業體系進行了清洗，只是因爲他認爲這個領域存在著政治不忠誠的問題。在此背景下，新興的導彈研制項目實際上並未賦予最適合執行的航空工業研發部門；相反，卻給了炮兵工業部門，後者明顯在能力方面存在著問題。

美國對彈道導彈研制方的定位就合理多了，其強大的航空工業區直接轉化爲導彈的研制實力，當然，被蘇聯搶去諸多第一頭銜也確表明，美國當時並未完全將資源集中到導彈領域，盡管其也擁有極強的研制實力，例如，1956年9月20日，美國陸軍的「紅石」導彈的改進型號就實現了射程達到6300千米的試射，雖然其載荷能力較小，

---

[1] 納什：《10月份的其他導彈：艾森豪威爾、肯尼迪和朱庇特，1957—1963年》，第14頁（Nash, *The Other Missiles of October*, 14）。

[2] 納什：《10月份的其他導彈：艾森豪威爾、肯尼迪和朱庇特，1957—1963年》，第22-26頁（Nash, *The Other Missiles of October*, 22～26）。

但也證明美國實際上有能力在蘇聯之前將人造衛星送入軌道（只不過美國當時並未加速實施類似的項目）。相較而言，赫魯曉夫在近一年之後才擁有類似射程的洲際導彈。當時，這一成就並未引起多少轟動，否則美國在1957年也不會感到那麼震驚和恥辱了。1958年11月28日，美國空軍重點項目，「阿特拉斯」洲際導彈在試射中驗證了其遠達1.17萬千米的射程，遠超同時期蘇聯導彈的性能，而蘇聯則在6個月後，也就是1959年5月30日，才完成射程超過6500千米的彈道導彈的試驗。[1]

　　早期的導彈在可靠性方面並不盡如人意，甚至一些較成功的項目也易受種種偶然性因素波及。例如，美國早期試驗導彈主要在佛羅里達州最南端的卡拉維拉爾角進行，但同時整個佛州又是美國重要的旅游勝地，因此每次發射的消息都很容易被公開，不論成功還是失敗，導彈發射的新聞總是很快上報。蘇聯的導彈項目盡管也存在著類似問題，但其在新聞管制方面的傳統使其較少受公眾輿論的影響。例如，蘇聯在試射其R-7型導彈時，前4枚全部失敗，導致該項目幾乎被取消，但赫魯曉夫後來仍堅稱蘇聯同步展開有多個研發項目，不擔心特定項目的失利。另一方面，蘇聯的導彈試驗場都選在其內陸縱深地區，在缺乏戰略偵察手段的50～60年代幾乎不必擔心美國的窺探，直到中情局在土耳其建立大型雷達後，才間或探測到蘇聯的導彈發射情況，而且這些偵察項目都處於極度保密狀態，故而蘇聯導彈的真實情況幾乎僅限於政府高層掌握。

　　當然，西方及美國政府也不可能將真正的事實告諸於大眾，造成了西方公眾幾乎只能單向獲得來自蘇聯的經過挑選的消息的情況。另一方面，導彈技術的發展非常迅速，到1957年底時，之前龐大的液體燃料導彈已很快過時，而且這部分導彈很多都未能成功完成試驗，遠達不到擔負戰備任務的程度。美國的化學家，利用石化塑料工業成功發展出更適宜軍用的固體燃料技術。盡管從能量角度看，它們可能比不上液體燃料，但更爲安全，且易於儲存，戰備時間短，因此非常適於應用於軍事領域。同時，核武器技術到50年代末時，其輕量化的發展路線已非常清晰，一旦導彈技術成熟它們將很快與其搭配組成強大的戰略武器系統。但是在1957—1958年，來自公眾的輿論壓力（要求建造部署更多導彈），無疑使政府面臨著建造更多這類昂貴、過時的武器的壓力。

　　美國在固體燃料技術方面的成功，還在事實上發揮著促進美國核戰略繼續進化的作用。例如，以固體核導彈爲核心，美國設計出用於核導彈儲存並保持其戰備狀態的地下發射井，這類受保護的「硬目標」是敵方的核武器難以輕易摧毀的（以當時核導彈的命中精度，除非直接擊中發射井，否則很難破壞井內導彈系統）。如此一來，

---

[1] 1959年6月4日，中情局局長阿倫·杜勒斯向國家安全委員會報告稱，1959年5月30日美國在土耳其丘拉塔姆的雷達設施監視到一次蘇聯遠程導彈的飛行試驗，這是蘇聯首次從試驗場發射射程超過3500海里的導彈（1958—1960年《美國對外關系文件》3：第215頁）（FRUS[1958～1960] 3: 215）.根據沃爾科夫等：《蘇聯的洲際彈道導彈》第316頁內容，最初R-7型導彈的設計射程達到8000千米（約4400海里），該導彈於1959年7月30日完成其首次全程驗證性試飛。1960年1月20日該型導彈正式服役。

核導彈將能克服敵方先發制人核突襲的攻擊。另一方面，由於固體核導彈能夠維持較高戰備水平，其對保障的整體要求較低，因此能夠在更廣泛的地域分散部署，進而杜絕了敵方以單枚核武器摧毀己方多枚核武器的情況（這在核時代初期轟炸機主導戰略核力量的時代非常明顯）。對於加固地下發射井和分散化部署，美國當時采取兩條腳走路的策略。1958年2月，空軍開始研制低成本可大規模量產的「民兵」固體洲際導彈，它部署於地下發射井內擁有10年左右的部署壽命，每枚彈搭載1枚彈頭待打擊目標的制導信息就直接儲存於彈上。50枚導彈及其發射井編組成1個導彈中隊（五倍於「阿特拉斯」或「泰坦」導彈中隊的編制數量），中隊通過一處地下發射控制中心可在30秒內完成所轄50枚導彈的發射任務。為了保持導彈的戰備狀態，彈上的制導陀螺儀在其整個服役年限內始終保持全狀態運行，[1] 配合其固體燃料引擎，使中隊在接到發射命令後幾乎不經准備就能立即實施發射。考慮到蘇聯導彈的精度較低，因此每口發射井不太可能被敵方導彈直接命中而被摧毀。

固體導彈的出現亦為其向其他發射平台的轉移提供了可能，例如，海軍的北極星核潛艦，它們能搭載導彈並在水下實施發射。當然，早期美國和蘇聯的潛基核導彈仍較為原始，它們只能在潛艦浮於近水面時發射，此時較易暴露潛艦蹤跡。而美軍的北極星核潛艦已能直接在水下實施發射，不僅難以探測，而且能持續威懾任何潛在的攻擊方。

固體燃料配方並非美國軍方的投資研發項目，更多地來源於美國發達的民用消費品產業。相關的化工企業最初並未將其作為軍品開發，而是希望研制一種用於固定發電機防止其碎裂的粘合劑，[2] 但在研制過程中顯露出軍事應用前景，而被軍方接手繼續研制，最終成為一種可用於推進導彈的高比沖固體燃料。相較而言，蘇聯在獲悉美國研制成功固體燃料後，也展開了自己的研制，但其比沖推力始終難盡如人意。美國在該領域的率先突破實際上並非受益於更多資金投入或復雜的科研體系，而應歸因於美國成熟的消費驅動型經濟體系，常常產生難以預測的有益結果。[3] 最終，蘇聯仍未研制成功與美國類似的固體導彈燃料系統，而部署了戰備性能類似的、可長期封儲的液體燃料導彈系統，但這仍耗費了多年時間，同時其整體性能上也不如美國的固體導彈系統。而在50年代末，蘇聯仍不得不暫時先裝備龐大的、易受攻擊的液體燃料導彈系統。

而美國方面，當時也對赫魯曉夫的導彈項目和蘇聯實際的導彈能力知之甚少，加之又缺乏確切的情報，美國對兩國之間的導彈差距愈感焦慮：赫魯曉夫很快將部署其洲際彈道導彈系統，而在此後美國仍未部署類似系統的幾年裡將任其擺布。當時，

---

[1] 1955—1957年《美國對外關係文件》19：第638-661頁（FRUS[1955～1957] 27: 638～661）。

[2] Aerojet公司前雇員，C4，第83頁。

[3] 卡盧金：《第一理事：我對西方32年的情報和間諜經歷》第2-4頁（Kalugin, *The First Directorate*, 2～4）。

美國能夠獲得的、令人非常壓抑的數據亦反映在1957年11月「藍帶小組」發布的報告中，蘇聯的斯普特尼克衛星、新型洲際彈道導彈已深深印在美國高層的腦海之中。為審查美國核力量態勢，國防動員局科學顧問委員會於 1957年4月專門成立了一個「安全資源小組」（該小組又稱蓋瑟委員會），其在報告中稱，雖然美國的戰略空軍仍掌握著總體的平衡態勢，但這種情況不會持續太久。[1] 報告中的內容相當冷靜和客觀，對於未來應對措施，報告做出的最重要建議是加速完善和部署北極星潛射導彈系統，對於美國所認為的蘇聯擁有的導彈能力，只有潛基發射系統具備較高的、應對蘇聯第一波打擊的戰場生存能力。然而，該報告中很多聳人聽聞的消息或版本亦洩露出去，更增添了公眾的恐慌情緒。

1958年初，總統的科學顧問，喬治·基斯佳科夫斯基（George Kistiakowsky），評估認為蘇聯在導彈推進系統方面領先美國約1年時間，而在導彈彈頭技術方面則落後於美國1年（關於彈頭領域的技術進展較易獲得證實，因為蘇聯的核爆試驗已能被監視）。事實上，美國事後才知曉，蘇聯的某些領域領先只是錯覺，美國在各個領域仍保持著領先。基斯佳科夫斯基還判斷，蘇聯將下定決心機動化其戰略導彈系統，以克服其易損性。與美國的井式彈道導彈不同，蘇聯還發展了一種部署於鐵路列車上的導彈系統，借助四通八達的鐵路網絡實施快速機動，這類系統更不易被打擊。當然，美國也曾考慮到過類似的部署方案。事實上，蘇聯的洲際彈道導彈過於笨重，因此必須通過鐵路運輸以實現其發射裝置和彈體的快速機動。[2]

1958年8月，美國國家情報評估（NIE）認為，蘇聯首批部署的約10枚洲際彈道導彈，具有約1萬千米的射程，即將在1959年完成部署，至1960年左右時蘇聯將擁有約100枚類似的導彈。相應的，美國方面似乎在1961年之前就不太可能部署類似的導彈系統，而屆時（1961年）赫魯曉夫可能已擁有500枚此類導彈。[3] 此外，戰略空軍的導彈預警能力建設也甚為緩慢，至少至1962年甚至更晚時間，仍無法實時獲取關於蘇聯洲際導彈攻擊的足夠預警情報。

幸運的是，時任總統艾森豪威爾仍保持著戰略冷靜。作為軍人和政治家，他是冷戰初期美國導彈項目啓動的親歷者，他知道成功研制並部署洲際彈道導彈系統非常困難；而以他對蘇聯的經驗，他認為蘇聯同樣會經歷這些障礙，他們並不是超人。因此他對各類機構關於蘇聯洲際導彈的評估並不完全相信。[4] 另一方面，戰略空軍的作戰能力正在穩步提升，大量機群也已分散部署完成，蘇聯就算以少量洲際導彈在此領域獲得一定優勢，並不會急劇改變美蘇之間的總體態勢。對於美國而言，至少未來5

---

[1] 1955—1957年《美國對外關係文件》19：第620-624頁（FRUS[1955～1957] 19: 620～624）。

[2] 1958—1960年《美國對外關係文件》3：第135-136頁（FRUS[1958～1960] 3: 135～136）。

[3] 1958—1960年《美國對外關係文件》3：第184-187頁（FRUS[1958～1960] 3: 184～187）。

[4] 1958—1960年《美國對外關係文件》3：第153-168頁（FRUS[1958～1960] 3: 153～168）。

年內戰略轟炸機仍將是主要的戰略進攻力量。就算到了蘇聯成功部署大量洲際導彈的時候，屆時美國強有力的陸基戰略轟炸機群仍有能力與蘇聯抗衡（盡管從杜絕蘇聯對美國本土實施打擊的角度看，蘇聯的洲際導彈將使美國無法再保證其本土的絕對安全）；此外，美國還擁有一支威力強大的海基核力量，蘇聯無法通過導彈突襲在第一時間消滅美國的核能力。在「布達佩斯」項目結束後，毫無疑問的，美國已擁有一支能對蘇聯施以可怕的、難以承受其傷害的核力量。[1]

面對美國的戰略競爭壓力，赫魯曉夫幾乎在他能力所及范圍內盡了最大的努力，在蘇聯本身實力不濟的前提下，為蘇聯搾取了盡可能豐富的戰略利益。例如，1959年，他私下告訴幾名西方高級官員稱，他已命令蘇聯研究需要多少枚導彈用以摧毀美國和西歐「重要的中心」，之後在1960年他又以私人名義對「西方重要集團的官員」宣稱，蘇聯將以300枚導彈摧毀美國，另有200枚導彈留給歐洲。中情局報告稱，赫魯曉夫所宣稱的數百枚洲際導彈只不過是他的虛聲恫嚇，但事實上蘇聯軍方並未部署那麼多的導彈，其軍工體系仍在加班加點生產他所宣稱的這支大軍。[2]

毫無疑問，赫魯曉夫對蘇聯的導彈部隊寄以厚望，因此在1959年12月，他將導彈部隊創建了獨立的軍種，戰略火箭軍（按蘇聯的說法，此第五軍種縮寫為RVSN，西方則簡稱其為SRF）。[3] 該軍種的首任司令是蘇聯的涅德林元帥，他在蘇聯戰略火箭軍發展史上扮演了重要角色，包括1951年他抵制其前任的反對堅持支持各型導彈的發展等，但之後喪生於一次導彈爆炸事故。蘇聯將戰略導彈部隊獨立成軍，顯著不同於美國的做法，美國的戰略導彈力量仍歸屬於戰略空軍部隊管轄和指揮，但戰略空軍除導彈外還負責著傳統的戰略轟炸機，因此美國空軍內部兩種力量的支持者之間也不可避免地出現爭論。

無論如何，隨著蘇聯戰略力量的增強，艾森豪威爾發現他越來越無法抵御采購更多導彈的政治壓力。國會對於想象中的美蘇戰略力量失衡非常關注，急切地想應對新的威脅，但這種氛圍越是強烈，效果可能越難遂其願。艾森豪威爾擔憂國會的這種傾向，認為其只是添亂。例如，國會願意撥款采購更多的導彈，但並不願授權建立更多的導彈發射設施，這是極不專業的決策行動。畢竟，放置在倉庫中的導彈毫無用處。而且由於當時導彈技術更新變化非常迅速，到1958年底連艾森豪威爾都對他自己批准采購大量昂貴的導彈系統是否過早了而感到疑惑。[4]

1959年，美國民主黨參議員斯圖亞特·賽明頓（Stuart Symington，曾擔任過空軍部長一職，長期支持空軍），就對蘇聯的戰略核能力發表了其杞人憂天似的觀點，具

[1] 1955—1957年《美國對外關系文件》19：第621頁（FRUS[1955～1957] 19: 621）。

[2] 1961—1963年《美國對外關系文件》8：第87-88頁（FRUS[1961～1963] 8: 87～88）。

[3] 相對於美國戰略空軍司令部，蘇聯的戰略火箭軍主要源於炮兵系統下的火箭兵部隊，在最初組建的9個火箭兵師中，有3個師由空軍的轟炸機部隊改編而來。

[4] 1958—1960年《美國對外關系文件》3：第325-330頁（FRUS[1958～1960] 3: 325～330）。

體表現在他所稱的美蘇「導彈差距」上。他希望炒作這類議題以進軍1960年總統大選的民主黨提名。[1] 而另一名有志競爭總統職務的候選人，約翰·F.肯尼迪，盡管與賽明頓的很多政見不同，但也基本贊同他的此類觀點。1959年1月，在立法和行政當局舉行的公開或閉門聽證會上，行政當局的官員反復做證，使數名民主黨人士相信，所謂的「導彈差距」完全是毫不存在的，美國仍占據著全面的戰略優勢。但賽明頓和肯尼迪都對政府的此類表態毫不在意。

　　另一方面，向來語不驚人死不休的赫魯曉夫也逐漸被美國所認清，1959年11月，中情局將蘇聯洲際彈道導彈的戰備部署時間推遲至1960年1月1日以後，因爲經過多方調查和情報印證，沒有明顯證據表明此日期之前蘇聯擁有可供使用的戰略導彈力量。[2] 而事實上，直到1960年1月，美國情報系統也未證實蘇聯有相關明顯的部署。當然，中情局基於其設想蘇聯應有的能力，確信在1960年左右蘇聯實際上擁有50枚左右的洲際導彈（其中35枚已置於戰備狀態）。

　　到1960年春，艾森豪威爾已經很合理地確信所謂的「導彈差距」，實際上是向美國方面傾斜的，當然這是在花費巨大代價後的結果。與此同時，在1960年1月審核並公布了1961財年國防預算後，民主黨總統候選人開始攻擊政府的政策。艾森豪威爾曾苦惱地描述稱，「這些人缺乏基本的判斷，根本無法擔負這樣的責任……（賽明頓）缺乏責任感」。[3] 而另一名候選人（肯尼迪）的競爭顧問，哈佛大學教授（兼任空軍的顧問）W.巴頓·利奇（W. Barton Leach）告訴肯尼迪稱，「保持對政府現行政策的責難」。[4] 艾森豪威爾則拒絕向立法機關報告爲了解決所謂的導彈差距政府將采取何種措施。[5] 爲了應對國內特殊的政治生態，他絕對不能講出他之所以拒絕相信關於蘇聯核力量的情報評估（或者說爲什麼不大幅增加軍費卻同樣能維持美國戰略核威懾充分可信）的理由。更可能的情況是，他對保守美國的敏感的情報來源（包括U-2偵察機和信號情報）過於謹慎了。艾森豪威爾當時面對國會和一眾政客的挑戰，表現出的這種自我控制實際上需要很大的勇氣和定力，而且不幸的是面對公開辯論時，又無法明確的駁斥那些認爲美蘇戰略失衡的意見。與艾森豪威爾持相反觀點的多名知名學者，包括當時還在哈佛大學的亨利·基辛格（Henry Kissinger）和蘭德公司的阿爾伯特·沃爾施泰特（Albert Wohlstetter），就寫了多篇文章進行論證。包括在1959年發表在《外交事務》上的名爲「微妙的恐怖平衡」文章中，沃爾施泰特就認爲，正是仍沉浸在「斯普特尼克事件」之前盲目樂觀的行政當局使戰略空軍變得極易遭受打擊，他比艾森豪威爾更願意相信只要有機會蘇聯將冒險實施先制戰略打擊。在他的世界裡，

---

[1] 羅曼：《艾森豪威爾和導彈差距》，第129-130頁（Roman, *Eisenhower and the Missile Gap*, 129～130）。

[2] 1958—1960年《美國對外關系文件》3：第375-380頁（1959年11月3日的國家情報評估）（FRUS[1958～1960] 3: 375～380）。

[3] 羅曼：《艾森豪威爾和導彈差距》，第140頁（Roman, *Eisenhower and the Missile Gap*, 140）。

[4] 羅曼：《艾森豪威爾和導彈差距》，第131頁（Roman, *Eisenhower and the Missile Gap*, 131）。

[5] 邦迪：《危機和生存：在第一個五十年裡對核彈的選擇》，第345-346頁（Bundy, *Danger and Survival*, 345～346）。

沒人對所謂的墨菲定律（認爲任何可能出錯的事終將出錯）有更多興趣（實際上就是反對艾森豪威爾所持的美蘇核戰爭不可能發生的態度）。而基辛格，則反對艾森豪威爾將美國的國家安全過分地寄托在大規模報復戰略，及其對美國與蘇聯仍保持核均衡的觀點。他得到了美國陸軍的支持，同意美蘇之間存在著不利於美國的「導彈差距」（1961年根據他判斷，美蘇之間的核戰爭將不可避免地爆發於1961—1965年間），而美國不應再單純地依賴核力量作爲威懾常規戰爭的手段。美國迫切需要超越「新面貌」的全新戰略。

　　1960年初，美國對蘇聯戰略能力的情報活動因偶發事件陷於混亂。艾森豪威爾授權空軍使用U-2偵察機對蘇聯的導彈靶場進行監視，希望發現蘇聯試驗其導彈時的照片。[1] 因而在1961年5月1日，弗朗西斯科·蓋瑞·鮑爾機組駕駛著一架U-2偵察機從巴基斯坦起飛，並在蘇聯領空被擊落於斯維爾德洛夫斯克（蘇聯歐洲部分東部城市，位於烏拉爾山脈東部山麓）。U-2系列偵察機有時也被稱爲由噴氣推進的高空滑翔機，以往從未被蘇聯導彈擊中。事件發生後，艾森豪威爾本以爲鮑爾及其機組已喪生，飛機也被摧毀，因此他拒不承認有美國飛機蓄意入侵蘇聯腹地；相反的，他告訴赫魯曉夫稱，一架美國氣象飛機因迷航可能誤入蘇聯領空。隨後赫魯曉夫毫不留情地揭穿了美國的謊言，他向世界展示了生還被俘的鮑爾（後來他稱飛機之所以被擊落是因爲當時他的飛機飛行高度過低），以及從飛機殘骸中獲取的照相機和拍攝的蘇聯地區的偵察照片。因此事件，美蘇預定於巴黎舉行的峰會被取消。之後美國也再未派U-2偵察機執行對蘇聯的偵察任務（但仍廣泛用於偵察其他國家）。

　　幸運的是，就在美國失去U-2這一針對蘇聯的偵察手段的數月後，新的戰略偵察衛星已投入使用（完成偵察拍攝後利用返回艙回收膠片）。到1961年中期，美國的偵察衛星終於搞清楚了爲何蘇聯的戰略導彈部署如此遲緩。根據判讀，美國發現蘇聯的R-7液體洲際彈道導彈的體積極端龐大（其尺寸大約兩倍於美國同類的「阿特拉斯」導彈，達到了當時美國正在發展的用於月球登陸的「土星」火箭的一半）。由於過於笨重，它只能用鐵路進行運輸，也無法像美國那樣部署於加固發射井中。爲了保障這種導彈的發射，每次都要以鐵路向發射點運送5節火車車廂的液體燃料，同時加注准備時間也很漫長。更重要的是，它在發射前還需要經歷繁瑣的檢查過程，一經加注燃料後就必須盡快發射，否則只能洩出燃料解除發射狀態，這些都意味著R-7導彈遠無法部署用於實戰。而蓋瑟委員會正是將這種導彈想象成蘇聯對美國實施戰略第一擊的武器系統。中央情報局評估認爲，在1957—1959年間，蘇聯至少有2～4處用於發射R-7導彈的發射設施正處於建設中，預計至1961年時它們可投入使用。但當時沒人知道實情，中情局也拒絕透露如何作出這樣的評估。後來，美國僅發現並確認一處這樣

[1] 梅、斯坦布魯納和沃爾夫：《戰略軍備競爭的歷史》，第375-376頁（May, Steinbrunner, and Wolfe, *History of the Strategic Arms Competition*, 375~376）。

的設施，接著到1957年確認了第二處，但此處設施明顯已被廢棄；至1958年中期時，又發現蘇聯開始建設4處這樣的設施，但它們顯然用於配合後繼的導彈試射（開始於1960年）。[1]

令艾森豪威爾厭惡的是，約翰·F.肯尼迪在1960年總統大選期間就一直攻擊政府在防務方面的疏忽（比如轟炸機和導彈被蘇聯拉開差距）。顯然，這是肯尼迪的競選策略，他似乎並不想放棄任何譴責現政府的機會，哪怕那不是事實。例如，當時在厄爾·惠勒將軍向參聯會提交的機密簡報中，仍證實美蘇平衡根本未受影響。[2] 1961年1月12日，艾森豪威爾在他任期內的最後一次國情咨文中宣稱，過去幾間裡導致爭議的「轟炸機差距」並非事實，而如今的「導彈差距」亦同樣如此。[3]

肯尼迪上任後亦一改之前借軍力差距發聲的做法，在他首次接受相關官員的簡報介紹時，時任國防部長羅伯特·S.麥克納馬拉就承認所謂的差距並不存在，而且正相反，美國仍占據著戰略優勢。[4] 國防部長的言論令人尷尬，在選舉期間，太多的民主黨人熱衷於炒作所謂的戰略實力差距問題，已使美國人形成了既有印象。肯尼迪的新聞秘書，皮埃爾·塞林格（Pierre Salinger）很快否認了國防部長的說法，麥克納馬拉對此心領神會，接著他也改口了。之後，在國防部長向總統提供的首份機密報告中，仍坦誠地稱美蘇在戰略能力方面並不存在差距，但1個月後他告訴眾議院撥款委員會主席喬治·麥克馬洪（George McMahon）稱，據「評估」顯示美蘇之間的能力差距至少在1963年前無法扭轉。[5] 顯然，這就是麥克納馬拉為爭取更多撥款的驚人之言，而華盛頓的新聞界也認為他的話不值得信任。

在選戰期間，肯尼迪曾大力指責當局（艾森豪威爾政府）未能采取切實有效的舉措（即戰略防空反導系統）保護美國免遭（並不存在的）蘇聯導彈攻擊。美國陸軍此前已開發了「奈基」導彈系統用以保護美國的城市，肯尼迪進而將其擴展為用於可進行反導的「奈基—宙斯」反導系統。原有的「奈基」系統在防空方面僅僅初具效能，利用系統的計算機處理雷達數據並控制攔截機或導彈用以攔截來襲的蘇聯轟炸機，雖然難以完全抵擋蘇聯的大規模轟炸機進攻，但至少可供使用。進一步改進系統並使之具備反導能力則要復雜得多，在一次試驗中，美國陸軍的「奈基—大力神」攔截彈曾成功攔截過來襲的「雷神」中程導彈，但其實用性仍廣泛受到質疑。[6] 比如，這類系

[1] 哈福德：《科羅廖夫：他如何謀劃使蘇聯在與美國的登月競爭中占據上風》，第112頁（Harford, Korolev, 112）；R-7型洲際導彈僅部署在拜科努爾（丘拉塔姆）的兩處發射台，和普列謝茨克的四處發射台上，這些發射台於1959年完工。

[2] 里夫斯：《肯尼迪總統：權力的輪廓》，第37頁、第58頁（Reeves, President Kennedy: Profile of Power, 37, 58）。

[3] 羅曼：《艾森豪威爾和導彈差距》，第145頁（Roman, Eisenhower and the Missile Gap, 145）。

[4] 沙普利：《允諾和權力：羅伯特·麥克納馬拉的生活和時代》，第97頁（Shapley, Promise and Power, 97）；里夫斯：《肯尼迪總統：權力的輪廓》，第58-59頁（Reeves, President Kennedy: Profile of Power, 58～59）。

[5] 1961—1963年《美國對外關系文件》8：第46頁（1961年2月20日）（FRUS[1961～1963] 8: 46）；里夫斯：《肯尼迪總統：權力的輪廓》，第99頁（Reeves, President Kennedy: Profile of Power, 99）。麥克納馬拉的文件表明，美國已試驗性發射了96枚洲際彈道導彈，相較而言，同期蘇聯只進行了33次發射。

[6] 吉布森：《美國的核武器：秘密歷史》，第194-195頁（Gibson, Nuclear Weapons of the United States, 194～195）。

統在經濟上是否值得部署（換言之，要攔截蘇聯大規模的導彈進攻所需的成本）、它否對付蘇聯導彈搭載的誘餌彈頭等。1960年1月，艾森豪威爾的科學顧問，基斯佳科夫斯基博士就告訴總統稱，防禦是一種效費比極低的戰略選擇，蘇聯在進攻領域每投入1美元，美國就要耗費10美元的成本來實施防禦。然而盡管防禦極爲困難，但美國的反導項目並未完全被取消，至於赫魯曉夫不時恫嚇西方稱蘇聯的導彈能夠「擊落空間的一只蒼蠅」，美國仍未中止對反導技術的發展。[1] 另一方面，蘇聯於1957年開展了自己的戰略反導試驗。[2] 與美國人類似，他們也未研制成功令人滿意的系統，關於這一領域情況，赫魯曉夫改變了其吹噓的習慣從不透露任何有關信息，以致於美國曾將蘇聯部署的一些新型防空系統誤以爲用於防禦戰略導彈。[3]

　　艾森豪威爾對此裝聾作啞，他決不透露任何能證明他的決策正當性的秘密情報及其來源。因此他就無法爲同處共和黨的競選人、同時也是他的副總統，理查德·M.尼克松提供有效的支持（無法有力反駁民主黨的指責）。他在任職期間，曾從其豐富的從軍經歷中獲益非常，並以其戰略遠見確保任職期間輿論甚囂塵上的轟炸機、導彈差距論未能干涉國家安全。

　　肯尼迪競選成功後，艾森豪威爾進行了一次離職演講，他充滿睿智地提醒美國社會警惕所謂的「軍工復合體」，因爲它們在與軍方結合後，借蘇聯威脅從整個國家攫取更多利益。在他心目中，那麼大公司、大企業渲染蘇聯威脅無非就是爲了推進其耗資甚巨的各類研發和商業項目。毫無疑問，在艾森豪威爾任職其間，他的敵人是蘇聯，但對他威脅最嚴重的卻是無法言明的國會，正是後者不付負責的要求很可能使整個國家的經濟陷入低谷。[4] 對艾森豪威爾而言，肯尼迪以及國會盡管贏得了選戰的勝利，但他們爲了獲得政治利益已公然拋棄了自己的誠實。

---

[1] 在位於哈薩克斯坦的薩雷沙甘（sary shagan）靶場進行的試驗發射，包括以1枚試驗性的V-1000型攔截彈對1枚R-12（SS-4）型中程導彈實施的攔截。蘇聯生產並圍繞莫斯科周邊部署的A-35反導系統（北約稱爲ABM-1「橡皮套鞋」）於1958年4月8日獲得授權。

[2] 這種「列寧格勒導彈」（DAL）實際上是一種防空系統。盡管第一批3個發射點已開始使用，它還是被蘇聯高層更喜好的新型遠程防空導彈——S-200「安加拉」系統（北約命名爲SA-5「醃豬腿」）所取代。1963年，盡管該項目被徹底取消，赫魯曉夫還是讓這種導彈參加了莫斯科的閱兵式，並對其進行欺騙性宣傳，稱其爲一種反導彈，這導致外界對這種「列寧格勒導彈」的猜想。70年代，在美蘇簽署了限制雙方發展反導系統的條件後，蘇聯國內反對該條約的強硬派經常欺騙性的向外界展示其SA-5導彈系統。可參見S.J.扎洛加：《防禦資產階段：1950—1960年蘇聯第一代戰略防空系統》，摘自1997年12月《斯拉夫軍事研究期刊》10期，no4，第30-44頁（S.J. Zaloga, *"Defending the Capitals: The First Generation of Soviet Strategic Air Defense Systems, 1950~1960"*, in *Journal of Slavic Military Studies* 10, no. 4[Dec 1997]: 30~44）。

[3] 美國國防部國防分析研究所（IDA），第243頁、第281頁。

[4] 安布羅斯：《美國總統：艾森豪威爾》，第612-613頁（Ambrose, *Eisenhower: The President*, 612~613）。

第22章
危機時刻

　　在50年代末，令華盛頓倍受困擾的是赫魯曉夫急切地需要以行動證明，在對抗西方世界方面他既不軟弱也不天真；而在共產主義世界內部，中國共產黨的領導人，毛澤東，他昔日的盟友正在與其競爭世界共產主義運動領導者的地位。[1] 在很多方面，作爲一位積弱的但極爲自豪的國家的領導人，不願屈從於本陣營中最強大的盟友，毛澤東堪比亞洲的查爾斯·戴高樂。名義上，中蘇間不和的種子，在1956年2月赫魯曉夫在蘇共二十大會議上所作的秘密報告（譴責斯大林時代及其「個人崇拜」思想）中就已種下。作爲斯大林的繼承人，蘇聯實力的整體上升以及蘇聯作爲世界共產主義運動領袖的自信感，促進赫魯曉夫不僅要將其路線應用於蘇聯國內的發展，而且也要通行了整個共產主義世界。當時，由於中國共產黨奉行所謂的「集體領導制度」，仍未將毛澤東置於類似斯大林那樣的崇高地位，對此赫魯曉夫大加讚賞。但毛澤東卻反應激烈，1957年中蘇論戰時他選擇支持了蘇共中央委員會裡赫魯曉夫的反對派們，這顯然引起了赫魯曉夫的敵意。[2] 毛澤東後來稱，如果赫魯曉夫也建立起圍繞其個人的崇拜，那麼後來就可能不會被推翻。對於中國黨內對他自己的個人崇拜，毛澤東並不反對，相反的，他認爲對於當前中國的情況，迅速拋棄數千年的帝國封建傳統並不適宜。[3]

　　在毛澤東看來，赫魯曉夫在當政後實施的一系列力圖緩和與美國關系的措施，完全是其因害怕核戰爭所作的投降之舉。1954—1955年，在艾森豪威爾威脅對中國實施核戰爭後（美國最初實踐其「新面貌」戰略），赫魯曉夫建議毛澤東暫停在金門的軍事行動（中國大陸沿岸一座由國民黨軍隊占據的島嶼）。[4] 事實上，赫魯曉夫亦采取了一些措施保護中國免受美國的任何攻擊。從而，艾森豪威爾也從其最初允諾支持台灣國民黨政府反攻大陸的姿態上退讓了回來，他與蔣介石簽訂的共同防御條約賦予美國對國民黨任何攻擊大陸行動的否決權。艾森豪威爾之所以從原來的強硬態度有所退讓，部分在於英國和其他歐洲盟國的壓力，後者擔心美國直接卷入國共戰爭將使毛

---

[1] 第一項證據是中國有能力於1955年參加在印度尼西亞召開的「萬隆」會議，蘇聯並未被邀請參加這次「反帝國主義」的會議。

[2] 梅德韋傑夫：《中國和超級霸權》，第29-30頁（Medvedev, *China and the Superpowers*, 29～30）。

[3] 梅德韋傑夫：《中國和超級霸權》，第42頁（Medvedev, *China and the Superpowers*, 42）。

[4] 佐布克和普列沙科夫：《克里姆林宮的冷戰內幕：從斯大林至赫魯曉夫》，第216頁（Zubok and Pleshakov, *Inside the Kremlin's Cold War*, 216）。

澤東能夠援引中蘇共同防御條約，進而引發蘇聯對歐洲的戰爭。另一方面，鑒於法國在奠邊府戰役中的失敗，使西方在亞洲的聲望遭受損失，艾森豪威爾的另一些顧問們強烈要求美國采取行動以扳回一城。但美國清楚，歐洲的重要性遠甚於亞洲，爲了邊緣戰場的勝利而危及主要戰場的態勢，美國無論如何不會輕率行事。而與此同時，北約各國正在爲西德加入該組織進行著緊張的談判，也沒有時間節外生枝地再在遠東引爆一場重大衝突。艾森豪威爾的顧問評估認爲，如果美國針對中國大陸發動大規模戰爭、乃至對其使用核武器，最糟糕的結果可能造成1200～1400萬人的死傷，而後繼也將陷入與中國長期而又苦澀的戰爭。爲了幾個中國沿岸的島嶼，並不值得如此。

　　另一方面，金門危機也使毛澤東不再信任蘇聯。1950年朝鮮戰爭時，斯大林已使毛澤東充當蘇聯的代理人，不情願地卷入了一場與美國的戰爭；而且戰爭更使中國不得不更加依賴蘇聯，畢竟原始的中國軍隊在經歷朝鮮戰爭後，似乎更證明了其軍隊現代化的迫切需求（經過戰爭後，中國只能向蘇聯尋求支援）。對於在可預期的未來，中國對蘇聯的依賴，毛澤東難以容忍，中國曾經在長達數千年的時間裡都是世界的中心，絕不願成爲寄望於其他國家的大國。因此當1953年斯大林逝世後，中國人認爲，毛澤東，作爲真正的中國無產階級革命的英雄，應該取代斯大林的位置成爲世界革命的領袖。[1] 而蘇聯對此的反感無疑更使中國人相信，蘇聯不會將其作爲平等的伙伴對待。赫魯曉夫意識到了問題的症結所在，因此在他1954年9月赴北京參加中國共產黨建國五周年的慶典時，他試圖緩解與中國的關系。例如，他軟化了以往斯大林對中國提出的苛刻條件，包括向中國移交蘇聯曾占據旅順港和位於中國東北的鐵路設施，這些都是自沙皇時代俄國所竊取自中國的權利，是中國被殖民主義侵略的典型象征。[2] 甚至令赫魯曉夫的蘇共中央主席團同事震驚的是，他還向中國移交了很多位於中國境內的蘇中合資企業的蘇聯股份，並進行其他大量慷慨的援助。然而，對於中國人而言，赫魯曉夫的慷慨與其付出並不成比例，因爲他仍拒絕放棄蘇聯對中國的債權，當時這筆債務金額約爲20億美元。[3] 其中絕大多數用於支付朝鮮戰爭中蘇聯向中國提供的各項軍備。在中國看來，在朝鮮中國是爲了斯大林、爲了蘇聯而參戰，因此蘇聯應該減免這筆債務。[4] 中蘇之間的緊張關系並未因赫魯曉夫的訪問而緩解，相反，這種緊張正在加劇。此期間象征性的事件，包括在1949—1950年中蘇談判期間對斯大林和

---

[1] 梅德韋傑夫：《中國和超級霸權》，第29頁（Medvedev, *China and the Superpowers*, 29）。

[2] 佐布克和普列沙科夫：《克里姆林宮的冷戰內幕：從斯大林至赫魯曉夫》，第170頁（Zubok and Pleshakov, *Inside the Kremlin's Cold War*, 170）；梅德韋傑夫：《中國和超級霸權》，第26頁（Medvedev, *China and the Superpowers*, 26）。

[3] 施蒂克：《朝鮮戰爭：一部國際歷史》，第363頁（Stueck, *The Korean War*, 363）；因爲蘇聯不願放棄這筆債務，而且在中國國內面臨困難之時蘇聯更催要這筆債務，使中國難以原諒蘇聯的行為。還可參見佐布克和普列沙科夫：《克里姆林宮的冷戰內幕：從斯大林至赫魯曉夫》，第170頁（Zubok and Pleshakov, *Inside the Kremlin's Cold War*, 170），其中描述了赫魯曉夫的妥協。

[4] 美陸軍預備役少校，小J.E.撒辛少校：《現代化和衝突：1950—1960年蘇聯對中華人民共和國的援助》，摘自1978年1月《軍事評論》58：第72-89頁（Maj. J. E. Thach Jr., USAR, *"Modernization and Conflic: Soviet Assistance to the PRC, 1950–1960"*, *Military Review* 58[Jan 1978]: 72～89），文中引用1957年一則中國官方聲明，聲稱該國將至少10年以上時間來彌補朝鮮戰爭帶來的損失（指蘇聯的貸款），如果這些損失完全能夠償清的話；與此同時，中國聲稱他們對蘇聯的債務約爲24億美元，據報道其中80%爲蘇聯在戰爭前及戰爭進行期間提供的軍事援助。

蘇聯極爲友好的中共高級領導人高崗，於1955年4月清肅。[1] 當時，此時中蘇之間的關系總體仍保持著溫和與友好。

　　1955年金門危機之後，1956年中共八大會議上，毛澤東宣稱戰爭已得以避免，中共未來的工作重心將轉移到經濟建設上來。但在蘇聯，赫魯曉夫此時似乎已表露出廢止中蘇條約的想法，而這是毛澤東在1950年做出重大犧牲後所爭取來的。另一方面，大約在1955年冬—1956年春，赫魯曉夫非官方地允諾向中國提供更重大的援助——核武器技術，作爲回報他急切地希望得到中國的鈾礦以加強自己的核武庫。於是，1956年8月，中蘇領導人簽署了關於援建中國核工業的首份協議。

　　1957年11月莫斯科共產黨和工人黨代表大會上通過宣言，提出工人階段及其先鋒隊應力圖通過和平方式實現社會主義革命（也不排除以非和平方式通往社會主義道路），禁止各國共產黨參與世界革命戰爭，這意味著國際共產主義組織自我約束和限制其活動。對於北越政府而言，宣言的內容非常不利，因爲北越已多次發誓要打敗南越政府實現國家統一。但蘇聯態度堅決地反對任何武裝行動，並在1957年1月未與河內商議的前提下，向聯合國提議南北越南政府都應成爲其成員國。1957年10月的莫斯科，參加會議的胡志明曾試圖尋求主導會議的蘇聯的允諾，支持北方政府能夠以非和平的手段（即以暴力革命的方式）實現國家統一和社會主義革命，但蘇聯仍拒絕爲北方政府的統一戰爭提供任何正式的援助。此次莫斯科會議之所以做出這樣的決議，部分在於中國也對支援一場在其邊境外的戰爭毫無興趣，因而胡志明此時根本無法取得共產主義世界裡最強大的兩個國家的任何支持。[2]

　　1957年底的毛澤東莫斯科之行，除參與共產黨和工人黨代表大會外，他還參加了莫斯科舉行的十月革命四十周年慶典活動，但他的一系列發言卻令蘇聯感到恐懼。例如，他公開聲稱不害怕一場有可能造成全球人口傷亡過半的熱核戰爭，因爲即便發生這樣的世界核戰爭，除了共產主義世界，帝國主義國家也將遭受重大損失，而只要50年到100年時間人類就能從核戰爭中恢復過來。[3] 毛的言論雖然令赫魯曉夫感到難以忍受，但後者此時卻急需毛的支持，畢竟赫魯曉夫希望賦予此次慶典活動更多的含義，比如他對「反黨集團」的重大勝利；加之剛經過波蘭和匈牙利危機後，他更需要重量級的共黨領導人的支持。爲了拉住毛澤東，1957年10月15日中蘇正式簽署了新的防務技術合作協議，蘇聯正式允諾向中國提供核技術援助。此舉在蘇共政治局內部引發爭議，米高揚認爲不應向中國提供此類技術，而布爾加寧則對此表示了贊成。

　　赫魯曉夫與毛澤東之間的關系逐漸惡化。大約到1960年中蘇關系裂痕加劇時，赫魯曉夫甚至動員東歐各國共產黨聯合起來反對毛澤東在世界共產主義運動中可能的反

---

[1] 施蒂克：《朝鮮戰爭：一部國際歷史》，第364頁（Stueck, *The Korean War*, 364）。

[2] 杜依科：《通往權力的共產主義道路》，第194頁（Duiker, *The Communist Road to Power*, 194）。

[3] 梅德韋傑夫：《中國和超級霸權》，第31-32頁（Medvedev, *China and the Superpowers*, 31～32）。

叛行爲。實際上，赫魯曉夫以利益換得東歐各國的忠誠。爲了對抗西方日益一體化的經濟體系，赫魯曉夫針對東歐體系啓動了類似的經濟一體化進程，這也被稱之爲「經濟主義」的路線，相當於他的第三世界戰略。通過在經濟層面上將各國更緊密地結合在一起，亦有助於提高蘇聯東歐集團的凝聚力。[1] 事實上，自1949年以來東方集團就形成了以蘇聯爲核心的經濟互助會體系（COMECON），用以抗衡西方同時期發展起來的歐洲共同市場（ECM，即現在歐盟的前身）。但在各東歐國家看來，赫魯曉夫的計劃明顯存在著另一面，即按照赫魯曉夫和蘇聯的規劃，經互會體系內各國的生產應高度的專門化和單一化（以提高經濟效率），而這將損害各國的發展利益。例如，蘇聯試圖阻止羅馬尼亞戰後的工業化進程，該國在蘇聯的經濟體系內將作爲專門的農業國向其他的工業國提供農產品，這自然遭到羅馬尼亞的抵制。因而，總體上赫魯曉夫在整合東歐集團經濟體系方面並無多少建樹，相關任務只能由其繼任者勃列日涅夫完成。

蘇聯對東方集團的經濟整合企圖，只是當時赫魯曉夫與其他東歐國家共產黨衆多政治契約中的一部分。事實上，隨著共產黨在各個東歐國家統治日久，他們亦愈發清楚地懂得必須依靠蘇聯才能維持其國內統治，例如，在國內爆發危機時要求蘇聯派出軍隊平息本國人民的騷亂。就此而言，東歐集團內部任何一國不當的自由化運動，都可能威脅到集團內的其他國家。1968年，當勃列日涅夫命令蘇軍入侵捷克斯洛伐克時，部分地原因亦在於其他東歐國家要求蘇聯的果斷行動（害怕捷克政治動蕩涉及本國），這一點與1956年蘇聯完全出於本國考慮入侵東歐動蕩國家並不相同。

當時，蘇聯與東歐國家間的經濟聯系主要以援助的形式表現，這類援助最初始於50年代初期，很可能最先由捷克斯洛伐克開始，該國擁有高度發達的機床產業，接著1954年隨著東德對蘇聯經濟賠償工作的停止很快也獲得了蘇聯的經濟援助；再之後則是1956—1957年對波蘭和匈牙利等國的援助。[2]

與此同時，毛澤東明確無誤地向國內外展示他才是中國的主人。他的手段與斯大林並無太多不同，這必定使赫魯曉夫回想起他極力抵制的可怕過去。建國後，毛澤東開始清洗國內異己，例如，1956年他鼓勵國內的潛在反對派人士批評共產黨，然而再逮捕他們（即1956年確定的繁榮和發展社會主義科學和文化事業的「百花齊放、百家爭鳴」指導方針，但受1957年反右派斗爭擴大化的影響，「雙百」方針的貫徹受到干擾和損害）。1957年當中國國內反右斗爭結束時，蘇聯國內的政治氛圍已出現變化，蘇聯官方報道稱毛將其敵人稱之爲「蘇聯代理人」。[3] 與斯大林類似，毛還試圖利用其共產黨支持者們的熱情加速實現工業化，從而令中國可以不再依賴蘇聯。例如始於

[1] 斯通：《附屬國和政委：蘇聯集團貿易政策中的戰略和衝突》，第33頁（Stone, *Satellites and Commissars*, 33）。

[2] 斯通：《附屬國和政委：蘇聯集團貿易政策中的戰略和衝突》，第30-31頁（Stone, *Satellites and Commissars*, 30～31）。

[3] 佐布克和普列沙科夫：《克里姆林宮的冷戰內幕：從斯大林至赫魯曉夫》，第219頁（Zubok and Pleshakov, *Inside the Kremlin's Cold War*, 219）。

1957年中國災難性的「大躍進」運動（「三面紅旗」運動），毛動員全國在短期內增加農業和工業產量，大量農民被攤派了煉制生鐵的任務。

在建立「個人崇拜」方面，毛澤東同樣不遜於斯大林。在發動大躍進運動後，毛的下屬爲了吹捧其決策告訴他稱運動取得了輝煌的成功。例如，在他乘火車在中國各地巡視期間，爲了向他營造全國各地大煉鋼鐵的景象，各地負責人要求在其巡視所經之處到處建造起小高爐，以假裝其決策獲得了全國人民的響應。但現實卻極爲嚴峻。不僅強迫工業化的運動實際上完全失敗，而且由於大量農民被動員起來煉制鋼鐵導致農業生產受到影響，加之之後的幾年中國遭遇重大自然災害致使農業嚴重歉收，導致出現了全國性饑荒，據估計1500～6000萬人在饑荒中喪生。[1] 毛澤東最終不得不面臨其決策的失誤。此外，與斯大林類似，他譴責專業技術人員、知識分子缺乏革命信仰，嚴厲地對待知識階層。當然，此時的中國已經不起再次大清洗的傷害，因爲中國面臨的外部威脅實在太多了。

然而，對比斯大林和毛澤東，兩人最爲類似的一點，可能就是對於保持國內時刻處於壓力之中的看法。毛認爲無產階級革命應永遠持續下去，整個中國和共產黨必須時刻處於緊繃的壓力之中。此外，外部的敵對勢力和威脅亦有助於解釋這種政策取向。朝鮮戰爭就是在這種氛圍內取得的勝利，對很多中國人來說，這場戰爭是中國共產黨與中國民族主義情緒首次成功集合。當然，戰爭結束後，中國進入重建時期，一些革命前（傳統的、非共產主義的）思潮開始復蘇，這是毛澤東無法忍受的。因此，毛的繼續革命理論不可避免地撕裂著中國的傳統觀念。批評人士經常稱，毛在這方面走得太遠了，對中國的傳統文化造成損害，例如尊重長者的傳統價值觀，仍值得保留。對此，毛的想法是，考慮到中國仍由絕大多數缺乏知識的農業人口組成，因此令他們拋棄其無知並灌輸以新的革命觀念（在此過程中不可避免地要改造其傳統觀念），將更有助於使他們覺醒。

1958年7月31日和同年8月3日，赫魯曉夫兩次秘密訪問北京。[2] 根據蘇聯方面的資料顯示，毛澤東再次尖銳地批評了赫魯曉夫的怯懦（害怕與西方爆發一場毀滅資本主義世界並確保共產主義運動勝利的核戰爭），但中國方面否認有此指責。[3] 在中國期間，赫魯曉夫感到不得不同意毛澤東的渡海收復台灣的戰爭計劃，他宣稱將給予中國核武器以實現其最後統一（但完全是虛假的表態）。另一方面，自上一次危機（金門危機）以來，蔣介石就已意識到美國的支持冷淡了很多，美國人評估認爲，如果毛澤東發起針對台灣的大規模攻擊，除非美台方面能夠先期（以核攻擊）將大陸沿岸的

---

[1] 貝克爾：《饑餓的幽靈：中國神秘的饑荒》，第270-274頁。據稱，一份中國內部的文件稱，毛澤東應爲當時中國8000萬人的饑饉死亡負責，其中大部分死於大饑荒期間（275頁）。

[2] 梅德韋傑夫：《中國和超級霸權》，第33頁（Medvedev, *China and the Superpowers*, 33）。

[3] 佐布克和普列沙科夫：《克里姆林宮的冷戰內幕：從斯大林至赫魯曉夫》，第219頁（Zubok and Pleshakov, *Inside the Kremlin's Cold War*, 219）。

一系列重要基地拔除，台灣島很難被守住。在此內憂外患情況下，蔣介石展現出其政治智慧，他將四分之一的兵力部署在離中國大陸很近的兩個外島地區——金門和馬祖群島上；因此，一旦這兩個島嶼丟失他將喪失最後用來守衛台灣島的重要軍隊，這本身將置台灣於危險境地。[1] 美國當然不願冒這樣的風險，因此艾森豪威爾最終不得不同意繼續向其提供新式的武器，以加強蔣介石的軍隊。

1958年8月23日，中國共產黨的軍隊開始密集地向金門實施炮擊，正如1955年中國類似的行動一樣，美國警告稱將可能因此而運用核武器打擊中國。與之前類似的，此時艾森豪威爾同樣私下仍懷疑對中國實施核攻擊是否可行。[2] 對於美國的核威脅，赫魯曉夫宣稱如果美國以核武器對付中國，蘇聯將以運用自己的核武器作爲回應。[3] 同樣與1955年危機類似，赫魯曉夫說服毛澤東使其放棄原來的強硬立場，而毛澤東則抱怨地認爲赫魯曉夫直至危機風潮已降溫並知曉不會眞正爆發與美國的核戰爭後才做出此種表態（爲中國提供核保護傘），因此並未威脅到美國。對此，赫魯曉夫很可能得出結論認爲，毛澤東非常想將蘇聯拖入與美國的核戰爭之中。

根據中國的說法，赫魯曉夫最終於1959年6月單方面的撕毀了援助中國核武器技術的協議，此時蘇聯已向中國提供了部分核技術及生產設施。[4] 最後一批蘇聯專家於1960年8月1日離開中國，此時，蘇聯允諾向中國提供的核工業物資及設備中60%已完成交付。對於向中國轉移的核技術，在美蘇之後進行的核禁試條約談判中，蘇聯認爲中國人無法利用這部分獲得的物資、知識及設備，完成其原子彈的設計和制造。對於中國而言，蘇聯此舉是背信棄義的行爲，是赫魯曉夫計劃於1959年訪問美國時爲西方獻上的禮物。

後來，毛澤東曾稱，他擔憂赫魯曉夫與美國緩和關系會使中國國內放松警覺。同時，另一方面，他仍繼續利用蔣介石敵對勢力的存在來維持國內的緊繃張力，保持國內意見的統一。就此角度看，蔣介石政權仍有其存在的價值。對於金門炮擊，毛澤東更稱這是他刻意營造出的與蔣的衝突，而並非眞正想解決台灣問題。[5]

在美國方面，時任總統艾森豪威爾仍未將釋出善意的赫魯曉夫視作可能的朋友，畢竟當時很明確的是，赫魯曉夫認爲他所展示的導彈核實力將帶給他更大的行動自由，比如在敏感的柏林等歐洲地區。接著，赫魯曉夫宣稱蘇聯將與東德政府簽署一份和平條約，這將促使西方強國取消其在西柏林的駐軍、承認東德政府，同時西方國家也無法再以西柏林爲據點與蘇聯周旋。對此，西德政府絕不可能答應，對其而言，拒

[1] 1958—1960年《美國對外關系文件》19：第52-53頁（FRUS[1958～1960] 19: 52～53）。

[2] 安布羅斯：《美國總統：艾森豪威爾》，第484頁（Ambrose, *Eisenhower: The President*, 484）。

[3] 赫魯曉夫1958年9月7日的警告收錄於1958—1960年《美國對外關系文件》19：第145-153頁（FRUS[1958～1960] 19: 145～153）。

[4] 劉易斯和薛（音譯）：《中國制造原子彈》，第64頁、第71-72頁（Lewis and Xue, *China Builds the Bomb*, 64, 71～72）。

[5] 佐布克和普列沙科夫：《克里姆林宮的冷戰內幕：從斯大林至赫魯曉夫》，第212頁（Zubok and Pleshakov, *Inside the Kremlin's Cold War*, 212）。

絕承認東德政權極爲重要，因爲西德政府自身的合法性很大程度構建於它所宣稱的對德國民族主義傳統的合法繼承之上，這意味著西德政府絕對追求完成對國家的統一。至於西德加入北約，之所以被西德國內所認爲是正當且必需的，部分則在於北約聯盟不僅默許將保衛西德，更在於其最終贊同兩德的統一。盡管就當時看來，這無疑是非常遙遠的預期，但當時對大多數盟國而言，承認東德將意味著放棄兩個德國（承認蘇聯主導的東德並不會使東德回歸歐洲懷抱，且此舉更將形成與西德的齟齬）。無疑，此舉將弱化西德未來在聯盟中的地位，甚至有可能使西德憤而退出北約（特別是如果東德也贊同統一，而西方盟國又承認了東德的話）。而一個缺乏西德加入的北約，很可能將分崩離析。

　　對赫魯曉夫而言，戰後西德經濟快速恢復所創造出的經濟奇跡，此時已成爲一個現實的威脅。由於西德表現出非凡的經濟活力，大量東德人主要通過開放的西柏林離開東部。赫魯曉夫擔憂如果不能遏制這種趨勢，蘇聯主導的經濟體系將對東歐各衛星國的吸收力越來越低，甚至崩潰。他嚴重地誇大了這種威脅，他顯然未意識到此時的東歐各國政府如果得不到蘇聯的援助將無法生存下去。此外，赫魯曉夫還認爲，如果任由東德共產黨政府失敗，或者西德主導對東德的統一，將使蘇聯在戰時所遭受的恐怖損失失去意義。軍事上，如果失去東德的話，蘇聯軍隊將會「被火焰所包圍」，[1]並面臨不利的形勢。

　　此時，東德的共產黨領導人沃爾特・烏布利希要求蘇聯加大援助力度，1953年東德的騷亂事件已將他緊緊地與赫魯曉夫綁在一起。而烏布利希也成功地使赫魯曉夫相信，與西德相比，東德經濟的乏力主要是因爲蘇聯未能向東德提供可與西方（對西德）援助相提並論的援助。

　　盡管西柏林在東西方冷戰中極具象徵意義，但就軍事角度看，柏林本身無法防御。爲了防止蘇聯借故侵占西柏林，1958年5月1日美國國家安全委員會會議上，國務卿杜勒斯曾稱，他將很快飛赴柏林重復美國的聲明，「任何對這座城市的攻擊將等同於對美國的攻擊」。實際上，「對於這樣的表態，他自己都不能完全相信，更別提其聲明的潛在聽眾們是否會相信了」。[2] 對於蘇聯所占據的絕對常規力量優勢，艾森豪威爾總統認爲除了以核武器來防御柏林外別無選擇。畢竟當時盟國在中歐部署的力量除了虛張聲勢外，並無法在不依賴核武器的前提下擺脫戰場上的困境。作爲一座極具象徵意義的城市，柏林已成爲東西方集團斗爭中的最前沿，如果美國和北約在這座城市的爭奪中退讓，也許很快整個西歐都將失陷。失去柏林，東西方強權的平衡將就此打破，其對失衡的破壞甚至是決定性的。如果蘇聯攻擊西柏林，「杜勒斯事實上希望

---

[1] 佐布克和普列沙科夫：《克里姆林宮的冷戰內幕：從斯大林至赫魯曉夫》，第197-198頁（Zubok and Pleshakov, *Inside the Kremlin's Cold War*, 197～198）。

[2] 1958－1960年《美國對外關係文件》3：第79-97頁（FRUS[1958～1960] 3：79～97）。

總統能夠下令實施核戰爭，但他同時也非常懷疑如果這種形勢繼續延續下去，再次爆發類似危機時，美國繼任的總統是否敢於發布這樣的命令」。

與此同時，赫魯曉夫知道他必須得退讓一步，他和艾森豪威爾都清楚地知道，盡管蘇聯可能擁有少量洲際導彈，但其數量並不足以改變雙方的戰略力量對比。蘇聯的退讓使北約安全度過風暴。艾森豪威爾在這場賭局中押對了賭注，赫魯曉夫不敢在柏林問題上冒與西方過早爆發核戰爭的風險。

對毛澤東而言，赫魯曉夫的表現似乎非常軟弱。1959年，赫魯曉夫在順便訪問北京參加中國建國10周年慶典之前先行訪問了美國，並在訪華期間向毛澤東灌輸了一通他與美國領導人的會談情況，激起了毛澤東對他的反感。赫魯曉夫此行受到了冷遇，其車隊也並未獲得以往訪華時所經歷的大批群眾夾道歡迎。[1] 更令毛澤東感到難堪的是，赫魯曉夫向他提議稱，中國政府應承認「兩個中國」的現狀，停止對台灣的軍事冒險行動，以及應向印度讓步（即便那意味著放棄一定的領土）以解決兩國間的邊境爭端。對於毛而言，這些建議都是不可接受的，特別是考慮到恢復中國領土的完整曾是毛澤東革命理想的核心，赫魯曉夫明顯偏愛印度領導人尼赫魯的態度，因為尼赫魯及印度也是當時不結盟運動的領導，對蘇聯而言是潛在的重要盟友，[2] 這令毛澤東感到受到侵犯。

總體而言，赫魯曉夫不再對各國共產黨政府頤指氣使，對於中國的反叛，他不得不游說他們支持蘇聯共同反對中國，而中國也能輕易設法逃避他對中國革命事業的責難。中蘇兩國的分裂特別地影響了越南的形勢，如果沒有這次分裂，之後的越南戰爭可能根本就不會爆發。1956—1957年間，南越政府在壓制南方的共產黨勢力方面已取得相當成功，南方共產黨組織的生存完全取決於北方的各項支援。河內北越政府曾組織南方共產主義組織積極抵抗，但僅僅是遭致更多的打擊，而這使共產黨在南方的力量下降至僅約1.5萬余人，只及之前的約三分之二。[3]

1957年前後，北越政府仍在為鞏固其在北方的地位而努力（1957年北方爆發了針對共產黨政權的大規模農民反叛事件）。[4] 在壓制了那次反叛後，北越政府開始了重建恢復的過程（1958年啓動了一個「三年計劃」）。更糟糕的是，當時北越政府既無法使蘇聯，也無法令中國，相信並願意支持他們發動對南方的新攻勢。但在1958年底越共領導人黎筍完成其秘密赴南方的調查後，情況出現了變化。黎筍鼓吹繼續向南方發動革命攻勢，他在報告中稱當時南方吳廷艷總統及其領導的政權非常虛弱，盡管此

[1] 梅德韋傑夫：《中國和超級霸權》，第33頁（Medvedev, *China and the Superpowers*, 33）。

[2] 佐布克和普列沙科夫：《克里姆林宮的冷戰內幕：從斯大林至赫魯曉夫》，第201頁、第230-231頁（Zubok and Pleshakov, *Inside the Kremlin's Cold War*, 201, 230～231）。

[3] 杜依科：《通往權力的共產主義道路》，第195-196頁（Duiker, *The Communist Road to Power*, 195～196）。

[4] 卡諾：《越南：歷史》，第240-241頁（Karnow, *Vietnam: A History*, 240～241）；戴維森：《戰爭中的越南：1946—1975年的歷史》，第286-287頁（Davidson, *Vietnam at War*, 286～287）。

前他雖然成功的打擊了南方的共產主義活動，但如果北方獲得充足的支援仍是可以推翻的。

赫魯曉夫1957年的聲明（避免以非和平方式完成社會主義革命）不再被提及。1959年1月北越共產黨中央委員會正式決定支援南方的革命運動。[1] 接著，一支多達9萬人的北越共產主義骨幹被秘密派遣至南越實施滲透和顛覆，北越還組建了兩個針對南越政府的游擊隊營地，一處位於越柬邊境地區，一處位於越南中部高地的西部。1959年10月，針對南方政府的武裝革命戰爭正式打響，次年12月20日北越又正式組建了南越民族解放陣線（NLF）力量。當時，北越政府一系列決定和部署不得不以書面的形式通知南方的共產黨組織，因而早在1959年初中央情報局就已意識到越南將爆發危機。[2]

但是美國人並未意識到赫魯曉夫在越南問題上卷入的深度，他們只是認為蘇聯鼓勵第三世界國家的武裝革命運動。1960年6月，蘇聯開始在共產主義陣營內公開批評毛澤東的政策，中國人隨即作出回應。但赫魯曉夫此時決心已定，同年6月16日，蘇聯召回了所有援華的專家和技術人員。至當年底，中蘇之間的論戰與矛盾已在莫斯科的國際共產黨會議上徹底公開化，此次會議除南斯拉夫外所有共產黨國家都派有代表參加。曾有某國家的共產黨試圖調解中蘇間的矛盾，但未能奏效。[3] 中蘇論戰中，阿爾巴尼亞共產黨站在中共一邊，這無異於該國與蘇聯的公開決裂，從軍事角度看，這使蘇聯失去了在亞德里亞海獲得極富價值的潛艦基地的可能性。阿爾巴尼亞此舉實際上是擔心當時逐漸緩和的蘇南關系，使蘇聯有可能支持南斯拉夫試圖合並該國的主張（狄托早在1948年就此企圖）。[4]

大約與此同時，赫魯曉夫在柏林問題上提高了調門，但艾森豪威爾並不擔心。他相當明確的肯定赫魯曉夫不敢在歐洲開戰。[5] 「例如……他根本不相信如果蘇聯試圖奪占奧地利，美國將以……一種正如蘇聯所願的、第二次世界大戰式的戰爭與其交戰」。至於任何一種可能的、與蘇聯之間核浩劫的替代性戰爭方式，「總統也非常茫然，畢竟面對175個，同時配備核常裝備且訓練有素的蘇軍師，美軍部署在歐洲的6個師以及其他北約師能在歐洲只與蘇聯爆發一場有限的常規戰爭嗎？」

另一方面，亦有證據表明赫魯曉夫當時的想法，他認為只要其導彈項目成熟他將真正獲得在歐洲以外地區的行動自由。在之前的一年，他曾告訴美國副總統尼克松和埃夫里爾·哈里曼，蘇聯正在制造足以癱瘓美國和歐洲所有重要的工業和城市中心的導彈核武器。對於當時美國中情局的負責人而言，赫魯曉夫的恫嚇之言表明他不僅理

[1] 杜依科：《通往權力的共產主義道路》，第200-201頁（Duiker, The Communist Road to Power, 200～201）。

[2] 尼爾·希恩：《五角大樓文件：越南戰爭的秘密歷史》，第78頁、第81頁（Neil Sheehan, The Pentagon Papers, 78, 81）。

[3] 梅德韋傑夫：《中國和超級霸權》，第34-35頁（Medvedev, China and the Superpowers, 34～35）。

[4] 湯普森：《1945年以來的共產主義運動》，第71頁（Thompson, the Communist Movement Since 1945, 71）。

[5] 1958—1960年《美國對外關系文件》3：第54-55頁（FRUS[1958～1960] 3: 54～55）。

解了互相核威懾的含義（因爲其言論顯然具有威懾效果），而且他更清楚地知道蘇聯的軍事力量正在不斷增長之中（懂得蘇聯的硬實力正在扳回平衡）。就算他的導彈計劃成熟了，由於不得不承擔與西方爆發全面核戰爭的風險，他仍將發現要真正下定決心與西方攤牌也是更加困難的選擇。[1]

除了相互威懾外，赫魯曉夫還可能選擇利用美國因選舉年而造成的在內政外交方面的天然性癱瘓的弱點。例如，1960年的選舉年，就因新任總統即將就職而特別重要。至於艾森豪威爾，由於兩屆任期的限制，意味著赫魯曉夫將注定與新一任美國總統打交道。[2]

同年，非洲的剛果（即後來的扎伊爾）從比利時獨立後很快陷入混亂。剛果在當時的非洲具有非常的價值，不僅在於其礦產資源豐富（例如，供應西方67%的鈷礦石），而且該國與9個國家接壤，其國內的動亂極易散布到周邊地區。正如1964年毛澤東在一中國外交官赴非洲前所稱，「如果我們能爭取剛果，我們將能取得整個非洲」。[3]

在剛果的獨立方面，比利時人所作的極爲有限。例如，剛果獨立時國內僅有20余人接受過大學教育，整個地區對突然成爲主權獨立的國家幾乎毫無准備。就這樣，比利時在倉促之中給予了剛果獨立地位，新生的國家缺乏必要的經驗和支持，很快陷入混亂之中。使事件更糟糕的是，在比利時爲剛果制定的憲法中，整個國家被分爲6個省份，每個省都擁有與中央政府類似的權力機關，此舉就是要使整個國家難以真正的統一和獨立，以利比利時控制礦藏豐富的省份。獨立前，該國舉行了首次大選，帕特里克・盧蒙巴（Patrice Lumumba）贏得多數選票成爲首任政府總理。但獨立後不久該國即爆發兵變，加丹加省（今扎伊爾沙巴區，該省礦產豐富並控制著全國80%的礦產收入）的領導人莫伊茲・卡奔達・沖伯（Moise Kapenda Tshombe），以盧蒙巴是蘇聯代理人爲由發動叛亂，並很快宣稱所在省份成立喀坦噶共和國並脫離剛果。1960年7月，盧蒙巴總理和剛果總統約瑟夫・卡薩武布（Joseph Kasavubu），要求聯合國干涉其國內局勢，取代仍駐扎在該國的比利時軍隊以鎮壓國內沖伯的叛亂。對美國政府而言，形勢發展似乎表明盧蒙巴正接管整個國家，駐非洲中情局報告稱，盡管盧蒙巴可能並非真正的共產主義者，但他仍利用共產主義意識形態獲得並維持其權力。在該國要求聯合國實施干涉後不久，中情局領導人艾倫・杜勒斯在一次國家安全委員會會議上將其稱作非洲的「卡斯特羅」、甚至對美國而言更糟的人物。[4]

1960年8月，盧蒙巴公開尋求蘇聯援助。雖然當時仍不清楚的是，他到底是個真

[1] 1959年8月18日備忘可見於1958—1960年《美國對外關系文件》3：第317-318頁（FRUS[1958～1960] 3: 317～318）。

[2] 1958—1960年《美國對外關系文件》3：第422-433頁（FRUS[1958～1960] 3: 422～433）。

[3] 鄧巴賓：《冷戰：大國和他們的盟國們》，第235頁（Dunbabin, *The Cold War*, 235）。

[4] 埃文・托馬斯：《最優秀的人：四位勇士，中情局的早期歲月》，第221-222頁（Evan Thomas, *"The Very Best Men"*, 221～222）。

正的共產主義者，抑或只是奉行機會主義，但在他選擇向蘇聯靠攏後這一切都不重要了。美國對他的行爲的判讀是，他將尋求蘇聯的直接干涉，赫魯曉夫似乎反應迅速准備爲其提供援助，因此美國政府命令中情局盡快暗殺盧蒙巴，以扭轉當地形勢。[1]

　　隨著由美國主導的聯合國干涉部隊開始介入，當年9月盧蒙巴被剛果總統一派勢力所驅逐，但由於他仍擁有相當的追隨者並堅持其共產主義訴求，因而美國決策層仍將其視作一個威脅。當地局勢後繼如美國所願的方向發展，剛果軍隊領導人約瑟夫·德西雷·蒙博托（Joseph Desire Mobutu）上校通過政變接管了權力，並派下屬捉獲並暗殺了盧蒙巴。盡管外界廣泛認爲此次政變是在中情局的煽動下實施，但這樣的看法有失公正。[2]

　　盡管盧蒙巴死去了，但蘇聯仍保持著對剛果的興趣，他們的另一位朋友安托萬·基贊加（Antoine Gizenga），試圖操控其主導的東方省（Orientale）脫離剛果政府而獨立。爲了支持其在剛果的新代理人，蘇聯宣稱聯合國在剛果的行動完全是爲了掩飾美國圖謀整個剛果的行爲，爲顯示自已的誠意，蘇聯將向剛果中央政府提供援助以結束其國內的分離運動，當然這些都需由一位蘇聯的自己人主持。[3] 另一方面，時任美國總統肯尼迪將剛果視作其新的反殖民政策的一個可能樣板。最終，聯合國的干涉部隊繼續駐留在形勢不斷惡化的剛果國內，直至1964年6月。

　　隨著聯合國軍隊的離去，前盧蒙巴主義者再次發起重大叛亂，於1964年9月宣布成立剛果人民共和國。盧蒙巴陣營隨即獲得多個社會主義國家的援助，包括中國人經由坦桑尼亞和烏干達等國向該國提供的裝備和顧問，以及來自埃及的各類人員。與此同時，莫伊茲·沖伯則自任爲剛果總理，並立即要求美國提供援助，美國爲首的西方爲抵制蘇聯在該國的擴張的確爲其提供了大量援助，剛果內戰不可避免爆發了。到1965年中期大規模的戰事已平息，接著在當年11月，擁立國王的蒙博托再次發動政變並成爲剛果事實上的獨裁者。其主政後奉行了全面倒向西方的政策，在其後的30年裡維持了國內政權的穩定。剛果因而也成爲西方向其周邊左翼政權滲透、顛覆的重要前哨站和管道。[4]

　　60年代初期的西半球，靠近美國本土的古巴爆發革命，赫魯曉夫明顯對其確表現出興趣，他支持了古巴領導人卡斯特羅和這場革命運動。爲防止共產主義勢力向美洲蔓延，艾森豪威爾要求中情局制定一項顛覆卡斯特羅政權的計劃。[5] 在當時的一次國安會會議中，海軍作戰部長阿利·伯克上將暗示稱，「我們將必須在很多地點面臨一

[1] 麥克林托克：《治國的工具》，第150頁（McClintock, *Instruments of Statecraft*, 150）；埃文·托馬斯：《最優秀的人：四位勇士，中情局的早期歲月》，第222頁（Evan Thomas, *"The Very Best Men"*, 222）。

[2] 埃文·托馬斯：《最優秀的人：四位勇士，中情局的早期歲月》，第225頁（Evan Thomas, *"The Very Best Men"*, 225）。

[3] 艾德蒙·A.格利恩（1960年代初駐剛果大使），其訪談收錄於法爾茨格拉夫和戴維斯：《國家安全決策：參與者的發言》，第345～346頁（Edmund A. Gullion, interview, in *National Security Decisions*, ed. Pfaltzgraff and Davis, 345～346）。

[4] 蓋伊·阿諾德：《第三世界的戰爭》，第411-416頁（Guy Arnold, *Wars in the Third World*, 411～416）。

[5] 安布羅斯：《美國總統：艾森豪威爾》，第556-557頁、第584頁（Ambrose, *Eisenhower: The President*, 556～557, 584）。

系列惱人的瑣碎短暫行動……並作好准備以便迅速反應並行動」。[1]

　　對於世界共產主義運動及各國間在60年代不斷加深的裂痕及其深遠影響，艾森豪威爾當局很大程度上似乎並未意識到。也許，更重要的新現實便在於，1957年莫斯科共產黨和工人黨代表大會上曾通過的以和平方式實現革命成功的宣言似乎已不再有約束力了。同期，戲劇性的變化還出現在越南。在印度支那半島，北方共產主義政權開始向南方擴張其影響，並開始以暴力方式打擊當地政府及其支持者。這種革命模式並非全新的樣式，例如，共產黨武裝組織利用夜間滲透進當地村寨，殺死政府支持的當地村長或領導者，然而再溜回叢林躲避政府的打擊，這些武裝人員從外觀看與當地民眾毫無區別，政府力量根本難以打擊他們。這一系列行動成功的關鍵在於其在完成襲擊後迅速返回庇護所的能力，事實上，他們比他們的敵人更加冷酷。為了獲取民眾的支持，共產黨組織允諾將進行改革為農民提供土地，其敵視西方殖民者的民族主義情緒也有助於爭取民眾支援，同時利用暴力控制民眾並使其支持者始終與其保持一致。

　　對西方人而言，現實令人迷惑。共產主義者們強調社會改革和公平正義，所以有時似乎對西方及其支持的政府而言，與其競爭的唯一可行方式是啓動替代性的社會革命，以爭取民心。然而，另一方面，共產黨發動的游擊戰爭經常被認為不是應由軍隊應對的戰爭，而只是警察部隊所要應對的局面。然而，對於西方所支持的政權，其極權主義色彩越濃厚，其越可能抵擋游擊戰的侵襲，對於西方而言這幾乎是很難以接受的事實。著名的英國小說家埃里克・安姆伯勒（Eric Ambler）在其以希臘內戰為背景的小說Schirmer Inheritance中，就描述一段類似的場景。一名在希臘作戰的德軍中士一覺醒來，發現被共產黨游擊隊所包圍，他們問他是真正的民主主義者，還是個法西斯分子。這兩者有什麼區別嗎？當然有，如果是民主主義者則不會被殺死，而法西斯分子則必須滅亡。無疑，在困境之中，他的選擇非常簡單，但為了證明他的誠實，他被要求殺死與他同行的另一名婦人。當他這麼做了後，就以行為表明他准備投入民主主義革命事業了。

　　另一個現實在於，人們需要信仰一些信念來強化對自我的認知，在戰後全球反殖民主義浪潮中，共產主義的理想對第三世界占人口絕大多數的貧苦民眾極有吸收力。特別是當這種風潮吹遍全球後，日益成為這部分貧苦人民的信念。正如當時另一部由尤金・伯迪克（Eugene Burdick）和威廉姆・萊德勒（William Lederer）所創作的小說《醜陋的美國人》。書中以幾個美國駐外大使的故事為背景，生動地描述了共產主義者通常更容易獲得當地民眾的支持，面對笨拙的、對當地文化和傳統一無所知的美國顧頇官員，他們很容易就占得上風。然而，保守的艾森豪威爾明顯認為提出一套美

---

[1] 1958—1960年《美國對外關係文件》3：第432頁（1960年7月25日的一次國家安全委員會會議）（FRUS[1958～1960] 3: 432）。

國倡導的、可與共產主義理念相競爭的社會改革方案毫無意義，在其看來共產主義叛亂主要仍是軍事或警察力量處理的問題。在經濟表現方面，美國的確向第三世界國家顯示出其優於蘇聯的效率和能力，但這與爲當地民衆帶來現實的希望顯然不是同一個問題。艾森豪威爾明顯忽視了美國最近所經歷的、成功改造特定國家和地區形勢的過程，例如拯救歐洲的馬歇爾計劃和戰後對日本的成功改造。

在越南，另一個微妙的因素可能也具有重要意義，即越南的民族主義。胡志明通過領導數十年的反殖民斗爭使其成爲越南民族主義的英雄化身。對艾森豪威爾及其他美國人而言，民族主義是非常危險的，因此並不鼓勵其所支持的南越政府在危機情況下訴諸民族主義的解決方案。因爲，它可能促使南越政府發起針對北方的攻擊，進而帶來災難性的後果：中國可能被卷入戰爭。甚至是有可能使用核武器的戰爭；鑒於中蘇之間簽訂有同盟軍事條約，一旦中國實質性地卷入戰爭，蘇聯將難以置身事外。（北、南越政府在對待民族主義方面的）差異是美國支持的南方政府無法挑撥艾森豪威爾與西方某個國家的關係（就像東方陣營中蘇聯與中國之間的尷尬關係那樣）。時任南越政權總統，吳廷艷，無疑是個民族主義者，與韓國的李承晚類似，他也曾大談向北方進軍的話題。1956年，他甚至稱他將贏得預期的全越大選。無論這是否只是個幻想，到1959年時他已被邊緣化，因爲美國已再無意圖繼續支持他了。

到1959年底越南南方的騷亂局勢顯著升級，北越毫無顧忌地攻擊南方政權，這有可能危及蘇聯的整個戰略部署。斯大林時代，狄托曾因類似的不顧大局的舉動而遭受斯大林的排斥，然而此時無論是赫魯曉夫，還是他的繼任者，沒有哪一個能承擔懲罰北越政府所可能帶來的後果。

另一方面，受到攻擊的南越政府認爲有必要提醒美國政府事態發展的嚴重性，這次南越訴諸於宗教議題。當時越南是東南亞國家唯一一個擁有大量天主教教徒國家。正如此前歐洲所發生的那樣，共產主義危及當地的教堂及宗教活動，很多牧師在日益升級的暴力革命中淪爲犧牲品。在此宣傳下，北越共產主義對南方天主教衆形成的威脅自然引起了還是參議員的約翰·F.肯尼迪（他是美國政治史上僅有的信奉天主教的總統）的關注，後者正准備參加1960年總統大選。自然的，越南問題成爲當年大選的重要議題。

對艾森豪威爾而言，在越南所面臨的難題與之前在希臘所遭遇的問題類似，國內叛亂組織依賴其庇護所反復發起攻擊，而美國和西方卻不能徹底防止對手利用其庇護所，否則將引發更大的衝突。至於其解決第三世界革命浪潮的治本之策，社會改革與進步，其重要性在緊繃的局勢中已大爲下降了。正如朝鮮戰爭結束時那樣，南北越南圍繞著軍事分界線也形成了便於防御的築壘地域，爲了加強南方政府的防御，在美國支持下南越組建了南越共和國軍（ARVN），用於抗擊任何北方的軍事挑釁和冒險。當然，與朝鮮不同的是，南北越都與老撾接壤，其共同邊境地區密林、山巒遍布

還有東南亞最重要的湄公河流經，這些爲北方借道老撾越境進入南方和柬埔寨提供了便利。更糟糕的是，被艾森豪威爾視作美國在東南亞樞紐的泰國，緊鄰著柬埔寨和老撾，越南發生的一切都很容易波及到該國。[1] 從地緣角度看，老撾對北越政府具有重要價值，之後越南戰爭中北方爲維持其與南方軍隊戰爭的胡志明小道就途徑該國。

根據1954年的日內瓦協定，老撾保持著中立的地位。奉行共產主義的老撾「愛國戰線黨」（或稱「巴特寮」）在該國的兩個省份占據著優勢，1956年後該國共產黨組織進入政府和軍隊。美國政府對此表達過抗議。在老撾「愛國戰線黨」贏得1958年該國選舉後，爲了影響該國形勢，中情局秘密扶持建立了反對該國共產主義勢力的聯合陣線，後者逐漸控制著該國政府。當然，該國的反共勢力仍不願冒內戰風險徹底與老撾「愛國戰線黨」決裂。1960年，老撾發生政變，親西方的新政府取代了原來的中立政府。爲了應對老撾出現的危機，在北越的支持下老撾「愛國戰線黨」發起反擊，蘇聯亦向北越空運了援助所需的補給和軍備。到1961年初，老撾「愛國戰線黨」已占領該國主要的農業區域查爾平原。不幸的是親西方的老撾政府軍非常缺乏戰斗意志。根據情報顯示，老撾「愛國戰線黨」之所以堅持戰斗並最終贏得勝利，主要因爲其得到北越方面的支持。[2]

艾森豪威爾在其任期最後的時間裡，告訴新當選的肯尼迪，老撾是越南問題的關鍵，事實上也是整個東南亞的關鍵。他繼續稱，在其任內末期之所以約束不向該國派駐軍隊，僅僅因爲他不想爲新一任政府留下難題。事實上老撾的地緣地位非常重要，足以列入艾森豪威爾在其任期末所評估認爲值得一戰（有限戰爭）的五個地區之中。但富有預見性的是，艾森豪威爾同樣感覺到，就算要干涉老撾國內形勢，必須在東南亞條約組織（SEATO）的框架下實施行動。[3] 可能是他同時也回憶起1950年國會多麼不情願向歐洲派駐更多的美國部隊，在歐洲美國與盟國以聯合的形式實施絕對是必需的，那麼在前景更爲模糊的老撾，也應同樣如此。而且考慮到同期美國陸軍被大幅削減，要美國單方面冒險行動就更爲困難了。如果以聯軍出戰，艾森豪威爾認爲他能指望泰國、菲律賓以及巴基斯坦等國派出部隊，這些國家也都是東南亞條約組織的成員國；至於英國和法國是不能指望了，當時兩國已宣稱將退出東南亞條約組織，不可能向老撾派駐其軍隊。

在對外輸出革命、領導世界共產主義運動方面，赫魯曉夫必須以某種方式與中國的激進主義舉行競爭，同樣又必須維持與西方的和平。這使很多西方人感到非常疑惑

---

[1] 1958—1960年《美國對外關系文件》15：第1118-1119頁，國家安全委員會行動協調小組的一份報告（FRUS[1958～1960] 15：1118～1119）。

[2] 比塞爾：《一位冷戰武士的深思》，第145-149頁（Bissell, *Reflections of a Cold Warrior*, 145～149）。

[3] 里夫斯：《肯尼迪總統：權力的輪廓》，第30-32頁（Reeves, *President Kennedy: Profile of Power*, 30～32）；還可參見比塞爾：《一位冷戰武士的深思》，第145～149頁（Bissell, *Reflections of a Cold Warrior*, 145～149）。

和混亂。1961年1月，赫魯曉夫發表了一次演講以支援「民族解放戰爭」。[1] 他似乎為了戰後新一輪高漲的革命熱情放棄了相對溫和的和平共存政策。艾森豪威爾知道他的口號了無新意。而他的繼任者，約翰·F.肯尼迪，卻並未洞悉這一切，這直接帶來了之後的恐怖後果。

肯尼迪的繼任者，林登·貝恩斯·約翰遜總統，延續了肯尼迪的顧問和執政團隊，其中最著名的是國防部長羅伯特·S.麥克納馬拉（照片中前排最左邊）。約翰遜總統則坐在最左邊。環繞著辦公桌最左邊的是國務卿迪安·臘斯克（Dean Rusk），臘斯克後面的是海軍陸戰隊的維克多·H.克魯拉克（Victor H. Krulak）少將，他於1962年2月至1964年1月間擔任著參聯會主席的反叛亂和特種行動特別顧問。約翰遜執政時間，他負責越南戰爭的軍事政策制定和咨詢。克魯拉克之後被擢升為中將，並擔負了艦隊陸戰隊部隊指揮官，直到1968年退休。在約翰遜總統右邊的是埃爾斯沃斯·邦克（Ellsworth Bunker），1967年他擔負了美國駐南越大使（1973年離職）。他旁邊的是助理國務卿威廉·邦迪（William Bundy）。臘斯克旁邊坐在沙發上的，是副國務卿喬治·保爾（George Ball），他起草了東京灣決議。保爾旁邊的是約瑟夫·P. 卡利法諾（Joseph P. Califano），他是約翰遜總統的國內事務顧問。此照片拍攝於美國決策層下定決心干涉越南戰爭之前的1963年底或1964年初。當時，約翰遜總統仍擔心能否贏得這場戰場。（美國海軍學院）

---

[1] 羅德曼：《比和平更珍貴的：冷戰和為了第三世界的斗爭》，第94-95頁（Rodman, *More Precious than Peace*, 94～95）；里夫斯：《肯尼迪總統：權力的輪廓》，第40-41頁（Reeves, *President Kennedy: Profile of Power*, 40～41）；以及比齊羅斯：《危機歲月：肯尼迪和赫魯曉夫，1960—1963年》，第60頁（Beschloss, *The Crisis Years*, 60）。在1月6日只有少數人參加的閉門會議之後，這份演講於當月18日被蘇聯通訊社公布。赫魯曉夫在1月份會議上所說的大多數內容，早在1960年12月的世界共產黨會議上已有闡述。

第23章

肯尼迪和「民族解放戰爭」

約翰·F.肯尼迪贏得了1960年美國總統大選，之所以能夠獲得勝利，在於他向全體國民允諾將打破過去的沉悶和停滯，帶領美國「再次前進」。他將自己的施政綱領稱爲「新邊疆」戰略，但首先他必須喚起國民的激情。根據肯尼迪的觀點，艾森豪威爾時代不僅在國家安全方面發展不均衡，而且也未能拯救美國的經濟。當然，他的這些施政見解到底在多大程度上幫助其贏得選舉仍眾說紛紜，畢竟他僅以微弱優勢戰勝了共和黨候選人尼克松，以致於有聲音指責這次被竊取了的選舉完全是值得懷疑的。另一方面，作爲美國歷史上首位信奉天主教的民選總統，肯尼迪面對著前所未有的疑慮和偏見。因此，如果他不發出振聾發聵的呼喚，他甚至都無法參加競選。

入主白宮後，肯尼迪成爲了新一代美國人的領導者，准備接管這個曾經贏得第二次世界大戰的偉大國度。他曾稱，在選舉期間和結束後，他和這一代美國人將始終面臨著共產主義的挑戰，他將帶領美國去完成未竟的事業：在事態完全失去控制之前著手應對侵略者的挑釁，防止新的世界戰爭；在他的看護下將不會再有慕尼黑陰謀。肯尼迪原來希望在1964年下次大選時再次戰勝尼克松，後者因其聲望被譽爲「冷戰斗士」。事實上，面對當時蘇聯不斷緊逼的國際形勢，也容不得他再有所退讓了，任何有關於他丟失自由世界領土的指責，比如杜魯門當局被共和黨指責丟掉了中國，對他的政權都將是災難性的。

如果說，與弗蘭克林·D.羅斯福相比的話，肯尼迪的確很難稱得上是天生的政治家。[1] 他缺乏政治直覺，表現出一種奇怪的自信匱乏。對於內外政策，他極爲依賴其各類顧問。事實上，可以認爲他主政時期整個政策的制定和執行都極爲依賴顧問。由於欠缺信心，對於要做什麼他完全缺乏內在的直覺，因而總是傾向於接受向其提議的最後一名、或者發聲最爲激烈的顧問的建議。對待重大問題時，爲獲得所需的建議，他更傾向於從不同的聽眾（顧問）那裡尋求各種不同的建議，所以有時要回顧當時他的真實意圖及其決策的內在邏輯非常困難。例如，關於他是否真的計劃在1964年擺脫越戰的爭論，就鮮明地體現出其施政特點。

---

[1] 小A.施萊辛格：《論肯尼迪：與以賽亞·柏林的訪談》，摘自1998年10月22日《紐約書評》（A. Schlesinger Jr., *"On JFK: An Interview with Isaiah Berlin", New York Review of Books*, 22 Oct 1998），這篇訪談實際上編輯於1965年4月12日的另一個版本，在此訪談中柏林敘述了1962年他與肯尼迪共進晚餐時的事情。柏林將肯尼迪與羅斯福進行了比較，他顯然認爲羅斯福不僅僅只是一名政客。

在與他對話交談時，肯尼迪總統似乎顯示出強烈的專注和對各種信息的渴求，但他顯然無法切中肯綮地抓住大量信息中的重點。[1] 例如，在准備他就任後的首次重要外交政策演講中，幕僚們曾爲他准備了一份關於中蘇分裂的廣泛提要，然而，當時和此後他在演講中全球共產主義世界卻好像完全是鐵板一塊的整體。也許，肯尼迪總統對各類重大事件的關切遠不如看上去那麼專注，有時他對特定事物表現出非常有限的專注程度，而且非常易於感到厭倦。[2]

此外，不可否認的是，肯尼迪具有無可比擬的人格魅力，但這並不能彌補他在處理國際事務時的經驗不足，尤其是在與那些老練的、足以作他父輩的外國政治領導人（比如戴高樂和赫魯曉夫）打交道時，更是如此。

不幸的是，肯尼迪過於依賴自己的顧問，卻將艾森豪威爾時期老練的幕僚體系棄之不用，比如後者遺留給肯尼迪的國家安全委員會班子。當肯尼迪在入主白宮前最後一次與艾森豪威爾在官方場合會面時，後者曾向他解釋國家安全委員會的重要性。作爲總統最重要的安全問題幕僚團隊，國安委將爲總統過濾大量繁雜瑣碎的事務，否則總統的辦公桌將很快被洪水般的文牘所淹沒。當然，美中不足的是，艾森豪威爾並未詳盡地向其強調國安委幕僚團隊的其他角色，比如在面對重大的安全問題時，國安委還負責自動地評估所有的政策選擇，並擇其精要提交給總統決策。通過國安委對安全問題的咨詢決策體系，不僅能向總統呈現與其關系較近的顧問們的意見，而且還能將高級民事和軍事官員的意見考慮進去。

作爲一名政治家，肯尼迪仍很少利用這一整套的決策機制，在治國理政方面，他的主要決策圈子總是由少數幾個他所信任的朋友和顧問組成。他喜歡那些能夠吸引他，並令他印象足夠深刻的顧問的意見，這些顧問在應對國內外復雜的政治問題方面經歷有限、經驗也難稱得上豐富。特別的，針對特定的問題，他更偏好於由臨時抽調的顧問組成特別工作小組與他個人感到非常舒適的負責人一起工作。[3] 不可避免的，他的顧問幕僚團隊會爲了獲得總統的關注和職權而競爭，相關建議和咨詢意見也總是纏結、混亂。在他任內，一些內閣高級官員，比如國務卿迪安·臘斯克（Dean Rusk），就從未進入過他的決策圈子。正式的安全幕僚會議，比如國家安全委員會，其決策咨詢和討論的功能大爲削弱，甚至淪落成爲早已決定的重大決策的傳聲筒。由於軍方首腦主要通過國家安全委員會參與總統的決策活動，因此在他的工作模式下幾乎很少能影響他的決策。這也是他決定針對古巴實施「豬灣行動」後，盡管軍方參聯會感到不安，但仍無力影響其決策的一個原因。此外，作爲一名缺乏可靠的政治直覺

[1] 小A.施萊辛格：《論肯尼迪：與以賽亞·柏林的訪談》，摘自1998年10月22日《紐約書評》（A. Schlesinger Jr., *"On JFK: An Interview with Isaiah Berlin", New York Review of Books*, 22 Oct 1998），柏林對肯尼迪強烈的質疑方式印象深刻（他將之比擬爲列寧式的），但他也注意到，實際上其質疑的問題似乎並無什麼深度。

[2] 里夫斯：《肯尼迪總統：權力的輪廓》，第52-53頁（Reeves, *President Kennedy: Profile of Power*, 52～53）。

[3] 麥克馬斯特：《職責的背棄》，第4頁（McMaster, *Dereliction of Duty*, 4）。

的政治家，肯尼迪必須要相信外界傳遞給他的信息，例如，他作出某項決策後所導致的軍事或經濟後果，以及國內外的政治反應等，都有賴於外界信息的反饋。總體而言，由於他更傾向於任用那些經驗相對不足的政治人士，這導致在其短暫的任職期間其接受的一些建議往往帶來災難性的結果。肯尼迪本人似乎經常表現出咄咄逼人、但又優柔寡斷的性格，對政治家而言，這的確是一種非常糟糕的特質結合。

在其任職內，肯尼迪的很多思想似乎都反映出他在1960年選戰中所接受並用於攻擊對手的觀點，同時，他似乎無法平衡選戰中他所宣示的辭藻與現實之間的矛盾。例如，根據他在選舉中所雄辯的言辭，面對共產主義的全球攻勢，美國正處於深重的危機之中，而實際上有些只不過是當地的一些突發事件。相反的，由於他個人對越南問題的興趣，他無法接受越南只是東南亞一個爆發民族主義革命的國家的觀點，相反他認為那是共產主義向東南亞滲透的聚焦點。

同樣作為一名政治家，肯尼迪十分喜好嘩眾取寵的演講和公共政策闡述，他經常過分誇大問題以獲取輿論和公眾支持。例如，在其就職演說中，肯尼迪曾稱美國將不會在保衛自由的對抗中退縮，「不要問你的國家能為你做什麼，應該問你能為你的國家做些什麼」。這樣的言辭似乎暗示著肯尼迪並不畏懼，甚至某種意義上說，期望戰爭的來臨。此後不久，在他首次發布國情咨文時，肯尼迪又稱共產主義正「無情地」在亞洲（越南和老撾）、非洲（剛果）和拉丁美洲（古巴）肆虐。對美國和西方世界而言，「最危險的時刻」（蘇聯獲取足夠的戰略優勢，敢於勒索、訛詐西方）正在快速逼近。無疑，這讓人回憶起冷戰初期NSC 68號文件所提及的「最危險的年份」。他的言辭極為興奮和歇斯底裡，在他之前的數十年裡沒有哪位總統會如此嚴厲地公開闡述美國面臨的困境。[1] 當然，他的這些說法完全不准確，可能正如肯尼迪已知道的（或者他的幕僚已提醒過的），共產主義陣營中蘇聯和中國的裂痕已表露無疑，而赫魯曉夫也並未表露出過多的侵略意圖，但他仍這樣向公眾強調美國面臨的危機。

顯然，沒有證據表明肯尼迪之前考慮過此番表態對赫魯曉夫的影響，後者明顯將其視作對蘇聯和他本人的羞辱。而就在此前，赫魯曉夫曾向這位新任美國總統示好，表明他希望與其建立更好的關係，並公開稱讚肯尼迪是另一位令人尊敬的羅斯福總統。[2]

作為杜魯門之後民主黨再次接任的總統，肯尼迪自然接收了很多杜魯門時期的幕僚和顧問，比如迪安·艾奇遜、保羅·尼采等人。這些曾參與過杜魯門政府政策制定的政治人士對國際政治形勢有深刻理解。戰後西歐所經歷的一切表明，共產主義是西方在政治和軍事方面的雙重挑戰；到肯尼迪執政時期，在整個第三世界共產主義的影

---

[1] 比齊羅斯：《危機歲月：肯尼迪和赫魯曉夫，1960—1963年》，第62-63頁（Beschloss, *The Crisis Years*, 62～63）。

[2] 佐布克和普列沙科夫：《克里姆林宮的冷戰內幕：從斯大林至赫魯曉夫》，第238-240頁（Zubok and Pleshakov, *Inside the Kremlin's Cold War*, 238～240）。

響更為顯著，他們允諾追求社會公正和民族解放，十分具有吸收力。如果美國不能提供一套可與之媲美的社會革命或改革理論，共產主義席卷全球的勢頭將不可阻擋。

　　甚至在西歐，那些不再對資本主義抱有幻想的人士正通過選舉將更多的共產主義者送入政府和議會。第三世界的情況則略有不同，那裡的人民普遍貧困、落後，面對共產主義和資本主義的選擇，他們有的用選票、有的更直接用腳投票表達自己的意願。在這些發展中國家，雖然很多人仍堅持傳統和保守，但也僅僅是因為不願改變現有政治體系而不得不支持現政權。他們之所以不願將共產主義制度視作嚴肅的替代方案，在於後者也許是通過殺害很多當地的著名或富裕人士而取得的勝利。當然，在很多第三世界國家，其社會體系並未受到戰亂波及，他們的社會可能並沒有如肯尼迪當局所稱的深重危機感。此外，他們可能也不會對接受（美國或蘇聯提供的）某種形式的激進社會變革抱有太多熱情。

　　對於共產主義在第三世界的擴張威脅，新的美國行政當局構想以軍政兩手加以應對。政治方面，美國支持的國家重建計劃（實質上是確保其經濟成長以改變其國家的貧弱現狀）抵消這些國家內部共產主義勢力的政治訴求；軍事方面，則以靈活、有效的武裝力量，在避免爆發大規模戰爭的情況下（比如運用特種部隊）應對共產主義游擊隊。在拉丁美洲、東南亞，美國的這一系列策略廣泛地加以應用。這種綜合了政治、經濟和軍事手段的應對措施，使人們回憶起40年代戰後美國為滿目瘡痍的歐洲所曾經采取的措施：建立北約確保西歐免受外部威脅，再通過馬歇爾計劃恢復各國經濟以抵御內部的共產主義影響。

　　對於古巴，肯尼迪希望通過顛覆卡斯特羅的政權以解決這個威脅。與其前任一樣，肯尼迪繼承並利用了中央情報局此前的計劃，以古巴流亡者為主力在美國武裝力量配合下對這個近在咫尺的島國實施兩棲登陸，以武裝推翻現政權。[1] 當時，肯尼迪政府駐聯合國的大使，阿德萊·斯蒂文森（Adlai Stevenson），曾建議稱對古巴的顛覆行動應避免帶有任何美國卷入其間的明顯跡象。因此，肯尼迪命令古巴流亡者所使用的飛機必須從中美洲地區（流亡勢力的部分力量，其主力仍由美國海軍輸送實施登陸），而非靠近古巴最近的佛羅里達，飛赴古巴。由於肯尼迪的私人顧問中幾乎沒有人擁有豐富的軍事經驗，因此也無從理解他的這一決策的重要意義，而且更沒人告訴他這樣做存在很大問題。但肯尼迪對此毫無概念，因為此決定，美國的轟炸機不得不在路途上耗費更多時間，進而使得對行動的掩護斷斷續續。至於登陸的地點選擇也有問題，實際登陸地點並非原計劃較為理想的伊斯坎布雷山脈（Escambrey Mount，進入山區後入侵力量將能得到當地反卡斯特羅力量的接應），而是突然被更改為豬灣（附近缺乏類似伊斯坎布雷山脈這樣的庇護所）。這一系列變化使得登陸的戰術必須大幅

---

[1] 里夫斯：《肯尼迪總統：權力的輪廓》，第69-70頁（Reeves, *President Kennedy: Profile of Power*, 69～70）。

調整。行動發起的前夜，肯尼迪總統並未徵詢幕僚意見，直接決定削減行動的空中支援力度（削減幅度達80%），空中支援對這類兩棲登陸行動的重要性不言而喻，[1] 但最終他還是作出了這樣的決定。行動發起後，美國的空中攻擊也未能有效打擊古巴的空中力量，而卡斯特羅的空軍則頑強抵抗入侵，先後擊沉或擊落兩艘流亡者的補給船只和多架軍機，徹底切斷了入侵者的退路。登陸行動進行到最緊張的時刻，在灘頭的古巴流亡武裝卻不得不孤軍奮戰，因為美國的戰艦和飛機因肯尼迪的命令而無法向前者提供所需的火力支援。[2]

入侵事件災難性的結束後，肯尼迪告訴艾森豪威爾稱，由於擔憂因美國直接軍事干涉而觸發蘇聯可能在柏林采取的反擊行動，他取消了美國海空軍的轟炸行動。艾森豪威爾認為他的這種擔憂相當滑稽，「如果（蘇聯）發現我們表現出任何軟弱，那麼他們就會更強硬地逼近我們；相反如果他們看到我們表現出強硬……他們可能就會非常謹慎。」艾森豪威爾更嘲笑了肯尼迪的做法（避免表露美國卷入事件而中止行動）。[3]

時任中央情報局局長的艾倫·杜勒斯，由於需要為失敗負責因此不得不在此事之後辭去職務，他深感肯尼迪缺乏贏得豬灣行動所必需的政治勇氣。肯尼迪過於關注（事件）可能導致的不良反應了。[4] 當然，肯尼迪拒絕承認自己在此次行動中的失誤（中情局明智地提交一份行動後評估證明其不應為失敗負責）。他也從不承認（或者他已認識到了）因放棄成熟的幕僚體制和團隊，而對此次事件造成的影響。[5] 在事後評估中，他更憤怒地發現參聯會實際上已意識到此行動計劃內在的問題，然而卻沒人事先提及，很可能這是由於他從未真正重視過專業幕僚團隊的意見。[6] 此後，在他所剩無幾的執政時間裡，他仍偏好其獨特的決策模式。對他個人而言，豬灣事件失敗所導致的主要影響，很可能在於使他更堅定了必須要殺死卡斯特羅才能血洗其恥辱的意識。[7] 在他的堅持下，中情局繼續炮制了多起針對卡斯特羅的暗殺陰謀，甚至在1963年還曾計劃發起另一次入侵。但在計劃實施之前，肯尼迪自己卻在達拉斯被刺殺。

肯尼迪很快就發現這次行動失敗的後果，那就是在國內引發了民眾的憤怒。[8] 而此時在世界的另一邊，美國的第三世界盟友們仍在東南亞嚴陣以待。他們會認為肯尼迪有勇氣來保護他們嗎？失敗之後，肯尼迪采取的首要措施便是試圖安慰南越總統吳

[1] 里夫斯：《肯尼迪總統：權力的輪廓》，第91頁（Reeves, *President Kennedy: Profile of Power*, 91）。

[2] 里夫斯：《肯尼迪總統：權力的輪廓》，第91頁、第95頁（Reeves, *President Kennedy: Profile of Power*, 91, 95）。

[3] 里夫斯：《肯尼迪總統：權力的輪廓》，第102-103頁（Reeves, *President Kennedy: Profile of Power*, 102～103）。

[4] 比塞爾：《一位冷戰武士的深思》，第191頁（Bissell, *Reflections of a Cold Warrior*, 191）。

[5] 比塞爾：《一位冷戰武士的深思》，第197頁（Bissell, *Reflections of a Cold Warrior*, 197）。

[6] 麥克馬斯特：《職責的背棄》，第6頁（McMaster, *Dereliction of Duty*, 6）。

[7] 里夫斯：《肯尼迪總統：權力的輪廓》，第105頁（Reeves, *President Kennedy: Profile of Power*, 105）。1961年5月初，肯尼迪批准了一項「行動記錄」，其中宣稱美國對古巴的政策是致力於推翻卡斯特羅政權。

[8] 比塞爾：《一位冷戰武士的深思》，第162-192頁（Bissell, *Reflections of a Cold Warrior*, 162～192）。

廷艷（Ngo Dinh Diem）和泰國的沙立·他那叻（Sarit Dhanarajata）總理。[1] 爲了使盟友打消其疑慮，他向南越軍隊派出更多美軍顧問，同時他還立即組建了針對越南問題的特別工作小組，由愛德華·G.蘭斯代爾（Edward G. Lansdale）將軍負責領導，他也是肯尼迪在軍事領域少數幾個值得信任的專家之一。

　　另一方面，對蘇聯而言，豬灣事件使赫魯曉夫首次有機會打量這位新任的、但明顯又表現得非常好戰的美國總統。在獲得最高主席團成員的支持後，赫魯曉夫致電肯尼迪並強硬地稱，美國對古巴的入侵行動危害世界和平，他應「避免這種不可挽回的錯誤」，如果美國繼續入侵，蘇聯將在其他地方發起攻擊。[2] 此時，肯尼迪的性格弱點暴露無疑，他缺乏艾森豪威爾在與蘇聯玩弄世界核牌局時的沉著和鎮定，他已經猶豫了。也許，赫魯曉夫對他的新對手已有定論，入侵前他的威脅已注定了這次行動的失敗，這使肯尼迪拒絕下令爲入侵流亡武裝提供火力支援。

　　總體而言，肯尼迪在白宮的決策圈子籌劃著美國在拉丁美洲的政策，沒有一名國務院的資深顧問和幕僚對這一區域感興趣。也許正如1960年肯尼迪在選戰演講中所宣稱的那樣，他將提出一份以馬歇爾計劃爲藍本的針對拉丁美洲國家的「爭取進步聯盟」計劃，[3] 通過經濟援助以鞏固美國在拉丁美洲的影響，幫助拉美國家保持穩定。過去，共產主義者曾壟斷著第三世界對變革的憧憬和向往，而肯尼迪希望提出另一套面向更美好未來的方案，以擊退卡斯特羅和他的蘇聯盟友在拉丁美洲的滲透。在其成爲總統後，肯尼迪的高級官員們認識到，如果按預期在拉丁美洲實施以美國主導的國家建設，將導致美國與該地區最爲強烈的民族主義傾向發生災難性的碰撞。爲避免美國因素觸動各國敏感的民族主義神經，他們只得耐心地等待，並倡導所謂的泛美洲事業。[4]

　　當時，拉丁美洲被認爲處於一種持續的危機之中，因爲與其國民收入增長相比，其人口增長得更快。隨著人們的生活條件不可避免地一年比一年更糟，顯然他們將發現共產主義理想更具吸收力。過去美國曾通過國際貨幣基金組織（IMF），施加對拉丁美洲的影響，該組織主要致力於促進各國財政穩定而非其經濟的發展（其理論認爲只有一國構建起穩定的經濟體系，就能吸引外資注入並繼而獲得發展）。但在實施過程中，卻造成多個拉美國家（阿根廷、智利和玻利維亞）災難性的通貨緊縮和民眾的生活水平降低，進而導致各國國內動亂。例如，當時阿根廷民選總統就因國內軍事政變而被推翻，共產主義者甚至獲得了智利政權（阿連德），並加緊向玻利維亞滲透。形成鮮明對比的是，同期的巴西政府由於拒絕國際貨幣基金組織的建議，其國內經濟

[1] 里夫斯：《肯尼迪總統：權力的輪廓》，第105頁（Reeves, *President Kennedy: Profile of Power*, 105）。

[2] 佐布克和普列沙科夫：《克里姆林宮的冷戰內幕：從斯大林至赫魯曉夫》，第242頁（Zubok and Pleshakov, *Inside the Kremlin's Cold War*, 242）。

[3] 孔茨：《黃油與槍炮：美國的冷戰經濟外交》，第125-132頁（Kunz, *Butter and Guns*, 125～132）。

[4] 1961—1963年《美國對外關係文件》12：第99頁、第101頁（FRUS[1961～1963] 12: 99, 101）。

表現較好（盡管也存在著通貨膨脹問題）。[1] 因此，對巴西而言，盡管仍存在著一些風險，但當時也正是其發展，特別是推進國家工業化的大好時機。

同一時期蘇聯經濟實力的日益增長令情況復雜化了。過去，在拉丁美洲無論哪一國政府上台執政後，通常都很快轉向美國尋求支持和援助。現在，蘇聯日益成爲一個新的、真實的替代性選擇。[2] 就此而言，這一時期幾個主要的拉丁美洲國家政府也願意向外界展示他們獨立於美國的發展道路。[3]

隨著肯尼迪當局注意到美洲形勢出現的變化，美國發現很多拉美國家（如智利、秘魯、厄瓜多爾和哥倫比亞）邁向現代化的主要阻礙正在於它們國內的長期存在著少數壟斷著大量土地或經濟資源的寡頭，既得利益集團的存在實際上將本國內絕大多數民衆阻絕於獲取經濟發展紅利的行列之外。在美國看來，這些國家社會改革的措施就是中產階級革命，即培育其國內龐大、主導性的中產階級群體。當然，如果此舉措未能成功，其國內貧苦工人與農民將更加傾向於某種形式的革命道路，其結果必然是類似卡斯特羅式的共產黨政權上台，或是混雜著反美情緒的民族主義政府執政（如阿根廷的庇隆主義政府）。[4] 事實上，一些拉丁美洲國家已試圖推進其國家的中產階級革命，例如巴西的庫比契克政府和委內瑞拉的貝坦科布科政府。以後兩國爲例，盡管在美國看來其中產階級革命發育仍很不完善，但仍必須得到鼓勵，美國更不能因爲這些較成功的政府在其社會改革發展初期經常大肆鼓吹的民族主義—民粹主義言論，而放棄對他們的援助與鼓勵。

美國始終相信，只有以中產階級爲導向的民主社會，才足以穩定地抵擋國內顛覆、不穩定與外部共產主義勢力的壓力的聯合侵襲。[5] 在1962年初，整個拉丁美洲似乎只有墨西哥、烏拉圭和哥斯達黎加等國滿足美國所認定的以中產階級爲主的民主政府標准；此外，阿根廷、委內瑞拉等國雖未達到但也離此標准不遠。但實際上美國的這種判斷相當虛僞，因爲墨西哥當時（至少至1999年）本質上仍是一黨制國家，而阿根廷奉行庇隆主義的政府仍非常強大。至於巴西、智利、哥倫比亞，似乎在發展成爲成熟的民主穩定國家方面仍具有合理的前景。

實現預期的社會改革目標關鍵在於擁有一個強大的政府，只有在其促進下教育文化和農業改革才能得以推進。通過改革釋放出可觀的發展紅利進而創造就業以培育穩健的中產階級群體。當中產階級達到一定規模後才足以推進整個社會的轉型和民主制度的成熟。至於政府，則能從社會經濟發展中獲益（通過稅收體系）。過去，拉丁

---

[1] 1961—1963年《美國對外關系文件》12：第14頁（FRUS[1961～1963] 12: 14）。

[2] 1961—1963年《美國對外關系文件》12：第88頁（FRUS[1961～1963] 12: 88）。

[3] 1961—1963年《美國對外關系文件》12：第103頁（FRUS[1961～1963] 12: 103）。

[4] 1961—1963年《美國對外關系文件》12：第11-12頁（1961年2月12日至3月3日，向總統提交的關於拉丁美洲任務的報告）（FRUS[1961～1963] 12: 11～12）。

[5] 1961—1963年《美國對外關系文件》12：第79-85頁（FRUS[1961～1963] 12: 79～85）。1962年1月17日一份名爲《拉丁美洲政治形勢和進步同盟》的報告，該報告由國務院情報與研究局擬制。

美洲地區各國政府的收入主要依賴進口稅和消費稅，國內土地產生的收益對政府的稅收貢獻非常少，因此土地常常吸引更多的資金流入並造成地價被哄抬，進而導致以土地爲中心的農業改革步履維艱。因此改革這些國家的稅收體系（包括土地稅和所得稅），將有助於支持強有力的政府實施進一步改革，並減少土地寡頭對更深入改革的阻礙。[1]

美國意識到這一點，但可用的經濟槓桿仍很有限。至60年代時，美國政府已缺乏可供支配的大額資金用於啓動針對拉丁美洲的馬歇爾計劃。而且，當時拉丁美洲由於各類根植於各國社會結構的深層次問題的存在，使得社會改革尤爲困難，稍有不慎就可能導致社會混亂與瓦解。這些國家內部的各種利益寡頭更不會以美國的角度看待卡斯特羅政權的威脅，不僅如此，在其看來美國所敦促他們進行的改革同樣對其構成威脅。對於國內形勢，他們本能上更願意強化控制，要他們像肯尼迪當局所倡導的那樣，放棄一定權力和利益創造更多的中產階級，以確保國家長期穩定和發展，根本就不在其優先考慮的范圍之內。

這一時期，拉丁美洲不少國家啓動的社會變革面臨著很多問題。例如，1962年美國政府認爲巴西正處於嚴重的危機之中，該國可能轉向共產主義。巴西的問題主要在於經濟結構單一，咖啡出口占到該國總出口額的一半左右，這種商品的國際市場價格一旦大幅下降，將極大地影響該國經濟形勢。[2] 對此，並無短期的解決方案，巴西必須經歷這種陣痛；但就長期而言，要改善此情況巴西必須尋求多種方法將其經濟發展多樣化。對於幫助拉丁美洲國家轉型和發展來說，肯尼迪政府最主要的兩難困境就在於，他希望在不明顯干涉其他國家內政的前提下推進其變革（干涉他國內政是過去美國政府備受外界非議的地方），但面對對象國內利益集團的抵制，要達成推進其變革的目標而又不干涉其內政似乎又是不可能的。另外一方面，爲對抗全球共產主義擴張，西方和美國無疑會支持民主的政權，但他們如何對待拉丁美洲反民主的政變？如何對待在政變中上台的親西方獨裁政權？除非采取完全的實用主義態度，否則這些問題對於向來習慣高喊「民主、自由和人權」口號的西方來說，實在是難以解決的死結。

中美洲多米尼加共和國，1961年5月該國的臭名昭著的獨裁統治者拉菲爾·特雷希略被暗殺，肯尼迪政府通過協助該國驅逐特雷希略家族向該國展現了其善意。早在艾森豪威爾時期，當時特雷希略在試圖暗殺委內瑞拉總統的事件暴露後，美國就曾向他實施了政治和經濟制裁。中央情報局甚至還試圖協助推翻他的政權。[3] 對肯尼迪而言，多米尼加共和國是美國主導的「爭取進步聯盟」的櫥窗。因而，他不惜以威脅制

---

[1] 1961—1963年《美國對外關系文件》12：第116-117頁（FRUS[1961～1963] 12: 116～117）。

[2] 孔茨：《黃油與槍炮：美國的冷戰經濟外交》，第123頁，第132-133頁（Kunz, *Butter and Guns*, 123, 132～133）。

[3] 埃文·托馬斯：《最優秀的人：四位勇士，中情局的早期歲月》，第221頁（Evan Thomas, *"The Very Best Men"*, 221）。

裁或提供援助等手段，誘導確保該國於1962年舉行自由選舉。[1]

　　然而，對很多拉丁美洲國家而言，美國接受了1962年秘魯軍事政變的事實似乎表明，安全無疑比民主更為重要。[2] 1963年10月，美國助理國務卿埃德溫·馬丁（Edwin Martin）稱，政府已放棄其推進民主化的企圖。這意味著，美國將只反對一種類型的政變，即共產主義者可能上台的政變。特別是在一些國家，只有通過政變的形式來防止共產主義者執掌政權。[3] 對此，拉丁美洲的很多不願軍隊干涉政治的民眾非常憤怒，他們掀起的抗議浪潮使得肯尼迪政府很快公開宣稱美國政府也反對因政變而上台的政府。[4] 當然，馬丁的聲明很可能真切地表達了肯尼迪政府的真實想法，因此不僅在拉丁美洲，而且在越南，美國都卷入了內部政變，比如美國曾積極投入推翻南越總統吳廷艷的政變。

　　自1962年3月至1966年6月期間，拉丁美洲地區總計爆發了9次軍事政變，其中8次都與右翼政治勢力有關，他們推翻現政府原因無非都是認為後者過於軟弱不足以抵制當地的共產主義浪潮，或者認為現政府（比如巴西和多米尼加共和國）過於傾向左翼。

　　這一時期拉丁美洲群體性地陷入政治動蕩，毫無疑問與共產主義在當地的積極活動以及美國的推波助瀾有關；更確切無疑的是，古巴的卡斯特羅政權在其中發揮了重要影響，後者希望向美洲其他國家輸出革命。與狄托類似，他認為這是他的責任而非只是一種選擇或策略。[5] 例如，在1962年美國主導的「爭取進步聯盟」第二次大會期間，哥倫比亞和秘魯就指責古巴試圖顛覆兩國政府。但在革命輸出的結果方面，無論古巴或非古巴共產主義勢力，都未達成其預期的輸出目標，畢竟所有這些政治事件都不得不面對龐大的美國壓力。回顧同期全球的情況，美國當時的一系列行為似乎表明東南亞比拉丁美洲更為重要，但從全球戰略角度觀察，對美國而言，東南亞顯然不具備拉丁美洲的重要性，之所以會給外界以這樣的印象，可能在於美國越南政策的失敗更容易令人忽視它在拉丁美洲所取得的成功。

　　在為拉丁美洲提供軍事援助的部分，為了應對所預期的威脅形式，美國的軍事援助側重於提高受援國政府軍的反叛亂能力，包括反游擊隊和武裝力量的民事行動等訓練。[6] 同時，為了確保援助效果，拉丁美洲各國政府不得不接受軍事力量在其內部安全中發揮更大作用的觀念，這自然意味著之後的政變可能會更為頻繁。美國政府在為拉丁美洲各國提供援助時，亦將其關於拉美社會需要轉型的觀念，通過軍事學院的

[1] 巴斯爾：《徘徊的巨人：美國對拉丁美洲革命變革的反應，1910—1985年》，第251頁（Blasier, *The Hovering Giant*, 251）。

[2] 圖略·哈爾柏林·唐伊：《拉丁美洲當代史》，第296頁（Donghi, *The Contemporary History of Latin America*, 296）。

[3] 韋斯：《冷戰分子和政變：1945—1964年巴西—美國的關系》，第165頁（Weis, *Cold Warriors and Coups d'Etat*, 165）。

[4] 1961—1963年《美國對外關系文件》12：第152頁（FRUS[1961~1963] 12: 152）。

[5] 誇克：《菲德爾·卡斯特羅》，第397頁（Quirk, *Fidel Castro*, 397）。

[6] 羅基耶爾：《拉丁美洲的軍事和國家》，第136-137頁（Rouquie, *The Military and the State*, 136~137）。

授課傳播往受援的拉美國家。[1] 例如，由軍隊發起的針對一個滑向左翼的現政府的政變，可能被認爲具有正當性，軍隊在維持社會體系穩定和民主潛能等方面應負有責任。在古巴，卡斯特羅政權無疑也表明，一旦國家走向共產主義制度，該國任何可能的民主發展就終結了。

1964年，巴西就經歷了一次類似的政變，有趣的是，此次政變也可被視作1973年智利推翻左翼的阿連德政權政變行動的序曲。與該地區其他國家的軍隊類似，巴西軍方認爲自己是本國民主制度的監護者，早在1954年時，巴西軍方就將國內的民粹民族主義勢力（與阿根廷的庇隆主義類似，而且與共產主義勢力有深厚聯系）驅逐出該國政壇。1961年前後，巴西國內經濟面臨著高增長和高通脹率的情況，同時還背負著大額外國債務。時任新總統，加尼奧·誇德羅斯（Janios Quadros），在當選時被民眾寄予解決該國嚴峻形勢的希望。他的副總統古拉特（Goulart），實際上是巴西工黨（PTB）的領導人，普遍被認爲是激進的左翼領導人，以及此前在1954年遭政變推翻的瓦加斯政府的代理人。8月，誇德羅斯突然辭職，他顯然希望巴西國會和軍隊能慰留他，並支持給予他所尋求的更多權力，而不是接受古拉特的政治觀點。[2] 最初，巴西軍方宣稱並不接受古拉特的政見，然而，接著在一系列商討之後雙方達成妥協，巴西修改了其國家憲法並成爲一個議會民主制國家，政府總理接管了總統的大多數權力。

眾所周知，古拉特對美國持反對立場，並與共產主義勢力有千絲萬縷的聯系。他的上台無疑對美國非常不利。如果美國繼續向巴西提供新援助，將向外界表明美國對西半球的意識形態敵人放任自流；而反之如果美國不再按照協議規定停止援助，將墜入共產主義宣傳機器的圈套中，後者正譴責美國的援助都帶有別有用心的目的。[3] 古拉特顯然不願意再支持美國從外交、經濟上繼續孤立古巴，1961年底他似乎更加傾向於蘇聯。正如當時美國駐巴西大使在給國內的報告中所稱，古拉特政府正顯示出「共產主義向該國的滲透和影響程度超過以往任何一個時期」。[4] 爲了扭轉巴西的左傾趨勢，在1962年該國國會選舉期間美國爲該國的反對派勢力提供了大量資金援助。[5] 同時，肯尼迪政府還致力於加強與巴西軍方的聯系，通過軍事交流渠道向該國派遣了反叛亂評估小組，爲巴西軍方後繼的政變提供技術支持。

適逢此時古巴危機正愈演愈烈（見下章），在美蘇雙方就古巴導彈危機達成最終妥協後，肯尼迪當局得出結論認爲，古巴對美國後院的威脅已暫時得到抑制。事實

[1] 莫斯：《智利的馬克思主義試驗》，第155-156頁（Moss, *Chile's Marxist Experiment*, 155～156）。

[2] 韋斯：《冷戰分子和政變：1945—1964年巴西—美國的關係》，第149頁（Weis, *Cold Warriors and Coups d'Etat*, 149）。

[3] 1961—1963年《美國對外關系文件》12：第445頁（FRUS[1961～1963] 12: 445）。

[4] 1961—1963年《美國對外關系文件》12：第452頁（FRUS[1961～1963] 12: 452）；還可參見1961年12月7日的特別國家情報評估（SNIE）93-2-61。

[5] 韋斯：《冷戰分子和政變：1945—1964年巴西—美國的關係》，第156頁（Weis, *Cold Warriors and Coups d'Etat*, 156）。

上，此時美國似乎也失去了繼續在拉丁美洲推行其「爭取進步聯盟」計劃的興趣。[1]

但另一方面，作爲拉丁美洲地區最大的國家，巴西的重要性更顯突出，即便是美國也不得不關注這個國家。1962—1963年間，巴西國內經濟正處於危機之中，其年通貨膨脹程度超過50%，社會貧富差距日益擴大，其表現出的種種問題正是肯尼迪提出的「爭取進步聯盟」所需解決的。巴西之前經濟快速擴張很大程度上都依賴貸款實現，而其經濟產出卻不足以清償所申請的貸款。此時，古拉特政府面臨著兩種政策取向，要麼放棄擴張性增長（以減少對貸款的依賴程度），要麼尋求更多貸款以維持現有經濟體系運轉。1963年初，美國政府曾推測，古拉特將難以達成他的目標，巴西很可能陷入崩潰，如此他將繼續指責美國和西方資本的盤剝，屆時他的政府可能采取以蘇聯爲導向的、激進左傾的對外政策。在此基礎上，古拉特很可能向蘇聯尋求經濟援助，但是，蘇聯卻很可能無法爲其提供所需的援助，最終他將不得不徹底滑向獨裁集權，而這正是巴西軍方所難以忍受的。就算情況不像美國所預期的那樣惡劣，但至少在兩年內巴西都不得不面對難以解決的危機情勢。[2]

古拉特表面上的友善（事實上在古巴導彈危機中該國並未倒向古巴和蘇聯一方）並不重要。[3] 潛藏的危機在於美國感到的威脅，古拉特正在向左轉，如果任由其發展下去，接下來的情況可能會更糟。巴西的左翼勢力正在集結自己的力量，爲可能的軍事干涉作准備。古拉特政府還試圖拉攏軍方力量（例如，1963年巴西利亞的軍士叛亂事件）。很多巴西的反對派領導人和軍方高層相信古拉特正計劃控制整個國家，進而實現左翼的獨裁統治。期間美國駐巴西大使報告稱，考慮到巴西當前的經濟困境，該國面臨著共產主義勢力接管國家政權的「實質而緊急的危險」。爲了扭轉此情況，美國認爲必須將古拉特政府搞下台。從10多年前美國對摩薩德的反應看，這種選擇並不很困難。

荒謬的是，1963年肯尼迪被刺殺更強化了美國政府對策動巴西政變的興趣，因爲肯尼迪的繼任者林登·約翰遜更沒興趣推動肯尼迪所倡導的、見效極慢的「爭取進步聯盟」項目。1964年3月，約翰遜總統新任命的負責美洲國家事務的助理國務卿托馬斯·曼恩宣稱，在其任期內將主要致力於增進美洲國家的經濟增長，並不會要求更多的社會改革。[4]

1964年3月，巴西爆發軍事政變，自由派勢力以保衛1946年巴西憲法爲名義發動政變。[5] 原政府被推翻後，政變者組建了奉行右翼經濟自由主義政策的獨裁政府。極

[1] 韋斯：《冷戰分子和政變：1945—1964年巴西—美國的關係》，第157頁（Weis, *Cold Warriors and Coups d'Etat*, 157）。

[2] 1961—1963年《美國對外關系文件》12：第490-493頁（FRUS[1961~1963] 12: 490~493）；這部分內容爲1963年2月27日的一份特別國家情報評估（SNIE）93-63。

[3] 韋斯：《冷戰分子和政變：1945—1964年巴西—美國的關係》，第157頁（Weis, *Cold Warriors and Coups d'Etat*, 157）。

[4] 孔茨：《黃油與槍炮：美國的冷戰經濟外交》，第145頁（Kunz, *Butter and Guns*, 145）；韋斯：《冷戰分子和政變：1945—1964年巴西—美國的關係》，第165頁（Weis, *Cold Warriors and Coups d'Etat*, 165）。

[5] 羅基耶爾：《拉丁美洲的軍事和國家》，第283-284頁（Rouquie, *The Military and the State*, 283~284）。

具諷刺意味的是，政變後的巴西並未真正實施自由主義的經濟政策，而是采取了國家資本主義政策。結果新政府裡的自由主義者和軍方勢力開始分裂，當然至少在反對政變前的左翼政府方面雙方還是一致的。雙方的爭斗很快到1968年達到高峰，當年最終獲勝的軍方勢力正式對國家進行了獨裁統治。當然，考慮到國家需要穩定，軍政府並未徹底取消選舉制度。直到1978年，軍政府獨裁統治下的緊急狀態法律才被廢止。

正如之後1973年的智利政變那樣，美國政府無疑對1964年的巴西政變持支持態度，政變爆發後美國很快就承認了巴西的新政府。此外，更有消息稱，此次政變背後有美國的影子，通過駐巴西的美國外交使團，美國積極參與了政變的策劃與實施。[1]

就在巴西軍方推翻古拉特政府的同時，智利的馬克思主義者薩爾瓦多·阿連德，正代表著共產主義組織競選該國的總統。美國當然不願看到他當選，因此以資金資助了他的反對派候選人，但後者仍在競選中敗北。[2] 而此時，肯尼迪資助拉美各國提高反叛亂軍事能力的觀念在美國仍非常盛行，各種相關的社會科學研究很普遍。這種情況相當令人尷尬。例如，美國陸軍曾就拉美主要國家軍隊的穩定問題與研究機構簽訂了研究合同（即「卡默洛特」研究項目），但在智利（也可能是其他國家或地方），很多當地學術機構在不清楚此項目資金來源的情況下也有參加此研究項目。當然，這一情況很快被批露出來成爲醜聞。[3] 1970年智利大選，當美國再次被指責試圖影響該國選舉結果（反對阿連德）時，該醜聞在智利亦再次被提及。

肯尼迪曾告訴他的幕僚稱，美國需要建立自己的游擊隊（即特種作戰力量），能夠直接派往敵對國家境內實施秘密行動，或者派往友好國家爲其軍隊提供反叛亂軍事行動的訓練。當時，美國武裝力量中已組建有不少特種部隊，但肯尼迪仍對這類想法非常著迷，在其任內，陸軍的綠色貝蕾帽部隊（之前仍是其非官方的稱呼）正式得到了官方承認。當然，傳統的軍事單位並不喜歡將這類精銳力量拔高到過於重要的地位，但肯尼迪認爲常規部隊並不善於進行游擊戰，因此他亦指令軍方以這類特種部隊爲基礎建立自己的特別力量，以發展美國式的游擊戰能力。[4]

在肯尼迪短暫的任期內，基於此前法國在阿爾及利亞反殖民戰爭中的經驗，他還授權組建了一種全新的作戰部隊（即大量裝備直升機的空中突擊部隊）。爲適應低強度反叛亂戰爭的特點，這支部隊要能迅速攻擊叛亂組織的隱匿之處，具備在復雜、敵對的戰場環境中行動的能力。顯然，在當時的技術條件下，直升機無疑是配合這支部

[1] 圖略·哈爾柏林·唐伊：《拉丁美洲當代史》，第309頁（Donghi, *The Contemporary History of Latin America*, 309）。

[2] 西格蒙德：《阿連德的覆滅和智利的政治，1964—1976年》，第103頁（Sigmund, *The Overthwow of Allende*, 103）。

[3] 西格蒙德：《阿連德的覆滅和智利的政治，1964—1976年》，第40-42頁（Sigmund, *The Overthwow of Allende*, 40～42）。

[4] 1961—1963年《美國對外關係文件》8：第236-238頁（FRUS[1961～1963] 8: 236～238），其內容中談及第124號國家安全行動備忘錄（NSAM 124）於1962年1月18日創建了一個特別分類，專門聚焦於搜集涉及老撾、南越以及泰國的反叛亂行動資料。1961年10月，當肯尼迪總統參訪布拉格堡並視察該基地特種部隊行動時，該部隊編成的3個特種戰群中的兩個正在東南亞地區執行特種任務；當年12月第二個特種群亦開始擔負行動任務。1961年底時，除3支正式投入任務的特種力量外，還有9支後備部隊組建，至1963年更多類似的特種力量被組建。最初組建的3支特種作戰群每個群的規模亦擴大了4倍達到1500餘人。

隊行動的最佳載具。考慮到直升機的技戰術性能，它能為部隊提供行動最重要的突然性，而這是傳統地面或傘兵部隊所無法具備的。想象一下，完成組建一支這樣的師級部隊，直升機將為其提供機動和火力支援能力，不再是不可能的了，無疑陸軍對這種想法興趣強烈。[1] 當時，陸軍和陸戰隊部隊已裝備有不少直升機，但並未大規模地集中使用它們。而法國人之前在阿爾及利亞的平叛行動中曾試圖集中使用直升機，因此對此作戰概念的理解更加深刻。1963年2月，陸軍正式組建了第一支試驗性的空中突擊師，[2] 這也成為後來越南戰爭中美國陸軍主要圍繞直升機發展其戰術的源頭。

美國武裝力量發展的新型部隊，對於同樣受到共產主義威脅的東南亞地區，亦是特別的重要。1961年，越南是全世界中唯一一個由當地共產黨，在借助外援（北越共產黨）的情況下推翻本國親西方政府的國家。[3] 與他的繼續俐類似，肯尼迪認為越南值得美國施以援手。越南共產黨在該國的勝利將會對整個東南亞地區造成多米諾骨牌式的示范效應，更為重要的緬甸、馬來西亞、新加坡、泰國等國很可能相繼倒下，另外，該區域內的一個大國——印度尼西亞，其總統蘇加諾已開始與共產主義陣營相互接洽。一旦北越共產黨政權擊垮南方親西方政權，這個國家將成為泰國共產主義勢力的庇護所，正如1949年中國對北越胡志明所提供的那種庇護。

當時，愛德華·G.蘭斯代爾將軍是美國派往南越幫助其抵抗北方進攻的重要人物。50年代時，他就曾作為菲律賓政治家雷蒙·麥格賽賽的顧問，為其反擊該國境內「胡克」叛亂武裝提供建議，1954—1956年，他又成為南越吳廷艷總統的高級軍事顧問和好友。1954年北越方面出現逃亡潮時，他在南越協助該國處理了應對逃亡人群的事宜，並幫助吳廷艷鞏固其權力。蘭斯代爾將軍當時在南越的經歷，很可能啟發了肯尼迪關於如何應對共產主義在第三世界國家滲透的觀念，即擊退共產主義需要軍事干涉和國家重建兩部分的努力。而且這些經驗也很符合肯尼迪政府的一些老顧問所經歷的穩定戰後歐洲的決策實踐，即組建北約（軍事安全保證）和馬歇爾計劃（盟國復蘇重建）。

少為人知的是，蘭斯代爾似乎代表了當時的流行小說《丑陋的美國人》中美國人的正面形象。當時為推介這本小說，《紐約時報》還刊登了由6名參議員署名的整版廣告（當時還是參議員的肯尼迪亦在其中）。這本小說描述了共產主義主要在一個虛構的貧瘠國家（被稱為「Sarkhan」，實際上就是越南）發展壯大的故事，小說中的共產主義者屢屢智勝笨拙的美國駐當地使團。蘭斯代爾曾稱，在亞洲，「我們的人毫無影響力，我們被局限在城市之中，想當然地理解亞洲人的情緒和需要……美國（在這裡）耗費了大量資源卻斬獲有限，而俄羅斯人正與我們相反，他們投入雖少但卻所獲

---

[1] 托爾森：《空中機動性，1961—1971年》，第4頁（Tolson, Airmobility, 4）。

[2] 凱文·帕特里克·希恩：《為想象中的戰爭作準備？》，第294頁（Kevin PatrickSheehan, *"Preparing for an Imaginary War?"*, 294）。

[3] 尼爾·希恩：《五角大樓文件：越南戰爭的秘密歷史》，第92-93頁（Neil Sheehan, *The Pentagon Papers*, 92～93）。

頗豐。我們正在輸掉競爭──不僅在亞洲，更在其他各處。」

　　1961年春，老撾的形勢出現令美國絕望的變化，艾森豪威爾曾將該國稱爲越南的鎖鑰，其國內形勢的變化令肯尼迪政府非常關注。肯尼迪也意識到他無法向這個內陸的小國充分運用美國的力量。老撾地處偏遠的內陸，美國占據著絕對優勢的海上力量毫無用處。當然，該國雖與泰國接壤，而後者正是美國在東南亞最重要的盟國，但美國顯然無法利用泰國實質性地影響到它。雖然艾森豪威爾時代曾計劃將泰國作爲美國在東南亞地區的「樞紐」國家，但肯尼迪上台後這一計劃並未像其前任所規劃的那樣去實施。參聯會曾建議總統向該地區派遣一支較大規模的部隊，但此前可恥的豬灣事件剛剛結束，肯尼迪顯然並不信任軍方的建議。[1]

　　爲了控制當地的形勢，他必須誤導赫魯曉夫。在總統授意下，美國情報機構利用無線電向蘇聯傳達了一些特定信息，使蘇聯相信美國的陸戰隊部隊正在沖繩登船准備前往老撾。這次肯尼迪非常幸運，在赫魯曉夫看來，與其讓老撾在中國支持下取得其國內共產主義運動的勝利（中國人的影響力在該國將增大），還不如讓這個國家保持中立狀態，因此蘇聯並不會太在意該國的形勢發展。胡志明顯然更希望該國的共產主義力量占上風，他希望借道該國繼續向南方的共產黨組織運送補給，因此害怕美國進駐該國。在幾方勢力的斡旋下，1961年5月，老撾國內衝突各方實現停火，整個國家被分爲兩部分：實行共產主義制度的老撾戰線黨（「巴特寮」）控制地區和保皇勢力地區。當然，這仍不是肯尼迪所希望的局面，因爲北越仍可借道老撾戰線黨所控制的地區，向南方補給物資和人員。肯尼迪政府對此表示不滿和抗議，但他仍僅能虛張聲勢而已。[2] 1962年5月初，在北越的支持下，老撾戰線黨撕毀了停火協議重新開戰。該國的戰火很快就有可能威脅到泰國境內，在此情況下，泰國接受了美國和東南亞條約組織的建議，接納美國和條約組織國家，甚至來自英國、澳大利亞和新西蘭的部隊，以幫助其防御。[3] 艾森豪威爾時期在東南亞的布局發揮作用了，美國在得到盟國的支援下，將能夠根據需要擴大戰爭規模，直至達成其目標。赫魯曉夫則退讓了，在蘇聯的勸說下戰線黨再次接受了停火並與反對派組建聯合政府。當然，北越對此也有自己的意圖，爲了全力消滅南越政權他們需要老撾繼續向其開放邊境以便保持胡志明小道的通暢，而老撾戰線黨不久之後亦從聯合政府中退出。

　　對肯尼迪而言，老撾的災難性形勢很大程度上源於老撾人缺乏戰斗的欲望。與其相比，如果共產主義在越南取得勝利，南方的天主教越南人將失去他們的一切，因此更願意戰斗。根據1954年結束印度支那半島戰爭的日內瓦協定，外國對越南南北雙方的援助受到嚴格的限制，這也是艾森豪威爾政府抓緊時間竭力拉攏泰國的一個原因。

[1] 里夫斯：《肯尼迪總統：權力的輪廓》，第111-112頁（Reeves, *President Kennedy: Profile of Power*, 111～112）；麥克馬斯特：《職責的背棄》，第7頁（McMaster, *Dereliction of Duty*, 7）。

[2] 比齊羅斯：《危機歲月：肯尼迪和赫魯曉夫，1960－1963年》，第395-396頁（Beschloss, *The Crisis Years*, 395～396）。

[3] 比齊羅斯：《危機歲月：肯尼迪和赫魯曉夫，1960－1963年》，第397頁（Beschloss, *The Crisis Years*, 397）。

自1959年起，北越方面就明顯違背此規定，大量援助南方的共產主義力量。對此，肯尼迪自上任後亦開始秘密援助支持南方的吳廷艷政府。其國防部長羅伯特·S.麥克納馬拉，更成爲政府中支持越南的倡導者。在他的主持下，美國大量爲南越政府軍提供軍備支持，還向南方派遣軍事顧問，期間更幫助南方組建特種作戰部隊，以提升南方軍隊的軍事實力。

對吳廷艷而言，肯尼迪在老撾問題上的後退令他產生不安全感，美國同樣會放棄南越。作爲一名民族主義者，他以前一直反對外國軍隊駐扎到他的國家。但面對北方持續不斷地攻勢，他不得不退讓了。因此在1961年10月，吳廷艷正式要求美國向南方派駐部隊。[1] 接著，參聯會在經過戰略規劃後向肯尼迪建議，以東南亞條約組織（SEATO）的名義向南越派出2.28萬人部隊（含1.32萬美軍），這些部隊將用於切斷胡志明小道。如果北方派出其正規部隊參戰，那麼後繼將把駐南越部隊規模提升至20萬（含12.9萬美軍）；更進一步的，如果中國參與戰事，東南亞條約在該國的兵力規模將增至35萬（含15萬美軍），而且在此情況下亦可能運用戰術核武器打擊中國。1961年10月，美國政府及國會同意向該國部署1萬人的美軍部隊，但肯尼迪似乎更喜好靈活的小規模特種作戰力量。[2] 接著，肯尼迪的軍事顧問麥克斯韋·泰勒將軍以及他的反叛亂行動專家沃爾特·羅斯托（Walt Rostow）前往越南。兩人到達南越後，很可能在吳廷艷的督促下，泰勒向肯尼迪報告稱，如果美國再不向南越派兵他懷疑南方是否還能撐得過3個月，在其建議下，美國很快以民事行動力量爲名向南越派遣8000名美軍，以加強南越政府軍。很可能仍記著參聯會的評估報告，麥克納馬拉認爲要挽回越南的形勢可能需要多達6個師的武裝部隊（約20.5萬人）。此時，是時候決定讓美國全力投入越南戰事了。[3] 之前，肯尼迪已在古巴和老撾丟了面子，因此他決不再容越南有失，正如他自己所稱，他不能在一年內（1962年）連續再失敗第三次了。對越南，他感覺還是有優勢的，至少通往越南的海路暢通便於發揮美國的海上力量優勢，而且該國的人民也願意戰斗下去。[4] 在全面展開軍事行動前，他已指令空軍展開偵察行動，即代號爲「Farmgate」的秘密偵察飛行。到1964年，美軍已開始轟炸位於老撾境內的胡志明小道。[5] 由於艾森豪威爾時期對陸軍的大幅裁撤，等到美國考慮大規模介入越南時才感到了陸軍實力不足，肯尼迪已沒有足夠的陸軍野戰部隊實現戰略意圖。因此，先期他只得向該國派出支援性的力量，包括大約300名美國陸軍的飛行員及大量直升機。這使南越軍隊具有更強的機動能力，到1963年中期時他們似乎已占據

[1] 里夫斯：《肯尼迪總統：權力的輪廓》，第255頁（Reeves, *President Kennedy: Profile of Power*, 255）。

[2] 里夫斯：《肯尼迪總統：權力的輪廓》，第240-241頁（Reeves, *President Kennedy: Profile of Power*, 240～241）。

[3] 尼爾·希恩：《五角大樓文件：越南戰爭的秘密歷史》，第146-148頁、第153-155頁（Neil Sheehan, *The Pentagon Papers*, 146～148, 153～155）。

[4] 比塞爾：《一位冷戰武士的深思》，第148頁、第151頁（Bissell, *Reflections of a Cold Warrior*, 148, 151）。

[5] 里夫斯：《肯尼迪總統：權力的輪廓》，第241頁（Reeves, *President Kennedy: Profile of Power*, 241）。

了上風，贏得戰爭不再遙不可及。

　　與同時期美國在拉丁美洲所面臨的情況類似，肯尼迪在向越南派出軍事力量的同時，也敦促吳廷艷啓動其國內的社會改革，當然可以理解的是，吳廷艷拒絕了此類要求，他才不想在這個時候搞這種政治自殺的舉動。每當美國人施加壓力要求其啓動社會改革時，他總是威脅將美國人趕出南越，而唯一驅使他不敢付諸實施的原因，在於如果真的如此情況會更糟（徹底敗於北越之手）。面對不合作的盟友，肯尼迪動了發動政變推翻吳廷艷的想法，但他沒意識到如果真得這麼做了，那麼政變行動將使美國對南越局勢負更大責任，美國將陷入半島戰爭。而此時，他也可以自由地令美國離開越南，只要他把南越視作已獨立的國家即可。

　　實際上，現在所有美國學者在論及越南時，都會闡述南越政府的腐敗及其軍隊（南越共和國軍，ARVN）的無能。十多年前美國在中國以及當時在越南的苦澀經歷似乎表明，在這些第三世界國家中，與作爲敵人的共產主義政權相比，親美的政權都不可避免地陷入既腐化墮落又脆弱的狀態。另一方面，面對美國支持的南越軍隊，北越軍隊表現出了西方難以想象的意志和決心，他們承受著可怕的傷亡但仍堅持與南方的敵人戰鬥，[1] 他們的士兵持續不斷地通過胡志明小道穿行進入南方，毫無恐懼地投入美軍的火力之中。第二次世界大戰期間，斯大林也曾激發出蘇軍同樣的戰爭勇氣與意志。那麼，是什麼賦予了共產主義國家擁有這樣的信念（恰恰是其他國家所缺乏的），爲什麼這些國家在遭遇如何嚴重的人員和戰爭損失後其社會仍能免於崩潰？這種觀念可能遠不如它們看上去那麼意味深長。事實上，美國在戰後中國的內戰中就經歷過類似的一幕，只是到越南戰爭時期仍忽略了當年的教訓。親美政權的軍隊底層仍保有其活力，但由於這些政權從上至下腐敗墜落的各級官員、軍官的問題，致使軍事上的災難性失敗一再重現。

　　總體上看，問題在於共產主義者是否真能以某種方式克服最基本的人性，比如貪欲和自我保護，這些現象似乎在南越表現得令人難堪的普遍。相反的，在一個共產主義社會中，如果他們真能以某種方式建立集體更重於個體的意識，那麼自我犧牲的精神是否會成爲社會中個體的第二天性（經過長久養成而形成的、看起來像是天生的行爲或特性）？共產主義者的確在探討創造出這樣的新個體（比如所謂的「蘇聯人」），但這是否只是假象。因爲現實似乎是，殘忍無情的警察國家在迫使個人放棄對自我意識的追求，事實上，個體似乎也僅有很少數的真正自我選擇的權利。正如其他國家一樣，不同制度的社會都是某種理想主義和利己主義的混合體。當然，由於共產主義社會與西方社會存在著如此顯著的差異，乍一看，這（共產主義社會）似乎並

---

[1] 雷科德：《錯誤的戰爭：爲什麼我們在越南失敗》，第36頁（Record, *The Wrong War*, 36）。1955年北越宣稱在美越戰爭中共死亡110萬人，另有30萬人失蹤，與1965年南北越（其中南越共產黨控制的人口約爲400萬）總共的1600萬人口相比，損失的人口數量相當於共產黨控制總人口數的5%，其損失人口的比例可與第二次世界大戰時期的蘇聯相當，戰時蘇聯總共2億人口但戰爭導致 2700萬人傷亡（即13.5%），但後者經歷的戰時時間較短。

不那麼「自利」（self-interest），但這只是一種幻覺。

除了共產主義因素外，北越無疑還從其非常強烈的民族主義意識中獲益，在與美國人戰鬥之前，這個國家已與法國經歷了殘酷的戰鬥。借助著民族意識的覺醒，他們對任何踏入本國領土的外國軍隊都抱有強烈敵意，甚至在其政權仍一時無法到達的南方也擁有很多追隨者。此外，很多1954年從北方逃亡到南越的民眾對北方共產黨政權的情況（無論經濟上、政治上）亦不再熟悉，他們並未意識到他們在南方享有的經濟和民主自由在多大程度上依賴於美國資助的南越政權。對大多數南越民眾而言，民主似乎只是個過於抽象的優勢，直到他們最終失去民主後，可能才能意識到其重要性。美國撤離越南後的情況最終也證實了這些觀點，自1975年後數量龐大的南越民眾甘冒生命危險，作爲所謂的「乘船出逃的難民」逃離他們之前想象中的解放者。

北越當時的情況表明，其政權已完全理解了如何通過絕對殘酷的警察部門進行社會控制的技巧。早在1956年11月2日，北方義安省（該省也是北越共產黨經營日久的地區）爆發主要的農民叛亂事件時，胡志明就指令北越的一個師對叛亂進行了血腥的鎮壓。而導致這次叛亂的源頭，正是1955年北越實施的「土地改革」政策，更確切地說，此時胡志明在北方的權力已得到鞏固。[1]

如果認爲南越和中國國民黨政府所出現的腐敗只是特例，似乎過於天真了。戰後，第三世界國家政府的系統性腐敗問題，其整個社會契約體系坍塌並終結（而且這種崩壞非常明顯），而這套腐敗體系事實上已淪爲政府保護社會固有權力體系的工具。這是在這些國家裡社會的普遍現實。當然，各國的具體情況又有所不同。在典型的第三世界國家裡，權力中心通常依附於當地某個領域的巨頭或富豪身上，比如大地主、軍隊領導者，這些擁有推翻中央政府權威能力的實力派。以這些巨頭爲中心，又依附有大量對他們表示忠誠的民眾，爲了保持後者的忠誠，這些大富豪或巨頭則通過不種方式給予其利益，形成牢固的利益共同體。而政府要想獲得這些主要既得利益者的默許和支持，就必須要保證其利益。另一方面，巨頭們則通過其影響力爲政府的存續提供支持。

也許在這樣的國家中，社會運行的最重要特點是權力和利益的分布呈現金字塔式的結構，因此只要買通一個上層人物，才能確保其之下依附於他的龐雜群體都追隨其主張。毫無疑問，社會頂層將由極少數巨頭所把持，因此政府只能與他們達成交易，就能較輕易地實現對整個社會的控制。這與軍隊的權力結構非常相似，只要獲得一個師的師長的支持，就相當於擁有整個師的力量。

因此，在這些國家裡軍事政變往往是比外部攻擊更嚴重的威脅，對其政府而言，保證軍隊的忠誠遠比其作戰能力更爲重要。1991年在波灣戰爭中美國又發現了相似的

---

[1] 卡諾：《越南：歷史》，第240-241頁（Karnow, *Vietnam: A History*, 240～241）；戴維森：《戰爭中的越南：1946－1975年的歷史》，第286-287頁（Davidson, *Vietnam at War*, 286～287）。

一幕，薩達姆・侯賽因消滅了其軍隊中大多數具有積極攻擊色彩的指揮官，只因擔心他們可能會推翻其統治。甚至爲了防范軍隊，他組建了另一支獨立的部隊，共和國衛隊，專門用於保衛他的政權。

赴南越的美國顧問經常批評南越政府軍既軟弱又腐化，他們很少認識到爲何如此，西貢政權擔心政府軍可能的軍事政變，因此對其忠誠度的要求遠甚於對其作戰能力的要求。因此，與很多第三世界國家的軍隊類似，南越共和國軍（ARVN）具有嚴重的政治化傾向。其軍中的軍官，特別是高級軍官，主要因其對政治人物的忠誠，而非其實際能力獲得升遷的機會。美軍顧問在初入南越時，對其軍中的很多現象和習慣非常震驚和不適應，比如南共和國軍中最優秀的青年軍官對軍隊上層的參謀、幕僚工作更感興趣，而不願奔赴一線擔任戰術部隊的指揮官，因爲這樣做更有利於他們接近大人物，在形成利益依附關系後獲取政治和經濟上的好處。事實上這並不驚奇，在大多數第三世界國家裡，很多軍官加入軍隊只是爲了獲得更好的物質回報，而非他們的愛國熱情。因而，既然同樣能獲得物質回報，那麼又何必到一線用自己的生命去冒險戰斗呢。

初期，美國對南越軍隊的援助力度不斷加大，但這不僅未提升其戰斗力，反而使情況更爲惡化。在南越政軍高層看來，美軍的到來已確定北越的必敗無疑，南越軍方就沒有提升其作戰效能的急迫需求了，而且政治家也不允許軍方這樣發展，畢竟美軍遲早會撤出而他們仍不得不與軍方共事。然而，在美國政府看來，南越共和國軍的作戰能力仍很重要，因爲如果放任他們的失敗，將會爲美國在其他第三世界國家所支持的武裝力量帶來示范效應。而反之，如果共和國軍能夠有效地與北越軍隊和在南方的越共戰斗，美國可能就有了一套冷戰中在第三世界國家培養合格軍隊的經驗或方案。令人驚奇的是，美國的努力終於見效，到1968年北越方面發動春季攻勢期間，南越共和國軍已能匹敵其同族的北方敵人。

在越南，共產黨的軍隊更具積極主動的精神，北越軍隊自身建立起的一整套制度也有助於強化其軍隊的作戰能力。例如，其軍隊中的政治委員和告密者制度，都使得其前線軍官和士兵難以逃避殘酷的戰場，只能奮力向前。與其他共產黨國家的軍隊類似，軍隊中各級權力不會輕易地形成任何空白（警察力量也類似）。第二次世界大戰期間，斯大林曾依靠這樣的制度激發，或說者驅使，蘇聯軍隊無畏的勇氣，那麼到1967年北越的官兵同樣在此制度之下穿行於胡志明小道。理論上，共產黨在軍隊中的骨干，各級政治委員等，擁有凌駕於常規軍事指揮權的權力，通過他們的監督保證軍隊的忠誠。這套體系似乎非常可靠，因爲它能保證各級軍隊服從黨的最高領導者的意志，防止軍隊別有用心者的叛變，另一方面，它又通過確保爲軍隊中所有人員提供利益（比如繳獲品以及後方土地改革利益的再分配），維持其有效性。在蘇聯和中國，其高效的軍事制度部分得益於防止軍中的特權傾向，壓制高級官員和軍官們對奢侈品

的向往，特別是在第三世界國家，普遍的貧窮有助於國家（即黨）維持對利益分配的壟斷地位，因而更易於維持官兵的作戰意志。即便如此，這套體系的影響範圍也較爲有限，最高領導層也僅能監督高層的、關鍵職位上的官員們的貪欲，越往下層延伸，其效果越低管理成本也越大。

也許，就當時而言可更公正地認爲，共產黨國家並非不存在腐敗，只是這種現象隱藏得更深而已。在這些國家中，其大多數民眾（與那些非共產黨統治的第三世界國家的民眾類似）只是希望擁有更好的生活，最好再爲其子女提供教育機會。隨著時間推移，當國家變得富裕之時，他們卻發現所獲報酬卻僅供維持其越來越低的生活水平。這種情況下，低層的官員爲了獲取更多收入或其他利益，只能像其他惡質的非共產黨政權那樣，從其所治理的民眾那裡壓榨出利益。這在蘇聯和中國的發展經歷中都表現得較爲明顯。[1] 最終，越南也陷入同樣的困境。理想主義者們所認爲的，共產黨將真正消滅腐敗現象，在第一代的共產黨統治期間並未實現。

共產主義制度造就了其軍隊在氣質上的攻擊性（相反的，如果壓制這種特性很可能被視爲背叛主義），但是在很大程度上也僅限於使用缺乏創新的陳舊戰術並且不得不承擔非常高的損失，行動效率也普遍不高。所有重大的決策都必須經由政治上可靠的政委以非軍事專業的角度做出。這種決策角色的組合很容易造成職業軍官們的爭議，就長期而言往往是不可持續的。在1966—1968年間，北越軍隊基本上仍主要由最初與胡志明一起戰鬥的領導人指揮，他們同樣接受北越共產黨的約束，其在軍事行動中的表現無疑表明了這些特徵。再看另兩個類似的國家，蘇聯和中國，其軍隊雖然由黨嚴格地控制，但最終黨不得不放鬆對其軍事指揮官的完全控制，作爲回報，高級指揮官必須向黨表明其政治支持。而且，盡管其軍隊初期表現出很高的作戰能力，但後來都相繼重蹈了與其他第三世界國家軍隊類似低效的、高度政治化的覆轍。

先進的西方式的社會，則完全不同於第三世界和共產黨國家，因爲其國內經濟高度分化的特徵，使其權力中心也呈現出分散化的特點。由於相互制衡和監督，使社會運行低效的腐敗行爲難以橫行。基於契約組建的政府，其目的是爲保證法律公正地施行，在此構架下，個體和公司的經濟利益得以實現和繁榮。在這樣的社會裡，除非每一個個體在經濟上、政治上都擁有平等的機會，否則西方式的社會契約體系毫無意義可言。無疑，西方式的民主需要社會和個體的經濟狀況達到一定程度的成熟，這在東亞表現得非常明顯，日、韓等國對民主（即西方式的社會契約體系）的要求和實現，往往伴隨著其經濟成熟並創造出一大群經濟上充分自足的群體（即中產階級）。如果一個社會缺乏機會的公平，必然導致風險，冷戰結束後西方發達國家爆發的多次危機無不說明這一點。

---

[1] L.比揚和P.林克：《大後退？》，摘自1998年10月8日《紐約書評》（L. Binyann and P. Link, *"A Great Lea Backward?"* in *New York Review of Books*, 8 Oct 1998），文中內容亦是近期在香港出版的《中國的陷阱》（*Zhongguo de xianjing/China's Pitfall*）一書的概要。

　　這似乎是解決南越社會弊病和軍事上低能的最終辦法，戰後東亞很多類似的第三世界國家通過這條途徑都獲得了發展，如果南越政府有勇氣和意志進行類似的社會改革的話，這個國家很可能不會在1975年滅亡。東亞區域內各民主國家的發展歷程無不強烈表明，一國經濟發展將不可避免地導致社會進步與成熟。同樣的，社會發展不可能在經濟成熟之前被強制實施，否則將導致相反的結果。

　　顯然，這只是理想化的設計。例如，在很多美國城市，單一的利益團體（如大型公司或小政黨）往往通過迎合不同群體以維持其權力地位，其模式由於遵行著類似南越政府的運行邏輯，同樣存在著腐敗現象。當然，這些個別政治勢力的控制，僅局限於特定城市的經濟和社會，仍無力影響整個國家的政治、經濟權力結構。

　　來自一個發達社會的美國人，當然很難理解越南社會、或者某個第三世界國家政府運行的內在邏輯。事實上，美國人在此之前曾在一定程度上經歷過外國社會的重建與改造，比如戰後歐洲對德國的改造，但其社會在本質上與美國社會相比並無太大的區別。但在60年代的東南亞，美國人發現之前的經驗並不都有效，他們仍想當然地認為提高南越政府抵禦共產主義侵襲的根本在於其國內經濟的發展和隨之而來的社會民主改革。然而，他們沒認識到經濟繁榮和後繼的民主進程，特別是民主部分的發展將徹底顛覆南越的寡頭政權所建立的有利於其利益的社會結構。正如前文所以闡述的，南越政府當然不可避免地抵制美國所要求的反腐敗和經濟、社會發展的改革努力。肯尼迪政府對南越社會進步的道德偏好，更表明其與南越當權者之間必定漸行漸遠，最終使美國動了推翻南越現政府的心思（如果其未能完成美國所要求的經濟和民主改革的話）。1963年，美國最終支持了一次針對南越吳廷艷政府的政變行動，但美國同樣思慮不周的是，南越政府的問題並不是哪位領導人的問題，而是其整個社會體系和結構的痼疾，無論吳廷艷之後誰上台執政，都不可避免地受到其影響。

　　80年代，這些問題再次出現，里根政府駐聯合國大使珍妮·柯克帕特里克博士（Dr. Jeane Kirkpatrick）將區別於西方民主政權的專制政權區分為兩種類型：權威主義政府（authoriatarian，比如南越吳廷艷政府）和極權主義政府（totalitarian，比如北越或蘇聯政府）。[1] 根據其看法，權威主義政府無法容忍不同意見，但其並不試圖將其權威擴散至社會個體和經濟的每個領域和角落；也許最終這種政權組織形態將演進為民主政權。因為它並不強調對社會個體和經濟體系的全面控制，如此其經歷了自然的經濟成長和繁榮後，不可避免地出現多樣化的政治聲音和獨立的社會組織，因此將逐漸演變成相互制衡的民主體制。而極權主義政府，則始終強調對社會個體方方面面的全面控制，如果不對社會作徹底變革它就不會變化，本質上極權主義比最壞的權威主義更令人壓抑和窒息。

---

[1] M.法爾科夫：《拉丁美洲：是否存在著「柯克帕特里克理論」？》摘自施瓦茲、達特羅夫和烏格林斯基：《里根總統和世界》，第394頁
　　（M. Falcoff, *"Latin America: Was There a 'Kirkpatrick Doctrine'?"* in *President Reagan and the World*, ed. Schmertz, Datlof, and Ugrinsky, 394）。

在美國看來，兩種體制都是非民主的，但也有爭議認爲，如果權威主義政府如果過早引入經濟發展和民主改革進程，它將無力應對共產主義的侵襲，因爲一旦進入社會改革的進程，其原有抗衡共產主義勢力侵擾（比如游擊隊）的機制將被瓦解，而新的體制又難以在短時間內建立，必然導致可悲的結果。然而，60年代的美國，並未清楚地意識到權威主義和極權主義政府之間的區別，他們簡單地將吳廷艷視作與共產主義政權類似的獨裁者，總認爲如果將其推翻並換上一位真正推進社會改革的領導人就能扭轉南越的形勢。當他們真正這麼干了後，仍震驚並痛苦地發現，吳廷艷的繼任者仍難掩其獨裁專制的本質（例如在殘酷地對待國內的反對派時，無論共產黨還是非共產黨都沒什麼區別）。在美國人看來，南越的共產黨組織都是北越方面派往南方的代理人，因此很容易將其與對他們有敵意且反共的南越人區分開來。但實際上遠非如此，很多被北越發展爲共產黨員的人根本就是南方本地人；就此看來，吳廷艷的殘酷統治手腕並非沒有來由，而且其主要目的是維持其權位，無論是共產黨還是非共產黨的反對勢力都是其打壓的目標，因此就更無須分辨真正的情況了。

60年代初，隨著美國直升機抵達南越，南越政權的好運似乎也到了。駐西貢的美國使團曾過於樂觀地估計，戰爭很可能將在1964年前取得勝利，至於最後一塊反叛勢力肆虐的湄公河三角洲地區，很快也將於1965年被肅清。1963年4月4日，率領英國駐南越軍事顧問代表團的游擊戰專家羅伯特·G.K.湯普森（Robert G. K. Thompson）就暗示稱，如果南越方面能延續目前的順利態勢，美國方面也許就可宣布撤離1000人左右的軍事顧問，因爲這將展示南越方面的形勢正在好轉，同時亦可反擊北越方面的宣傳攻勢（其稱南越是美國等西方殖民帝國的衛星國），最重要的是更可再次證明美國的真誠意圖（只是致力於南越國家的安全與穩定，並非真想控制並影響這個國家）。[1]

在整個1963年的大部分時間裡，南越方面的形勢似乎都在好轉，也許這很大程度上仍取決於吳廷艷及其政治盟友的施政，卻與肯尼迪當局除援助外的其他指導並無關係，畢竟肯尼迪向南越派出的少數顧問在蜻蜓點水般的赴越行程中，根本無從覺察吳廷艷所掩飾的真正情況。[2]

吳廷艷面臨的威脅不僅僅只是共產黨，1963年中期南方的佛教組織亦發起了反對他的抗議。他囚禁了很多佛教徒，甚至有佛教徒不惜自焚以示抗議。當地的佛教組織知道，美國人正看著這一切。對華盛頓來說，吳廷艷正越來越成爲美國所不能容忍的獨裁者。時任負責政治事務的副國務卿，埃夫里爾·哈里曼，接受了駐南越大使洛奇（Lodge）鼓勵實施政變的建議，美國需要南越軍方的將軍中能夠有人站出來改變

---

[1] L.貝爾曼：《第263和第273號國家安全行動備忘錄：操縱歷史》，摘自加德納和吉廷傑：《越南：初期的決策》，第186頁（L. Berman, *"NASM 263 and NASM 273: Manipulating History"*, in *Vietnam: The Early Decision*, ed. Gardner and Gittinger, 186）。

[2] 里夫斯：《肯尼迪總統：權力的輪廓》，第610頁（Reeves, *President Kennedy: Profile of Power*, 610）。

當前的政策。[1] 但肯尼迪很快就發現美國對南越方面的預謀政變的指導混亂不堪（國務院與軍方意見相左）。在國務院哈里曼督促下，兩名資歷尚淺的官員，喬治·保爾（George ball）和羅傑·希爾斯曼（Roger Hilsman），以國務院的名義與其共同簽署了一份美國外交部門批准幫助實施政變的電報（但卻沒有國務卿臘斯克的簽字）。[2] 事實上，此時美國政府內部反吳廷艷的聲音已占據了上風，而且更糟的是，美國之音將此電報的內容散播了出去。[3] 對此，肯尼迪非常緊張，而美國方面在與預謀政變的南越軍官接洽後，後者因不相信美國會真正支持其政變後的政府，因此亦准備退縮。當時，肯尼迪擔心美國支持政變的證據敗露因此命令將所有涉及南越政變的電報銷毀，但他並不想放棄政變的主意，因爲這場預期的政變將導致激進的社會變革，在他看來這將根本上解決南越的問題。[4]

在獲悉可能的預謀政變後，吳廷艷認爲這是中央情報局策動，因此亦開始防備美國人。此時，美國國防部長麥克納馬拉和國務卿臘斯克也很緊張，他們擔心如果繼續強行政變，南方的越共是否會成爲政變的真正受益者。爲了判明南越的形勢，參聯會的反叛亂戰爭專家，維克多·克魯拉克將軍，於1963年9月初被派往南越，與其同行的還有國務院的約瑟夫·門登霍爾（Joseph Mendenhall，麥馬納馬拉擔心門登霍爾會按國務院的偏好迅速推動政變，因此指令克魯拉克將軍與其同行）。兩人到南越後，正如此前所預期的，兩人分別給所屬部門回報了意見截然相反的報告，以致於肯尼迪質疑這兩人是否到訪了同一個國家。[5] 與此同時，在西貢，駐南越大使洛奇繼續在與反對派人士秘密會見並煽動政變，而國務院的哈里曼則在華盛頓大肆支持其行動。

至1963年10月2日，麥克納馬拉和泰勒將軍從越南回國，帶來了一份樂觀的評估。[6] 報告中認爲，當前南越的軍事形勢較爲理想，如果發動政變的話越共方面也難以從中漁利。此外，在洛奇大使的大力游說下，麥克納馬拉最終認可了以政變搞掉南越現政府的必要性。在這份提交給肯尼迪的報告中，充斥著對此次政變前景的樂觀評估。於是，肯尼迪政府雖未公開表態，但采取了一種明顯令政變圖謀者們安心的政策，使他們意識到一旦政變成功後，他們既不會被美國拋棄，還將很快獲得美國的援助。[7] 就這樣，各種陰謀在幕下緊張有序地展開了。

爲繼續向吳廷艷施加壓力，肯尼迪決定撤出派往南越的1000余名軍事顧問，具體的撤出顧問數量經過精心的考慮，其規模既大到足以引起人們的注意，又不會對當地

[1] 里夫斯：《肯尼迪總統：權力的輪廓》，第563頁（Reeves, *President Kennedy: Profile of Power*, 563）。
[2] 里夫斯：《肯尼迪總統：權力的輪廓》，第567頁（Reeves, *President Kennedy: Profile of Power*, 567）。
[3] 里夫斯：《肯尼迪總統：權力的輪廓》，第566頁（Reeves, *President Kennedy: Profile of Power*, 566）。
[4] 里夫斯：《肯尼迪總統：權力的輪廓》，第577頁（Reeves, *President Kennedy: Profile of Power*, 577）。
[5] 里夫斯：《肯尼迪總統：權力的輪廓》，第595頁（Reeves, *President Kennedy: Profile of Power*, 595）。
[6] 1961－1963年《美國對外關係文件》4：第328-339頁、第336-346頁（FRUS[1961～1963] 4: 328～339, 336～346）。
[7] 1961－1963年《美國對外關係文件》4：第393頁（FRUS[1961～1963] 4: 393）。

的反共軍事行動造成影響。[1] 關於撤離的公開聲明（肯尼迪當時的措辭是稱該國的軍事形勢已好轉）也是美國政府首次公開承認大量美國軍事顧問被派往南越（大約在當年10月30日，仍有約16370名美軍顧問在南越），當然這仍遠遠高於1954年日內瓦協定時所允許外國向南北越派出武裝人員的數量上限（僅允許888人）。

正如當時一些人士所猜測的，很難將肯尼迪的撤離顧問之舉（並非真正實施）視作是美國擺脫越南的重大決定。肯尼迪的興趣在於改變南越政府，絕非徹底遠離這個是非之地，這證明他仍然希望在這裡取得完全的勝利。在他看來，吳廷艷是個問題，必須將其解決。當然，對此也有不同的聲音，例如，1963年10月29日國家安全委員會會議上，羅伯特・F.肯尼迪就認爲美國不應將寶押在將吳廷艷趕下台後新崛起的未知的南越政客身上，他稱「至少我們現在仍知道吳廷艷是個願意繼續戰斗下去的人」。而如果美國卷入並支持的政變沒有成功，不僅會導致吳廷艷公開譴責美國，而且也會對美國在當地的形象造成傷害，畢竟美國主動背叛了自己所支持的政府和領導人。就算政變成功，南越與北方共產主義勢力對抗的形勢在短期內也不會變化、甚至可能更糟。此外，美國政府內部關於是否支持政變爭論的核心問題，還在於准備於10月底實施的政變是否是「美國有可能把握並成功的最好的機會」。[2]

政變發生了，吳廷艷和他的親信在政變中被殺死。新政府如肯尼迪所願成立了，但他亦心煩地發現美國無疑要對這個政府負更大的責任（畢竟美國深度地卷入了政變），而且在政變發起後美國政府未能阻止政變者殺死吳廷艷及其親信（當時在政變當天，駐西貢的中情局行動領導人曾稱，需要24小時派遣飛機接吳廷艷離開南越）。美國的意圖很簡單，這等同於默許政變力量殺死吳廷艷，以防止他們再次東山再起。[3]

美國卷入這次政變所導致的最重要結果，可能正在於此事件使美國更堅定地卷入南越的事務，此後的約翰遜總統、尼克松總統以及當時的泰勒都持這種看法。[4] 政變成功後，美國已不再有輕鬆離開越南的可能了。然而，在政變之後肯尼迪很快被刺身亡，他在死前最後一份關於越南戰爭的指令被繼任的約翰遜總統壓下，此指令重申了最初要求撤離的內容（即撤出部分軍事顧問），但其中也有一段內容要求制定多個計劃，以不同程度地應對美國在南越活動升級中的各種可能。[5]

1963年下半年，肯尼迪曾數次稱，在越南堅持到底非常重要。在羅伯特・F.肯尼

[1] 1961－1963年《美國對外關系文件》4：第395-396頁、第371-379頁（拍發給遠在西貢的美國大使洛奇的相關電報）（FRUS[1961～1963] 4: 395～396, 371～379）。資料收錄的文件中還涉及第263號國家安全行動備忘錄，以及肯尼迪1963年10月11日關於越南的最後政策聲明。到1997年當「暗殺檔案審查委員會」公布了第263號國家安全行動備忘錄的副本之時，再次引發了學界對當時肯尼迪意圖的爭議。

[2] 1961－1963年《美國對外關系文件》卷4（FRUS[1961～1963] 4）。談話要點由時任助理國務卿（負責遠東事務）的羅傑・希爾斯曼於1963年10月29日准備。

[3] 里夫斯：《肯尼迪總統：權力的輪廓》，第616-618頁、第650頁（Reeves, *President Kennedy: Profile of Power*, 616～618, 650）。

[4] L.貝爾曼：《第263和第273號國家安全行動備忘錄：操縱歷史》，摘自加德納和吉廷傑：《越南：初期的決策》，第190-192頁（L. Berman, *"NASM 263 and NASM 273: Manipulating History"*, in *Vietnam: The Early Decision*, ed. Gardner and Gittinger, 190～192）。

[5] 第273號國家安全行動備忘錄，1963年11月26日發布（NSAM 273）。

迪口述的歷史中，他曾稱他的「感到擁有非常強烈的、不容質辯的的原因，繼續留在越南」，而且當時美國政界也廣泛地接受這樣一種觀念，即如果越南被共產主義勢力染指，接下來整個東南亞將陸續倒下。他的兄弟從未真正計劃過在未最終取得勝利的條件下撤出越南。事實上，就算肯尼迪有撤出軍事顧問的打算，但其計劃也從未真正實施，甚至還有所增加。

後來，當越南戰爭將美國一步步被拖向災難性的錯誤深淵之中時，曾有聲音宣稱肯尼迪實際上已計劃在1964年大選成功連任後撤出越南（即便那意味著失去這個國家），對此相反的意見認為，肯尼迪生前關於（撤軍）公開聲明都只是煙幕彈，原因很可能正是1964年的大選，因為他感覺到除非能連任成功否則就難以放手決策越南事務。[1] 在其死後，每次肯尼迪家族的政治人士及其支持勢力要展示他們反對約翰遜總統的政策立場時，這類爭議就會被反復地提出。事實上，肯尼迪願意繼續強化美國在越南存在的態度是較為明確的。例如，當時國家安全委員會的越南問題專家，邁克爾‧福雷斯特爾，曾稱在肯尼迪執政時期他曾被告知需要對美國的越南政策進行集中、全面地審查，但他感覺肯尼迪總統可能更想要其幕僚們評估和考慮升級戰爭的各種選擇。

政變之後，華盛頓才真正意識到吳廷艷在很多方面欺騙了美國，事實上南越的形勢比華盛頓的一眾政客們想象得更為糟糕。[2] 現有的計劃已不足以挽救南越的形勢了，此時不用說撤離軍事顧問了，相反的當地更需要美軍的大規模進入。

事實上，政變以一種美國政府所未預料到的方式使當地的形勢更為惡化。推翻吳廷艷的南越軍官上台後，很快就展開清洗，大量吳廷艷時期所任命的官員和軍官被清肅，這意味著大量富有經驗的行政負責人和軍隊指揮官遭到撤換。美國人忘記了在這樣的國家裡，軍隊高度政治化的色彩，這是不以美國的意志為轉移的。在此後美國軍隊大舉涉足越南的戰爭中，美國軍隊對南越共和國軍的作戰能力感到沮喪不已，經常提出要求將其歸入美軍的指揮之下。但在政治層面上，這顯然是不可能的，因為這將坐實北方共產黨政權的指控——這場戰爭只是美國殖民主義的新例證。

---

[1] 約翰‧M.紐曼：《肯尼迪—約翰遜的轉變：政策翻轉的案例》，摘自加德納和吉廷傑：《越南：初期的決策》（John M. Newman, *"The Kennedy-Johnson Transition: The Case for Policy Reversal"*, in *Vietnam: The Early Decision*, ed. Gardner and Gittinger, ）。

[2] 里夫斯：《肯尼迪總統：權力的輪廓》，第610-611頁（Reeves, *President Kennedy: Profile of Power*, 610～611），1963年12月21日羅伯特‧S. 麥克納馬拉的備忘錄。

第24章
歐洲和古巴的危機

　　在肯尼迪總統對抗共產主義的短暫任期內，民族解放戰爭並非他遭遇的唯一難題。他過分誇大共產主義敵人威脅的習慣以及他對當時核現實的無知，幾乎造成災難性的後果，其任內先是爆發了柏林危機，之後又在古巴差點與蘇聯打響核戰爭。1961年，東德領導人沃爾特·烏布利希正面前著一場危機。根據1945年四大國關於柏林問題的協定（即柏林這座城市與整個德國一起，被東西方一分為二，造成西柏林成為深陷入東德地區的飛地的特殊情況），而這導致西柏林成為東德境內的一個「裂口」。自戰後1948—1961年，東德地區的民眾（約400萬）就不斷通過西柏林逃往西方，其中包括大量有經驗的工程師和技術人員。1961年，外逃人口的數量如此之巨，以致於東德勞動人口與其未成年人口的數量之比達到4：3，而且考慮到當時東德人口中男性比例只有45%，可以想象東德政府當時所面臨的壓力。[1] 例如，為提高政治聲望，東德政府當時曾試圖開發一種客機，但由於涉及的西逃技術人員過多最終導致此計劃被擱置。到1961年春，赫魯曉夫甚至於感到東德很可能已瀕於崩潰的邊緣。當時，一名在赫魯曉夫旁邊工作的幕僚甚至曾開玩笑說，也許不久後整個東德唯一剩下的，就是那個不受歡迎的領導人，沃爾特·烏布利希。[2]

　　事實上，支撐東德經濟體系的因素（最重要的蘇聯經濟支持）亦使這種情況更加惡化。而且盡管戰後東德被蘇聯稱為「社會主義櫥窗」，但蘇聯對東德的援助仍不足以支持其與西邊的同胞展開全方面的競爭。烏布利希曾要求蘇聯提供糧食援助，比如黃油，但這種商品在蘇聯本國內也處於供應短缺狀態；在東德人口開始大量外逃後，東德甚至要求蘇聯為其提供替代的勞動力，赫魯曉夫拒絕稱「我們贏得了戰爭，但我們的工人不會卻為你們清洗廁所」。[3] 當然，烏布利希知道如果東德真正崩潰對於赫魯曉夫而言將是災難，後者此時急需在1961年10月於莫斯科召開的蘇共第22次代表大會上宣布取得一些勝利。

　　赫魯曉夫曾多次試圖與西德簽署和平條約，這將解決東德民眾經西柏林逃離的問

---

[1] 里夫斯：《肯尼迪總統：權力的輪廓》，第187頁（Reeves, *President Kennedy: Profile of Power*, 187）。

[2] 佐布克和普列沙科夫：《克里姆林宮的冷戰內幕：從斯大林至赫魯曉夫》，第249頁（Zubok and Pleshakov, *Inside the Kremlin's Cold War*, 249）。

[3] 佐布克和普列沙科夫：《克里姆林宮的冷戰內幕：從斯大林至赫魯曉夫》，第249頁（Zubok and Pleshakov, *Inside the Kremlin's Cold War*, 249）。

題。1961年2月，他告訴西德，必須在其秋季大選前達成一項和平條約。之後，隨著東德危機惡化，1961年6月4日赫魯曉夫在維也納與肯尼迪會面時稱，蘇聯要求在當年12月底前達成解決方案。否則，美國必須以戰爭的方式打開通往西柏林的陸路交通。無疑，這意味著核戰爭。[1] 但與艾森豪威爾不同，肯尼迪並未判斷出赫魯曉夫實際上也不認爲柏林值得發動核戰爭。

　　肯尼迪在回復赫魯曉夫的話裡，表達出一種軟弱的態度，好像兩國已處於大致的戰略均勢狀態，他的言辭很可能反映出他在選戰中關於美蘇導彈差距的認知。赫魯曉夫非常驚訝，他知道肯尼迪仍享有決定性的戰略優勢，他之前的話完全是訛詐，但卻得到這樣的結果。因此，他判斷如果肯尼迪在仍把持著更多牌面時仍表現得如此軟弱，那麼當蘇聯的力量更加增長後，他可能會真正與其妥協與合作。而且，當肯尼迪（爲應對蘇聯的訛詐）稱中蘇兩國將毫無例外地被列入美國打擊的對象時，亦無助於美國的利益，因爲此舉令中國對美國充滿憤怒和警惕。[2] 此時，肯尼迪可能已完全忘記了不久前情報系統提供給他的關於中蘇間裂痕正在加劇的簡報。對於他的幕僚、顧問來說，赫魯曉夫明顯在利用肯尼迪的無知和狹隘，與艾森豪威爾相比，他的局限太明顯了。

　　赫魯曉夫似乎並未受到肯尼迪的軟弱表態（在西方眼中，肯尼迪在面對赫魯曉夫的威脅和自信時所表現出的示弱，完全是災難性的）的影響。對此，肯尼迪可能也有自知，他曾稱赫魯曉夫「像看待小孩子那樣對待他」。他曾告訴《紐約時報》的記者詹姆斯·雷斯頓（James Reston）稱，與赫魯曉夫的會晤「完全是我一生中最糟糕的時刻，他無情地羞辱了我」。赫魯曉夫知道肯尼迪對第三世界的民族解放戰爭非常敏感，因此在肯尼迪面前，他將這些戰爭稱爲神聖的戰爭。他明顯感到在維也納峰會上取得了勝利，因此在返回莫斯科時興高采烈。[3]

　　峰會中肯尼迪被赫魯曉夫壓制的原因，在於多方面的因素的綜合，比如糟糕的美國戰略情報（他所得到的參聯會的情報過分估計了蘇聯的力量）和他偏執地相信實際上並不存在的導彈差距。[4] 相反，赫魯曉夫則老練地隱藏其弱勢，並給肯尼迪以蘇聯力量大幅提升的錯覺。他的訛詐取得了效果，肯尼迪完全被他所牽扯。與後來肯尼迪認定在越南戰鬥下去的決策具有正當性的邏輯類似，他告訴他的內閣部長弗雷德·達頓（Fred Dutton）稱，他必須爲柏林而戰鬥，他不能容忍自己在豬灣和老撾之後面臨第三次失敗。對此，達頓解讀認爲總統意思是，「這不僅僅是冷戰，在柏林的堅持將

[1] 達菲爾德：《進化》，第344頁（Duffield, *"the Evolution"*, 344）。

[2] 佐布克和普列沙科夫：《克里姆林宮的冷戰內幕：從斯大林至赫魯曉夫》，第243-247頁（Zubok and Pleshakov, *Inside the Kremlin's Cold War*, 243～247），內容基於赫魯曉夫對他的顧問的說明。

[3] 里夫斯：《肯尼迪總統：權力的輪廓》，第159-171頁、第177頁（Reeves, *President Kennedy: Profile of Power*, 159～171, 177）。

[4] 1961～1963年《美國對外關係文件》8：第156-158頁（FRUS[1961～1963] 8: 156～158）。

拯救總統的任期」。[1] 當然，柏林危機中肯尼迪總統肯定已非常緊張了。迪安·艾奇遜，他的關鍵顧問，認爲過去美國的核保護傘曾保護了西柏林，但在此次峰會之後美國的核實力已不再可信。因此，他得出結論爲政府應著手准備核戰爭。[2] 當然，肯尼迪之所以緊張，很可能在於他懷疑是否值得爲柏林冒爆發核戰爭的風險。

在其授意下，柏林特別工作組制定了一份應急計劃，准備沿德國境內的高速公路向西柏林部署一支部隊，需要的話部隊將投入戰斗，無疑的是這支部隊肯定將被消滅；這一切發生後，將投入更大規模的部隊。在此特別工作組中至少有一名蘇聯的高級間諜，很快赫魯曉夫就知悉了這項計劃，以及它所引發的可能後果。[3]

赫魯曉夫比肯尼迪更爲現實，他希望取得一場戰術上的勝利，而不是真正與美國墜入核戰爭深淵。1961年7月，赫魯曉夫決定以他的方式解決柏林危機——封鎖東西柏林的邊境，這既解決了東德的人口外逃問題，又不會與外交爭端處置經驗缺乏的肯尼迪真正進入戰爭狀態。當然，他的德國問題專家和駐東德大使亦提出了它可能引發的現實的和長遠的政治後果，但他並未改變決心。[4] 事實上，這同樣也完全不出美國的意料。早在1961年3月，駐莫斯科美國大使盧埃林·湯普森（Llewellyn Thompson），在僅供總統和國務卿閱覽的絕密級電報中（只供指定人士），就判斷蘇聯遲早會封鎖東柏林以阻止難民逃離的浪潮。此電文中，湯普森還詢問，如果蘇聯在不干擾盟國進入西柏林的前提下行動，美國應如何應對。[5]

事態下一步的發展令人迷惑不解，很可能是赫魯曉夫設法令肯尼迪知曉他想要干什麼。因此到7月25日，肯尼迪發表了一份好戰的演講，其中幾乎威脅與蘇聯進行核戰爭，但在演講中他也提到引發核戰爭的導火索是西柏林，而非柏林本身。他似乎是在暗示，只要（盟國進出）西柏林未被干擾，美國將不會有更進一步反應。[6] 因此，這份演講也可被解讀爲美國在故作姿態，以掩飾肯尼迪的退讓。此外，在7月30日，參議院外交關系委員會的主席，參議員威廉姆·富布賴特（William Fulbright）亦在一次電視節目中暗示，赫魯曉夫將封鎖東柏林。蘇聯行動逐漸清晰後，肯尼迪只簡單地評價稱，美國即不鼓勵也不反對東德難民，這被認爲與他通常的反共姿態大相徑庭。[7]

此時，赫魯曉夫可能已下定了決心。1961年8月13日，東德開始沿東西柏林交界

---

[1] 里夫斯：《肯尼迪總統：權力的輪廓》，第176頁（Reeves, *President Kennedy: Profile of Power*, 176）。

[2] 里夫斯：《肯尼迪總統：權力的輪廓》，第183-184頁（Reeves, *President Kennedy: Profile of Power*, 183～184）。

[3] 梅、斯坦布魯納和沃爾夫：《戰略軍備競爭的歷史》，第681-682頁（May, Steinbrunner, and Wolfe, *History of the Strategic Arms Competition*, 681～682）；格爾布：《柏林牆：肯尼迪、赫魯曉夫和歐洲心髒地區的攤牌》，第141頁（Gelb, *The Berlin Wall*, 141）。

[4] 佐布克和普列沙科夫：《克里姆林宮的冷戰內幕：從斯大林至赫魯曉夫》，第250-251頁（Zubok and Pleshakov, *Inside the Kremlin's Cold War*, 250～251）。

[5] 里夫斯：《肯尼迪總統：權力的輪廓》，第187頁（Reeves, *President Kennedy: Profile of Power*, 187）。

[6] 格爾布：《柏林牆：肯尼迪、赫魯曉夫和歐洲心髒地區的攤牌》，第115頁（Gelb, *The Berlin Wall*, 115）。

[7] 沃克：《冷戰》，第157頁（Walker, *The Cold War*, 157）。

己方一側修建高牆。肯尼迪之後承認他知曉此事後才松了口氣，在他看來，隨著柏林牆修建完畢，赫魯曉夫就不會再急迫地以西柏林威脅西方了。當然，在此次危機中他的軟弱表現很可能也鼓勵了赫魯曉夫繼續以其他方式訛詐和威脅。

很可能在1961年9月，肯尼迪知悉他也許有一個可以把握住的機會。當時，新的研究確認蘇聯的早期預警系統對於低空飛行的轟炸機幾乎沒什麼效果；一旦爆發戰爭，美國可能只需用21架轟炸機以低空侵入的方式就能實際性打擊蘇聯的42個關鍵性目標，進而解決其武裝，而且不會招致大量平民的傷亡。雖然蘇聯也擁有大量對美國的監視手段，當第一架轟炸機起飛時，蘇聯可能也能獲得其即將遭受攻擊的預警信息，但其處於待命狀態的洲際導彈（ICBM）仍很有限，而且還要花費1～3個小時完成發射前的准備（根據參聯會的評估），在此有限的時間裡戰略空軍的轟炸機足以摧毀掉它們。因此，軍方編制了戰略突襲計劃，作爲蘇聯可能對柏林采取行動時的應對措施。[8]

事實上，在8月份之後危機已經緩解。赫魯曉夫於當年11月撤銷了他之前所劃定的在12月之前解決柏林問題的截止時間，可能在他看來，自從他決定修建柏林牆時（烏布利希的問題得到解決）危機就已終結了，至於柏林，也絕對不值得爲此點燃第三世界大戰的導火索。

與此同時，麥克納馬拉亦了解到北約盟國已具備了肯尼迪所希望的非核軍事能力，特別是自蘇中裂痕加大，蘇聯向中蘇邊境地區部署部隊以來，北約的軍事能力已有很大改善。在麥克納馬拉訪問歐洲盟國時，他了解到一些盟國的想法。他意識到歐洲人的擔憂所在。在歐洲看來，如果狂熱的美國人認識到北約軍隊已能抵抗住蘇聯的進攻，這將鼓勵美國因類似柏林危機這樣的偶然性衝突而輕率地走向戰爭。當然，目前並無資料表示肯尼迪當局及他本人理解歐洲人當時的擔憂。

在柏林危機還正持續之時，8月底赫魯曉夫宣布蘇聯將重啓大氣層核試驗，這令美國非常吃驚。1958年赫魯曉夫在與艾森豪威爾會晤後已同意中止類似的核試驗。1961—1962年的一系列事件不同尋常，很多美國人將其視作赫魯曉夫力圖摧折美國的惡意手段，完全比得上洲際導彈和人造衛星事件時蘇聯對美國的優越感。然而，這一系列事件（比如重啓核試驗）似乎正透露蘇聯正在進行中的武器項目。爲了便於大規模生產和實戰性部署，赫魯曉夫的新洲際導彈必須比之前的型號（R-7/SS-6）更爲輕巧。R-7導彈運載能力有限，意味著它只能搭載威力較小的彈頭。因此，要發展新的大威力輕量化彈頭，需要進行一系列核試驗。同時，爲了充實其戰術核力量和核反彈道導彈力量，蘇聯也需要重啓這類試驗。如果不進行試驗，新型彈頭的研制和部署都

[8] 1961—1963年《美國對外關系文件》8：第126-129頁（FRUS[1961～1963] 8: 126～129），其中摘自1961年9月19日由泰勒將軍嚴格審查的一份備忘錄，其中引用了卡爾·凱森的備忘錄。還可參見保迪：《錦囊妙計：爲什麼美國未在冷戰中使用核武器，1945—1965年》，第158頁（Botti, *Ace in the Hole*, 158）。

缺乏依據。也許在1958年談判時，赫魯曉夫並未意識到這類核試驗的重要性，因此此時只能撕毀協議重啓試驗進程。

　　此次重啓核試驗還包括有一些宣傳的因素。蘇聯曾宣稱設計了當量爲1億噸級的核武器，這是迄今爲止人類制造的最大當量核武器，但考慮到其破壞威力過於驚人，赫魯曉夫決定將其當量削減至5800萬噸當量並試爆，這仍是人類歷史中威力最強大的核武器。此外，此次試爆中蘇聯還試驗了另一種新的洲際導彈彈頭（2500萬當量）。無疑，赫魯曉夫將其作爲宣傳的工具以威嚇西方，美國情報認爲蘇聯當時對這枚5800萬噸核彈在摧毀目標時只會留下很少的輻射塵（因其高空空爆的特定爆炸方式），但威力仍非常驚人。根據對蘇聯此次核爆發的監視，美國認爲超高當量的核爆炸可能導致各種微妙的核效應和次級殺傷效果，而多枚高當量核爆炸即便對硬目標也將造成不成比例的破壞。考慮到美國並未制造、試爆威力如此驚人的核武器，因此也缺乏相關試驗分析數據。美國判斷，蘇聯將使用洲際彈道導彈來投擲其超高當量核彈頭。

　　另一方面，赫魯曉夫也知曉了一些令人沮喪的消息。1962年2月在格魯吉亞海濱城市加格拉舉行的會議上，他了解到美國的戰略優勢仍可能持續相當長的時間；[1] 同時，他還了解到以蘇聯新建立的洲際導彈制造體系要生產諸如慣性制導原件在內的多種精密設備仍非常困難，這意味著蘇聯所有的彈道導彈項目都會受影響。[2] 由於蘇聯當時已部署大量中程導彈系統（MRBM），中情局未能發現蘇聯洲際導彈生產中存在的問題。[3] 對美國而言，既然赫魯曉夫曾稱要部署數以百計的洲際彈道導彈，那麼在其中央計劃經濟體系下這將很快成爲現實。事實上，美國並未理解當時蘇聯工業部門的真正能力，美國的分析人員傾向於將其導彈實際部署數量大大少於其宣稱的數量歸咎於政治上的限制，而非其工業部門落後的征兆。

　　1962年4月，赫魯曉夫命令啓動新一代洲際彈道導彈的研制，作爲備用，他還啓動了新潛射導彈研究，後者將能搭載於西方所稱的「揚基」級潛艦（因表面上與美國的「北極星」級潛艦非常相似）之上。這種潛射型號也是一種中程導彈，但搭載於潛艦後仍可將美國本土主要目標納入其射程，因此其重要性不亞於洲際型號；而且與早期類似潛射導彈不同，它的射程足夠遠，因此載艇不必過於靠近美國本土即可發射，降低了被美國水下探測體系發現的風險。

　　在整個1962年春，肯尼迪似乎都表現出一種日益自信的態度，他回絕了赫魯曉夫提出的重新談判簽署一項核禁試條約的意向，盡管這可能是蘇聯就此問題上的重要讓步；同時還拒絕了蘇聯提出的（對雙方戰略核武器系統）進行數量有限的現場核查的提議。肯尼迪很可能擔心簽署類似的條約將在國內產生嚴重的政治後果，因爲1962年

---

[1] 此次加格拉會議在赫魯曉夫兒子的回憶錄中有所描述。

[2] 新型導彈分別是R-9型（北約稱爲SS-8）和R-16型（北約稱爲SS-7）。

[3] 在同期的美國國家情報評估（NIE）中有所反映。

秋會國會選舉即將來臨，因此他不能表現軟弱。此外，肯尼迪繼續保持對古巴卡斯特羅政權的威脅。此時，美國非常想在古巴問題上扳回一城，對這個由蘇聯支持的政權的羞辱不僅可打擊卡斯特羅，對赫魯曉夫也是一次嚴重的挫敗；而且也使其與中國之間的爭鬥出現更災難性的變化。[1] 赫魯曉夫似乎已猜測到肯尼迪最終明白過來他的軟弱毫無必要，但他並未意識到肯尼迪對卡斯特羅和古巴的執念。

赫魯曉夫急切地需要真正地與美國形成戰略平衡，他的中程彈道導彈已然就緒，工業體系克服了生產上的困難開始以令人滿意的速度量產這些導彈，古巴革命的成功爲蘇聯提供了類似意大利、土耳其和英國爲美國提供的地緣戰略便利——可將敵人本土納入中程導彈射程的重要基地。此外，如果蘇聯能說服古巴部署其中程導彈，還可將卡斯特羅完全綁上蘇聯的戰車。對此，赫魯曉夫有不同的解釋，而且他亦在這些不同解釋之間來回跳躍以詮釋他向古巴部署導彈的動機，因此外界對蘇聯的意圖亦有了種種不同版本的解讀。例如，有時他稱他在靠近索非亞（保加利亞首都）的黑海岸邊漫步時偶得了向古巴部署導彈的主意，因爲就在與索非亞隔海相望的土耳其，美國人已部署了「朱庇特」彈道導彈。顯然，赫魯曉夫就此問題，曾在飛返莫斯科的專機上與其外交部長葛羅米柯進行了討論。[2] 大約就在那時，赫魯曉夫被告知，蘇聯在洲際彈道導彈方面嚴重落後於美國人，就算蘇聯全力追趕可能至少也需10年時間才能趕上美國。無疑，在此情況下向古巴部署導彈盡快奪回與美國的戰略均勢非常必要，1962年5月24日蘇共最高主席團在對部署計劃進行修訂後一致同意實施，很快蘇聯最高決策層的決議被告知古巴人。[3]

由於赫魯曉夫擔心美國知曉後可能以武力破壞導彈部署計劃，因此秘密制定了名爲「阿納德爾行動」的計劃。運送導彈及其設備的蘇聯商船被嚴格保密，所有設備都放置於船體甲板之下，甲板上的顯眼位置則放置著各種農業機械，出航前船長們對船上的貨物情況一無所知，只有到了海上啓封其命令後才知道其航行的真正目的的和船上貨物的情況。赫魯曉夫可能害怕美國人發現這些船只的異常並登船檢查，因此他命令船只加載防空火炮，還命令如果美國人登臨貨船應立即向裝載敏感物資的貨艙注水，無論如何不能讓美國人發現證據。[4]

肯尼迪政府裡經驗豐富的顧問們發現，考慮到美國在英國、意大利和土耳其已部署了導彈，因而要公開反對蘇聯的部署非常困難。[5] 卡斯特羅當然希望蘇聯公開部署其導彈，畢竟譴責和封鎖對於當時的古巴來說並不算什麼。赫魯曉夫似乎考慮認爲蘇聯在古巴的導彈應保持秘密部署的狀態，直到需要時再亮相，否則它們難以有效地威

[1] 比齊羅斯：《危機歲月：肯尼迪和赫魯曉夫，1960—1963年》，第378-379頁（Beschloss, *The Crisis Years*, 378～379）。

[2] 沃爾科戈諾夫：《七位統治者》，第420-421頁（Volkogonov, *Sem' Vozhdei*, 420～421）。

[3] 沃爾科戈諾夫：《七位統治者》，第419頁（Volkogonov, *Sem' Vozhdei*, 419）。

[4] 沃爾科戈諾夫：《七位統治者》，第423-424頁（Volkogonov, *Sem' Vozhdei*, 423～424）。

[5] 加迪斯：《我們現在知道了：對冷戰歷史的再思考》，第266頁（Gaddis, *We Now Know*, 266）。

懼美國（畢竟古巴距離美國太近了）。在當時的電影《奇愛博士》中就曾對赫魯曉夫的這種心理進行過諷刺，電影中虛構蘇聯制造並（在未公開通告的情況下）啓動了一種在美國發動戰略進攻時引爆的「末日機器」，最終造成了世界的毀滅。

1962年10月，當蘇聯導彈陸續在古巴部署之時，莫斯科召開了蘇共第22次代表大會，中國派出了其政府總理周恩來赴會（譯者注：原文如此，蘇共22大召開於1961年10月17～31日）。會議中，周恩來隱晦地批評了蘇聯的政策和主張，會議結束前周恩來離開時告訴中國同志稱，蘇聯的作法是「修正主義」路線。爲表明中國的憤怒，中國拒絕接收已訂購的蘇聯和東歐國家的裝備物資。

蘇聯向古巴部署導彈的消息開始洩露。在1962年11月美國國會選舉的預備階段，共和黨采納了肯尼迪1960年總統大選時的策略。他們指責總統對蘇聯正向古巴部署的導彈毫無作爲，無疑肯尼迪強烈地拒絕此指控。他個人可能對此感到難堪，因爲這些指控將危及投票結果。爲了反擊國內批評他軟弱的指責，他對蘇聯的反應相當極端。當美國指責蘇聯的行爲後，蘇聯始終拒絕承認向古巴部署了美國人所稱的導彈，爲了揭露蘇聯人的謊言他出示了U-2偵察機的照片。肯尼迪認爲他的過激反應是正當的，但卻基於相當奇怪的理由：要他在橢圓型辦公室裡撒謊（一些言過飾非的言辭）是不可接受的。事實上，這次危機正帶給他一次機會，可能他本人當時並未意識到這點。證據在手後，他全面入侵古巴一雪之前豬灣事件恥辱的正當性就具備了。軍方的入侵計劃很快出爐，但在行動發起前的最後一分鍾，肯尼迪退縮了。他選擇了對古巴實施封鎖。可能當時美蘇圍繞古巴展開的博弈令他回憶起之前的柏林危機，他對危機的掌控能力不足，當面對他自己造成的危機形勢時卻又習慣性地退縮，令自己蒙羞。

危機的解決方案似乎出自一次偶然的談話。肯尼迪曾稱赫魯曉夫的導彈部署是不可容忍的，正如美國已向土耳其部署的類似導彈那樣。然而，很快他似乎非常吃驚地發現美國實際上已在那個國家部署了「朱庇特」導彈。此前的一年中，他曾問及下屬這些導彈是否已經撤離，但當時可能又忘記了這件重要的事情。[1] 弄清全部情況後，他決定向赫魯曉夫提議一個妥協方案，他將撤離部署在土耳其的美國導彈，作爲回報，蘇聯必須撤離其古巴的類似導彈，而且美國將允諾不再入侵古巴。爲了避免對方不履行諾言，赫魯曉夫同意肯尼迪提出的美國導彈撤出土耳其需延遲數月的要求。這次談話完全由肯尼迪和赫魯曉夫私人之間進行，而非兩國政府正式的談判，因此其具體內容在之後的很多年裡始終未公開。[2]

時任歐洲盟軍總司令（SACEUR）的勞里斯·諾斯塔德（Lauris Norstad）將軍曾指出，古巴導彈危機中肯尼迪的表現同樣較爲軟弱。此外，他的決定顯然出賣了土耳

---

[1] 加迪斯：《我們現在知道了：對冷戰歷史的再思考》，第264頁（Gaddis, *We Now Know*, 264）。

[2] 納什：《10月份的其他導彈：艾森豪威爾、肯尼迪和朱庇特，1957—1963年》，第151頁（Nash, *The Other Missiles of October*, 151）。

其。爲了模糊外界的關注，肯尼迪當局只是模糊地稱將導彈撤出意大利。[1] 爲配合政府的行爲，1963財年的國防部年度報告中，麥克納馬拉甚至虛假地宣稱，英國、意大利和土耳其本國自己已決定分階段撤出這些美國導彈。[2] 爲了彌補因美國撤離導彈帶來的不安全感，土耳其政府試圖讓美國提供其他替代性的援助，包括爲其提供具有戰術核打擊能力的F-104G型戰斗機等。至於在地中海地區巡邏的北極星級潛艦，並非替代從南歐撤出的「朱庇特」導彈，這些潛艦早就在地中海巡弋。至於英國同意撤出這種導彈，在於他們認爲該型號已過於老舊，一旦蘇聯發起攻擊其根本無法快速發射出去。[3]

另一方面，卡斯特羅也被出賣了。理論上，蘇聯在其國土上部署導彈將保持其免於入侵，但蘇聯在美國的戰爭威脅下很快退縮，甚至從未與其協商更令其感到被背叛。另外，蘇聯導彈的撤退並未要求美國對古巴做出適當讓步，沒有獲得美國承認，沒有撤離關塔那摩，在事件中古巴幾乎一無所得。甚至更糟的是，蘇聯還將之前提供的轟炸機也撤回了本土，這樣一來卡斯特羅幾乎失去了威脅中美洲基地（美國就是從這些基地出發試圖推翻他）的能力。危機發展到最後，卡斯特羅本能的反應是靠近中國，至少也要顯示他對美蘇一連串幕後交易的憤怒。[4] 當然，中國那時並不能提供古巴所需的燃料和其他物資。

卡斯特羅並非唯一一個因爲危機中被美蘇出賣而感到震驚的領導人。羅馬尼亞准備采取行動。1963年秋聯合國會議開幕，羅馬尼亞外交部長曼內斯庫私下告訴美國國務卿迪安·臘斯克稱，他的國家並不想成爲蘇聯的傀儡，如果未來美蘇之間爆發衝突羅馬尼亞希望保持中立，因此他希望美國不會因爲任何錯誤的假設而攻擊他的國家。同樣，他亦向美國人提出建議，包括由美國核查該國境內並不存在蘇聯的核武器，羅馬尼亞甚至准備開始退出華沙條約組織，1964年4月該國宣布了這一決定。[5]

這次危機中，赫魯曉夫似乎也震驚地發現，肯尼迪在處理一系列威脅時（盡管蘇聯早就處於類似的威脅之中）好象很願意冒核戰爭的風險。回溯當年的古巴危機，難以理解爲何美國會對蘇聯在古巴部署核武器如此暴跳如雷，甚至不惜與蘇聯攤牌；特別是不久之後，蘇聯的潛射核導彈就已能發揮類似部署在古巴的中程導彈的作用。因此，在很多人看來，肯尼迪似乎並未真正理解危機的本質。

美蘇兩國領導人晦暗地聲明著即將迫近的全球核戰爭危險，但在當時似乎很少有人真正意識到兩國距核攤牌的距離之近。也許就正是大國在核時代初期不成熟的表現。危機後，爲了避免再出現類似的險情，並保持兩國最高領導人的聯系通暢，兩國

---

[1] 納什：《10月份的其他導彈：艾森豪威爾、肯尼迪和朱庇特，1957—1963年》，第154頁（Nash, *The Other Missiles of October*, 154）。

[2] 納什：《10月份的其他導彈：艾森豪威爾、肯尼迪和朱庇特，1957—1963年》，第159頁（Nash, *The Other Missiles of October*, 159）。

[3] 韋利：《英國皇家空軍核威懾力量》，第359頁（Wynn, *RAF Nuclear Deterrent Forces*, 359）。

[4] 誇克：《菲德爾·卡斯特羅》，第449頁（Quirk, *Fidel Castro*, 449）。

[5] 伍德羅·威爾遜中心冷戰國際史項目（CWIHP）5：第111頁。

決定在克里姆林宮和白宮之間設立領導人熱線，以避免因言語模糊和傳輸、翻譯方面的失誤導致戰略誤判。這條熱線實際上是一部電傳打字機，而非真正的電話。後來據聞，美蘇兩國幾乎從未使用過此熱線。

肯尼迪並不想表現出軟弱，他的退讓（以相當荒謬的的姿態）只有在某種特定的情況時（除了讓步和最終共同毀滅外，別無第三種選擇）才可被視作勇氣。後來到80年代末期，當美蘇兩國領導再會晤並談到此次危機時，蘇聯已瀕臨崩潰的邊緣，米哈伊爾‧戈爾巴喬夫急切地需要西方的援助。爲了獲得西方的援助，他強調稱核誤判的危險，他甚至單獨向西方保證不會再出現類似情況。對此，不應表現出驚訝。根據現在解密的資料，當時一名蘇聯高級軍官曾稱，現場的蘇聯軍人已得到決策層關於使用戰術核武器以掩蓋船只搭載有中程導彈事實的授權。之後更清楚的是，當時蘇聯船只被攔截時現場（對使用戰術核武器毀滅證據，或直接反擊美軍）亦有不少反對意見。赫魯曉夫無疑是膽大妄爲的，但他絕不愚蠢。

對於肯尼迪而言，即便享有著決定性的戰略優勢，仍不足以鼓舞他輕率地按下核按鈕。至1962年10月時，外界認爲赫魯曉夫只擁有不超過50枚可用於實戰的洲際導彈（包括4枚SS-6、約40枚SS-7外加位於丘拉塔姆的6枚左右的試驗發射裝置）。此時，蘇聯可能僅有4枚SS-6導彈外加至少1枚位於丘拉塔姆的試驗型導彈（蘇聯倉促臨時加裝了1枚專門設計可打擊到紐約的核彈頭）。事實上，除非這些粗陋導彈獲得預警並保持戰備，否則美國蓄意發動的小規模突然襲擊就足以輕松解決蘇聯的核武裝，正如之前的一年在柏林危機中美國軍方所評估和計劃的那樣。除陸基導彈部分，赫魯曉夫還擁有30余枚由潛艦搭載的潛射巡弋飛彈和100余枚短程潛射彈道導彈，但其中只有少數真正擔負海上戰備值班。古巴導彈危機期間，也僅有極少數幾艘潛艦試圖抵達美國海岸，而且爲蘇聯商船隊提供護航的6艘蘇聯潛艦（都未攜帶核導彈）在進入美國海軍建立的封鎖區後，也遭到美國海軍的壓制無一浮出水面。至於瞄准歐洲的短程導彈，考慮到這些導彈精糕的戰備率，北約戰機能夠輕易應對這些威脅。肯尼迪似乎從未沒想過試試他的運氣，他不願冒險，與艾森豪威爾類似他可能也相信墨菲定律。

這幾次事件肯定使肯尼迪汲取了教訓，他認爲他對美國武裝力量的嚴格控制降低了危機的風險。當時美國決策層已意識到，類似的危機中必須避免軍隊中的低級指揮官，因難以理解白宮精妙細微的決策過程而導致誤解，然後最終向對手傳遞災難性的錯誤信號，國家指揮部門必須通過各種手段繞過傳統的指揮層級，直接控制現場指揮官。[6] 經此危機後，美國開始實踐這種戰略指揮的理念，並在約翰遜總統執政時期開始應用於越南戰爭之中。

類似的實踐還帶來了不可預知的後果。自1968年起，由於美國著名的沃克間諜案

---

[6] 美國國防部國防分析研究所（IDA），第311頁。

中涉案人員的叛變，蘇聯掌握了很多美國的密碼體系，並因此開始理解美國的很多軍事信息。在當時這給予蘇聯極大便利，因為每天往來於全球與華盛頓之間的外交、軍事密電密碼繁雜，有了破譯方法後蘇聯能夠掌握很多美國的絕密情報和信息，享有了類似第二次世界大戰時期盟國因破解了德國和日本密碼所獲得的那種戰略優勢。美軍很多在越南的行動，盡管采取了嚴格的保密措施，但仍難以取得成效，很可能真正的根源正在於此。例如，越戰中美軍的一些行動甚至連南越方面都嚴加保密，但消息仍不時走漏出去，美軍始終懷疑是南越方面混入了北方的間諜，而從未想到其無線系統有可能被破譯。

美國似乎從未懷疑他們的高級別密電已能被破解，而蘇聯似乎亦不加掩飾地利用這些被破譯的情報，這與美國在第二次世界大戰時期類似的技術情報戰領域的實踐形成鮮明的對比。第二次世界大戰期間，盟國的確破解了大量德國和日本的密碼，但為避免因直接利用這些情報而使軸心國有所警覺，具體在利用這些情報時都非常謹慎。直到1985年美國破獲了沃克間諜案時，才開始意識到其密碼系統已遭滲透。美國方面可能很少會想到其密碼已失效，因為第二次世界大戰時美國在此方面的保密非常完善，加之密碼技術上也強於蘇聯，但也因而掉以輕心。

在具體操作層面，美國外交軍事密電的集中發送體制嚴重地阻礙了其執行。由於大量文電集中於少數發送渠道，因此發送速度很慢。例如，1969年1月，當朝鮮海軍在國際水域俘獲美國情報船「普韋布洛」號時，遲緩的信息傳輸系統令任何人都不可能對此事件作出及時的反應和處置。這種集中的體制鼓勵了在華盛頓的國家指揮當局對危機事件進行「微管理」，例如，1973年10月中東戰爭期間，決策層直接指揮控制地中海的海軍第六艦隊（給予其一定的臨機處置權）；1975年為應對「馬亞克斯號事件」（1975年5月12日美國間諜船「馬亞克斯」號載運軍事物資非法侵入柬埔寨威島以東45公里處的領海，以從事間諜和挑釁活動的事件），白宮第一時間指揮趕往靠近柬埔寨海域的「星座」號航母戰斗群應對危機。

赫魯曉夫從這些事件中認識到第三世界國家同樣是危險之地。肯尼迪的決策模式不可預期，危機期間肯尼迪可能極為狂燥，但在危機之後他似乎又很友好。親善睦鄰總歸比持續的緊張更令兩國和世界安全。當然，對於一些人（比如越南人）而言，蘇聯對美國領導人的這種印象並不算好消息，因為越南人希望得到更多赫魯曉夫的支持以進行其革命行動，而後者在意識到肯尼迪難以捉摸後顯然在援助時就更需謹慎了。

另一方面，古巴的卡斯特羅顯然拒絕接受美蘇妥協和解的信息，他繼續試圖向外國輸出革命，比如支持委內瑞拉國內的游擊隊推翻其政府。[1] 委內瑞拉的民主政權建立於1958年，當時仍非常虛弱，委國內共產黨組織非常不滿蘇聯提出的要其克制（不

---

[1] 誇克：《菲德爾·卡斯特羅》，第477頁（Quirk, *Fidel Castro*, 477）；貝瑟爾：《拉丁美洲：經濟和社會》，第112-113頁。

再展開武裝斗爭）的要求。1963年，委國內共產黨未能就成立一個受歡迎的聯合政府達成一致，因此開始加入游擊隊展開叛亂行動。在此情況下，卡斯特羅對委國內革命運動給予重要支持，如果他能成功就能獲得委國內的石油，並急劇削弱蘇聯對他的控制。當然，他的行爲更像是在報復委現政府，因爲之前1959年委政府曾拒絕卡斯特羅提出采購3億美元石油的要求，如此古巴就能不再依賴美國的能源供應。[1] 但卡斯特羅的企圖失敗了，委內瑞拉人擊敗了當地的共產黨武裝。

更重要的是，卡斯特羅和他最親密的戰友和副手歐內斯托・切・格瓦拉公開宣稱古巴式的鄉村革命理論將很容易被輸出至其他貧窮國家。但這完全不對莫斯科的胃口，後者自古巴導彈危機後仍對古巴的舉動緊張萬分，但古巴並不是蘇聯的衛星國，他們有權實施自己的計劃。[2] 此後在1963—1964年間，哥倫比亞民族解放軍在古巴成立，其試圖將格瓦拉的策略用於哥倫比亞。[3] 雖然受古巴革命的激勵，但這些在哥倫比亞的革命行動並未取得成功。

1965年，卡斯特羅開始公開指責蘇聯對和平演變（而非武裝起義）的偏好。他曾稱，革命是打破拉丁美洲地區貧困國家牢固社會體系的唯一可行手段，那些活躍於城市地區、堅持議會斗爭的共產黨組織，根本就是軟弱的，他們完全無力引領革命風潮。[4] 他甚至還威脅要將古巴革命的火種傳遍整個拉美，要將安第斯山脈變成游擊隊員們的庇護所，就像他在古巴革命期間利用馬埃斯特拉山脈（Sierra Maestra）作爲藏身和斗爭之處那樣。[5] 但當時和者寥寥。1965年2月，格瓦拉赴中非地區並與當地的一些革命組織建立了最初的聯系，古巴的革命理想要到70年代才結出果實，這將在後文詳述。

對此，美國政府當然印象深刻，甚至超過古巴已經在進行的革命活動。爲了撲滅古巴輸出的革命，美國並未掉以輕心，比如1965年4月向多米尼加共和國派兵撲滅當地的一次政變。這次政變的情況及後繼的發展極具諷刺色彩，政變本身是想恢復胡安・博希（Juan Bosch）的政權（胡安・博希於1962年12月在美國認可的選舉中當選，但卻在1963年9月被反對派推翻）。當時，爲了實施肯尼迪定下的新政策，美國政府拒絕干涉類似的政變，除非政變當事國受到共產主義勢力的威脅。到1965年，當親博希一派的力量似乎將要取得勝利時，反博希派的勢力請求美國援助。在之前1963年的博希被推翻的事件中，美國政府已將博希視作一名熱衷於煽動民衆情緒、言行不一的政客，他可能無意中就令親共產主義的勢力在多米尼加有機可趁。因此，

---

[1] 誇克：《菲德爾・卡斯特羅》，第226頁（Quirk, *Fidel Castro*, 226）。

[2] 誇克：《菲德爾・卡斯特羅》，第477-478頁（Quirk, *Fidel Castro*, 477～478）。

[3] 貝瑟爾：《拉丁美洲：經濟和社會》，第112頁。

[4] 誇克：《菲德爾・卡斯特羅》，第554-555頁（Quirk, *Fidel Castro*, 554～555）；相關內容在雷吉斯・德布雷所著的《革命中的革命？拉丁美洲的武裝和政治斗爭》（Regis Debray's *Revolution in the Revolution? Armed Struggle and Political Struggle in Latin America*）有突出描述，博貝・奧爾蒂斯翻譯（紐約，MR出版社，1967年）。

[5] 圖略・哈爾柏林・唐伊：《拉丁美洲當代史》，第295頁（Donghi, *The Contemporary History of Latin America*, 295）。

1965年該國再次爆發政變時，駐該國美國大使就立即警告稱政變具有「卡斯特羅式的因素」。時任總統約翰遜亦關注著該國的形勢，在其授意下，中情局在調查後認為，該國三派左翼團隊准備在聖多明各引入一個卡斯特羅式的政府。約翰遜政府當即命令實施軍事干涉，以防共產主義勢力接管該國，為應對輿論媒體政府公開強調當地美國人的生命處於危險之中。該國政變的問題並不在於博希是否是共產主義者，實際上他並不是；而在於這場以他為名義的政變是否會導致該國出現一個由共產黨主導的民主陣線聯合政府。[1] 事實上，關於這一點並無明確的證據。約翰遜可能從開始就已清楚地意識到，拉丁美洲各國政府將視美國的這次干涉作為指標，它完全顛覆了美國以往對此類事件的態度和行為模式。接著，美國施展謹慎的政治手腕，將美洲國家組織（OAS）引入多米尼加國內的紛爭，既幫助解決美國干涉行動的後繼事宜，又使多米尼加共和國難於因政變而被其他友好的拉丁美洲國家政府所疏遠。1966年，在美國和美洲國家組織的監督下，該國再次舉行大選，這次博希輸掉了選舉。[2]

接著古巴又向玻利維亞發起革命輸出的攻勢，其計劃可能形成於1966年在哈瓦納舉行的三大陸會議上。[3] 1966年10月，格瓦拉及其15名追隨者經巴西於11月進入玻利維亞。之前來自古巴的人員已與該國反政府人士有過接洽，並在當地山區尋求合適的革命根據地。[4] 格瓦拉相信，他的這支小規模的力量能夠在玻利維亞干出事業，畢竟卡斯特羅之前就是這樣起步的，並最終堅韌地贏得了政權。古巴也為這次行動傾注了熱情，格瓦拉隨行的隊伍中有4人是古巴共產黨中央委員會的成員，具有豐富的革命和戰爭經驗。

同期，蘇聯仍高唱和平共存的論調，玻利維亞當地的共產黨仍忠於莫斯科，對古巴革命者的到來，他們除了口頭承諾外並未提供多少實質性幫助。[5] 而且較為糟糕的是，格瓦拉他們所選取的革命根據地似乎也不理想，不僅難以為其提供掩護，而且當地說西班牙語的貧民也很少。在玻利維亞，格瓦拉即將迎來其傳奇性的一生中最危急的時刻。玻利維亞政府軍一直希望抓住他但從未成功，直到格瓦拉自己的大意使敵人有機可趁。在堅持近1年的斗爭後，1967年10月9日他被由美國特種部隊訓練的玻政府軍抓捕並殺害。格瓦拉的失敗似乎也預示著左翼農村革命運動整體陷入低潮，之後在秘魯和危地馬拉，類似的革命起義活動都受到了鎮壓（古巴都涉足了這兩國的革命行動）。

另一方面，由於中情局並未准確評估出赫魯曉夫在導彈生產方面存在的問題，因

[1] 小W.塔普萊‧班納特的訪談，收錄於法爾茨格拉夫和戴維斯：《國家安全決策：參與者的發言》，第318頁（W. Tapley Bennett Jr., interview, in *National Security Decisions*, ed. Pfaltzgraff and Davis, 318）。

[2] 巴斯爾：《徘徊的巨人：美國對拉丁美洲革命變革的反應，1910－1985年》，第246-247頁（Blasier, *The Hovering Giant*, 246～247）；達列克：《有缺陷的巨人：林登，約翰遜和他的時代，1961－1973年》，第262-267頁（Dallek, *Flawed Giant*, 262～267）。

[3] 蓋伊‧阿諾德：《第三世界的戰爭》，第520頁（Guy Arnold, *Wars in the Third World*, 520）。

[4] 誇克：《菲德爾‧卡斯特羅》，第568-569頁（Quirk, *Fidel Castro*, 568～569）。

[5] 誇克：《菲德爾‧卡斯特羅》，第572頁（Quirk, *Fidel Castro*, 572）。

此當時美國沒人真正認識到1962年時蘇聯的戰略核導彈能力是多麼地微不足道。對於蘇聯在古巴部署導彈，當時美國方面的解釋千奇百怪。有人想象認爲古巴的導彈只是蘇聯本土強大戰略力量的補充，例如，他們認爲蘇聯想進一步威脅美國的戰略指揮和控制體系，因此將導彈部署到古巴後，由於其距離美國本土更近，從這裡打擊美國本土目標美國將難以有效反應。[1] 然而，迄今並無明確證據表明赫魯曉夫當時會有如此深謀遠慮的想法。

很多人暗示稱，此後赫魯曉夫被廢黜正源於他在古巴危機中的不幸遭遇。當然，就其本人而言，由於他本身可供反對派捉小辮子的地方太多，因此古巴事件亦不太可能是導致其倒台的決定性事件。後來，在遭到廢黜時，他曾爭辯稱，古巴危機中他已獲得了他所尋求的大多數目標（美國答應不再入侵古巴，撤離土耳其的導彈等）。蘇共最高蘇維埃主席團在提議撤去赫魯曉夫領導職務的會議中所提出的撤職原因亦提及其外交政策，但並非由蘇共中央委員會全體會議作出這項決議的事實，可能正解釋了蘇共高層對其在古巴事件中決策表現的定性。[2]

古巴危機導致的另一項後果，就是蘇聯意識到海權的重要性。因此現在很多人士認爲，現代蘇聯海軍的崛起最早可追溯至古巴事件中優勢的美國海軍在封鎖行動中對蘇聯的羞辱和刺激（理論上，正因爲蘇聯既無力突破封鎖也無法打贏美國海軍，因而才撤離其導彈）。當然，現在清楚的是，蘇聯在1959年之前曾設計建造的可供發射導彈的水面艦只和攻擊型潛艦，只是其1959—1965年龐大造艦計劃中的一部分，但實際上由於赫魯曉夫更偏好火箭核戰略理論而並未付諸實施。

對於肯尼迪而言，古巴危機使其確信美國所面臨的核心問題，是在全球范圍內與蘇聯的戰略博弈，而非蘇聯對歐洲的入侵。赫魯曉夫在古巴危機中最後關頭的退縮似乎表明，其與他在維持自身生存方面的想法一致。顯然，在對赫魯曉夫仍在向第三世界國家的民族解放戰爭提供某種支持的行爲以及冷戰的整個邏輯都未有認知的情況下，他開始對削弱核武器危險性的方式感興趣。因此在1963年經反復談判他與赫魯曉夫簽署了一份有限核禁試的國際條約，並借此炫耀其和平理念。在他看來，有了這份條約，美蘇等國將不再進行大氣或水下或太空核試驗，這類試驗將被限制在特殊的地下試驗場所，如此核輻射塵就不太可能擴散了。

對很多歐洲人來說，這份條約似乎顯示冷戰正進入尾聲。不僅歐洲盟國爲安全所作出的努力不再是必要的了，而且對一些歐洲國家來說美國似乎和蘇聯正日益接近以達成某種形式的、背叛了歐洲盟國的交易。因此歐洲國家擔憂，美蘇超級強權可能會達成某種協議以限制直接發生在兩國本土的戰爭。畢竟此前美國人經常稱，一旦戰爭

---

[1] 梅、斯坦布魯納和沃爾夫：《戰略軍備競爭的歷史》，第369-370頁、第486頁（May, Steinbrunner, and Wolfe, *History of the Strategic Arms Competition*, 369～370, 486）。

[2] 佐布克和普列沙科夫：《克里姆林宮的冷戰內幕：從斯大林至赫魯曉夫》（Zubok and Pleshakov, *Inside the Kremlin's Cold War*）；威爾遜中心冷戰國際史項目1996—1997年（CWIHP），第10頁。

來臨，歐洲人更喜歡抬頭起看美蘇兩國互以對方本土爲目標的導彈互射。

　　這一時期，中蘇方面也不平靜。中國指責蘇聯背棄了同盟，並升高批評蘇聯的調門。他們開始向蘇聯廣播反赫魯曉夫的宣傳內容，甚至要求蘇聯歸還19世紀末期由沙皇侵占的中國廣闊領土，包括遠東重要的哈巴羅夫斯克（伯力）和符拉迪沃斯托克（海參崴）等城市。中國認爲，這些領土都是沙皇利用不平等條約從中國竊取的。爭吵甚至影響了兩國經濟聯系，兩個共產主義大國之間的貿易很快被中止。同期美國的肯尼迪政府則欣喜地將中蘇之間不斷擴大的分歧視作美國的「偉大希望」。但他顯然未意識到，至少在當時，中蘇分裂所導致的主要結果是削弱了赫魯曉夫對中國的控制能力，因此這實際上使世界更加危險了。

　　有限核禁試條約導致的第二個結果則在於技術方面。1962年7月9日，美國首次也是唯一一次在太平洋中部靠近夏威夷距海平面280英里的空間進行了核試爆（由於此條約的限制）。爆發產生的電磁脈沖造成瓦胡島上大面積的供電故障，包括電路短路、電話失效。後繼研究表明，高空核爆產生的強大輻射在與大氣層劇烈作用時產生了龐大的電磁風暴（EMP效應），軍方開始意識到這種新的殺傷效應。經研究分析表明，核爆炸時產生的電磁脈沖輻射有可能破壞上千英里內核彈頭內的電子線路，這將爲未來核戰爭引入一種全新的作戰手段。如果在歐洲高空引爆一枚大威力核彈，可能在不殺傷任何人員的同時癱瘓整個北約的通信和預警系統。

　　隨著有限核禁試條約的生效，無法再通過大氣層核試爆驗證其核電磁脈沖效應了。但仍可通過特殊的地下試驗在較小范圍內進行模擬，例如在地下核試驗時放置相關試驗設備等。通過研究電磁脈沖現象，美國人意識到西方發達的固體電子元件在電磁脈沖的攻擊下非常脆弱，相反，早期的真空管電子設備卻不易受其影響。因此，1976年當一名蘇聯空軍飛行員駕駛1架米格-25飛機叛逃到日本函館機場後，美國和日本專家發現其機載電子設備仍大量使用原始的真空管，因而判斷認爲蘇聯非常嚴肅地對待可能與西方爆發的核戰爭。無論是出於防范電磁脈沖輻射、抑或其本身工業落後的原因，蘇聯仍在西方放棄此類元件後的很長時間內使用真空管。諷刺的是，很多西方的音樂發燒友認爲在立體音響系統上真空管比固體元件的性能更好。在西方不再生產真空管後，他們只得購買被曙稱爲「共產黨的貞女」的，由蘇聯供應的真空管。多年以來，美國的專家們認爲，蘇聯很可能設計以一次大型的電磁脈沖攻擊作爲其與西方全面戰爭的序幕，這將在戰爭開端癱瘓美國的指揮和控制體系。直到1996年時，電磁脈沖武器才真正通過通俗娛樂產業進入公眾視野，在詹姆斯·邦德的間諜系列電影《黃金眼》中，邪惡的反派策劃使用非核電磁脈沖武器徹底毀滅整個倫敦的所有電子系統，並將其打回石器時代。

第25章

麥克納馬拉的改革

　　肯尼迪執政時期，擔負其國防部長的羅伯特・麥克納馬拉竭力希望爲總統改造一支可用於干涉第三世界國家的武裝力量。爲實現此目標，他顛覆了艾森豪威爾時期的建軍優先順序，戰略核力量遭到大幅削弱，常規力量則得到增強。最初，麥克納馬拉隱藏了其急劇變革軍隊建設重點的企圖，試圖以強化國家防務體系效率爲名進行改革。與艾森豪威爾時期的國防部長類似，他來自美國最大的工業部門，在出任國防部長前供職於美國的汽車工業企業。研究美國汽車工業的歷史學家們後來將其描述爲當時聚焦於生產效率的新一代精英中的一員。總體上，這些精英們並不關注汽車或具體的產品，卻能爲公司帶來高利潤，但同時卻也開啓了美國汽車公司走向崩潰的大門。[1] 麥克納馬拉對各類統計報表具有特殊的興趣，但很少關注什麼是戰略，以及戰爭中通常非常關鍵的人的因素。[2] 他似乎習慣將很多軍事上的重要的細節視作毫不相干的細枝末節，他更被描述爲聽不懂弦外之音的政治門外漢。[3] 從政治和戰略素質看，他似乎並未理解他所處的冷戰時代的廣泛政治背景。

　　然而，不幸的是，在整個肯尼迪和約翰遜主政時期，麥克納馬拉卻享有了比國務卿迪安・臘斯克更廣泛的影響力。1962年1月份前，每年他的年度防務報告總會包含有行政當局當年制定的外交政策，由於這些政策內容明顯比國務院的類似文件更早發布，因而每年最具權威性的美國外交政策年度報告實際上由麥克納馬拉發布。[4] 由於肯尼迪總統入主白宮後，並不喜歡繼承自艾森豪威爾時期的參聯會，這些軍事幕僚大多是經歷過第二次世界大戰的資深職業軍官，行事和言辭風格亦顯然不同於年輕的肯尼迪，因此在很多軍事問題上他更爲依賴麥克納馬拉的意見。

　　考慮到肯尼迪的執政風格，麥克納馬拉就能夠阻擋任何參聯會向總統提供的咨詢建議。肯尼迪很看重那些可對他的問題做出迅速回應的幕僚和閣員，因此麥克納馬拉集結了自己的幕僚團隊以備回答總統可能向他提出的問題。因此，撰寫並修改各種文件和資料，亦成爲麥克納馬拉及其幕僚們經常干的事情。[5] 相比之下，參聯會仍采用

[1] 孔茨：《黃油與槍炮：美國的冷戰經濟外交》，第65-66頁（Kunz, *Butter and Guns*, 65～66）。

[2] 例子可參見沙普利：《允諾和權力：羅伯特・麥克納馬拉的生活和時代》，第128頁（Shapley, *Promise and Power*, 128）。

[3] 例子可參見沙普利：《允諾和權力：羅伯特・麥克納馬拉的生活和時代》，第295-211頁（Shapley, *Promise and Power*, 295～211）。

[4] 沙普利：《允諾和權力：羅伯特・麥克納馬拉的生活和時代》，第127頁（Shapley, *Promise and Power*, 127）。

[5] 沙普利：《允諾和權力：羅伯特・麥克納馬拉的生活和時代》，第127頁（Shapley, *Promise and Power*, 127）；麥克馬斯特：《職責的背

多數一致的工作組織原則，一份文件在得到全體成員一致同意並批准前，往往需要大量艱苦地撰寫和修改過程。[1]

在1960年大選前，肯尼迪和他的一些重要顧問對《音調不定的號角》一書印象深刻，這本書主要批評了艾森豪威爾所采取的防務政策，它由前陸軍參謀長麥克斯韋‧泰勒上將所著。1960年2月，已退役的泰勒出席林登‧約翰遜的參議院預備小組委員會的會議，期間他在置證詞時再次重復了書中的觀點。艾森豪威爾時期，他的言論較激烈並與當局意見相左，艾森豪威爾甚至考慮對其嚴厲申斥，但擔心此舉會將其塑造成一名因不滿當局政策而受到打壓的人，因此並未真正這麼做。[2] 雖然泰勒並未涉足1960年總統大選的選戰，但選舉期間另一名加入肯尼迪競選團隊的前陸軍高級軍官，詹姆斯‧加文（James Gavin）將軍，在選舉中給他留下深刻印象。[3] 當然，他顯然與肯尼迪核心團隊的人員保持著密切的關係。例如，當他因車禍受傷後，迪安‧艾奇遜曾送給他祝福卡片（可參考他在參議院的證詞）。[4]

無疑，對軍事領域的問題，肯尼迪對泰勒和加文的見解都印象深刻。[5] 1961年1月中旬，肯尼迪准備任命泰勒爲美國駐法國大使，但他婉拒了此任命。這份顯赫和優渥的任命亦暗示他與肯尼迪之間非同尋常的關係。更重要的是，泰勒將軍方、特別是陸軍所傾向的軍事戰略，灌輸給肯尼迪及其決策圈子。在古巴危機爆發之初，軍方隨即向行政當局提交了強硬的建議，顯然不同於艾森豪威爾時期更注重核力量的思維模式。泰勒和其他軍方所支持的戰略學者亦訴請肯尼迪政府中的民主黨籍戰略顧問，比如保羅‧尼采和迪安‧艾奇遜等人，盡快修正以往只重視戰略核力量的軍事戰略，後來兩人在杜魯門時期就贊同類似的概念。

肯尼迪執政後，其所面臨的國家形勢和美蘇間整體戰略對比並無太大差異，但肯尼迪的戰略學者們從相似的觀察中得出了不同的結論，例如，通過攻擊蘇聯的戰略核力量以確保美國的安全已不再可能（反之亦然）。艾森豪威爾曾認定，在大規模核戰爭的威脅下，強權大國的脆弱性使戰爭幾乎不可能發生，但肯尼迪的安全顧問則認爲，如果可能的話赫魯曉夫更願意碰碰運氣。

對於限制戰爭對美國的損害而言，通過控制戰爭規模升級、確保戰爭在盡可能低的烈度水平進行等手段，仍是有可能的。因此，美國軍方認爲，提升其常規作戰能力在這個核世界中仍非常必要，即便它不能成功贏得一場核大戰，但也不會就此而失去贏得常規戰爭的能力。對此軍事戰略，艾森豪威爾曾嗤之以鼻，在他看來，軍方構設

棄》，第18頁（McMaster, *Dereliction of Duty*, 18）。

[1] 麥克馬斯特：《職責的背棄》，第5頁（McMaster, *Dereliction of Duty*, 5）。

[2] 羅曼：《艾森豪威爾和導彈差距》，第139頁（Roman, *Eisenhower and the Missile Gap*, 139）。

[3] 約翰‧泰勒：《麥克斯韋爾‧泰勒將軍》，第227頁（John Taylor, *General Maxwell Taylor*, 227）。

[4] 約翰‧泰勒：《麥克斯韋爾‧泰勒將軍》，第226頁（John Taylor, *General Maxwell Taylor*, 226）。

[5] 邦迪：《危機和生存：在第一個五十年裡對核彈的選擇》，第352頁（Bundy, *Danger and Survival*, 352）。

了一個能夠與之安全交戰的對手，而美國在與其交戰時也總能成功避免戰爭最終向核決戰升級。

此外，新的學院派戰略學者認為，就算核戰爭全然無法避免，美國亦可通過向蘇聯傳遞明確的信號以限制衝突的升級。例如，有意限制初期對蘇聯軍事目標的攻擊行為，試圖減少對蘇聯人的殺傷。這樣蘇聯就能理解這些克制性戰爭行動背後的潛台詞，進而同樣對己方的行動作出約束；而假如蘇聯未能這樣做的話，那麼可以預期下一波美國的打擊將會極端殘酷和強烈。以1962年5月麥克納馬拉所設想1966年美蘇之間的戰爭為例，蘇聯毫無限制地使用其武力（不僅只限於軍事目標）可能殺傷7500萬美國人和1.15億歐洲人，同樣的，籠罩在美國全面核報復之下的蘇聯將損失所有城市一工業區域和1億人口；與此類似，如果蘇聯僅將目標限定於美洲和歐洲的軍事目標，可能造成2500萬美國人和5000萬歐洲人的傷亡，在此情況下，美國的反擊將導致2500萬蘇聯人的死亡。可能對麥克納馬拉來說，這些數字之間存在著很大差別，但他也明顯沒有考慮到那些對艾森豪威爾而言非常顯而易見的事實，那就是很少有國家領導人會認為這兩種恐怖的結局有什麼不同。[1]

如果以特定軍事行動向對手發出某種信息，無疑決策層必須非常嚴密地控制這些行動的實施，畢竟過激行動所隱含著的錯誤信息可能帶來恐怖的後果。肯尼迪特別青睞芭芭拉·圖克曼（Barbara Tuchman）所撰寫的以第一次世界大戰爆發歷史事件為主要內容的《八月的槍聲》（1962年出版），書中記述了一次偶然的刺殺事件導致幾個主要交戰國機械地升高衝突調門，最終引發一場計劃之外的災難性戰爭。[2] 對於此書，艾森豪威爾可能會說，如果衝突雙方保持其良好的判斷力的話，那麼因某次偶發性事件而最終將世界拖入大戰漩渦的第一次世界大戰可能就不會爆發。在1914年，大概沒人會想到當時雙方的意氣升級之舉最終會導致整個體系的崩潰；而在1961年，升級導致整個世界最終核毀滅的前景卻是每個人都清楚感覺得到的。

在國家安全委員會一次又一次的會議上，艾森豪威爾曾認為，如果前線的部隊正面臨被殲滅的威脅，應允許其自由使用其戰術核武器（如果攜帶了的話）；到了肯尼迪時代，由於擔憂會失去控制，他要求為所有核武器上鎖，即安裝所謂的「解除核彈頭安全裝置許可」（PAL）系統，以防部隊在未獲得特許授權的情況下就使用它們。[3] 古巴危機結束後，美國政府向蘇聯提議也為後者的核武器安裝類似的「解除核彈頭安全裝置許可」系統。[4] 理論上，如果核武器缺乏這類安全措施，由於擔心非授

---

[1] 1961—1963年《美國對外關系文件》8：第275-281頁（FRUS[1961～1963] 8: 275～281）。

[2] 里夫斯：《肯尼迪總統：權力的輪廓》，第306頁（Reeves, *President Kennedy: Profile of Power*, 306）；其中記載，當肯尼迪讀到這本書後，他告訴他的軍方領導人，確保每名軍官都應讀一讀它。

[3] 漢森：《美國的核武器：秘密歷史》（Hansen, *U.S. Nuclear Weapons*），該書中簡短地描述了關於「解除核彈頭安全裝置許可」（PAL）的一些情況。

[4] 沃克：《冷戰》，第145頁（Walker, *The Cold War*, 145）。

權使用或發射的問題，甚至不能讓其擔負戰備值班任務。事實上，美國的提議與其說是擔心本國和北約的核武器被非授權使用，倒不如說是擔心蘇聯政府本身對其核武器的控制能力。美國認為，一旦蘇聯的核力量也具備了類似安全許可系統，就算其所有戰略核力量都處於永久性的戰備狀態，也能消除因偶然原因導致的誤射、誤炸。特別的，如果蘇聯為其戰術核武器也加裝此類系統，就能將其部署到那些安全狀況較無保證的地區，例如，不穩定的東歐衛星國。盡管願望是美好的，但這些考慮似乎都未進入華盛頓優先關切和解決的問題清單，因為在安全許可系統成熟時，蘇聯已開始部署其彈道導彈，而且東歐就算部署有核武器，它們也都牢牢地掌握在蘇軍自己的手中。美國的「解除核彈頭安全裝置許可」系統對於預防偶發性核戰爭的作用並沒有想象中那麼重要。

　　1961年4月21日美國發布「國家安全行動備忘錄」（NSAM），明確了肯尼迪當局的新戰略，接著此戰略亦被北約所采納。[1] 根據其設想，只有在美國能夠主導並控制西方的核（升級）信號之時，才能夠有效控制核戰爭的升級。考慮到其他盟國擁有自己獨立的核武庫和核戰爭策略，比如英國，要將其納入此戰略之中令美國非常頭痛。為了隱匿其戰略，肯尼迪提議北約盟國建立新的「多邊核力量」（MLF）機制。[2] 盟國中擁有核武器的國家（美、英、法）將擁有此機制的成員資格。它將取代現有的北約核決策機制。此機制中的成員國，包括美國在內，對聯盟的核行動都具有否決權。美國人的想法在於，盡管歐洲也有自己的核武器，但美國必須掌握住使用這些武器的鑰匙。相當明顯的，多邊核力量機制並不是一套設計用於實施核戰爭的體制，因為總有國家會提出異議，而且歐洲的核國家對此也非議不斷。

　　當時，肯尼迪應該已知道了他的構想是多麼的令人無法接受。英國認為其核力量使其能夠在美國人的決策過程中發出自己的聲音，但美英之間過去的經歷已表明，美國人在很多時候是多麼的不可靠和缺乏責任感。而對於戴高樂而言，獨立的核力量將是法國威望與實力的必要象征，他不可能將法國的威懾力量交由美國總統來決定。因此，肯尼迪提出的多邊核力量機制幾乎沒有機會建立，在商討了幾年後美國人自己都沒興趣再提了。諷刺的是，早在艾森豪威爾執政末期就曾暗示建立類似多邊核力量機制的設想，但當時也主要是為提升北約的核作戰能力而設計。

　　經過醞釀與大量討論，肯尼迪政府提出了所謂的「靈活反應」戰略概念。這套概念同樣根植於核戰爭可控以及衝突逐步升級的思想。如果蘇聯以常規力量發起攻擊，美國將首先以相稱的非核力量應對；如果蘇聯仍繼續其進攻，美國和北約在常規力量不足的情況下將使用少量核武器予以還擊（即「示警」），通過此舉向蘇聯表明如果

[1] 布林克林：《迪安‧艾奇遜：冷戰年代，1953—1971年》，第123頁（Brinkley, *Dean Acheson*, 123）；第40號國家安全行動備忘錄中涉及政策指示方布的內容也可參考1961—1963年《美國對外關係文件》8：第285-291頁內容（FRUS[1961～1963] 8: 285～291）。

[2] 邦迪：《危機和生存：在第一個五十年裡對核彈的選擇》，第488頁（Bundy, *Danger and Survival*, 488）。

仍繼續其侵略將可能招致多麼嚴重的後果。如果蘇聯仍未能理解西方的意圖（比如繼續投入大規模常規部隊，或同樣升級使用核武器回擊西方的有限核反擊），西方將仍在僅限於歐洲交戰的地域內大規模使用核武器，以遏制其攻勢。在這種情況下，蘇聯如果仍不收手，北約正瀕臨失敗的邊緣時，用北約核文件中最後的話說，蘇聯將「付出終極的代價」：美國將向蘇聯全境發起全面戰略核攻擊，徹底毀滅這個國家。事實上，這類逐漸升級的核衝突設想無疑存在著不合乎邏輯的地方，例如，在核交戰的最後階段，北約各國（除美國外）幾乎已被毀滅，而蘇聯方面對應遭到毀滅的只是蘇聯的東歐衛星國，以蘇聯的觀點看，這並非什麼不可承受的代價。此外，就算蘇聯最終要付出終極的代價，難道美國就能置身於事外嗎？或者說美國真的願意用華盛頓去交換巴黎的毀滅？

靈活反應戰略導致了一些真實的後果。隨著蘇聯戰略核力量的成長，靈活反應戰略變得越來越不可信，因為美國為應對與蘇聯的逐步升級的核戰爭所需的成本越來越高昂。蘇聯戰略力量的強化，同時意味著西方戰略防禦能力的弱化，這迫使北約的歐洲盟國們不得不嚴肅考慮蘇聯提出的各種建議和要求。同期，美蘇之間的緊張形勢隨著古巴危機的結束則逐漸緩和，這也使歐洲各國開始思考比單純對蘇綏靖更好的措施。

就在肯尼迪認為擁有更強大的非核防禦力量將使西方世界更加安全之時，在西德看來他的想法只會鼓勵蘇聯人相信，其在中歐對西德的侵略行動，至少在初期階段，將只會遭遇有限的反擊。顯然，艾森豪威爾的大規模報復戰略更易激起歐洲人的共鳴，只要北約仍能以相互確保的核毀滅威脅蘇聯，蘇聯就不會考慮任何在歐洲發動戰爭的可行性。因此，歐洲人絕對不想美國撤離他們的核保護傘，很多歐洲人懷疑肯尼迪當局有一套秘密計劃，希望降低由於為歐洲提供核安全承諾而對美國帶來的核風險。顯然，美國顯然更願意在歐洲進行一場非核的戰爭。

再轉回美國的有限核戰爭構想上。對對方發起某種信號並要想發揮預期效果，需要雙方都能敏銳地覺察到局勢下一步的演變，但實際上這在現實中的決策博弈環境中非常困難。面對充斥著各種相互矛盾、復雜的信息，雙方根本不可能遵循類似的決策邏輯。即便二十年後，美蘇雙方戰略核決策系統之間的區別仍難以辨識，例如，在一次針對北達科他州洲際導彈發射井的導彈核攻擊和一次以芝加哥為目標的核攻擊之間，在雙方的決策層看來，所具有的含意可能是截斷不同的，美國不能奢望蘇聯在戰爭期間保持與其同樣的決策邏輯。而且就當時所掌握的蘇聯的軍事學說看，似乎他們對這類精確微妙的美國式思維並無興趣。正如克勞塞維茨所說，戰爭有其自身的邏輯，決不是在一場漫長游戲中互傳信息。

關於新總統的新的核戰略，美國國內進行了大量討論，這也直接影響了美國武裝力量的建設。就一些非常重要的方面看，具體戰略武器系統的采購或增減都是次要

的。總體看，肯尼迪當局實施新軍事戰略的主要受益者，正是以麥克斯韋‧泰勒爲代表的陸軍派。豬灣事件之後不久，肯尼迪急召泰勒將軍赴華盛頓，幫助當局調查這次失利的原因。無疑，這項任務極端敏感，因爲事件失利的真正原因很可能牽扯到肯尼迪自身，更確定的是，此時肯尼迪非常信任泰勒。正是此次任務，使泰勒成爲肯尼迪的親信，並被提名擔任中央情報局局長一職（但並未被任命）。當時，肯尼迪有意恢復之前曾設立的總統軍事顧問的職位，第二次世界大戰期間，該職位由萊希海軍上將擔任（他也經常被提及擔任戰時的參聯會主席，但並非如此，事實上第二次世界大戰期間參聯會主席這一職務並不存在）。1961年7月1日，泰勒被指派擔任了新職務——總統軍事代表。[1] 他幾乎成爲肯尼迪身邊唯一來自軍方的聲音。[2] 他的性格和行事風格與肯尼迪非常吻合，正因如此，其也能與麥克納馬拉共事。泰勒曾奉承過麥克納馬拉，稱在自己整個陸軍參謀長任期中始終渴望能有一位像麥克納馬拉這樣的強勢的國防部長。在取得總統和國防部長的信任後，他也就能間接地向這兩名美國國防政策及軍事戰略的決策者推銷戰略學者們新提出的靈活反應戰略。據信，首次向高層提交關於靈活反應戰略關鍵性簡報的，應該是1961年2月蘭德公司的威廉姆‧W. 考夫曼（William W. Kaufmann），他和他的同事們已潛心研究和完善這一戰略多年。當然，在提交給總統之時，麥克納馬拉可能已看過相關報告並對此戰略較爲熟悉了，因爲1961年2月21日他就注記了很多關於1961財年和1962財年的防務預算的修訂建議，其中就以相當完備的形式包含了大量與新戰略相關的軍備建設內容。[3] 1962年10月1日，泰勒擔任參聯會主席的職務，其原來職務被中止。他在後繼參聯會的任期中仍保持了與麥克納馬拉的良好關系，並支持他繼續阻礙參聯會對總統施加影響。[4]

艾森豪威爾時期曾長期壓制美國陸軍的現代化項目，理論上，他認爲在核時代維持少量的幾個陸軍師與組建更多陸軍部隊相比並不會有什麼太大不同。當然，在柏林危機期間，國務卿迪安‧艾奇遜發現，北約盟國的非核防御能力已大爲提升，甚至超過以前預期的水平。在這種情況下，美國繼續保持少量陸軍師可能就足夠了。[5] 很多北約國家明顯也知道美國陸軍的情況，但他們並不明言這些；美國也都清楚，歐洲盟國維持這些部隊不易，要想削減其常規力量很容易就實現了（比如這些國家要以美國維持較少陸軍部隊爲由削減自己的同類部隊，可能很短時間內就削減了）。無疑，艾奇遜的發現之所以重要，正在於此情況恰證實了泰勒一直以來心中的想法（組建一支更爲強大的美國陸軍）是正確的。

---

[1] 約翰‧泰勒：《麥克斯韋爾‧泰勒將軍》，第234-235頁（John Taylor, *General Maxwell Taylor*, 234~235）。

[2] 麥克馬斯特：《職責的背棄》，第11頁（McMaster, *Dereliction of Duty*, 11）。

[3] 沙普利：《允諾和權力：羅伯特‧麥克納馬拉的生活和時代》，第139頁（Shapley, *Promise and Power*, 139）；1961—1963年《美國對外關系文件》8：第35-48頁（FRUS[1961~1963] 8: 35~48）。

[4] 麥克馬斯特：《職責的背棄》，第22-23頁（McMaster, *Dereliction of Duty*, 22~23）。

[5] 布林克林：《迪安‧艾奇遜：冷戰年代，1953—1971年》，第118-123頁（Brinkley, *Dean Acheson*, 118~123）。

對比類似的東西方陸軍部隊，麥克納馬拉發現北約的陸軍部隊遠強於蘇聯的同級陸軍部隊。經過大量分析、推演和評估，他認為1個美國陸軍師的作戰能力相當於1.75～2.3個蘇聯陸軍師。[1] 大約在1965年左右，關於東西方同類部隊作戰能力的對比，較典型的看法是1個美國陸軍師相當於華約國家的2個師，1個非美國的北約陸軍師相當於1.2個華約國家陸軍師。根據1961年6月的一份秘密報告，儘管存在著質量優勢，但如果蘇聯要全面進攻的話北約仍必須使用核武器，因為蘇聯的常規部隊規模遠高於己方：當時在中歐前線北約僅部署了22個師級部隊（相當於18個美國師），而他們的對面則集結著55個蘇軍陸軍師。但是，單就作戰能力而言兩者的對比可達到36：55，前景似乎不那麼黯淡，特別是考慮到進攻方人數需要保持與防禦方人數3：1的比例時。[2]

對此，艾森豪威爾可能會說，兵力對比完全毫無必要，考慮到熱核武器的恐怖威力，「（在歐洲）任何軍事威脅都可被安全地視作虛張聲勢的恐嚇」。[3] 類似的，艾森豪威爾認為，美國強化常規力量會向對手發出錯誤的信號：除熱核戰爭之外的軍事能力正在被嚴肅考慮，意味著美國正在考慮現實的戰爭。艾森豪威爾會有此認識，在於他對在歐洲再打一次類似第二次世界大戰的全面戰爭毫無興趣。然而，無論肯尼迪、或是麥克納馬拉都不懂得這點。

麥克納馬拉的分析證明了泰勒所希求的更大規模的現代化陸軍是必要的。柏林危機恰提供了證明這種需求的場合。當時形勢緊張之時，陸軍3個訓練師緊急戰備，2個國民警衛師被動員（很快被其他常備部隊取代），陸軍的作戰師級部隊數量從危機前的11個增長到16個，員額規模從86萬增加至100萬。當時在德國的所有美軍師亦都實現了機械化。曾經作為象徵意義的駐柏林美軍部隊，亦大幅增強使之達到了戰備標准。無疑，陸軍的這次擴張所費不菲，在1964財年，為給陸軍添置各類裝備，麥克納馬拉花費了兩倍於肯尼迪執政之前5年的陸軍花在同類項目上的金錢的總和。[4]

實力增強的陸軍部隊最有用之處並不在歐洲，而在歐洲之外的第三世界國家，這正好能實踐肯尼迪的理念。考慮到杜魯門時期美國的保證，這些增加的部隊不可能再部署到歐洲，因柏林危機再次膨脹的陸軍亦使總統可在世界其他地方更方便地調遣美軍參戰。1961年秋，麥克納馬拉曾想將6個新組建陸軍師中的5個最終部署到越南戰場。相反的，如果沒有柏林危機及之後陸軍的擴編，美國陸軍根本不可能向遙遠的東

[1] 1961—1963年《美國對外關系文件》8：第565-587頁；還可參見1962年12月5日國家情報評估（NIE 11-14-62）《蘇聯戰區力量的能力》（收錄於1961—1963年《美國對外關系文件》8：第431-435頁）；又或參考麥克納馬拉於1963年12月12日發布的1965—1969財年關於美國武裝力量總體目標的總統備忘錄草案（收錄於1961—1963年《美國對外關系文件》8：第565-587頁）（FRUS[1961～1963] 8: 565～587）。

[2] 里夫斯：《肯尼迪總統：權力的輪廓》，第179頁（Reeves, *President Kennedy: Profile of Power*, 179）。

[3] 邦迪：《危機和生存：在第一個五十年裡對核彈的選擇》，第348頁（Bundy, *Danger and Survival*, 348）。

[4] 參見1962年12月3日麥克納馬拉擬制的關於1964—1968財年武裝力量總體目標的總統備忘錄，其提議撥付的330億美元預備幾乎相當於1957—1961財年防務預算的兩倍。根據其建議，陸軍將組建16個配備現代化裝備的現役師，外加6個高優先級的預備役師（收錄於1961—1963年《美國對外關系文件》8：第423頁）（FRUS[1961～1963] 8: 423）。

南亞派遣如此規模龐大的部隊。對此，麥克納馬拉心知肚明。1962年10月陸軍部長賽勒斯‧萬斯（Cyrus Vance）曾要求增編1個師，它可能將被派往菲律賓，這樣靠越南較近需要時很方便轉移部署。但麥克納馬拉並未如其所願，而是把經費用於組建新的試驗性的空中機動師，這種部隊顯然在越南更加有用。[1] 顯然，當時政府內部對限制越南戰爭的規模亦有過很多爭論，麥克納馬拉並不關心這些，他的注意力更多地聚焦於陸軍更高的戰略機動性上：用戰略運輸機將部隊人員快速部署到戰區，再以快速運輸船隊將其重裝備隨後運送到戰區。

麥克納馬拉無疑清楚他不能向國會或美國公眾兜售好戰的理念，比如陸軍希望抵達遙遠的第三世界與當地人打仗，或者裝備更多的現代化的武器，然而，如果以北約部隊已接受了的觀念或軍事需求來作說辭，那麼一切都簡單得多。北約要求重火力，因此美國陸軍配備更多現代化的裝備和火力也就順理成章了。當然，在美國將以火力和技術爲導向的現代化陸軍投入越南戰爭，進行警察部隊（至少公眾就是這麼認爲）就能勝任的反叛亂行動或國家重建任務時，也引發了爭議。然而，麥克納馬拉的現代化陸軍在越南的表現並不如預期，相較而言，50年代貧弱的美國陸軍似乎更有可圈可點之處。當時陸軍發現在第三世界國家的低強度戰場上，在很多情況下部隊需要適應並掌握更多精妙的戰術，這與同期物資條件相對較差的英國在馬來亞反游擊戰爭中的經歷相似，而且其結果可能也更好。

在歐洲部署現代化的常規力量正變得越來越昂貴，肯尼迪政府曾設想由德國采購美國的裝備，甚至包括可搭載核武器的導彈系統（這筆交易碰巧削弱了當局對核武器的政策，即避免、不允許盟國將防務重點聚焦於核領域），以降低美國的防務壓力。不幸的是，在美國逐步加大對越南戰場投入力度的前提下，美國對維持駐歐的龐大常規力量越來越力不從心。另一方面，歐洲卻對美國可能撤離其部隊保持了高度敏感。例如，1961年秋麥克納馬拉向歐洲盟國提出一份計劃，旨在使戰時向歐洲增援部隊更爲容易。計劃設想，美國將把陸軍的重裝備儲存於歐洲各國，平時不過多駐留美軍於歐洲，戰時部隊則迅速空運到歐洲接收裝備並編組作戰。[2] 然而，對於緊張的歐洲人看來，美國人強調的部隊快速機動同樣也意味著美國人能很快撤離其部隊。[3] 1963年10月，該計劃被洩漏出去並引起北約各國的緊張，迫使肯尼迪不得不再次保證，只要需要就將繼續在歐洲部署6個師的部隊。當時肯尼迪曾作出的撤離駐柏林部隊的決定也在一周內被撤消。

盡管作爲民主黨人，肯尼迪仍很擔憂因大幅增加軍費開支而可能造成的通脹問題，他與其前任一樣總是偏好預算上的平衡（不喜歡赤字）。肯尼迪的經濟顧問委員

---

[1] 1961—1963年《美國對外關系文件》8：第426-427頁（FRUS[1961～1963] 8: 426～427）。

[2] 達菲爾德：《進化》，第352頁（Duffield, *"the Evolution"*, 352）。

[3] 達菲爾德：《進化》，第357頁（Duffield, *"the Evolution"*, 357）。

會，主要由沃爾特・赫勒牽頭，則始終試圖讓他放棄這種經濟政策上的傾向。在具體措施方面，肯尼迪的經濟團隊贊同減稅方案，認為這雖然可能導致短期內的小幅預算赤字，但就長期而言則會刺激增長，反過來這又將為國家帶來更多收入以平衡赤字。事實上，肯尼迪對此並無自己的定見，但對他而言幸運的是，柏林危機以來美國軍方的大幅開支起到了其經濟顧問所尋求的效果，即放開部分赤字。[1] 即便如此，肯尼迪仍不太可接受更大額的赤字，畢竟這將與他在競選總統之初所做承諾相悖。受此限制，麥克納馬拉不得不取消很多軍備項目以配合總統的預算平衡。

　　麥克納馬拉非常幸運，艾森豪威爾時期極大的強化了國防部長辦公室的地位，包括1958年為削弱軍種間惡劣競爭所采取的努力等。[2] 特別是其任內通過的《國防部改組法》的重要性此時仍未顯露出來，期間其幾任國防部長非常慎重並未過多地侵犯軍種權利。他們的工作重心更多地傾向於滿足其上級（總統）對武裝力量的總體控制，而非之下的各軍種部長及參謀長（作戰部長）的需求，麥克納馬拉則完全不同。這種傾向的變化，體現於1962年國防部的年度報告中，其中考慮了各軍種部長的要求。自1962年起，隨著麥克納馬拉鞏固了其權力，每年的防務報告完全由其辦公室擬制和修訂，而且此報告也不再按以往軍種的界限進行劃分，而是按功能（如戰略力量、通用力量等）進行分章節闡述，這意味最高層對不同軍種的各類功能開始做出整體的籌劃。麥克納馬拉任內軍方的另一項重大改變則是軍政、軍令系統的分立：美國武裝力量的指揮鏈直接由總統經國防部長指揮到各聯合作戰司令官；而文職的軍種部長正式失去了作戰指揮權，他們為總統提供決策咨詢的權利亦部分轉由國防部長擔負。

　　與此前空軍得到重視而海軍和陸軍受到壓制類似，肯尼迪任內被開刀的軍種輪到了空軍。1960年時空軍就已感到壓力，因為行政當局取消了空軍新式B-70轟炸機的項目。肯尼迪在競選時曾承諾不僅要解決美蘇之間的「轟炸機差距」問題，還有盡力彌補並不存在的「導彈差距」。然而，在執政後當局的態度卻反轉過來，空軍成為陸軍的犧牲品。為了自圓其說，麥克納馬拉以「系統分析」的邏輯來解釋其政策。以往，針對特定的軍事需求，決策者總會要求各軍種提交多種方案，然後從中選取既最大程度滿足需求，耗費上又最為經濟的方案。然而，系統分析的方法似乎比以往的實踐（即每個軍種都根據本軍種高級軍官所做出的無法量化的判斷自行制定備選擇方案，以供決策層選擇）更為合理。事實上，它是一種以各軍種都無法輕易辯駁的方式，來證明其決策層選擇（特定方案）正當性的決策邏輯。畢竟只有極少數的軍事系統被設計成只用於滿足特定需求，它們的價值更通常地在於其滿足多種需求的能力（即多功能性），顯然這是非常難以量化的。但麥克納馬拉似乎非常精於設計並利用其系統分

---

[1]孔茨：《黃油與槍炮：美國的冷戰經濟外交》，第99-100頁（Kunz, *Butter and Guns*, 99～100）。

[2]沙普利：《允諾和權力：羅伯特・麥克納馬拉的生活和時代》，第90頁（Shapley, *Promise and Power*, 90）；國防部長辦公室檔案2：第274頁（OSD 2: 274）。

析方法，來質疑軍種提交的方案，並從中抽出有利於自己的答案。他向來以自己傲慢自大，後來更以其妄顧事實，而著稱。[1]

從其主政國防部的表現看，麥克納馬拉似乎並不總是理解他所說的和他所要的。例如，爲強化陸軍的作戰能力，他希望空軍投入更多努力和資源來發展其對地支援作戰能力。爲使空軍達成其所規劃的能力目標，他要求空軍采購合適的機型，比如他在紙面上將空軍采用的多用途戰斗機與陸戰隊使用的特殊用途攻擊機機型進行了比較，認爲陸戰隊的選擇更滿足其要求，因此就以陸戰隊的機型替換掉空軍的F-105戰斗機。但現實上，空軍和陸戰隊都從不專門采購用於近距離空中支援的戰機，當時符合其意圖的機型並不存在。空軍的F-105戰機實際上是一種用於施行核打擊任務的輕型轟炸機，陸戰隊則與海軍一道采用的是F4H型戰機（即後來的F-4型「鬼怪」式戰斗機），與F-105戰機相比，F-4戰機的是一種任務能力更爲多樣化的機型。但對此，麥克納馬拉似乎從未真正理解；相反，他甚至利用此例來顯示其領導能力（要求各軍種在制定軍備計劃時更合乎邏輯）。

盡管各項武器開發項目在研制階段就已非常昂貴，但其在量產後所費往往更爲高昂。作爲一名前福特汽車公司的執行官，麥克納馬拉習慣精准地控制成本。在其主政之後，軍方沒有哪一個重大軍備項目能夠在未經徹底的成本分析的情況下，全面展開研制。麥克納馬拉發明的，基於計算機技術的計劃、規劃和預算系統（PPBS），在1965年是聯邦政府用於核算軍備項目的標准流程。[2] 當然，麥克納馬拉的系統分析在當時也存在缺限，比如在選擇最優化的項目時，最顯著的是未將時間因素考慮在內。

麥克納馬拉在評估各軍種提交的重大軍備項目時，看是否符合總統的新戰略也是一項關鍵因素。無疑各軍種都希望保住本軍種的戰略性項目，因而它們必須確保在蘇聯最初的攻擊中仍能保持其功能，例如它們的指揮控制系統必須要能克服極端復雜的環境，在蘇聯發起進攻初期最混亂的前幾分鍾內確保部隊能夠受領相關命令；此外，還要具備一定持續作戰能力，以便在現場的作戰力量能夠指引後續反擊行動。就戰略層面而言，一旦發生戰爭，決策層需要充分的信息以解讀蘇聯攻擊行動所蘊含的信息；另一方面，美國也需要將其戰略曝光，否則蘇聯方面就難以意識到其意圖。因此，1962年6月16日，麥克納馬拉在密歇根州東南部的安阿伯發表的那次著名演講，似乎就是爲了公開宣稱美國的軍事戰略，即未來美國武裝力量將聚焦於打擊蘇聯的軍事能力，而非其城市（即重點打擊軍事力量而非社會財富的戰略）。

事實上，在麥克納馬拉任內，其削減軍事成本的需求驅動了很多變革。例如，艾森豪威爾時期聚焦打擊蘇聯戰略武器系統的策略（即前文所述的「Bravo」方案），

---

[1] 對於麥克納馬拉的分析，可參見艾因特霍芬和史密斯：《多少才足夠？》（Einthoven and Smith, *How Is Enough?*），麥克納馬拉曾在其擬制的總統備忘錄草案中概述了他對當時各類項目的觀點。很多這段歷史的解密文件都收錄於1961—1963年《美國對外關系文件》系列檔案中（FRUS[1961～1963]）。

[2] 1961—1963年《美國對外關系文件》8：第382-383頁（FRUS[1961～1963] 8: 382～383）。

到他在任時期已不再現實（經濟上無法承擔），因爲蘇聯持續加速部署的戰略導彈已使這類目標極爲龐大，而且還在擴展之中。而在1962年時，美國戰略力量已消耗了大約三分之一的當年防務預算。[1] 麥克納馬拉必須改變以往的戰略計劃，不再追求以己方戰略力量全面打擊蘇聯的同類目標，即所謂的解除對手核武裝的策略；相反的，己方戰略力量將聚焦於數量少得多的蘇聯城市目標（這類目標的數量在短期內不可能大幅增長）。當時，美國計劃打擊蘇聯的170余個城市，即之前所稱的「Delta」方案，這代表著蘇聯80%的工業區域和能力。當然，除了這170個社會目標外，戰略空軍還必須先行打擊蘇聯的150余個轟炸機基地（屬於「Bravo」方案）以及200余個防空類目標。畢竟，據美國方面預期，至1965年時，蘇聯已建成有200～500個導彈發射井；至1967年時，此類目標的數量可能激增至1100余個。[2]

　　因此，麥克納馬拉宣稱在新的時代背景下要全面攻擊蘇聯的導彈完全缺乏意義，甚至在美國轟炸機飛抵目標實施攻擊之前，這些導彈就已發射出去了。[3] 但此時他並不知道的是，實際上蘇聯方面低劣易損的指揮控制體系，及其同樣簡陋粗糙的導彈武器系統，使得美國方面的戰略突襲行動很可能取得成功。

　　但軍種方面顯然與麥克納馬拉的觀念相左，很多支持他的戰略設計的必要技術當時並不存在（抑或未成熟），但國防部長對此並不在意。[4] 參聯會同意發展更爲靈活的「單一整合作戰」計劃，在肯尼迪執政時期軍方制定的此類戰略打擊計劃列入了5套可選的方案（從部分兵力打擊蘇聯的戰術力量，升級至其戰略力量，到全部出擊實施最終的攤牌，都有所涉及）；相比之下，艾森豪威爾時期的此類計劃只有投入全部力量的一種方案。在所有這些方案中，也考慮有先制攻擊的計劃，而這些方案所具有的共同特點在於盡可能減少平民傷亡和對北約盟國及蘇聯衛星國的毀傷。總統在這一系列的核戰爭計劃中也具備很大的影響力，例如，他可以決定是否對中國或蘇聯衛星國實施核打擊，或者對敵方的政府控制中心是否發起核攻擊行動。當然，此套方案也暗含著前提，即蘇聯方面的決策層對其主要力量體系仍擁有可靠的指揮控制能力，在這場延長的戰爭中能夠繼續做出合乎邏輯的決策。

　　麥克納馬拉時期，他爲強化美國核指揮控制體系而付出的努力中，對後世影響最重大的成果很可能就是現在我們所廣泛使用的因特網了。爲提高對戰略力量的指揮控制的可靠性，他指令國防部高級研究計劃署（ARPA）研制一套突出冗余特征的指揮系統，它要能在敵方的核攻擊下發揮作用。在此要求下，通過電話線以網絡拓樸結構

[1] 沙普利：《允諾和權力：羅伯特·麥克納馬拉的生活和時代》，第188頁（Shapley, *Promise and Power*, 188）。

[2] 1961—1963年《美國對外關系文件》8：第143頁、第145頁（FRUS[1961～1963] 8: 143, 145）。

[3] 可參見1962年11月21日麥克納馬拉在總統備忘錄草案（DPMs）中的闡述（收錄於1961—1963年《美國對外關系文件》8：第398-415頁）（FRUS[1961～1963] 8: 398～415），以及1963年12月8日的總統備忘錄草案（收錄於1961—1963年《美國對外關系文件》8：第545-564頁）（FRUS[1961～1963] 8: 545～564）。

[4] 1961—1963年《美國對外關系文件》8：第195-197頁（FRUS[1961～1963] 8: 195～197）。

連接大量計算機節點構成的計算機網絡得以問世。在此網絡化指揮系統中，單個節點或一段連接被中斷並不影響整個系統的信息傳遞。這套由高級研究計劃署研制的網絡被稱爲「阿帕網」（ARPANET），最初它被用於連接美國的多所著名高校用於測試相關概念和技術。[1]

肯尼迪當局擁抱的新軍事戰略無疑更偏好具有更強戰時生存能力的戰略武器系統。「北極星」核潛艦的預計部署規模超過了原計劃的兩倍多（從19艘增加至41艘），「民兵」系列洲際導彈的規模也有一定增長（艾森豪威爾時間曾計劃部署800枚，後增長至1000枚；盡管空軍是希望部署1800枚，外加300枚機動部署型導彈）。1961年麥克納馬拉制定的美國戰略核力量的部署規劃對後來影響深刻，在此後的20余年裡，美國的陸基和海基戰略核力量雖隨不同時期而略有變化，但總體規模仍大體得以維持。考慮到美蘇之間並不存在的轟炸機和導彈差距，肯尼迪時期的戰略核力量大躍進實際上進一步拉開了與蘇聯在此領域的差距，此後除了不斷以新型號導彈汰換老舊型號外，美國停止繼續擴大其戰略核力量的規模。

理論上，如果戰略轟炸機能夠保持其對蘇聯日益嚴密的防空網實施突防的能力，這類部隊將最爲符合麥克納馬拉的需要，例如在較可靠的核打擊戰略預警體系支持下，它們的戰場生存能力較高（蘇聯導彈抵達前已完成升空）。但現實問題在於預警體系存在著可靠性問題，在警報被確認爲真之前，它們只得繼續停留在地面待命。與現有的導彈系統相比，轟炸機部隊的優勢在於其靈活性，即便升空後其機組仍能接受戰略指揮當局的控制，比如中止打擊行動，變更打擊目標等；此外，轟炸機還能飛赴敵方領土上空對未明確位置的目標實施攻擊，特別是在偵察衛星仍未普及的當時，除城市及固定設施這類目標，其他機動或半機動目標的位置很難提前獲取。

然而不幸的是，麥克納馬拉不喜歡轟炸機，因爲在他看來這類武器系統的成本過高。例如，一個裝備「天弩」導彈的B-52型戰略轟炸機聯隊，其成本相當於250枚「民兵」導彈或6艘「北極星」核潛艦（含96枚潛射核導彈）。因此，在確定美國戰略核力量的構成時，他更傾向於低成本的武器系統，固體導彈無疑既便宜，又易於操作（它們部署到發射井後僅需很少的維護）。麥克納馬拉上任後，很快淘汰了幾乎所有昂貴的使用液體燃料的洲際導彈，僅保留了少量「泰坦」導彈（因爲當時僅有此型號導彈能夠搭載超重型核彈頭）。

接下來，麥克納馬拉將削減目標轉向轟炸機部隊，爲了減少空軍的反彈他決定分階段實施。首先，他砍掉了空軍的B-70超音速戰略轟炸機項目，理由是新機型的效費比不如裝備了「天弩」防區外導彈的B-52轟炸機。此舉非常狡猾，因爲當時麥克納馬拉已被告知「天弩」空地導彈在技術上仍困難重重，此項目根本就應取消。隨著B-70

---

[1] E.戴爾蒙德：《英特網的古老歷史》，摘自1995年10月《美國遺產》46期，no.6（E.Diamond, *"The Ancient History of the Internet"*, in *American Heritage* 46, no. 6[Oct 1995]）。

項目被終結，麥克納馬拉接著又廢掉了「天弩」導彈項目，當然此時他給出的理由是其研制進度嚴重拖延，甚至在其預定載機（B-52）退役之前都無法服役（事實上B-52一直服役到今天）；實際上此時麥克納馬拉對B-52轟炸機的後續機型亦心中無底，他只是簡單地設想只要擁有了足夠的「民兵」系列導彈，就能解決B-52轟炸機退役後的問題。

但空軍的反彈同樣強烈，在麥克納馬拉要求取消B-70轟炸機項目後不久，空軍在國會中的代言人就發起攻勢，要求增加對B-70項目的撥款。但肯尼迪和麥克納馬拉用行政否決權阻止了國會批准的撥款事宜。[1] 但國會同樣也未輕易放棄，經歷一系列論戰之後國會取得勝利。這可能比艾森豪威爾當年所擔憂的還要糟糕，現在國會已能按自己的意願迫使總統和行政當局改變決策。此後直到1997年比克·克林頓任職期間，才試圖扭轉這一狀況，當時總統簽署的一項法案遭到國會否決，直到最高法院裁定國會否決無效。

「天弩」空地導彈被廢除亦帶來了深刻的國際影響。該項目在研制之初就預定不僅裝備美國的重型轟炸機，英國空軍方面也將采購此型導彈。因而，在美國單方面取消該項目後，英國將其解讀爲對英國獨立核威懾能力（甚至是英國獨立地位）的損害，畢竟爲了這款導彈英國方面已放棄了替代武器系統的發展，該項目被取消意味著英國失去了空中的防區外核打擊能力。其導致的結果可能正是肯尼迪不希望看到的。爲了安撫英國人，肯尼迪不得不向英國提供更具威力的導彈，「北極星」潛射核導彈，這正是多年以來英國渴望從美國獲得的武器系統。

向英國轉移「北極星」核導彈進一步帶來了一系列難以預料到的冷戰後果。在英國皇家海軍獲得「北極星」後，皇家空軍失去了其在英國核威懾戰略中的中心地位（原先預計引進的「天弩」空地導彈本來起著加強皇家空軍核地位的作用）。大約在同一時期，皇家海軍還計劃建造一級新的航空母艦，用於提高皇家海軍在日益不穩定的海域（「蘇伊士以東」地區）的威懾和作戰能力。同時，該航母作爲機動性的作戰力量也非常符合北約當時的戰略規劃。理論上，蘇聯的導彈能迅速摧毀歐洲各國的空軍基地，在此情況下，高機動性的航母艦隊能夠發揮替代性的戰力。爲了支付同時擁有航母和戰略核潛艦所需的高昂費用，在「天弩」空地導彈出局的情況下，遭到削減的大頭只能是皇家空軍。無疑，皇家空軍不甘作犧牲品，經過反復博弈，1965年皇家空軍說服政府取消掉海軍的航母更換計劃。對皇家海軍而言，至少在兩年內向「蘇伊士以東」海域投射其航母力量的計劃不得不擱淺了；此舉導致的結果（如果有什麼區別的話），便在於英國海權在印度洋和東南亞海域的收縮，使得這片海域對於正陷入越南戰場的美國政府而言更爲重要了。

---

[1] 邦迪：《危機和生存：在第一個五十年裡對核彈的選擇》，第352-353頁（Bundy, *Danger and Survival*, 352～353）。

麥克納馬拉的另一個重要裁撤目標則是當時陸軍昂貴的「反彈道導彈」（ABM）項目。與空軍的B-70項目類似，肯尼迪在競選時曾大力支持過陸軍的此軍備項目。但幾年後麥克納馬拉仍中止了此項目的進行，並反復稱只要該項目的一些問題得以解決，他就立即授權生產此系統。另一方面，與B-70項目不同的是，陸軍的反彈道導彈項目是個極易引起政治爭議的項目，畢竟陸軍大力宣傳此項目將爲美國本土提供防御蘇聯致命攻擊的手段。

在國防部內部，麥克納馬拉亦以技術爭議爲由，取消了陸軍的一連串型號的導彈武器。然而在1963年底，他宣稱新的研究表明戰略防御是一項效費比非常低的設計，因爲攻擊方每花費1美元用於進攻性武器上，防御方就要花費3美元，而且還不能保證萬無一失。這套以效率爲核心的判斷標准似乎非常正確，但似乎很少有人意識到，考慮到蘇聯的經濟規模比美國小得多，美國擁有的雄厚財力可以支持其開發效費比較低、但極爲重要的武器系統，換言之，美國有能力以超過3：1的投入比例向反導領域投入資源。而且，當時更沒人認識到蘇聯方面導彈量產方面的困難。根據現有資料，事實上由於生產效率低下，當時蘇聯生產導彈所需成本甚至3～4倍（甚至更多）於美國的同類導彈。[1]

麥克納馬拉還將反彈道導彈項目與真正缺乏認可的項目——核戰民防項目，聯系在一起。畢竟，民防項目很可能向民眾傳達核戰爭可能爆發的信息。很多人發現最好想象核攻擊的效果根本不會被這類民防設施所減弱，因此最好將它們都取消掉。邏輯上說，民防設施項目必須與反導系統配套建設，但落在反導系統防御區之外的敵方核導彈爆炸後，所產生的輻射塵仍可能殺傷爆心區域下風處的大量平民；反過來看，在缺乏反彈道導彈系統配合的前提下，民防項目可能更無助於改變民眾易受毀傷的現實。最終，國會拒絕批准了全國性的民防建設項目。

無論肯尼迪，還是他的繼任者約翰遜總統，都無法承擔向社會聲明他們無意於保護民眾所帶來的重大政治後果。事實上，同期蘇聯正開發他們自己的反彈道導彈系統。1966年，陸軍說服參聯會向國會和總統建議盡快部署其研制的改進型「斯巴達」反彈道導彈防御系統。國會早在1959年就首次爲此類戰略防御項目撥款，很多國防部的官員亦贊同盡快部署。同期，中國成功試射了其中程彈道導彈系統，無疑他們很快也將擁有自己的洲際導彈系統，因此即便美國的反導系統無力應對蘇聯的全面攻擊，但要攔截中國少量的遠程或洲際導彈，可能仍相當有效。

盡管各界都對反導系統表示支持，麥克納馬拉仍然不想部署此系統。爲達成其目標，他又拋出新的爭議點。他宣稱，美國和蘇聯都無意部署這類防御系統，因爲雙方都只需耗費較少的資源就能克服對方防御系統的影響。1967年1月，他要求約翰遜總

---

[1] 1961－1963年《美國對外關係文件》8：第392-397頁（FRUS[1961～1963] 8: 392～397）；梅、斯坦布魯納和沃爾夫：《戰略軍備競爭的歷史》，第548-550頁（May, Steinbrunner, and Wolfe, *History of the Strategic Arms Competition*, 548～550）。

統立即授權與蘇聯就限制戰略反導系統的議題展開談判。此時他仍不知道的是，蘇聯人已意識到這類防禦系統的嚴重缺陷（包括可靠性、高成本等）。[1] 麥克納馬拉仍認為，蘇聯肯定在某種程度上對共同限制雙方的反導系統以及進攻性戰略力量感興趣。因此，美國部署少量的類似系統將是談判時有用的籌碼，但事實上，蘇聯此時已部署了類似的系統。

此外，至1968年左右總統大選臨近，如果美國再不部署類似系統（向民眾展示政府不惜代價保護他們的姿態），約翰遜總統將如何面對選民？因此，約翰遜向麥克納馬拉定下了6個月的期限，如果蘇聯不作響應（即就限制部署反導系統進行談判）那麼到1967年中期時，他將命令部署此防禦系統。1967年6月23～25日美蘇在新澤西州葛拉斯堡羅舉行峰會，期間美國正式向蘇聯提出了該議題，出席會議的蘇聯領導人柯西金拒絕了美國的提議。後來，他稱不理解為什麼每個人都反對部署防禦性武器。[2]在此情況下，約翰遜下達了部署指令。

麥克納馬拉絕對不是他所自稱的冷靜的理性主義者。他否決了反彈道導彈系統，他從最初就厭煩此類系統，而且他亦不願被反對。因此，在不得不應總統要求部署反導系統後，他設法（指示部署反導系統僅用於為洲際彈道導彈，而非城市和民眾，提供防護）令約翰遜的決策大打折扣。[3] 然而，他的這項決定又節外生枝地導致了另一個問題，他稱陸軍設計的反導系統主要用於執行為城市提供防護，並不適於用作為軍事目標提供防護，因此需要全新的系統。這意味著重新設計和高額的項目投入。事實上，陸軍反導系統所采用的攔截彈主要在高空以核爆攔截來襲彈頭（以防輻射殺傷城市這類軟目標），完全可用於為加固的洲際導彈發射井提供防護。經過麥克納馬拉的干擾後，美國軍方不得不建設一套輕量級的導彈防禦系統用於應對他們所想象的來自中國的可能威脅。[4] 1967年9月18日，美國宣布研制並部署20套「哨兵」反導系統。毫無疑問，麥克納馬拉是個不擇手段的國防部長，其一系列行為清楚地表明，在軍事領域他怨恨所有與其意見相左的決定，即便這是約翰遜總統所作出的政治上的必要抉擇。

從冷戰的角度看，反彈道導彈系統的主要影響主要是間接性的。一旦蘇聯自己的反導系統開始運作，美國的導彈就必須加以升級以克服其影響。當時，明顯的解決方案是為彈頭加配伴隨其彈道軌跡飛行的誘餌。[5] 考慮到當時的反導殺傷主要依賴核爆

---

[1] 史蒂夫·扎洛加：《蘇聯的戰略武器》，即將出版。

[2] 梅、斯坦布魯納和沃爾夫：《戰略軍備競爭的歷史》，第569頁（May, Steinbrunner, and Wolfe, *History of the Strategic Arms Competition*, 569）。

[3] 梅、斯坦布魯納和沃爾夫：《戰略軍備競爭的歷史》，第569-570頁（May, Steinbrunner, and Wolfe, *History of the Strategic Arms Competition*, 569～570）。

[4] 梅、斯坦布魯納和沃爾夫：《戰略軍備競爭的歷史》，第570頁（May, Steinbrunner, and Wolfe, *History of the Strategic Arms Competition*, 570）。

[5] 梅、斯坦布魯納和沃爾夫：《戰略軍備競爭的歷史》，第577-578頁（May, Steinbrunner, and Wolfe, *History of the Strategic Arms Competition*, 577～578），美國的首個誘餌在1963年中期被安裝到「阿特拉斯F」型導彈上；還可參見1961—1963年《美國對外關係文件》8：第373-374頁（FRUS[1961～1963] 8：373～374）。

的巨大毀傷半徑（非動能撞擊），因此誘餌與真彈頭之間必須盡可能保持較遠距離，如此單枚攔截彈的爆炸才不會成批毀傷包括真彈頭在內的多個目標。1962—1963年間，一些美國科學家曾建議為彈道導彈的彈頭部分加裝動力載具，如此彈頭在軌道飛行階段就可具備機動能力，或者在飛行期間沿不同軌跡拋撒誘餌彈。這一概念進一步發展成為「多彈頭分導再入載具」（MIRV）系統，它能以單枚導彈同時向分散在廣大區域內的多個目標投擲彈頭，急劇增大了當時反導系統的攔截難度。

新的「多彈頭分導再入載具」技術極大提升了洲際彈道導彈的效費比，使用此技術後洲際導彈可輕易地應對敵方反導系統及各類目標。每枚導彈都能夠打擊多個目標的現實，亦對構成三位一體戰略核力量中的各軍種核力量形成了不同的影響。空軍為其「民兵III」型導彈（具備多彈頭分導再入能力）搭配了3枚核彈頭；海軍則偏好於其重量和當量都輕量化的小型核彈頭，為其改進後的每枚「海神」潛射核導彈（源於「北極星」導彈）安裝了10枚核彈頭。海軍的邏輯在於，由於當時導彈打擊精度仍稱不上非常精准，因此只能用於打擊軟目標，小型化的彈頭將賦予海軍核力量更多的目標打擊能力。經過改裝後，空軍近二分之一的「民兵」系列導彈和海軍的四分之三的潛射導彈具備了多彈頭分導再入能力，海空軍軍種的戰略核力量占美國整體核威懾力量的比例，也因此而急劇變化。此輪技術升級後，海空軍可投擲的核彈頭數量之比已超過2：1（空軍保有的戰略轟炸機雖彌補了一定差距，但對於海軍一下增長近10倍的投擲彈頭數量，並不能改變什麼）。

美國的核戰略學家爭論認為，理論上，一旦雙方都擁有了多彈頭分導再入技術，對兩方而言，進攻已變成更具價值的打擊方式，由於任何一方都可以只用其少量戰略核力量迅速摧毀對方的陸基戰略導彈力量，因而雙方似乎更有動機率先發起攻擊。[1]然而，現實卻並非如此，很多導彈仍不得不瞄准打擊單一目標，而且在實施攻擊時它們必須以非常嚴格的時序逐次進入戰場。如果針對特定目標（或目標區域）的多個來襲彈頭爆炸時間間隔過短，彈頭之間可能出現「互殺」干擾。例如，當一枚彈頭在經過一處正被核爆襲擊的區域時，它很可能被先前的核爆所摧毀，或者之前核爆的輻射及電磁脈沖將使其失效。毫無疑問，大規模地使用多彈頭分導導彈實施攻擊仍面臨著很多潛在的問題，如果不進行試驗沒人能確保實戰時就能像所預期那樣發揮巨大的威力。總體上看，在這類攻擊波次中即便每次核彈頭的爆炸僅存在極小的時間誤差，都有可能影響整波次攻擊的效果，而且緊接著的肯定是對方恐怖的同類還擊。此外，空基和潛基核力量仍在很大程度上免疫這類攻擊，墨菲法則仍然有效。無疑，沒有那個政治家會為成功實施一次針對敵國的高度協調的大規模多點核攻擊，而願意地賭上整個國家的存亡。

---

[1]梅、斯坦布魯納和沃爾夫：《戰略軍備競爭的歷史》，第585-586頁（May, Steinbrunner, and Wolfe, *History of the Strategic Arms Competition*, 585~586）。

第26章
戴高樂與北約

對肯尼迪而言，迪安・艾奇遜擔任國務卿以來為美國制定了新歐洲政策，該政策亦成為當局對跨大西戰略聯盟的宏觀設計。[1] 其核心在於歐洲的一體化，不僅在軍事上，亦包括經濟上的整合。軍事上的整合意味著美國所提出的「多邊核力量」（MLF）概念，在此概念約束下英、法等歐洲有核國家將放棄其獨立的核力量。經濟上的整合意味著弱化美國與英國間的特殊關系，並進而要求英國建立與其他歐洲大陸盟國（形成歐洲經濟共同體，即今天的歐盟）的更緊密關系。為了削減美國在歐洲部署的成本，新的政策還包括試圖降低歐洲國家對美國的關稅水平，以增加美國對歐洲的出口進而改善美歐之間的貿易平衡。

與毛澤東類似，對本國、本民族深感自豪的戴高樂同樣對無法在北約陣營中發揮本國的主導影響而夙夜難寐，有時甚至是憤怒。戰後經過與德國的和解，法國（與西德一道）主導了新的歐洲經濟共同體；進一步的，戴高樂亦認為法國應在北約中發揮領導作用。在其看來，美國的新歐洲政策是其撤離歐洲的前奏，而北約內部由法、美、英組成「三頭政治」的領導體制，應取代美英憑借其特殊關系對北約的主導。1958年時，戴高樂首次倡導此類理念，但考慮到這一建議可能徹底毀了北約因此遭到大多數國家拒絕。1960年戴高樂擁有了自己的核武器，更堅定了其為聯盟發揮更多領導作用的設想。無疑，肯尼迪當局給予了法國某種形式的核技術援助，正如同此前英國所獲得的類似援助那樣，戴高樂仍高估計了自己實力。此外，他錯誤地認為英國擁有對美國使用其核武器的否決權，因而亦希望也獲得類似的否決權。

肯尼迪拒絕了戴高樂的要求，但此舉無疑刺激了他脆弱的自信，更使他成為美國和北約最危險的敵人。[2] 他認定肯尼迪的新戰略正是印證美國意圖（即，當歐洲出現某種危機時，美國不再准備冒受蘇聯核報復的風險為危機仗義紓難）的強有力證據。[3] 另外，在涉核技術的相關轉移方面，法國也未得到與英國類似的待遇，比如英國獲得的「北極星」潛射導彈（美國未提供彈頭），法國就從未獲得。而且不幸的是，法國在相關核技術方面的差距與美、英仍有較大距離，比如，他們仍無法生產裝

---

[1] 布林克林：《迪安・艾奇遜：冷戰年代，1953—1971年》，第119-120頁（Brinkley, *Dean Acheson*, 119～120）。

[2] 1961—1963年《美國對外關系文件》13：第641頁（FRUS[1961～1963] 13: 641）。

[3] 達菲爾德：《進化》，第357頁（Duffield, *"the Evolution"*, 357）。

配在小型核導彈上的輕量化彈頭。[1]

　　爲使法國在國際政治舞台上獲得更多權威，戴高樂采取了非常精妙的策略和手腕，這爲法國獲得了與其實力並不匹配的更多利益，並在多年來一直鼓舞著法國戰略學者。戴高樂認爲，由於核僵局的形成歐洲前線爆發戰爭的可能性極低，美國的新歐洲政策很大程度上並不會改變這一現實（即歐洲爆發戰爭）。以往，艾森豪威爾理解這一點，因此他願意大幅削減美國陸軍。至於蘇聯，在戴高樂看來，他們想要避免僵局，但除了在西方力量薄弱的第三世界地區（比如印度支那、阿爾及利亞和剛果等）發力外，其他重要地區仍難取得突破。因此總體上看，未來的西方與其說在歐洲，不如說在歐洲以外北約力量鞭長莫及的地區，都將處於守勢。

　　甚至就在法國的北非殖民地體系崩潰後，法國仍竭力維持著其龐大的非洲殖民帝國。這些殖民地雖然名義上取得獨立地位，但仍在安全和經濟方面保持著與法國的緊密聯系。在整個80年代，很多法國的對外政策和戰略都圍繞著支持原殖民地親法政權（如乍得和吉布提）的需要展開。例如，法國的外籍軍團曾在1978年支持剛果（扎伊爾）政府以對抗由古巴支持的入侵行動；80年代法國亦幫助乍得政府抵御蘇聯代理人，利比亞的卡扎菲上校。

　　考慮到內外部環境，戴高樂有理由認定在北約之外他能夠取得與英國同等的地位（比如兩國都曾是殖民帝國，在歐洲之外都擁有大量可供利用的殖民地）。因此，他曾期望美國給予法國以特殊的待遇。肯尼迪的拒絕無疑對他相當膨脹的自尊心以重重一擊。法國希望能提高國際地位，不求達到與美蘇比肩的程度，但至少要優於其他的歐洲盟國。但美國政府並不無改變世界權力體系的現實，這本是各國默許的事實，但對戴高樂而言卻是難以接受的。

　　戴高樂宣示的冷戰政策很大程度上是應阿爾及利亞失敗後他對凝聚法國意志的需要。戴高樂決定撤出他認爲無法取勝的阿爾及利亞戰場。法國武裝部隊的精英們感到戴高樂已放棄了他們在戰場上取得的勝利，在阿的法國人因不得不離開那裡而對他的決定心懷怨恨，甚至仍忠於法國的阿爾及利亞人也感受到戴高樂的背叛。當時出現很多極端事件，比如1961年4月22日，3個部署在阿爾及爾的法國傘兵團在駐地發動政變。[2] 在此情況下，憑借第二次世界大戰時所建立起的威望，戴高樂設法凝聚了法國的意志，壓制了此次叛亂。當然，法國國內仍暗潮洶湧，戴高樂和他在「秘密軍隊組織」（OAS）的敵人仍不時相互爭斗，因而外界普遍認爲法國遠不如英國或西德那般穩定。

　　戴高樂決定以法國傳統的大國民族主義來統一國家的意志，而北約正是個很好的靶子。在法國人看來，它是個外國人的聯盟，在之前的幾次殖民地戰爭最絕望的時刻

---

[1] 1961—1963年《美國對外關系文件》13：第743頁（FRUS[1961～1963] 13: 743）。

[2] 霍尼：《和平的野蠻戰爭》，第436-460頁（Horne, *A Savage War of Peace*, 436～460）。

仍拒絕幫助法國。此期間法國擁有了自己的核武器，亦給了戴高樂所急需的某種強有力的政治聲望，同時增強了他打北約牌的信心。根據這一認知，戴高樂為之後30年的法國的核戰略設定了路線：任何蘇聯（對法國）的攻擊將立即招致法國的核報復。即便法國的核力量規模有限，但仍足以重創蘇聯（主要通過徹底摧毀諸如莫斯科、列寧格勒這樣的大城市實現），如此蘇聯就不敢冒險侵犯法國。戴高樂稱這種威懾為「全方位威懾」。

事實上，他沒有其他選擇。為支撐阿爾及利亞戰爭，期間法國幾乎很大程度上停止了非戰爭急需的軍備開支項目，其核力量的建設大受影響。戰爭結束後，法國立即將軍費開支重點移向核開發領域，相關項目的支出曾占到整個預算的五分之一（1968年甚至高達二分之一）。這種投入比例遠高於英國和美國同期的投入。無疑，同期仍然虛弱的法國經濟根本無法為高強度的軍備投入提供支持，加之大量經費用於核武器的開發和部署，就更無足夠的預算用於大規模提升法國陸軍的現代化水平了。[1]

為了減少對國內經濟依賴，法國軍工部門不得不更大程度地依賴向第三世界國家出售軍備獲得資金。[2] 因此，當時法國的武器研制和生產更多地出於滿足國外客戶的需要，而非北約在歐洲備戰的需要。例如，60年代法國陸軍的AMX30型坦克，它主要作為一款用於沙漠地區作戰的快速坦克殲擊車而被設計，缺乏同期主戰坦克的強大防御能力（除了能防御20毫米機炮射擊外，它幾乎難以抵御更大口徑彈藥的攻擊），難以適應歐洲的戰場環境。

另一方面，法國人合乎邏輯地宣稱，在相互核威懾背景下，歐洲戰場上爆發大規模機械化戰爭的可能性極低（這很大程度上正是艾森豪威爾的觀點，但肯尼迪卻不認可），因此就算法國陸軍大量裝備著應第三世界國家需求而研制的裝甲車輛，盡管缺乏對敵方坦克的防御，但在核武器肆虐的歐陸戰場上，與其他裝備強大主戰坦克的軍隊相比，兩者在易損性上有何區別？對此，戴高樂感到難以解決的問題很可能就在於，他不得不保持一支法國並不真正需要的龐大陸軍（應北約的要求，法國需要維持強大的陸軍）。相比之下，法國更需要海空軍隨時向第三世界投射力量以彰顯法國影響力的軍力，比如法國海軍始終維持著兩艘昂貴的航母艦隊，甚至在90年代這些航母服役期滿後仍決定建立新的核動力航母以替換它們。類似的，自60年代末，法國海軍就（相對英國而言）更注重保持其海外投射能力，比如艦載攻擊機和兩棲作戰艦只等。

對西德而言，肯尼迪的歐洲新戰略同樣令人擔憂。艾森豪威爾時期，美國保衛歐洲的意圖明確，西德只需盡力配合北約的歐洲戰略，在中歐采購部署大量的核武器投

---

[1] A.庫羅德茲：《法國》，摘自鮑爾和利滕伯格：《防務工業結構》，第86-89頁（A. Kolodziej, *"France"*, in *The Structure of the Defense Industry*, ed. Ball and Leitenberg, 86~89）。

[2] A.庫羅德茲：《法國》，摘自鮑爾和利滕伯格：《防務工業結構》，第91-100頁（A. Kolodziej, *"France"*, in *The Structure of the Defense Industry*, ed. Ball and Leitenberg, 91~100）。

擲系統，雖然這些需付出不菲的經濟代價和難以意料的政治成本，但至少目標明確。但當肯尼迪上台後告訴他們稱原有的計劃作廢時，可想象西德政府的驚恐，這意味著其軍備方向的重大轉變，畢竟重新采購足夠數量新型常規武器所需的預算，已超出西德可承受的范圍。[1]

肯尼迪的新政策亦使戴高樂看到了機會。1963年，他向西德提出，由兩國在北約體系之外建立戰略伙伴關系。他可能將西德陸軍視爲法國正致力於發展的核力量的「常規盾牌」，當時法國甚至散播謠言稱美國提出的新靈活反應戰略正是其決定撤離歐陸龐大計劃中的一部分。[2] 但此時他選取的時間點並不理想，因爲在過去幾年中，西德一直致力於構建與法國的良好關系，希望通過法國（對西德）展現的善意幫助贏得歐洲其他國家對信任，進而凝聚北約各國保衛中歐（西德）的努力，而非延續過去這些國家對德國的仇恨。因而，在戴高樂作此提議後，已融入了歐洲的西德認爲，只要在北約框架下美英間的特殊關系仍繼續維持，就只能拒絕法國。[3] 對西德來說，美國在歐洲的存在仍是聯盟威懾戰略中最具價值的一環。

當然，很多歐洲人已不再確信是否仍有必要維持全面的相互威懾。到1963年底，蘇聯對歐洲的軍事威脅似乎已顯著降低了，北約歐洲各國政府亦都感覺到大幅削減國內防務開支的壓力。[4] 當時，歐洲各國亦擔憂美蘇之間關系的緩和，因爲這意味著兩國可能背著歐洲在進行某種幕後交易。對此，戴高樂的不滿溢於言表。1963年肯尼迪遇刺身亡，繼任總統約翰遜不得不反復安撫歐洲盟國、協調各成員國關系，以防聯盟分崩離析。例如，除法國的不滿外，1964年北約的兩個成員國，土耳其和希臘因塞浦路斯問題幾乎兵戎相見。

因德國人的反對，戴高樂對北約框架更加反感。根據1949年簽署的北約條約，法國有機會在20年後的條約期滿時（即1969年）完全退出聯盟。但在1964年4月，戴高樂就宣布法國將大幅減少對北約海軍活動的投入。[5] 至1965年6月，他又宣布將在1965年12月法國大選結束後提出特別建議。聯盟中的其他國家意識到這是法國准備單干的前奏，但經過緊張的磋商和協調，各國仍決定就算沒有法國的參與，北約組織也要繼續維持下去。[6]

1966年3月初，戴高樂宣布法國武裝力量將自1966年7月1日起全面退出北約軍事體系，所有外國軍事設施、裝備及人員亦被要求在1967年4月前離開法國。無疑，戴高樂所指亦包括北約最高司令部，之後，該司令部及所屬人員移駐至比利時布魯塞爾至今。

[1] 達菲爾德：《進化》，第339頁（Duffield, *"the Evolution"*, 339）。

[2] 達菲爾德：《進化》，第369頁（Duffield, *"the Evolution"*, 369）。

[3] 達菲爾德：《進化》，第389頁（Duffield, *"the Evolution"*, 389）。

[4] 達菲爾德：《進化》，第386頁（Duffield, *"the Evolution"*, 386）。

[5] 哈夫騰多恩：《北約和核革命：1966—1967年信任的危機》，第224頁（Haftendorn, *NATO and the Nuclear Revolution*, 224）。

[6] 達菲爾德：《進化》，第391頁（Duffield, *"the Evolution"*, 391）。

　　當然，戴高樂並未完全放棄北約，他向北約各國首腦保證稱，一旦發生戰爭，法軍仍將與聯軍保持合作共同對敵（有懷疑聲音認爲，現代戰爭的進行節奏如此之快，法軍脫離聯軍體系日久後，就算屆時戰爭爆發亦無法在短期內有效與北約軍隊整合共同作戰，因此戴高樂的安慰完全毫無意義）。[1] 戴高樂宣布其決定後，法國很快退出了聯軍的軍事政策決策機構，包括北約核計劃小組（NPG）和防務計劃委員會；此外，法國還退出了被稱爲「北約一體化通信系統」的指揮控制網。[2] 另一方面，法國仍繼續參與北約的早期預警系統（NADGE）的運作，因爲這將幫助法國確保其戰略核威懾力量發揮效用，其自己也采購了預警機，用以在法國認爲對其更重要的地中海地區執行空中警戒任務。對於退出北約前就部署在西德的兩個法軍師也未移防，繼續與其他北約部隊一起保衛中歐，一旦蘇聯向西德發起攻擊這兩個法軍師同樣擔負防御作戰任務，北約在中歐的部隊亦可撤至法國境內休整和補給。尤其是對駐德法軍的地位以及北約軍隊戰時對法國設施的利用等問題，法國與其他北約國家雖未達成正式協議，但仍以默契的形式確保法國履行其防務義務。此外，法軍與北約聯軍還在廣泛領域內保持著非正式的合作關系，例如北約的戰爭計劃被修訂後亦向法國通報其變化內容。

　　即便如此，戴高樂退出北約仍急劇削弱了北約的戰略縱深。在尼克松上台後的第一年，他曾試圖勸說法國重返北約軍事體系，借以修補西歐破損的防御體系。[3]

---

[1] 弗朗西斯科·德·羅斯的訪談，收錄於法爾茨格拉夫和戴維斯：《國家安全決策：參與者的發言》，第102頁（Francois De Rose, interview, in *National Security Decisions*, ed. Pfaltzgraff and Davis, 102）。

[2] 弗朗西斯科·德·羅斯的訪談，收錄於法爾茨格拉夫和戴維斯：《國家安全決策：參與者的發言》，第103頁（Francois De Rose, interview, in *National Security Decisions*, ed. Pfaltzgraff and Davis, 103）。

[3] 與勞倫斯·伊格爾博格的訪談，收錄於法爾茨格拉夫和戴維斯：《國家安全決策：參與者的發言》，第100頁（Lawrence Eagleburger, interview, in *National Security Decisions*, ed. Pfaltzgraff and Davis, 100）。

第五篇

守勢中的西方

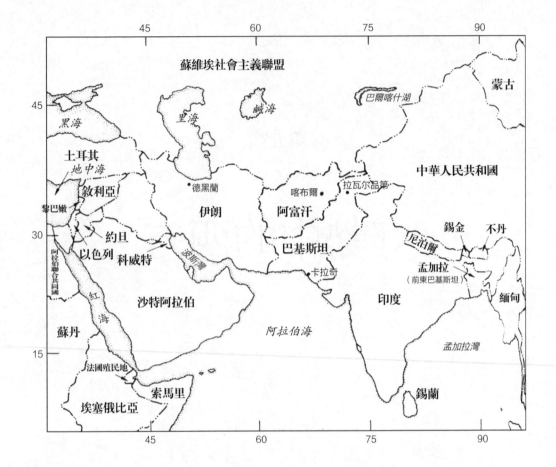

阿富汗

　　阿富汗之於蘇聯，正如越南之於美國。阿富汗戰爭是蘇聯在其國力到達巔峰時所經歷的一場戰爭，由於戰爭的失敗急劇地惡化了其國內的問題。與50年代的朝鮮戰爭類似，蘇聯入侵阿富汗使很多美國人相信他們確實有稱霸全世界的野心，因為蘇聯在阿富汗的冒險毫無疑問是蓄意侵略。正如地圖中所示，一旦蘇聯達成了掌控阿富汗的目的，蘇聯就離實現沙皇時代獲得溫水海域的夢想又近了一步。屆時蘇聯將獲取更大的戰略優勢和更多選擇，既可以繼續南下控制阿拉伯海和波斯灣，又可以向西滲透並控制產油國伊朗，抑或是向東經巴基斯坦進入印度。尤其是最後一種選擇，更使西方回憶起19世紀和20世紀初俄羅斯帝國曾經的嘗試。

轉載自哈維・H.史密斯（Harvey H. Smith）等人的著作《阿富汗地區手冊（Area Handbook for Afghanistan）》第四版(華盛頓特區:政府印刷局，1973年)，第1vi頁。

第27章
勃列日涅夫政變

　　赫魯曉夫是斯大林真正的繼承者，蘇聯歷史中最後一位享有所謂的絕對權力的統治者。他全面掌控著蘇聯各領域政策的制定權，並確保這些政策相互銜接並保持總體的平衡。然而，隨著蘇聯國內形勢一系列變化，特別是他被逐出最高權力機構後，缺乏擁有全面權力的領導人的蘇聯政治體系開始失衡，並最終毀滅了聯盟。事實上，正是赫魯曉夫在執政期間試圖通過改革、控制和平衡國內錯綜復雜的各種利益，激怒了蘇聯社會最關鍵的三股力量：黨、工業復合體和軍隊。蘇共20大上他的秘密報告、由他引發的意識形態紛爭和致力於緩解與西方關系，都瓦解著蘇聯共產黨權力的基礎；對國內經濟及軍工項目的干涉無疑遭到了蘇聯工業經濟主管部門的不滿；最後，由於赫魯曉夫對火箭核戰略的偏好更引起了軍方的反彈，蘇聯在古巴危機中的脆弱亦被解釋爲他只顧核力量發展所招致的後果。

　　此外，赫魯曉夫的倒台亦可被視作是蘇聯糟糕的經濟制度的犧牲品。例如，他認爲可通過降低武器生產的單位成本，來節省資金以投入其他民用工業領域。但在蘇聯的經濟體制之下，紙面成本的降低毫無意義，因爲每一件武器在生產時所需的資源和人工都有其底限（加之蘇聯經濟體系的效率低下，其同樣產品的成本顯著高於西方），爲彌補計劃強制降低的成本，企業只需簡單地提高其生產的民用品的價格即可。因而，在決策層看來一片形勢大好的數據，根本無法反映出微觀經濟真實的糟糕狀況。

　　與其他蘇聯領導人類似，赫魯曉夫的農業政策同樣失敗。他曾要求在中亞的大草原上大面積種植谷類等作物，甚至大力推廣飛機播種、殺蟲等機械化作業手段，以求提高農業部門的生產率。但不幸的是，中亞的草原地帶並不適合農業種植生產，那裡表層土厚度薄，失去表面植被後一旦下雨土壤很快流失。在其主政時期，蘇聯曾出現糧食短缺，1962年5月31日他親自作出了糧食價格大幅上漲（翻倍）決定，並拒絕讓下屬官員代爲宣布此決定。此舉引起了蘇聯國內的不滿，很多大城市出現倡議罷工的傳單，克格勃（KGB）緊急行動，壓制了大量醞釀中的罷工游行活動，但當年6月1～3日歐洲部分東南部城市新卡扎林斯克仍爆發了罷工。隨著這次罷工事件蔓延開來，當地黨和政府幾乎失去了對局勢的控制，赫魯曉夫不得不向當地派出了軍隊鎮壓。

　　類似的，赫魯曉夫承諾改善蘇聯城市民眾居住條件的嘗試最終也失敗了。城市裡，多數家庭仍不得不與其他家庭一起，擠在同一套公寓內共同生活。在這樣的環境中，個人隱私幾乎無從談起，這間接導致蘇聯城市民眾的生育率下降，當年俄羅斯、白俄羅斯和烏克蘭城市地區的生育統計數據都表明了這一趨勢。只有在農村地區，特別是蘇聯中亞地區，生育率仍維持較高水平。到七八十年代，蘇聯整體上的人口統計數據無不顯示，在經歷了戰前大清洗和第二次世界大戰中戰爭傷亡後，蘇聯急劇損失的人口並未因戰後經濟恢復而得以大幅增長，反而因戰後一系列政策失誤和經濟困窘，其人口形勢甚至相對更為惡化了。考慮到戰後科學技術快速發展，戰爭機器的復雜程度越來越高，而蘇聯為維持其龐大軍隊只得從中亞等非工業化地區征召素質越來越不令人如意的義務役士兵，很多人實際上屬於非俄羅斯裔的少數民族民眾。他們進入軍隊後，對統治其故土的俄羅斯民族並無多少感情，甚至在軍中遭遇種族歧視後還增加了他們對大俄羅斯主義的反感。此外，蘇聯軍隊中，素質最好的義務兵往往優先被一些技術復雜軍種和兵種挑選，比如戰略火箭軍、空軍和海軍，最後留給陸軍的往往都是些缺乏技術和潛力的兵員。[1]

　　1964年蘇聯國內針對赫魯曉夫的政變之所以可能發生，還是要怪赫魯曉夫自己。因為參與密謀的大多是1957年赫魯曉夫在政治斗爭中所貶黜的人士，當時他並未徹底消滅他們，從而引發了1964年的政治反撲。[2] 例如，前面提及的赫魯曉夫所觸怒的三類勢力，都有各自的代表人物參與1964年在斯塔夫羅波爾（蘇聯歐洲部分南部城市）的密謀。黨的方面，參與政變的主要是米哈伊爾·蘇斯洛夫（Mikhail Suslov），他是黨在意識形態領域的重要人物；軍事工業領域，列昂尼德·勃列日涅夫（Leonid Brezhnev），他代表著蘇聯軍事工業領域的聲音；軍隊方面，則由馬林諾夫斯基（Malinovskiy）元帥領銜，他是當時蘇聯的國防部長。[3] 在蘇聯高層的反赫魯曉夫集團中，蘇斯洛夫主導了此次政變，除勃列日涅夫、馬林諾夫斯基外，其他重量級的參與者還包括亞歷山大·謝列平（Aleksandr Shelepin），他是赫魯曉夫於1958年任命的克格勃首腦（也是克格勃歷史上首次由非本部門人士擔任的首腦人物），1961年他又接任蘇聯副總理，並成為新的黨及國家控制委員會的負責人（負責監督蘇聯的警察和法律機構）。這些密謀的人士們主要以米哈伊爾·戈爾巴喬夫（Mikhail Gorbachev）主政的斯塔夫羅波爾為活動據點，戈爾巴喬夫日後亦成為蘇聯最後一位領導人，直接推動並見證了蘇聯的解體。當時，戈氏雖與克格勃有聯系，但那時他的資歷尚淺、職務很低，仍難以在政變集團中立有一席之地。

　　自1957年以來，這並非蘇聯國內出現的首次針對赫魯曉夫的反對勢力。在此前

[1] 托拉斯：《變革中的秩序：1945年以來的世界各國軍隊的演變》，第256-258頁（Tsouras, *Changing Orders*, 256～258）。

[2] 赫勒和勒科瑞奇：《執政的烏托邦：1917年至今的蘇聯歷史》，第618頁（Heller and Nekrich, *Utopia in Power*, 618）。

[3] 對於勃列日涅夫時期的蘇聯軍事—工業復合體的研究，可參考沃爾科戈諾夫：《斯大林：勝利與悲劇》，第31頁（Volkogonov, *Stalin: Triumph and Tragedy*, 31）。

的1960年5月4日，也就是美國U-2間諜飛機事件後的第3天，伏羅·科茲洛夫（Frol Kozlov），當時被認為是蘇共黨內赫魯曉夫的主要競爭者，被選舉為蘇共中央委員會的第二書記（被認為是赫魯曉夫派系的另兩位高官，包括勃列日涅夫在內，則被降級）。外界普遍認為，蘇共黨內反赫魯曉夫派別的力量正在聚集。之後在1963年2月，赫魯曉夫在一次會議上不得不承認，當前蘇聯經濟發展的重點仍需維持於重工業領域，即國內人民的經濟需求必須讓位於防務需求，這意味著，赫魯曉夫此前主導的「七年計劃」已然失敗。當年3月，赫魯曉夫又不得不接受蘇共中央對德米特里·F.烏斯季諾夫（Dmitriy F. Ustinvo）的任命，後者將擔任新成立的最高經濟委員會的領導者，烏斯季諾夫是出身於軍工領域，對赫魯曉夫並不友善。但對於赫魯曉夫而言，幸運的是，科茲洛夫在1963年4月遭受一連串打擊，已無法對赫魯曉夫構成威脅，因而蘇斯洛夫等密謀反對赫魯曉夫的人士不得不等待時機以物色新的候選者。

接著赫魯曉夫宣稱將在1964年11月舉行的蘇共中央委員會會議上宣布很多高層人士的職務變動，很多較年輕的政治新星（比如尤里·安德羅波夫）將補入蘇共高層，根據赫魯曉夫的主導，很多擔任高級職務的人士將受到任期限制，而不得不退休或調整。形勢的發展迫使倒赫集團必須采取行動了。事實上，早在1964年6月或7月，勃列日涅夫等人就曾討論過刺殺或逮捕赫魯曉夫的可能性。到1964年秋，蘇共高層對赫魯曉夫已有很多不滿之聲，包括指責他應為當時國內動蕩的局面負責，因為其多項關於保證生產更多消費品的諾言沒有實現。

最終，赫魯曉夫倒在1964年10月的蘇共中央委員會的票決上，之前的1957年他亦用類似的方式消滅了其反對派對他的威脅。此次會議中，中央委員會成員為了避免後續最高領導人大權獨攬，決定永遠性地將政府首腦和黨的總書記的職務分開設置。1964年10月16日，赫魯曉夫原來所擔任的職務被一分為二，分別為阿列克謝·柯西金（Alexei Kosygin，任蘇聯部長會議主席，即蘇聯總理）和列昂尼德·勃列日涅夫（任蘇共總書記）所擔任。最初，柯西金主要負責對外事務，而勃列日涅夫主要負責國內事務。因此，1967年美蘇首腦在葛拉斯堡羅會晤時，柯西金代表蘇聯與約翰遜總統見面。柯西金對蘇聯國內的經濟改革也很感興趣，因此在1965年3月時他對蘇聯經濟進行了一定程度的市場改革，但此次改革最後被證明是一次重大的失誤。1968年，杜布切克的捷克政府因推行類似的改革而引發動蕩，似乎亦證明了這類改革思維的危機性。之後，柯西金在蘇聯政壇的影響力逐漸被削弱，大權日益轉移到勃列日涅夫手中，盡管到1973年時他仍是蘇聯外交政策的重要負責人。[1]

由於以黨領政，因此作為黨的總書記的勃列日涅夫事實上亦逐漸成為蘇聯政府的首腦。當初，倒赫集團之所以將他推上寶座，正因為他的性格和行事風格雖然平庸

---

[1] 斯通：《附屬國和政委：蘇聯集團貿易政策中的戰略和衝突》，第39-40頁（Stone, *Satellites and Commissars*, 39～40）。

但不失溫和。戰前他曾作爲赫魯曉夫的下屬長期在烏克蘭工作，之後亦是赫魯曉夫將他提拔到中央，當時在烏克蘭時他就有「芭蕾舞女」的暱稱，因爲他非常易於被別人說服，轉向很快。[1] 1960年，赫魯曉夫曾非常信任勃列日涅夫，讓他擔任最高蘇維埃主席團主席（即蘇聯名義上的國家元首），這意味著他是赫魯曉夫指定的接班人。然而，1964年7月赫魯曉夫希望以米高揚接替勃列日涅夫的職務，這可能更使其相信自己已失去了赫魯曉夫的青睞，因而毅然地加入的倒赫集團。此外，勃列日涅夫可能還陸續聽聞了赫魯曉夫對他的負面評價，這些更增添了他對赫魯曉夫的怨恨，比如赫魯曉夫曾告訴他的兒子稱，勃氏缺乏作爲領導人的強硬性格，難以繼任蘇聯最高領導者。[2]

　　而那些在政變中支持勃列日涅夫的人士，似乎也將他作爲臨時過渡的領導人。赫魯曉夫時期，擔任克格勃領導人和黨的中央委員會書記的亞歷山大·謝列平，在此次政變中涉及頗深，顯然希望接替過渡的勃列日涅夫擔任蘇聯最高領導人。[3] 政變時，謝列平網羅了大批重要的支持力量，包括克格勃、內務部（實際上是蘇聯國內的警察系統）、軍隊中涉及首都的重要軍區、蘇共中央委員會中的多個重要部門以及蘇聯主要媒體喉舌等。謝列平對遲早獲得最高職務的自信無疑使勃列日涅夫感到警惕，對此他亦警告自己的政治盟友稱，當代新的政治強人（謝列平）有可能成爲下一個斯大林。爲了剪除潛在政敵的力量，1965年勃列日涅夫以蘇共最高領導人的名義，解除了謝列平對一些重要工作領域（如黨的干部和組織工作）的分管，代之以分管一些不那麼重要的工作領域（食品和輕工業領域）；接著，勃列日涅夫繼續以各種手段邊緣化其他諸如柯西金這樣的重要領導人的職務，最終獨攬了國家的重要權力。[4] 此舉亦對蘇聯經濟造成重大影響，柯西金曾贊同對蘇聯體系進行改革，而勃列日涅夫爲解除柯西金對他的威脅則簡單地對其想法加以拒絕，造成了此後蘇聯經濟最終積重難返的後果。通常，如果需要，蘇聯領導人亦能夠繼續沿用其政敵們的政策（就算這些政敵已無足輕重），但柯西金爲避免繼續招勃列日涅夫所忌，因此再未采取過真正的改革措施。[5]

[1] 沃爾科戈諾夫：《斯大林：勝利與悲劇》，第26頁（Volkogonov, *Stalin: Triumph and Tragedy*, 26）。

[2] 比齊羅斯：《危機歲月：肯尼迪和赫魯曉夫，1960—1963年》，第697頁（Beschloss, *The Crisis Years*, 697）。

[3] 阿爾巴托夫：《蘇聯體系》，第119-120頁（Arbatov, *The System*, 119～120）。

[4] 阿爾巴托夫：《蘇聯體系》，第121頁（Arbatov, *The System*, 121）。本書中將柯西金描述成一名比勃列日涅夫更具經驗，更加老到的技術官僚，儘管他是身處一個斯大林式的政治氛圍中仍勇於提出新的經濟觀念。但由於他並非蘇共黨的第一總書記，因此柯西金的權力天然地受到限制，而且他也未控制黨的整個政治組織。

[5] 1964年10月勃列日涅夫成功發動針對赫魯曉夫的政變後，對當時蘇共高層另兩位有可能尋求發動類似政變推翻勃列日涅夫的人士而言，正如阿爾巴托夫在其《蘇聯體系》第122頁（Arbatov, *The System*, 122）所稱的，蘇斯洛夫不願接受任何可能公開承擔某種責任的職務，他更喜歡站在幕後操縱一切；而另一位有可能上位的尼古拉·波德戈爾內，在阿爾巴托夫的書中則被簡單地描述成一位沒什麼明確野心的、但非常陰險和保守的政客。當然，阿爾巴托夫在其書中第247頁亦指出，波德戈爾內的確爲獲得更大權力采取了行動，包括試圖爲自己謀得蘇共黨中央第二總書記的正式職位。過去，這一職位並非正式的職務，但由於蘇共中央委員會書記處本身極有極爲顯赫的權力，因此其負責人——蘇共中央第二總書記也成爲位高權重的職務。蘇共中央第二總書記具體負責中央書記處的日常運作，以及涉及蘇共中央委員和各地區黨的負責人的事務。此前，斯大林在獲得最高權力前，就一直擔任著這一職務。在赫魯曉夫時期，爲了消滅中央書記處書記帶來的政治威脅，赫魯曉夫將這一職位變成輪換制職位。因此，波德戈爾內在表露出有興趣擔任這一職務時，顯然對勃列日涅夫構成直接威脅，後者

　　勃列日涅夫似乎是蘇聯共產黨官僚體系中成功人物的縮影，在逐步成爲實質性的蘇聯最高領導人的過程中，他成功地利用同僚和下屬之間的矛盾縱橫捭闔，一步步蠶食、排擠掉所有可能對他形成威脅的人。與前任憑借獨斷專橫的強硬掃滅政敵不同，他上台後更注重運用黨的官僚體系獲取並維持其權力，因此在外界看來，他更像早期狡猾而危險的斯大林，兩人都善於利用各種政治手腕來清洗掉政敵，盡可能避免由此導致的政治動蕩。[1] 另外，勃列日涅夫最初掌權時仍表現得相當的謙和，這與斯大林當時的強硬形成顯著對比。當然，待權力鞏固後，他很快也發現了建立個人崇拜的價值，因而在整個70年代，他都努力於將自己塑造成具有超凡光環的政治領袖，爲此他爲自己頒發了無數的榮譽、獎章和稱號。他在樹立個人崇拜和威信的同時，恰逢蘇共逐漸恢復對斯大林的定位，以及重新采取一些斯大林時期的做法，無疑這些與其企圖建立個人崇拜有必然聯系。當然，盡管斯大林時代所經常采用的大規模整肅運動並未施行。[2] 但其仍采取了很多壓制手段，特別是1968年後如果有人攻擊勃列日涅夫企圖建立個人崇拜，那麼他們將被剝奪工作並被驅逐出黨。同期，蘇聯對社會中的不同政見者的處置似乎有所進步，他們不再被投入監獄或被秘密槍決，而是被關入精神病醫院中以示懲戒。[3] 無疑，勃列日涅夫時代的蘇聯社會仍是壓抑的，合法表達個人意見的邊界和渠道都在縮減，正如斯大林時代那樣，盡管懲罰的強度已大爲減緩，但人們還是知道，謹慎地發表其個人意見仍是非常必要的。[4]

　　隨著手中權力日益鞏固，勃列日涅夫對無論是實質性的權力、還是名義上的地位的渴望都與日俱增。例如，1971年聯合國邀請各國國家元首出席該機構成立的第25周年大會時，盡管勃列日涅夫已是蘇聯事實上的最高統治者，但由於柯西金或波德戈爾內才是蘇聯名義上的國家元首，因此他對無緣出席聯合國大會而感到難堪和不滿意。對於外交政策，他亦越來越感興趣，特別是在自1969年他與尼克松總統共同緩和了兩國關系後。至1974年時，作爲蘇聯最高領導人他達到其權力的巔峰，大約就在同一時

不動聲色地將波德戈爾內指派到最高蘇維埃主席的職位上，顯然這是一個僅具象征和儀式意義的職位。對於蘇共中央書記處，勃列日涅夫指令了另兩位官僚（基里連科和蘇斯洛夫）負責其日常運作，兩人爲了爲獲得書記處真正的權力展開了競爭，進而無法真正危及勃列日涅夫本人的最高權力。之後，當基里連科病重無法再履行職位時，爲維持書記處的平衡契爾年科取代了他在書記處的職務；再後來，當蘇斯洛夫病故後，安德羅波夫又被安置在這一職位上。

[1] 在應對政壇的潛在挑戰者時，勃列日涅夫非常老到且敏銳，剛掌握最高權力後他面臨的潛在政治對手包括謝列平、波利揚斯基、沃洛諾夫、波德戈爾內和謝列斯特等人，但在其精妙的權謀縱橫捭闔之下，這些人都被逐出了最高層，再沒一個在資歷和經驗上與其媲美的官僚能夠擔任可能對其構成威脅的高級職務。接著他立即著手清除上述這些政治對手的影響，謝列平的政治支持者突然被大批解職並被派往那些再無影響力的職位上（而且也未給出職務調整的任何理由），最重要的一擊是1967年5月勃列日涅夫突然撤換了曾經大力支持謝列平的克格勃負責人謝米恰斯內，代之以尤里·安德羅波夫。與其前任赫魯曉夫不同，他從不在口頭上攻擊他的那些政敵，而僅僅是不動聲色之間將他們調往那些無足輕重的職位上。具體可參考阿爾巴托夫：《蘇聯體系》第133頁（Arbatov, *The System*, 133）。

[2] 蘇聯國內第一次出現這種意識形態的鎮壓的聲音，始於1968年2、3月莫斯科市級黨的委員會全體會議，很可能當時莫斯科的這種氛圍也受到捷克斯洛伐克事件的影響。但明確的是，從早期勃列日涅夫及其黨羽的議論及意圖看，自1964年勃氏攫取最高權力後已准備將蘇聯帶離赫魯曉夫所設定的發展方向。阿爾巴托夫曾自詡爲自由主義者，但在1967年時他仍希望蘇聯能夠向更好的方向發展。具體可參考阿爾巴托夫：《蘇聯體系》第136頁（Arbatov, *The System*, 136）。

[3] 阿爾巴托夫：《蘇聯體系》第143頁（Arbatov, *The System*, 143）。阿爾巴托夫在書中記載，1968年底蘇聯國內系統性地使用反猶主義來支持其政權，包括支持帕姆亞特（一個排外的俄羅斯民主主義團體）等。

[4] 阿爾巴托夫：《蘇聯體系》第149頁（Arbatov, *The System*, 149）。

間他的身體開始出現病痛，開始日益依賴醫藥。1977年，他排擠掉波德戈爾內，使其完全成爲名義上蘇聯的國家元首，接著1980年柯西金也退出蘇聯政壇。

與其他所有蘇聯重要領導人類似，勃列日涅夫執政時期也有其自己的小圈子，即所謂的「第聶伯彼得羅夫斯克幫」，包括德米特里・烏斯季諾夫（蘇聯軍事工業部門負責人）、康斯坦丁・U. 契爾年科（Konstantin U. Chernenko，後來曾出任國家元首）；此外，戰爭及其他危機時期曾與其一起共事的軍方將領亦成爲勃列日涅夫重要的政治盟友，比如海軍的謝爾蓋・戈爾什科夫將軍和A.A.格列奇科將軍（後升任元帥，自1960年起出任華約條約武裝力量總司令）。特別是戈爾什科夫曾與勃列日涅夫共事的經歷，亦解釋了爲何在赫魯曉夫倒台時戈爾什科夫並未受到牽連，以及在其主政時期蘇聯海軍受到了遠比赫魯曉夫時期更多的重視。契爾年科此後還擔任了黨的總務部門的負責人，成爲勃列日涅夫重要助手。1967年時，蘇聯的國防部長，馬林諾夫斯基元帥去世，勃列日涅夫當時權力仍未穩固到可以立即提名自己的人（烏斯季諾夫）擔任此重要職務，因此先任命了具有軍方背景的格列奇科元帥擔任此職，待其1976年去世後才將烏斯季諾夫任命爲新國防部長。

推翻赫魯曉夫後，勃列日涅夫施行的很多政策雖然都打著矯正赫魯曉夫時代過失的旗號，但至少在蘇聯官僚體系改造方面，可以更公正地認爲，赫魯曉夫當時的所作所爲是爲改變蘇聯官僚體制所存在的痼疾（比如廢除領導干部職務的終身制、不再過分依賴勞改營和處決來管制干部隊伍等）。無疑，這類政策的執行本身令人痛苦，因此勃列日涅夫當政後爲盡可能爭取蘇聯干部階層的支持，結束了赫魯曉夫的嘗試，更進一步地他承諾確保「干部隊伍的穩定」，這很大程度上意味著各級領導干部所擔任的職務更有保障了。此外，由於蘇聯和黨的力量主要體現在國家龐大的軍事工業部門，因此爲了安撫軍事工業部門，勃列日涅夫不再過多約束和限制其產量，繼續向其投入大量資源。這一點與赫魯曉夫時代並無不同，但勃列日涅夫更清楚爲了其權力穩固，必須要取得軍事工業部門的支持，因而，他不像赫魯曉夫那樣試圖真正控制軍事工業部門，或是控制向其投入的資源。

赫魯曉夫時期曾致力於控制的龐大軍工部門，在勃列日涅夫時代再度復活。[1] 這些龐大的軍工生產體系故步自封，且如此之強盛足以抵制任何試圖對重塑未來蘇聯工業能力的改造，在這方面勃列日涅夫甚至鑄成更富災難性的錯誤。70年代，在西方計算機和電子信息技術蓬勃發展之際，他未能意識到這類全新的技術將主導日後蘇聯所稱的「軍事事務革命」。期間，蘇聯雖然也對軍事計算機領域有所投資，但顯然未達到赫魯曉夫時期向導彈工業領域投資的那種龐大規模。蘇聯錯過此輪產業技術革命的原因，在於勃列日涅夫不願承擔變革的痛苦，因爲如果他這麼做的話，將不得不重組

---

[1] 懷特菲爾德：《工業力量和蘇聯》，第19頁（Whitefield, *Industrial Power and the Soviet State*, 19）。

現有的龐大軍事工業利益體系，此舉必將觸動大量既得利益集團，進而使其統治基礎受到動搖。勃列日涅夫在此方面的不作爲要到80年代之後才會產生真正的結果，那時美國已開始部署並使用基於微型計算設備（而非笨重的大型計算設備）的武器系統；而那時蘇聯的整個電子工業仍處於重重困境之中。例如，在70年代末，一些蘇聯下水的新戰艦都只空具現代化的外殼，原本計劃爲其安裝的很多新型電子系統因蘇聯在此領域的落後根本就難以完成研制，這實際上暴露出蘇聯工業體系存在的重大隱患，以致於80年代烏斯季諾夫不得不中止很多項目。

在蘇聯政局反復動蕩之時，蘇軍總參謀部卻在很大程度上免於嚴重的政治干擾。[1] 他們在計劃未來的戰爭方面享有更大自由，並維持著一支用於實戰並致力於取勝所需的龐大武裝力量，在向軍隊投資方面，蘇聯幾乎不作限制。沒人挑戰軍隊的權威，赫魯曉夫時代所討論的全面核戰爭的災難性後果已不再被提及；相反的，他們在此領域甚至走得更遠，甚至就是切爾諾貝利核災難之後，他們仍宣稱此前從未考慮過實施核戰爭的後續效應，比如放射性塵埃的擴散等。

重要的是，勃列日涅夫絕對無意放棄他作爲蘇聯最高領導人對戰爭或和平選擇的最終決策權。他和他的政治局仍控制著幾乎所有的重要軍備建設和軍事行動，特別是類似核武器這樣的大規模殺傷性武器。[2] 但從當時蘇聯軍備發展情況看，勃列日涅夫似乎並未意識到他的總參謀部在與西方核決戰方面所持的好戰立場。西方亦總是想當然地認爲，在他空談和平與緩和之時，蘇聯的軍事工業正制造著越來越令人恐懼的武器，數量上也幾乎沒有盡頭；因此，他必定知曉蘇聯在軍備方面的瘋狂擴張意味著什麼。這是出於傳統上俄羅斯幾乎病態的不安全感？抑或只是簡單地通過積累各式軍備以便爲蘇聯帝國的穩定增加更多的保險？還是有朝一日准備真正用於戰爭並贏得一場全球核戰爭？現在看來，勃列日涅夫當時對其軍隊和軍工體系不加限制的原因，似乎更多地在於他發現放任將軍和軍工部門領導人是與其相處的最好方式，而且大量地采購也更能使他享有蘇聯強大的武裝力量爲他帶來的影響力。因此，對當時的勃列日涅夫和蘇聯而言，似乎更無特別好的理由不這樣做。與斯大林或赫魯曉夫不同，勃列日涅夫以更輕率地方式看待戰爭，他總是簡單地低估戰爭計劃的細節，因此，他才能在一方面真誠地與西方大談緩和的同時，卻又放任其總參謀部制定著極度恐怖的核戰爭計劃（當然，這些計劃只有在得到他批准後才能實施）。

勃列日涅夫時期，赫魯曉夫所釋放出的國內緩和氛圍再度失去了，這曾致使黨的權威受到很大損害。斯大林主義及其行事風格並未被官方正式認可，但社會中普遍存在這位前蘇聯領導人受到不正當攻擊的隱晦暗示，而且斯大林時代他的「積極意義和

---

[1] 國家情報評估11-4-65（NIE 11-4-65），也可參見《中情局冷戰忘錄》3：第202-203頁（CIA 3: 202～203）。

[2] 伊斯拉埃揚：《贖罪日戰爭期間的克里姆林宮內幕》，第27頁、第192-193頁（Israelyan, *Inside the Kremlin*, 27, 192～193）。

作爲」亦再次受到高度贊揚。[1] 當然，斯大林不可能再恢復他之前的地位了，而且赫
魯曉夫時代更名的城市「伏爾加格勒」，也不再可能恢復其舊稱「斯大林格勒」了。
作爲這一切最終的目的，勃列日涅夫試圖建立起他的個人崇拜，但國內民衆日益增多
的反對和隱晦刻薄的譏嘲，令此舉受到很大阻力。

那些赫魯曉夫時代的政治異見者，比如亞歷山大·索爾仁尼琴（Aleksandr
Solzhenitsyn），盡管在勃列日涅夫期間仍受到不公待遇和攻擊。[2] 然而，斯大林式
的肅反手段不再實施了，秘密警察們將目標直接對准了特別的異見者個人。當時，一
名美國國務院的官員將勃列日涅夫的壓制，視作蘇聯社會日益僵化、無力的一種表
現，因爲它既不敢借用前幾輩統治者所采用的強硬措施，又無力采取新的措施以應對
社會出現的新情況。蘇聯國民與外部世界的接觸（傳統以來一直被俄羅斯統治者視作
威脅），此時很大程度上亦被禁止，爲此，蘇聯幾乎禁止了可直接撥往外部世界的電
話的使用，繼而外國向蘇聯公民郵寄包裹亦不再可能。[3] 例如當時蘇聯曾出現的幾個
涉及異見者的極端事例：1969年1月，維克多·伊萬諾維奇·艾林（Viktor Ivanovich
Ilyin）少尉曾試圖在勃列日涅夫乘坐的車隊離開克里姆林宮時向他射擊，但他失敗被
捕了，蘇聯官方開始准備對其進行審判，但很快認爲此舉極爲失策，因此最終他被鎖
進了一處精神病治療機構。[4]

期間，西方針對東方的無線電廣播亦對蘇聯社會的變化發揮了某種程度的影響。
自1963年赫魯曉夫尋求與美國及西方緩和關系以來，蘇聯對西方的無線電宣傳和廣
播的干擾已大爲減少，但社會總體的壓抑氛圍並未減弱。例如，1966年2月，蘇聯因
國內政治異見人士安德烈·辛亞夫斯基（Andrei Sinyavsky）和尤里·丹尼爾（Yuli
Daniel）將其著作送至外國出版，而對兩人進行了審判。兩人的支持者們很快發現西
方報道了有關審判的新聞，因爲後者已將相關消息通過廣播傳播至蘇聯國內。這些異
見者很快意識到盡管國內嚴格的審查制度，他們仍能有效地將自己的理念傳播出去。
除此之外，他們還試圖使用其他措施和手段在西方社會形成強大壓力，以削弱蘇聯國
內的緊張和壓抑氛圍。[5]

勃列日涅夫執政時期，中國是另一個令他在對外政策方面蒙受災難的重要因素。
就在赫魯曉夫被趕下台之時，中國成功試爆了自己的首枚原子彈。對毛澤東而言幸運
的是，美國政府意識到中蘇之間的裂痕有多麼深廣後不久，中國擁有了自己的核武
器，因而美國也就意識到中蘇軍事同盟條約幾乎只是擺設。有了核武器後，意味著中

---

[1] 赫勒和勒利瑞奇：《執政的烏托邦：1917年至今的蘇聯歷史》，第685頁（Heller and Nekrich, *Utopia in Power*, 685）；沃爾科戈諾夫：《解
構帝國》，第263-264頁（Volkogonov, *Autopsy for an Empire*, 263～264）。

[2] 赫勒和勒利瑞奇：《執政的烏托邦：1917年至今的蘇聯歷史》，第612-620頁（Heller and Nekrich, *Utopia in Power*, 612～620）。

[3] 西蒙斯：《冷戰的終結？》，第14頁（Simons, *The End of the Cold War?* 14）。

[4] 沃爾科戈諾夫：《解構帝國》，第278-279頁（Volkogonov, *Autopsy for an Empire*, 278～279）。

[5] 納爾遜：《黑色天堂的戰爭：冷戰期間的西方廣播戰》，第122-126頁（Nelson, *War of the Black Heavens*, 122～126）。

國有了自己的威懾手段。接著，駐外的中國使領館受命向外界播放了一段關於核戰爭威脅的影片，影片一開始展示了一群關閉在囚籠中的老鼠，接著核爆炸的景象被播放，繼而影片轉回了被核爆摧毀的囚籠。通過這段影片，中國向外界傳達著他們對核戰爭的看法，即核戰爭將摧毀帝國主義的囚牢並使廣大人民獲得解放。當然，並不是每個人都同意中國的看法。1965年，解放軍的總參謀長，羅瑞卿將軍，認爲中國必須要做好對蘇聯的防御以爭取足夠的時間完善其技術繼而發展出一支有效的核力量。對於這種唯技術論的觀點，毛澤東極端反對，對後者看來政治就是一切。畢竟他曾經在什麼都匱乏的情況下僅憑底層人民的革命熱情，打敗了裝備良好的國民黨軍隊。

　　勃列日涅夫無疑希望他的政權將中國產生更大的吸引力，盡管在很多方面看其政權所采取的很多政策很多都與斯大林的路線非常接近。1964年11月，在勃列日涅夫成功上位後不久，中國向蘇聯派出一個代表團（由周恩來帶領）參加蘇聯十月革命勝利的慶祝活動。面對蘇聯新領導人提出的改善兩國關系的願望，中國方面要求蘇聯必須承認他們的1960─1964年中蘇論戰期間所犯的錯誤，而且蘇聯必須修訂其外交及其他政策。這顯然是對勃列日涅夫的過分要求，之後中國媒體開始將蘇聯新領導人稱爲「不是赫魯曉夫的赫魯曉夫主義者」，甚至向他扣上更多糟糕的帽子。[1] 當越南戰爭在約翰遜總統任期內全面升級時，中國最初拒絕與蘇聯協調共同爲北越政府提供援助。1965年11月，中國官方報紙《人民日報》在社論中公開宣稱，中蘇兩黨之間除了相互反對外毫無共同之處；現在，中國共產黨的「首要任務」是與蘇聯共產黨劃清界限。

---

[1] 梅德韋傑夫：《中國和超級霸權》，第43頁（Medvedev, *China and the Superpowers*, 43）。

第28章
越南戰爭

　　中蘇分裂亦與越南戰爭的全面爆發存在著聯系。1964年，當北越方面首先向南方派出其正規部隊時，他們曾擔心美國將實施報復性空中打擊。因此，爭取到蘇聯對北越防空武器的支援就成為北越發起全面統一戰爭的先決條件。但此時蘇聯卻更重視與美國的緩和，可能不久之前在激烈且明顯缺乏理性而言的古巴危機中，美國對他們在古巴部署導彈的劇烈反應給蘇聯留下了深刻印象。如果蘇聯再明顯支援北越實施軍事行動，任何危機都可能引爆與美國之間的直接衝突。盡管1964年1～2月期間北越苦苦尋求蘇聯更多的支援，但他們還是婉轉的回絕了北越方面的要求。[1] 向蘇聯尋求額外援助不得，北越將目光轉向中國，通過與中國的接觸北越發現，只要他們在世界無產階段運動中采取更傾向於中國的態度，中國就援助為其解放事業提供援助。[2] 1964年夏北京向河內提出，只要北越政府同意拒絕任何來自蘇聯的進一步援助，中國將向其提供10億人民幣的援助，對此提議北越方面拒絕了。[3] 盡管如此，北越方面還是學舌於中國，指責蘇聯的「修正主義」。[4] 事實上，在此前1964年春季，蘇聯就召回了其駐河內的大使（因此東京灣事件中蘇聯大使並不在越南）。接著當年11月北越拒絕再接受蘇聯派駐的軍事顧問。[5]

　　到1965年時，越南人老練地游走於中蘇兩國之間，蘇聯人發現盡管他們為北越方面提供了必要的援助，但在此過程中並未享有對北越的影響力，美國人則不理解中蘇之間分裂的深度及其對國際戰略形勢帶來的深刻含義，並驚訝於蘇聯在此種情況下仍不停止向北越方面提供軍援進而結束戰爭。

　　而中國則將戰爭視作一次有價值的機會。1965年8月，毛澤東告訴他的政治局同事們稱，為了獲得足夠的實力以壓倒北方的蘇聯，（通過對中國友好的黨和國家）奪取東南亞，包括南越、泰國、緬甸、馬來西亞和新加坡，在戰略上是非常必要的。接著中國人在泰國和馬來西亞組建了「民族解放陣線」，積極向外輸出革命。1965年

[1] 杜依科：《通往權力的共產主義道路》，第242-243頁（Duiker, *The Communist Road to Power*, 242～243）。

[2] 杜依科：《通往權力的共產主義道路》，第244頁（Duiker, *The Communist Road to Power*, 244）。

[3] 蓋杜克：《蘇聯和越南戰爭》，第16頁（Gaiduk, *The Soviet Union*, 16）。

[4] 莫伊茲：《東京灣》，第49頁（Moise, *Tonkin Gulf*, 49）。

[5] 蓋杜克：《蘇聯和越南戰爭》，第16-17頁（Gaiduk, *The Soviet Union*, 16～17）。

1月，中國公開宣稱「泰國將是下一步革命目標」。[1] 之後，當北越與中國爆發爭吵後，越南人更指責中國想延長越南戰爭，因爲只要戰爭一直繼續下去，中國就能向亞洲、非洲以及拉丁美洲展現其革命態度，並支持這些地區的國家展開積極的革命行動。北越方面還稱，考慮到中越間「過去3000年裡的敵意」，[2] 中國將發生在越南土地上的殘酷戰爭視作一次耗盡越南力量的機會。

　　1963年底當約翰遜總統入職白宮後，南越方面的形勢就急劇惡化，這部分是由於此前不久針對吳庭艷的政變後，新的獨裁者撤換了大批前政府時期有經驗的官員和軍官，大傷南方政府的元氣。與此同時，美國方面的無線電監聽亦清楚地表明，盡管蘇聯拒絕更多地援助越南，北越政府仍控制著大量在南方戰斗的越共組織，甚至很多越共人員就是本地南越人。與此同時，北越方面在此時期亦開始艱苦地建立自己的初步的工業設施，爲持續戰爭作著准備。因此，當時美國政府內有聲音認爲，通過直接打擊北越的這些極爲有限的工業設施，來解決南越的問題是可能的。1964年2月，國務院政策計劃委員會主席，沃爾特・W.羅斯托（自凱南和尼采之後美國主要的反叛亂戰略學者）指出，北越方面無疑無法忽視美國對其工業能力的致命威脅。這一措施遠比冒險向越南派出一支大規模軍隊參與令人沮喪的地面戰爭更具吸引力。[3]

　　此外，約翰遜總統對越南正在蔓延的戰爭非常困擾，他對重啓並拓展羅斯福總統的社會改革計劃顯然更感興趣。爲了實現在自己任期內的社會改革，他需要社會保守主義派勢力的支持，而取得後者支持的關鍵則在於他是否繼續堅持與海外共產主義勢力戰斗。另外，要知道的是「大社會」改革項目耗資驚人，無論他在越南采取何種干涉策略，都必須限制戰爭對財政的擔負。由於1963年約翰遜接任總統是源於肯尼迪被刺殺，因此在接任沒多久他就必須面臨1964年總統大選的考驗。從肯尼迪的競選經驗中，約翰遜意識到要贏得競選就不能表現得過於軟弱，在這方面，約翰遜擁有比肯尼迪更爲成熟的政治家的素質。在其作爲副總統輔佐肯尼迪的日子裡，他深切地感到美國公眾的已在不久前的古巴危機中真切地感受到了共產主義的危機，但社會整體上並未陷入異常強硬的鷹派氛圍之中。因此，與大選競爭對手鷹派共和黨候選人巴里・戈德華特（他比尼克松更爲極端與激進）相比，他必須強調自己在處理國際國內事務的適度與調和更能確保美國和民眾的利益。

　　與肯尼迪類似，約翰遜在擔任總統後就面臨著在越南的隱蔽戰爭。對於軍事事務，他僅有有限的興趣，因此相關決策較爲尊重麥克納馬拉的判斷，在此方面他對麥

[1] 布拉克曼：《印度尼西亞共產主義的崩潰》，第199頁（Brackman, *The Communist Collapse in Indonesia*, 199）。

[2] R.E.福特：《春季重源：越南共產主義者的戰略》，摘自1994年4月《情報和國家安全》期刊第9期：第225頁（R. E. Ford, *"The Strategy of the Communist Vietnamese"*, in *Journal of Intelligence and National Security* [Apr 1994] 9:255），相關內容基於1979年中越戰爭爆發後越南政府發布的白皮書。

[3] 尼爾・希恩：《五角大樓文件：越南戰爭的秘密歷史》，第249頁（Neil Sheehan, *The Pentagon Papers*, 249）。

氏的依賴甚至更甚於肯尼迪。[1] 因而，麥克納馬拉能夠繼續疏離總統與參聯會之間的
關系。在此背景下，麥克納馬拉時期受到追捧的將戰爭逐步升級的理念（為應對美蘇
之間核毀滅戰爭而設計），無疑主導了當時的行政當局對越戰爭思維。[2] 相反的，參
聯會無法為約翰遜提供更傳統的軍事觀念，即快速投入壓倒性的軍事力量將更有可能
取得勝利結束戰爭。隨著美國每一輪逐步加入對越南戰爭的投入，北越和他們在南方
的越共盟友亦逐漸適應了美國的升級節奏。美國本應以少數幾次猛烈的軍事打擊徹底
粉碎北越的行動，但在麥克納馬拉的添油戰術觀念下根本無從實現。這一切只能等到
麥克納馬拉去職後才被決策層嚴肅考慮，當時時任參聯會主席的厄爾‧惠勒將軍在參
與總統的周二餐敘時，得以與總統探討越南戰爭政策。而那時，任何急劇升級大規模
的戰爭以重新主導局勢的措施已不可能再實施了，因為那對於約翰遜總統而言成本已
超出了美國所能承受的范圍。

　　與此前類似，麥克斯韋‧泰勒將軍仍是影響美國越南戰爭政策的一個重要因素。
1963年，約翰遜提名一名共和黨人，亨利‧卡伯特‧洛奇（Henry Cabot Lodge）出任
美國駐南越大使，以確保兩黨支持他的越南政策。然而不久後的1964年，由於洛奇有
志於競選總統，因此泰勒代替了他出任南越大使。泰勒顯然將自己視作拯救南越政權
的關鍵性人物，他甚至要求西貢政府賦予其進行這場戰爭的全部授權。南越政府當然
不會就范，雙方之間的衝突亦時有發生，因此1965年洛奇再次返回南越取代了他的大
使職務。

　　不幸的是，對於北越來說，這場實現民族和國家統一的戰爭使其天然地具備了
正義的性質，只要北越共產黨政權仍掌握著北方的權力，那麼戰爭不論耗費多少人力
或工業的代價就值得繼續進行下去。相反地，北越方面同樣不可能想象美國願意為了
這場他們並無興趣的土地繼續戰斗下去；他們是對的，對此問題南越政權自己就很輕
忽。在美國看來，北越能否統一越南無關緊要，重要的是其對該地區的其他國家所可
能產生的影響。例如，在1964年6月美國國家情報評估（NIE）中，中情局就預計稱，
如果共產主義在南越和老撾取得了勝利，那麼在整個東南亞，除了柬埔寨以外其他國
家可能將很快加入共產主義陣營中。此外，相較於較為溫和的蘇聯，中國在本地區
乃至世界共產主義運動中的聲望將大增。這就是所謂的「多米諾骨牌理論」。[3] 接著
在1965年3月，當美國對越南的干涉力度急劇加強之時，麥克納馬拉的助理國防部長
（負責國際安全事宜）約翰‧麥克諾登（John McNaughton），則在報告中寫道，美國
的越南政策目標中的70%，在於避免遭遇羞辱性地失敗（這可能導致其他美國承諾保

[1] 赫林：《林登‧約翰遜和越南：不同類型的戰爭》，第37-38頁、第40頁（Herring, *LBJ and Vietnam*, 37～38, 40）。

[2] 莫伊茲：《東京灣》，第34-35頁（Moise, *Tonkin Gulf*, 34～35）。1965年，北越軍隊的裴信（Bui Tin）上校在看到赫爾曼‧卡恩新出版的
　　《升級：隱喻和場景》（*On Escalation: Metaphors and Scenarios*）（1965年組約，普雷格出版社）後，其中涉及美國軍隊在越南戰爭中的作
　　戰方式。

[3] 尼爾‧希恩：《五角大樓文件：越南戰爭的秘密歷史》，第261頁（Neil Sheehan, *The Pentagon Papers*, 261）。

護的民主政府逐個倒下，即成爲下一張多米諾骨牌）。[1]

　　這種恐慌的情緒廣泛地存在於東南亞地區，例如新加坡總理李光耀就多次強調美國致力於防止共產主義席卷整個亞洲方面所擔負的重要性。爲支持美國在越南的努力，澳大利亞、新西蘭、菲律賓、韓國以及泰國先後表明願意跟隨美國向南越派出軍隊。其中，韓國所提供的兵力達到2個師和1個陸戰旅，成爲在南越的除美國以外派出遠征部隊最多的國家。[2] 盡管中國以支持泰國國內反叛勢力相威脅，泰國則決定向美國提供干涉所需的空軍基地。美國從未強調過其參戰時（與當地部隊的）聯軍色彩，也許是因爲對很多美國和歐洲人而言，要分辨出不同亞洲國家的軍隊（無論是友軍還是敵軍）都甚爲困難，在他們眼中，與美軍共同作戰的非南越亞洲國家盟軍，往往被誤認爲是南越軍隊。如果這場戰爭取得更好的結局，這場聯軍作戰可能將東南亞條約組織（SEATO）融合成更有凝聚力的同盟組織，就像歐洲的北約組織那樣，然而，事實卻並非如此。

　　美國總是希望如果他們在越南能盡可能久地牽制、抵抗住北越的攻勢，南方的民眾就能在危機之中凝聚意志，並敢於抵抗北方的侵襲，最終擊敗內部的顛覆勢力並使北越的圖謀徹底破產。但這種想法、策略經常遭遇爭議，批評人士認爲這毫無意義可言，因爲北方和南方越南都具有強烈的民族主義意識，根本不想和對方共存，北越方面自不必說，就算南方在美國的支持下得以堅持下來，他們也想要向北進軍消滅對方，根本不可能像美國的一些人所想象的那樣維持分立的局面。無疑，涉及越南戰爭的連續幾屆美國政府（肯尼迪、約翰遜和尼克松當局），似乎都忽略了越南戰爭中的民族主義所扮演的角色。朝鮮戰爭的情況從某種意義上與此較爲類似，盡管韓國政府最終在美國的幫助下抵抗住北方和中國軍隊的攻勢，並得以發展自己的經濟和軍事力量，但他們同樣不斷宣稱要統一北方。朝鮮式的戰爭結局可能阻止了共產主義在東北亞的擴張，顯然這絕非北越共產黨政權所希望的結果。

　　1963年底和1964年初，越南南北方的雨季使雙方的大多數作戰行動都被迫停止，這也給了約翰遜喘息的機會。至少在1964年1～2月他無需對美國在越南的行動作出重大決策，而在這之後持續5個月的旱季，則對政變後的南越政權不啻是次嚴酷的考驗。1964年2月，約翰遜總統決定實施第34A號秘密作戰行動，以迫使北方放棄對南方的攻擊。根據此計劃的設計，南越軍隊將在美軍支援下對北方海岸線上的一系列設施實施攻擊，[3] 最初計劃中還要求派遣南越空中力量轟炸北方設施，但此行動最終被放棄了。[4] 然而，美國軍方（參聯會）早在1964年1月就對此計劃提出異議，認爲這

[1] 尼爾·希恩：《五角大樓文件：越南戰爭的秘密歷史》，第442頁（Neil Sheehan, *The Pentagon Papers*, 442）。

[2] Dae-Sook-Suh：《金日成：朝鮮領導人》（Dae-Sook-Suh, *Kim Il Sung*），根據書中記述，韓國人向南越的部署（該國歷史上首次對外部署其軍力）在其國內被認爲相當受歡迎的，因爲這被視作該國抵抗北方和中國共產主義的拓展。

[3] 尼爾·希恩：《五角大樓文件：越南戰爭的秘密歷史》，第245-246頁（Neil Sheehan, *The Pentagon Papers*, 245～246）。

[4] 莫伊茲：《東京灣》，第5頁（Moise, *Tonkin Gulf*, 5）。

些輔助性的攻擊行動對影響戰局毫無作用，同時參聯會建議認為，如果美國想贏得戰爭就必須盡快接手戰爭，向南越投入大規模部隊參與作戰行動，而且，如果有必要的話，直接對北越發起攻擊。但是，這些建議並未被采納，1964年春季遙遠的越南戰場上美軍仍不痛不癢地實施著計劃中的行動。[1] 照此計劃，第34A號作戰計劃完成後緊接著則是美國公然的空中攻擊（包括一系列沿海布雷行動），用以為南越方面提供必要的支持；在此之後，美國和南越方面的海軍將聯合沿海岸攻擊北方海岸線縱深地域，接著又是一系列空中襲擊。[2]

　　1964年3月，約翰遜總統批准了國防部長麥克納馬拉的計劃，後者准備在越南發動一場大規模空中戰役，這也是美國向越南民眾展示的最大規模一輪「胡蘿卜加大棒」政策。聯合參謀部評估認為，此次空中攻擊將在12天內摧毀所有與北方向南方滲透相關的路線與目標。[3] 但等計劃准備真正付諸實施時，約翰遜總統突然叫停了計劃，他回憶起當年杜魯門總統在朝鮮因戰爭決策未獲得國會授權而引發的朝野爭議，因此他決定在未取得國會決議前不考慮實施大規模的干涉行動。

　　1964年初，北越發現他們取得一次輕松勝利的希望正日益渺茫。事實上，他們考慮的是，由於此前吳庭艷政權普遍受到唾棄，因此發生政變後可能無須再作大的軍事努力，南方就可能很快陷入崩潰；另一方面，政變後上台的南越新政府至少暫時仍受到當地社會的擁戴，而且到1963年底時，形勢更表明美國不會簡單的撤離越南並放任北方吞並南方，種種因素都使北方很難把握住這一時間窗口。而且在1964年以後，隨著時間的推移美國越來越清晰無疑地介入戰爭。為了應對美國的干涉，北越方面將不得不向南方派出其正規部隊。然而，缺乏蘇聯在防空力量方面的支持，北越將極易受到美國方面的空中打擊。實際上，早在1963年12月在北越黨的一次全體會議上就拒絕了一項關於向南方派遣北方正規軍的建議。[4] 當然，北越方面仍向南方派出了以裴信（Bui Tin）上校為首的考察小組，他們將沿著胡志明小道進入南方，評估南方當地越共力量的作戰能力，以及在美國預期向南越大規模部署軍隊前向南方派遣正規軍的可能性。1964年4月，北越方面的部隊開始為可能展開的南方進軍進行相關訓練准備。[5]

　　與此同時，1964年2月羅斯托建議約翰遜總統可能以國會決議的形式得到升級越南戰事的授權，這比國會同意正式宣戰更容易實現。[6] 此決議很可能借鑒了艾森豪威爾時期應對類似事件的決議內容，比如1955年國會授權當時的政府采取必要措施

[1] 尼爾·希恩：《五角大樓文件：越南戰爭的秘密歷史》，第248-249頁、第282-285頁（Neil Sheehan, *The Pentagon Papers*, 248～249, 282～285）。

[2] 尼爾·希恩：《五角大樓文件：越南戰爭的秘密歷史》，第253頁（Neil Sheehan, *The Pentagon Papers*, 253）。

[3] 尼爾·希恩：《五角大樓文件：越南戰爭的秘密歷史》，第251頁、第255頁、第291-293頁（Neil Sheehan, *The Pentagon Papers*, 251, 255, 291～293）。

[4] 杜依科：《通往權力的共產主義道路》，第239頁（Duiker, *The Communist Road to Power*, 239）。

[5] 杜依科：《通往權力的共產主義道路》，第249頁（Duiker, *The Communist Road to Power*, 249）。

[6] 卡諾：《越南：歷史》，第273頁（Karnow, *Vietnam: A History*, 273）。

以保護大陸沿海的金門和馬祖等島嶼，時任總統根據此決議采取行動促成了危機的結束。無疑，類似的決議將賦予行政當局更具彈性的決策空間，同時比直接宣戰相比，更不易引發國內的爭議。當然，也有人贊同美國朝野對決議內容的爭論，認爲至少這可能爲美國人帶來一次討論的機會，明晰到底什麽才算是向共產主義投降。爲此，副國務卿喬治・保爾很快草擬了一份概略的決議文本，如果需要就能立即付諸國會審議。[1]

1964年3月，麥克納馬拉和泰勒從西貢帶回一份非常令人悲觀的報告，報告中稱南方的越共勢力已控制著南越40%的國土，南越國民普遍對反共缺乏興趣，自政變以來南方政府的狀況已顯著惡化了。約翰遜總統很快作出官方決策，決定繼續維持自由的南越政權。接著，他命令軍方制定可行的作戰計劃以切斷北方經由老、柬邊境地區向南方的滲透活動，並采取直接軍事行動報復北越的侵略。同時，他亦明顯拒絕了向南越派出地面部隊參與戰斗（即保護西貢），或將南越軍隊置於美軍指揮之下的建議。[2]

第34A號作戰計劃並未被取消，相關准備工作緊張進行著。此外，美國海軍開始執行代號爲「德索托」（De Soto）的行動，即向北越近海水域派出戰艦實施不間斷巡邏以探明北越方面海岸防御雷達及偵聽通信信號。[3] 北越方面當然知道美國海軍的意圖，例如，1964年2月在美海軍艦只巡邏過程中，當美艦通過時相關區域內的北越電子設備和設施采取了無線電靜默。同年8月，仍在實施中的「德索托」巡邏行動被要求協同南越方面按第34A計劃進行的海上突襲行動，爲應對南越方面的攻擊，北越將不得不打開海岸雷達及通信設備。[4] 此類針對海岸和防空電子設施的探測與反探測活動，與世界其他地方類似的貓鼠游戲並無不同。對於此類活動，有時電子情報飛機在目標區域空域會遭到攻擊，甚至遭到擊落，但這種情況幾乎並未發生在戰艦身上，畢竟水面艦只主要在遠離岸邊的近海活動仍相對安全。

也許北越方面並不理解此類行動的規則，8月1日執行巡邏偵聽任務的美國驅逐艦「馬克多斯」號攔截並破譯出一條北越方面的無線電通信，它顯然來自北越軍方高層，其內容要求海岸防御部隊就地攻擊敵方的戰艦。[5] 次日，北越方面果然出動三條魚雷艇對美艦實施了攻擊，由於早有情報預警美艦擊退了北越海軍。附近海域的海軍航母編隊後繼對北越魚雷艇實施了攻擊，其中一艘被擊沉，此次交火即所謂的「東京灣事件」。考慮到北越方面可能繼續錯將執行巡邏偵聽任務的艦只視作作戰行動（第

[1] 舒爾茨辛格：《戰爭計時器：美國和越南》，第145-150頁（Schulzinger, *A Time for War*, 145～150）。

[2] 戴維森：《戰爭中的越南：1946—1975年的歷史》，第314-315頁（Davidson, *Vietnam at War*, 314～315）。

[3] 莫伊茲：《東京灣》，第50-55頁（Moise, *Tonkin Gulf*, 50～55）。

[4] 莫伊茲：《東京灣》，第59-61頁（Moise, *Tonkin Gulf*, 59～61）。

[5] 莫伊茲：《東京灣》，第69頁（Moise, *Tonkin Gulf*, 69）。

34A號作戰計劃）的支援艦只，而繼續進行攻擊活動，對此海軍已較爲擔憂。[1]

北越可能想借攻擊行動向南越方面展示，其自認爲強大的美國盟友只是「紙老虎」。事實上，北越方面已發起一系列針對美軍人員和設施的攻擊行動，都未引發美軍方面的大規模報復，包括1964年2月3日攻擊美國駐昆嵩的營地，2月7日派遣戰機轟炸西貢一處劇院裡的美國人，5月2日擊沉美國的一艘飛機運輸船「卡德」號，以及7月4日和6日攻擊美軍的特種部隊營地等。[2]

對於8月1日對美國海軍艦只的攻擊事件，約翰遜接受了軍方的分析結論，認爲此次攻擊只是北越方面的誤判。他可能希望以某種借口全力投入戰斗，但他顯然未將此次事件作爲機會。對於海軍的「德索托」巡邏行動他命令繼續進行。8月4日，美國國家安全局（NSA）基於偵聽到的北越無線電通信發出攻擊預警，北越方面將對驅逐艦「馬克多斯」號和「特納·喬伊」號再次發起攻擊。[3] 不久後，在北越海域活動的美艦依據北越艦只上的雷達探測信號（非視覺接觸）向上級報告了北越正在發起攻擊的情況，當然北越的攻擊行動並未奏效。事實上，北越艦只上的雷達情況非常糟糕，加之其操作人員並不熟悉它們，因此在美艦采用干擾和電子對抗措施後，其發起的攻擊僅打到了假目標。[4] 北越方面可能確實想攻擊美艦（偵聽到的情報表明此意圖），但實際上他們並未達成目標。

根據國家安全局的秘密偵聽情報，約翰遜總統此時無疑感到北越方面的攻擊是蓄意和有計劃的。特別是考慮到事發地如此遠離北越近岸，對方的敵意就更確鑿無疑了。據此，約翰遜總統命令實施報復性的空襲。駐西太平洋的美軍軍官對當地的情況更爲熟悉，在接到上級要求實施打擊的計劃時普遍懷疑這次第二次打擊命令以真實性，但太平洋戰區司令部的高級軍官們顯然對行動更爲自信，因爲他們有國家安全局提供的技偵情報。

約翰遜總統將這一系列的事件視作督促國會盡快通過保爾擬制的決議的正當理由。[5] 在此氛圍之下，國會很快通過了著名的「東京灣決議」，授權總統采取一切必要的手段幫助南越政權及該地區的其他盟友。之後，約翰遜總統曾稱，在作出決策前他回想起杜魯門當局在朝鮮戰爭中遭遇的（國會授權）問題，因此他需要國會宣布其對這場戰爭的支持。現在看來，這顯然是約翰遜的虛偽、狡猾之舉，有了國會授權就沒人再指責他對戰爭決策的合法性了。此決議表決時的議員主席，威廉姆·富布賴特告訴國會稱，約翰遜總統並無計劃發動戰爭，盡管他也承認此決議案很容易被解讀成

[1] 莫伊茲：《東京灣》，第60-61頁（Moise, *Tonkin Gulf*, 60～61）。

[2] 戴維森：《戰爭中的越南：1946—1975年的歷史》，第315-322頁（Davidson, *Vietnam at War*, 315～522），關於「紙老虎」的提法首次出現於1964年。

[3] 莫伊茲：《東京灣》，第112-113頁（Moise, *Tonkin Gulf*, 112～113），他認爲此信息被對方錯誤解讀了。

[4] 莫伊茲：《東京灣》，第208-210頁（Moise, *Tonkin Gulf*, 208～210）。

[5] 莫伊茲：《東京灣》，第209頁（Moise, *Tonkin Gulf*, 209）。

國會對總統發動戰爭的授權。[1] 後來，富布賴特看透了約翰遜欺騙國會的詭計，對此他非常憤怒，亦成爲這場戰爭最初的批評者。

「東京灣事件」發生一周後，北越共產黨領導人召開了一次特別會議。此時，北越方面准備派往南方的軍隊正在加緊訓練和准備。根據北越方面所遵循的毛澤東的革命理論，（南方越共的）革命武裝將經過漫長的斗爭並積聚力量，在形成對敵人的戰略優勢後組建大規模武裝部隊，發起針對敵人的反擊並最終贏得戰爭。對此，北越的正規軍將竭力支援和爲其提供補給。當然，北越方面亦扭曲了毛澤東革命理論，他們傳奇化了1945年胡志明領導越盟反抗法國殖民者戰爭的經歷，根據其闡述，胡志明並未組建大規模的武裝力量但仍在很多越南城市取得了勝利。對於毛澤東和中國的革命而言，取得勝利的標志正在於組建大規模軍隊並奪取全國重要的中心城市。兩國的這些區別可能亦有助於解釋1968年爲何美國陸軍沒有預料到北越發動的春季攻勢了（因爲北越方面並未等到擁有更大優勢時再發起類似的攻勢）。相反，毛澤東顯然不會在未獲得足夠力量前冒險主動向對手發動攻勢。北越方面對在南方發動全面暴動的看法亦過於樂觀，顯然在南越這類暴動要成功的話需要後續大規模外援性部隊的支持，否則南越政府軍和美軍力量就足以粉碎越共組織的任何暴動和起義。

北越似乎也將約翰遜對東京灣事件所作出的相當有限的反應（以及此前一系列事件中他並未采取反應措施的舉動），視作他仍未准備好真正干涉越南戰事的證據。然而，如果北越等得越久約翰遜改變其想法的可能性（全面干涉戰爭）也就越大。畢竟，與依賴於拖延的游擊戰爭相比（久拖不決的行動將使北越因美國行動而冒更多風險），向南越派遣部隊充當先鋒並迅速取得一場重要的勝利，顯然更合適。據推測認爲，當時北越方面可能已意識到1964年夏季約翰遜所作出的不擴大戰爭的承諾。因此，北越更肆無忌憚地向南方派出其正規軍。即便當時他們仍未能獲得來自蘇聯的防空力量援助以應對美國最可能的空中報復行動，但可能還是認爲其舉動是安全的，美國像往常那樣不會全面介入干涉其行動。[2] 另一種推測的可能則是，北越方面從東京灣事件美國的反應中讀出後者警告的意味，美國正逐漸傾向於實質性地介入戰爭，因此他們必須要在這一切發生之前徹底擊敗南方結束戰爭。[3]

1964年12月，第一支北越的正規部隊——1個團，抵達了南方。[4] 這支部隊很可能在同年9月或10月初就已離開了其位於北方的駐地。接著到1965年中期時，北越已向南部派遣了5個團，到年底，規模進一步膨脹到12個團；次年全年，北越又向南方部署了另外15個團（共5個師約5.8萬人）。如此大規模的滲透急劇地改變戰場形勢，

---

[1] 莫伊茲：《東京灣》，第226-227頁（Moise, *Tonkin Gulf*, 226～227）。

[2] 戴維森：《戰爭中的越南：1946—1975年的歷史》，第326-327頁（Davidson, *Vietnam at War*, 326～327）。

[3] 杜依科：《通往權力的共產主義道路》，第251頁（Duiker, *The Communist Road to Power*, 251）。

[4] 戴維森：《戰爭中的越南：1946—1975年的歷史》，第324頁（Davidson, *Vietnam at War*, 324）。

使戰爭性質由此前北方支持下的南方共產黨組織的起義暴動，發展成為北方赤裸裸地入侵。1964年12月，中國再次加入戰局，他們同意向北越派出多達30萬部隊（5個步兵師、5個防空兵師），這使北越方面敢於抽調更多部隊用於南方作戰。[1] 考慮到南方即將展開的大規模作戰，北越方面在加緊向南方派遣部隊的同時，亦指派了一名當地的指揮官阮志清將軍，負責在南方的北越軍隊的作戰行動，他與北越軍隊的總司令武元甲成為當時最重要的軍事領導人。在接下來的戰斗中，阮志清逐漸展現出他的指揮風格，他更偏好於積極進攻性的策略，而武元甲則更為謹慎不願過多地置北越軍隊於險境。

　　北越方面在向南方派遣部隊的同時，適逢勃列日涅夫等人發起反對赫魯曉夫的政變。勃列日涅夫上台後為了重新拉回北越並使之與中國疏離開來，他很快送給河內面對美國空中力量所急需的現代化防空武器系統。盡管蘇聯成為北越的主要軍備供應者後，卻幾乎未獲得什麼回報。[2] 戰爭期間，曾有北越方面的記者告訴同上戰場的蘇聯同行，蘇聯《消息報》的米哈伊爾·伊林斯基，蘇聯提供了北越所需援助中的75～80%，但對當時的北越政局卻僅獲得了4～5%的影響力（伊林斯基認為真正的比例應在15～20%左右）。[3]

　　相比之下，北越方面最初與中國的關系則要好得多。[4] 例如，當時在北越地區中國的反蘇宣傳到處可見，蘇聯人發現後向北越方面提出抗議但仍無濟於事。中蘇兩國駐北越的外交人員中，中國也享有比蘇聯同行們更多的行動自由，事實上，這是為避免在戰爭中直接卷入與美國人的衝突，蘇聯人對越南方面的特別要求，即盡量減少在越的蘇聯人曝光機會。隨著蘇聯援助的增加，北越方面也停止附和中國對蘇聯外交政策的指責。[5] 北越方面清楚地知道，蘇聯仍看重他們與美國人的關系，擔心因參與戰爭而引起美國的反彈。蘇聯曾希望解決他們在越南面臨的兩難困局，因此提議與越南方面談判尋求解決方案，但北越方面拒絕了此提議。[6] 與此同時，美國政府亦從未意識到蘇聯對北越政權的實質影響力如此之微弱。

　　到1964年底時，共產黨勢力已控制了南越近一半的國土和超過一半的人口，而南越方面則僅有城市地區仍在其政府軍控制之下。過去，南方的越共勢力由於力量有限，主要采取的打了就走的游擊戰術，在襲擊了某處據點或城鎮後很快就退出以保存實力。而到1964年下半年後，他們明顯大膽了很多，期間更在南方首次發起了一次師級規模的出擊。這次行動中，越共方面在僅距西貢約40英里的嘉平（Binb Gia）向駐

---

[1] 蓋杜克：《蘇聯和越南戰爭》，第16頁（Gaiduk, *The Soviet Union*, 16）。

[2] 蓋杜克：《蘇聯和越南戰爭》，第59頁（Gaiduk, *The Soviet Union*, 59）。

[3] 蓋杜克：《蘇聯和越南戰爭》，第72頁（Gaiduk, *The Soviet Union*, 72）。

[4] 蓋杜克：《蘇聯和越南戰爭》，第64頁（Gaiduk, *The Soviet Union*, 64）。

[5] 杜依科：《通往權力的共產主義道路》，第251頁（Duiker, *The Communist Road to Power*, 251）。

[6] 蓋杜克：《蘇聯和越南戰爭》，第19頁（Gaiduk, *The Soviet Union*, 19）。

守該處的兩支南越精銳部隊發起攻擊，並全殲了南越守軍，之後甚至還堅守了4天。[1]當時的形勢看來，北越方面似乎很快就要發動大規模的最後一擊，南方的越共亦在加緊訓練和整備，准備配合北越正規軍發起全面暴動。但實際情況並非如此，在北越方面初期的試探性進攻中，由於越共方面並未完全作好准備（嘉平戰鬥中並未跟進實施攻擊），北越決策層意識到在南方發起全面暴動的時機仍未成熟，因而阻止了越共的全面暴動計劃。

　　1964年11月2日，約翰遜在大選中獲勝繼任其總統職務，此時不再有選舉的困擾，約翰遜亦無需再保持其溫和立場了。當選後的次日，約翰遜指令國家安全委員會成立一個專門的工作小組，研究確保南越政權免遭北方共產主義政權擊敗的措施。當時工作小組提出三種選擇，一是繼續執行當前現有政策，但必須對北越方面對美國目標的攻擊行動做出迅速有力的反應；二是投入資源加大對北越方面的軍事壓力；三是緩慢地升級戰爭。上述三種選擇盡管手段和力量投入程度不同，但所致力於達成的目標都是強迫北越在美國的監督下與南方政權展開談判，而非完全推翻北越政權；而且這三種選擇也沒有一種能夠很快見到成效。在可能的選擇都見效很慢的情況下，對當時的美國政府而言，可能最好的應對還是再等等看，看是否情況仍在繼續惡化，到1965年初時再看是否需要采取急劇升級的措施。[2] 1964年12月，軍方提出了一套兩階段的空中戰役方案，約翰遜總統批准此方案第一階段的實施，即對北越方面經老撾、柬埔寨向南方滲透的路線和據點實施武裝偵察，之後對北越方面發動空襲。[3]

　　約翰遜總統如此決策的動機非常隱晦，必須要使這一切看起來似乎是美國的不情願之舉（不願形勢進一步滑向災難）。畢竟，此時共產主義勢力在東南亞地區正節節勝利，老撾共產黨已取得該國政權，越南的紅色政權亦正向南方滲透拓展似乎很快將取得勝利，印度尼西亞領導人蘇加諾（Sukarno），亦公開認為共產主義將是未來之潮流，1965年時他更公開擁抱了印尼共產黨（PKI），這是當時共產主義世界之外最大的共產黨，在印尼擁有超過300萬黨員。[4] 以至於很多外國觀察家都認為，該國到1966年左右就將完全成為共產黨國家。

　　多年以來，蘇加諾依賴各種外國的支持來強化其權力。肯尼迪當局曾認為他是遠東的納賽爾，為防止其徹底倒向蘇聯，1962年時美國政府亦支持其從荷蘭手中接管西新幾內亞（西伊里安島）的行動。甚至，蘇加諾還決定要「解放」馬來西亞地區。[5]當時，馬來西亞聯邦由馬來西亞、新加坡和英屬婆羅州（含文萊、沙巴州和沙勞越

[1] 杜依科：《通往權力的共產主義道路》，第246頁（Duiker, *The Communist Road to Power*, 246）。

[2] 舒爾茨辛格：《戰爭計時器：美國和越南》，第165-166頁（Schulzinger, *A Time for War*, 165～166）。

[3] 小A.S.柯赫倫：《對戰爭的八個決定，1965年1月－1966年2月》，摘自斯克里克特：《第二次印度支那戰爭演討會文集》（A. S. Cochran Jr., *"Eight decisions for War, January 1965-February 1966"*, in Second Indochina War Symposium, ed. Schlight）。

[4] 蓋杜克：《蘇聯和越南戰爭》，第18頁（Gaiduk, *The Soviet Union*, 18）。

[5] 布拉克曼：《印度尼西亞共產主義的崩潰》，第11頁（Brackman, *The Communist Collapse in Indonesia*, 11）。

州）等地區組成。1962年，蘇加諾開始支持馬來西亞聯邦內部的叛亂勢力反抗文萊蘇丹的統治，印尼共產黨強烈要求向馬來西亞和新加坡發起戰爭，蘇加諾亦公開攻擊馬來西亞聯邦是英國的新殖民主義余孽。1963年，他開始爲婆羅州馬來西亞部分的華裔游擊隊提供武器，支持其反叛行動；到1964年在這些華裔游擊隊遭到失敗後，他接著派遣印尼的軍隊參戰。[1]

　　根據條約義務，英國對保衛馬來西亞安全負有責任，而在此前的1948年英國人就曾幫助過馬來亞抵御來自華裔資助的叛亂武裝攻擊。到1964年時，英國已在「蘇伊士以東」地區部署了大量部隊（甚至多於同期美國部署到越南的武裝力量），這些部隊主要駐扎在婆羅州和馬來西亞等地。對於西方強國可能的干涉，蘇加諾采用了共產黨常用的腔調進行宣傳，他稱在東南亞擊敗帝國主義新殖民企圖的辦法，就是中國及其支持的北越從北方發起攻擊，而印尼則從南方向馬來西亞發起攻擊。[2] 對於東南亞形勢的變化，美國政府堅決支持英國在馬來西亞的「對抗」行動。

　　事實上，印尼當時兩大政治勢力（印尼共產黨和政府）之間還有重要的另一極，印尼軍方。[3] 軍方曾經爲印尼的獨立而戰，對印尼共產黨曾經的反叛行爲充滿戒心，比如1948年9月18日當荷蘭殖民軍攻擊新生的印尼政權時，印尼共產黨及其支持者就借機在東爪哇茉莉芬（Madium）舉行了起義。此外，蘇加諾在馬來西亞戰爭中投入大量軍隊資源卻並未取得相應勝利，亦使軍方對其不滿情緒加劇。[4] 1965年1月，印尼共產黨向蘇加諾建議，在軍方之外編組大規模的民兵武裝，借以將印尼共產黨自己的政治盟友武裝起來（以華裔爲主）。在印尼正規軍內部，他們的政治盟友還包括其空軍部隊，他們亦爲民兵訓練提供了支持。[5]

　　蘇加諾並未指定其政治繼承人，所以很明顯的是待他去世後，印尼主要的政治勢力（印尼共產黨和軍方等）將爲爭奪權力展開激烈衝突。到1965年夏，蘇加諾已病了一段時間，由於病情加重他被送往中國接受治療，中國方面陸續向印尼共產黨的領導人由艾地（Aidit）通報了蘇加諾的情況，稱其病情將逐漸加重很可能將要去世。[6] 圍繞蘇加諾去世後的政局走向，印尼各方都在加緊准備，期間中國很可能亦希望印尼共產黨盡快發動政變取得政權。1965年8月28日，印尼共產黨政治局一致同意立即采取政變行動消滅印尼軍方參謀部的多名高官。[7] 之後印尼共產黨果斷組織了行動，但暗殺行動在執行過程中卻出現紕漏，軍方參謀部最重要的將領，印尼三軍聯合參謀長阿卜杜爾·哈里斯·納蘇蒂安（Abdul Haris Nasution）將軍（同時還兼任印尼國防部

---

[1] 布拉克曼：《印度尼西亞共產主義的崩潰》，第18-19頁（Brackman, *The Communist Collapse in Indonesia*, 18～19）。

[2] 蓋伊·阿諾德：《第三世界的戰爭》，第260頁（Guy Arnold, *Wars in the Third World*, 260）。

[3] 布拉克曼：《印度尼西亞共產主義的崩潰》，第200頁（Brackman, *The Communist Collapse in Indonesia*, 200）。

[4] 布拉克曼：《印度尼西亞共產主義的崩潰》，第26-27頁（Brackman, *The Communist Collapse in Indonesia*, 26～27）。

[5] 布拉克曼：《印度尼西亞共產主義的崩潰》，第195-196頁（Brackman, *The Communist Collapse in Indonesia*, 195～196）。

[6] 布拉克曼：《印度尼西亞共產主義的崩潰》，第47-48頁（Brackman, *The Communist Collapse in Indonesia*, 47～48）。

[7] 布拉克曼：《印度尼西亞共產主義的崩潰》，第55頁（Brackman, *The Communist Collapse in Indonesia*, 55）。

長）成功地從印共的政變中逃脫。接著，印共領導的武裝部隊奪占了雅加達的各處關鍵要點，印尼革命委員會繼而宣布蘇加諾已處於其保護之下，軍方的高級將領亦被解職。很快，印共的報紙宣稱印尼陸軍作爲反革命勢力已被清洗。[1]

納蘇蒂安將軍仍未被抓獲，蘇加諾非常驚慌，同時他忘記了發布公開宣布支持印尼共產黨領導的政變的聲明，這本非常必要。[2] 納蘇蒂安設法重新集結陸軍的力量准備反擊，而且由於蘇加諾的疏忽（未聲明支持政變），使得陸軍的反撲名義上並未表現出反蘇加諾的姿態，畢竟蘇加諾當時在印尼國內仍極具聲望和權威。此時，印尼共產黨的形勢已非常危機，他們試圖拉開與那些具體執行暗殺將軍們的人員的距離，以撇清與這場陰謀的關係，但行動期間大量出現在各處暗殺現場的印共派別的准軍事力量及其報紙在政變次日就率先刊登相關消息的事實，使印共根本無法與這場政變切割。很快，陸軍的報復演變成一場大屠殺。[3] 印尼共產黨倒台，在馬來西亞的「對抗」行動崩潰了。當時印尼的緊張氛圍、這場政變以及之後的大屠殺在電影《災難歲月》（或《危險年代》）中都有詳細描述。

印尼陸軍並不急於將蘇加諾（畢竟他仍享有印尼「國父」的崇高聲望）送入審判席。盡管在陸軍重掌權力的1965年蘇加諾的實權就已被剝奪，但他並未正式從其總統職位上卸任，其總統任期一直到1967年3月11日任期才結束。1967年以後，陸軍反撲力量的主要領導人，蘇哈托少將取代了蘇加諾，並在此後30多年的時間裡成爲印尼實際統治者。

對於美國是否深度卷入此次事件，根據此後解密的檔案表示，印尼陸軍的反政變行動僅與美軍向越南逐漸加大的干涉行動存在著松散的聯系，印尼陸軍之所以強力反擊，在於印尼共產黨企圖以武力徹底消滅自己，而並非陸軍突然得到美國的授意發動反共的軍事行動。印共自身組織和反應的軟弱也是導致其失敗的重要原因，這在1964年就已有所顯現。另一方面，美國對南越政權日益強化的安全承諾，亦鼓舞了英國在馬來西亞與印尼進行「對抗」的信心。如果英國當時就已撤出該地區，如果蘇加諾及其政治盟友輕易獲得勝利，印尼軍方可能會發現再想反對蘇加諾幾乎根本不再可能。而如果那樣的話，印尼共產黨可能也不會認爲有必要消滅陸軍的領導層。

在西方看來，印度尼西亞正是東南亞共產主義多米諾骨牌效應的一個例證，只不過由於一些偶然性因素這張牌並未真正倒下去，但至少也令西方意識到共產主義在該地區擴張的可怕前景。當然，就最終實際效果看，印尼的反政變行動對西方而言是一次重要的勝利，不僅因爲該國擁有的豐富自然資源，而且更因其重要的地緣戰略位置。這個由大量群島組成的新興國家位於中東油源與遠東日本之間運輸的必經之路

---

[1] 布拉克曼：《印度尼西亞共產主義的崩潰》，第56頁（Brackman, *The Communist Collapse in Indonesia*, 56）。

[2] 布拉克曼：《印度尼西亞共產主義的崩潰》，第74-84頁（Brackman, *The Communist Collapse in Indonesia*, 7484）。

[3] 布拉克曼：《印度尼西亞共產主義的崩潰》，第88-89頁（Brackman, *The Communist Collapse in Indonesia*, 88～89）。

上，一旦爲共產主義勢力所掌控，遠東將很難在與蘇聯的長期對峙中堅持下來。對於因一系列重大事件而仍緊張萬分的印尼軍方來說，美國1965年加大對南越的干涉力度亦使其服下定心丸，至少他們認爲在美國加大援助越南的大背景下，有助於防止國內任何印共勢力的復辟。

在整個1965年初期，南越的態勢持續惡化。北越方面的正規軍越來越多地湧入南方使美軍和南越政府軍感到了壓力。如果北越方面奪取了南越中部和西北部的高地，他們就能將南越一分爲二，割裂美軍和南越力量。南越軍隊在戰斗中似乎無法應對北越的攻擊，如果這樣的戰斗再持續一年而美軍又不加大援助力度的話，他們遲早會徹底崩潰。在美國方面，約翰遜總統擔心南越政權被顛覆將成爲其任期內難以磨滅的污點，並對其大力推進的國內改革項目造成不利影響。[1]

1965年2月7日，南越當地的越共武裝襲擊了美軍位於南越西部高地波萊古的特種部隊基地。美國國家安全顧問麥克喬治·邦迪當時正在南越訪問，襲擊後他立即向華府建議實施報復行動。這解釋了當時美國爲何僅對波萊古的襲擊，而未對其他類似的襲擊，實施了強有力的報復。而邦迪則解釋稱，這些事件「就像有軌電車，如果錯過了一班，那麼下一班可能很快就會到達並帶著你去同樣的地方」。[2]波萊古攻擊事件觸發了美軍發動的長達8周的大規模空中襲擊（此輪襲擊中美軍對南越境內的北方力量向南方滲透的通道及據點進行了攻擊），這也是1964年12月約翰遜總統曾考慮發動的。

進入1965年以來，蘇聯已經准備好向北越方面交付各類防空系統，最初是高射機槍和火炮，更先進的防空導彈亦很快進入北越。當美國再次實施大規模轟炸時，北越方面隨即以這些硬件實施了還擊，同時亦發動了相關宣傳攻勢，這使很多越南人相信美國人的空中戰役很快就將被遏制。此外，北越方面還成功地建立起一種雙重的心理觀念，越共在南越境內摧毀一座橋梁是可以接受的，但美國如果以空中攻擊擊毀北越境內的類似橋梁則是無法被接受的（美國的此類攻擊行動總會遭到北越方面的嚴厲譴責和指控，但卻絲毫不提其在南越境內的所作所爲）。其邏輯完全不可被接受，這就比如說，制空權在中東地區是非常被接受的，但在東南亞則完全不可行。[3]

當蘇聯向北越供應的防空導彈一旦開始發揮其功能，美國的飛行員們很快發現要像以往那樣飛近目標實施攻擊已非常困難了。爲了命中目標，美國必須組織數十

---

[1] 布拉克曼：《印度尼西亞共產主義的崩潰》，第114-115頁（Brackman, *The Communist Collapse in Indonesia*, 114～115）。從一定程度上看，PKI的毀滅成爲印度尼西亞當地人對當地華裔展開排華行動的借口；排華大屠殺事件後，中華人民共和國和台灣當局都宣稱當地死傷的主要是華人。各方估計遭到屠殺的人口數在不到10萬～200萬人不等。本書作者布拉克曼認爲，後一類數字偏高，因爲當地印度尼西亞人傾向於誇大此數字。

[2] 杜依科：《通往權力的共產主義道路》，第256頁（Duiker, *The Communist Road to Power*, 256）。

[3] 蓋杜克：《蘇聯和越南戰爭》，第24頁、第36頁（Gaiduk, *The Soviet Union*, 24, 36）；還可參見D.派克：《越南戰爭期間北越的防空》，摘自黑德和格林特：《回望越南戰爭：1990年代對戰爭中相關決策、戰斗和遺產的觀點》（D. Pike, *"North Vietnamese Air Defenses During the Vietnam War"*, in *Looking Back on the Vietnam War*, ed. Head and Grinter.）。

架、甚至上百架的大機群對目標實施攻擊，而且很可能會付出可怕的代價。這種情況亦使空軍非常害怕，它可能正是未來戰略空軍在與蘇聯的大規模戰爭中所遭遇的現實。當然，對此並非沒有解決方案，即爲轟炸機裝備類似的制導武器系統，使其能在防空火力打擊范圍之外對目標實施攻擊。至少，裝備了制導武器後載機就無需爲攻擊目標而反復進入敵方的防空火力圈。現實的戰爭需求催生了成本相對低廉的「靈巧」炸彈（即美國在越南戰爭中率先使用的精確制導炸彈），這些炸彈一經實戰使用立即展示出其巨大優勢，這對於北約在歐洲所准備的某種戰爭而言同樣非常重要，即西方的戰斗轟炸機借助類似制導炸彈很可能成爲對抗華約坦克洪流的有效手段（因爲如此就能回避蘇聯進攻部隊的野戰防空體系）。更重要的是，考慮到新型炸彈極高的毀傷效能，北約的戰機可能也不必再使用戰術核武器來打擊蘇聯的坦克集群了。

　　在美國與北越長期反復的空襲與反突襲戰斗中，隨著北越方面防空系統的升級，美國也研制並部署了更多越來越復雜的電子對抗、反制設備，用以裝備其戰機。但期間仍不免有美國戰機被擊落，其搭載的現代化電子系統亦不斷地落入北越方面手中。由於蘇聯與北越方面已達成協議，蘇聯專家將負責檢查被擊落美機的殘骸，並可將任何他們認爲有價值的物品送回國內（當然以這種方式獲得美國的技術並不輕松）。[1]到戰爭中後期，隨著美國空中襲擊的規模、強度和技術反制措施的持續加強，特別是到戰爭後期，北越方面亦只能尋求蘇聯爲其提供更加先進的防空系統和雷達，或升級現有系統。在持續的對抗與反對抗競爭中，只要美國掌握了如何抗衡蘇聯的某種防空系統的方法，蘇聯方面同樣急迫地迅速研制出新的應對措施以繼續確保其武器的防空效能。然而，盡管蘇聯當時已與中國處於敵對狀態，但蘇聯仍必須通過中國向北越這個受到圍攻的共產主義盟國提供支援（因爲美國仍控制著北越海岸，而通過陸路經中國進入北越是最便捷的路線），而如果因中國的原因而拒絕向北越提供最好的防禦系統，無疑會影響蘇聯在整個共產主義世界中的形象。無疑，在這些先進裝備途經中國期間，蘇聯認爲中國人可能會私自竊取並復制這些武器系統，考慮到自60年代以來中蘇關系破解甚至滑向可能的戰爭，而這些援越的先進裝備又不得不任由中國人揩油的現實，蘇聯可以說非常懊惱。[2]

　　約翰遜總統已決定將越南戰爭擴大化了。很快，他命令針對北越實施新的持續空中進攻行動，即「滾雷行動」，它一直持續到1968年3月。在當時美國決策當局的逐步升級理念指引下，約翰遜和麥克納馬拉將此類大規模空襲視作向北越方面傳達美國戰爭意志的信號。[3]爲了控制行動的實施（即傳達出正確的信息），行動期間很多

[1] 蓋杜克：《蘇聯和越南戰爭》，第61頁、第71頁（Gaiduk, *The Soviet Union*, 61, 71）。

[2] 蓋杜克：《蘇聯和越南戰爭》，第37頁（Gaiduk, *The Soviet Union*, 37）。這些仿制的武器包括SA-7型和改進型號的SA-2型地對空導彈。

[3] 赫林：《林登·約翰遜和越南：不同類型的戰爭》，第4-5頁（Herring, *LBJ and Vietnam*, 4～5）；戴維森：《戰爭中的越南：1946—1975年的歷史》，第339頁（Davidson, *Vietnam at War*, 339）。

目標的選擇都由決策層所確定，比如具體空襲的地點逐漸向河內發展等（但並未直接攻擊河內市）。對約翰遜及其顧問而言，河內這座北越最重要城市的命運只有兩種選擇，要麼因逐漸逼近的空襲（僅受到較少實質性打擊）而選擇與美國談判結束戰爭，要麼徹底被空襲所摧毀。在長期實施的滾雷行動期間，約翰遜曾多達7次地叫停轟炸行動，以便北越方面因感受到壓力（盡管這只存在於美國的想象之中）而尋求談判。然而，事與願違的是，北越決策層從未像約翰遜那麼思考問題，他們將美軍的自我克制視作約翰遜軟弱的證據，而更加堅定了抵抗信念。

事實上，暫停轟炸是麥克納馬拉的主意。[1] 參聯會對此是極為反對的，因為此舉將給北越方面以喘息使其有機會恢復。[2] 然而，在總統和國防部長商討第一次暫停打擊行動時（1965年12月），參聯會的軍方高級將領並未受邀參與會議，當時參聯會主席厄爾·惠勒（Earle Wheeler）將軍也只是在即將赴遠東之前才被告知此類會議的議程。這次暫停的命令電報由麥克納馬拉的國防部長辦公室擬制，空軍參謀長和海軍作戰部長都拒絕簽署此命令。為了壓服兩人，麥克納馬拉稱總統已意識到他們的反對意見，因此他將此電報以參聯會的名義發給參與行動的遠東美軍部隊。當然，為了安撫參聯會，1966年初期他又提議將行動進行重大的升級。

大規模空襲以來，美國的空中力量損失日增，但戰場形勢仍難以看到好轉的趨勢。在此情況下，麥克納馬拉試圖完全取消轟炸行動，他認為在1965年的行動中美國每造成北越方面1美元的損失，美國就需付出6.5美元的損失（主要是戰機、彈藥損耗）；到1966年，此類成本更增至10.4美元。麥克納馬拉給出的這些數據可能自有其出處，但並不足以說明問題。如果說轟炸的全部目標就是為了有效地向北越方面發出信號，那麼所謂的效費比問題根本就不重要。此外，麥克納馬拉給出的這些數據並未真正反映出美軍的毀傷效能，因為很多目標都出自他的選擇，這實際上限制了對北越方面造成的損失。而且更糟糕的是，他並未考慮到北越方面動員其人力抵消美軍空襲效果的能力。此後美國情報機構曾評估認為，空襲期間北越方面動員了10萬余人專職搶修被美軍破壞的公路、鐵路和橋梁，兼職執行此類任務的人數更多。

參聯會曾評估認為，大規模空襲將對北越造成實質性的損失，根本無法被北越方面視作某種信號。如果空襲摧毀北越的石油儲備，將癱瘓其工業和機械，進而很可能使其難以向南越的戰爭行動提供支援。然而，北越絕大多數的石油儲備都位於海防港和河內附近，但在當時決策層的限制下，此類攻擊行動所需的權限極高。另一方面，美國如果要想以其「軍事語言」向北越方面發出有效信息，必須在每一階段的轟炸中選定使北越遭受更嚴重損失的目標實施打擊（如果北越方面始終拒絕談判的話）；因而，一開始就直接攻擊河內的目標很可能是美國所能作出的最糟糕選擇。約翰遜

[1] 戴維森：《戰爭中的越南：1946—1975年的歷史》，第339頁（Davidson, *Vietnam at War*, 339）。
[2] 赫林：《林登·約翰遜和越南：不同類型的戰爭》，第42頁（Herring, *LBJ and Vietnam*, 42）。

總統也是在等待了7個月以後才同意參聯會對重要目標的攻擊計劃（1966年6月）。當然，考慮到美國朝野上層對空襲目標的公開討論，亦使北越方面很容易就獲得相關預警。比如前面提及的石油儲備，北越方面就適時分散了其儲備，使美國的攻擊意圖落空。[1] 總體上看，進入大規模空襲階段後，美國飛行員發現要挑戰北越的防空體系非常令人厭煩，很多情況下他們不得不放棄打擊首要目標，只得轉而攻擊次要的、防護不那麼嚴密的目標。由於顧及到在北越的蘇聯人和中國人，戰時美軍空襲還包括很多並不言明的規則，比如禁止攻擊北越正在建設中的空防設施，因爲擔心會殺傷蘇聯和中國技術人員。[2] 相較而言，大約25年之後的波灣戰爭中，美國軍隊在發起空襲的第一夜就直接攻擊了薩達姆·侯賽因的宮殿，向敵人宣布這次戰爭中美軍將不會受到此類政治因素的限制。

就在北越竭力抗擊美軍的空襲的同時，在南方的北越軍隊繼續攻擊當地的重要空軍基地——峴港，很多赴北方空襲的美軍戰機都由此機場起飛。該基地受到北越襲擾後，爲保護此處基地，美軍立即向越南派遣了兩個營的陸戰隊部隊駐扎於此。駐越美軍的最高司令官，威廉姆·威斯特摩蘭（William Westmoreland）將軍很可能將此視作美軍即將向越南大規模集結的信號（或開始），畢竟僅靠空襲並不足以阻止北越在南方的進攻，甚至南方的形勢正處於快速惡化之中。[3] 對此，約翰遜拒絕了陸軍的請求（向越南派駐1個完整的美軍師），但他同意了向越南派出更多的陸戰隊部隊。更重要的是，1965年4月1日，他更換了對部署在越南的陸戰隊部隊的任務（之前主要擔負機場和基地防御任務），要求「更積極主動地運用」陸戰隊部隊打擊當地越共。[4]

約翰遜總統希望國會能顯示出其批准增兵越南的態度。1965年5月初他要求國會追加撥款7億美元軍費用於越戰，以特別地展示國會對戰事的支持。總統的提議在眾議院以408:7票通過，參議院亦以88:3票通過，因此在當年5月7日，就在他向國會提供此動議後不到53小時內，約翰遜簽署了該撥款法案。

此刻，約翰遜和美國已經沒有回頭路可走了，盡管當時他並未公開這項決定。[5] 與艾森豪威爾類似，他也希望盟國能盡可能參與這場爆發在遙遠東南亞的戰爭（以減輕美國的負擔）。因此，他命令采取緊急措施以敦促韓國、澳大利亞和新西蘭等國與美國一起向越南派出戰斗部隊。

最初，進入越南的美軍部隊似乎僅用於防守靠近海岸的被越共方面圍困的地域。然而，1965年5月以來，越共方面發起一連串成功的突襲，到當年6月底，越共方面似

[1] 戴維森：《戰爭中的越南：1946—1975年的歷史》，第391頁（Davidson, *Vietnam at War*, 391）。

[2] 雷科德：《錯誤的戰爭：爲什麼我們在越南失敗》，第46頁（Record, *The Wrong War*, 46）。

[3] 戴維森：《戰爭中的越南：1946—1975年的歷史》，第342-343頁（Davidson, *Vietnam at War*, 342～343）。

[4] 戴維森：《戰爭中的越南：1946—1975年的歷史》，第344-345頁（Davidson, *Vietnam at War*, 344～345）。

[5] 尼爾·希恩：《五角大樓文件：越南戰爭的秘密歷史》，第394-395頁（Neil Sheehan, *The Pentagon Papers*, 394～395）。

乎已將南越割裂成兩個部分，甚至已成功占據大片地區的越共已有可能建立自己的政權。[1] 形勢已非常惡化了，除非美軍部隊直接參與大規模戰斗，否則南越政權很快就將崩潰。[2] 美國陸軍部隊首次在越南進行的大規模地面行動始於當年6月27～30日，當時美軍第173空降旅（參加行動的還有1個澳大利亞營及南越部隊）在西貢附近地區遂行了搜索與打擊任務。[3] 爲應對即將展開的大規模越南戰爭，約翰遜召集了一組高級顧問人員作爲其幕僚，此小組被提前爲「智者」小組（由迪安·艾奇遜領導），經研究後小組告訴約翰遜稱，除了升級戰爭外已別無選擇。[4] 因此，約翰遜決定給予威斯特摩蘭更多的部隊。

此後，很多人可能會稱，約翰遜當時的決定違反了美國在朝鮮戰爭中所學到的一條根本教訓，即避免在亞洲卷入當地地面戰爭之中，因爲美國的敵人將擁有取之不盡的人力資源。當然，只要中國仍未干涉越南的戰事，越南的人力也並非就是無限的。此外，約翰遜總統當時決定升級戰爭的目標也非常明確，就是防止南越政權的垮台，希望阻止共產主義向南越的滲透，並對北越發起懲罰性打擊（通過空中戰役），總之就是要使北越方面接受談判並達成停戰協議。

在美國地面部隊是否入侵北越的問題上，美國沒有選擇。因此毛澤東仍將北越視作與美國或任何威脅中國南方邊境的勢力的緩沖區，他絕不能容忍美國征服北越，正如1950年美國曾試圖占領整個朝鮮那樣。[5] 爲消除中國方面的疑慮，美國外交代表曾在特定場合向中國方面秘密保證稱，美國將不會入侵北越。1965年春中國提出警告稱，除非美國或南越軍隊入侵北方，中國將不會向北越派出戰斗部隊。在整個1965年夏季，中國最高決策層都在熱烈地討論他們到底可給予北越多大的幫助[6]。 到1965年11月時，雖未明言但中國實際上已理解了美國人的意圖。[7]

與此同時，爲了防備美國可能的攻擊，中國將靠近東南海岸地區的重要設施重新部署到內陸地區，同期爲防御蘇聯中國亦將北方邊境地區和省份的重要設施遷往內陸，即所謂的「三線」工程。在1965—1971年間，「三線」工程消耗了同期中國多達三分之二的工業投資。由於大量工廠被分散配置（很多企業安置在縱深腹地的山區、峽谷地帶，以增大打擊的難度和成本），該項目實際上導致了很多工業產品生產成本

[1] 戴維森：《戰爭中的越南：1946—1975年的歷史》，第348-349頁（Davidson, *Vietnam at War*, 348～349）。

[2] 尼爾·希恩：《五角大樓文件：越南戰爭的秘密歷史》，第412-413頁、第417-418頁（Neil Sheehan, *The Pentagon Papers*, 412～413, 417～418）。

[3] 尼爾·希恩：《五角大樓文件：越南戰爭的秘密歷史》，第420頁（Neil Sheehan, *The Pentagon Papers*, 420）。

[4] 布林克林：《迪安·艾奇遜：冷戰年代，1953—1971年》，第244-247頁（Brinkley, *Dean Acheson*, 244～247）；舒爾茨辛格：《戰爭計時器：美國和越南》，第176-179頁（Schulzinger, *A Time for War*, 176～179）。

[5] J.W.加弗：《中國和修正主義命題》（*China and the Revisionist Thesis*），摘自黑德和格林特：《回望越南戰爭：90年代對戰爭中相關決策、戰斗和遺產的觀點》（J. W. Garver, *"China and the Revisionist Thesis"*, in *Looking Back on the Vietnam War*, ed. Head and Grinter.）。

[6] 杜依科：《通往權力的共產主義道路》，第266頁（Duiker, *The Communist Road to Power*, 266）。

[7] J.W.加弗：《中國和修正主義命題》，摘自黑德和格林特：《回望越南戰爭：90年代對戰爭中相關決策、戰斗和遺產的觀點》（J. W. Garver, *"China and the Revisionist Thesis"*, in *Looking Back on the Vietnam War*, ed. Head and Grinter.）。

的上升，但對於確保中國的戰略防禦穩定而言，這種代價仍是值得的。[1]

　　當時，北越方面明顯未意識到美國對中國的秘密保證（即絕不入侵北越），也許中國也希望保持他們對河內的影響力（因此並未立即向北越方面闡明美國軍事行動的界限）。而且中國可能也在無意中配合了美國對北越的虛張聲勢。最顯著的例證，是美國在戰爭的大多數時間裡始終在南中國海地區維持部署了一支兩棲作戰部隊，擺出一副隨時入侵北越海岸地區的態勢（實際上在中國因素的影響下這絕不可能發生），其真正的目的只是爲使北越隨時感到如鯁在喉而不敢將兵力全部抽調往南方。但此舉可能也啓發了武元甲，爲了防止美國對北方可能的入侵，北越方面實踐了其「人民戰爭」理論，即發動北越每個村莊、城鎮的民眾，與正規軍一起參與本土的防禦任務。[2]

　　1965年中期，北越得到中國明確的承諾，如果美國入侵北越中國將同意軍事介入。對此，北越方面並無法完全確信中國的承諾是認真的。例如，1965年1月毛澤東宣稱，除非中國領土受到攻擊，否則他將不會干涉在越南的戰爭。[3] 同年9月，中國軍方重要的將領，林彪元帥發表重要的演講《人民戰爭勝利萬歲》，此演講被廣泛地視作中國鼓動世界共產主義革命運動的標志，但在北越看來演講內容也可被解讀成一種告誡，即北越將必須以其自己的資源和人力贏得戰爭，中國將不會施以援手。[4] 再例如，1965年7月，中國拒絕了北越提出的向其派遣戰斗機飛行員的請求。當然，正如1965年春中國公開警告所稱，除非美國或南越軍隊入侵北方，中國將不會向北越派出戰斗部隊，但這並未限定中國不能向越南提供非直接交戰的保障部隊。1965年9月，中國開始向北越派出工程和防空部隊支援其戰爭行動（根據蘇聯估計，1967年共有約6～10萬中國部隊進入北越）。[5] 在1965年9月—1968年3月間，總共約32萬的中國軍隊被輪換部署到北越參與工程保障和防空等任務（其中在戰斗中傷亡的人員可能達到2萬余人）。此外，中國還在靠近邊境地區修建基地設施，如果美國破壞默契入侵北越，就能利用此基地進一步援助北方。[6] 同時，中國還在其南方部署了一套防空雷達系統，它可探測跟蹤在北越上空飛行的目標，並向北越方面通報美軍空襲的情報，由於其位於中國境內美軍並不敢直接攻擊因而對北越方面的雷達預警體系形成了有效補充。有時，中國方面的防空戰斗機多次與因迷航而進入中越邊境地區的美軍戰機發生了交戰。

---

[1] J.W.加弗：《中國和修正主義命題》，摘自黑德和格林特：《回望越南戰爭：90年代對戰爭中相關決策、戰斗和遺產的觀點》，第100頁（J. W. Garver, *"China and the Revisionist Thesis"*, in *Looking Back on the Vietnam War*, ed. Head and Grinter. 100）。

[2] 戴維森：《戰爭中的越南：1946—1975年的歷史》，第364-365頁（Davidson, *Vietnam at War*, 364～365）。

[3] 杜依科：《通往權力的共產主義道路》，第265-266頁（Duiker, *The Communist Road to Power*, 265～266）。

[4] 雷科德：《錯誤的戰爭：爲什麼我們在越南失敗》，第14頁（Record, *The Wrong War*, 14）。

[5] 蓋杜克：《蘇聯和越南戰爭》，第65頁（Gaiduk, *The Soviet Union*, 65）。

[6] W.拉菲伯：《評論》，摘自斯克里克特：《第二次印度支那戰爭演討會文集》（W. LaFeber, *"Commentary"*, in *Second Indochina War Symposium*, ed. Schlight）。

　　儘管約翰遜總統已決定向戰場投入更多美軍部隊，但他也刻意避免煽動起國內對戰爭的熱情。[1] 比如直接入侵北越，極可能喚起美國國內民眾的關注，這將使戰爭災難性地擴大。對此，參聯會再次表達了反對意見，他們要求將這場戰場宣傳成愛國戰爭，以動員更多的預備役力量，直接對北越政權宣戰，發動大規模的地面進攻徹底摧毀北越軍隊以及他們的政權。國內動員將為公眾就越南戰爭問題進行更多的討論提供機會，而此類討論本應在之前國會作出東京灣決議時就應進行。約翰遜將不得不向公眾解釋，為什麼保護南越政權對美國、乃至西方世界是極為重要的。他更偏好於減少戰爭可能引發的政治風險，在1965年，這意味著盡量避免讓公眾了解這場戰爭及對戰爭的公開討論。事實上，他在重復1950年杜魯門總統在朝鮮戰爭中所走過的老路，同樣的，當戰爭形勢惡化時他亦遭遇與杜魯門類似的困境。

　　約翰遜總統擔心民眾熱衷於戰爭，但情況似乎正相反。美國國內曾經盛行的麥卡錫主義極大地減損了國內對討伐共產主義的熱情，這一時期的美國社會心理更容易將南方的越共和北越共產黨政權視作當地的民族主義者，而非敵對帝國的代理人。美國民眾非常難以理解的是，為什麼要作出犧牲以保護一個明顯腐敗了的南越政權和社會。此外，最糟糕的也最影響美國社會情緒的是，這場戰爭可能會永遠持續下去看不到盡頭。無疑政府已明確且痛苦地意識到，只有一種方法能結束這一切，即摧毀整個北越政權。

　　在這場戰爭的熱度不斷升高之時，適逢整個西方社會新的、強有力的青年文化意識的崛起，此現象出現的內在原因很可能主要源於第二次世界大戰後首批嬰兒潮中出生的人口此時已進入其成年期，這一群體享受了戰後西方和平穩定的繁榮期，具有獨特的心理和社會意識。不可避免的是，青年群體在進入社會後首先面臨著現有秩序和權威的約束，他們無畏地向後者發起挑戰。在美國，很明顯地反映在青年群體對這場正在進行中的戰爭的看法，在這些具有反叛意識的青年群體看來，這完全是一場毫無意義的戰爭（很大程度上因為他們拒絕像其前輩那樣對戰爭充滿熱情，還因為這場戰爭本身進行的方式在他們看來是邪惡、非正義的）。幾十年前出生在大蕭條期間的美國人，在他們年輕時也曾表現出這種對傳統信念、權威的挑戰，政府本應采取措施解決類似社會問題，但現在看來似乎政府本身就是問題的源頭。

　　約翰遜的顧問將越南戰爭視作美國在全球反抗共產主義擴張浪潮所必須投入的一系列小型戰爭中的揭幕戰，考慮到戰爭狀態的長期性，行政當局並不想征收特別稅項以應對越南戰爭。當時，約翰遜總統更擔心的是國會可能削減他的國內社會改革項目，而非為了戰爭增稅。[2] 最初似乎並無問題，1965財年越南戰爭消耗了約1億美元，然而，到1966年這一數字急劇攀升至140億美元。儘管當時為維持戰爭大幅增加

[1] 赫林：《林登·約翰遜和越南：不同類型的戰爭》，第121-150頁（Herring, *LBJ and Vietnam*, 121～150）。

[2] 孔茨：《黃油與槍炮：美國的冷戰經濟外交》，第109頁（Kunz, *Butter and Guns*, 109）。

了預算赤字被認為是有助於刺激經濟的，而且美國經濟那時亦處於衰退之中（正如肯尼迪時期那樣），但大幅增加的戰爭開支導致了國內通貨膨脹（同期美國經濟已以滿負荷狀態運行著）。1966年，美國內通脹率只有3.4%，國內民眾對此已非常緊張了。他們將此視作國內排名第三重要的問題，僅次於越南戰爭和種族關系問題。因此，在1967年當約翰遜總統試圖在國內增稅時，威爾伯·米爾斯，眾議院籌款委員會主席，拒絕批准總統提議追加10%征稅額的動議，除非他決定削減其他重要開支（即廢止其「大社會」改革項目），這絕對是約翰遜總統不可能承諾的。由於美國大幅的赤字，這也部分地導致美國經濟問題更加惡化了。

　　麥克納馬拉試圖嚴格控制戰爭物資的采購，以使采購計劃嚴格匹配戰爭需求，因而與第二次世界大戰或朝鮮戰爭不同，越南戰爭結束後美軍並未遺留數量巨大的未用軍事硬件或彈藥，當然，在最後美軍離開越南時仍將大量武器裝備留在當地供南越政權使用，盡管他們並未因此而抵擋住北越最後的進攻。

　　為了減少戰爭對軍隊的影響，參戰的美軍以輪換的形式輪流被派往前線，通常期限為1年，而且這只限於人員個體而非各支部隊單位，因而每支部署到越南的部隊實際上都混雜著兩類官兵：一類是從未進入戰場的新手，另一類則是在越南服役了一段時間的老兵，特別是後者在剩余的參戰期限內更多地想著如何在余下時間裡活下來。軍官在其1年的部署期限內，其時間通常分為兩部分，即6個月在戰鬥部隊擔任職務直接參戰，余下的6個月則在各級指揮機構充任各類參謀。這一服役規則，在當時亦被廣泛地認為是軍方為確保讓盡可能多的官兵都參與到一線戰場獲得戰鬥經驗而制定的政策。[1] 但此政策同樣亦有弊端，包括軍官在一線任職時間過短，使其更注重短期、即時的成功，而無助於部隊長期素質的提升；此外，該政策更不利於低層級戰術部隊作戰能力的凝聚和提升，例如，上校甚至將軍們大多以短期的觀點來看待戰鬥行動，因此過於直接聚焦和指導排、連級部隊的行動，而未能聚焦其本應關注的更高層級部隊的行動。

　　為了安撫在戰線的官兵，美軍為其參戰部隊提供了極為奢侈的保障。結果，造成作戰人員與後勤保障人員之間的比例懸殊，比如在1968年駐越陸軍部隊中只有15%的人員執行一線的戰鬥任務，大量官兵則在後方地域執行保障任務。[2] 因而美國雖向越南陸續派出大量部隊，但真正在前線與敵軍作戰的數量卻並不多，前線部隊經常面臨著具有壓倒性數量優勢的敵軍的攻擊，在此情況下美軍優勢的火力成為必備的「平衡器」，不幸的是，在南越敵友混雜的戰場環境下，越共游擊隊和北越正規軍經常混跡於當地民眾之中，美軍幾乎無法有效將他們區分開來。因此，美軍的火力常常造成大

---

[1] 雷科德：《錯誤的戰爭：為什麼我們在越南失敗》，第98頁（Record, *The Wrong War*, 98）；文中認為威斯特摩蘭將軍認為戰爭將很短暫，他希望讓盡可能多的軍官獲得戰爭經驗，以應付未來的主要戰爭。

[2] 雷科德：《錯誤的戰爭：為什麼我們在越南失敗》，第99頁（Record, *The Wrong War*, 99）。

量平民傷亡，這又使當地民眾深信美軍絕不是來越南幫助他們的。[1]

美軍奢侈的後勤供應還帶來了另一個意料之外的問題。由於大量就地采購物資和美國巨量的援助，爲南越經濟體系注入大量資金，特別是在城市地區出現了畸形的繁榮景象。大量來自貧窮山區和農村的南越民眾亦湧進城市尋找經濟機會，此舉亦影響到南越越共的活動。因爲人口大量逃離鄉村，令其失去了持久作戰的社會基礎。然而，南越的這種虛假的繁榮完全依賴於美國，因此當最後美軍撤離越南之時，其經濟很快瀕於崩潰。

在整個50年代，美軍征召的兵員由大量出生於30年代大蕭條時代的人口組成，軍隊可供選擇的余地有限，大部分適齡可符合條件的美國人都必須服役。然而，到越南戰爭時期，適逢戰後1946年以來「嬰兒潮」的一代人成年，適齡適役人口數量暴增，因而大多數適齡人口並不需服役。美國軍方很早之前就已建立相應的兵員緩召體系，理論上該體系有利於分流每年新增的適役人口並確保部隊擁有持續的兵員供應，比如有的人因升學而選擇緩召推遲服役時間。過去，由於每年適合服役的新增人口有限，大多數緩召的人員在此後都會接受軍方征召服役，而到了60年代，嬰兒潮帶來的適役人群激增後，緩召不再成爲軍方的選擇。那些因經濟原因無法升學的年輕人大量進入部隊服役，而經濟條件較好的年輕人則合法的免服兵役。這種情況使美國社會產生了一種不公平的焦慮，加之當時青年群體普遍的反體制、反權威叛逆心態，使社會大眾普遍認爲戰爭是毫無意義的，這帶來了破壞性的影響。隨著戰爭的進行，越來越多的學生、年輕人走上街頭抗議示威反對戰爭，對此約翰遜總統不得不於1968年初取消了畢業學生的兵役緩召制度。而在此之前，美國國內曾多次爆發學生騷動事件，他們很可能認爲國家將征召他們送往戰場，因此必須要在卷入無意義的戰爭之前激烈表達他們的情緒。但諷刺的是，實際上只有很少的美國青年被征召送往越南。而真正被迫參軍的大多是窮困、毫無出路的青年，而這其中又以黑人居多。因而，此兵役政策在軍中導致的後果就是黑人士兵的比例偏高。

此外，約翰遜總統決定向越南派出美國戰鬥部隊的同時，正是他盡力爭取其「大社會」改革項目的關鍵時期。[2] 到1965年中期時，美國爲替換前期部署到越南的部隊，不得不從肯尼迪時期建立的預備役部隊中選派大量部隊，時任陸軍參謀長哈羅德·K.約翰遜（Harold K.Johnson）將軍認爲總統必須要大規模地動員預備役部隊才能完成越南戰場的輪換部署任務（當時他預期需動員約7個師）。[3] 但總統並未決定動員預備役力量，因爲他擔心如果因動員預備役而導致與國會的衝突很可能會使他竭力

---

[1] 雷科德：《錯誤的戰爭：爲什麼我們在越南失敗》，第87-89頁（Record, *The Wrong War*, 87～89）。

[2] 麥克馬斯特：《職責的背棄》，第312頁（McMaster, *Dereliction of Duty*, 312）。

[3] 麥克馬斯特：《職責的背棄》，第310頁（McMaster, *Dereliction of Duty*, 310）。

推進的「大社會」改革項目受挫。[1] 約翰遜曾告訴國家安全委員會和參聯會的高級顧問和成員，他之所以不下令全面動員是因爲擔心此舉可能升高國際的「噪聲水平」，導致中國、甚至蘇聯的卷入，最好能盡可能靜悄悄處理涉及越南的動員問題。但他的反對者則指責稱，與其說擔心外界的影響，不如說他對國內的「噪聲」更加敏感。

後來當戰爭失敗不得不撤軍之時，美國陸軍亦反思認爲約翰遜當時的決定使其避免了極爲尷尬的一幕，畢竟如果經過全面動員仍在越南輸掉戰爭恐怕會更令人恥笑。戰爭結束著，軍方設計出了「整體部隊」（total force）的概念，尋求將預備役力量與現役戰斗部隊更緊密地結合在一起的建軍備戰模式，此後沒有哪一任總統能夠在未取得公衆支持的情況下，獨自作出對外大規模部署部隊的決定了。

此外，當1975年7月28日約翰遜總統公開宣布，他正在向越南派遣部隊之時，他仍向外界強調其意圖是爲了尋求與北越的談判。這很難被視作某種向敵人發出的信號，除了刺激對手外根本不可能有其他什麼作用。[2]

在越南，一旦威斯特摩蘭獲得了所需的部隊，他便認爲他能在1965年底前初步穩定住南越的形勢。考慮到更多的戰斗部隊即將部署到戰場，他也許能在1966年開始組織攻勢行動。[3] 而麥克納馬拉亦告訴約翰遜稱，威斯特摩蘭只要有更多部隊，他很有可能獲得勝利。當然，這可能是他最後一次私下表露出對戰爭的樂觀估計了，盡管在此後的公共場合他一直對此相當樂觀。[4]

戰場上，南方的越共和它的北越盟友非常狡猾、難以捉摸。爲有效地消滅他們，威斯特摩蘭的部隊有時必須想盡辦法才能發現他們的蹤跡進而殲滅敵人，但大多時候仍不得不面臨無窮無盡的突襲、騷擾和破壞，總之就是不與美軍正面交戰。爲此，威斯特摩蘭只得命令美軍分散成連、排級部隊實施廣泛的搜索與交戰任務，事實上，他更希望此舉能夠通過向敵人提供突襲美軍分隊的機會，進而能吸引敵人出現，再用優勢的火力消滅對手。最不濟，搜索與交戰任務亦可像期望的那樣，迫使敵軍不斷的消耗其彈藥與人員。另一方面，美軍認爲，只要能在南方有效消滅越共和北越的力量，他們要繼續堅持戰斗就必須通過胡志明小道持續向南方輸送人員和物資，如此就給了美軍機會，至少當時美軍認爲他們在小道中穿行時將極易受到空軍的打擊。爲了從海上困住北越，海軍和海岸警衛隊亦執行了一項補充性的海岸封鎖計劃，「市場時間」行動。

1965年10月，南下的北越軍隊遭受了一次令其清醒的失敗。北越第325B師集結了兵力對位於波萊梅（plei mei）地區的重要交通樞紐地區實施了圍攻，希望此舉能

[1] 雷科德：《錯誤的戰爭：爲什麼我們在越南失敗》，第148頁（Record, The Wrong War, 148）。
[2] 赫林：《林登·約翰遜和越南：不同類型的戰爭》，第6頁（Herring, LBJ and Vietnam, 6）。
[3] 斯克里克特：《第二次印度支那戰爭演討會文集》，第73~74頁（Second Indochina War Symposium, ed. Schlight, 73~74）。
[4] 尼爾·希恩：《五角大樓文件：越南戰爭的秘密歷史》，第474頁（Neil Sheehan, The Pentagon Papers, 474）。

吸收南越軍隊增援並在途中突襲其增援部隊。但駐守該地的南越部隊頑強抵抗，北越方面並未達成預期作戰目的，後期只得退入缺乏道路易守難攻的大南山谷（Ia Drang Valley）。他們可能認爲其藏身之處仍較安全，但未意料到美軍派遣突擊部隊搭乘直升機尾隨其進入了大南山谷，很快，在前期圍攻中已大量消耗的325B師在與美軍部隊交戰中被全殲。[5] 即便如此，這場戰斗仍非常血腥，此戰後，獲知詳細作戰經歷的國防部高級官員們不禁認爲，他們可能低估了北越軍隊的堅韌程度和作戰能力，要徹底消滅對手可能需要進一步升級部署。

在北越方面，武元甲（Vo Nguyen Giap）在與美軍部隊的多次交手後亦意識到美軍戰斗力非常強大，要對抗1支美軍營級部隊，可能需要7～9個北越的陸軍營。[6] 另一方面，在南越的軍隊指揮官阮志清，則在此戰後認爲是時候集結大部隊展開決定性的戰斗了，他實在不想再進行之前那種高度分散的小股部隊游擊戰爭了。因此，在1966年2月，阮志清組織了一次由2個師實施的大規模進攻行動（部隊穿過非軍事區返回北越境內），但這次行動卻遭遇了失敗。在軍事問題上，武元甲贏得了勝利，盡管他的勝利在當時看並不明顯。在抵擋南越和美軍攻勢的同時，北越的其他部隊亦從老撾方向發起了進攻，其目標是將美軍從北越南部的人口稠密地區趕出去。[7] 威斯特摩蘭擔心北越（從老撾）的進攻企圖是奪占南越北部的兩個省份，進而在當地建立基層政權，爲此他很快命令陸戰隊部隊占領了一處位於溪生（Khe Sanh）的前特種部隊基地，俯瞰監視附近的一條重要公路。[8]

此後，北越方面的大規模部隊再次被消滅了，他們甚至不再堅守很多對其未來擴張非常重要的地區和基地（很多地點儲備有北越的補給）。對於武元甲來說，訓練有素的官兵比這些補給更爲重要，盡管這些補給也是經過艱苦的努力才建立起來的。在撤離時，他們只是簡單地將其埋在了地下，美軍在占領其儲備點後並未能發現它們，從而很大程度上使之免受損毀。另一方面，美軍的進攻破壞了北越方面的計劃，其軍隊不得不迅速撤離以避免交戰。當時，美軍繳獲的文件顯示，北越方面將美軍新發起的攻勢視作災難。[9]

自美軍全面踏入越南戰場後，這場戰爭就呈現出一種非常古怪、不尋常的氛圍，美軍和南越軍隊在南方四處反擊，對北越來說，似乎沒有哪一個城鎮、地區值得他們堅守或戰斗，很多美軍部隊可能在較長時間裡都無法找到他們的敵人。面對此情況，有人認爲美軍應盡可能分散開來，分點駐守保護新奪取的村鎮和南越民眾。威斯特摩蘭則擔心如果過於分散的話可能給北越方面潛伏的力量以可趁之機。此外，一旦美軍

[5] 斯凱爾：《有限戰爭中的火力》，第63-73頁（Scales, Firepower in Limited War, 63～73）。

[6] 戴維森：《戰爭中的越南：1946—1975年的歷史》，第365頁（Davidson, Vietnam at War, 365）。

[7] 杜依科：《通往權力的共產主義道路》，第282頁（Duiker, The Communist Road to Power, 282）。

[8] 杜依科：《通往權力的共產主義道路》，第282-283頁（Duiker, The Communist Road to Power, 282～283）。

[9] 戴維森：《戰爭中的越南：1946—1975年的歷史》，第428-429頁（Davidson, Vietnam at War, 428～429）。

部隊習慣了高度分散的小分隊行動的話，那麼再將他們集結成成建制的大部隊與敵方的大部隊交戰可能就非常困難了。

無疑，對美軍而言，這場戰場令人非常困惑，沒人敢斷言戰爭的盡頭在何處，不僅完全看不到勝利的希望，而且明確被擊敗的跡象也難以尋得。在南越的鄉間，經常白天還自稱對美軍友好的當地民眾，到了夜間就極為敵視並帶領越共襲擊駐守的美軍。當時，所有到了越南上了前線的記者，就會目睹這種每天持續爆發著一系列看不到敵人的戰鬥以及進行毫無意義炮擊的混亂景象。

理論上，衡量戰鬥勝利的一條標准，在於敵方遭受損失的嚴重程度（比如被消滅的部隊數量）。但這一標准完全無法應用於越南，美國軍方給出了戰鬥中敵人被殺傷的統計人數，但是很難判定這些傷亡都屬於敵人的戰鬥人員，因為北越或越共軍隊很少穿著統一的制服，而通常穿著平民的衣著與美軍作戰，而且考慮到誤擊等因素很容易誤殺當地真正的平民，要統計對敵軍造成的真正殺傷極為困難。而當時美軍軍官的一線服役制度（即一年駐越部署期內必須有6個月上前線指揮作戰），使各級部隊指揮官更看重其短期的戰績，根本不在乎那些穿著平民服色的屍體是否是真正的越共，他們將戰場上找到的屍體都視作體現其行動成功的標志，甚至鼓勵下屬不加區別地殺傷所遭遇到的所有越南人以便誇大其戰績。這種近功急利的行為不僅使美軍不止一次地在當地爆出殘酷殺戮的丑聞，而且亦把更多的南越人推向了北越一方。到1966年時，戰場形勢清楚地表明，盡管北越和越共方面遭受了較大損失，但他們顯然並未被削弱。這一方面是上述美軍的原因（這造成北越能持續無止盡地補充其損失的人力），部分亦由於武元甲所采取的正確策略：至少在現階段北越部隊應盡量避免與美軍交戰。

美軍難以評估戰爭進程的問題還導致了另一個後果。美軍各級指揮官是傾向於向上級報告他們對戰爭努力的貢獻情況（比如消滅多少敵人、奪占了多少地區等），卻從不總結他們的努力到底實現了什麼，或者他們耗費了多少戰爭資源（士兵、彈藥或炸彈）。有時，指揮官甚至會因沒有盡可能多地發揮其火力而受到斥責。無疑，當時的美軍完全沒有經濟節省地使用力量的動力，反正強大的美國經濟總能為他們提供更多所需的物資。[1]

到1966年秋，在美國政府看來越南戰爭似乎已進入了某種僵局狀態。1966年10月麥克納馬拉從越南返回華盛頓後告訴約翰遜總統稱，是時候談判了。對美國來說，此時再奢談勝利已不可能，為威斯特摩蘭派遣更多部隊更毫無意義。但北越政權卻並未顯示出任何興趣以回應美國用空襲北越發出的信號。在此情況下，最簡單的辦法是嘗試以空中力量切斷北越通往南方的補給線，在日復一日的轟炸中美軍發現要單純以空

---

[1] 雷科德：《錯誤的戰爭：為什麼我們在越南失敗》，第88-91頁（Record, *The Wrong War*, 88～91）。

中力量截斷胡志明小道幾乎是不可能完成的任務，在無法向越老、越東邊境地區派遣地面部隊的情況下，美國空軍開始實施代號「白色屋頂」（Igloo White）的計劃，向胡志明小道所途徑的地區大量散布電子傳感裝置，一旦北越方面有人力或車輛物資運輸經過這些傳感器就可引導空中力量實施打擊，以此來提升空中襲擊的效率。[1] 對於麥克納馬拉的建議，參聯會幾乎全盤加以否定，但約翰遜總統仍同意限制空中戰役規模，使之保持1966年時的水平。

此時，作為一場爆發於邊緣地帶的局部戰爭，越南戰爭已成為約翰遜關注的中心。歐洲對美國在東南亞的軍事行動毫無興趣，他們無法想象這樣一場爆發於如此遙遠之地的戰爭會以怎麼樣的方式影響到他們。當然，很多歐洲人公開反對這場戰爭。畢竟除了英國外，其他歐洲國家都失去了他們在亞洲的殖民地。法國甚至走得更遠，由於十余年前他們因美國拒絕施以援手而被逐出了越南，因此他們尤其怨恨美國此時的介入。[2] 法國深知他們無法使美國相信最好撤出越南，因此他們提議盡快促成美國與北越的談判，然後作為調解領導國在此過程中發揮重要的作用。這種想法亦得到蘇聯方面的鼓勵。此外，當時英國和法國無疑仍惦記著蘇伊士運河，根本沒興趣幫助美國的越南戰爭。歐洲方面，可能只有西德堅定地支持美國的越南政策，因為他們將美國在東南亞的堅持，視作美國將堅守對歐洲安全承諾的證據。但西德並不願公開在其兩個主要盟友（美國和法國）間表明態度，畢竟這兩個國家都不是當時的西德能夠開罪的。[3]

為了全力阻斷北越的外援，約翰遜總統向蘇聯提議美國將在歐洲作出讓步，作為回報，蘇聯必須減少對北越的支援。這在歐洲盟國看來是本末倒置的行為，畢竟歐洲是東西方冷戰最重要的戰場。例如，1966年匈牙利人宣稱，美國政府將提議承認波蘭的西部邊境（西德方面仍然拒絕），同時終止西德參與北約的核政策制定。[4] 1966年11月開始的美國軍備控制提議也表現出類似的讓步傾向。顯然，美國人試圖用這些讓步來引誘蘇聯停止援助北越，而蘇聯方面則將與美國的進一步會晤同其徹底撤離越南相掛鉤。[5] 無疑的，蘇聯並未要求北越方面作出讓步，更不會接受美國的交易，當然蘇聯堅定其立場也是害怕這類秘密交易一旦洩露出去會影響、甚至失去其在世界革命運動中的地位。在美國提出向蘇聯讓步後，西德方面不快地意識到美國似乎正失去對

---

[1] 戴維森：《戰爭中的越南：1946—1975年的歷史》，第392頁（Davidson, *Vietnam at War*, 392）。

[2] 蓋杜克：《蘇聯和越南戰爭》，第77頁（Gaiduk, *The Soviet Union*, 77）；哈夫滕多恩：《北約和核革命：1966—1967年信任的危機》，第8頁（Haftendorn, *NATO and the Nuclear Revolution*, 8）。

[3] 哈夫滕多恩：《北約和核革命：1966—1967年信任的危機》，第8頁（Haftendorn, *NATO and the Nuclear Revolution*, 8）。

[4] 蓋杜克：《蘇聯和越南戰爭》，第87頁（Gaiduk, *The Soviet Union*, 87）。

[5] 薩維利耶夫和傑季諾夫：《五巨頭：蘇聯的軍備控制決策》，第8-9頁（Sevel'yev and Detinov, *The Big Five*, 8～9）。這些措施在美國官方歷史中並未被提及（梅、斯坦布魯納和沃爾夫：《戰略軍備競爭的歷史》）（May, Steinbrunner, and Wolfe, *History of the Strategic Arms Competition*）。

歐洲的興趣，嗅出了被美國及其歐洲盟國出賣的意味。[1]

　　在越南陷入熱戰之際，歐洲人則對他們與蘇聯之間較爲緩和的關系更感興趣。勃列日涅夫和柯西金似乎看到了取得更大外交勝利的希望，即尋求西方接受1945年戰後歐洲的分裂現狀（核心在於西歐各國承認東德）。但西德拒絕接受，畢竟他們仍要求最終與東德的統一，因此始終拒絕承認東德的合法性；此外，西德亦長期拒絕與任何承認東德政府合法性的國家交往。西德的態度無疑妨礙了西方承認東德，並長期阻礙西德與東歐各蘇聯衛星國之間建立關系（因爲這些國家都與東德建立有正式關系）。但另一方面西德不與東歐國家發展關系亦有害於其經濟，畢竟這些國家對於出口驅動的西德經濟來說更是潛在的有利可圖的市場。到1966年時，東歐國家市場似乎對西德更爲重要，因爲在這一年西德遭遇了其戰後的第一次衰退。1966年10月，約翰遜總統發表了他的關於構建「通往東方的橋梁」的演講，演講中他表示希望能安撫北約各國政府，但西德仍擔心自己被美國所出賣。實際上在另一邊，蘇聯爲懲罰西德對東德的強硬態度，向西歐其他國家提議稱，如果他們放棄西德就將繼續維持與這些國家的緩和關系。爲了避免被孤立，1966年3月西德向蘇聯及其東歐衛星國政府提議簽訂條約，如果後者放棄使用或威脅使用武力，西德將承認東德。這表明西德的態度已非常接近於承認東德了。但蘇聯顯然並不滿足，在其教唆下，1966年7月東歐各衛星國再次修訂了之前准備提交給歐洲安全會議商討的建議，以討論歐洲仍懸而未決的問題，即戰後歐洲政治安排的合法化問題。

　　此前執政的西德基督教民主黨（Christian Democratic）康拉德·阿登納（Konrad Adenauer）政府，曾接受了很多來自1945年後波蘭和蘇聯占領地區（原屬德國）的難民。例如西柏林火車站曾掛出一塊著名的標識牌，上面稱由此開往柯尼斯堡（現稱爲加里寧格勒，位於波羅的海沿岸，波蘭走廊將其與德國隔開，1945年之前曾屬德國的東普魯士地區，第二次世界大戰後被蘇聯和波蘭瓜分）的火車僅緩期開行，這暗示著不久之後的某個時間德國將重新擁有柯尼斯堡。盡管阿登納於1963年退休，他的政黨仍堅持其政策。而西德的其他政黨，包括德國社會民主黨和新教教會都支持「向東方開放」的政策。他們認爲東德的承認將緩解西德與東方國家的關系。1966年12月大選後，由於支持率下降基督教民主黨不得不與社會民主黨共同組成「大聯合」政府，此時亦不得不接受與東德合作，以改善與東方國家的關系，並緩解東德民眾的生活狀況。[2] 西德態度的轉變使蘇聯相信，西方不會干涉其帝國，這使得1968年蘇聯在捷克斯洛伐克事件中更不必擔心西方的強力干涉了。[3] 另一方面，亦有不少蘇聯人將西德

---

[1] 哈夫勝多恩：《北約和核革命：1966—1967年信任的危機》，第8頁（Haftendorn, *NATO and the Nuclear Revolution*, 8）；其中引用了1966年約翰遜以及他的最親密的顧問在感恩節會議期間的交談作爲證據，期間約翰遜與其助手本准備討論更急迫的北約議題，但最後還是更多地討論了越戰問題。

[2] 哈夫勝多恩：《北約和核革命：1966—1967年信任的危機》，第321頁（Haftendorn, *NATO and the Nuclear Revolution*, 321）。

[3] 拉克爾：《我們時代的歐洲》，第329頁（Laqueur, *Europe in Our Time*, 329）。

的開放視作其將在政治上更具野心的表現，這意味著德國重回中歐地區經濟主導地位的開始。

歐洲整體形勢上的緩和以及1966年蘇聯與西德之間的互動，使得很多西歐人開始質疑北約的價值。戴高樂的退出嚴重損害了聯盟的軍事完整性，至少就表面上看法國的離去使聯盟在中歐前沿後方失去了巨大的戰略縱深。1967年，比利時外交部長皮埃爾・哈默爾（Pierre Harmel）建議共同研究探討北約聯盟的未來，當時北約總部剛遷至比利時布魯塞爾。他認為，聯盟至少應維續至1969年（北大西洋公約簽訂20周年），屆時如果有成員國想退出條約應提前一年知會其他國家。美國政府支持哈默爾的提議。法國則勉強同意參加北約成立20周年的紀念活動。當時的這種氛圍亦顯示出，兩項顯然相互矛盾的政策（與東方的緩和和西方世界的軍事安全政策）實際上是可以兼容的。

在法國退出後，北約的軍事政策將主要由美國、英國和德國共同決定，1966年11月這幾國政府在會晤時都同意聯盟未來將采納最初由肯尼迪當局提出的靈活反應戰略，接著在1967年12月北約各成員國國防部長正式同意采納新的軍事戰略。[1] 美國原來在歐洲采取的較為呆板的常規防御戰略自此開始轉變，以滿足西德作為防御前沿的軍事需求。西德當時顯然傾向於采取預有准備的、模糊的戰爭逐步升級戰略。理論上，蘇聯的大規模攻擊足以在短時間內擊垮北約有限的常規力量，聯盟要及時適度地應對這種巨大威脅必須使用戰術核武器，而一理戰爭進入核領域，將按照美國設計的核升級理論視蘇聯的報復等級同步升高後繼反擊的力度。這一戰略的核心自確立後一直作為北約應對蘇聯優勢常規力量入侵的軍事政策，延持至冷戰末期。北約1967年宣示的安全戰略既支持與蘇聯繼續改善關系，同時亦強調軍事准備有備無患。對很多歐洲人而言，有效整合這兩種策略的最明顯的辦法就是與蘇聯就軍備控制的議題展開談判。北約組建及維持其武裝力量所費極為昂貴，如果蘇聯的軍事威脅降低，北約各國政府肯定希望削減本國的軍備。當然，削減軍費不可能只是出於單邊的意願，否則將與投降、放棄無異。因此，歐洲國家對與蘇聯談判非常感興趣，特別是相互削減雙方的軍備問題（即相互均衡裁軍）。更具體的，對西德而言，北約的新政策證明其日益向東方啟開大門的態度是正確的，在此後直至80年代這亦形成了西德對外政策的基礎。[2]

原來美國為歐洲的軍事部署需盟國投入大量資金（特別是西德），而且同一時期美國干涉越南的戰爭規模不斷增大亦更加惡化了歐洲各國的經濟形勢。1967年，西德的貿易赤字已達35億美元，成為自1960年以來最糟糕的一年。1966年，西德感到必然停止采購美國的武器裝備了（每年約值7億美元），並減半每年給予英國的2.5億美元

---

[1] 哈夫滕多恩：《北約和核革命：1966—1967年信任的危機》，第389頁（Haftendorn, *NATO and the Nuclear Revolution*, 389）。

[2] 哈夫滕多恩：《北約和核革命：1966—1967年信任的危機》，第374頁（Haftendorn, *NATO and the Nuclear Revolution*, 374）。

向西德部署軍隊補貼。1966年7月，在西德一系列減少軍費開支的打擊下，英國威脅至1968年全面從西德撤軍。另一方面，約翰遜當局則擔心歐洲的情況會影響到國內，美國民眾也將要求減少在歐洲的駐軍，因此竭力勸阻英國以限制其軍備削減。同期，出於越南戰事緊張的考慮，美國將一些駐歐部隊撤回，但為了減少此舉對盟國的影響，美國允許這些部隊只是暫時撤回本土，每年北約演習時期仍會重返歐洲。即便如此，歐洲人仍將其視作美國試圖減少對歐洲的安全承諾。相繼的，其他北約國家亦削減了本國的軍備。

所有這些問題在美國及北約盟國以外看來，並不明顯。對蘇聯而言，更緊要的是美國日益卷入越南戰爭之中，這似乎意味著美國全面開始與蘇聯爭奪第三世界的主導權。美國的干涉已破壞了蘇聯預期在越南取得的勝利，而之前在印尼政變中失勢的蘇加諾亦表明美國阻止全球共產主義運動的態度是極為認真的。大概在同期，中國人對非洲剛果的滲透亦被擊退；1965年希臘爆發軍事政變推翻了具有左翼色彩的政府。種種事件都表明，多米諾骨牌理論正在世界各處連續上演著，只不過這次牌面翻轉向了另一面。

60年代中後期，向來並不平靜的中東再次給了蘇聯機會。像往常一樣，1967年的中東仍很大程度上處於不穩定的狀態，埃及納賽爾三分之一的軍隊中仍駐在也門，此時他與美國之間的好友關係正在消退，美國也不再熱衷於支持第三世界國家的民族主義浪潮。相較之下，蘇聯仍對埃及保持著較友好的態度，他們將也門視作未來極具戰略價值的潛在地點（位於阿拉伯半島東南部，直接扼守著通往蘇伊士運河的紅海）。盡管蘇聯為拉攏埃及給予其慷慨的援助，至1967年左右時埃及政府仍幾近破產。[1] 納賽爾無疑急需某種勝利。

1966年，隨著敘利亞的左派軍官策劃了一次成功的政變，中東的形勢進一步復雜化。在敘利亞，與很多之前的中東國家的軍事政變類似，政變者采用了激進的、反以的態度來爭取民眾支持並合法化其行為。事實上，此時納賽爾仍處於戰爭之中，他的對手是沙特阿拉伯費薩爾國王所領導的保守派力量。敘利亞政變成功後，他很快與敘利亞結成同盟。[2] 1966年5月蘇聯說服納賽爾修復與敘利亞人的關係並締結防禦性同盟條約。同期，以色列也非常敏感，某種程度上在當地險惡的周邊戰略環境中，其領導人可能亦非常傾向於擺出強硬姿態，以凝聚國內政治分歧。

為了盡快促成埃及和敘利亞的聯合，蘇聯認為需要促使兩國領導人意識到他們需要更緊密的關係。為此，蘇聯方面設計了一整套策略來促成兩國的聯盟。首先，他們

---

[1] 吉爾格斯：《超級強權和中東：1955—1967年的地區和國際政治》，第205頁（Gerges, *The Superpowers and the Middle East*, 205）。當時，埃及國內的債務達到15億美元，外債則更高達25億美元，該國為支持也門的衝突每年需花費6000萬美元。當西德向以色列出售武器時，納塞爾感到必須中斷與西德的關係以示抗議（而且當時埃及作為阿拉伯集團的領導羊也必須這樣做），但此舉危及了當時埃及計劃獲得的一筆2.9億美元貸款。

[2] 吉爾格斯：《超級強權和中東：1955—1967年的地區和國際政治》，第196-197頁（Gerges, *The Superpowers and the Middle East*, 196~197）。

向敘利亞人散布了假報道，稱以色列正向敘以邊境地區集結武裝力量，對此以色列激烈否認，因爲這無疑意味著戰爭。顯然，沒有高層的批准這樣的消息似乎不可能被捏造出來，當時蘇聯外交部下屬負責埃及事務部門的負責人葉夫根尼·派拉林（Evgeny Pyrlin）後來曾稱，蘇聯需要一場戰爭，即便埃及人（在與以色列人的戰爭中）輸了，蘇聯仍可通過向埃及提供大量援助的方式向埃方展示蘇聯的友誼，進而繼續確保納賽爾對蘇聯的忠誠。[1] 此外，1967年克里姆林宮和蘇軍總參謀部裡的主流意見認爲，蘇聯已爲埃及軍隊提供了大量蘇式先進裝備和訓練，所以埃及在敘利亞和約旦的配合下，很可能在與以色列的戰爭中發揮出色。[2]

接著，蘇聯告訴納賽爾稱，埃及應尊重他對敘利亞人的承諾。如果在敘以發生戰爭時埃及袖手旁觀，他將面臨國內和外界對其怯懦的激烈指責，這將徹底毀了他在阿拉伯世界中的地位。由於此時埃及已深陷也門，納賽爾只有有限的軍隊，根本就未做好與敘利亞聯合對以色列進行戰爭的准備，因此他曾私下警告敘利亞不要動手。

之後蘇聯方面的信息出現變化。很可能這反映出蘇聯高層內部的意見分歧。蘇聯內部，黨的領袖（勃列日涅夫）和軍方領導人（格列奇科，Grechko）傾向於爲局勢火上澆油繼續向埃及提供大量裝備物資，此外他們更不斷地告訴埃及人，他們已擁有了整個區域最強大的軍事力量，但他們卻故意忽視了阿拉伯國家軍隊的人員素質缺陷。對此，柯西金則謹慎得多。[3] 無論如何，蘇聯顯然亦明確告訴納賽爾不能作出類似封鎖蒂朗海峽（西奈半島南端的一個海峽，位於埃及東北部連接了紅海和亞喀巴灣）之類的危險舉動，但當時納賽爾拒絕與蘇聯商議此類事宜。[4] 1967年5月16日，納賽爾要求聯合國將其緩衝區部隊從西奈半島撤出，這裡自1956年戰爭就是埃以對峙的前沿。他很可能盼望聯合國方面拒絕其要求，之後他曾稱他對於聯合國秘書長吳丹（U Thant）立即同意埃及要求感到非常驚訝。

此時，以色列仍依賴來自伊朗的石油，這些石油經阿拉伯海、紅海，最後通過蒂朗海峽才能送至以色列手中。以色列擔心聯合國撤出其緩衝區部隊後，埃及下一步就會考慮發動戰爭。果然在聯合國部隊撤出幾天內，納賽爾就宣布關閉蒂朗海峽（這也是1956年埃以戰爭爆發的原因之一），並宣稱他的戰備計劃。無疑，以色列認爲形勢已不可容忍，緊接著約旦侯賽因國王（之前曾是納賽爾的死敵）宣布將與埃及和敘利亞簽訂一份聯合防御條約，更使以色列堅信戰爭即將爆發。侯賽因國王此舉也有不得已的隱憂，因爲他擔心如果他不這樣做的話，納賽爾很可能會煽動約旦國內的動亂、

[1] 布雷格曼和艾爾塔瑞：《五十年戰爭》，第65頁（Bregman and El-Tahri, *The Fifty War*, 65）。

[2] 安德魯和戈德爾維斯基：《克格勃：內幕的故事》，第414頁（Andrew and Gordievsky, *KGB: The Inside Story*, 414）。

[3] 帕克：《中東地區失誤的政治算計》，第29頁（Parker, *The Politics of Miscalculation*, 29），其中引用來自蘇聯的消息。

[4] 吉爾格斯：《超級強權和中東：1955—1967年的地區和國際政治》，第217頁（Gerges, *The Superpowers and the Middle East*, 217）；帕克：《中東地區失誤的政治算計》，第8頁（Parker, *The Politics of Miscalculation*, 8），其中記敘了一次戰爭部長夏姆斯·巴德蘭與柯西金之間的會談。

甚至戰爭，此前在1955年時納賽爾就幾乎這麼干過。[1] 埃及方面，納賽爾則明顯指望在任何戰爭爆發之前，其他主要國家能夠對形勢進行干預。此時，蘇聯也很緊張，大約在1967年5月28日，就在戰爭爆發之前，蘇聯人告訴埃及稱他們已贏得了一場偉大的勝利（指聯合國駐西奈緩沖區部隊撤離後埃軍進占西奈收復主權），對於埃及未來行動的建議，蘇聯則指出不應因走得太遠而毀掉這一切。

　　埃及軍隊希望在戰爭中取得勝利以挽回之前他們在蘇伊士和也門遭遇的失敗。蘇聯國防部長格列奇科（Grechko）告訴埃及國防部長巴德蘭（Badran）稱，如果發生戰爭蘇聯將向埃軍提供所需的一切裝備，如果美國加入戰局攻擊埃及蘇聯也將堅定地與埃方站在一起。但巴德蘭在向納賽爾轉述蘇聯人的意見時卻稱，蘇聯將干涉戰局以避免其他大國的卷入，甚至爲埃及人而戰。[2] 由於信息在傳遞過程中出現偏差，埃及人想當然地認爲蘇聯已給予其某種安全承諾（但實際上蘇聯從未作出類似承諾）。一旦戰爭爆發，當蘇聯拒絕了埃及方面瘋狂的求助之時，他們才發現問題出在何處。[3] 蘇聯高層意見的不統一很可能是導致這種情況的原因，國防部長格列奇科給予了埃及超過政治局所能同意范圍的更多支持。1967年蘇聯高層對外發出的混亂信號，很可能亦解釋了1973年第四次中東戰爭期間蘇聯政治局的堅持（即決定蘇聯不參戰）。

　　戰爭爆發之前，以色列就認爲埃及方面發動軍事進攻的關鍵，在於其主要部署在尼羅河三角洲地區的大規模空軍部隊。經歷詳細、周密的計劃，在戰爭爆發的第一天，以色列空軍就迅速出擊一舉消滅了這一地區的絕大部分埃軍空中力量。地面戰斗方面，在占據著空中優勢的空軍支持下，以裝甲部隊迅速擊垮埃軍部隊並控制西奈半島。這對埃及無疑是巨大的災難，但納賽爾卻竭力掩蓋戰爭的真實情況，相反他大肆宣布並不存在的勝利，進而將敘利亞和約旦一同拉入戰局。接著，擊敗了埃軍的以色列陸、空軍部隊轉而對付北面的敘、約聯軍，再次迅速奠定了勝局。這場僅耗時數日的「六日戰爭」以以色列的大獲全勝而告終，戰爭結束時以色列在幾個方向都分別占據了可供防御的戰略要地，西面是與埃軍隔河相望的蘇伊士運河，東面是約旦河，北邊則是戈蘭高地。至此，以色列控制了整個耶路撒冷地區。

　　納賽爾無法接受這一事實，在他看來埃及因缺乏援助而被以色列擊敗，而且更指責美國對以色列的大力支援。[4] 自此以後，他僅能依賴蘇聯了。爲了獲得所需的武器，他給予了蘇聯人想要的基地設施，這對西方絕對是個災難。當時的戰略態勢下，美國和英國的航母編隊仍巡弋在地中海以掩護北約的南翼，在1967年以前他們在這片水域所面臨的主要威脅只是蘇聯本土的戰機和前出的潛艦力量。蘇聯空軍必須從最靠

[1] 吉爾格斯：《超級強權和中東：1955—1967年的地區和國際政治》，第215頁（Gerges, *The Superpowers and the Middle East*, 215）。

[2] 吉爾格斯：《超級強權和中東：1955—1967年的地區和國際政治》，第217頁（Gerges, *The Superpowers and the Middle East*, 217）。

[3] 吉爾格斯：《超級強權和中東：1955—1967年的地區和國際政治》，第224頁（Gerges, *The Superpowers and the Middle East*, 224）。

[4] 行動中，部分以色列空中打擊編隊由美國部署在東地中海的電子監視船「自由」號引導，此外美國還向以軍提供了大量裝備、後勤和情報方面的支援。

近地中海的內陸基地起飛，途經土耳其才能抵達地中海攻擊美英的艦隊；而潛艦則必須從蘇聯的北海艦隊經過漫長跋涉進入地中海，期間還要經過英國人守衛的直布羅陀海峽和西西里海峽等復雜水道，抵達地中海同樣非常困難。至於黑海艦隊的少量潛艦，考慮到土耳其扼守進出黑海與地中海的海峽，幾乎不可能經此進入地中海）。如果此時蘇聯通過埃及獲得了其在地中海沿岸（比如前英國海軍在埃及的重要基地，亞歷山大港）的海空軍立足點，將極大的惡化南翼的安全形勢。此外，1967年埃以戰爭之後，蘇聯開始在地中海部署一支主要的水面艦隊，這支艦隊除了戰時直接與北約在地中海的力量進行作戰外，平時還可抵消北約在當地的影響。而在此艦隊成軍部署之後，向美國及北約發出的強烈信號就是，未來地中海對美國航母及海軍來說將是一片極爲危險的戰區海域。

以色列贏得戰爭所采用的飛機主要來自法國，法國之所以幫助以軍對抗埃及，在於此前納賽爾爲支持阿爾及利亞叛軍力量使法國對其心生怨恨，因此自撤離阿爾及利亞後法國就疏遠了埃及轉而與以色列交好。當然，現在阿爾及利亞已不再是問題，法國急切地需要加強與阿拉伯國家的關系，因此戴高樂取消了後繼向以色列提供作戰飛機的交易。之後，美國則取代了法國的地位，約翰遜總統希望對以色列的援助能限制蘇聯對整個中東地區的滲透（此時蘇聯已拉攏了埃及和敘利亞）。對其他阿拉伯國家而言，美國此時的政策無疑坐實了納賽爾對它的指責，也就是說美國是整個阿拉伯世界的敵人。美國的政策並未使以色列在歐洲受到更多歡迎，相反，由於歐洲仍主要依賴阿拉伯國家提供石油，因此很大程度上仍與該國保持著距離。另一方面，作爲以色列唯一重要的軍備供應國，美國通過以色列獲得了撬動中東形勢的影響力。

隨著以色列在西奈蘇伊士運河一側開始布防，埃及方面爲報復美國對以色列的支持斷然關閉了蘇伊士運河。一夜之間，運往歐洲的原油成本大幅上漲，因爲所有的油輪將不得不繞道南非。這對歐洲各國來說無異於另一記重擊。1968年，英國政府果斷放棄「蘇伊士之東」行動，從亞丁（也門城市，位於紅海口部）撤回了其部隊。至於美國，因仍深陷越南戰爭之中無力全面接過因英國部隊撤離而留下的戰略真空。但爲了保持對印度洋和波斯灣地區的主導，美國只得扶持伊朗巴列維政府控制波灣地區。另一方面，由於沙特一直以來非常警惕伊朗對控制整個波灣地區的野心，因此美國不得不繼續扶持該國作爲該地區補充性的重要盟國。當然，在美國看來伊朗是該地區最好的選擇，其人口眾多且擁有一定工業基礎能夠支持更大規模的部隊部署。

冷戰前期，英國在中東、印度洋及非洲擁有眾多戰略利益，因此劃定了所謂的「蘇伊士之東」區域，這片廣闊的地區包括很多戰略要地，比如波灣地區（石油）和南非（豐富的礦藏）。1962年，英國曾阻止了伊拉克對科威特的威脅。1964年，英國又介入非洲羅德西亞地區（今津巴布韋），努力緩和當地占少數的白人政府與大多數黑人間的緊張關系。英國原本希望右翼白人政治組織與該國大多數的黑人和解，以緩

解其緊張的政治形勢。否則，內亂爆發後繼任的羅德西亞政府將很可能倒向蘇聯。

再看埃及，納賽爾一直難以容忍1967年的失敗。因此，在獲得蘇聯援助並重新恢復軍事力量後，1969年1月他開始采用「消耗戰」戰術來對抗以色列在運河另一側駐扎的部隊，以軍則以空中力量回擊。當勃列日涅夫猶豫是否繼續向埃及提供戰機和防空導彈以對抗以空軍優勢的空中力量時，納賽爾威脅蘇聯如果不向其提供所需軍備將辭去總統職務，此舉將有利於親美的新總統主政埃及，蘇聯不得不嚴肅考慮其要求。[1] 1970年1月，針對以色列空軍的「消耗戰」開始實施，實際上在埃及參與行動的很多官兵和技術人員都來自蘇聯。

另一方面，以色列在1967年戰爭的勝利，間接地為蘇聯帶來了另一項重要的資產：新一代的顛覆分子和恐怖分子。巴勒斯坦解放組織（PLO）和其他激進的巴勒斯坦武裝組織開始從外界獲得捐贈（這通常也意味著被提供捐贈的勢力所控制），比如捐贈最多的來自敘利亞和埃及，而這兩個國家又都是蘇聯的盟國，因此蘇聯亦擁有了向以色列施加壓力的間接手段。同時，這些激進組織還從中東的產油國，比如沙特獲得資源（很多巴勒斯坦人在該國工作）。經過1967年的戰爭後，中東阿拉伯國家痛苦地意識到，以色列已非常強大，在實現將以色列逐出中東的願望上，他們所能做的並不多或者說幾乎無能為力。而同期興起的巴解組織則很可能成為當地反以革命運動的核心，只要通過援助該組織，就能夠鼓勵他們在以色列的活動。

60年代末期石油危機爆發以來，西歐各國政府急切地希望討好中東的產油國，以確保自身的能源供應，所以這些國家（特別是法國）對很多穿行於其國土的中東（反以）恐怖組織睜一只眼閉一只眼。相當程度上這導致在整個70年代，形形色色的恐怖組織網絡在整個西歐各國成長起來，不少與巴解組織和阿拉伯國家極端勢力都有千絲萬縷的關系。例如，西德的紅軍派和意大利的紅色旅組織等，它們又與諸如愛爾蘭共和軍這樣的歐洲老牌民族分裂組織相勾結，以東歐國家為庇護所在歐洲各國大肆進行恐怖活動。因而，70至80年代以來，西德和意大利社會形勢緊張動蕩。恐怖主義勢力使當地政府疲於應付，特別是其中一些紅色派別受蘇聯滲透的影響，施加壓力試圖將駐本國的美軍逐出歐洲。無疑，蘇聯的滲透在此後的歷史進程中得到了證實，特別是當80年代末蘇聯和它的帝國崩潰後，這些紅色恐怖組織也隨之瓦解了。

作為1956年戰爭的余聲，到60年代末時西方已失去了對阿拉伯世界的大部分影響力。以色列在幾次戰爭中的勝利還削弱了北非利比亞親西方的伊德里斯國王的權力基礎。[2] 1969年，該國的年輕軍官發動政變推翻了舊政權，建立了激進的政權。盡管利比亞絕非蘇聯的衛星國，但兩國在當時非常交好。自第二次世界大戰以來，英國一

---

[1] 阿林：《冷戰幻覺：美國、歐洲和蘇聯，1969—1989年》，第46頁（Allin, Cold War Illusion, 46）。

[2] 與戴維・紐森（1960年代末美駐利比亞大使）訪談，收錄於法爾茨格拉夫和戴維斯：《國家安全決策：參與者的發言》，第269-272頁（David Newsom, interview, in National Security Decisions, ed. Pfaltzgraff and Davis, 269~272）。

直保持著對該國的強大影響力，英國陸軍曾在該國建有訓練基地和設施，美國曾一直使用著該國的惠爾魯斯大型空軍基地。但政變改變了一切，新掌權的領導人卡扎菲（Qaddafi）上校很快就驅逐了美國空軍。

　　至此，對西方而言，北非地中海沿岸各國要麼仍保持著中立，要麼已落入敵方之手。一定程度上看這片地區仍具有重要的戰略價值，例如，這裡直接與北約的南歐側翼隔海相望，如果歐洲爆發戰爭當地的親蘇政權將為蘇軍從側翼牽制北約提供極為重要的便利，因而這不啻是一場西方的災難。蘇聯已能利用利比亞和埃及的軍事基地部署其作戰飛機和艦艇，例如，蘇聯曾一度向利比亞提供戰機，其飛行員甚至駕駛著塗裝著利比亞標識的轟炸機在地中海上空訓練。

第29章
災難

1967年中期，南越戰場似乎已表露出僵局的態勢。從美軍介入戰爭開始，美軍就極為失望地發現他們根本無法阻止北越利用胡志明小道。後來，一名著名的北越軍官曾稱，自從1965—1967年間美國人未能占領並封鎖住一段名義上位於中立國領土上的胡志明小道，他們也就錯失了贏得戰爭的機會。[1] 事實上，當戰爭開始後，這個設想就多次在美軍內部被提出過，但每次都被否決了，因為這條重要戰略通道的關鍵部分位於中立國老撾境內。[2] 戰爭中，其他的關鍵性目標，比如南越民族解放陣線（NLF）的總部、越南共產黨南方局（COSVN）總部以及越共重要的基地地區，則位於同樣屬於中立的柬埔寨境內，它們也都是禁止被攻擊的。

隨著美國不斷增兵越南，共產主義國家同樣亦不斷加大對北越援助的力度，例如，1965年，美軍每季度向越南增兵7個營；相比之下，北越的盟國則每季度向該國增援15個營的兵力。盡管北越部隊的作戰能力及火力仍難及美軍，但數量上仍享有優勢，據當時評估兩軍的兵力對比達到2.8:1（而非之前所認為的3.2:1）。考慮到美軍實際作戰部隊比例較低，因此前線的兵力對比可能更為懸殊。威斯特摩蘭亦據此持續要求國內增派更多部隊，到1966年1月時他所集結的兵力已達到45.9萬人。威斯特摩蘭很可能真的希望一開始就給他100萬的部隊，但他也知道這在政治上絕不可能。因此，他持續要求獲得更多部隊，在華盛頓的高層看來，其要求很快就變得不可接受了。[3] 麥克納馬拉對戰局也逐漸變得悲觀，很明顯，隨著共產主義陣營對北越援助的增強，要使戰局在一年內取得決定性的突破已不太可能，但美國卻仍在以更高昂的代價投入這場戰爭。最後，在1966年10月麥克納馬拉否決了威斯特摩蘭的部隊增調要求，當然到1967年時駐越美軍的數量仍達到542588人的歷史紀錄。[4]

威斯特摩蘭手下的將軍們告訴他稱，美軍正在不斷地消耗對手，北越方面的攻擊強度也在下降，但很清楚的是美國陸軍始終未能摧毀更多的北越正規軍部隊。更重要

[1] 根據1996年3月6～7日北越陸軍上校裴信（Bui Tin）在羅伯特・R.麥考密克論壇基金會在康蒂尼主辦的「1954—1965年越南」會議上的發言。1996年3/4期《海軍歷史》雜志曾進行了報道（Robert R. McCormick Tribune Fund *"Vietnam 1954~1965"* conference, 6～7 March 1996, at Cantigny, Ill. *Naval History* [Mar/Apr 1996]）。

[2] 戴維森：《戰爭中的越南：1946—1975年的歷史》，第352頁（Davidson, *Vietnam at War*, 352）。

[3] 尼爾・希恩：《五角大樓文件：越南戰爭的秘密歷史》，第476-478頁（Neil Sheehan, *The Pentagon Papers*, 476～478）。

[4] 尼爾・希恩：《五角大樓文件：越南戰爭的秘密歷史》，第492-493頁（Neil Sheehan, *The Pentagon Papers*, 492～493）。

的是，北越政權從來未對談判表現出過真正的興趣，他們還要繼續打下去。

　　爲了打破僵局必須要做點什麼。參聯會爲此列出了他們認爲能夠贏得戰爭的可能選項（包含單個的或組合起來的軍事行動選擇），例如：在非軍事區（DMS）以北地區實施大規模空降—兩棲立體登陸作戰行動（即「右鉤拳」行動）；派遣軍級規模部隊進入老撾切斷胡志明小道；進攻北越軍隊位於非軍事區內中立國（老撾或柬埔寨）的庇護所；或直接轟炸河內或海防的重要目標等等。[1] 同一時期，中國國內毛澤東掀起的文化大革命運動使其國內陷入巨大的混亂之中，因而美國認爲此時直接對北越采取軍事行動的話，中國很可能會發現要再像之前朝鮮戰爭那樣實施有效的干涉已根本不可能了。然而，由於參聯會提出的這些選項沒有一個被決策層嚴肅看待和討論，因此1967年8月有報道稱參聯會成員曾短暫地考慮過總辭職，之後再召開一次記者執行會以示抗議。但最後參聯會還是退縮了。[2] 之後，麥克納馬拉辭去國防部長職務，參聯會則嚴肅地告誡總統稱，除非他們提議的軍事行動選項得到批准，否則美國以軍事行動改變越南局勢的進程將會拖延。

　　約翰遜總統認爲，他不必采取參聯會所提議的這些措施。前線戰報使他相信，當地美軍采取的積極進攻策略已經並正在持續地造成更多的北越共產黨傷亡，1967年上半年具體的傷亡數字已從最初的每月約5000人增長至1.5萬人。然而事實上，南方的越共每月卻能征召大約3.5萬人與美軍和南越政府軍作戰，而且北越也以每月7千人的速度繼續向南方滲透與越共力量一起抗擊美軍。1968年2月越南陰歷新年過後，一名被美國俘虜的越共中層官稱向美軍供述稱，自1967年月至1968年1月以來他所指揮的團的戰損（人員及裝備等）一直未能得到補充。[3] 實際上，這也與當時美軍在當地實施的一項改進的社會穩定項目有關，根據此項目美國將會把100萬南越民眾遷離越共和北越力量的控制區，此舉無疑令越共就地補充人員和物資更爲復雜化了。

　　1967年11月1日，約翰遜總統及其「智者」越南問題幕僚小組在國務院召開會議，會上他們聽取了參聯會主席厄爾·惠勒將軍對戰局較爲樂觀的簡報。與會人員包括迪安·艾奇遜、退役的奧馬爾·布雷德利將軍、克拉克·克利福德（Clark Clifford，很快接任了國防部長一職）、道格拉斯·狄龍（Douglas Dillon）、埃夫里爾·哈里曼、退役的麥克斯韋·泰勒將軍以及前駐西貢大使亨利·卡伯特·洛奇。會議結束後次日，艾奇遜告訴約翰遜稱，美國將能夠也應該贏得這場戰爭，當北越意識到他們無法取勝之時最終將放棄，朝鮮戰爭也是以同樣方式結束的。

　　私下裡，艾奇遜卻遠沒這麼樂觀。他在寫給前英國首相安東尼·艾登的信中稱，約翰遜總統正處在大麻煩之中，他或許能夠應對越南的戰局，但卻無法應付其他正

---

[1] 戴維森：《戰爭中的越南：1946—1975年的歷史》，第515頁（Davidson, *Vietnam at War*, 515）。

[2] 雷科德：《錯誤的戰爭：爲什麼我們在越南失敗》，第165頁（Record, *The Wrong War*, 165）。

[3] 戴維森：《戰爭中的越南：1946—1975年的歷史》，第435頁（Davidson, *Vietnam at War*, 435）。

在爆發的危機，如國內的種族騷亂、歐洲戴高樂的分離傾向以及中東納賽爾的持續壓力。「美國人仍不習慣這些，而且LBJ（指約翰遜總統）也並非惹人喜愛的類型，（在一些問題的處理上）他應當受到譴責」。[1] 1968年1月艾奇遜告訴約翰遜稱，他擔心五角大樓向樂觀的方向修改了（越戰）報告。四周之後，北越軍隊發起的春季攻勢似乎表明他的預感是正確的。

　　不幸的是，美國情報機構在評估敵人的力量時，並未將南方越共的非正規力量考慮在內，只是在統計殺傷敵軍數量時才將其計入。事實上，這些非正規力量能夠提供重要的後勤和情報支持，除此之外他們還廣泛展開針對美軍的非常規作戰行動，包括守衛敵方占據的村鎮，在美軍活動地域大量布設地雷及詭雷，其造成的傷亡約占駐越美軍總傷亡人數的五分之一。[2] 1967年，美軍評估戰場上的越共非正規武裝和北越方面的正規軍總規模可能達到30萬。對於春季攻勢之前的一段較平靜的局勢，美國情報機構認為，這是由於敵人的損失過大而無力發起攻勢所致，但這實際上使敵人能夠從容地集結兵力為即將到來的決定性戰斗做好准備。

　　北越方面同樣也感到戰場陷入了僵局。1966年底他們知道要實現某種程度的速勝已不再可能，而在之前的1965年戰場形勢似乎離這樣的勝利如此之近。對於美軍的全力干涉，北越和南方的越共同樣感到沮喪和挫折。[3] 盡管如此，他們還是堅持了下來，而且在此過程中他們更加意識到中國和蘇聯的援助是多麼有限，兩國都不可能希望與美國直接對抗，只能以援助的形式支持越南的斗爭。這場久拖不決的戰爭使其對越南人民越來越難有吸引力。美軍對北越持續的轟炸亦使很多北越政權的人士支持放棄這場戰爭，至少暫時性地停戰，但這些內部的爭論並未影響北越決策層的意志，反對意見並未占得上風。

　　1967年1月，針對美軍不斷加強干涉的現實北越正式采取了新的「邊打邊談」的策略，取代之前的人民戰爭。早在第二次世界大戰後越南民族解放運動時期，北越共產黨方面就廣泛地實施人民戰爭，按胡志明的話說，「軍事行動是鍾表，而外交則是鍾發出的響聲」。[4] 北越決策層認為，一旦與美國的談判准備就緒，再實施大規模的軍事行動將在政治上造成災難性的決定影響；但另一方面，除非做好萬全的軍事准備，否則開啓談判也毫無意義，因此必須做好兩手准備。故而，在北越同意與美國進行一系列談判（代號「金盞花」）後，他們又忽然從談判軌道上撤了回來。

　　美國方面期待在1967年初與北越展開談判（此時代號「向日葵」）。但北越很可能將其對談判的看法帶入到現實之中，因此在與美國進行「向日葵」的談判期間，他

---

[1] 布林克林：《迪安・艾奇遜：冷戰年代，1953—1971年》，第255頁（Brinkley, *Dean Acheson*, 225）。

[2] 雷科德：《錯誤的戰爭：為什麼我們在越南失敗》，第81-82頁（Record, *The Wrong War*, 81～82）。

[3] 蓋杜克：《蘇聯和越南戰爭》，第79頁（Gaiduk, *The Soviet Union*, 79），其中引用1966—1967年蘇聯外交報告文件。

[4] R.E.福特：《情報和溪生基地的重要意義》，摘自1995年1月《情報和國家安全》第10期，no.1（R. E. Ford, *"Intelligence and the Significance of Khe Sanh"*, in *Journal of Intelligence and National Security* 10, no. 1[Jan 1995]）。

們將發動一次決定性的戰役。無疑，到1967年春時，北越方面已對未來的勝利更充滿了信心。[1] 准備於1968年春季發動大規模攻擊的作戰行動亦開始加緊計劃了。

中國方面，則明顯地相信北越一段時間以來表現出的願與美國談判的意向，實際上是在掩護其准備放棄繼續戰斗下去的意圖。1966年10～11月，周恩來就曾要求越共方面領導人黎筍承諾北越方面將持續戰斗下去，至少直至1967年。[2] 1967年4月，中國獲得了北越方面將繼續戰斗下去的「嚴肅承諾」。這完全是又一次朝鮮戰爭的再現，只不過這次中國扮演了斯大林此前所扮演的角色，越南人正繼續爲中國流血以拖垮美國。

隨著戰爭進行，北越方面意識到逐漸陷入僵局的戰場和美國1968年即將展開的大選正爲談判提供機會窗口。任何重大的軍事事件都可能影響政府的施政，特別是在現任政府面臨選舉的關鍵時候，一次失敗往往對選舉結果具有決定性影響。[3] 美國政府曲解了當時的形勢，決策層認爲北越政權被迫與美國談判。對此，北越方面同樣誤判了南越社會的堅韌以及南越共和國軍（ARVN）本身（因而只是當談判作爲爲下一次重大進攻積蓄力量的煙幕）。

北越政府希望南越主要城市會出現普遍性的起義，或者至少說，南越社會的反應應該令美國人相信，他們不應再堅持了。北越可能也意識到，如果南越的權力能夠轉交至聯合性的人民陣線手中，而非越共本身的話，其過程可能將容易得多。因此，在1967年5月，在北越共產黨主導下以南方越共爲主建立左翼越南南方民族解放陣線（NLF），參與1967年9月南越的選舉。

武元甲仍非常謹慎，他反對運用正規部隊發起大規模攻勢。因爲一旦如此，可能招致美國對北越的直接報復。阮志清仍堅持集結大部隊與美、南越軍隊決戰的思維，他將正在計劃中的攻勢作戰視作主力作戰（包括南方越共組建發展起來的武裝）的機會。但大約在1967年7月6日，阮志清在河內身亡。與此同時，北越共產黨決策層在一次重要會議中批准了此次進攻（即1968年春季攻勢）。[4] 爲了召開此次會議，北越召回了其所有在南方籌劃與美軍談判的代表，對此美國政府認爲他們的返回可能是要接受北越高層對於和平談判的新指示。當然，這些代表的返回途中（經中國）並未作任何停留，畢竟中國仍堅持反對北越作出任何妥協。1967年9月，北越內部展開政治清洗，包括北越情報機構負責人在內的、超過200余名黨的高級官員，因對黨的政策抱有懷疑而遭到逮捕。

---

[1] 蓋杜克：《蘇聯和越南戰爭》，第108頁（Gaiduk, *The Soviet Union*, 108）。

[2] 蓋杜克：《蘇聯和越南戰爭》，第109頁（Gaiduk, *The Soviet Union*, 109）。

[3] 1967年10月25日北越共產黨這次重要決議（即發動「春季攻勢」），而此次攻勢的代號，亦是效法越南歷史上著名的光中國王（Emperor Quang Trung），後者領導了1789年的「春季攻勢」（對入侵中國軍隊的反抗），當時中國人在遭受挫敗後撤離了越南。美國情報機構的確掌握到此次行動的代號，但並未理解其含意。

[4] 蓋杜克：《蘇聯和越南戰爭》，第79頁（Gaiduk, *The Soviet Union*, 79）。

　　爲測試美國的反應，1967年9月，武元甲組織部分裝備全新蘇制武器的正規部隊，越過非軍事區進入南越。而這正是美國一直希望的戰斗方式，武元甲的部隊遭遇了前所未見的強大火力阻擊，損失慘重而被迫退回北方。當然，美國並未越過邊境線向北方境內追擊。這次不成功的出擊使北越方面得出結論，無論即將展開的大規模攻勢進展如何，至少北越的安全仍是無虞的。同時，此次試探性進攻也是北越方面將美軍吸引到城市以外地區進行野戰的開端。因此，北越方面曾試想第一階段先利用此類大規模戰斗將美軍吸引出城市，再由越共力量滲透進城市發動當地民眾爲後續全面暴動的實施做准備，並預計這一階段將持續至1967年12月。屆時，越共方面將集結其非正規武裝的主力發動跨區域/省份的大規模襲擾性作戰，與過去類似，越共武裝的作戰目標並非奪占特定地區或城市，而是廣泛地襲擊南越及美軍前哨、繳獲敵方人員及武器，然而迅速撤退。

　　第二階段則在1968年1～3月展開，該階段行動將以南越方面的35個城市舉行的全面暴動和起義爲開端，越共方面的正規部隊將從農村地區發起大規模攻勢，支援並配合越共在南方各城市舉行的全面起義。接著，則是決定性的第三階段行動。此階段，北越正規軍將越過非軍事區向南方進軍，攻擊正陷入人民戰爭汪洋大海中的美軍部隊。另外，還將分出一部分力量奪占南越的城市地區。當然，第三階段的行動將在前一階段成功後，再行實施。

　　北越方面計劃，南方各城市的「全面起義」於1968年1月30日展開，這一天也是越南陰歷的春節假期。越共方面計劃集結8.4萬人對西貢、南越43個省會中的36個城市、6個自治市中的5個、242個重要行政區中的64個進行全面攻擊。對於南越最重要的城市，西貢，攻擊力量將由5個特別打擊營實施，其組成人員自1965年起就開始接受相當訓練並做好了充分准備。[1] 之後戰事爆發後，美軍方面有很多疑惑之處，其中之一就是越共方面在攻擊很多美軍或南越營地時，並未攻擊這些營地裡的各級軍官營捨，事實上越共方面通過長期觀察和了解必定清楚這些營捨的位置和性質，而且它們的防衛亦相當稀疏，如果率先攻擊這類目標並消滅了各級軍官後，其將獲得更多優勢。然而，越共方面顯然錯失了率先消滅敵軍軍官的機會。

　　事後調查表明，越共方面的進攻在絕大多數情況下都取得了預期的戰術突然性，很多美軍部隊驚慌不已。此前，美軍可能也預想到敵方會發動大規模的進攻，但沒人會想到越共方面會冒著巨大的風險直接集中攻擊城市內的各處目標，或者說未想到越共方面在如此大規模的分散、同步攻擊行動中，表現出驚人的籌劃、組織和協同能力。[2] 根據1968年3月美軍的官方調查，此前軍方不斷提交的過度樂觀的戰場報告，

[1] 卡諾：《越南：歷史》，第556頁（Karnow, *Vietnam: A History*, 556），其中報告了威斯特摩蘭在1967年12月20日的警告，但後者顯然希望在北部高地發起一場主要攻勢。

[2] 杜依科：《通往權力的共產主義道路》，第295頁（Duiker, *The Communist Road to Power*, 295）。

很大程度上導致了春季攻勢前美軍對形勢的虛幻安全感，這些報告不僅誇大了消滅敵方人員的數量，而且低估了敵方人員的征召能力及士氣。

　　盡管春季攻勢取得了一些引人注目的成功，比如，滲透進了美國駐西貢大使館，占領了越南中部古時的首都——順化；但總體上看，這次攻勢仍只能算作失敗。戰斗中，不僅美軍，而且很大程度上被北方所輕視的南越共和國軍都表現出頑強的戰斗意志。在一些城市，共產黨組織原本期盼鼓動的全面起義並未出現，相反，很多當地民眾與入侵者展開戰斗，並配合美軍和南越軍隊將共產黨力量逐出城市。可以說，這次攻勢使南越普遍經歷了一場反抗北越共產勢力的愛國浪潮。攻勢中，越共使自己暴露在美軍的優勢火力之下，此前經長時間整訓的大量主力部隊和基礎設施遭受摧毀，被消滅的越共人員總計達4～5萬人。據估計，春季攻勢期間40%的南越民族解放陣線（NLF）干部被消滅，經此一役後，南方越共再也未能恢復其實力。[1]

　　總體上看，春季攻勢失敗的原因在於整個計劃太過復雜了，其協調組織的最終崩潰令高機動性的美軍在南越共和國軍的配合下能夠各個擊破進攻力量。武元甲未能意識到美軍的戰場機動能力真正達到了何種地步。在北越正規軍最初越過非軍事區向邊境地區進攻時，威斯特摩蘭組織美軍主力在北部地區與北越軍隊激戰，擊潰其正面進攻後主力迅速分散機動回各城鎮區域，以應對南越越共對各城市地區的攻擊。另一方面，北越方面過於相信其宣傳和意識形態的影響，他們總希望攻勢一旦展開南越軍隊和社會將迅速崩潰並倒向北方。然而，事實上，南越軍隊已表現出比以往更強的戰斗意志和能力。[2]

　　春季攻勢結束之後，當北越和越共方面的政治決策層要求之前發起攻勢的幸存者再次采取同樣的戰術發動類似攻擊時，很多幸存者叛逃了，無疑那次攻擊給他們留下了難以磨滅的記憶。[3] 此外，此次失敗的攻勢之後，北越向南方派出的替換部隊在素質上也相對下降。例如，據美軍方面統計，1967年10月春節前美軍看押的敵軍戰俘中有82%擁有超過6個月的服役經歷，而到了1968年5月時，具有同樣時長服役經歷的戰俘比例已降至40%，另有50%的戰俘幾乎只是算新兵（服役時間短於3個月，而且此時間還包括向南方滲透的時間）。1968年5月，北越方面再次試圖發起類似的攻勢，但這次行動完全沒有戰術突然性，而且攻勢部隊的作戰能力也弱得多，很多行動都被美軍發起的先制攻擊擊潰。敵人再次試圖向西貢滲透，但不久之後即被逐回。此外，美軍還發現北越和南方越共組織之間的裂痕正在加深，因爲幾次攻勢中被美國俘虜的很多越共幸存者稱，他們被故意安排爲攻勢的主力，因爲北越方面想借戰爭消耗南方的

[1] 戴維森：《戰爭中的越南：1946—1975年的歷史》，第447頁（Davidson, *Vietnam at War*, 447）。

[2] 戴維森：《戰爭中的越南：1946—1975年的歷史》，第541頁（Davidson, *Vietnam at War*, 541）。

[3] 戴維森：《戰爭中的越南：1946—1975年的歷史》，第438頁（Davidson, *Vietnam at War*, 438），引用自1982年一名前南越民族解放陣線（NLF）領導人的演講。

共產主義力量，如此戰爭結束後北越就再無可競爭的政治組織了。[1] 大體上，春季攻勢對北越和越共造成的巨大的損失，使美國在推進其穩定南方的政策及項目時獲得了更多機會。

正如武元甲所希望的，北越軍隊並未參與春季攻勢行動，因而在這次慘敗中並未受到過多損失。當然，正如前文所述，春季攻勢實際亦包括後續主要由北越正規軍發起的大規模行動，只是計劃的第二階段，即越共在南方的攻勢行動受到美軍的有效反擊遲遲無法達成預期階段性目標，才導致後續計劃行動被取消。實際上，美國情報機構並未真正察覺到北越計劃的范圍和規模。[2]

北越方面承認春季攻勢是一場災難。1968年5月，經過一場內部辯論後北越決策層決定放棄大規模的作戰行動，重新采用延長的戰術消耗美軍和南越政府軍，並強調與美國展開談判而非采用重大軍事行動。他們開始探討北越的經濟重建和恢復，同時繼續在南方展開低強度的武裝斗爭。[3] 在軍事方面，南方越共因失敗造成大量人員減員，其主體力量幾乎被完全摧毀，爲了補充其人員及裝備，北越方面開始以南下正規軍填補南方越共組織，並以其名義繼續戰斗。因而，從1968—1972年越南戰場再次進入游擊戰階段，大量北越部隊對南方敵軍展開了廣泛的襲擾和游擊。[4]

這一策略取得了巨大成功，至少在非城市地區是如此。但當時美國顯然並不這麼看。美國媒體曾將春季攻勢報道爲一場美軍的重要勝利，這是很自然的事。但當時很大程度上被忽視的事實是，越共既然能夠發起如此大規模的協同進攻，無疑證僞了之前政府所誇耀的在越南取得的成功。據報道稱，約翰遜總統雖然對媒體和各類情報極端敏感，但他在接受到反差如此之大的信息（一方面是從媒體或電視上看到的消息，另一方面是官方提供的情報簡報）時，他亦發現作出正確的決策非常困難。他拒絕采納其顧問提出的可能對國家更爲有利的報告和建議，相反他把這一任務留給了他的將軍們。考慮到軍方的信息往往非常片面、樂觀，將軍們的行動無疑必將導致完全失敗。參戰這麼久以來，對於看不到盡頭的戰爭結局，美國社會的整體情緒盡管並不強烈要求政府撤軍，但無疑對戰爭已非常厭倦了。

軍方的將軍們並未促進局勢向有利的方向發展。1968年3月，威斯特摩蘭再次向華盛頓提出20.6萬人的增兵計劃，大大超出之前要求獲得的增兵規模（超出40%）。他的兵力需求似乎正與其所聲明的情況（美軍打贏了春季攻勢）相反，畢竟哪有打贏了戰役還會像失敗了那樣要求獲得更多部隊？事實上，威斯特摩蘭的要求與春季攻勢全然無關，陸軍只是將春季攻勢後的增兵視作一個繼續擴充本軍種的借口，這樣政府

[1] 福特：《情報》；戴維森：《戰爭中的越南：1946—1975年的歷史》，第551-571頁（Davidson, *Vietnam at War*, 551~571）。

[2] 戴維森：《戰爭中的越南：1946—1975年的歷史》，第543頁（Davidson, *Vietnam at War*, 543）。

[3] 戴維森：《戰爭中的越南：1946—1975年的歷史》，第357頁（Davidson, *Vietnam at War*, 357）。

[4] 戴維森：《戰爭中的越南：1946—1975年的歷史》，第497頁（Davidson, *Vietnam at War*, 497）；雷科德：《錯誤的戰爭：爲什麼我們在越南失敗》，第166頁（Record, *The Wrong War*, 166）。

就會考慮建立陸軍所要求的更多的預備役部隊了。前期不斷投入的陸軍力量已抽干了美國本土的預備役力量，當時陸軍只剩下1個本土的第82空降師作爲預備隊，而且還正在陸續向越南調遣以替換其他部署期滿的部隊。社會對國家越南戰爭政策的不滿正變得越來越難以控制，這部分是由於這場戰爭本身已不受歡迎，在此略顯黑暗的時刻陸軍參謀長厄爾‧惠勒知道，再不擴充預備役部隊他將很快沒有足夠的部隊維持駐越部隊的輪流部署秩序了。[1]

惠勒將軍之後前往西貢視察戰場，他要求威斯特摩蘭詳細解釋其要求的20.6萬增兵方案的細節。爲了使惠勒相信此方案的合理性，威斯特摩蘭不得不將春季攻勢之後的戰局描述得非常灰暗，這是一種典型的誇大威脅的做法。之後的事實表明，前沿指揮官的這次兵力申請被證明成爲改變約翰遜當局決策方向的催化劑，部分原因在於與此申請相關的報告被很快批露給了《紐約時報》。

此時，約翰遜總統認爲國防部長麥克納馬拉已變成了徹頭徹尾的失敗主義者，因此以民主黨資深戰略家克拉克‧克利福德替換了他。而參聯會亦將克利福德視作尊重軍方意見的自己人，認爲他將成爲軍方影響總統軍事決策的重要助力。然而，克利福德卻對上任後迅速扭轉戰場形勢心存疑慮。1967年夏末，他與泰勒將軍發現，要使其他東南亞國家再向越南增派更多的部隊已非常困難，而當時約翰遜總統又不時催促國防部盡快提出解決方案以進一步增援威斯特摩蘭的越南戰場。與此同時，惠勒的樂觀報告無疑使克利福德更加麻煩，軍方所要求獲得的部隊的數量規模肯定將對國內經濟和社會造成嚴重惡果，很可能進一步破壞甚至扼殺約翰遜總統所最爲看重的「大社會」改革計劃。

麥克納馬拉已離職，但很多秉承其思維的人士仍留在國防部，比如其中之一負責國際安全事務的的助理國防部長保羅‧沃恩克（Paul Warnke），他就不願意向軍方無盡的戰爭需要妥協，而且他還負責爲克利福德收集所需的信息。同時，中央情報局亦很大程度上支持麥克納馬拉及其一派人的觀點，在他們看來，當前美國的越南政策已經失敗，南越共和國軍幾乎毫無用處，春季攻勢時南越共和國軍的出色表現已成爲過去。然而，中情局的預測也並不准確，例如在春季攻勢前，該機構預計的北越方面最不可能采取的行動，恰恰正是春季攻勢這樣的大規模攻勢（畢竟在如此大規模用兵及損耗後，北越方面可能根本無力再阻止美軍及南越軍隊的穩步推進），但之後事實證明這還是發生了。總體上看，中情局仍認爲南越人不可能阻攔住北方的進攻，他們可能在數月內失敗。

參聯會同樣未能使克利福德相信，威斯特摩蘭之前提出的20.6萬人的增兵計劃對於應對戰爭是足夠的。即便有這些兵力，威斯特摩蘭所能作的，無疑就是將戰爭擴大

---

[1] 戴維森：《戰爭中的越南：1946—1975年的歷史》，第502-506頁（Davidson, *Vietnam at War*, 502～506）。

到老撾或柬埔寨境內以切斷胡志明小道，又或者在非軍事區以北地區建立一處美軍占領的飛地以威脅北越政府。[1] 克利福德無疑已明白，威斯特摩蘭不可能取得勝利，而他所作的僅是拖延北越人的勝利。因此，他向總統建議將在越南戰斗的重擔轉移到南越自己身上。[2]

總統所組建的專門針對越南政策制定的「智者」小組同樣也被北越的春季攻勢（以及國內對此次攻勢的反應）所震撼。克利福德的觀點可能影響到了他們中的一些人。保羅·尼采更擔心美國在越南投入的努力可能正在削弱美國對更爲重要的西方盟國的安全承諾，因此「智者」小組向約翰遜總統建議是時候撤離越南了。約翰遜此時極爲狂躁和憤怒，他感覺克利福德放棄了行政當局的政策並背叛了他。[3] 當然，他並未作出更換克利福德的決定，但他也不再理會參聯會的建議。相反的，他仍采納了克利福德的越南戰爭本地化的建議（即越南戰爭越南化），並著手分階段撤軍。在新政策規劃下，駐越美軍不再強調進攻以消滅北越戰爭策源地，而是致力於保護南越和南越共和國軍以使其有時間發展和壯大力量。轟炸仍在照常進行著，但更多地局限於與北越方面向南方滲透的地區，其主要分布在非軍事區附近，美國可能希望以此誘使北越同意談判解決問題。對於以上政策的變化，南越開始擔憂美國政府正在計劃出賣他們了。

約翰遜艱難地贏得了新罕布什爾州的民主黨總統候選人預選。1968年3月31日他宣布希望談判達成越南問題的解決，他將停止轟炸北越（實際上只是停止對北緯20°線以北地區的轟炸），而且他也不會謀求參加1968年的總統大選。當年5月10日，美國和北越方面在巴黎展開談判，正好就在約翰遜計劃如果談判未能開始就重啓轟炸北越的行動之前。但無疑，這次談判並未取得任何進展，胡志明可能回想起1954年的艱苦奮斗經歷，他更希望得到勝利，而非妥協。此外，約翰遜之前的退讓亦給了他希望。

1968年10月31日，約翰遜宣布全面停止對北越的轟炸，他顯然希望此舉能推動與北越的會談，以便使他的副總統休伯特·H.漢弗萊（Hubert H. Humphrey）在選舉中能獲得更多的機會。盡管北越同樣希望未來將作爲其對手的美國總統是漢弗萊，但共和黨人理查德·尼克松仍擊敗了漢弗萊並當選爲總統。此後兩國間的談判被拖延，至1969年1月25日尼克松完成其總統宣誓後相關會議才再次展開。南越方面則更希望看到強烈反共的尼克松成爲總統，他們爲拖延雙方的談判也盡了全力。之後在四年多的談判期間幾乎毫無結果，北越方面越發意識到尼克松當局不可能在談判中有任何退

---

[1] 舒爾茨辛格：《戰爭計時器：美國和越南》，第265頁（Schulzinger, *A Time for War*, 265）；戴維森：《戰爭中的越南：1946—1975年的歷史》，第510-521頁（Davidson, *Vietnam at War*, 510～521）。

[2] 戴維森：《戰爭中的越南：1946—1975年的歷史》，第524-525頁（Davidson, *Vietnam at War*, 524～525）。

[3] 戴維森：《戰爭中的越南：1946—1975年的歷史》，第615-619頁、第631頁、第661-662頁（Davidson, *Vietnam at War*, 615～619, 631, 661～662）。

讓，而且換了對手後他們亦不必再遵守此前談判中約翰遜所試圖強加給北越的一系列的要求，例如：他們必須接受南越作爲談判中對話的一方，他們應停止對南越主要城市的攻擊，他們應停止派遣軍隊越過非軍事區，他們應接受對北越的無武裝的航空偵察活動等。

因而，當約翰遜於1969年1月離職時，南越的軍事形勢已大爲好轉，這主要源於越共之前在春季攻勢中所受損失過大。當然，北越方面很清楚地明白，美國公衆和國會已對戰爭非常厭倦，在他們強烈要求下形勢才得以緩和。此時，北越仍認爲如果在談判中能夠給予敵人以猛烈的打擊將是決定性的，而且與敵人的談判還可給予己方所急需的喘息時間。

另一方面，春季攻勢後，也許特別是在約翰遜總統宣布要進行談判之後，美國陸軍的士氣也開始瓦解。與北越和越共一樣，美國士兵亦認爲戰爭將很快結束，沒人想持續傷亡下去。此外，國內的反戰運動聲勢越來越浩大，正逐步影響到遠在本土萬裡之遙的駐越美軍部隊。無疑，缺乏國內的支持令人勇氣盡失，更使這場戰爭變得毫無意義甚至是可恥的；很多官兵亦對他們在春季攻勢中所取得的勝利並未獲得認可（當時很多美國媒體甚至根本不認爲那是場勝利）而感到迷茫與困惑。

軍隊紀律的崩潰始於1969年，到1971年時這種情況達到了最高潮。大約在1969年時，陸軍駐越部隊中的軍士和初級軍官的素質顯然低於以往，這導致類似美萊村大屠殺這樣的事件的爆發。例如，據報告軍中最早出現士兵（用手榴彈等殺傷性炸彈）殺傷軍官的行爲是在1969年；自1968—1969年間駐越陸軍中各類違法行爲上升了13%，甚至陸軍都感到震驚；同一時期，軍中的叛亂事件上升了33%。這些數字還不包括當時非常普遍的反抗上級命令的行爲，比如受命執行「搜索及戰斗」任務的部隊實際上執行的是「搜索並逃避」，以消極的方式拒絕與敵人交戰。同時，軍中因濫用毒品而被拘的案例急劇升高75%，至1970年時駐越軍隊中首次出現「硬毒品」（致癮性麻醉品）。[1]

越南戰爭亦急劇地削弱了美國的經濟，1968年春季攻勢之後，國家的1969財年政府預算赤字達到242億美元，超過過去五年來預算赤字的總和。這些赤字完全可歸咎於戰爭，當時爲支持戰爭行動美國每年投入高達250億美元軍費。在美國國內，由於公衆信心危機等問題（正如當時國會所表現的），已不可能通過增稅的方式來削減赤字；國際上，法國亦在大挖美國脆弱經濟的牆角，反對越南戰爭的戴高樂要求按照布雷頓森林協議的規定，將手中的美元從美國置換成黃金。同期，戴高樂的另一個死敵，英國也正處在經濟危機之中，爲了應對法國人的逼宮，美英兩國不得不想盡辦法保住布雷頓森林協議。

---

[1] 沃克：《冷戰》，第207-209頁（Walker, *The Cold War*, 207～209）。

朝鮮的金日成顯然將越南戰爭視作又一次良機。在韓國參與越南戰爭期間，他命令軍方的特種部隊展開一系列針對南方的攻擊，最初是阻止韓國軍隊赴南越參戰，接著則希望利用美國、韓國軍隊受困於越南的現實，以實現自己的圖謀。[1] 重要事件比如1966年約翰遜總統訪問漢城期間，北方特種部隊通過坑道、小型載具越過軍事分界線滲透至韓國腹地發動襲擊；1968年1月，北方一支由31人組織的特戰小組甚至潛入韓國總統樸正熙的官邸進行暗殺，其襲擊行動甚至一度距總統本人所居住的青瓦台僅800米遠。同時，朝鮮還俘虜了美國在北方海岸附近作業的「普韋布洛」號情報船。這次當時就掩蓋在重重迷霧中的事件，很可能意在阻止美國人利用此間諜船發現朝鮮的滲透襲擊力量。

考慮到韓國政府已向越南派遣了一支規模龐大的部隊，因此金日成的挑釁尤其令人不安，自身力量不足加之美軍又深陷越南戰場，使得人們擔心北方迅速擴大衝突的威脅。例如，1969年朝鮮戰斗機擊落1架美國RC-121偵察機，美國根本無力迅速反應。當然，隨著美國和韓國采取一系列措施加強警戒和戰備，1969年後朝鮮的越境特種滲透很大程度上停止了。[2] 當然，金日成仍在繼續強化他的特種作戰力量，以備未來的滲透。

1968年除了是北越方面發動春季攻勢的年份外，對西方而言，無疑亦是非常可怕的一年。最基本的原因是整個西方社會自戰後最大一波嬰兒潮的一代此時已普遍成年。戰後各國經濟恢復使得高等教育的升學率史無前例地提高，這批青年中升入大學，而非進入社會成爲勞動力的比例顯然提高。例如，在法國和意大利，大學數量及設施已無法滿足社會的需求，教師也非常緊缺。這帶來的一個後果便是，缺乏足夠引導的學生們不再滿足於更爲保守的年長者的教誨，相反他們更相信自己對這個世界的看法。因此，這一時期的學生運動變得極爲激進和強大。尤其是在法國和意大利，兩國的經濟形勢並不足以爲日益增多的學生們提供就業和進入社會的機會，加之同期各種社會思想的激蕩和青年群體特有的反體制反權威思潮的泛濫，越來越多的學生投入到某種他們所想象的浪漫革命運動之中。在這股風潮中，蘇聯的理論並未被廣泛接受，相反的，更多的學生們偏向中國式的文化大革命運動，他們對於遙遠的中國所發生的一切毫無了解，只是因爲感到這樣的革命能夠爲其提供打破正扼殺他們的社會而擁抱它。

在法國，第二次世界大戰前社會政策中關於保證勞工階層的權利的設計，使得企業在解雇人員方面非常困難。這種模式在人口規模長期保持穩定的社會狀態下並無太大問題，但顯然它無法應對戰後嬰兒潮的那批人走向社會的時代。1968年5月，政府試圖禁止學生集會游行的決定導致了重大的社會動蕩和沖擊，特別是巴黎的亂局由

[1] 托拉斯：《變革中的秩序：1945年以來的世界各國軍隊的演變》，第154頁、第214-215頁（Tsouras, *Changing Orders*, 154, 214～215）。

[2] Dae-Sook-Suh：《金日成：朝鮮領導人》，第228頁（Dae-Sook-Suh, *Kim Il Sung*, 228）。

最初的罷課逐漸演變成與當地警察的衝突。[1] 繼而，法國左翼工會召集了總罷工和罷課，以抗議警察的野蠻執法。這次運動的聲勢和規模如此之浩大，以致於很少有政客敢於公然提出反對意見。在法國以及很多西歐國家，政府對發生在首都的民眾暴力活動都非常敏感，歷史上巴黎的民眾就曾多次群起推翻過政府，最早可追溯至1789年的法國君主。

　　因此，當戴高樂下達嚴令以結束動蕩之時，學生們無動於衷。期間，時任法國總理蓬皮杜（Pompidou）為了緩和社會對立殫精竭慮，他認為工人們的總罷工是比學生罷課更嚴重的威脅，因此似乎表現得准備向學生們妥協了。但事實上，學生們的運動已失去了控制，號召工人罷工的共產黨勢力似乎對於這批向往無政府主義的罷課學生也無能無力，後者甚至挑戰了共產黨在工會聯盟的權威和基礎。例如，共產黨組織發現工人們拒絕了此前他們從蓬皮杜那裡所榨取的條件。最後，戴高樂只得解散國會，重新展開選舉，法國的社會危機這才消退，但同樣亦暴露出法國當時多麼脆弱。戴高樂提出憲法改革，並訴諸於公民表決，無疑他決定通過投票來重新凝聚國民的信心。然而，1969年4月27日當他主導的改革徹底失敗時，他亦不得不辭職離開政壇。當然，他為法國確立的反北約政策在其之後的時代並未改變，這亦證明此政策取向擁有更深的法國民意基礎。

　　意大利的情況甚至更糟，因為該國當時實際上只能算作一黨制國家，其國內共產黨勢力早就被踢出政壇。因此，盡管名義上該國是西方國家，而且也不存在類似蘇聯的警察統治，但其國內仍腐敗盛行、效率低下，特別是其社會階層固化嚴重，其國內大學教育系統嚴重不足，但大批學生仍被允許源源不斷地進入學校。對於這些學生來說，他們在擁擠的學校裡所面臨的各種問題，不僅激化了其不滿情緒，更使其對整個國家社會無力完成現代化轉型感到深深的失望與憤怒。

　　1967年，意大利的學生開始抗議，也許是因為此次運動並未出現特定的戲劇性的高潮和引爆性事件，因此整個抗議持續了兩年之久，並導致了兩項主要的後果。一是意國內左翼恐怖主義運動高漲；其次，則是1969—1970年間持續的抗議和罷課罷工，使得該國很長時期內保持的和平的社會運動傳統終結了。[2] 與同期法國出現的情況類似，社會運動中該國共產黨主義勢力對工會的控制能力大減。對於意大利學生而言，1968年5月、6月法國學生的革命運動證明，只要他們能擺脫共產黨對勞工運動的控制（在更為激進的學生看來，共產黨仍然是現有社會和經濟秩序的共犯），仍存在著革命的真正希望。這一時期孕育出現的意大利「紅色旅」恐怖組織，甚至比其他國家類似組織更為激進和沖動。左翼的恐怖暴力很快席卷全國，並引發了右翼組織的反抗（同樣訴諸於暴力恐怖手段）。最終信奉毛主義的紅色旅，不僅竭力攻擊右翼的基督

---

[1] 阿居隆：《法蘭西共和國》，第431-429頁（Agulhon, *The French Republic*, 421~429）。

[2] 金斯堡：《當代意大利史：1943—1988年的社會和政治》，第298頁（Ginsbourg, *A History of Contermporary Italy*, 298）。

教民主派勢力，而且矛頭更指向他們指責為與國家合謀的共產黨等溫和左翼組織。[1]

　　由於意大利社會運動的碎片化趨勢更強，因此行政當局難以與運動組織就一系列問題達成妥協與和解。以勞資關系為例，民眾要求資方提供的薪酬水平節節上升，以致於到1974年時勞工及市民階層的工資增長水平已極大的超過了該國的生產率提升水平。通貨膨脹最終爆發。

　　西德的學生也爆發了社會運動，部分亦在於法國和意大利學生所面臨的類似問題。而且考慮到以往德國納粹黨興起的歷史，其國內形勢的發展更令外界擔憂。西德國內的抗議運動始於1966年春，當時西德社會民主黨與此前執政的基督教民主黨聯盟一度控制了西德聯邦議院90%的席位，由於擁有高比例的席位兩黨聯盟幾乎排除了議院任何反對的聲音。對於西德的左翼政治力量而言，這更證明了要組成的一支非國會所能控制的反對派力量（即西德當前統治體系的反對性力量）的正當性。另一方面，執政聯盟利用其優勢在議院提議並通過了緊急狀態法案（為強力應對外部入侵威脅或內部動蕩事件提供法律授權）。考慮到德國過去的歷史，這一法案被左翼廣泛地視為新獨裁主義的授權法。此外，1967年該國左翼力量還竭力反對現政府對美國越南戰爭及以色列的支持。1967—1968年間，西德學生的街頭抗議最終演變成一場騷亂和暴動，並在1968年西柏林復活節時達到頂峰，接著在當年4月這場運動擴散到西德其他主要城市。1968年5月，西德運動學生向波恩（西德政府所在地）進發抗議緊急狀態法的批准（其批准無疑以之前的社會混亂失序為借口）。學生們的騷亂很大部分亦集中於阿克塞爾·施普林格（Axel Springer）的出版社，後者是西德保守派人士，幾乎壟斷著西德的出版界。

　　西德的抗議學生將當時發生在越南的一切視作之前納粹統治時期的暗示，他們更將施普林格的新聞和出版物等同於30年代時期的納粹胡根堡出版社，而後者是鼓吹希特勒上台的重要助力；至於西德政府當時通過的緊急狀態法，同樣被類比為希特勒時期拋棄魏瑪憲法體系的授權法；更多的類比包括將當時的右翼執政聯盟視作將希特勒送上權力核心的國家社會主義工人黨（納粹黨）的再現。當然，此後現實的發展使當時的一些看法在現在看來極為諷刺，正是當時左翼所抨擊的西德政府將威利·勃蘭特（Willy Brandt，西德「東方政策」的設計師）任命為政府的外交部長，後者在之後的政治生涯中將西德引向了學生們所贊同的外交道路。為了分散學生們對國內資本家掠奪和剝削的關注，西德不再堅持其一貫激烈的反共立場，但同時這也是非常危險的，因為可能將學生們的關注轉移到其他方面，比如惡化的東西方間的緊張關系。在這一動蕩時期，施普林格的媒體亦大肆反擊，動員其他的社會力量反對學生們的立場。他可能亦是這場混亂中學生們所聚焦反對的對象，沒有其他哪位媒體大亨受到類似的圍

---

[1] 金斯堡：《當代意大利史：1943—1988年的社會和政治》，第360頁（Ginsbourg, *A History of Contermporary Italy*, 360）。

攻。他認爲，在魏瑪共和國時期希特勒正是利用了類似當時學生們所造成的社會混亂才得以上台，他們正在試圖摧毀有價值的民主體制。因此，他要求政府將德國共產主義勢力與納粹勢力劃上等號予以取締，這無疑是左翼運動學生所絕不會容忍的，利用其手中掌握的媒體他及其支持者甚至暗示左翼學生團體企圖顛覆西德的民主制度。

整體上看，由於西德當時國內經濟形勢尚好，勞工階層對繁榮的興趣遠大於革命運動，而且很多西德人仍能清楚地意識到共產主義是多麼的危險，因此最終西德的學生運動失敗了。當然學生們仍取得了有限的勝利，包括間接地強迫政府限制施普林格對其媒體的壟斷。此外，西德當時的大聯盟政府最終並未持久，1969年9月28日選舉中基督教民主黨失去了議院的多數黨地位，盡管該黨在議院中仍是最大的黨派。大選後，勃蘭特的社會民主黨（SPD）與較小的自由黨（FDP）結盟共同組建了政府。盡管兩黨的一些成員反對總理勃蘭特的新「東方政策」，但新聯盟仍以微弱多數通過了此新政策（直到1972年該政策才獲得更爲穩固的多數支持）。1969年10月西德新政府履職。推測起來，該政策的制定及其後續堅持推行所帶來的成功，部分地仍可追溯回前幾年學生們在街頭運動中所激起的反思與情緒。事實上，隨著新政策的施行，學生們更加要求政府緩和與蘇聯的關系，極端思潮和情緒慢慢淡出社會主流。

當然，西德學生運動也帶來了一些負面的結果。1968年4月，據推測是被阿克塞爾·施普林格的宣傳所鼓動，1名23歲的學生試圖刺殺西德社會主義學生聯盟的領導人，魯迪·杜契克（Rudi Dutschke）。一些小政治團隊更將此次事件所代表的恐怖主義思潮，視作解決西德諸多問題的唯一解決手段的例證。在安德列亞斯·巴德（Andreas Baader）、古德倫·安司林（Gudrun Ensslin）和烏爾里克·邁因霍夫（Ulrike Meinhof）等人的領導下組建了臭名昭著的巴德爾·邁因霍夫（Baader-Meinhof）幫（即紅軍派），該恐怖組織在整個七八十年代掀起了西德乃至歐洲社會的恐怖主義狂潮。其受害者包括德意志銀行的負責人、西德雇主聯合會的主席、柏林基督教民主聯盟（CDU）領導人以及柏林高等法庭的主席等人士。紅軍派還曾與巴勒斯坦解放組織（PLO）合作，例如1975年12月，兩個恐怖主義組織曾試圖刺殺西德石油部長，而東德政府不僅爲巴解組織提供支持和必要的訓練，還成爲紅軍派逃亡成員的庇護所，當然，現在仍不清楚東德官方在多大程度上卷入了其恐怖主義活動，但無疑的是，東德政府將恐怖主義視作一種攻擊其西德敵人的有價值的手段。[1]

最終，西歐各國所有這些以攻擊現政府爲主要目的的抗議活動，其似乎都與共產主義運動存在著或多或少聯系，在當時冷戰的大背景下這些學生反叛運動的邏輯都不難理解。但似乎仍存在爭議的是，無論1968年所點燃的什麼樣的歐洲社會運動，

---

[1] 沃爾夫：《間諜大師的回憶》，第271-272頁、第277-279頁（Wolf, *Memoirs of a Spymaster*, 271〜272, 277〜279）。東德恐怖分子接觸的人士和組織包括愛爾蘭共和軍和「胡狼」卡洛斯等。沃爾夫曾負責外國情報事務，曾費盡心力拒絕直接卷入與這些恐怖分子的活動，特別是那些擔負有東德安全部門特殊使命的人員或組織。

都因1968年北越發動的春季攻勢而加強了，這次攻擊雖然北越方面並未成功但期間越南民族主義和共產主義者不畏傷亡英勇攻擊的場景，似乎顯示了西方及其所支持的政權實際上是有可能被推翻的，革命將仍有取得勝利的機會。每個爆發社會運動的國家，其社會混亂的根源似乎都與該國自身政治、經濟環境的惡化緊密聯繫著，各個國家政府獨立地應對著危機，而各國的學生及發動運動的激進政治勢力則顯然相互聯繫並協調著各自行動。例如，法國學生騷亂中的一名關鍵性人物，丹尼爾·康恩班迪（Daniel Cohn-Bendit），就是名德國學生，同時期跨越傳統國界的發達傳媒（比如實況電視）像傳染渠道一樣點燃了一個又一個國家青年人的激情和怒火。一旦抗議示威活動達到了其臨界點，在電視等媒體傳播渠道的擴散下，在外界看來運動的規模看上去會大得多，也更易凸顯其重要意義，反過來就又會進一步鼓舞本國或其他國家的抗議人群。同期，類似現象在美國國內芝加哥民主黨集會爆發的社會運動中表現得非常明顯。1968年，隨著通信衛星的成功應用，各國傳媒（電視）真正實現了全球實況覆蓋，這在當時仍是新鮮事物。而在早前的時代膠片電影雖然能在國與國之間傳播，（以它們爲媒介的）新聞的傳播顯然慢得多。在這種情況下，如果要盡快傳播特定事件，將需要事先做好充分准備，但這並不意味著傳統傳媒手段能夠應對完全未意料到的一系列混亂和失序事件（比如當時發生在動蕩的巴黎或芝加哥類似的社會事件）。即便如此，當1968年來臨西方世界廣泛爆發學生騷亂事件時，特別是當時發生在美國、法國、意大利和西德的混亂尤爲劇烈。

這些爆發於特定時段的西方社會危機爲各國帶來的不同結果亦是驚人的。在法國，公民社會結構的根深蒂固，足以抵抗住危機對全社會的振蕩，在戴高樂宣布舉行新的大選後危機很快就結束了。西德的情況也大體類似，危機並未長遠地影響社會結構。而在意大利，其脆弱的社會和經濟延長了危機帶來的壓力，使整個社會最終爲此付出了高昂代價。

在東歐，情況同樣不容樂觀，在人口因素、社會停滯、外界影響等因素的共同作用下，各國亦時有動蕩。例如，這解釋了爲什麼1968年捷克斯洛伐克人願意不惜受到蘇聯干涉的風險，也要冒險試試運氣。東歐的其他國家，各共產黨政府如此擔憂社會動蕩的威脅，以致於他們更願意嘗試采取措施安撫潛在的社會反對力量，但這些緩和措施遠未達成足以解決其自身經濟、社會問題的程度。

第30章
壓抑的東方

60年代末期蘇聯的政治勝利很大程度上被其經濟上的缺陷和失敗所抵消了。考慮到勃列日涅夫對蘇聯軍事工業體系的放任政策，而後者更持續吞食著本就效率低下的蘇聯經濟體系的有限增長。然而，與赫魯曉夫不同，好大喜功的勃列日涅夫認為，作為強大社會主義國家的領導人，他必須為蘇聯民眾提供更高的生活標准。為了達成此目標，他從西方大批進口谷物用於國內的畜牧業生產，以增加蘇聯人餐桌上的肉類比例。為了進口更多的谷物，蘇聯需要大量硬通貨（美元），而這一時期蘇聯能向西方出售了只有各種原材料，特別是石油。因此，蘇聯的石油成為維持其毫無效率的民生經濟和軍事工業體系的，至為重要的大宗物資。一名蘇聯的經濟學家後來曾將石油稱為這個國家已經上癮的「毒品」。

蘇聯在1976—1980年和1981—1985年間的兩個「五年計劃」統統遭到了失敗，特別在1979—1982年間，蘇聯經濟實際上陷入了衰退之中。[1] 一位蘇聯經濟學家，G.I.哈寧（G. I. Khanin），曾預計蘇聯經濟在1976—1980年間的年均增長率只有5%左右，到1981—1985年間更進一步放緩到3%左右，相比1971—1975年間的年均17%增長率和1966—1970年間更高的22%年增長率，這種放緩的幅度非常明顯。[2] 而且多年來，蘇聯本身的經濟增長數據還存在著誇大成分，據哈寧估計蘇聯經濟只有同期中情局所評估經濟規模的三分之二不到，或大約僅為同期美國經濟規模的約三分之一。[3] 1975年蘇聯農作物大減產似乎正證明了其經濟體系的低效。比經濟增長乏力更糟糕的是，蘇聯國民士氣的災難性削弱，國民對工作以及建設社會主義熱情的喪失，以及對社會整體愈演愈烈的腐敗現象和特權的不滿。[4] 盡管蘇聯官方仍不斷地承諾更加美好的生活，但人民已愈加意識到西方是多麼繁榮，而自身的經濟情況又是多麼糟糕。最初，這種不滿情況並不太可能推翻現政權，但現實情況卻使人民越來越悲觀，並導致

[1] 拉克爾：《我們時代的歐洲》，第510頁（Laqueur, *Europe in Our Time*, 510）；引用數據來自蘇聯後期的公開化運動。根據阿爾巴托夫：《蘇聯體系》212頁（Arbatov, *The System*, 212），蘇聯經濟由升轉降的轉折點出現在1972年，也就是在1971—1976年間的五年計劃期間。

[2] R.E.埃里克森：《蘇聯統計數據的討論：哈寧V.S. TsSU》，摘自羅恩和沃爾夫：《貧困的超級強權：經濟改革和蘇聯的軍事負擔》（R. E. Ericson, *"The Soviet Statistical Debate: Khanin versus TsSU"*, in *The Impoverished Superpower*, ed. Rowen and Wolf.）。

[3] R.E.埃里克森：《蘇聯統計數據的討論：哈寧 V.S. TsSU》，摘自羅恩和沃爾夫：《貧困的超級強權：經濟改革和蘇聯的軍事負擔》，第74頁（R. E. Ericson, *"The Soviet Statistical Debate: Khanin versus TsSU"*, in *The Impoverished Superpower*, ed. Rowen and Wolf, 74）。

[4] 拉克：《通往自由的長路》，第26-28頁（Laquer, *The Long Road to Freedom*, 26～28）。當時，拉克因有親屬居住在蘇聯，因而得以多次赴蘇聯。他曾引用一名匿名蘇聯作家的話說，「沒有理由擔心來自外部的攻擊，敵人如果冒險進行攻擊的話，那麼在10年或20年後，他們必須處理一個半數人民沉迷於酒精不可自拔的國家」。

對現實工作的懈怠和失望。例如，1975年時蘇聯克格勃負責人尤里·安德羅波夫就開始向勃列日涅夫報送關於國內經濟和社會低潮即將來臨的報告。這些報告被封裝在特別的信封中僅限於勃列日涅夫本人打開。對此，安德羅波夫給出的解決方案是以更強硬的手段來應對國內的不滿情緒，如此更易於使人民順從地努力工作。[1]

　　蘇聯內部對於導致這一系列經濟災難的根本原因（持續維持龐大的軍事開支）根本就未作討論。事實上，勃列日涅夫的政敵們更多地集中攻擊他治下蘇聯的體系性腐敗問題，加之他曾允諾不會輕易懲罰黨內高層的腐敗行動，這意味著情況正在逐漸失去控制。盡管絕對權力帶來的腐敗曾是蘇聯中後期國家政權的主要特點，但勃列日涅夫適逢蘇聯國內顯著的經濟停滯時期，這就使其腐敗問題被更易被突出出來。對於他的政敵而言，勃列日涅夫家族的腐敗就是他的政權出現系統性腐敗的象征。他的女兒，加林娜，曾嫁給蘇聯內務部副部長尤里·丘爾巴諾夫將軍（Yuri Churbanov，因結識並與加林娜結婚後而不斷升遷至內部務第一副部長、上將），她還擁有多名情人，包括莫斯科的歌唱家鮑里斯·布里亞特（Boris Buryata）。1982年夏就在勃列日涅夫去世後不久，克格勃查辦出一起重大的涉及鑽石和外匯的走私案，其中鮑里斯亦涉案。但案件卻在丘爾巴諾夫和勃列日涅夫親信克格勃第一副主席塞姆抑·茨維貢（Semyon Tsvigun，丘爾巴諾夫的連襟）的包庇下不了了之。最後，鮑里斯死於克格勃手中，而茨維貢亦自殺身亡。1982年秋，關於勃列日涅夫小圈子裡更多的腐敗事件和丑聞進一步被批露出來，大量涉及貪污腐化的共產黨精英受到牽連。當時蘇聯國內民眾廣泛認爲，作爲克格勃主席的安德羅波夫正利用調查作爲剪除勃列日涅夫殘余勢力和黨羽的工具。[2]

　　在東歐，戰後與西方類似的嬰兒潮一代，在60年代末逐漸成熟並步入社會，但此時此刻各衛星國國內的經濟同樣陷入停滯。與西方類似，從東歐各國擴張性的教育系統中畢業的大量年輕人面臨著畢業即失業的困境，各國收縮中的經濟體系根本無力吸收那麼多勞動人口。結合各國普遍是行使著絕對權力的一黨制政府，整個社會的系統性腐敗就更加不可避免了，結果就是各種較好的工作和機會都被黨員領導干部的子女所擠占，而他們的身後則是龐大、日益不滿的階級。無疑，這些國家的既得利益階級（黨的各級領導干部）不可能克服絕對權力所帶來的誘惑和嚴密的警察社會所帶來的虛幻安全感，因此當社會危機難以遏制之時，國內動蕩就更加難以避免了。

　　60年代末，捷克斯洛伐克是東歐體系中率先爆發危機的國家。進入60年代後該國也陷入經濟危機之中，1967年捷克共產黨中央委員會在投票中將斯大林式的領導人安東·諾沃特尼（Anton Novotny）罷免，代之以亞歷山大·杜布切克（Aleksandr

---

[1] 沃爾科戈諾夫：《解構帝國》，第321頁（Volkogonov, *Autopsy for an Empire*, 321）。

[2] 凱撒：《爲什麼戈爾巴喬夫出現了》，第54-55頁；拉克：《通往自由的長路》，第30頁（Laquer, *The Long Road to Freedom*, 30）；還可參考蓋茨：《從陰影之中：五任總統的終極內幕故事以及他們如何贏得冷戰》，第185-186頁（Gates, *From the Shadows*, 185～186）。

Dubcek）。盡管作爲一名保守的共產主義者而當選國家最高領導人，杜布切克卻突然決定采用赫魯曉夫式的社會解禁政策並進行社會改革，也就是人們所熟知的「布拉格之春」事件。但他似乎並未意識到蘇聯對東歐任何違背其意志（或路線）的國家和領導人都是難以容忍的，而他認爲只要不像伊姆雷·納吉（Imre Nagy）那樣行事，而且他在實施社會改革後亦並不想退出華沙條約組織，就足以使蘇聯對捷克放心。然而，杜布切克所倡導建立所謂的「人道社會主義」，已或多或少地與蘇聯爲東歐集團內各國所設定的路線產生了分歧。蘇聯意識到它在共產主義世界中的正統地位受到威脅。此外，由於捷克斯洛伐克與西烏克蘭地區有廣泛的邊境，烏克蘭人能夠聽到和看到捷克的廣播和報紙。[1] 這一切都在誘使蘇聯內部發生變化，蘇聯國內的不同政見者開始從捷克的改革中感到振奮和鼓舞，這讓蘇聯內部對形勢的變化高度緊張。

　　勃列日涅夫的日記本中顯示，早在1968年4月也就是他剛在3月參加完一次華約會議後不久，他就曾考慮采用軍事行動解決捷克問題，那次會議得出結論認爲捷克斯洛伐克的社會主義運動正在出現分裂。當年5月勃列日涅夫在與杜布切克進行一次會晤後，他告訴蘇共政治局的成員們稱，捷克共產黨已「缺乏拿定主意的首腦」了。與此同時，親赴布拉格的蘇軍格列奇科元帥在返回後亦稱，「捷克軍隊已經分裂，其軍中的自由主義和民主化思潮本質上是反革命性質的」。形勢的發展如此糟糕，以致於在整個1968年上半年蘇共政治局花費了大量時間和精力討論捷克危機的處理意見。安德羅波夫甚至將捷克目前的形勢比作1956年時的匈牙利，並贊同果斷采取措施。[2]

　　其他東歐各衛星國的共產黨首腦們也很緊張。[3] 自從中蘇論戰乃至分裂以來，東歐國家的觀點無疑已被蘇聯左右。因而，波蘭統一工人黨領導人哥穆爾卡於1968年3月19日率先譴責「布拉格之春」的謬誤，接著東德領導人烏布利希亦表態反對捷克的改革。3月底在東德德累斯頓的一次會議上，與會東歐各國代表將捷克改革斥之爲「反革命」運動；同年5月初在莫斯科的另一次會議上，各東歐國家要求立即采取行動。期間，一開始曾贊同捷克改革的保加利亞政府在4月份改變了立場，與其他衛星國一道譴責捷克的行爲，而6月份時匈牙利亦加入聲討捷克的大合唱中。[4] 各東歐條約成員國的意見顯然促使了蘇聯態度的進一步改變，蘇聯政府決定不再等待，轉而采取極端手段糾正捷克的錯誤行爲。

　　蘇聯計劃以華沙條約組織的訓練演習爲名義進行軍事干涉，類似的演習計劃很容易修改成入侵行動。1968年6月，勃列日涅夫簽署了演習計劃，而蘇共政治局亦開始

---

[1] M. 克雷默：《烏克蘭和1968年蘇─捷危機：來自佩特羅．謝列斯特日記的新證據》，威爾遜中心冷戰國際史項目1997—1998年（CWIHP）（M. Kramer, ed., *"Ukraine and the Sov-Czech Crisis of 1968[Part 1]: New Evidence from the Diary of Petro Shelest"*, in CWIHP 10[1997/98]）。

[2] 沃爾科戈諾夫：《解構帝國》，第285頁（Volkogonov, *Autopsy for an Empire*, 285）。

[3] M. 克雷默：《烏克蘭和1968年蘇─捷危機：來自佩特羅．謝列斯特日記的新證據》，威爾遜中心冷戰國際史項目1997—1998年（CWIHP 3）（M. Kramer, ed., *"Ukraine and the Sov-Czech Crisis of 1968[Part 1]: New Evidence from the Diary of Petro Shelest"*, in CWIHP 3[1997/98]）。

[4] M. 克雷默：《烏克蘭和1968年蘇─捷危機：來自佩特羅．謝列斯特日記的新證據》，威爾遜中心冷戰國際史項目1997—1998年（CWIHP 3）（M. Kramer, ed., *"Ukraine and the Sov-Czech Crisis of 1968[Part 1]: New Evidence from the Diary of Petro Shelest"*, in CWIHP 3[1997/98]）。

討論武裝干涉的相關問題。之後，勃列日涅夫接到一份來自捷克共產黨內強硬派的求援信，但政治局認爲這仍不足以作爲武裝干涉捷克內政的托辭。後續，勃列日涅夫又收到5名捷克政府高層人士的請求干涉的信件，最終政治局耗費了3天時間決定采取行動，期間安德羅波夫一直都非常強烈地贊同采取干涉行動。[1]

形勢的發展無疑表明，蘇聯將不遺余力地利用其軍隊保護它所稱的「社會主義制度」，這亦不可避免地擴展了自1957年赫魯曉夫所建立起來的與東歐各社會主義國家之間的政治契約關系。具體而言，當東歐各衛星國受到其民衆運動的威脅時，蘇聯將支持各國的共產黨政府；作爲回報，各衛星國將成爲蘇聯的附庸國。似乎值得注意的是，各條約國政府在決定采取行動時亦承受了不少壓力。畢竟當時整個華沙條約組織的軍隊（除羅馬尼亞外），在蘇軍帶領下全面侵入捷克。與1956年的匈牙利事件類似，大量蜂擁上城market街頭的華約裝甲車和士兵成爲外來強權和壓迫的象征。迫於壓力，杜布切克只得辭職，而更明顯的是，蘇聯已成爲一個事實上的帝國，而非此前單純的意識形態上的強權了。

入侵捷克斯洛伐克並非一次輕松的野外行軍，考慮到捷克領導人意識形態上的嬗變，蘇聯決策層甚至假設杜布切克已經投向了西方，這意味著西方可能會干涉入侵行動，因此蘇聯決策層警告軍方入侵部隊完全有可能在途中遭遇北約武裝力量。如果果真如此的話，他們得到的指令是後退並避免衝突。對蘇聯而言杜布切克是個問題制造者，但如果因爲他在中歐與西方爆發戰爭則更加糟糕。然而，事實上杜布切克並非西方代理人，而且當蘇聯坦克出現在捷克境內時北約也沒有任何干涉的可能。一旦行動展開蘇聯意識到西方的態度後，就不再擔憂北約任何的干涉意圖了。

由於並未參加入侵行動，盡管羅馬尼亞仍保留著條約成員國的身份並接收著來自蘇聯的新武器系統，但該國實際上已開始與華沙條約組織分道揚鑣了。當然，該國的獨立意識無疑激怒了蘇聯，後者甚至嚴肅地考慮實施第二次入侵行動。[2] 而羅馬尼亞則謹慎地避免任何觸怒蘇聯的行爲，以免給予其借口。嚴峻的外部形勢很可能亦幫助了羅馬尼亞共產黨領導人尼古拉斯・齊奧塞斯庫（Nicolae Ceausescu）一方面在外交上采用獨立立場，另一方面對國內實施更爲嚴厲的斯大林似的政策。顯然，這亦決定了羅馬尼亞不太可能成長爲蘇聯集團內部像捷克斯洛伐克那樣的顛覆性的力量。

對勃列日涅夫而言，入侵行動計劃取得了徹底的成功。與1956年匈牙利事件中該國人民不同，捷克人幾乎對入侵放棄了抵抗，行動也未導致什麼流血事件。也許是由於杜布切克的改革僅及於政府上層還未延伸至社會，因此也就未對改革的中斷有過多

---

[1] M.克雷默：《烏克蘭和1968年蘇—捷危機：來自佩特羅・謝列斯特日記的新證據》，威爾遜中心冷戰國際史項目1997—1998年（CWIHP）（M. Kramer, ed., *"Ukraine and the Sov-Czech Crisis of 1968[Part 1]: New Evidence from the Diary of Petro Shelest"*, in CWIHP [1997/98]）。

[2] M.克雷默：《烏克蘭和1968年蘇—捷危機：來自佩特羅・謝列斯特日記的新證據》，威爾遜中心冷戰國際史項目1997—1998年（CWIHP）3，12（M. Kramer, ed., *"Ukraine and the Sov-Czech Crisis of 1968[Part 1]: New Evidence from the Diary of Petro Shelest"*, in CWIHP 3[1997/98], 12）。

反應。就算他們傾向於改革，但事件的性質與1956年匈牙利事件中蘇軍干涉鎮壓民眾的大規模起義相比，仍非常不同。此外，到1968年中期，對越南戰爭的焦慮亦使東歐各國逐漸平復下來。畢竟美國政府顯然發現國內公眾對戰爭的支持越來越少，它對美越談判的興趣更表明美國將不會以任何危險的方式再在其他地方輕啓戰端。即便有潛在反對蘇聯的東歐國家，此時亦難以指望美國會爲它們在東歐與蘇聯對抗。

在整個入侵行動期間，西方各國領導人表現較爲平靜，他們顯然希望蘇聯能夠恢復其帝國內部的的秩序。因此早在1968年9月10日，約翰遜總統就說，他希望東歐的風波將是暫時的，法國外交部長米歇爾·德勃雷（Michel Debre）將蘇聯的入侵稱爲「一次令人遺憾的事件」。約翰遜顯然對同期西歐出現的動蕩感到擔憂，因而更不願東西方緩和的氛圍受到破壞，可以說西方每個人都希望能夠與蘇聯達成某種協議。[1]

總體上，西方對此次入侵事件的旁觀心態很可能亦反映出當時西方世界士氣的整體滑落。冷戰無疑是一段非常長的歷程，但當時對於勃列日涅夫而言，勝利似乎就在眼前。入侵行動之後，在捷克斯洛伐克的溫泉療養勝地卡羅維發利，他告訴一起開會的華沙條約各國領導人們稱，20年內美國將徹底失敗。[2] 回國後，勃列日涅夫很快宣布了被稱爲「勃列日涅夫主義」的新政策，每個社會主義國家不僅有責任保護本國的、也要保護外國的社會主義制度，這意味著蘇聯將協助其衛星國粉碎任何試圖推翻本國社會主義制度的政權。

就長期而言，入侵行動亦引發了蘇聯的真正問題。行動本身表明，東方國家體系內任何的政治創新都不會被容忍，這不僅適用於東歐衛星國，而且蘇聯本國亦同樣如此。杜布切克的遭遇似乎表明，這個體系認爲任何試圖開放政治議題（經濟領域亦同樣如此）的舉動都將威脅到政權本身。在此氛圍下，蘇聯國內的一些精英人士再不對這個政權抱有希望，入侵行動本身亦爲其國內的政治異見者提供了抗議的借口。[3] 這在斯大林時代是完全不可想象的，無疑表明斯大林主義在現時代已不具備可行性了。蘇聯內部的經濟停滯問題在此次事件後開始慢慢顯露出來，並在之後的十數年間造成嚴重的後果。同時，（被廢黜的）赫魯曉夫則認爲，如果捷克前任領導人諾沃特尼仍在任並放棄以斯大林的方式對待自己的國家的話，危機就不可能發生；而諾沃特尼對斯大林主義的譴責及放棄亦將減少杜布切克因開放捷克社會所釋放出的壓力。[4]

對卡斯特羅而言，入侵行動顯示勃列日涅夫對於維護蘇聯的權威是十分嚴肅認真的，是時候停止所有未經蘇聯允許的行爲（如輸出暴力革命等）了。一段時間以來，蘇聯一直試圖讓卡斯特羅遵守其規矩，蘇聯曾錯誤地以爲作爲古巴唯一的石油供應國

[1] 赫勒和勒科瑞奇：《執政的烏托邦：1917年至今的蘇聯歷史》，第612-620頁（Heller and Nekrich, *Utopia in Power*, 612〜620）。

[2] 與H.E.邁耶的訪談，摘自施瓦茲、達特羅夫和烏格林斯基：《里根總統和世界》，第125頁（H. E. Meyer, interview, in *President Reagan and the World*, ed. Schmertz, Datlof, and Ugrinsky, 394）。

[3] 阿爾巴托夫：《蘇聯體系》，第137頁（Arbatov, *The System*, 137）。

[4] 阿爾巴托夫：《蘇聯體系》，第138頁（Arbatov, *The System*, 138）。

後者會嚴肅考慮其要求，但很多時候後者並未非常認真地聽從蘇聯的要求。因此，1967年時，卡斯特羅曾急迫地要求蘇聯多向其出口8%的石油，但蘇聯僅答應多提供2%。[1] 但蘇聯利用石油限制古巴的能力並不強。在入侵行動最初古巴媒體批評蘇聯的行動，古巴人疑惑地想象著如果蘇聯能收拾掉捷克斯洛伐克，那麼爲什麼不會收拾古巴呢？卡斯特羅很快意識到他在蘇聯面前是多麼脆弱。沒有蘇聯的支持，他幾乎不敢奢望能擋住美國人。於是古巴的聲音很快就轉變了，他公開宣布贊同入侵行動，以此來表明他對蘇聯的忠誠，這樣蘇聯就絕不會像對待捷克那樣入侵古巴了。1969年和1970年，他得到古巴急需的石油，以及更多的蘇聯技術人員，自此之後他的部隊將可以支持蘇聯的行動了。

　　像1956年匈牙利事件一樣，蘇聯的入侵同樣在共產主義世界引發爭議和問題。對中國人而言，這表明蘇聯可能對另一個社會主義國家發起攻擊，中國對蘇聯戒備的心理更加強化。至於東歐國家，波蘭遭遇了類似捷克斯洛伐克所面臨的同類問題，1970年12月，該國國內商品價格上漲導致格但斯克市的工人走向街頭並出現暴動和騷亂，接著該國學生在多個城市罷課示威，但這些活動都被政府強力鎮壓了。對於國內爆發的動蕩，弗瓦迪斯瓦夫·哥穆爾卡（當時哥穆爾卡正是爲避免波蘭遭受1956年類似匈牙利事件的干涉而上台執政）被愛德華·蓋萊克（Edward Gierek）所取代，後者向人民許諾建設天天都有燉牛肉的共產主義社會。對於東歐各國而言，捷克的例子太危險了，因而絕對不能效仿，至於國內結構性改革措施就更不用考慮了。蓋萊克在波蘭執政後努力使蘇聯人相信他的忠誠，以便同意他向西方國家借貸。有了這些貸款後，他就能從西方獲得東方緊缺的消費品，再低價提供給國內民眾，以保持其國內的士氣。例如，1974年在華沙就已能見到進口的可口可樂汽水，其在當地的售價僅相當於當時的8美分。

　　當時，波蘭從西方獲得了不少貸款，除采購生活消費品外，剩余的貸款則用於改造升級波蘭的工業體系。理論上講，提升後的波蘭工業，其出口後獲得的利潤將能夠用於償還貸款。但實際上這幾乎不可能。波蘭可以從西方采購部分新型機器設備，但在缺乏真正的改革的情況下，其工業體系仍很難提高整體效率，加之又缺乏新的可供出口的工業部門，因而很多資金都被當作政治獻金了。事實上，很大一部分資金正是被波蘭統一工人黨內部的精英階層所瓜分了。

　　1968年後捷克斯洛伐克在不觸怒蘇聯的前提下，亦嘗試了類似波蘭的做法。例如，1971年時該國的汽車保有量約爲每17名捷克人擁有1輛車，而到1979年後比率已上升到每8名捷克人擁有1輛汽車。[2] 當然，與波蘭一樣，任何經濟改革都被禁止，因爲擔心1968的病毒再次蔓延開來。

---

[1] 誇克：《菲德爾·卡斯特羅》，第587頁（Quirk, *Fidel Castro*, 587）。

[2] 克蘭普頓：《二十世紀及之後的東歐》，第347頁（Crampton, *East Europe*, 347）。

　　1973年石油危機爆發後，大量資金開始流入阿拉伯國家手中，為了鼓勵阿拉伯人將其資金存在自己的銀行裡，西方銀行家不得不承諾為這些大客戶提供更高的回報率。為了獲得高額回報，他們必須將資金貸給擁有巨大需求且願意承受高額利率的客戶，無疑，當時只有國家政府具備資格。因此，同時期東歐各國似乎都能夠非常容易地獲得大額貸款（第三世界國家也貸得了大量資金）。對於西方銀行家們而言，這些貸款有政府作擔保非常安全，畢竟沒有哪國政府會宣布其央行破產。在歐洲，西方國家亦鼓勵向曾經的敵國貸出大額資金，而且在當時這本身似乎就是東西方關係緩和的一部分。因此，現在可看到東歐社會主義國家集團的外債量從1974年的130億美元猛增至1977年的500億美元。當然，這些貸款的高額利率只能由貸方承擔，這進一步惡化了東歐國家的經濟問題。至1981年時，東歐國家和蘇聯對西歐和美國的債務已達到1970年時的15倍。[1]

　　類似的問題影響了所有的東歐國家，其中形勢最為嚴峻的是波蘭。當時，波蘭政府保有的、必須以硬通貨幣償付的外債已從1971年的7億美元，急劇增長至1975年時的60億美元。1976年波蘭遭遇嚴重的農業歉收，政府決定進口糧食，並以肉類出口償付進口谷物款項。為此，波蘭政府發現必須提高國內肉類的價格以抑制國內的消費。而對普通波蘭人來說，政府甚至僅僅是暗示將提高肉類價格，都意味著政府准備不再遵守1970年作出的不提高生活用品價格的承諾，因此漲價引發了國內騷亂和罷工，這進一步惡化了其國內形勢，波蘭民眾的生活水平亦普遍降低。[2] 繼而，這次災難使波蘭國內出現了一個真正獨立於現有體系之外的工人組織，「團結工會」，它最終削弱並顛覆了波蘭統一工人黨政權。

　　由於外債高企，波蘭政府漸漸再無力償還其債務。例如，到1979年時，波蘭用於償還政府外債的利息所需的金額，達到當年出口收益的92%，為了保持國內穩定和秩序，只能借新債償還到期的利息，其債務像雪球般迅速增長。到1989年共產黨政權崩潰時，整個國家的外債達到400億。很快，整個東歐各國都陷入類似的困境，只有蘇聯因其擁有巨額的石油出口收入，有能力緩解波蘭人的償還危機。同期，羅馬尼亞人意識到繼續這樣下去非常危險，如果依賴蘇聯償還外債，那麼就將意味著蘇聯完全控制國家的一切。齊奧塞斯庫選擇通過自己的經濟體系償還外債以避免過度依賴蘇聯，而國內的反抗則需要斯大林式的手段來壓制。在整個七八十年代，此類辦法仍較為有效，但國內積累的不滿情緒最終在1989年達到頂點並徹底爆發出來。

　　匈牙利的經濟情況較其他東歐衛星國稍好，因為其政府接受並承認了部分私營經濟，因此整體經濟效率比其他東歐社會主義國家更高。同時為避免像1956年那樣的民

---

[1] 克蘭普頓：《二十世紀及之後的東歐》，第345-346頁（Crampton, *East Europe*, 345～346）。

[2] 斯通：《附屬國和政委：蘇聯集團貿易政策中的戰略和衝突》，第41頁（Stone, *Satellites and Commissars*, 41）；克蘭普頓：《二十世紀及之後的東歐》，第363頁（Crampton, *East Europe*, 363）。

眾起義，該國政府對社會控制的程度放得較松。然而，到冷戰末期，該國向自由市場
經濟邁進的試驗性步驟並不能保護其免受蘇聯及世界經濟形勢對其的影響，包括蘇聯
提高出口該國的石油價格，而同期全球大宗原材料價格卻在下降（涉及該國主要出口
的鋁和谷物等）。

　　在整個七八十年代，東歐各國政府所面臨的經濟問題，以及繼而引發的政治動
蕩，迫使勃列日涅夫不得不重拾赫魯曉夫的經濟政策（互助會），而這最終對蘇聯造
成了嚴重的後果。1971年波蘭提出倡議後，勃列日涅夫爲社會主義國家經濟的進一步
整合制定了全面的計劃。[1] 爲支持各國經濟，東歐國家需要成本更低的能源（以補貼
的價格從蘇聯進口）和消費其工業體系產品的市場。對此，市場的力量不在東歐國家
的關注之列，在這些東歐國家共產黨領導人所理解的概念裡，本國生產出商品後就意
味著蘇聯必須要爲它們找到銷路，如此才能繼續讓他們保持對蘇聯的忠誠。各衛星國
出口的商品，包括機械和消費品普遍存在著價格過高的問題，因爲這些商品的定價參
考了同類質量更優的西方商品價格。因而在東歐各國與蘇聯扭曲的貿易體系中，蘇聯
總感覺吃虧不已，他們不得不以低價向東歐各國提供各種大宗原材料，特別是燃料，
並以更高的價格接受其工業產品。在這種情況下，各衛星國總是希望增加與蘇聯的貿
易量，但蘇聯則試圖抑制這種趨勢；畢竟他們輸往東歐的各種原材料如何更多地賣往
西方的話，還能獲取所需的硬通貨幣。因而，由衛星國制造的消費品在蘇聯國內總是
處於短缺狀態（蘇聯的原材料更多地輸往西方，同樣地就減少了從東歐各國輸入消費
品的規模），更糟糕的是，已高度軍事工業化的蘇聯經濟體系根本無力提供生產替代
性的民用消費品。加之由於東歐內部貿易體系的性質，蘇聯不得不接受定購自東歐國
家的商品，因此各衛星國總是將質量最差的商品運往蘇聯，而保留其他較好的商品用
以參與更殘酷的西方市場競爭。

　　蘇聯人知道這樣的貿易體制毫無效率可言，但只要整個體系仍維持著，他們就
別無辦法。1971年，蘇聯曾計算了采購東歐國家機械產品的成本，發現與本國自產相
比，從東德或捷克斯洛伐克進口的同類機械要貴出32%，從匈牙利進口要貴出28%，
從波蘭進口則要貴20%左右。[2]

　　之後，隨著各衛星國陸續陷入更糟糕的境況之中，最終蘇聯不得不提高對他們輸
出的能源的價格，以補償不斷擴大的逆差。與此同時，同期西方的機械產品價格開始
回落（意味著東歐向西方出售機械制品的收益降低），各衛星國爲了保持其進口（包
括最重要的能源）不得不出口更多商品，例如到1984年時爲保持同樣的進口量需要增
加28%的出口量（以1980年水平爲基准）。從整體經濟形勢上看，華沙條約組織國家
增長乏力，經濟頹勢顯露，1976—1980年間根據各國公布官方數據華約整體的年增長

[1] 斯通：《附屬國和政委：蘇聯集團貿易政策中的戰略和衝突》，第116頁（Stone, *Satellites and Commissars*, 116）。

[2] 斯通：《附屬國和政委：蘇聯集團貿易政策中的戰略和衝突》，第36頁（Stone, *Satellites and Commissars*, 36）。

率約爲4.1%，至1981—1984年間時整體年增長率已降至3.1%。整體蕭條之下，傳統上經濟條件較好的匈牙利和羅馬尼亞（及捷克部分地區），其生活水平已有降低。爲了維持整個體系，蘇聯不得不加大向各國貸款和補貼力度，以便爲各國經濟輸血，據估計1981—1984年間蘇聯爲東歐各經濟體的補貼金額高達180億盧布。[1]

當然，在西方眼中這些數據並無特定意義，但對蘇聯而言卻是不折不扣的災難。到後期，東歐體系內物物貿易盛行，因貿易活動而虛擬的「轉移支付」盧布金額大增。例如，在80年代，蘇聯商船向波蘭運送其生產的電冰箱（不論其在波蘭國內是否有消費市場），返航時則帶回波蘭出產的食糧、原材料或蘇聯所定購的特定工業制成品，這些商品通過易貨貿易的形式完成交換，並形成了虛擬的已轉移支付了的貨幣數額。無疑，這樣的貿易體系整體上效率極爲低下，當整體體系崩潰後，有經濟學家研究認爲蘇聯在1960—1980年間爲維持東歐各衛星國經濟體系，累計向後者補貼了高達872億美元的巨資。[2]

從某種程度上看，東歐各國與蘇聯的經濟早已緊密整合爲一體。例如，波蘭在卡托維茲（波蘭南部城市，是重要的采礦業和工業中心）建造的龐大鋼鐵工業聯合體，就專門用於冶煉和處理來自蘇聯的礦石，波蘭的將礦石加工成成品鋼材後再運回蘇聯；武器方面，某個東歐國家生產的武器不僅自己裝備，也用於供應蘇聯和其他國家的需要（當然也包括出口）。如波蘭承建了大部分蘇聯海軍的兩棲作戰艦只，匈牙利則是東歐國家中主要的計算機生產國，東德制造精密機床和設備，包括光學設備等。東歐各國高度分工的經濟體系使各國對蘇聯及其他國家的經濟依賴程度非常高，按照蘇聯的經濟學原理，這樣的工業經濟體系更易實現大規模社會化生產效率，其整體的崩潰幾乎是不可想象的。當然，作爲整個體系中最重要部分的蘇聯，其工業能力實際上是可以生產絕大多數東歐國家的產品的，而如果整個體系崩解，無疑將導致各國經濟在短期內的極度紊亂和錯位。當然，當最後危機來臨之時，各國的政治激情顯然已不顧各國經濟高度整合的現實，而不顧一切地要求解體了。也許，這可能是共產主義意識形態對於「政治決定經濟」信條執迷不悟的又一次例證。

從軍事角度看，捷克斯洛伐克事件令西方極爲驚恐，因爲蘇聯在行動中達成了如此高度的戰術（如果不是戰略的話）突然性，而且行動獲得了完全的成功。[3] 西方不再認爲北約在面對華約組織的蓄意突襲時，仍能享有足夠的預警時間以動員其遲緩的

---

[1] 斯通：《附屬國和政委：蘇聯集團貿易政策中的戰略和衝突》，第43頁（Stone, *Satellites and Commissars*, 43）。

[2] 1968年4月，負責政治事務的國務院官員查爾斯．E.羅恩，曾要求對東歐形勢的兩種可能緊急情況進行分析，這兩種情況分別是蘇聯干涉及其對捷克的制裁（摘自1964—1968年《美國對外關係文件》17：第72-75頁）（FRUS[1964～1968] 17: 72～75）。1968年4月28日在提交給國務院的備忘錄中，羅恩建議美國應同西德就蘇聯干涉捷克斯洛伐克的可能性進行磋商。在其看來，自1956年事件以來，東歐的情況正處於高度的變化之中，至少在各國國內形勢的變化和蘇聯對當地的控制力度方面是如此。

[3] M.克雷默：《烏克蘭和1968年蘇─捷危機：來自佩特羅，謝列斯特日記的新證據》，威爾遜中心冷戰國際史項目1997—1998年（CWIHP）3，8（M. Kramer, ed., *"Ukraine and the Sov-Czech Crisis of 1968[Part 1]: New Evidence from the Diary of Petro Shelest"*, in CWIHP 3[1997/98], 8）。

軍事力量了。同時，蘇軍完成入侵行動後就永久性地長駐捷克斯洛伐克（這也是蘇聯一直想要獲得的），無疑這使北約在中歐的防禦更加復雜化了。[1] 在核領域，蘇聯還特別擔憂「布拉格之春」運動會中斷蘇聯與捷克政府就核問題達成的協議（蘇軍在捷克儲備其核武器），[2] 而在果斷入侵後這些都不再成爲問題了。

到70年代初期，蘇聯似乎已能在不超過48小時內完成易被西方所察覺的戰爭准備，從中歐前線展開全面的進攻。過去，北約一些設想所謂的「23/30」戰爭場景，既蘇軍要發動對西方的大規模進攻將需要30天時間動員其力量，而北約將用一周時間決定如何處置，再用余下的23天具體完成動員和戰備，以應對即將到來的進攻。到70年代西方對蘇聯可在短時間內完成戰備的認識，源於蘇聯平時保持著龐大的常備軍，以及他們在入侵捷克行動中所表現出的高戰備狀態和部隊的訓練有素。同時，過去蘇聯將其坦克集群儲備於本國境內，戰備期間必須大規模地將其調動到進攻出發位置，但隨著冷戰持續進行，蘇聯的機械化裝甲部隊規模不斷膨脹，平時就部署於前線地區的裝甲部隊數量不斷增多，使北約在應對東方的裝甲集團突擊時面臨越來越嚴峻、復雜的挑戰。正如在捷克斯洛伐克事件中所展現的那樣，未來某個時刻蘇聯完全可利用一次大規模演習爲借口掩護其部隊最後的准備，之後就一路向西了。

早在1968年初，麥克納馬拉仍毫無憂慮地宣稱，北約能擋住華約的大規模常規進攻，北約仍享有地面力量的基本均勢和空中的優勢。就像以往美國軍方決策層未意識到赫魯曉夫的軍備削減規模和幅度一樣，在勃列日涅夫時代他們同樣未意識到蘇聯軍力擴張的規模和速度。事實上，蘇聯爲重新組建更多部隊、建立更多軍工廠耗費了不少時間，花費了更多的時間使這些行動產生諸如衛星之類的豐碩成果。因此，盡管侵入行動給周邊國家帶來深深的震撼，但在當時西歐各國並未顯然增加他們對北約的投入。[3] 等到了70年代中後期，此前麥克納馬拉樂觀主義甚至更爲明顯，以致於當美國最終不得不灰頭土臉地離開越南時，國會竟無法爲重建美國武裝力量提供足夠的資金支持。

總體上看，面對日益強大的蘇聯，美國對歐洲安全承諾的承諾削弱使西歐極易受到蘇聯的哄誘。在整個越南戰爭期間，蘇聯擺出愛好和平的面孔同美國的傳統盟友發展各種關系，而美國卻不顧盟國的反對在遠東進行著一場骯髒的游擊戰爭。蘇聯的和平宣傳突然似乎更顯意味深長，西歐各國也因此開始更多的思考與蘇聯的和解與共存了。

作爲一種重要趨勢的初期指標，1968年「布拉格之春」事件對西方造成的政治影

---

[1] 這些彈頭被克格勃的警衛力量守衛，而他們又得到當地軍隊的支持，如果當地駐有蘇聯軍隊的話更易獲得支持。如果當地國家未駐有蘇聯軍隊（入侵前的捷克斯洛伐克），當地的華約軍隊在蘇聯指揮下仍可爲克格勃力量提供必要援助。一旦「布拉格之春」開始後，蘇聯就無法再依賴當地的捷克軍隊了。

[2] 達菲爾德：《進化》，第430頁（Duffield, *"the Evolution"*, 430）。

[3] 梅德韋傑夫：《中國和超級霸權》，第46頁（Medvedev, *China and the Superpowers*, 46）。

響顯然極爲有限。事實上，西方年輕一代當年正沉迷於與本國執政集團的嚴重抗爭之中（盡管並不支持蘇聯的行爲），顯然並不關心東方發生的巨變。在美國，民主黨在那年充斥著史無前例騷亂和暴力景象的夏天舉行了全國大會，當時美國抗議的人群中只有極少數人關注除越南戰爭以外的其他外國事務議題，大多數人對東歐發生的事件根本抱著淡漠的態度。再比如法國，國內學生持續的騷亂使國家長時間陷入混亂失序之中，幾次似乎都接近爆發革命的邊緣，導致戴高樂總統不得不辭職，他們對更遠的東方的危機就更沒什麼興趣了。

　　入侵事件後，北約不得不放棄與蘇聯談判削減軍備的建議，但西歐各國潛藏於心底的、對蘇聯的恐懼情緒仍存在著。此外，入侵並未使西德整體的政治態度向左轉，1969年在戰後首屆由社會民主黨組閣的政府（威利·勃蘭特任總理）主導下，西德政府制定並實施了「東方政策」。

　　盡管所有這些事件都發生在歐洲，遙遠東方的中國同樣發生了激進的變化。毛澤東的政治運動正撕裂著整個國家，隨著中國擁有了自己的核武器，以及美國深陷越南戰場動彈不得，來自外部的入侵似乎遠離了中國。在此背景下，毛澤東能夠放心按自己的意志清洗、改造中國共產黨了。1966年，毛以其巨大的聲望組建了以年輕人爲主的紅衛兵組織，並告訴他們推翻他們的長輩及當權者，並粉碎一切不夠「紅」的（即革命）人和事物。在這場持續十年（1966—1976年）的被稱爲「偉大的無產階段文化大革命」的政治運動中，蘇聯成爲其抨擊、批評的焦點。例如，北京城蘇聯大使館所在的街道被重新命名爲「反對修正主義」，使館四周街道和建築上充斥著反蘇標語和毛澤東的肖像；甚至一段時間以來，通往蘇聯使館的幾條街道徹夜被拿著擴音器高喊反蘇口號的紅衛兵所占據。居住在莫斯科的中國人甚至都被組織起來舉行反對蘇聯共產黨的示威。[1] 這場長達十年的政治運動影響了中國社會的方方面面，無論是首都北京、還是遙遠省份的邊遠山區無不被涉及。對於運動造成的社會混亂，中國軍隊被要求不得干涉群眾們的革命運動。如同1930年代的蘇聯一樣，政治狂熱取代了所有標准，個人社會和政治地位的提升取決於他對毛澤東的忠誠，例如，毛的一名勤務員就曾被任命爲師級部隊的指揮官。

　　然而，並非所有的中國高層都失去了清醒，部分高層人士曾試圖恢復社會秩序。例如，文革期間武漢軍區的司令官就組織其軍隊抵制當地的紅衛兵組織。事實上，這與兵變無異，繼而北京調集了1個空降軍鎮壓了他的舉動。[2] 接著，北京再次強令各地的軍事軍官不得干涉革命運動，使得紅衛兵開始肆無忌憚地攻擊軍隊。到1967年8月時，紅衛兵沖擊部隊的行動已遍及全國各地。至1967年9月5日，當軍隊接受指令要求其協助地方恢復秩序時，再次被要求避免對紅衛兵組織采取激進性的行動。據外界

[1] 誇克：《菲德爾·卡斯特羅》，第587頁（Quirk, *Fidel Castro*, 587）。

[2] 麥斯納：《毛澤東的中國和在他之後》，第354頁（Meisner, *Mao's China and After*, 354）。

評估，文化大革命中超過一半的中國軍隊曾參與針對本地紅衛兵組織的、恢復地方秩序的行動。1967年10月1日中國國慶日，毛澤東和部分將領們再次出現於天安門城樓之上，兩周後構成紅衛兵的年輕人被命令返回學校學習。當然，全國部分地區的衝突一直持續到1968年。[1] 在這場政治運動中，數以百萬計的中國民眾喪生，軍隊也遭受數以千、萬計的傷亡。[2] 無疑，為了維持社會秩序，到1971年時中國軍隊建設很大程度上已擔負起警察的職責。總體上看，就動蕩的規模和影響而言，中國的文化大革命幾乎可與1930年代斯大林的大清洗運動相提並論。

此外，1968年蘇聯入侵捷克事件後，毛澤東急切地需要重整其軍事力量，在中國看來，入侵行動表明蘇聯的軍事威脅是非常現實的。對毛澤東個人而言，文化大革命對蘇聯極具挑釁意味，因為其目的很大程度上在於清洗中國共產黨和軍隊內部傾向於蘇聯的人士，這股勢力一直被毛澤東視為對自己權威的威脅。此次事件後，毛澤東開始嚴肅看待蘇聯自西伯利亞方向對中國的軍事威脅。例如，1968年9月中國開始抗議蘇聯飛行器飛越中國領空，而且一段時間以來類似飛越行為一直持續。[3] 1968年11月26日，中國政府總理周恩來邀請美國重啟在華沙與中國的接觸，自5月份以來類似的接觸就已被中止；無疑，中國對於尋求新的盟友以平衡日益強大的蘇聯軍事威脅抱有某種興趣。對於美國僅就捷克入侵事件發表了一些溫和的抗議，中國表現出明顯的不快；因為在中國看來，如果美國如此看重與蘇聯的關系，那麼當蘇聯未來進攻中國之時，中國將付出多大代價才能尋得美國的幫助？[4] 除美國外，中國還尋求提升與東歐兩個國家（南斯拉夫和羅馬尼亞）的關系，這兩個國家面對勃列日涅夫在捷克入侵事件中所表現出的野心感受到的威脅最大。這一時期，中國與南斯拉夫再次接近，表明毛澤東當時對國家安全的考慮顯然已更甚於傳統的意識形態分歧了；在中國看來，如果說南斯拉夫與蘇聯兩國有什麼區別的話，顯然南斯拉夫的修正主義更甚於蘇聯，但為了牽扯日益膨脹的蘇聯，中國還是決定重啟與南斯拉夫的關系。

毛澤東曾將文化大革命視作保持其共產黨純潔性的重要方式，通過這場運動以維持他所稱的「持續革命」。當然，一旦運動開始，絕大部分中國人不再抱有1950年代

---

[1] 麥斯納：《毛澤東的中國和在他之後》，第357頁（Meisner, *Mao's China and After*, 357）。

[2] 麥斯納：《毛澤東的中國和在他之後》，第371頁（Meisner, *Mao's China and After*, 371）。廣泛被接受的數字是最早於1979年報告的40萬。而之後1980年中國政府審判「四人幫」時，指責其應為1966—1976年十年文化大革命負責任，引用的無辜受迫害的人數為3.4萬人，但同樣在此次審判中卻稱文化大革命期間光在雲南和內蒙古兩省就分別有1.4和1.6萬人死亡。根據庫爾圖瓦等人：《黑皮書》（*le livre noire*）中所述，文化大革命中有60%的中共中央委員會成員遭到關押（大多數被逮捕），在地方，3/4的省級中共高級官員同樣受到不同程度的迫害（第573頁）。總體而言，在文化大革命中共有約300～400萬干部遭到關押和審問，並被安置在半監禁狀態的勞改營地（同期中共的干部數量約為600～800萬人），其中包括40萬各級軍方人員。結束文化大革命的鎮壓行動非常血腥，比如在廣西梧州，斗爭雙方使用了火炮和凝固汽油彈，在桂林3萬人在經歷了一場圍攻後才占領整個城市。當時，中國到處彌漫着恐怖的氛圍，在廣西省因大革命後期的武裝可能導致10萬人死亡，廣東則有4萬人作廢，雲南的死亡人數約為3萬（第584-585頁）。毛澤東逝世後，他指定的接班人華國鋒成為中國的最高領導人。毛澤東晚年，中國約有1200～2000萬年輕人成為狂熱的紅衛兵，他們接受毛澤東的指示離開城市前往鄉村（很多人被強迫如此），其中約100萬來自上海。這一時期，由於內亂導致中國人口的損失達到約18%。

[3] 南希·B.塔克：《圍攻之下的中國：逃離1968年危險》，摘自芬克、加塞特和容克爾：《1968：世界的轉型》（Nancy B. Tucker, *"China Under Siege: Escaping the Dangers of 1968"*, in *1968: The World Transformed*. Ed. Fink, Gassert and Junker.）。

[4] 中國在計劃與美國時行會晤（1969年2月）的前兩天，取消了此次交涉。

時的那種理想主義了。

　　很少有西方人在當時就意識到所謂的無產階段文化大革命對中國社會造成了多麼深重的混亂和流血。完全出於無知，當時一些西方激進人士和組織才能將這場運動中的中國想象成某種上帝的「應許之地」，認爲中國是未來取代西方式的物質消費主義和蘇聯式的官僚共產主義的理想世界。在西方左翼學生組織眼中，文化大革命是頗具某種浪漫主義色彩的革命運動，他們亦希望在自己的國家發動這樣的革命。因爲中國文化大革命運動似乎的確（相當具有誤導性）將很多他們這個年紀的學生運動骨干、領導人，推向了權力舞台的核心，而不是像在西方那樣，他們的那個群體只能活躍於舞台四周，而無法影響、改變周圍的世界。西方青年在1968年社會運動中所表現出的熱情，反過來似乎又鼓舞了中國同樣年輕的紅衛兵們，因而在那個時代可看到毛澤東受到西方青年的廣泛歡迎，他更被視作另一種選擇的象征。1960年代末期和1970年代初期，毛澤東和他的「紅寶書」（毛澤東語錄）成爲很多西方青年學生們示威和抗議時的固定標配，毛澤東更被視作反抗權威、抗議新帝國主義和殖民主義（西方，尤其是美國對越南的戰爭）的象征，其肖像亦經常與切·格瓦拉一起出現在抗議示威現場。

　　文化大革命中止了中國自建國以來一直進行中的工業化進程，在運動的大約10年時間裡中國沒有培養自己的科技人員，而此前很多訓練有素、受到良好教育的知識分子則被羞辱和殺害，這無疑是幾十年前斯大林堅持的「黨性更勝於知識」的理念在新時期的拙劣再現。因此，到了1980年代時，當中國再次重啓其現代化之路時，才悲傷地發現他們已與世界有了更大的差距，很多軍事項目耗費了非常長的時間才得以完成，而且就算是完成也已完全過時。[1] 因此到1980年以後，獲得西方軍事技術成爲更具吸收力的選擇。

---

[1] 托拉斯：《變革中的秩序：1945年以來的世界各國軍隊的演變》，第213頁（Tsouras, *Changing Orders*, 213）。

第31章
沒有勝利的和平

　　理查德‧尼克松贏得了1968年總統選舉。此前，他曾作爲艾森豪威爾的副總統參與了大量決策過程。對於艾森豪威爾時期發生重要作用的國家安全委員會制度，他亦在任內參與了其所有的會議，了解並熟悉了作爲最高決策者應有的戰略思維與技巧。此前作爲副總統時，盡管總統的鋒芒自然地掩蓋了他的存在，但當年很多國家安全委員會的會議記錄顯示，他在此決策體制中扮演了實質性的角色。與之前的肯尼迪總統相比，尼克松顯然更嚴肅地看待這種決策體制，對國際事務也更感興趣。但在他成功當選總統並開始履職之時，卻存在著一項重要的缺陷，即他在此前進入高層並被國民視作「冷戰斗士」時的行事風格與性格，讓他非常不對美國國內自由主義者的口味。後者認爲他在追逐權力時完全毫無顧忌，因而亦被人挖苦地稱作「狡猾的迪克」。

　　成爲總統後，尼克松非常需要取得國內自由主義者的諒解，也許是因爲他知道自己僅以微弱優勢取得1968年大選的勝利，因此要不使自己在任內成爲跛腳的總統，就必須爭取更多的支持。[1] 爲此，在國內政策上他力圖重振美國經濟，啓動了更多的國內社會改革，完全超出了約翰遜在任時所提議的內容。例如，確立少數族裔應獲得優惠性區別待遇的「費城計劃」，在其任內通過威爾伯‧米爾斯（Wilbur Mill）提出的爲補償通貨膨脹而自動增加社會保險金額的法案，以及美國首部權利法案等。與約翰遜類似，面對持續戰爭造成的國家財政困難，尼克松急需擺脫越南戰爭對國家的財政負擔。無疑，他比約翰遜更明確地意識到，美國爲越南戰爭所擔負的成本，正在摧毀美國在其他地方與蘇聯進行冷戰的實力。盡管尼克松全力實施他的社會改革項目，但諷刺的是，只是由於他未能做到自己和自由主義者們都所希望的撤出越南的目標，他仍然未獲得自由主義者們的尊敬。

　　尼克松贏得1968年大選部分在於選民們相信他有一套結束越南戰爭的「秘密計劃」。在選戰期間他的承諾使人們回想起1952年艾森豪威爾競選時的允諾（他將親赴朝鮮結束戰爭）。但實際上，他感到無法以簡單地放棄南越政權的方式來結束這場戰爭。[2] 因此，他采取了另一種選擇，以針對北越的更猛烈的決定性進攻來使對手屈服。爲此，軍方在其上任後曾提議了三套計劃：計劃A，是全面摧毀北越境內的堤防

---

[1] 孔茨：《黃油與槍炮：美國的冷戰經濟外交》，第181頁（Kunz, *Butter and Guns*, 181）。

[2] 尼克松：《理查德‧尼克松回憶錄》，第347頁（Nixon, *The Memoirs of Richard Nixon*, 347）。

（這將導致這個國家絕大部分地區遭受洪水襲擊）；計劃B，將針對特定的北越目標使用戰術核武器；計劃C，則是重啓並升級針對北越境內的大規模空襲行動（包括對海防港實施布雷以切斷外界對北越的航運），接著派遣地面部隊進入老撾、柬埔寨境內打擊北越軍隊，甚至威脅入侵北越。尼克松逐一審查了這些計劃，但最終拒絕了所有方案。

否決了上述方案後，留給尼克松的選擇只剩下以談判方式達成某種政治解決方案。尼克松所設計的政治解決方案包括，美國和北越軍隊相互撤離交戰軍隊，接著南越內部（即南越現政府與南越民族解放陣線之間）達成結束衝突的政治協議，最後由國際組織爲協議提供保證。[1] 尼克松認爲如果他能使北越政權相信他們根本無法贏得戰爭的話，就能將北越帶入政治解決的軌道。與此同時，他將借助外交手段讓北越政權與其莫斯科與北京的支持者們分隔開來，再加大援助以強化南越軍隊，如此，他們就能自己擔負起戰爭的責任。[2] 對此，尼克松希望在他任期內的第一年能夠解決戰爭問題。

然而，現實的情況是，北越方面堅持只有在美國完全從越南撤出其軍隊的條件下，才會有和平。爲了證明還有繼續戰斗下去的能力，北越於1969年2月22日在南越全境再次發起了大規模的攻勢。此次攻擊主要針對駐越美軍部隊，對南越軍隊的攻擊則主要由南越民族解放陣線的力量完成。行動中，北越方面以坑道工兵以地下掘進的方式接近目標，再由部隊通過坑道對目標實施攻擊，受到此類攻擊的目標約有125處，配合其行動的是北越的2支團級和16支營級部隊。但不幸的是，這次精心計劃的攻擊並未達成預期目的，相反損失嚴重，自行動開始後至1969年中期時，被消滅和擊退的北越軍隊和越共力量甚至超過1968年全年的傷亡量。[3] 這次不成功的行動再次印證了武元甲的觀點，必須放棄由大規模部隊實施的進攻行動。[4]

此時，尼克松認爲只要美國能通過報復證明其不可戰勝的實力，就有機會與北越展開有效的談判。因此，他需要一個合適的目標以顯示其意志。重啓對北越境內目標的轟炸似乎毫無意義，這類攻擊明顯難以收到效果，而且很多美國人相信停止轟炸將使談判成爲可能，因此選擇轟炸行動並非最好的辦法。至於派遣地面部隊發動進入北越在老撾和柬埔寨的庇護所的大規模地面進攻行動，似乎更不適合。然而，此時一個令人感興趣的目標出現了。一名北越的叛逃者使美軍意識到柬埔寨境內存在著一處越南共產黨南方局（COSVN）的指揮機構，正是它指揮著在南方的戰事。情況清楚後，

[1] 戴維森：《戰爭中的越南：1946—1975年的歷史》，第587-588頁（Davidson, *Vietnam at War*, 587～588）；這一想法最初由尼克松的外交政策顧問亨利·基辛格博士發表在1969年1月的《外交事務》期刊上。

[2] 尼克松：《理查德·尼克松回憶錄》，第298頁（Nixon,*The Memoirs of Richard Nixon*, 298）。

[3] 戴維森：《戰爭中的越南：1946—1975年的歷史》，第590-591頁（Davidson, *Vietnam at War*, 590～591）。

[4] 戴維森：《戰爭中的越南：1946—1975年的歷史》，第595頁（Davidson, *Vietnam at War*, 595）。

尼克松同意對其實施轟炸。[1]

他的國防部長和國務卿卻提出異議，他們認爲此舉將把戰爭擴展到名義上的中立國國土之上，國會和媒體對此肯定會有激烈反應。在後來的回憶錄中，尼克松曾寫道，柬埔寨國王西哈努克曾稱，如果美國利用他的國家對（北越）共產黨實施報復，他將不會拒絕。因此他仍堅持實施攻擊。但此後不幸的是，秘密空襲行動被洩露出來，《紐約時報》等媒體更將其公諸於眾。由於精心的准備，第1架B-52轟炸機的炸彈就命中了越共南方局的基地區域，受到嚴重損失後越共南方局機構被迫撤往柬埔寨境內更遠的地方。[2] 事後，柬埔寨和北越方面都未抗議美國這次越境轟炸行動。

1969年5月，尼克松再次提出一份和平計劃：所有的外國軍隊（美國和北越）將從南越撤出，完成撤軍後南越將舉行一次由國際機構監督的自由選舉，以此來決定南越未來的方向。[3] 此計劃的關鍵是「越南化」，但南越方面顯然非常厭惡這一術語，因爲他們從一開始就堅持戰斗，美國此舉顯然希望盡快將他們像包袱一樣拋棄。事實確實如此，最初美國希望南越共和國軍（ARVN）能擔負起地面戰斗的職責，而美軍海空力量則繼續爲其提供空中和海上力量支援，之後，南越方面的海、空軍仍將積累其力量和經驗，以便完全擔負起國家的海空防務。

事實上，南越此時根本沒有足夠的時間和投入實現自保。南越共和國軍的部隊本質上仍是一支缺乏機動能力的防御性力量，它們受限於所部署的特定區域，加之受其保護的當地民眾更加重了其與敵人作戰的負擔；至於擔負機動作戰任務，甚至包括戰斗撤離等，幾乎都是不可能的任務。

1969年似乎正是美國人將越南戰爭越南化的好時機，因爲自北越第二次發動大規模攻勢遭到挫敗以來，其改變了戰爭策略，軍事行動重新以小股力量襲擾爲主，這給了南越軍隊以喘息之機。而與此同時，美軍亦放棄了以往親自上陣實施搜索與摧毀的戰術，轉而集中精力爲南越軍隊提供全面的訓練。此外，南越軍隊成功地應對了春季攻勢亦給了其重要的自信。尼克松的新國防部長，馬文·萊德（Melvin Laird），於1969年3月從越南返回後向總統提交了一份樂觀的報告更稱，南越軍隊的訓練取得了較好成效。因而，尼克松決定如果北越和南越都拒絕他的和平計劃，就在當年5月份之後著手將美軍撤離越南。1969年6月8日，他宣布首批從越南撤出2.5萬人，當然，不僅南越方面竭力反對美國的撤軍，甚至駐越美軍最高司令官克萊頓·艾布拉姆斯將軍（Creighton Abrams，此時已取代威斯特摩蘭將軍）也同樣如此。[4]

---

[1] 戴維森：《戰爭中的越南：1946—1975年的歷史》，第592-593頁（Davidson, *Vietnam at War*, 592～593）；他與一名變節者進行了交談，後者稱他近期曾在越共南方局總部（COSVN）附近活動。

[2] 戴維森：《戰爭中的越南：1946—1975年的歷史》，第594頁（Davidson, *Vietnam at War*, 594）。

[3] 尼克松：《理查德·尼克松回憶錄》，第391頁（Nixon, *The Memoirs of Richard Nixon*, 391）。

[4] 尼克松：《理查德·尼克松回憶錄》，第392頁（Nixon, *The Memoirs of Richard Nixon*, 392）；戴維森：《戰爭中的越南：1946—1975年的歷史》，第602頁（Davidson, *Vietnam at War*, 602）。

爲了進一步實施戰爭越南化政策，當年7月尼克松宣布未來美國將只爲其亞洲盟友提供軍事裝備，而不再直接派遣武裝力量，這一政策無疑將只會幫助到那些願意戰鬥並保衛自己的國家。不久之後，此政策又進一步被修訂爲：美國將繼續爲亞洲盟國提供這些小國所不具備的海、空軍事支援。然而，在亞洲盟國看來，該政策顯然被誤讀爲美國正計劃完全撤出亞洲。實際上正相反，這是尼克松爲在亞洲繼續保持可維持的軍事存在所做的嘗試。[1]

1969年秋，尼克松擔心由於國內學生的支持，反戰運動將再次爆發。考慮到之前已用過很多強硬手段，此時再要以某種大棒政策驅使北越重返談判桌，達成雙方都可接受的政治解決方案將更爲困難。[2] 在高層的秘密會議上，他的重要幕僚基辛格建議對北越施以「最具決定意義的威脅手段」，這顯然意味著對其實施核打擊；對此，尼克松回想起1953年艾森豪威爾政府企圖利用核威脅打破與中朝方面談判的僵局的前例（但並未奏效）。[3] 關於擴大軍事行動范圍以威脅北越的一整套方案被稱爲「Duck Hook行動」（鉤鴨行動），它由基辛格的助手亞歷山大·黑格（Alexander Haig）將軍所擬制，包括對海防港實施大規模布雷（阻止河內從此港口獲得外部援助），封鎖海港、重啓對河內的密集大規模轟炸（目標包括人口中心、軍事目標和市區內關鍵的道路、橋梁等），攻擊紅河堤壩等行動。[4] 尼克松甚至還向媒體洩露有關威脅入侵北越的消息。[5] 但考慮到這些措施一旦付諸實施將可能激怒美國公眾輿論，尼克松最終都放棄了。但他還是耍了一個虛張聲勢的花招，他將1969年11月1日，也就是約翰遜決定停止轟炸北越的1周年，作爲截止日期，逼迫北越方面盡快響應其談判要求。

但尼克松還是擔憂北越方面看穿他的故作姿態，知道他面對美國的公眾輿論，無論如何都不能實施更進一步的軍事計劃。[6] 後來，他在回憶錄中寫道，如果國內的反戰運動稍稍平息，他可能就能實現抗議者所要求的結果：一場迅速的和平。[7]

另一方面，盡管1969年夏北越方面的士氣受到挫折，但其政府仍發現越來越難向北越早已厭倦戰爭的軍民們解釋爲什麼與美國人的談判並不必然意味著和平即將到來；當時北越方面幾乎沒人（特別是越共）想做戰爭最後的陣亡者。不願再繼續艱苦作戰的情緒開始在低層部隊和軍民中蔓延，部隊更難以控制，甚至叛逃的情況亦有所增加。[8] 此外，1969年10月英國人羅伯特·湯普森爵士（曾指揮英軍贏得50年代對馬

[1] 尼克松：《理查德·尼克松回憶錄》，第394-395頁（Nixon, *The Memoirs of Richard Nixon*, 394～395）。

[2] 尼克松：《理查德·尼克松回憶錄》，第393頁（Nixon, *The Memoirs of Richard Nixon*, 393）。

[3] 尼克松：《理查德·尼克松回憶錄》，第396頁（Nixon, *The Memoirs of Richard Nixon*, 396）；邦迪：《危機和生存：在第一個五十年裡對核彈的選擇》，第539頁（Bundy, *Danger and Survival*, 539）。

[4] 金伯爾：《尼克松的越南戰爭》，第158-165頁（*Nixon's Vietnam War*, 158～165）。

[5] 尼克松：《理查德·尼克松回憶錄》，第400頁（Nixon, *The Memoirs of Richard Nixon*, 400）。

[6] 尼克松：《理查德·尼克松回憶錄》，第399頁（Nixon, *The Memoirs of Richard Nixon*, 399）。

[7] 尼克松：《理查德·尼克松回憶錄》，第401-403頁（Nixon, *The Memoirs of Richard Nixon*, 401～403），引用了北越總理范文同（胡志明逝世後，他繼承了胡的領導）於1969年10月14日通過廣播發布的公告，公告中贊賞了美國的反戰運動。

[8] 戴維森：《戰爭中的越南：1946—1975年的歷史》，第600-601頁（Davidson, *Vietnam at War*, 600～601）。

來西亞共產主義勢力的平叛戰爭）告訴尼克松，照目前的形勢發展下去，無論是南越方面有能力保衛他們自己的國家（當然仍需美國的裝備），還是北越方面不得不接受令美國滿意的談判解決方案，美國都將在兩年內獲得勝利。[1]

　　與約翰遜總統類似，尼克松也希望利用美蘇之間的緩和來促進越南戰爭的結束，但同樣未能如願。[2] 他不知道的是，蘇聯甚至更期待正在進行中的正式和平談判，因為後者更擔心持續不停的越南戰爭最終會以某種方式使蘇聯陷入與美國的正面對抗。因而他們此時幾乎不再對壓制北越政權的想法感興趣了。[3] 也就是說，實際上蘇聯此時仍無法顯著地影響北越方面的決策。對於越南戰爭未來的形勢發展，蘇聯方面同樣心存疑慮，根據1970年蘇聯駐河內大使提交的政治報告，北越限制蘇聯在該國的意識形態影響，定期向國內發布有關蘇聯和東歐國家的消息，並且對在越工作的蘇聯人持懷疑的態度；他們經常「忘記」知會大使館他們的外交政策和決策動態。對此，克格勃認為應該著手在北越建立自己的消息渠道和網絡，以便莫斯科獲取北越決策層和北越與中國關系的最新情況。[4] 對此，尼克松一無所知，他無法想象蘇聯為北越提供了對其至關重要的防空設備及其他大量軍援，但卻無法影響（更別提控制了）北越。

　　很可能最為重要的是，胡志明認為中國是更可靠的盟國，在第二次世界大戰結束後中國曾在力援助過北越軍民的抗法殖民戰爭。但是1969年9月3日，胡志明去世。大約同時期，北越開始對談判解決方案感興趣了，這也是蘇聯所急切希望北越下階段著手的重大事務，只有這樣才能保證蘇聯不會在一場不斷升級、越來越危險的戰爭中被迫卷入進去。1970年1月，北越共產黨召開代表大會，在對南越和美國斗爭策略方面，首次將外交和政治努力擺在與軍事斗爭同等重要的地位。蘇聯認為此舉意味著北越擺出了拒絕中國的態度（中國一直反對談判）。作為應對北越方面不信任的措施，蘇聯決策層通過自己的情報渠道（而非接受北越高層的通報），提前獲悉了形勢的轉變。[5]

　　同期，中蘇之間的裂痕繼續擴大，甚至到了公開敵對的地步。1968年「布拉格之春」事件似乎向中國證明，蘇聯願意動用它強大的武裝力量干涉他國，中蘇間的分裂可能惡化成戰爭。1968年10月，毛澤東首次提及將蘇聯作為中國的主要敵人。[6] 接著，1969年3月2日，中國邊境部隊秘密占領了中國東北與蘇聯遠東烏蘇里江上的一處爭議島嶼（中國稱之為「珍寶島」，蘇聯稱為「達曼斯基島」），蘇聯邊防部隊發現後試圖將中國人驅離此島，但未能成功；同年3月14日，蘇聯方面集結力量發起一次

---

[1] 尼克松：《理查德·尼克松回憶錄》，第404-405頁、第413頁（Nixon, *The Memoirs of Richard Nixon*, 404～405, 413）。

[2] 蓋杜克：《蘇聯和越南戰爭》，第203頁（Gaiduk, *The Soviet Union*, 203）。

[3] 蓋杜克：《蘇聯和越南戰爭》，第218頁（Gaiduk, *The Soviet Union*, 218）。

[4] 蓋杜克：《蘇聯和越南戰爭》，第215頁（Gaiduk, *The Soviet Union*, 215）。

[5] 蓋杜克：《蘇聯和越南戰爭》，第216頁（Gaiduk, *The Soviet Union*, 216）。

[6] 鄧巴賓：《冷戰：大國和他們的盟國們》，第286頁（Dunbabin, *The Cold War*, 286）。

重要反擊，與中國邊防部隊發生激烈交火。小規模戰斗一直持續到當年8月。[1] 爲防備蘇聯人的大規模入侵，中國政府告訴民眾稱，要准備與蘇聯進行「不可避免的」戰爭。此後，中國舉國展開了一系列重大的備戰行動，邊境地區的工業設施和大部分民眾全線撤離至內陸，各地武裝部隊開始集結，同時全國開始大規模建設民防工程。

蘇聯方面，相應地重建、加強了自50年代末赫魯曉夫時期的邊境地區防御體系，很多部署在遠東的中程導彈系統由於過於靠近中國邊境而被除役。同期，美國人注意到蘇聯的190處SS-11型洲際彈道導彈發射點（約占蘇聯同類導彈設施的1/5），以及新建的類似設施，都明顯瞄准著中國。[2] 1970年時，中蘇之間還爆發了另一次邊境衝突事件，涉及的蘇聯部隊在「預防性」攻擊中侵入中國境內十公里並與中國軍隊開火交戰。[3]

邊境衝突事件出現後，蘇聯開始嚴肅考慮與中國之間的戰爭。隱含在俄羅斯人心靈深處的「黃禍論」再次復蘇，當代中國幾乎無止盡的兵員潛力，已不再是共產主義世界的潛在人力資源，而成爲蘇聯的現實威脅。當時，曾有可怕的玩笑稱，在中蘇戰爭的第一天，100萬中國人向蘇聯投誠了；第二天，另100萬人繼續投降；到第三天，蘇聯人投降了。爲了應對與中國的緊張關系，勃列日涅夫對與西方的緩和更感興趣了。另一方面，爲了懾阻中國，蘇聯開始試探中國的意志，包括散播謠言稱蘇聯正計劃對中國正在發展中的核力量實施預防性打擊。[4] 同時，爲防止中國再次與美國接近，更有謠傳稱蘇聯已向美國提議了類似的打擊計劃。無論這些謠言的真相如此，到1973年時蘇聯無奈地發現類似的打擊機會已經失去了，中國此時已完成了可運載核武器的導彈的加固部署，具備了一定的實戰能力。

從冷戰的角度看，中蘇之間的交惡、敵對可能是最爲重大的歷史性事件，這意味著蘇聯面臨著兩線作戰的困境，他們將不得不在遠東維持龐大的軍備力量。蘇聯很可能亦意識到中國人仍怨恨沙皇曾從中國手中攫取了遠東和西伯利亞的龐大領土，大量曾生活在那裡的中國人被沙俄驅離。自1965年後，蘇聯開始增加部署中蘇邊境地區的作戰師，從最初的15個到後期的40個，戰術飛機從最初的200架增長至超過1000架，戰術核導彈發射裝置從50套增長到300套。到1971年底時，一名上將軍官指揮著與中國接壤的3個邊境軍區的部隊，總計達40萬陸、空軍部隊部署在遠東及西伯利亞等與中國接壤的邊境地區。[5] 爲了與中國人對峙，蘇聯不得不抽離在歐洲的常規部隊，而且耗費了無數資源。中蘇接壤的遠東地區經濟條件落後，爲了支撐所部署的大軍，蘇

[1] 梅德韋傑夫：《中國和超級霸權》，第50頁（Medvedev, *China and the Superpowers*, 50）。

[2] 1973年6月的一份中情局絕密級研究報告，《蘇聯核學說：洲際和戰區戰爭的概念》（現已解密），收錄於國家安全檔案館中的蘇聯評估類（*"Soviet Nuclear Doctrine: Concepts of Intercontinental and Theater War"*, in the Soviet Estimate collection at the National Security Archives.）。

[3] 梅德韋傑夫：《中國和超級霸權》，第50-51頁（Medvedev, *China and the Superpowers*, 50~51）。

[4] 蓋杜克：《蘇聯和越南戰爭》，第226頁（Gaiduk, *The Soviet Union*, 226）。

[5] 國家情報評估（NIE 11-4-72），《蘇聯軍事政策的相關事務和選擇》，收錄於國家安全檔案館中的蘇聯評估類（*"Issues and Options In Soviet Military Policy"*, in the Soviet Estimate collection at the National Security Archives.）。

聯人不得不花費巨大精力更新當地的基礎設施，包括大量公路網絡、第二條西伯利亞
與遠東的鐵路幹線（貝加爾—阿穆爾）。後來，蘇聯的一名歷史學家評價稱，在70年
代末期蘇聯武裝力量的三分之一被用於針對中國。[1] 緊急情況下，這些駐守遠東的部
隊不太可能快速機動至歐洲。

　　惡化中的中蘇關系使越南對蘇聯的戰略價值大增，因爲地緣的因素越南可被蘇聯
作爲從南方威脅中國的一處戰略要地。[2] 到1970年中期，蘇聯甚至計劃逐漸使北越倒
向自己，削弱其與中國之間的關系。爲此，蘇聯改變以往對越南的軍援政策，開始大
量提供北越所要求的軍備，以博取北越的好感，至於要求北越接受美國方面的條件則
完全不可能了。另一方面，尼克松所顯露出的他認爲發展與蘇聯的關系（比與北越談
判）更爲重要，無疑亦在相當程度上緩解了蘇聯的擔憂。

　　在中國眼中，現在蘇聯已正式取代美國成爲其頭號敵人。在此情況下，美國可
以成爲中國共同抵抗蘇聯的戰略盟友。注視著中蘇交惡，尼克松同樣亦意識到中國帶
來的機會。早在1967年他還未成爲總統之時，尼克松就在《外交事務》上發表的名爲
《越南之後的亞洲》的文章。其中稱，繼續試圖孤立中國是不理智的，將中國重新帶
回國際社會是更好的選擇，也許那樣中國的革命熱情才可能消散。此後，美國決策層
開始密謀與中國改善關系。1969年中期國家安全委員會舉行的一次會議上，尼克松決
定秘密地向實現與中國的關系正常化邁進。這一動議必須非常謹慎、秘密地實施，
因爲長期以來中美之間的敵對使得這種消息一旦被公開，中國政府很可能會退縮。爲
此，尼克松采取了一系列步驟，他消除了對中國的旅行禁令，允許美國公司的國外
分支機構向中國出口「非戰略性的」商品貨物，當年12月更取消了第七艦隊對台灣海
峽的巡弋。接著，國會又進一步放寬了對華貿易禁運，允許美國向中國輸出谷物等農
產品。1970年10月，尼克松首次以正式名稱稱呼毛澤東的共和國——中華人民共和
國。[3]

　　公開場合，中國仍保持著他們一貫的反美宣傳。當然，在秘密會談期間，他們
亦尋求美方談判人員理解其做法。1970年8月25日至9月6日，毛澤東在一次中央委員
會會議上通報了與美國談判的情況。至此，准備進行戰爭的宣傳標語的對象僅適於蘇
聯，而不再指向美國，而毛的接班人，林彪，對此表達了激烈的反對。1970年12月
初，周恩來通過外交途徑向美國傳達了一條重要信息，中國人民歡迎美國外交特使亨
利·基辛格1971年7月秘密訪華。

　　1971年9月，中國高層發生重大事件。毛澤東指定的政治繼承人，林彪（也是反
對中美接近的主要高層人士）乘機在逃往蘇聯的途中因墜機身亡，他死後中國方面指

---

[1] 梅德韋傑夫：《中國和超級霸權》，第58頁（Medvedev, *China and the Superpowers*, 58）。

[2] 蓋杜克：《蘇聯和越南戰爭》，第216頁（Gaiduk, *The Soviet Union*, 216）。

[3] 梅德韋傑夫：《中國和超級霸權》，第95-96頁（Medvedev, *China and the Superpowers*, 95～96）。

控他試圖發動反對毛澤東的政變。他很可能被當作毛澤東發動文化大革命並造成災難性後果的替罪羊。中國高層對林彪的叛逃可能已有預感，1971年9月13日中國所有的飛行器都被要求不得離開地面，但林彪的專機還是起飛並向蘇聯飛去，進入蒙古領空後由於不明原因墜毀於蒙古境內。蘇聯方面後來稱，在林的飛機起飛前他就已遭到射擊。[1]

就在這一切發生之際，尼克松仍決定繼續從越南撤離美軍。南方的越共力量此時仍未能從1968年失敗的春季攻勢中恢復過來。[2] 北越方面的軍隊很大程度上亦撤回老撾和柬埔寨境內深處的庇護所、或非軍事區以北。到1970年春時，盡管柬埔寨名義上仍是中立國家，但此時它已成為北越重要的後方地域，大量補給通過該國西哈努克港港口（而非以前的胡志明小道），進入南越境內。北越在柬埔寨的存在嚴重威脅著美軍，特別是對西貢構成了重要威脅。此時，柬埔寨的統治者，缺乏力量的諾羅敦·西哈努克國王（Norodom Sihanouk）不僅必須容忍北越共產主義勢力在其境內活動，更只能對美國針對其境內的北越目標實施的一系列秘密襲擊睜一只眼閉一只眼。1970年3月柬埔寨爆發政變，國內反對國王的勢力，柬埔寨國民大會趁他在法國的時機以首相朗諾取而代之，因為後者承諾對國內的共產黨組織和外部共產黨勢力采取更嚴厲的措施。正如1961年老撾發生的政變類似，當地強大的共產主義組織迅速作出反應威脅接管整個國家。即便如此，尼克松的很多顧問仍不贊同他援助朗諾的意向。

尼克松決定采取別的措施。最初他拒絕動用駐越美軍進入柬埔寨，但在艾布拉姆斯將軍聲稱如果不運用部隊就難以保證成功後，他同意了軍方的意見。1970年5月1日，大批南越和美軍部隊越過越柬邊境攻擊其境內北越設立的兩處主要營地，「鸚鵡嘴」和「魚鈎」。英國的游擊戰專家，羅伯特·湯普森爵士聲稱，美軍對這兩處重要營地的襲擊以及占領西哈努克港港口的舉措將使北越方面的進攻計劃延遲至少18個月，甚至更長可能達到2年；基辛格則不那麼樂觀他認為可能只能遲滯其15個月左右的時間。[3] 這次越境軍事行動中，表現良好的南越軍隊亦鼓勵了美國國內支持越南戰爭越南化的人士。

美國國內，此次進攻行動果然導致了廣泛的抗議，包括臭名昭著的俄亥俄州肯特州立大學的槍殺學生事件（1970年4名學生在反越南戰爭游行中被國民警衛隊成員槍殺）。1970年6月24日，參議院廢止了「東京灣決議」；之後又通過了庫珀—邱奇修正案，禁止駐越美軍使用地面部隊進入老撾和柬埔寨實施軍事行動。面對國內的反對，尼克松仍宣稱，當前看似升級的軍事行動實際上對於盡快結束越南戰事非常必要，但沒人聽他的這番辯解。

---

[1] 梅德韋傑夫：《中國和超級霸權》，第56頁、第99-100頁（Medvedev, *China and the Superpowers*, 56, 99～100）。

[2] 至1971年時，南越的越共力量的活動很大程度上被局限於10個省份，而在這些省份中只有約四分之一的民眾在其控制之下，大多數民眾被認為是安全的。

[3] 戴維森：《戰爭中的越南：1946—1975年的歷史》，第624-629頁（Davidson, *Vietnam at War*, 624～629）。

　　不論國內意見如此，尼克松決定繼續下去。丟掉柬境內西哈努克港港口後，北越政權要支援其在越南中部和南部地區的行動，就只得依賴主要過境老撾的胡志明小道了。意識到此重要交通線的重要性後，北越方面於1970年秋迅速強化了這條交通線過境老撾一段的兵力部署。這一時讓美軍感到非常吃驚，此前北越方面從未強化防守老撾境內的胡志明小道。[1] 1971年1月30日至3月25日，美軍和南越軍隊發動了「藍山719行動」，對胡志明小道部分區段實施全面攻擊，對於這次行動，南越方面出動了他們最好的兩個師，美軍則爲其提供空中運輸和火力支援，但並未派地面部隊參戰。

　　美國方面希望此舉能摧毀北越沿這條交通線的重要基地區域及其補給物資，配合前一年對柬埔寨境內北越基地的襲擊，能夠將北越方面可能發起的大規模襲擊至少再推遲1年。盡管行動中南越軍隊俘獲了大量補給品，但部隊並未一直駐守在當地，而是按計劃於1971年當地雨季之前撤出該地域。因而，胡志明小道很快再次開通，這次行動並未取得成功。現在看來，如果當時南越軍隊堅守住當時占領的區域並扼守住這條線路，那麼不久之後南越境內的共產黨力量無疑會受到削弱。當然，如果真是如此的話，北越方面後來在1972年集結其力量對南越進行的攻勢也就不再可能了。

　　此次行動並未達成目的的部分原因，在於南越軍隊仍是一支第三世界國家的軍隊，其最好的部隊無疑是待遇最好、作戰能力最強的總統衛隊，從此點看，他不可能放任將這支部隊一直部署在危險的前沿，如果遭受毀滅性打擊將導致難以承受的後果。對此，美國人的想法則完全不同，他們總是不斷地要求阮文紹總統派遣這支部隊執行作戰任務。因而，阮文紹總統在行動前很自然地告訴他的指揮官盡可能避免傷亡。即便如此，這支部隊在實戰中所遭受的傷亡仍令人震驚。

　　正如1967年一樣，北越方面再次試圖發動新的攻勢以打破僵局。1971年5月，北越決策層正式批准了一次重要的攻勢行動，但此次決定並未獲得高層的一致同意。與1967年時類似，武元甲不贊同集中部隊作大規模攻擊，他仍堅持以小股部隊實施襲擾和游擊。但是他的意見並未采納，並被迫負責計劃這次攻勢行動。類似的，北越這次攻勢的整體策略仍是「邊打邊談」，爲了籌集行動所需的大量物資及裝備，北越再次向蘇聯和中國尋求援助。[2] 蘇聯駐河內的外交官們警告北越高層，計劃中的進攻過於冒險，但北越仍一意孤行繼續緊張的准備。[3]

　　與此同時，在基辛格前期秘密訪問中國的鋪墊下，1972年2月尼克松總統首次在未與中國建交的前提下對中國進行了國事訪問。中國熱情地歡迎了尼克松的到訪，但毛澤東並未立即從美國獲得他所需的現代化軍事裝備。此外，令毛澤東厭惡的是，尼克松並不認爲同時與中國和蘇聯保持良好關係是個問題。即便如此，通過與美國人的

[1] 戴維森：《戰爭中的越南：1946—1975年的歷史》，第637-664頁（Davidson, *Vietnam at War*, 637~644）。

[2] 蓋杜克：《蘇聯和越南戰爭》，第231頁（Gaiduk, *The Soviet Union*, 231）。

[3] 蓋杜克：《蘇聯和越南戰爭》，第232頁（Gaiduk, *The Soviet Union*, 232）。

接觸，毛澤東手中已有了一張能夠限制蘇聯在遠東擴張的「美國牌」；另一方面，尼克松也有了一張令蘇聯更難以將其軍事力量集中於歐洲地區的「中國牌」。在現實的威脅之下，美國和中國再次走近了。

　　一定程度上，這就是一場牌局。為了從尼克松那裡獲得更多的利益，毛澤東不得不消除中美之間剩下的重要阻礙：越南問題。因而，在尼克松到訪之前的1971年，中國就要求與北越討論後者即將在1971年夏展開的大規模進攻；對此，蘇聯認為中國准備與北越達成一致。但北越拒絕與中國討論相關問題，他們已意識到中國可能正准備背叛自己。直至之後中美之間的接近曝光後，中國和北越的關系日益疏遠，此後北越方面完全倒向了蘇聯，蘇聯達成了他們夢寐以求的目的。[1]

　　在1972的復活節（3月底）北越方面再次發動了全面攻勢。為了確保行動成功，北越集結了幾乎所有力量，除了1個師和4個團外，其他所有在北越的、南越的和老撾的部隊都參與了此次行動，無疑此次進攻的規模遠超出ARVN所能應付的程度。此外，受限於後勤和道路條件等限制，參與行動的北越部隊並未完全同步展開攻擊。此時，由於南越境內只駐有極少幾支美軍作戰部隊，因此幾乎所有的戰斗任務都落到南越軍隊頭上。與1968年的春季攻勢類似，成長起來的南越軍隊已能獨立擔負重要的作戰任務，他們頂住了北越方面的攻擊並逐漸奪取戰場主動權以至最終將入侵者逐回出發地，期間美軍的空中支援亦提供了相當重要的援助。由於極為有限的戰場後勤補給限制，北越軍隊不得不每隔幾年就停頓下來等待補給或重新集結。這給了美國人時間以將其有限空中支援力量，不斷地轉戰各處戰場。北越軍隊的中高級指揮官指揮機械化作戰力量的能力亦極為有限，例如，很多戰地指揮官並不懂得如何將坦克與其步兵部隊整合起來協同行動。值得一提的是，此時美國已將數百枚「陶」式反坦克導彈部署給南越軍隊，用以在戰場上試驗其作戰效果。此戰中，南越軍隊有效地使用這種武器擊毀了大量北越方面的蘇制坦克。戰後據統計，北越方面損失了450輛坦克車輛和超過19萬部隊（包括擊斃和被俘）。[2] 在美國人看來，這次進攻令他們回憶起1950年夏朝鮮軍隊的入侵，但與上次結局不同的是，這次防御的南方軍隊（盡管有美軍重要的空中和海上支援）被證明能夠抵抗住入侵者的進攻。

　　1972年5月，隨著越南的戰場形勢恢復平衡，尼克松命令實施報復行動，駐越空軍力量對河內實施了轟炸，並在海防港外布設了大量水雷。約翰遜總統主政時曾否決以水雷封鎖海防港的行動，他擔心可能炸毀蘇聯船只。但尼克松卻大膽得多，海防港被封鎖後意味著越南再難以通過海路獲得蘇聯的軍事援助了。也許更為重要的是，北越政權從尼克松的大膽行動中讀到了最令他們擔憂的信息，那就是尼克松並未因這次

---

[1] 蓋杜克：《蘇聯和越南戰爭》，第231-232頁（Gaiduk, *The Soviet Union*, 231～232）。

[2] 托拉斯：《變革中的秩序：1945年以來的世界各國軍隊的演變》，第209-210頁（Tsouras, *Changing Orders*, 209～210）；戴維森：《戰爭中的越南：1946—1975年的歷史》，第673-711頁（Davidson, *Vietnam at War*, 673～711）。

升級行動而向蘇聯或中國付出什麼外交代價，或言之，北越並不能指望從蘇聯和中國獲得更多的安全承諾。隨著大多數的美軍部隊撤離越南，美國國內的反戰運動也急劇減少了。對北越來說，這次行動所獲甚少，但損失卻無比慘重，至少在未來3～5年內都無力再發動類似的進攻。[1] 此外，美國後續的報復性轟炸亦表明，經過大量電子升級的空中力量已使越南的防空系統不再有效了。

無論蘇聯還是中國，都沒有熱烈地支持這次進攻，蘇聯甚至對北越方面更爲惱怒，因爲進攻發起之日正是美蘇首腦莫斯科峰會舉行的前夕。原本蘇聯准備要求美國不得升級對越南的干涉，否則將破壞當前的緩和形勢；但進攻行動展開後，美國方面有了借口，尼克松因而譴責蘇聯爲北越提供了進攻中大量先進的軍事裝備。在正式峰會之前的預備會議上，與會的基辛格接到總統指令將議題聚焦於越南問題上，並向蘇聯表明美國的態度，即除非北越方面撤退否則美國將升級戰事。勃列日涅夫謊稱，蘇聯並不支持北越的進攻，北越在進攻中使用的武器並非近期由蘇聯提供的，他們爲准備這次進攻儲備了兩年的武器裝備；進一步地他稱北越的行動得到了中國的支持，是他們試圖打破當前的緩和形勢。[2]

無論如此，尼克松仍希望盡快結束戰爭。在此次峰會上，基辛格告訴蘇聯人稱，只要北越方面同意停戰並讓南越進行公正的自由選舉，美國將接受任何選舉結果，哪怕南方選出的是一個共產黨政府。此外，基辛格還提議在南越組成一個選舉委員會，實際上就是正式選舉之前的聯合政府，它將由三分之一的共產黨人、三分之一的中立派人士和三分之一由現南越政府選出的人士共同組成。當然，盡管作出了很大讓步，美國政府仍不可能公然取消南越的現政府，畢竟這與投降無異。[3] 對此，蘇聯方面同意督促北越方面接受基辛格的建議。

現在，北越方面真正有心達成政治解決方案了。如果要繼續打下去，他們既無法依賴蘇聯，也不能指望中國的幫助。基辛格進而提出撤離在南越的所有剩余美軍部隊，一旦美軍完成撤離，再要說服阮文紹政府就容易得多了。另外，北越方面亦需要一些時間來恢復之前戰爭中損毀的設施並積蓄力量，因此形勢再次緩和了下來。1972年7～9月間，北越同意美國的大多數條件。

當然，南越方面並非美國的殖民地，他們對美國的意圖提出異議，並感覺被美國所拋棄。尼克松不得不安撫阮文紹總統稱，只要需要美軍將很快重返南越以維持和監督政治解決方案的執行。有了談判意向後，阮文紹亦開出了他的條件，蘇聯方面亦勸說北越接受這些條件，迫於壓力北越同意了但還是提出了自己的要求。到1972年底

---

[1] 蓋杜克：《蘇聯和越南戰爭》，第240頁（Gaiduk, *The Soviet Union*, 240）。

[2] 蓋杜克：《蘇聯和越南戰爭》，第236頁（Gaiduk, *The Soviet Union*, 236）。

[3] 蓋杜克：《蘇聯和越南戰爭》，第234頁（Gaiduk, *The Soviet Union*, 234）；戴維森：《戰爭中的越南：1946—1975年的歷史》，第706頁（Davidson, *Vietnam at War*, 706）。

時，北越認爲與南越的政治解決方案很快就要達成了。[1] 但出乎意料的是，談判卻失敗了，因爲與南越對美國的感覺類似，本身就在南越境內活動的南越民族解放陣線擔憂被北越所出賣。例如，雙方談判中並未要求南越釋放其抓獲的解放陣線戰俘，而與此同時卻要求北越方面釋放其扣押的被俘美國飛行員。美國政府從未承認南越本地的共產黨組織是獨立的政治實體，這些都令南越民族解放陣線有被出賣之感。因而，最終談判未達成有建設性的協議。

1972年12月，尼克松下令展開新一輪對河內和海防的攻擊，美軍海空部隊再次對海防港進行了布雷作業。爲了顯示美國的戰爭意志和美國空中力量的強大毀滅性，尼克松擴大了打擊范圍，很多之前行動中被限制攻擊的目標受到了重點攻擊，尼克松要求軍方盡可能摧毀北越方面進行戰爭的能力，這將爲南越方面繼續積累其能力提供寶貴的時間。經過12天集中轟炸後，所有預定目標都被摧毀，由於采用更先進的電子對抗措施，此次攻擊美軍所遭受的損失甚至低於之前對河內—海防的攻擊，例如在行動最後階段一系列的「後衛」行動中北越根本無力擊落任何一架B-52轟炸機。[2] 這次空中打擊證明蘇聯的防空系統在抵禦美國戰略空軍的襲擊時效能有限，畢竟北越方面以其國防防空系統爲藍本構建的對空防御體系，在先進的美國空中力量面前完全不堪一擊。

宣傳仍然是北越方面重要的防空手段，特別是針對美軍實施的大規模「野蠻的地毯式轟炸」，北越方面進行了廣泛的宣傳，以凸顯美國的罪行。事實上，美軍的空中打擊謹慎地設定了目標區域，盡可能遠離當地民眾。根據統計，美軍的轟炸在河內和海防分別造成1318名和305名平民的傷亡，根本就未造成當時一些反戰媒體所暗示的那種傷亡規模（美國在河內的一些反戰激進分子甚至建議該市市長對外宣稱，轟炸造成數萬人死傷）。[3] 轟炸結束後，雙方的談判再次重啓，直到1973年1月27日雙方最終簽署了停戰協議，結束了美國在越南的戰爭行動。實際上，協議中形成的條款與北越方面在1972年初所設想的可接受的條件並沒太大不同。尼克松和基辛格很可能想通過最後這次全力的打擊，令北越方面對美國武裝力量的強大有更深的印象，以防止其在美軍撤離後撕毀協議；另一方面，此舉還使南越方面意識到美國所能爲它作到的極限，如此使雙方最終都能接受妥協達成的停戰協議。[4]

停戰協議生效後，美軍部隊開始撤離南越，北越方面關押的美軍戰俘亦被陸續遣返。根據停戰協議，美國和北越都將不再派遣部隊進入南越，但已位於南越境內的

---

[1] 蓋杜克：《蘇聯和越南戰爭》，第242-243頁（Gaiduk, *The Soviet Union*, 242～243）；對黎德壽與基辛格之間最後一次會議的情況，引用自蘇聯方面的資料。

[2] 美軍出動729架次的B-52轟炸機，以及640架次的其他攻擊機實施了攻擊，此外，還有1384架次的支援保障任務（包括防空壓制）。任務中美軍損失了15架B-52轟炸機和8架其他戰機。具體可參見約翰．T.史密斯：《「後衛」空襲行動：1972年對北越的轟炸》，第116-138頁（John T. Smith, *The Linebacker Raids*, 116～138）。

[3] 卡諾：《越南：歷史》，第668頁（Karnow, *Vietnam: A History*, 668）。

[4] 對於尼克松的許諾，可參見戴維森：《戰爭中的越南：1946—1975年的歷史》，第723頁（Davidson, *Vietnam at War*, 723）。

北越軍隊並不北返而是就地停火，位於老撾和柬埔寨境內的北越軍隊向邊境地區集結爾後撤回北方。爲避免雙方再次屯積武器和彈藥，當前雙方軍隊的裝備只能以「一對一」的形式進行更換。對此，南越方面獲得更大優勢，因爲美軍在1972年實施了一項名爲「強化加強」的計劃，准備將撤離後遺留下的大量武器裝備轉交給南越軍隊。[1]

非常重要的是，爲維護並監督協議的執行，北越、南越和越共組成了聯合軍事委員會，以及由波蘭、匈牙利、印度尼西亞、加拿大等國組成的國際控制和監督委員會得以建立，這兩個委員會包括北、南越和東、西方國家成員，其所作決定全部采取全體一致原則。因此，在之後的監督執行過程中，北越方面總有效地利用其否決權阻撓委員會的工作。[2]

北越方面從未放棄其征服南越統一整個國家的企圖。唯一有效威懾其進行下一次入侵的因素，可能正是其對失敗的恐懼，比如1972年北越方面在很大程度上（如果不是全部的話）就曾被美國的空中力量所折服。當然，到1973年春時，美國國會強烈反對尼克松和他的越南戰爭政策，甚至准備立法限制美國武裝力量在越南陸地及空中的戰斗行動，以確保美國完全擺脫這場戰爭。

對蘇聯而言，越南戰爭階段性地結束具有深遠的意義。直到1970年時，蘇聯仍將第三世界國家的不穩定狀態視作一種對他們的威脅，因爲一場當地的危機可能突然之間將超級大國卷入其內，造成兩強直接對抗的局面（比如古巴危機）。但越南戰爭之後，勃列日涅夫已明確看出美國和西方的實力受到削弱。[3] 他認爲，就蘇聯與美國的關系而言，蘇聯對越南所具有的影響力仍不值一提，但蘇聯的確在這樣一場戰爭中獲得了重要的利益，比如最大的戰利品——北越的忠誠，而且考慮到北越在戰後重建對蘇聯的需要無疑將更甚於蘇聯對北越的需求，因而這種關系將是十分穩固的。此後，勃列日涅夫開始對進一步的冒進擴張深感興趣，比如在非洲和中東。甚至，勃列日涅夫還在1977年修訂的蘇聯憲法中，加上了「支持民族解放運動」的內容。[4]

越南戰爭顯然亦強化了蘇聯的另一種典型的「和平進攻武器」，一直以來，蘇聯始終試圖利用柔順的和平運動來撬動西方各國政府。美國自60年代以來長期卷入越南戰爭已激起了全球范圍的抗議聲浪。在蘇聯的成功宣傳下，歐洲新一代年輕人對受到西方侵略和攻擊的第三世界貧弱國家抱有同情與憐憫，甚至抵制西方對「社會主義共同體」的攻擊。盡管同時期西方的青年社會運動很大程度上是自發形成的，但蘇聯決策層相信這類運動可被蘇聯所引導，以支持其目標的實現。蘇聯亦爲實現目的大量資

---

[1] 戴維森：《戰爭中的越南：1946—1975年的歷史》，第718頁（Davidson, *Vietnam at War*, 718）。

[2] 注意此國際委員會的共產黨國家成員中並不包括北京。

[3] 羅德曼：《比和平更珍貴的：冷戰和爲了第三世界的斗爭》，第148-149頁（Rodman, *More Precious than Peace*, 148~149）。

[4] 蓋杜克：《蘇聯和越南戰爭》，第250頁（Gaiduk, *The Soviet Union*, 250）；羅德曼：《比和平更珍貴的：冷戰和爲了第三世界的斗爭》，第148-150頁（Rodman, *More Precious than Peace*, 148~150）。

助了很多類似的「和平運動」。[1]

自越南戰爭全面爆發後，美國公眾顯然將其視作一場孤立的、由美國進行的戰爭，而並未將其放在整個冷戰的大背景下去思考。當戰爭結束時，公眾希望享受和平時光，希望政府能將用於戰爭的資金花在其他社會事業上，他們並未意識到，這場熱戰的結束並不意味著冷戰的終結，美國還是要為繼續進行中的冷戰維持大量國防開支。只有先繼續滿足冷戰所需的軍事投資維持與東方的均勢，才會有所謂的「和平紅利」。顯然，考慮到美國自60年代以來的經濟形勢和越南戰爭的巨大損失和挫敗，要想在數十年內彌補因越南戰爭所帶來的軍事損耗，幾乎沒有可能。

最終，義務兵役制成為美國國內反對越南的根本原因。這場戰爭也許已真正向美國社會表明，再不能部署一支義務征召的軍隊抗擊如同北越這樣的國家。無論如何，到1972年戰爭再也進行不下去的時候，是時候放棄義務兵役制了。當時，一份經炮制的研究報告宣稱，美國能夠在志願兵役制基礎上維持一支足夠規模的軍隊。毫不令人驚奇的，這份報告對此表現出過度的樂觀。事實上，等美國武裝力量真正開始實施志願兵役制，很快發現根本沒有足夠的資金為志願役人員提供有吸收力的薪酬，因而在整個70年代，軍方無力吸收足夠的高素質志願服役人員，因此不得不降低標准，大批能力素質較低的兵員湧入部隊。批評者直指導致軍方困境的根本問題。征兵人員通常會宣稱部隊將為服役人員提供培訓，使其掌握可在退役後繼續參與社會經濟競爭的工作技能，但很多真正重要的軍事技能，比如一名精通步兵專業技能但在其他方面能力匱乏的老兵，退役後他在民事領域幾乎不具備什麼競爭力。可想而知，在薪酬不具優勢的情況下，以志願役體制要想吸收並保留優秀人才，只得降低征兵標准並減少傳統上以嚴厲苛刻著稱的軍營生活的艱辛程度。那麼志願役兵員就不能被塑造成一支高效的軍隊嗎？美國自越戰後經過長時間的探索，不斷地調適制度和規則，最終才在1991年「沙漠風暴」行動中展示出一支全志願役軍隊的作戰效能。

越南戰爭最後的階段，適逢尼克松對南美洲的智利采取的政權顛覆事件，他擔心智利的共產主義勢力可能會在美國的後院再建立一個共產主義國家。1970年，一位公開宣稱終身信奉馬克思主義的智利政治家，薩爾瓦多·阿連德（Salvador Allende），在當年的選舉中擊敗了該國的基督教民主黨和保守的自由黨候選人，贏得了36.3%的選票。這是自入侵捷克事件之後第三世界國家共產黨勢力在選舉中取得的最高支持率。在智利，這意味著全國近三分之二的選民並不想要一個由阿連德及其政治同盟「人民聯合」（UP）所主導的政府。

按照智利憲法規定，如果沒有總統候選人獲得超過半數的選票，將由國會從得

---

[1] 蘇共高層對抗美國新型「潘興」彈道導彈和巡弋飛彈的討論，可參見 1983年12月9日的一次蘇共中央委員會會議記錄（沃爾科戈諾夫：《解構帝國》，第378-379頁）（Volkogonov, *Autopsy for an Empire*, 378～379）；與會的各國共產黨高層決定集中努力掀起西方的反戰運動，並利用即將於1984年1月進行的世界和平理事會等國際舞台，阻止西方部署這些新型武器。

票最高的兩名候選人中選出總統，通常的做法是選擇得票最高的候選人，然而也有例外，比如1958年大選中國會就選擇了大選中獲得31.6%選票的亞歷山德里，而非得票更高的阿連德。因此，這次最終的結果再次取決於國會的選擇。美國政府認爲信仰共產主義的阿連德非常危險，因而早在1964年時就曾資助過智利國內的反阿連德勢力以期在選舉中將其淘汰掉。因而這次中央情報局仍警告稱，盡管智利在美國的全球反蘇戰略中可能並不具備多少價值，但出現在該國的共產主義政權將在整個西半球造成毀滅性的政治和心理影響。[1] 基辛格則不敢想象「鑒於智利本國民眾自己都不願擔負後果，爲什麼我們不再等等，坐視這個國家建立共產主義制度」的觀點。[2] 於是，尼克松批准了中情局的計劃，秘密對智利施加影響避免阿連德當選。但最終智利國會選擇了阿連德，但爲限制其權力，在國會通過相關的限制性法令後基督教民主黨才開始支持阿連德；阿連德本人亦強調不會放棄國家的民主制度，不會以工人階層組建民兵力量。當然，基督教民主黨潛意識裡還是認爲，作爲馬克思主義者的阿連德很可能會打破這些限制，但考慮到現有的制度框架限制，他並不敢急劇地改變這一切。其執政的政治同盟，不僅包括表面上遵守法律的阿連德，亦包括很多奉行各種革命意識的政治團體。[3] 無論如何，就職成爲總統後的阿連德可能是全球范圍內，首次在自由選舉中成功勝出的馬克思主義領導人。

　　此外，阿連德的勝利亦可看作是當時席卷整個拉丁美洲左翼運動的典型體現和重要組成部分。在秘魯，左翼軍人集團於1968年10月奪取了國家政權；在玻利維亞，極端左翼政府於1970年上台執政，該地區的其他國家這一時期亦都有左轉趨勢。但無論玻利維亞、還是秘魯的左翼政權對美國造成的威脅，似乎都沒有智利那麼顯著，主要是因爲阿連德是在該國現行憲法框架下合法取得權力，在道德和法律上比另外兩個國家更令美國難以應付。另外，由於此前肯尼迪總統所提出的「進步同盟」在拉丁美洲整體上已然失敗，因而對很多華盛頓的政界人士而言，在阿連德之前的智利愛德華多·弗雷（Eduardo Frei）民主政權似乎已成爲南美地區僅存的最後希望。因而，阿連德的成功似乎更意味著對美國的災難。而拉丁美洲的左翼傾向亦成爲未來的浪潮。至於美國在越南的失敗似乎更表明，全球最強大的美國已失去了積極性和決斷力，這在拉丁美洲尤其令人印象深刻。卡斯特羅顯然更具進取精神，而美國則恰恰相反。[4] 而傳統以來廣爲人們所接受的觀點，即美國是整個大陸的關鍵剝削者和導致大量問題的麻煩制造者，更加強了這一觀念。例如，當時智利社會廣泛流傳的一則笑話就說道：

[1] 西格蒙德：《阿連德的覆滅和智利的政治，1964—1976年》，第113頁（Sigmund, *The Overthwow of Allende*, 113）。

[2] 西格蒙德：《阿連德的覆滅和智利的政治，1964—1976年》，第103頁（Sigmund, *The Overthwow of Allende*, 103）。

[3] 科列爾和薩特：《智利歷史》，第332頁（Collier and Sater, *A History of Chile*, 342）。

[4] 霍尼：《智利的小型地震》，第32頁（Horne, *A Small Earthquake in Chile*, 32）。霍尼認爲阿連德社會改革的中心議題（能夠在其國內創造一支擁護不斷改革的中產階段群體），是錯誤的。在拉丁美洲增長中的中產階級只是簡單地希望加入寡頭統治集團，因而拒絕進行任何真正的改革。就此而言，肯尼迪總統對拉丁美洲顯然有更深刻的理解，而他的繼任者卻未能如此；肯尼迪是天主教徒（與拉丁美洲大多數人信仰相同），年輕而且具有男子氣概。霍尼曾遇到很多拉丁美洲人，他們認爲肯尼迪可能是唯一理解他們的美國領導人。

一個男人，在發現了自己的妻子和別的男人上床後，其自然反應就是打破美國駐當地大使館的窗戶，以示憤怒。[1] 有此心理基礎，也就很容易理解當地不願看到阿連德失敗的智利民眾為什麼總是習慣性地指責美國人的干涉，而不接受政變只是當地的一種正常的政治生態的現實（無論它是否由美國政府所策動）。事實上，美國影響諸多事務的能力，比很多人所想象的更為有限。

正如在拉丁美洲的其他國家那樣，左翼通常又可被分為兩種具體形態，一種被可稱為共產主義團體，比如智利以阿連德為代表的較為溫和的左翼勢力；另一種則是更為激進的、贊同立即實施革命行動的派別，比如信奉毛澤東主義者、格瓦拉主義者、托洛茨基派等。1971年，英國歷史學家阿利斯泰爾·霍尼（Alistair Horne）到訪了智利，在近距離觀察了當地社會後他認為，拉丁美洲將最終成為蘇聯傳統的共產主義理論與毛澤東主義理論，相互間爭奪意識形態主導地位的斗爭戰場。[2] 他的這種觀點可能正解釋了70年代的拉丁美洲，一些當地傾向於莫斯科的共產黨政權為什麼不願支持諸如阿連德這樣的左翼黨派的現象。

阿連德上台後，智利人很快就意識到總統掌握著多麼巨大的權力。阿連德利用以往該國模糊的法律條文，很快控制了國家的經濟。[3] 例如，在該國一部1932年通過的破產法中，如果某項商業活動或公司無法滿足該法律的要求，或其本身被指控具有「金融上的不合規」之處，政府仲裁機構就能夠接管（介入）此公司或商業活動。在刻意操弄下，這部破產法被創造性地用於政府加強對私營公司或業務的控制。根據此法律，阿連德政府甚至都無需制定其他額外的法律，就很快就完成了智利國內私營銀行的國有化過程。以當時智利國內的出版物《埃爾西利亞》的遭遇為例，這份國內主要的周刊對新政府的政策並不友好，恰逢該刊物的員工就增加薪酬問題進行了為期三周的罷工，在此背景下政府仲裁機構介入了糾紛，並以公權力要求此周刊的母公司增加員工薪酬，但後者宣稱如果增加薪酬的話將迫使母公司宣布該刊物破產。但政府仲裁機構否決了母公司的破產要求，最終該周刊的母公司不得不耗費了更多資金以保證《埃爾西利亞》周刊的繼續運營。當然，這類法律也大量地應用於在智利的美國公司。[4] 最終，阿連德政府控制了份額占國民生產總值的60%的企業和機構。

在阿連德的主導下，智利很快成為一個踐行馬克思經濟理論的國家。阿連德重新分配國家財富，改善國內普遍貧困的支持者的收入，更進一步獲得其支持。[5] 例如，該國用於社會項目上的支出從1965—1969年間的5.628億美元，攀升至1972年的

---

[1] 霍尼：《智利的小型地震》，第25頁（Horne, *A Small Earthquake in Chile*, 25）。
[2] 霍尼：《智利的小型地震》，第26頁（Horne, *A Small Earthquake in Chile*, 26）。
[3] 科列爾和薩特：《智利歷史》，第341-342頁（Collier and Sater, *A History of Chile*, 341～342）。
[4] 霍尼：《智利的小型地震》，第131-132頁（Horne, *A Small Earthquake in Chile*, 131～132）。
[5] 科列爾和薩特：《智利歷史》，第342頁（Collier and Sater, *A History of Chile*, 342）。

10.126億。[1]

　　盡管國內廣泛意識到阿連德為實現其經濟政策正系統性地違反該國憲法，但由於智利受益於阿連德經濟政策的貧困民眾數量規模更大，反對其政策的中上階級發現自己在政治上幾乎毫無作為。到1971年時，這部分富裕階層的民眾開始上街游行示威，其中最著名的事件是1971年12月在古巴領導人卡斯特羅到訪聖地亞哥期間，該市的很多阿連德反對群體的家庭主婦們用空壺制造巨大噪聲來令政府和到訪者難堪。隨後，阿連德的左翼支持者開始攻擊這些反對派團體。而之前1970年反對阿連德的兩個政黨亦被迫組成聯盟。智利國內的反阿連德勢力開始聚集。

　　尼克松和基辛格從未放棄他們對阿連德的敵意。美國國內高層建議支持一場反阿連德的軍事政變，但中情局指出，智利軍方總司令卡洛斯·普拉茨（Carlos Prats）將軍是該國現行憲法的堅定維護者，他不太可能允許軍方干涉政府的施政。因此，在未出現合適的政變機會前，美國只得攻擊阿連德的經濟政策。事實上，美國並未采取什麼行動，智利國內的國有化和社會的政治化已開始非常嚴重地損害該國的經濟表現。尼克松和基辛格所做的，則是加劇阿連德的經濟政策所帶來的負面效果。例如，阿連德在推行類似蘇聯的集體農莊體制過程中，美國什麼都沒做，因為這樣做必然導致智利國內農業生產不足，不得不進口糧食。[2] 1970年，智利進口了其糧食需求的19%（約1.93億美元）；1972年所需的進口比例進一步提升至35%（約4億美元）。1973年，智利甚至計劃進口6.5億美元的糧食，這意味著其國內農業生產的大幅滑落。同時，除糧食外其他日用消費品也陷入急劇的短缺狀態。[3]

　　另一方面，智利外匯的主要獲取渠道是出口銅礦產，阿連德執政前，該國銅礦的開采主要由美國公司進行。阿連德上台後迅速對這類礦產進行了國有化改革，運營這些礦產設施的美籍技術人員隨之大批離去，而補充的則是大量缺乏技術經驗的貧困民眾。如此所導致的結果與蘇聯之前發生的類似情況非常相似，斯大林時代曾想象充分激發農民和工人階級的政治熱情可以彌補專業技能和知識的不足，但事實並非如此。因而可看到在1970—1973年間，智利各類企業的雇傭人數增長了45%，但人均經濟產出卻大幅下降19%（礦產企業甚至降幅更明顯，達到約28%）。[4] 這些礦產的美國前所有者及公司曾控告智利政府但都毫無作用；然而，智利國有化礦產後降低的生產率卻導致該國礦產出口量急劇降低，新的礦產經營者亦憤怒地發現，新政府根本無法為他們提供新政策實施之前阿連德政府所允諾給予他們的經濟收益。

　　至於1970年國會在阿連德成為總統前要求他接受的一系列限制，阿連德為如何

---

[1] 科列爾和薩特：《智利歷史》，第331頁（Collier and Sater, *A History of Chile*, 331）。

[2] 科列爾和薩特：《智利歷史》，第338-340頁（Collier and Sater, *A History of Chile*, 338～340）。

[3] 莫斯：《智利的馬克思主義試驗》，第92頁（Moss, *Chile's Marxist Experiment*, 92）。

[4] 科列爾和薩特：《智利歷史》，第335-336頁（Collier and Sater, *A History of Chile*, 335～336）。

克服這些限制所傾注了多少心血現在已不得而知。現有的一些事例恰可反映出當時他的策略，比如就在他就職後幾個月，他告訴一位法國革命家雷吉斯·德布雷（Regis Debray）稱，他簽署那些文件只是「戰術性的需求」。[5] 在他整個執政時期裡，他攻擊反對派的媒體和電視台，但卻並不能乾脆地關閉它們。比如，在他將智利的經濟進行國有化時，他曾通過廣告業務對這些反對派媒體施加影響，或者試圖通過控制它們所使用的紙張供給來達到影響目標，抑或利用勞工問題或因某種原因查封其廠房等措施，來干擾媒體的運營並枯竭其收入。[6] 然而，這些媒體在其整個執政期間之所以未被完全封口，很可能就在於美國向智利投入的資金主要被用於維持它們的生存了。此外，阿連德還力圖以另一套基於社會主義的法律體系，來替換該國的司法系統；在新的法律體系下，當罪犯接受審判時，由其鄰居組成的審判團體將對法官的裁決具有更大影響力。

為擴大執政基礎，阿連德還試圖調和其革命理念，以使該國的基督教民主黨派人士相信，與其共同組成政治同盟將是更好的選擇。但他的企圖並未奏效，而在整個1972年裡由於其經濟政策使智利的經濟持續惡化。1971年時，國內部分激進工人群體就開始要求政府沒收他們所在的工廠企業，但這看起來對改善智利國內經濟狀態並無益處。至1972年10月，智利國內的卡車司機和小店主更開始罷工運動，他們擔心政府甚至連他們僅有的私產和小微企業都要實行國有化政策。在1972年底，智利的國際收支差額達到4億美元債務，與之相比，在阿連德剛剛上台時國際收支差額還有2800萬美元的盈余。[7]

阿連德犯下的另一項關鍵失誤在於，他邀請了智利軍方人士進入其內閣，希望借助軍隊的力量結束國內的失序狀態。對此，智利軍方一直堅守著其避免介入國家政治家紛爭的傳統（其內部曾幾次試圖政變但很大程度上都由於此態度而最終未能施行），但在看到阿連德執政後對國家和社會的傷害後，一些軍方高層意識到某種形式的軍事統治並非不可能實現了。

1973年3月智利國內將進行新的國會選舉。對於國內混亂的情況，智利軍方認為軍隊的任務是重建社會秩序，以確保選舉能進行下去。從結果上看，這次選舉是一

[5] 莫斯：《智利的馬克思主義試驗》，第132頁（Moss, *Chile's Marxist Experiment*, 132）。德布雷因為於1967年加入切·格瓦拉在玻利維亞的游擊隊而著名。之後他被玻利維亞當局逮捕，並被判處30年監禁的刑期，最終被驅逐出玻利維亞。他曾詳細地訪問過阿連德。作為卡斯特羅—格瓦拉革命理論的信徒，他拒絕了阿連德的尊重法律的鬥爭路線，並在與後者的訪談中使阿連德承認，運早他就不得不訴諸「違憲」的方式。對霍尼而言，在其著作《智利的馬克思主義試驗》一書第135頁中闡述，與阿連德的訪談會概括了當時智利的問題：該國傳統秩序集團與新興的「民眾力量」之間的鬥爭已無法再暫時調和了，後者要麼允許他們的敵人繼續為禍自己的國家，要麼採取斷然行動一次性解決問題。對於德布雷而言，阿連德亦缺乏足夠的勇氣采取更進一步措施，除非他這麼做否則其命運發發可危。作為回應，阿連德指出，已有法律（由他的前任，弗雷總統主導通過）賦予他召集全民公投的權力（如果國會拒絕他的社會改革提案）。在這方面，他甚至能組建一個一院制的「人民議會」，甚至延後下一次總統選舉的時間（假設他能夠在必要的公投中取得勝利）。1971年，智利國內已廣泛認為「人民聯合」正計劃組建一院制國會。然而，由於在1971年的國會選舉中，阿連德及其政黨未能獲得50%以上的支持因而有所退縮，顯然他們擔憂如果發起公投將難以如意。智利憲法已明確國家的立法機構為兩院制。

[6] 莫斯：《智利的馬克思主義試驗》，第134頁（Moss, *Chile's Marxist Experiment*, 134）。

[7] 莫斯：《智利的馬克思主義試驗》，第22頁（Moss, *Chile's Marxist Experiment*, 22）。

次對阿連德執政的民意反彈，爲了獲得更多支持票，阿連德甚至給予了國內未受教育者和更年輕人群以投票權。但選舉結束後國會內反對阿連德的勢力還是取得了多數（56：44）。[1] 對於阿連德在選舉中的行爲，智利最高法院和國會都宣布其行爲違憲，然而阿連德似乎已無法被阻止了。

阿連德的「人民聯合」政治同盟還包括的「革命左派運動」（MIR）成員，後者自1965年就作爲游擊力量在智利國內活動。與越南共產黨類似，「革命左派運動」贊同更激進的革命理念，包括通過城市地區的民眾和民兵舉行的總罷工和起義，並配合以智利南部省份的持久游擊戰爭來推進革命事業。[2] 由於國內軍隊鎮壓，1969年時「革命左派運動」的中央委員會已轉入地下活動，但阿連德上台後特赦了該激進組織。理論上，他的當選應使「革命左派運動」的激進革命理念不再必要，但自阿連德獲取權力後「革命左派運動」卻繼續強化其力量，而阿連德本人亦與該組織過從甚密，甚至他選擇「革命左派運動」組織的部分成員加入其總統衛隊。[3]

但事實上，「革命左派運動」的領導人告訴其下屬稱，阿連德的勝利只不過是原有統治階級暫時的挫敗，阿連德不是列寧，他們還要防范大資產階級的反撲。因此，到1972年中期時，「革命左派運動」已構建了其權力基礎，包括在聖地亞哥國有工廠區（Cordon de Curillos）建立了社區政府和自己的民兵力量。[4] 對很多中產階級的智利民眾而言，「革命左派運動」就是阿連德政府豢養的非法武裝，盡管他的政府利用現有法律體系排擠富裕階層，但「革命左派運動」在奪取他們的財產時政府卻視而不見，比如政府甚至要求警察站在一邊旁觀這一切。[5] 當時智利社會甚至廣泛認爲，政府之所以這樣做就是希望利用「革命左派運動」的激進行動激起社會中的反政府保守派勢力的反應，這樣一旦他們違反法律後政府就有借口碾碎他們。[6] 在整個1972年智利社會日益兩極化了，右翼力量組織其民兵對抗「革命左派運動」，而激進左翼勢力則在政府的支持下大肆打擊國內的右翼。1973年1月，阿連德稱如果軍方試圖發動政變，他將就地轉入地下繼續與反對派斗爭，而不會逃到古巴尋求庇護。[7]

阿連德的確顯示出他並無意節制「革命左派運動」的意圖，他的政府甚至幫助爲其提供武裝。1971年底，未塗任何國家標志的飛機（後證實來自古巴）開始每周六夜間飛抵聖地亞哥機場，這些飛行運送的神秘貨物甚至能直接繞過海關直達智利。但

[1] 科列爾和薩特：《智利歷史》，第331頁、第333頁（Collier and Sater, *A History of Chile*, 331, 333）。

[2] 莫斯：《智利的馬克思主義試驗》，第107頁（Moss, *Chile's Marxist Experiment*, 107）。

[3] 霍尼：《智利的小型地震》，第140頁（Horne, *A Small Earthquake in Chile*, 140）。

[4] 科列爾和薩特：《智利歷史》，第343-344頁（Collier and Sater, *A History of Chile*, 343～344）。

[5] 霍尼：《智利的小型地震》，第148頁（Horne, *A Small Earthquake in Chile*, 148）。

[6] 霍尼：《智利的小型地震》，第149頁（Horne, *A Small Earthquake in Chile*, 149）。德布雷與阿連德並未公布的對話內容亦支持這一觀點。德布雷與阿連德的交談內容也被收錄於彼得．比格倫翻譯的《與阿連德交談：社會主義在智利》（倫敦，NLB，1971年）（*Conversations with Allende: Socialism in Chile*, trans. Peter Beglen）。會談中，德布雷稱他注意到當時智利國內敵對雙方都已爲可能的衝突進行了武裝，阿連德回應稱「我們正等著他們（右翼）開始……我們應以革命的暴力應對反革命的暴力，因爲我們知道他們會主動打破規則」。

[7] 莫斯：《智利的馬克思主義試驗》，第99頁（Moss, *Chile's Marxist Experiment*, 99）。

在此類消息被曝光後，類似的飛行就結束了。直到1972年，有報道稱智利國家航空公司（LAN）正向國內運送武器裝備。[1] 兩處政府所有的金屬公司開始制造火箭筒、橡膠警棒和防毒面罩等，這顯然意味著左翼准備在1972年底進行集結。事實上，政變後智利人發現政府曾屯積了大量捷克制造的輕武器，取代阿連德政府的軍政府宣稱國內有超過2000余名外國軍事培訓人員（包括古巴人、捷克人和東德人），再詳細追查表明，阿連德政府在過去兩年裡通過僞造出入境記錄掩蓋這批人員在智利的事實。這些外國軍事人員的存在在1973年初首次被批露，種種事態表明阿連德政府已不滿足於憲法所賦予他的權力，「革命左派運動」的武裝似乎已成爲其私人軍隊。

1973年以來，由於阿連德政府已要求軍方介入國內事務恢復社會秩序，他不得不賦予軍隊更大權力，後者在搜索中發現了大量「革命左派運動」所私藏的非法武器。在整個1973年夏，「革命左派運動」與軍方人員的衝突不時傳出。當然，阿連德拒絕軍方消滅「革命左派運動」游擊基地並取締該組織的要求。[2]

阿連德執政期間曾兩次有限地控制住左翼游擊力量。一次是在1971年7月，一個阿連德曾特赦寬恕了的左翼極端主義組織「人民革命先鋒」（VOP），派遣殺手暗殺了前內務部長。對此，基督教民主黨人士要求政府取締「人民革命先鋒」及其他類似的准軍事團體（如「革命左派運動」等），但阿連德只鎮壓了「人民革命先鋒」，並未對「革命左派運動」下手。大約一年後，一支以往並不爲人所知的右翼激進團體「7月16日突擊隊員」對阿連德的寓所發動了一次不成功的突擊，因此有推測認爲這次暗殺事件使阿連德真正有借口攻擊國內的保守派政治勢力。

阿連德與卡斯特羅相識多年，兩人關系非常密切，但他對於阿連德過於看重現行憲政體制的觀念並不認同。1971年11～12月卡斯特羅對智利進行了訪問，期間他敦促阿連德拋棄他對現行憲政制度的堅持，對於卡斯特羅而言，社會主義制度需要輔以令民眾感到真正敬畏的獨裁政治。[3] 卡斯特羅將古巴在智利首都聖地亞哥設立的大使館建成古巴最大的駐外機構，其工作人員規模甚至超過了智利外交部的人數。據稱，阿連德的總統衛隊甚至都由卡斯特羅一手包辦，顯然很多人是由其親自挑選。卡斯特羅的一名曾經跟隨切·格瓦拉在玻利維亞參加革命斗爭的下屬，還娶了阿連德的女兒比阿特麗斯，古巴情報總局（DGI）在聖地亞哥也非常活躍。考慮到卡斯特羅自1968年捷克斯洛伐克危機後重新向蘇聯靠攏，顯然古巴在智利的大量活動無疑都與蘇聯有直接關聯，換言之，蘇聯通過古巴正向智利加緊滲透。而之前提到的，出現在智利的大量捷克軍火和捷克、東德的軍事培訓人員，無疑更表明蘇聯對智利阿連德政府的涉入

---

[1] 霍尼：《智利的小型地震》，第349頁（Horne, *A Small Earthquake in Chile*, 349）。1972年3月，阿連德接受了從哈瓦那發出的13個重型箱子。在被問及箱子裡都裝了些什麼時，他稱箱子裡裝著古巴送給智利人民的芒果口味冰淇淋。政變發生後，智利前秘密警察負責人的文件顯示出這些箱子裡物品的詳細清單，包括捷克造自動武器、手槍、槍榴彈和彈藥，都是阿連德私人武裝的軍火。

[2] 莫斯：《智利的馬克思主義試驗》，第119頁（Moss, *Chile's Marxist Experiment*, 119）。

[3] 誇克：《菲德爾·卡斯特羅》，第664頁（Quirk, *Fidel Castro*, 664）。

程度。然而，在之後針對阿連德的政變發生前，據稱阿連德執政同盟中的智利共產黨（被外界）提醒要謹慎（的事件），亦暗示蘇聯並不想爲該國未來的政治走向擔負更多責任。

對於智利國內的右翼組織而言，阿連德當時的風光恰如1965年時的蘇加諾。他並非一名共產黨員，但他卻懂得利用當時的社會風潮，通過共產黨（或激進的左翼）路線登上權力頂峰。到最後，他的私人軍隊甚至發展到足以匹敵並摧毀智利憲政體制最後一道保險——軍隊的地步，聖地亞哥街道上甚至開始出現「雅加達」的字樣。

另一方面，對很多左翼團體而言，阿連德是建立一個全新的「社會主義」政權的最好選擇。阿連德對整個拉丁美洲其他國家失敗的左翼運動團體和組織張開歡迎的雙臂，很多左翼流亡者輾轉來到智利，以此爲庇護所休整並積蓄力量。而這印證了尼克松和基辛格對智利看法的正確性：這個國家可能不具備更大的直接戰略價值，但它落入共產主義之手將很可能對整個南美洲產生重大影響。

阿連德在南美掀起的風浪同樣少不了蘇聯的大力支持。1972年底，蘇聯爲該國提供了4億進口和援助信用。[1] 然而不幸的是，當時阿連德政權所需的物資大多必須從西方進口，爲此他需要更多的硬通貨幣，而在1973年秋世界石油危機之前，這類硬通貨幣也是蘇聯所缺乏的。此外，由於農業歉收，蘇聯當時還不得不從美國進口大量小麥，這可能亦消耗了該國爲數不多的美元儲備。因而在1972年12月，阿連德向蘇聯請求貸款5億美元時，僅得到了蘇聯給予的無用的貿易信貸額度和另外5000萬美元軍備的提議（後一項並未公開）。至1973年4月時，智利的外匯儲備已完全耗盡，爲緩解困境，盡管仍不太清楚當時智利政府多大程度上設法從西歐、拉丁美洲甚至中國獲取貸款，但結果清楚地表明，這些外援並不足以爲阿連德政府紓困。[2]

1973年智利再次舉行大選，但該國最高法院和國會的行動卻撕裂了智利軍方。最初，智利軍方領導人普拉茨將軍希望繼續留任政府中的職務，但他亦保證軍隊決不會與現有社會系統緊密結合。然而，這次大選中，與很多拉丁美洲國家類似，很多智利民眾已意識到美國人的觀念是正確的，即當前拉丁美洲各國社會必須進行改革才能發展。另一方面，選舉後「革命左派運動」對社會構成的威脅也逐漸被社會所認同，1972年時「革命左派運動」曾試圖削弱軍方的影響，這些都引起國內的警覺。此外，軍隊未能控制住國內日益增多的暴力和混亂，這部分是由於阿連德政府中的激進勢力拒絕抑制左翼團體的暴力行動。

因而，選舉後智利國內緊張氛圍加劇，阿連德的朋友雷吉斯·德布雷曾稱「每個人都知道」總統會爲爭取「重組、武裝『人民聯合』聯盟的軍事力量」而拖延時

---

[1] 莫斯：《智利的馬克思主義試驗》，第202頁（Moss, *Chile's Marxist Experiment*, 202）。

[2] 科列爾和薩特：《智利歷史》，第345頁（Collier and Sater, *A History of Chile*, 345）；文中稱金額達到3.5億美元，這可能是基於阿連德的外交部長的陳述；而莫斯的《智利的馬克思主義試驗》則未提及。

間。[1] 1973年6月，一支右翼民兵組織「祖國解放」，試圖與駐聖地亞哥的一個軍方裝甲團會謀發動政變，但因消息走漏而遭到鎮壓。盡管最終政變遭到失敗，但政變中的一些現象值得注意。當時，政變者的武裝縱隊在郊外集結後開始向市內進發，准備占領位於市中心的各處重要設施，但阿連德原本最堅定的支持者市區內的工人階層，並未像阿連德所期望的那樣出現在街頭攔阻政變者的隊伍。當年8月，軍方的一個高級將領代表團告知普拉茨將軍，他不再獲得他們的信任，普拉茨被迫辭職。為此，阿連德指定另一名擁護憲法的將領，奧古斯托・皮諾切特（Augusto Pinochet），接任他在內閣中的職務。

皮諾切特的想法與普拉茨顯然不同，他認為阿連德政權正逐漸瓦解現行憲政制度，軍隊必須通過推翻阿連德以維護憲法。1973年9月，阿連德計劃舉行全國公民投票以認可他的總統任期，據推測他此舉還有獲得輿論聲勢以推翻國會的意圖。另一方面，對智利軍方而言這亦有警示的意味。之後軍方宣稱，當年3月份選舉後政府中的左翼極端派別已在著手完全控制立法機構和政府，而且還推測政府內務部副部長、同時也是智利共產黨黨員的丹尼爾・維加拉（Daniel Vergara）的保險箱裡藏有一份政府中必須被清除人員的死亡名單。在皮諾切特主導下，軍方將領稱政府全面接管權力的計劃將在智利的獨立日，9月18日實施。與之相應，軍方計劃在獨立日當天的閱兵慶典時集結忠於己方的部隊迅速接管聖地亞哥的防務，發動政變推翻阿連德政府。但此後，由於情況有變（也許是因為發覺位於智利中西部港市瓦爾帕萊索的海軍部隊企圖發動攻擊當地左翼勢力的兵變），政變日期被迫提前實施。因此，當海軍艦只開始炮轟所在港口的左翼組織時，政變就正式開始了。

隨著政變的爆發，阿連德立即呼吁首都和國內工人階級支持他的政府。正如之前的那次政變一樣，工人們拒絕響應他的召喚。阿連德很快發現他自己及親信被孤立在了總統官邸，當政變部隊圍住總統府要求他投降時，他拒絕了軍方的要求，形勢的發展表明他已毫無翻盤的希望了。最終，他在政變中喪生，據稱很可能是自殺。

過去，智利軍隊有時會插手國內政局，停止其所認為的政府違憲執政行為，然後很快就將權力移交給新的民事當局。然而，這次情況卻發生了變化，皮諾切特於1974年當選為總統，他從未組織過大眾化的政治運動，並認為智利社會需要去政治化以恢復經濟。也許，左翼派別將他描述成魔鬼，因為他終結了阿連德將智利建設成為南美洲社會主義國家的全部希望，並在政變過程中大量捕殺左翼人士。例如，左翼宣稱，在政變期間智利軍方殺害了約3萬人，而真實的數字可能並不超過數百人。[2]

至於尼克松和基辛格，毫無疑問他們對智利的軍事政變表示歡迎。當然，美國在

---

[1] 霍尼：《智利的小型地震》，第347頁（Horne, *A Small Earthquake in Chile*, 347）。

[2] 科列爾和薩特：《智利歷史》，第360頁（Collier and Sater, *A History of Chile*, 360），引用了一份蘇聯報告，其中稱兩天的政變裡共有70萬人死亡。

此過程中實際上只發揮了極少的影響，所費資金亦很有限。[1] 是智利人自己驅逐了阿連德，這與十多年前在印度尼西亞發生的情況非常相似，美國無疑對政變一方持友好態度，但其並非是導致政變發生的原因。[2]

政變後，皮諾切特建立了一個右翼的獨裁國家，他力圖全面打擊前政權的左翼政治團體，其秘密警察力量持續追捕（甚至折磨、殺害）左翼人士。[3] 對於逃亡至海外的左翼人士，如奧蘭多‧勒特里爾（Orlando Letelier，前阿連德政府駐華盛頓大使），皮諾切特甚至派出特工出國執行暗殺任務。在皮諾切特長達十多年的獨裁統治期間，數以百計、千計的智利人逃亡海外，直到1990年民主制度才重新得以恢復。智利重建民主憲政體制的9年後，很多智利人認爲皮諾切特拯救國家於混亂和共產主義的深淵，但同樣有很多人認爲他應該因爲政變之後「骯髒的反左翼戰爭」以及長時間的獨裁統治，而受到懲罰。

從全球冷戰的大視野觀察，智利爲東西方各國提供了非常重要的教訓。世界上其他國家的共產黨，特別是意大利共產黨，認爲一場類似智利阿連德政府那樣的模稜兩可的勝利是非常危險的；對於美國而言，阿連德執政後加速滑向左翼，以及蘇聯對他的支持，意味著尼克松和基辛格的觀點是完全正確的：共產主義無論如何取得政權，都會威脅到民主制度本身，他們將永遠不會壓制其國內的左翼武裝斗爭。此外，阿連德政府經濟體系的崩潰，以及硬通貨幣在其政權崩潰中扮演的關鍵作用，亦預示了後來80年代里根政府以金融、經濟手段全面打壓蘇聯經濟的策略。

至於智利的阿連德左派團體，他們大概亦追隨的是蘇聯的指導，根本未能有效控制左翼裡的激進團體和「革命左派運動」。莫斯科不想直接地牽涉進阿連德執政時期的左翼政變中，表明蘇聯並不完全對阿連德感到滿意。如果關於捷克的武器和捷克、東德等國軍事人員的報告屬實的話（當時左翼准備的一次全面接管政權的政變），那麼蘇聯無疑更傾向於支持「革命左派運動」和它的激進盟友。從這點看，阿連德無疑是，也將一直是，拉美地區偏左的社會自由主義（Liberal Left）運動的英雄，這可能正反復表明西方的社會自由主義派別從未理解的一點，即左翼色彩更濃的共產主義者絕非他們的同道。

現在清楚的是，當時美國政府並未因爲阿連德沒收美國企業或人士的財產，而簡單、激烈地反對其政權。到60年代末，數個拉丁美洲國家及其軍方已接受了此前肯尼迪所提出的觀念，即經濟改革是必要且不可避免的。但他們拒絕了與之互補的另一

---

[1] 根據1975年中情局參與的教會委員會調查，在阿連德執政時期該情報機構共花費了600萬美元支付給智利國內的反對派人士和組織。該委員會評估認爲，蘇聯爲支持阿連德70年代的競選花費了2000萬美元。另一方面，智利國內的政變組織也從未將其計劃告知美國政府，相關數據摘自霍尼：《智利的小型地震》，第354-355頁（Horne, *A Small Earthquake in Chile*, 354～355）。

[2] 科列爾和薩特：《智利歷史》，第355頁（Collier and Sater, *A History of Chile*, 355）。

[3] 根據1996年3月關於智利的國際特赦報告（AMR 22/01/96），經調查確定政變後智利國內共有1102人失蹤（或被殺），另有2095人因酷刑或處決而死亡。一些當時智利政變力量的受害者稱，很多遇難者可能仍未找到。相較而言，基地地區的一些類似政變或衝突，導致的傷亡數字可能以數萬、或數十萬計（布羅甘：《世界衝突：它們爲什麼發生及在哪裡發生》，第624頁）（Brogan, *World Conflicts*, 624）。

個觀念，即社會的經濟改革必然與民主制度緊密相聯。因此，很多國家為避免類似蘇聯、古巴那樣的共產主義勢力接管國家政權，而主動將左翼的民族主義政治勢力推上舞台。主要的例子包括1968年10月的秘魯和巴拿馬、1969年9月的玻利維亞、1972年3月厄瓜多爾、1972年12月的洪都拉斯以及1973年6月的烏拉圭等國。以秘魯為例，其國內軍方就采取了很多他們所消滅的「革命左派運動」游擊隊的政治訴求，比如改變「不公正的社會秩序」等，開始制定並推行耕地改革措施，來緩解國內緊張形勢以避免發生共產主義革命。[1] 在烏拉圭，社會改革的推動因素是國內的圖帕馬羅城市游擊隊（極左翼游擊組織）的反叛，軍隊在鎮壓其過程中亦采取了很多類似的緩解措施。[2]

　　這些國家的軍隊決非必然的親美。在大多數情況下，拉丁美洲第三世界國家的左翼民族主義意味著沒收美國大資本家和企業的財產，但當這一切發生後，美國政府沒有一次試圖推翻此類政權。美國很可能從之前與中東納賽爾政權打交道的過程中吸取了教訓，真正的民族主義者盡管可能並不易為美國或西方強權所掌控，但顯然也要好過建立一個易受到共產主義顛覆和取代的西方傀儡政權。以情況較極端的巴拿馬為例，當時其軍方奧馬爾‧托里霍思‧埃雷拉（Omar Torrijo Herrera）將軍掌權後，其外交政策致力於恢復對巴拿馬運河的主權。[3]

---

[1] 羅基耶爾：《拉丁美洲的軍事和國家》，第321-313頁（Rouquie, *The Military and the State*, 321～313）。

[2] 羅基耶爾：《拉丁美洲的軍事和國家》，第249-257頁（Rouquie, *The Military and the State*, 249～257）。

[3] 羅基耶爾：《拉丁美洲的軍事和國家》，第325-327頁（Rouquie, *The Military and the State*, 325～327）。

第32章
勃列日涅夫時代的擴軍

　　在尼克松當選美國總統之初，美國實際上已掌控有一張非常重要，但也很少爲人所知的王牌。即，他可能能夠打贏一場與蘇聯的核戰爭。當時，美國政府最頂層的決策團隊都知道一個事實（盡管非常絕密），美國的第一波核打擊將很可能解除蘇聯的核武裝。[1] 因爲美國人洞悉到，蘇聯的戰略指揮系統既笨拙又遲緩，他們可能根本無法有效應對美國的先制攻擊。[2] 此前，蘇聯部署的第一代核導彈在發射時需要較長時間進行准備，而且控制這些導彈的指揮通信系統同樣糟糕（以美國標准看），而正是以此爲基礎，蘇聯建立起針對歐洲和日本的核作戰力量。相比之下，同時代的美國陸基核導彈則無論在發射准備時間還是指揮通信系統方面，都更爲優勢。大約到1965年時美國的核導彈的精確程度甚至足以擔負直接摧毀蘇聯硬加固的核目標的任務。無疑，當時美蘇雙方核武庫的技術對比清楚地決定了，就算蘇聯有意先發制人的進行核打擊，但在其准備之時，美國就可能已完成了發射。

　　1970年，蘇聯部署了其新一代半自動的指揮控制系統，「信號」系統。他們的新型導彈的發射反應速度亦有了很大提高，很多導彈開始布設在硬加固的發射井中。[3] 由於蘇聯對其戰略核力量的指揮控制能力達到更高水平，加之其導彈發射過程大幅縮短，因而美國亦逐漸不再將先制攻擊作爲選擇了。

　　尼克松在成爲總統之前，曾作爲副總統輔佐艾森豪威爾長達8年時間，而這種優勢（他比他的前任更深刻地理解形勢及作爲決策者的重任）在他入主白宮後卻消失了，這也正是他的悲劇。現在，美蘇兩國之間核武庫差距已大爲縮小了，兩國間核戰爭最可能的結果不再是某一方的勝利，而僅僅是看哪一方能堅持到最後，並保留住盡可能多的力量。同時，再繼續增加美國部署的導彈數量似乎也意義不大，因爲新增的導彈只有在主要用作攻擊蘇聯增加部署導彈之時可能才有用處；而即便如此可能也無

---

[1] 梅、斯坦布魯納和沃爾夫：《戰略軍備競爭的歷史》，第552頁（May, Steinbrunner, and Wolfe, *History of the Strategic Arms Competition*, 552），文中寫道「由於在1964年時蘇聯的戰略部隊仍維持著較低的戰備程度，同時美國的同類力量則維持著較高的警戒狀態，因此更大的可能是，無論美蘇雙方哪決定先發動戰爭，美國都能更快速地行動起來。但這種情況並未被公開透露，也沒多少人真正清楚這些，但這的確在政府內部影響了對雙方戰略平衡的判斷」。

[2] A.多林：《RSVN內部的通信不僅僅只是通信》，由美國對外廣播信息服務處翻譯自俄羅斯期刊《紅星報》1997年1月30日的一篇文章（*"Communications in the RSVN Are More Than Just Communications"*, in the 30 Jan 1997 issue of *Krasnaya zvezda*）（翻譯SOV-97-021，1997年1月30日）。

[3] 此「信號」系統於1969年投入使用，並在1972年進行了升級。它直接連接著新型的SS-9和SS-11洲際彈道導彈發射系統，而且也與蘇聯的彈道導彈預警雷達「第聶伯」系統相連（該系列於1957年開始運行，1967年正式部署）。

法如願，畢竟蘇聯的整個戰略指揮體系和核導彈的效能決定了，在美國發射其核武器後蘇聯的導彈已不太可能留在發射井中等待著被摧毀。

　　另一方面，蘇聯此時正建造並部署超乎任何人想象的更龐大規模的核武庫，美國根本就未想到蘇聯會如何瘋狂地擴充其核軍備。例如，1966年時據估計蘇聯到1967年時將擁有420～476枚洲際彈道導彈，實際上在該年蘇聯部署了570枚；幾年後，美國又評估認為蘇聯到1969年時將擁有505～695枚戰略核導彈，但實際上他們擁有1028枚。[1] 蘇聯在此期間的核軍備擴張取決於兩個重要因素。首先是赫魯曉夫於1962年4月做出的決定，他命令采購新一代戰略核導彈以取代之前量產的性能上並不令人滿意的型號，他簡單地決定要在戰略核武器數量上追上美國人。[2] 其次則是勃列日涅夫執政後他對蘇聯軍事工業復合體的放任態度，因此蘇聯快速積累了大量戰略核武器系統。此外，至少在60年代末期，蘇聯仍未努力發展任何類似美國式的核戰略理論，並未將本國的戰略核武器數量與預期實現的政治效果關聯起來。[3]

　　當美國人看到蘇聯正如赫魯曉夫所說的「生產香腸」那樣量產並部署戰略核武器時，他們始終致力於對此現象做更深入的解釋。就解釋其行為而言，麥馬納馬拉所推崇的那類以精細著稱的戰略分析是主要推動因素。因而，美國人認為，數量優勢等同於先制攻擊的選擇：因為數量優勢使一方有能力通過先發制人的攻擊解除對手的核武裝。當美國確擁有核武器的數量優勢後，麥克納馬拉確立此邏輯很大程度上為限制他必須為軍方采購的導彈數量。但諷刺的是，此前美國確已發展出真正的第一擊能力時，他正是這麼做的（即減少采購量不再追求數量優勢）。由於美國軍方和防務界人士很少有人意識到美國在核戰爭中的第一擊選擇，因此他們接受了麥克納馬拉的邏輯。

　　因此，在蘇聯顯露出其龐大的核導彈軍備項目時，唯一可能解釋其動機的理由（正如麥克納馬拉學派無知的、以己度人的見解所認為的）是，蘇聯正在尋求擁有核戰爭中第一擊的能力。然而，根據之後的資料顯示，蘇聯根本不這樣看這個問題，他們只是簡單地認為越多越好，而且的軍工體系負責人就是喜歡這種選擇，這可能對美國人而言是難以想象的，但事實的確如此。同時，亦不能認為，考慮到蘇聯很多導彈設施的性能遠不如美國，因此其軍事領導層認為更多數量的導彈可以確保戰時足夠多的武器系統能夠使用。

　　蘇聯在戰略核武器領域逐漸趕上美國之時，對於美國決策層而言，最大的疑問在於，未來十年裡蘇聯是否會真如美國所預料的，致力於發展以第一擊解除美國核武器的能力？中央情報局以強有力的論據認為蘇聯並無這樣的第一擊能力，他們缺乏兩項

[1] 美國國防部國防分析研究所（IDA），第380頁。

[2] 薩維利耶夫和傑季諾夫：《五巨頭：蘇聯的軍備控制決策》，第2頁（Sevel'yev and Detinov, *The Big Five*, 2）。

[3] 薩維利耶夫和傑季諾夫：《五巨頭：蘇聯的軍備控制決策》，第7頁（Sevel'yev and Detinov, *The Big Five*, 7）。

關鍵性能力，包括在全球公海探測並擊沉美國戰略導彈核潛艦的能力，以及擊落來襲的美國核彈頭的能力。只要蘇聯仍不具備這兩種能力，就無法確保以首波攻擊解決美國的所有核武裝，而在當時看來這兩種能力幾乎都是不可能完成的。就算蘇聯擁有了核導彈的數量優勢，無論他們對美國的陸基核力量進行多麼精確、全面的打擊，只要美國仍能保存其生存能力最強的海基戰略核力量，就能在反擊中摧毀蘇聯。美國空軍戰略核力量向來看輕與其構成競爭關系的海軍的海基戰略核力量，因此他們認爲戰時國家指揮當局與海基戰略核力量的指揮控制和通信本質上是不可靠的（即便現在對潛通信仍是世界性難題），而且海基導彈的精度也不足以打擊蘇聯的一些非常重要的目標，其潛台詞在於反對將戰略核力量的重心放在海基核力量上。在美國看來，盡管蘇聯可能已顯露出想要贏得未來核戰爭的意圖，但美國高層總有不少人士清楚地知道蘇聯人無法實現此目標。[1]

　　赫魯曉夫在任時，曾要求大量增加導彈生產和部署數量，這導致了他未曾預料到的結果。他喜歡和欣賞的導彈設計師，V.N.契洛米伊（赫魯曉夫的兒子謝爾蓋亦在其設計局裡任工程師）更是野心勃勃，他希望將蘇聯現有的所有導彈都替換成一系列「通用」導彈武器。當時，契洛米伊已設計過幾種海軍的巡弋飛彈，本質上這類導彈就是一種無人飛行器。他告訴赫魯曉夫稱，他能解決導彈的量產問題。由於與航空工業的深厚關系，他理解如何設計及大批量地制造這類導彈所需的精密設備。在彈道導彈方面，他同樣頗有建樹，他設計出了UR-100型導彈（北約代號SS-11）並成功解決了其量產問題，這型導彈不僅用作蘇聯的下一代洲際彈道導彈，而且亦可用於取代現有的中程彈道導彈，用作威懾和打擊歐洲、日本的武器，後來蘇聯與中國交惡後，其還用於瞄准中國。

　　對美國而言不可想象的是，蘇聯除了用於摧毀美國的目標外，還會基於其他任何理由去耗費精力制造最遠程的彈道導彈。美國人也許清楚，將洲際彈道導彈用於執行中程彈道導彈的任務，本身是巨大的浪費。但正如赫魯曉夫所知道的那樣，中程彈道導彈易於制造，但更遠的洲際導彈則更易於顯示蘇聯的實力，同時蘇聯經濟本身不同於美國，浪費的問題並不太重要。因而，在契洛米伊和赫魯曉夫的意識裡，蘇聯的遠程導彈數量越多，他們就會感覺越好。

　　由於UR-100導彈將用於替換所有的洲際和中程彈道導彈，因此其部署數量極爲龐大，對美國人而言，這意味著他們將突然面臨數量規模誇張的新式導彈威脅。由於同時期蘇聯並未研制其他型號的中程彈道導彈，因而美國人錯誤地認爲蘇聯不再對部署新導彈系統維持對西歐的威脅感興趣了（因爲UR-100對蘇聯而言是一種需要執行雙重任務，而美國人總以認這種導彈全部是針對它的），或者說他們顯然仍對現有部署於

---

[1] 薩維利耶夫和傑季諾夫：《五巨頭：蘇聯的軍備控制決策》，第4頁（Sevel'yev and Detinov, *The Big Five*, 4）。

缺乏防護的發射點的老式系統較爲滿意。在歐洲人發現這一點後也非常愉悅，因而他們並未考慮到蘇聯新部署的UR-100導彈可能表達的意涵。當歷史的腳步進入70年代末期時，蘇聯再次以一種全新的導彈替換瞄准歐洲的UR-100導彈時，歐洲人想當然地認爲這種完全無用的老式導彈已被替換了，其結果就是當時的「歐洲導彈」差距危機。

從尼克松的角度看，如果核戰爭中第一擊不再是可能的選擇，他必須轉而訴諸於某種形式的軍備控制以限制蘇聯可能對美國的影響。由於當時美國決策層也未意識到形勢正在發生根本性變化，因而國內保守派人士攻擊尼克松的軍備控制倡議，稱其爲向蘇聯示弱。

尼克松需要給蘇聯人一些甜頭，以使其相信停止部署更多的導彈是更好的選擇。由於美國同期並未生產部署新型導彈，因而他無法以停止生產某款美國導彈爲由交換蘇聯的類似行爲。對此，他很可能不得不接受蘇聯在導彈數量上占據優勢正成爲現實。但對美國公眾而言，或至少對那些對防務政策和國際關系感興趣的人士而言，聽任並接受這樣的逆轉無異於向蘇聯投降。當然，美國的戰略核力量仍有一些蘇聯短期內所無法超越的長處，比如分導式多彈頭導彈（MIRV），當時美國技術界認爲由於蘇聯缺乏此類精密彈頭所必需的計算設計設備，他們可能不會沿這條技術路線發展。因此，即便蘇聯人在導彈數量上超過美國，但在可投擲的彈頭數量方面美國仍占據著更大的優勢。利用這種優勢，就可能與蘇聯人談判爭取達成令美國滿意的協議。

新近正在被撬動的戰略平衡，使尼克松不再對繼承自上任總統的反彈道導彈系統（ABM）感興趣。麥克納馬拉時代，就已忽視了類似系統的巨大價值。然而事實上，如果美國在第一擊中確能消滅蘇聯大部分的戰略核導彈，那麼相對簡單的反導系統也就能應對蘇聯方面殘存下來的、射向美國的核導彈。至於蘇聯大規模地更新的戰略核武器系統完成後，對反導系統形成的局面就是，現在及今後任何美國的反導系統都將不得不面臨更難以應付的導彈威脅，但即便是簡單、少量的反導系統可能仍是有用的。例如，在美國的核導彈發射井周邊部署類似反導系統，將迫使蘇聯投入更多導彈摧毀美國的陸基核力量，如此消耗了更多蘇聯導彈後，對方在打擊完美國的核力量後可用於攻擊城市平民的導彈數量就更少。

然而，這一切都需要大量資金。尼克松在任時最缺的就是充實的資金。反導系統很可能非常昂貴，但決策層仍願意爲其買單（因爲政府可宣傳此類系統能夠保護民眾生命安全，從而較易獲得公眾支持）；同時約翰遜總統時期的經歷表明，除非蘇聯也同意削減其「橡皮套靶」反導系統，否則美國人將很難接受削減自己的反導系統。爲了減輕緊張的財政壓力，1969年11月尼克松啓動了與蘇聯人就反導系統的談判，對此他再次采用了麥克納馬拉對此類系統的觀點，反導系統非常容易應付（最簡單的方式莫過於增加攻擊導彈的數量）因而值得將其作爲與蘇聯人討價還價的籌碼。正如之前在葛拉斯堡羅（新澤西州西南部城市）與蘇聯就戰略武器談判時那樣，對於美蘇雙

方同時削減各自反導系統，蘇聯仍持懷疑立場。那麼，這類防御系統最差又能有多糟糕？

美國對利用高空核爆炸的綜合效應摧毀來襲彈頭的構想進行了試驗，結果表明，一次在大氣層高層的核爆炸能夠利用其電磁脈沖效應摧毀多枚來襲的核彈頭，但此時美國顯然想將此技術作為籌碼用來與蘇聯交換。毫不令人驚訝，通過類似試驗美國已掌握了如何加固其導彈設施以抵御類似的進攻。另一方面，60年期中期，蘇聯科技界就懷疑類似反導系統能否成功。[1] 但鑒於美國正在進行相關方面研究，蘇聯還是展開了自己的反導系統研制和部署，與美國類似，蘇聯的系統同樣造價高昂，而且考慮到其技術水平蘇聯反導系統的效能很可能遠低於美國的同類系統。[2] 此外，美國人成功地使蘇聯接受了美蘇之間核戰爭必然導致相互確保摧毀（MAD）的觀念，進而促使雙方就強化限制各自反導系統部署達成一致，這被美國人視作一次重大的戰略勝利。到1972年時，美蘇兩國簽署《反彈道導彈條約》，限制雙方只能部署用於保護本國首都或其少量戰略導彈的反導系統。條約規定，美蘇兩國可各自選擇兩處分散的地點，各部署100枚反彈道導彈防御重要目標，通過對反導導彈部署數量及部署位置的嚴格限制，使雙方無法利用部署地點或數量形成一個完整的全國性彈道導彈防御網。

美國的政治家們在選擇有限反導系統的部署策略時，顯然必須承擔高昂的道德風險，如果將系統部署在華盛頓保護他們自己的話，這將使國內其他城市和大部分民眾直面核威脅，類似的決策帶來的爭議將是美國政治家所無法承受的。因此，最後美國決定利用有限的反導系統保護少量戰略導彈設施，以保證國家在最危急時刻仍擁有可信的核報復能力，該系統被稱為「保衛」系統。但即便如此，國會還是在1975年該系統即將完成作戰部署之前砍掉了此項目，僅留下了其巨大的雷達系統，後來它亦成為美國戰略預警體系中的組成部分。相反，蘇聯則更嚴肅地考慮反導防護的問題，他們認為核戰爭中最先、最易受到攻擊的是政治決策層，因此將其「橡皮套鞋」系統部署在莫斯科附近。

尼克松還決定將對美蘇雙方反導系統的限制與進攻性戰略武器的限制聯系起來。事實上，自1966年以來美蘇雙方就已在一系列談判中模糊地論及了限制雙方的進攻性戰略核武器的議題。1968年約翰遜總統首次提議美蘇就此議題展開談判，其獲得了蘇聯方面的響應，但1968年8月捷克事件後擬議中的談判被中止。[3] 不過在當年11月，蘇聯方面明顯表露出就進攻性戰略核武器議題與美國達成某種協議的意願，據推測很顯然是因為蘇聯意識到不加限制的戰略核導彈項目將帶來沉重的財政負擔。因而，在

[1] 薩維利耶夫和傑季諾夫：《五巨頭：蘇聯的軍備控制決策》，第4頁（Sevel'yev and Detinov, *The Big Five*, 4）。

[2] 薩維利耶夫和傑季諾夫：《五巨頭：蘇聯的軍備控制決策》，第22頁（Sevel'yev and Detinov, *The Big Five*, 22），其內容描述了由烏斯季諾夫主持的一次關鍵會議。

[3] 梅、斯坦布魯納和沃爾夫：《戰略軍備競爭的歷史》，第735頁（May, Steinbrunner, and Wolfe, *History of the Strategic Arms Competition*, 735）。

1969年1月20日尼克松宣誓就職的當天，蘇聯外交部長就宣稱對類似談判的興趣。[1]

尼克松將談判事宜一直拖延到1969年11月份。談判開始後，他就設法否決了蘇聯方面提出的將美國遠程戰略轟炸機和前沿部署的戰略武器（如具有核打擊能力的航母編隊）納入談判限制內容的意圖，畢竟美國在兩類武器系統方面占據著明顯優勢。談判期間，蘇聯還試圖將英國和法國的戰略核武器亦納入削減項目之內，但未能如願。[2] 最終，美蘇兩國商定擬簽署的《限制戰略武器條約》（SALT）只限於美蘇兩國的戰略反導系統、洲際彈道導彈系統和潛射彈道導彈系統這三類進攻性戰略武器系統；此後又經大量談判和商討，直至1972年5月26日，兩國才正式簽署了該條約。條約期限為5年至1977年終止。

這似乎是一項很大的進步，雙方進攻性戰略核導彈的數量被凍結，戰略軍備競賽被限制。事實上，即便數量上的限制是明確的，但雙方爭奪戰略優勢的斗爭從未停止過。大約在1964年，麥克納馬拉設定了美國導彈數量的上限，自1962年以來美國再未製造過新的遠程轟炸機。而蘇聯同期並未放慢其軍備的腳步，這使雙方在戰略武器方面的不平衡態勢更加明顯，到1972年軍控條約簽署時美蘇雙方亦不得不承認這些狀況，例如，美蘇兩國擁有的洲際彈道導彈數量比為1618:1054，美蘇現代化潛射彈道導彈數量比為950:656。至於尼克松所設想的美蘇兩國戰略核力量平衡亦不斷地被推高，以致於最後美國發現自己擁有了遠超其所需的導彈數量，即便可能取得有利態勢的戰略第一擊亦變得更不可能了。美國已擁有徹底毀滅蘇聯的能力，而且其核力量足以克服任何蘇聯的反制措施。

考慮到僅限制導彈數量仍不足以確保美蘇間的戰略核武器均勢。美國人設想，未來的某個時間，蘇聯可能發展出其自己的分導式多彈頭導彈（MIRV），配合以蘇聯擁有強大推力的導彈，特別是那幾種重型導彈，蘇聯將迅速具備投擲更多彈頭的能力，其投擲數顯著超過美國名義上的彈頭投擲數量。一旦這種情況出現，條約對確保美蘇之間戰略核武器平衡的作用將迅速削弱，天平將很快傾向蘇聯一方。因而，在1972年限制戰略軍備條約中，尼克松的談判團隊竭力使蘇聯人相信，應將兩國的重型和輕型導彈區別開並分別對待。輕型導彈（及1964年前部署的型號）將只能以同類的輕型導彈進行替換，以防雙方以重型導彈替換老式或輕型導彈，從而迅速獲得更大的戰略優勢。對於這一部分，蘇聯人則堅持強調其正在開發中的中型導彈應被歸為輕型導彈一類，因此未來部署時不必受到條約限制。[3]

《限制戰略武器條約》的簽署似乎象征美蘇關系進入了新階段。尼克松曾稱，在限制戰略武器談判期間，美蘇之間的新的、更具合作性的關系得以建立。他的國家安

---

[1] 薩維利耶夫和傑季諾夫：《五巨頭：蘇聯的軍備控制決策》，第2頁（Sevel'yev and Detinov, *The Big Five*, 2）。但梅、斯坦布魯納和沃爾夫：《戰略軍備競爭的歷史》（May, Steinbrunner, and Wolfe, *History of the Strategic Arms Competition*）一書並未提及1969年1月的回應。

[2] 薩維利耶夫和傑季諾夫：《五巨頭：蘇聯的軍備控制決策》，第9-10頁（Sevel'yev and Detinov, *The Big Five*, 9～10）。

[3] 薩維利耶夫和傑季諾夫：《五巨頭：蘇聯的軍備控制決策》，第26頁（Sevel'yev and Detinov, *The Big Five*, 26）。

全顧問亨利・基辛格博士將此描述爲兩國關系的緩和。這固然比冷冰冰的對抗更令人感到溫和，但並不意味著美蘇兩國之間達成了任何一種同盟或協議，兩國在全球范圍內的競爭關系仍將長久存在。鑒於久拖不決的越南戰爭已使美國精疲力竭，爲了讓美國贏得喘息之機，尼克松和基辛格竭力鼓吹緩和也就不難理解了。這種緩和關系的高潮很可能以1972年5月美蘇會晤爲標志，兩國首腦簽署協議決定未來通過協商解決危機。[1]

勃列日涅夫發現《限制戰略武器條約》極具價值。在談判中，美國最終被迫承認蘇聯在戰略核力量方面與美國的平等地位，蘇共黨內軍工體系的主要負責人，葛羅米柯和烏斯季諾夫，亦認爲如此。當然，蘇聯軍方則考慮事物的另一方面，蘇聯國防部長格列奇科元帥，在談判時拒絕向美國提供蘇聯相關的戰略性軍備信息，他的同事稱這是他反對軍備控制的「游擊戰爭」。[2] 蘇軍總參謀長，維克多・庫里科夫認爲蘇聯簽署條約是受到了美國的蒙蔽和欺騙。然而，盡管國內存在著大量異議，蘇聯最終還是簽署了此條約，到1973年時勃列日涅夫甚至感到他已與尼克松建立起了私人關系。[3]

由於蘇聯拒不提供相關數據，條約不得不完全基於雙方的戰略偵察衛星所探測到的數據來判斷各自的履約情況。當然，部署於發射井內的導彈是無法看到的，因此，雙方商定根據探測到的發射井尺寸來探測分辨輕型和重型導彈系統。考慮到條約中對輕型和重型導彈的部署有嚴格和詳細的限制，以及雙方對不能以重型導彈替換輕型導彈的約定，這意味著這些發射井並不被允許進行改造以適於安裝重型導彈（原有輕型導彈發射井，如經改造後其可探測的尺寸超過10～15%，即表明其可能用於安裝重型導彈）。

尼克松局促不安地意識到，美國僅啓動有少數幾個新型的戰略武器研發項目，然而蘇聯的戰略武器研發項目似乎正處於繁盛和井噴的狀態。爲了爭取美國公眾支持，並避免國內輿論將已簽訂的《限制戰略武器條約》等同於美國對蘇聯的妥協甚至投降，尼克松很快批准軍方研發兩種對後世影響巨大的導彈武器，即巡弋飛彈（包括海基型和空基型戰斧彈）和潛基「三叉戟」彈道導彈。當時，美國認爲這些新型武器將能在條約生效的5年內研究成功並部署。此外，總統還批准了一項長期的軍備計劃以開發新型的重型彈道導彈（即「和平衛士」導彈系統），這種導彈的設計強調精確性和彈頭投擲威力。尼克松很可能將這些新軍備開發項目視作未來抵御蘇聯挑戰的重要籌碼，使蘇聯人相信有必要繼續就軍備控制議題與美國達成新的條約。

此時，美國政府並未放松對反彈道導彈技術的研發，名義上宣稱是爲確保美國

---

[1] 《美國和蘇聯關系的基本原則》（*"Basic Principles of Relations Between the United States of America and the Union of Soviet Socialist Republics"*），1972年5月29日在莫斯科簽署。

[2] 薩維利耶夫和傑季諾夫：《五巨頭：蘇聯的軍備控制決策》，第35頁（Sevel'yev and Detinov, *The Big Five*, 35）。

[3] 伊斯拉埃揚：《贖罪日戰爭期間的克里姆林宮內幕》，第3738頁（Israelyan, *Inside the Kremlin*, 3738）。

導彈始終能夠穿透蘇聯新的戰略防禦系統。對此，美國政府周期性地審查和詢問開發團隊此類系統是否值得部署，另一方面則不斷通過情報渠道獲取蘇聯方面是否（以及多久才會）對此舉作出反應，或部署其自己的類似系統。事實上，由於美國也一直清楚蘇聯方面從未放鬆過對此類系統的研制，因此對於蘇聯是否有計劃突破此前條約的限制非常感興趣並保持警惕。無論如何，美國國內的鷹派無疑對這類軍控協議並不滿意，後來共和黨就指責當時的民主黨主導的國會過於樂觀，批准了限制美國提高自身防禦能力的自殺性軍控協議。至於十多年後里根總統時期所倡導的「星球大戰」計劃，無疑可視作美國保守派勢力否定此前戰略克制的宣言，至於此時形成的由「相互確保摧毀」（MAD）所驅動的戰略平衡，後來此時更被其瘋狂地拋在腦後。

大約在《限制戰略武器條約》（SALT）簽署之時，蘇聯開始試驗以一種全新的方式發射其陸基導彈。過去，井基陸基彈道導彈通常在井內點火，即所謂的「熱發射」，導彈從井口射出前井內必須要能承受高溫、高壓等極端環境，而且為排出發射時產生的大量燃氣，發射井需要龐大復雜的附屬設施。現在，蘇聯嘗試設計一種「冷發射」發射井系統，與潛基導彈發射時所采用的彈射技術類似，導彈發射時並不直接點火而是由其下部的氣體發生裝置在短時間內迅速生成大量氣體，產生高壓將導彈彈射出發射井，導彈在空中再行點火實現發射。盡管同樣面臨著巨大的技術挑戰，但冷發射技術顯然有利於降低發射井的復雜程度；同樣明顯的是，在發射井內徑一定的條件下導彈直徑越大，整個冷發射過程的效率越高。這樣就又帶來一個問題，此前條約中關於通過偵察衛星觀測發射井尺寸來判斷內部裝載的是輕型或重型導彈的方式似乎突然毫無意義了。那麼蘇聯事先是否早就知道些條款將毫無效果，而狡猾地接受美國人的要求？

此外，發射井采用冷發射後，發射井本身所受損害相對較少，能夠迅速再次裝填導彈再次發射，從而克服了采用熱發射方式發射井一用即廢的問題。蘇聯的冷發射技術成熟適逢美國在空間偵察方面取得重要進步。因此，同期美國的衛星曾有幾次發現蘇聯正在重新裝填其發射井，美國因而亦提出疑問：蘇聯是否正在計劃准備一場持久的核戰爭，似乎他們正周期性地將導彈拖出發射井送往工廠維護然後再重新裝填進井內。[1] 同期，通過對大量空間偵察信息的分析，美國人發現蘇聯相當數量的發射井平時似乎都未裝填導彈，或者僅裝填等待維修的故障導彈。如果格列奇科將軍對此持更開放的態度，那麼後來的緊張局勢可能就能避免。

在此前軍控談判期間，蘇聯談判團隊曾警告他們的美國同行們稱，蘇聯的新一代導彈已非常接近於成熟狀態。不可思議的是，在條約中反映出的精神上的一種模糊的變化，會使它們被放棄。事實上，蘇聯人並未說謊，在其計劃經濟體系下一種新型號

---

[1] 史蒂夫·扎洛加：《蘇聯的戰略武器》，即將出版。

的導彈很自然地能夠在某個「五年計劃」中完成研制和生產。顯然，天真的美國人把這當作蘇聯人的談判手段。因此，之後在新型導彈出現後，對美國人而言，在露出驚訝的表情後似乎更認爲蘇聯虛僞可憎，畢竟他們從未想象一邊與對手大談和平，一邊又加緊准備核戰爭。

　　此外，很清楚的是當時蘇聯的這些新導彈似乎都以1969年爲界，在此之前盡可能地完成研制。因爲此時距條約成形還有時日，等兩國真正逐條議定其中的條款時，這些新研制並加緊部署的導彈無疑將帶來更大的優勢。所有的這些新導彈都具備搭載分導式多彈頭（MIRV）的能力，具體包括一種新的洲際彈道導彈（RT-21，北約代號SS-16），它采用固體燃料引擎，具備優勢的機動性能。在SS-16型導彈之前，蘇聯只裝備有兩種洲際彈道導彈，契洛米伊的UR-100型導彈和重型的SS-9型導彈。蘇聯的新一代導彈包括四種不同的導彈，爲應付《限制戰略武器條約》對此類武器的限制，它們的出現和更新速度都大大加快。

　　蘇聯在彈道導彈研發方面令人印象深刻，因而使美國人受到某種誤導。例如，爲取代UR-100型導彈，蘇聯采購了兩種不同型號的中等重量的導彈，並不是因爲這兩個型號的性能有多麼大的差異，而是由於蘇聯決策層在兩家競爭性的導彈設計局之間無從選擇。這些設計局已就各自的項目研制了多年，如果有所取捨的話必然導致未獲得采購的設計局一無所獲受到打擊。然而，機動式的SS-16型洲際導彈在此前蘇聯研制的一系列固體導彈中，並不算是成功之作，因而最後並未真正部署；到於第四種導彈，則取代了此前的SS-9型重型導彈。

　　由於《限制戰略武器條約》對兩國洲際彈道導彈，而非中程導彈進行了限制，因此之後蘇聯不再研制可同時擔負洲際和中程導彈任務的單一型號導彈。同時，爲了繼續保持早期通用型號導彈在後勤保障方面的優勢，蘇聯選擇將三級的洲際導彈的上面級和下面級組合起來（取消中間級）「拼湊」成新的中程導彈，即後來的SS-20型中程導彈，它顯然比SS-16更爲成功。對於SS-20美國曾一度對其出現感到疑慮，他們仍堅信只有自己才可能是蘇聯人最主要的目標，既然有了專用打擊美國的洲際導彈（也只有此類導彈可用於針對美國本土目標），那爲何還部署大量類似SS-20這樣的中程導彈？對此問題的解釋，美國人認爲，蘇聯是否因爲想利用條約的漏洞才部署了大量中程導彈？抑或所有的SS-20型導彈可以很容易地轉換成洲際導彈（因而才儲備這麼多）？事實上，蘇聯只是急需某種新型號中程導彈替換老舊的SS-11型導彈，這比擁有一種輕量級的洲際導彈更爲重要。此外，考慮到此前研究的SS-16型導彈並未成功，因此蘇聯人更可能將其更成功的固體洲際導彈簡化成中程的SS-20型導彈。

　　在大量部署戰略核導彈力量的同時，勃列日涅夫還批准了常規軍備方面的龐大計劃，如果是赫魯曉夫，類似的計劃無疑將被其否決。根據此計劃，蘇聯將繼續在歐洲維持並更新其龐大的戰術部隊。實際上，在赫魯曉夫主政時期，蘇聯最主要的戰略家

索科洛夫斯基元帥，在其發表的一篇秘密論文中就提及了未來與西方爆發非核的持久性戰爭的可能性。[1] 到勃列日涅夫時期，他繼續受命制定蘇聯的新軍事戰略。根據當時西方獲得的資料，蘇聯此時的軍事戰略目標將是在避免使用核武器的情況下盡可能奪取北約國家。1968年，這套新戰略被發布，即索科洛夫斯基（Sokolovskii）元帥編撰的《軍事戰略》。

　　當時西方能接觸到這本著作的人士，無不對其既癡迷又恐懼。無疑，書中表現出蘇聯軍方對未來歐洲戰爭的興趣，而西方卻沒人希望真正投入戰鬥，至於北約，則很大程度上是被設計用於發揮威懾作用的組織。赫魯曉夫曾表露出類似的態度，但西方並未當真對待。現在，隨著這本著作的問世，蘇聯人展示出了他們計劃實施的戰爭策略與方法，怎能不令西方恐懼。而且在新戰略出台後，更明顯的情況是，蘇聯正大量采購和部署一支為實現其新戰爭計劃所可能需要的龐大部隊，西方更有理由為未來感到憂慮了。

　　面對蘇聯強大的常規力量，北約准備使用戰術核力量應對其進攻，因而北約的戰術核武庫亦成為蘇聯最初攻擊的目標。蘇聯估計一旦北約失去了其核作戰能力，它就很快失去繼續艱苦戰鬥下去的勇氣。進而，雙方的核平衡上的急劇失衡（在蘇聯眼中這很大程度上決定著雙方的「力量對比」）就有可能使北約投降。

　　如果在解除北約核武裝後對方仍未投降，蘇聯將能自由地運用其核武器粉碎任何北約的抵抗。在首波對北約核武器庫的打擊後，高機動性的裝甲突擊力量將緊隨其後向西方發起突擊。蘇聯將領在《軍事戰略》中描述的這種核常一體的作戰行動，體現了他們似乎認為其新型裝甲車輛能夠在核攻擊之後的廢墟中自由運用，這足以令西方感到驚恐不安。此外，蘇聯軍事機器中新加入的具有全新特性和能力的軍事力量，亦有助於此軍事戰略的實施。例如，蘇聯的機械化空降部隊在開戰後能迅速投送至北約部隊的後方，奪取關鍵地域，襲擊重要目標（如戰術核武器部署地點）；蘇聯的特種作戰力量「斯皮特納斯」（spetznaz）亦可在突擊發起後由前沿穿插至北約部隊的後方襲擾其部署和行動。

　　正如赫魯曉夫所意識到的，此類針對西方的軍事行動需要規模龐大的（同時也是非常昂貴的）核常地面作戰力量。當然，在蘇聯只要最高領導人下定決心，類似在西方通過門檻很高的軍備方案在蘇聯卻並非不能實現，這是勃列日涅夫的政治優勢。因而，在勃列日涅夫時期西方看到蘇聯武裝力量的急劇增長。例如，在1965年蘇聯只有90個摩托化步兵師、50個坦克師和7個空降師；到了1974年時，已有110個摩托化步兵師；到1983年和1987年時，同類部隊的數量分別達到134和150個。[2] 當然與過去一

---

[1] 摘自1965年4月14日國家情報評估（NIE 11-4-65），《蘇聯軍事政策的主要傾向》，收到於《中情局冷戰記錄》3：第191-214頁（"Main Trends in Soviet Military Policy", 14 April 1965, in CIA 3: 191～214）。

[2] 托拉斯：《變革中的秩序：1945年以來的世界各國軍隊的演變》，第175頁、第256頁（Tsouras, Changing Orders, 175, 256）。

樣，這些部隊中的大部分都僅是由少量干部和骨干組成的「架子部隊」，蘇軍總員額的增長仍較為緩慢，但所有這些部隊都擁有與其完整編制一致的武器裝備，換言之，戰時一經動員這些名義上的作戰師將很快具備全部的作戰能力。

此外，隨著武器裝備不斷被生產，這些部隊亦充斥著越來越多的武器裝備。例如，60年代蘇軍摩步師下屬的坦克營大約編配有31輛坦克，而到了70年代初同樣的營編配坦克數量已超過40輛。考慮到各個類型的師擁有數量不等的多個坦克營，以摩托化步兵師為例，其擁有的主戰坦克數量就從60年代的186輛增長至後來的240輛。70年代蘇聯還耗費巨資現代化其陸軍機械化部隊，包括大量裝備T-72坦克、全新的裝甲步兵戰車，以自行火炮取代拖曳式火炮等。1976年，美國國防部長評估認為，每個蘇聯陸軍師的作戰能力較之前十年普遍增長25%以上；在東歐地區的炮兵作戰能力更增長50%—100%。[1]

蘇聯經過現代化後的地面部隊無疑擁有極強的火力，但大量機械化裝備的使用所導致的對後勤的巨大負擔似乎表明它們的進攻行動難以維持長久。對西方人而言，這似乎意味著蘇聯正計劃發動一場高烈度的戰爭，以實現短期速勝的目的。因而不少擔憂北約作戰能力的人士認為，西方應該發展並部署與之相匹配的核常作戰力量，否則雙方力量失衡的事實本身就足以誘使蘇聯采取主動。事實上，盡管每個蘇軍師都被設計用於投入一場短暫的戰爭之中，但其之所以保有那麼多數量的師就是為了在戰爭期間，不斷地以後繼梯隊替換之前投入的師，以保證戰爭的持續進行。本質上，蘇聯從未想到未來在歐洲的戰爭有可能在短期內結束。例如，當東德崩潰後，西方曾對該國所儲備的規模極為龐大的彈藥裝備而感到震驚，相較而言，眾所周知的是，北約的整個彈藥儲備甚至都不足以支持一場持續時間超過30天的全面戰爭。

蘇聯在70年代還強化了其海、空戰略突擊力量的建設，部署了更多陸戰隊部隊、設計建設了新型兩棲艦只，並重點加強了空降部隊建設。[2] 1965年時，中情局曾評估認為，蘇聯對這兩類兵力的發展意味著蘇聯開始試圖向第三世界及海外投送其作戰力量。但事實上，這些力量只是蘇聯對歐洲戰爭准備的一部分，比如短程的兩棲力量在波羅的海地區非常有用，戰時蘇聯可用之侵襲整個中歐前線北翼的瀕海地區，龐大的空降部隊則用之於北約主要防御地帶的後方地域，配合正面部隊的作戰行動。

在蘇聯眼中，深陷越南的美國正失去與蘇聯對抗的優勢，隱現中的蘇聯全球戰略優勢與其在歐洲增強的整體實力緊密聯系著。北約利用核戰爭升級來懾止蘇聯可能的沖動。事實上，蘇聯一旦有了充裕的戰略核武器，沒有哪一任美國總統敢於輕易下

---

[1] 托拉斯：《變革中的秩序：1945年以來的世界各國軍隊的演變》，第173-175頁（Tsouras, *Changing Orders*, 173～175）。
[2] 托拉斯：《變革中的秩序：1945年以來的世界各國軍隊的演變》，第175-176頁（Tsouras, *Changing Orders*, 175～176）。

達任何向蘇聯進攻的命令。北約將不得不盡可能在歐洲與蘇聯進行戰爭並取得勝利。
蘇聯龐大的戰略核力量，使得任何一個企圖以戰術核武器阻止蘇聯常規軍隊推進的西
方國家領導人，在決策時都面臨最艱難的選擇。使用核武器反擊蘇聯的常規入侵，是
否會是下一步全面核對攻的前奏？如果蘇聯在戰爭初期的大規模行動有效癱瘓了北約
的核力量體系，美國是否會坐視蘇聯贏得整個歐洲的戰爭？不論這些疑問如何激起爭
論，北約似乎對采購昂貴的常規力量以抗衡蘇聯的常規威脅並不怎麼感興趣。

赫魯曉夫在古巴導彈危機中所遭受的恥辱很可能促使兩年之後他的下台。根據美蘇就古
巴導彈問題達成的屈辱性協議，蘇聯船只在撤離時必須將其運載的導彈亮於甲板之上供
監視的美國飛機核查。圖中所示為撤離古巴的蘇聯商船，照片中清晰可見兩枚導彈置於
甲板之上（可見到彈體尾翼）。相應的，美國將從土耳其和意大利撤出其部署的、針對
蘇聯的彈道導彈。蘇聯發現肯尼迪對其在古巴部署導彈的激烈反應，這令其非常吃驚並
認為美國的反應毫無理性。這一度使蘇聯擔心美國的沖擊將限制其在其他第三世界國家
（比如在越南）的行動。這種擔憂之後，潛藏著蘇聯對美國壓倒性軍事優勢的恐懼。而
美國人並不認為肯尼迪的反應毫無理性，也未認識到其行動對蘇聯的影響。（美國海軍
學院）

第33章
緩和與躁動

對於滿懷希望的歐洲人而言，《限制戰略武器條約》和尼克松展現出的緩和姿態，始終是歐洲自1966年所追尋的戰略目標（即結束東西方冷戰）的一部分。實際上，他們承認了蘇聯所宣傳的殘酷現實，即蘇聯及其歐洲衛星國在歐洲維持強大的軍隊是為了遏制西方對共產主義世界的進攻。畢竟，德國的再統一是寫進北約的條文中的內容，一旦西德放棄了對統一的追求，北約就將給予勃列日涅夫他所迫切需要的表態，即正式承認蘇聯在歐洲的帝國體系。如此，雙方就能通過談判實現相互均衡裁軍（MBFR），進而實現緩和雙方關系和平共存的目標。這些觀念最初被提出時普遍被認為是幻想，雙方實際上花費了十多年時間才意識到它們應該是未來的方向。1969年3月，勃列日涅夫重啓1966年7月蘇聯向歐洲各國提出的提議：召開歐洲安全和合作會議（CSCE，簡稱歐安會）。[1]

對蘇聯而言，歐安會體制將為蘇聯提供一個重要機會，如果能說服西歐各國共同建立一套涵蓋所有歐洲國家的集體安全體制，就有可能取代排他性的北約體制。當然，要實現這兩個目標極為困難。北約之所以出現，就是為向其成員國提供集體安全，其任意一個成員國遭受入侵都將觸發聯盟的一致軍事行動。另一方面，類似的集體安全體系尋求避免對現有邊境體系的任何破壞。安全體系中的成員國無法輕易應對他國的攻擊，因為入侵國同樣能容易地指責自己受到攻擊，而短期內集體安全體系無法清晰地分辨出都宣稱自己被攻擊的兩國孰是孰非。這種情況導致的結果就是，集體安全體系最不可能確保西歐抵御未來蘇聯攻擊的威脅。然而，對西歐早已厭倦了冷戰和戰爭的民眾而言，集體安全體系似乎仍非常具有吸引力。[2] 另外，西方接受任何集體安全體系的現實，實際上就自動承認了蘇聯對東歐的控制，因為一旦接受，西方任何試圖削弱蘇聯對東歐控制的企圖都能很容易地被視作侵犯和違背了集體安全協議的精神。最初，蘇聯希望歐安會將美國排除在外（在北約國家之間打下楔子），其議程更涉及北約解散的內容；因此在蘇聯正式的建議中稱，提倡通過會議提升東西方國家關系，承認現有歐洲各國邊界線的神聖不可侵犯，敦促東西德國正式承認兩德間的邊

[1] 鄧巴賓：《冷戰：大國和他們的盟國們》，第286頁（Dunbabin, *The Cold War*, 286）。蘇聯對整個歐洲的安全議題的興趣可追溯回1954年由當時蘇聯外交部長維亞切斯拉夫·莫洛托夫所提出的建議，1966年7月華約國家會議再次重提「強化歐洲的和平與安全」的問題（基辛格：《再生歲月》，第636頁）（Kissinger, *Years of Renewal*, 636）。

[2] 基辛格：《再生歲月》，第635-636頁（Kissinger, *Years of Renewal*, 635～636）。

界（在1969年時西德仍未承認東德的合法性，威利·勃蘭特仍未任西德總理）。1969年4月3日，蘇聯駐華盛頓大使多勃雷寧向白宮提交了參與會議的提議，其中提出作為「讓步」，蘇聯將邀請美國參會並也不再要求西方解散北約。[1]

美國的歐洲盟國急切地想參與蘇聯提議的會議，尼克松和基辛格則將其視作為跨大西洋聯盟的災難。1969年10月社會民主黨籍的勃蘭特當選為西德總理，他顯然將參與歐安會談判視作推行其新的「東方政策」（ostpolitik）的有用掩護。因而，在會議期間他接受了蘇聯的一些意見，並於1970年與蘇聯談判達成互不侵犯條約，承認了現有邊界的不可侵犯性。這些邊界線包括奧得河－尼斯河邊界（1945年戰後德國與波蘭之間的邊界）和兩德之間的邊界。1970年12月，他再次重申奧得河-尼斯河邊界，並正式放棄了之前西德所聲稱擁有主權（但在第二次世界大戰後由波蘭占有）的地區。無疑，這在西德國內引起巨大爭議。[2] 1972年，他進而與東德簽署條約，明確接受德國作為一個國家正處於分治的現狀。至少，西德希望通過與東德的和解，可能有助於削弱兩德間的不信任氣氛。

勃蘭特認為，通過緩和與和解減少緊張後，東德將逐漸與西德融為一體。尼克松的國家安全顧問（之後又擔任尼克松政府的國務卿），亨利·基辛格，則認為西德的設想過於天真。西方似乎很軟弱，共產主義者則一貫以擁有鋼鐵般的律己意識而著稱，西德為什麼認為東德就會放棄他們的理想以換取前者的貨物和資金？因而，基辛格認為勃蘭特已放棄了自己道德上的優勢。[3] 現在，西德已實質性地與前敵國（東德）展開了合作，他們選擇對東德政權的恐怖視而不見，並開始以行動軟化後者。

為了避免與東德的再次緊張，勃蘭特必須放棄對東德國內的持不同政見者的支持，並加大對這個共產黨政權的經濟援助。在此形勢下，東德同樣亦設法對西德的友善投桃報李。例如，允許國內年長的公民永久性地定居西德等。然而，正因為有西德的經濟輸血，特別是提供給東德的大量硬通貨，幫助東德政府渡過難關，進而使其避免進一步推行社會改革。盡管1974年勃蘭特下台，但他的「東方政策」仍一直持續到80年代。

在大西洋的另一邊，對尼克松和基辛格而言，勃蘭特的行為則顯示出歐安會體制所具有的強大影響力。至少，歐洲國家借此會議平台，能夠要求蘇聯作出了更多安全承諾。理論上，沒有美國的參與歐安會根本不可能召開，在議程中美國及歐洲國家設法獲得了兩項重要的讓步。首先，1971年蘇聯最終簽署了協議保證西方人能夠自由進出西柏林，進而結束了過去數十年中圍繞西柏林周期性爆發的危機。其次，蘇聯被迫

[1] 基辛格：《再生歲月》，第637頁（Kissinger, *Years of Renewal*, 637）；蘇聯將這些視作緩解當時東西方因捷克危機而持續緊張氛圍，以及限制新當選的尼克松總統行動自由的舉措。

[2] 阿林：《冷戰幻覺：美國、歐洲和蘇聯，1969—1989年》，第38頁（Allin, *Cold War Illusion*, 38）；鄧巴賓：《冷戰：大國和他們的盟國們》，第276頁（Dunbabin, *The Cold War*, 276）。

[3] 阿林：《冷戰幻覺：美國、歐洲和蘇聯，1969—1989年》，第39頁（Allin, *Cold War Illusion*, 39）。

同意與西方國家就軍備問題展開相互均衡裁軍（MBFR）談判，並於1973年1月簽署相關條約。[1] 由於東西方相互均衡裁軍談判進程得以啓動（盡管非常繁瑣），歐洲不必再要求蘇聯單方面裁軍了，而蘇聯基於合乎邏輯的理由亦不必以安全的原因而繼續增加在中東歐的軍事部署了。

　　基於類似的原因，尼克松能夠利用相互均衡裁軍談判，作爲緩解國會要求削減駐歐軍備壓力的工具。正如他告訴參議院所稱的，美國單邊削減軍事力量將破壞相互均衡裁軍機制，因爲蘇聯沒有義務因爲美國對本國軍備的削減而進行類似的裁軍。1970年11月，尼克松在國家安全委員會商討後決定，除了在相互均衡裁軍機制下進行的裁軍活動，否則美國不會削減駐歐洲軍事力量。之後，尼克松宣稱，如果美國單方面削減戰略武器，將使裁軍壓力轉向蘇聯，削弱《限制戰略武器條約》（SALT）的實施效果。[2]

　　在取得這些讓步的基礎上，1973年7月，歐洲安全和合作會議（CSCE）召開。

　　西德的「東方政策」的主旨框架使基辛格意識到，這是西德對美國的戰略弱點所作出的反應，因爲他們不再確信美國會冒舉國被毀的風險履行對歐洲援助的承諾。[3] 勃蘭特曾說過，北約必須認識到永遠不要指望以戰爭贏得冷戰，與東方達成某種形式的協調將是更好的選擇。無疑，在美國看來，西德如今正處於光滑的斜坡之上，只要勃列日涅夫顯示出其強硬，與東方的協調就意味著對勃列日涅夫要求的更多遷就（永遠不得反對蘇聯），也就是美國人所稱的「芬蘭化」（指非共產黨國家采取親蘇政策）。

　　對勃列日涅夫而言，西德的「東方政策」顯然是東西方「力量對比」正在傾斜的象徵。蘇聯對東西方力量平衡的測算包括通常的軍事因素，但同樣亦強調雙方社會的士氣和忍耐力。例如，在蘇聯看來，盡管從力量的常規測算上看，1940年的法國強於德國；但綜合各種因素後德國的整體實力更具優勢。現在，西方似乎正在失去其整體的勇氣，比如美國國內持續不斷的抗議（在蘇聯看來，這些都屬於親蘇的左翼政治運動）正迫使美國從越南撤離，在這種情況下，能指望美國再次與一個共產黨國家進行大規模戰爭嗎？更明顯的是，就在蘇聯支持北越繼續戰鬥以殺死更多美國人的同時，尼克松政府卻更願意支持緩和與東方的關系。據傳，基辛格曾私下說過，他竭盡全力所作的就是以優雅的方式應對西方不可避免的衰落（當然後來他激烈地否認此傳聞）。[4]

---

[1] 基辛格：《再生歲月》，第638頁（Kissinger, *Years of Renewal*, 638）。

[2] 阿林：《冷戰幻覺：美國、歐洲和蘇聯，1969—1989年》，第41-42頁（Allin, *Cold War Illusion*, 41～42）；孔茨：《黃油與槍炮：美國的冷戰經濟外交》，第192-211頁（Kunz, *Butter and Guns*, 192～211）。

[3] 阿林：《冷戰幻覺：美國、歐洲和蘇聯，1969—1989年》，第40頁（Allin, *Cold War Illusion*, 40）。

[4] 朱姆沃爾特：《警戒》，第319-321；還可參見阿林：《冷戰幻覺：美國、歐洲和蘇聯，1969—1989年》，第29-30頁（Allin, *Cold War Illusion*, 29～30）。

　　然而，令蘇聯沮喪的是，盡管實現了與歐洲諸國在一定程度上的和解，但要徹底解決掉北約仍難以實現，畢竟美國仍然是北約的核心。70年代初期，美國正處於經濟危機之中，部分是由於越南戰爭所帶來的龐大經濟負擔。隨著同期東西方關系緩和，蘇聯威脅的明顯降低，北約的歐洲盟國開始不太願意幫助美國解決其問題了。相應的，美國國會則要求尼克松將美軍撤離歐洲。但尼克松並不想這麼做，他對蘇聯的意圖從不抱有幻想。諷刺的是，同期歐洲人對相互均衡裁軍的迫切要求卻給了他重要的優勢。

　　1971年，美國出現了本世紀第一次貿易赤字，美國的出口正在衰落。尼克松擔心赤字將觸發國內經濟的進一步衰退，這將影響其1972年的連任。因而，1971年8月他立即采取了一系列短期的改善收支狀況的措施，包括使美元匯率在外匯市場上自由浮動（標志著布雷頓森林體系的瓦解），以維持美國經濟的增長。但此舉卻是以損害歐洲和日本的經濟爲代價的，例如，他允許美元匯率浮動後，美元大幅貶值使美國的出口產品價格比其他國家的商品價格更具競爭力。此外，第二次世界大戰後建立的布雷頓森林體系，盡管仍發揮著作用，但尼克松的決定不啻宣告了它的破產。以往美元直接與黃金掛鉤，很多國家因而能心安理得地將美元作爲自己的儲備貨幣，美元的發行不僅僅只是美國自己的事務。可以想象當時歐洲和日本人對尼克松如此輕率地作出此決定的憤怒。[1] 此時，歐洲盟國更無忌於批評美國70年代的一系列行爲，包括越南戰爭、1970年入侵柬埔寨和1972年的聖誕節爆炸案。

　　尼克松一直將歐洲視作美國全球戰略的中心，而越南則處於外圍地帶。在其取得1972年大選勝利並於次年1月開始新任期後，他認爲此時能夠集中力量修復與歐洲盟國的瀕臨破碎的關系了。不幸的是，同期他主使的「水門事件」被媒體曝光，並迅速爲此醜聞承擔了後果。1972年6月，在當年大選之前的准備階段，爲取得民主黨內部競選策略的情報，他所屬的數名工作人員闖入位於華盛頓水門大廈的民主黨全國委員會辦公室內，在安裝竊聽器並偷拍文件時被當場發現。這起事件的起因已永遠不可能再查清了，但尼克松本人顯然並未指令這次闖入。考慮到即將進行的大選，尼克松意識到如果此事被證明與他有聯系的話，他很可能輸掉選舉。因此，他利用其總統的所有職權竭力掩蓋共和黨高層卷入此次事件的事實，這也是此後他被認爲有罪的理由。當然，如果尼克松當時不那麼做，從而輸掉總統大選，國會中的民主黨人也不會寬恕他，他們已嗅到了血腥味。

　　除了阻撓調查和包庇外，尼克松還被指控涉嫌一系列廣泛的權力濫用問題，比如監視反戰人士（有時甚至是干涉其活動等）。在某種意義上，尼克松是約翰遜總統所決定參與的那場未經宣戰的戰爭的犧牲品。與此前遭遇戰爭危機中美國政府所采取

---

[1] 霍夫：《尼克松的再考慮》，第180頁（Hoff, *Nixon Reconsidered*, 180）。

的一些措施相比，尼克松被指控的很多過失並沒有多大不同。當然，唯一的不同就在於，其他的那些戰爭從國會角度看是經過宣戰程序合法進行的，即政府采取戰爭的行動是經過公眾討論並決策後的結果；而尼克松所作出的繼續進行戰爭的決定並未使戰爭有效凝聚美國國民的愛國意識（正如參聯會所希望的那樣），甚至進而使美國社會出現自內戰以來最糟糕的分裂。結果，國內反戰的聲音越來越大，政府對反戰的攻擊亦更加難以令人接受。此外，尼克松和他的閣員們很可能還高估了國內反戰運動所造成的社會失序問題。例如，他和基辛格曾提及30年代的德國，當時正是德國國內的緊張形勢爲納粹上台提供了機會，這實際上是表明他和基辛格內心曾擔憂因越戰而引起的國內分裂會使類似納粹主義這樣的極端勢力得利（其實他們低估了美國社會的自穩定性）。因而，在這種氛圍之下，尼克松團體內部一旦有人提出闖入民主黨總部的建議後，並未激起強烈的反對就不足爲奇了。[1]

　　1973年，尼克松宣稱當時將是所謂的「歐洲年」，但歐洲方面卻對此並未表現出興趣。[2] 例如，法國總統蓬皮杜曾譏諷十足地評價稱，對歐洲人而言，每一年都是「歐洲年」。同期，發展中的歐洲經濟共同體（EEC）似乎比老套的跨大西洋軍事聯盟更具重要意義。很多歐洲人更對基辛格此前所作的演講怨憤不已，他在演講中強調美國的全球責任與歐洲的區域利益之間的巨大差距，這顯然令歐洲人憤怒。

　　另外，尼克松還被迫承諾美國並不會永遠在歐洲維持其駐軍。[3] 而隨著時間的流逝，不斷發酵的水門丑聞最終侵蝕了尼克松在國會和政界的權威，很多重大問題，比如在即將展開的軍控進展約束下美國必須保持的軍隊規模、歐洲安全談判等，都逐漸脫離他的有效控制。

　　總體而言，70年代初東西方關系的緩和潮流令美國人感到困惑。美國人對勃列日涅夫似乎緩和的興趣更甚於冷戰對抗而感到滿足，然而卻又對蘇聯人繼續采購各種極具威脅性的新式導彈感到憤怒。隨著1973年7月9日這一天的到來，這一問題更加具體了。當天，蘇聯首次試驗了他們具備分導式多彈頭搭載能力的SS-17型洲際彈道導彈；同一天，蘇聯共產黨的期刊《共產黨人》公開刊出社論，中情局將此社論稱爲「過去10年內蘇聯公開發表的對未來美蘇關系最爲樂觀的評估」。社論中稱，美蘇關系已走過了最關鍵的轉折點，美蘇之間的相當多的合作因素已能阻止兩國逆轉回之前的冷戰關系中了。當然，整篇社論仍充斥著共產主義的常用措辭，比如，在「國際競技場」上，和平共存並不會削弱階級斗爭，同時文章還鼓吹蘇聯在全球民族解放事業和抵抗「資本主義意識形態」方面的義務與責任。[4] 無疑，文章中的很多內容不免有

[1] 霍夫：《尼克松的再考慮》，第269-274頁（Hoff, *Nixon Reconsidered*, 269～274）。

[2] 孔茨：《黃油與槍炮：美國的冷戰經濟外交》，第186頁（Kunz, *Butter and Guns*, 186）；阿林：《冷戰幻覺：美國、歐洲和蘇聯，1969—1989年》，第43頁（Allin, *Cold War Illusion*, 43）。

[3] 霍夫：《尼克松的再考慮》，第182頁（Hoff, *Nixon Reconsidered*, 182）。

[4] 特別國家情報評估（SNIE 11-4-73），《蘇聯戰略軍備項目和緩和：他們想要干什麼》，收錄於《中情局冷戰記錄》4：第297-308頁

陳詞濫調之嫌，但關鍵是其中首次承認緩和是永久性的。從此角度看，同一天進行的導彈試射只不過是某種形式的異常現象。

然而，好景不長，現實主義迫使東西方重返競技場只用了大約5年時間。在蘇聯的語境之下，與美國的「永久性友好關系」意味著美國將不再反對世界革命（即國際階級斗爭運動）。至於分導式多彈頭導彈的成功試射，只是蘇聯能這麼認為的一個理由（即美國不再阻礙其推行並完成世界共產主義革命，而導彈則是迫使美國放棄抵抗的手段）。因此，除非從美國的角度看待這篇社論，否則在蘇聯看來這篇社論傳達的信息並不矛盾。蘇聯不可能放棄與西方的斗爭，盡管他們也希望能夠在不引爆全球戰爭的前提下實現其目的。

就在東西方緩和的時期，1973年10月中東再次爆發戰爭，戰爭亦被稱為「贖罪日戰爭」。戰爭再次證明東西方超級大國的附庸國們（盡管只具有名義上的主從關系），能夠影響強權之間的關系。1970年，納賽爾帶著未能洗雪1967年恥辱的遺憾去世。他的繼任者，安沃爾・薩達特（Anwar Sadat）執政後同樣拒絕接受以色列強占蘇伊士運河對岸西奈半島的事實。1971年，他與蘇聯簽署了一份軍事援助條約，根據此條約他必須在計劃任何針對以色列的戰爭之前知會蘇聯政府。[1] 同時，他向美國提議恢復兩國的關系，並提出維持與以色列和平的條件，即後者必須撤出通往西奈半島的通道。以色列人當然拒絕了他的要求，而不管基辛格曾從中斡旋，但美國可能由於其政府的分裂並未能阻止戰爭爆發。[2]

1972年7月，薩達特驅逐了在埃及的蘇聯軍事顧問。尼克松認為埃及人可能對與美國達成某種交易感興趣，因此他要求基辛格打通一條通往薩達特的「暗道」。[3] 另一方面，薩達特可能認為，將其國內的蘇聯人都驅逐後，他就能使蘇聯無法知曉該國正在緊張進行著的戰爭准備。他可能還認為，之前他與尼克松建立的秘密聯系渠道在危機發生時能限制美國對以色列的援助。1973年，薩達特獲得了敘利亞人的同意，兩國決定共同突然發起一場針對以色列的戰爭。

戰爭爆發後，勃列日涅夫仍忙於鞏固他在克里姆林宮裡的地位。此前他曾計劃舉行世界和平大會，用以慶祝他在國際關系中的卓越表現。[4] 與美國的合作幫助勃列日涅夫在內部斗爭中取得勝利。相反地，任何有損於國際關系緩和的事件無疑都將在這一特定的時間點有損勃列日涅夫的威望，贖罪日戰爭就是這樣的事件。另一方面，國際形勢的緩和必須與可能的危險相權衡，如果蘇聯致力於維持和平會將阿拉伯國家及

（"Soviet Strategic Arms Programs and Detente: What Are They Up To", in CIA 4:297～308）。

[1] 伊斯拉埃揚：《贖罪日戰爭期間的克里姆林宮內幕》，第9頁（Israelyan, Inside the Kremlin, 9）。

[2] 阿林：《冷戰幻覺：美國、歐洲和蘇聯，1969～1989年》，第46頁（Allin, Cold War Illusion, 46）。

[3] 艾薩克森：《基辛格傳》，第311頁（Isaacson, Kissinger: A Biography, 311）。

[4] 伊斯拉埃揚：《贖罪日戰爭期間的克里姆林宮內幕》，第148-149頁、第177-178頁（Israelyan, Inside the Kremlin, 148～149, 177～178）。

其他盟國驅向中國的話，那麼這樣的緩和與和平寧可不要。[1] 而在同期的美國，尼克松則正忙於應付越來越難以收拾的水門醜聞，「星期六之夜大屠殺」事件（1971年10月一個周末的夜晚尼克松總統下令解除水門事件特別檢察官考克斯職務）亦在戰爭期間發生。[2]

勃列日涅夫不希望中東在這個時候爆發戰爭，無論阿拉伯國家是勝利還是失敗，蘇聯都面臨難題。如果阿拉伯國家像他所預期的那樣打輸了戰爭，他們會抱怨蘇聯為他們提供了劣制軍事裝備（當然失敗的原因肯定不是他們自己）；考慮到埃及人已轉向了西方（盡管此時蘇聯並未意識到薩達特已與美國建立了聯系渠道），戰爭結束後，蘇聯在此地區的經營將更加困難。另一方面，如果阿拉伯國家贏了，他們將不再需要蘇聯為其供應武器，蘇聯同樣很難再吸引住這些國家。對蘇聯而言，最好的結果無疑是戰爭陷入僵局，現有的敵對狀態和氛圍維持下去。[3] 然而，不為蘇聯所知的是，1972年11月30日時，薩達特就已下定進行戰爭的決心了。[4]

大約在1973年10月4日，蘇聯掌控到埃及和敘利亞軍隊計劃於開羅當地時間10月6日下午2時左右發動戰爭。[5] 埃、敘兩國政府都對蘇聯保密，並未以正式渠道將戰爭計劃告知蘇方，據推測蘇聯也是通過其潛伏在阿拉伯國家政府內部的間諜才獲知此消息。勃列日涅夫無法阻止兩國發動戰爭，盡管他說過最好不要訴諸戰爭解決問題。也許最重要的是，他和蘇共政治局的高層們在得知此事後決定，無論如何，蘇聯都不會為支持阿拉伯國家而卷入戰爭。[6] 就在戰爭爆發前，敘利亞總統哈菲茲·阿薩德，告訴蘇聯駐該國大使稱，敘利亞正計劃實施一次短暫的攻勢以奪取被以色列占領的戈蘭高地；一旦他成功達成戰爭目的，他希望蘇聯能夠出面調停並尋求以色列的停火，如此使以色列再無法重新奪回重要的戈蘭高地。[7] 當蘇聯就此詢問埃及政府時，薩達特對此含糊其詞，並不願告知蘇聯真相。[8] 當然，蘇聯更重視埃及，畢竟該國占據著具備戰略意義的蘇伊士運河，而且此前納賽爾時期兩國曾建立了緊密的關係。相比之下，敘利亞的阿薩德則是激進的阿拉伯民族主義者，而非國際主義者，其代表的政治勢力是復興社會黨的分支，他更受到敘利亞國內共產主義者（莫斯科的友好擁護者）的廣泛抨擊。

獲得戰爭即將爆發的預警後，蘇聯很快將其在埃及的國民撤出。埃及方面曾詢問

[1] 伊斯拉埃揚：《贖罪日戰爭期間的克里姆林宮內幕》，第215頁（Israelyan, Inside the Kremlin, 215）。
[2] 尼克松曾下令解雇阿奇博爾德·考克斯，後者是調查水門事件的特別公訴人，但當時任司法部長艾略特·理查森拒絕接受他的命令解雇考克斯後，他又准備解雇司法部長的職務。最終，羅伯特·伯克解除了公訴人。這場混亂導致了今日美國對此類問題的法律指導，即調查行政部門的特別公訴人再無法被他們所調查的行政部門所解雇。
[3] 伊斯拉埃揚：《贖罪日戰爭期間的克里姆林宮內幕》，第16-17頁（Israelyan, Inside the Kremlin, 16～17）。
[4] 范·克瑞福德：《劍與橄欖：以色列國防軍的重要歷史》，第220頁（Van Creveld, The Sword and the Olive, 220）。
[5] 伊斯拉埃揚：《贖罪日戰爭期間的克里姆林宮內幕》，第3頁（Israelyan, Inside the Kremlin, 3）。
[6] 伊斯拉埃揚：《贖罪日戰爭期間的克里姆林宮內幕》，第33頁（Israelyan, Inside the Kremlin, 33）。
[7] 伊斯拉埃揚：《贖罪日戰爭期間的克里姆林宮內幕》，第14頁（Israelyan, Inside the Kremlin, 14）。
[8] 伊斯拉埃揚：《贖罪日戰爭期間的克里姆林宮內幕》，第9-10頁（Israelyan, Inside the Kremlin, 9～10）。

蘇聯政府，這些空運撤僑的行動是否會引起美國人和以色列的關注，並洩露即將爆發的戰爭信息，蘇聯外交部長葛羅米柯回復稱，蘇聯公民的生命更爲重要。[1] 由蘇聯高級外交官員作出這樣的表態似乎意味著，勃列日涅夫希望利用這種方式最終中止阿拉伯國家的戰爭計劃。如果是這樣的話，那麼他可能難以如願了，因爲美國正自我麻痺地想象著戰爭不可能爆發。當時美國政府正試圖敦促各國談判以達成和平協議，而且據推測美國亦不願想象埃及人正嚴肅地准備著戰爭。基辛格個人曾向以方保證稱，埃及人的戰備並不意味著戰爭。後來他對薩達特總統的開戰決定表達出純粹、全然的欽佩之情，不是爲其贏得戰爭重新奪回領土，而是爲埃及堅決的進攻行動所給予以方的心理震撼。最終這種震撼促使阿拉伯國家和以色列真正冷靜下來以締造和平。

　　對於即將到來的戰爭，以色列情報機構毫無建樹。[2] 1970年自薩達特成爲總統以來，他就經常稱1971年將是「決定性的一年」，因爲他將解放西奈半島，哪怕以失去數百萬計的埃及人爲代價。然而當這一年最終過去時戰爭並未爆發，因而很多以色列人將薩達特視作一個只會吹噓的無能之輩。[3] 贖罪日戰爭爆發前，薩達特也曾計劃以空軍攻擊以色列南部的沙姆沙伊赫地區，但由於當時印巴戰爭爆發，他最終放棄了此計劃。[4] 印巴戰爭爆發後，以色列曾部分進行了動員，但之後並未等到預料中的進攻。之後，1972年12月薩達特又計劃了一次針對西奈的軍事行動，埃及准備動員1個傘兵旅空降到西奈，奪占並守住半島領土，然而以拖待變等聯合國采取干涉行動後結束戰爭。以色列方面同樣意識到了薩達特的行動，由於防備緊密此計劃最終被取消。[5] 以上種種虛警事件無疑麻痺了以色列人，他們相信薩達特不會真正有所行動。

　　進入1973年後，以色列注意到了更多戰爭征兆，包括1973年春埃軍的集結，以軍甚至注意到埃軍演練向運河地域機動的情況。[6] 對此，薩達特大放煙幕，例如他公開稱進攻的關鍵是充實埃軍的遠程「飛毛腿」導彈（射程僅180英里，但對埃軍而言確實是遠程武器），這是埃及和敘利亞能夠威脅到以色列人口中心的主要武器。埃軍認爲這種導彈可抵銷以軍的空中優勢。對於以色列空軍，埃軍非常忌憚，在此前的戰爭中以色列的空軍曾顯示出極強的影響戰局走向的能力。因此，埃及一直要求蘇聯向其提供此類導彈，1973年4月首批導彈秘密運抵埃及。[7]

　　事實上，埃及原計劃於當年5月發起進攻，但他們後來放棄了。下一個選擇的時間點（很大程度上基於蘇伊士運河的潮汐變化選擇）將在當年秋季出現。接著，埃軍

---

[1] 伊斯拉埃揚：《贖罪日戰爭期間的克里姆林宮內幕》，第5頁（Israelyan, *Inside the Kremlin*, 5）。

[2] 阿林：《冷戰幻覺：美國、歐洲和蘇聯，1969—1989年》，第48頁（Allin, *Cold War Illusion*, 48）。

[3] 范·克瑞福德：《劍與橄欖：以色列國防軍的重要歷史》，引219-220頁（Van Creveld, *The Sword and the Olive*, 219～220）。

[4] 赫佐格：《阿以戰爭：自黎巴嫩獨立戰爭以來的中東戰爭與和平》，第234頁（Herzog, *The Arab-Israeli Wars*, 234）。

[5] 赫佐格：《阿以戰爭：自黎巴嫩獨立戰爭以來的中東戰爭與和平》，第234頁（Herzog, *The Arab-Israeli Wars*, 234）。

[6] 與約翰·阿道夫·格拉夫·馮·基爾曼塞格將軍的訪談，收錄於法爾茨格拉夫和戴維斯：《國家安全決策：參與者的發言》，第285-286頁（Gen. Johann Adolf Graf von Kielmansegg, interview, in *National Security Decisions*, ed. Pfaltzgraff and Davis, 285～286）。

[7] 赫佐格：《阿以戰爭：自黎巴嫩獨立戰爭以來的中東戰爭與和平》，第227-228頁（Herzog, *The Arab-Israeli Wars*, 227～228）。

開始以10月份爲時間節點全力進行戰備，以色列情報部門則將這些准備工作視作埃軍的一次演習，或者最糟糕的情況，也只是埃及方面的戰爭邊緣行動。爲應對可能的戰事，以軍指揮官曾命令進行動員，但顯然動員耗費巨大，最終以色列還是認爲他們的對埃軍動向的評估是正確的，因此動員亦被解除。戰爭爆發前夕以軍動員的經驗應該得到北約的重視，後者的動員同樣牽涉甚廣非常痛苦，但如果時機把握不當極可能招致開戰初期的極度被動。

最終，以色列過於自信的評估誤了大事，而且埃及人似乎已意識到以色列人的想法，因此他們發起了一系列的戰略欺騙和誤導行動。戰爭爆發後，以色列大驚失色，埃及人獲得了完全的戰術突然性。

1973年9月底，埃軍和敘軍在兩國與以色列邊境已開始了明顯的集結，然而，以色列情報機構的負責人仍堅信這些戰爭跡象只是防禦性的，阿拉伯人害怕以軍的進攻。以色列人無疑過於自信了，他們以爲此前多次挫敗阿拉伯國家軍隊後，已使其失去了進攻的勇氣，而這次埃敘軍隊要再次發動有效的進攻完全是不可想象的。即便如此，以色列仍准備在需要時動員其軍隊，這也是自1967年以來以軍首次全面動員。[1]以色列方面此時更擔心過敏的神經將導致過分的反應。然而，在中東火熱的戰爭氛圍之中，戰爭一觸即發。

再一次的，北約應吸取這次戰爭中以色列政府的教訓，後者輕易地拒絕相信大量明顯的戰爭症候，過於輕信自我的感覺。後來，多個國家政府研究了此次戰爭中埃軍如何實現行動的全面突然性，得出結論認爲，受到突然襲擊的國家通常擁有足夠的關於戰爭症候的信息，對即將到來的戰爭毫無防備很大程度上是由於他們自欺欺人般的自信。

1973年10月4日，蘇聯掌握到戰爭即將爆發的情報，同日，以色列情報機構向總理戈爾達·梅耶（Golda Meir）發出預警。[2]她當即決定擴大動員規模（達到計劃動員量的兩倍），但拒絕了情報機構和軍方提出的實施預防性先制打擊的建議。也許，她並不想相信戰爭正在來臨。曾有評論認爲，她擔心以軍先制的進攻將使美國疏遠自己。相較而言，美國的情報機構對此次戰爭的反應似乎慢了半拍，基辛格只是在戰爭爆發前幾小時才向以色列發出戰爭預警，而在戰爭爆發的時刻美國才通過蘇聯駐華盛頓大使向蘇聯轉達了類似信息。[3]

埃及和敘利亞的突然進攻完全達成了戰術上的突然性，此時以色列的動員仍未完成。此外，進攻爆發時以軍駐運河區域的戰術指揮官並未指揮其部隊積極機動應敵，

[1] 范·克瑞福德：《劍與橄欖：以色列國防軍的重要歷史》，第223頁（Van Creveld, *The Sword and the Olive*, 223）。

[2] 范·克瑞福德：《劍與橄欖：以色列國防軍的重要歷史》，第224頁（Van Creveld, *The Sword and the Olive*, 224）。

[3] 伊斯拉埃揚：《贖罪日戰爭期間的克里姆林宮內幕》，第21-22頁（Israelyan, *Inside the Kremlin*, 21～22）。

這明顯是避免挑釁埃及人。[1] 1973年10月6日，在猶太民族最神聖的贖罪日當天下午，埃敘兩國聯軍共同引爆了戰爭。當戰爭爆發時，由於以國內所有人都在家中齋戒和爲贖罪禱告，因此以軍的動員非常迅速和完全。同時，埃及和敘利亞宣稱，戰爭是因以他們所設想的以色列軍隊的進攻而挑起的，這很可能是在爲他們未能按1971年條約約定發出預警而找的借口。[2] 無論如何這些都不重要了，戰爭初期埃及迅速渡過蘇伊士運河，進入西奈縱深地域；而敘利亞軍隊亦全面占領戈蘭高地。面對有限的裝備儲備和初戰不利的沮喪士氣，以色列似乎正面臨著災難。

但阿拉伯人在獲得戰爭初期的勝利後並未能徹底擊敗以軍，以軍很快集結其最具機動性的力量（空軍和裝甲部隊），率先向西奈的埃軍發起了反擊。爲對抗以軍的空中優勢，埃軍在渡河的同時沿運河部署了大量先進蘇制防空系統，導致在以軍以空中力量反擊時大量以軍機被擊落，還有不少飛機被前線埃軍部隊的便攜式防空導彈所摧毀。至於以軍的裝甲部隊，則在實施反突擊時因遭到埃軍部隊大量火箭彈和遠程線導導彈的攻擊，而損失慘重。後來，有以色列老兵稱在這場戰爭中他們爲自己的傲慢自大付出慘重的代價。[3] 在前期殘酷的戰斗中，以軍意識到埃軍的裝備已不可輕視，但同時更感到埃軍的戰術並未完全發揮出其武器的效能。[4] 另一方面，以軍自身的配合也差強人意，如果以軍派出步兵爲其坦克部隊提供更好的配合與支援，進入半島的埃軍部隊可能更快地被擊潰；遠程炮兵部隊也未得到很好的應用，比如爲前線部隊提供及時、精確的支援，打擊埃軍前沿的防空導彈設施等。這種兵種高度合成的作戰方式在西方已是標准的戰場原則，但此時在面對更爲不堪的阿拉伯國家軍隊時，似乎也就沒有那麼重要了。

對埃及人而言，蘇聯以新武器裝備的形式爲自己的行動提供了更多勝利的機會；而對美國人而言，這些廉價的各類導彈，特別是反坦克導彈和防空導彈，能夠急劇的削減進攻方投資在昂貴的坦克和戰機方面的價值。這種情況同樣適用於歐洲，蘇聯顯然在那裡擁有更大的地面裝甲優勢。短暫而激烈的戰爭結束後，美國人重新審視以軍經驗，可能也會想起1972年在越南實施復活節攻勢期間，他們的陶式反坦克導彈曾發揮的重要作用。

敘利亞方面，敘軍在維持了初期的攻勢後很快就在戰爭第二階段失去銳勢（對蘇聯和以色列而言，這完全無法解釋）。在占領戈蘭高地後，正如他所計劃的那樣，阿薩德即要求蘇聯盡快提出停火。但薩達特拒絕如此，他感覺他的戰爭正進行得很好，沒有必要這時停火。蘇聯方面則認爲薩達特被一時形勢所蒙蔽，因爲埃軍並不如他所

[1] 范·克瑞福德：《劍與橄欖：以色列國防軍的重要歷史》，第225頁（Van Creveld, *The Sword and the Olive*, 225）。

[2] 伊斯拉埃揚：《贖罪日戰爭期間的克里姆林宮内幕》，第31-32頁（Israelyan, *Inside the Kremlin*, 31~32）。

[3] 沃爾德：《沃爾德報告：1967年以來以色列國家安全的衰退》，第104-110頁（Wald, *The Wald Report*, 104~110）。

[4] 范·克瑞福德：《劍與橄欖：以色列國防軍的重要歷史》，第232頁（Van Creveld, *The Sword and the Olive*, 232）。

想象的那麼善戰，西奈半島上多處關鍵的通道和要點仍在以軍掌控之中，而埃軍部隊並未有效地奪占這些地點或是擊潰以軍。[1] 但沒人告訴薩達特，除非他能很快結束戰爭，否則他將注定會失敗。

在戰初以軍遭受巨大損失，眼看就難以繼續堅持下去的時候，美國政府決定緊急以空運形式向以色列提供軍援。美國很快發現歐洲盟國對幫助以色列毫無興趣，由於擔心會觸怒阿拉伯世界，他們甚至禁止美國援以的飛機利用其基地起飛或通過其空域。[2] 唯一的例外是葡萄牙、荷蘭和西德，特別是葡萄牙位於北大西洋的亞速爾群島上的基地，被證明爲美國本土起飛的援以飛機的補給提供了至關重要的幫助。[3] 爲了保證從美國本土起飛的飛機直飛以色列，部署在地中海上的美軍航母編隊甚至都起降加油機爲運輸機空中加油。正如1967年時一樣，由於條約對北約在歐洲以外地區軍事行動的限制，因此北約基本上無法影響戰爭。

戰爭的第二階段，以色列人改變了其戰術。以軍首先在西奈集結其力量，准備穿透埃軍的防線、甚至強渡運河進入埃方一側境內機動作戰。另一方面，由於埃軍根本無力抵御住以軍的進攻，盡管期間兩軍曾多次展開激烈交戰，但以軍還是成功突破其防線進至運河沿岸區域。在兩周內，以軍已粉碎埃軍沿運河部分地區的防線並開始渡過運河。期間蘇聯再次告誡薩達特，是時候尋求與以軍的停火了。短時間內，以色列軍隊（顯露出）可能具備攻占開羅的態勢。但薩達特仍然不甘心失敗繼續自欺，並宣稱只有少量以軍坦克渡過運河，而此時蘇聯知道以軍渡河的兵力已達1個師。[4]

之後，直到10月21日，薩達特才突然意識到他所面臨的局勢多麼令人絕望。同時，勃列日涅夫邀請基辛格赴莫斯科商討中東的戰事，兩國共同擬制了聯合國安理會關於此次戰爭的決議。[5] 基辛格的戰略是既不能讓以色列遭受失敗，又不可對阿拉伯國家造成羞辱，並就長期而言希望美國重建與薩達特的友好關係。[6] 對勃列日涅夫而言，亦感到有必要積極采取行動恢復局勢的緩和，美蘇兩大強權應保證世界的和平。薩達特當然希望自己獲得最後的勝利，爲了挽回敗局，他曾想利用短程的飛毛腿導彈襲擊以縱深目標，但這些導彈的發射都嚴密地置於蘇聯控制之下。因此他向蘇聯大使提出要求，請蘇聯國防部長安德烈‧格列奇科允許埃軍發射這些導彈，向以色列顯示埃軍的意志。格列奇科並未征詢勃列日涅夫和外交部長葛羅米柯的建議，直接就批准埃軍發射1枚導彈（射向一處非目標的空曠地域）。葛羅米柯得知消息後當即就否決

[1] 伊斯拉揚：《贖罪日戰爭期間的克里姆林宮內幕》，第53-56頁（Israelyan, *Inside the Kremlin*, 53～56）。

[2] 與布蘭特‧史考克羅夫特的訪談，收錄於法爾茨格拉夫和戴維斯：《國家安全決策：參與者的發言》，第287-288頁（Brent Scowcroft, interview, in *National Security Decisions*, ed. Pfaltzgraff and Davis, 287～288）。

[3] 阿林：《冷戰幻覺：美國、歐洲和蘇聯，1969～1989年》，第43-44頁（Allin, *Cold War Illusion*, 43～44）。

[4] 伊斯拉揚：《贖罪日戰爭期間的克里姆林宮內幕》，第105頁、第107頁（Israelyan, *Inside the Kremlin*, 105, 107）。

[5] 伊斯拉揚：《贖罪日戰爭期間的克里姆林宮內幕》，第121-122頁（Israelyan, *Inside the Kremlin*, 121～122）。

[6] 與托馬斯‧摩爾海軍上將的訪談，收錄於法爾茨格拉夫和戴維斯：《國家安全決策：參與者的發言》，第286頁（Adm. Thomas Moorer, interview, in *National Security Decisions*, ed. Pfaltzgraff and Davis, 286）。

了軍方的建議，但後繼否決發射的指令發抵埃及時為時已晚，因為幾分鐘前導彈剛剛完成發射。[1]

此時，以軍的進攻部隊已對埃及第三集團軍形成包圍，一旦以軍將該集團軍完全消滅，其通往開羅的道路就將被打開，而埃及將不得不投降。面對由勝轉敗，乃至最終不得不投降的局面，埃及人仍企圖翻盤，他們繼續拒絕接受聯合國的停火決議，薩達特總統到處尋求支援，以求更體面的停戰。現在仍不完全清楚他是否已知道蘇聯當時決定決不會參戰的事實。另一方面，對於以色列在獲得美國大力援助後不斷反攻，蘇聯認為這是美國人口是心非的表現：基辛格根本未像其允諾般要求以色列實施停火。因此，蘇聯方面立即向華盛頓發出一份措辭強硬的照會，聲稱如果停火未得到執行蘇聯威脅將采取非特定的單方面措施。對勃列日涅夫而言，此照會要求尼克松盡快履行其強制以色列停火的允諾，因而其中表達出的威脅之意被刻意減弱。[2] 但此照會發抵華盛頓時，尼克松已經入睡，他的國家安全顧問，亞歷山大·黑格將軍在獲得此照會文本後拒絕立即喚醒總統處理此事。顯然，他認為尼克松此時因水門事件正處於心煩意亂之中（自從「星期六之夜大屠殺」以來尼克松就面臨著被彈劾的危險），並不適合就此作出嚴肅的決策。同時，基辛格緊急召集國家安全委員會商討蘇聯的照會，為以防萬一，經商討後國安委決定提升全球美國武裝力量的核戒備狀態，作為對蘇聯照會的初步回應。[3]

另一方面，在發覺全球美軍的異動後，蘇共政治局也陷入驚慌和混亂之中。次日，尼克松宣稱他已提升美軍戰備等級以應對蘇軍類似的戒備狀態，但事實上蘇共政治局根本未發布類似的全面戒備命令。基辛格和黑格可能將蘇聯照會中威脅的內容，與觀察到的部分蘇聯空降兵部隊及其在地中海的艦隊的戒備行動（格列奇科在其職權范圍內就能調動）聯系起來，因而作出提升全球美軍戰備等級的決策。但是，蘇聯外交官員在重新審查照會內容後並未意識到美國人已將一些信息錯誤地聯系在一起，因而將美國的緊張視作嘩眾取寵（當時一名國家安全委員會官員的回憶就是證據）。[4] 在當時蘇聯的種種姿態和行動中（後來尼克松亦曾引用這些事例），似乎值得注意的就是那次唯一的飛毛腿導彈發射行動，而格列奇科之所以會批准發射，只是將其視作對屢遭失敗的埃及人的些許心理安慰。

基辛格經常利用調動軍事力量和調整軍隊戒備等級來傳達他的信息。[5] 戰爭爆發後，他就急切地想要使以色列相信，如果他們再不見好就收可能很快接踵而至的就是災難。基辛格對戰爭結局亦作了相當周密的考慮，在他看來，如果以色列完全消滅了

[1] 伊斯拉埃揚：《贖罪日戰爭期間的克里姆林宮內幕》，第143-145頁（Israelyan, *Inside the Kremlin*, 143～145）。

[2] 伊斯拉埃揚：《贖罪日戰爭期間的克里姆林宮內幕》，第167-170頁（Israelyan, *Inside the Kremlin*, 167～170）。

[3] 艾薩克森：《基辛格傳》，第530-531頁（Isaacson, *Kissinger: A Biography*, 530～531）。

[4] 伊斯拉埃揚：《贖罪日戰爭期間的克里姆林宮內幕》（Israelyan, *Inside the Kremlin*），摘自與作者的私人通信。

[5] 艾薩克森：《基辛格傳》，第529頁（Isaacson, *Kissinger: A Biography*, 529）。

埃軍第三集團軍，薩達特很可能將下台並被某個激進的親蘇人士所取代。[1] 相反，如果美國能夠力促以色列停火並避免薩達特下台，就能向薩達特證明美國（而非蘇聯）是其在中東地區最有價值的盟友。無疑，基辛格的戰略目標在於消除蘇聯對該地區影響力。爲了實現此目標，他必須防止蘇聯向埃及派駐任何用於監督停火的軍事力量，同時既要避免任何提升軍隊戰備等級的消息提前走漏出去（引起盟國和其他國家不必要的恐慌），還得確保蘇聯能夠覺察到美國武裝力量的異常（如此使蘇聯也提高其部隊戒備程度並謹慎處理調動部隊進入中東的事宜），當然這幾乎不可能做到，畢竟美軍部隊提升戰備等級涉及大量部隊，總會引起盟國的注意。事實上，這果然引發了北約歐洲盟國的不快，他們將這視作美國不負責任的另一例證。[2] 一些國家因爲只得到美國很少的通報（甚至毫不知情）而感到憤怒。[3]

尼克松之後曾稱，兩個超級大國在此次戰事的斡旋中再次接近戰爭。勃列日涅夫和他的政治局同事們對形勢具有很好的感覺，在美國提升軍隊戒備程度並廣泛引發關注後，他們未再加大籌碼。當然，作爲對蘇聯謹慎反應的回報，勃列日涅夫的世界和平大會舉辦得非常成功，這爲他提供了有價值的威信與聲望。

第四次中東戰爭期間，中東阿拉伯主要石油生產國爲打擊對手以色列以及支持以色列的美國等西方國家，宣布石油禁運。然而，美國進口的石油中只有17%的份額來自中東國家，美國仍然是主要的石油生產國。但即便如此，當美國人爲了加油而大排長隊時也不得不承認中東國家以石油爲武器的威力。實際上，此時美國也感到自身實力正在下降。另一方面，勃列日涅夫則在阿拉伯國家間緊急斡旋並勸導它們停止石油禁運，因爲理論上如果禁運一直持續下去將迫使北約奪占中東產油區以獲得能源供應（事實上，當時關於美國要進行一場石油戰爭的傳言曾甚囂塵上，但都只是謠言）。

更爲重要的是，歐洲各國（除了支持阿拉伯國家的英國和法國）已准備將國內每月的石油消費量削減5%，直到以色列撤軍禁運解除。因此，在中東戰爭問題上，大部分歐洲國家都持督促以色列撤軍的態度。1973年12月，爲了鼓勵這些歐洲國家以及日本，石油輸出國組織中止了減產計劃，這些國家不久亦多采取更爲親阿的立場。

在由戰爭引發的此次世界性石油危機中，石油價格的變動之大令人震驚。10月16日，6個波灣產油國宣布提高石油價格，每桶原油從之前的3.01美元升至5.12美元；至當年12月22日，歐佩克（OPEC）國家石油部長再次宣布將價格提升至每桶11.65美元。隨著油價提升，財富開始大規模轉移至波灣產油國手中。到1974年初，由於石油危機所引發的經濟衰退席卷整個西方世界，並一直持續了近10年時間。這次危機同樣波及美國，使美國自越南戰爭後軍事力量的恢復更爲艱難。對歐洲各國而言，在經濟

[1] 阿林：《冷戰幻覺：美國、歐洲和蘇聯，1969—1989年》，第47頁（Allin, *Cold War Illusion*, 47）。

[2] 阿林：《冷戰幻覺：美國、歐洲和蘇聯，1969—1989年》，第49頁（Allin, *Cold War Illusion*, 49）。

[3] 與布蘭特·史考克羅夫特的訪談，收錄於法爾茨格拉夫和戴維斯：《國家安全決策：參與者的發言》，第289頁（Brent Scowcroft, interview, in *National Security Decisions*, ed. Pfaltzgraff and Davis, 289）。

危機的重壓之下，各國表現的並不如口頭宣稱的那樣團結。對於蘇聯，則享受了高油價時代給它帶來的狂歡，危機使蘇聯獲得了更多它所急需的石油美元，使之擁有充實的資金發動針對西方的隱蔽戰爭。

埃及人最終獲得了有限的勝利，這給了薩達特足夠的聲望並願意考慮達成一個和平協議。正如勃列日涅夫所擔憂的，戰爭結束後薩達特轉向了西方。之後，在美國的反復斡旋下，埃以於1978年達成協議，以色列將從西奈半島撤軍，作爲回報埃及將承認以色列並與其簽署和平條約。至此，薩達特放棄了納賽爾長期以來所堅持的披著泛阿拉伯主義外衣的埃及民族主義意識形態，這亦符合埃及減輕軍事負擔的長期利益。

第四次中東戰爭表明美蘇兩國所致力於實現的國際形勢緩和政策仍有局限，世界仍然充滿著矛盾與戰爭。美國國會不再要求政府削減軍費，轉而要求盟國更多地分擔美國所承擔的安全義務。尼克松曾竭力反對削減軍事開支，而現在他因此大出風頭。至於相互均衡裁軍則沒有了下文。

贖罪日戰爭雖然只在中東進行，但戰爭具體實施和進展的方式卻預示著未來美蘇在歐洲戰場上所進行戰爭的基本形態。很多人將其視作第一次導彈戰爭，小型化的（通常是便攜式的）導彈武器有史以來第一次展現出對抗昂貴的戰機和坦克的潛在價值。雖然很多類似的新型武器已應用於越南戰爭，但都沒有這次戰爭那麼具有公眾沖擊力。阿拉伯軍隊借助新型的蘇制武器取得的戰果似乎表明，至少在一段時間以內，它們可以在裝備和技能方面彌補阿軍與以色列軍隊的差距。如果西方軍隊擁有大量小型導彈武器系統，也許它們就能彌補東西方在常規力量方面的差距，畢竟蘇聯在坦克和裝甲車輛研制與部署方面投入龐大資源。

從更宏觀的視角觀察這場戰爭，其中最具決定性的階段，實際上也可視作一場北約與華約圍繞中歐前線進行突破與反突破的微縮化的預演——以軍的裝甲突擊集團強渡埃軍蘇伊士運河防線，對埃軍第三集團軍實施了包圍。期間，埃軍扮演著北約的角色，而以色列則可看作是蘇聯。對北約的戰爭計劃者而言，埃軍在戰爭初期成功地阻止了以軍在西奈半島上的突破，表明缺乏充足裝甲力量的一方有可能阻攔住另一方的裝甲突擊行動，而要達成這種可能的關鍵是裝備大量廉價的單兵反坦克導彈和火器。無疑，這種導彈是北約能夠負擔並大量裝備的，同時這類導彈的使用靈活性（可由攻擊直升機、輕型車輛或掘壕固守的步兵發射）亦爲發展出更爲精巧的反裝甲戰術提供了可能。

因而，從此角度看，亦可將埃軍後期的失敗視作是其裝備的廉價反坦克導彈數量不足所致的結果，以軍初期的攻擊耗盡了防御者的導彈儲備，後繼裝甲梯隊的繼續進攻則實現了突破。這正是當時蘇聯准備在中歐所實踐的突破戰術。[1]

---

[1] 貝拉米：《現代陸戰的演進》，第121頁。

北約進一步意識到，在初期使用反坦克導彈應對蘇聯的裝甲集群後，將導致兩個後果，一是己方前沿導彈儲備耗盡，二是前沿充斥著大量裝甲車輛殘骸。就算此時己方從後方調集了反坦克導彈，在夾雜著殘骸的戰場上繼續打擊後續跟進的裝甲梯隊仍可能存在著問題。技術性的問題在於，人眼能夠輕松分辨出待打擊的坦克目標（而非已被摧毀的殘骸），但導彈簡單的傳感引導系統則難以發現兩者之間的區別。因此，蘇聯和北約第二代的便攜式反坦克導彈普遍采用全程由人員操控的方式，前沿的導彈操作人員在發射後始終監控著導彈，直至其最後擊中目標。當然，這種使用方式亦存在缺陷，操作人員及導彈無法對視距外的目標（如後繼梯隊）實施打擊。

如果由戰機搭載新型的「靈巧炸彈」對後繼裝甲梯隊實施打擊可能取得更好效果，但在贖罪日戰爭中這種方式似乎並不理想。例如，戰爭初期以色列空軍始終未能摧毀埃軍在運河地區的橋頭堡，原因在於蘇聯提供給埃軍的防空導彈系統嚴密地保護著這些重要目標。但對以軍幸運的是，這些防空設施都是固定設置的，無法伴隨埃軍向前推進，否則戰爭後期不會那麼輕松。當然，考慮到蘇軍擁有遠比埃軍完善得多的機動式防空導彈體系，在歐洲戰場上執行遮斷攻擊任務的北約空軍無疑將面臨更大的風險。

對北約而言，要對付龐大的蘇聯裝甲集群，再就是使用戰術核武器了。它們可用於從較遠距離外對諸如坦克突擊集群這樣的大面積目標實施攻擊，以往曾廣泛地假定認為蘇聯和北約在戰爭中都會使用這類武器。然而，現在蘇聯已發展出了無需使用它們的充足的常規作戰能力，在全面擁有常規力量優勢後即便要使用戰術核武器也會非常保守和謹慎；另一方面，何時以及是否使用核武器的艱難決擇將更多地落到北約的頭上。同時，北約各國政府發現使用戰術核武器應對蘇聯的優勢常規力量越不越不具備吸收力，由於將戰爭升級至核領域必然會引起蘇聯同樣的反應，因此他們很難再贊成使用這種短期內可拯救他們，但就長遠看最終會毀滅了他們的武器。此外，考慮到蘇聯在戰爭中對組合運用其核、常軍力的現實，到70年代末，北約越來越認識到如果它選擇核戰爭的方式，那麼它將以一種更為災難性的方式輸掉戰爭。

顯然，北約並未消磨他們的時間，在整個70年代及之後，北約一直都在嘗試找出 種與蘇聯進行戰爭的方式。然而，當蘇聯的壓力增大時，他們無不沮喪地意識到聯盟從來就不具備可信的防御能力。至於美國人，則周期性地強化北約盟國的這種恐懼，他們不斷要求歐洲盟國在防務上花費更多資源。

然而，贖罪日戰爭中反坦克導彈的經驗對美國和西方也有幫助。在諸如「發現即被命中、命中即被摧毀」這樣的規則指引下，這類新武器促使美國陸軍開始改變其軍備定位和作戰思路，以適應其與歐洲盟國在歐洲戰場上的防御態勢。過去，美國陸軍總是更多地堅持進攻思想，如果進攻能擾亂敵軍的攻擊，那麼北約就必須首先發起攻擊。因而，在美國改變了策略後，其盟國更將此視作美國毫無責任的表現（要求盟國

擔負更多的防務義務）。現在，被嚴重削弱的美國陸軍在歐洲面臨著與其盟軍類似的
困境。事實上，以當時的技術條件和東西方的常規力量對比，沒有哪一種非核的作戰
概念能夠應付蘇聯紅軍連續裝甲集群的突擊，所有這些仍只是幻想。

美國在越南戰爭中大量投入的直升機，使美國在越南戰場
上享有了比十數年前法軍更巨大的優勢，直升機的大規模
運用使部隊忽視地面叢林地形快速機動成為了可能。首批
進入越南戰場的美軍部隊正是陸軍的直升機部隊，他們按
照肯尼迪總統的命令進入越南南方（但實際上他們很快就
投入戰斗）。至1963年中期，他們在越南戰場上表現極為
出色，擔負了大量戰場運輸任務，這使肯尼迪和他的顧問
相信戰爭將於2年內結束。但此後，越南的形勢並未如肯
尼迪所預期的方向發展，這可能部分地源於肯尼迪當局在
當地支持的一系列的政變。然而，美國所支持的政變（消
滅了當時南越總統吳庭艷）盡管取得了成功，但卻將美
國徹底卷入了戰爭，之後大量的美軍部隊進入越南參戰。
（美國海軍學院）

第34章
困境中的西方

就在中東戰爭如火如荼之際，尼克松在國內的政治紛爭中亦被徹底毀滅了。由於「水門事件」他面臨著遭彈劾的前景，為了體面地結束總統任期，1974年8月9日他主動宣布辭去總統職務。他的副總統傑拉德‧福特，繼任成為新的總統。但福特地位亦岌岌可危，當他給予尼克松特赦使其免遭羞辱後，1976年他再次當選總統的前景很可能將受致命影響。此外，在「水門事件」之後，1974年11月舉行了國會議員選舉，結果是具有理想主義色彩的民主黨人成為兩院的多數派，這些人都對冷戰和美國的武裝力量持極為懷疑的態度。

新組成的國會涉及了兩次災難性事件，其分別是美國在越南和在安哥拉的失敗，這似乎表明當時國際形勢正向蘇聯一方傾斜。這兩次災難性的事件在尼克松時期就已開始醞釀，但在他辭職後最終爆發出來。先看越南戰爭，1973年北越與南越和美國簽署和平條約後不久就開始違背條約，他們將更多的人員和裝備秘密輸送到南方，以加強在1972年行動中遭受慘重損失的力量。例如，1973年2月，北越動員223輛坦克從老撾和柬埔寨進入南越，使北越力量在當地擁有的坦克數量從之前的100余輛猛增至500余輛（含就地修復的坦克數量）。為了加緊戰備，北越還修築了很多通往南方的公路及機場等設施。1973年間，更有超過7.5萬人的北越正規軍進入南方。[1] 到1973年3月時，北越對和平條約的破壞程度如此之嚴重，以致於基辛格曾建議尼克松立即下令對胡志明小道或作為南北越分界線的非軍事區、抑或同時對這兩個目標進行大規模轟炸。尼克松命令軍方重啓轟炸行動，但對攻擊老撾和柬埔寨境內的行動明確了一些限制。1973年6月，美國國會斷絕了軍方實施額外的大規模軍事行動的資金。7月1日喬治‧麥戈文（George McGovern）參議員（1972年大選民主黨總統候選人）倡議一份限制在越南軍事行動的修正案，而馬克‧哈特菲爾德（Mark Hatfield）更進一步禁止軍方對老撾、柬埔寨及南北越南（包括進入這幾國上空、地面或在其領土附近）進行直接或間接的作戰行動。

之後，國會還削減了國防部提交的1974財年對南越軍事援助金額，從要求援助的16億美元降至11.26億美元。由於此前南越領導人阮文紹（Nguyen Van Thieu）曾預期

---

[1] 戴維森：《戰爭中的越南：1946—1975年的歷史》，第738頁（Davidson, *Vietnam at War*, 738）。

美國會給予南越更多援助，故而派遣其部隊進入湄公河三角洲以及南越—柬埔寨邊境地區與北越軍隊作戰，在國會削減援助金額後，削減所導致的後果無疑令南越的形勢更爲惡化了。因爲行動很快令南越政府耗盡了補給和彈藥，這些物資在之後被證明是很難替代的。[1] 此外，1973年中東戰爭災難性地推高了石油價格，僅有極有限外匯儲備的南越政府所能買到的燃料亦越來越少。然而，南越繼承自美國的戰爭機器卻極爲依賴後勤和石油，而來自美國的直接軍事援助更不可能了。因爲同期，美國國會不顧尼克松的反對強行通過了《戰爭權力法案》（國會投票法案），這意味著總統如果要動用部隊超過60天的時間，就必須獲得國會的批准。

與此同時，北越方面得出結論認爲，當時美國所面臨的困難處境將使其不會再像1972年那樣對其進攻進行直接干涉。因此，同期關於北越計劃針對南方實施「閃擊戰」的謠言開始四散傳播。[2] 當然，南越內部的共產黨力量此時仍很薄弱，而且南北越共產黨還需克服內部的的厭戰情緒。因而，在1973—1974年間，南北越共產黨更多地聚焦於部隊內部的政治整訓，當然這並不能產生多少積極效果。另一方面，同期北越仍以部分力量發動了針對南越多處據點和前哨的作戰，以響應1973年10月北越高層的決策（重啓國家統一戰爭）。不幸的是，南越的阮文紹政權命令其各處據點和前哨堅守以頂住北越的進攻，但北越方面每次總能集中力量逐個攻克這些要點，而伴隨著每一次失利的都是部分有作戰經驗的部隊的被殲滅。與此同時，美國削減對南越軍援亦迅速削弱著南越共和國軍（ARVN）的作戰能力。

美國國會越來越不願繼續支持南越了，這部分是由於北越方面的有效宣傳攻勢。例如，行政當局在1975財年裡提出的軍事援助額度被國會砍去大半，而同時因石油危機造成的美元貶值使有限的軍援資金的購買力再次大打折扣，所以當年南越政府獲得的美援只能滿足其所需的20%。另一方面，根據北越方面的記錄顯示，同期在與南越軍隊交戰中，後者的火力削減了近60%，機動性幾乎減半。[3] 北越方面還有效地將美國的空中打擊向外界宣傳爲野蠻的、毫無差別的地毯式轟炸，事實上如果他們入侵南越，這也是美國最有可能采取的干涉形式。

進入70年代後，南越的經濟開始崩潰，長期的戰爭使數以百萬計的農民成爲難民。他們湧進城市很大程度上依靠之前駐扎在當地的美國軍隊的慷慨維持著生活，美國的駐軍爲當地帶來工作機會，各類軍需品成爲黑市上暢銷的商品。但自美軍撤離越南後，大量因駐軍所產生的經濟機會亦隨之消失了。長期的戰爭使南越幾乎沒有機會建立起自足的經濟。例如，1974年三分之一的城市勞動人口處於失業狀態，在1971—1974年間南越城市民眾的個人平均所得降低了36%—48%。中東戰爭導致的全球美元

---

[1] 卡諾：《越南：歷史》，第672頁（Karnow, *Vietnam: A History*, 672）。

[2] 戴維森：《戰爭中的越南：1946—1975年的歷史》，第741頁（Davidson, *Vietnam at War*, 741）。

[3] 戴維森：《戰爭中的越南：1946—1975年的歷史》，第748頁（Davidson, *Vietnam at War*, 748）。

通脹使南越的情況更加糟糕，1972年西貢的通脹率達到26%，1973年時增長至45%，到1974年時更達到63%。[1]

在南越政權風雨飄搖之際，外界的資助幾乎已毫無意義了，問題更在於整個體系的腐敗。例如，南越共和國軍中的軍需部門要求政府撥款以采購補給品，但經費絕大部分都在分配過程中被侵吞，作戰部隊的指揮官爲了獲得所需的補給只得壓榨當地的民眾，這進一步驅使越來越多的民眾支持北越。1972年以後，南越的腐敗更加嚴重了。[2]

美國援助的削減還削弱了南越阮文紹總統爲拯救國家所作的最後努力，因爲美國對他的援助實際上保證了各派政治勢力對他的忠誠。現在很多之前還支持他的人士在無法繼續從他那裡獲得利益後，開始尋找新的政治出路，甚至設想與南越的越共組織達成妥協。1974年，教皇保羅六世敦促阮文紹盡快實現國內的和解。當阮文紹拒絕後，過去南越最容易組織起來的反共勢力——天主教團體，亦開始拋棄他了。例如，位於湄公河三角洲的天主教和和好教教派（Hoa hao），之前一直忠於阮文紹，但此時開始與其對抗；位於高地地區的維蒙族力量，曾與北越方面激烈交戰，同期也背棄了阮文紹；至於曾經反抗吳庭艷的佛教武裝，到此時則更加激烈地反抗阮文紹了。[3] 所有這些反叛並不能立即對越南政權造成毀滅性影響，但不可避免地分散了南越本來就有限的力量，阮文紹很快就將面臨最終的命運了。

1974年，北越展開了一系列他們稱爲「戰略行動」的攻勢行動，以希望奪取戰爭的主動權，消耗南越共和國軍（ARVN）並爲未來大規模的進攻行動鍛煉部隊。[4] 這些襲擊取得了巨大的成功。當1974年7～10月北越共產黨政治局開始商討在即將到來的旱季（1974—1975年）采取的軍事行動時，暫時性地決定1975年的軍事行動將集中於湄公河三角洲地區，到1976年再發動主要的戰略進攻。可以理解，自經歷了1967年和1972年的慘痛教訓後，他們的戰略決策萬分謹慎了。畢竟在1974年時北越方面武器和彈藥的儲備水平仍很低，不足以支持大規模軍事行動。另一方面，1974年10月在北越分析了美國的政治形勢後，河內得出結論認爲，無論越南發生了什麼情況，美國人都將不會軍事干預。[5]

陳文茶（Tran Van Tra，音譯）將軍，負責指揮在南越的北方軍隊的指揮官，則更爲野心勃勃。[6] 他認爲在當前形勢下只要集中力量對西貢發動一次成功的進攻，可

---

[1] 戴維森：《戰爭中的越南：1946—1975年的歷史》，第750頁（Davidson, *Vietnam at War*, 750）；杜依科：《通往權力的共產主義道路》，第334頁（Duiker, *The Communist Road to Power*, 334）。

[2] 卡諾：《越南：歷史》，第675頁（Karnow, *Vietnam: A History*, 675）。

[3] 戴維森：《戰爭中的越南：1946—1975年的歷史》，第750頁（Davidson, *Vietnam at War*, 750）。

[4] 戴維森：《戰爭中的越南：1946—1975年的歷史》，第753頁（Davidson, *Vietnam at War*, 753）。

[5] 文進勇將軍指揮了1975年的入侵，引用自J.雷科德：《回溯越南：我們能取勝嗎？》摘自1996年97期《參數》26，no.4（J. Record, *"Vietnam in Retrospect: Could We Have Won?"* in *Parameters* 26, no. 4[winter 1996/97]）。

[6] 卡諾：《越南：歷史》，第676-679頁（Karnow, *Vietnam: A History*, 676～679）；戴維森：《戰爭中的越南：1946—1975年的歷史》，第758-

能就能贏得戰爭。為此，他於1975年1月7日先實施了一次預備性的攻勢，集中力量對富隆省的省會（距西貢約75英里）發動進攻，這次行動帶來的重要影響在於，它表明北越在南方的作戰行動的確不會招致美國的干涉和報復。這次行動鼓勵了北越政權，並使南越方面極為驚駭。現在南越方面幾乎已無希望，不僅軍隊普遍缺乏彈藥和裝備（由於美國國會的削減），而且亦無希望再獲得美國的幫助。

同期，中國建議北越放棄征服南越的企圖，由於此時中國正與美國處於接近期，因此他們更重視與美國關系的價值。[1] 了解到中國的態度後，蘇聯立即意識到如果給予北越慷慨的援助，將獲得北越的忠誠。1974年11月，蘇軍總參謀長，維克多・庫里科夫（Viktor Kulikov）元帥訪問河內，並允諾為北越提供更新的裝備。蘇聯更進一步承諾將為北越提供在1976年決定性的戰略攻勢中所損失或消耗掉的所有裝備。[2]

1975年3月，南越方面最精銳的幾個師仍在北方非軍事區附近駐防。北越派遣力量從老撾出擊，將駐在北部的南越力量分割包圍成兩個部分。南越總統阮文紹此時陷入猶豫無法有效決策，坐視被包圍的部隊逐漸崩潰。3月10日，具有戰略意義的城鎮邦美蜀（ban me thuot）陷落，他才首次發出有效命令要求其北方部隊撤回南方，畢竟此時南部仍擁有這個國家大多數的民眾和資源。然而，很快他又推翻了自己的決定，他希望能夠守住越南的舊都（順化）和位於南越北方的主要港口（峴港），但轉而前往這兩個地點的部隊很快被北越軍隊包圍，在不長時間內兩座城市都雙雙陷落。阮文紹的命令使他失去了北部的幾個師，這使他進一步陷入困境。

形勢的發展比北越方面想象得要順利得多，他們在南越政權能夠穩住陣腳並重組防御力量之前迅速向西貢進軍。鑒於南越即便面臨滅頂之災，美國政府緊急向國會申請7億美元的援助，以幫助南越挽救局勢。此時形勢幾近絕望，以致於一些聲音認為政府申請援助只是企圖將南越災難的責任拋向國會，而國會的反應亦與很多人所預期的一樣：禁止以任何形式卷入越南事務。[3] 1973年4月21日，阮文紹辭職，一名中立主義者、前南越政府官員楊文明（Duong Van Minh）取代了他，後者上台後立即向北方發出談判申請。但共產黨此時顯然已對談判再無興趣，他們更希望以軍事手段解決問題。為拖延形勢等待可能的轉機，南越政府試圖盡可能長地封鎖從春祿進入西貢的道路（希望封鎖兩周），但到4月30日時北越已突破封鎖向西貢市內進軍，隨後北越部隊擊潰市內殘軍的抵抗很快攻占了南越總統官邸。[4] 越南戰爭最終結束了。美國最後撤出了西貢，這也是戰後以來美國干淨徹底地輸掉的第一場戰爭。

763頁（Davidson, *Vietnam at War*, 758～763），基於陳文茶的1982年回憶錄，陳文茶中將曾指揮在南越的作戰行動。

[1] 卡諾：《越南：歷史》，第53頁（Karnow, *Vietnam: A History*, 53）。

[2] 卡諾：《越南：歷史》，第679頁（Karnow, *Vietnam: A History*, 679）。

[3] 卡諾：《越南：歷史》，第681頁（Karnow, *Vietnam: A History*, 681）。

[4] 卡諾：《越南：歷史》，第679-683頁（Karnow, *Vietnam: A History*, 679～683）；戴維森：《戰爭中的越南：1946—1975年的歷史》，第767-791頁（Davidson, *Vietnam at War*, 767～791）。

由於大力支持了北越的國家統一戰爭，蘇聯很快獲得了之前由美軍建立並曾經駐守的海、空基地，而且更不幸的是，這些基地靠近從中東、途經南中國海至日本的重要航線，蘇聯軍事力量在越南的進駐意味著，美國在遠東的重要支柱日本，隨時可能被蘇聯扼住能源及經濟命脈。

這場戰場中，美國和南越政權有可能取得勝利嗎？如果北越向南方的人員、物資輸送渠道被切斷，如果1965—1968年期間美國更加注重敦促南越發展當地的經濟條件，如果美國和南越能更為積極地利用並擴大1968年春季攻勢時所取得的優勢，如果美國能夠在南越形勢有所好轉的情況下繼續加大支持，又或者如果北越自胡志明去世後其內部的溫和派能夠占據主導地位；即便考慮最糟糕的情況，如果1972年美國空中力量能夠返回越南上空，也許南越政權就能幸存下來。但所有這一切都未發生。

到越南戰爭最後階段，南方內部的叛亂已很大程度上被平息，越共力量亦受到極大削弱，也許北越方面在1975年發起的最後進攻被瓦解後，其內部很可能就會先行崩潰。到那時，考慮到中國對改善與美國的關係更感興趣，也許在北越崩潰之時中國很可能更不會采取干涉行動了。

美國人被無窮無盡的游擊戰爭折騰得失去了耐性，最終離開了南越，這為北越的進攻打開了大門。回過頭看，整場災難性事件最初的關鍵正是約翰遜總統於1965年的決定，即以冷眼旁觀者的身份介入這場戰爭，無疑，這種態度最終未能激起美國公眾對戰爭的熱情、甚至是最低限度的支持，其中，主導戰爭進程的漸進主義戰術亦無助於此。

西方史學家們常將美國在越南戰爭中的經歷與10年之後蘇聯在阿富汗面臨的情況作有趣的對比。他們認為，阿富汗游擊隊在沒有獲得主要力量支持的情況下，最終耗盡蘇聯軍隊的意志並將其逐出國土。當然，在蘇軍撤離後，該國的游擊隊又花費了非常長的時間將撤離後留下的殘余政治勢力徹底推翻。相較而言，北越軍隊對西貢的進攻進行的更為順利。

某種程度上，美國政府試圖喚起國內廣泛的支持，它將越南戰爭描述成一場自由的美國與野蠻的集權主義政權之間的戰爭。但國內的批評者對此宣揚極為輕蔑，在他們看來，北越和南方的越共更多的只是單純的民族主義者，整個越南統一後國家無疑將很容易融合，因此美國的軍事干涉很大程度上既多余、又低效。但事實上，戰後大批越南南方民眾絕望出逃（乘船出逃人員的規模很可能達到100萬到200萬人，很多人在途中死亡，另有約50余萬人從陸路逃至老撾和柬埔寨），美國國內亦接收了大約100萬來自東南亞的難民。[1] 至於越南戰爭的後繼影響，誠如前幾任總統所料，柬埔寨國內的共產黨勢力以更為殘酷的統治取得了勝利，掌權後紅色高棉為了清除國內的

---

[1] 卡諾：《越南：歷史》，第43頁（Karnow, *Vietnam: A History*, 43）。

非共產主義意識和影響，發動了類似中國文化大革命的政治運動，殺害了本國超過200萬民眾（幾乎占其人口的一半），包括該國所有擁有教育背景的人士。

在更大的全球冷戰背景下觀察越南的戰事，它更像一場東西方在東南亞地區展開的一次戰役，而非戰爭。南越政權在美國支持下，在長達10多年時間裡武裝抵抗了北越共產主義的滲透和侵襲，這為該地區的其他國家（特別是泰國和馬來西亞）爭取到寶貴的時間，這段時間使這些國家有機會發展其經濟，促進社會的成熟且國內民族主義和反共意識形態的形成，使其能夠不再輕易受到共產主義的侵擾。從一開始，東南亞南部資源豐富的國家和前法國印度支那殖民地以西的國家，對西方而言是更大的戰利品，他們都未倒向共產主義。因此，從此角度觀察，美國干涉越南形勢盡管耗費巨大資源，但爭取到的時間使原來所設想的共產主義多米諾骨牌效應（除了老撾和柬埔寨以外）並未出現。因而，美國在越南的努力也許是值得的。

對美國軍隊而言，越南戰爭帶來的一個主要後果，便是使美國陸軍陷入戰後以來前所未有的低潮期（與其他軍種相比，陸軍受創更重）。這導致了戰後幸存的各級陸軍官兵們更深入地檢討，並在接下來的20多年裡致力於重建陸軍。最終，陸軍重建的成果在1991年的波灣戰爭中得到了引人注目的檢驗。

越南戰爭所導致的另一項結果，是使全球各國普遍相信，美國不會再冒險干涉一場由共產主義勢力資助的第三世界國家的戰爭，至少在考慮派遣地面部隊時如此，即所謂的「越南戰爭綜合症」。很多美國人，包括那些國會議員們，汲取了關於在第三世界國家進行游擊戰爭的慘痛教訓，即這樣的戰爭本質上是骯髒而且根本無法打贏的。無論這類游擊戰爭中的游擊隊價值取向如何，他們很可能首先是民族主義者，其次才是共產主義者。

美國在越南的恥辱經歷還嚴重地損害了美國軍事體系中對外施加影響的主要工具——海軍。到越戰結束時海軍所轄艦只和人員的數量大幅降低。1963年，美國海軍還擁有上千艘主要艦只，能夠維持此等規模完全受益於第二次世界大戰時期龐大的造艦計劃，但到越南時期很多艦只的艦齡都達到20年到25年，它們原本准備在60年代中期進行替換，而越南戰爭的來臨改變了這一切。隨著大量資源被投向陸軍和空軍，海軍很多艦只因得不到更換而超期服役，到戰爭末期時，新任海軍作戰部長，艾摩·朱姆沃爾特（Elmo Zumwalt）海軍上將不得不批准加速老舊軍艦的退役，以便削減龐大老艦艦群日益高昂的維持運行費用，進而得以將經費投入組建一支數量較少但更現代化的海軍力量。另一方面，不僅戰爭期間海軍開工新建的軍艦極少，而且戰後由於美國經濟形勢惡化、美元貶值等因素的影響海軍同樣也僅有少量軍艦開工建設，而同期大批舊艦退役導致海軍主要艦只的數量銳減，達到一度只有約450餘艘的水平。但與此同時，美國海軍負責的全球海域卻並未減半，很多軍艦不得不一再延長任務時間，人員和裝備都受到很大損耗，各種因疲勞和維持不佳造成的事故屢發不止，整個海軍

面臨被掏空的危險。

　　就在美國海軍為配合陸軍和空軍在第三世界國家掙扎之時，蘇聯卻在加緊打造著其日益龐大、精良的海上力量。安哥拉內戰後，蘇聯海軍司令，戈爾什科夫（Gorshkov）海軍上將曾稱，蘇聯海軍懾止了美國對安哥拉事務的干涉，而且他們還將繼續如此。戈爾什科夫任內的1975年，蘇聯海軍首艘航空母艦「基輔」號下水服役，它的建成被廣泛地解讀成（盡管是錯誤的）蘇聯向第三世界投射其實力的手段。

　　總體上，越南戰爭是朝鮮戰爭的反面版本。戰爭的結果更符合蘇聯領導人的心意。對兩次戰爭，有爭議認為戰爭都由兩國的民族主義所驅動，但如果沒有蘇聯的支持（源自贏得冷戰並在全球戰勝資本主義的動因），兩國的民族主義力量無疑都無法有效地與美國及其支持的政治勢力對抗。在越南，美國政府的失誤就在於以損失對全球其他地區的影響為代價，過分聚焦於有限的越南戰場，在無法實現在越南的意圖後，美國繼而又全然放棄了對很多第三世界國家抵禦共產主義侵襲所擔負的義務，這反過來又進一步降低了美國的全球影響力。然而，全球范圍內東西方之間的激烈對抗卻遠未結束。

　　蟄伏的蘇聯似乎開始了其走向巔峰的征途。就在美國深陷越南之際，蘇聯克格勃制定了一項「非洲戰略」，接著在1970年夏秋之季蘇共政治局經討論後批准了該計劃。[1] 當時，南部非洲地區的民族解放運動正風起雲湧，各種反政府游擊隊和政權都在試圖尋求外部援助和盟友，他們曾試圖獲得美國的援助，但卻遭到了回絕。在此情況下，克格勃主席安德羅波夫認為，既然放鬆了警惕的西方仍不相信蘇聯能涉足其間，那麼這本身就是個蘇聯對外擴展影響力的好時機。

　　當時，葡萄牙在非洲南部控制的最後一大塊殖民地，包括位於南部西海岸地區的安哥拉、幾內亞比紹和位於東海岸的莫桑比克等三國，此三國都肆虐著游擊戰爭，而作為宗主國的葡萄牙因其實力有限，對這些地區的控制能力越來越弱。在羅得西亞，由南非政府支持的當地白人政權及武裝亦與各色游擊隊展開著激戰。混亂的局面正是蘇聯的好機會，在詳盡分析了當地形勢後，克格勃副主席維克多·切布里科夫（Viktor Chebrikov）看重了安哥拉和幾內亞比紹的戰略價值，准備率先拉攏這些地區的反對派勢力。

　　一定程度上看，蘇聯似乎認為他們正在與中國競爭對這一地區的影響力，正如一個多世紀前歐洲各國在歐洲大陸的競逐那樣。他們認為，如果再不有所行動，中國（很可能與美國合作）就將控制這塊大陸。

　　從全球冷戰的角度看，南部非洲在兩個方面極具價值。首先，該地區是西方重要的原料產地，比如鈷和鉻；如果缺乏這些原料，西方的高端工業產品（比如噴氣

---

[1] O.A.韋斯塔：《1974—1976年莫斯科和安哥拉危機：干涉的新模式》，威爾遜中心冷戰國際史項目1995—1996年（CWIHP）5（O. A. Westad, *"Moscow and the Angolan Crisis, 1974~1976: An New Pattern of Intervention"*, in CWIHP 5[winter 1995/96]）。

引擎）生產就將成爲無米之炊。勃列日涅夫就曾稱非洲是這類寶貴金屬礦藏的大倉庫。[1] 其次，自1967年蘇伊士運河關閉以來（以軍占領西奈半島進抵運河岸邊後運河被完全封閉），往來於中東與歐洲之間的海上貨運只得繞道非洲，因此如果蘇聯能在非洲沿岸取得立足點，就能有效威脅歐洲的能源供應。基於以上考慮，蘇聯爭奪南部非洲更具現實意義。此外，混亂的南部非洲更意味著蘇聯能夠較容易地在這裡取得勝利，如果蘇聯能以解放者的姿態在該地區占穩腳跟，不僅能夠在與美國和西方競爭時占據優勢，還能打壓中國在該地區擴張的影響力。種種因素決定著蘇聯在此特定歷史時期的卷入。

實際上，菲德爾·卡斯特羅已卷入南部非洲的戰亂，盡管受國力所限卷入的規模不大，這也是其自願承擔的全球革命義務的一部分。[2] 在有限涉足阿爾及利亞戰爭後，1964年12月他的親密戰友切·格瓦拉來到非洲，1965年初格瓦拉與多個派別的革命組織會面，了解當地革命形勢並決定最終將支持哪一派武裝。對卡斯特羅而言，這種輸出革命的政策將爲其在不結盟國家集團中贏得更多的聲望，因此能使古巴免受蘇聯的完全控制，正如在之前的導彈危機中那樣。

當時，在安哥拉和葡屬幾內亞（後來的幾內亞比紹）已有游擊隊活動，在東面的莫桑比克反政府力量亦以游擊戰與當地正規軍周旋；在扎伊爾，反政府的游擊隊更威脅著美國支持的政府軍。1965年夏，400餘名古巴志願者來到扎伊爾（前比屬剛果）和剛果（布）（前法屬剛果）。但在扎伊爾的革命行動很快被政府軍鎮壓，古巴人只得於1965年11月撤離。當然，在剛果（布）形勢要好一些，古巴人幫助當地政府使之免於被1966年6月的一次軍事政變所推翻。在非洲，古巴人很快發現一個更值得幫助的組織，佛得角非洲人獨立黨（PAIGC），美國曾在報告中將其稱爲葡屬非洲最具效率的反叛組織。後來，源自佛得角非洲人獨立黨的幾內亞比紹總統曾感謝古巴軍事人員爲其取得成功所作出的貢獻。由於這一時期發生在南部非洲的衝突每次都只有40名至50名古巴軍事人員參與，因此這些行動很少被西方所注意。至於在古巴國內，這些行動也很少被公開。

1970年，蘇聯開始聚焦安哥拉事務。該國國內的叛亂自1961年就已出現，到1970年時國內主要有3支反叛力量：阿戈什蒂紐·內圖（Agostinho Neto）的「安哥拉人民解放運動」（MPLA），霍爾登·羅貝托（Holden Roberto）的「安哥拉民族解放陣線」（FNLA）和若納斯·薩文比（Jonas Savimbi）的「爭取安哥拉徹底獨立全國同盟」（UNITA）。其中，蘇聯和古巴人支持的是「安哥拉人民解放運動」，其支持主要來自國內城市地區的民衆。美國中情局自肯尼迪當局以來一直支持的是「安哥拉民

---

[1] 尼克松：《真正的戰爭》，第23頁（Nixon, *The Real War*, 23），文中引用了索馬里總統西亞德·巴雷在蘇索仍是盟友時勃列日涅夫對他所講過的話，後者稱他計劃獲得中南部非洲的礦產資源寶庫和波斯灣的能源寶庫，以免它們落入西方。

[2] P.葛雷吉塞斯：《1959—1976年哈瓦那的非洲政策：來自古巴檔案的新證據》，威爾遜中心冷戰國際史項目1995—1996年（CWIHP）5（P. Gleijeses, *"Havana's Policy in Africa, 1959~1976: New Evidence from Cuban Archives"* in CWIHP 5[winter 1996/97]）。

族解放陣線」，該組織的領導人與扎伊爾（剛果）的蒙博托關系密切，後者亦爲其提供所需的軍事援助（1973年後亦獲得一些中國的援助）。「爭取安哥拉徹底獨立全國同盟」則是1964年從「安哥拉民族解放陣線」中分裂出來的組織。1970年夏，蘇聯開始了他們的行動，爲內圖提供了規模令其震驚的大量援助。[1]

　　蘇聯人更爲明智地在安哥拉壓下了賭注。1974年4月25日，葡萄牙軍隊中很多擁有殖民地戰爭經歷（包括安哥拉、幾內亞、莫桑比克）的激進派軍官在國內發動政變，推翻了長期執行的獨裁者薩拉查。此時，奉行強硬的斯大林路線的葡萄牙共產黨顯然將此看作一次機會，因此積極參與政變後的國家權力重組進程，一時以來，葡國內各省份政府普遍倒向左翼，政府的很多內閣部長要麼就是共產黨員，要麼是同情或認同共產主義的左派人士。[2] 甚至葡萄牙還擁有了一名左翼色彩濃厚的總統，弗朗西斯科·德·科斯塔·格拉夫斯（Francisco de Costa Govies）；一名傾向於蘇聯的總理，瓦斯科·康卡夫斯（Vasco Goncalves），和一名信奉毛澤東主義的安全部門負責人，奧特洛·薩賴瓦·德·卡瓦略將軍（Otelo Saraiva de Carvalho）。一時間，葡國內的右翼勢力全面潰敗，幾乎無力影響政局。當時，里斯本市內主要的斗牛場甚至成爲政治監獄，大量右翼人士被關閉其中。在西方看來，葡萄牙似乎很快就將成爲蘇聯的下一個衛星國了。葡國內的左翼軍官與共產主義組織結盟，發動所謂的「武裝部隊運動」，甚至連國內的溫和主義派別都不放過。無疑，葡萄牙正在滑向共產主義的控制之中，這可能也影響了意大利的國內形勢，意國內的左翼組織亦考慮與共產黨組織結成政治同盟。對此，基辛格擔心共產主義在這兩個國家中的任何一個取得勝利，都將導致外界對歐洲國家必然倒向共產主義制度的感覺，進而使其他北約國家感到恐慌。考慮到同時期爆發的石油危機（由於1973年中東戰爭）、美國領導層的癱瘓（尼克松水門事件造成政府的停擺和國會的崩潰）以及美國社會的反戰意識高潮，這種趨勢更令西方的擔憂不無道理。[3] 葡萄牙變天後，北約當即作出回應，拒絕其參與敏感的情報和軍事事務磋商。[4]

　　對蘇聯而言，葡萄牙是非常有價值的戰利品，盡管該國經濟貧弱（相對其他西方國家），但該國控制著北大西洋中最重要的亞速爾群島，該群島上的海空基地對於北約在北大西洋地區的反潛能力至關重要。1973年中東戰爭時，美國就曾使用這些基地向以色列緊急空運物資。

　　另一方面，葡萄牙發生的一切又並未完全按蘇聯設想的那樣發展，這部分是由於

[1] O.A.韋斯塔：《1974—1976年莫斯科和安哥拉危機：干涉的新模式》，威爾遜中心冷戰國際史項目1995—1996年（CWIHP）5（O. A. Westad, *"Moscow and the Angolan Crisis, 1974~1976: An New Pattern of Intervention"*, in CWIHP 5[winter 1995/96]）。

[2] 基辛格：《再生歲月》，第629-630頁（Kissinger, *Years of Renewal*, 629～630），文中引用時任駐葡萄牙大使弗朗克·卡盧奇的話。1975年赫爾辛基峰會期間，他告訴福特總統稱，國內各黨派並非真正追求民主，因爲每個黨派所能代表的都只是一小部分群體；他表明的觀點，是政治需要凌駕於政黨之上，就此而言，基辛格認同列寧消滅所有反對黨的理由。

[3] 基辛格：《再生歲月》，第630-631頁（Kissinger, *Years of Renewal*, 630～631）。

[4] 阿林：《冷戰幻覺：美國、歐洲和蘇聯，1969—1989年》，第117頁（Allin, *Cold War Illusion*, 117）。

歐洲各國社會黨派對該國社會黨提供了大規模的財政援助，這使該國最終未徹底滑向共產主義。爲了穩定該國形勢，基辛格警告蘇聯不得干涉該國事務，中央情報局亦緊急展開隱蔽行動，加大對葡國內的影響和控制。因此在政變之後，該國總理和安全部門負責人都遭到驅逐，左翼的「武裝部隊運動」亦被撲滅。1975年11月，葡萄牙軍隊左翼組織再次發動政變（主要是傘兵部隊和其他部分部隊），但被政府粉碎。[1] 即便如此，蘇聯還是在很大程度上接近取得勝利了，這證明他們並不介意在西歐發動革命的冒險行動。

對於非洲龐大的殖民地，政變後的葡萄牙政府別無選擇，只得盡快讓它們獨立以減輕自己的負擔。其殖民地安哥拉和莫桑比克獨立後，亦構成了更北邊的黑非洲國家與南方仍由白人主導的國家（羅德西亞、西南非洲和南非）之間的緩衝地帶。在葡萄牙正式放棄這些殖民地之前，只要該國仍控制著這兩塊較大的殖民地（指安哥拉和莫桑比克），在更南邊由白人主導的非洲國家裡活動的游擊隊就缺乏可靠的庇護所。現在，葡萄牙人已離開了其非洲殖民地，反白人政府的游擊隊將獲得更有利的形勢，在其持續打擊下，外界認爲遠不如南非穩定的羅德西亞白人政府要持續下去已不太可能了。另一方面，隨著北部屏障的失去，南非政府立即決定發展自己的核武器。[2]

在安哥拉首都羅安達，當地高級專員安東尼婭・羅莎・科蒂尼奧（Antonia Rosa Coutinho），確保內圖的「安哥拉人民解放運動」（MPLA）接收了葡萄牙人撤離時遺留下的武器，他認爲這是後來「安哥拉人民解放運動」取得成功的關鍵。[3] 同時，「安哥拉人民解放運動」還開始接收大量蘇聯提供的軍援，後者通過空運從周邊友好的非洲國家將武器運進安哥拉。早在1965年時切・格瓦拉就與內圖會過面，1966—1967年間，古巴的軍事人員甚至還在布拉柴維爾（剛果首都）爲「安哥拉人民解放運動」訓練軍隊。1974年，兩名高級古巴官員在達累斯薩拉姆（坦桑尼亞首都）與內圖進行了會晤，之後他們向哈瓦納報告稱，內圖的「安哥拉人民解放運動」將取得最後的勝利。1975年夏天，內圖向古巴提出援助請求，當年7月古巴就向該國派出部分軍事人員。他們的到來遠比蘇聯人更受當地人歡迎，因爲古巴本身就是第三世界國家又長期與美國人戰鬥，因而與蘇聯人相比，在軍事事務上他們與內圖的「安哥拉人民解放運動」受訓者有更多的共同語言。古巴人的到來極大提升了「安哥拉人民解放運動」的作戰能力，很快「安哥拉人民解放運動」就消滅或驅逐了羅安達的其他競爭者。由於古巴只是派出人員參與安哥拉的內戰，加之規模有限，因此西方情報機構很大程度上忽視了他們的存在。

同期，剛果（扎伊爾）的蒙博托和贊比亞的肯尼思・卡翁達（Kenneth Kaunda）

---

[1] 羅德曼：《比和平更珍貴的：冷戰和爲了第三世界的斗爭》，第166頁（Rodman, *More Precious than Peace*, 166）。

[2] 羅德曼：《比和平更珍貴的：冷戰和爲了第三世界的斗爭》，第166頁（Rodman, *More Precious than Peace*, 166）。

[3] 羅德曼：《比和平更珍貴的：冷戰和爲了第三世界的斗爭》，第168頁（Rodman, *More Precious than Peace*, 168）。

亦要求美國為「爭取安哥拉徹底獨立全國同盟」（UNITA）和「安哥拉民族解放陣線」（FNLA）提供援助，因而在1975年7月18日美國總統傑拉德·福特（Gerald Ford）批准了為其提供秘密資金和武器補給的計劃。[1] 至當年8月，「安哥拉人民解放運動」已控制了安哥拉16個省份中的12個。

1975年10月，「爭取安哥拉徹底獨立全國同盟」將南非的力量引入安哥拉的亂局之中，後者擔憂其邊界出現一個激進的黑人共和國以為其國內的黑人叛亂提供潛在的庇護所，因此答應了「爭取安哥拉徹底獨立全國同盟」的干涉請求。南非軍隊捲入內戰後，「安哥拉人民解放運動」（MPLA）的頹勢開始顯現，內圖再次要求古巴增派力量以應付敗勢。此時古巴決策層考慮到美國因越南的潰敗正經歷著持續的陣痛，以及中情局正疲於應付其他事宜無暇他顧，因而認為無需擔憂美國可能采取干涉行動，因此決定向西南非洲派出更多力量。

1975年11月11日，在古巴的幫助下已實際控制了安哥拉大部地區的「安哥拉人民解放運動」，在當天宣布建立了自己的政府。古巴在安哥拉的部隊則與南非部隊一直交戰到當年12月才實現停火。

安哥拉左翼政府成立後，美國政府很自然地認為古巴在安哥拉內戰中充當了蘇聯的代理人的角色。在美國人看來，卡斯特羅有興趣在非洲向蘇聯表明其價值，而且無疑的是，卡斯特羅亦清楚地意識到蘇共政治局的戰略決定。從這一角度觀察，卡斯特羅在西南非洲的行動與蘇聯當時倡導的「社會主義共同體」概念是相吻合的，作為東方陣營的成員國古巴非常清楚采取何種行動以促進整個聯盟的利益與事業。1977年4月，卡斯特羅曾對時任東德共產黨領導人埃里希·昂納克（Erich Honecker）稱，必須將就未來在非洲的進一步行動「與蘇聯磋商，我們（古巴）接受蘇聯的政策並以其作為榜樣」。從一定程度上說，對於古巴在非洲的行動蘇聯的支援是至關重要的，因而蘇聯對古巴的海外行動擁有確切的否決權，只有卡斯特羅遵行了蘇聯所贊同的行動後者才會為其提供相應的援助。

此前，美國很可能從開始就意識到古巴在剛果和幾內亞比紹的存在，但古巴提供的援助規模太小根本不足以激起美國干涉的興趣。然而，安哥拉事態的發展卻令美國吃了一驚。甚至最初美國人都未意識到古巴在其中的作用，而是設想「安哥拉人民解放運動」（MPLA）所獲得的外國共產黨支持者主要是東德。

到1975年底，葡萄牙國內形勢的發展使蘇聯興奮不已，這是遠比安哥拉更大的重要勝利。這似乎一度使蘇聯擔憂，如果繼續支持安哥拉很可能激起西方的激烈反應，一旦如此葡萄牙國內的形勢有可能會發生突變。因而，在蘇聯眼中卡斯特羅似乎與戰後給蘇聯帶來很大麻煩的狄托較為相似，他對世界革命太過熱情了，甚至為了革命有

---

[1] 基辛格：《再生歲月》，第791頁（Kissinger, *Years of Renewal*, 791），在贊比亞總統肯尼思·卡翁達於1975年4月19日對美國國事訪問期間，他私下使福特總統和基辛格相信這一問題的嚴重性之後美國才采取了這樣的政策。

可能違抗蘇聯的意志。當安哥拉的獨立日趨臨近之時，蘇聯曾試圖阻止古巴繼續向安哥拉派出更多部隊，但這並未成功。

對卡斯特羅而言，古巴同樣急切地希望以其自己的努力爭取在安哥拉的勝利，但這完全是在於蘇聯的利益，只有後者能保護古巴難受西方的顛覆和攻擊。古巴後來亦承認了這一點，至1976年1月之前古巴一直獨自使用本國的艦機向安哥拉輸送其力量。但戰事的消耗迫使古巴只有依賴蘇聯才能將軍事援助繼續下去，因而在1976年1月16日古巴與蘇聯簽署協議由蘇聯爲古巴派往安哥拉的部隊提供武器裝備。卡斯特羅本人亦直接控制著古巴軍隊在安哥拉的作戰行動。

「安哥拉人民解放運動」（MPLA）在安哥拉的勝利出乎很多人的意料。1975年11月外界曾估計認爲，「爭取安哥拉徹底獨立全國同盟」（UNITA）差不多能獲得40%—65%安哥拉人的支持，而「安哥拉人民解放運動」則只有約33%的支持率。[1]在這種情況下，「安哥拉人民解放運動」的勝利無疑令非常多的人大跌眼鏡。

基辛格曾以個人的名義抗議古巴對安哥拉的干涉，到1975年12月時蘇聯可能開始意識到不能再繼續刺激西方，因此在安哥拉問題上有所退縮。同期，關於美國對安哥拉采取秘密行動的消息亦洩漏出來。接著，約翰·V.滕尼（John V. Tunney）參議員提議修訂1976財年防務撥款案以禁止向安哥拉提供援助（該項禁令後來被設立爲永久生效，又被稱爲《克拉克修訂案》）。當時，曾有爭議認爲蘇聯對安哥拉的干涉並無什麼特別之處，那只是對最初美國援助的一種反應。美國可能與南非一樣無法接受安哥拉國內形勢出現的變化，不少美國人很大程度上亦不認爲卡斯特羅作爲蘇聯的直接代理人干涉了安哥拉的形勢，在他們眼中，戰斗中的古巴人與俄羅斯人存在著區別。然而，剛剛結束的越南戰爭的痛苦回憶使美國根本無暇顧及其間的區別，而且因爲他與尼克松的緊密關系以及越南期間他所參與的秘密外交活動，美國國內的憤恨情緒甚至對准了基辛格本人。[2]

從冷戰的角度觀察，也許安哥拉形勢的劇變對西方帶來的最顯著的觀感，就在於蘇聯向外界展示了對一個遙遠的第三世界國家投射實力和影響力的新能力，以往似乎只有美國有這樣的能力。安哥拉內戰時激烈之時，蘇聯爲在該國作戰的6萬余名古巴軍人提供著軍備和補給，而這兩國距安哥拉的距離都達到了6000余英里，這意味著蘇聯所擁有的龐大商船隊和全新的遠程空運能力賦予了其前所未有的遠程投送能力。[3]

蘇聯在安哥拉和莫桑比克的勝利帶來了深遠的影響。這兩個非洲國家控制著進入

---

[1] 羅德曼：《比和平更珍貴的：冷戰和爲了第三世界的斗爭》，第167-168頁（Rodman, *More Precious than Peace*, 167～168）。

[2] 羅德曼：《比和平更珍貴的：冷戰和爲了第三世界的斗爭》，第172-175頁（Rodman, *More Precious than Peace*, 172～175）。另根據基辛格：《再生歲月》第792頁（Kissinger, *Years of Renewal*, 792）記載，將對干涉的敵對歸咎於一系列原因，自由派不再現實的願望（妄圖將非洲脫離冷戰的整體環境之外，而保守派不願支持福特當局采取的措施，他們認爲僅僅蘇聯遠離非洲這一冷戰次級戰場太過於軟弱）。此外，國會也明確對任何美國在外國的冒險行動表示反對。

[3] 羅德曼：《比和平更珍貴的：冷戰和爲了第三世界的斗爭》，第156頁（Rodman, *More Precious than Peace*, 156）。

礦產豐富的扎伊爾、贊比亞以及羅德西亞（今津巴布韋）通往外界的海運通路。對於蘇聯在非洲擴展影響力的成果，無疑，美國盡管不願在越戰之後再陷入新的第三世界戰場，但更不願向南部非洲各國政府表明其怯懦的態度，這意味著未來這些國家為獲得經濟和軍事援助將不得不投入中國或蘇聯的懷抱。而一旦這種情況發生，整個南部非洲的將不可避免地滑向左翼。

　　「安哥拉人民解放運動」（MPLA）在安哥拉取得勝利後，它就開始自由地攻擊鄰國扎伊爾，因為其對手「安哥拉民族解放陣線」（FNLA），仍以扎伊爾為基地繼續與其對抗。1977年5月，「安哥拉人民解放運動」派出由剛果不同政見的派別所組成的武裝，即「剛果國家解放陣線」（FNLC），還包括扎伊爾前加丹加省鄉村警察組成的武裝，越過兩國邊境進入前總理莫伊茲·卡奔達·沖伯所在的前加丹加省地區（後稱為塞巴地區）。當時，該省由於此前沖伯主導的分裂舉動仍受到扎伊爾現政府的敵視，因此當地存在著大量不滿，這恰形成了安哥拉可資利用的形勢。對於「安哥拉人民解放運動」對鄰國的干涉，同期美國總統吉米·卡特政府並未做出反應，反而是法國人迅速將2000余名摩洛哥部隊經空運部署到扎伊爾，反擊「安哥拉人民解放運動」的入侵。1978年5月，「剛果國家解放陣線」再次發起攻勢，這次美國為法、比等國的干涉提供了支援，包括派出了空運力量運送2900余名法比聯軍部隊快速部署，後者的部隊最終瓦解了「剛果國家解放陣線」的攻勢。

　　對蘇聯集團而言，扎伊爾塞巴地區具有重要的價值，值得去爭取。西方在干涉過程中亦發現了很多蘇聯集團卷入此次入侵的證據。至少在非洲的古巴軍隊曾積極戰備准備利用「安哥拉人民解放運動」的成功入侵行動進一步發展勝利，還有證據表明東德曾為「剛果國家解放陣線」的第二次攻勢提供了訓練支持。盡管在法國等國的強力干涉下，那次攻勢並未成功，但這些軍事行動亦對當地經濟造成巨大沖擊，塞巴的采礦業嚴重受損，很多關鍵的技術人員流失。[1] 使得扎伊爾政府盡管得到西方支援並取得了戰場上的勝利，但仍不得不面臨一塊難以收拾的爛攤子。

　　在蘇聯國內，蘇共政治局最終將安哥拉的解放運動視作一次容易的勝利，美國人似乎並未做出更強的反應只能咽下苦果。蘇聯國內亦有聲音認為安哥拉的勝利可能並不值得，因為它削減了美蘇之間的緩和與信任，但勃列日涅夫則回擊稱美國人理應接受這樣的現實。[2] 顯然，勃列日涅夫更願意在南部非洲取得進一步的勝利，其最終的目標就是南非。當時南非因奉行種族主義政策激起國內的黑人政治組織的廣泛反抗，其國內的「非洲民族議會」（ANC）組織就與傾向蘇聯的南非共產主義黨派保持著緊密聯系，後者的負責人喬·斯洛夫（Joe Slovo）亦是非洲民族議會的高級官員。

[1] 鄧巴賓：《冷戰：大國和他們的盟國們》，第324-325頁（Dunbabin, *The Cold War*, 324～325）；蓋伊·阿諾德：《第三世界的戰爭》，第222-225頁（Guy Arnold, *Wars in the Third World*, 222～225）。

[2] 羅德曼：《比和平更珍貴的：冷戰和為了第三世界的斗爭》，第171頁（Rodman, *More Precious than Peace*, 171）。

　　然而此後安哥拉的事態仍未結束，「爭取安哥拉徹底獨立全國同盟」（UNITA）因南非的支持仍繼續與「安哥拉人民解放運動」對抗。直到80年代美國重新取得優勢並全面修正對外政策時，這類反左翼的力量再次獲得了美國的援助。

　　在莫桑比克，左翼勢力亦取得很大成功，由於缺乏強有力的反對派組織，1975年時美國亦不得不承認莫國內馬克思主義政黨「莫桑比克解放陣線」（FRELIMO）的地位。羅德西亞因而失去了其出海口，同時羅德西亞的「津巴布韋非洲民族聯盟」（ZANU）和反南非的「非洲民族議會」（ANC）游擊隊則因莫桑比克的形勢發展獲得了一處重要的庇護所。爲了應對這些反政府力量，羅德西亞亦在莫桑比克中發展了自己的力量，即「莫桑比克全國抵抗組織」（RENAMO）。[1] 此外，羅德西亞和南非還周期性地越境襲擊莫桑比克境內的反政府勢力。直到1980年羅德西亞政府崩潰後，其曾經支持的「莫桑比克全國抵抗組織」仍堅持在莫桑比克與「非洲民族議會」組織等進行武裝戰斗，只不過其支持者由羅德西亞改爲了南非。

　　當然，對蘇聯而言70年代中期也並不都如意，在另一外葡萄牙的前殖民地——東帝汶，蘇聯卻遭遇了失敗。當時東帝汶國內左翼組織「東帝汶獨立革命陣線」（FRETILIN）在該地區廣泛發展壯大並於1975年11月28日宣布建立東帝汶民主共和國後，美國和澳大利亞立即就鼓勵與其毗鄰的印度尼西亞政府實施了干涉。美澳擔憂印尼周邊出現左翼政權，蘇聯有可能會以其爲據點干涉該地區的事務並進而威脅周邊重要的海上航線，因此竭力鼓動印尼出兵。「東帝汶獨立革命陣線」對印尼的干涉進行了抵抗，但到1978年時他們仍失敗了。占據東帝汶後，印尼在當地的統治極爲野蠻、殘酷，這無疑更激起了當地的反抗，小規模的起義和戰事一直持續到1999年，直到東帝汶地區獲得就獨立問題進行公投的權力後，才逐漸平息下來。

　　爲了遏制蘇聯及古巴在非洲展開的代理人戰爭攻勢，1976年4月福特政府公開聲明，美國對羅德西亞奉行多數決定原則，同時亦含蓄地表明這一原則同樣適用於西南非洲（納米比亞）和南非，這實際上是以一種較緩和的姿態以爭取道德高地的舉動，但卻不免被認爲過於軟弱。當年美國大選中，福特失去了總統職位，繼任的吉米·卡特政府對非洲顯然更傾向於采取激進的政策（這也是福特政府所試圖避免的）。然而，美國政策的轉變仍未能挽救羅德西亞，1980年羅德西亞完全從英國獨立並更名爲津巴布韋。[2]

　　左翼勢力在葡萄牙屬非洲殖民地的勝利仍在繼續，蘇聯的影響從西南非洲地區開始進一步向北延伸。在阿拉伯半島，當英國准備撤離亞丁（以前爲英國的殖民地及阿拉伯半島南部的一個保護國，1967年以後是南也門的一部分）地區時，也門地區爆發了血腥內戰，名爲「馬克思民族主義解放陣線」的左翼武裝擊敗埃及支持的反對派武

---

[1] 蓋伊·阿諾德：《第三世界的戰爭》，第364-377頁（Guy Arnold, *Wars in the Third World*, 364～377）。

[2] 羅德曼：《比和平更珍貴的：冷戰和爲了第三世界的斗爭》，第181-182頁（Rodman, *More Precious than Peace*, 181～182）。

裝，並繼而於1968年宣布以亞丁爲中心及其周邊地區成立南也門人民共和國。[1] 而此前納賽爾曾希望奪取的也門，則成爲北也門。南也門成立後，其領導人公開宣稱了自己的目標：推翻所有傳統的阿拉伯國家的政權，這意味著該國最終希望顛覆沙特阿拉伯的王權政府。

　　盡管南也門並無多少自然資源，但該國的地理位置極具戰略意義，它處於進入紅海的入口位置並與沙特阿拉伯接壤。以往，英國之所以非常重視也門並竭力保持在亞丁的軍事政治影響力，就是由於該地位處地中海至遠東航線的要沖。但由於1967年埃以戰爭中以軍勝利後，埃敘等國爲反擊西方對以色列的支持決定關閉蘇伊士運河，除了人爲地制造了全球石油危機外，對亞丁亦造成巨大的沖擊，航線的封閉使亞丁作爲價值和經濟收入大幅降低。此時，蘇聯乘虛而入以向亞丁提供經濟和軍事援助爲名將其綁上自己的戰車，作爲回報，蘇聯獲得了亞丁海、空基地設施的使用權。例如，這一時期蘇聯向南部非洲運送軍火和補給的軍機，通常就以亞丁爲中途補給和停留地點。

　　從西方世界的角度看，由於運河被封閉，南也門的戰略價值就主要在於，它有可能成爲蘇聯在西亞的新代理人，蘇聯通過該國將向整個阿拉伯半島輸出革命和影響力。西方認爲，阿曼將是第一個目標。因爲多年來，沙特一直支持其國內針對該國蘇丹的武裝叛亂，南也門建立後很快取代了沙特對該國國內反對派武裝的支持，在阿曼組建了「解放波灣被占領地區馬克思—列寧主義人民陣線」（PELOAG）。與南也門的情況類似，阿曼本身除戰略位置重要外並無多少資源。該國位於阿拉伯半島西北，扼控著波斯灣通往阿拉伯海最重要的海上通道——霍爾木茲海峽，該海峽是名副其實的石油大動脈。因此，蘇聯影響力在阿曼的擴張一旦成功，很可能就直接威脅到波斯灣沿灣的重要產油國，進而徹底將英國在中東經營已久的勢力清除出去。對英國和西方而言，南也門和阿曼形勢的發展使其面臨非常困難的境地，如若不加以遏制的話，英國不僅將像此前那樣撤出亞丁，還不得不放棄其長期以來對波灣各石油國的保護國地位。而一旦英國勢力撤出後，西方支援的伊朗和蘇聯支援的伊拉克將成爲填補勢力真空的最大受益者。爲避免這一切，70年代英國與伊朗采取聯合行動，幫助阿曼現政府反擊也門人民民主共和國（南也門）支持的反政府叛亂。

　　同時沙特並未閒著，多次試圖推翻北也門政權（因1976年中東戰爭而使埃及從該國撤軍後，當地力量空虛對沙特的價值更爲重大）。沙特希望是在主導北也門政府後，支持其與更爲激進的南也門對抗，以內耗削弱南也門對外輸出的革命和影響力。但此舉並未奏效，接著沙特又企圖煽動南北也門之間的對抗，以削弱南也門的實力，甚至直接煽動南也門內部叛亂，但至1968年12月沙特放棄了。1969年6月，一個由阿

---

[1] 薩弗蘭：《沙特阿拉伯：對安全的無休止質疑》，第123頁（Safran, *Saudi Arabia*, 123）。

卜杜・法塔赫（Abd al-Fattah）領導的馬克思—列寧主義武裝派別在南也門現政府內部發動部分政變，推翻了一名相對溫和的領導人。接著阿卜杜・法塔赫與南也門總統薩利姆・魯巴亞・阿里（Salim Rubaya Ali）和總理阿里・納賽爾・哈薩尼（Ali Nasser al-Hassani）共享了權力，形成了三人執政領導層。與典型的共產主義政權類似，新的領導層成形後立即發動清洗和鎮壓以鞏固其權力。同時，南也門請求獲得更多的共產主義陣營援助，爲鞏固在西亞的影響力，蘇聯等國迅速作出響應。其中，蘇聯爲該國提供了大量軍備和技術人員援助，東德則協助其建立內務安全體系，古巴則幫助其訓練農業和空軍人員。南也門不僅接受蘇聯集團的援助，還接受了來自中國的援助，比如後者幫助其建設了一條重要的公路（從亞丁至哈德拉毛省），並爲其提供了醫療援助。[1] 從更宏大的角度看，南也門的民族解放組織實際上是阿拉伯民族主義運動組織在也門的一個分支，另一支武裝則是「巴勒斯坦人民解放陣線」（PFLP）。因而，在沙特多次企圖顛覆南也門的過程中，南也門政權仍能夠堅持下來的一個原因，就在於只要形勢不利，「巴勒斯坦人民解放陣線」就會對沙特極爲重要的「跨阿拉伯輸油管道」（Tapline）下手，包括其製造了一起爆炸事件以阻斷管線的運行，這條管線擔負著將沙特出產的數百萬噸原油運往地中海的角色。1969年秋，南也門政府軍甚至一度攻入沙特境內，而發起反擊的沙特軍隊在擊退進攻後順勢奪占了自1934年以來就被也門方面占據的一處具有戰略意義的地區。[2]

　　1971年，南也門將其國名改爲「也門人民民主共和國」（PDRY），這表明了南也門的政治野心不僅局限於一隅，而是志在統一北也門。作爲蘇聯在半島南端重要的衛星國，南也門還接受了大量來自同爲蘇聯的衛星國的伊拉克的援助，後來曾在70年代初期與境內的庫爾德人武裝爆發了低強烈衝突，當時庫爾德人得到美國和伊朗的支持。其間，沙特雖多次企圖煽動南北也門間的衝突，但其努力所產生的效果除了激起南也門更加強化其政權外，並未奏效；另一方面，南也門爲抵禦沙特的顛覆亦請求蘇聯提供更多援助。從沙特的角度看，南北也門以任何形式形成的永久性統一（南北也門都有追求統一的願望），對其國家安全都是威脅，因爲統一的擁有龐大窮困人口（超過沙特人口）的也門出現在沙特邊境，將對富裕的沙特造成巨大的影響（比如移民、難民和革命輸出等）。此外，也門人還一直宣布擁有對阿曼以及沙特部分領土（主要是該國特產最豐富的農業省，阿西爾地區）的主權。而且，對沙特王室來說，最糟糕的情況莫過於南北也門在激進的南也門政權主導下完成統一。爲此，沙特對一切可能挑起南北也門對抗以阻止其統一的設想和行動都非常支持。所以南北也門曾發起統一行動，但總是無疾而終，這部分源於南北也門之間的差異，部分源於期間沙特的阻撓。

---

[1] 薩弗蘭：《沙特阿拉伯：對安全的無休止質疑》，第128頁（Safran, *Saudi Arabia*, 128）。

[2] 薩弗蘭：《沙特阿拉伯：對安全的無休止質疑》，第130頁（Safran, *Saudi Arabia*, 130）。

1975年3月沙特王室爆發宮廷政變，一名王子刺殺了時任沙特國王費薩爾（Faisal）。繼任王位的哈立德（Khalid）國王上台後放棄了前任只是簡單地希望摧毀南也門的「國民陣線」政權的企圖，而是准備以更長久的戰略耐心並配合各種行動，使南也門人放棄其革命的意識形態和對蘇聯的依賴。1975年3月，伊朗和伊拉克政府達成協議，根據協議，伊朗將收回對庫爾德人的支持，而伊拉克亦將作出部分讓步。緊隨兩伊達成協議後，伊拉克與沙特之間亦達成和解，根據沙伊和解協議，沙特希望伊方放棄對南也門政府的支持。沙特政府似乎期望通過與伊拉克達成的和解協議，以及伊拉克采取的緩和舉措（正如此前敘利亞和埃及的和解那樣）能使南也門當局采取類似的緩和措施，降低幾國之間因相互支持敵國國內反對派而引發的動盪。以這種方式，沙特放棄了對南也門的激進對抗，轉而扶持較為溫和的北也門政府以平衡南也門。[1]

另一方面，南也門總統薩利姆·魯巴亞·阿里贊同緩和，他希望通過與沙特的緩和，將沙特作為籌碼以爭取更多的蘇聯支援。[2] 同時，他改變南也門政府激進的政策亦是為了擺脫南也門在阿拉伯世界中的孤立地位。然而，南也門總統此舉無疑與阿卜杜勒·法塔赫·伊斯梅爾（Abd al-Fattah Ismail）的路線發生衝突，後者是該國唯一合法政黨中的強硬派的領導人。另外，他深知無論他如何與沙特改善關系，最終他都不得不更加依靠蘇聯，而非沙特。這種情形在其後1977年爆發的非洲之角危機（當時蘇聯的衛星國埃塞俄比亞與之前蘇聯的衛星國索馬里之間爆發的衝突）中表現得更為明顯。作為相對溫和的政治人物，魯巴亞·阿里非常害怕被國內強硬派指責為出賣了也門人的革命。因此，他既無法也不願公開否定統一北也門的政治目標（這正是沙特最擔憂的），也不能放棄對阿曼國內革命的支持（當時支持阿曼現政權的還是獲得西方看重的伊朗王室政權）。

在紅海的另一側，1969年10月索馬里的西亞德·巴雷（Siad Barre）發動政變並掌權。此前，索馬里已倒向蘇聯，盡管依靠政變上台但他並不想改換門庭，因此其繼續維持對蘇聯的依賴。1974年他與蘇聯簽署新的條約，允許蘇聯在柏培拉（索馬里西北部港口）建立一處海軍基地。柏培拉基地的位置非常重要，這裡不僅可直接前出紅海封鎖蘇伊士河的運輸，而且就算不過蘇伊士運河繞道南非進入大西洋的西方油輪亦不得不經過該基地附近海域。在1975年蘇伊士運河重新開通後，蘇聯在紅海兩岸的部署（亞丁和柏培拉）已形成了對紅海口部和蘇伊士運河的控制之勢。同期，埃及對蘇伊士運河的拓寬和加深的改造，使其能夠通過更大噸位的超級油輪，因而運河水道的

---

[1] 薩弗蘭：《沙特阿拉伯：對安全的無休止質疑》，第282-283頁（Safran, *Saudi Arabia*, 282～283）。

[2] 薩弗蘭：《沙特阿拉伯：對安全的無休止質疑》，第286頁（Safran, *Saudi Arabia*, 286）。沙特最終同意於1976年3月10日與南也門建立外交關系，據報道稱南也門期望在未來5年獲得沙特4億美元援助，這一數額約兩倍於南也門在同期的預計的投資金額。建交後1年半左右，兩國關系開始冷淡，沙特最終實際只支付了5000萬美元的援助。據報道稱，蘇聯對南也門的援助則相應增加了不少，這意味著魯巴亞·阿里開始在沙特和蘇聯之間玩弄平衡。

戰略價值更加突出，而蘇聯在紅海的部署所具有的戰略價值和意義顯然已勝過英國統治該地區的時期，這使西方極為驚恐。另一方面，由於南也門政權采取強硬路線與政策，因此在運河拓寬後很多商船仍不願在亞丁停靠和補給，而在以往，這些商船是亞丁港繁榮的關鍵。因此，南也門政府盡管守著這條戰略水道卻無法從中獲得經濟利益，除了接受蘇聯的援助外，整個國家的主要收入來源就只有一些老舊的原油精煉設施生產的成品油料及其旅居海外僑民的匯款了。[1]

　　大約在同時期，形勢的發展再次為蘇聯提供了一次很好的機會。埃塞俄比亞的一伙左翼激進軍官發動政變推翻了該國皇帝海爾・塞拉西一世（Haile Selassie）的統治。這次蘇聯並未立即就向新政權伸出橄欖枝，這很可能是因為此前蘇聯向埃及和蘇丹提供援助的經歷所致，因為蘇聯對這兩國新政權提供的大量援助並未獲得對其持續的影響力。而且另一項不利因素在於，埃塞俄比亞與索馬里圍繞著埃國內的奧加登地區存在著爭議，作為索馬里的盟國，蘇聯自然無法立即就向埃新政府示好。盡管蘇聯更願意將埃塞俄比亞也整合進其在東非的勢力范圍內，但面對領土主權爭議，沒有什麼世界革命的熱情能讓兩國放棄成見。蘇聯必須做出選擇，這次他們放棄了西亞德・巴雷，選擇了潛力更大的埃塞俄比亞。

　　埃塞俄比亞擁有更多的人口、地理戰略位置亦相對優於索馬里。推翻帝制後，該國國內由極端不穩定的小政治團體所統治，其國內多次經歷大屠殺，包括1974年的1次和1976年的2次血腥衝突。1976年，埃塞俄比亞向莫斯科派出代表團，准備與蘇聯建立更緊密的關系，但蘇聯還是較為猶豫。之後，埃塞俄比亞國內再出現政變征兆，蘇聯期間發揮了關鍵作用，其向該國獨裁者門格斯圖發出預警：其同事計劃發動政變推翻其統治。1977年2月，門格斯圖將所有參與政變的人士殺死，此刻蘇聯已確保他能較穩固地掌握住權力了。[2]

　　同期，面對埃塞俄比亞與蘇聯的接近，由於擔心被蘇聯出賣，索馬里開始與美國接觸。美國方面的回應使索馬里人相信，卡特政府將支持他們，因此在1977年七八月間成功發動了對埃塞俄比亞的攻擊。到1977年秋季，埃塞俄比亞基本已被擊敗，為防止事態進一步擴大，卡特政府之後宣稱除非索馬里軍隊退回本國境內否則將不再向該國提供軍援，這令該地區的索馬里盟友（包括沙特、埃及、蘇丹和伊朗）非常憤怒。期間，伊朗還准備向索馬里轉讓「幻影」噴氣式戰機，這被認為對兩國局勢是決定性

---

[1] 亞普：《第一次世界大戰以來的近東：至1995年的歷史》，第365頁（Yapp, The East,365）。80年代，南也門的煉油廠的產值占到整個國家工業出產的80%。但這些煉油廠都由英國石油公司所控制，而且1969年時這些煉油廠仍未被國有化，直到1977年才被南也門接管。此外，南也門在海外的工作的僑民還有約10萬人，這些人每年的匯款也構成了國家收入的一部分。到1984年，世界能源價格大跌之時該國國民生產總值的一半由海外僑民的匯款支撐。根據布羅甘：《世界衝突：它們為什麼發生及在哪裡發生》，第370頁內容（Brogan, World Conflicts, 370），南也門對海外僑民匯款依賴的現狀軟化了該國的共產主義政府，因為要繼續接受僑民的匯款就必須同意他們的要求（即匯款必須給予他們在國內的家人，而非直接給國家）。當時，也門民主人民共和國（PDRY）是伊斯蘭世界唯一一個共產主義國家。

[2] E.阿比比：《號角，產值占和來自前東方集團的檔案：埃塞俄比亞的觀點》，威爾遜中心冷戰國際史項目1996—1997年（CWIHP）5（E. Abebe, "The Horn, the Cold War, and Documents from the Former East Bloc: An Ethiopian View", CWIHP 5 [winter 1996～1997]）。

的，但這一舉動被阻止了。[1] 美國的猶豫給了蘇聯機會以支援其盟友，在蘇聯的主導下1.5萬古巴軍隊搭乘蘇聯軍艦被運往埃塞俄比亞。蘇聯希望能迅速取得勝利，至少在聯合國以及西方干涉之前。1977年11月，索馬里廢除了1974年與蘇聯簽署的友好條約。而相反的，埃塞俄比亞則於1978年11月與莫斯科簽訂了與蘇聯的《友好互助合作條約》。蘇聯轉向埃塞俄比亞後，美國則成為索馬里的支持者。[2] 此前古巴軍隊在安哥拉的取得的勝利及其自身的出色表現，使得他們的出現進一步升高了東非之角的危機態勢。

　　此前蘇聯對南也門的控制，為後續向埃塞俄比亞提供更多支援提供了可能，畢竟除南也門之外，蘇聯在東非、西亞地區再沒有第二個落腳點，以其為跳板更便於蘇聯艦、機向東非地區投射力量。在1977年11月西亞德·巴雷驅逐了國內的蘇聯顧問之後，蘇聯更迫切要求獲得在南也門的海、空基地使用權，對此南也門薩利姆·魯巴亞·阿里總統同意了要求。此前，盡管薩利姆·魯巴亞·阿里曾試圖與沙特達成和解但幾乎一無所獲，因此這裡只能更加徹底地倒向蘇聯。而對沙特而言，南也非同意蘇聯的要求表明，在南也門展現出日益成為蘇聯的半島基地的前景後，不再維護與南也門的脆弱關係完全是合理的。[3]

　　無論是索馬里還是埃塞俄比亞，抑或是南也門，盡管擁有重要的地緣戰略價值，但都缺乏自然資源。然而，正是這些國家的地緣價值，使蘇聯獲得了向中東產油區投射其實力和影響力的立足點和渠道，比如南也門靠近波斯灣產油區，而且與埃塞俄比亞一道都是西方運油商船必經的沿岸國家。在蘇聯增加對東非沿海的興趣的同時，亦是蘇聯的藍水海軍崛起之時。一旦發生戰爭蘇聯將獲得掌握歐洲能源命脈的能力。

　　在歐洲，盡管有意見認為，當時葡萄牙最基本的問題正在於其國內形勢的緩和，這使其很多葡萄牙軍人相信，共產主義並不全然都是邪惡的。同期，1975年7月西班牙和意大利共產黨宣揚所謂的「歐洲共產主義」（某些西歐共產黨所信奉的共產主義，這些黨派支持民主政治制度，且聲稱獨立於蘇聯政府），拋棄使用武力獲得政權和支持；他們甚至還譴責蘇聯政府的一些政策。法國共產黨原本也被邀請參與此共同宣言，但被法共拒絕，他們仍與莫斯科站在一起。[4] 對基辛格而言，歐洲共產主義與以往的歐洲國家的人民陣線非常相似，它使共產主義成為一種高尚的、受到敬仰的意識形態。一旦事態繼續發展下去，歐洲各國的共產黨將會掌握權力，不論這些共產黨是否與莫斯科有所區別，但它們奉行的仍是共產主義。屆時，美國將發現要維持對一

[1] 鄧巴賓：《冷戰：大國和他們的盟國們》，第325頁（Dunbabin, *The Cold War*, 325）。

[2] 威爾遜中心冷戰國際史項目1996—1997年（CWIHP）5。

[3] 薩弗蘭：《沙特阿拉伯：對安全的無休止質疑》，第289頁（Safran, *Saudi Arabia*, 289）。與沙特關系破裂的一個因素是南方籌劃了1977年10月11日對北也門領導人易卜拉欣·穆罕默德·哈姆迪上校的暗殺。哈姆迪一直奉行對南也門的溫和政策路線，外界也曾認為沙特曾參與了這次暗殺行動，因為哈姆迪過於獨立而難以控制。而魯巴亞·阿里對沙特的溫和政策也廣受批評。

[4] 金斯堡：《當代意大利史：1943—1988年的社會和政治》，第374頁（Ginsbourg, *A History of Contermporary Italy*, 374）。

個由奉行歐洲共產主義的政府所組成北約的安全承諾，將是十分困難的。而不可避免地，這類共產主義政黨執政的西歐國家將陷入蘇聯的影響版圖中。

當時，意大利似乎已具備了共產黨奪取政府權力的成熟條件。該國國內形勢相當不穩定，連續遭受罷工和內部暴力事件的影響。自1958年來該國的經濟逐漸從一個農業國轉變成高度依賴工業出口的經濟體，但到70年代這種增長卻難以持續。其國內勞工階層的薪酬水平迅速增長，但其經濟體系的生產效率卻並未同步提升，加之政府的濫發傾向製造出嚴重的通脹。60年代以來幾次石油危機更加劇了其國內的危機，比如到1973年時意大利進口石油占其所需能源的比例達到75%（1955年同樣的比例僅為33.6%）；由石油危機導致的全球性經濟衰退亦打擊其國內生產。因此在整個70年代，意大利遭受了整個西方世界裡最嚴重的通脹水平。[1]

1974年初，意本土極左恐怖組織「紅色旅」開始「對國家的心臟實施攻擊」。[2]其國內的法西斯主義恐怖勢力亦有所抬頭，甚至在像米蘭這樣的主要城市裡都會發生極左和極右的政治勢力公然在大街上爆發激烈衝突的場景。很多意大利人擔憂某種形式的內戰不可避免。學生和工人不斷走上街頭，更加劇了國家的混亂狀態。

即便在「紅色旅」開始活躍之前，意大利共產黨的領導人，恩里科·貝林格（Enrico Berlinguer），就告訴他的同志們稱，應考慮與另兩個主要政黨（基督教民主黨和社會黨）結成同盟，而這可能是避免國家爆發類似此前智利那類政變的必要措施。[3]之後，他又對基督教民主黨黨派的負責人稱，他們不必擔心被出賣：即便他們（指共產黨或社會黨）贏得選舉成為多數黨派，這兩個黨派也不會單獨組成政府執政，基督教民主黨應該參與到聯合政府中來。與此同時，隨著國內經濟危機的惡化，獨立的工人委員會（這類組織的成立實質上打擊了共產黨對勞工階級的完全主導）開始失去工人的支持，他們發現越來越不可能通過獨立（非意共）組織的罷工達成預期目的。在這種情況下，意共得以重新整合其力量，亦更有信心與其他黨派或資方討價還價了。

此外，對於即將於1976年到來的大選，意共自己預測其支持度會上升，最終共產黨獲得34.5%的選票，超過基督教民主黨的27.6%。[4]似乎第一個由共產黨主導的政府即將出現。大選前美國駐意大利大使，約翰·沃爾普（John Volpe）的一些言論，亦引發很多意大利人的不滿，他在一次采訪中強硬地稱反對任何共產黨參與到北約國家政府之中。但這並未促使意共領導人貝林格做出澄清，比如宣稱如果共產黨贏得大選意大利仍不會退出北約。在其他西方國家看來，他的舉動表明意共正準備從內部瓦解北約。

[1] 金斯堡：《當代意大利史：1943—1988年的社會和政治》，第351-352頁（Ginsbourg, *A History of Contermporary Italy*, 351～352）。
[2] 金斯堡：《當代意大利史：1943—1988年的社會和政治》，第363頁（Ginsbourg, *A History of Contermporary Italy*, 363）。
[3] 金斯堡：《當代意大利史：1943—1988年的社會和政治》，第355頁（Ginsbourg, *A History of Contermporary Italy*, 355）。
[4] 金斯堡：《當代意大利史：1943—1988年的社會和政治》，第374頁（Ginsbourg, *A History of Contermporary Italy*, 374）。

　　除意大利外，整個地中海北岸地區的形勢都很灰暗，同爲北約成員國的希臘和土耳其仍在爲塞浦路斯的歸屬齟齬不斷。1974年由於塞浦路斯危機，希臘爆發政變，其右翼政府被推翻，當時政變後西方亦不確定其新政權是否仍保持親西方的政策。在西班牙，弗朗哥的統治已臨近尾聲，該國國內的歐洲共產主義者顯然認爲，他們很有機會通過選舉獲得政權。而在法國，因1974年石油危機而使該國遭受嚴重衰退後，其國內的左翼聯盟（法國共產黨和社會黨）獲得更多的社會支持。在這種整體左轉的背景下，意大利國內政治動向將極具指標意義，如果該國左翼政府執政，無疑將極大地鼓勵其他國家的左翼政黨及勢力。

　　1976年6月，意大利舉行大選，意共獲得了34.4%的選票，其支持率甚至接近了戰後捷克斯洛伐克共產黨在最後一次自由選舉中所達到的水平。執政的基督教民主黨表現甚至更好，取得了38.7%的支持率。當然，整個左翼力量（包含社會黨和共產黨）所獲的支持達到47%，如此一來，社會黨作爲關鍵少數的地位至關重要了。最終，社會黨認爲如果采取中左立場可能會經參加左翼執政聯盟取得更大的支持，因此他們選擇了與基督教民主黨聯合執政。同期，美國、英國和西德等國威脅稱，如果意大利共產黨以任何方式參與到聯合政府中，就不再向其提供貸款，[1] 事實上，之後意成立的新政府中確如其他西方國家所願並未包含有任何左翼政黨，但這樣一個少數派政府在處理國內事務時卻面臨著巨大的挑戰，只要政府就某項決議展開咨詢或決策都會遭遇以左翼力量爲首的多數派的抵制或否決，整個政府處於嚴重的內耗之中。這一中左和偏右翼色彩的不穩定執政聯盟亦被稱爲「歷史性的妥協」。意共考慮到在議會中已安插有自己的代言人，加之如果一味反對政府亦突顯其強硬色彩，因此新政府中盡管沒有自己的一席之地，但他們還是急劇地減少了罷工運動並幫助政府穩定工資，以避免整個國家陷入徹底混亂和分裂。

　　1976年意大利新政府的成立僅解決了一個問題，但意社會滋生的恐怖主義問題並未得到解決。特別是當年與其他西方國家逐漸降低的恐怖事件發生數量相比，意大利不降反升的恐怖主義活動就更顯突出了。1977年，「紅色旅」嘗試成爲一個規模更龐大的組織，如果他們成功地話，他們將可能徹底毀滅意大利共和國。事實上，他們正是這麼做的，通過大量台募人員以擴大恐怖活動的規模與范圍，其向外界顯示出自己的力量。他們既反對意本國政府，又竭力抵制意最重要的盟國——美國。該組織制造的最聳人聽聞的事件莫過於1978年綁架並謀殺了意大利前總理阿爾多·莫羅（Aldo Moro）。這次恐怖事件引發國內全面罷工潮，意共更是強烈譴責。盡管如此，在1978—1980年間意國內的暴力恐怖事件還是呈上升趨勢，1977年8人在各種恐怖事件中喪生，到1978年死亡人數上升至29人，1979年爲22人，到1980年時更升至30人。直

---

[1]阿林：《冷戰幻覺：美國、歐洲和蘇聯，1969—1989年》，第130頁（Allin, *Cold War Illusion*, 130）。

至1980年，意大利警方才最終消滅紅色旅。

70年代末意大利國內政局和形勢發展與1948年前的捷克較爲相似。都是社會上左翼思想泛濫，共產黨組織滲入本國政權體系，在取得一定政權後亦都提議協助政府抑制國內的左翼暴力活動。但與之前不同的是，意大利左翼的崛起緊隨葡萄牙國內左翼之後，且意大利是西方陣營的主要成員國，因而其形勢的發展對西方更爲嚴峻。作爲傑拉德·福特政府的國務卿，亨利·基辛格將意大利國內各政治勢力間的妥協視作該國最終走向共產主義之前的過渡步驟。[1] 而且這次不像1947—1948年時的捷克，意大利共產黨在國內要面對的只是一個精疲力竭的偏右基督教民主黨黨派，同時外部西方各國政府因經濟困境和美國整體的防御態勢而士氣低落。盡管基辛格並未明言，西方各國已清楚美國政府不再願意采取強硬的措施和手段支持西歐應對共產主義的滲透了。

1976年美國舉行總統大選，參選的吉米·卡特在選舉期間曾攻擊基辛格的外交政策。但一旦他成爲卡特的國家安全顧問後，茲比格涅夫·布熱津斯基（Zbigniew Brzezinski）很大程度上亦作出了與基辛格類似的選擇。對於西歐各國的情況，卡特批准采取堅定的措施抵制共產黨進入聯合政府，但另一方面卻禁止采取直接的干涉手段。1979年1月意大利再次舉行大選，意共的支持率在此次選舉中遭到削弱（很明顯是因爲選民們認爲意共爲在政府中發揮更直接的作用而妥協了其立場），此次選舉中意政府「歷史性的妥協」的狀態結束了，布熱津斯基將其稱作卡特政府的一次重要成功。[2] 當80年代初蘇聯入侵阿富汗時，爲證明自身的獨立性，意共曾公開譴責蘇聯的侵略及其強迫同樣動蕩的波蘭發布國內戒嚴令等行爲。

當然，這絕非70年代末共產主義意識形態在西歐滲透故事的結束。1981年法國大選，法國內左翼政治勢力取得勝利，新任總統弗朗索瓦·密特朗（Francois Mitterand）的內閣中就指定了4名共產黨籍的部長，而且法共的強硬派意識形態更傾向於蘇聯，而非意共的歐洲共產主義思想。但這次，由於密特朗執政後很快采取了對蘇的強硬政策，因而美國並未針對此事發出抗議。例如，密特朗追求重新融入北約，並於1983年力促西德接受美國在其境內部署中程導彈的協議。而且較爲有趣的是，與之前美國以一名保守派的總統（尼克松）打開了通往紅色中國的道路類似，如今法國卻以一名左派的總統重啓了法國與美國和北約的交往。

類似的危機還在希臘上演著。70年代中期希臘在與土耳其就塞浦路斯而爆發的衝突中遭遇慘敗，軍人獨裁政府在1974年崩潰。當時很多希臘左翼人士和組織認定，自1967年攫取權力的軍人獨裁政府始終與美國勾結在一起。盡管希臘的上校們以反對共產主義的名義奪取了權力，但這並未使其獲得美國的援助，更遑論幫助其在與土耳其

---

[1] 阿林：《冷戰幻覺：美國、歐洲和蘇聯，1969—1989年》，第126頁（Allin, *Cold War Illusion*, 126）。

[2] 阿林：《冷戰幻覺：美國、歐洲和蘇聯，1969—1989年》，第131頁（Allin, *Cold War Illusion*, 131）。

的爭端中獲得優勢。在獨裁統治結束後該國舉行的首次大選中，新的左翼民主主義政黨——「泛希臘社會主義運動黨」（PASOK）贏得約14%的選票，作爲一個新興政黨而言這算是較不錯的支持率了。「泛希臘社會主義運動黨」是一個老式的政黨，整個政黨都圍繞著其領導人安德里亞斯・帕潘德里歐（Andreas Papandreaou）而建立。安德里亞斯・帕潘德里歐的父親之前曾出任過希臘總理，而自己在第二次世界大戰期間亦曾在美國海軍服役，戰爭結束後又在美國任教授。60年代，其就曾經歷國內危機，當時右翼軍官團體曾指控他在希臘軍隊內部領導著一個秘密的左翼政治組織，即「盾牌」（shield）。1970年以來，希臘與土耳其就島嶼爭端的危機愈演愈烈，帕潘德里歐以宣揚強硬線路（包括呼吁軍方攻擊土耳其在兩國爭端海域的調查船等）而受到國內民眾關注。對外政策方面，他主張希臘退出北約並驅逐美國在該國的軍事存在。1977年泛「希臘社會主義運動黨」再次在選舉中獲得令人印象深刻的勝利，其支持率增長至28%。[1] 1981年，帕潘德里歐再次在大選中獲得48%的選票，其支持率短短7年間獲得了巨大的飛躍。他之所以贏得此次選舉，部分原因在於他提出的「變革」口號，同時希臘的選民們似乎亦有信心地認爲，他們的保守色彩強烈的總統，康斯坦丁・卡拉曼利斯（Konstantinos Karamanlis）會節制他的出格行爲；對帕潘德里歐而言，爲了獲得更多的支持，他亦采用了緩和的措辭，削弱了選民對其強烈色彩的擔憂。因而在種種因素共同作用之下，他在1981年大選中獲得了組閣的權力。1981年10月，帕潘德里歐宣誓就任希臘政府總理。

帕潘德里歐上台後即施行了多項促進國家內部和解的政策，這意味著希臘放棄了內戰時期秉持的反共政策。對於蘇聯，他不僅明顯表達了友善和贊同之意，而且亦對歐洲新一代具有左翼色彩的恐怖組織抱有理解和同情的心態。對此美國和北約表達了高度關注，自其當選後的幾年內，美國政府甚至將雅典機場列爲存在重大安全問題的機場設施；而北約內部的一些機密文件也明確地表示著「北約（除希臘外）」的字樣。帕潘德里歐還拒絕參與西方發起的對波蘭的禁運措施，並且也是首位打破該國所受孤立赴波蘭參訪（1984年）的西方國家領導人。此後，更有消息稱，蘇聯的克格勃已控制了希臘的最大報紙發行機構。1983年，當希臘擔任歐洲共同市場輪值主席國時，其外交部長更阻止了共同市場組織發起的針對蘇聯戰斗機擊落韓航KAL 007航班造成大量平民殺傷事件的譴責。80年代初，希臘政府還在其他很多方面表現出其左翼色彩，比如1982年參與譴責以色列在黎巴嫩的軍事行動，以及1984年泛「希臘社會主義運動黨」召開黨務會議時邀請智利前領導人薩爾瓦多・阿連德的遺孀霍滕西亞・阿連德（Hortensia Allende）出席其會議等。[2]

盡管帕潘德里歐表現得較爲左傾，但他從未真正跨出他所威脅跨出的那些步伐。

[1] 克羅格：《希臘簡史》，第178頁（Clogg, *A Concise History of Greece*, 178）。

[2] 克羅格：《希臘簡史》，第190頁（Clogg, *A Concise History of Greece*, 190）。

例如，他領導的希臘並未退出北約，他也從未驅逐過美國在希臘的軍事存在（1983年在他任內，希臘與美國就基地設施租賃和駐軍問題重啓談判並一直持續到1988年）。他執政後也未侵害希臘的民主選舉制度，並最終於1988年離任。歸根結底，他的下台與「泛希臘社會主義運動黨」（PASOK）的性質有關，作爲一個以領袖感召力而凝聚起來的政治團體，其領袖本身出現的問題亦會很快地投射到整個組織。帕潘德里歐曾因身體原因不得不出國進行治療，當他離職7個月後再重回國內時，因其個人的缺位「泛希臘社會主義運動黨」在希臘的受歡迎程度已大不如前了。帕潘德里歐回國後又接連被一系列個人醜聞所包圍，包括因爲他更鍾情於一名航空公司的女空乘而決定與現任妻子離婚，以及同期希臘爆發的涉及他的財經醜聞等，這些事件都嚴重地損害了他的形象和影響力。

　　將同時期具有左翼色彩的帕潘德里歐的希臘政府和密特朗的法國政府，與意大利的「歷史性妥協」的左翼政府進行一些有趣的對比。所有這三國國內的政治風向轉變都曾爲蘇聯提供了真正的機會，這幾國中，只有意大利政府改組時美國明顯采取了直接行動，以力圖影響該國政局。較有爭議的是，很多人認爲，如果1988年帕潘德里歐仍繼續出任總理，他可能已將希臘拉入蘇聯的軌道；但這些人士未預料到的是，就在帕潘德里歐失去權力後沒多久，蘇聯帝國亦徹底崩潰了。

　　所有這些變化似乎都未對美國當時竭力促成與蘇聯就戰略軍備問題進行談判造成影響，這類談判以及達成的削減、控制戰略核軍備的條約曾是整個冷戰史中東西方關系緩和的重要標志。包括1972年美蘇達成的「第一階段限制戰略武器條約」（SALT I）協議，其中特別指明此條約完成後將於1977年簽署第二階段的類似軍控協議。1974年11月24日福特總統在蘇聯遠東符拉迪沃斯托克與蘇聯領導人簽署了一份協議草案，兩國元首同意未來幾年內完成「第二階段限制戰略武器條約」（SALT II）條約草案的談判和擬制將是兩國維持緩和關系的主要目標，並以此作爲對兩國國內強烈派勢力（即反對緩和的那些人士）的回應。在這些人看來，軍控條約使美國再無力抵制蘇聯日益增長的戰略優勢和全球事務的領導能力。

　　與此同時，國會亦對中情局的行動形成了牽制。在兩強熱戰打不起來的核時代，中情局所精通的顛覆與滲透實際上正是美國在冷戰中的主要工具和手段，國會的行動無疑更加束縛住美國政府的手腳。1974年美國國會選舉中曾披露出重大醜聞，中情局以非法手段幫助時任總統尼克松調查那些抗議越南戰爭的美國人。消息的披露無疑立即引起軒然大波，中情局被迫公布出以往很多經總統默許的秘密活動的情況，包括對國外政府的顛覆甚至暗殺等。1975年6月10日，由副總統納爾遜·洛克菲勒（Nelson Rockefeller）領銜的一個委員會向國會提議，應組建一個聯合監督委員會以審查並批准情報機構在國內外實施的秘密行動，並避免將類似活動公諸於世。洛克菲勒出身情報系統過去曾長期參與各類秘密行動，他的建議無疑是希望在事態變得徹底無法收拾

之前盡可能減少對美國情報工作的損害。

在大西洋的另一側，無論是1973年中東戰爭還是非洲形勢的變化，歐洲各國都未將其視作蘇聯仍存敵意的表現。因此他們仍願作給予勃列日涅夫夢寐以求的對戰後歐洲分裂現狀的承認。1973年歐洲安全和合作會議（CSCE）啓動，經兩年談判與磋商，35個國家政府（加拿大、美國，以及除阿爾巴尼亞外的所有歐洲國家）最終於1975年在芬蘭首都赫爾辛基簽署了《赫爾辛基最後文件》。

至少從基辛格的觀點看，西方國家政府同意啓動並進入歐洲安全和合作會議議程，有助於避免歐洲爆發災難性的事件。當然，隨著會議的進行，西方主要國家亦逐漸意識到他們仍擁有相當的籌碼。具體而言，勃列日涅夫急切地希望西方承認戰後形成的各國邊界，對於蘇聯領導人的此類心態，基辛格後來曾嘲笑其相當滑稽和愚蠢。[1] 在他看來，勃列日涅夫擁有全球最強大的軍事機器，現有歐洲各國邊界在第二次世界大戰結束後通過一系列涉及國家的雙邊協議就已達成了（東、西德國對相互間邊界的承認是個特殊，直至1970—1971年間才完成）。當然，還有一個重要的例外，該條約實際上承認了蘇聯對3個波羅的海共和國的合並，對此美國及其盟國以往是從未承認過的。

爲了得到西方的認可，勃列日涅夫作出多項讓步。對於批評歐洲安全和合作會議的人士而言，蘇聯的讓步缺乏意義，勃列日涅夫從不打算實現其承諾。《最後文件》中擬制的條款都經過精心的措辭，以致於條約本身很難具備法律上的約束力。因此，這類反對意見認爲，西方看似從蘇聯搾取出的讓步只不過是西方政府的遮羞布，用於掩蓋西方對蘇聯的某種軟弱和綏靖態度。而對於那些締結條約的人士而言，蘇聯的讓步是對其未來行爲的重要限制。

《赫爾辛基最後文件》的內容可以分別放入三個「籃子」裡。勃列日涅夫所看重的問題是第一個「籃子」中「安全部分」的條款。該部分全面承認了戰後歐洲各國所形成的邊界，但亦包含涉及改變邊界的條款，比如「在依照國際法、通過和平手段和達成協議的前提下」，允許改變相關國家的邊界劃定。該條款是西德政府強烈要求加入的，亦得到美國的強烈支持。因而，最終形成的文本並未如勃列日涅夫所希望的那樣，規定所有國家邊界不可侵犯和改變，或者如1970—1971年西德政府自己所贊同的那樣。最終，該條款爲90年代兩德的統一提供了法律依據。類似的條款還確認了各個國家加入或退出聯盟的自由權利。至少在理論上，條約禁止了一國對另一國某種形式的入侵，例如1956年蘇聯對匈牙利和1968年對捷克斯洛伐克的入侵，當然除非再次出現類似後一次捷克事件中的那類情況（強硬的捷克共產黨政府主動「邀請」蘇聯軍事干涉），否則這類干涉在新的條約規范下都是不可接受的。基辛格後來曾稱，東歐各

[1] 基辛格：《再生歲月》，第639頁（Kissinger, *Years of Renewal*, 639）。

共產黨國家政府私下裡曾告訴他稱，條約將使蘇聯入侵他們更爲困難，因而將能爲這些國家提供有價值的回旋空間。根據基辛格所言，條約中禁止入侵的條款對波蘭、匈牙利和捷克斯洛伐克以及羅馬尼亞等國的影響是真實的，而南斯拉夫亦對這些免受蘇聯入侵的保險性條款表現出強烈興趣。

在會議中，美國則設法與蘇聯達成了「信任構建措施」（CBMs）的協議，根據協議內容，蘇聯最終同意在其師級規模軍隊進行任何行動前，都會提前30天將相關信息通報給西方國家，這將使其更難以用軍事演習爲掩護突然發動對西歐的進攻。

協議文件中第二個「籃子」則聚焦於東西方貿易事務。第三個「籃子」則保證各簽約國致力於改善、提升各國的人權狀況。蘇聯對這類議題的讓步似乎是最令西方感到歡欣鼓舞的了，特別是美國及其公眾輿論，否則的話西方將視整個歐洲安全和合作會議議程完全是對蘇聯的投降。

一段時間以來，美國國內敵視對蘇緩和關系的人士，其批評政府和政策的焦點多聚焦於人權議題上。他們認爲蘇聯對人權的鎮壓是其威脅的核心問題：因爲蘇聯統治者根本無需對他們所統治的人民負責，因此其決策動機和行爲將是危險的。只有蘇聯願意從根本上變革其體系，那麼東西方之間才有持續和平的前景。否則，西方所稱的東西方和平，只不過是野心勃勃的蘇聯表現得不那麼好戰的一段時期。

對此持不同的「現實主義」觀點的人士，比如基辛格博士，則認爲蘇聯及其強制性的政治體系，是其不可改變的政治生態。西方應習慣與這樣的蘇聯打交道，而不應尋求蘇聯進行烏托邦式的改變，這毫無意義。因此，西方與蘇聯的外交關系所能實現的目標，就是管理和塑造國家間的關系，企圖干涉對方內部事務的意願，至少也是非常危險的。此外，基辛格認爲，如果蘇聯感覺到他們所做出的讓步會摧毀其內部的政治體系，那麼他們絕不可能同意這樣的讓步。勃列日涅夫明確的想要維持與西方的緩和，但只能是以可接受的代價達成這一目標。如果尼克松和基辛格也希望緩和，他們就必須權衡蘇聯的要價再作出反應。然而，美國的問題在於公眾輿論和一些政治人物過分地看重自己的道義責任，他們傾向於以蘇聯難以接受的要價爲前提實現與其緩和。一定程度上，他們打心底就不相信蘇聯，而且更脫離實際地將蘇聯對西方的威脅與其內部（對人權的）壓制聯系起來。從道義上看這並沒錯，但對國家卻是無益的。

國會的行爲正反映了這種美國人廣泛持有的觀點。例如，1974年底，在國會通過的《約翰遜—凡尼克修正案》中，就將蘇聯是否允許猶太人移民外國與美蘇之間的貿易活動掛鉤。勃列日涅夫發現允許移民的政策會給他的政權帶來大麻煩，因爲移民中的很多持不同政見者，特別是類似亞歷山大·索爾仁尼琴（Aleksandr Solzhenitsyn，1974年2月被蘇聯驅逐出境）這樣的傑出人士，在離開蘇聯後會廣泛散播不利於蘇聯的言論，比如蘇聯政府是比大多數西方人所能想象得更爲專制、集權的政府。

對於諸如此類的人權議題和條款，由於勃列日涅夫並不認爲會成爲問題，因此簽

署了《赫爾辛基最後文件》。無論他簽署了什麼，克格勃都會控制住形勢，特別是那些對個人權利「過於感興趣」的蘇聯民眾。在西方批評對蘇緩和的人士看來，最後文件中第三部分的人權條款只不過是西方保守派勢力的安慰劑。無論西方的看法多麼多元，無疑的是，蘇聯的確未嚴肅地看待這些條款。在赫爾辛基會議結束後，如果有什麼區別的話，可能就是蘇聯以更嚴苛的態度處理其內部人權問題，而且更拒絕參加歐安會監督這類條款執行情況的會議。蘇聯甚至以緩和爲托辭與一些西方國家和媒體達成某種協議，使其停止鼓勵那些流落在當地的蘇聯持不同政見者發表反蘇言論。[1] 當然，赫爾辛基協議簽署後也在華約集團及蘇聯內部獲得廣泛的報道和傳播。很多流落在海外的蘇聯持不同政見者們曾組成過一些組織，專門監督蘇聯集團遵行這些人權協議的情況。期間，克格勃爲瓦解這類活動干出了不少令其難堪的事件，但他們亦從未放棄這樣的努力。甚至一度以來，隨著克格勃的滲透，這類監督蘇聯人權狀況的組織變得更加無足輕重。[2] 當然，直到戈爾巴喬夫上台蘇聯放棄了對社會的控制後，在海外的持不同政見人士才開始發揮重要作用，他們之間的相互聯系與協調亦增多起來。然而，至少在赫爾辛基協議簽訂期間，蘇聯的政治體系似乎仍是堅不可摧的。

1975年12月，美國國務院采納了所謂的「索南費爾特主義」（以基辛格的副手命名）。美國外交界判斷認爲，目前蘇聯在東歐除保加利亞外幾乎沒有一個真正的朋友，因此蘇聯的對外政策將處於較不可預測和危險的狀態。這似乎只不過是戰後歐洲形勢到1970年代中期時的再次重演，上次蘇聯因爲其不安全感覺而表現出更具侵略性並最終形成的東西方冷戰對抗的局面。如果只是不安全感的話蘇聯還能夠應付，仍不太可能以強硬的軍事手段解決。蘇聯越感到它的歐亞帝國體系安全無虞，那麼它就越不願采取新的冒險舉動。基於這種判斷，因此美國的政策應鼓勵蘇聯與其歐洲衛星國之間建立更緊密的聯系（故而任何企圖離間這種聯系的嘗試應被正式放棄），如此一來，新興的蘇聯帝國將更不願意破壞與西方之間的緩和關系。索南費爾特的策略意味著，東歐國家應發展並維持與蘇聯的充分聯系，並保持其在蘇聯勢力范圍內的穩定狀態。對此，波蘭人已有教訓，因此他們放棄了過去「浪漫的政治取向」（畢竟這曾導致災難），轉而采取措施在不違抗蘇聯意志的前提下滿足其自身的國家利益需求。而這正是勃列日涅夫所希望實現的狀態。[3]

相反的，對東歐國家來說抵制蘇聯的控制可能導致危機，就像1956年的匈牙利和

---

[1] 雷韋爾：《民主如何消亡》，第130-132頁（Revel, How Democracies Perish, 130～132）。

[2] 蓋茨：《從陰影之中：五任總統的終極內幕故事以及他們如何贏得冷戰》，第88-89頁（Gates, From the Shadows, 88～89）。引用自1977年2月18日中情局報告，大意是蘇聯已對美國發起的人權攻勢相當不快，因爲這正中蘇聯軟肋，該國的確存在很多嚴重的人權問題。報告中稱，「自1976年以來，在整個東歐及蘇聯內部，不同政見及反政府活動開始出現，這對當時東德和波蘭共產黨政權解決其國內問題增加了新維驗證據；在蘇聯看來，因爲西方鼓勵而在其國內活動加劇的持不同政見者及反政府運動，是對東方現有秩序和制度的嚴重挑戰」。這份報告提交給卡特總統，後者對人權攻勢非常感興趣，因此希望聽到他所關注的這類情報。這意味著，蘇聯對任何可能危及其控制的形勢發展都保持著極端敏感性，這些趨勢一開始非常不引人注意。之後在赫爾辛基峰會後的1976年波蘭和東德國內形勢不穩後，中情局也就此向最高當局撰寫了報告。

[3] 鄧巴賓：《冷戰：大國和他們的盟國們》，第314-315頁、第450-451頁（Dunbabin, The Cold War, 314～315, 450～451）。

1968年的捷克斯洛伐克，甚至更糟的情況就是激起一場戰爭。無疑，索南費爾特明確地假設蘇聯對東歐的控制將是持久性的，這是自艾森豪威爾時期就形成的觀念，但到羅納德·里根時期則不再如此，後者認定蘇聯的帝國體系不可能無限期維持。索南費爾特的不幸就在於當他作演講之時，里根和其他保守人士已經開始質疑爲什麼美國要默許蘇聯的擴張。

對美國的保守主義者而言，索南費爾特的設計充斥著福特政府的失敗主義論調。很多年之後，亨利·基辛格博士曾爲索南費爾特當時的選擇做過辯解。[1] 他認爲當時蘇聯與其東歐衛星國之間建立更和平的關系，將使蘇聯不再向東歐各國派遣大量用於鎮壓的軍隊，如此東歐各國將獲得更多的自主權，這種狀況更像是冷戰期間的芬蘭，而不是新近才被占領過的捷克斯洛伐克。這一觀點完全違背了現實，東歐的共產黨政府缺乏真正的民眾支持，他們更需要蘇聯軍隊作爲其執政的最終保護者。基辛格也指出，正如同時代的一名日本觀察家所言，爲了改變這一切美國不得不表現出默許的態度。如果直接挑戰蘇聯在東歐的霸權只會簡單地使蘇聯更加警惕，促使其采取對抗性更強的措施；反之，表面上承認可能會使形勢緩解和平靜，從而更有利於西方積蓄力量。

當70年代慢慢過去，美國保守政治勢力開始攻擊緩和政策，並將其類比爲30年代英國和法國對納粹德國奉行的綏靖政策。對於戰爭的承受力，蘇聯顯然比西方更願意面對戰鬥的現實，而美國和西方似乎已被核戰爭的可怕前景驚嚇得癱瘓了。勃列日涅夫時期的蘇聯似乎蓄意貶低了核戰爭可能帶來的惡果，那麼如此一來，使用核武器也就並非是不可想象或難以承受的作戰方式。現在人們當然可以將蘇聯當時對核武器、核戰爭的觀點，視作勃列日涅夫以放任的態度看待軍隊和軍事工業聯合體的戰爭准備所必然導致的結果。這實質上顛覆了之前赫魯曉夫對核戰爭的態度，同時反過來亦表明此前赫魯曉夫在抑制軍備支出和軍力規模方面的克制和合理性。

SLAT似乎越來越不具吸收力。兩國盡管簽署了此類限制戰略武器條約，但軍備競賽的風潮卻更加猛烈。進入70年代以來，蘇聯部署了令人恐怖的巨大彈道核導彈，而美國亦加緊研制其核巡弋飛彈和海軍的「三叉戟」式核導彈。隨著美蘇戰略力量之間的失衡狀態越來越明顯，這類問題在美國更具重要的政治意義。從數量、威力和精確度等方面簡單對比當時美蘇之間的戰略核力量就不難得出這樣的印象，即以當時雙方在戰略和常規軍力方面的失衡狀態看，美國和北約要想正面對抗蘇聯及其盟友的軍事進攻將非常困難。鑒於蘇聯正加緊改進其導彈水平，其似乎正獲得決定性的戰略打

---

[1] 基辛格：《再生歲月》，第861-867頁（Kissinger, *Years of Renewal*, 861～867）。爲保護他自己免受外界認爲他對蘇聯過於軟弱的指責，基辛格宣稱福特當局已清晰地表明其勇氣，包括支持印度尼西亞的反共行動，支援安哥拉當地的反共產游擊力量，運用美國的武裝力量確保對一些左翼國家的貿易禁運，促進歐洲的反共產主義意識形態以及在赫爾辛基會議上大打人權牌等。基辛格還斷然否認了所謂的「索南費爾特主義」，索南費爾特一直秉持著非常正統的觀點，他認爲福特政策和基辛格對蘇過於「軟弱」，這一論調亦成爲1976年美國總統競選時對手用來攻擊前者的主要根據，福特總統對此也持否定態度。

擊能力，即以單次打擊就徹底摧毀美國全部的陸基核力量。簡言之，美蘇之間的不平衡已達到了使蘇聯領導層認爲他們將有把握打贏與西方的全面核戰爭的地步。在很多美國戰略界和軍方人士看來，一旦蘇聯的導彈獲得足夠高的命中精度，蘇聯每枚核導彈上的分層式多彈頭就能夠摧毀數個美國的發射井或機動發射單元。考慮到蘇聯龐大的導彈數量，美國有限的陸基核力量被毀滅的命運將不可避免。如果蘇聯以這種方式解除了美國戰略核武裝（海基戰略核力量仍很難被消滅），蘇聯可能會停止打擊，並以美國的城市和人口爲目標威懾美國膽敢采取的任何報復行動。這實際上正是肯尼迪在1960年初制定的戰略邏輯，但不幸的是到70年代末時已被蘇聯人用在美國自己身上。

但這套邏輯相當令人質疑，它只不過是麥克納馬拉時代其戰略詭辯殘留下的變種。即便蘇聯只將核打擊目標局限於美國的導彈發射井及其他軍事目標，也會產生足夠殺死數以百萬、千萬計平民的放射性塵埃。任何一位美國總統在這種情況下都會毫不猶豫地使用所有剩餘的核力量（比如難以摧毀的潛基核導彈）實施全面反擊。就具體的反擊而言，他可能會下令發射所有美國的核導彈以摧毀蘇聯剩餘的核力量或其指揮控制系統，以阻擊蘇聯的第二次核進攻，或者直接將目標對准蘇聯的城市和工業中心，徹底摧毀其國家基礎。無論如何，蘇聯都不可能確保摧毀所有的美國戰略預警系統，如美國放置在高軌道上的衛星，它們幾乎是不可能被觸及的。

在回顧這段歷史時，對於蘇聯是否有過先發制人的核打擊計劃，類似的先發核打擊將以怎麼的方式進行，以及蘇聯內部對此的評估和結論等，人們仍不完全清楚。但就當時而言，如果要想實施類似的核打擊仍有很多技術問題需解決。例如，爲確保摧毀一處經加固的發射井，以蘇聯的彈頭命中精度必須使用多枚彈頭進行連續打擊，但這些彈頭卻又不能同時（或以較小的時間間隔）抵達目標區爆炸，否則前1枚爆炸的毀傷效應很可能摧毀後繼飛抵的彈頭。因此針對特定目標的連續攻擊都必須經過計算，以確保兩次攻擊間的時間合適。然而，對受到打擊的一方而言，第一枚飛向發射井的核彈頭無疑就宣告了核大戰的啓動，無論攻擊方有什麼樣的打擊策略反擊都將立即展開。考慮到美蘇兩國龐大的核武器基數，即便有一方擁有了所謂的戰略優勢，在發起攻擊後都難逃受到另一方恐怖核反擊的命運。

因而，只要蘇聯仍堅持通過核打擊解除美國的核武裝，那麼其發射的成千上萬枚核導彈及分導出的彈頭都必須在較短的時間間隔內以特定的順序連續打擊每一處已發現的美國核目標。這不可能提前演練，而且涉及的環節極爲繁雜，稍有失誤就難以達成預期的目標。爲發起這樣的進攻，蘇聯曾嘗試演練其導彈的快速發射能力，但仍無法測試其直接解除目標核武裝的效果。就算蘇聯領導人冒險實施這樣的攻擊，那也不可能完全達成預期，畢竟根據墨菲定律，會出錯的事情總會出錯。

事實上，蘇聯的戰略核力量只是爲蘇聯領導層提供了在美國的核攻擊不可避免地

情況下，發起先制攻擊的可能選項。無論如何，兩國在共同面對難解的核僵局時，並沒有什麼不同。在雙方因衝突已越過威懾范圍而進入核交戰的狀況下，反擊將只在另一方發動攻擊得以確認的情況下才會實施，當然，對方發動攻擊的明確證據需要謹慎地處理和鑒別。預警系統的虛警問題使問題更加復雜。蘇聯在部署其第一代紅外預警衛星後，就曾出現過衛星發出關於美國發動大規模攻擊的虛警信號的事件，美國也曾遭遇類似的問題。在意識到問題的嚴重性後，兩國都不約而同地在預警傳感器和反擊發射單元之間納入了由人控制的決策環節。這些關鍵的決策者和操作人員，他們的常識及謹慎成爲防止可怕的核大戰發生的最後一道保險。

至於蘇聯嚴肅地計劃以先制攻擊徹底摧毀美國的「民兵」系列導彈發射井，還存在一些真正的難題。1981年左右，蘇聯軍方部署了不少於9種不同的戰略導彈，既包括單彈頭的型號，也有多彈頭的重型導彈。要利用彈種如此龐雜的核力量，對數目龐大的美國戰略目標發動精心計劃的全面攻擊，將面臨極端復雜和繁瑣的難題。盡管蘇聯的SS-19型導彈是其最理想的「民兵」殺手，但自1975年以後這型導彈的數量已被削減至僅余100枚，不足以完全靠它摧毀美國的「民兵」導彈。[1]

爲了打贏一場核戰爭，蘇聯必須在戰初就盡可能地消滅掉美國大多數的核導彈，同時盡可能打擊美國的早期預警系統，摧毀美國的戰略轟炸機和潛艦，這些對於戰爭後續發展及最終結果至關重要。考慮到美國會發起反擊，因此亦需要一套高效的導彈防御系統，至於少量穿過防御的美國導彈，蘇聯還要確保建立起有效的民防設施。在70年代，這些艱巨的任務沒有一項容易完成。而對蘇聯意圖和能力的最大疑問，則在於蘇聯是否制定了一整套綜合性的計劃來整合上述各種能力以實現預期的目標，以及如果有，蘇聯是否有將計劃繼續下去。

當1976年美國大選臨近時，國會組建了一個新的委員會，1980年美國大選時該委員會亦幫助羅納德·里根（Ronald Reagan）勝選。自成立後，該委員會就指責蘇聯一直在尋求獲得打贏核戰爭的能力，而不像美國那樣只爲得到安全和核平衡。此時，中央情報局感到有必要就蘇聯戰略核力量的問題向該委員會提交評估文件，爲此，中情局專門召募部分蘇聯問題專家組成了所謂的「B組」，就此問題撰寫國家情報評估（NIE）。該小組由哈佛大學的蘇聯問題專家理查德·派普博士（Dr. Richard Pipes）領銜，其成員還包括威廉姆·馮·克利夫博士（William van Cleave，1980年大選時是里根在防務問題方面的競選顧問）等人，此外，保羅·尼采亦擔任此小組的顧問。

盡管一直以來軍方不斷地改進和提升其現有戰略核力量，但自1967年以來美國就完全未再添置新的戰略核導彈。早在1967年時，蘇聯的陸基導彈力量的投擲重量已與美國的陸、海基導彈核武庫的投擲重量相當，到1975年時蘇聯的戰略核武器投

---

[1] 梅·斯坦布魯納和沃爾夫：《戰略軍備競爭的歷史》，第717-718頁（May, Steinbrunner, and Wolfe, *History of the Strategic Arms Competition*, 717~718）。

擲重量已超出美國約75%。同期，美國核導彈只在投擲彈頭的數量方面占優（6000：2500），但如果蘇聯繼續改進其分導式多彈頭技術，配合其強大的戰略核導彈投擲重量，很快就能彌補這一差距。長期以來，美國在戰略轟炸機力量較有優勢，軍方亦寄望於它們能夠彌補美國在導彈投擲能力方面的缺陷，但中情局估計大約到1974年時蘇聯就已在戰略轟炸機領域追趕上來，到1976年以後肯定能夠反超。

在核戰備方面，兩國的民防能力亦是最易引發爭議的問題。長期以來，蘇聯就計劃在緊急狀態下疏散他們的城市。理論上，美國的戰略核威懾得以確立的根本，恰恰在於將蘇聯的城市（即人口和財富）「綁架」爲兩國核戰爭的「抵押品」。但如果蘇聯的大多數城市人口能夠迅速撤離，又或者能夠獲得核爆掩體的保護的話，美國以城市爲目標的威懾戰略還能否奏效？冷戰期間，很多到訪過莫斯科的西方人士都對蘇聯的民防努力印象深刻，根據他們的報告，莫斯科很多具有戰略意義的地區其附近的地鐵站都建有厚重的防爆門。事實上，這類民防設施已存在了相當長時間，但西方觀察家們仍很大程度上忽略了蘇聯啓動了此類項目，因爲在蘇聯的嚴密社會控制體系下很難獲得明確的信息。氫彈的發明者，愛德華·泰勒博士（Edward Teller）就曾質詢這樣的問題，如果蘇聯預先性地撤離其城市人口，然後再以美國仍充斥著人群的城市相威脅，那麼美國政府會如何行事？

美國公民會受到類似的保護嗎？正如過去那樣，政府的研究報告暗示稱，在城市地區建立防核爆設施，哪怕是簡單的防輻射塵的地下室，可能都會發揮重要的作用，特別是那些離預定爆點較遠的郊區。考慮分導式多彈頭再入載具的發展將使每個分導式彈頭的當量更小後，這類民防設施的作用可能就更顯著了。在緊急情況下，甚至只是將大城市的民衆疏散出去可能就能減少大量傷亡。

大多數美國人錯誤地認爲，全面的核戰爭會將美國的幾乎所有一切都一掃而空，任何形式的防禦在這樣的戰爭中都是徒勞而無意義的。因而，戰爭似乎離美國還是相當遙遠（正因核戰爭的徹底毀滅性，相互確保摧毀的核威懾效果得以實現）。一個龐大的全國性的掩蔽所項目將使戰爭爆發變得更爲真實。很多居住在諸如華盛頓這類大城市的市民，無疑在未來的核戰爭中將首批受到核打擊，他們從內心深處反感、排斥這類核掩蔽所。他們認爲，按照蘭德公司的怪人赫爾曼·卡恩（Herman Kahn）的理論，核戰爭中的幸存者並不令人羨慕，相反的從某種程度上看他們還不如那些很快死去的人。誠實地說，當他們自己的死亡看上去都已不可避免的時候，很大程度上就更不願幫助他人了，盡管對此他們並不會宣諸於口。一些人則認爲，政府通過向市民提供核掩蔽所或提前疏散他們實在是虛僞的行爲，因爲這樣做後政府似乎可使民衆相信他們能夠在不徹底毀滅整個國家的前提下打贏一場核戰爭。另一方面，蘇聯政府也在做著類似努力，他們竭其所能爲使全社會適應可能的核戰爭做著准備，盡管他們自己對這些准備也並非那麼有信心。對於奉行實用主義的美國社會，大多數人不會自已投

資爲核戰爭作准備，除非他們認爲這一切都是值得的。對於城市疏散後民衆的管理，美國政府十分頭痛，他們認爲蘇聯無疑也面臨著類似的難題，但至少在當時美國仍完全不清楚蘇聯會如何在疏散其人口之後保持其對社會的控制，後來美國曾得到情報稱，蘇聯的內衛部隊通常會經歷特別的訓練以便在疏散時臨時維持進入重要核掩蔽所的秩序。然而，就算修建了大大小小的核掩蔽所，從這類設施本質上看，其容量和避難能力亦較有限，只能起到聊勝於無的作用而已。

對於核軍備和核戰爭的前景，中情局認爲，蘇聯領導層可能不會指望美國允許他們從容地發展能夠毀滅美國的能力，更不會指望發動類似的攻擊而不會遭受毀滅性報復。在美國情報機構眼中，蘇聯很可能希望的是，如果戰爭爆發，通過完善的民防體系和戰爭准備能夠使蘇聯以相對較低的毀滅程度笑到最後；或者說，蘇聯可能希望以這種可得見的戰略優勢使美國政府在未來的對抗時退縮回去。但另一方面，外交部門則不同意情報機構的看法，國務院指出蘇聯相當看重美國的戰爭潛力，他們也懷疑自己贏得與美國全面軍備競爭的能力。因此外交部門懷疑蘇聯是否真如情報機構所想，正在竭力尋求獲得任何類似「贏得核戰爭」或「在核戰爭中生存下來」的能力。

中情局的評估結論主要基於蘇聯在兩個領域仍無力取得突破性進展的事實，即反潛能力和導彈防禦能力。當時沒人真正清楚蘇聯在這兩類領域的進展情況，但考慮到兩類領域的巨大技術挑戰，有理由相信短期內蘇聯在這兩個領域仍無法突破。在反潛能力方面，根據中情局掌握的情況蘇聯仍在竭力尋求提升其反潛能力的技術和情報，這意味著他們的反潛能力仍未達到西方在此領域的能力水准，鑒於西方在此領域同樣有限的能力，可以預估蘇聯並無把握在戰前准確地抓住每一條西方的導彈核潛艦，以便在戰爭之初迅速消滅西方的第二次核反擊力量。在導彈防禦方面，中情局清楚其導彈防禦技術並無突出之處，盡管蘇聯在1970年亦開始將興趣轉向光束武器（包括激光和粒子束武器等），但這類技術當時遠未達到成熟的程度。美國空軍認爲，蘇聯在這兩個領域正取得超乎尋常的進展，但某種程度上其觀點有自利之嫌。空軍的邏輯在於，如果蘇聯已解決了反潛問題，那麼海軍的潛基核反擊力量的價值就將降低，空軍就能繼續主導美國的戰略核力量；其次，如果蘇聯在光束武器方面取得進展，能夠有效地大量擊落陸、海基彈道導彈，那麼只有空軍的戰略轟炸機能夠有效地擔負起核反擊的任務，最終受益的仍將是空軍。事實上，蘇聯的確在想盡辦法升級其防空體系，但在1976年時美國的隱身技術正取得突破性進展，隱身轟炸機將能突破蘇聯任何防空體系。

之後的形勢發展表明，蘇聯顯然並未如美國空軍所想象地那樣在幾個領域取得重要突破。例如，蘇聯的反潛戰能力並未提升到令西方的導彈核潛艦喪失有效作戰能力的地步（蘇聯崩潰後，他們甚至向美國海軍兜售冷戰時所發展的技術，分析這些技術就能得知其真實的作戰能力）；同期，蘇聯也從未實際部署過任何類型的光束武器。

在勃列日涅夫時期，蘇軍總參謀部只能獲得其工業體系所能提供給軍隊的武器裝備，外加部分竊取自西方的技術及產品，他們雖然希望獲得能夠打贏一場核戰爭所需的一切，但這並不意味著就能獲得它們。西方軍事科技人員同期所遭遇的技術難題，同樣也適用於東方。

蘇聯的經濟無法永遠地擴張、增長下去，到1976年時其缺陷已開始顯現。現在看來，當時中情局的評估仍低估了蘇聯防務負擔。1976年，中情局認為蘇聯的國防工業並不比其民用工業更具效率，當時得出的結論是蘇聯的防務開支約占其國民生產總值的11%—13%，相較而言，美國的同類數字僅為6%。然而，按今天的修正數據看，當年蘇聯真實的國民生產總值僅為中情局所估計數據的二分之一，甚至三分之一。如此一來，當時蘇聯在防務方面的開支在其國民收入中占比高達25%—39%。

更為重要的是，蘇聯軍事工業部門的負責人已習慣於傳統，不可能在不激怒國內工業部門的前提下進行調整和變革。如果元帥們要求獲得現有產品的改進型號，那毫無問題；然而，要想贏得核戰爭蘇聯可能需要一些全新的技術和裝備，比如大量高性能的計算機、電子產品等，這些就不是其軍工體系所能提供的了。通過竊取和外購，可能會部分滿足軍方的需求，但這顯然不夠。要自主生產這些新產品，就必須對軍事工業進行改造升級，其所需的技術積累和投入卻絕對是工業部門的領導人們所不願負擔的。當然，在70年代時中情局似乎並未意識到蘇聯軍工體系的這類問題。

對於中央情報局的看法，軍方各軍種並不認可。他們宣稱蘇聯正在開發、製造並部署使他們能夠打贏一場核戰爭並生存下來的技術和裝備，如此在戰爭結束後他們就能主宰整個世界。當然軍方的看法並不必然暗示著蘇聯計劃發動這樣的大戰，畢竟這類言論更有利於軍方爭取獲得更多預算。

此外，空軍還認為，蘇聯的整體政策都是經過高度協調過的。西方向蘇聯和東歐提供大量貸款，實際上是支持其低效率的經濟部門，甚至是贊助其戰略性項目。這類貸款數額如此之大，以致於很多西方銀行正在日益成為蘇聯經濟體系的「人質」。相反的，美蘇《關於限制進攻性武器條約》、關系緩和以及軍控外交都在拖累美國自己的防務項目推進，同時為蘇聯提供更多獲取美國及歐洲關鍵性技術的機會。

1976年，美國當年的國家情報評估（NIE）空洞無物，甚至比以往更加無意義。對此，空軍認為類似的評估「並未能抓住……當前延續的和平戰備時期的本質現實」，這是30年代的再次重演，當時自由世界未能認識到集權主義者們正在為什麼做著准備。多年以來，空軍就對國家情報評估的內容並不贊同，在其看來，到70年代末時他們此前的可怕預期正在被證實。空軍甚至把美蘇《關於限制進攻性武器條約》對美國戰略力量的影響，歸咎於國家情報評估的輕率結論，比如後者宣稱蘇聯只不過在尋求戰略均衡；以及由於情報機構拒絕相信蘇聯龐大民防項目的真實性，才使得不利於美國的反彈道導彈軍控條約得以簽訂。這類廣泛流傳的看法亦解釋了為什麼「當前

危險委員會」自建立後就迅速獲得了影響力。

中情局的「B組」的研究項目多聚焦於其成員所認定的蘇聯預實現的目標，以及它所認爲的以往國家情報評估中存在有系統性缺陷的項目領域。總體上看，當年的這類研究過多地關注技術細節，而較少涉及導致這些細節背後的文化因素，但其很多分析仍較爲中肯。當然，這並不意外，理查德・派普（B組的領導者，他曾耗費一生的精力研究俄羅斯和蘇聯的歷史）及小組的成員保羅・尼采等，雖然注意從文化歷史角度展開研究，但之後大量來自衛星的數據「洪流」使研究陷入唯技術論的困境。「B組」曾稱，其分析研究深刻地影響了後繼官方的國家情報評估（後來中情局局長喬治・布什對此斷然否認）。

理論上，國家情報評估的起草者主觀上並不願以鏡像的方式，從自身的思維和邏輯出發觀察和理解蘇聯的現象以及揣摩其意圖（比如美國對核戰爭的排斥）。但現實中，他們的預測和分析還是難以避免地附帶了一些美國式的色彩，比如他們設想蘇聯政府（像美國政府那樣）致力於爲其民眾提供更好的生活，這使美國人想當然地認爲，蘇聯更有興趣將未來兩國的競爭從軍事領域轉向民事領域，像美國那樣努力爲其民眾提供更高的生活水平以體現其制度的優越性。然而現實是，蘇聯這一國家的存在是爲了黨擴張其無限的權力和控制欲，對於美國人來說其邏輯根本無法想象。

對美國人而言，軍事只是整個國家社會經濟生活中相當邊緣化的一部分，政府的職責就在於維護國家的和平。但真正的情況是，蘇聯作爲一個「軍事、政治和經濟體制的龐大集合體，其在各個領域的這些獨特制度彼此相互適應並配合，又被視作其無所不在的多樣化權力的一部分。在這個國家裡，所有人都被同一個小團隊的統治精英們所控制，其政策和行爲的所有目標都是爲使被統治的臣民順從並凝聚在其周圍。至於適用於資本主義社會的觀念，比如社會和經濟體系中軍事和民事部分的區別，並不適用於蘇聯的社會經濟環境」。現在看來，這樣的觀點非常正確，但在當時卻少有人清醒地意識到這一切。

「B組」認爲蘇聯是克勞塞維茨的真正信徒。在蘇聯決策層的觀念中，所有的武器，包括戰略核武器，都是其「強迫和勸服手段」中的一部分。因此，蘇聯可能將其核導彈視作一種不必冒真正核戰爭風險，而迫使美國和西方順從其意圖的手段。對美國人而言，類似使用核武器進行的「勇敢者游戲」過於危險以致於根本就不應冒這樣的險，因爲真正的核戰爭將是自殺性的共同毀滅。但對於蘇聯人而言，他們可能也認爲核戰爭應該被避免，但其願意使用核武器的願意更爲強烈，他們考慮更多的是，盡管存在著相互威懾，但是一旦核戰爭真正爆發了，那麼就必須准備戰鬥並贏得這樣的戰爭。

B組指出，當雙方的「力量對比」有利於蘇聯時，他們會強迫自己鞏固他們所能獲得的優勢，不使天平向另一端傾斜。利用緩和的國際關係和有利於己的力量對比，

蘇聯內部的國民已經習慣並接受了這些「收益」。蘇聯在安哥拉的冒險，無疑似乎證明了這一點。

　　或許，最為重要的是，B組認為，相關國家情報評估一致在淡化他們對令人心煩意亂的國會、緩和形勢和數階段《限制戰略武器條約》的恐懼。（至少）他們非常願意在表面上保持緩和和鎮定。相反，這是蘇聯在不動用軍事力量、同時加強其軍事力量的情況下攻擊西方的整體戰略的一部分，如此，使西方不可能願意對此作出回應。該研究組認為，蘇聯正日益實現他們的目標（將美國及其富裕的西方盟國，與第三世界及其資源割裂開來）。[1] 而國家情報評估認為，（在當時）最小化蘇聯威脅的一種方法，就是分別檢視美國的各個武器開發項目，而不是將其作為整個計劃中的一部分。各個武備項目的發展，似乎並不重要，但當這些項目都取得進展並作為一個整體時，可能就會具有更大的威脅性了。

　　當時的爭論非常分裂，以致於時任中情局局長喬治・布什（George Bush）在一份秘密備忘錄中命令B組有選擇性地洩露一些研究過程細節，及其結論；但正如該小組所宣稱的，他們並未影響官方評估判斷。最終，他只是又簽發了更多國家情報評估，僅概述了B組所研究出其他替代性解決方案。[2]

鑒於蘇聯日益增長的軍事優勢，尼克松總統只能在面對蘇聯咄咄逼人的攻勢前保持著微笑。而且特別不幸的是，尼克松之前在艾森豪威爾執政時期就已領教過蘇聯的行事風格；在他擔任總統任期的冷戰中期，他痛苦地意識到蘇聯所施展的不同的軍事和政治手腕是多麼難以應對，他更清楚美國當時面臨的窘境是多麼糟糕。圖中照片拍攝於1973年6月24日，尼克松向蘇共最高領導人勃列日涅夫贈送了一塊由美國宇航員簽字的裝飾銘板。而此時，勃列日涅夫正處於他當政以來蘇聯形勢最好的時期，此刻迫使尼克松辭政的水門事件仍未爆發。（美國海軍學院）

[1] 摘自中情局11-3/8-76號國家情報評估（NIE）《至1980年代中期蘇聯用於洲際衝突的軍隊》（Soviet Forces for Intercontinental Conflict Through the Mid-1980s），該評估發布於1976年12月21日，CIA 2：第225-312頁。B組的研究報告，CIA 2：第313-375頁。

[2] 國家情報評估11-4-77，發布於1977年1月18日，CIA 4：第391-395頁。

第35章
谷底中的西方

1976年美國共和黨人提名傑拉德·福特參選總統，其競選綱領儘管相對溫和但仍避免提及涉及美蘇關系緩和的議題。看來，「B組」需要又一個四年來勸說決策層采取其倡導的對蘇政策。當然，B組的觀點很大程度上與福特的對蘇政策相左，在其看來，福特的政策傾向過於溫和，而美國對蘇溫和的集中體現就是1975年簽署的《赫爾辛基最後文件》完全表明了其對蘇聯無原則的退讓態度。很多民主黨人同樣不喜歡福特的政策，因爲他無條件地寬恕前總統尼克松的所有罪行。在當年的大選中，這些因素被證明對福特的參選是致命的。正如選舉結果所表明的那樣，美國的選民拋棄了福特，民主黨的吉米·卡特贏得大選，而新總統無疑希望繼續維系與蘇聯的緩和關系。在選戰期間，他允許將嘗試與蘇聯談判共同大幅削減核武器。履職後不久，他曾詢問過軍方能否有可能在僅保留數百枚核武器的前提下維持對蘇聯的威脅，可想而知他的軍事幕僚和顧問們一定會勸告他，對美國的核武庫作如此規模的削減無疑是自殺性的。但他仍決定做些什麼，比如推遲研制和部署新型「戰斧」巡弋飛彈，拒絕繼續生產和部署B-1「槍騎兵」轟炸機。後來，卡特可能還（故意）洩漏出關於美國新一代隱形戰機的消息，並暗示B-1轟炸機項目將被取消（因爲更好的轟炸機已在發展之中了，即後來的B-2轟炸機）。

就職後不久，卡特就宣稱他自己不會「過度地表現出對共產主義的恐懼」，這種過度性的反應不僅將美國拖入越南戰爭，而且也使美國因擁抱太多獨裁者（僅僅因爲他們的的反共或反蘇立場）而面臨太多的尷尬。[1] 他承認蘇聯仍然是美國最重大的軍事威脅，但他並不認爲第三世界的共產主義運動本質上是對美國的重要威脅。例如，他並不欣賞海軍所扮演的傳統全球力量投射的角色，因爲以往美國在應對敵對的第三世界共產主義政權時必然需要海軍出動以解決問題。在卡特的觀念中，第三世界國家的政權更迭或叛亂事件幾乎都首先與當地的民族主義有關，其次或再次才涉及共產主義的因素。畢竟，美國在越南戰爭中曾犯過的關鍵性錯誤，就在於將當地本質上的民族主義解放運動（南越的越共勢力）視作野心勃勃的共產主義政權（北越共產黨政府）的工具（儘管此觀點仍存在廣泛的爭議）。在此基礎上，他認爲美國對待第三世

---

[1] 摘自1977年5月22日，福特總統在法國巴黎聖母院的演講。

界的新政策應該是扭轉當地非常嚴重的不公現象，使當地擺脫貧困和愚昧。全球各國間最大的區別，更多地在於北方（工業）國家和南方（第三世界）國家之間的區別，而不僅僅是第一世界（資本主義國家）和第二世界（共產主義國家）之間的區別。

　　這並不是說卡特沒有將蘇聯視作美國的國家性威脅。爲了推行他的政策，他選擇了茲比格涅夫·布熱津斯基作爲其國家安全顧問，布熱津斯基是波蘭裔的強硬派，他從內心深處不信任甚至厭惡蘇聯。[1] 另一方面，卡特的國務卿賽勒斯·萬斯卻傾向於繼續維持與蘇聯的緩和關系。例如，萬斯反對任何將蘇聯日益增長的對第三世界國家的野心與美蘇之間的戰略性關系聯系起來考慮；而布熱津斯基對軍方或情報機構動議針對蘇聯境內或第三世界國家展開秘密行動持支持態度。[2] 盡管卡特總統在任職期間正式批准了一些類似的行動，但萬斯領導的國務院以及中情局的官僚主義作風卻經常成爲這類行動的障礙。相當公正地說，卡特本人有時過於癡迷或陷入細節，而無法更有效地領導他的政府。例如，其任期內美國在冷戰中所面臨的困境，又或者他試圖使美國在能源供應自給自足，爲此他啓動了一個他所稱爲「精神上的戰爭」的項目。順便提及的是，其能源自給的觀點，可能也是令美國能夠免受混亂的波斯灣困擾的唯一辦法。

　　卡特時期的中情局局長是前海軍高級軍官斯坦菲爾德·特納（Stansfield Turner）上將，他個人曾參與了大量戰略情報評估的撰寫和審核工作。但這些評估通常與以往的模式較爲類似，比如蘇聯正對開發某種新型武器系統大感興趣，但這些武器並不具備決定性的優勢；他們正進入一個更加困難的時期；他們的經濟逐漸衰退，其空中和水下防御能力不太可能應對美國准備於80年代入役的新式武器系統（如「三叉戟」核導彈、MX「和平衛士」核導彈系統、「潘興」系列戰術導彈以及巡弋飛彈等）。特納領導下的中情局甚至還得出結論認爲，由於卡特政府所啓動的一些新軍備項目以及之前限制雙方戰略進攻性武器協議的簽署，蘇聯在70年代獲得的戰略優勢窗口期亦將

[1] 據說布熱津斯基在聽取有關美國戰略打擊計劃——「單一整合作戰計劃」（SIOP）的情況時只問了一個問題，「多少俄羅斯人將被殺死？」這一戰略打擊計劃一直被限定在摧毀蘇聯的軍事和工業能力，而非蘇聯的國民。據推測布熱津斯基發現在一場美蘇之間的核戰爭中，美國平民死傷的數量可能要高於蘇聯時，他感到非常不安（因爲美國的城市化率更高，因此在兩國的核對決中更易被蘇聯所攻擊）。在蓋茨：《從陰影之中：五任總統的終極內幕故事以及他們如何贏得冷戰》第70頁（Gates, *From the Shadows*, 70）中把布熱津斯基描述爲「迄今爲止，卡特政府外交團隊中最具現實主義精神、經驗豐富的專業人士」。

[2] 蓋茨：《從陰影之中：五任總統的終極內幕故事以及他們如何贏得冷戰》（Gates, *From the Shadows*）中則記述了關於卡特總統曾批准過的幾次秘密行動，但最後由於官僚主義的拖杳而被迫取消的案例。1977年3月，卡特正式批准了布熱津斯基關於對蘇聯實施秘密宣傳戰的建議（第91頁），這項提議部分是基於一份中情局的報告（根據匈牙利領導人表露出的傾向，蘇聯領導層「非常擔心他們將成爲對其權力的真正威脅和挑戰……而且盡管事態看上去令人難以置信，但蘇聯相信美國正刻意以人權爲借口籌劃削弱、甚至推翻蘇聯的陰謀」）。據此，布熱津斯基的一個想法是，利用蘇聯當時國內面臨的嚴峻問題，以其爲槓桿通過宣傳和心理戰削弱蘇聯。然而，在總統同意後，國務院和中情局拒絕就此設想進行嚴肅的計劃和討論（《從陰影之中：五任總統的終極內幕故事以及他們如何贏得冷戰》，第92-94頁）（Gates, *From the Shadows*, 92～94）。很可能1977年3月卡特總統的決定所帶來的真正結果是美國擴大了對歐洲自由廣播電台的資助，新建了更多的廣播站（這些廣播站針對東歐國家）。另一件案例（74頁）是1978年6月1日中情局局長海軍上將特納，帶領幾位副手就蘇聯在第三世界國家的擴張問題向總統作簡報；接著卡特簽署了兩份總統審查備忘錄（PDMs），要求政策制定部門制定一套新的全球性非軍事競爭戰略，以強化美國的全球存在，但這件事之後亦被拖沓以致於不了了之。本書作者蓋茨曾是一名職業中情局官員，曾任卡特政府國家安全委員會幕僚並參與了這次決策制定過程，當時他表示認爲制定相關政策和布熱津斯基的設想具有價值。他認爲（書中第76頁）行政部門的官僚主義態度已使其「神經脆弱到極點」。當然，當時的國務院亦很難不受國務卿萬斯的影響，他不想破壞與蘇聯的緩和關系，至於中情局，在斯坦菲爾德·特納上任後因爲大量淘汰原來的資深官員所引起的機構混亂亦使這家情報機構幾近癱瘓而缺乏執行力。

於80年代結束。對於蘇聯的民防能力，特納仍持相當懷疑的態度（並不認為能夠抵御美國的報復性核反擊）。他認為，蘇聯的這類掩蔽設施可能拯救他們的領導層，如果有一兩個小時的預警時間的話，也許還能拯救其工業中心的約四分之一的勞動人口；但其整個社會和經濟體系仍將遭遇恐怖的毀滅。即便擁有完善的民防設施及體制，蘇聯仍無機會在核戰爭中獨善其身。此外，就算蘇聯准備孤注一擲在行動前也會先大規模疏散其城市人口，但這無疑於向美國發出進攻在即的信號，反而難以獲得先手攻擊所帶來的優勢。

對於特納對蘇聯威脅的評估，軍方各軍種非常不滿。他們附和「B組」的意見認為，中情局的戰略評估並未將蘇聯自身的思維考慮在內，中情局只是簡單地以美國為對照臆測蘇聯的能力和意圖。類似的評估顯然弱化了蘇聯對美國的威脅，在軍方眼中，除非美國大規模地重整軍備否則根本無法應對。為此，軍方四大軍種亦正式撇清與此類國家情報評估（NIE）的關系，在美國歷史上這是前所未見的一幕。[1]

在特納任中情局局長期間最後發布的國家情報評估中，他被迫在其報告中融入了軍方的觀點，並承認此前他並未認真考慮軍方的意見，未能與軍方的觀點相調合。他認為，盡管蘇聯的確希望能夠贏得核戰爭，比如蘇聯對核戰爭勝利的定義就包括與美國相比受到相對較輕的毀滅性損失（盡管在一場全面的核戰爭中，其類似的期望並不合乎邏輯）。他還必須承認，蘇聯最新的導彈系統第一次比美國的類似武器更為精確，這將使其具備精確摧毀美國核導彈發射井的能力。當然，對於蘇聯而言，未來亦並不再如過去一樣令人樂觀。蘇聯的工業生產開始下滑，其遍布全球的各衛星國向其提出更多的援助需求，蘇聯國內的勞動力亦達到上限增長乏力。而同期，美國公眾開始被喚醒（特納可能在其評估中已涉及類似內容，但真正喚醒美國民眾的斗志和信心還要等卡特總統之後繼任的羅納德·里根總統）。事實上，蘇聯非常看重美國的技術創新能力，非常擔憂美國開發出更高效的武器系統；而且對於中美之間的接近，他們可能亦會因中國在遠東的威脅而感到被牽制。

但軍方各軍種卻遠沒這麼樂觀。[2]

在卡特看來，冷戰本質上應只限於歐洲。在歐洲戰場，他願意加大軍事投入以扭轉北約在常規力量方面的劣勢。像15年前的肯尼迪總統那樣，他希望北約能夠在不訴諸核武器的情況下抵抗住蘇聯的全面進攻。本來，在1970年時美國國內就有聲音提議美國和北約應加大歐洲戰場的戰備投資力度，但同期石油危機以及遍及西方世界的經濟衰退使類似的計劃幾乎都被放棄。[3] 到卡特執政時的70年代末期，他的類似項目同

[1] 1980年3月發布，國家情報評估（NIE 11-3/9-79），《80年代蘇聯戰略核力量》，收錄於《中情局冷戰記錄》4：第407-427頁（*"Soviet Capabilities for Strategic Nuclear Conflict Through the 1980s"*, issued March 1980, in CIA 4: 407～427）。

[2] 1980年12月發布，國家情報評估（NIE 11-3/8-80），《80年代蘇聯戰略核力量》，收錄於《中情局冷戰記錄》4：第429-465頁（*"Soviet Capabilities for Strategic Nuclear Conflict Through the 1980s"*, issued March 1980, in CIA 4: 429～465）。

[3] 卡特采用了蘭德公司1976年11月的報告《1980年代的聯盟防御》（「Alliance Defense in the Eighties」[AD-80]），該報告是之前AD-70

樣也未能持續下去，但他的努力的確使類似的觀念（即只要北約各國政府每年都提升其防務開支的3%，北約就能應對在歐洲戰場面對的挑戰）深入人心。

　　像冷戰之初那樣，進入70年代後北約仍面臨著抗擊並遏止蘇聯大規模坦克集群攻擊的問題。但技術的進步似乎給出了一個新的解決此問題的手段——一種新的更「干淨」的戰術型核武器，中子彈。因爲這種增強輻射核彈既不會殺傷掩蔽所內躲藏的平民，也不會大規模毀傷建築物，但它卻對坦克等裝甲車輛具有較好的殺傷效果（因爲這類戰斗車輛無法安裝有效的反中子屏蔽層）。具體到歐洲的戰場環境和背景中，北約軍隊如果在中歐前線組織防御並使用中子彈，這類武器並不會毀了西歐。在當時北約高層看來，中子彈與原子武器並不一樣，因此它是真正可應用於戰場的武器系統。

　　蘇聯很快發現中子彈極具威脅性。因此他們采取措施激起西歐的和平主義和反美情緒，以期阻止北約在歐洲部署這種武器。在蘇聯的論調中，這種武器的優點（比如它不會摧毀財產或經適當防護的平民），成爲攻擊它們的論點。簡言之，這是一種「資本主義炸彈」，專門被設計用於殺傷人員而不毀傷財產，歐洲的和平運動開始像蘇聯人所設想的那樣排斥這種武器。1977年，勃列日涅夫向西歐提議，東西方共同相互承諾不首先使用核武器，1982年時他更單邊地作出類似承諾。[1]

　　卡特總統在處理中子彈的問題上並不明智，甚至可以說是無能。在中子彈成功研制之前，他希望北約的歐洲盟國們能保證未來將能在其國土上部署這些武器。很明顯，他實際上希望盟國分擔一些因研制部署這種武器所帶來的批評。[2] 最後，這個問題被拋給了北約理事會。結果北約秘書長約瑟夫·倫斯（Joseph Luns）警告他稱，類似的策略完全是錯誤的：美國作爲北約聯盟最主要的核國家，是北約的「核盾牌」，應該發展它所認爲合適的武器系統，成熟之後歐洲盟國才會部署它們。過去美國向歐洲部署的各型核武器都以此模式進行，但在中子彈的問題上，美國在部署之前就開啓爭論，這完全是一場政治災難。如此以來，蘇聯就有機會挑撥歐洲的和平主義人士制造輿論並施加強大的壓力。例如，荷蘭議會就爲此進行了緊急磋商。爲了部署這種武器，美國人必須對歐洲施加巨大的壓力，但卡特總統顯然選擇了一種最不智的方式。後來，在北約理事會否決中子彈的動議前，卡特又突然轉變了自己的立場。他的態度的變化很可能源於他任命的聯合國大使安德魯·揚（Andrew Young）的堅持，後者以嫌惡中子彈著稱。卡特政府駐北約大使，塔普萊·班納特（Tapley Bennett）亦認爲這

（1970）版本的修訂版。

[1] 蓋茨：《從陰影之中：五任總統的終極內幕故事以及他們如何贏得冷戰》，第110頁（Gates, *From the Shadows*, 110），文中敘述了蘇聯1977年7～8月發起的反對中子彈的宣傳戰，並稱之爲「蘇聯在歐洲發起的最具攻擊性的秘密宣傳戰」。很顯然，中情局於1977年9月向美國最高當局報告了相關情況，並被授權發起反擊性的宣傳戰（包括宣傳蘇聯已擁有了自己的中子彈），但這完全未取得預期效果。似乎值得注意的是，卡特當局決定不再發展或在歐洲部署中子彈，而且此決定並未受到中情局批露的相關情報的影響，其批露的情況認爲蘇聯很大程度上僞造了歐洲人對中子彈的反應情緒。

[2] 與時任美國駐歐洲北約大使班尼特（第109頁）和洛德·穆雷（時任英國國防大臣）的訪談（第111頁），收錄於法爾茨格拉夫和戴維斯：《國家安全決策：參與者的發言》，（Bennett, then ambassador to NATO, 109, and Lord Mulley, then British defense secretary, 111, interview, in *National Security Decisions*, ed. Pfaltzgraff and Davis）。

是行政當局所犯的最糟糕的國家安全錯誤。中子彈引發的爭議最終徹底毀滅了盟國對卡特總統的信任。

在中子彈議題上的勝利，使蘇聯似乎有理由認為自己站在道義的一邊。然而每個人似乎都未意識到大多數陸軍的戰術核武器，比如「長矛」戰術導彈上的小型化核彈頭以及核炮彈，在威力上已與中子彈非常相近了。這些小型核彈爆炸時產生能量主要以輻射的方式釋放（真正的中子彈幾乎將其所有能量以輻射的方式釋放）。但這些核武器在歐洲的部署卻並未引發抗議。

此外，在工業和城市發達的歐洲戰場還會涉及到一類問題。到70年代末，西北歐國家的城市化率已達到非常高的程度，這為作戰和訓練帶來巨大挑戰。例如，在城市化區域道路交通情況復雜多樣，大規模裝甲集群在進入類似區域時將面臨大量問題。美國駐西德陸軍部隊在演練途徑城鎮地帶時就頻繁出現混亂場面。一旦戰爭爆發，這不僅為防禦方軍隊的調動帶來混亂，華約進攻部隊的坦克集群在前進時同樣如此，比如其裝甲集群利用交通干線機動時，最有可能遭遇的情況不是北約的防守軍隊，而是大小道路上堵塞著各式車輛的難民車隊。1940年時，遭遇類似的情況難民們只要離開主路就不會阻礙軍隊的行動，但到70年代末司機們可能會發現即便只是要想離開道路亦是非常困難的事。因此，當時並不完全清楚蘇聯在運用其坦克集群實施高速突擊時，將如何應對類似的情況。[1]

冷戰後，根據發現自東德的檔案資料中關於「聯盟-83」（soyuz-83）軍事演習的資料顯示，蘇聯計劃在戰爭爆發後的13～15天內，以大規模坦克集群高速攻擊並進至法德邊境一線；接著在30～40天內後繼梯隊將席卷全法抵達歐洲西南部的比利牛斯山脈一線。對此，德國軍方審視了這些方案，他們認為除非蘇聯自由地使用核化武器，否則其作戰行動很難如計劃般達成預期目標。為了突破北約在中歐德國設置的防線，蘇聯將會在第一波進攻時實施28～75次核突擊；第二輪進攻時將發動34～100次核突擊。例如，當時部署在中歐支援東德第五集團軍的蘇軍部隊部署有65枚戰術核導彈和大約20枚核炸彈。對於北約軍方而言，類似的戰爭核計劃並不令他們吃驚，但當時可能很少有平民意識到蘇聯及其盟國曾多麼認真地看待在戰爭中使用核武器的問題。[2]

這些計劃相當詳細，比如蘇軍預計戰爭爆發時將從四個獨立的正面向北約發起全面進攻，其中有3個方向在東德境內，1個方向在捷克斯洛伐克境內；如果還有可供調

---

[1] 與皮埃爾·迦羅瓦將軍的訪談，收錄於法爾茨格拉夫和戴維斯：《國家安全決策：參與者的發言》，第149-150頁（Gen. Pierre Galois, interview, in *National Security Decisions*, ed. Pfaltzgraff and Davis, 149～150）。他可能誇大了法國未采購中子彈的問題（當時，中子彈仍相當昂貴）。

[2] B.霍伊澤爾：《華約70～80年代軍事學說：東德檔案中的發現》，摘自1993年《比較戰略》12，第437-457頁（B. Heuser, *"Warsaw Pact Military Doctrine in the 1970s and 1980s: Findings in the East German Archives"*, Comparative Strategy 12[1993]: 437～457, in CWIHP no.2[fall 1992]）。關於此問題的德國官方報告收錄於威爾遜中心冷戰國際史項目1992（CWIHP）2。相關細節可參見L.魯爾：《華約的進攻性防御》，摘自1991年9/10月《生存》33：第442-450頁（L. Ruhl, *"Offensive Defence in the Warsaw Pact,"* Survival 33[Sept/Oct.1991]: 442～450）。

遣的蘇軍和匈牙利軍隊，還將在戰場南翼開闢第五個進攻方向，向南斯拉夫北部和意大利進軍。進攻期間，所有華約部隊爲達成預期目標，將不會理會諸如瑞士和奧地利等國的中立地位。該計劃還有一項較有趣的特征，即華約軍隊在向西進攻過程中，到達法德邊境一線時東德軍隊將停止前進，後繼進攻法國的任務將由蘇聯、匈牙利、捷克等國的軍隊完成。

對於北約駐守在西柏林的少量部隊，計劃中也有涉及。德國方面的人士非常驚訝華約軍隊計劃用6～9個師的部隊對西柏林實施包圍。北約方面亦曾有緊急計劃，即戰爭爆發後將立即破壞柏林附近的主要鐵路。對此，蘇聯方面在計劃中表達出了擔憂，他們擔心盟國破壞鐵路將癱瘓華約軍隊24～72小時。在此計劃中，蘇聯還認爲北約軍隊的空中力量沿華沙—明斯克進攻軸線的突破和打擊，會對己方構成真正的威脅，因此他們部署了4個師的力量在這一地區以應對可能的變化。蘇聯方面很可能擔憂北約在戰爭爆發後向東發起的反擊將會激起波蘭的反蘇情緒。[1]

類似的，在該計劃中還涉及全球范圍內蘇軍采用的攻防策略，其中設想在1982年6月於中歐率先發起攻擊後第40天後（設想其已基本達成歐洲的戰略作戰目標），蘇聯駐遠東力量將一改其防禦態勢發起反擊。

這些演習構想了在全球運用蘇聯龐大武裝力量的宏偉方案。當然，在西方看來，蘇聯類似野心勃勃的軍事戰略，源於其總參謀部對更多資源和部隊的永無止境的渴求，以及勃列日涅夫對其軍工復合體的放任態度。美國政府早在70年代中期就曾預估認爲，蘇聯的軍事開支自60年代中期（即赫魯曉夫下台後）以來就以每年4.5%的增幅遞增著。大約在1968年時，蘇聯用在歐洲的防務開支就已達到美國當年的防務開支水平，自那時起到1972年時，蘇聯在防務上的支出已超過美國同期同類支出約21%。自1972—1976年間，美國政府評估認爲，蘇聯的防務支出已超出美國約28%（縱向比較，在此五年間蘇聯的防務開支增長達65%）。1976年，美國再次估計認爲，華約各國的整體防務預期支出已基本達到北約的支出水平。自1968—1977年以來，蘇聯駐東歐的地面部隊數量增長了四分之一，達到約50萬人。

蘇聯持續擴充龐大軍備的證據，還可從崩潰後的東德遺跡中窺見一斑。90年代兩德合並後，進入東德的西德官員曾驚訝地發現，員額規模只有16萬人的東德陸軍，其彈藥的儲備量卻遠高於作爲其對手的50萬西德軍隊；此外，東德境內靠近兩德邊境的地區還修築有復雜的交通網絡，明顯可支撐3個進攻前線對交通後勤路線的要求，東德還儲備了大量適用於西德路網的車輛裝備以及用於道路維護的各類備附件。華約軍方還在距柏林30英里的地方建造了一處與西德某地高度相似的模擬城市，以用於訓練和演習。西德的發現越來越令人驚訝，比如在東德發現了大量涉及進攻西歐的具體作

戰計劃，還有大量用於新占領的西德城市的新路牌等標志物，甚至勝利後頒發給獲得戰功的部隊的各式獎章、榮譽獎狀。不僅如此，占領西德後發行的新貨幣都已大量印制完畢。

　　毫不令人吃驚，通過審驗前東德情報機構的檔案資料顯示，關於北約的精准信息（即北約無論在核、常力量方面遠弱於華約）其實僅限於極少數高層決策圈子知曉。對於其他人而言，北約仍被錯誤地想象成爲一個野心勃勃的資本主義侵略集團，他們會秉持著進攻性的核政策以扼殺社會主義國家。在部分資料中，華約向其官兵灌輸北約侵略成性的理念，包括北約擁有足夠的軍隊和實力向東方率先發起大規模的進攻（在首波攻擊中北約可能會使用2714枚核武器，如將法軍包含在內其使用核武器的數量會達到2874枚），接著在後繼進攻中北約會繼續使用1528枚核武器（包含法國在內的話，將達到1624枚）。北約同樣還被虛構擁有著強大的地面常規部隊，足以供其編成四個主要的攻擊集群向柏林發起進攻。此外，西德還被描述成擁有足夠的預備役力量，能夠在戰時或戰初立即將其陸軍數量翻番。總體而言，在華約，除少數高層決策者外，大多數人都相信北約在「柏林方向」擁有6：1的力量優勢，社會主義國家集團正受到西方資本主義世界的嚴重威脅。

　　兩德統一後，德國的官方評估報告中曾經絲毫不帶感情色彩地描述稱，由於東德軍方對西德及北約軍力的預測是完全誇張的（基於爲維持自身的龐大規模尋找合理的理由），因而經常可發現出自軍方和情報機構的情報數據相互矛盾或差距較大。盡管東德情報機構更易於獲得真實情況，但爲了配合軍方的說辭和要求，他們在對外提交的情報評估中創造性地運用了很多技巧，比如爲解決北約實際力量與預期的力量相差過大的問題，他們稱西德及北約隱藏了很多潛在的軍事實力（包括法軍的17個陸軍師，盡管這些部隊並不存在）。再例如，在東德軍方制定的一份戰爭計劃中，顯示北約在兩德前沿戰場擁有4：1的優勢。在向東德高層政治領導人提供的簡報文件中顯示，可以看到已經被大幅誇大敵軍力量規模。根據兩德統一後德國方面的說辭，「毫無疑問……東德的最高級軍官們」知道事實的真相，但這樣（障眼法）真有必要嗎？

　　那麼在實戰時，這些努力會奏效嗎？無疑，以蘇聯爲首的華約集團幾十年不持續地積累了大量彈藥、作戰車輛和各類物資。顯然，他們對戰時通過高效的維護和修理戰損車輛，使之恢復作戰能力的做法並不熱衷，他們更習慣於丟棄戰損武器裝備，換下一線受損嚴重的部隊，以此保持作戰行動的持久能力和銳勢。相較而言，盡管西方更習慣於以質取勝，更重視建立精良的維護保障力量，但其戰備程度仍遠未達到單憑質量就足以抵消華約數量優勢的地步，因此西方總是傾向於強調華約軍隊所固有的兩項缺陷來爲自己尋求寬慰，這兩項缺陷包括其軍隊缺乏主動精神及華約各國部隊凝聚力的問題。

　　在蘇聯的體制下，通常並不重視發揮個體人員的積極主動精神，他們更習慣於精

心制定事無巨細的規則手冊和詳細的作戰計劃，各級作戰部隊通常只需按照上級的指令和事先制定的方案准確完成其任務就算達成目標了，就算當面的北約部隊已被證明其已洞悉了己方的刻板戰術或方案，低層級部隊的指揮官仍應以執行預定計劃爲主。無疑，這種方式盡管有利於最大限度地保持高層對下級部隊的指揮控制，但較爲僵硬和呆板無法應對戰場上瞬息萬變的形勢變化，特別是隨著戰事的進行，計劃越來越無法適應變化的戰場形勢時，其各級指揮官們將發現越來越難以按計劃行事。對此，並不是說蘇聯方面不重視其各級指揮官的積極主動精神，其很多軍事雜志亦要求軍方培育這種積極主動意識和精神，但無疑這類問題從未被真正地解決。要想在幾年時間內將蘇聯民眾長期養成的行爲習慣轉變到預期理想的狀態，這並非一夕之功。

在整個70年代，西方軍事分析家們對未來戰爭中雙方如何戰斗越來越有興趣。在一本當時廣泛流傳的著作《戰斗的面目》的書中，一個英國軍事歷史學家，約翰·基根（John Keegan），認爲決定這一問題的關鍵是個體的士兵與其同袍之間的緊密關系。蘇聯的共產主義制度認爲這類緊密關系是危險的，如果基層士兵對他們的軍士或中尉排長惟命是從，將削弱其對黨的忠誠。但是，正如一些西方學者所清楚的，這類過分強調對黨的忠誠，而對本級或上一級軍官的人爲疏離，無疑極不利於各級單位凝聚力的形成。在之後的阿富汗戰爭中，蘇聯將對此深有體會。例如，曾參加過阿富汗戰爭的老兵變得如此之「危險」的一個原因，就在於，爲了勝利這些參戰部隊及參戰官兵在戰爭中培養起了某種程度對本單位、本級長官的忠誠和信任，這正是黨所擔憂和害怕的。也許部分地爲了避免忠誠方面出現問題，蘇聯軍隊並未形成任何類似西方軍隊中以長期服役的軍士爲核心的軍隊體制；事實上，蘇聯軍隊的結構和體制完全建立在僅服役兩年的義務兵役制之上。

盡管名義上蘇聯是由數十個共和國自願組成的聯盟，但其本質是一個由核心民族（俄羅斯族）統領其他少數民族所組成的帝國，特別是中亞地區的穆斯林民族，尤其反感俄羅斯人對他們的統治。蘇聯國內的種族主義亦廣爲流傳，比如在軍隊中，中亞的穆斯林民族的官兵普遍不受重視，更不可能作爲一線部隊加以重點建設。因而，蘇軍在紙面上的規模對外界可能具有相當的欺騙性，甚至在緊急狀態下來自中亞加盟共和國的師幾乎都不會補充至滿編狀態，在與其他族群所組成的軍隊混編時他們也很難得到完全的信任。此外，很多來自中亞地區的官兵並不會講俄語，所以戰時這類部隊的指揮協調亦是個問題。最後一點，中亞穆斯林人口與俄羅斯民族的生育率差異亦更使這類問題復雜化了，因爲前者的生育率高於俄羅斯族裔，而且其對聯盟的忠誠度最弱，假以時日這將衍生出很多問題。

蘇聯軍隊內部還存在另一類微妙、敏感的問題。1967年，蘇聯改革了其義務兵役制度，將各軍種兵員的服役年限由以往的3年縮減至2年，士兵退役後每年還要再受征召兩次以維持其作戰能力，但到1982年時其兵役制再次變革，適齡學生的兵役不再被

延期。導致這一變革的本質原因很可能反映了軍方面臨適齡兵役人口數量日益減少的現狀。減少不僅是絕對數量上的下降，而且還涉及蘇聯國內民眾健康質量的降低，越來越多的適齡人口因身體原因難以服役。無論何種原因，這些變化都造成了難以挽回的惡果。服役人員學習掌握軍事技能的時間越來越短，加之蘇聯軍隊中從未建立起中堅性的軍士制度，各級部隊中教導新兵的往往是第二年待退役的老兵，後者自身的素質都難以保證就更談不上教育新兵了，加之服役期縮短缺乏上升空間和渠道，軍中老兵對新兵的霸凌事件時有發生，其中尤以陸軍最為野蠻和嚴重。特別是來自少數族裔的新兵經常受到各種暴力行為的侵害，自殺事件相當普遍。

在蘇聯的陸軍規模逐漸膨脹的同時，蘇聯海軍則經歷了更為迅猛的發展，這絕對是當年赫魯曉夫所未能預料到的。到了七八十年代，蘇聯甚至開始大力構建自己的航母編隊（盡管其遠不如美國海軍的航母編隊高效），准備挑戰美國的全球制海權。有時，美國將蘇聯的新海軍艦隊描述為類似第一次世界大戰時期德皇的豪華公海艦隊。德皇對海軍的癡迷甚至被認為是德國最終戰敗的一個原因，例如在1918年德國反思其戰爭中所認為的那樣，如果將用於建設龐大而無用的公海艦隊的資源投入陸軍領域，德國很可能就已在1914年取得決定性的陸上勝利。戰後，蘇聯海軍的發展亦出現類似的情況，它們不僅消耗了大量的鋼鐵，而且更為重要的是，吸收了大量蘇聯的現代化技術和產能（如電子技術及產品）。從經濟角度觀察，蘇聯持續向奢侈且不符合其傳統的海軍大量投資可以算是造成其最終經濟崩潰的重要推動因素嗎？

面對蘇聯在歐洲日益明顯的優勢，70年代末卡特計劃抽調美國駐韓國和太平洋戰區的部隊以加強駐歐力量。他懷疑國會能夠給予的預算能否同時支持在這兩個地區保持強大的軍事存在。在此全球力量調整過程中，朝鮮嗅到了機會，同期他們在半島的表現更具侵略性。應美國的要求經濟上初步發展的韓國開始加強其軍備，接替美軍力量削減後留下的真空，更重要的是期間韓國的軍事工業得以發展，進而使韓國在90年代之後獲得了更大的討價還價的能力：美國再也無法以削減駐韓軍備的方式控制韓國。另一方面，在美國從韓國撤出其部署在東亞的戰術核武器之前，美軍的此類大規模殺傷性武器似乎仍然是抗衡朝鮮大規模入侵部隊的真正威懾。

1978年春，卡特當局重新審視了其外交政策，以便為當年秋季的國會選舉預作准備。當時，卡特政府認為美國人民會傾向於軍備控制，然而，真正的民意卻表明公眾更擔心美國當時所處的軟弱態勢。與基辛格類似，行政當局將美蘇關系緩和視作設法阻止美國影響力繼續下滑的一種迫不得已的手段，但公眾情緒顯然並不喜歡這一點。同期，卡特政府內部對此問題亦產生了分裂，以國務卿賽勒斯·萬斯為代表的鴿派傾向於談判和緩和；而以國家安全顧問茲比格涅夫·布熱津斯基為代表的鷹派則希望政府在面對蘇聯的壓力時強硬起來。

與其前幾任總統類似，卡特總統認為無論蘇聯在其他領域的行為和意圖如何，應

該繼續戰略軍備控制的談判進展（在其任內簽署了《第二階段限制戰略武器條約》，SALT II）。盡管《第一階段限制戰略武器條約》（SALT I）已於1977年失效了，而美蘇仍在就SALT II條約進行密集談判時，他仍繼續遵守著SALT I條約中的規定。經過數年實踐，美國軍政界已覺察到之前SLAT I條約中存在的缺陷，因此在SALT II條約談判中大量涉及這類細節，希望提升此類條約的實際約束效能。[1] 例如，蘇聯將被迫提供一些重要數據（爲此蘇聯專門設計了一套虛假的導彈命名系統，以應付這類場合）。[2] 條約完成談判後又經國會的審議獲得通過，1979年6月18日卡特總統在維也納與蘇聯領導人共同簽署了SALT II條約。

同期，蘇聯在第三世界展開了大規模的攻勢，加之蘇聯對赫爾辛基協議的粗暴的違反，這些都使很多美國人相信與蘇聯簽署的SALT系列條約完全是對蘇聯的屈服。這一時期的一名美國高級外交官後來寫道，卡特總統已喪失了對美蘇關系最基礎的觀念，公眾需要美國在與蘇聯展開談判的同時亮出肌肉，而不是只能在這兩者之間選擇其一。[3]

1979財年預算編制期間，卡特政府確實提升防務預算，但他仍感到此預算數額相當有限。[4] 當時，似乎美國幾乎沒有希望增強其防務開支，以抗衡日益增長的蘇聯威脅。令人沮喪的開支比例圖表反映出開支債務正無情地上升，但大量開支並無法用於防務而只得投入社會領域。在可供政府自由開支的預算中，防務開支是其中最大的一筆，而後者的大頭又被投入到固定軍事資產和設施中，用在人事上的費用較低。當時的這種開支狀態並未預料到戰後嬰兒潮消退的因素，隨著時間進入20世紀末適齡的兵役人員規模亦開始急劇降低。到80年代以後軍方發現在人員征募方面，越來越難以與民事經濟部門抗衡。因而，隨著時間往後推移，軍方發現必須不斷提高人員薪酬和生活福利，而這進一步削減了用於武器和其他固定軍事資產的資金投入。

爲了應對蘇聯的全面挑戰，美國的防務分析人員努力提高有限預算的利用效率。例如在70年代末期，美國防務分析界曾流行過一種觀念，即研制並采購一些理論上並不昂貴的武器系統，迫使蘇聯不得不做出反應並耗用大量的資源加以應對，進而能減緩其在其他方面繼續增強實力（比如蘇聯的坦克力量）。具體而言，當時的B-1「槍騎兵」隱形超音速轟炸機正是這樣的備選項目。此型轟炸機問世之前，蘇聯已建有龐大的國土戰略防空體系，即便戰略空軍司令部認爲該系統並不如蘇聯人自己預期的那麼有效；如果B-1轟炸機再順利部署成功，將對蘇聯的防空體系帶來更具顛覆性地挑

---

[1] C.D.布萊克和G.達菲：《國際軍控：議題與協議》（斯坦福：斯坦福大學出版社，1984）（C. D. Blacker and G. Duffy, *International Arms Control: Issues and Agreements, Stanford University Press*, 1984）。SALT I及其相關文件大約爲11頁紙，其中很多內容涉及反導事務。而相應的SALT II協議對這類議題的闡述則有約第31頁。

[2] 薩維利耶夫和傑季諾夫：《五巨頭：蘇聯的軍備控制決策》，第51頁（Sevel'yev and Detinov, *The Big Five*, 51）。

[3] 西蒙斯：《冷戰的終結？》，第25頁（Simons, *The End of the Cold War?* 25）。

[4] 西蒙斯：《冷戰的終結？》，第23頁（Simons, *The End of the Cold War?* 23）。

戰，迫使其耗費更多的資源升級其系統。

另一項設想則涉及美國的工業動員能力。過去，美國之所以強大在於其迅速將經濟潛力轉化爲軍事實力的能力。這也是爲什麼美國，憑藉其在1939年時全球排名僅爲第19位的軍隊，能在6年後迅速發展壯大並先後擊敗高度軍事工業化的德國和日本的原因。然而，在未來戰爭是核戰爭的預期下，戰爭樣式很可能成爲一場速決的全球性核災難，沒有時間供美國將其強大的經濟實力轉化爲軍事實力，美國曾引以爲豪的戰時動員能力似乎已下降至微不足道的地步。在這種情況下，似乎只有平時的常備軍能夠發揮其作用。因而，新時代的挑戰便在於如何縮短民用經濟能力與軍事產能之間的轉化過程。美國能否改造其經濟機器，使其一旦得到動員令就能迅速轉爲軍事生產？與之相比，蘇聯的經濟體系的動員狀態又達到什麼程度？

研究顯示美國工業體系動員能力存在著一系列瓶頸。以當時美國的民用工業的狀態，就算短期內大幅增加防務預算亦僅具象征意義，因爲部分民用工業體系的轉型需要大量資源和時間，急劇增加防務開支似乎最可能出現的情況是導致防務工業領域內的通貨膨脹（軍品價格更加高企）。此外，第二次世界大戰期間的經驗表明，工業動員的效率與該領域工業實體的壟斷程度有一定的關系，然而，考慮到戰後美國的反壟斷法律體系以及越戰後整體社會環境的反軍方氛圍，政府會發現要在戰時找到主要的合作企業非常困難。例如，美國著名的通信設備生產商AT&T公司因受到壟斷指控，被聯邦法院裁定必須分拆成多個公司，這顯然不利於國防部與該公司的合作，因此曾拼命地試圖阻止該公司被分拆。在國防部看來，AT&T公司的一些重要軍事產能（比如電子設備的防電磁脈沖加固）具有重要的價值，如果將其分拆將影響其後繼軍品研發能力。但顯然，這類基於軍事的理由並未成爲法官裁決時考慮的重要因素。

70年代末，美國對民防體系的一系列研究使卡特總統相信，類似美國這樣龐大的、現代化的國家如果構建起完善的民防系統將能在戰爭初期的核武器齊射中生存下來，因此戰爭可能持續更長的時間。而蘇聯人很可能真地認爲他們能夠在這樣一場全面核戰爭中取得最後的勝利。因此，需要重新考慮核威懾的問題。1980年夏季，卡特簽署了第59號總統令（PD 59），提出美國軍方必須要能在核戰爭中適應持續時間更長的戰斗，無論這可能意味著什麼。

在卡特執政期間，蘇聯在歐洲地區的新型導彈部署亦使北約的核威懾受到較大挑戰，比如蘇聯新部署的SS-20型固體機動中程分導式多彈頭導彈，該導彈被用於取代類似SS-11這樣的老式中程導彈。在歐洲國家看來，蘇聯似乎只是正常地以現代化的導彈系統替換了其老式導彈，但實際上新導彈的低當量化核彈頭、更高的打擊精度以及更短的反應時間，賦予了其新的戰略意義，它們不僅可有效打擊北約的戰術核打擊飛機，而且還能摧毀北約的指揮控制系統。更糟糕的是，SS-20型導彈並未包含於現有的《第一階段限制戰略武器條約》軍控體系之內，後者只涉及蘇聯能夠威脅到美國本

土的戰略核武器系統。一些歐洲國家因而認爲，美國對於他們所面臨的威脅並不太感興趣。特別是考慮到這型導彈出現在卡特政府正試圖與蘇聯談判SALT II條約之際，就更令歐洲國家猜測美國根本無力應對其歐洲盟國面臨的這類新威脅。[1]

當然，要說美國什麼都沒做也不公平，美國很快爲其北約盟國增派了「海神」彈道導彈核潛艦，作爲對蘇聯部署SS-20型導彈的回應。蘇聯方面知悉後很快宣稱，他們將視來自這些潛艦的攻擊爲美國對蘇聯的直接攻擊，無論這些潛艦在哪兒發射的導彈，只要其導彈落到蘇聯本土，蘇聯都將爲此對美國本土施以報復性反擊。

爲解決SS-20型導彈的問題，西德總理赫爾穆特‧施密特（Helmut Schmidt）偶然間構想了一種並行的解決方案。即北約一方面在歐洲部署類似SS-20的新中程導彈，另一方面向華約提議就雙方部署的此類導彈進行軍控談判。如此既能應對民間的反核浪潮，又易於迫使蘇聯重新考慮此類導彈的部署問題。1979年12月，卡特政府宣布將在歐洲部署新的中程核力量，它們將被部署在英國、比利時、西德、意大利和荷蘭等國。爲了避免引起輿論對北約加劇歐洲核武裝化的指責，北約宣布在新導彈部署的同時將撤換老式的導彈系統。[2]

選擇部署在歐洲的武器包括陸軍的「潘興I」型導彈的遠程化型號以及由海基「戰斧」式巡弋飛彈發展而來的陸基巡弋飛彈（GLCM）。這兩種武器系統都具有高精度、反應時間短等特性，非常適合進行實戰化部署。尤其是「潘興I」型導彈，其飛行速度快、命中精度高，先發打擊的話能夠在蘇聯的同類武器系統有效反應之前命中並摧毀它們。美國陸軍甚至設想戰初使用此類導彈直接襲擊蘇聯的領導人以結束戰爭；例如在80年代中期，國防部每年發放的關於蘇聯軍事威脅的小冊子中就包括對莫斯科地下指揮設施的詳細示意圖。其表達的信息不言自明，即無論誰發動了新的世界戰爭都不會在戰爭中幸存下來，美國的精確遠程導彈系統能夠找出並消滅他們。

這些新型武器的存在似乎向歐洲盟國表明美國對歐洲安全的承諾和信心。由於一些導彈被部署在戰場最前沿的西德境內，直接面臨華約軍隊的正面威脅，因此在戰初就必須盡快發射出去。考慮到蘇聯的核報復，美國此舉無疑向其歐洲盟國表明其保衛歐洲的決心，而絕不會坐視歐洲被蘇聯蹂躪。[3] 另一方面，蘇聯不可能在席卷西歐的同時不受此類新型導彈的打擊，而要解決這些導彈的威脅，他們只能預防性地使用其戰區核力量率先攻擊。因此，一旦美國在歐洲完成這些導彈的部署，蘇聯就無法在不使用其核武器的前提下擊敗北約，而如果貿然使用核武器又將面臨核升級乃至美蘇之間全面核攤牌的艱難決擇。

[1] 阿林：《冷戰幻覺：美國、歐洲和蘇聯，1969—1989年》，第87頁（Allin, *Cold War Illusion*, 87）。

[2] 此議題是於1979年1月5～6日在西方法屬瓜德羅普島峰會上得以通過，與會的國家首腦包括德國總理施密特，美國總統卡特和法國總統瓦勒里‧季斯卡‧德斯坦。由於美國只會部署108枚「潘興II」和464枚陸基巡弋飛彈（所有發射載具均搭載單彈頭），因此如果部署的話相當於北約部署的核彈頭數量遭到了削減。

[3] 阿林：《冷戰幻覺：美國、歐洲和蘇聯，1969—1989年》，第89頁（Allin, *Cold War Illusion*, 89）。

卡特的國家安全顧問，茲比格涅夫·布熱津斯基，爲了應對勢力不斷膨脹的蘇聯，認爲中國將是個極具價值的制衡因素。當時，中國與蘇聯之間的關系極度惡化，中國甚至在其1975年憲法的措辭中都彌漫著其對蘇聯的敵視，聲稱與蘇聯之間的斗爭將是中國武裝力量的關鍵任務。[1] 類似的，亦有明顯證據表明同時期的蘇聯對中國亦持著相同的惡感。[2]

1978年12月，美國和中華人民共和國宣布他們將於次年1月開啓全面的外交關系。作爲與美國正式建交的前提條件，美國亦於同期正式宣布終止了與仍盤踞在台灣的中華民國的外交關系，盡管兩者仍維持著非正式關系且美國仍繼續向後者供應防御性武器。作爲冷戰史上最重要的地緣政治劇變，中美接近顯然帶來了深遠的影響。當然，美國在與大陸建交的同時，仍堅持要求後者作出不發動對台灣入侵的承諾。

對於國際形勢，卡特總統認爲當時全球的主要問題是北方發達國家與南方欠發達國家（即第三世界國家）之間的問題。爲了爭取全球輿論支持，他決意拋棄美國強加給第三世界國家的殖民主義恥辱，其中最主要的就是解決巴拿馬運河問題，自從約百年前美國取得該運河的運營管理權以來，這裡幾乎就是美國的殖民地。爲了凸顯美國的道義和高尚，卡特決定通過談判在20世紀末之前將運河完全還給巴拿馬當局。

卡特執政期間，與巴拿馬接壤的尼加拉瓜正處於混亂之中，卡特當局和大多數拉丁美洲國家政府認爲只有終止該國的索摩查政權才能結束該國的戰亂。但最終美國並未插手該國的局勢，反而是古巴支持的桑地諾解放陣線，一個由列寧主義者組成的組織，領導本國人民陣線推翻了索摩查政權。[3] 正如20年前古巴革命那樣，尼加拉瓜的革命者們最初獲得了西方的支持，並且爲保持對該國的影響力亦始終保持與桑地諾的支持者的關系，但很快西方國家政府就對桑地諾的意識形態傾向感到擔憂。果然，該國後來的形勢發展清楚地表明桑地諾解放陣線計劃以共產主義意識形態主導本國的人民陣線，正如第二次世界大戰後斯大林的代理人在東歐所做的那樣。[4] 1980年3月，蘇聯共產黨正式與桑地諾解放陣線建立起黨際聯系，這是一個重要的信號。1980年5月，該國新建立的國務委員會（准立法機構）召集了47名成員（而非此前計劃的33

---

[1] 梅德韋傑夫：《中國和超級霸權》，第58頁（Medvedev, *China and the Superpowers*, 58）。

[2] 蓋茨：《從陰影之中：五任總統的終極內幕故事以及他們如何贏得冷戰》，第82頁（Gates, *From the Shadows*, 82）；1977年4月3日中情局了解到蘇聯國防部長烏斯季諾夫會在近期乘火車對東歐國家進行訪問，勃列日涅夫之前也已告知其泛巴爾干軍區的負責人稱，中國現在是蘇聯的"主要敵人"；現在仍不清楚的是，勃列日涅夫在多大程度上只是擺出姿態，鼓勵那些（在東歐）面對著北約軍隊的軍方領導人，即強調中國才是主要敵人。

[3] 羅德曼：《比和平更珍貴的：冷戰和爲了第三世界的斗爭》，第226頁（Rodman, *More Precious than Peace*, 226）；Keep：《帝國的終結：1945—1991年蘇聯歷史》，第201頁（Keep, *Last of the Empire*, 201）。

[4] 美國政府曾獲得的一份闡述桑地諾政權政策的文件，其中涉及1979年9月21日—23日這3天桑地諾政權國家委員會召開的會議所探討的未來政策取向。根據蓋茨：《從陰影之中：五任總統的終極內幕故事以及他們如何贏得冷戰》第126頁（Gates, *From the Shadows*, 126）內容，從6月底以來，美國政府負責協調其秘密行動的特別協調委員會（SCC）就多次會商探討古巴對尼加拉瓜的滲透問題。在桑地諾合陣線仍未獲得該國最高權力之時，布熱津斯基就提議向巴拿馬派駐戰斗員，以此爲信號向古巴和桑地諾聯合陣線表達美國的立場，但此提議並未獲得委員會其他成員認可。1979年8月初（第127頁），中情局曾預計古巴人將很快利用尼加拉瓜人發動新的軍事行動，在古巴的幫助下尼加拉瓜正加強其軍事力量，准備將革命擴散至中美洲地區，比如薩爾瓦多。當年7月底（第151頁），卡特就已授權對尼加拉瓜采取秘密行動，主要是宣傳攻勢，向外界暴露古巴對桑地諾聯合陣線的支持。

席），其中桑地諾解放陣線占據了其中的43席，成為毫無疑問的多數黨。之後，其國務委員會宣布將該國總統大選推遲至1985年。此後，古巴陸續向該國派出大量顧問。

　　同在拉丁美洲的薩爾瓦多期間一直爆發著游擊戰爭。到1980年中期，尼加拉瓜決定向該國內部的叛亂組織提供軍火，盡管當年9月卡特政府警告稱尼加拉瓜的行為正危及外界對該國的經濟援助，但桑地諾政府仍決定提供軍備援助。1980年底，古巴支持的該國反政府武裝發起「最後攻勢」。卡特總統認為古巴在薩爾瓦多的行動不值得加以干涉，因此並未采取行動。[1] 到80年代初，卡特當局的不作為使得拉丁美洲巴拿馬運河附近出現了一個潛在的蘇聯盟國，適逢美國對巴拿馬的控制力正處於衰退期，其造成的潛在戰略影響就更為深遠了。

　　在另一個加勒比海國家，格林納達，古巴人的活動也很活躍。該國與古巴有緊密關系的毛里斯·畢曉普（Maurice Bishop）於1979年3月13日奪取了該國的政權，而且形勢很快也表明格林納達正日益成為古巴的新代理人。[2] 有證據表明古巴似乎計劃利用格林納達影響其他加勒比海國家（比如牙買加）的政治形勢。

　　總體而言，卡特政府清晰地意識到古巴作為蘇聯在拉丁美洲代理人的角色。1979年，美國官方判斷認定，蘇聯自1975年開始就不斷向古巴輸送各類軍火（也就是古巴開始作為蘇聯的代理人赴非洲征戰之時），這早已超出古巴自衛所需，而是逐漸使其成長為一支活躍於拉丁美洲和非洲地區、致力於輸出革命的進攻性力量。[3] 當然，盡管知道古巴的種種舉動但當時美國政府並不打算入侵古巴，甚至還曾允諾結束對古巴的經濟制裁（持續日久的禁運和制裁極大地傷害著古巴經濟）只要古巴放棄在第三世界國家的革命輸出行動。這幾乎與賄賂無異，但最後並未獲得古巴的正面回應。[4] 美國政府如此不智的舉動實在是從根本上誤解了古巴（更通常地說，共產主義者）；因為對這類國家的政府而言，經濟繁榮並不具備那麼強的吸收力，從根本上講，繁榮的經濟並無助於政府對國家政權的掌控。另外，卡斯特羅個人極具理想主義色彩，他認

---

[1] 羅德曼：《比和平更珍貴的：冷戰和為了第三世界的斗爭》，第226頁（Rodman, *More Precious than Peace*, 226）。根據蓋茨：《從陰影之中：五任總統的終極內幕故事以及他們如何贏得冷戰》第150-151頁內容（Gates, *From the Shadows*, 150～151），1979年7月底時卡特批准了旨在支持薩爾瓦多現政府的秘密行動，這意味著將向後者提供反叛亂的建議和設備。

[2] 根據蓋茨：《從陰影之中：五任總統的終極內幕故事以及他們如何贏得冷戰》第125頁（Gates, *From the Shadows*, 125）內容，美國國務院最初認為，毛里斯·畢曉普仍會對美國敞開大門。但在4月14日，古巴向該國運送了一船武器裝備，隨船還有50名古巴軍事顧問，至9月時該國的古巴軍人已達到約400人，他們幫助格林納達訓練了一支3000人的武裝部隊。至當年12月時，古巴人又開始在該國建設適合噴氣式戰斗機起降的大型機場。實際上，早在毛里斯·畢肯普奪權成功後的5月，卡特政府在發往情局的備忘錄（1979年5月8日）中已正式表達了對該國形勢發展的關注。至1979年7月3日（第143頁）時，卡特批准了對格林納達的秘密行動，包括資助該國國內反共政治勢力，推進該國民主。當然，參議院情報委員會強烈反對這類行動，而負責實施這些行動的中情局亦不得不有所退讓，事實上即便情報委員會也無合法的授權阻止這些行動。蓋茨在其著作中，將中情局的退縮歸因於，害怕更進一步的參議院調查。

[3] 蓋茨：《從陰影之中：五任總統的終極內幕故事以及他們如何贏得冷戰》，第78頁（Gates, *From the Shadows*, 78）；引用自一份中情局評估報告。根據蓋茨在其書中所述，古巴人可能獲得了蘇聯提供的額外軍備，作為其努力幫助安哥拉和埃塞俄比亞國內革命力量的回報。此外，蘇古關系還因古巴允許蘇聯在古巴國內的盧爾德（Lourdes）建設一處新的大型信號情報收集處理站而得到強化。美國認為，蘇聯在完成了該站點的建設並運營後，將能竊聽美國本土的大量電話（當時美國國內很多電話都由大量微波中繼站點傳輸）及無線通信信號；此外，美國認定盧爾德還極有可能充當衛星信號下傳站點的功能（與蘇聯新的專門收集美國本土信號情報的衛星配套）；盧爾德還可用於收集美國自肯尼迪角導彈發射的重要遙感信號。

[4] 蓋茨：《從陰影之中：五任總統的終極內幕故事以及他們如何贏得冷戰》，第124-125頁（Gates, *From the Shadows*, 124～125）。

為其人生的使命就是支持世界貧苦民眾的革命運動，因此不可能為了使古巴人獲得更好的生活條件就放棄崇高的理想。

　　為了獲得世界輿論和道義的制高點，卡特再次拋出了經典的美式議題：民主與人權。但似乎他並無法強求蘇聯在這類議題進行認真地回應，因此很多時候他的議題實際上只能攻擊第三世界那些與美國保持著松散聯盟或伙伴關系的非民主政府。其當政時期與伊朗關系的急劇變化是個顯著的例子。1979年，伊朗國內對國王不滿的的政治勢力發動騷亂，卡特總統隨即派出特使向伊朗軍方建議不要以暴力鎮壓國內叛亂者，但並不清楚該國軍方在多大程度上聽取了美國的建議。然而，伊朗國內的形勢很快在短時間內發生重大變化，反政府勢力很快將與美國保持友好關系的國王廢黜並驅逐出境。[1] 在此過程中，卡特所發揮的作用令他處於非常尷尬的地位，伊朗新政府秉持徹底反美的態度將美國稱之為「大撒旦」更令美國政府難堪。伊朗政局突變後，其國內混亂形勢並未停歇，直到伊國內激進學生組織沖入美國駐德黑蘭大使館將工作人員綁架為人質，令兩國的關系徹底陷入僵局。盡管美政府竭力與伊朗方面交涉但並未換得人質的釋放，在此情況下卡特批准了軍方拙劣的武力營救計劃，但營救行動最終失敗了。這直接影響了1980年卡特的競選連任。

　　此後出任美國駐聯合國大使的珍妮・柯克帕特里克，曾在1980年寫道，卡特總統最致命的失誤在於混淆了極權主義和威權主義政府之間的區別。他不加區別地厭惡、譴責這兩類政權，殊不知類似伊朗國王和索摩查這樣的政權盡管不算美國眼中的民主政體，但卻遠不如取代他們的那些原教旨主義和共產主義政權更糟糕。美國不顧國家利益一味地以空幻的人權議題來指導其國家戰略，使得類似伊朗國王這樣的、具有潛在合作價值的政權很快就丟失殆盡，而且這樣一來更使美國主動放棄了督促這些友好的威權政體演化發展成真正的民主政權的可能。柯克帕特里克認為，只要類似的威權主義政體並無生存之虞，那麼在美國持續的壓力下它們將逐漸向更尊重人權和民主的方向發展，甚至到最後成為真正的民主政體。而相反的，極權主義政體則完全是另一回事。大多數拉丁美洲國家在之後逐漸在美國的引導下完成了向民主制的轉變。在卡特執政期間，多米尼加共和國、厄瓜多爾和秘魯等先後完成了民主化進程；而到了里根政府時期，阿根廷、玻利維亞、巴西（1980年舉行其首次自由選舉）、智利（之前推翻阿連德執政的獨裁者皮諾特因輸掉了1988年舉行的全民公投而下台）、薩爾瓦多、危地馬拉、洪都拉斯和烏拉圭等國先後轉化為民主政體。當然在此期間發揮作用的還涉及很多其他因素，也許這些原來的非民主政體向民主政體的轉變恰恰證明柯克帕特里克的基本觀點，即威權主義政體比極權主義政體更有可能向民主政體的方向演化。

---

[1] 至晚於1978年，一位國務院代表曾斷言稱，考慮到伊朗國王在當地仍非常受尊敬（部分由於國王本人發起的「白色革命」），伊朗國內形勢仍非常穩定；相反，沙特阿拉伯則面臨著動蕩的風險。

　　對於中東伊朗發生的劇變並未涉及蘇聯的顛覆因素，但後者明顯從中受益頗多。在前國王執政時期，美國曾向伊朗輸出了大量先進的武器裝備，政變後伊朗新政府與美國交惡自然就使蘇聯有機可乘，後者有機會接受美國先進的軍事技術。例如，蘇聯獲得了一架完整的F-14「雄貓」變後掠翼超音速戰斗機，它擁有當時非常先進的遠程機載雷達和超遠程空對空導彈系統。此外，更重要的是，在失去作爲其波斯灣戰略盟友的伊朗後，美國在該地區的另一個重要伙伴國——沙特，在對抗蘇聯所扶持的伊拉克時更爲吃力。此外，歷史上伊朗和沙特就爲爭奪地區性主導權展開過激烈競爭，這種關系在政變後亦凸顯出來。特別是伊朗在革命成功後轉型成宗教色彩濃厚的原教旨主義政府，加之其什葉派與沙特的遜尼派之間的宗教糾紛，更加劇了伊朗與沙特、甚至伊朗與伊拉克之間的競爭。因而，在革命後，（蘇聯）似乎相當有機會將西方完全從波斯灣產油區驅逐出去。

　　伊朗革命發生之後，當政者隨即對軍隊展開了清洗，這造成了其武裝力量的衰弱。此時，伊拉克總統薩達姆·侯賽因看到了機會。1980年，他率先對伊朗發起了戰爭。由於伊朗政權的原教旨主義色彩，西方並未對其提供支援，反而極爲諷刺地支持一個蘇聯的附庸國（伊拉克）對抗另一個美國的前附庸國（伊朗）。兩國間殘酷的戰爭持續了8年之久且耗資無數，盡管伊朗在戰爭期間損失慘重但最終卻並未如薩達姆所預料的那樣完全崩潰，相反伊拉克卻被持續的戰爭拖得精疲力竭。

　　戰爭初期兩國圍繞著對方重要的石油生產設施大打出手，包括伊朗在阿巴丹島上的煉化設施和伊拉克在巴士拉的石油輸出港口。石油價格的高漲又導致了西方新一輪的經濟衰退，進而又使卡特當局所倡導的北約各國提升防務開支的計劃被迫流產。同期，蘇聯則利用輸出至歐洲的天然氣（來自其新西伯利亞油氣產區）獲得了爲本國經濟體系輸血的機會。對此，美國國內的保守派人士擔憂，一旦歐洲各國對蘇聯的能源產生了依賴，他們可能會再次如1973年面對阿拉伯產油國的石油禁運那樣膽怯，甚至屈從於壓力。最不濟，蘇聯也能利用能源從西方搾取所需的技術，並獲得大量的硬通貨幣（無論是能源付款，還是來自西方的貸款）。[1]

　　對西方而言，德黑蘭的原教旨主義政權對蘇聯構成的威脅，並不被西方顯著的覺察到。伊朗的宗教狂熱很可能煽動起蘇聯中亞地區各共和國穆斯林的宗教熱情，這些地區只是在一個多世紀前由沙皇所征服，俄羅斯對它們的統治並不牢固，比如很多當地伊斯蘭民眾仍希望獲得獨立的國家地位，更憎恨俄羅斯民族對他們的同化政策。當然，蘇聯亦試圖遏制當地的民族主義情緒，但很大程度並未奏效反而更加強了這種情緒。

　　美國政府發現，1979年底時蘇聯政府曾准備有涉及伊朗的緊急行動計劃。如果伊

---

[1] 阿林：《冷戰幻覺：美國、歐洲和蘇聯，1969—1989年》，第142頁（Allin, *Cold War Illusion*, 142）。

朗的宗教勢力威脅到蘇聯對其中亞共和國的控制，或者美國准備干涉的話，就將迅速奪取伊朗北部地區。1980年8月，蘇軍舉行了一次重要演習其明顯是為演練此計劃。[1]

在西亞，1978年4月27日與伊朗、巴基斯坦毗鄰的阿富汗爆發了政變，其國內傾向共產主義意識形態的左翼黨派推翻了原來中立的政權。在過去幾百年間，英國和俄羅斯都曾想染指阿富汗，兩國圍繞著控制該國展開了長期的反復爭鬥。俄羅斯希望占領該國的原因在於為沙皇海軍獲得溫水海洋的出海口，而英國拼命阻止沙皇的企圖則是為了阻止沙俄進一步進軍其位於南亞的富饒殖民地——印度。但進入20世紀後半葉以來，該國的地緣戰略價值已不像以往那樣重要了。阿富汗多山地、貧困且缺乏資源，其境內可供通往另一個重要南亞國家——巴基斯坦的道路選擇也非常有限且難行。莫斯科並未刻意煽動這次政變，盡管在政變前蘇聯政府已獲得相關情報，並保證在政變策劃者們成功後將獲得支援和承認。[2]

然而蘇聯過高地估計他們對阿富汗的影響力，阿富汗國內保守的伊斯蘭民眾對由蘇聯支持並強制推行向現代國家轉型的政變政府非常不滿。例如，新政府建立的女性學校的教師被保守勢力捉獲後會被活活燒死。1979年3月該國國內什葉派教眾在赫拉特城（阿富汗西北部的一城市，位於喀布爾以東）爆發起義，該國形勢到了緊要關頭。事件中100余名蘇聯人被殺害，其中一些甚至遭受酷刑。面對緊急形勢，政府裡的蘇聯顧問建議阿政府派遣部隊鎮壓暴動者以恢復社會秩序。接著，政府軍開進赫拉特，在混亂中殺傷了約數千名阿富汗平民，這進而導致了該國的內戰。時任蘇聯國防部長烏斯季諾夫告訴他派駐到喀布爾的代表「武裝該國的勞工階級」。[3] 但是暴動初期的形勢，成功地鼓舞了周邊伊斯蘭國家（特別是巴基斯坦）對該國反叛勢力的援助，形勢變得復雜起來。卡特政府早在1979年初就已表示出為叛亂武裝提供援助的興趣，接著當年3月5日中央情報局針對援助該國實施了一系列秘密行動。1979年3月28日美國情報軍官安德魯·赫立克（Andrew Horelick，專門負責評估蘇聯的行動）明確預判蘇聯即將對阿富汗采取行動的可能性較高。對此，赫立克建議認為，如果喀布爾親蘇塔拉基政權的形勢足夠惡化，蘇聯也許會得出結論只有對其施以更為廣泛和直接的援助才能拯救塔拉基政權，而發展到那一步，蘇聯將可能選擇直接干涉阿富汗。而蘇聯在阿富汗的行動將進一步導致巴基斯坦、伊朗，甚至中國對阿富汗國內叛亂組織進行援助，美國在南亞的盟國巴基斯坦很可能會要求美國提供援助保護其免受蘇聯的干涉。而美國也將會感到必須幫助阿富汗叛亂組織的壓力。因而，赫立克進一步建議

---

[1] 蓋茨：《從陰影之中：五任總統的終極內幕故事以及他們如何贏得冷戰》，第130頁（Gates, From the Shadows, 130）。如果伊朗發生動蕩蘇聯不得不介入的話，蘇聯軍隊將向南推進至遠達伊朗中部伊斯帕罕一線。當然，在1980年8月份的演習中，蘇聯計劃從兩線發起攻勢（其中12個來自高加索地區的作戰師，3～4個師由里海以東中亞方向，另一部分兵力由當時已在阿富汗作戰的第40集團軍派出，從伊阿東北部邊境方向）迅速奪取整個伊朗。上述數據及資料來源於一份1980年8月的中情局評估（很可能是一份國家情報評估）。

[2] 沃爾科戈諾夫：《斯大林：勝利與悲劇》，第54頁（Volkogonov, Stalin: Triumph and Tragedy, 54）。

[3] 阿爾巴托夫：《蘇聯體系》，第198頁（Arbatov, The System, 198）。

美國的援助應使蘇聯陷入與阿國叛亂武裝的漫長的游擊戰爭，這將鼓舞穆斯林和阿拉伯世界的反蘇情緒，甚至提供美國重新與伊朗改善關系的可能性。[1]

1979年3月30日，美國國家安全協調委員會（SCC）的預備會議對情報機構的此類秘密行動進行了討論，負責政治事務的副國務卿戴維·紐薩姆（David Newsom）宣稱，將蘇聯勢力驅逐出阿富汗是美國的官方政策，這將進一步向一些關鍵國家的政府（特別是巴基斯坦和沙特阿拉伯）宣示美國抵抗蘇聯勢力擴張的決心。會議上，國防部的沃爾特·斯洛克姆（Walt Slocumbe）還特別詢問了支持阿叛亂組織以使蘇聯陷入另一個「越南戰場」，對美國是否是值得的。國家安全顧問布熱津斯基的助手，戴維·亞倫（David Aaron）則詢問了為叛亂組織提供支援是否可能引發對蘇聯的直接挑釁等問題。赫立克認為，類似的秘密行動將持續地增加蘇聯在阿富汗行動的成本，並鼓舞激勵穆斯林世界對蘇聯的反抗。同期，中情局亦向美國決策層報告稱，巴基斯坦官方已在向叛亂組織提供援助，但如果沒有美國堅決的安全承諾巴基斯坦亦不會冒觸怒蘇聯的風險繼續將私下援助進行下去。大約在同期（蘇聯入侵前9月），一名沙特高級官員就已向美國人提出了蘇聯將入侵阿富汗的可能性，他表示沙特將向相關國家提供資金援助，並鼓勵巴基斯坦堅持下去。就在美國政府因蘇聯的可能反應而仍糾結不前時，蘇聯人已將塔拉基政權的問題歸咎於美國和巴基斯坦對阿國內反政府組織的支持了。[2] 最終，國家安全協調會議建議向阿富汗提供「非致命性」的援助物資，1979年7月3日卡特總統授權為阿富汗提供包括資金、輿論宣傳等內容在內的援助。而同期，中國已開始向阿富汗叛亂組織提供實質性的武器援助了。

赫立克的猜測被證明非常准確。1979年3月18日，阿富汗共產黨組織的兩名主要領導人之一的N.M.塔拉基（N. M. Taraki），在蘇聯奉行勃列日涅夫主義的大背景下，向時任蘇聯總理阿列克謝·柯西金（Alexei Kosygin）提出獲得更多蘇聯人員和武器援助的請求，以應對國內嚴峻的態勢。但柯西金婉拒了他的要求，在與勃列日涅夫商討阿富汗局勢時，他認為將蘇聯軍隊派往阿富汗將是「致命的錯誤」，這可能「激怒國際社會」，使蘇聯背上入侵他國的名聲而招致非議。勃列日涅夫同意了他的看法。但為了安撫阿富汗人，蘇聯的確提供了援助，主要包括30萬噸谷物，以及為了押運這批物資而同行的700余名蘇聯軍人。[3]

1979年4月初，一個蘇聯代表團到訪了阿富汗並與該國兩名共產黨領導人，塔拉基和阿明進行了會晤，這兩位領導人分別代表了阿富汗的兩個主要族群派別（這兩派傳統上亦是相互對立的）。[4] 期間，一名阿富汗官員稱如果能獲得蘇聯的大力援助，

---

[1] 蓋茨：《從陰影之中：五任總統的終極內幕故事以及他們如何贏得冷戰》，第131頁（Gates, *From the Shadows*, 131）。

[2] 蓋茨：《從陰影之中：五任總統的終極內幕故事以及他們如何贏得冷戰》，第143頁（Gates, *From the Shadows*, 143）。

[3] 沃克：《冷戰》，第252頁（Walker, *The Cold War*, 252）。

[4] 沃爾科戈諾夫：《斯大林：勝利與悲劇》，第56頁（Volkogonov, *Stalin: Triumph and Tragedy*, 56）。

他們將把革命帶入巴基斯坦，為蘇聯最終獲得進入波斯灣和印度洋創造機會。但蘇聯人並未輕信，他們仍然認為該國的共產主義政權十分脆弱。

　　為了進一步鞏固阿富汗的政權，蘇聯應該國要求向其軍隊派出了蘇聯顧問團，並提供大量武器援助。之後，親蘇政權開始使用其戰機襲擊叛亂組織。當然，在1979年4月到5月間，該國形勢仍較為平靜，外國人在這個國家內旅行時並不一定會遭遇到衝突和暴力事件。[1] 例如，一名英國記者馬丁·沃克（Martin Walker）回憶起1979年4~5月時他曾乘車穿行於這個國家時的情況，期間他只看到了零星的戰鬥活動，在喀布爾他的確看到了蘇聯顧問在當地活動，甚至執行空襲任務的戰機亦不時在首都附近飛過。

　　美國政府當然意識到塔拉基政權的問題，中情局甚至預測蘇聯可能准備策劃政變推翻他的政府。當然，中情局同樣意識到了蘇聯實施此類干涉行動可能帶來的危險，所以在1979年中情局仍非常懷疑蘇聯是否會真地采取冒險的行動。[2]

　　對於阿富汗國內形勢，蘇共政治局的四名成員（葛羅米柯、安德羅波夫、烏斯季諾夫和波諾馬廖夫）很快聯署了一封信函，催促阿政府果斷采取行動反擊國內的反革命活動並強化國家政權。為進一步協助其展開行動，蘇聯向該國派遣了一支營級空降部隊以及格魯烏（GRU）和克格勃（KGB）的顧問。最初，蘇聯試圖使塔拉基與阿明和解並共同采取行動。但蘇聯的設想很快被證明是不可能的，兩派人馬很快開始相互斗爭甚至衝突。當年9月，阿明鎮壓了塔拉基的勢力，10月9日塔拉基被害。勃列日涅夫對阿國內的形勢發展非常震驚，就在3個星期之前他還曾在莫斯科歡迎過塔拉基的到訪。另一方面，取得政權的阿明向莫斯科拍發一封電報，表示其對蘇聯的忠誠並解釋國內發生的情況。[3]

　　在阿明的政變之後，蘇共政治局當即組建了一個關於阿富汗問題的特別委員會，其成員包括國防部長烏斯季諾夫、克格勃負責人安德羅波夫和蘇共國際部的波諾馬廖夫（Ponomarev）等人。克格勃駐喀布爾情報站的負責人回國向高層報告稱，阿明自上台後對政敵采取了嚴酷的手段，這可能使其國內的反對派勢力進一步聯合起來。[4] 10月29日蘇共阿富汗特別委員會經討論認為應該對阿形勢進行干涉。為便於政治局通過其決議，委員會稱阿明在阿富汗黨內清洗其反對派力量，並准備投向其他國家；

---

[1] 沃克：《冷戰》，第253頁（Walker, *The Cold War*, 253）。

[2] 蓋茨：《從陰影之中：五任總統的終極內幕故事以及他們如何贏得冷戰》，第132頁（Gates, *From the Shadows*, 132）。1979年8月20日，中情局就警告稱，蘇聯對阿富汗事務的介入非常廣泛和深入，以致於蘇聯領導層可能認為有必要和把握發動針對塔拉基政權的政變；但中情局也不確定類似政變是否真的會發生。同年9月14日，中情在提交給卡特總統的情報備忘錄中，判斷蘇聯可能運用本國軍隊以防止阿富汗親蘇政權的崩潰，同時中情局還認為蘇聯可能不會冒直接派兵支持在政治上帶來的風險。此備忘錄提交後所產生的結果，是總統指示在9月20日召開跨機構的協調會議，商討並決定一旦蘇聯以軍隊干涉阿富汗形勢後美國所可能采取的措施（主要是可能的外交、政治和宣傳行動）。12月19日，中情局的情報再次警示稱蘇聯已在蘇阿邊境地區集結了實質性的作戰部隊，之後的12月25日蘇聯的大軍啓動了入侵行動。

[3] 沃爾科戈諾夫：《斯大林：勝利與悲劇》，第58頁（Volkogonov, *Stalin: Triumph and Tragedy*, 58）。

[4] 沃克：《冷戰》，第254頁（Walker, *The Cold War*, 254）。

簡言之，阿明已不再被認爲忠誠於蘇聯了。[1] 在蘇聯高層眼中，阿明政權有與巴基斯坦和中國接近的跡象，而且中國之前就已支持阿國內的反政府叛亂組織。基於這些情況，與16年前肯尼迪決定以政變搞掉南越的吳庭艷政權的理由類似，委員會的成員幾乎一致認爲應采用措施顛覆阿明的政權；之後再扶持一名新的代理人，再配合派遣的部隊就能解決該國前景不明確的問題。與華盛頓在1963年時的決策狀態類似，蘇聯也很少或者幾乎從未意識到，類似的行動有可能使形勢徹底失去控制。

　　克格勃緊急向勃列日涅夫報告稱，爲了拯救該國的形勢需要盡快找到一名新的、順從的統治者。他應能在上台後推行一些基本的社會改革，比如推行教育項目和改善婦女的權利，這樣將使蘇聯對該國的干涉看上去更易受到歡迎。至於進入該國的蘇聯軍隊，在協助推翻阿明政權後將繼續部署在那裡以穩定該國的形勢，扶植該國更具廣泛基礎的政府穩定下來。經過緊急的挑選，蘇聯選擇了一位新的阿富汗政治領導人，巴拉克·卡馬爾（Babrak Kamal）。到當年11月，一支准備配合政變行動的蘇聯特種部隊已秘密部署到喀布爾，等待時機隨時行動。

　　大約在1979年11月，蘇共政治局成員，包括勃列日涅夫、蘇斯洛夫、安德羅波夫、烏斯季諾夫和葛羅米柯等人，要求迅速采取行動。時任蘇軍副總參謀長謝爾蓋·F.阿卡諾米耶夫（Sergei F. Akromeeyev）元帥，在1989年時曾稱，當時軍方對入侵持反對態度，因爲相關部隊並未作好充分准備（其潛台詞是靠近蘇阿邊境的烏茲別克和塔吉克的部隊被認爲較不可靠，因此入侵行動開始後這些部隊很快被斯拉夫裔的部隊取代）。1979年12月6日，蘇共政治局投票批准了由克格勃負責人安德羅波夫和總參謀長尼古拉·V.奧爾加科夫（Nikolai V. Ogarkov）元帥提議的干涉行動；同月12日，政治局簽署一份由康斯坦丁·契爾年科起草的文件，授權蘇聯軍方在「A」國采取「措施」。

　　爲了防止莫斯科出現不和諧的持不同政見者的抗議示威活動。蘇聯著名的異見人士，物理學家和民權人士安德烈·薩哈羅夫（Andrei Sakharov）被要求不得離開高爾基市（該城市禁止西方人士進入）。[2]

　　1979年12月27日，蘇聯特種部隊在喀布爾發起行動推翻阿明政權，阿明本人在行動中被擊斃，其後卡馬爾順利上位組建了政府。這次政變表明蘇聯已直接介入到阿富汗內戰之中。從此時至1989年2月15日蘇軍完全撤出阿富汗爲止，蘇軍在阿富汗遭遇

---

[1] 根據阿爾巴托夫：《蘇聯體系》第198-200頁（Arbatov, *The System*, 198～200）內容，行動決定由烏斯季諾夫、葛羅米柯和安德羅波夫共同作出，勃列日涅夫只是象徵性地略作審查就予以了批准。烏斯季諾夫顯然是入侵行動的強烈支持者，盡管入侵命令下達後，負責行動的蘇聯軍方高層對此並沒表現出多少熱情（第197頁）。阿爾巴托夫在書中認爲葛羅米柯比較害怕烏斯季諾夫，因此在後者同意後不願違逆其決定，因而同意了行動。至於安德羅波夫，直到1979年秋季之前時，他仍明確拒絕入侵行動。後來他之所以轉變了態度，部分地因爲他對阿明極不信任（當時有謠言稱阿明早年在美國時就已被中情局召募），而且他認爲阿明對蘇的國內政策將不得人心。阿爾巴托夫在書中推測認爲，安德羅波夫更傾向於選擇巴拉克·卡馬爾，他是蘇聯1979年安插在阿富汗的統治者，他與1956年匈牙利事件後蘇聯在當地扶植的亞諾什·卡達爾較爲類似，都非常溫和和順從。1989年秋，阿爾巴托夫擔任了最高蘇維埃專門負責政治事務和與外國談判的下屬委員會主席，負責撰寫關於當年作出出兵阿富汗決定的報告。

[2] 沃爾科戈諾夫：《斯大林：勝利與悲劇》，第58頁（Volkogonov, *Stalin: Triumph and Tragedy*, 58）。

了6萬余人的傷亡，其中13826人喪生，49985人受傷。[1]

自蘇軍正式進入阿富汗以來就遭遇到了令人困擾的游擊戰。但蘇聯顯然認為他們能抵擋住當地反叛軍的攻擊並保衛阿富汗的「社會主義制度」。而在世界其他國家看來，蘇聯煽動政變以及接下來的公然入侵，證明其試圖控制另一個國家的野心已充分暴露。在華盛頓，沒人認為未來阿富汗會有機會擺脫蘇聯的控制，但是很快一些軍備援助開始秘密運往阿境內反政府組織手中。

蘇聯在阿富汗的行動清晰地向卡特總統表明，他的以歐洲為中心的思想存在著缺陷。接著，卡特擺向了另一個極端，他告訴國會議員們稱，蘇聯入侵行動是自第二次世界大戰以來對世界和平的最嚴重威脅。現在，阿富汗和伊朗正處於一條新的「危機之弧」上。無疑，俄羅斯人的目光肯定已投向波斯灣以及那裡的重要油氣資源。一旦他們完全控制住了阿富汗，就能繼續向伊朗（自沙皇時代起就是俄羅斯擴張的重要目標）或巴基斯坦繼續滲透，直至獲得在印度洋溫水海域的出海口。從更大的地緣戰略角度，蘇聯海軍的急劇成長以及之前在非洲和中東（也門等國）的布局似乎正印證了他們的企圖。

作為美國傳統戰略思維的體現，1980年1月16日中央情報局向卡特總統和國家安全委員會提交了一份高密級的分析簡報，報告名為《入侵阿富汗後蘇聯在西南亞的選項》。其中分析認為，入侵不太可能是蘇聯早已計劃好的行動，它更可能是蘇共決策層在較為勉強的情況下作出的決定；但無論如何，蘇聯希望將其影響力擴張到西南亞地區的企圖是堅定不移的，而這次入侵的確為其提供了一次有價值的機會。入侵使蘇聯軍隊可以陳兵阿伊邊境地區，以及伊朗北部邊境地區（此前蘇聯曾占領過該處）。這種態勢使蘇聯在資助伊朗境內的分離主義力量（包括伊朗境內的俾路支人、阿塞拜疆人和庫爾德人）時處於更有利的地位。此外，當時蘇聯本國的石油產量即將下滑，將影響力擴張到油氣資源豐富的伊朗無疑更是蘇聯的優先性目標。到1980年3月，另一份中情局分析報告認為，盡管入侵阿富汗可能只不過是蘇聯一時的反常，但「事件所代表另一種可能性（即蘇聯對該地區、乃至整個第三世界的外交政策轉向），才是需要嚴肅對待的」。時任中情局局長特納甚至考慮得更為嚴重，在3月份中情局報告的附件中，他認為蘇聯的入侵是該國直接向第三世界擴張其勢力的重要信號，在過去6年間蘇聯已表明了這種野心。東方與西方、美國與蘇聯之間的緩和並不影響他們在類似埃塞俄比亞、柬埔寨和也門這樣的第三世界國家的擴張努力，「未來，蘇聯對自身實力的自信程度，將很可能取決於蘇共領導層視此次入侵行動取得的『成功』程度而定」。[2] 此後當西方清楚地獲悉蘇聯甚至還備有准備入侵伊朗的緊急計劃時，此次入侵對西方的警示感就更強了。

---

[1] 沃爾科戈諾夫：《斯大林：勝利與悲劇》，第60頁（Volkogonov, *Stalin: Triumph and Tragedy*, 60）。

[2] 蓋茨：《從陰影之中：五任總統的終極內幕故事以及他們如何贏得冷戰》，第147頁（Gates, *From the Shadows*, 147）。

與此同時，卡特政府又不得不面臨著阿拉伯世界爆發的另一次危機。1978年，南北也門之間的衝突亦到達了緊要關頭。1978年6月24日，由南也門總統薩利姆・魯巴亞・阿里派出的一名信使，以傳遞信件爲由將一枚炸彈帶入北也門總統的辦公室，之後引爆炸彈將北也門總統炸死（將罪行推到魯巴亞・阿里身上很可能也是南也門人抹黑他的陰謀）。[1] 兩年後，魯巴亞・阿里本人亦在南也門的一次政變中被殺，之後政變發動者更清洗了他的追隨者。魯巴亞・阿里被殺後，南也門執政黨的前領導人，更爲激進的阿卜杜勒・法塔赫・伊斯梅爾很快成爲新的總統。[2] 政變後，新領導人使「也門人民民主共和國」（PDRY，南也門）更加靠向蘇聯。在1979年初，南北也門之間衝突再起。美國政府懷疑蘇聯人、古巴人，或者可能還有埃塞俄比亞人介入了也門內戰。1979年3月30日，在美國國家安全協調委員會（SCC）的預備會議上，與會高層不僅討論了針對阿富汗局勢的秘密行動，還決定加強援助受到南也門威脅的北也門和阿曼；當然對於後一項決議，與會者亦一致認爲除非采用措施削弱、挫敗南也門，否則上述措施將難以成功。在作出了上述原則性的決議後，與會者並未商討更多操作性的解決方案。1979年7月3日，卡特總統批准了在正式援助細節出台前的過渡性措施，以及針對阿富汗的初步援助措施。[3]

極具諷刺意味的是，最終蘇聯人自己解決了美國在南也門遭遇的難題。當南北也門仍酣鬥不止之時，同期的1979年3月26日在美國的竭力促成之下埃及和以色列的和平談判（戴維營談判）在美國舉行了，這次會議結束了兩國的戰爭狀態。但其他一些阿拉伯國家（包括沙特阿拉伯）卻拒絕此次和平會議進程。蘇聯方面，爲了維持其在中東的影響力，他們與這些拒絕承認和談的國家站了一邊，其中正包括沙特和南北也門等國。當時的形勢是因拒絕埃以和談促成了阿拉伯世界的空前統一，例如，南北也門在此過程中不僅講和，甚至贊同兩國應該真正統一起來。另一方面，對蘇聯而言，繼續維持阿拉伯世界（反和談集團）的這種統一局面變得更爲重要起來（以利於拉攏這些反對美國主導的埃以和平進程的國家），但這也意味著他們（蘇）必須盡可能維持與沙特的友好關系。然而此時，蘇聯對阿富汗的入侵已然爆發，向來親美的沙特放下對埃以和談的成見繼續與美國合作援助阿國內的叛亂組織。對此，蘇聯擔心沙特和美國可能加人對南也門的拉攏，加之沙特對波斯灣油氣生產的影響力更大，因此他們開始對與沙特建立更爲緊密的關系產生興趣。在這種背景下，爲鞏固與沙特關系甚至將其拉上自己的戰車，蘇聯於1980年3月再次在南也門策動了一次政變。這次事件使該國激進的阿卜杜勒・法塔赫・伊斯梅爾被驅逐，蘇聯假裝好意收留了他，此後

---

[1] 薩弗蘭：《沙特阿拉伯：對安全的無休止質疑》，第290頁（Safran, *Saudi Arabia*, 290），其中內容稱那次轟炸完全是場陰謀。

[2] 亞普：《第一次世界大戰以來的近東：至1995年的歷史》，第369頁（Yapp, *The East*, 369）。北也門人伊斯梅爾，當時在黨內和國家安全機構擁有很強的勢力，而他的競爭對手，阿里・納賽爾・哈薩林，則享有軍方以及一些地區和部落的支持。當哈薩林在1980年政變中取得勝利後，順利成爲該國總統，並出任黨的總書記。

[3] 蓋茨：《從陰影之中：五任總統的終極內幕故事以及他們如何贏得冷戰》，第149頁（Gates, *From the Shadows*, 149）。

他又在莫斯科流亡了5年時間。[1]

　　然而這些政治算計很快就被伊拉克和伊朗之間的緊張形勢所掩蓋。對於兩伊爆發的戰爭，沙特這次發現他們不得不與蘇聯支持的伊拉克站在一起。面對復雜變幻的周邊形勢，沙特突然感到急需美國的支持。此外，當蘇聯對阿富汗的軍事行動全面展開後，沙特對蘇聯勢力向波斯灣擴張保持了高度警戒，對援助阿國內叛亂組織的興趣亦更爲強烈。1980年2月，美國政府嘗試就援阿議題與沙特展開初步接觸，而與此同時，蘇聯爲了博取沙特的好感亦開始策動在南也門的政變。[2]

　　考慮到未來的新危機，1980年1月3日卡特總統撤回了首次給參議院審議的《第二階段限制戰略武器條約》（SALT II）條約草案（鑒於蘇聯的擴張主義傾向，參議院很可能否決此草案，因在其看來條約草案中的內容對蘇聯更爲有利）。1月7日，卡特簽署法令禁止向蘇聯出口谷物；1月20日，他又告訴美國奧委會稱，如果蘇聯軍隊繼續留在阿富汗，那麼象徵和平的奧運會要麼應在莫斯科以外的其他城市舉辦，要麼被抵制，之後3月28日官方正式宣布美國將抵制1980年夏季由蘇聯舉辦的奧運會。到當年6月12日，在另一次新聞發布會上，卡特總統稱，盡管蘇聯對阿富汗實施了入侵踐踏了和平，但他仍支持緩和政策。

　　隨著《第二階段限制戰略武器條約》條約延遲通過，卡特正處於非常尷尬的狀態，因爲他此前大力推進的戰略武器限制條約似乎正面臨破局的危險，而美國又未啓動新的戰略武器部署項目。因此很多美國研究人員發現，由於預期中的條約並未被簽署，美國實際上正按擬議中的條約要求進行著自我限制。例如，預期簽署的條約中的一項主要內容是禁止對導彈的遙感勘測信號進行加密，以確保他國能夠在導彈試射時通過探測導彈的特徵信號來判明導彈的情況（比如確保試射的導彈符合試驗國所宣稱的情況）。然而在條約未能簽署的情況下，類似的禁止條款就不具備強制性。此前在條約談判期間，蘇聯亦同意遵守其中大部分條約，然而在80年代初期美國在指責對方違背某項協議時，實際上這類協議並未被真正簽署。

　　1980年1月23日，卡特總統公布了後來被稱爲「卡特主義」的政策原則，外部勢力任何試圖控制波斯灣的舉動都將被視作「對美國重要利益的直接攻擊」，如果需要的話，美國將毫不猶豫地使用武力擊退這些威脅。[3] 這當然聽上去很好，但波灣地區

---

[1] 亞普：《第一次世界大戰以來的近東：至1995年的歷史》，第236頁（Yapp, *The East*, 236）。阿卜杜拉·法塔赫·伊斯梅爾於1985年重返高層並進而形成新的三頭政治，但阿里·納賽爾·哈薩林卻在1986年1月13日的政治局會議上（他未參加）將他的同事們全部暗殺掉。事件發生後，反對者們集結起來並推翻阿里·納賽爾·哈薩林的政權。這次的事件蘇聯明顯完全未預料到，他們的外交人員和軍事顧問只能匆忙跑到港口並在一艘蘇聯貨船上避難。在接下來的內亂中，共有4230名前執政黨黨員被殺死，總計死亡人數可能達到1.3萬人，大約6萬人逃往北也門。

[2] 蓋茨：《從陰影之中：五任總統的終極內幕故事以及他們如何贏得冷戰》，第148頁（Gates, *From the Shadows*, 148）。1980年2月，布熱津斯基曾與巴基斯坦總統穆罕默德·齊亞·哈克討論擴大對該國的援助項目，之後他又赴沙特阿拉伯與該國達成協議（幫助美國向阿富汗國內反叛武裝提供援助）。

[3] 蓋茨：《從陰影之中：五任總統的終極內幕故事以及他們如何贏得冷戰》，第113頁（Gates, *From the Shadows*, 113）。對於賽勒斯·萬斯和他主導的國務院來說，卡特的聲明是一大挫敗，此前萬斯曾試圖將一些語句從總統的聲明稿中刪除，但布熱津斯基保留了它們。

沒有一個國家的政府會在本國境內建立一處美國的重要基地。此時，國防部適時地提出了建立「快速部署部隊」的建議，其中要求以印度洋上美國重要的迭戈加西亞基地爲據點，預置部署爲應對地區緊急局勢所需的各類裝備和物資。盡管美國無法直接在波灣地區預置作戰部隊和裝備，但在危機時以空運的方式將輕裝的部隊人員迅速部署到該地區，配合以預置在附近的重裝備和物資來快速對危機做出反應，則是較可行的策略。盡管波斯灣距美國本土約8000英里，但如果蘇聯入侵伊朗並通過該國進軍波灣地區的核心區域，美國仍能在其抵達預定地方之前先於蘇方部署其「快速部署部隊」；而在危機之初，美國部署在地中海、印度洋的航母戰斗編隊將提供先期的軍事威懾和打擊能力，支援並配合空運輕裝部隊及預置重裝裝備進入戰區。考慮到波斯灣地區的戰略價值，國防部更建議將1支航母戰斗群永久性地部署在阿拉伯海地區（如此的話，蘇聯在阿拉伯半島和東北非的一些重要目標亦將在其打擊范圍之內）。約十年後，這些戰備措施使美國能夠迅速地對伊拉克的地區冒險作出反應，在那場戰爭中美國保衛著其在西南亞的重要盟國（沙特），並成功對抗了另一個嚴重的武裝威脅（伊拉克）。

對於阿富汗事件，歐洲各國並未感到非常震驚。他們更傾向於維系與蘇聯的緩和關系，拒絕因阿富汗徹底與蘇聯決裂。對於美國國內對緩和的批評聲音，歐洲盟國的態度證明了其擔憂的情況，即歐洲各國傾向於繼續采取綏靖姿態。他們似乎無法接受一場發生在如此遙遠的中亞的戰爭會對他們的安全構成影響，然而對於更具全球戰略視野的美國而言，後者已清楚地感受到了威脅。

西方國家中，法國、意大利、西德和日本於1980年夏相繼開啓了與蘇聯的雙邊貿易談判。事實上他們將很多向美國企業定購的大額商業合同轉爲由本國自己的企業負責，例如將需要從美國進口的價值3.5億美元的特種鋼，改爲由本國企業生產。相比之下，1980年美國向蘇聯出口的商品（主要是谷物）的數量則減半。由於美國企業的國際競爭力下降，當年西方多國（法國、西德和英國）的出品量都增長約30%，其增長亦都與蘇聯的貿易量增長有關。例如，時任法國總理瓦勒里·季斯卡·德斯坦（Valery Giscard d' Estaing）爲加強與蘇聯的貿易關系甚至在訪問蘇聯時對勃列日涅夫大加奉承，這使得法國和美國國內的保守勢力大肆指責其「芬蘭化」的態度（考慮到法國並未受到任何蘇聯的直接威脅，其作爲非共產黨國家采取的親蘇政策更受到非議）。[1]

在與美國的全球經濟博弈中，蘇聯在西伯利亞的天然氣項目處於非常重要的地位。蘇聯的天然氣儲量約占全球的三分之一。1979年時，蘇聯已開始向歐洲的奧地利、西德和法國供應其天然氣。爲繼續賺取大量硬通貨，蘇聯計劃與西方國家啓動一

[1] 阿林：《冷戰幻覺：美國、歐洲和蘇聯，1969—1989年》，第146頁（Allin, *Cold War Illusion*, 146）。

個能源合作項目，准備鋪設一條長達5000千米的輸送管線將遠東西伯利亞的油氣資源輸往歐洲（包括西德、比利時、芬蘭、法國、意大利、奧地利、荷蘭、瑞士、瑞典和希臘等國）。根據計劃，該項目將由西方提供的貸款建設，並以輸送的天然氣抵償貸款，如果一切順利該項目到1985年正式運營後每年將爲蘇聯賺取80～100億美元的收入。

1979年時蘇聯的石油出口爲其采購急需的谷物提供了超過一半的硬通貨幣。[1] 同時，蘇聯以油氣資源爲槓桿爲其東歐衛星國大量輸血，維持著其東歐帝國。然而，位於蘇聯西部（即歐洲境內）的油田正在枯竭，1977年中情局曾判斷到1985年時，如果不考慮蘇聯的遠東油氣資源屆時其將淪爲石油的淨進口國。蘇聯需要西方的資金和技術來開發其西伯利亞新油田，而進入80年代後蘇聯與歐洲談判的天然氣項目亦證明了這種預測。

美國顯然更擔憂該項目將使蘇聯獲得對西歐盟國的影響力。危機時期，歐洲買家可以自由選擇確定其石油供應方，他們只須選擇來自不同油產區的油船即可；但如果歐洲用慣了天然氣，情況就完全不同（天然氣通過管道輸送，在一定程度上其替代性較低）。

爲了吸收歐洲國家，蘇聯開出了具有吸引力的合作方案。歐洲各國發現，如果按蘇聯的計劃實施該項目，他們不僅能獲得清潔能源，更能爲本國的工業帶來大量工作機會，而歐洲各國此時正因之前石油價格的波動而陷入經濟衰退。對於蘇聯的策略，卡特政府亦很爲難，他既不能強迫歐洲盟國轉向以強硬態度對待蘇聯，更不願歐洲國家就這麼與蘇聯日益緊密。這一問題最終留待了他的繼任者，羅納德·里根總統來解決。當然，就當時而言形勢的發展的確對美國非常不利，1980年6月西德總理赫爾穆特·施密特在與卡特總統經歷了一次不令人愉快的會晤後，馬上飛赴莫斯科與蘇聯簽署了第一份輸氣管道的建設合同。[2]

大致在阿富汗戰爭爆發的同時，遠東又爆發了另一場危機。越南作爲蘇聯在東南亞的衛星國，在連續經歷了對法國、美國的戰爭後，地區霸權野心膨脹。爲了平衡該國，中國決定加強與柬埔寨的紅色高棉的關系。歷史上越、柬兩國間曾長期處於競爭狀態，出於對中國的不滿，越南開始疏遠中國並加強與蘇聯的合作。

1978年6月，越南加入蘇聯主導的經互會，並進而在當年11月與蘇聯簽署聯盟性質的友好條約。1978年12月，越南軍隊越過越柬邊境公開入侵該國。根據蘇越條約秘密附件中的規定，蘇聯爲獲得其境內的重要港口金蘭灣將向越南提供150億美元的援助，以支持其入侵柬埔寨並維持在當地的統治。[3] 越南軍隊入侵柬埔寨後大肆奪取當

---

[1]阿林：《冷戰幻覺：美國、歐洲和蘇聯，1969—1989年》，第144頁（Allin, *Cold War Illusion*, 144）。

[2]阿林：《冷戰幻覺：美國、歐洲和蘇聯，1969—1989年》，第146頁（Allin, *Cold War Illusion*, 146）。

[3]羅德曼：《比和平更珍貴的：冷戰和爲了第三世界的斗爭》，第189頁（Rodman, *More Precious than Peace*, 189）；卡諾：《越南：歷史》，第53頁（Karnow, *Vietnam: A History*, 53）。

地的資源（包括搶奪當地的糧食供應其占領軍），並使用從南越政權獲得的美式武器與紅色高棉作戰。[1]

　　在西方看來，柬埔寨共產黨（紅色高棉）的行為無疑是殘忍且無情的，但這並不是越南攻擊柬埔寨的真正原因。事實上在入侵之前，越南早在1977年已在邊境地區開始與紅色高棉爆發衝突，而越南的入侵只是這類衝突的高峰。雙方的戰爭亦有深厚的歷史背景，包括紅色高棉希望重新奪回數世紀之前越南占領的柬埔寨國土。[2] 相對原始的越南軍隊並不能迅速消滅紅色高棉的力量，大量紅色高棉武裝人員在中國的支持下對入侵越軍發動持久的致命游擊戰，中國的支援主要通過途經中立國泰國的「鄧小平小道」運往柬埔寨。而越南對柬埔寨的占領亦成為後來中國向蘇聯提出關系正常化的三大前提條件之一（另兩個條件是蘇聯撤離阿富汗以及蘇聯撤離在北方中蘇邊境地區的軍事威脅）。[3]

　　對中國而言，越南的入侵是對其友好鄰國的直接侵略，是無法容忍的。為了「給越南人一個教訓」，70年代末中國派出了近60萬軍隊直接攻入越南北方境內。[4] 另一方面，考慮到越南是蘇聯的衛星國，中國亦同步提升了其北方邊境地區駐軍的戰備，預設為戰區的當地婦孺被撤往內地或掩蔽所。[5] 但這場戰爭的過程是可笑的，結果是苦澀的。作為曾經的戰爭藝術宗師，中國竟抱怨越南人以游擊戰的方式反擊其行動。[6] 最終，中國在戰爭中損失了約6萬余人及超過500輛作戰車輛，只取得了慘勝。極具諷刺意味的是，在之前美越戰爭中，中國還曾向越南提供了大量武器、車輛及物資。

　　面對苦澀的戰爭結果，中國政府被迫正視其軍隊缺乏效率且已過時的現實。無疑，如果與裝備更為現代化、作戰能力更強的蘇聯爆發類似的戰爭，中國可能遭受更加慘痛的損失，在當時看來，這種可能性是極為現實的。中國決策層感到必須現代化其武裝力量。自70年代末中國與美國結成的反蘇同盟，到中越戰爭後似乎顯露出其價值。回顧那段歷史，非常有趣的是中國似乎並未以越南人（對法、對美戰爭）為范例提出在未來與強敵爆發戰爭時，應采取某種更為現代化的「人民戰爭」（即游擊戰爭）方式；人民戰爭理論受毛澤東所青睞，他認為可憑其有效應對中國的主要敵人——蘇聯。

---

[1] 羅德曼：《比和平更珍貴的：冷戰和為了第三世界的斗爭》，第190頁（Rodman, *More Precious than Peace*, 190）。

[2] 卡諾：《越南：歷史》，第56頁（Karnow, *Vietnam: A History*, 56）。

[3] 羅德曼：《比和平更珍貴的：冷戰和為了第三世界的斗爭》，第191頁（Rodman, *More Precious than Peace*, 191）。

[4] 蓋茨：《從陰影之中：五任總統的終極內幕故事以及他們如何贏得冷戰》，第120-121頁（Gates, *From the Shadows*, 120~121）。1979年1月30日，當鄧小平與卡特總統、萬斯和布熱津斯基會晤時，他宣稱中國發動對越戰爭「給他們一次適當的有限的教訓」。次日，卡特總統很可能已清楚中國這麼做可能導致的結果，但他並未試圖勸阻鄧小平，或者以中美之間關系正常化以及其他軍事或經濟合作議題來威脅中國領導人不要那麼做。蓋茨本人當時並不在場，因此推測布熱津斯基和其他人對中國的意圖持積極的鼓勵態度。

[5] 源自1980年11月中國北方的新疆和黑龍江省的官員的講述。

[6] 源自1980年春中國軍方學院代表參訪哈得遜研究所時的講述。

當時，在與蘇聯的全球競爭中，美國對如何打「中國牌」非常感興趣。茲比格紐・布熱津斯基認為，越南在東南亞的戰爭行動是蘇聯整個歐洲大棋局上的一環，與後者直接入侵阿富汗相互配合與聯系。越南的軍事冒險可能是蘇聯試圖控制孟加拉灣及東印度洋戰略的一部分，配合從阿富汗方向進入的西印度洋，蘇聯將能影響整個印度洋及周邊區域。[1]

80年代起，美中進入蜜月期。1980年美國國防部長哈羅德・布朗訪問了北京，與中國領導人商討了解放軍的現代化問題。美國許諾為中國提供其通常僅供應給北約成員國的現代化軍事技術和裝備，作為回報，中國則同意美國在其境內設置針對蘇聯的監聽設施（用以彌補原先部署在伊朗的同類能力）。兩國甚至還對相互交流核技術以共同應對蘇聯威脅等議題較感興趣。[2] 後來，因巴基斯坦感覺受到蘇聯（通過阿富汗）和印度的威脅，中國曾向其提供過核武器設計資料。這無疑與美國的核不擴散政策相悖，但美國並未因此而抗議；畢竟在美國看來，中國在分擔蘇聯對北約的威脅方面太具價值了。

另一方面，蘇聯在其靠近本土的東歐帝國內亦有其自己的難題——波蘭的形勢。1976年波蘭爆發罷工浪潮後，該國國內誕生了一個幫助遭到政府逮捕的工人的組織——勞工保護委員會（KOR）。很快，以其為基礎社會自衛委員會（KOR/KSS）成立了。其主要發言人，雅采克・庫隆，自該組織成立起就一直鼓吹波蘭應擺脫蘇聯的控制。此外，波蘭不像其他蘇聯的衛星國，其國內還存在著另一個向來反蘇的勢力——天主教會。波蘭克拉科夫城的大主教，卡羅爾・沃伊蒂瓦（Karol Wojtyla）在當時亦領導了國內對共產主義的批評和攻擊。1978年10月16日，被選為教皇若望・保羅二世的沃伊蒂瓦於1979年6月到訪波蘭，期間吸引了上百萬波蘭民眾朝聖。[3] 這些無疑反映出在波蘭，是天主教會而非共產黨的世俗組織主導著整個國家。

進入80年代以來波蘭的問題還在惡化。1980年7月1日波蘭政府宣布提高國內肉類價格，這導致了新的罷工。8月份，波蘭格但斯克的罷工很快導致團結工會的成立，這是共產主義世界中建立的第一個自由工會聯盟。團結工會初期的成立和發展起源於格但斯克船廠，這裡曾是波蘭出口收益的主要來源地。迫於船廠罷工工人的壓力，波蘭共產主義政府領導人愛德華・蓋萊克（Eduard Gierek）不得不讓步，這使得此後東歐共產主義政權都不得不面臨的惡夢——團結工會得以成立。團結工會以民族主義旗幟將波蘭國內異見知識分子和勞工階級統一組織起來，成為波蘭國內最重要的反對派勢力。

1980年8月28日，蘇共政治局重要成員，蘇斯洛夫、葛羅米柯、安德羅波夫（克

---

[1] 布熱津斯基：《權力與原則：國家安全顧問的自傳》，第424頁（Brzezinski, *Power and Principle*, 424）。

[2] 源自1980年中國外交部官員在哈爾濱的講述。

[3] 克蘭普頓：《二十世紀及之後的東歐》，第365頁（Crampton, *East Europe*, 365）。

格勒負責人）、烏斯季諾夫（國防部長）和契爾年科等人共同簽署了一份建議，要求政府立即動員4個師（後來又分別增至5個、7個師）以支持波蘭政府控制國內形勢。換言之，准備占領整個波蘭。[1] 根據計劃，進入波蘭的部隊將來自其鄰國捷克斯洛伐克、東德以及蘇聯。接著，華約在波蘭邊境地區舉行了大規模軍事演習——「西方—81」演習，無疑被認為具有對波蘭國內局勢的警告意味。1980年11月，蘇共政治局批准了入侵波蘭的軍事計劃；當年12月2日蘇軍行軍梯隊實際上已越過邊境偵察了通往弗羅茨瓦夫（波蘭西南部城市，靠近蘇波邊境）的道路。當時波蘭國內形勢緊張，曾有波蘭軍官稱，盡管他竭力約束部隊按上級命令行事，但他的部隊仍可能在行動時倒戈。當時，美國在波蘭曾發展有一名潛伏於波軍總參謀部的高級間諜，他的通報使卡特政府對波蘭的形勢非常明了，因此當蘇軍准備采取行動時卡特政府明確警告蘇聯人不得入侵。2年後，蘇軍總參謀長奧爾加科夫元帥告訴蘇聯的軍事歷史學者德米特里・沃爾科戈諾夫（Dmitri Volkogonov）稱，對於可能在波蘭采取的軍事行動他非常擔心蘇軍的兵力不足（因為同期蘇軍在阿富汗投入重兵）；同時他亦擔憂蘇軍的入侵可能導致與波軍的衝突，甚至使1920年波軍「維斯瓦奇跡」的再現，當時波蘭在維斯瓦河河畔擊退了蘇聯軍隊。[2]

　　1980年12月，蘇聯人向波蘭統一工人黨的總書記斯坦尼斯・卡尼亞（Stanislaw Kania），出示了一份蘇軍入侵行動的計劃行動路線。而為避免形勢惡化，卡尼亞竭力說服勃列日涅夫終止類似的軍事行動，因為入侵行動將觸發波蘭國內的全面起義。1981年2月，波蘭國防部長沃依切赫・雅魯澤爾斯基（Wojciech Jaruzelski）將軍成為新任政府總理。經此事件後，蘇聯認為卡尼亞優柔寡斷，而雅魯澤爾斯基則是更好的選擇。同年6月，在莫斯科的指示下波蘭統一工人黨以雅魯澤爾斯基替代了卡尼亞，到當年10月雅魯澤爾斯基正式取代卡尼亞。雅魯澤爾斯基上台後又任命兩名波軍高級軍官為政府官員，充實其執政團隊。

　　至1981年秋季，蘇共政治局已放棄對波蘭的入侵；接著，在其要求下雅魯澤爾斯基於當年12月宣布國內實施戒嚴令。期間，卡特政府的高級間諜並未被發現，而在此人的幫助下，中情局亦很快獲得了雅魯澤爾斯基的計劃。佃中情局並未將此情報通報給白宮。在雅魯澤爾斯基宣布戒嚴令之前，雅魯澤爾斯基派出其副總參謀長歐根紐什・莫勒奇克熱（Eugeniusz Molczyk）將軍赴華盛頓。由於缺乏中情局的通報，副總統喬治・布什（George Bush）在接待波軍副總參謀長時告訴後者稱，自行宣布戒嚴顯然比遭受蘇聯入侵更易接受。顯然，雅魯澤爾斯基將布什的話解讀成美國贊同他的戒嚴計劃，而對此布什亦忽略了。

　　雅魯澤爾斯基的執政使東歐共產主義體系內第一次出現了由軍人擔任國家領導人

---

[1] 沃爾科戈諾夫：《斯大林：勝利與悲劇》，第64-65頁（Volkogonov, *Stalin: Triumph and Tragedy*, 64~65）。

[2] 沃爾科戈諾夫：《斯大林：勝利與悲劇》，第65頁（Volkogonov, *Stalin: Triumph and Tragedy*, 65）。

的情況，這將讓蘇聯軍方作何感想？此外，雅魯澤爾斯基的行動表明他急切地想要維護波蘭的主權。例如，據報道稱他還曾組建過一支特殊的軍事部隊，可能用於抵抗任何蘇聯的軍事入侵。

　　對於美國的歐洲盟國而言，波蘭發生的一切就在眼前而無法忽略，西方的機會似乎來了。當然，這一切都將在卡特總統的繼任者，羅納德‧里根執政後相繼展開。

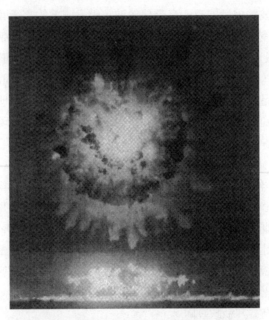

高精度、靈巧的制導彈藥，從很多重要的方面看，不啻於80年代的核武器。在這此新技術領域，西方保持著蘇聯無法輕易跟上的領先地位。圖中所示為美國「戰斧」巡弋飛彈的一次試驗，它精確地飛臨作為標靶的廢舊轟炸機上空，爆炸並摧毀了靶機。早期的制導導彈僅配備有相對原始的尋的裝置，它們最多探測到目標靶機所在的大致位置，更別提直接攻擊掩體內的轟炸機。以往，只有核導彈以其超大的毀傷威力能確保對這類加固的點狀硬目標實施摧毀。然而，隨著電子計算技術的發展，新式巡弋飛彈已能以最優化方式對目標實施攻擊。例如，圖例中飛臨目標轟炸機上空摧毀目標。（美國海軍學院）

第六篇

西方的反擊與勝利

蘇聯

　　蘇聯，全稱「蘇維埃社會主義共和國聯盟」，是一個多種族大帝國，其帝制的特性最終將其帶入崩潰的境地。圖中所示為蘇聯帝國的各個加盟共和國示意圖。從地緣角度看，俄羅斯共和國是其中面積最大、最重要的加盟共和國，同時它亦主導著整個帝國。鑒於俄羅斯北部和中部的大部分地區的無垠與空曠，此令人印象深刻的版圖其實並不如想象中那般強大。

摘自雷蒙德‧E.齊科爾（Raymond E. Zickel），所編撰的第二版《蘇聯：國家研究》（華盛頓特區，政府印刷局，1991），迎面頁第 lvii。

第36章
新軍事事務革命

就在蘇聯受困於解決波蘭的政治難題之時，他們同時亦面臨著由因新計算機、信息技術引發的新軍事事務革命所導致的軍事形勢或實力對比的逆轉。同樣的，在西方當時也僅有極少數的有識之士意識到東西方之間的軍事力量平衡正在以如此之快的速度被撬動。導致這種情況出現的原因很可能是因為在70年代末期大多數的分析家們仍然將目標更多地聚焦於雙方在核武器領域的對比，畢竟通過數量規模對比這類實力要素相對更容易理解和實現。然而，一旦雙方都完成了高度的核武裝，一旦使用核武器的率先攻擊都不再成為雙方現實的選擇（相互確保摧毀），核武器本質上不可使用的特性就顯露出來。蘇聯在歐洲集結的軍事力量之所以令西方恐懼，似乎並不在於蘇聯擁有比美國更多的核武器，而更在於其組建了一支龐大的、北約似乎難以應對的常規力量。然而，到80年代初期，西方微電子和信息技術方面取得的快速進步為其提供了一種潛在的戰爭致勝優勢，而這一領域的進步是蘇聯無法比擬和抗衡的。微電子技術及由其衍生出的「性能超群」的常規武器的成熟，恰逢羅納德·里根總統決定增強美國的防務開支，使西方在較短時間內迅速獲得了在常規力量方面以質取勝優勢。

以計算機為代表的微電子技術和信息技術所產生的巨大影響，在當時看仍相當隱晦不明，這很大程度上在於計算機出現之前的時代和計算機時代的戰爭之間的界線模糊難分，遠不似核武器發明之前的時代和核時代的戰爭那麼容易令人分辨。另一方面，以可編程的數字化計算機構建的武器系統，很容易與采用模擬電路時代的同類武器系統（如早期的尋的導彈和自導式魚雷）相混淆，後者最早出現於第二次世界大戰期間。現在，大多數導彈使用著數字制導系統，這實質性地使其更加靈活。[1] 當然，計算機、信息技術的真正革命性運用，更多地體現於戰術級用戶組織、顯示和傳輸信息的過程之中。與以往相比，計算機使軍隊能以更快的速度同時處理、分析、顯示大量的數據信息，以便於軍隊指揮官對戰場軍事態勢更便捷的理解。計算機影響戰爭最普遍的例子莫過於防空作戰。在以往的時代，防空作戰通過以下述方式實施：防空雷達系統探測到目標並打印形成目標清單，參謀軍官們通過簡單運算和分析，在一張紙

---

[1] 模擬裝置通常使用電子線路來模擬機械的狀態或數學方程式。例如，模擬計算機只能針對一種狀態和方程的模擬，當情況出現變化時，就必須對其內部線路進行重新設計和調整。相較而言，數字式計算機基於其存儲、計算結構可以處理更抽象、複雜的數值計算。當外界情況改變時，只需要改變計算機的軟件即可，這是為什麼數字計算機應用更為靈活和廣泛的原因。

地圖（戰術態勢圖）上盡可能標示出這些目標的位置和它們的軌跡及速率（顯示其威脅性）供指揮官指揮決策，再由指揮官選擇並指定合適的武器或部隊，對最具威懾性的目標實施攔截。所有這些功能通常都由人類完成。但是，當目標飛行速度越來越快，數量規模越來越多大，操作人員很快就發現要及時處理雷達提供的龐大信息流幾乎不再可能。當目標以更快的速度出現，其位置、狀態急劇變化之時，操作人員所竭力標示的戰術態勢圖與現實正發生的情況之間的差距越來越大時，系統陷入崩潰就實屬必然了。[1]

　　計算機時代來臨後，其解決的問題正在於以更快地速度處理雷達提供的信息，由其協助標示空防態勢圖，甚至能夠在預編程計算設備的綜合分析下選擇高威脅目標並自主發射最合適的攔截導彈。類似的自動化防空作戰過程在今天看來已非常熟悉，甚至是老生常談的東西；但實際上，其概念最早出現於50年代，當時用於解決似乎難以完成的應對現代化高速核轟炸機的任務。1952年，麻省理工學院的林肯實驗室提議使用早期的「旋風I」型數字式計算機處理防空數據。[2] 這一建議似乎突然間就扭轉了國家安全委員會對防空任務的悲觀觀念。接著，林肯實驗室在科德角試制的試驗型防空計算中心經過試驗證明了其可行性，1954年國家安全委員會決定采用此系統，即後來的「半自動地面防空警備系統」（即「賽其」系統，SAGE）。[3]

　　「賽其」系統並非只包含一台計算機，因爲當時沒有單一的計算設備能處理覆蓋美國本土全境的防空信息。事實上，爲協調和管理北美的防空任務，軍方將美國分爲多個區域，每個區域都配備有自己的「賽其」計算中心。由於防空任務需求，美國對高性能大型計算機產生了大量需求。在美國的商業環境下，這種需求很快轉化爲民間技術發展的動力，到60年代時商用計算機已開始滿足國家應用的要求。例如，1958年國際商用機器公司（IBM）宣稱其第一代固體計算機研制成功，並建議以其替換「賽其」系統所使用的老式電子管式FSQ-7型計算機。[4] 1958年10月，第一套使用該型計算機的「賽其」系統正式上線，到1961年12月時美國本土所有「賽其」系統都完成了新型計算機的換裝。在「賽其」系統的啓發下，北約和日本分別部署了自己的防空系統，即「北大西洋公約組織地面防空系統」（NADGE）和「空軍基地防空地面設施系統」（BADGE）；同期，英國則發展了自己的與其他國家類似的「英國防空地面

[1] 布德瑞：《改變世界的發明：一小群雷達先驅如何贏得第二次世界並啓動技術革命》，第363頁（Buderi, *The Invention that Changed the World*, 363）；高夫：《守望天空：英國防空體系中地面雷達歷史》，第37-39頁、第71-74頁（Gough, *Watching the Skies*, 37～39, 71～74），其中描述了英國的CDS系統，這是第一種可提供自動數據處理的計算設備。對於其中描述的手動和自動目標跟蹤，可參見高夫著，《守望天空：英國防空體系中地面雷達歷史》的附錄C（Gough, *Watching the Skies*, appendix C）的內容。

[2] 布德瑞：《改變世界的發明：一小群雷達先驅如何贏得第二次世界並啓動技術革命》，第385-388頁（Buderi, *The Invention that Changed the World*, 385～388）；沙菲爾：《新興的護盾：軍事和大陸防空的演進，1945—1960年》，第198頁、第200-202頁（Schaffel, *The Emerging Shield*, 198, 200～202）。

[3] 沙菲爾：《新興的護盾：軍事和大陸防空的演進，1945—1960年》，第201頁（Schaffel, *The Emerging Shield*, 201）；國防部國防分析研究所（IDA）第209-212頁。

[4] 沙菲爾：《新興的護盾：軍事和大陸防空的演進，1945—1960年》，第264頁（Schaffel, *The Emerging Shield*, 264）。它將成爲第二代「賽其」系統的計算核心。

網」（UKADGE）。[1] 之後，其他很多國家亦紛紛效仿以計算機爲核心構建了本國的現代防空體系。然而，較具諷刺意味的是，「賽其」系統設計用於應對高速轟炸機，但當其完成時美國面臨的威脅很大程度上已由轟炸機轉向了彈道導彈。

初期，「賽其」系統極爲龐大復雜，其計算中心足以塞滿整棟大樓。到50年代末，具有類似計算能力的計算機已能安裝到大型水面艦只上，因此美國海軍亦開發了類似「賽其」系統的「海軍戰術數據系統」（NTDS），它亦成爲同期大多數北約國家海軍指揮控制系統的基礎。[2]

總體而言，「賽其」系統可被視作是對應於當時主導性的核武器技術的另一個軍事技術發展方向，它的出現使構建可靠的防空系統成爲可能。

與核武器類似，計算機亦走過了從稀缺到豐裕的發展過程，最初計算機及其各類元件的制造完全依賴手工完成，之後才進入大規模工業化生產階段。50年代，計算機發展進入第二個階段，當時其軍事潛能被鐵幕兩邊的國家廣泛認可。蘇聯當時的學術著作中曾稱，控制論，或者說計算機科學，將成爲第二次軍事事務革命的一部分。[3] 當然，以蘇聯的技術創新能力仍無法以西方的規模和速度生產自己的類似計算機。盡管蘇聯可能已掌控小規模的復雜電子器件的制造技術，但通常他們並無力將其生產推進到大規模量產的程度。

計算機性能提升和生產的普及，導致了軍事系統的計算機化，正如核武器時代的核武裝化那樣。在不斷地試驗和實踐中，軍方亦開始掌握計算機時代的一些經驗。例如，傳感器傳輸給中央計算機的數據必須以計算機能夠讀取的數據格式進行，否則整個數據流程將大爲延緩；或者中央計算機必須通過計算機器間的鏈接指揮各類武器系統，否則整個系統無法快速響應。這類經驗意識著武器系統亦需要擁有自己的緊湊型計算單元，以實現與中央計算機的聯合。在傳感器到計算單元以及計算單元到武器系統的信息流速急劇提升之後，很明顯的，各級指揮官對快速共享由計算機生成的戰場態勢的需求亦越來越強烈，他們同樣需要合適的計算設備來保持其對當前戰場態勢的跟蹤和掌握。

在越南戰爭中，「賽其」系統的概念被美軍應用於阻止北越通過「胡志明小道」向南越輸送補給和人員，當然，與防空場景不同，在越南大量的地面傳感器取代了雷達，它們由飛機拋撒到地面，感應范圍內各類環境特征信號（比如車輛駛過的噪聲，甚至是牲畜尿液中特定物質的含量）的變化情況，並將這些變化傳輸回部署在西貢的

---

[1] 關於「北大西洋公約組織地面防空系統」（NADGE），可參考高夫：《守望天空：英國防空體系中地面雷達歷史》，第230-237頁（Gough, *Watching the Skies*, 230～237）。對於英國的「英國防空地面網」（UKADGE）項目，可參考該書第301-310頁。其中，高夫並未提及該系統與「賽其」系統相連接。

[2] 諾曼·弗里德曼：《美國海軍武器：1833至至今美國海軍所裝備的每一類火炮、導彈、水雷和魚雷》，第143-145頁（Friedman, *U.S. Naval Weapons*, 143～145）。

[3] 摘自蘇聯出版的小冊子《觀念、算法和決策》，或參考赫姆斯利翻譯的《蘇聯軍隊的控制：蘇聯軍事體系中指揮技術的作用》（Hemsley, *Soviet Troop Control*）一書，這一系列蘇聯專業手冊資料由美國空軍翻譯並出版。

中央計算設備以分析北越方面的活動，並以此指導空中打擊行動。[1]

理論上，如果美軍向「胡志明小道」全線部署大量部隊，他們同樣能勝利此類工作，但現實中這根本不可能發生。部分是因爲越南只是美蘇全球對抗中的邊緣戰場，美國亦不可能無限制地向東南亞投入其資源。因此，現實限制對技術發展產生了巨大的需求，這一時期見證了各類技術的高速發展。[2] 但逐漸的，北越方面亦掌握了「愚弄」這些傳感器的技巧，盡管在西貢的控制中心的指揮下大量炸彈落向小道，但所能取得的戰果卻越來越有限。這一時期，技術革命仍未完全展現出影響戰爭形態的能力。

到70年代末，美國陸軍在中歐面臨涉及數量規模的另一個難題。面對不斷膨脹、更新的華約地面部隊，美國和北約對要在數量上擴充到能與其相抗衡的程度已完全不抱希望了。實際上，早在50年代北約就面臨這一難題，當時的解決方案是戰術核武器，但其已越來越不具吸引力。當時，北約所擁有的真正的機動性高效作戰力量，就只有一支精干高質量的戰術空中力量，它們要在發生戰爭時集中攻擊華約前沿和後繼梯隊。爲完成此類任務，首先就要盡可能快地獲取關於華約進攻力量的行動動向。面對由成千上萬輛機動性強的戰斗車輛組成的華約攻擊編隊，他們在行動中無疑有很多方向選擇，那麼要在何時、何地聚焦己方優勢空中力量則成爲大問題。

進入70年代後，美國陸軍的解決方案是將所有可獲得的情報信息輸入計算機系統中，希望通過計算機強大的數據計算、分析能力，自動識別出敵軍最有可能的進攻方向和行動意圖，即70年代末陸軍研發的「戰場拓展和目標獲取」（BETA）系統。盡管有人擔憂蘇軍會設法以佯動、欺騙等措施來迷惑計算機系統，但初步的試驗令人鼓舞。這與「白色屋頂」項目的概念較爲相似，但使用了更爲精密復雜的計算機系統和更可靠的信息來源（除傳感器外，還涉及大量的前沿人員觀察情報）。盡管陸軍的「戰場拓展和目標獲取」系統於70年代末至80年代初最終下馬，但該系統的概念仍被繼承下來。[3]

以70年代末西方的計算機技術角度看（計算機的尺寸和性能都已大爲進步），成功研究類似「戰場拓展和目標獲取」這樣的系統是可能的。正同核武器發展路線類似，計算機亦由最初只適用於最重要任務的龐大笨重的機器，逐漸演變成可配置到中型戰艦或戰機上，用於處理多樣化戰術任務的輕便型設備。

正如戰術核武器曾一度改變地面作戰的面貌那樣，大量的戰術用途計算機使得

---

[1]「白色屋頂」在詹姆斯・威廉姆・吉布森所撰寫的《完美戰爭：在越南的戰爭技巧》第397-398頁（James William Gibson, *The Perfect War*, 397～398）有所描述，還可參考普拉多斯撰《血腥之路》，第267-268頁（Prados, *Blood Road*, 267～268）。

[2] 詹姆斯・威廉姆・吉布森：《完美戰爭：在越南的戰爭技巧》，第399-400頁（James William Gibson, *The Perfect War*, 399～400）；還可參考普拉多斯撰《血腥之路》，第269頁（Prados, *Blood Road*, 269）。

[3] T.P.基歐上校（美國）：《測試版……一個想法實現的時機已經來臨》，摘自1981年10月《信號》，第11-13頁（Col. T. P. Kehoe, USA, *"BETA……An Idea Whose Time Had Come"*, Signal [Oct 1981],11～13）。

一種新型形態的戰爭成爲可能。通過將大量計算設備相互連接，它們能共享通用的戰術態勢信息，能很快制定並執行復雜的行動計劃。在其輔助下，作戰部隊可能更爲靈活、更加一體化地活躍於戰場。計算機發展的下一階段是數量進一步充裕、便捷性能更加提高。80年代，微型計算機爆炸性地發展起來，其尺寸和成本急遽降低後使得軍隊能夠以上百萬台的規模大批量采購並配備部隊。這一時期的計算機還具有另一項優勢：通過軟件發揮功能的計算機系統，能夠在不更新計算設備硬件的條件下，通過更新軟件迅速地提升其功能和效率，這帶來了巨大的運用靈活性。

微型計算機的出現亦爲武器領域帶來了新的革命。一枚子彈或炸彈只是被動的、非智能化的武器，一旦瞄准目標並發射出去後它們無法在命中目標前修正其路徑。最早出現於越南戰爭中的現代化「智能炸彈」，則能根據激光波束或通過視頻由炸彈操作人員主動控制其飛行路徑，更精確地命中目標。因此，與以往的被動式武器相比，它們的命中精度、作戰效率無疑急劇提升。當然，其智能化程度仍是相對的，使用時仍需由操作人員決定哪些是或不是目標。再往前一步，則是真正的「智能武器」，它們能夠在發射後自主地作出類似決定，這也正是當前所努力實現的。在武器實現自動化的時代，類似空中或海面這類背景特徵較缺乏的戰場環境，較易實現上述的「智能」打擊效果；相應的，在背景特徵復雜的地面戰場環境，對武器的智能化要求更高。

70年代，這類技術的出現令使用智能化常規武器替代同時代的戰術核武器（中子彈），以實現對華約大批量裝甲部隊的打擊成爲可能，美國陸軍因而研制了所謂的「突擊破壞者」系統。它采用的新偵察監視子系統（實際上仍源自「賽其」系統）能夠指引遠程火箭直接打擊蘇軍在前沿縱深後方集結的坦克集群。這些火箭並未攜帶戰術核武器，相反它們搭載著大量集束化的智能精確炸彈，理論上，每枚這樣的炸彈都能自主制導並擊毀1輛坦克。這與以往使用1枚導彈對付1輛坦克相比，在殺傷效率方面幾乎有了無窮地提升，而且與早期的集束式炸彈（無制導）相比也是一個重大的技術進步。而到了當前，即便坦克集群分布於較大的作戰空間內，類似的精確集束炸彈仍可能高效率地毀傷其大部分目標。當此武器概念於80年代被提出並展開研制時，進展並不太順利。第一種真正實現了上述毀傷效果的集束式武器系統「BAT」直到90年代才得以問世。當然，在80年代冷戰的末期，最要緊的還是蘇聯是否知悉類似的武器開發項目，以其技術能夠至少能推測出它們的工作原理，進而發展對應的抵銷性技術。對於技術創新能力極強的美國，蘇聯人似乎認爲他們完全稱得上是「技術魔術師」，無論美國人說什麼，只要他們決定實現就能做到。顯然，對蘇聯而言，類似「突擊破壞者」這樣的智能化武器完全是場災難。一旦其大規模部署將抵銷他們所引以爲豪的大部分常規力量優勢。

此外，「突擊破壞者」系統似乎已成爲一類激進的武器系統，蘇聯將其稱爲「偵

察─打擊復合化武器」，作爲獨立的武器系統，它能完成目標搜索、選擇和攻擊毀傷。在飛機剛剛進入戰場的機械化戰爭時代早期，偵察飛機用於發現敵人的行動，返回己方機場後再向上級報告其偵察情況，接著己方進攻計劃才能得以制定並實施。整個過程的時序性非常強且耗時，因此根本無法應對高機動性的目標。戰術核武器的出現，以其超強毀傷能力部分地彌補了因偵察─打擊過程延時造成的問題，但仍無法從根本上解決上述的矛盾。現在，偵察─打擊平台一體，輔以智能化的炸彈後，應對高機動性目標的能力無疑大爲提升。

　　蘇聯方面由於缺乏可與西方相比擬的計算機研發制造能力，他們只能進行一場相對「慢節奏」的戰爭。70年代美國空軍軍官理查德‧博伊德（Richard Boyd）上校曾指出，在作戰中行動節奏（速度）是決定性的。他的邏輯和理論一出現就獲得廣泛接受，至少在美國是如此。博伊德將整個戰斗指揮過程描述成一個循環，整個過程自對敵方行動的偵察感知而開啓，接著是作出決策，然而響應以行動。他認爲，要在戰場上取勝，不在於擁有對敵方的數量優勢，而在於擁有能夠比敵人更快的指揮決策循環。如果敵人的指揮控制信息流程緩慢，循環時間過長，那麼在具備更快指揮行動節奏的敵人面前，崩潰就只是遲早之事。例如，博伊德將1940年德國對法國的勝利就歸功於這樣一種迅速的指揮決策和行動節奏。

　　同時期的蘇聯的確也意識到此類循環的重要意義。1977年，蘇聯尼古拉‧V.奧爾加科夫元帥被任命爲蘇軍總參謀長，蘇共高層對他改造並現代化蘇聯的武裝力量寄以厚望。盡管他並未明確提了軍隊的計算機化、或信息化，但他對偵察─打擊一體化概念的興趣，顯然表明其致力於實現高節奏戰爭的實質，[1] 就是像西方軍隊那樣提升軍隊技術水平。

　　如果說他需要一次實戰戰例來顯示新技術可能爲戰場帶來的災難性影響的話，那麼1982年6月以色列空軍與敘利亞地面防空部隊在黎巴嫩貝卡谷地的交戰則是一個合適的案例。是役，以空軍取得了令人驚歎的輝煌勝利。當年6月9日，以色列空軍出動4輪攻擊波次至少摧毀了敘軍部署在谷地的19個地空導彈設施中的17個，而自身無一損失。敘利亞的防空系統完全按蘇軍的規范編成並部署，但以色列則主要使用美國的武器裝備。這場美蘇之間的代理人戰爭完全可以暗示未來美國空軍同樣可能對蘇聯的類似防空系統造成巨大的傷害。此次戰爭中，以空軍在先行摧毀敘防空導彈後，繼而在空中橫掃敘空軍；以軍的引進自美國的、由現代計算機系統控制的武器系統，再一次在空戰中全勝了同時代蘇聯向敘軍供應的空軍裝備，期間以空軍擊落了92架敘利亞軍機，而自身的損失卻不超過6架（很可能只有3架）。如此懸殊的戰績出現後立即吸

---

[1] M.C.菲茨傑拉德：《奧爾加科夫元帥論現代戰爭：1977—1985年》，摘自海軍分析中心1986年11月出版的專業論文集（M. C. Fitzgerald, *"Marshal Ogarkov on Modern War: 1977~1985"*, Professional Paper 443. 10 of the Center for Naval Snalyses [Nov 1986]）。作爲安德羅波夫的重要助手，奧爾加科夫1984年因「不當行爲」而被撤離職務，據推測很可能是契爾年科繼任安德羅波夫後的政治清算，更可能的原因是由於他批評黨未能提供他所需的基於計算機的系統而遭到罷黜。

引了全世界軍事學者們的興趣，之後揭曉的謎底表明以色列獲得壓倒性勝利的關鍵，在於美國提供給以軍的機載預警和指揮系統，它爲以空軍指揮官提供全面、實時、准確的空地戰場態勢信息。顯然，配備高性能計算機的機載指揮預警系統，正是奧爾加科夫所支持的偵察—打擊一體化作戰系統的核心。

　　但是，奧爾加科夫明顯未意識到的是，盡管冷戰時代赫魯曉夫爲蘇聯奠定了龐大的宇航工業基礎，並以此發展出了龐大的導彈火箭家族，勃列日涅夫則繼續擴充蘇聯規模化生產各類初級電子產品的產能，並竭力發展新技術能力；但很多這些努力，只是數量規模上的擴充，從未能引領電子技術的創新與發展。要發展微型電子工業這類全新的產業，在蘇聯的體制下需要從根本上改革現有電子工業體系並在此基礎上建立全新的部門，期間的改革無疑會對現有體系帶來巨大的沖擊。赫魯曉夫時代，其醞釀的部分改革就是促成其下台的間接原因，對此，勃列日涅夫不會不清楚。從此角度看，蘇共領導層不可能、更不願意自上而下地推動這類改革。

　　在蘇聯的經濟體制內，現有的各工業部門囿於各自的部門利益同樣排斥、抵制可能導致利益重新分配的新工業部門的出現。60年代中期，一些蘇聯經濟學家曾爭論認爲，當時正在進行著的科技革命將對蘇聯經濟帶來巨大的影響。[1] 但這僅限於學術探討，一旦進入決策環節，類似的言論不僅受到現有工業部門的抵制，甚至連「科學技術革命」這樣的術語都會在各類媒體、公共文件中被審查。領導層從本質上並不接受蘇聯需要進行改革的觀點，更不可能公開承認蘇聯在新的科技競賽中難以與西方相匹敵。到70年代，蘇共領導層內部曾對類似議題表現出有限的興趣，1973年政治局計劃就此議題召開一次特別中央委員會全體會議，當年5月全體會議發布了一份關於新科技影響的特別報告，但該報告根本就未引起蘇共高層的注意，之後類似的全體會議也再未舉行。[2] 蘇聯經濟的再工業化過程，需要付出巨大的精力、資源和時間去創建或培育全新的工業能力，盡管代價高昂但卻有機會從根本上提振蘇聯的經濟效率。然而，同時期國際經濟形勢的變化亦對此過程造成了戲劇性的負面影響。1973年中東石油危機導致國際能源價格急劇攀升，構成蘇聯重要外匯來源的能源出口突然之間就能爲國家帶來更多的收入，而無須對本國經濟進行任何的改革或重組。對於勃列日涅夫來說，這無異使他只須維持現狀，而不用再直面改革的挑戰與壓力。顯然，他和他的同事們都未意識到當時蘇聯未能建立起以計算機爲代表的新工業體系，在未來可能對軍事、經濟乃至政治所造成什麼樣的深遠影響。

　　同期西方的狀況則完全不同。這不僅在於西方的電子信息工業開始逐漸成熟、壯

---

[1] 阿爾巴托夫：《蘇聯體系》，第160頁（Arbatov, *The System*, 160）。阿爾巴托夫當時是蘇聯負責美國和加拿大研究機構的負責人，他並未提及這些新工業革命（實際上就是計算機革命）在軍事上所可能導致的後果。

[2] 阿爾巴托夫：《蘇聯體系》，第160-161頁（Arbatov, *The System*, 160～161）。阿爾巴托夫曾是該報告的兩名作者之一。在他的著作中，阿爾巴托夫將他在1973年時提出的概念與戈爾巴喬夫的進行了比較，但從冷戰觀點看很可能最重要的問題，在於蘇聯能否以現有類似工業爲代價，建立起全新的、大規模的計算機工業。報告之所以不被接受，在於它強調對蘇聯工業作基礎性的調整。然而，根據阿爾巴托夫的回憶，當局並不願意作如此激進的改變。

大（很大程度上源於民用需求），而且在於這種趨勢發展到60年代初期時民用計算機應用已開始顯露出對提升整個經濟體系效率的潛力。此外，西方的工業經濟體系更爲開放，它們自由地創新、重組和更新，爲各種新武器和系統的出現提供了無盡的可能和必要的基礎。

事實上，蘇聯人在一定程度上也在努力理解當時所發生的一切，他們的著述中自60年代初期就已開始探討他們所稱的軍事控制論及技術的潛能，但卻無力扭轉體制的惰性將這種認識付諸於實踐。蘇聯的戰略學者知道他們很可能正在新的軍事技術革命的競賽中逐漸落敗，爲了改變這種情況，蘇聯需要整個體制作出痛苦的新變革，不幸的是這一進程因種種因素並未能發生。到70年代末期，蘇聯經濟體系在一定程度上亦能提供奧爾加科夫元帥領導的蘇聯軍事變革所需的物質基礎，但這卻是以顯著低於西方的效費比實現的，奧爾加科夫並不關注他所需的新技術、新裝備的成本。

諷刺的是，西方似乎已習慣了蘇聯對其軍隊的慷慨，並假設性地認定蘇聯軍方能夠獲得其所需的各類資源，但實際上他們並未意識到蘇聯的經濟體系的低效嚴重限制、影響著軍隊的能力。類似的，他們同樣未意識到的是，西方軍隊在逐漸習慣了使用計算機和信息化指揮控制系統後其作戰行動效能所獲得的提升程度。一定程度上，東西方當時都未意識到計算機和信息技術對整個作戰體系效能的影響已達到極端重要的程度。而且西方似乎對蘇聯的技術能力總有一種錯覺，他們可能知道蘇聯能夠製造優勢的原型設備，但不知道的是，這些設備通常都難以大規模生產並配備到一線作戰部隊中。例如，蘇聯爲解決其分導式多彈頭的技術問題，曾以民用名義從西方采購1千套電子計算設備安裝於其分導式多彈頭的制導包內。因而，回顧當時的情況似乎可以得出明確的結論：當時蘇聯在電子技術及產業方面已遠遠落後於西方。

第37章
西方的重整軍備

1980年羅納德・里根以絕對優勢擊敗卡特當選爲美國總統。競爭期間他允諾復興美國的全球影響和經濟實力，並阻止蘇聯的擴張，這引起了廣大美國選民的共鳴，顯然卡特總統在這兩方面都乏善可陳。里根之所以廣受歡迎，部分原因在於他的觀點更爲迎合大多數普通大眾的樂觀情緒，而沒有被華盛頓的悲觀觀點所左右。他似乎對自己非常自信，而且擁有非凡的能力向外界傳達他的觀念和思想。這些特質使他能夠在面對蘇聯或國內反對派針對他所發起的宣傳攻擊時應對裕如；同時他的自信亦使其堅信他能有效地與蘇聯展開談判，而且從一開始，里根就尋求與蘇聯對話。[1]

里根堅持認爲東西方之間的競爭就不存在長期、持久化的問題，而是自1946年開始的對抗的短暫延續，這場爆發於自由的西方與堅持奴役的、被他稱之爲「邪惡帝國」的東方共產主義體系的競爭必須要結束。鑒於里根成爲總統前的非政治化經歷，其觀點很好理解。作爲一名長期游離於政治之外但又恰好成爲最高政治領導人的美國總統，里根從未習慣於擔心會激怒蘇聯，而且他也不認爲冷戰（或者說蘇聯本身）將成爲生活中永恆存在的一面。[2] 甫一上任，他便很快推翻了前任政府制定的對蘇戰略目標，這類簡單的目標只求不要輸掉冷戰（當然就長期而言最好能取得勝利），而他認爲是時候贏得冷戰勝利了。[3] 里根的全部對蘇政策的基調正基於這種認知，理解了這一點就明白了在其執政期間很多決策的邏輯。而與此同時，蘇聯亦幾乎立即感受到了美國政策制定取向上的深遠轉變。

里根總統非常喜歡喚起美國人對他們自己與蘇聯之間存在深刻差異看法。例如，他會大講類似以下的內容：蘇聯憲法在內容上似乎與其他國家同樣倡導自由，但是其政權體制和結構卻很難稱之爲「自由」；而在美國人民擁有真正的權力，他們通過選舉制度將部分權力以某種契約的形式賦予政府。當然，在1980年的華盛頓這樣的類比顯然並不流行，但他開啓了這種論調後很容易吸收民眾的注意力並鼓動他們的情緒。

[1] 與D.奧伯多弗訪談，摘自施瓦茲、達特羅夫和烏格林斯基：《里根總統和世界》，第129-130頁（D. Oberdorfer, interview, in *President Reagan and the World*, ed. Schmertz, Datlof, and Ugrinsky, 129～130）。

[2] K.L.艾德拉曼：《美國和蘇聯關系：里根在贏得冷戰過程中的真正作用》，摘自施瓦茲、達特羅夫和烏格林斯基：《里根總統和世界》，第82-84頁（K. L. Adelman, *"United States and Soviet Relations: Reagan's Real Role in Winning the Cold War"*, in *President Reagan and the World*, ed. Schmertz, Datlof, and Ugrinsky, 82～84）。

[3] 與H.E.邁耶訪談，摘自施瓦茲、達特羅夫和烏格林斯基：《里根總統和世界》，第126頁（H. E., interview, in *President Reagan and the World*, ed. Schmertz, Datlof, and Ugrinsky, 126）。

在里根的觀念裡，冷戰是一場你死我活的斗爭，他絕對拒絕諸如隨著東西方體系逐漸變得更爲相似冷戰就將會消失之類的觀點。

里根認爲他能夠贏得冷戰，部分是因爲他個人認爲自由市場經濟體系是比蘇聯的計劃經濟體系更具效率和生產力的體系。基於此，他認爲美國能夠通過基於在新科技方面的創新研制部署顛覆性的軍事能力，從而贏得與蘇聯的競爭；具體而言，就是其任內啓動的「戰略防禦倡議」（SDI，「星球大戰」計劃）和新的信息化武器系統。[1]在里根執政期間，西方世界裡還出現了另一位他的重要盟友，英國的保守派首相瑪格麗特·撒切爾夫人（Margaret Thatcher），後者於1979年當選爲英國首相。這兩位領導人有很多相似之處，他們在民主制度、自由市場體系等觀念方面有著共同信仰；兩人都比他們的前任都敵視蘇聯的意識形態，都准備以更強硬的態度對付蘇聯；另外，兩人亦不願看到各自國家實力的衰退，並都致力於扭轉這一頹勢。撒切爾夫人在鼓勵里根總統跟隨其自己的本能和直覺作出決策，而不是聽從那些意志脆弱（也更傳統）的所謂顧問的建議方面，似乎發揮了重要的作用。後來，在1985年撒切爾夫人與米哈伊爾·戈爾巴喬夫會晤後，她很可能正是那個告訴里根說，戈爾巴喬夫是個「能夠打交道的人」的政治家。

1980年里根競選總統時，其主要的競選顧問是之前中情局研究蘇聯問題的「B組」成員，威廉姆·馮·克利夫（Dr. William van Cleave）博士，他認爲由於蘇聯正在打造第一擊核能力，因此美國正處於即將迫近的危險之中，對此里根非常認同。另外，與肯尼迪不同，里根能夠很好地處理自己與顧問之間意見的分歧，成功當選後對於顧問們提出的建議他能夠分辨優劣，果斷拋棄那些他認爲膚淺、不智的建議。對於克利夫的觀點，他認爲是時候重新恢復美蘇之間的核平衡了。但現有的美蘇核態勢遠比克利夫和其他「B組」成員所描述得更爲穩固，難以輕易改變。對此，他的解決方案與當年赫魯曉夫的做法較爲相似，即認定核平衡應該使美國擁有更大的戰略自由而非限制這種自由（如果不能如此那麼就打破當前的平衡，重新構建新的平衡），蘇聯不會冒著爆發全面戰爭的風險來阻止他的擴軍行動。更爲重要的一點，無論里根做了些什麼，他所希望並不僅僅只是簡單地提升美國在與蘇聯長期競爭中的優勢，而應該是贏得戰爭的能力。

對於蘇聯的意圖，里根和他的國務卿喬治·舒爾茨（George Shultz）重拾起40年代和50年代的傳統思想，就是認定蘇聯奉行的是擴張主義（其高層無需對本國內部的事務負責任，因而國內民眾亦無法約束其獨裁、霸權的舉動）。他們認爲，蘇聯政權必須認識到他們對本國民眾的權利負有責任，而且不能如此富有侵略性。[2] 因此，在

---

[1] 與保羅·尼采訪談，摘自施瓦茲、達特羅夫和烏格林斯基：《里根總統和世界》，第249頁（Paul Nitze, interview, in *President Reagan and the World*, ed. Schmertz, Datlof, and Ugrinsky, 249）。

[2] 西蒙斯：《冷戰的終結？》，第45頁（Simons, *The End of the Cold War?* 45）。

外交上，他們制定了以推動蘇聯國內人權以及民主化發展的中心政策目標，並認定這遠比追求政府間的軍備控制談判更爲重要。[1]

里根很可能深信在他新任命的中央情報局局長威廉姆・凱西（William Casey）的配合下，他能夠贏得冷戰。凱西是第二次世界大戰時期戰略情報局（OSS，中情局前身）的老兵，長期從事情報工作，深得里根信任。甚至在里根就職典禮之前，凱西就已成爲他的臨時外交政策小組的負責人。憑借對蘇聯各領域情況的深入分析與堅定意志，他使里根相信蘇聯已處於深重的經濟困境之中，如果再施加以足夠的壓力，蘇聯將很可能按總統所說「從內部徹底崩潰和坍塌」。[2] 里根對美蘇核態勢議題上的理解使他明白，這樣的攻擊將是合乎邏輯的、安全的。里根以中情局爲平台展開了另一項針對蘇聯的長期戰略，即通過多樣化的秘密行動離間蘇聯與其衛星國之間的關系，從共產主義體系裡的薄弱環節入手，從內部分化、瓦解各個共產主義國家。上述經濟壓制、秘密分化瓦解，亦成爲1982年5月里根公開闡明的對蘇四項戰略中的兩項內容，其他的兩項則包括提升武裝力量現代化水平（包括敦促盟國提高防務開支），以及對蘇聯集團的政治滲透與宣傳。[3]

里根關於西方可能在短期內取得冷戰勝利的觀念在當時看來極爲新穎，但也引發很多爭議。對贏得勝利可能性的執著，亦改變了里根對他在執政期間所能做什麼的認知。例如，在他執政期間，他逐漸意識到如果正在進行的是一場持續時間相對較短的戰爭，那麼美國就能承擔龐大的赤字誘使蘇聯進行軍備競賽，以最終拖垮蘇聯（因爲蘇聯的經濟效率遠低於美國）。因此，他不能讓蘇聯清楚地意識到他的想法與意圖（即他認爲戰爭將是短暫且劇烈的），否則蘇聯只需避免進行軍備競賽並坐等美國自己先行崩潰。

里根當局具有典型的美國全球戰略觀。在他們看來，蘇聯集團體系包括所有作爲其衛星國的社會主義國家，而不僅僅只是東歐的那些國家。例如，1981年3月美國政府批准針對桑地諾的秘密顛覆行動。[4] 當年11月，他分布了美國對中美洲的官方政

[1] 施魏澤爾：《勝利：加速蘇聯崩潰的里根政府秘密戰略》，第6頁（Schweizer, *Victory*, 6）。正式的經濟戰策於1982年11月被批准，還可參考辛普森：《里根和布什政府的國家安全指示：1981—1991年解密的美國政治和軍事政策歷史》，第81-81頁（Simpson, *National Security Directives*, 80～81）。

[2] 辛普森：《里根和布什政府的國家安全指示：1981—1991年解密的美國政治和軍事政策歷史》，第62-63頁（Simpson, *National Security Directives*, 62～63）。還可參考蓋茨：《從陰影之中：五任總統的終極內幕故事以及他們如何贏得冷戰》，第188頁（Gates, *From the Shadows*, 188）內容，在1982年8月3日凱西向里根總統提交了一份關於莫斯科政治氛圍的報告，其中稱由於腐敗、暴力犯罪和困難，蘇聯國內各處萎靡不振。當時，蘇聯國內的腐敗已極爲普遍，這幾乎已完全摧垮了蘇聯國民的士氣，其國內民眾都知道共產黨的各級官員們正偷竊他們所能發現的一切。甚至在克里格勒總部所在的盧比揚卡，甚至存放在安德羅波夫辦公室外衣帽架上的幾頂毛皮帽子，都會被偷走。1981年，蘇聯國內高爾基市和陶里亞蒂市曾爆發過數次嚴重的罷工運動。蘇聯國內對整個制度的批評和指責正在不斷滋生。中情局得出結論認爲，現在蘇聯著手改革的話很可能導致災難。在東歐，一些國家對社會的改革試驗仍能被蘇聯所容忍，是因爲蘇聯仍掌握著最終的控制權，一旦情況偏離了軌道，蘇聯還能出手重新控制局面。但如果蘇聯本身出現了問題，就沒有什麼力量能保護共產黨在這個國家的統治了。

[3] 與小J.F.馬特洛克的訪談，摘自施瓦茲、達特羅夫和烏格林斯基：《里根總統和世界》，第123-124頁（J. F. Matlock Jr., interview, in *President Reagan and the World*, ed. Schmertz, Datlof, and Ugrinsky, 123～124）。

[4] 辛普森：《里根和布什政府的國家安全指示：1981—1991年解密的美國政治和軍事政策歷史》，第18頁（Simpson, *National Security Directives*, 18）。

策，根據文件中的要點，美國應支持薩爾瓦多以打擊古巴和尼加拉瓜支持的叛亂，同時應支持尼加拉瓜國內的民主派力量以反擊其左翼政府。[1] 這不是過去曾采取過的反共產主義政策的簡單重復，而是新時期里根強硬態度的表現，注重實用主義的美國政府不再理想主義地以民主、人權標准去衡量其他政權；只有是非共產主義政權，無論它多麼令人厭惡只要它願意反共或受到共產主義威脅，就值得美國援助。這一實用主義政策的形成，部分地源於美國駐聯合國大使珍妮·柯克帕特里克的觀念，他認爲美國最終的目標是消滅共產主義，因此很大情況下需要支持非共產主義的非民主政權；至於那些並未受到共產主義威脅的非民主政權，美國則會督促其向民主化方向發展。例如，里根當局延續了卡特政府時期對玻利維亞的民主化壓力，當時該國現任政府盡管並不施行民主制度，但在80年代選舉中通過政變廢黜了左翼勝選者的執政地位。[2]

更進一步的，則是所謂的「里根主義」的出台：美國政府將支持任何抵抗蘇聯及其代理人的組織或國家。例如，在安哥拉和莫桑比克，古巴軍隊與當地武裝持續激戰著，在美國的新政策下這些國家內的反共勢力都將獲得援助。大約在15年前，切·格瓦拉曾以這樣的語言：「兩個、三個、很多越南人，」來描述擊敗西方的方式，這意味著西方不可能同時在全球展開與革命武裝的戰爭。里根當局現在則決定動員起更多的阿富汗人全面抗擊蘇聯的擴張。[3]

阿富汗自蘇聯入侵後一直未停止反抗，在里根上台美蘇對抗加劇的大背景下，其本身越發成爲關鍵的戰區。里根政府的一名顧問，俄羅斯地域專家（也是前中情局「Ｂ」組成員）理查德·派普博士，很多年前就指出沙皇政權在1904—1905年遠東日俄戰爭中遭遇慘敗後曾引發重大危機（但並未促成其垮台）。[4] 他在分析出現這種情況的原因時認爲，那場戰爭遠離莫斯科中心，因而即便失敗了也不會激發出類似斯大林在第二次世界大戰時期所激起的俄羅斯民族的強烈愛國主義情感（第二次世界大戰初期俄整個民族陷入生死存亡邊緣）。但無疑的是，一場軍事災難將威脅蘇聯政權的穩定性，因爲最終這個政權仍構築於恐懼和高壓之上。警察和克格勃監視著蘇聯國民，但軍隊才是其政權最根本的守護者。

里根總統與其前任卡特一樣，最初也認爲阿富汗的反蘇組織最多只能給蘇聯人帶來點小麻煩，他們不太可能取勝。然而，之後他修正了自己的觀點，並於1985年3月命令加大對阿富汗叛亂組織的援助。緊接著，一大批適於阿富汗戰爭特點的先進武器被送往那個山國，例如「毒刺」便攜式防空導彈等，它的出現對駐阿蘇聯的空中力量造成巨大的威脅，以致於蘇聯國防部長爲第一個在戰斗中繳獲這種導彈的蘇軍人員授

---

[1]「國家安全決策檔案」17（National Security Decision Document 17），該決策於1981年11月16日作出並於1982年1月4日發布。

[2] 法爾科夫：《拉丁美洲》，第396-397頁（Falcoff, *"Latin America"*, particularly 396〜397）。

[3] 與G.A.特羅菲緬科訪談，摘自施瓦茲、達特羅夫和烏格林斯基：《里根總統和世界》，第135頁（G. A. Trofimenko, interview, in *President Reagan and the World*, ed. Schmertz, Datlof, and Ugrinsky, 135）。

[4] 里查德·派普：《舊制度下的俄羅斯》（Richard Pipes's *Russia under the Old Regime*）。

予了「蘇聯英雄」的稱號。[1] 除直接武器輸出外，美國還向叛亂組織提供大量衛星數據，幫助他們打擊蘇軍的目標。[2] 在美國的支持下，阿反政府武裝還竭力破壞蘇聯在當地的自然資源開采活動，這顯然是蘇聯彌補戰爭損耗的一種方式。

在支持阿富汗反蘇游擊隊的同時，里根當局還在全球范圍內譴責蘇聯的擴張主義行徑，支持相關國家在巴基斯坦展開談判（旨在敦促蘇聯從阿撤軍），以及外國軍隊從安哥拉和納米比亞（西南非洲）以及受蘇聯支持的越南軍隊從柬埔寨撤軍。

在接下來的幾年裡，蘇聯才痛苦地意識到阿富汗沼澤是如此令人崩潰，但至少在1985年之前，他們還以爲能夠穩定住形勢。[3]

在美國國內，民主黨控制的國會並不總是與里根政府的看法一致。例如，尼加拉瓜的事態發展使很多國會議員相信他們並非蘇聯人的小伙伴，而只是自己國內出了問題，發生在那裡和薩爾瓦多的叢林戰爭似乎又令美國回憶起了越南。然而政府並不這麼看，里根當局者仍鼓勵他的一些外國盟友支持反桑地諾游擊隊勢力。這顯然引起了國會的憤怒，政府正越過國會監督直接指揮對外的秘密行動，而此前1973年在東南亞以及1975年在安哥拉，都是在通過國會管控之下進行。一些民主黨人認爲里根的罪行甚至更甚於尼克松，並希望利用行政當局的擅權發起彈劾。尼加拉瓜事件還未完全平息，里根政府又爆出「伊朗門」的醜聞（爲交換美國人質，政府企圖拙劣地向伊朗秘密提供武器）更令形勢對政府不利。就此舉行的聽證會也無結果，特別公訴人就總統違法的定罪接著又被推翻，至於國會認定的、由里根總統個人指令實施的違法行動，也從未得到證實。另外，當時美國國內民意的傾向無疑表明，美國公眾及輿論對里根的支持達到前所未有的程度，而以往被曝出有類似醜聞的尼克松卻沒這樣好運。總體而言，伊朗門事件的淨效果就是使國會控制美國外交政策的模糊權力不得不進一步向總統的行政特權傾斜。

波蘭是另一處美國反蘇隱蔽行動的主戰場。波蘭在東歐體系中的重要地位及其指標性的意義使蘇聯根本承受不起損失它的後果，比如華約在東德前沿部署的軍隊都必須通過波蘭獲得補給。如果失去波蘭，蘇聯就將失去威脅西歐的重要依托。另外，1981年波蘭團結工會運動已顯露出威脅波蘭及整個東歐體系的潛力。在國內，團結工會將該國少數幾名幸存的政治異見人士與更廣泛的工人運動緊密聯系在一起，使其能與波蘭統一工人黨（現政府）就誰才是真正代表社會勞工階級的核心問題展開競爭。事實上，團結工會令波蘭統一工人黨最擔憂的是，它有可能促使整個社會的意識形態認同由自己所代表的共產主義向民主社會主義轉變。如果團結工會能在波蘭生存並壯大，它就能進一步向東歐其他國家，甚至蘇聯擴散其影響。在1981—1982年團結工會

---

[1] 多布斯：《與大哥一起倒下》，第169頁、171頁（Dobbs, *Down with Big Brother*, 169, 171）。第一批原封未動的導彈於1986年秋運抵莫斯科。

[2] 施魏澤爾：《勝利：加速蘇聯崩潰的里根政府秘密戰略》，第118-119頁（Schweizer, *Victory*, 118～119）。

[3] 沃爾科戈諾夫：《斯大林：勝利與悲劇》，第61頁（Volkogonov, *Stalin: Triumph and Tragedy*, 61）。

初創時期，其很快就鞏固了在波蘭政治生態中的地位，蘇聯及波蘭政府很快發現就算是使用軍隊進行鎮壓亦無法徹底摧毀這個組織了。

卡特執政時期就非常支持波蘭內部的民主化運動，但對公開的支持仍較爲謹慎，他們擔心這些運動將可能妥協。[1] 而里根政府則更爲激進，他要求爲波蘭反對派提供更多秘密援助，包括每年約800萬美元的資金支持，提供先進的通信設備和使用訓練（如此就算波蘭政府發布戒嚴令，團結工會仍能有效組織活動），以及各類情報。[2] 實際上，這類支持蘇聯集團內部抵抗力量的措施並非里根所獨創，此前針對敵對國家美國就已有應用。

波蘭團結公會的崛起適逢波蘭籍天主教領袖卡羅爾·沃伊蒂瓦，就職成爲新的教皇約翰·保羅二世。與里根和撒切爾夫人一樣，他同樣是個保守派人士，也是第一位非意大利裔的教皇。對於共產主義制度，他秉持著與其他西方保守派領袖類似的態度，拒絕天主教會與共產主義和平共處。歷史上，天主教廷一向反感共產主義意識形態，例如1974年教皇就曾評擊南越政府，之後也一直支持拉丁美洲的「自由神學」。在成爲教皇前，沃伊蒂瓦作爲一名波蘭天主教牧師就曾表露出抵制共產主義意識形態的態度。他認爲共產主義是人類的敵人。更爲重要的是，他不認爲更不接受共產主義制度將永遠持續下去。對蘇聯而言，一位波蘭籍教皇和團結工會已具有足夠的破壞力，這根本是難以忍受的。1981年，蘇聯領導層曾命令暗殺教皇本人。[3] 但行動並未成功。到了里根上台後，這幾股力量合流成爲一體。

在整個80年代，波蘭國內形勢風起雲湧，特別是在政府試圖徹底消滅團結工會（但並未成功）後形勢更持續惡化，這意味著團結工會已在波蘭占穩腳跟。除波蘭外，政治異見人士和組織同期亦大量出現在其他東歐國家，其中很大一部分是因看到本國公布的1976年簽訂的赫爾辛基《最後文件》後才開始覺醒。

西方對東歐的政治勸服和滲透使蘇聯相信，里根和他的顧問們這次認真了，不再僅僅是前任卡特政府那樣只是不友好而已。爲了達到目標，里根的決策甚至有點瘋狂，他采用了一系列咄咄逼人的行動，給外界留下了粗野的「牛仔」形象（而以往，尼克松也曾采用類似不理智的表象約束蘇聯人利用他們的戰略優勢）。例如，里根曾命令美國的偵察機在靠近蘇聯地區執行任務時采取更爲積極、好斗的行動。[4]

---

[1] 施魏澤爾：《勝利：加速蘇聯崩潰的里根政府秘密戰略》，第32頁（Schweizer, *Victory*, 32）。

[2] 施魏澤爾：《勝利：加速蘇聯崩潰的里根政府秘密戰略》，第75頁（Schweizer, *Victory*, 75）。根據蓋茨：《從陰影之中：五任總統的終極內幕故事以及他們如何贏得冷戰》，第237頁內容（Gates, *From the Shadows*, 237），在波蘭政府宣布實施戒嚴令後，美國政府開始嚴肅討論針對波蘭的秘密行動，中情局特別強調他們只是間接地支援波蘭團結工會（通過中介與團結工會接觸）。到1982年秋時中情局對波蘭的行動才開始認真起來。

[3] 安德魯和戈德爾維斯基：《克格勃：內幕的故事》，第537頁（Andrew and Gordievsky, *KGB: The Inside Story*, 537）。還可參考蓋茨：《從陰影之中：五任總統的終極內幕故事以及他們如何贏得冷戰》，354~356頁（Gates, *From the Shadows*, 354～356）。在1984-1985年冬季，中情局曾秘密接獲了關於保加利亞和蘇聯在此次暗殺事件中扮演角色的情報，接著中情局就此撰寫了一份簡報，但此簡報在該機構內部廣受惡評，蓋茨認為蘇聯是否下令實施了暗殺，以及是否提前知曉那次行動，仍然缺乏准確的答案。

[4] 施魏澤爾：《勝利：加速蘇聯崩潰的里根政府秘密戰略》，第8頁（Schweizer, *Victory*, 8），該書中相關部分特別參考了一些了解赫爾曼·卡恩真實想法的人的意見，比如里根總統的顧問威廉姆·施耐德，他曾是哈得遜研究所的高級研究人員，曾對卡恩的戰略構想進行了廣泛、

　　里根的舉動使蘇聯感到震驚。他們認爲西方已接受按蘇聯的意圖並曲從其意志的現實，這是共產主義意識形態進一步拓展的重要保證。爲了回擊里根的挑釁，蘇聯的外交官們大談東西方在軍事力量方面的「大體平衡」以及在國際事務方面的「平等」關系，其宣傳機器強調美國核項目的威脅並引用里根競選時的詞藻來攻擊其施政；總之，就是利用西方乃至全球對爆發全面核戰爭的恐懼，將里根描述成一個缺乏理智、對世界和平構成重大威脅的領導人形象，如果不對其加以限制，他可能將毀滅整個世界。[1] 當然，外界並不清楚蘇聯到底在多大程度上相信他們自己（對里根）的言辭。

　　1984年，蘇聯的高級官員曾告訴一些西方人士稱，蘇聯將不再負擔得起繼續與西方競爭的壓力。如果這屬實，那麼爲什麼西方還要耗盡力氣試圖傾覆蘇聯？在西方，同情共產主義的左翼人士指責里根的激進損害了美國的經濟，大量本應支付給貧困民眾的社會保障資金由於擴軍和對抗而被削減（這並非事實）。然而，這些人並未意識到，盡管蘇聯似乎處於困境，但其軍事生產仍處於加速的階段。

　　在軍事領域，針對美國發出的挑戰，在1981年5月克格勃舉行的一次秘密會議上尤里·安德羅波夫譴責了里根的對抗政策，作爲後繼舉措在當年的11月蘇聯啓動了耗資龐大的「RYAN計劃」（在俄語裡，RYAN代表著「核突襲預警」）。[2] 克格勃派駐到西方重要國家首都潛伏的高級特工被要求收集並報告所在國家進行核戰爭的准備情況，即便他們已知道所在國根本就未計劃真的准備發動核戰爭。例如，駐美國克格勃特工每天都會到一些關鍵的政府建築（如，五角大樓）周邊現場偵察，觀察這些建築的樓層及房間在夜間的燈光情況；理論上，如果美國正在策劃進行重大軍事行動，其工作人員肯定會亮著燈工作至深夜。克格勃還告訴其海外各據點的負責人，「正在或即將」部署的「潘興II」型導彈將意味著戰爭。蘇聯在海外的情報體系對各類工業、新技術情報的刺探也不再置於高優先的位置，表明蘇聯預期戰爭可能就在不久的將來爆發（畢竟戰爭爆發後新技術的獲取實在是無關緊要的事了）。克格勃的美國問題專家認爲安德羅波夫過於緊張有危言聳聽之嫌，他們認爲實施「RYAN計劃」的壓力來自軍方高層，很可能是國防部長D.F.烏斯季諾夫所要求，後者之後曾支持安德羅波夫繼任蘇聯的最高領導人。

　　事實上，美蘇雙方長期以來一直都清楚，要實現對對方的成功突然襲擊風險極大，當然一旦成功收益也極大。因此，在缺乏信任的氛圍下，兩者都謹慎小心地監視著對方的一舉一動。「RYAN計劃」之所以被認爲過於牽強，部分是因爲那些討論此

深入的研究。

[1] 這一時期的反里根宣傳，比如加來道雄和戴維·阿克塞爾羅德所撰寫的《爲了贏得一場核戰爭：五角大樓的秘密戰爭計劃》（波士頓，南端出版社，1987年）（David Axelrod's *To Win a Nuclear War: The Pentagon's Secret War Plans*, Boston: South End Press, 1987）。這並未暗示兩人所撰寫的本書由蘇聯所資助。書中設想認爲，美國當時正處於戰前准備狀態，正在發展專門針對蘇聯實施先發制人戰略核打擊的作戰力量。對此還可參考施氰策爾：《勝利：加速蘇聯崩潰的里根政府秘密戰略》，第172-173頁（Schweizer, *Victory*, 172～173），其中專門闡述了蘇聯1984年「采取積極措施」試圖擊敗里根的設計。

[2] 安德魯和戈德羅維斯基：《克格勃：內幕的故事》，第488-489頁（Andrew and Gordievsky, *KGB: The Inside Story*, 488～489）。

項目的人士並無與美國決定是否發動核戰爭的那群高層人士打過交道的經歷（因此缺乏信任且並不明確美國一些挑釁的真正意圖），再則部分是因爲他們在「RYAN計劃中」所設定的一些（戰爭可能爆發）跡象、指標，與美國真正准備進行戰爭所暴露出的跡象並不相符。據稱，蘇聯依賴偵聽攔截到的美戰略衛星和通信系統的信息來判斷其戰爭意圖，顯然這是不充分的。以往，對美國戰爭行動發出攻擊預警信息，一直以來都是蘇聯的軍事情報機構（格魯烏）的工作；因而也很有可能是安德羅波夫將這項由格魯烏擔負的任務轉而賦予了他所領導的克格勃，所以才會這麼熱衷推行「RYAN計劃」。80年代初蘇聯展開的「RYAN計劃」無疑表明了，蘇聯對自己的戰略能力並不完全自信，他們希望利用其各種情報手段和渠道真正弄清西方和美國一系列挑釁行動的意圖。此後，毫無奇怪的，「RYAN計劃」一直持續實施到1991年蘇聯解體。

　　撒切爾夫人亦以其強硬的執政風格幫助里根堅定了自己的觀點。1982年，阿根廷奪占福克蘭群島（英國長期聲稱其擁有該島主權）。由於國力已大爲衰退英國國內很多人都認爲國家無力以戰爭重新奪回該群島。然而，英國在撒切爾夫人的領導下以堅定的戰爭行動奪回了被占島嶼。阿根廷不是蘇聯，福克蘭群島衝突也不是第三次世界大戰。當然，這場戰爭使蘇聯極端不適與震驚。英國在諸多不利條件下仍堅持出兵，這表明關鍵西方國家的士氣和戰斗意志並不如自己所想象得那麼低；特別是當撒切爾夫人在戰爭之後舉行的大選中再次以高票當選的現實，更令蘇聯決策層印象深刻。因爲撒切爾夫人的保守主義執政風格對內同樣以強硬著稱，在任內她曾驅逐工會、鎮壓過工人運動，這些本應成爲她選舉的障礙，結果都未阻止其當選；此外，日益左傾的工黨在這次大選中被迅速地邊緣化，同樣令蘇聯感到震驚。蘇聯原本希望工黨領袖能取代撒切爾，他們反對重整軍備及強勢外交的觀念將有助於蘇聯瓦解里根的攻勢，但這一切都徒勞無果。

　　1983年，加勒比地區小國格林納達爆發了一次由共產主義勢力實施的政變，這爲里根政府提供了一次有價值的機會。在里根的授意下，美軍迅速入侵該國並推翻了由古巴支持的政變新政府。批評人士認爲，這次行動是滑稽可笑的，它並不能徹底根除另兩個主要的敵國，古巴和尼加拉瓜。但里根政府清楚地知道，古巴（及其背後的蘇聯）肯定已收到了美國發出的信號：美國將堅守自己的「領地」，並能夠奪回蘇聯所試圖奪走的利益。

　　1981—1982年間，西方各國都清楚蘇聯經濟麻煩重重，但其還是耗費過多資源用於軍隊。而特別的是，里根和他的顧問凱西更清楚的是，蘇聯的經濟困境可能已到了病入膏肓的境地了。正如過去那樣，當時幾乎所有的觀察家、分析人士都認爲，盡管經濟上存在著大麻煩，但蘇聯仍能接受這一切，克格勃將繼續壓制任何反對政見和意識，整個蘇聯體系仍將繼續維持下去。在此判斷基礎上，他們認爲蘇聯的危機似乎是爲美國提供了一次彌補與蘇聯軍事差距的機會（畢竟在之前的10年間蘇聯軍事能力擴

張驚人）。至於這場軍備競賽到了70年代末時有什麼不同，可能就是蘇聯急迫地想在電子信息、計算機技術等方面趕上美國人的水平，蘇軍高層對此心知肚明，其迫切程度甚至可與斯大林當時對原子彈的渴求一樣強烈。然而，此時的蘇聯已無法再取得斯大林時期那樣的成就了，因爲此時蘇聯的經濟潛力幾乎已被耗盡，勃列日涅夫更將有限的資源全部動員並耗費在生產各式坦克、飛機、導彈和核武器上。當然，在當時里根政府並不清楚這些，但他所選擇的重振國威擴充軍備在很大程度上也可被視作一種經濟攻勢。如果他采納了競選期間他的顧問威廉姆·馮·克利夫教授的建議，那麼他在當選後可能就將美國的大部分防務資源投入到了核領域，實際上這一領域正是蘇聯軍工體系的強項。然而在國防資源投入問題上，理查德·阿倫（後來成爲里根的國家安全顧問）、中情局的雷·克林（Ray Cline）以及海軍部長小約翰·F.萊曼博士（Dr. John F. Lehman Jr）的意見最終被里根接納，他們使里根相信，美國在新技術方面擁有巨大優勢。[1] 美國將能夠負擔部署一支強大常規武裝力量的成本，重新奪回對蘇聯的常規力量均勢。也正因於此，馮·克利夫原本希望成爲里根政府的國防部長，或者至少是他的國家安全顧問，但最後里根僅象征性地給予了他軍控和裁軍機構委員會總顧問的職務（相對而言較不重要）。里根時期的重整軍備強調全面提升美軍常規作戰能力，這意味著能夠利用西方同時期信息、電子技術革命所取得的時代成果，而這正是蘇聯體系所欠缺的。同期，蘇聯也曾試圖在此領域迎頭趕上，但受限於其經濟、社會的僵化和凝滯，根本就不存在實現的可能。

　　卡特執政時期，美國的防務預算就已開始增長，到里根執政後防務開支的增速更急劇提升。1981財年軍方獲得了比上一財年多出68億美元的預算，當里根入主白宮後這幾乎占到其當年政府開支增長的四分之一強；次年增長額更達到258億美元。他的政府預算總管戴維·施托克曼曾數次對如此強度的軍費開支增長提出異議（擔心如此開支會很快令國家破產），但每次都被里根駁回。除預算部門的異議外，華盛頓的官僚機構（美國國會總體上支持如此規模的重整軍備）以及北約盟國政府們對此也多持反對意見，但里根同樣不爲所動並堅持其立場。[2] 當然，從歷史縱向的角度評價里根政府時期的軍費增支幅度，就能看出他的決定並非完全不顧現實。在五六十年代，美國每年的防務預算開支經常都能占到其當年國民生產總值（GNP）的10%或更多，卡特政府最後一個財年（1980財年）的防務預算亦占到當年GNP的5.3%。相對而言，里根在其執政第1年的防務預算只占到當年GNP的6.3%，就算是在1986財年防務開支比例最高達到6.5%，也完全在美國國力的可承受范圍之內。當然，從1960—1980年期間

---

[1] 摘自小約翰·F.雷曼與作者的私人通信記錄。雷曼曾參與「海軍計劃 2000」項目的研究，這是一個卡特時期啓動的海軍研究項目，專門負責很多新興海軍技術的開發，包括「宙斯盾」防空系統，F-14與「鳳凰」遠程導彈的組合，以及Mk48 ADCAP型魚雷等，這些技術廣泛地被用於抵消蘇聯在海軍力量方面的數量優勢。

[2] D.S.扎克海姆：《軍事集結》，摘自施瓦茲、達特羅夫和烏格林斯基：《里根總統和世界》，第206-207頁（D. S. Zakheim, *"The Military Buildup"*, in *President Reagan and the World*, ed. Schmertz, Datlof, and Ugrinsky, 206~207）。

美國的經濟總量增長迅速，就絕對數額看，防務開支每增加的一個百分點都代表著更多的資金投入；但很多武器的成本比以往都大大增加了（因此相對增長並不像看起來得那麼巨大）。

里根的執政團隊還有意識地試圖嚴密保守一些先進軍備項目的情況，比如將部分武器開發項目置於特別的「黑色」項目（絕密級以上，以往這類保險等級只適用於特定的情報項目）保密措施之下，使蘇聯無法真正了解這類項目進展的真實情況。一定程度上，美國希望盡可能保守其先進武器系統的所有秘密，外界也只有在這些武器部署後才會知道它們的存在；而當它們突然曝光之時，蘇聯很可能會緊急地啓動相應的開發項目，顯然這起到了打亂其高度計劃的經濟體系的效果。[1] 例如，最著名的「黑色」項目武器，包括具有低空探測（隱身）性能的戰機項目（包括F-117型輕型轟炸機和B-2型重型轟炸機）等。這類戰機具備高效穿透蘇聯防空體系的作戰能力，可以深入其領空摧毀蘇聯的陸基導彈、指揮控制中心等要害目標。很少有人會懷疑，當類似的顛覆性項目突然出現時，蘇聯人不會驚慌地展開緊急的反隱身項目開發。無疑，這類高度機密的「黑色」項目引起了蘇聯間諜的極大興趣，而國內的緊急開發更將大量消耗其人力、資金和時間。

另一方面，這類「黑色」項目的存在也使美國更易於策劃某些欺騙性的行動，這在第二次世界大戰時期曾被證明是耗費對手資源與時間的重要手段。例如，在1984年美國情報機構就啓動了一個絕密技術假情報項目。[2] 之後，情報機構將經過偽裝的信息（例如新武器的性能數據和作戰能力等）以某種巧妙的方式洩漏給媒體，再由其公諸於眾以引起蘇聯間諜的注意，進而引誘蘇聯浪費其資源進行跟蹤開發。利用這些假情報計劃，美國成功的掩蓋了其同期展開的「6或7」個先進軍備開發項目（包括隱身戰機和導彈防禦計劃等）。不少目擊者於80年代在內華達州看到的一些外形古怪的軍用飛機，很可能就可追溯到這類假情報計劃。此外，爲提高這類假情報項目的可信度，美國情報機構甚至會煞有介事地制造一些與假情報內容相對應的實物，比如帶有缺陷的計算機芯片或某種樣機的設計圖紙，蘇聯在獲得它們後進行的仿制很可能會以失敗告終從而浪費大量資源。尤其是各類芯片，因爲蘇聯嚴重依賴從西方的進口（通常爲非正常渠道）。有時，西方情報機構甚至會在明確某批芯片的流向後（比如知道它們最終的買家是蘇聯），以經過偽裝的芯片替代其中的部分正常芯片，蘇聯在使用這批芯片時要麼導致機械或設備故障率大增，要麼耗費大量人力和資源逐個檢測以剔除有瑕疵的產品。[3]

這類軟攻擊行動能夠取得效果的關鍵，在於蘇聯領導層已經盲目相信西方，特

---

[1] 施魏澤爾：《勝利：加速蘇聯崩潰的里根政府秘密戰略》，第81頁（Schweizer, *Victory*, 81），引用了1982年美國國防戰略文件。

[2] 施魏澤爾：《勝利：加速蘇聯崩潰的里根政府秘密戰略》，第187頁（Schweizer, *Victory*, 187）。

[3] 施魏澤爾：《勝利：加速蘇聯崩潰的里根政府秘密戰略》，第188頁（Schweizer, *Victory*, 188）。

別是美國的技術創新能力。例如，里根提出的「星球大戰」計劃，就算以現在美國的技術能力看仍顯然無比科幻和不現實，但蘇聯領導人當時明顯仍堅持此類計劃的真實性，即便他們自己的科學家團隊反復申明美國人的項目完全是不切實際的。這種狀況使人們回想起第二次世界大戰時期的類似場景，當時盟國一直對德國的技術優勢心懷敬畏，無論德國人擬定什麼開發計劃，盟國都會認為它們會成為現實（盡管事後表明其技術概念很大程度上都是異想天開、或極端不成熟的）。到了80年代，蘇聯似乎也對西方形成了類似的技術敬畏心理，往往美國的某個項目越神秘，蘇聯人越可能相信它的真實性，進而願意耗費更多資源和時間試圖復制它們。

隨著美國加強了其一系列真真假假項目的保密措施，使得蘇聯對一些項目情報的獲取更為困難（當然只限真正實施的項目）。為了保密，美國情報機構亦想盡辦法，比如所有「黑色」項目都從麥克納馬拉時代建立起的預算審查系統中消失；類似的，在軍方提供給國會的預算審議文件中，這類項目的經費也大多隱藏於其他類目之中，或以秘密開支的方式根本就不列出。通常，常規的軍備采購過程拖沓而且麻煩，很大程度上是因為它們必須經過大量和各類審查。因此很多項目非常希望被軍方列入「黑色」項目范圍內，以免受官僚主義的荼毒；盡管如此，這類項目還是要經歷少數幾次重要的評估以決定其最終結果（放棄，抑或進一步研發並列裝），在此過程中一些項目也會被取消。例如海軍在此時期最重要的A-12型轟炸機項目，因為隱身、超高速的性能就被列入「黑色」項目范圍內，但最後還是因為項目嚴重超支、成本過高而被取消（從某種意義上看，該項目可能正是由於立項之初缺乏評估和審查，使得成本問題最終爆發出來）。類似的，由於「黑色」項目很大程度從未被正式列入預算計劃，當它們在秘密狀態下發展成熟並准備申請撥款進行部署之時常引起國會議員們的不快，而且考慮到這類項目在進入量產階段時成本往往比預期的更加昂貴，國會的情緒就可以理解了（除研發進展拖延、技術不成熟等易引起超支的因素外；人力資源成本難以遏制亦是導致其成本高漲的重要原因，例如，基於保密需要，生產時涉及的成千上萬的工人都需要進行特別嚴厲的安全審查，這類因素在項目之初往往未被考慮或考慮得很少）。到里根執政末期和布什政府初期，國防部的很多項目財務缺口問題很大程度上都可追溯回這類高度機密的「黑色」項目，比如B-2轟炸機。但另一方面，這類項目過於追求極端先進的性能，它們的存在亦擠占了很多常規項目的實施。

那麼，當年的這類「黑色」項目在抵消、消耗蘇聯實力方面的的效果如何？至今仍缺乏確鑿、有說服力的證據。對此只能略作推測，蘇聯軍方很可能以這些美國啓動的高技術軍備項目為說辭，使蘇聯領導層相信，復興、現代化蘇聯的工業體系極端重要，同時蘇聯為跟上美國的步伐而急劇地消耗了本就有限、低效的經濟能力，這最終導致了災難性的後果；另一方面，美國大量的軍備開發項目中更易為外界所覺察和感知的一面，比如高精度常規炸彈，亦實質性地對蘇聯造成的巨大的壓力。

對於蘇聯破敗低效的經濟，里根領導下的美國更發起了直接攻擊。到80年代時，由於本身經濟體系升級（創新乏力）、對外援助大量增加（支撐帝國體系所需），以及內部經濟結構失調等原因，使蘇聯急需大量硬通貨幣，但該國卻嚴重依賴出口能源和初級產品以獲得硬通貨幣。例如，1981年蘇聯用於從西方（通常以非法的方式）獲得各類技術的預算達到14億美元。[1] 對此，在里根的倡議下整個西方收緊了對關鍵技術的出口管制，或至少在一些不那麼重要的技術領域提高出口價格，增大蘇聯采購成本。食品領域也是蘇聯、乃至整個東歐各經濟體的軟肋，為了維持其國內所需，蘇聯每年都必須大量購買西方的谷物；東歐各國為保持對其民眾的控制也面臨類似的情況（他們的收入來源更加有限，只能依賴西方貸款或蘇聯給予的援助采購）。此外，由於缺乏外匯收入來源，東歐國家每年的借款和國家收入得用於支付往年欠下大量債務所產生的高額利息，余下的資金只能用於采購消費品和食品以基本保持其國內社會的穩定（不爆發騷亂而已）。到1981年時，東歐各國的經濟數據清楚地表明，他們的經濟基本處於停滯狀態，無力向西方出口更多後者看得上的商品。整個東方集團唯一能夠獲得大額硬通貨幣的出口產品，只有蘇聯的石油和天然氣，在1973—1983年間這類能源產品的出口為東方集團帶來了約3000億美元的收入。事實上，這十年能源價格高漲的黃金期在為蘇聯及其衛星國帶來巨大收入的同時，亦削弱他們進行真正改革的動力，而這在政治上帶來了重要的後果。正如後來蘇聯的經濟學家向戈爾巴喬夫所評論的那樣，石油已成為整個國家經濟的毒品，它從內部侵蝕破壞了蘇聯經濟，但又使其看上去很強大。[2]

1981年夏，波蘭國內形勢似乎使西方有機會一窺東方集團所面臨的窘困狀態。當時，波蘭政府需要向西方貸款100～110億美元，其中的70～80億美元將必須用於清償以往的債務。[3] 巨額財政壓力很可能迫使波蘭政府尋求西方的幫助，進而可能使西方有機會疏離其與蘇聯集團的關係。里根當局知悉波蘭的財政困境後，很快協調相關西方國家的債權銀行要求波蘭政府立即清還約27億美元的貸款。鑒於波蘭在東方集團中的重要性，因此這筆債務最終只得轉嫁到蘇聯頭上。從1980年8月到1981年8月，蘇聯向波蘭緊急提供了45億美元的現匯。在此過程中，蘇聯幾乎將大部分東方國家在西方銀行中的存款一掃而空（總存額從大約85億美元降至30億美元）。而同期，蘇聯的對外貿易情況亦由盈余轉為赤字（1980年時還盈余2.17億美元，而之後的一年則轉為30億美元赤字）。[4] 顯然，蘇聯將無法再經歷一次類似的債務危機了。

在直接要求歐洲盟國向蘇聯發動經濟戰爭方面，里根政府的能力實際上非常有

---

[1] 施魏澤爾：《勝利：加速蘇聯崩潰的里根政府秘密戰略》，第47頁（Schweizer, *Victory*, 47）。

[2] 多布斯：《與大哥一起倒下》，第137頁（Dobbs, *Down with Big Brother*, 137）。

[3] 施魏澤爾：《勝利：加速蘇聯崩潰的里根政府秘密戰略》，第59頁（Schweizer, *Victory*, 59）。

[4] 施魏澤爾：《勝利：加速蘇聯崩潰的里根政府秘密戰略》，第83頁（Schweizer, *Victory*, 83）。

限，因爲蘇聯的收入大多來自向歐洲各國出口的能源產品。顯然，歐洲國家不會同意以停止向蘇聯進口能源的方式來發起經濟戰爭。例如，1982年里根曾協調歐洲各國禁止向蘇聯出口天然氣管道及設備，希望掐斷蘇聯有限的財源。但歐洲各國隨即指出，里根爲實現自己在選戰期間對美國農民許下的諾言而違背了此前卡特政府的對蘇谷物貿易禁令，因此毫無道理要求盟國停止向蘇聯出口某種商品。當然，在里根看來，兩者之間並無矛盾，向蘇聯出口純消耗性的谷物是爲搾干蘇聯的外匯，而歐洲出口天然氣設備則將使蘇聯獲得更多財源，而且此舉還會將歐洲與蘇聯更實質性地捆綁在一起。顯然，歐洲國家的經濟不應干擾整個反蘇戰略。在美國的竭力勸說和協調下，蘇聯計劃建設的天然氣管線中只有一條得以建成。而大多數西歐能源需求最終從蘇聯以外的地區獲得，蘇聯從未獲得他們所尋求的對歐洲的能源槓桿和影響力。

很快里根政府意識到油價只要仍保持高位，蘇聯就能獲得足夠的收入，因此打壓油價將成爲徹底壓垮蘇聯的關鍵。爲此，里根當局拉攏沙特阿拉伯共同操縱能源市場價格，將1980年達到峰值的世界石油價格（每桶約40美元），壓低到1986年時每桶僅10～12美元。隨著石油價格持續下降，蘇聯收入亦應聲跌落。沙特之所以同意配合美國，部分是因爲蘇聯在阿富汗的擴張令其感到威脅。[1] 而且更加糟糕的是，油價下跌適逢蘇聯的歐洲部分原油產量降低，而西伯利亞油田的開采成本則非常高，如此更令其收入情況雪上加霜。

在軍事領域，里根政府同樣采取了一系列措施。在里根還處於競選階段時，他曾參訪了位於科羅拉多州的北美防空司令部（NORAD）。在那裡他吃驚地發現，盡管他所處的位置專司北美地區的戰略防空任務，但一旦蘇聯對美國本土發動核攻擊整個司令部對保護整個國家幾乎無能爲力。[2] 當然，他此時並未理解傳統核戰略中相互矛盾的本質，即美蘇兩國在核打擊之下的脆弱本質孕育了兩者間的克制和穩定。顯然，他認爲本土缺乏保護實在是令人驚恐的問題。後來，愛德華·泰勒博士告訴他稱，新技術的發展（如X射線激光），將能在可負擔得起的前提下實現完全的導彈防御效果。因而，在1983年里根正式宣布美國將發展和部署一套導彈防御盾牌，他將之稱爲「戰略防御倡議」（SDI）。他將此計劃視作消滅核戰爭威脅的一種手段，並將與蘇聯的對抗引入了全新的領域。而該計劃還有一個更通俗的名稱——「星球大戰」計劃。[3]

盡管他的科學顧問們已告訴他，「星球大戰」計劃完全是不現實的。但蘇聯領導層卻將他的話當了真，至少他們認爲蘇聯必須率先擁有自己的「星球大戰」計劃。在

[1] 施魏澤爾：《勝利：加速蘇聯崩潰的里根政府秘密戰略》，第31頁（Schweizer, *Victory*, 31）；多布斯：《與大哥一起倒下》，第137頁（Dobbs, *Down with Big Brother*, 137）。

[2] 施魏澤爾：《勝利：加速蘇聯崩潰的里根政府秘密戰略》，第133頁（Schweizer, *Victory*, 133）。

[3] 「戰略防御倡議」（SDI）於1983年3月25日的NSDD 85號文件正式發布，可參見辛普森：《里根和布什政府的國家安全指示：1981—1991年解密的美國政治和軍事政策歷史》，第233頁（Simpson, *National Security Directives*, 233）。

冷戰結束之後，曾有蘇聯專家這樣描述他們嘗試發展類似系統的努力——蘇聯空間防禦項目上消耗的資金很可能遠高於美國在類似項目上花費的資金。顯然，美國當時可能並未意識到，如果美國的確率先完成了「星球大戰」計劃，那麼他們自己的核武器似乎就無用了；因為發展類似技術肯定也會令美國在常規武器方面獲得更大優勢（比如精度打擊、遠程偵察監視和自動化指揮控制技術等），如此以來蘇聯傳統的常規力量優勢同樣也就消彌於無形，亦無力再威脅歐洲國家了。

對於美國在軍事領域發起的新挑戰，蘇聯表面竭其所能密集展開宣傳攻勢希望令全世界和美國人民相信，「星球大戰」計劃是為掩蓋里根政府准備打一場核戰爭的瘋狂計劃。例如，蘇聯讓他們的物理學家在《紐約時報》上聯名發布廣告敦促美國人不要在「星球大戰」項目上浪費資金，而中情局知道參與聯署的大多數科學家們實際上正興奮地參與著蘇聯的類似項目。[1] 美國情報機構清楚蘇聯已經並正在投入大量資源用於自己的類似空間防禦項目，而他們希望驅使蘇聯在這一領域消耗更多資源。

里根政府的新戰略亦反映在另外兩個軍種的努力之中。80年代初，海軍部長雷曼發布海軍的新海上戰略，它源自1979年海軍戰爭學院提出的類似概念，但此前從未清晰公開地闡述。[2] 根據此戰略，海軍將重新采納五六十年代時期的進攻性海上戰略，未來海軍力量將不再聚焦於保護美國通往歐洲及世界主要地區的航路，而將主動出擊，通過盡可能打擊和消滅蘇聯的海上力量（亦包括其岸基飛機、基地設施等），來奪取海上優勢；海軍的潛艦力量將主動搜尋並消滅蘇聯最具價值的戰略核潛艦。至少，在美國看來，這將束縛住蘇聯龐大的水下攻擊力量，因為面對美國攻擊核潛艦的反擊它們將必須首先保護自己的戰略核潛艦。由於里根當局加大資金投入，加之之前十多年一系列新型武器裝備的研制已經成熟，使得新海上戰略具有較強的可操作性。

海軍構想，一旦未來與蘇聯爆發全面戰爭，美軍艦隊將率先在公海與蘇聯海軍交戰，待取得海上主動權後，就能竭其所能影響歐洲主戰場的形勢。例如，擔負攻擊蘇軍歐陸主戰場側翼（波羅的海、北海、地中海地區）的高風險作戰任務。而蘇聯在受到海上側翼威脅後，將不得不延緩其西向攻擊的腳步。屆時，連蘇聯自己都很清楚必須防備美國海軍在其側翼的兩棲登陸威脅，比如北方靠近列寧格勒的科拉半島，就被蘇聯視作相當嚴重的威脅地區。這一威脅態勢的存在將使蘇軍統帥部不得不始終保持一定數量的強大預備隊，否則這些部隊將被用於中歐前線，使北約在當面的防禦面臨更大壓力。為了使此戰略成為現實，美國海軍除大力擴充水面、水下力量外，還采購了不少新的氣墊登陸船，這類登陸載具與以往登陸艦只相比具有更強的戰場適應性，更易於對蘇聯認為敏感的登陸區域形成威脅。

---

[1] 與H.E.邁耶的訪談，摘自施瓦茲、達特羅夫和烏格林斯基：《里根總統和世界》，第127頁（H. E. Meyer, interview, in *President Reagan and the World*, ed. Schmertz, Datlof, and Ugrinsky）。

[2] 雷曼曾要求他的幕僚闡述戰時海軍將執行的任務，因為他要求國會給予他更多資源以建立更強大的艦隊，但在此之前他必須解釋清楚將如何運用如此龐大的海軍。

　　新的海上戰略亦是海軍首次公布其作戰概念，自40年代以來海軍從未解釋過它將在未來海上作戰中采取何種具體行動，因此在當時很少有人意識到他們在80年代所聽到的其實並不是什麼新鮮東西。熟悉美國海軍發展歷史的人都清楚，此戰略演化自40年代海軍的基本戰略思想，到70年代時海軍的戰略已有較大改變，而進入80年代後此戰略又再次回歸40年代戰略的邏輯（即先在公海正面戰場與蘇聯海軍一決勝負，再從南北兩翼影響歐洲主戰場）。當然，新戰略的頒行不乏批評聲音，批評者擔心海軍以蘇聯戰略核潛艦爲重點打擊對象，有可能使恐慌的蘇聯領導層命令在可能損失掉這些力量前（可能性相當大）盡早發射潛艦中的核導彈；而且海軍也未意識到蘇聯同樣計劃在戰爭一開始就盡可能先打掉美軍的彈道導彈核潛艦。此外，北約歐洲盟國的資深海軍人士則認爲，完成護航任務就已會使其兵力運用面臨飽和，爲何還要危險地繼續深入北方？

　　蘇聯理解了美國海軍新戰略的意圖。因此，這一時期他們的海軍演練開始聚焦於本土防禦，以抗擊美國公海艦隊的進逼，而不是在公海上遮斷西方的海上運輸。蘇聯還強化了其近岸防禦力量，這意味著從用於中歐前沿正面進攻的兵力中抽調部分力量（進而使北約在正面所受壓力降低）。當然，要實現規模如此宏大的海上戰略，美國海軍的力量規模必須與之相適應，因此海軍制定了龐大的造艦計劃，即所謂的「600艘戰艦」計劃，其核心是15支航母戰斗群（意味著海軍將擁有15艘以上的重型航母）。預期的艦隊規模可能並沒有什麼新意（國會能夠通過爲每年新建20艘主要戰艦的撥款，考慮到戰艦近30年的服役期，只要穩定投入數量規模將很快提升），但其具體結構才是需認真考慮的問題，因爲它直接反映了海軍新戰略所急需的能力。對此，里根個人支持海軍的新艦隊擴充目標。[1]

　　同期，美國陸軍亦推出了大膽的作戰理論——「空地一體戰」，該理論於1982年8月被正式采納。新作戰理論不再被動等待對方的進攻，相反一旦戰爭爆發陸軍將向東推進並奪取敵方一側（兩德邊境東德一側）廣大戰場空間的主動權。從某種意義上看，「空地一體戰」理論在很多方面確與同期蘇聯的大縱深戰役理論較爲相像，與此前北約所奉行的防禦理論大相徑庭。當然，預期中的陸軍向東推進有其限度，美陸軍的東進計劃所意圖推進縱深遠未達到蘇軍那樣的程度。之後，美國陸軍以其「空地一體戰」理論在波斯灣取得重大勝利，有時這也被描述成蘇聯大縱深作戰理論的勝利。爲了支援新作戰理論，陸軍的規模得到擴充，並且大量新式武器系統得以采購。也許，同樣重要的是陸軍在本土建立了國家訓練中心（NTC）。在80年代初期，軍界人士常說，美國陸軍是慢熱型軍隊，他們通常在戰爭初期表現非常糟糕，只有隨著戰事的延續他們不斷吸取經驗才會取得最後勝利。國家訓練中心可供陸軍大規模地實戰化

---

[1] 與多夫・扎克海姆的訪談，摘自施瓦茲、達特羅夫和烏格林斯基：《里根總統和世界》，第209頁（Dov Zakheim, interview, in *President Reagan and the World*, ed. Schmertz, Datlof, and Ugrinsky, 209）。

訓練其部隊，中心配備很多先進訓練裝備（比如使用激光來模擬開火和命中），能夠
爲參訓部隊提供高度貼近實戰的訓練，使他們無需經歷戰爭的磨礪就能保持較高的戰
備水平。當然，在細節方面吹毛求疵的批評聲音仍然存在，比如理論上中歐前線的地
形、環境與中心所在的西部沙漠地形完全不同；然而，極具諷刺意味的是，中心建立
的初衷是爲提升陸軍在中歐與蘇軍交戰的作戰技能，但實際上冷戰後美國陸軍真正實
戰的地點卻在波斯灣，那裡的地形環境與訓練中心幾乎沒什麼區別。

海軍的海上戰略與陸軍的「空地一體戰」，都顯示出美國武裝力量在總統采納新
對蘇戰略後所展示出的積極主動面貌，這顯然是北約所缺乏的。可能正如美國人所預
期的，北約的歐洲盟國們仍然缺乏熱情。另一方面，陸軍的「空地一體戰」理論中所
強調的進攻性，在很多東歐反感本國政府和共產主義制度的民眾看來，意味著一旦戰
爭爆發盟軍部隊將迅速來解放他們的國家。在80年代初期，這種觀念無疑在美國國內
廣泛流傳著，反之這表明，如果蘇聯想要維持現狀，那麼他們最好避免挑起戰爭。

除了上述這些備戰的「大棒」外，里根政府還提升了與蘇聯進行軍控談判的力
度，這最初是作爲北約的歐洲導彈項目的一部分。1981年11月18日，在美國向西歐部
署幾種新型導彈之前，里根總統向蘇聯領導人提出了關於核裁軍的「零選擇」倡議，
即全面徹底地撤出美蘇雙方在邊境地區部署的所有中程核力量（INF）。但蘇聯拒絕
了此提議。由於搶占了輿論的制高點（即提議被蘇聯方面否決），里根和他的歐洲盟
國們在之後部署新導彈之時，就算蘇聯進行抗議美歐等國也有說辭。

對於此前美蘇達成一系列《限制戰略武器條約》，里根更看重的是美蘇持續進行
高水平核軍備競賽的本質。1982年5月，他宣稱美國將與蘇聯尋求談判，以削減50%的
蘇聯陸基彈道導彈力量（被認爲對美國最具威懾性）。爲了與之前的SLAT條約相區
別，他將此階段的軍控談判及條約稱爲「削減戰略武器條約」。

1982年11月，列昂尼德‧勃列日涅夫逝世。作爲蘇聯最高領導人，勃列日涅夫
的表演欲極強，從70年代中期起他就不再積極參與黨或國家的活動，但他仍要求電視
上每天都要有他的消息，因而公眾能夠逐漸感受到他那漸漸衰老的形象。例如，1979
年在維也納簽署第二階段《限制戰略武器條約》（SALT II）時，身體已衰老虛弱的
勃列日涅夫顫巍巍地拿起條約文本的形象就說明了他已行將就木。[1] 隨著勃列日涅夫
逐漸失去高強度處理國家事務的能力，國家的實質權力開始轉向另外三巨頭：意識形
態領導的負責人、黨的理論家米哈伊爾‧蘇斯洛夫；國防部長和黨的軍事工業部門負
責人，烏斯季諾夫元帥，以及克格勃負責人尤里‧安德羅波夫。其中，爲競爭勃列日
涅夫死後的最高領導人，蘇斯洛夫和安德羅波夫實際上是相互競爭的關系。而勃列日

---

[1] 沃爾科戈諾夫：《解構帝國》，第324頁（Volkogonov, *Autopsy for an Empire*, 324）。勃列日涅夫已多年染病，根據阿爾巴托夫在《蘇聯體
系》第191頁（Arbatov, *The System*, 191）中的內容，早在1974年時勃列日涅夫去與福特總統進行高峰會議，並到符拉迪沃斯托克附近的空軍
基地爲其送行時就已患病，之後他的健康狀況成爲整個國家最大的秘密。他從未完全復原，而且其病情因過度使用安眠藥更加惡化。

涅夫則更中意他的副手契爾年科。1982年，蘇斯洛夫因病去世。安德羅波夫則離開了克格勃重返蘇共中央委員會。這種形勢與1953年斯大林逝世後蘇聯的權力架構非常相似，黨的負責人契爾年科希望繼任最高職務，但遭受安德羅波夫的反對（其對黨內的腐敗問題非常反感）。而這次，契爾年科的願望注定要落空了。

軍方領導人無疑會影響後勃列日涅夫時代蘇聯政局的走向，爲了獲得軍隊所需的資源，總參謀長奧爾加科夫和國防部長烏斯季諾夫將軍方的籌碼壓在了安德羅波夫一邊，後者自身的清正廉潔被認爲能夠帶領蘇聯解決腐敗問題。[1] 當然，安德羅波夫個人無可挑剔，但他似乎並未意識到腐敗已經與整個蘇聯社會體系融爲一體，正如十多年前的南越政府那樣，如果非要根除自身的腐敗無疑會摧毀整個體系。

1982年11月12日，安德羅波夫成爲蘇共的總書記，而就在兩天前勃列日涅夫逝世。爲了平衡政治局內的派系，他選擇了勃列日涅夫最中意的契爾年科作爲自己的副手。[2] 蘇聯下一代的政治領導人，此時亦逐漸開始在權力體系中嶄露頭角。例如，安德羅波夫的門徒米哈伊爾 S.戈爾巴喬夫（Mikhail S. Gorbachev），此時正任職農業部部長。黨在莫斯科和列寧格勒的主要負責人，維克多·G.格里申（Viktor G. Grishin）和格里戈里·羅曼諾夫（Grigoriy Romanov），則與契爾年科結成同盟。其中，羅曼諾夫與軍事工業部門有深厚關系，因爲很多工業企業都位於列寧格勒；而格里申則是體制內工會組織的負責人。

按安德羅波夫的觀點，蘇聯經濟形勢的惡化在於工人階級失去了努力工作的動力。爲此，他決定采用強烈措施強化勞動紀律，包括在工作時間逮捕任何在街面上游蕩的企業職工；他還大力打擊國內日益蔓延的酗酒問題，這在外界看來可能正是蘇聯社會整個士氣低落的征兆。對於蘇聯社會的開放問題，他也從未顯示出任何開放的興趣，如果有什麼不同的話，可能是他在領導克格勃期間爲鎮壓政治異見者而使其成爲整個蘇聯最具效率的機構。

爲了表明蘇聯的「社會主義法律」仍是有效的，他將一些勃列日涅夫家族的貪腐成員送上了法庭。爲根除蘇聯社會的腐敗現象，他還指責勃列日涅夫任命的警察部門負責人尼古拉·A.曉洛科夫（Nikolai A. Shchelokov）未能有效地打擊腐敗行爲。後來，曉洛科夫很可能因壓力過大而自殺。根據一份記錄，曉洛科夫的遺孀最終還是幫他報了仇。因爲安德羅波夫正好與曉洛科夫一家住在同一幢公寓樓，一天夜間當他正在上樓梯回家時，曉洛科夫的遺孀在樓梯間用槍對他射擊。盡管射擊並未立即致命，但使安德羅波夫的健康受到很大損害並明顯加速了他的死亡。[3]

到1983年中期時，里根政府似乎感到大量可用於攻擊蘇聯的機會一下都湧現出

---

[1] 沃爾科夫戈諾夫：《解構帝國》，第322-323頁（Volkogonov, *Autopsy for an Empire*, 322～323）。

[2] 沃爾科夫戈諾夫：《解構帝國》，第344頁（Volkogonov, *Autopsy for an Empire*, 344）。

[3] 索洛維約夫和蘇克列皮科娃：《贖罪日戰爭期間的克里姆林宮內幕》，第31-33頁（Israelyan, *Inside the Kremlin*, 31～33）。

來。[1] 例如，1983年8月31日，蘇聯在遠東擊落了韓國航空公司的KAL 007號航班，對此美國的反應強烈，雖然這與之前卡特總統因蘇聯公然入侵阿富汗而被迫對其實施的全面抵制毫無可比之處，但里根認為，他根本不必證明什麼。

大約在同一時期，美國和歐洲國家政府以行動表明他們在面對蘇聯激烈宣傳攻勢時的堅定信念。1983年秋季，巡弋飛彈和「潘興」導彈按計劃最終完成了在歐洲的部署。實際上，在上述部署完成之前的1980年6月，就有2萬餘人聚焦在倫敦海德公園進行了大規模抗議。在部署前夕，西德街頭更爆發了有史以來的最大規模抗議活動。[2] 當時在歐洲反戰、反核情緒高漲。例如，有民意測驗表明，絕大部分西德人反對在其境內部署新的武器。這類活動皆由英國工黨和西德社會民主黨等左翼黨派組織。然而，這些導彈還是按計劃完成了部署。後來，米哈伊爾·戈爾巴喬夫曾責備他的將軍們，認為這些將領無能，甚至都無法使比利時人就范。過去，由於高舉和平、勞工等大旗，蘇聯的宣傳機器一向非常高效，但此時顯然已虛弱無力了。自80年代以來，針對美國的攻勢，蘇聯全力發動宣傳機器針對西方的導彈部署、「星球大戰」計劃等重要軍備項目發起全面反擊，盡管輿論的確使西方社會對未來爆發核戰爭的焦慮感上升，但卻並未能阻止西方實施這些計劃。總體而言，歐洲人深切地體會到里根當局強烈的反蘇意志。

面對西方堅持部署新型武器，蘇聯方面也公開展示了其新式潛射巡弋飛彈，SS-N-21型導彈，它擁有較遠射程和精度，同樣能夠由潛艦搭載至美國海岸附近突然發射，以摧毀美國本土的指揮中心。1983年秋，當美國的「潘興II」型導彈開始向歐洲部署時，蘇聯方面亦報道稱其「維克多III」型核潛艦（SS-N-21型巡弋飛彈的潛在發射平台）亦曾在美本土外海擔任戰備值班任務。美國方面曾猜測（很可能受蘇聯人啟發），蘇聯方面的消息可能代表該型導彈的首次實戰部署。但事實上，那只是一次虛張聲勢的宣傳，蘇聯的這款導彈遠未成熟到可部署的程度。[3]

克格勃很警覺地意識到，美國最新部署的「潘興II」型導彈僅僅出現在歐洲就很可能意味著某種戰爭信號。蘇聯明顯對這型美國導彈非常恐慌。例如，蘇聯對西方計劃在1983年11月2日至11日舉行的「優秀射手—83」演習的反應，與以往應對類似演習相比更為激烈，這次演習中西方亦是首次將「潘興II」型導彈（僅是一枚模擬彈，真彈仍未部署完畢）納入到演習場景中。根據計劃安排，演習中北約部署在歐洲的核力量將提高戰備等級准備實施一次模擬全面核攻擊，但蘇聯對此提出抗議，並同步提

[1] 西蒙斯：《冷戰的終結？》，第49-53頁（Simons, *The End of the Cold War?* 49～53）。

[2] 阿林：《冷戰幻覺：美國、歐洲和蘇聯，1969—1989年》，第91頁（Allin, *Cold War Illusion*, 91）。

[3] 美國情報機構對SS-N-21型導彈部署的評估可追溯至當時美國80年代初每年發布的《蘇聯軍事力量》報告，該報告由國防部分布。根據報告評估，1983年時該型導彈仍在發展之中，且將很快進入現役；1984年3月時「將很快形成作戰能力」。1985年4月公布的報告中再次重申了上一年的提法，直到1986年公布的報告才降低了對該型導彈的評估，認為其仍處於高級試驗階段。根據卡彭科的《*rossikoye raketnoye oruzhiye*》，第54頁，SS-N-21型導彈直到1987年才進入現役。

升了區內部隊的戒備等級。似乎很難想象一次演習（以往類似演習也進行過多次）會引起蘇聯如此強烈的反應。很可能是因爲蘇聯並未將北約以往的演習視作一種戰略信號，但這次不同之處在於「潘興II」型導彈瞄准的不是其部隊目標，而是位於蘇聯國內縱深地帶的指揮中心。在這種情況下，部署在對峙前沿（東德）的蘇聯部隊的戰略地位，似乎在高層心中更顯重要了，因爲「潘興II」型導彈要打擊蘇聯本土縱深，必須盡可能前沿部署到兩德邊境地區，因此更易暴露在部署在東德的部隊的打擊之下。

另一方面，蘇聯似乎將這次名義上的演習（及其模擬發出的提高核力量戰備等級指令）誤解成一次真正的戰爭。他們認爲從北約各基地提高戰備的舉動中看到了真正的警報信息。11月8日或9日，莫斯科警示克格勃及其駐外特工，戰爭可能已經逼近，要求其加強情報收集並緊密關注北約軍事力量的動向。在東歐各國，華約的12架掛載著核武器的戰機已加滿燃料停放在跑道上，飛行員亦時刻在座艙內待命。很顯然，北約方面並未意識到蘇聯的緊張和警惕，直到幾個月後相關記錄被北約獲悉後才意識到當時的緊張情況。蘇聯方面在幾處機場的有限高戒備態勢很可能具有預防北約借演習發動空襲的考慮。通過這次事件還可得出一個結論，蘇聯總參謀部並未非常嚴肅地將演習視作北約的全面戰爭信號（從蘇聯有限戒備的反應可以推斷出）。對此，艾森豪威爾總統無疑是對的，在美蘇激烈對峙的大背景下，很多情況下，雙方領導人甚至前沿部隊指揮官的常識就能限制雙方因爲一些不足信的「證據或信號」而走向真正的戰爭。[1]

「優秀射手—83」演習的時間恰好與同期蘇聯發動的宣傳攻勢一致，這無疑坐實了蘇聯人的指責。蘇聯剛剛指控美國人正在准備一場核戰爭，北約的演習就不期而至，這顯然對當時歐洲各國的反核聲浪起到推波助瀾的效果。但顯然，這也是蘇聯最後一次攪黃美國試圖向歐洲部署新導彈的努力，對蘇聯很不幸的是，強硬的里根抵制住了壓力。當年12月，國防部長烏斯季諾夫對北約的演習挑釁發表聲明，意圖驅散演習造成的恐慌。當時，一位美國外交官人士推測稱，此舉可能事與願違，它反而導致蘇聯國內的過度恐慌。[2]

對於西方的強硬，安德羅波夫並不示弱，他宣稱任何改善與美國關系的幻想都已消失了。不過爲避免過分刺激蘇聯，自信的里根總統在強硬的同時，仍繼續尋求與蘇聯建立更好的關系。但此時，安德羅波夫已壽命將至了，根本無法對里根的靈活手腕作出回應。1983年8月他最後一次與外國來賓會面，之後就再未出現在公眾場合，直到1984年2月9日逝世。逝世前，他曾試圖將他的門徒戈爾巴喬夫安排爲蘇共中央委員會主席（如此更便於他死後繼承最高領導人的職務）。當然，無論是戈爾巴喬夫，還

[1] 普瑞：《戰爭恐懼》，還可參見蓋茨：《從陰影之中：五任總統的終極內幕故事以及他們如何贏得冷戰》，第270-273頁（Gates, *From the Shadows*, 270~273）。

[2] 西蒙斯：《冷戰的終結？》，第59頁（Simons, *The End of the Cold War?* 59）。

是另外兩名有可能的競爭者——格里申和羅曼諾夫，都缺乏足夠的支持以贏得最後的勝利。

烏斯季諾夫及其代表的軍方仍然是左右政局發展最關鍵的人物，而這次他選擇了年老且體弱不堪的康斯坦丁・U.契爾年科，而後者更中意的接班人是格里申和羅曼諾夫。[1] 盡管安德羅波夫為戈爾巴喬夫的上位做了努力，但後者暫時仍無勝出的希望，因為安德羅波夫離開克格勃時接任其克格勃職務的親信，切布里科夫，此時仍未完全鞏固權力，因而對最高層的決策並無發言權。因此，在烏斯季諾夫的支持下契爾年科成為國家最高領導人，後者自1983年9月起開始主持政治局的會議（以往都由安德羅波夫主持）。在契爾年科的整個政治生涯中，他一直都被視作缺乏能力和個性，扮演著無足輕重的角色，只是在勃列日涅夫時期憑借著對勃列日涅夫的忠誠才成為重要領導人。另一方面，在勃列日涅夫治下，他主要負責監視其他蘇共高級官員，因此對黨內高層的各種陰謀了如指掌。[2] 無疑，在被推選為最高領導人後，已屆高齡的契爾年科也不久於世了（執政13個月後死去），例如在安德羅波夫的葬禮上他甚至都無法清楚地完成自己的演講。顯然，到80年代中後期，不僅蘇聯連續幾任領導人自身衰老不堪，整個國家亦顯露出類似的停滯和死氣沉沉，要想再次拯救蘇聯傳統的辦法可能已經無效了。[3] 整個統治集團內部更彌漫著一種不安的氛圍，例如，1984年夏耶皮雪夫將軍就曾心有所指地稱，「感覺所有的事情都在變得凝滯和難以克服，我不知道將會發生什麼，但肯定有事會發生」。[4]

---

[1] 沃爾科戈諾夫：《解構帝國》，第384頁（Volkogonov, *Autopsy for an Empire*, 384）。根據阿爾巴托夫在《蘇聯體系》第287頁（Arbatov, *The System*, 287）內容，安德羅波夫實際上已任命戈爾巴喬夫作為其繼任者，但契爾年科、吉洪諾夫和烏斯季諾夫三人刪除了安德羅波夫病重期間關於政治繼承人的備忘錄中的一些重要段落。尼古萊・A.吉洪諾夫，曾是勃列日涅夫的親信，當時任蘇聯總理（部長會議主席）。在安德羅波夫逝世後，蘇共政治局召開重要會議，期間烏斯季諾夫告訴吉洪諾夫稱，「與戈爾巴喬夫相比，契爾年科將更容易與之共事」。作為政治局中最具權力的成員，他很輕松地決定了蘇聯政壇的走向。而在一年之前，有蘇共高層聽到一些風聲後曾警告認為，契爾年科身患重病，無法勝任蘇聯最高領導人的工作，果然，在契爾年科上台後很快就去世了。當然，這對同樣身患重病的烏斯季諾夫可以說毫無意義，因為後者此時只有6個月的壽命了。

[2] 沃爾科戈諾夫：《解構帝國》，第403頁（Volkogonov, *Autopsy for an Empire*, 403）。

[3] 沃爾科戈諾夫：《解構帝國》，第423頁（Volkogonov, *Autopsy for an Empire*, 423）。

[4] 沃爾科戈諾夫：《解構帝國》，第423頁（Volkogonov, *Autopsy for an Empire*, 423）。

第38章
意料之外的勝利

1985年3月，安德羅波夫屬意的接班人米哈伊爾·戈爾巴喬夫，在契爾年科死後成爲蘇共的黨主席。事實上，在正式獲得這一頭銜之前，他履行這一職務已有一段時間了（病重的契爾年科已無法處理政務）。除戈爾巴喬夫外，還有兩名可能的候選人，但羅曼諾夫被認爲過於平庸，格里申則是黨內的保守派人士但明顯缺乏政治盟友。這次對最高領導人選擇的速度之快，在蘇共政治局歷史上亦創下了紀錄。3月份的這次重要會議召開於契爾年科死後次日的下午2點，討論結果在下午6點就出爐了。黨內資深的外交官安德烈·葛羅米柯爲確保戈爾巴喬夫成功繼任最高職務，在會上首先發言並提名了他，這發揮了重要的作用；因爲政治局的歷史上，無人「敢打破反對第一個被提名候選人的鐵律」。[1] 當天，葛羅米柯告訴政治局與會高層稱，戈爾巴喬夫將是另一位安德羅波夫（戈氏作爲後者門徒的事實蘇共高層人盡皆知），他身體非常健康足以承擔這一重要職務，最後他還評估稱「這個人面露微笑，但他同樣也有一副鋼鐵的牙齒」。

美國人認爲戈氏的當選亦適逢其時。1985年當趕赴莫斯科參與契爾年科葬禮的副總統喬治·布什第一次會見米哈伊爾·戈爾巴喬夫時，他就認爲戈氏遠比他的幾個前輩更加危險。他能言善辯，帶著「一副令人難以產生敵意的微笑，溫和的眼神以及，善於和西方人士探討不那麼令人愉快的議題，即便受挫亦會迅速恢復……總之，他是個非常堅定的人」。戈爾巴喬夫很快學會了說那些西方希望聽到的言辭，而且盡管在80年代後半期西方仍存在著一種擔憂，認爲他能夠在不必須做出真正的犧牲的前提下解除西方的警惕。[2]

戈爾巴喬夫清楚地知道，他當前所面臨的困境與安德羅波夫時期相比並無改善，都是要盡快彌補在軍事技術領域蘇聯與西方拉開的差距。他告訴政治局的同事們，在技術領域蘇聯已落後西方國家整整一代，按他的說法，差距主要在數控機床等重工業領域。因而，他開出的藥方是將1986—1990年整個「五年計劃」的時間用於發展現代機械工業，這很可能意味著蘇聯將把計算機以及制造計算機的整套工業體系置於經濟發展的優先地位。當然，機器制造很可能只是軍事工業領域特定部分的委婉的說法，

[1] 沃爾科戈諾夫：《解構帝國》，第435頁（Volkogonov, *Autopsy for an Empire*, 435）。

[2] 布什和斯考克羅夫特：《轉型中的世界》，第4頁。

例如導彈或核武器領域同樣能從機器制造能力的提升中獲益。[1] 戈爾巴喬夫上台後的第一個五年計劃，軍事開支增幅達到4.5%，顯然這是以蘇聯國內民眾的生活水平爲代價的。[2] 事實上，這種經濟投資傾向（更熱衷於工業領域投資，而忽視民用消費品生產）自斯大林時代就已確立。

從軍方的角度看，戈爾巴喬夫上台時與1973年時的尼克松非常相似。新履職之時，蘇軍總參謀部就告訴他，面對西方在技術領域取得的優勢，蘇聯需要連續多年加大投入才能使失衡的態勢重歸正常。在1973年時，勃列日涅夫將蘇聯日益提升的軍事優勢視作美蘇維持不可逆轉的友好關系的重要保證，即美國應接受兩國間軍事力量失衡的現實並視此爲常態，進而主動維持與蘇聯的友好。顯然，1973年時美國衰退的國力令尼克松不得不接受現實，接受蘇聯在第三世界的擴張。而到了1985年時，兩國的態勢完全逆轉，現在戈爾巴喬夫很快就理解當年尼克松所面臨的被動局勢，而里根則處於十年前勃列日涅夫所處的進攻位置。

當然，歷史不是簡單的重復，80年代中後期美國的優勢與約10年前蘇聯的優勢仍存在著巨大的差異。當年，西方經濟體系經過調整、改革，仍足以熬過寒冬並進而在里根時代發起全面反擊；而到1985年戈爾巴喬夫時代，東方集團的經濟體系已病入膏肓，如果不首先改善其經濟而仍企圖重奪軍事平衡的話，則只會徹底使其經濟破產。此外，里根政府更有計劃地迫使蘇聯繼續進行看不到盡頭的軍備競賽，極大地消耗了蘇聯經濟僅存的活力；如此，戈爾巴喬夫既無法拯救既倒的蘇聯經濟，又在軍事領域徹底失去了趕上美國步伐的可能。

在蘇聯的制度體系下，戈爾巴喬夫不太可能認識到其國內經濟形勢的惡化程度，因爲他和以往的那些獲得特殊待遇的權貴階層一樣，仍然能獲得所需的各種消費品。自勃列日涅夫時代起，國民不斷下滑的生活水平已是不爭的事實；但另一方面，共產黨的權貴階級們繼續過著無憂無慮的生活，人民已經對未來失去了希望，國內的矛盾和壓力開始迅速集聚。

戈爾巴喬夫上任後還面臨著龐大的外國債務問題。他清楚以往蘇聯靠什麼來獲得外匯，然而在他上台後，蘇聯西部地區較易開采、爲國家帶來大量外匯的油氣資源正在耗盡。很快，隨著油氣開采重心轉向遠東西伯利亞，開采成本將急劇攀升，而到1988年時蘇聯國內油氣首次開始急劇下降，自1989—1991年間蘇聯油氣出口量減半。對此，蘇聯領導層毫無解決辦法，例如當國內在1981年首次預判油氣產量將下降時，蘇聯只能將低價提供給東歐各國的油氣削減10%，[3] 而不敢減少對西方出口（意味著

[1] 普賴斯－瓊斯：《那場不曾是戰爭的戰爭：蘇聯帝國的墜落，1985—1991年》，第100頁（Pryce-Jones, *The War That Never Was*, 100）；還可參考與亨利‧特羅菲緬科的訪談，摘自施瓦茲、達特羅夫和烏格林斯基：《里根總統和世界》，第137頁（Henry Trofimenko, interview, in *President Reagan and the World*, ed. Schmertz, Datlof, and Ugrinsky, 137）。

[2] 多布斯：《與大哥一起倒下》，第131頁（Dobbs, *Down with Big Brother*, 131）。

[3] 多布斯：《與大哥一起倒下》，第350頁（Dobbs, *Down with Big Brother*, 350）。

收入銳減）。

　　戈爾巴喬夫可很可能繼承了安德羅波夫的觀點，黨內日漸增長的官僚主義是個大問題。他還繼續留用安德羅波夫時代的經濟改革專家，包括尼古拉·雷日科夫（Nikolai Ryzhkov）和葉戈爾·李加契夫（Yegor Ligachev）等人。在他任內雷日科夫被任命爲蘇聯的部長會議主席（相當於總理），李加契夫則成爲他的主要副手，在他缺席時曾代理主持蘇共中央書記處的會議。到1988年蘇聯國內改革走向激進之時，因政見不合李加契夫最終與戈爾巴喬夫決裂。

　　爲了爭取時間改革並與西方競爭，戈爾巴喬夫必須喚醒蘇聯國內對領導層新努力的支持。然而，他並不精於此道，儘管他出身並成長於共產黨，逐漸成爲這個龐大組織的最高領導者（有時他亦將國家所遭遇的難題歸咎於這個組織的一些痼疾，比如要求所有的成員都成爲最高領導人的或組織的絕對忠誠的下屬等），但他對如何藝術地領導這個龐大的組織幾乎沒有概念。從某種角度看，作爲最高領導人，他在進行治理和決策時幾乎沒有真正的選擇。在蘇聯，順利統治的首要法則是就是對於任何議題，除了保留真正掌權者所屬意的選擇外，消除黨內其他的任何選項。黨的組織通過揮舞大棒確保全體成員的服從，而且除創黨及建立政權之初，蘇共長期以來幾乎已不再指望重獲其臣民的熱情（因爲它已無法爲廣大的蘇聯國民提供激勵其熱情的物質獎勵）。由此可以想象，戈爾巴喬夫在此過程中所受的挫折了。像戈氏這樣的統治階層權貴，他們根本不知道其臣民的士氣低落到何種程度，高層之所以難以聽聞到底層民衆的聲音，部分在於其奉承、阿諛的下屬只會有選擇性地向上層反饋底層的聲音。因而，戈爾巴喬夫根本就意識不到，當他的臣民們持續幾十年聽著激動人心但又不斷被打折扣的口號，對於他的雄心壯志只會表現出冷漠。

　　使情況更糟的是，同期阿富汗的形勢亦日益惡化。敗勢漸顯的戰事顯然削弱了蘇聯在中亞地區的權威，侵蝕著公衆對蘇聯強大國力的信任，特別是後者尤其反映在對蘇聯軍隊的看法上。與美國在越南所經歷的戰敗類似，當阿富汗的戰事日益令蘇聯難以控制之時，戰爭也就開始創造出一代憤怒的老兵。

　　1985年，戈爾巴喬夫面臨的問題只是牢牢把握住權力，以免在蘇共內部的權力傾軋中失敗。像他的前任一樣，他在正式獲取權力後，立即將格里申和羅曼諾夫驅出權力中心。爲了爭取民心，他延續了安德羅波夫對黨內腐敗行徑的打擊，這期間再次清洗了黨內幸存的勃列日涅夫支持者。例如，到1986年初時，1980年當選的307名蘇共中央委員會成員中，只有172名委員仍在任，近一半的掌握實權的官員被清洗。[1] 與勃列日涅夫時代類似，蘇共領導人與美國的高峰會晤，仍被當作顯示蘇聯仍處於世界政治舞台中心地位的象征；更進一步投射在政治局的生態中，與美領導人的會面很大

---

[1] 普賴斯—瓊斯：《那場不曾是戰爭的戰爭：蘇聯帝國的墜落，1985—1991年》，第76頁（Pryce-Jones, *The War That Never Was*, 76）。

程度上亦反映了他鞏固了在政治局中的地位。因此，1985年11月戈爾巴喬夫同意了與里根在日內瓦的高峰會晤，亦有鞏固其在政治局中正統地位的考慮。

對戈爾巴喬夫而言，這次高峰會晤密布著地雷。一方面，他必須在西方的會晤中取得里根的某種「讓步」，以便向政治局顯示他的能力；另一方面，處於弱勢的他又承擔不起因盲目強硬而使峰會破局的局面。然而，里根顯然是個更好的「玩家」。他拒絕了戈爾巴喬夫提出「利益交換」建議，蘇聯以大幅削減其戰略核力量和部署在歐洲的中程核導彈力量，交換美國不再發展「星球大戰計劃」（SDI）。對里根而言，星球大戰計劃與削減蘇聯核力量都會產生同一類戰略效果；而對戈爾巴喬夫而言，在軍事上無論哪種選擇都意味著災難。

戈爾巴喬夫顯然希望他仍能自由地在第三世界國家行事，因為在那裡他更有贏的把握，而且他之前的那些不善冒險的前任並未取得值得誇耀的戰果。因此，1985年初步鞏固政權後，他立即升級了在阿富汗的戰事，而美國的援助使阿富汗叛亂組織更加強大。此外，他還加大了安哥拉的軍事干涉力量，蘇聯的軍事顧問們更多地出現在戰斗中，有時更指揮古巴—安哥拉軍隊行動；在拉丁美洲，蘇聯對尼加拉瓜的援助亦有增強。對此，美國一反常態，例如蘇聯對安哥拉和尼加拉瓜的援助，迅速迫使美國國會解除了之前對政府向這兩國提供援助的禁令。[1]

之後，在蘇共的全國黨代表大會中，戈爾巴喬夫毫無懸念地贏得了勝利，在新政治局中他亦取得鞏固了地位，當時他在新一屆中央委員會中取得了多數支持，但這也僅能保護他免受勃列日涅夫式的政變襲擊。要更順暢地推行其改革，他還需要為其采取的每一步措施爭取更廣泛的政治同盟。為了籌集所需的改革資金，他不能重蹈赫魯曉夫的覆轍（即通過取消一些重大軍方項目，招致軍方的反彈），對此，黨主席的權力並非無所不能的。

很自然的，戈爾巴喬夫試圖以盡可能少的陣痛解決他面臨的一系列問題。他似乎想當然地認為，國內的停滯只是個暫時的問題，只需要略微的調整就能使「社會主義引擎」重新煥發出活力並實現最終的勝利。為了提升整個體系的效率，他自上而下地發出了改革的吶喊。為此，他需要借鑒西方的經驗，在他的授意下，國內大眾媒體開始公開宣傳更好的西方商業模式，但又不可能明言西方的模式更具效率，因為其活力和動機內生於資本主義制度。顯然，戈爾巴喬夫忽略這樣做對國內帶來的明確暗示，社會主義制度以外的其他制度不僅僅是合理，甚至也可能是更好的選擇。就此，一直以來黨在理論上對真理的壟斷地位開始受到侵蝕。

他很快意識到蘇聯的國民希望更加充足和豐富的消費品以及更高品質的服務。對此，戈爾巴喬夫的解決方案是重啟列寧時代的新經濟政策（即允許有限的私營經濟

---

[1] 蓋茨：《從陰影之中：五任總統的終極內幕故事以及他們如何贏得冷戰》，第336-337頁（Gates, *From the Shadows*, 336～337）。蓋茨懷疑戈爾巴喬夫1985年宣稱他將決定結束在阿富汗的戰爭，或從其他第三世界國家的戰爭中撤出。

發展）。事實上，同期類似的社會改革實踐已在其他一些共產主義國家展開了，包括匈牙利、南斯拉夫和中國。[1] 對於開放社會經濟模式，戈爾巴喬夫似乎對其所帶來的後果和意義只有最膚淺的認識。例如，到1988年時他仍以黨內的陳腐思維考慮這類問題，當時他被問到對於私有財產的態度時，他引用了《共產黨宣言》中的一些言論。[2] 不幸的是他的新經濟政策不太可能取得成效，因為與他所引用的那些國家和情況不同，此時的蘇聯已徹底喪失了有過資本主義社會經歷的人，尤其是有經營和管理經驗的企業主及商人。當然，當時蘇聯國內的確存在著與私營經濟體系較相似的龐大黑市經濟，但後者之所以活躍也僅僅是因為國有經濟體系已千瘡百孔，大量原材料和產品通過各種非市場經濟的方式得以流通。本質上，這類黑市經濟與市場經濟的運行邏輯完全不同。

很大程度上源於西方設立的對蘇廣播體系，蘇聯國民開始意識到他們，正如波蘭的團結工會那樣，擁有一些自己的權力。盡管自1980年8月以來蘇聯開始有組織地對西方的廣播體系進行阻塞和干擾，但蘇聯國內對團結工會運動的成功仍時有耳聞，並在1980年和1981年亦開始組織起自己的罷工運動；正如一名蘇聯問題專家在廣播中所稱「團結工會是所有蘇聯公民的行動手冊」。[3] 然而，蘇聯對西方廣播的干擾還起到了另一類極具諷刺意味的效果，干擾能夠阻止蘇聯國內缺乏權勢的中、底層民眾收聽西方的廣播，卻無法阻止擁有權力的階層通過一些體制內渠道（比如各種廣播內容抄本）獲得西方的信息。根據蘇聯解體後對一些前政府重要人士的采訪，在80年代初期，大多數蘇聯國民已不再相信本國的廣播宣傳了，而更多地（直接或間接）依賴西方媒體廣播的本國消息。[4] 這種種因素導致了戈爾巴喬夫必須采取（比他以往所認為的）更多激進的措施，才能從他的臣民那裡獲得某種回應。

改革並不能立即發揮效果，戈爾巴喬夫需要在這場持續日久的冷戰中達成某種休戰，以緩解國內惡化的形勢。[5] 對此，他采用了傳統的蘇聯權謀：對西方的和平攻勢。戈爾巴喬夫的發言人開始宣稱，蘇聯願意為了世界和平而削減自己的軍力，他們認為這將削弱美國一些軍事項目的動力。這樣的信息在西方廣泛地傳播，但當時很少有人會意識到蘇聯其實並未實質性地改革其軍事政策。戈爾巴喬夫似乎對西方表現得過於善意而難以令人置信，更沒人質疑他的行動和動機以免令他（只是因倡導和平

[1] 普賴斯－瓊斯：《那場不曾是戰爭的戰爭：蘇聯帝國的墜落，1985—1991年》，第39-40頁（Pryce-Jones, *The War That Never Was*, 39~40）。

[2] 普賴斯－瓊斯：《那場不曾是戰爭的戰爭：蘇聯帝國的墜落，1985—1991年》，第101頁（Pryce-Jones, *The War That Never Was*, 101）。

[3] 納爾遜：《黑色天堂的戰爭：冷戰期間的西方廣播戰》，第160-161頁（Nelson, *War of the Black Heavens*, 160~161），其中引用了格奧爾吉·瓦馳內茲的話。他認為如果沒有西方的廣播的話，就不會有蘇聯的改革。

[4] 納爾遜：《黑色天堂的戰爭：冷戰期間的西方廣播戰》，第163頁（Nelson, *War of the Black Heavens*, 163）。一份1984年的自由歐洲廣播電台的調查問卷評估認為，當時蘇聯國內民眾中，收聽美國之音的民眾數量達到其總人口的14%—18%，而自由歐洲廣播的收聽率約為8%—12%，英國廣播公司的收聽率更少，只有7%—10%，德國德之聲的收聽率約為3%—6%。就實際情況看，這些西方廣播對影響蘇聯國內奧論方面的效果可能更為驚人，因為每名聽眾在收聽了這些廣播後可能就成為一個西方信息的傳播者。

[5] 與亨利·特羅菲緬科的訪談，摘自施瓦茲、達特羅夫和烏格林斯基：《里根總統和世界》，第138頁（Henry Trofimenko, interview, in *President Reagan and the World*, ed. Schmertz, Datlof, and Ugrinsky, 138）。

而）陷入尷尬。1986年1月，戈爾巴喬夫甚至向里根提議，到2000年時兩國裁撤各自所有的核武器。

戈爾巴喬夫尋求與西方休戰，給了里根對蘇聯國內事務施加影響的槓桿。為了維持他所需的關係緩和，戈爾巴喬夫必須使滿懷疑慮的里根相信他的意圖，而後者一向認為「自由化」才是保證兩國關係的緩和既不會是單邊的行為，也會不是短命的臨時之舉。實際上，里根要求戈氏給予其保證，即兩國的緩和是認真而且持久的。里根願意緩和，但他同樣亦對尼克松—福特—卡特政府時期的緩和政策抱有疑慮。

甚至在發現國內的改革已瀕於失敗之前，戈爾巴喬夫就非常需要緩解與美國的關系。正如赫魯曉夫在其改革中所體會到的，任何一種社會體制的重構都是對當前維持國家機器運轉的黨的官僚體制的進攻。戈爾巴喬夫顯然也明白這一困境，然而無論他還是安德羅波夫都未意識到的是，經濟改革在削減黨對社會的控制能力；對此，無論是安德羅波夫，還是他表現得都不知所措。就此而言，戈爾巴喬夫所致力於消滅的體系腐敗，實際上正是黨的領導層給予其成員忠誠的最好獎勵，進而得以維持對國家的控制。此外，黨作為一整套官僚體系，亦是莫斯科的決策傳遍整個國家繼而執行的重要渠道和手段。缺乏它的輔助，戈爾巴喬夫除了蘇聯的軍隊和邊防力量外幾乎什麼都控制不了。盡管為黨工作多年，但他似乎完全未意識到這些事實。

最終，戈氏的改革成為另一套空洞的口號和宣傳。為了拯救將傾的大廈，他必須采取更加激進的、更意味深遠的措施。從蘇共自己的角度看，他采取了輕率的、自下而上的開放政策（公開化政策），對整個國家造成的致命的、難以挽回的傷害。1986年，他與經過挑選的編輯和作家會面，探討更加開放的問題，此時蘇聯國內的出版物已能經常刊登對政府的批評性文章，但他們仍不被允許以任何方式攻擊整個體制。但在會上，戈爾巴喬夫告訴與會的知識分子們稱，他們能在批評政府方面走得更遠。[1]理論上，更加開放、大膽的討論將揭開過去的問題，幫助得到更好的解決方案；一定程度上，國內的這些問題都是由於黨內的腐敗所致，公開化可以幫助國家與腐敗的斗爭，但事態的發展卻顯然出乎戈氏的意料。

為了使公開化發揮作用，戈爾巴喬夫必須使人民相信，他們所說的將不會使他們獲罪。斯大林時代，他已意識到「恐懼」是蘇聯體系的組成部分；然而諷刺的是，與克格勃系統有著千絲萬縷聯系的最高領導人現在卻故意令他們的人民放棄恐懼。這肯定不可能是戈爾巴喬夫有興趣對國內的政治異見者抱有更溫和的感情而采取的政策；而很可能在於，他認為公開化將給予他更優越的道德優勢，使其能擊垮國內外敵人的進攻，那些他所解放的知識分子們在獲得更自由的空間後就將矛頭對准他更是難以想象的。就像20多年前的杜布切克那樣，他在未理解未來事態發展趨勢的情況下，使整

---

[1] 普賴斯—瓊斯：《那場不曾是戰爭的戰爭：蘇聯帝國的墜落，1985—1991年》，第79頁（Pryce-Jones, *The War That Never Was*, 79）。

個國家日益滑向更為開放、更不可預知的狀態。

　　從更宏觀的俄羅斯歷史角度觀察，戈爾巴喬夫扮演了俄羅斯歷史上典型的改革者的角色。以往，立志改革的沙皇往往對他的臣民們（對改革）的激烈反應而震驚，而從未反思他所給予臣民們的那些少許恩惠是否真的起到了作用。顯然，民眾們會質疑為何最高統治者在許諾並實施改革後，仍保有著與其前任相差無幾的全部權力。

　　公開化顯然有其局限性。1986年4月26日，烏克蘭切爾諾貝利的老舊核反應堆爆發核洩漏事件（4座核反應堆上的1座發生大爆炸），釋放出大量最終飄往西歐的高輻射劑量塵埃，其中切爾諾貝利附近農業地區的受污染程度尤其嚴重。此事件幾乎立即令戈爾巴喬夫處於困境之中，為了避免國內恐慌蘇聯政府對內嚴厲的封鎖消息，蘇聯國內只有在通過西方討論其國內的放射性落塵時才了解到國內爆發的災難。烏克蘭人發現莫斯科根本不在乎他們的死活，直到通過西方的廣播才知道到底發生了什麼之後，莫斯科才開始組織事發地附近民眾的撤離。考慮到公開化的需要，蘇聯民眾能夠突然向政府要求公開某類信息了，但這顯然有界限。戈爾巴喬夫本人在此次核危機中已獲得了教訓，這正是他以往所忽略的。

　　蘇聯民眾通過西方廣播了解到切爾諾貝利的災難，這顯然令蘇聯政府大失顏面，但戈爾巴喬夫卻又不能全面封鎖干擾其廣播，因為他急需維持與西方的緩和關系。然而，切爾諾貝利的核災難暴露出他的很多計劃都只是謊言，只不過是以往類似宣傳的新版本。切爾諾貝利就是個特別令人尷尬的謊言——一些聲音甚至認為這是蘇聯歷史上的重要轉折點——因為此次災難直接影響了如此多的蘇聯民眾，也因為蘇聯政府面對災難反應遲緩而且以謊言掩示其無能（如在災難後相當長時間後才組織民眾大規模撤離災區）。另外，這次事故導致的另一個重要的間接效果是，它使很多烏克蘭人相信中央政府根本就不關心他們的事務，這反過來強化了烏克蘭人的民族主義情緒，最終使烏克蘭在1991年的重要時刻選擇脫離蘇聯（這直接促成了蘇聯的解體）。在此時刻，受到西方資助意圖削弱蘇聯的廣播宣傳，很可能發揮了決定性作用。[1]

　　與此同時，里根當局繼續以緩和談判與提升軍力的兩手組合應對蘇聯。切爾諾貝利事件發生幾周後，美國宣稱由於蘇聯違反《第二階段限制戰略武器條約》，它將不再遵守那些未獲批准的條約中的條款。接著，兩國領導人在冰島雷克雅未克舉行會談，盡管這次會談並未就「星球大戰計劃」或《戰略武器削減條約》條約達成一致，但兩人暫時性地同意裁減兩國所有的中程導彈力量（具體涉及美國的巡弋飛彈、「潘興II」中程導彈和蘇聯的SS-20中程導彈）。之後，應戈爾巴喬夫的建議，兩國同意盡快銷毀射程超過600千米的戰術核武器，實現更進一步的「去核化」。

　　戈爾巴喬夫將這些協議視作他所需要的緩和關系的象徵，如果兩國能在核軍控

---

[1] 納爾遜：《黑色天堂的戰爭：冷戰期間的西方廣播戰》，第164頁（Nelson, *War of the Black Heavens*, 164）。

問題上達到如此大的進展，爲何不再往前一步？戈爾巴喬夫迫切要求進一步裁撤核軍備，比如徹底消滅戰場上的核武器。如果美國沒有新軍事技術革命，此無疑將可能把歐陸戰場上的主導權徹底置於龐大的蘇軍坦克集群之下。因而，連很多歐洲人都看出這是一個陷阱，而北約的外交部長們對此看得更透徹。1987年6月，他們決定擱置蘇聯人的激進裁軍建議，並同意必須等歐洲常規軍力達到平衡時再談戰場核武器以及化學武器的全面裁撤。[1] 然而，此時蘇聯顯然再耗不下去了，美蘇《中導條約》最終於1987年戈氏訪問美國時簽署。對很多人而言，這象徵著真正的和平，因爲這是冷戰核軍備競賽以來首次將一整類核武器完全裁撤的軍控協議。

公開化政策使蘇聯各加盟共和國的民衆們更容易地表達其民族主義情緒，這對蘇聯這個整合了上百個民族的龐大帝國來說並不是什麼好事。戈爾巴喬夫此時很可能對蘇聯最終將因此而崩潰的前景幾乎知之甚少。因爲與他所期盼得不同（帝國的臣民們會對他開放的自由感恩戴德），更多的民衆開始揭開過去帝國的非俄羅斯的部分被強制俄羅斯化的痛苦回憶，非俄羅斯民族對本民族的認同和意識開始萌發和強化。政治局和領導層的武斷決策開始成爲更大問題的根源，例如，在伊斯蘭化的阿塞拜疆內部存在著一小塊亞美尼亞化的區域（nagorno-karabakh），在1987—1988年的冬季，這一小塊飛地要求莫斯科准予其並入同爲加盟共和國的亞美尼亞地區；由於亞美尼亞和阿塞拜疆都是聯盟內部地位平等的加盟共和國，莫斯科只能左右搖擺以圖維持現狀，而阿塞拜疆與亞美尼亞圍繞該地區的爭論使形勢則開始惡化。戈爾巴喬夫發現處於兩者之間的中央政府幾乎不可能以強制的方式迫使任何一方少數派（飛地內的亞美尼亞人對阿塞拜疆而言是少數派、而涉及的阿塞拜疆和亞美尼亞對於整個蘇聯而言又是更大的少數派）接受其調節的建議。

到1987年，戈爾巴喬夫的經濟改革已明顯難以推行下去了。他被迫將改革時限延伸至2000年，同時將改革轉向服務和農業領域。爲了凝聚社會的改革共識，他開始談論「民主化」議題，希望與國內最廣大的勞工階層結盟共同對抗黨內反改革的官僚主義力量。按照他的設想，控制著一切的黨將在各個不同的獨立團體（即，免受官僚主義集團的阻礙）之間扮演著仲裁者的角色，而這些團體實際上管理運行著整個國家經濟體系。[2] 但顯然，「民主化」根本無法奏效，它不過變成了另一個空洞的口號。

1987年5月28日，一名19歲西德青年馬蒂亞斯·魯斯特（Mattias Rust）駕駛一架「賽斯納」輕型運動飛機從芬蘭赫爾辛基起飛，穿過蘇聯西部重重防空網絡徑直降落在莫斯科市中心的紅場上，無情地向世界展示了蘇聯防空系統的毫無價值。戈爾巴喬夫顯然震怒不已，特別是魯斯特飛行的這天適逢蘇聯的邊防戰士日。[3] 他的飛機雷達

---

[1] 西蒙斯：《冷戰的終結？》，第153-154頁（Simons, *The End of the Cold War?* 153～154）。

[2] 萊韋斯克：《1989年的謎》，第21頁（Levesque, *The Enigma of 1989*, 21）。

[3] 多布斯：《與大哥一起倒下》，第179頁（Dobbs, *Down with Big Brother*, 179）；沃爾科戈諾夫：《解構帝國》，第521頁（Volkogonov, *Autopsy for an Empire*, 521）。

特征信號略大於巡弋飛彈的特征，盡管現在仍不清楚魯斯特爲何策劃那次飛行，或者他是否獲得過途經地區蘇聯空防力量部署的信息，但既然他能毫發無損地直降紅場，不論蘇聯防空部隊方面有多少理由都不足以掩示其難堪（一些蘇聯官員稱這架飛機在途中已被發現和識別，但鑒於其顯然是一架民用飛機因而並未被擊落）。爲平息魯斯特事件帶來的影響，戈爾巴喬夫迅速解除了多名高級軍官（其中包括防空軍總司令）的職務。無論此次事件是否真的具有軍事上的意義，但在外界看來，龐大、復雜的蘇聯國土防空體系並未帶來安全。因而，戈爾巴喬夫更有理由認爲，通過共同裁軍削減西方的軍備（比如INF條約），比接受軍方所偏好的選擇（更進一步加強軍備），更能獲得更多收益。

逐漸的，戈爾巴喬夫不得不削弱黨在蘇聯國內的獨特地位。爲了使工人們相信這次他是認真的，他必須采取越來越強硬的措施，必須確保國民不必因對黨的批評而遭到清算，必須以能力而不是單純的對黨的忠誠來獎賞那些真正有才干的人。特別是最後一點，也帶來了顯著的負面效應，因爲當才能成爲獲得回報和職務的唯一標准、當對黨的忠誠因矯枉過正而不再被強調時，那麼這個國家裡就沒有人再願意爲黨作出犧牲了。因而從黨的觀點看，他的改革甚至比赫魯曉夫時期還要糟糕。

如果說戈爾巴喬夫從未意識到他推進的路線會帶來多麼毀滅性的效果，那麼當時黨內仍有些人士顯然已意識到了。到了1987年，黨內的對他的改革持反對態度的人士已匯聚在他的前任副手葉戈爾·李加契夫的身邊。1988年3月，當戈爾巴喬夫離開莫斯科時，李加契夫立即組織在蘇共重要的理論刊物《蘇維埃俄羅斯報》上刊發了一篇反改革的、名爲《我不能背棄我的原則》的文章，這篇文章的題目取自近期戈爾巴喬夫的一次演講。它由一名從未引起關注的化學教師尼娜·安德烈耶娃（Nina Andreyeva）所撰寫。以往，類似刊物發行的此類文章通常會以一段經典的政治語錄爲起始，但這次顯然突破了常規。這篇文章引起了相當反響，但顯然要單憑它就能全面凝聚黨內共識、推翻戈氏的改革還遠遠不夠。暮氣沉重的黨組織已太習慣於服從其領袖的所有要求，幾篇文章可能會帶來障礙，但根本無力喚醒整個黨組織反對戈氏的改革。

李加契夫的小動作很可能促使戈爾巴喬夫堅信，他必須繞過黨組織推行其改革。1988年6月，他在蘇共的第19次黨員代表大會上正式批准了一份強硬的法令（並非以往舊式的政變），決定於1989年以公開選舉組建能夠發揮作用的國家立法機關。同樣在這次重要的會議上，黨還被迫放棄對國家經濟的正式控制。

此外，在此次會議期間，戈爾巴喬夫的外交部長愛德華·謝瓦爾德納澤（Eduard Shevardnadze）宣稱，階級斗爭將不再是蘇聯對外政策的基礎。對此，李加契夫反駁認爲，此舉是在摧毀整個黨和國家，諂媚的謝瓦爾德納澤完全是出於私利而吹捧和附

和戈爾巴喬夫。[1]

　　1988—1990年間，蘇聯國家中央政府日漸分崩離析，聯盟下屬各共和國政府，雖然仍主要由蘇共控制著，但他們與中央之間已幾乎沒有共同利益可言。為了籠絡這些實權派下級，戈爾巴喬夫不得不像勃列日涅夫那樣，容忍、縱容下級官員的腐敗和對權力的濫用，類似的政治邏輯之所以反復出現並不偶然。

　　然而，戈爾巴喬夫似乎仍未警覺形勢正向著不可挽回的方向前進，他進一步打開了非黨組織通向國家權力的大門。1988年，蘇聯波羅的海沿岸三國中開始形成有別於現任共產黨政府的人民陣線組織。但此時戈爾巴喬夫非但沒有遏制這種傾向，反而要求波羅的海國家的共產黨書記與所在國人民陣線合作，這進一步刺激了幾國的民族主義情緒。40年代，斯大林利用歐洲各國人民陣線運動主導著歐洲政治形勢，然而此一時彼一時，各加盟共和國此刻內部醞釀的人民陣線運動卻成為執政的共產黨政府的最大威脅，它們最後都發展成為各國的獨立運動。[2] 過去，蘇聯也許只用少量部隊就能解決問題，但現在戈爾巴喬夫不得不顧及西方的反應，無法真正使用武力解決蘇聯內部的分裂勢力。然而，他越猶豫，獨立運動就越高漲，這一惡性循環發展到最後不可避免地導致了聯盟的解體。波羅的海形勢還引發了其他加盟共和國的獨立運動，比如烏茲別克斯坦，就受到激勵其內部出現了與波羅的海國家內部人民陣線運動相應的政治組織——「統一黨」（Birlik Party）；[3] 類似的政治分裂組織還在其他中亞的穆斯林共和國內蓬勃發展起來。

　　公開化、民主的氛圍一旦由黨的領袖啟動並形成後，就再也難以收拾，甚至連戈爾巴喬夫冒險有限嘗試的民主制度，最後都失去控制。此時，他已沒有回頭路了。1989年，蘇聯舉行全國議會大選，一個擁有2520名成員、將作為最高立法機構的全蘇代表大會正式誕生，他們的首要任務就是草擬新的蘇聯憲法。從未經歷選舉的形形色色的候選人們必須嘗試建立自己的權力基礎。西方觀察家們則傾向於關注那些非共產黨籍的候選人。當然，為了贏得更多席位，地方共產黨也推出了他們自己的候選人，而不再單純接受莫斯科的命令，這對後來蘇共中央與地方間關系的形成非常重要。顯然，初嘗獨立和民主的滋味的蘇聯國內各階層民眾，對於西方式的民主各有體驗與看法。

　　代表大會的出現，使得廣大蘇聯民眾開始或多或少地接觸並自由地討論那些以往總是由黨所控制的各種議題和秘密。代表大會所組成的議會難以駕馭，各種政治派別為了各自利益開始相互攻訐，黨中央的聲音就更沒人理會了。除著民主代議制日益成

---

[1] 普賴斯—瓊斯：《那場不曾是戰爭的戰爭：蘇聯帝國的墜落，1985—1991年》，第108-109頁（Pryce-Jones, *The War That Never Was*, 108～109）。

[2] 普賴斯—瓊斯：《那場不曾是戰爭的戰爭：蘇聯帝國的墜落，1985—1991年》，第96-97頁、第147-148頁（Pryce-Jones, *The War That Never Was*, 96～97, 147～148）。

[3] 普賴斯—瓊斯：《那場不曾是戰爭的戰爭：蘇聯帝國的墜落，1985—1991年》，第139頁（Pryce-Jones, *The War That Never Was*, 139）。

爲各種情緒和矛盾的宣洩口，蘇聯作爲統一國家長期以來壓制、掩蓋的地區經濟利益矛盾、各加盟共和國之間的矛盾開始爆發，各民族的民族主義情緒持續緊繃。

令戈爾巴喬夫感到恐懼的是，他發現公開化正向越來越危險的方向發展。例如，蘇聯歷史上曾被視作「禁忌」的一系列事件（如30年代烏克蘭的大饑荒、40年代對波蘭人的屠殺和斯大林時期的恐怖清洗）開始被公開討論。一系列帶有「記憶」或「回憶」字眼的非政府組織開始要求公開過去的一些歷史真相（這正是黨所試圖湮滅掉的事實）。在社會思潮遭遇大混亂之時，俄羅斯東正教會突然成爲一支主要的獨立派力量。一旦整個社會失去秩序、人們失掉了組織，戈爾巴喬夫就再也難以讓事態按著自己的邏輯向前發展。

在對外政策方面，謝瓦爾德納澤使戈爾巴喬夫相信，必須扭轉以往的外交政策實踐，不再能單純地通過向東歐國家輸出資源來換取他們的忠誠，因爲這樣的方式已無法再維持下去。[1] 特別是在第19次蘇共代表大會期間，涉及對東歐援助的討論內容被公開後，更引發了廣泛的爭論，一名人士宣稱蘇聯在與東歐各國的貿易中總共損失了500億美元，這很大程度上由於勃列日涅夫時代爲了維持對各衛星國的控制而對出口貿易進行了大量補貼所致。[2] 當時，正如里根的顧問所意識到的，東歐衛星國對西方的債務持續攀升，而蘇聯能提供他們所需的硬通貨幣也僅夠其償還大量債務所產生的利息。而到了80年代，當蘇聯因世界能源價格下滑而收入銳減之時，這一模式已無法再持續下去。

自70年代以來，所有東歐衛星國政府都陷入了硬通貨幣持續短缺的困境。有時，他們要求蘇聯代其清償所欠西方的利息，並以本國產品沖抵蘇聯付出的款項（當然在進口蘇聯的原材料和能源時往往亦不向後者支付硬通貨幣）。例如，1981年蘇聯開始發展新型反艦導彈——Kh-35「巨蜥」導彈（北約代號SS-N-25）；相配套的，蘇聯要求東德的蔡司光學設備廠（華約集團最主要的光學設備生產廠）爲該型導彈研制生產高精度的光電尋的設備。但由於蘇聯無法爲東德生產廠家提供足夠的資金，該項目最終下馬。[3] 顯然，蘇聯無法再像控制本國經濟那樣指揮其衛星國政權爲其服務，當之後蘇聯解體之時，國內原本配套的經濟體系西分五裂，其軍工復合體亦不得不飽嘗類似的困境。Kh-35導彈並非一種非常重要的武器，但上述例子顯然表明到80年代中後期蘇聯和它的衛星國之間的經濟聯繫已發生了變化。

1987年，戈爾巴喬夫宣稱，他的改革同樣可應用於東歐各國。在蘇聯，他的政敵指責他的自由化政策將危及蘇聯對東歐集團的控制。顯然，戈爾巴喬夫將對待國內公開化的輕忽態度同樣應用於整個蘇聯帝國，他並未意識到共產主義制度在帝國內的統

---

[1] 普賴斯－瓊斯：《那場不曾是戰爭的戰爭：蘇聯帝國的墜落，1985－1991年》，第112-113頁（Pryce-Jones, *The War That Never Was*, 112~113）。

[2] 萊韋斯克：《1989年的謎》，第87-88頁（Levesque, *The Enigma of 1989*, 87~88）。

[3] 《士兵和技術》（1991年7月），442頁（*Soldat und Technik*[July 1991], 442）。

治秩序如此之脆弱，他認為將真正的民主推向整個集團是蘇聯作為整個集團領袖義不容辭的責任，但他明顯忽略了一旦打開魔盒首先被摧毀的就是蘇聯對集團實施控制的權力基礎。

在戈爾巴喬夫宣布了上述政策後，謝瓦爾德納澤不再向東歐各國政策發號施令（據推測這很可能獲得戈氏首肯）。戈爾巴喬夫進而聲明了所謂的「我的路線」，這意味著東歐各國政府也能以「他們的路線」行事了。不再會有另一次入侵捷克斯洛伐克事件，因為現在已沒有一個仲裁者來判斷各衛星國政府的政策是否為社會主義的威脅。當然，戈爾巴喬夫不可能承認過去蘇聯類似的入侵事件是錯的，他感到仍必須捍衛蘇聯過去的行為。因此，在戈氏於1988年3月赴南斯拉夫訪問期間，他雖然承認了民族和國家的自決權利，但仍羞怯地拒絕評價1956年和1968年的入侵事件。[1]

儘管經濟、政治的控制力度已大為削弱，但東歐各衛星國政府仍認為蘇聯對他們的政權負有某種責任，蘇聯駐各國的軍隊仍會支持他們壓制本國民眾的反抗。因而在1988年7月華約集團召開的一次會議上，東德和捷克政府公開反對戈爾巴喬夫提出的單邊撤回駐東歐國家軍隊的計劃（當時戈氏提出此運動是為推進歐安會的談判）。[2]他們顯然並未意識到戈爾巴喬夫已根本不願用軍事力量幫助他們解決國內問題，他害怕此舉將使蘇聯與西方的緩和關系受損。

外戰於阿富汗導致的陣痛亦加強了華約集團內部對使用武力的反對聲音，其中尤以波蘭為甚。波蘭人一直以某種方式恨著蘇聯人，如果蘇聯入侵他們將作堅決抵抗。對此，謝瓦爾德納澤相當認同，他清楚這樣的衝突將會招致多麼糟糕的後果。[3] 1988年，內外交迫的戈爾巴喬夫實際上已準備在阿富汗問題上作出妥協了，蘇軍開始大規模從阿富汗撤軍。正如美國人在撤離越南時所做的那樣，撤出的蘇軍將武器裝備轉交給了阿富汗政府軍。在政府軍失去了強大的盟友支持後，阿富汗的反政府游擊隊之後僅用數年時間就實現了他們的全面勝利。

由於未能瓦解團結工會，波蘭的統一工人黨政府處於風雨飄搖之中。1987年11月，雅魯澤爾斯基提議進行全民公投以便對他所制定的社會改革進行表決。然而，公投結果表明波蘭民眾再也不相信共產黨的政策了，團結工會在公投中凝聚了更多的社會力量。但這並未影響1988年6月戈爾巴喬夫到訪波蘭時的態度，後者仍拒絕給予波蘭愛國者們所要求的正式道歉（為蘇聯對波蘭人民所犯下的罪行，比如40年代卡廷大屠殺事件）。當然，在公開場合他仍以相當隱晦的言辭，承認了波蘭人民的未來應由他們自己決定的事實。戈爾巴喬夫離去後，雅魯澤爾斯基再次試探性地向團結工會提出了新建議。

---

[1] 萊韋斯克：《1989年的謎》，第47頁（Levesque, *The Enigma of 1989*, 47）。

[2] 萊韋斯克：《1989年的謎》，第77-79頁（Levesque, *The Enigma of 1989*, 77～79）。

[3] 普賴斯—瓊斯：《那場不曾是戰爭的戰爭：蘇聯帝國的墜落，1985—1991年》，第115頁（Pryce-Jones, *The War That Never Was*, 115）。

　　戈爾巴喬夫將東歐政權內持強硬觀點的共產黨人士視作對他個人的威脅。[1] 正如勃列日涅夫時期的杜布切克通過輸出他那偏執的社會主義理論而對蘇聯造成的威脅那樣，到了戈爾巴喬夫的時代，衛星國政權中的保守派勢力（特別是捷克和東德）正在與蘇聯國內的反戈氏勢力相互串連。一些蘇聯駐外大使和外交人員甚至默許所在國的共產黨政權抵制改革措施。為了保住自己的權位免受國外共產主義保守派的影響，戈爾巴喬夫不得不設想以某種方式「消滅」這些強硬保守政權，特別是東德和捷克政權。極為諷刺的是，這兩個國家政權中的強硬派勢力之所以能上台正是因為其敢於向蘇聯說不，但他們卻堅持著正統的共產主義制度。

　　1989年初，蘇聯末期著名經濟學家奧列格・鮑戈莫洛夫（Oleg Bogomolov）領導的世界社會主義經濟研究所，在其研究報告中嘗試分析了戈爾巴喬夫推行改革的根本原因，並對東歐各衛星國未來的發展前景進行了預測。[2] 根據此報告中所述，面對日益崩潰的經濟，蘇聯再不能通過經濟手段控制東歐各國了，東歐國家將不可避免地轉向西方尋求幫助；蘇聯能在多大程度上繼續維持對東歐各國的影響力，取決於它將如何管控這種變化的過程。在此報告中，研究所並不承認整個東歐共產主義集團受到各國民眾的深深憎惡，畢竟各國人民已接受了共產黨政府近40年的統治。最後報告得出結論認為，處於統治地位的各國共產黨如果能夠推進成功的經濟改革，並調適國內合法的反對派力量（使之不成為顛覆現政權的破壞力量），那麼各國共產黨政權仍可能解決他們面臨的困境。正如戈爾巴喬夫所展望的蘇聯未來前景那樣，黨將仍然是控制各個國家的決定性力量。

　　戈爾巴喬夫顯然接受了報告中的建議，但並不是每個人都同意他的意見。蘇共中央委員會負責各國共產黨黨際關系的國際部，無疑非常清楚報告中所謂的「合法反對派」將意味著什麼。如果放任反對派出籠，整個帝國將很快分崩離析。國際部尖銳地向戈爾巴喬夫指出，蘇聯的威望和聲譽源自其所維持的帝國（以往大英帝國和法蘭西帝國解體的前車之鑒尤然在側），但戈氏似乎對此並未真正理解。

　　在鮑戈莫洛夫正在組織撰寫此報告時，適逢波蘭統一工人黨堅決抵制雅魯澤爾斯基提出的放開對團結工會限制的建議。因此報告警告稱，就算波蘭黨暫時阻止了政治多元化的趨勢，到1989年春季左右國內形勢很可能將再次爆發，屆時波蘭可能成為「歐洲的阿富汗」。[3] 最終雅魯澤爾斯基的意見占了上風，1989年2月6日他與團結工會領導人開始會晤，當年4月團結工會再次獲得了合法地位，雅魯澤爾斯基則宣稱將於6月舉行大選。在之後進行的選舉中，波蘭統一工人黨及其盟友獲得了色姆（波蘭國會）的65%的席位，團結工會則贏得了剩余的席位。

[1] 萊韋斯克：《1989年的謎》，第98-99頁（Levesque, *The Enigma of 1989*, 98～99）。

[2] 這些預測是為戈爾巴喬夫最親密的助手亞歷山大・雅科夫列夫準備的，後者當時是新成立的蘇共中央委員會國際事務委員會的主席。在萊韋斯克：《1989年的謎》一書有詳細描述（Levesque, *The Enigma of 1989*）。

[3] 萊韋斯克：《1989年的謎》，第95頁（Levesque, *The Enigma of 1989*, 95）。

　　正如所設想的，波蘭國會任命了雅魯澤爾斯基爲國家總統。出乎其意料的是，波蘭統一工人黨名義上的非共產黨盟友（在選舉前這類與共產黨結盟的非共黨黨派曾作爲人民陣線聯盟的一部分名義上治理著波蘭），在取得選舉勝利後卻拋棄了團結工會。團結工會的領導人勒赫·瓦文薩（Lech Walesa）對此非常憤怒，他拒絕與統一工人黨組建聯合政府，雅魯澤爾斯基的聯合組閣設想破局了。波蘭局勢的發展，不僅對雅魯澤爾斯基、而且對戈爾巴喬夫而言都非常令人震驚，戈氏從一開始就大力支持雅魯澤爾斯基，希望由雅魯澤爾斯基上台執政以繼續維持蘇聯對該國的影響力。戈爾巴喬夫無疑明白波蘭的戰略價值，因爲只有通過該國蘇聯才能維持其駐東德部隊的補給。

　　波蘭發生的一切對匈牙利也有所影響，後者於1987年9月開啓了本國的改革進展。匈牙利長期游離於蘇聯衛星國體系的邊緣，因此該國擁有遠比其他東歐國家更龐大的私營經濟成分，與官方計劃經濟成分的活力對比十分鮮明（其民衆的生活水平在東歐范圍內較高）。但另一方面，匈牙利政府在爲本國人民提供較高水平方面比其他東歐國家更有壓力，以往該國只能靠舉債維持較高開支，因此它所陷入的債務危機更加深重。到1980年代中後期政府每年需支付的債務利息急劇攀升，直到1985年政府不得不降低其國民的生活水平。戈爾巴喬夫曾贊揚匈牙利的改革，但並不鼓舞其他衛星國政府效仿他們。[1]

　　1987年，匈牙利的混合經濟體系已耗盡了增長的潛力，表現出疲態。到1988年春時，該國的通貨膨脹已達到17%，這引起國內民衆的強烈不滿。此前，匈牙利的領導人是1956年上台執政已達30年的亞諾什·卡達爾，但面對經濟困難卡達爾同樣應對乏力。1988年5月卡達爾在提出了緊縮嚴厲的經濟政策後受到國內廣泛非議，匈牙早共產黨亦不得不將他從最高職務上悄悄撤了下來。接替他職務的新總書記和政府總理是卡羅伊·格羅斯（Karoly Grosz），後者試圖拉攏反對派以緩和國內緊張，這與戈爾巴喬夫同期曾試圖分化匈國內人民陣線的民族主義派別的風格較爲相似。[2] 爲了取得匈牙利人的好感，他指派了一個委員會調查1956年蘇軍對匈牙利起義的鎮壓事件（這相當於匈利利的「卡廷事件」），同時承認蘇共在當時所犯下的罪行。[3] 之後，匈牙利共產黨重新更名爲匈牙利社會黨，以削減其共產主義色彩。1989年初，鮑戈莫洛夫的研究所認爲匈牙早國內的這些信號表明，該國正向「資產階段共和國」演變。對此，戈爾巴喬夫顯然並不在意，1989年2月他絕對了格羅斯向蘇聯提出的緊急經濟援助請求（即要求獲得硬通貨幣）。他知道他正在將匈牙利推向西方，因爲只有西方可能爲

---

[1] 萊韋斯克：《1989年的謎》，第53頁（Levesque, *The Enigma of 1989*, 53）。

[2] 萊韋斯克：《1989年的謎》，第96頁（Levesque, *The Enigma of 1989*, 96）。

[3] 普賴斯—瓊斯：《那場不曾是戰爭的戰爭：蘇聯帝國的墜落，1985—1991年》，第221-222頁（Pryce-Jones, *The War That Never Was*, 221～222）。

其提供援助。[1]

　　鮑戈莫洛夫的結論是正確的，匈牙利人與蘇聯漸行漸遠。1989年3月，匈牙利政府允許國內大規模游行活動，以紀念1848—1849年該國對奧地利統治的反抗，當時此次起義被俄羅斯帝國的軍隊所鎮壓。因而游行活動實際上亦帶有反俄色彩，果然活動最後演變成爲針對匈牙利現政府的抗議示威。6月16日，匈政府爲1956年起義的英雄伊姆雷・納吉平反，並在授予其各種榮譽後重新安葬了他。

　　對東歐各國共產黨政權的保守派勢力而言，波蘭的事態與20年代杜布切克的改革一樣充滿著警示性。當然，戈爾巴喬夫並不是勃列日涅夫。1989年7月在布加勒斯特舉行的華約國家領導人會議上，他明確地表態將支持波蘭和匈牙利國內的改革，他認爲每個國家都有權選擇自己通往社會主義的道路。而與會的另外4個華約成員國，保加利亞、捷克斯洛伐克、東德和羅馬尼亞，則反對他的表態。[2] 當年8月，羅馬尼亞領導人齊奧塞斯庫（曾反對1968年蘇聯入侵捷克斯洛伐克）提議，條約成員國應集體行動鎮壓波蘭的「反革命」事態。

　　似乎是爲了顯示他們對此的輕蔑一樣，波蘭人將會議中關於干涉其國內改革的言論公諸於眾。此時，波蘭黨的領導人雅魯澤爾斯基面臨著巨大的壓力，如果他仍無法遏制團結工會並掌控國內形勢，他可能不得不辭去最高職務；然而，作爲國家總統，爲了爭取團結工會他又必須任命來自工會的泰狄士・馬佐維耶茨基（Tadeusz Mazowiechi）爲政府的新總理。不論如何，波蘭此時已擁有一個非共產黨的政府了。

　　戈爾巴喬夫擔心斯大林式的東德政權將窩藏他在蘇聯的政敵。[3] 1989年，東德仍大體保持著穩定，因爲它仍維持著對其國民的嚴密控制。1989年該國的民間測驗表明，三分之一的東德國民希望離開這個國家，在當時的共產主義集團中只有古巴擁有更高比例的人口想決絕地離開本國。在東德政權余下的時間裡，由於逃亡整個國家喪失了15%的國民。[4] 1989年東德仍維持對其國民出境的緊密控制（甚至是前往其他東歐國家），它還與其他東歐國家簽訂有遣返條約，任何非法前往其他東歐國家的國民一旦被捕獲的與里根將被遣返回東德面臨牢獄之災。

　　1989年5月2日，匈牙利開始打破與他們與西方的鐵幕，其與奧地利邊境地區的一系列障礙被拆除。事實上，兩國間的障礙早早只具象征意義，多年來大量匈牙利人越過邊境經奧地利偷渡往其他西方國家。更重要的是，匈牙利還同步廢除了與東德的遣返條約，這意味著東德國民能夠經匈牙利進入奧地利甚至西德。於是自1989年7月初，大約6.5萬東德人進入匈牙利，經過該國前往西德，匈牙利並未阻止。

---

[1] 萊韋斯克：《1989年的謎》，第86頁（Levesque, *The Enigma of 1989*, 86）。

[2] 萊韋斯克：《1989年的謎》，第119頁（Levesque, *The Enigma of 1989*, 119）。

[3] 萊韋斯克：《1989年的謎》，第150-151頁（Levesque, *The Enigma of 1989*, 150～151）。

[4] 普賴斯—瓊斯：《那場不曾是戰爭的戰爭：蘇聯帝國的墜落，1985—1991年》，第234頁（Pryce-Jones, *The War That Never Was*, 234）。

　　原因在於西德向匈牙利施加了壓力。一旦開放其與東德間的邊境，東德政權的命運就將注定走向毀滅。顯然，匈牙利這麼做並沒有什麼心理負擔，相反這是對1956年事件東德政府態度的報復。[1] 對於蘇聯，匈牙利幾乎已確信無疑戈爾巴喬夫絕不會干預，但他們還是想更確定一點。在向謝瓦爾德納澤發出信息後，後者再次保證蘇聯絕不會干涉類似的事件。[2] 1989年9月11日，匈牙利政府完全開放了其邊境，當然任何一名抵達匈牙利邊境的東德人都能輕易地抵達西德。爲此，匈牙利從西德獲得了可觀的援助，一筆總額達10億德國馬克的貸款，而這筆貸款將用來填補同年2月向蘇聯政府申請而不得的款項。[3] 當年10月，民眾外逃的事件越來越嚴重，東德似乎已逐漸開始意識到國內局勢惡化的程度，因此他們立即要求蘇聯強迫匈牙利關閉邊境，但蘇聯僅以譴責西德草草應對了事。

　　此時，戈爾巴喬夫顯然已授權發動一次政變以推翻危險的東德政權，按戈氏設想，激進的東德政府將被另一個溫和的共產黨政權所取代。戈氏在克格勃里的親信將這些意圖秘密地傳達給東德秘密警察機構。例如，1989年夏季前東德退休的機構部門負責人馬庫·斯沃爾夫訪問莫斯科時，蘇聯人就向其表達了此類意圖。蘇聯顯然希望，最終一個更爲自由化的東德政權在聯邦的構架下加入西德，而這樣一個統一的德國最終將實現在蘇聯與西方之間的中立化。這樣的結果雖然遠不如斯大林所希望的控制整個德國的設想，但是它將迫使北約力量遠離歐洲的心髒地帶。[4]

　　東德的反對派似乎突然獲得了發聲的權利，1989年9月初東德國內開始出現被稱爲「新論壇」的民主運動。對此，東德政府准備鎮壓這類運動，但戈爾巴喬夫於1989年10月7日參加東德共和國建立40周年的慶典時告訴東德領導人稱，蘇聯將不會爲東德提供軍事力量協助其鎮壓國內反對派，他甚至斥責東德政府行動遲緩的改革。

　　接著，「新論壇」的第16次大規模的民眾集會在萊比錫舉行，蘇聯大使甚至告訴東德官員不要開槍射擊。如此大規模反叛性示威使東德共產黨斯大林似的領導人埃里希·昂納克明白，再也不能隨心所欲地控制他的國家了。接著他被驅離了決策圈，替代他的是領導著東德內務安全部隊的埃貢·克倫茨，他被認爲與戈氏在克格勃內的親信過從甚密。新領導人想象他們能通過實施有限的改革繼續執政，並像雅魯澤爾斯基那樣與國內反對派談判以緩和國內形勢。[5] 然而東德民眾仍繼續大量逃亡。

　　還不等東德新政府展開其改革，就收到了一份災難性的財經報告，整個國家幾乎已處於破產的邊緣。爲此，他們只能秘密與西德接觸以期獲得大筆貸款。當然，他們還向戈爾巴喬夫求援，要求蘇聯提供120億德國馬克的外匯，然而，蘇聯拒絕了此要

[1] 普賴斯—瓊斯：《那場不曾是戰爭的戰爭：蘇聯帝國的墜落，1985—1991年》，第223頁（Pryce-Jones, *The War That Never Was*, 223）。

[2] 萊韋斯克：《1989年的謎》，第153頁（Levesque, *The Enigma of 1989*, 153）。

[3] 萊韋斯克：《1989年的謎》，第153頁（Levesque, *The Enigma of 1989*, 153）。

[4] 萊韋斯克：《1989年的謎》，第150-152頁（Levesque, *The Enigma of 1989*, 150～152）。

[5] 普賴斯—瓊斯：《那場不曾是戰爭的戰爭：蘇聯帝國的墜落，1985—1991年》，第265頁（Pryce-Jones, *The War That Never Was*, 265）。

求。此時，戈氏正爲國內的經濟窘蹙發愁根本沒多余款項提供給外國，里根的經濟戰略無疑已非常高效地摧毀了蘇聯的經濟。

東德很快陷入恐慌之中。在他們仍不清楚西德是否會提供所需的大筆貸款之前，1989年11月9日東德共產黨決定公開放棄的統治地位，允諾放開自由選舉，允許國民前往外國的請求。尤其是最後一項決定簡直是可怕的錯誤，對東德國民來說，這次政府開放的前往西方的機會實在是太難得了，不容錯失。在東柏林，大批人群開始向柏林牆附近聚集。爲了避免出現暴亂，東德邊防部隊開放了他們的邊境。[1] 很快，人們證實開放將是永遠性的，柏林牆亦開始被拆毀。東德人已完全拋棄了他們的國家，盡管當時他們可能並未意識到這一點。

西方曾錯誤地推測認爲，東德政府在作出這些決策時與戈爾巴喬夫有過商議，而且在柏林牆被徹底推倒後西方對他的公開贊賞也令他感到愉悅和舒暢。但實際上，東德政府完全單獨地作出上述決定，蘇聯曾私下抱怨稱東德的行動如此之迅速以致於事態根本沒有轉圜的機會。令每個人驚訝的是，時任西德總理赫爾穆特·科爾（Helmut Kohl），幾乎立即抓住了這個機會，11月28日他很快地向德國國民議會提交了一份重新統一的計劃。事態的發展迅速，科爾隨即展開外交斡旋，不僅說服了戈爾巴喬夫接受兩德的統一，而且還設法使其同意統一後的德國繼續保持其北約成員國的地位。這一結果令戈氏爲自己同意兩德統一所辯護的正當性被抽空，最終他的確解決了兩德統一的問題，但出現在中歐的並非一個中立的德國，而是一個西方的德國。一定程度上講，冷戰源於東西方對德國的爭奪，但顯然戈爾巴喬夫已徹底失敗了。

捷克斯洛伐克同樣由保守強硬派主導的共產黨政府所統治著。在昂納克被趕下台後，這裡很可能將成爲戈氏政敵的最後庇護所。與東德發生的情況類似，蘇聯克格勃顯然也向該國的秘密警察機構發出了類似的信息：激進的現政府必須被替換。此時，捷克國內已存在實質性的反對派運動，部分地由於戈爾巴喬夫明顯對衛星國采取了縱容的態度，反對派的活動也更加活躍。捷克的秘密警察機構認爲無須發動政變，現政府在面對大規模的公眾示威時將會辭職，所以他們秘密地組織了一次類似的示威。[2] 於是在1989年11月17日，很多捷克民眾來到布拉格市中心地區舉行游行活動，紀念第二次世界大戰時被納粹殺害的一名學生楊·歐布勒塔爾（Jan Opletal）。但整個過程非常平和並不足以迫使政府下台，無疑這次游行有官方背景。感到未達到預期效果，捷克秘密警察機構又散布謠言稱1名學生在游行期間被殺害（後來據稱這名學生被秘密警察誘離人群而遇害），結果這導致了幕後策劃者們所希望形成的場面。次日，果然爆發了一場更大規模的游行示威活動。捷克國內「77憲章」的異見分子開始集聚並成立了被稱爲「公民論壇」的反政府組織。

---

[1] 萊韋斯克：《1989年的謎》，第159頁（Levesque, *The Enigma of 1989*, 159）。

[2] 鄧巴賓：《冷戰：大國和他們的盟國們》，第464頁（Dunbabin, *The Cold War*, 464）。

　　與東德情況類似，捷克政府發現除了交出政權外再別無出路，這次捷克政府知道蘇聯人不會再干涉並拯救他們了。政府幾乎立即啓動了與公民論壇的對話，捷克黨的總書記米洛斯・雅克什（Milos Jakes）亦很快辭職。4天之後，捷克共產黨交出政權，其國內大學裡的馬克思主義、列寧主義等課程也不再被強制開設。1989年12月初，捷克共產黨籍的總理辭職。1968年入侵時被蘇聯人扶上台的古斯塔夫・胡薩克（Gustav Husak），自1948年以來不得不首次在一個共產黨未占多數的內閣中宣誓，之後他亦宣布辭職。

　　共產黨政權在波蘭和匈牙利的崩潰幾乎發生在同一時期。1989年10月，匈牙利宣布更改國家政權的性質，消滅共產黨在國內的「領導地位」，將國名中的「人民」一詞移除。在波蘭，當年11月雅魯澤爾斯基從總統任上辭職；次年團結工會的領袖瓦文薩以壓倒性勝利贏得該國民主化以來的首次總統選舉。1990年3月，匈牙利人舉行了他們的自由選舉。此時，保加利亞的共產黨政府已近崩潰，長期擔任領導人職務的托多爾・日夫科夫（Todor Zhivkov）於1990年11月10日辭職。

　　在羅馬尼亞，齊奧塞斯庫依賴其日益削弱的權力基礎，仍力圖阻止國內的民主化進程。1989年11月24日在他的操縱下他再次毫無異議地當選爲黨的總書記。理論上，他應該比其他東歐國家領導人更有資本無視蘇聯的壓力；但這次很清楚的是蘇聯絕不會再干涉其國內政治走向（哪怕是倒向西方）。最終，齊奧塞斯庫被他自己的秘密警察力量發動的政變所推翻，並於1989年12月25日被處決（成爲這場令人目瞪口呆的政權更迭中的極少數量被處決的人）。現在仍不清楚克格勃是否卷入這場政變（齊奧塞斯庫曾堅決反對改革）。接著，遭受孤立的阿爾巴尼亞共產主義政權亦在幾年之後交出了權力。

　　戈爾巴喬夫似乎是在無意中遭遇的這一連串的政治事件。他幾乎並未理解蘇聯在歐洲的龐大帝國是如何在如此短的時間內分崩離析。事實上，自1989年初時整個東歐體系似乎還相當穩固，而到了這一年結束時，帝國只能蹣跚求存了，而且越來越超出蘇聯的控制能力。無論在哪個國家，共產主義政權面對壓力很快就放棄了權力；然而，也沒有那一個國家像羅馬尼亞那樣，在政權更迭過程中出現了槍決前領導人的極端情況。當20世紀的腳步邁入其最後一個10年之時，這個靠武力維持了40余年的帝國最終瀕於崩潰了。

　　隨著蘇聯統治的結束，華約條約也隨之瓦解。很多西方人可能將柏林牆的倒塌以及中歐各國共產主義政權的解體標爲冷戰結束的日期，一些人看到了戈爾巴喬夫在這一系列事件中的加速和促進作用。對很多俄羅斯人而言，從東歐的撤出不僅出於謹慎的政策因素，更多彌漫著更爲濃厚的失敗味道。這個帝國曾是蘇聯贏得代價高昂的第二次世界大戰勝利的象徵，在它存在的40多年時間裡一直驅動著蘇聯的發展，現在這個帝國最終崩潰解體了。

　　但這並非冷戰的真正結束。正如艾森豪威爾所指出的，一旦蘇聯擁有了龐大數量的核武庫，無論它是否統治著東歐在軍事上都僅只具少許意義。丟失東歐雖然急劇地削弱了克格勃發動和支持恐怖主義的能力（蘇聯對此類組織的支持主要通過東德和捷克斯洛伐克等國顯現出來），但蘇聯的核心軍事力量仍保持著完整。此刻，戈爾巴喬夫對西方是友善的，但他可能發生改變，或者他也可能被蘇聯統治集團所拋棄，換上一位更加強硬的領導人。印證此一擔憂的是，無論戈氏如何修補蘇聯的經濟，並未對蘇聯的軍事生產能力造成多少影響。

　　多年來，蘇聯的政治異見者被逮捕、被審判入獄，在蘇聯的語言體系下，這批想象著與永恆如強盛蘇聯的偉大力量進行抗爭的異見者們被認爲是瘋狂且愚蠢的一群人。然而，當蘇聯的沉淪正明顯發生之時，這些不同政見者所代表的理性和邏輯亦逐漸顯露出來。對於一名蘇聯國內擁有雄心壯志的人士而言，黨不再代表未來。

　　此時，里根總統完成了他的兩屆任期，在1989年的總統大選中他原來的副總統，喬治·布什當選爲新的總統。布什對蘇聯並不陌生，他曾經擔任中央情報局局長，長期從事對蘇情報工作，他深刻地理解當前的形勢是多麼地微妙。他清楚，戈爾巴喬夫的改革仍可能被扼殺（或由他主動中止改革），然而重新采取那些令西方不適、甚至是感到敵對的政策。歷史上，有志於改革的沙皇經常被統治集團拋棄，戈爾巴喬夫表現得過於猶豫，他似乎無法堅持一貫、連續的改革思維。因而，爲鼓勵蘇聯繼續沿著改革走下去，布什必須使他相信西方是友善的且未來亦將如此。這可能有助於幫助戈氏相信，如果他走回頭路的話，他會失去更多重要的東西（比如西方的支持）。

　　對於改革的前景，布什總統清楚戈爾巴喬夫也不知道自己前進的方向和終點。他顯然並未意識到，他所領導的、朝著向憲制政府前進的政治改革道路，將必然使他面臨著未來在選舉中被徹底拋棄的可能性。爲了打消他的顧慮，布什和他的助手們持續向戈爾巴喬夫保證以給予其信心，使他感到所有事情仍取決於他的決定，甚至在他最大的競爭者鮑里斯·葉利欽（Boris Yeltsin）成爲其重要的權力競爭對手後，仍保持著對他一如既往的支持。對此，西方媒體曾尖銳地批評布什政府對待蘇聯人的態度簡直是諂媚和奉承，他們顯然不明白布什當時作出這種選擇的根本原因。回顧當時，如果不那樣行事的話，另一種選擇可能是向戈爾巴喬夫明確指出他們的改革方向，並將他在國內的政治對手視作可能的替補者，如此一來，戈氏無疑將背棄改革。

　　1989年3月蘇聯議會舉行選舉，其中來自3個波羅的海國家的代表要求相關委員會公開1939年斯大林與希特勒簽署蘇德條約時未公布的秘密協定，戰前德國根據此條約將此3國出賣給了蘇聯，而官方仍宣稱這3個國家是志願加入的聯盟。委員會的成員們認爲，如果承認存在著這樣的協定，將緩解3個波羅的海共和國的緊張形勢。對此，

戈爾巴喬夫仍猶豫不定，但總之這些協定最終還是被議會公諸於眾。[1] 戈爾巴喬夫再次領教了民主的現實，他已無法控制這個經選舉產生的議會了。

1990年1月11日，戈爾巴喬夫抵達立陶宛首都維爾紐斯訪問，結果他遭遇了該國近30萬人的抗議示威活動，民眾高舉標語要求蘇聯人離開該國。當他拒絕結束聯盟與立陶宛之間近50年的「婚姻」關係時，正如一名立陶宛民眾所諷刺的「我們從未有過婚姻，我們只是被強奸」。1990年3月11日，立陶宛最高蘇維埃投票一致通過宣布獨立的決議。此前的1988年11月16日，愛沙尼亞已宣稱重新擁有國家主權並於1990年2月2日正式獨立；拉脫維亞則於1989年7月28日宣布主權，1990年5月4日獨立。

戈爾巴喬夫可能認為，對於民主的一系列讓步是他的一種戰術，一種與其黨內政治競爭對手（首先是黨內的保守派勢力，其次則是鮑里斯·葉利欽所代表的自由派人士）斗爭的方式。但之後，戈氏意識到這並不能完全奏效，亦因此不再一味讓步。[2] 戈氏還在黨的機構以外建立起自己的權力體系。1990年12月，當國內形勢惡化時，他立即通過自己的權力體系指令建立由軍隊─警察組成的聯合巡邏力量，他在警察和克格勃部門內部的親信正式獲得隨意搜索其他機構的權力，他們還可以查抄任何認為有必要收集的資料。在此基礎上，1991年1月軍隊開始進入波羅的海地區的幾個國家。對此，戈爾巴喬夫的外交部長，愛德華·謝瓦爾德納澤認定他准備成為獨裁者，並進而辭職。一定程度上，且相當荒謬的，蘇共開始扮演起戈爾巴喬夫的減速器的作用（此時的議會幾乎沒什麼權力），謝瓦爾德納澤可能是對的，戈爾巴喬夫似乎正往力求攫取更多權力的道路上一路狂奔。之後的事態發展無疑表明，戈爾巴喬夫根本不願容忍國內真正的反對派。他還特別敵視葉利欽，視之為最大的權力競爭者，後者之後通過選舉成為了俄羅斯共和國首任總統。例如，1991年3月在明斯克，戈爾巴喬夫在公開指控他的政治對手，比如葉利欽等人，已成為外國政府的工具。

1990年，三個波羅的海共和國的議會代表在先後各國議場展開不合作運動，拒絕承認本國蘇維埃政府本身的合法性。[3] 他們靜坐在議院裡拒絕投票和參與議程。對此，戈爾巴喬夫像以往一樣采取了兩手策略，他向三國派出克格勃秘密警察並宣稱3國的議會在作出決策時他仍在睡夢之中（並不知情，潛台詞就是不承認）。[4] 接著，他派出力量首先對立陶宛實施了封鎖，1991年1月蘇軍部隊奪占紐爾維斯電視台以控

---

[1] 普賴斯─瓊斯：《那場不曾是戰爭的戰爭：蘇聯帝國的墜落，1985─1991年》，第94-95頁（Pryce-Jones, *The War That Never Was*, 94～95）。

[2] 阿爾巴托夫：《蘇聯體系》，第332頁（Arbatov, *The System*, 332），引用了戈爾巴喬夫1990年春季時「給全蘇共產黨員的公開信」，在戈氏看來這是對黨內異風分子和自由主義者的宣戰。但阿爾巴托夫認為，作為蘇共中央委員會成員他對此強烈抗議。

[3] 普賴斯─瓊斯：《那場不曾是戰爭的戰爭：蘇聯帝國的墜落，1985─1991年》，第149頁（Pryce-Jones, *The War That Never Was*, 149）。

[4] 阿爾巴托夫：《蘇聯體系》，第334頁（Arbatov, *The System*, 334）。所謂的「救國委員會」已在3個波羅的海國家中建立起來，這為戈爾巴喬夫的中央政府提供了向其派出軍隊並顛覆當地政府的借口，因為這完全是尋求獨立的舉動。事實上，這與1968年蘇聯入侵捷克斯洛伐克時所采取的策略和戰術沒什麼兩樣。蘇軍瓦雷夫，阿夫克斯尼斯尼中校奉命參與了這些行動，之後他指控稱戈爾巴喬夫最初批准了行動，之後在面對公眾大規模抗議（鮑里斯·葉利欽發動的政治反擊，此時他已當選為俄羅斯共和國家總統，並與波羅的海國家政府首腦會晤還與他們簽署了條約）時又後退了。另一項關於戈爾巴喬夫直接卷入對波羅的海國家實施軍事行動的證據是，他命令克格勃的阿爾法特戰小組對維爾紐斯（立陶宛首都）實施了攻擊，這些力量當時直接對克格勃首腦，乃至蘇聯總統戈爾巴喬夫負責。

制新聞媒體，其間14人死亡。當然，他的舉動未能使立陶宛人投降，在愛沙尼亞和拉脫維亞亦發生了類似的緊張局面。他開始意識到要使情勢重新處於控制之中，他不得不妥協並向三國讓予部分主權。

1990年，戈爾巴喬夫在將蘇聯最高蘇維埃改革爲該國立法機構過程中，宣誓就任蘇聯總統。接著，他又對蘇聯憲法作出重大調整，移除了憲法條文中關於黨對政治權力絕對壟斷的內容。隨著社會日益開放，公開演講越來越自由之時，他發現很多蘇聯國民不再對蘇聯這個國家有什麼眷戀之情了。與此同時，聯盟內部各加盟共和國的民族主義壓力開始從波羅的海向其他地區蔓延，例如在烏克蘭切爾諾貝利事件後由於中央政府掩蓋真相、反應遲緩，該國的民族主義者迅速增長，加之之後的公開化政策，斯大林時期蘇共對烏克蘭人民犯下的可怕罪行不斷被批露，更加增強了烏克蘭對聯盟的離心傾向。

盡管戈爾巴喬夫對公開化後事態的發展感到困擾，但他並不能簡單的壓制和逆轉公開化的進程。不僅僅是因爲公開化已成爲他一系列改革中的必要組成部分，而且還在於來自西方的壓力迫使他絕不能走回頭路（否則戈氏所宣稱的關係緩和就不會爲西方承認，進而帶來更大壓力）。在此過程中的躊躇和猶豫，令他的優柔寡斷的性格再次顯露無疑。當然，這也絕不是他勇敢地啓動蘇聯社會體系開放時所期盼的局面。在向波羅的海國家妥協後，似乎已沒人會感激獲得了他們已爭取到的權利，相反所有的人都得寸進尺，想要更多，直至最終成爲完全獨立於蘇聯的國家。戈爾巴喬夫想召集克格勃的力量解決問題，但在公開化的形勢之下，他們在公開場合上的一舉一動都暴露於各種媒體。此時，對於戈爾巴喬夫而言，來自西方的支持對維持他的權位太過重要了，根本不能輕易地放棄掉。與斯大林時期蘇聯可能采取的全面鎮壓手段相比，此時戈爾巴喬夫所擁有的選擇已非常有限。波羅的海國家的獨立風潮愈演愈烈，他爲聯盟最高領導人幾乎已無計可施了，最終只得同意3國的脫離。

此外，更令戈爾巴喬夫震驚的是，甚至各共和國黨內老式的強硬派勢力也希望更加獨立。在蘇聯最後動蕩的歲月裡，他們突然意識到擁有更大自主權就能使他們擺脫過去莫斯科的影響和控制，更容易利用腐敗聚斂非法財富。特別是在中亞地區，除了各民族間的民族分離主義情緒外，更多自由對政府高層人士來說，其最重要的吸收力莫過於他們通過腐敗和裙帶政治獲得的大量非法利益將得到更多保證，因爲藉著自由之名莫斯科的改革派勢力再也不能公然干涉他們的統治了。

對於如何將各共和國的獨立與各共和國之間達成某種程度的協調關系統籌起來（特別在防務方面，類似的統籌協調更顯重要），戈爾巴喬夫構想了新的方案，即所有共和國將重新構建一個新體系，後來也被稱爲「獨立國家聯合體」。然而，殘存的蘇共根本不可能接受這樣的想法，無論是各共和國之間的新條約，還是戈爾巴喬夫所提出的其他宣傳噱頭。蘇共黨內，反對戈爾巴喬夫的勢力耗費了相當長時間才意識到

他和他的改革極爲危險，對他的不滿亦持續積累著，在其看來，戈氏的改革形式大於內容，完全是爲鞏固其政治權位並攫取更大權力。在他的改革之下，蘇聯武裝力量受到嚴重的損害，軍事工業體系亦處於停滯狀態。作爲蘇共黨和國家的最高領導人，戈爾巴喬夫根本就是愧對他所擔負的拯救大廈於既倒的責任。

聯盟與各共和國的條約（本質上，解除了中央政府對各加盟共和國的控制），顯然是壓垮蘇聯的最後一根稻草。政治上的意義自不必多言，從蘇聯軍事及軍工體系角度看，各共和國獨立地位的確立極大地削弱了蘇聯作爲完整國家的軍事工業基礎。在斯大林創建這套體系之時，他就故意將聯盟的整個軍事工業體系分散配置於各個共和國，每個共和國的工業都需要依賴其他不同共和國產品或資源作爲配套。如果沒有了完整的蘇聯經濟體系，幾乎所有共和國都無法研制和生產復雜的武器裝備。而現有的大型武器系統顯然無法永久性地使用下去。因而從此角度看，如果聯盟各共和國之間的政治、經濟聯系被削弱甚至被割裂，整個蘇聯的軍事工業將在短期內徹底崩潰。軍隊無疑是維持整個聯盟在形式上保持完整的重要保證，但軍事工業既然都已瓦解，蘇軍作爲一支軍隊的物質基礎就將動搖。現在並不清楚，當時戈爾巴喬夫是否意識到了他所構想的政治藍圖所帶來的如此災難性的後果。

爲了阻止戈爾巴喬夫，蘇共高層的政變計劃開始醞釀。政變的模式與之前反赫魯曉夫的政變幾乎如出一轍：聯絡盡可能多的黨的高級成員，逼迫黨的主席交出權力。1991年8月19日，當戈爾巴喬夫遠在克里米亞半島之時，政變者宣布國家進入緊急狀態，強行接管整個中央政權。當時，戈氏正准備從克里米亞返回首都與齊赴莫斯科的各個共和國代表簽訂條約，而政變團體可能並未意識到戈爾巴喬夫的變革對社會的深刻影響。當政變團體發出緊急狀態令並下令軍隊攻占反對派總部並逮捕反中央政府的陰謀家時，黨內從改革中獲得權力的新貴們很快聚集在俄羅斯共和國總統鮑里斯·葉利欽周圍，他們利用剛剛嘗試了自由滋味的首都市民對以往共產黨統治的厭惡，全面阻擊執行政變命令的軍隊。整個過程並未爆發嚴重衝突，因爲很多軍隊本身就拒絕執行上級的命令。一周之內，政變就被瓦解。

在這次未遂的政變中，葉利欽獲得了政治威望，鞏固了其政治權力。在西方看來，這次政變是蘇共保守派勢力試圖阻止改革繼續下去的垂死反撲。政變爆發後，葉利欽立即展開了反擊，他要求將煽動此次政變的蘇聯共產黨列爲非法組織。對此，名義上仍是蘇共最高領導人的戈爾巴喬夫，作爲蘇聯議會選舉出的總統（盡管很大程度上那次選舉被操縱），只能含糊地稱他不會放棄他的共產主義信仰。此時，他顯然已失去了絕大部分的權力。1991年11月6日，葉利欽廢除了俄羅斯共產黨的合法地位，並公開查沒黨的財產，最終他以煽動政變爲名將蘇共送上了審判台。

這次失敗政變的正式後果在次月的6日顯現，新的國家委員會投票一致同意承認波羅的海三國的獨立。之後，其他共和國陸續宣布獨立。在此過程中，大多數共和國

亦同意與戈爾巴喬夫談判簽訂新的聯盟條約，但到當年11月底談判完全破裂了。關於新聯盟命運的致命一擊，是1991年12月烏克蘭舉行全民公投後作出的獨立決定。[1] 此刻，戈爾巴喬夫徹底失去了舞台，因爲當時他只是一個不再存在的國家的總統。

由於蘇聯國家體系的全盤性崩潰，冷戰得以在20世紀最後一個10年之初畫上句號。反對戈爾巴喬夫的那些人是對的，他的改革使蘇聯逐漸陷入萬劫不復的深淵。只要這個國家仍然存在，他在政治生涯注定是短暫的現象。對於那些贊賞戈爾巴喬夫的西方國家，他們應該清楚，在戈爾巴喬夫執政的幾年時間裡存在著他被更爲強硬的領導人取代的可能性，比如像保守的勃列日涅夫，或者更有魄力和決斷力的斯大林那樣的人。在戈爾巴喬夫退出歷史的舞台後，俄羅斯開始緩慢且充滿不確定性地向著構建新國家體系的方向前進，新體制的運行將主要依托成熟的法制框架，而不再簡單地遵循單一政黨的意志。

當蘇聯解體之後，它曾引以爲傲的、同時也是其國家實力支柱的軍事工業，亦開始逐漸枯萎。過去的計劃經濟體系下，它們所需的原料和零部件都以指令的方式由位於其他共和國的類似企業提供。現在，當曾經完整的企業生產鏈條不復存在，各企業必須按經濟活動本身的邏輯運營；經濟體系的急劇轉軌，致使各個企業在生產時急需現金流，但考慮到蘇聯末期經濟體系的凝滯狀態，這種轉軌所面臨的困窘可想而知。經濟困境的出現使原蘇聯各加盟共和國在軍事領域面臨更大挑戰，沒有哪個國家能夠生產所需的所有軍事裝備，因爲統一的中央政府不復存在，各國政府無法控制其軍工體系所需的所有資源與力量。各國幸存的軍事工業企業，一邊甚至發不出工資，另一方面其倉庫中卻堆積著大量爲第三次世界大戰作准備的武器裝備。

米哈伊爾·戈爾巴喬夫似乎應對國家的崩潰負完全責任。他從未真正理解他所統治的國家實際上建立在恐怖（而非任何某類來自基層的支持）之上。在他統治的時期，絕大部分蘇聯國民已將黨的高層視作極端自利、不顧民眾的寄生階層。普通大眾後來可能會對改革後期整個社會秩序的喪失而遺憾，或者爲國家曾經享有的國際威望和經濟安全而婉惜；但他們同時也會厭惡地意識到當時的統治階層從國家攫取、盜竊了大量本應屬於全民的財富。因此，當危機來臨之時，很少有人會願意保衛這個政權、這個黨。

在解體過程中，作爲現任政府的各共和國共產黨組織仍然在很大程度上控制著各國的經濟。在大廈將傾之際，黨的各級領導干部大肆攫取其控制范圍內的國家和集體財富，與犯罪組織相勾結形成了之後所稱經濟寡頭團體和黑手黨組織。伴隨蘇聯解體的，還有蘇聯共產黨根深蒂固的觀念（向外擴張消滅西方競爭性的政治和社會制度）的徹底消亡。解體後的社會轉型期內，各國民眾生活水平急劇降低，很多譴責西方的

---

[1] 馬特洛克：《剖析帝國》，第607-608頁、第612頁、第622-629頁（Matlock, *Autopsy on an Empire*, 607～608, 612, 622～629）。

顛覆造成了他們的不幸，很多人甚至懷舊地回憶起過去俄羅斯和蘇聯所享有的榮光，以及蘇聯令西方瑟瑟發抖的往事。顯然，類似的情緒大都缺乏應有的意識形態維度，正是由於蘇聯期望向全球輸出共產主義意識形態的雄心使西方高度警惕並竭力反抗。

　　蘇聯解體的災難性事件還使人們回想起沙皇時代的帝俄的崩潰，末代沙皇同樣未能真正地認清，他所統治的帝國取決於軍隊和警察對社會的壓制，而並非獲得了多少民眾的支持。

　　還可將蘇聯解體的過程與第一次世界大戰結束時德國崩潰過程進行有趣的對比。1918年10月，德軍統帥埃里希·魯登道夫元帥遭遇重大軍事失敗，他最後在西線發起的一次大規模進攻完全失利，協約國的反擊則進展順利。戰局明了後，他告訴德皇威廉二世稱，游戲已結束了，德國最好還是投降。這些言論在德國社會廣泛流傳。此前戰爭中德國人忍受著恐怖的犧牲希望獲得勝利，但當這一切來臨時他們突然感覺以往的努力和犧牲毫無意義。當然，幾天內魯登道夫意識到並非所有籌碼都輸得一干二淨，德國軍隊還能夠撤回防御態勢，繼續堅持下去戰事可能至少拖延至1919年底。只要軍隊堅持時間越久，那麼德國所能爭取的戰爭結束條件就越有利。但不幸的是，當魯登道夫准備把他的設想提交給德皇時，國內形勢已爆發巨變。絕大多數德國人已得知戰爭失敗，人心渙散再難以收拾。

　　在蘇聯解體期間，蘇聯軍隊領導層亦扮演了類似魯登道夫的角色，在形勢惡化之際，他們告訴戈爾巴喬夫稱，除非他能控制其激烈的改革否則「游戲就將結束」。為了掌控形勢，戈爾巴喬夫發現自己不得不采取越來越激進、冒險的措施，這些措施最終被證明是極為致命的。與魯登道夫類似，在最後關頭，蘇軍高層逐漸意識到情況並未糟糕到想象的程度，蘇聯在軍事上仍有可為。畢竟「星球大戰」計劃仍只是設想，蘇聯的核威懾仍具有重要價值，至於那些賦予西方常規優勢的靈巧武器和新技術裝備的重要性遠未達到影響兩國基本力量對比的程度。與此同時，戈爾巴喬夫的冒險（即接受軍方最初的建議）似乎亦導致不斷惡化的形勢。因此，當最後蘇共高層聯合軍方准備放手一搏時，大部分蘇聯民眾在公開化的社會氛圍下，已對形勢發展有了自己的認識（即普遍認定可怕錯誤的冷戰已經結束了），至此未遂的政變也就成為必然。

　　蘇聯崩潰解體之迅速同樣令西方震驚。他們也有疑問，比如，如果更早地采取堅定的政策能否使冷戰盡早結束，如此全球就不必生活在對抗的核恐怖平衡之下，從而減少東西方對抗的成本？羅納德·里根，顯然出現在一個絕佳的時刻，其進入政治舞台中心時適逢成熟的西方新技術革命為其帶來與投入相比完全不成比例的全面優勢。如果類似里根這樣的強硬領袖早十年走上與蘇聯對抗的前台，他大力增加防務投資的舉動可能只能有限地改善西方的防御態勢（此時技術革命仍未完全開始，西方同樣的投資無法帶來更高的軍事優勢回報；至於打擊蘇聯經濟的遏制油價戰略同樣在70年代中東產油國與西方關系惡劣之際難以實施），遠未達成之後那樣的、對蘇聯構成威脅

的效果；而如果類似的人物晚出現十年，蘇聯就可能通過士氣低落的西方獲得其所需的革命性新技術，從而推進其國內的工業再現代化，從而避免類似後來那種激進的改革。畢竟，戈氏所推進的徹底摧毀蘇聯體系的改革之所以被認為是不可避免的，只是因為蘇聯的軍事工業無法滿足新軍事事務革命的需求；而不是因為蘇聯經濟體系無法維持蘇聯國民的生活水平。蘇聯體系的失敗甚至可追溯至20年前勃列日涅夫時代的決策，比如他放任軍事工業復合體的瘋狂發展。也許，早在1964年蘇共以自利的邏輯否決了赫魯曉夫的有限改革之時，就已經注定了失敗。

同期，西方日益增長的優勢和自信，亦使戈爾巴喬夫在推進其改革時難有選擇（特別是那些西方所厭惡的選項，比如幫助他保護或維持黨的權力）。當然，在當時西方亦無人意識到，80年代西方決定發起的決定性攻勢，只不過是冷戰過程中眾多戲劇性決策中的一個；他們以為西方主要國家以設計精妙的戰略和靈巧的政治手腕贏得了最終勝利，但實際上他們與蘇聯一樣，都只是在一場結局未知的賭局中投注的玩家。戰爭是骯髒、凌亂，且迷霧重重的衝突，勝者通常只是犯了更少錯誤的一方，而非完美地實施某種戰略的一方。

西方贏得了冷戰。蘇聯並非只是不再對東西方的對抗感興趣了，更確切地說，他們輸掉了這場持續近40年的戰爭，而且為自己的戰敗付出了代價。

對西方而言，勝利似乎奇怪地欠缺應有的滋味。勝利的主要果實，是結束了蘇聯對西歐和北美的直接威脅，但西方並未因此而大肆慶祝。蘇聯的威脅已持續了如此之長的時間，以致於大多數西方民眾在生活中已很少會意識到威脅的存在而且他們同樣會震驚於冷戰之後的世界為何變得如此野蠻和難以控制。如果和平都是如此的話，那麼戰爭狀態下將會如何？對於美國來說，冷戰結束的方式至今仍讓他們有所感受，特別是面對冷戰後不確定性增強的世界格局。

冷戰結束並不意味著共產主義政權的終結，幸存的共產主義國家，中國、古巴、越南和朝鮮無疑從蘇聯的失敗中吸收了教訓。蘇聯崩潰前，中國和越南顯然已意識到了蘇聯的問題，全面僵化的計劃經濟體制難以適應變化中的世界，僅靠強大的武裝力量和國內控制保證不了國家安全。為此，中國領導人鄧小平決定首先將改革聚焦於中國的經濟體系，軍事和防禦需求則置於較次要的位置。同期，為了減少因聚焦經濟改革而導致的軍事能力削減對國家安全帶來的風險，中國靈活地運用「美國牌」來平衡蘇聯在北方的威脅，加之同期蘇聯在阿富汗的戰事，更堅定了中國實施改革的決心。鄧小平希望降低國家對經濟活動的干涉，將西方市場經濟體系嫁接到中國的計劃經濟體制內；同時，在此過程中，他不能（也不願）破除黨對國內大多數工業、乃至整個社會的控制。中國人的謹慎取得了回報，他們逐漸實現了戈爾巴喬夫所設想的改革效果，當然蘇聯在改革期間出現的問題，包括體制性腐敗和裙帶政治等痼疾也都在中國出現。鄧小平去職後，他的繼任者仍繼續堅持改革，力圖使國有經濟更具效率。

　　經過數十年的努力，中國建立起頗具效率的混合經濟體制，當然似乎這種經濟體制難以保持穩定。某種程度上，一些東歐國家在80年代也曾建立起類似的混合經濟模式，但之後形勢發展證明它仍是不穩定的。自改革開放後，很多中國公民希望獲得西方的商品，這些商品在中國國內的供應使他們或多或少地得到滿足，一些人亦能興辦活躍的私營部門通過對外出口賺取利益。由於能更好地協調、配置改革的利益，中國比蘇聯更好地保持了社會的穩定。

　　在中國的社會推行某種形式的民主從未被提到鄧小平的議程中，正如戈爾巴喬夫在改革時也從未想到過給予其人民真正的民主。當然，正如里根意識到的，當社會形成了自由經濟體系將幾乎不可避免地引發社會政治體系的開放那樣，中國的政治開放進程亦導致了1989年的天安門事件。主導改革的中國共產黨不能放棄開放的經濟，但又竭力維持原有的政治格局，因此他們必須面對可能的政治後果。對於鄧小平而言，同期蘇聯的形勢發展證明了他的預想，即改革不能冒使黨失去權力的風險。因而，當蘇聯一步步不可逆轉地隱沒於歷史中時，中國共產黨果斷采取了行動，在動蕩的社會中幸存了下來。

　　為了追求黨執政地位的合法性，中國共產黨開始更多地訴諸於民族主義，將自己視為國家主權和利益的捍衛者，帶領飽經恥辱的中國民眾一掃過去的屈辱。如果黨對此是認真的，他們需要現代化國家的經濟，提升中國的國家實力並堅決維護國家利益。1979年中國在越南的軍事行動正暗示了這樣一種選擇。與斯大林類似，中國共產黨可能帶給自己的國民以幻覺（他們實際上已擁有現代化的軍事能力），正如1996年台海危機中中國向海峽發射了幾枚導彈那樣。

　　在蘇聯解體之前的20多年前，毛澤東曾評論認為，如果赫魯曉夫有意識地圍繞他個人建立斯大林式的個人崇拜，他就不會垮台。20年之後，毛的繼任者們可能對一個問題也很好奇，即當蘇聯共產黨本身對蘇聯國民已明顯不再具備吸引力時，是否是由於因為戈爾巴喬夫缺乏勇氣（或意識）利用民族主義去掌控形勢，才最終輸掉了一切。對此，正面看待戈爾巴喬夫的人士可能反駁認為，他承擔不起打民族主義牌所可能付出的代價，因為蘇聯顯然是個多民族的國家，他本人作為俄羅斯族裔的領導人，根本無從用起民族主義。畢竟，俄羅斯人可能被俄羅斯的民族主義訴求而喚醒，那麼烏克蘭人、烏茲別克斯坦人呢？事實上，正是民族主義拆毀了蘇聯。而中國，盡管也是一個多民族的大國，但它仍是個單一制的國家，即便西藏或新疆這樣的民族主義意識強烈的地區，亦無法因訴諸民族主義情緒而獲得更多的自治權利。因而，中國在對待內、外部壓力時，可以自由地在民族主義或共產主義之間轉換，而蘇聯卻缺乏這樣的條件。只有當蘇聯解體後，俄羅斯的政治家們才當然地舉起具有沙文主義色彩的俄羅斯民族主義旗幟。

　　南斯拉夫是另一個在冷戰結束過程中可堪比擬蘇聯結局的例子。與蘇聯類似，狄

托創建的南斯拉夫亦是個多種族的國家，它主要由塞爾維亞民族主導的共產主義政府所統治。而且與蘇聯更爲相似的是，該國亦由各主要民族組成的准自治共和國聯合組成。狄托之所以能維持國家完整，部分原因在於中央政府竭力壓制任何內部的民族主義情緒。但隨著狄托逝世，以及共產主義制度在該國的失敗，訴諸民族主義逐漸成爲其國內政治人士獲得更大權力的手段，這同樣使南斯拉夫最終分裂。

　　對外界而言，中國共產黨訴諸民族主義將是一步對外極具威脅性的自我解脫之舉。但對冷戰後斯洛博丹·米洛捨維奇（Slobodan Milosevic）治理下的塞爾維亞來說，民族主義卻可能帶來更令人恐懼的後果。米洛捨維奇總統脫胎於前南斯拉夫共產黨政府。1987年，他就意識到黨的未來前景暗淡，想要掌握更高權力必須借助於塞爾維亞當時正日益高漲的民族主義情緒。正如此前在共產主義政府中那樣，他始終將攫取權力視作更富價值的目標，至於手段則並不重要，例如社會政策只是裝點門面的外飾，關鍵在於能否維持自己的權力。由於執政邏輯更多地聚焦於訴諸民族主義以維持其權力，對於其他國家政府而言在想要與米洛捨維奇打交道時顯得更爲困難。事實上，他顯然認定西方在90年代中後期對本國的攻擊（先是在波斯尼亞、之後又在科索沃），很可能使他更受民族主義情緒高漲的國民歡迎，因而采取了激進的對抗策略。推測起來，很多出身於前蘇聯時期的舊式官僚，也都有利用類似的民族主義情緒的動機。

　　在東南亞，雖然對中國抱有強烈的戒心，但越南還是在80年代後期以中國的半資本主義改革爲樣本，啓動了本國的改革進程，其改革的目標顯然是希望通過改革提升本國實力以更有效地抗衡北方強鄰。值得注意的是，在90年代，出於對改革可能會危及本國共產主義制度的擔憂，越南的政治和經濟改革步伐甚至有所倒退。

　　古巴則是另一個有趣的幸存下來的共產主義國家。當蘇聯和後來的俄羅斯因自顧不暇取消了對該國的援助後，菲德爾·卡斯特羅對內采取嚴厲的緊縮措施，對外則積極吸引外國資金，比如通過旅游增加收入。這些措施確保古巴渡過了蘇聯解體後失去外援最困難的一段時期。之後，他的一些經濟學家又敦促他重視自由市場體系的優點，到1997年秋季時他對國內社會和政治發展方向作出了決策，堅持共產主義（即繼續維持黨的領導）比繁榮更加重要，這明確了未來的方向。鑒於美國明顯已再無入侵古巴的意圖，古巴亦無需再維持較高的防務投入，從而有余力提高國內民眾生活水平以維持穩定局勢。對於古巴的未來，卡斯特羅看了太多的涉及東歐和蘇聯人民推翻共產主義政權的紀錄影片，他清楚後者的共產主義制度之所以失敗，源於其內部的分化和民眾的不滿，因此他耗費了更多精力保持黨的治理不與民眾相脫離，從而將古巴的共產主義政權維持至今。

　　朝鮮的共產主義政權則選擇了毛澤東的道路，並堅持開發核武器借此震懾潛在的敵人。1999年，盡管該國經歷了數年嚴重的饑饉，但僅勉強接受了國際糧食援助，而

且毫無效仿中國開放其封閉經濟體系的跡象（僅在北部朝俄邊境地區開放了一小塊自由貿易區），但依賴類似斯大林的恐怖手段該國仍大體上維持了政權的存續。顯然，其國內形勢難稱得上穩定。

　　無論這四個僅存的共產主義國家未來如何發展，其必定深切地感受到戈爾巴喬夫的失敗以及西方的勝利所帶來的影響。

圖中照片攝於1988年12月7日美蘇首腦的最高會晤。照片中從左至右分別為美國副總統喬治·布什（此後他接任里根的職權成為下任美國總統），美國總統羅納德·里根和蘇聯領導人米哈伊爾·戈爾巴喬夫。拍攝此照片時，蘇聯在東歐的統治體系僅剩余約1年的存在時間，而蘇聯本身雖仍稱得上是超級大國，但距其最後的崩潰也僅余不到3年時間。即便戈爾巴喬夫清楚地懂得蘇聯已病入膏肓，但他此時除了微笑外，根本為力扭轉頹勢。（美國海軍學院）

參考書目

Aerojet ex-employee（Bernie Dornan, Short Feldbush, Bob Grodon, Myra Grenier, Carson Hawk, Myron Lipow, Jack Orr, Joe Peterson, Mike Pompa, Ken Peric, Phil Umholtz, and Howard Williams）. *Aerojet: The Creative Company.* San Dimas, Calif.: Aerojet History Group, 1995.

Aldous, Richard, and Sabine Lee. *Harold Macmillan and Britain's World Role.* Basingstoke, England: Macmillan, 1996

Aldrich, Richard J., ed. *British Intelligence and the Cold War, 1943~1951.* London: Routledge, 1992

Alexander, Martin S., ed. *Knowing Your Friends: Intelligence Inside Alliances and Coalitions from 1914 to the Cold War.* London: Frank Cass, 1998

Allin, Dana H. *Cold War Illusions: America, Europe, and Soviet Power, 1969~1989.* New York:St. Martin's Press, 1994

Ambrose, Stephen E. Eisenhower: The President. New York: Simon & Schuster, 1984.

——. *Ike's Spies: Eisenhower and the Espionage Establishment.* Garden City, N.J.: Double-day, 1981.

Andrew, Christopher, and Oleg Gordievsky. *KGB: The Inside Story.* London: Hodder & Stoughton, 1990.

Antonov-Ovseyenko, Anton. *The Time of Stalin: Portrait of a Tyranny.* New York: Harper & Row, 1981.

Arbatov, Georgi. The System: *An Insider's Life in Soviet Politics.* New York: Times Books, 1992.

Arnold, Guy. Wars in the *Third World since 1945.* London: Cassell, 1991.

Arnold, James R. *The First Domino: Eisenhower, the Military, and America's Intervention in Vietnam.* New York: William Morrow, 1991.

Ashton, Nigel John. *Eisenhower, Macmillan, and the Problem of Nasser: Anglo-American Relations and Arab Nationalism, 1955~1959.* London: Macmillan, 1996.

Bacevich, A. J. *The Pentomic Era.* Washington, D.C.: National Defense University, 1986.

Ball, Nicole, and Milton Leitenberg, eds. *The Structure of the Defense Industry: An International Survey.* New York: St. Martin's, 1983.

Ball, S. J. *The Gold War: An International History, 1947~1991.* London: Arnold, 1998.

Barlow, Jeffrey G. *Revolt of the Admirals: The Fight for Naval Aviation, 1945~1950.* Washington, D.C.: Naval Historical Center, 1994.

Barron, John. *Operation Solo: The FBI's Man in the Kremlin.* Washington, D.C.: Regnery, 1996.

Baylis, John. *Ambiguity and Deterrence: British Nuclear Strategy, 1945~1964.* Oxford: Clarendon Press, 1995.

——.*Anglo-American Defense Relations, 1939~1984.* London: Macmillan, 1984.

Becker, Jasper. *Hungry Ghosts: China's Secret Famine.* London: John Murray, 1997.

Bellamy, Christopher. *The Evolution of Modern Land Warfare: Theory and Practice.* London: Routledge, 1990.

Benson, Robert Louis, and Michael Warner, eds. *Venona: Soviet Espionage and the American Response, 1939~1957.* Washington, D.C.: NSA and CIA, 1996. "Venona" was the code name for decryption of a series of wartime and early postwar KGB messages, code names in which revealed numerous Soviet spies, such as the Rosenbergs and Alger Hiss. This Volume includes some summaries of contemporary U.S. data on Soviet espionage activities.

Berdal, Mats R. *The United States, Norway, and the Cold War, 1954~1960.* London: MacMillan/St. Anthony's, 1997.

Berezhkov, Valentin M. *At Stalin's Side: His Interpreter's Memoirs, from the October Revolution to the Fall of the Dictator's Empire.* New York: Birch Lane Press, 1994.

Beschloss, Michael R. *The Crisis Years: Kennedy and Khrushchev, 1960~1963.* New York: HarperCollins, 1991.

——, ed. *Taking Charge: The Johnson White House Tapes, 1963~1964.* New York: Simon & Schuster, 1997.

Bethell, Leslie, ed. *Latin America: Economy and Society Since 1930.* Cambridge, England: Cambridge University Press, 1998.

——. *Latin America: Politics and Society Since 1930.* Cambridge , England: Cambridge University Press, 1998.

Bill, James A. T*he Eagle and the Lion: The Tragedy of American-Iranian Relations.* New Haven: Yale University Press, 1988.

Bill, James A., and William Roger Louis, eds. *Musaddiq, Iranian Nationalism, and Oil.* London: I.B. Taurus, 1988.

Bissell, Richard M., Jr. *Reflections of a Cold Warrior.* New Haven: Yale University Press, 1996.

Blacker, Coit D. *Hostage to Revolution: Gorbachev and Soviet Security Policy, 1985~1991,* New York: Council on Foreign Relations, 1993.

Blasier, Cole. *The Hovering Giant: U.S. Response to Revolutionary Change in Latin America, 1910~1985,* Pittsburgh: University of Pittsburgh Press, 1985.

Bloodworth, Dennis. *The Messiah and the Mandarins: Mao Tse-Tung and the Ironies of Power.* New York: Atheneum, 1982.

Bluth, Christoph. *Britain, Germany, and Western Nuclear Strategy.* Oxford: Clarendon Press, 1995.

Botti, Timothy J. *Ace in the Hole: Why the United States Did Not Use Nuclear Weapons in the Cold War, 1945 to 1965.* New York: Greenwood, 1996.

——.*The Long Wait: The Forging of the Anglo-American Nuclear Alliance, 1945~1958.* New York: Greenwood, 1987.

Bowie, Robert R., and Richard H. Immerman. *Waging Peace: How Eisenhower Shaped an Enduring Cold War Strategy.* New York: Oxford University Press, 1998.

Brackman, Arnold C. *The Communist Collapse in Indonesia.* New York: W. W. Norton, 1969.

Brands, H. W. *Inside the Cold War: Loy Henderson and the Rise of the American Empire, 1918~1961.* New York: W. W. Norton, 1991.

Bregman, Ahron, and Jihan El-Tahri. *The Fifty Years War: Israel and the Arabs.* London: BBC/Penguin Books, 1998.

Brinkley, Douglas. *Dean Acheson: The Cold War Years, 1953~1971.* New Haven: Yale University Press, 1992.

Brogan, Patrick. *World Conflicts: Why and Where They are Happening.* Rev. ed. London: Bloomsbury, 1992.

Bruce-Briggs, B. *Shield of Faith: The Hidden Struggle for Strategic Defense.* New York: Simon & Schuster, 1988.

Brzezinski, Zbigniew. *Power and Principle: Memoirs of the National Security Adivsor, 1977~1981.* Rev. ed. New York: Farrar Straus Giroux, 1985.

Buderi, Robert. *The Invention That Changed the World: How a Small Group of Radar Pioneers Won the Second World War and Launched a Technological Revolution.* New York: Simon & Schuster, 1996.

Bullock, Alan. *Ernest Bevin, Foreign Secretary.* Oxford: Oxford University Press, 1985.

——.*Hitler and Stalin: Parallel Lives.* London: HarperCollins, 1991.

Bundy, McGeorge. *Danger and Survival: Choices about the Bomb in the First Fifty Year.* New York: Random House, 1988.

Bush, George, and Brent Scowcroft. *A World Transformed.* New York: Alfred A. Knopf, 1998.

Chuev, Felix. *Molotov Remembers: Inside Kremlin Politics.* Chicago: Ivan R. Dee, 1993.

CIA Center for the Study of Intelligence. *The Origin and Development of the CIA in the Administration of Harry S. Truman: A Conference Report.* CSI 95-001. March 1995.

   (Referred to in text as "CIA Conference Report".)

Clark, Ian. *Nuclear Diplomacy and the Special Relationship: Britain's Deterrent and America, 1947~1962.* Oxford: Clarendon Press, 1994.

Clayton, Anthony. *The Wars of French Decolonization.* London: Longman, 1994.

Clayton, David. *Imperialism Revisited: Political and Economic Relations Between Britain and China, 1950~1954.* London: Macmillan, 1997.

Clifford, Clark, and Richard Holbrooke. *Counsel to the President.* New York: Random House, 1991.

Clogg, Richard. *A Concise History of Greece.* Cambridge, England: Cambridge University Press, 1992.

Cochran, T.B., W.M. Arkin, and M.M. Hoenig. *U.S. Nuclear Weapons.* Vol. 1 of *Nuclear Weapons Databook.* Cambridge: Ballinger, 1984.

Cochran, T.B., W.M. Arkin, R.S. Norris, and M.M. Hoenig. *U.S. Nuclear Warhead Production.* Vol.2 of *Nuclear Weapons Databook.* Cambridge: Ballinger, 1987.

Cochran, T.B., W.M. Arkin, R.S. Norris, and J.I. Sand. *Soviet Nuclear Weapons.* Vol.4 of *Nuclear Weapons Databook.* New York: Harper & Row, 1989.

Cohen, M.J. *Fighting World War Three from the Middle East: Allied Contingency Plans, 1945~1954.* London: Frank Cass, 1997.

Collier, Simon, and William F. Sater. *A History of Chile, 1808~1994*. Cambridge Latin American Studies Series, vol. 82. Cambridge, 1996.

Condit, D.M. *See* U.S. Office of the Secretary of Defense.

Condit, K.W. *See* U.S. Joint Chiefs of Staff.

Conquest, Robert. *Stalin and the Kirov Murder*. Oxford: Oxford University Press, 1989.

——.*Stalin, Breaker of Nations*. London: Weidenfeld & Nicholson, 1991.

Converse, E.V., III. "*U.S. Plans For A Postwar Overseas Military Base System, 1942~1948*". Ph.D. diss, Princeton University, 1984.

Copeland, Miles. *The Game of Nations: The Amorality of Power Politics*. New York: Simon& Schuster, 1969.

——.*The Game Player: Confessions of the CIA's Original Political Operative*. London: Aurum Press, 1989.

Cornish, Paul. *British Military Planning for the Defence of Germany, 1945~1950*. London: Macmillan, 1996.

Costello, John, and Oleg Tsarev. *Dangerous Illusions*. New York: Crown, 1993.

Courtois, Stephane, Nicolas Werth, and Jean-Louis Panne et al. *Le livre noire du communism: Crimes, Terreur, Repression* (The Black book of communism: Crimes, terror, and repression). Paris: Robert Laffont, 1997.

Cowell, Alan. *Killing the Wizards: Wars of Power and Freedom from Zaire to South Africa*. New York: Simon & Schuster, 1992.

Crampton, R.J. *East Europe in the Twentieth Century—and After*. 2d ed. London: Routledge, 1997.

Cribb, Robert, and Colin Brown. *Modern Indonesia: A History Since 1945*. London: Longman, 1995.

Cronin, James E. *The World the Cold War Made: Order, Chaos, and the Return of History*. London: Routledge, 1996.

Dallek, Robert. *Flawed Giant: Lyndon Johnson and His Times, 1961~1973*. Oxford: Oxford University Press, 1998.

Darwin, John. *Britain and Decolonisaztion: The Retreat from Empire in the Post-War World*. London: Macmillan, 1988.

Davidson, Phillip B. *Vietnam At War: The History, 1946~1975*. New York: Oxford University Press, 1988. Lieutenant General Davidson was chief intelligence officer in Vietnam in 1968~1969.

Deighton, Anne. *The Impossible Peace: Britain, the Division of Germany, and the Origins of the Cold War*. Oxford: Clarendon Press, 1993.

Destler, I.M., Leslie H. Gelb, and Anthony Lake. *Our Own Worst Enemy: The Unmaking of American Foreign Policy*. New York: Simon & Schuster, 1984. Lake was President Bill Clinton's first national security advisor.

Devereux, David R. T*he Formulation of British Defence Policy towards the Middle East, 1948~1956*. London: Macmillan, 1990.

Dinerstein, H.S. *War and the Soviet Union*. Rev. ed. New York: Praeger, 1962.

Djilas, Milovan. *Conversations With Stalin*. New York: Harcourt, Brace & World, 1962.

——.*Fall of the New Class: A History of Communism's Self-Destruction*. New York: Alfred A. Knopf, 1998.

Dobbs, Michael. *Down with Big Brother: The Fall of the Soviet Empire*. New York: Alfred A. Knopf, 1996.

Donaldson, Gary A. *America at War since 1945: Politics and Diplomacy in Korea, Vietnam, and the Gulf War*. Westport, Conn.: Praeger, 1996.

Donghi, Tuilio Halperin. *The Contemporary History of Latin America*. Durham, N.C.: Duke University Press, 1993.

Duffield, John Stuart. "*The Evolution of NATO'S Conventional Force Posture*." Ph.D. diss., Princeton University, 1989.

——.*Power Rules: The Evolution of NATO's Conventional Force Posture*. Stanford, Calif.: Stanford University Press, 1995. This revised version of Duffield's Ph.D. dissertation includes new tables showing NATO forces at various times.

Duffy, Paul, and Andrei Kandalov. *Tupolev: The Man and His Aircraft*. Shrewsbury, England: Airlife, 1996.

Duiker, William J. *The Communist Road to Power in Vietnam*. Rev. ed. Boulder, Colo.: West-view, 1996.

Dunbabin, J. P. D. *The Cold War: The Great Powers and Their Allies*. London: Longman, 1994.

Dunlop, John B. *The Rise of Russia and the Fall of the Soviet Union*. Princeton: Princeton University Press, 1993.

Dunn, Peter M. T*he First Vietnam War*. New York: St. Martin's Press, 1985.

Einthonen, Alain C., and Wayne K. Smith. *How Much Is Enough? Shaping the Defense Program, 1961~1969*. New York: Harper & Row, 1971.

Erickson, John. *The Road to Stalingrad*. London: Weidenfeld & Nicholson, 1975.

Erickson, John, Lynn Hansen, and William Schneider. *Soviet Ground Forces: An Operational Assessment*. Boulder, Colo.: West-view; London: Croom Helm, 1986.

Etzold, Thomas H., and John Lewis Gaddis, eds. *Containment: Documents on American Policy and Strategy*. New

York: Columbia University Press, 1978.

Fairbank, Hohn K. *China's Revolution: From 1800 to 1985*. New York: Harper & Row, 1986.

Faringdon, Hugh. *Strategic Geography: NATO, the Warsaw Pact, and the Superpower*. 2d ed. London: Routledge, 1989.

Feis, Herbert. *From Trust to Terror: The Onset of the Cold War, 1945~1950*. New York: Norton, 1970.

Fink, Carole, Philipp Gassert, and Detlief Junker, eds. *1968: The World Transformed*. Cambridge, England: Cambridge University Press; Washington, D.C.: The German Historical Institute, 1998.

Ford, Ronnie F.*Tet 1968: Understanding the Surprise*. London: Frank Cass, 1995.

FRIEDMAN, Norman. *U.S. Naval Weapons: Every Gun, Missile, Mine and Torpedo Used by the U.S. Navy from 1883 to the Present Day*. Annapolis, Md.: Naval Institute Press, 1983.

Fursenko, Aleksandr, and Timothy Naftali. *"One Hell of a Gamble": The Secret History of the Cuban Missile Crisis*. New York: Norton, 1997.

Futrell, Robet Frank. *Ideas, Concepts, Doctrine: Basic Thinking in the United States Air Force*. 2 vols. Maxwell, Ala.: Air UNIVERSITY Press, 1989

Gaddis, John Lewis. *Strategies of Containment: A Critical Appraisal of Postwar American National Security Policy*. Oxford: Oxford University Press, 1982.

——.*The United States and the End of the Cold War: Implications, Reconsiderations, Provocations*. New York: Oxford, 1992.

——.*We Now Know: Rethinking Cold War History*. Oxford: Clarendon Press, 1997.

Gaddy, Clifford G. *The Price of the Past: Russia's Struggle with the Legacy of a Militarized Economy*. Washington, D.C.: Brookings Institution Press, 1996.

Gaiduk, Ilya V. *The Soviet Union and the Vietnam War*. Chicago: Ivan R. Dee, 1996.

Gardiner, Robert, ed. *Conway's all the world's fighting ships, 1947~1995*. London: Conway Maritime Press, 1995.

Gardner, Lloyd C., ed. *Spheres of Influence: The Great Powers Partition Europe, from Munich to Yalta*. Chicago: Ivan R. Dee, 1993

Gardner, Lloyd C., and Ted Gittinger. *Vietnam: The Early Decisions*. Austin: University of Texas Press, 1997.

Gates, Robert M. *From the Shadows: The Ultimate Insider's Story of Five Presidents and How They Won the Cold War*. New York: Simon & Schuster, 1996. Gates, is a former CIA director.

Gelb, Norman. *The Berlin Wall: Kennedy, Khrushchev, and a Showdown in the Heart of Europe*. New York: Times Books, 1987.

Gerges, Fawaz A. *The Superpowers and the Middle East: Regional and International Politics, 1955~1967*. Boulder, Colo.: Westview, 1994.

Getting, Ivan A. *All in a Lifetime: Science in the Defense of Democracy*. New York: Vantage, 1989. Getting was a key defense scientist and president of the Aerospace Corp. at its founding in 1960.

Gibson, James N. *Nuclear Weapons of the United States*. Atglen, Pa.: Schiffer, 1996.

Gibson, James William. T*he Perfect War: Technowar in Vietnam*. Boston: Atlantic Monthly Press, 1986.

Ginsbourg, Paul. *A History of Contemporary Italy: Society and Politics, 1943~1988*. London: Penguin Books, 1990.

Glantz, David. *Soviet Military Deception in the Second World War*. London: Frank Cass, 1989.

Glantz, David M., ed. *The Initial Period of War on the Eastern Front, 22 June-August 1941*.

London: Frank Cass, 1933. Proceedings of the Fourth Art of War Symposium, Garmisch, Germany (Bavaria), October 1987.

——.*The Military Strategy of the Soviet Union: A History*. London: Frank Cass, 1992.

Glantz, David, and Jonathan House. *When Titans Clashed: How the Red Army Stopped Hitler*. Lawrence: University Press of Kansas, 1995.

Godement, Francois. *La renaissance de l'Asie* (The new Asian renaissance: From colonialism to the post Cold War). Trans. Elisabeth J. Parcell. London: Routledge, 1997.

Goncharov, Sergei N., John W. Lewis, and Xue Litai. *Uncertain Partner: Stalin, Mao, and the Korean War*. Stanford, Calif.: Stanford University Press, 1995.

Gordon, Yefim, and Vladimir Rigmant. *Tupolev Tu-95/-142 "Bear": Russia's Intercontinental- Range Heavy Bomber*. "Aerofax" Series. Earl Shilton, England: Midlands Publishing, 1997.

Gori, Francesca, and Silvio Pons. *The Soviet Union and Europe in the Cold War, 1943~1953*. London: Macmillan, 1996; sponsored by the Fondazione Giangiacomo Feltrinelli and Fondazione Istituto Gramsci; papers from a conference held in collaboration with the Institute of World History of the Academy of Sciences, Moscow, with the support of the Italian Naitonal Research Council and the Italian Ministry of Foreign Affairs, Cortona, Italy, 23~24 September 1994.

Gough, Jack. *Watching the Skies: The History of Ground Radar in the Air Defense of the United Kingdom*. London: HMSO, 1993.

Grove, Eric J. *Vanguard to Trident: British Naval Policy since World War II*. London: The Bodley Head, 1987.

Gunston, Bill. *The Encyclopedia of Russian Aircraft, 1875~1995*. London: Osprey, 1995.

Gunston, Bill, and Yefim Gordon. *Yakovlev Aircraft since 1924*. London: Putnam, 1997.

Haftendorn, Helga. *NATO and the Nuclear Revolution: A Crisis of Credibility, 1966~1967*. Oxford: Clarendon Press, 1996.

Hail, J. A. *Britain's Foreign Policy in Egypt and Sudan, 1947~1956*. Reading, England: Ithaca Press, 1996.

Halle, Louis J. *The Cold War as History*. London: Chatto & Windus, 1967.

Hammond, Thomas T., ed. *Communist Takeovers*. Baltimore: Johns Hopkins University, 1975.

Hanhimaki, Jussi M. *Containing Coexistence: America, Russia, and the "Finnish Solution", 1945~1956*. Kent, Ohio: Kent State University Press, 1997.

Hansen, Chuck. *U. S. Nuclear Weapons: The Secret History*. Arlington, Tex.: Aerofax; New York: Orion, 1988.

Harford, James. *Korolev: How One Man Masterminded the Soviet Drive to Beat America to the Moon*. New York: James Wiley & Sons, 1997

Haynes, John Earl, and Harvey Klehr. *Venoma: Soviet Espionage in America*. New Haven :Yale University Press, 1999.

Head, William, and Lawrence E. Grinter, eds. *Looking Back on the Vietnam War: A 1990s Perspective on the Decisions, Combat, and Legacies*. Westport, Conn.: Praeger, 1993.

Heller, Francis H., and John R. Gillingham. *NATO: The Founding of the Atlantic Alliance and the Integration of Europe*. Basingstoke: Macmillan, 1992. Papers from a conference at the Harry S. Truman Presidential Library, Independence, Mo., September 1989.

Heller, Michel(Mikhai) and Aleksandr Nekrich. *Utopia in Power: A History of the USSR from 1917 to the Present*. London: Hutchinson, 1986.

Hemsley, John. *Soviet Troop Control: The Role of Command Technology in the Soviet Military System*. London: Brassey's , 1982.

Herring, George C. *LBJ and Vietnam: A Different Kind of War*. Austin: University of Texas Press, 1995.

Herzog, Chaim. *The Arab-Israeli Wars: War and Peace in the Middle East, from the War of Independence through Lebanon*. New York: Random House, 1982.

Heuser, Beatrice, and Robert O'Neill, eds. *Securing Peace In Europe, 1945~1962: Thoughts for the Post-Cold War Era*. New York: St. Martin's Press, 1992.

Hixson, Walter L. *Parting the Curtain: Propaganda, Culture, and the Cold War, 1945~1961*. London: Macmillan Press, 1998.

Hoff, Joan. *Nixon Reconsidered*. New York: Basic Books, 1994.

Hogan, Michael J. *A Cross of Iron: Harry S. Truman and the Origins of the National Security State, 1945~1954*. Cambridge, England: Cambridge University Press, 1998.

Holloway, David. *Stalin and the Bomb: The Soviet Union and Atomic Energy, 1939~1956*. New Haven: Yale University Press, 1994.

Holmes, Leslie. *The End of Communist Power: Anti-Corruption Campaigns and Legitimating Crisis*. New York: Vintage, 1992.

Hoopes, Townsend, and Douglas Brinkley. *Driven Patriot: The Life and Times of James Forrestal*. New York: Vintage, 1992.

Hooton, E. R. *The Greatest Tumult: The Chinese Civil War, 1936~1949*. London: Brassey's , 1991.

Horne, Alistair. *Harold Macmillan, 1957~1986*. Vol. 2. New York: Viking, 1989.

——.*A Savage War of Peace: Algeria, 1954~1962*. Rev. ed. London: Papermac, 1996.

——.*A Small Earthquake in Chile*. 2d ed. London: Macmillan, 1990.

Howson, Gerald. *Arms for Spain: The Untold Story of the Spanish Civil War*. London: John Murray, 1998.

Hunt, Michael H. *The Genesis of Chinese Communist Foreign Policy*. New York: Columbia University Press, 1996.

Hyland, William G. *The Cold War*. New York: Random House, 1991

ILAN, Amitzur. *The Origin of the Arab-Israeli Arms Race: Arms, Embargo, Military Power, and Decision in the 1948 Palestine War*. St. Anthony's Series. London: Macmillan, 1996

Institute ofr Defense Analysis. *The Evolution of U.S. Strategic Command and Control and Warning*. Study S-467, June 1975. Project leader L. Wainstein, with C. D. Cremeans, J. K. Moriarty, and J. Ponturo (declassified 1991).

Isaacson, Walter. *Kissinger: A Biography*. New York: Simon & Schuster, 1992

Isaacson, Walter, and Evan Thomas. *The Wise Men: Six Friends and the World They Made*. New York: Simon & Schuster, 1986.

Isby, David C. *Weapons and Tactics of the Soviet Army*. Rev. ed. London: Jane's, 1988.

Israelyan, Viktor L. *Inside the Kremlin during the Yom Kippur War*. University Park: Pennsylvania State University Press, 1995.

Jiang, Chen. *China's Road to the Korean War: The Making of the Sino-American Confrontation*. New York: Columbia University Press, 1994.

The Joint Chiefs of Staff and the War in Vietnam. Vol. 1. 1940~1954. Wilmington, Del.: Michael Glazier, 1982.

Kaiser, Robert G. *Why Gorbachev Happened*. New York: Simon & Schuster, 1991.

Kalugin, Oleg. *The First Directorate: My Thirty-Two Years in Intelligence and Espionage against the West*. New York: St. Martin's, 1994. Kalugin was a KGB major general, former head of Soviet Counterintelligence.

Karnow, Stanley. *Vietnam: A History*. 2d ed. New York: Penguin Books, 1997.

Karpenko, A. V. *Rossiskoye raketnoye oruzhiye, 1943~1995: Spravochnik* (Russian rocket weapons, 1943~1995: Handbook). St. Peterburg: "PIKA", 1993.

Kasatonova, I. V. *Tri veka Rossiyskogo flota* (Three centuries of the Russian fleet). Vol. 3. St. Peterburg: "LOGOS", 1996.

Keegan, John. *World Armies*. 2d ed. Detroit: Gale Research Company, 1983.

Keep, John. *Last of the Empires: A History of the Soviet Union, 1945~1991*. New York: Oxford, 1995.

Kennedy-Pipe, Caroline. *Stalin's Cold War: Soviet Strategies in Europe, 1943 to 1956*. Manchester: Manchester University Press, 1993.

Kent, John. *British Imperial Strategy and the Origins of the Cold War, 1944~1949*. London: Leicester University Press, 1993.

Kershaw, Ian, and Moshe Lewin, eds. *Stalinism and Nazism: Dictatorships in Comparison*. Cambridge, England: Cambridge University Press, 1997.

Kimball, Jeffrey. *Nixon's Vietnam War*. Lawrence: University Press of Kansas, 1998.

Kissinger, Henry, *Years of Renewal: The Concluding Volume of His Memoirs*. New York: Simon & Schuster, 1999.

Klehr, Harvey, John Earl Haynes, and Kyrill M. Anderson. *The Soviet World of American Communism*. New Haven: Yale University Press, 1998.

Klehr, Harvey, John Earl Haynes, and Fridrikh Igorevich Firsov. *The Secret World of American Communism*. New Haven: Yale University Press, 1995.

Klehr, Harvey, and Ronald Radosh. *The Amerasia Spy Case: Prelude to McCarthyism*. Chapel Hill: University of North Carolina Press, 1996.

Klinghoffer, Judith A. *Vietnam, Jews, and the Middle East: Unintended Consequences*. London: Macmillan Press, 1999.

Knack, Marcelle. *Size, Post-World War II Bombers*. Washington, D. C.: Office of Air Force History, 1988.

Knaus, John Kenneth. *Orphans of the Cold War: America and the Tibetan Struggle for Survival*. New York: Public Affairs, 1999.

Knight, Amy. *Beria: Stalin's First Lieutenant*. Princeton, N. J.: Princeton University Press, 1993.

Koch, S. A. *See* U.S. Central Intelligence Agency, History Staff.

Kolodziej. Edward A. *Making and Marketing Arms: The French Experience and Its Implications for the International System*. Princeton, N. J.: Princeton University Press, 1987.

Krock, Arthur. *Memoirs: Fifty Years on the Firing Line*. New York: Funk & Wagnalls, 1968.

Kuhns, Woodrow J., ed. *Assessing the Soviet Threat: The Early Cold War Years*. Washington, D.C,: Central Intelligence Agency, 1997. In contrast to other CIA volumes, which are collections of National Intelligence Estimates(NIEs), this one presents daily and weekly intelligence digests prepared specifically for President Truman. The introduction notes that this material, dated 1946~50, did not include signals intelligence, which was used in summaries from 1951 on.

Kuniholm, Bruce R. *The Origins of the Cold War in the Near East: Great Power Conflict and Diplomacy in Iran, Turkey, and Greece*. Rev. ed. Princeton, N. J.: Princeton University Press, 1994.

Kunz, Diane B. *Butter and Guns: America's Cold War Economic Diplomacy*. New York: The Free Press, 1997

——.ed. *The Diplomacy of the Crucial Decade: American Foreign Relations during the 1960s*. New York: Columbia

University Press, 1994.

Kyle, Keith. *Suez*. London: Weidenfeld & Nicholson, 1991.

Laming, Tim. *V-Bombers: Vulcan, Victor and Valiant——Britain's Airborne Nuclear Deterrent*. Sparkford, England: Patrick Stephens Ltd., 1997.

Lane, Ann, and Howard Temperley, eds. *The Rise and Fall of the Grand Alliance, 1941~1945*. London: Macmillan, 1995.

Lansdale, Edward Geary. *In the Midst of Wars: An American's Mission to Southeast Asia*. Reprint, with a foreword by William E. Colby. New York: Fordham University Press, 1991.

Laquer, Walter. Europe in Our Time: *A History, 1945~1992*. New York: Viking, 1992.

——.*The Long Road to Freedom*. New York: Charles Scribner's Sons, 1989.

——.*The Uses and Limits of Intelligence*. Rev. ed. New Brunswick, J. J.: Transaction Publishers, 1993.

Lashmar, Paul. *Spy Flights of the Cold War*. Annapolis, Md.: Naval Institute Press, 1996.

Lee, Steven Hugh. *Outposts of Empire: Korea, Vietnam, and the Origins of the Cold War in Asia, 1949~1954*. Montreal: McGill-Queen's University Press, 1995.

Lees, Lorraine M. K*eeping Tito Afloat: The United States, Yugoslavia, and the Cold War*. University Park: Pennsylvania State University Press, 1997.

Leffler, Melvyn P. *A Preponderance of Power: National Security, the Truman Administration, and the Cold War*. Stanford, Calif.: Stanford University Press, 1992.

Leffler, M. P., and D. S. Painter, eds. *Origins of the Cold War: An Infiltration, Israeli Retaliation, and the Countdown to the Suez War*. Oxford: Clarendon Press, 1993.

Moss, Robert. *Chile's Marxist Experiment*. New York: John Wiley & Sons, 1973.

Moynihan, Daniel Patrick. *Secrecy*. New Haven: Yale University Press, 1998.

Murphy, David E., Sergei A Kondrashev, and George Bailey. *Battleground Berlin: CIA vs. KGB in the Cold War*. New Haven: Yale University Press, 1997.

Nash, Philip. *The Other Missiles of October: Eisenhower, Kennedy, and the Jupiters, 1957~1963*. Chapel Hill: University of North Carolina Press, 1997.

Navias, Martin S. *Nuclear Weapons and British Strategic Planning, 1955~1958*. Oxford: Oxford University Press, 1991.

Nelson, Michael. *War of the Black Heavens: The Battles of Western Broadcasting in the Cold War*. London: Brassey's , 1997.

Neufeld, Jacob. *Ballistic Missiles in the United States Air Force, 1945~1960*. Washington, D. C.: Office of Air Force History, 1989.

Nitze, Paul H. *Form Hiroshima to Glasnost: At the Center of Decision—A Memoir*. New York: Touchstone, 1990

Nixon, Richar M. RN: *The Memoirs of Richard Nixon*. Richard Nixon Library ed. New York: Touchstone, 1990.

——.*The Real War*. New York: Warner Books, 1980

Norris, R.S., A.S. Burrows, and R.W. Fieldhouse. *British, French, and Chinese Nuclear Weapons. Vol. 5 of Nuclear Weapons Databook*. Boulder, Colo.: Westview, 1994.

Nove, Alec. *An Economic History of the USSR, 1917~1991*. London: Penguin Books, 1992.

Odom, William E. *The Collapes of the Soviet Military*. New Haven: Yale University Press, 1998.

Oren, Michael B. *The Origins of the Second Arab-Israeli War: Egypt, Israel, and the Great Powers, 1952~1962.* London: Leicester University Press, 1996.

Ovendale, Ritchie. *Britain, the United Sates and the Transfer of Power in the Middle East, 1945~1962*. London: Leicester University Press, 1996.

Pach, Chester J., Jr. *Arming the Free World: The Free World: The Origins of the United States Military Assistance Program, 1945~1962*. London: Leicester University Press, 1996.

Palmer, Michael A. *Origins of the Maritime Strategy: American Naval Strategy in the First Postwar Decade*. Washington, D.C.: Naval Historical Center, 1988.

Parker, Richard B. *The Politics of Miscalculation in the Middle East*. Bloomington: Indiana University Press, 1993.

Partos, Gabriel. *The World That Came in from the Cold*. London: Royal Institute of International Affairs and BBC, 1993.

Pavlov, A. S. *Warships of the Soviet Union, 1945~1991*. Annapolis, Md.: Naval Institute Press, 1997.

Pedlow, Gregory W., and, Donald E. Welzenbach. *The CIA and the U-2 Program, 1954~1974*. Washington, D. C.:

Central Intelligence Agency, 1998.

Peebles, Curtis. *The Corona Project: America's First Spy Satellites*. Annapolis, Md.: Naval Institute Press, 1997.

Pfaltzgraff, Robert L., Jr., and Jacqueline K. Davis. *National Security Decision: The Participants Speak*. Lexington, Mass.: Lexington Books, 1990.

Pipes, Richard. *Russia under the Bolshevik Regime: Lenin and the Birth of the Totalitarian State*. New York: Alfred A. Knopf, 1994.

——.*Russia under the Old Regime*. London: Weidenfeld & Nicholson, 1974.

Pisani, Sallie. T*he CIA and the Marshall Plan*. Lawrence: University of Kansas Press, 1991.

Poole, W. S. *See* U.S. Joint Chiefs of Staff.

Powers, Richard Gid. *Not Without Honor: The History of American Anticommunism*. New York: The Free Press, 1995.

Prados, John. *The Blood Road: The Ho Chi Minh Trail and the Vietnam War*. New York: John WILEY & Sons, 1999.

——.*President's Secret Wars: CIA and Pentagon Covert Operations from World War IIthrough the Persian Gulf*. Chicago: Ivan R. Dee, 1996.

——.*The Soviet Estimate: U.S. Intelligence Analysis and Russian Military Strength*. New York: Dial Press, 1982.

Pry, Peter V. War Scare: Nuclear Countdown after the Soviet Fall. Atlanta: Turner, 1997.

Pryce-Jones, D. *The War That Never Was: The Fall of the Soviet Empire, 1985~1991*. London: Weidenfeld & Nicholson, 1995.

Quirk, Robert E. *Fidel Castro*. New York: Norton, 1993.

Rack, R. C. *Stalin's Road to the West, 1938~1945*. Stanford, Calif.: Stanford University Press, 1995.

Radzinsky, Edvard. *Stalin: The First In-Depth Biography Based on Explosive New Documents from Russia's Secret Archives*. New York: Doubleday, 1996.

Record, Jeffrey. *The Wrong War: Why We Lost in Vietnam*. Annapolis, Md.: Naval Institute Press, 1998.

Reeves, Richard. *President Kennedy: Profile of Power*. New York: Simon& Schuster, 1993.

Revel, Jean-Francois. How Democracies Perish. New York: Doubleday, 1984.

Reynolds, David. *The Origins of the Cold War in Europe: International Perspective*. New Haven: Yale University Press, 1994.

Rhodes, Richard. *Dark Sun: The Making of the Hydrogen Bomb*. New York: Simon &Schuster, 1995.

——.*The Making of the Atomic Bomb*. New York: Simon &Schuster, 1986.

Robinson, Jeffrey. *The End of the American Century: Hidden Agendas of the Cold War*. New York: Simon &Schuster, 1997. Despite its title, this is a history of Sputnik and the U.S. reaction to it.

Rodman, Peter W. *More Precious than Peace: The Cold War and the Struggle for the Third World*. New York: Scribner's , 1994.

Rogow, A. *James Forrestal: A Study of Personality, Politics, and Policy*. New York: Macmillan, 1963.

Roman, Peter J. *Eisenhower and the Missile Gap*. Ithaca: Cornell University Press, 1995.

Rosenberg, Alan David. *"Toward Armageddon: The Foundations of U.S. Nuclear Strategy, 1945~1961."* Ph. D. Diss., University of Chicago, 1983.

Ross, Steven T. *American War Plans, 1945~1950*. London: Frank Cass, 1966.

Rouquie, Alain. *The Military and the State in Latin America*. Reprint, Berkeley: University of California Press, 1989.

Rowen, Henry S., and Charles Wolf, Jr., eds. *The Impoverished Superpower: Perestroika and the Soviet Military Burden*. San Francisco: Institute for Contemporary Studies, 1990. This book was developed from proceedings of a 23~24 March 1988 conference at the Hoover Institution, Stanford University.

Ruffner, K. C., ed. *See* U.S. Central Intelligence Agency, History Staff.

Safran, Nadav. *Saudi Arabia: The Ceaseless Quest for Security* Ithaca: Cornell University Press, 1985.

Sarin, Gen. Oleg, and Col. Lev Dvoretsky. *Alien Wars: The Soviet Union's Aggressions against the World: 1919 to 1989*. Novato, Calif.: Presidio, 1996.

Savel'yev, Aleksandr G., and Nikolay N. Detinov. *The Big Five: Arms Control Decision-Making in the Soviet Union*. Westport, Conn.: Praeger, 1995.

Sayigh, Yazid, and Avi Shlaim. T*he Cold War and the Middle East*. Oxford: The Clarendon Press, 1997.

Scales, Robert H., Jr. *Firepower in Limited War*. Novato, Calif.: Presidio, 1995.

Schaffel, Kenneth. *The Emerging Shield: The Air Force and the Evolution of Continental Air Defense, 1945~1960*. Washington, D. C.: Office of Air Force History, 1991.

Schlight, John ed. *Second Indochina War Symposium*. Washington, D. C.: Center for Military History, 1986. Proceedings of a 7~9 November 1984 symposium at Airlie, Virginia.

Schmertz, Eric J., Natalie Datlof, and Alexej Ugrinsky, eds. *President Reagan and the World*. Westport, Conn.: Greenwood Press, 1997.

Schnable, J. E. *See* U.S. Joint Chiefs of Staff.

Schnabel, J. F., and R. J. Watson. *See* U. S. Joint Chiefs of Staff.

Schulzinger, Robert D. *A Timer for War: The United States and Vietnam, 1941~1975*. New York: Oxfor University Press, 1997.

Schweizer, Peter. *Victory: The Reagan Administration's Secret Strategy That Hastened the Collapse of the Soviet Union*. New York: Atlantic Monthly Press, 1994

Scott, L. V. *Conscription and the Attlee Governments: The Politics and Policy of National Service, 1945~1951*. Oxford: Clarendon Press, 1993.

Shapley, Deborah. *Promise and Power: The Life and Times of Robert McNamara*. Boston: Little, Brown, 1993.

Sheehan, Kevin Patrick. *"Preparing For an Imaginary War? Examining Peacetime Functions and Changes of Army Doctrine"*. Ph.D. diss., Harvard, 1988.

Sheehan, Neil. *The Pentagon Papers: The Secret History of the Vietnam War*. New York: Quadrangle Books, 1971. *The New York Times*'s summary of the secret Defense Department report on the war in Vietnam, with annexed documents. This is not a reproduction of the report itself. It embodies investigative reporting by Neil Sheehan and was written by E. W. Kenworthy, Fox Butterfield, Hedrick Smith, and Neil Sheehan.

Shirokorad, A. B. *Sovetskiye podvodniye lodki: Poslevoennoiye postroiykiy* (Soviet submarines: Postwar classes). Moscow: Arsenal, 1997.

Shuckburgh, Evelyn. *Descent to Suez: Foreign Office Diaries, 1951~1956*. New York: Norton, 1987.

Shu Gang Zhang. *Mao's Military Romanticism: China and the Korean War, 1950~1953*. Lawrence: University Press of Kansas, 1995. Despite its title, this is a history of the Chinese armed forces in Korea, from Chinese Sources.

Sigmund, Paul E. *The Overthrow of Allende and the Politics of Chile, 1964~1976*. Pittsburgh: University of Pittsburgh Press, 1977.

Simonov, N. *Voenno-promyshlenniy kompleks SSSR v 1920~1950-e gody* (Military industrial complex of the USSR from 1920 to the 1950s). Moscow: Rosspen, 1996.

Simons, Thomas W., Jr. *Eastern Europe in the Postwar Period*. 2d. ed. New York: St. Martin's Press, 1993.

——.*The End of the Cold War?* New York: St. Martin's Press, 1990

Simpson, Christopher. *National Security Directives of the Reagan and Bush Administrations: The Declassified History of U.S. Political and Military Policy, 1981~1991*. Boulder, Colo.: Westview, 1995.

Sluggett, Peter, and Marion Farouk-Sluggett. *The Times Guide to the Middle East: The Arab World and its Neighbors*. London: Times Books, 1991.

Smith, Jean Edward. *Lucius D. Clay: An American Life*. New York: Henry Holt & Co., 1990

Smith, John T. *The Linebacker Raids: The Bombing of North Vietnam, 1972*. London: Arms & Armour, 1998.

Smith, Joseph, ed. *The Origins of NATO*. Exeter Studies in History, no. 28, University of Exeter Press, 1990.

Smith, R. B. *An International History of the Vietnam War*. 2 vols. London: Macmillan, 1983~1987.

Solovyov, Vladimir, and Elena Klepikova. *Inside the Kremlin: A Penetrating Portrait of the Inner Circles of Soviet Power and Premier Mikhail Gorbachev by the Best Informed Russian Journalists in the West*. London: W.H. Allen, 1987.

Spence, Jonathan D. *The Search for Modern China*. New York: Norton, 1990. Steury, D. S., ed. See U.S. Central Intelligence Agency, History Staff.

Stone, Randall W. *Satellites and Commissars: Strategy and Conflict in the Politics of Soviet-Bloc Trade*. Princeton, N.J.: Princeton University Press, 1996.

Stuek, William. T*he Korean War: An International History*. Princeton, N.J.: Princeton University Press, 1995.

Sudoplatov, Pavel, Anatoli Sudoplatov, Jerrold L. Schecter, and Leona P. Schecter. *Special Tasks: The Memoirs of an Unwanted Witness—A Soviet Spymaster*. New York: Little, Brown, 1994.

Suh, Dae-Sook. *Kim Il Sung, The North Korean Leader*. New York: Columbia University, 1988.

Tarling, Nicholas, *Britain, Southeast Asia, and the Onset of the Cold War, 1945~1950*. Cambridge, England: Cambridge University Press, 1998.

Taylor, John M. *General Maxwell Taylor: The Sword and the Pen*. New York: Doubleday, 1989.

Taylor, Michael, ed. *Brassey's World Aircraft and Systems Directory 1996/97*. McLean, Va.: Brassey's Inc., 1996.

Thomas, Evan. *The Very Best Men: Four Who Dared: The Early Years of the CIA*. New York: Simon & Schuster, 1995.

Thomas, Hugh. *Armed Truce: The Beginnings of the Cold War, 1945~1946*. London: Hamish Hamilton, 1986.

Thomas, Martin. *The French Empire At War, 1940~1945*. Manchester: Manchester University Press, 1998.

Thompson, Willie. *The Communist Movement Since 1945*. Oxford: Blackwell, 1998.

Tolson, Lt. Gen. John J. *Airmobility, 1961~1971*. Vietnam Studies Series. Washington, D. C.: Department of the Army, 1973.

Tompson, William J. Khrushchev: *A Political Life*. 1995. Reprint, New York: St. Martins's Griffin, 1997.

Trachtenberg, Marc. *History and Strategy*. Princeton, N.J.: Princeton University Press, 1991.

Tsouras, Peter G. *Changing Orders: The Evolution of the World's Armies, 1945 to the Present*. New York: Facts on File, 1994.

Tucker, Robert C. *Stalin In power: The Revolution from Above, 1928~1941*. New York: Norton, 1990.

Ulam, Adam B. *The Communist: The Story of Power and Lost Illusion, 1948~1991*. New York: Scribner's, 1992.

U.S. Central Intelligence Agency, History Staff. *CIA Cold War Records*. Vol. 1.*The CIA under Harry Truman*. Edited by M. Warner. Washington, D.C.: U.S. Central Intelligence Agency, 1994.

——.*CIA Cold War Records*. Vol. 2. *Selected Estimates on the Soviet Union, 1950~1959*. Edited by S. A. Koch. Washington, D.C.: U.S. Central Intelligence Agency, 1993.

——.*CIA Cold War Records*. Vol. 3. *Estimates on Soviet Military Power, 1954 to 1984: A Selection*. Washington, D.C.: U.S. central Intelligence Agency, 1994.

——.*CIA Cold War Records*. Vol. 4. *Intentions and Capabilities: Estimates on Soviet Strategic Forces, 1950 to 1983*. Edited by D.S. Steury. Washington, D.C.: U.S. central Intelligence Agency, 1996.

——.*CIA Cold War Records*. Vol. 5. *CORONA: America's First Satellite Program*. Edited by K.C. Ruffner. Washington, D.C.: U.S. central Intelligence Agency, 1995.

U. S. Joint Chiefs of Staff. *The History of the Joint Chiefs of Staff*. Vol. 1. *The Joint Chiefs of Staff and National Policy, 1947~1949*, by J. F. Schnabel. Washington, Del.: Michael Glazier, 1979.

——.*The History of the Joint Chiefs of Staff*. Vol.2. *The Joint Chiefs of Staff and National Policy, 1947~1949*, by K. W. Condit. Wilmington, Del.: Michael Glazier, 1979.

——.*The History of the Joint Chiefs of Staff*. Vol.3. *The Joint Chiefs of Staff and National Policy: The Korean War*, by J. F. Schnabel and R. J. Watson. 2 parts. Wilmington, Del.: Michael Glazier, 1979.

——.*The History of the Joint Chiefs of Staff*. Vol.4. *The Joint Chiefs of Staff and National Policy, 1950~1952*, by W. S. Poole. Wilmington, Del.: Michael Glazier, 1980.

——.*The History of the Joint Chiefs of Staff*. Vol.5. *The Joint Chiefs of Staff and National Policy, 1953~1954*, by R. J. Watson. Washington, D.C.: Historical Division, JCS, 1986.

——.*The History of the Joint Chiefs of Staff*. Vol.6. *The Joint Chiefs of Staff and National Policy, 1953~1954*, by k. w. Condit. Washington, D.C.: Historical Division, JCS, 1992.

U. S. Congress Joint Economic Committee. *Soviet Economy in the 1980s: Problems and Prospects*. 2 vols. Washington, D.C., 31 Dec 1982.

U. S. Office of the Secretary of Defense. *The Test of War: 1950~1953*. Vol. 2, by D. M. Condit. Washington, D.C.: Historical Office of OSD, 1988.

——.*Into the Missile Age, 1956~1960*. Vol. 4, by Robert J. Watson. Washington, D. C.: Historical Office of OSD, 1998.

U. S. Special Operations Research Office(SORO) at The American University. *Casebook on Insurgency and Revolutionary Warfare: Twenty-three Summary Accounts*. Washington, D. C.: SORO, Dec 1962. Researched by Norman A. La Charite, Bert H. Cooper, Paul A. Jureidini, and William A. Lybrand.

Van Creveld, Martin. *The Sword and the Olive: A Critical History of the Israeli Defense Force*. New York: Public Affairs, 1998.

Vasiliev, Alexei. *Russian Policy in the Middle East: From Messianism to Pragmatism*. Reading, England: Ithaca Press, 1993.

Volkogonov, Dmitriy T. *Autopsy for an Empire: The Sven Leaders Who Built the Soviet Regime*. Trans., 1996. Revised, with a new translation, New York: Free Press, 1998.

——. *Sem' vozhdei(Seven rulers)*. Moscow: Novosti, 1996. General Volkogonov was a senior Soviet military historian, and had considerable access to the private papers of the rulers of the Soviet ear.

——.*Stalin: Triumf I tragediia* (*Stalin: Triumph and tragedy*). Trans. Harold Shukman. Rocklin, Calif.: Prima, 1996.

Volkov, Ye. B., Filimonov, A. A., Bob'rev, V. N., and Kobyakov, V. A. *Mezhkontinentalniye Ballisticheskiye Raketi SSSR (RF) I CShA: Istoria Sozdaniya, Razbitiya I Sokrashcheniya*. Privately printed by Ye. B. Volkov, 1996. This is an

RVSN report; Volkov worked for the service's study arm.

Wald, Emanuel. *The Wald Report: The Decline of Israeli National Security since 1967*. Trans. Boulder, Colo.: Westview, 1992. Colonel Wald wrote this official report in 1982 for Israeli Chief of Staff Moshe Levi.

Walker, Martin. *The Cold War*. London: Fourth Estate, 1993.

Warner, M., ed., *See* U. S. Central Intelligence Agency, History Staff.

Statistical Abstract of the United States. Washington, D. C.: Treasury Dept.(Bureau of Statistics), 1967.

Watson, R. J. *See* U. S. Joint Chiefs of Staff.

Watson, Robert J. *See* U. S. Office of the Secretary of Defense.

Wehling, Fred. *Irresolute Princes: Kremlin Decision Making In Middle East Crises, 1967~1973*. New York: St. Martin's Press, 1967.

Weinstein, Allen, and Alexander Vassiliev. *The Haunted Wood: Soviet Espionage in America—The Stalin Era*. New York: Random House, 1999.

Weis, W. Michael. *Cold Warriors and Coups d'Etat: Brazilian-American Relations, 1945~1964*. Albuquerque: University of New Mexico Press, 1993.

West, Nigel. *Venona: The Greatest Secret of the Cold War*. London: HarperCollins, 1999.

West, Nigel, and Oleg Tsarev. *The Crown Jewels: The British Secrets at the Heart of the KGB Archive*. London: HarperCollins, 1998.

Westad, Odd Arne. *Brothers in Arms: The Rise and Fall of the Sino-Soviet Alliance, 1945~1963*. Washington, D. C.: Woodrow Wilson Center Press; Stanford, Calif.: Stanford University Press, 1998.

Westad, Odd Arne, Sven Holtsmark, and Iver B. Neumann. *The Soviet Union in Eastern Europe, 1945~1989*. London: St. Martin's Press, 1994.

Whelan, Richard. *Drawing the Line: The Korean War, 1950~1953*. London: Faber & Faber, 1990.

Whitefield, Stephen. *Industrial Power and the Soviet State*. Oxford: Clarendon Press, 1993.

Winter, F. X. *The Year of the Hare: America in Vietnam, Jan 25, 1963~Feb 15, 1964*. Athens: University of Georgia Press, 1997.

Wolf, Markus, and Anne McElvoy. *Memoirs of a Spymaster: The Man Who Waged a Secret War against the West*. London: Pimlico, 1998. Paperback edition of a book published in 1997 as *Man Without a FACE: The Memoirs of a Spymaster*.

Wood, Derek. Project Cancelled: *The Disaster of Britain's Abandoned Aircraft Projects*. Rev. ed. London: Jane's, 1986.

Woods, Randall B., and Howard Jones. *Dawning of the Cold War: The United States' Quest for Order*. Athens: University of Georgia, 1991; Chicago: Ivan R. Dee, 1994.

Wynn, Humphrey. *RAF Nuclear Deterrent Forces*. London: HMSO, 1994.

Yapp, M. E. *The Near East since the First World War: A History to 1995*. 2d ed. London: Longman, 1996.

Yergin, Daniel. *The Prize: The Epic Quest for Oil, Money, and Power.* New York: Simon & Schuster, 1991.

Zaloga, Steven J. *Soviet Strategic Weapons*. Forthcoming.

———.Target USA. Novato, Calif.: Presidio, 1993.

Ziegler, Charles A., and David Jacobson. *Spying without Spies: Origins of America's Secret Nuclear Surveillance System*. Westport, Conn.: Praeger, 1995.

Zubok, Vladislav, and Constantine Pleshakov. *Inside the Kremlin's Cold War: From Stalin to Khrushchev*. Cambridge: Harvard University Press, 1996.

Zumwalt, Elmo M., Jr. *On Watch*. New York: Quadrangle, 1976.